Analytik II Prüfungsfragen

Kommentierte Originalfragen bis Herbst 2013
Quantitative und instrumentelle
pharmazeutische Analytik

Eberhard Ehlers, Hofheim/Taunus

Mit Beiheft: Lösungen der MC-Fragen

Deutscher Apotheker Verlag

Der Autor

Professor Dr. Eberhard Ehlers
Lorsbacher Str. 54B
65719 Hofheim/Taunus

Studium der Chemie in Frankfurt/Main, 1970 Diplomarbeit in Organischer Chemie, 1974 Promotion in Pharmazeutischer Chemie. 1976 Lehrauftrag für Pharmazeutische Chemie an der Universität Frankfurt/Main, 1987 Habilitation und Venia legendi im Fach Pharmazeutische Chemie ebendort. 1975 bis 2006 Tätigkeiten in Forschung und Management in der Pharmazeutischen Industrie.

Autor mehrerer Kurzlehrbücher für qualitative und quantitative Analytik sowie anorganische und organische Chemie beim Deutschen Apotheker Verlag.

Die in diesem Buch aufgeführten Angaben wurden sorgfältig geprüft. Dennoch können Autor und Verlag keine Gewähr für deren Richtigkeit übernehmen.

Ein Markenzeichen kann warenzeichenrechtlich geschützt sein, auch wenn ein Hinweis auf etwa bestehende Schutzrechte fehlt.

Bibliographische Information der Deutschen Bibliothek
Die Deutsche Bibliothek verzeichnet diese Publikation in der Deutschen Nationalbibliographie; detaillierte bibliographische Daten sind im Internet unter http://dnb.d-nb.de abrufbar.

Jede Verwertung des Werkes außerhalb der Grenzen des Urheberrechtsgesetzes ist unzulässig und strafbar. Das gilt inbesondere für Übersetzungen, Nachdrucke, Mikroverfilmungen oder vergleichbare Verfahren sowie für die Speicherung in Datenverarbeitungsanlagen.

ISBN 978-3-7692-5997-1

© 2014 Deutscher Apotheker Verlag Stuttgart
Birkenwaldstr. 44, 70191 Stuttgart
www.deutscher-apotheker-verlag.de
Printed in Germany
Satz: primustype R. Hurler GmbH, Notzingen
Druck und Bindung: AZ Druck- und Datentechnik, Berlin
Umschlaggestaltung: Atelier Schäfer, Esslingen

Vorwort

Für das Fach „Analytik" des 1. Abschnittes der Pharmazeutischen Prüfung verlangt die Prüfungsstoffliste Kenntnisse über folgende Themen:
• Qualitative Analyse (behandelt im Band Ehlers, **Analytik I**, als Kapitel 1–3),
• Klassische quantitative Analyse (behandelt im Band Ehlers, **Analytik II** als Kapitel 4–9),
• Instrumentelle Analyse (behandelt im Band Ehlers, **Analytik II**, als Kapitel 10–13).

Unter Beibehaltung des bewährten Konzeptes mit getrennten Bänden für die Prüfungsfragen und das Kurzlehrbuch liegt jetzt die neue Auflage der Analytik II-Prüfungsfragen 1979-2013 vor. Einige Fragen aus der Physik-Prüfung zu instrumentellen analytischen Themen wurden mit aufgenommen.

Der Fragenband enthält **1895 Multiple-Choice-Fragen** der **klassischen quantitativen** und **instrumentellen Analytik** bis einschließlich **Herbst 2013**. Wiederholt gestellte Fragen sind mit einem Stern (*) gekennzeichnet.

Die Fragen bis Herbst 2011 sind thematisch in 13 Kapiteln nach den Prüfungsanforderungen (Anlage 13 der AAppO vom 19. Juli 1989 in der Fassung vom 14. Dezember 2000) geordnet. Diese Gliederung lehnt sich an den Gegenstandskatalog des IMPP (Institut für medizinische und pharmazeutische Prüfungsfragen) für das Fach „Analytik" an. Themenübergreifende Fragen zur Analytik von Wirkstoffen sind in den Kapiteln 14.1 und 14.2 zusammengefasst worden. Die Kapitel 14.3 bis 14.6 enthalten die neuen Prüfungsfragen aus den Jahren 2012 und 2013.

Der vorliegende Fragenband enthält nicht mehr die Altfragen des Aufgabentyps C (Kausale Verknüpfung – „weil"-Fragen), da diese Fragen seit Frühjahr 2007 nicht mehr im Programm des IMPP zu finden sind.

Der vorliegende Band „Analytik II - Prüfungsfragen" bietet aber eine **wichtige Neuerung!**

Obwohl die Originalfragen im Kurzlehrbuch direkt oder in allgemeiner Form kommentiert werden, hat die Vergangenheit gezeigt, dass manche Lösungsangebote für die gestellten Fragen von den Prüfungskandidaten nicht rasch und eindeutig nachzuvollziehen sind. Es bestand seitens der Pharmaziestudenten der dringende Wunsch nach einer **direkten Kommentierung** der gestellten Aufgaben und somit nach einer höheren Transparenz für die Richtigkeit der vorgegebenen Lösungen.

Darüber hinaus existieren viele Fragen, die verschiedenartige Lerninhalte ansprechen. Auch können unterschiedliche Eigenschaften ein und desselben Stoffes zu Fragen führen, die verschiedenen Kapiteln zu zuordnen sind. Eine stärkere Vernetzung durch Querverweise wäre daher für ein umfassendes und rasches Lernen des Prüfungsstoffes hilfreich.

Das vorliegende Buch versucht nun diese Lücken zu schließen, indem die Fragen zur klassischen quantitativen und instrumentellen Analyse detailliert kommentiert und die richtigen

Lösungen erklärt werden. Die Kommentierung der Prüfungsfragen lehnt sich in Text und Abbildungen eng an die gestellten Aufgaben an.

Fragenteil mit Kommentar sowie das Kurzlehrbuch bilden eine Lerneinheit!

Durch die gewählte Form der Kommentierung ist es möglich, alle Fragen, welche gleiche oder ähnliche Themen zum Inhalt haben, auf einen Blick zu erfassen. Bei der Kommentierung werden deshalb all jene Fragen (aus anderen Prüfungsabschnitten) mit aufgelistet, die Teile des gleichen Prüfungsstoffes beinhalten. Davon verspreche ich mir eine Intensivierung der Prüfungsvorbereitungen. Die Kenntnisse über die Lerninhalte und die Fragenvielfalt können schneller und umfassender erarbeitet werden.

Ich hoffe, dass die zusätzliche Kommentierung von Prüfungsfragen den Studenten der Pharmazie beim Erarbeiten des Lehrstoffes sowie bei ihren Prüfungsvorbereitungen nützliche Dienste leisten kann. Ich wünsche allen Studierenden der Pharmazie viel Erfolg im 1. Abschnitt des Staatsexamens bzw. bei ihren jeweiligen Semesterabschlussprüfungen.

Mein Dank gilt vielen Pharmaziestudenten für wertvolle Hinweise und Anregungen zur Verbesserung ihrer Prüfungssituation durch entsprechendes Lehr- und Lernmaterial. Dem Lektorat Pharmazie des Deutschen Apotheker Verlages danke ich für die Unterstützung und tatkräftige Mithilfe bei der Realisierung des neuen Lernkonzeptes.

Hofheim am Taunus, im Sommer 2014　　　　　　　　　　　　　　　　　　　　Eberhard Ehlers

Inhaltsverzeichnis

Vorwort V

Klassische quantitative Analytik

4	**Grundlagen und allgemeine Arbeitsweisen der quantitativen pharmazeutischen Analyse**	3
4.1	Größen und Einheiten	3
4.2	Stöchiometrische Grundlagen quantitativer Analysen	7
4.3	Chemisches Gleichgewicht, Aktivität	7
4.4	Statistische Auswertung von Analysendaten	9
4.5	Validierung von Verfahren	12
4.6	Kalibrierung quantitativer Analysenverfahren	14
4.7	Maßanalyse	15
4.8	Standardadditionsverfahren	17
5	**Gravimetrie**	18
5.1	Grundlagen	18
5.2	Pharmazeutisch relevante gravimetrische Bestimmungen	22
6	**Säure-Base-Titrationen**	26
6.1	Grundlagen	26
6.2	Titrationen von Säuren und Basen in wässrigen Lösungen, insbesondere nach Arzneibuch	56
6.3	Titrationen von Säuren und Basen in nichtwässrigen Lösungen, insbesondere nach Arzneibuch	73

7	**Redoxtitrationen**	81
7.1	Grundlagen	81
7.2	Methoden, pharmazeutische Anwendungen, insbesondere nach Arzneibuch	94
8	**Fällungstitrationen**	109
8.1	Grundlagen	109
8.2	Methoden, pharmazeutische Anwendungen, insbesondere nach Arzneibuch	112
9	**Komplexometrische Titrationen**	117
9.1	Grundlagen	117
9.2	Pharmazeutische Anwendungen, insbesondere nach Arzneibuch	123

Instrumentelle Analytik

10	**Elektrochemische Analysenverfahren**	129
10.1	Grundlagen der Elektrochemie	129
10.2	Potentiometrie	139
10.3	Elektrogravimetrie	146
10.4	Coulometrie	148
10.5	Voltammetrie (Polarographie)	151
10.6	Amperometrie/Voltametrie	158
10.7	Konduktometrie	163
10.8	Elektrophorese	165
11	**Optische und spektroskopische Verfahren**	173
11.1	Grundlagen	173
11.2	Grundlagen der Refraktometrie	175
11.3	Grundlagen der Polarimetrie	180
11.4	Grundlagen der Atomemissionsspektroskopie (AES)	189
11.5	Grundlagen der Atomabsorptionsspektroskopie (AAS)	191
11.6	Grundlagen der Molekülspektroskopie im ultravioletten (UV) und sichtbaren (VIS) Bereich	195
11.7	Grundlagen der Fluorimetrie	217
11.8	Grundlagen der Absorptionsspektroskopie im infraroten Spektralbereich (IR-Spektroskopie)	226
11.9	Raman-Spektroskopie	244
11.10	Kernresonanzspektroskopie (NMR)	244
11.11	Massenspektrometrie (MS)	258

| 11.12 | Themenübergreifende Fragen zu optischen und spektroskopischen Analysenverfahren | 262 |

12	**Chromatographische Analysenverfahren**	268
12.1	Grundlagen	268
12.2	Dünnschichtchromatographie (DC)	274
12.3	Papierchromatographie (PC)	278
12.4	Gaschromatographie (GC)	279
12.5	Flüssigchromatographie (LC)	290
12.6	Ausschlusschromatographie (SEC)	299

| 13 | **Thermische Analysenverfahren (TA)** | 300 |

14	**Themenübergreifende Fragen**	302
14.1	Anorganische Substanzen	302
14.2	Organische Substanzen	304
14.3	Prüfung Frühjahr 2012	316
14.4	Prüfung Herbst 2012	325
14.5	Prüfung Frühjahr 2013	335
14.6	Prüfung Herbst 2013	343

Kommentare

Klassische quantitative Analytik

4	**Grundlagen und allgemeine Arbeitsweisen der quantitativen pharmazeutischen Analyse**	355
4.1	Größen und Einheiten	355
4.2	Stöchiometrische Grundlagen quantitativer Analysen	360
4.3	Chemisches Gleichgewicht, Aktivität	360
4.4	Statistische Auswertung von Analysendaten	362
4.5	Validierung von Verfahren	365
4.6	Kalibrierung quantitativer Analysenverfahren	367
4.7	Maßanalyse	368
4.8	Standardadditionsverfahren	371

5	**Gravimetrie**	372
5.1	Grundlagen	372
5.2	Pharmazeutisch relevante gravimetrische Bestimmungen	377
6	**Säure-Base-Titrationen**	380
6.1	Grundlagen	380
6.2	Titrationen von Säuren und Basen in wässrigen Lösungen, insbesondere nach Arzneibuch	410
6.3	Titrationen von Säuren und Basen in nichtwässrigen Lösungen, insbesondere nach Arzneibuch	425
7	**Redoxtitrationen**	430
7.1	Grundlagen	430
7.2	Methoden, pharmazeutische Anwendungen, insbesondere nach Arzneibuch	441
8	**Fällungstitrationen**	454
8.1	Grundlagen	454
8.2	Methoden, pharmazeutische Anwendungen, insbesondere nach Arzneibuch	456
9	**Komplexometrische Titrationen**	460
9.1	Grundlagen	460
9.2	Pharmazeutische Anwendungen, insbesondere nach Arzneibuch	466

Instrumentelle Analytik

10	**Elektrochemische Analysenverfahren**	469
10.1	Grundlagen der Elektrochemie	469
10.2	Potentiometrie	478
10.3	Elektrogravimetrie	484
10.4	Coulometrie	486
10.5	Voltammetrie (Polarographie)	490
10.6	Amperometrie/Voltametrie	498
10.7	Konduktometrie	503
10.8	Elektrophorese	505
11	**Optische und spektroskopische Verfahren**	510
11.1	Grundlagen	510
11.2	Grundlagen der Refraktometrie	513
11.3	Grundlagen der Polarimetrie	517

11.4	Grundlagen der Atomemissionsspektroskopie (AES)	523
11.5	Grundlagen der Atomabsorptionsspektroskopie (AAS)	525
11.6	Grundlagen der Molekülspektroskopie im ultravioletten (UV) und sichtbaren (VIS) Bereich	528
11.7	Grundlagen der Fluorimetrie	545
11.8	Grundlagen der Absorptionsspektroskopie im infraroten Spektralbereich (IR-Spektroskopie)	552
11.9	Raman-Spektroskopie	562
11.10	Kernresonanzspektroskopie (NMR)	563
11.11	Massenspektrometrie (MS)	570
11.12	Themenübergreifende Fragen zu optischen und spektroskopischen Analysenverfahren	575
12	**Chromatographische Analysenverfahren**	**580**
12.1	Grundlagen	580
12.2	Dünnschichtchromatographie (DC)	584
12.3	Papierchromatographie (PC)	587
12.4	Gaschromatographie (GC)	588
12.5	Flüssigchromatographie (LC)	597
12.6	Ausschlusschromatographie (SEC)	603
13	**Thermische Analysenverfahren (TA)**	**604**
14	**Themenübergreifende Fragen**	**606**
14.1	Anorganische Substanzen	606
14.2	Organische Substanzen	609
14.3	Prüfung Frühjahr 2012	619
14.4	Prüfung Herbst 2012	626
14.5	Prüfung Frühjahr 2013	635
14.6	Prüfung Herbst 2013	641

Beiheft

Erklärung der Aufgabentypen	1
Grundsätzliche Hinweise	2
Lösungen der MC-Fragen	3
Anmerkungen zu einzelnen MC-Fragen	13
Rechenhilfen	15

Klassische quantitative Analytik

4 Grundlagen und allgemeine Arbeitsweisen der quantitativen pharmazeutischen Analyse

4.1 Größen und Einheiten

4.1.1 Stoffmengen

1* Welche Aussagen über die Stoffmenge (Definition gemäß SI) treffen zu?

(1) Der Name der Basiseinheit ist „Gramm".
(2) Das Symbol der Basisgröße ist „m".
(3) Bei Flüssigkeiten ist die Stoffmenge gleich dem Produkt aus Dichte und Volumen.
(4) Die gleichen Stoffmengen verschiedener Kohlenstoffnuclide haben gleiche Masse.

(A) Keine der obigen Aussagen trifft zu.
(B) nur 1 ist richtig
(C) nur 2 ist richtig
(D) nur 1 und 3 sind richtig
(E) nur 3 und 4 sind richtig

2* Welche Aussagen über die Stoffmenge treffen zu?

(1) Der Name der Basiseinheit ist „Mol".
(2) Das Einheitenzeichen der Basiseinheit ist „mol".
(3) Das Symbol der Basisgröße ist „n".

(A) nur 1 ist richtig
(B) nur 2 ist richtig
(C) nur 1 und 3 sind richtig
(D) nur 2 und 3 sind richtig
(E) 1–3 = alle sind richtig

3 Welche Aussagen über die Stoffmenge treffen zu?

(1) Basiseinheit der Stoffmenge ist 1 Gramm.
(2) Die Stoffmenge ist eine Basisgröße des SI-Systems.
(3) Die Basiseinheit der Stoffmenge ist mittels einer bestimmten Teilchenzahl definiert.
(4) Die Stoffmenge von Feststoffen und Flüssigkeiten ist eine volumenbezogene Größe.

(A) nur 3 ist richtig
(B) nur 1 und 2 sind richtig
(C) nur 2 und 3 sind richtig
(D) nur 3 und 4 sind richtig
(E) nur 1, 2 und 4 sind richtig

4* Welche Aussage über die Stoffmenge und damit zusammenhängende Größen trifft zu?

(A) 1 Mol eines idealen Gases nimmt bei 0 Kelvin (–273 °C) ein Volumen von 22,4 Litern ein.
(B) $6,023 \cdot 10^{23}$ Teilchen eines zweiatomigen Gases (z.B. N_2) nehmen unter Normbedingungen ein Volumen von $2 \cdot 22,4$ Litern ein.
(C) Ein einzelnes Atom besitzt definitionsgemäß die Stoffmenge 1.
(D) Stoffmengen von Äquivalenten werden in Mol angegeben.
(E) 3 Mol Fe^{2+} entsprechen bei der manganometrischen Titration in saurer Lösung 1 Mol MnO_4^-.

5 Welche der folgenden Größen sind der Stoffmenge einer flüssigen reinen Stoffportion unter sonst konstanten Bedingungen proportional?

(1) Masse
(2) Volumen
(3) Oberfläche
(4) Teilchenzahl

(A) nur 1 ist richtig
(B) nur 3 ist richtig
(C) nur 3 und 4 sind richtig
(D) nur 1, 2 und 3 sind richtig
(E) nur 1, 2 und 4 sind richtig

4.1.2 Zusammensetzung von Mischphasen

Gehalts- und Konzentrationsangaben

6 Welcher der folgenden Quotienten definiert die Stoffmengenkonzentration?

(A) Stoffmenge eines bestimmten Stoffes/Gesamtvolumen
(B) Stoffmenge eines bestimmten Stoffes/Gesamtmasse
(C) Stoffmenge eines bestimmten Stoffes/Gesamtstoffmenge
(D) Masse eines bestimmten Stoffes/Gesamtvolumen
(E) Masse eines bestimmten Stoffes/Gesamtmasse

7* Welche Aussagen über die Stoffmengenkonzentration einer Lösung treffen zu?

(1) Sie ist der Quotient aus der Masse des gelösten Stoffes und dem Produkt aus seiner molaren Masse und dem Volumen der Lösung.
(2) Sie ist ein Maß für die Anzahl der Teilchen des gelösten Stoffes in einem bestimmten Volumen.
(3) Sie ist das Verhältnis der Masse des gelösten Stoffes zur Summe der Massen aller Stoffe der Lösung.

(A) nur 1 ist richtig
(B) nur 3 ist richtig
(C) nur 1 und 2 sind richtig
(D) nur 2 und 3 sind richtig
(E) 1–3 = alle sind richtig

8* Welche Aussage über Konzentrationen trifft **nicht** zu?

(A) Eine 0,1 M-Blei(II)-nitrat-Lösung enthält pro Liter ebenso viele Nitrat-Ionen wie eine 0,1 M-Natriumnitrit-Lösung Nitrit-Ionen.
(B) Zahlenangaben in $mol \cdot l^{-1}$ erfordern die Spezifizierung der Teilchenart, auf die sich die Angaben beziehen.
(C) Gleiche Molarität verschiedener Teilchenarten bedeutet gleiche Zahl der Teilchen im gleichen Volumen.
(D) Die Molarität einer Maßlösung wird in $mol \cdot l^{-1}$ angegeben.
(E) Die Äquivalentkonzentration einer Maßlösung wird in $mol \cdot l^{-1}$ angegeben.

9* Welche Aussage trifft zu?
Die Stoffmengenkonzentration von reinem Wasser ist:

(A) 0
(B) 18 $mol \cdot l^{-1}$
(C) 55,6 $mol \cdot l^{-1}$
(D) ∞
(E) nicht bestimmbar

10 Welche Aussagen treffen zu?
Zur Umrechnung der Stoffmengenkonzentration einer verdünnten Lösung in den Massengehalt dieser Lösung werden benötigt:

(1) die relative Molmasse des gelösten Stoffes
(2) die Dichte des gelösten Stoffes
(3) die Dichte des Lösungsmittels

(A) nur 1 ist richtig
(B) nur 1 und 2 sind richtig
(C) nur 1 und 3 sind richtig
(D) nur 2 und 3 sind richtig
(E) 1–3 = alle sind richtig

Ordnen Sie bitte den Begriffen der Liste 1 die jeweils entsprechende Definition für Mischphasen aus Liste 2 zu!

Liste 1

11 Massenanteil
12 Stoffmengenkonzentration
13* Stoffmengenanteil
14* Massenkonzentration

Liste 2
(A) Stoffmenge eines bestimmten Stoffes/Gesamtstoffmenge
(B) Stoffmenge eines bestimmten Stoffes/Gesamtmasse
(C) Stoffmenge eines bestimmten Stoffes/Gesamtvolumen
(D) Masse eines bestimmten Stoffes/Gesamtvolumen
(E) Masse eines bestimmten Stoffes/Gesamtmasse

15 In welchen der folgenden Maßeinheiten kann nach DIN/IUPAC der **Gehalt** einer Probe angegeben werden?

(1) Volumen pro Volumen
(2) Stoffmenge pro Stoffmenge
(3) ppb
(4) Masse pro Masse

(A) nur in 4
(B) nur in 2 und 3
(C) nur in 3 und 4
(D) nur in 1, 2 und 4
(E) in 1 bis 4 (in allen)

Berechnungen

16* Welche Aussage trifft zu?
Zur Herstellung von 1 kg Sulfat-Lösung mit einem Massenanteil von 1 ppm SO_4^{2-} werden benötigt (K: M_r = 39,1; SO_4^{2-}: M_r = 96,1):

(A) 1,81 mg K_2SO_4
(B) 9,6 mg K_2SO_4
(C) 10,0 mg K_2SO_4
(D) 18,1 mg K_2SO_4
(E) 96,1 mg K_2SO_4

17* Welche Aussage trifft zu?
Zur Herstellung von 1 kg einer Lösung mit 100 ppm K^+ werden benötigt [$M_r(K)$ = 39,1; $M_r(SO_4^{2-})$ = 96,1]:

(A) 17,4 mg K_2SO_4
(B) 39,1 mg K_2SO_4
(C) 78,2 mg K_2SO_4
(D) 100,3 mg K_2SO_4
(E) 223 mg K_2SO_4

18* Zink-Insulin hat einen mittleren Massenanteil (Massengehalt) von 0,5 % Zink-Ionen. Der mittlere Wert des Arbeitsbereichs einer Bestimmungsmethode liegt bei einer Zink-Ionenkonzentration von 50 µg·ml^{-1}. In welchem Volumen sollte eine Probenmenge von 100 mg gelöst werden?

(A) 1 ml
(B) 5 ml
(C) 10 ml
(D) 50 ml
(E) 100 ml

19 Aus zwei Schwefelsäure-Lösungen mit den Konzentrationen c_1 = 0,1 g·ml^{-1} und c_2 = 0,5 g·ml^{-1} sollen 100 ml einer Schwefelsäure-Lösung der Konzentration c = 0,2 g·ml^{-1} hergestellt werden.
Welche der folgenden Mischungen liefert das gewünschte Ergebnis?

(A) 10 ml Lösung mit c_1 und 90 ml Lösung mit c_2
(B) 25 ml Lösung mit c_1 und 75 ml Lösung mit c_2
(C) 50 ml Lösung mit c_1 und 50 ml Lösung mit c_2
(D) 75 ml Lösung mit c_1 und 25 ml Lösung mit c_2
(E) 90 ml Lösung mit c_1 und 10 ml Lösung mit c_2

Maßlösungen

20 Welche Aussagen treffen zu?

(1) Das Arzneibuch gibt die Konzentration von Maßlösungen als Stoffmengenkonzentration an.
(2) Die Konzentration von Maßlösungen wird **immer** als Äquivalentkonzentration angegeben.
(3) Bei der Herstellung von Maßlösungen nach dem Arzneibuch muss genau die der Molmasse eines Stoffes entsprechende Menge eingewogen werden.
(4) Zur Herstellung von Maßlösungen dürfen nur nichtflüchtige Substanzen verwendet werden.
(5) Die Wiederholpräzision der Einstellung von Maßlösungen darf nach dem Arzneibuch maximal 0,2 % betragen.

(A) nur 1 und 5 sind richtig
(B) nur 2 und 5 sind richtig
(C) nur 1, 3 und 4 sind richtig
(D) nur 1, 3 und 5 sind richtig
(E) nur 2, 4 und 5 sind richtig

21 Die Einstellung des Faktors von ca. 1 M-Salzsäure-Maßlösung erfolgt durch Titration von Natriumcarbonat ($M_r = 106{,}0$) als Urtitersubstanz. 1 ml 1 M-Salzsäure-Maßlösung (F = 1,00) entspricht 53,0 mg Natriumcarbonat.
e = Einwaage [mg] an Natriumcarbonat
a = Verbrauch [ml] an einzustellender Salzsäure
Nach welcher Formel wird der Faktor F der Salzsäure-Maßlösung berechnet?

(A) $F = \dfrac{e \cdot 53}{a}$

(B) $F = \dfrac{e}{a \cdot 53}$

(C) $F = \dfrac{e \cdot a}{53}$

(D) $F = \dfrac{212 \cdot e}{a}$

(E) $F = \dfrac{53 \cdot a}{e}$

Berechnungen

22 Wie viel Natriumhydroxid ($M_r = 40\,g/mol$) enthält 1 l einer Maßlösung der Konzentration $c = 0{,}1\,mol \cdot l^{-1}$ und dem Faktor 0,95?

(A) 3,5 g
(B) 3,8 g
(C) 4,0 g
(D) 4,2 g
(E) 4,5 g

23 Welche Aussage trifft zu?
Eine Natriumhydroxid-Maßlösung der Konzentration $c = 0{,}4\,mol \cdot l^{-1}$ wird gegen eine Vorlage von 20 ml einer Salzsäure-Maßlösung der Konzentration $c = 0{,}5\,mol \cdot l^{-1}$ (f = 0,95) eingestellt. Aus dem Verbrauch von 25,0 ml ergibt sich der Faktor der Natriumhydroxid-Maßlösung zu:

(A) 0,90
(B) 0,95
(C) 1,00
(D) 1,05
(E) 2,00

24 Wie viel Silbernitrat ($M_r = 169{,}87$) enthält 1 Liter einer Maßlösung der Konzentration $c = 0{,}1\,mol \cdot l^{-1}$ und dem Faktor f = 0,92?

(A) 1,85 g
(B) 3,69 g
(C) 5,54 g
(D) 15,63 g
(E) 31,24 g

25 Eine Natriumchlorid-Maßlösung der Konzentration $c = 0{,}1\,mol \cdot l^{-1}$ wird gegen eine Vorlage von 20,0 ml einer Silbernitrat-Maßlösung der Konzentration $c = 0{,}1\,mol \cdot l^{-1}$ (f = 0,95) eingestellt, wobei 20,0 ml verbraucht werden.
Welchen Faktor besitzt die Natriumchlorid-Maßlösung?

(A) 0,95
(B) 1,00
(C) 1,02
(D) 2,00
(E) 2,02

Äquivalentstoffmengen

26* Welche Aussage trifft zu?
Kaliumdichromat ($M_r = 294{,}2$) werde bei einer Redoxtitration in saurer Lösung eingesetzt. Wie hoch ist dabei annähernd seine relative Äquivalentmasse?

(A) 98
(B) 58
(C) 49
(D) 35
(E) 29

27 Welche Aussagen treffen zu?
Die Angabe $c\,(\tfrac{1}{5}\,KMnO_4) = 0{,}1\,mol \cdot l^{-1}$ bedeutet:

(1) eine Stoffmengenangabe
(2) die Stoffmengenkonzentration eines Äquivalentes
(3) die Angabe einer Massenkonzentration

(A) nur 1 ist richtig
(B) nur 2 ist richtig
(C) nur 3 ist richtig

(D) nur 1 und 2 sind richtig
(E) nur 2 und 3 sind richtig

28 Welcher der folgenden Teilchenanteile entspricht dem **Äquivalent** $\frac{1}{3}$ KMnO$_4$?

(A) 1 Fe^{2+} bei Titration in saurer Lösung
(B) $^1/_2$ Mn^{2+} bei Titration in neutraler Lösung
(C) 1 H$_2$O$_2$ bei Titration in saurer Lösung
(D) $^1/_2$ H$_2$O$_2$ bei Titration in saurer Lösung
(E) 1 I$^-$ bei Titration in saurer Lösung

29 Welche Aussage trifft zu?
Eine Kaliumbromat-Maßlösung, von der 1 ml mit einem Überschuss an Br$^-$ in saurer Lösung 0,5 mmol Br$_2$ bilden, ist:

(A) 1/1 molar (mol·l^{-1})
(B) 1/2 molar (mol·l^{-1})
(C) 1/3 molar (mol·l^{-1})
(D) 1/5 molar (mol·l^{-1})
(E) 1/6 molar (mol·l^{-1})

30 Welche Aussage trifft zu?
Eine Kaliumbromat-Maßlösung, von der 10 ml mit einem Überschuss an Br$^-$ in saurer Lösung 0,5 mmol Br$_2$ bilden, ist:

(A) 1/10 molar (mol·l^{-1})
(B) 1/20 molar (mol·l^{-1})
(C) 1/30 molar (mol·l^{-1})
(D) 1/50 molar (mol·l^{-1})
(E) 1/60 molar (mol·l^{-1})

31 Welche Aussage trifft **nicht** zu?
In den folgenden Maßlösungen beträgt die **äquivalente** Stoffmengenkonzentration für Redoxtitrationen 0,1 mol·l^{-1}:

(A) 1/60 mol·l^{-1} Kaliumdichromat
(B) 0,05 mol·l^{-1} Natriumarsenit
(C) 0,02 mol·l^{-1} Kaliumbromat (zur Titration von I$^-$ in saurem Milieu)
(D) 0,02 mol·l^{-1} Kaliumpermanganat (für Titrationen in saurem Milieu)
(E) 0,1 mol·l^{-1} Ammoniumcer(IV)-sulfat

32 Welche Aussage trifft **nicht** zu?
In den folgenden Maßlösungen beträgt die **äquivalente** Stoffmengenkonzentration 0,1 mol·l^{-1}:

(A) 0,05 mol·l^{-1} Schwefelsäure (Säure/Base-Titration)
(B) 0,1 mol·l^{-1} Natriumthiosulfat
(C) 0,1 mol·l^{-1} Iod (I$_2$)
(D) 0,1 mol·l^{-1} Silbernitrat
(E) 1/60 mol·l^{-1} Kaliumdichromat (Redoxtitration in saurer Lösung)

33 Bei welcher der nachstehend genannten maßanalytischen Bestimmungen besitzt der Analyt **keine** Äquivalentzahl (Wertigkeit, z) von 2?

(A) Titration von Na$_2$B$_4$O$_7$·10 H$_2$O mit HCl gegen Methylrot
(B) Titration von Na$_2$B$_4$O$_7$·10 H$_2$O nach Zusatz von Mannitol mit Natronlauge gegen Phenolphthalein
(C) Titration von Natriumthiosulfat mit Iodlösung gegen Stärkeindikator
(D) Titration von Natriumcarbonat mit Salzsäure gegen Methylorange
(E) Titration von Dinatriumoxalat mit Permanganat im Sauren

4.2 Stöchiometrische Grundlagen quantitativer Analysen

Siehe hierzu MC-Fragen Nr. 5, 9, 16–19, 22–24, 26, 29–32, 35, 36, 221, 368, 379, 387, 427, 430, 435, 436, 457, 466, 471, 474, 475, 477, 478, 534, 540, 544, 557–561, 575, 587–589, 603, 606, 615, 616, 638, 1718.

4.3 Chemisches Gleichgewicht, Aktivität

4.3.1 Massenwirkungsgesetz

34* Welche Aussage trifft zu?
Bei der Reaktion AB $\rightleftharpoons$ A + B bewirkt eine Verdopplung der Konzentration c(AB) bei Konstanz der übrigen Reaktionsbedingungen eine Erhöhung der Gleichgewichtskonzentration c(A) um den Faktor:

(A) 1/2
(B) 1
(C) 2
(D) $\sqrt{2}$
(E) 4

35 Zwei Substanzen A und B reagieren miteinander in einer Gleichgewichtsreaktion im stöchiometrischen Verhältnis 1:1 unter Bildung der Verbindung AB, wobei die Gleichgewichtskonstante einen Zahlenwert von 10^{-4} aufweist.
Wie groß ist die Konzentration von A im Gleichgewicht, wenn die Konzentration von AB 10^{-6} mol·l^{-1} beträgt? (Die Aktivitätskoeffizienten sollen mit 1 angenommen werden.)

(A) 0,01 mol·l^{-1}
(B) 0,1 mol·l^{-1}
(C) 0,5 mol·l^{-1}
(D) 1 mol·l^{-1}
(E) 10 mol·l^{-1}

36* Welche Aussage trifft zu?
Eine Substanz zerfalle gemäß der Gleichung
AB $\rightleftharpoons$ A + B

Die zugehörige Gleichgewichtskonstante sei 10^{-6} (Konzentrationen in mol·l^{-1}). Bei einer Gleichgewichtskonzentration c(AB) = 10^{-2} mol·l^{-1} ergibt sich nach dem Massenwirkungsgesetz für die Konzentrationen c(A) und c(B):

(A) 10^{-6} mol l^{-1}
(B) 10^{-4} mol l^{-1}
(C) 10^{-3} mol l^{-1}
(D) $2\cdot 10^{-3}$ mol l^{-1}
(E) 10^{-2} mol l^{-1}

4.3.2 Ionenstärke, Aktivitätskoeffizienten

37* Welche Aussagen über Aktivitätskoeffizienten treffen zu?

(1) Sie geben den Anteil an, zu dem schwache Säuren oder Basen gemäß dem Massenwirkungsgesetz dissoziiert sind.
(2) Sie sind Korrekturgrößen, die den Einfluss von Wechselwirkungen zwischen Teilchenarten eines Systems berücksichtigen.
(3) Sie geben den maximal möglichen Titrationsgrad von Säure-Base-Reaktionen an.
(4) Sie werden von der Ionenstärke einer Lösung beeinflusst.

(A) nur 1 ist richtig
(B) nur 2 ist richtig
(C) nur 2 und 3 sind richtig
(D) nur 2 und 4 sind richtig
(E) nur 3 und 4 sind richtig

38 Welche Aussage über den mittleren Aktivitätskoeffizienten trifft **nicht** zu?

(A) Er ist für zweiwertige Ionen halb so groß wie für einwertige Ionen.
(B) Er liegt in der Regel im Bereich zwischen 0 und 1.
(C) Er ist für Essigsäure in sehr verdünnter Lösung gleich 1.
(D) Er hängt von der Ionenstärke ab.
(E) Er hängt vom Lösungsmittel ab.

39* Welche Aussagen über die Ionenstärke treffen zu?

(1) Sie ist abhängig von der Ladung der vorliegenden Anionen.
(2) Eine Pufferlösung mit 0,1 mol·l^{-1} Natriumacetat und 0,1 mol·l^{-1} Essigsäure besitzt eine höhere Ionenstärke als eine 0,2 M-Natriumacetat-Lösung.
(3) Die Dissoziation schwacher Säuren bleibt auf Zusatz eines Neutralsalzes wie KCl unbeeinflusst.

(A) nur 1 ist richtig
(B) nur 3 ist richtig
(C) nur 1 und 2 sind richtig
(D) nur 1 und 3 sind richtig
(E) nur 2 und 3 sind richtig

40 Welche Aussagen über die Ionenstärke treffen zu?

(1) Sie ist abhängig von der Ladung der vorliegenden Anionen.
(2) Eine 0,1-molare NaCl-Lösung hat praktisch die gleiche Ionenstärke wie eine 0,1-molare KNO_3-Lösung.
(3) In einer verdünnten Lösung eines starken Elektrolyten wie KCl bestimmt sie weitgehend den mittleren Aktivitätskoeffizienten.

(A) nur 2 ist richtig
(B) nur 3 ist richtig
(C) nur 1 und 2 sind richtig
(D) nur 1 und 3 sind richtig
(E) 1–3 = alle sind richtig

41 Welche Aussage über die Ionenstärke trifft zu?

(A) Sie ist abhängig von der Ladung der Ionen.
(B) Sie ist bei zweiwertigen Ionen doppelt so groß wie bei einwertigen Ionen.
(C) Sie hat auf die Dissoziation schwacher Säuren **keinen** Einfluss.
(D) Die Ionenstärke eines Ions ist unabhängig von seiner Konzentration in Lösung.
(E) Das Wasserstoff-Ion hat die größte Ionenstärke.

42* Welche Aussagen treffen zu?
Die Ionenstärke einer Lösung hängt ab von der

(1) Konzentration aller Ionen
(2) Temperatur
(3) Ionenbeweglichkeit
(4) Ladung der Ionen
(5) Elektronegativität der Ionen

(A) nur 1 ist richtig
(B) nur 2 ist richtig
(C) nur 1 und 4 sind richtig
(D) nur 3 und 4 sind richtig
(E) 1–5 = alle sind richtig

Berechnungen

43 Welche Aussage trifft zu?
Die größte Ionenstärke hat eine 0,02 molare Lösung von:

(A) $FeCl_3$
(B) $CaCl_2$
(C) $NaNO_3$
(D) KI
(E) NH_4Cl

44 Welche Aussage trifft zu?
Die größte Ionenstärke hat eine 0,02 molare Lösung von:

(A) NaCl
(B) LiBr
(C) $NaHCO_3$
(D) K_2HPO_4
(E) $HClO_4$

4.4 Statistische Auswertung von Analysendaten

45 Welche der folgenden Parameter sind bei der Auswahl eines Analysenverfahrens zu berücksichtigen?

(1) Probenmatrix
(2) Bestimmungsbereich des Verfahrens
(3) Art der Analyten
(4) Konzentration des Analyten in der Probe
(5) Empfindlichkeit des Verfahrens

(A) nur 1 und 3 sind richtig
(B) nur 2, 3 und 4 sind richtig
(C) nur 1, 2, 4 und 5 sind richtig
(D) nur 2, 3, 4 und 5 sind richtig
(E) 1–5 = alle sind richtig

Fehler, Unsicherheiten

Ordnen Sie bitte den in Liste 1 aufgeführten Begriffen die jeweils wesentlichste in Liste 2 dargestellte Korrelation zu!

Liste 1

46 systematischer Fehler

47 zufälliger Fehler

Liste 2
Anwesenheit und Betrag bestimmen die

(A) Nachweisgrenze eines Analysenverfahrens
(B) Bestimmungsgrenze eines Analysenverfahrens
(C) Empfindlichkeit eines Analysenverfahrens
(D) Richtigkeit eines Analysenverfahrens
(E) Präzision eines Analysenverfahrens

48* Welche Aussage zur relativen Unsicherheit eines Messwerts trifft zu?
Die relative Unsicherheit

(A) kann nur für instrumentell-analytisch erhaltene Messwerte angegeben werden
(B) ist die Differenz der Mittelwerte zweier mit gleichem Verfahren durchgeführter Messreihen
(C) ist die tolerierbare Abweichung des Messwerts um ± 5 Einheiten in der letzten signifikanten Ziffer

(D) ist der Quotient aus absoluter Unsicherheit und Messwert
(E) ist unabhängig von der absoluten Größe des Messwerts

49 Welche Aussage zur relativen Unsicherheit von Messwerten trifft zu?
Die relative Unsicherheit

(A) ist ein Maß für die Signifikanz von Messergebnissen
(B) ist ein Maß für die Präzision eines analytischen Verfahrens
(C) ist die Abweichung zwischen Messwert und wahrem Wert
(D) ist die Standardabweichung eines Messwerts, bezogen auf dessen Einheit
(E) ist die auf den Messwert bezogene absolute Unsicherheit

50* Zur abschließenden Berechnung eines Messergebnisses müssen die folgenden drei Messwerte addiert werden:

42,5
9,17
0,439

Welcher der folgenden Werte gibt die Summe korrekt wieder?

(A) 52,1090
(B) 52,109
(C) 52,11
(D) 52,1
(E) 52

Messwertverteilung

51 Welche Aussagen über die Häufigkeitsverteilung analytischer Messwerte, die keinen systematischen Fehler aufweisen, treffen zu?

(1) Sie wird bei unendlich vielen Messwerten meistens durch das Normalverteilungsgesetz nach Gauß (Gauß-Kurve) beschrieben.
(2) Mit steigender Zahl der Messwerte wird die Verteilungskurve breiter und flacher.
(3) Die Zahl der Messwerte, die bei Normalverteilung im Intervall ±σ liegt, ist größer 65 % und kleiner 70 %.

(A) nur 1 ist richtig
(B) nur 2 ist richtig
(C) nur 3 ist richtig
(D) nur 1 und 3 sind richtig
(E) nur 2 und 3 sind richtig

52 Ein analytisches Verfahren liefert streuende Werte, die offensichtlich **nicht** normalverteilt sind.
Welche der folgenden Auswertungsmöglichkeiten ist die beste?

(A) Bildung des arithmetischen Mittelwerts und Angabe von dessen Standardabweichung
(B) Angabe des Medians und der Spannweite
(C) Elimination nicht passender Daten, bis die Restdaten normal verteilt sind
(D) Elimination des jeweils größten und kleinsten Werts, dann Bildung des arithmetischen Mittelwerts
(E) Elimination der Daten, denen möglicherweise ein systematischer Fehler zugrunde liegt

Standardabweichung

53* Welche Aussage trifft **nicht** zu?

(A) Die Standardabweichung ist der Quotient aus der Differenz von Mess- und Mittelwert und der Anzahl der Messwerte.
(B) Der Mittelwert einer Reihe von Messungen sagt nichts über die Genauigkeit der Messmethode aus.
(C) Ein systematischer Fehler liefert entweder zu große oder zu kleine Messwerte.
(D) Die Standardabweichung ist ein Maß für die Streuung der Messwerte (um den Mittelwert).
(E) Das arithmetische Mittel einer Messreihe ist der Quotient aus der Summe der Messwerte und ihrer Anzahl.

54 Welche Aussagen über die Standardabweichung s einer Gehaltsbestimmung treffen zu?

(1) s geht mit zunehmender Zahl von Einzelmessungen gegen Null.
(2) s ist die Quadratwurzel aus der Varianz.
(3) Bei einer sehr großen Zahl von Einzelmessungen liegen **alle** Messwerte im Bereich vom Mittelwert ± s.

(A) nur 1 ist richtig
(B) nur 2 ist richtig
(C) nur 3 ist richtig
(D) nur 1 und 3 sind richtig
(E) 1–3 = alle sind richtig

55* Welche Formelgleichung trifft zu?
Die Standardabweichung s von Messdaten x_i gegenüber ihrem Mittelwert $\bar{x}$ ist definiert als (n = Anzahl der Messwerte):

(A) $s = \pm \sqrt{\dfrac{\sum_i (x_i - \bar{x})^2}{n-1}}$

(B) $s = \pm \sqrt{\dfrac{\sum_i (x_i^2 - \bar{x}^2)}{n-1}}$

(C) $s = \pm \sqrt{\sum_i \left(\dfrac{x_i - \bar{x}}{n-1}\right)^2}$

(D) $s = \pm \sqrt{\dfrac{\sum_i x_i^2 - \sum_i \bar{x}^2}{(n-1)^2}}$

(E) $s = \pm \sqrt{\sum_i \left(\dfrac{x_i - \bar{x}}{n}\right)^2}$

56 Welche Aussage trifft zu?
Bei der Faktoreinstellung einer Maßlösung wurden folgende Einzelwerte ermittelt: 1,00/1,01/1,00/1,01/0,98/1,00/1,00. Der Mittelwert und die absolute Standardabweichung betragen:

(A) $1,00 / 0,93 \cdot 10^{-2}$
(B) $1,00 / 1 \cdot 10^{-2}$
(C) $1,00 / 1,73 \cdot 10^{-2}$
(D) $1,000 / 0,93 \cdot 10^{-2}$
(E) $1,01 / 1 \cdot 10^2$

57 Bei einer photometrischen Analyse wurde nach Mehrfachmessung der Lichtabsorption (Extinktion) die Standardabweichung bestimmt.
Welche Dimension oder Zählgröße hat die Standardabweichung?

(A) Stoffmengenkonzentration
(B) Massenkonzentration
(C) Mol
(D) 1
(E) Candela

Prüfverfahren

58 Welche Aussagen über den t-Test zum Vergleich zweier Messreihen treffen zu?

(1) Er vergleicht die Mittelwerte zweier Messreihen auf signifikante Unterschiede.
(2) Die Durchführung eines F-Testes ist Voraussetzung für den t-Test.
(3) Er kann auch durchgeführt werden, wenn die Standardabweichungen der Messreihen signifikant verschieden sind.

(A) nur 2 ist richtig
(B) nur 3 ist richtig
(C) nur 1 und 2 sind richtig
(D) nur 1 und 3 sind richtig
(E) nur 2 und 3 sind richtig

59 Soll die Streuung zweier unabhängiger Stichproben vom Umfang n_1 und n_2 miteinander verglichen werden, ist folgender Quotient aus den Varianzen s_1^2 und s_2^2 zu bilden:

$$F = \dfrac{s_1^2}{s_2^2}$$

Welche Aussagen zu diesem Verfahren treffen zu?

(1) Ist der Prüfquotient F kleiner als der theoretisch abgeleitete Tabellenwert, so besteht zwischen beiden Standardabweichungen ein signifikanter Unterschied.
(2) Ist der Prüfquotient F größer als der theoretisch abgeleitete Tabellenwert, so besteht zwischen beiden Standardabweichungen ein signifikanter Unterschied.
(3) Die größere Stichprobenvarianz steht stets im Zähler.
(4) Die größere Stichprobenvarianz steht in der Regel im Nenner.
(5) Bei diesem Vergleich handelt es sich um den so genannten t-Test.

(A) nur 1 ist richtig
(B) nur 1 und 4 sind richtig
(C) nur 2 und 3 sind richtig
(D) nur 1, 3 und 5 sind richtig
(E) nur 2, 4 und 5 sind richtig

4.5 Validierung von Verfahren

Ordnen Sie bitte den Aussagen in Liste 1 den jeweils entsprechenden Begriff in Liste 2 zu!

Liste 1

60 Abweichung des Mittelwerts aus vielen Messungen vom „wahren Wert"

61 Ausmaß der Zunahme der Messgröße je Zunahme an Konzentrationseinheit des zu bestimmenden Stoffes

Liste 2
(A) Robustheit
(B) Selektivität
(C) Präzision
(D) Empfindlichkeit
(E) Richtigkeit

Ordnen Sie bitte den Validierungs-Merkmalen eines analytischen Verfahrens aus Liste 1 die jeweils passende Kurzbeschreibung aus Liste 2 zu!

Liste 1

62* Empfindlichkeit

63 Präzision

64 Richtigkeit

Liste 2
(A) Übereinstimmung des Mittelwerts mit dem wahren Wert
(B) Reproduzierbarkeit der Analysenergebnisse bei wiederholter Durchführung des Verfahrens
(C) Steigung der Kalibrierfunktion
(D) Widerstandsfähigkeit gegenüber Störungen und veränderten Versuchsparametern
(E) Unsicherheit eines Analysenverfahrens

65 Welche Aussage trifft zu?
Die Richtigkeit des Ergebnisses einer volumetrischen Titration, die als Mehrfachbestimmung durchgeführt wurde, soll angegeben werden. Falls der wahre Wert der Analyse bekannt ist, wird die Richtigkeit angegeben durch:

(A) den Mittelwert
(B) die Streuung
(C) die Standardabweichung
(D) die Varianz
(E) den relativen Fehler

66 Welche Aussagen treffen zu?
Die Bestimmungsgrenze ist definiert als

(1) der niedrigste mit akzeptabler Präzision und Richtigkeit bestimmbare Substanzgehalt
(2) das kleinste präzise und richtig bestimmbare Substanzsignal
(3) das kleinste erfassbare Messsignal

(A) nur 1 ist richtig
(B) nur 2 ist richtig
(C) nur 1 und 3 sind richtig
(D) nur 2 und 3 sind richtig
(E) 1–3 = alle sind richtig

67 Welche Aussage trifft zu?
Der Begriff „Empfindlichkeit" beschreibt

(A) wie stark sich ein Messergebnis bei einer Konzentrationsänderung des zu bestimmenden Stoffes verändert
(B) die Abweichung des Mittelwerts der Bestimmungen vom wahren Wert
(C) die größte zulässige Masse einer Begleitsubstanz
(D) den Grad der Reproduzierbarkeit der Analysenergebnisse bei wiederholter Durchführung der Methode unter gleichen Bedingungen
(E) die Widerstandsfähigkeit einer Analysenmethode gegen starke Abänderungen der Analysenbedingungen

68 Welche Aussage trifft zu?
Die Empfindlichkeit einer Analysenmethode ist umso höher,

(A) je niedriger ihre Nachweisgrenze ist
(B) je niedriger ihre Bestimmungsgrenze ist
(C) je höher das Signal-Rausch-Verhältnis ist
(D) je größer die Steigung ihrer Kalibrierfunktion ist
(E) je kleiner der Achsenabschnitt ihrer Kalibrierfunktion ist

69 Bei einer Zweipunktkalibrierung für eine Kapillarelektrophorese-Methode werden die folgenden Messwerte erhalten:

Massenkonzentration β	Absorption A
20 mg · l^{-1}	0,1985
20 mg · l^{-1}	0,2000
20 mg · l^{-1}	0,2015
60 mg · l^{-1}	0,5768
60 mg · l^{-1}	0,5800
60 mg · l^{-1}	0,5832

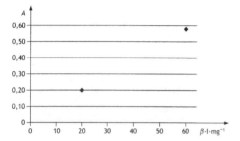

Wie ist (näherungsweise) die Empfindlichkeit der Methode anzugeben?

(A) 0,40 µg
(B) 0,80 µg^{-1}
(C) 9,5 ml · mg^{-1}
(D) 10,0 µg · l^{-1}
(E) 0,0105

70 Welche Aussage über die Richtigkeit eines mit einem analytischen Verfahren erhaltenen Mittelwerts einer Messreihe trifft zu? Der Mittelwert ist um so richtiger, je

(A) kleiner die Standardabweichung der Messwerte ist
(B) kleiner die Empfindlichkeit des Verfahrens ist
(C) kleiner die Nachweisgrenze des Verfahrens ist
(D) größer der Bereich des Verfahrens ist
(E) kleiner der systematische Fehler ist

71 Im Rahmen eines Ringversuches werden in 4 Labors jeweils 5 von insgesamt 20 identischen Paracetamol-Proben analysiert (s. Abb.).
In welchen Fällen ist die **Richtigkeit** bei den 5 Wiederholbestimmungen gut und akzeptabel?

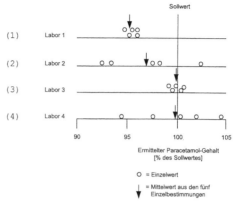

(A) nur bei 1
(B) nur bei 3
(C) nur bei 1 und 2
(D) nur bei 1 und 3
(E) nur bei 3 und 4

72 Im Rahmen eines Ringversuchs werden in 4 Labors jeweils 5 von insgesamt 20 identischen Paracetamol-Proben analysiert (s. Abb.).
In welchen Fällen ist die **Präzision** bei den 5 Wiederholbestimmungen gut?

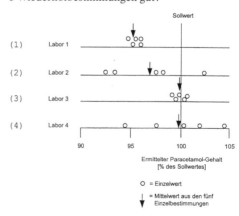

(A) nur bei 1
(B) nur bei 3
(C) nur bei 1 und 3
(D) nur bei 3 und 4
(E) bei 1–4 = bei allen

73 Welche Aussagen zur Präzision eines analytischen Verfahrens treffen zu?

(1) Die Präzision beschreibt die Streuung der Einzelwerte.
(2) Die Präzision eines instrumentellen Verfahrens ist generell höher als die Präzision eines titrimetrischen Verfahrens.
(3) Die Präzision beschreibt die prozentuale Abweichung des Messwerts vom Referenzwert.
(4) Die Präzision ist ein Maß für die Empfindlichkeit eines Verfahrens.
(5) Die Präzision kann in der Form der relativen Standardabweichung angegeben werden.

(A) nur 1 ist richtig
(B) nur 1 und 5 sind richtig
(C) nur 3 und 5 sind richtig
(D) nur 1, 2 und 5 sind richtig
(E) nur 1, 3 und 4 sind richtig

74 Unter Wiederholpräzision im Zusammenhang mit der Validierung von Analysenverfahren versteht man

(A) die Abweichung des Mittelwerts x mehrerer Bestimmungen vom „wahren" Wert
(B) die niedrigste Masse bzw. den niedrigsten Gehalt, die bzw. der in einem Gemisch noch richtig bestimmt werden kann
(C) die Reproduzierbarkeit des Ergebnisses einer analytischen Methode
(D) die Unbeeinflussbarkeit einer Analysenmethode bei Abänderung der Analysenbedingungen
(E) die Störanfälligkeit einer Analysenmethode durch andere chemisch ähnliche Stoffe

75 Welche der folgenden Elemente gehören außer der Messmethode zu einem Analysenverfahren?

(1) Auswertung
(2) Probennahme
(3) Probenvorbereitung
(4) Interpretation und abschließende Aussage

(A) nur 1 ist richtig
(B) nur 3 ist richtig
(C) nur 2 und 3 sind richtig
(D) nur 3 und 4 sind richtig
(E) 1–4 = alle sind richtig

76 Im Europäischen Arzneibuch werden bestimmte Substanzen mit der Zusatzbezeichnung „CRS" versehen.
Wofür steht „CRS"?

(A) chemische Reinsubstanz
(B) chemische Referenzsubstanz
(C) colorimetrische Referenzsubstanz
(D) chemisches Redoxsystem
(E) *certified radioactive substrate*

4.6 Kalibrierung quantitativer Analysenverfahren

77 Welche Aussage trifft zu?
Die Bestimmung der Absorption in Abhängigkeit von der Konzentration bei einer spektralphotometrischen Messung wird wie folgt bezeichnet:

(A) Eichen
(B) Qualifizieren
(C) Kalibrieren
(D) Validieren
(E) Justieren

78* Welche der folgenden analytischen Methoden setzt eine Kalibrierung mit der zu bestimmenden Substanz voraus?

(A) acidimetrische Titration
(B) Redoxtitration
(C) Elektrogravimetrie
(D) UV-Photometrie
(E) potentiostatische Coulometrie

79 Welche der folgenden zur Gehaltsbestimmung angewendeten analytischen Methoden erfordert eine Kalibrierung mit der zu bestimmenden Substanz?

(A) Redoxtitration
(B) Atomabsorptionsspektroskopie (AAS)
(C) Elektrogravimetrie
(D) Säure-Base-Titration
(E) komplexometrische Titration

80 Welche der folgenden Methoden zur Quantifizierung einer Stoffportion kommen **ohne** Kalibrierung mit der zu untersuchenden Substanz aus?

(1) Titration
(2) HPLC mit UV-Detektion
(3) IR-Spektroskopie

(A) nur 1 ist richtig
(B) nur 2 ist richtig
(C) nur 3 ist richtig
(D) nur 1 und 2 sind richtig
(E) nur 1 und 3 sind richtig

81

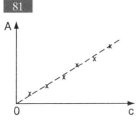

Bei einer photometrischen Gehaltsbestimmung wird obige Kalibrierkurve erhalten (A = Absorption; c = Stoffmengenkonzentration). Welche Aussage trifft **nicht** zu?

(A) Die Steigung der Kurve korreliert mit der Empfindlichkeit der Methode.
(B) Im betrachteten Konzentrationsbereich ist das Lambert-Beersche Gesetz erfüllt.
(C) Die gemessene Absorption ist der Konzentration direkt proportional.
(D) Die Kurve kann durch die allgemeine Geradengleichung $A = a \cdot c + b$ mit $b = 0$ beschrieben werden.
(E) Aus der Streuung der Messpunkte kann auf die Richtigkeit der Bestimmung geschlossen werden.

82 Welche Aussagen über die lineare Regression bei einer Kalibriergeraden treffen zu?

(1) Die lineare Regression ermittelt den Zusammenhang zwischen abhängigen und unabhängigen Variablen.
(2) Zur Überprüfung der Güte der Regression dient der Korrelationskoeffizient.
(3) Die Steigung der Regressionsgeraden ist ein Maß für die Empfindlichkeit eines analytischen Verfahrens.

(A) nur 1 ist richtig
(B) nur 1 und 2 sind richtig
(C) nur 1 und 3 sind richtig
(D) nur 2 und 3 sind richtig
(E) 1–3 = alle sind richtig

4.7 Maßanalyse

4.7.1 Begriffe, Methodik

Ordnen Sie bitte den Titrationsmethoden der Liste 1 die jeweils zutreffende Beschreibung aus Liste 2 zu!

Liste 1

83 Inverse Titration

84 Rücktitration

Liste 2

(A) Zugabe von Maßlösung zur Probelösung bis zum Erreichen des Äquivalenzpunkts
(B) Zugabe eines Überschusses an Maßlösung zur Probe; Titration des Überschusses mit einer zweiten Maßlösung
(C) Zugabe eines Überschusses an Probe zur vorgelegten Maßlösung; Titration des Überschusses mit einer zweiten Maßlösung
(D) Vorlage einer definierten Menge an Maßlösung; Titration mit der Probelösung
(E) Reaktion der Probe unter Freisetzung einer äquivalenten Substanzmenge und deren anschließende Titration mit Maßlösung

85 Welches der folgenden Titrationsverfahren ist zur volumetrischen Bestimmung einer Arzneistoffmenge **nicht** gebräuchlich?

(A) Substitutionstitration
(B) Eliminationstitration
(C) Simultantitration
(D) Rücktitration
(E) Inverse Titration

86 Welches der folgenden Titrationsverfahren ist in der Volumetrie **nicht** gebräuchlich?

(A) Indirekte Titration
(B) Inverse Titration
(C) Konjugationstitration
(D) Rücktitration
(E) Simultantitration

87 Bei der als Mehrfachbestimmung ausgeführten direkten Titration der wässrigen Lösung eines sauren Arzneistoffs mit NaOH-Maßlösung wird ein Blindwert ermittelt.
Welchem Zweck dient die Bestimmung des Blindwerts?

(A) Die ausreichende Acidität des Arzneistoffs soll sichergestellt werden.
(B) Das Messergebnis soll berichtigt werden.
(C) Der Faktor der Maßlösung soll überprüft werden.
(D) Der stöchiometrische Faktor des Arzneistoffs soll ermittelt werden.
(E) Ausreißer sollen identifiziert werden.

4.7.2 Titrationskurven

88 Welche Aussage trifft **nicht** zu?
Die folgenden schematisierten Kurvenverläufe können bei der Titration einer starken Säure mit Natriumhydroxid-Maßlösung erhalten werden (Skalen linear; U_H = Spannung einer Wasserstoffelektrode gegen Standardwasserstoffelektrode; $a(H^+)$ = Wasserstoffionenaktivität).

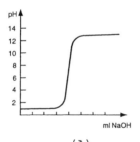

(A)

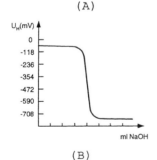

(B)

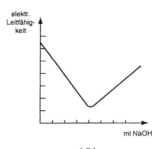

(C)

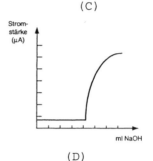

(D)

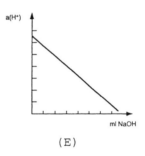

(E)

89 Nach welchen der folgenden Verfahren kann eine potentiometrisch indizierte Titration ausgewertet werden?

(1) Tubbs-Verfahren
(2) Lage des Maximums der 1. Ableitung
(3) Tangenten-Verfahren
(4) Gran-Verfahren

(A) nur 1 ist richtig
(B) nur 3 ist richtig
(C) nur 4 ist richtig
(D) nur 1 und 3 sind richtig
(E) 1–4 = alle sind richtig

90 Welche Aussage trifft zu?
Die abgeleitete (differenzierte) Kurve der Titration einer einbasigen Säure (pK$_a$ = 5) mit einer starken Base der Extrema bei ca.:

(A) pH 5
(B) pH 7
(C) pH 9
(D) pH 4 und pH 8
(E) pH 5 und pH 9

4.8 Standardadditionsverfahren

91 Beim Einsatz der Standardzumischmethode (Standardadditionsverfahren) – z.B. im Rahmen einer atomabsorptionsspektroskopischen Untersuchung – wurde folgende Gerade erhalten:
Aus welchem der Parameter (A) bis (E) lässt sich die Analytkonzentration in der unbekannten Probe direkt ablesen?

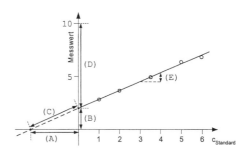

$c_{Standard}$ = Konzentration des zugesetzten Standards

5 Gravimetrie

5.1 Grundlagen

5.1.1 Gravimetrische Grundoperationen

92 Welche Aussage trifft **nicht** zu?
Aus folgenden Gründen ist im Prinzip die gravimetrische Gehaltsbestimmung eines Stoffes bei Verwendung desselben Fällungsreagenzes und unter ähnlichen chemischen Bedingungen genauer als eine fällungstitrimetrische Bestimmung gegen einen Indikator:

(A) Verwendung eines Überschusses an Fällungsreagenz bei der Gravimetrie
(B) kleineres Löslichkeitsprodukt des Niederschlags bei der gravimetrischen Bestimmung
(C) kleinere Konzentration an gelöstem zu bestimmenden Stoff nach beendeter Fällung bei der Gravimetrie
(D) kein Indikatorfehler bei der Gravimetrie
(E) höhere Genauigkeit der Wägung im Vergleich zur volumetrischen Bestimmung

93 Welche der folgenden Produkteigenschaften ist für eine gravimetrische Analyse **nicht** unbedingt erforderlich?

(A) Schwerlöslichkeit in dem verwendeten Lösungsmittel
(B) optimale Teilchengröße für eine gute Filtrierbarkeit
(C) Färbung zur visuellen Verfolgung des Filtrierschritts
(D) chemische Reinheit des Produkts
(E) bekannte Zusammensetzung des Produkts

94* Welche Aussagen zur Bildung von Niederschlägen bei gravimetrischen Analysen treffen zu?

(1) Wägeformen müssen stets in gleicher stöchiometrischer Zusammensetzung herstellbar sein.
(2) Die Fällungsform muss mit der Wägeform übereinstimmen.
(3) Waschflüssigkeiten können einen Teil der Fällungsform lösen.
(4) Das Löslichkeitsprodukt einer Fällungsform ist von dem Volumen abhängig, in dem die Fällung durchgeführt wird.
(5) Umfällungen von Niederschlägen werden gewöhnlich wegen mitgerissener Fremdionen durchgeführt.

(A) nur 1 und 2 sind richtig
(B) nur 2 und 4 sind richtig
(C) nur 1, 3 und 4 sind richtig
(D) nur 1, 3 und 5 sind richtig
(E) 1–5 = alle sind richtig

95 Welche der folgenden Vorgänge können auf das Ergebnis einer gravimetrischen Bestimmung Einfluss nehmen?

(1) Okklusion
(2) Inklusion
(3) Absorption
(4) Alterung

(A) nur 1 ist richtig
(B) nur 2 ist richtig
(C) nur 2 und 3 sind richtig
(D) nur 1, 2 und 4 sind richtig
(E) 1–4 = alle sind richtig

96 Welche Fehlerquelle in der Gravimetrie beschreibt der Begriff Inklusion?

(A) Verwandte Fremdionen können durch Mischkristallbildung mit ausgefällt werden.
(B) Zu kleine Analyt-Kristalle lagern sich in den Poren von Sinterfiltern ab.
(C) Analyt-Kristalle schließen amorphe Analyt-Partikel ein.
(D) Amorphe Fremdteilchen können in Hohlräume der Analyt-Kristalle eingelagert werden.
(E) Analyt-Kristalle können in Hohlräume von Fremdteilchen eingelagert werden.

97* Welche Aussage trifft zu?
Bei der gravimetrischen Bestimmung von SO_4^{2-} als $BaSO_4$ treten oft zu hohe Analysenwerte auf durch:

(A) Einschluss von Wasser
(B) Mitfällung des Fällungsreagenzes
(C) Ausbildung koordinativer Bindungen
(D) Kolloidbildung
(E) teilweise Bildung von BaS_2O_7 beim Glühen von $BaSO_4$ an der Luft

5.1.2 Löslichkeit, Löslichkeitsprodukt

98* Welche Aussage trifft zu?
Das Löslichkeitsprodukt einer Substanz bei einer gravimetrischen Bestimmung ist von folgender Größe abhängig (Abweichungen der Aktivitätskoeffizienten von 1 und Komplexbildung sollen außer Betracht bleiben):

(A) Überschuss des Fällungsmittels
(B) Menge des ausgefällten Niederschlags
(C) Konzentration der auszufällenden Ionen vor der Fällung
(D) Gesamtvolumen der Lösung nach der Fällung
(E) Gleichgewichtslage der Fällungsreaktion

99 Welche Aussage trifft zu?
Der Zahlenwert des Löslichkeitsproduktes eines Niederschlags ist von folgender Größe abhängig (Abweichungen der Aktivitätskoeffizienten von 1 und Komplexbildung sollen außer Betracht bleiben):

(A) Überschuss des Fällungsmittels
(B) Temperatur
(C) Konzentration der auszufällenden Ionen vor der Fällung
(D) Gesamtvolumen der Lösung nach der Fällung
(E) Menge des ausgefällten Niederschlags

100* Welche Aussage trifft zu?
Die Löslichkeiten der angegebenen Sulfide in Wasser nehmen in folgender Reihe (von links nach rechts) zu:

(A) Ag_2S CdS   ZnS   MnS   CaS
(B) ZnS   MnS   CdS   CaS Ag_2S
(C) CdS   MnS Ag_2S ZnS   CaS
(D) CdS   ZnS   MnS Ag_2S CaS
(E) CaS   ZnS   MnS   CdS Ag_2S

101 Welche Aussage trifft zu?
AgCl (pK_L = 10), AgBr (pK_L = 12,4), MgF_2 (pK_L = 8,2) und $PbSO_4$ (pK_L = 8) sollen nach steigender Löslichkeit L (gelöste Stoffmenge/Volumen) sortiert werden (K_L: Löslichkeitsprodukt).

(A) L(AgBr) < L(AgCl) < L(MgF_2) < L($PbSO_4$)
(B) L(AgBr) < L(AgCl) < L($PbSO_4$) < L(MgF_2)
(C) L($PbSO_4$) < L(MgF_2) < L(AgCl) < L(AgBr)
(D) L(MgF_2) < L($PbSO_4$) < L(AgBr) < L(AgCl)
(E) L(MgF_2) < L($PbSO_4$) < L(AgCl) < L(AgBr)

102* Welche Aussage trifft zu?
Die Löslichkeiten der angegebenen Hydroxide in Wasser nehmen in folgender Reihe ab:

(A) $Zn(OH)_2$ $Mg(OH)_2$ $Ba(OH)_2$ $Fe(OH)_3$
(B) $Mg(OH)_2$ $Zn(OH)_2$ $Ba(OH)_2$ $Fe(OH)_3$
(C) $Ba(OH)_2$ $Mg(OH)_2$ $Fe(OH)_3$ $Zn(OH)_2$
(D) $Fe(OH)_3$ $Ba(OH)_2$ $Zn(OH)_2$ $Mg(OH)_2$
(E) $Ba(OH)_2$ $Mg(OH)_2$ $Zn(OH)_2$ $Fe(OH)_3$

103* Welche Aussage trifft zu?
Die Löslichkeitsprodukte der angegebenen Chloride nehmen in folgender Reihe **kleinere** Werte an:

(A) $BaCl_2$ $PbCl_2$ $ZnCl_2$ AgCl
(B) $ZnCl_2$ $BaCl_2$ AgCl $PbCl_2$
(C) $ZnCl_2$ $BaCl_2$ $PbCl_2$ AgCl
(D) $BaCl_2$ AgCl $PbCl_2$ $ZnCl_2$
(E) AgCl $BaCl_2$ $PbCl_2$ $ZnCl_2$

104* Welche Aussage trifft zu?
Die Löslichkeitsprodukte der angegebenen Silbersalze nehmen in folgender Reihe zu:

(A) AgCl Ag_2S AgI Ag_2SO_4
(B) Ag_2SO_4 AgCl Ag_2S AgI
(C) AgCl   AgI Ag_2SO_4 Ag_2S
(D) Ag_2S AgI   AgCl Ag_2SO_4
(E) Ag_2SO_4 Ag_2S AgCl   AgI

105 In welcher der folgenden Reihen sind die aufgeführten Erdalkalisulfate (von links nach rechts) nach fallender Löslichkeit in Wasser ($mol \cdot l^{-1}$ bei Raumtemperatur) geordnet?

(A) $MgSO_4$; $BaSO_4$; $CaSO_4$; $SrSO_4$
(B) $BaSO_4$; $SrSO_4$; $MgSO_4$; $CaSO_4$
(C) $CaSO_4$; $BaSO_4$; $SrSO_4$; $MgSO_4$
(D) $MgSO_4$; $CaSO_4$; $SrSO_4$; $BaSO_4$
(E) $SrSO_4$; $MgSO_4$; $BaSO_4$; $CaSO_4$

106 Die Angabe „praktisch unlöslich" bedeutet nach Arzneibuch, dass zur Lösung von 1 g Substanz **mehr** als 10000 Volumenteile Lösungsmittel erforderlich sind.
Mit welcher Aussage zur Löslichkeit L ist dieser Sachverhalt zutreffend wiedergegeben?

(A) $L = \dfrac{1\,\text{mg Substanz}}{10000\,\text{g Lösungsmittel}}$

(B) $L \leq \dfrac{1\,\text{g Substanz}}{10000\,\text{ml Lösungsmittel}}$

(C) $L > \dfrac{1\,\text{g Substanz}}{10000\,\text{ml Lösungsmittel}}$

(D) $L \leq \dfrac{1\,\text{mg Substanz}}{10000\,\text{ml Lösungsmittel}}$

(E) $L > \dfrac{1\,\text{mg Substanz}}{10000\,\text{ml Lösungsmittel}}$

Berechnungen

107* Eine gesättigte Kochsalz-Lösung enthält bei Raumtemperatur 260 g NaCl/(Liter Lösung). Die relative Atommasse (Atomgewicht) für Natrium ist 23, für Chlor 35,5 (gerundete Werte).
Welchem der folgenden Werte kommt das unter Vernachlässigung der Aktivitätskoeffizienten berechnete Löslichkeitsprodukt von Kochsalz am nächsten?

(A) $26 \cdot 10^2$ $mol^2 \cdot l^{-2}$
(B) $2{,}6 \cdot 10^2$ $mol^2 \cdot l^{-2}$
(C) 20 $mol^2 \cdot l^{-2}$
(D) 0,23 $mol^2 \cdot l^{-2}$
(E) $5{,}85 \cdot 10^{-3}$ $mol^2 \cdot l^{-2}$

108 Welche Aussage trifft zu?
Unter der Annahme, dass alle Aktivitätskoeffizienten gleich 1 gesetzt werden können, beginnt rechnerisch aus einer 10^{-2} M–$MgSO_4$-Lösung Magnesiumhydroxid (Löslichkeitsprodukt L= 10^{-12} $mol^3 \cdot l^{-3}$) auszufallen bei pH:

(A) 8
(B) 9
(C) 10
(D) 11
(E) 12

109* Zu 0,001 mol Bariumchlorid, in wenig Wasser gelöst, wird eine wässrige Lösung von Natriumsulfat (0,0001 $mol \cdot l^{-1}$) hinzugefügt und die Mischung zu 1 l aufgefüllt.
Wie viel Natriumsulfat-Lösung muss zugefügt werden, damit die erhaltene Lösung an Bariumsulfat gesättigt ist, aber sich noch kein Niederschlag gebildet hat (Aktivitätskoeffizient und Komplexbildungsreaktionen bleiben unberücksichtigt; L_{BaSO4}= 10^{-10} $mol^2 \cdot l^{-2}$)?

(A) 0,5 ml
(B) 1 ml
(C) 2 ml
(D) 5 ml
(E) 10 ml

Löslichkeitsbeeinflussung

110 Welche Aussage zur Beeinflussung der Löslichkeit eines schwer löslichen Salzes bei einer Fällungsreaktion trifft zu?
Die Zugabe von Fremdelektrolyten zu dem schwer löslichen Salz

(A) nimmt keinen Einfluss auf die Löslichkeit des Salzes
(B) senkt die Ionenstärke der Lösung
(C) beeinflusst die Aktivitätskoeffizienten der Ionen **nicht**
(D) senkt die Aktivitätskoeffizienten der Ionen
(E) senkt die Löslichkeit des Salzes

111* Welche der folgenden Fällungsvorgänge werden aufgrund gekoppelter Gleichgewichtsreaktionen durch den pH-Wert der Lösung wesentlich beeinflusst?

(1) $Zn^{2+} + S^{2-} \longrightarrow ZnS$
(2) $Ba^{2+} + CO_3^{2-} \longrightarrow BaCO_3$
(3) $K^+ + ClO_4^- \longrightarrow KClO_4$
(4) $Mg^{2+} + NH_4^+ + PO_4^{3-} \longrightarrow MgNH_4PO_4$
(5) $Mg^{2+} + 2\ Ox^- \longrightarrow Mg(Ox)_2$
(Ox^- = 8-Hydroxychinolinat)

(A) nur 1 und 2 sind richtig
(B) nur 3 und 4 sind richtig
(C) nur 1, 2 und 5 sind richtig
(D) nur 1, 2, 4 und 5 sind richtig
(E) nur 2, 3, 4 und 5 sind richtig

112* Bei welchen der folgenden Fällungsvorgänge führt eine Komplexbildung infolge Reagenzüberschuss zu einer unvollständigen Fällung und damit zu einer Beeinträchtigung der gravimetrischen Bestimmung (zu bestimmende Ionenart unterstrichen)?

(1) $\underline{Ag^+} + Cl^- \longrightarrow AgCl$
(2) $\underline{Fe^{3+}} + 3\ H_2O + 3\ NH_3 \longrightarrow Fe(OH)_3 + 3\ NH_4^+$
(3) $\underline{Ca^{2+}} + C_2O_4^{2-} \longrightarrow CaC_2O_4$
(4) $\underline{K^+} + ClO_4^- \longrightarrow KClO_4$

(A) nur 1 ist richtig
(B) nur 2 ist richtig
(C) nur 2 und 3 sind richtig
(D) nur 1, 2 und 3 sind richtig
(E) nur 2, 3 und 4 sind richtig

113* Welche Aussage trifft zu?
Die Löslichkeit von AgCl ist am größten in:

(A) H_2O
(B) Ethanol
(C) wässriger NaCl-Lösung ($c = 0{,}1\ mol \cdot l^{-1}$)
(D) wässriger $NaNO_3$-Lösung ($c = 0{,}1\ mol \cdot l^{-1}$)
(E) wässriger $Mg(NO_3)_2$-Lösung ($c = 0{,}1\ mol \cdot l^{-1}$)

5.1.3 Berechnung der Analyse
Fällungsform, Wägeform

114 Welche Aussagen treffen zu?
Für eine gravimetrische Bestimmung gilt:

(1) Das Löslichkeitsprodukt des gefällten Niederschlags muss möglichst klein sein.
(2) Die Fällungsform wird ggf. durch Trocknen oder Glühen in eine stöchiometrisch eindeutige Wägeform übergeführt.
(3) Die Molmasse der Wägeform sollte möglichst groß sein.
(4) Das Fällungsreagenz darf nur in äquivalenter Menge verwendet werden.

(A) nur 1 und 3 sind richtig
(B) nur 2 und 4 sind richtig
(C) nur 3 und 4 sind richtig
(D) nur 1, 2 und 3 sind richtig
(E) nur 1, 3 und 4 sind richtig

115 Welche Aussage trifft **nicht** zu?
Folgende Ionen können zu ihrer gravimetrischen Bestimmung als schwer lösliche Verbindungen – wie angegeben – aus einer wässrigen Lösung ausgefällt und in dieser Form auch ausgewogen werden:

(A) Chlorid als Silberchlorid
(B) Eisen(III) als Eisen(III)-oxid
(C) Calcium(II) als Calciumoxalat
(D) Blei(II) als Blei(II)-sulfat
(E) Quecksilber(II) als Quecksilber(II)sulfid

116* Welche Aussage trifft **nicht** zu?
Folgende Ionen können zur gravimetrischen Bestimmung als schwer lösliche Verbindungen – wie angegeben – aus einer wässrigen Lösung ausgefällt und in dieser Form auch ausgewogen werden:

(A) Kupfer(II) nach Reduktion als Kupfer(I)-rhodanid
(B) Blei(II) als Blei(II)-sulfat
(C) Sulfat als Barium(II)-sulfat
(D) Magnesium(II) als Magnesiumdiphosphat
(E) Arsen(III) als Arsen(III)-sulfid

117 Welche Aussage trifft **nicht** zu?
Folgende Ionen können zur gravimetrischen Bestimmung als schwer lösliche Verbindungen – wie angegeben – aus einer wässrigen Lösung ausgefällt und in dieser Form auch gewogen werden:

(A) Chlorid als Silberchlorid
(B) Magnesium(II) als Magnesiumdiphosphat
(C) Sulfat als Barium(II)-sulfat
(D) Blei(II) als Blei(II)-sulfat
(E) Kalium als Kaliumtetraphenylborat

Gravimetrischer und empirischer Faktor

118* Wie groß ist der (gravimetrische) Faktor bei der gravimetrischen Bestimmung von Sulfat bei Fällung als Bariumsulfat?
Als relative Molekülmassen sollen eingesetzt werden: $BaSO_4$: 240; SO_4^{2-} : 96

(A) 0,25
(B) 0,4
(C) 2,5
(D) 4,0
(E) 25

119* Bei der gravimetrischen Bestimmung eines Wirkstoffes in einer Arzneizubereitung (Einwaage 1000 mg) beträgt die Auswaage 500 mg.
Wieviel Prozent Wirkstoff sind in der Arzneizubereitung enthalten, wenn der gravimetrische Faktor 0,2 beträgt?

(A) 10 %
(B) 20 %
(C) 30 %
(D) 40 %
(E) 50 %

5.2 Pharmazeutisch relevante gravimetrische Bestimmungen

5.2.1 Bestimmung von Kationen

120 Welches der folgenden Anionen eignet sich **nicht** zur Fällung von Blei(II)-Ionen zum Zweck der gravimetrischen Bestimmung?

(A) Sulfat
(B) Tartrat
(C) Chromat
(D) Sulfid
(E) Oxinat

121* Welches der folgenden Fällungsreagenzien eignet sich **nicht** für die Fällung und gravimetrische Bestimmung von Barium-Ionen?

(A) CO_3^{2-}
(B) $C_2O_4^{2-}$
(C) CrO_4^{2-}
(D) SO_4^{2-}
(E) H_3C
  $\diagdown$
  $C=N-OH$
  $|$
  $C=N-OH$
  $\diagup$
  H_3C

122* Welche der folgenden Kationen lassen sich mit 8-Hydroxychinolin (Oxin) als Fällungsreagenz unter geeigneten Bedingungen als Oxinate fällen und auswiegen?

(1) Fe^{3+}
(2) Mg^{2+}
(3) Li^+
(4) Na^+

(A) nur 1 ist richtig
(B) nur 1 und 2 sind richtig
(C) nur 3 und 4 sind richtig
(D) nur 2, 3 und 4 sind richtig
(E) 1–4 = alle sind richtig

123 Welche Aussage trifft **nicht** zu?
8-Hydroxychinolin eignet sich zur gravimetrischen Bestimmung von:

(A) Al^{3+}
(B) Cu^{2+}
(C) Fe^{3+}
(D) K^+
(E) Zn^{2+}

Ordnen Sie bitte den in Liste 1 aufgeführten Kationen jeweils das in Liste 2 genannte Reagenz zu, das sich zur **gravimetrischen** Bestimmung des Kations eignet und **direkt** zur Wägeform führt!

Liste 1

124* Al^{3+}

125* Mg^{2+}

126* K^+

127* Fe^{3+}

Liste 2

(A) $Na[B(C_6H_5)_4]$

(B) $S=C\begin{matrix}NH\text{-}NH\text{-}C_6H_5\\N=N\text{-}C_6H_5\end{matrix}$

(C) 8-Hydroxychinolin (OH an Chinolin)

(D) Diphenylamin (C₆H₅-NH-C₆H₅)

(E) $HS\text{-}CH_2\text{-}CO_2H$

Ordnen Sie bitte den in Liste 1 aufgeführten Kationen das zur gravimetrischen Bestimmung jeweils geeignete Fällungsreagenz aus Liste 2 zu!

Liste 1

128* Ba^{2+}

129* Pb^{2+}

130* K^+

131 Ni^+

Liste 2

(A) $\begin{matrix}H_3C\\ \diagdown\\ C=N\text{-}OH\\ C=N\text{-}OH\\ \diagup\\ H_3C\end{matrix}$

(B) ClO_4^-
(C) CrO_4^{2-}
(D) CH_3COO^-
(E) NO_3^-

5.2.2 Bestimmung von Anionen

132 Welche der folgenden Aussagen über die gravimetrische Bestimmung von Chlorid als AgCl trifft **nicht** zu?

(A) Die Fällung kann aus salpetersaurer Lösung erfolgen.
(B) Ein Dunkelwerden des Niederschlags durch Lichteinwirkung beeinträchtigt die Genauigkeit.
(C) Zinn(II)-Ionen stören durch ihre Reduktionswirkung.
(D) Quecksilber(II) stört wegen des Dissoziationsverhaltens seiner Verbindungen.
(E) AgCl wird nach Glühen des Niederschlags bei 600 bis 700 °C (bis zur Gewichtskonstanz) gewogen.

5.2.3 Bestimmungen nach dem Arzneibuch

Asche, Sulfatasche

133* Welche Aussage trifft zu?
Die in Prozent angegebenen nichtflüchtigen Anteile, die beim Verbrennen und anschließendem Glühen (ohne Zusätze) einer organischen Substanz oder Droge zurückbleiben, werden nach dem Arzneibuch bezeichnet als:

(A) Asche
(B) Gewichtsrückstand
(C) Salzsäureunlösliche Asche
(D) Sulfatrückstand
(E) Sulfatasche

134* Zur Bestimmung der „Asche" (Gesamtasche) einer Substanz wird bei etwa 100 °C getrocknet und anschließend bei 600 °C bis zur Massekonstanz geglüht. Zur Bestimmung der „Sulfatasche" wird die Substanz mit verdünnter Schwefelsäure versetzt, die Temperatur langsam gesteigert, bei 600 °C geglüht, mit Ammoniumcarbonat-Lösung versetzt und zur Massekonstanz geglüht.
Welche Aussage über diese Bestimmungen trifft zu?

(A) Bei der Asche-Bestimmung im offenen Tiegel ohne Zusätze werden alle anorganischen Stoffe erfasst.
(B) Beim Veraschen im offenen Tiegel entstehen aus organischen Stoffen, die nur C, H, N, O enthalten, flüchtige Verbindungen.
(C) Die „Sulfatasche" enthält nur Sulfate.
(D) Bei der Sulfatasche-Bestimmung bleiben Alkalihalogenide unverändert.
(E) Bei der Sulfatasche-Bestimmung werden durch den Ammoniumcarbonat-Zusatz Alkalisulfate in Alkalicarbonate umgewandelt.

135* Zur Bestimmung der „Asche" (Gesamtasche) einer Substanz wird bei 100 °C bis 105 °C getrocknet und anschließend bei 600 °C bis zur Massekonstanz geglüht. Zur Bestimmung der „Sulfatasche" wird mit verdünnter Schwefelsäure versetzt, die Temperatur langsam gesteigert, nach Erkalten mit Ammoniumcarbonat-Lösung versetzt und zur Massekonstanz geglüht.
Welche Aussagen über die „Sulfatasche" treffen zu?

(1) **Im Gegensatz** zur Veraschung ohne Schwefelsäure werden Beschwerungsmittel wie $BaSO_4$ erkannt.
(2) Nach dem Glühen werden die Rückstände als Pyrosulfate gewogen.
(3) Im Vergleich zur Bestimmung der „Asche" wird die Verflüchtigung von Alkalihalogeniden vermieden.
(4) Bei Anwesenheit von Erdalkalicarbonaten darf die Sulfatasche-Bestimmung nicht angewandt werden.

(A) nur 2 ist richtig
(B) nur 3 ist richtig
(C) nur 1 und 3 sind richtig
(D) nur 2 und 4 sind richtig
(E) nur 1, 2 und 4 sind richtig

136 Welche Aussagen zur Grenzprüfung auf Sulfatasche nach dem Europäischen Arzneibuch treffen zu?

(1) Die Prüfung dient zur Begrenzung anorganischer Verunreinigungen in organischen Arzneistoffen.
(2) Die Prüfung beruht auf der Bildung schwer löslicher Sulfate aus anorganischen Verunreinigungen.
(3) Schwefelsäuredämpfe sind korrosiv.
(4) Die Bildung von Pyrosulfaten im Veraschungsprozess kann bei der ersten Wägung des Rückstands zur Überschreitung des vorgesehenen Grenzwerts führen.
(5) Durch Glühen bei ca. 600 °C werden Pyrosulfate oxidativ zersetzt.

(A) nur 1 und 4 sind richtig
(B) nur 2 und 3 sind richtig
(C) nur 1, 3 und 4 sind richtig
(D) nur 2, 3 und 5 sind richtig
(E) nur 1, 2, 3 und 4 sind richtig

137* Welche Aussage zur Grenzprüfung auf Sulfatasche nach dem Europäischen Arzneibuch trifft zu?

(A) Die Veraschung der Substanzen erfolgt durch Schwefelsäure in der Gasphase.
(B) Die Prüfung beruht auf der Bildung schwer löslicher Sulfate aus anorganischen Verunreinigungen.
(C) Die Bildung von Pyrosulfaten im Veraschungsprozess kann bei der ersten Wägung des Rückstands zur Überschreitung des vorgesehenen Grenzwerts führen.
(D) Durch Glühen bei ca. 600 °C werden Pyrosulfate oxidativ zersetzt.
(E) Pyrosulfate können nur durch den Zusatz von Ammoniumcarbonat zerstört werden.

Unverseifbare Anteile

138* Welche Aussage trifft **nicht** zu?
Die „Unverseifbaren Anteile" von tierischen und pflanzlichen Fetten oder von Wachsen können enthalten:

(A) Sterine
(B) Mineralöle bei vorliegender Verfälschung
(C) höhere Alkohole, z. B. Cetyl-, Stearyl-oder Myristylalkohol
(D) Di- und Triglyceride der Ölsäure
(E) Kohlenwasserstoffe

139 Welche der folgenden Begleitstoffe und Zusätze erhöhen die Kennzahl „Unverseifbare Anteile" bei Fetten und fetten Ölen nach Arzneibuch?

(1) Glycerol
(2) ungesättigte Fettsäuren
(3) Kaliumsalze von Fettsäuren
(4) Sterine
(5) Triterpene

(A) nur 4 und 5 sind richtig
(B) nur 1, 2 und 3 sind richtig
(C) nur 2, 3 und 4 sind richtig
(D) nur 3, 4 und 5 sind richtig
(E) 1–5 = alle sind richtig

140* Eine Mischung von Estern des Glycerols mit längerkettigen Carbonsäuren und Paraffinkohlenwasserstoffen wird mit überschüssiger alkoholisch-wässriger Kaliumhydroxid-Lösung 1 Stunde zum Sieden erhitzt. Nach beendeter Reaktion wird viel Wasser hinzugefügt, mit Ether ausgeschüttelt und die Etherphase vom Lösungsmittel befreit. Den erhaltenen Rückstand bezeichnet man als „Unverseifbare Anteile".
Durch Zusatz welcher/welches Stoffe/s zu der untersuchten Mischung erhöhen sich diese „Unverseifbaren Anteile"?

(A) Kaliumhydroxid
(B) Ethylester von Carbonsäuren
(C) Glycerol
(D) längerkettige Carbonsäuren
(E) Paraffinkohlenwasserstoffe

6 Säure-Base-Titrationen

6.1 Grundlagen

6.1.1 Aciditäts- und Basizitätskonstanten

Brönsted-Definitionen

Ordnen Sie bitte den Basen der Liste 1 die jeweils korrespondierende Säure aus Liste 2 zu!

Liste 1	Liste 2
141* OH^-	(A) H_2O
142* HPO_4^{2-}	(B) H_3O^+
143* H_2O	(C) OH^-
	(D) $H_2PO_4^-$
	(E) PO_4^{3-}

Ordnen Sie bitte den Brönsted-Säuren der Liste 1 jeweils die korrespondierende Base (Liste 2) zu!

Liste 1	Liste 2
144 OH^-	(A) OH^-
145 H_2O	(B) H_3O^+
	(C) O^{2-}
	(D) H_2O
	(E) $\cdot OOH$

146* Welche der folgenden Verbindungen bzw. welches Ion stellt die korrespondierende Base zu HPO_4^{2-} dar?

(A) H_2O
(B) H_3O^+
(C) OH^-
(D) $H_2PO_4^-$
(E) PO_4^{3-}

147* Welche Aussage trifft **nicht** zu?
Gegenüber Wasser verhalten sich:

(A) Dimethylammonium-Ionen wie eine zweisäurige Base
(B) Acetat-Ionen wie eine einsäurige Base
(C) Acetacidium-Ionen wie eine zweibasige Säure
(D) Pyridin wie eine einsäurige Base
(E) Pyridinium-Ionen (protoniertes Pyridin) wie eine einbasige Säure

148 Welche der folgenden Ionen bzw. welche Verbindungen verhalten sich in verdünnter wässriger Lösung amphoter?

(1) $H_2PO_4^-$
(2) $Al(OH)_3$
(3) $Fe(OH)_3$
(4) HSO_4^-

(A) nur 1 ist richtig
(B) nur 2 ist richtig
(C) nur 1 und 3 sind richtig
(D) nur 1, 2 und 4 sind richtig
(E) 1–4 = alle sind richtig

149* Welche der folgenden Verbindungen verhält sich in wässriger Lösung **nicht** amphoter?

(A) $HO-\underset{\underset{O}{\|}}{C}-\underset{\underset{O}{\|}}{C}-O^{\ominus}$

(B) $Zn(OH)_2$
(C) $Al(OH)_3$
(D) HSO_4^-
(E) PO_4^{3-}

pK$_a$-Werte

150 Welche Aussagen treffen zu?
Die Acidicitätskonstante einer Säure ist

(1) die Gleichgewichtskonstante für die Reaktion mit Wasser
(2) abhängig von der Temperatur
(3) identisch mit der Ionisationskonstanten
(4) ein Maß für das Vermögen, Protonen auf Wasser zu übertragen

(A) nur 1 und 2 sind richtig
(B) nur 1 und 3 sind richtig
(C) nur 2 und 4 sind richtig
(D) nur 1, 2 und 4 sind richtig
(E) 1–4 = alle sind richtig

151 Welche Aussage trifft zu?
Die thermodynamisch exakte Aciditätskonstante (K_a) für H_3O^+ beträgt:

(A) 1,000
(B) –1,7404
(C) –1,7404 mol·l^{-1}
(D) –2
(E) 55,5 mol l^{-1}

Ordnen Sie bitte den in Liste 1 aufgeführten Säuren jeweils den angenäherten pK$_a$-Wert (Liste 2) zu!

Liste 1		Liste 2
152	HCN	(A) < 0
153*	HBr	(B) 3
154	HI	(C) 5
155*	HCl	(D) 7
156*	HF	(E) 9
157	HClO$_4$	
158*	NH$_4^+$	

Ordnen Sie bitte den in Liste 1 aufgeführten Anionsäuren den jeweils zutreffenden angenäherten pK$_a$-Wert aus Liste 2 zu!

Liste 1		Liste 2
159*	HSO$_4^-$	(A) 2
160*	H$_2$PO$_4^-$	(B) 5
161*	HPO$_4^{2-}$	(C) 7
		(D) 9
		(E) 12

Ordnen Sie bitte jeder der in Liste 1 aufgeführten Säuren den angenäherten pK$_{a1}$ bzw. pK$_a$-Wert (Liste 2) zu!

Liste 1		Liste 2
162	(COOH)$_2$	(A) 1,5
163*	CH$_3$COOH	(B) 5
		(C) 7
		(D) 9
		(E) 13

Ordnen Sie bitte jeder der in Liste 1 aufgeführten Säuren den angenäherten pK$_a$-Wert der ersten Protolysestufe (Liste 2) zu!

Liste 1		Liste 2
164*	H$_3$PO$_4$	(A) 2
165*	H$_3$BO$_3$	(B) 5
166*	H$_2$S	(C) 7
		(D) 9
		(E) 13

Ordnen Sie bitte jedem der in Liste 1 aufgeführten Säure-Base-Paare den angenäherten pK$_a$-Wert (Liste 2) zu!

Liste 1		Liste 2
167	HCO$_3^-$/CO$_3^{2-}$	(A) 2
168*	HSO$_4^-$/SO$_4^{2-}$	(B) 5
		(C) 7
		(D) 10
		(E) 13

169 Die Basizitätskonstante einer einsäurigen Base sei $1 \cdot 10^{-2}$ mol·l^{-1}.
Wie groß ist der entsprechende pK$_a$-Wert ihrer korrespondierenden Säure, wenn das Ionenprodukt des Wassers $1 \cdot 10^{-14}$ mol^2·l^{-2} beträgt?

(A) 4,5
(B) 5
(C) 9
(D) 12
(E) 19

170 Welche Aussage trifft zu?

Obige Formel zeigt den Arzneistoff Morphin.

Säure-Base-Titrationen

Ordnen Sie bitte der mit dem Pfeil gekennzeichneten Gruppe den pK_a-Wert zu, der dem tatsächlichen Wert am nächsten kommt!
(A) 1
(B) 5
(C) 8
(D) 12
(E) 14

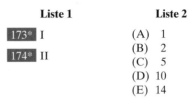

Ordnen Sie bitte den in obiger Formel gekennzeichneten funktionellen Gruppen (Liste 1) in Propranololhydrochlorid den pK_a-Wert (Liste 2) zu, der dem tatsächlichen Wert am nächsten kommt!

	Liste 1		Liste 2
171	I	(A)	1
172	II	(B)	5
		(C)	9
		(D)	12
		(E)	>14

Ordnen Sie bitte den in der obigen Formel gekennzeichneten funktionellen Gruppen in Oxyphenbutazon (Liste 1) den pK_a-Wert (Liste 2) zu, der dem tatsächlichen Wert am nächsten kommt!

	Liste 1		Liste 2
173*	I	(A)	1
174*	II	(B)	2
		(C)	5
		(D)	10
		(E)	14

175 In welcher der Reihen (A) bis (E) sind die Stoffe 1 bis 4 mit zunehmender Säurestärke geordnet?

1. Ph-SO₃H   2. Ph-COOH
3. Ph-OH   4. Ph-C(O)-NH₂

(A) 1 < 2 < 3 < 4
(B) 2 < 4 < 1 < 3
(C) 3 < 2 < 4 < 1
(D) 3 < 1 < 4 < 2
(E) 4 < 3 < 2 < 1

176 Die Säuren Benzoesäure, Essigsäure, $FeCl_3$ und KH_2PO_4 sollen von links nach rechts nach steigenden pK_a-Werten geordnet werden. Welche Reihung ist richtig?

(A) $FeCl_3$, Benzoesäure, Essigsäure, KH_2PO_4
(B) Benzoesäure, Essigsäure, KH_2PO_4, $FeCl_3$
(C) Essigsäure, Benzoesäure, KH_2PO_4, $FeCl_3$
(D) Essigsäure, $FeCl_3$, Benzoesäure, KH_2PO_4
(E) KH_2PO_4, Benzoesäure, Essigsäure, $FeCl_3$

Säure-Base-Gleichgewichte

177* Welche Aussage trifft zu?
Die Gleichgewichtskonstante K für die Reaktion von Acetat ($pK_b = 9{,}3$) mit Ameisensäure ($pK_a = 3{,}7$) beträgt in wässriger Lösung:

(A) $K = 0{,}1$
(B) $K = 1{,}0$
(C) $K = 4{,}6$
(D) $K = 10{,}0$
(E) $K = 10^{4{,}6}$

178 Welchen Zahlenwert hat die Gleichgewichtskonstante K der Reaktion von Acetat mit Oxalsäure zu Essigsäure und Hydrogenoxalat?

CH₃COO⁻ + HOOC-COOH ⇌

CH₃COOH + HOOC-COO⁻

pK_a (Essigsäure) = 4,75;
pK_{a1} (Oxalsäure) = 1,45

(A) −3,3
(B) $10^{-3,3}$
(C) 3,3
(D) $10^{3,3}$
(E) $10^{6,2}$

Mehrwertige Protolyte

179* Welche Aussage über Oxalsäure trifft zu?

(A) pK_{a1} ist aus statistischen Gründen doppelt so groß wie pK_{a2}.
(B) pK_{a2} ist größer als pK_{a1}.
(C) Infolge der Symmetrie des Oxalsäure-Moleküls ist $pK_{a1} = pK_{a2}$.
(D) $pK_{a1} + pK_{a2} = pK_w$ (K_w = Ionenprodukt des Wassers).
(E) pK_{a1} der Oxalsäure ist größer als der pK_a-Wert von Essigsäure.

180* Welche Aussagen über Salicylsäure treffen zu?

(1) Der pK_a-Wert der Carboxylgruppe ist kleiner als der pK_a-Wert von Benzoesäure.
(2) Sie gibt mit Fe(III) einen gefärbten Komplex.
(3) Der pK_a-Wert der OH-Gruppe ist größer als der pK_a-Wert von Phenol.

(A) nur 1 ist richtig
(B) nur 2 ist richtig
(C) nur 3 ist richtig
(D) nur 1 und 3 sind richtig
(E) 1–3 = alle sind richtig

181 Welche Aussagen treffen zu?
Bei folgenden Säure-Base-Paaren beträgt die Differenz der pK_a-Werte etwa 5:

(1) H_2SO_4/HSO_4^- und HSO_4^-/SO_4^{2-}
(2) $H_3PO_4/H_2PO_4^-$ und $H_2PO_4^-/HPO_4^{2-}$
(3) $HOOC(CH_2)_2COOH/$ $HOOC(CH_2)_2COO^-$ und $HOOC(CH_2)_2COO^-/^-OOC(CH_2)_2COO^-$

(A) nur bei 1
(B) nur bei 3
(C) nur bei 1 und 2
(D) nur bei 2 und 3
(E) bei 1–3 = bei allen

Ionenprodukt des Wassers

182* Welche Aussage über das Ionenprodukt des Wassers bei 100 °C trifft zu?

(A) $pK_w = pK_a \cdot pK_b$
(B) $pK_{w,100°C} > 14$
(C) $pK_{w,100°C} < 14$
(D) $pK_{w,100°C} = 14$
(E) $pK_w \dfrac{pK_a + pK_b}{2}$

Nivellierung

183* Die Acidität welcher der folgenden Säuren wird **nicht** durch Wasser als Lösungsmittel nivelliert?

(A) Perchlorsäure
(B) Chlorwasserstoff
(C) Salpetersäure
(D) Schwefelsäure
(E) Essigsäure

184* Welche Aussagen treffen zu?
Die Basizität der folgenden Basen wird durch Wasser als Lösungsmittel nivelliert:

(1) Natriumhydrid
(2) Natriumamid
(3) Natriummethanolat
(4) Ammoniak
(5) Pyridin

(A) nur 1 ist richtig
(B) nur 1 und 2 sind richtig
(C) nur 1, 2 und 3 sind richtig
(D) nur 2, 3 und 4 sind richtig
(E) 1–5 = alle sind richtig

6.1.2 pH-Wert

185* Welchen pH-Wert besitzt eine Lösung mit der Wasserstoffionen-Aktivität $3,2 \cdot 10^{-6}$ mol·l^{-1} (log 3,2 ≈ 0,5)?

(A) 3,2
(B) 4,0
(C) 4,5
(D) 5,0
(E) 5,5

186 Welchen pOH-Wert besitzt eine Lösung mit der Wasserstoffionen-Aktivität $3,2 \cdot 10^{-8}$ mol·l^{-1} ($\log_{10} 3,2 ≈ 0,5$)?

(A) $3,2 \cdot 10^{-5}$
(B) $3,2 \cdot 10^{-6}$
(C) 6,5
(D) 7,5
(E) 8,5

Berechnungen

187 Welcher pH-Wert ergibt sich für eine 1-molare einprotonige starke Säure bei einem Aktivitätskoeffizienten von 0,01?

(A) −2
(B) −1
(C) 0
(D) +1
(E) +2

188* Welche Aussage trifft zu?
Der pH-Wert von Salzsäure errechnet sich, wenn der Aktivitätskoeffizient mit 1 vorausgesetzt wird, zu:

(A) Der pH-Wert kann aufgrund dieser Angabe **nicht** berechnet werden.
(B) −1
(C) −0,1
(D) 0
(E) +0,1

189* Welche Aussage trifft zu?
Eine Salzlösung enthalte 0,1 mol HCl-Gas pro Liter. Der Aktivitätskoeffizient dieser Lösung betrage 0,1. Der pH-Wert der Lösung errechnet sich zu:

(A) 2
(B) 1
(C) 0
(D) −1
(E) −2

190 Welche Aussage trifft zu?
Der pH-Wert einer Salzsäure-Lösung der Konzentration $c = 0,01$ mol·l^{-1} errechnet sich, wenn der Aktivitätskoeffizient mit 1 vorausgesetzt wird, zu:

(A) −2
(B) −1
(C) 0
(D) +1
(E) +2

Ordnen Sie bitte den wässrigen Säure-Lösungen aus Liste 1 den jeweils zugehörigen ungefähren pH-Wert aus Liste 2 zu!

Liste 1

191 Salzsäure ($c = 0,1$ mol·l^{-1})

192 Essigsäure ($c = 1$ mol·l^{-1}; $pK_a = 4,75$)

Liste 2

(A) 0,0
(B) 1,0
(C) 1,9
(D) 2,4
(E) 2,9

Ordnen Sie bitte den wässrigen Säure-Lösungen aus Liste 1 den jeweils zugehörigen ungefähren pH-Wert aus Liste 2 zu!

Liste 1

193* Salpetersäure ($c = 1,0$ mol/l)

194* Ameisensäure ($c = 0,1$ mol/l; $pK_a = 3,8$)

Liste 2

(A) 0,0
(B) 1,0
(C) 1,9
(D) 2,4
(E) 2,9

195* Welche Aussage trifft zu?
Die Dissoziationskonstante von Nicotinsäure beträgt $1 \cdot 10^{-5}$ mol·l^{-1}. Eine 0,01-molare Nicotinsäure-Lösung hat einen pH-Wert von etwa:

(A) 3
(B) 3,5
(C) 4
(D) 4,5
(E) 5

196 Welche Aussage trifft zu?
Die Dissoziationskonstante einer einprotonigen Säure betrage $1 \cdot 10^{-6}$ mol·l^{-1}. Der pH-Wert ihrer 0,01 molaren wässrigen Lösung beträgt etwa:

(A) 1
(B) 2
(C) 3
(D) 4
(E) 5

197* 10 ml 0,1-molare Salzsäure werden in Wasser gelöst und mit 11 ml 0,1-molarer Natriumhydroxid-Lösung versetzt.
Wie groß ist ungefähr der pH-Wert der auf 100 ml aufgefüllten Lösung?

(A) 5
(B) 7
(C) 9
(D) 11
(E) 13

198* Welchen pH-Wert besitzt eine Lösung mit einer HO$^-$-Ionenaktivität von 10^{-5} mol·l^{-1}?

(A) 9
(B) 8
(C) 7
(D) 6
(E) 5

199 Die Basizitätskonstante einer einsäurigen Base sei $1 \cdot 10^{-6}$ mol·l^{-1}.
Welcher der folgenden Zahlenwerte kommt dem pH-Wert ihrer 0,01-molaren wässrigen Lösung am nächsten, wenn das Ionenprodukt des Wassers $1 \cdot 10^{-14}$ mol^2·l^{-2} beträgt?

(A) 8
(B) 9
(C) 10
(D) 11
(E) 12

Protolyse von Salzen

200* Welches der folgenden Salze reagiert, in Wasser gelöst, am stärksten sauer?

(A) NH$_3$OH$^+$Cl$^-$
(B) NaIO$_4$
(C) Fe$_2$(SO$_4$)$_3$
(D) K$_2$SO$_4$
(E) NH$_4$Cl

201 Welche Aussage trifft zu?

(A) Der pH-Wert einer HCl-Lösung ($c = 10^{-7}$ mol/l) beträgt exakt 7,00.
(B) Der pH-Wert einer Essigsäure-Lösung (pK_a = 4,75) mit dem Massenanteil $w = 0,5$ beträgt 4,75.
(C) Der pH-Wert einer Dinatriumhydrogenphosphat-Lösung ($c = 0,1$ mol/l) liegt zwischen 4 und 5.
(D) Der pH-Wert einer Ammoniumchlorid-Lösung (pK_a = 9,25) mit dem Massenanteil w(NH$_4$Cl) = 0,1 beträgt 9,25.
(E) Für eine schwache Säure HA und ihre konjugierte Base A$^-$ gilt die folgende Gleichung:
pK_a(HA) + pK_b(A$^-$) = pH + pOH

Pufferlösungen

202 Welche Aussagen über Pufferlösungen treffen zu?

(1) Sie können aus einer schwachen Säure und ihrer konjugierten Base bestehen.
(2) Die Pufferkapazität ist proportional dem Differentialquotienten der Konzentration einer zugesetzten Base und dem pH-Wert.
(3) Die Pufferkapazität ist begrenzt.
(4) Der pH-Wert hängt von der Dissoziationskonstanten der enthaltenen Säure ab.

(A) nur 1 ist richtig
(B) nur 1 und 2 sind richtig
(C) nur 2 und 4 sind richtig
(D) nur 1, 2 und 3 sind richtig
(E) 1–4 = alle sind richtig

203* Welche Aussage trifft **nicht** zu?
Als Puffersubstanz ist geeignet:

(A) Methenamin (Hexamethylentetramin)
(B) Kaliumdihydrogenphosphat
(C) Natriumchlorid
(D) Natriummonohydrogenphosphat
(E) Natriumtetraborat

Ordnen Sie bitte jedem der in Liste 1 aufgeführten pH-Bereiche die jeweils zutreffende äquimolare (Salz zu Säure bzw. Base) Pufferlösung (Liste 2) zu!

Liste 1

204   pH = 4 bis 5

205   pH = 7 bis 8

206   pH = 9 bis 10

Liste 2
(A) $ClCH_2COOH/ClCH_2COO^-$
(B) NH_3/NH_4Cl
(C) Natriumacetat/Essigsäure
(D) Na_2HPO_4/NaH_2PO_4
(E) $H_4C_6(COOH)_2/H_4C_6(COOH)COO^-$

207 Welche Aussagen zur Pufferkapazität β einer wässrigen Lösung von Essigsäure (HAc) und Natriumacetat (NaAc) treffen zu (die Aktivitätskoeffizienten werden gleich 1 angenommen)?

(1) Sie hat bei $pH = pK_{a(HAc)}$ ein Maximum.
(2) In äquimolaren Mischungen von HAc und NaAc ist β unabhängig von der Gesamtmolarität.
(3) Bei $pH = pK_{a(HAc)} + 1$ ist β deutlich größer als bei $pH = pK_{a(HAc)} - 1$.

(A) nur 1 ist richtig
(B) nur 2 ist richtig
(C) nur 3 ist richtig
(D) nur 1 und 2 sind richtig
(E) 1–3 = alle sind richtig

Henderson-Hasselbalch-Gleichung

208* Welche Aussagen treffen zu?
Zur näherungsweisen Berechnung des pH-Wertes einer Essigsäure/Natriumacetat-Pufferlösung mit Hilfe der Henderson-Hasselbalch-Gleichung müssen folgende Daten bekannt sein:

(1) der pK_a-Wert der Essigsäure
(2) die Konzentration an Natriumacetat
(3) der Dissoziationsgrad des Natriumacetats
(4) die Konzentration an Essigsäure
(5) das Ionenprodukt des Wassers

(A) nur 1, 2 und 4 sind richtig
(B) nur 2, 3 und 5 sind richtig
(C) nur 3, 4 und 5 sind richtig
(D) nur 1, 2, 3 und 4 sind richtig
(E) 1–5 = alle sind richtig

209* Welche der folgenden Gleichungen gilt für den pH-Wert einer Lösung, die 10^{-5} mol·l^{-1} Natriumacetat, 10^{-5} mol·l^{-1} Essigsäure und Kaliumchlorid enthält ([Ac$^-$] Konzentration an Acetat; [HAc] Konzentration an Essigsäure; γ mittlerer Aktivitätskoeffizient von Essigsäure)?

(A) $pH = pK_a + \log \dfrac{[Ac^-]}{[HAc]}$

(B) $pH = pK_a + \log \dfrac{[HAc]}{[Ac^-]}$

(C) $pH = pK_a + \log \dfrac{[HAc] \cdot \gamma}{[Ac^-]}$

(D) $pH = pK_a + \log \dfrac{[Ac^-] \cdot \gamma}{[HAc]}$

(E) $pH = pK_a + \log \dfrac{[Ac^-]}{[HAc]} + \gamma$

Berechnungen

210* Welche Aussage trifft zu?
Der pH-Wert einer Lösung, die 10^{-5} mol·l^{-1} Natriumacetat, 10^{-4} mol·l^{-1} Essigsäure und Kaliumchlorid enthält, (pK_a sei = 5, mittlerer Aktivitätskoeffizient: γ = 0,8; log γ = –0,1) errechnet sich zu:

(A) 3,0
(B) 3,1
(C) 3,9
(D) 4,9
(E) 5,9

211 Welche Aussage trifft zu?
Bei pH= 7 liegt ein Arzneimittel zu 99,9 % als undissoziierte Säure vor. Das Arzneimittel besitzt den pK_a-Wert:

(A) 4
(B) 5
(C) 7
(D) 9
(E) 10

212 Eine ca. 0,1 molare wässrige Lösung einer einbasigen Säure mit dem pK_a-Wert 6 wird mit konzentrierter Natriumhydroxid-Lösung auf pH = 8 eingestellt.
Wie groß ist das Molverhältnis von korrespondierender Base zu Säure bei diesem pH-Wert ungefähr?

(A) 1:1
(B) 1:2
(C) 2:1
(D) 14:1
(E) 100:1

213 Eine wässrige Lösung enthält gleiche Konzentrationen der schwachen Säure HA und ihrer korrespondierenden Base A^-, ($c_{HA} = c_{A^-}$). Man fügt soviel Säure HA hinzu, bis sich $c_{HA} : c_{A^-}$ wie 10 : 1 verhält.
Wie ändert sich dadurch der pH-Wert der Lösung ungefähr?

(A) praktisch nicht
(B) um ca. 0,1
(C) um ca. 0,5
(D) um ca. 1,0
(E) um ca. 2,0

6.1.3 Titrationsmöglichkeiten

214 Welche Aussagen treffen zu?
Voraussetzungen für die Titrierbarkeit einer Kationsäure (Protolysekonstante K_a) in einem protischen Lösungsmittel (Autoprotolysekonstante K_L) mit einer starken Base unter Verwendung eines Indikators (Säureexponent pK_{Ind}) sind u. a.:

(1) $pK_a < pK_L$
(2) $pK_a > pK_L$
(3) $pK_a > pK_{Ind}$
(4) $pK_a < pK_{Ind}$

(A) nur 2 ist richtig
(B) nur 3 ist richtig
(C) nur 4 ist richtig
(D) nur 1 und 4 sind richtig
(E) nur 2 und 3 sind richtig

215* Welche Aussagen treffen zu?
In wässriger Lösung können Säuren (Anfangskonzentration etwa 0,1-molar) direkt und ohne Zusätze (wie z. B. Sorbitol, $AgNO_3$, $CaCl_2$) durch Titration mit Natriumhydroxid-Lösung (c = 0,1 mol/l) gegen Farbindikatoren (ohne Vergleichslösung) bestimmt werden, wenn ihr K_a-Wert beträgt:

(1) 10^{-3} mol l^{-1}
(2) 10^{-6} mol l^{-1}
(3) 10^{-10} mol l^{-1}
(4) 10^{-12} mol l^{-1}

(A) nur 2 ist richtig
(B) nur 1 und 2 sind richtig
(C) nur 2 und 3 sind richtig
(D) nur 3 und 4 sind richtig
(E) 1–4 = alle sind richtig

216* Welche Aussagen treffen zu?
Eine 0,1 M-Säure mit $pK_a = 8$ kann in wässriger Lösung mit hinreichender Genauigkeit direkt mit Natriumhydroxid-Lösung (c = 0,1 mol/l) titriert werden:

(1) unter Verwendung von Methylorange als Indikator
(2) unter Verwendung von Methylrot als Indikator
(3) wenn der Endpunkt mit Hilfe der Potentiometrie bestimmt wird

(A) nur 1 ist richtig
(B) nur 2 ist richtig
(C) nur 3 ist richtig
(D) nur 2 und 3 sind richtig
(E) 1–3 = alle sind richtig

217* Welche der folgenden Säuren können in wässriger Lösung ohne weitere Zusätze mit NaOH-Maßlösung (c = 0,1 mol·l^{-1}) und Phenolphthalein als Indikator titriert werden?

(1) Essigsäure
(2) Monochloressigsäure
(3) Dichloressigsäure
(4) Trichloressigsäure

(A) nur 1 ist richtig
(B) nur 4 ist richtig
(C) nur 1 und 2 sind richtig
(D) nur 1, 2 und 3 sind richtig
(E) 1–4 = alle sind richtig

218* Welche der folgenden Stoffe lassen sich in wässriger Lösung mit 0,1 M-Natriumhydroxid-Lösung gegen Phenolphthalein titrieren?

(1) $Cl_3C-COOH$

(2) 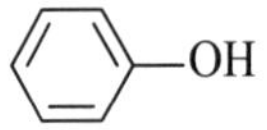 C$_6$H$_5$—OH

(3) [Ascorbinsäure-Struktur]

(4) [Barbitursäure-Derivat mit H_5C_2 und H_5C_6 Substituenten, NH-Gruppen]

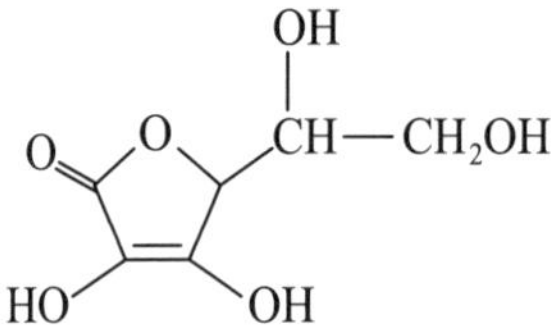

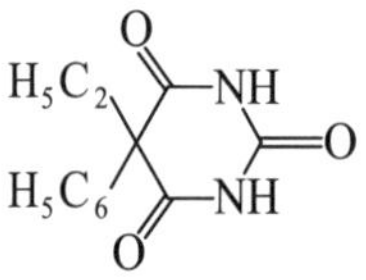

(5) H_3C—C$_6$H$_4$—SO_3H

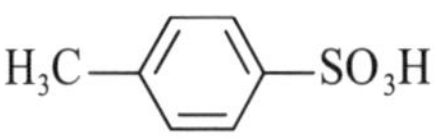

(A) nur 1 und 3 sind richtig
(B) nur 2 und 4 sind richtig
(C) nur 2 und 5 sind richtig
(D) nur 1, 3 und 5 sind richtig
(E) nur 2, 3, 4 und 5 sind richtig

219 Welche Aussagen treffen zu?
Als NH-acide Verbindung lässt sich, in Ethanol gelöst, mit Natriumhydroxid-Lösung gegen Phenolphthalein direkt titrieren:

(1) Phenytoin (Diphenylhydantoin)
(2) Tolbutamid (1-Butyl-3-tosyl-harnstoff)
(3) Propylthiouracil

(A) nur 1 ist richtig
(B) nur 2 ist richtig
(C) nur 3 ist richtig
(D) nur 1 und 2 sind richtig
(E) 1–3 = alle sind richtig

220* Welche Aussagen treffen zu?
Folgende Verbindungen können, in Aceton oder Ethanol gelöst, mit 0,1 M-Natriumhydroxid-Lösung und Bromthymolblau als Indikator titriert werden:

(1) Phenazon [Struktur]

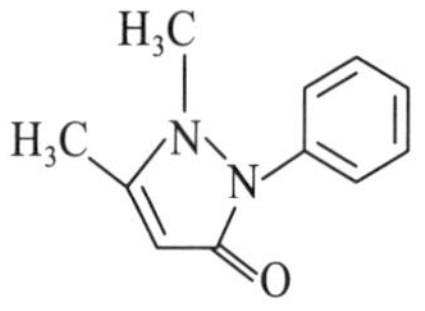

(2) Phenytoin [Struktur]

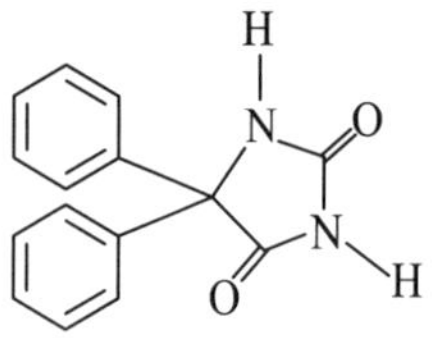

(3) Phenylbutazon [Struktur]

$H_3C-H_2C-H_2C-CH_2$

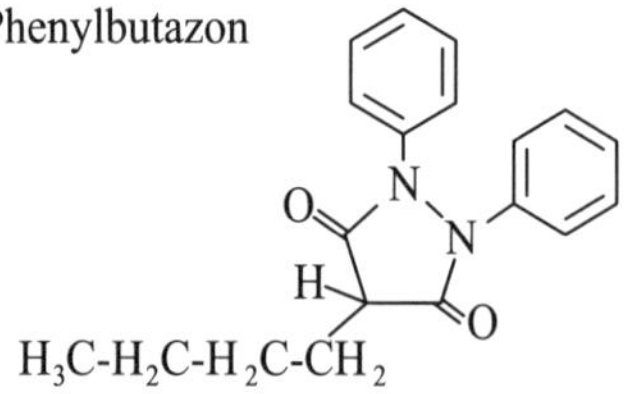

(A) nur 1 ist richtig
(B) nur 2 ist richtig
(C) nur 3 ist richtig
(D) nur 1 und 3 sind richtig
(E) 1–3 = alle sind richtig

221

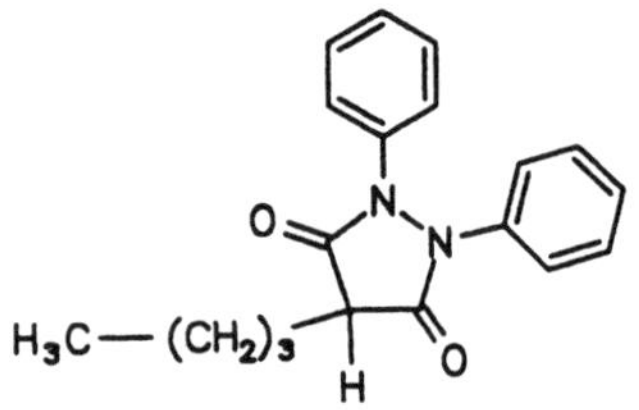

$H_3C-(CH_2)_3$ [Phenylbutazon-Struktur]

Eine Lösung von Phenylbutazon (siehe obige Abbildung, relative Molekülmasse = 308) wird in Aceton gelöst und mit 0,1 M-Natriumhydroxid-Lösung gegen einen geeigneten Indikator titriert.
Wie viel mg Phenylbutazon entsprechen dabei 1 ml 0,1 M-Natriumhydroxid-Lösung?

(A)   3,08 mg
(B)   6,16 mg
(C) 15,4 mg
(D) 30,8 mg
(E) 61,6 mg

222

Welche Aussagen über obige Verbindung treffen zu?

(1) Die NH-Gruppe reagiert **stärker** sauer als die von N-Methylbenzamid.
(2) Die NH-Gruppe reagiert **schwächer** sauer als die von N-Methylbenzamid.
(3) Die NH-Gruppe reagiert **schwächer** sauer als die von Acetanilid.

(A) nur 1 ist richtig
(B) nur 2 ist richtig
(C) nur 3 ist richtig
(D) nur 1 und 3 sind richtig
(E) nur 2 und 3 sind richtig

223 Welche Aussagen treffen zu?
Mit Natriumhydroxid-Lösung (0,1 mol·l⁻¹) kann in wässrig-alkoholischer Lösung gegen Phenolphthalein titriert werden:

(1)
(2)
(3)

(A) nur 1 ist richtig
(B) nur 2 ist richtig
(C) nur 3 ist richtig
(D) nur 1 und 2 sind richtig
(E) 1–3 = alle sind richtig

224 Welche der folgenden Substanzen lassen sich in wässriger Lösung mit 0,1 M-Salzsäure gegen Methylrot als Indikator titrieren?

(1)
(2)
(3)
(4)

(A) nur 1 ist richtig
(B) nur 3 ist richtig
(C) nur 1 und 2 sind richtig
(D) nur 2 und 3 sind richtig
(E) 1–3 = alle sind richtig

225*

Vanillin (siehe obiges Formelbild), das man als phenyloge Carbonsäure betrachten kann, ist, verglichen mit Phenol, stärker sauer und kann in wässriger Lösung mit 0,1 M-Natriumhydroxid-Lösung titriert werden.
Wodurch ist dies bedingt?

(A) -M-Effekt der CH_3O-Gruppe
(B) +I-Effekt der CH_3O-Gruppe
(C) Ausbildung einer Wasserstoffbrücke zwischen phenolischer Hydroxyl-Gruppe und CH_3O-Gruppe
(D) -M-Effekt der Formyl-Gruppe
(E) Ausbildung einer Wasserstoffbrücke zwischen phenolischer Hydroxyl-Gruppe und Formyl-Gruppe

226 Welche Aussagen über die Titrierbarkeit wässriger, etwa 10⁻² molarer Weinsäure-Lösungen (pK_{a1} ≈3 und pK_{a2} ≈4) treffen zu?

(1) Weinsäure ist als einbasige Säure titrierbar.
(2) Weinsäure ist als zweibasige Säure titrierbar.
(3) Das erste Proton ist gegen Methylorange, das zweite gegen Phenolphthalein titrierbar.
(4) Der pH-Wert des Äquivalenzpunktes liegt im Bereich 6,5 bis 7,0.
(5) Der pH-Wert des Äquivalenzpunktes liegt im Bereich 7,5 bis 8,5.

(A) nur 1 und 4 sind richtig
(B) nur 2 und 5 sind richtig
(C) nur 3 und 5 sind richtig
(D) nur 2, 3 und 4 sind richtig
(E) nur 2, 3 und 5 sind richtig

227* Welche der folgenden Aussagen über die alkalimetrische Titration von Citronensäure in wässriger Lösung trifft zu (Dissoziationskonstanten pK_{a1} = 3,13; pK_{a2} = 4,76; pK_{a3} = 6,39)?

(A) Citronensäure ist mit Hilfe eines Farbindikators als einbasige Säure titrierbar.
(B) Citronensäure ist als dreibasige Säure titrierbar.
(C) Der pH-Wert am Äquivalenzpunkt der 3. Stufe liegt im schwach sauren Bereich.
(D) Der pH-Wert am Äquivalenzpunkt der 3. Stufe liegt am Neutralpunkt.
(E) Bei Verwendung von Farbindikatoren sind drei getrennte Äquivalenzpunkte zu erfassen.

228

```
    CH₂—COOH
    |
HO—C—COOH
    |
    CH₂—COOH
```

Citronensäure (siehe obige Abbildung, relative Molekülmasse = 192) wird in Wasser mit 1 M-Natriumhydroxid-Lösung gegen Phenolphthalein bis zur Rosafärbung titriert.
Wie viel mg Citronensäure entsprechen 1 ml 1 M-Natriumhydroxid-Lösung?

(A)   6,4 mg
(B) 12,8 mg
(C) 19,2 mg
(D) 64   mg
(E) 192   mg

229* Welche Aussagen treffen zu?
Prinzipiell läßt sich Codeinphosphat (siehe Formel) titrieren:

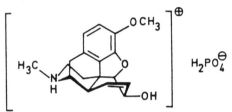

(1) das Kation als Säure
(2) das Kation als Base
(3) das Anion als Säure
(4) das Anion als Base

(A) nur 1 und 2 sind richtig
(B) nur 2 und 4 sind richtig
(C) nur 1, 3 und 4 sind richtig
(D) nur 2, 3 und 4 sind richtig
(E) 1–4 = alle sind richtig

230 Welche der folgenden Substanzen lässt sich im wässrigen Milieu ohne vorherige Umsetzungen direkt über eine Säure-Base-Titration bestimmen?

(A) Coffein

(B) Trinatriumcitrat
(C) Formaldehyd
(D) Natriumhydrogencarbonat
(E) Wasserstoffperoxid

6.1.4 Titrationskurven

Siehe auch MC-Fragen Nr. 88, 89, 398, 787, 927–933.

Ordnen Sie bitte den Titrationskurven I und II (Liste 1) der Abbildung jeweils die Lösung (Liste 2) zu, bei deren Titration sie erhalten worden sein können!

Liste 1

231* I

232* II

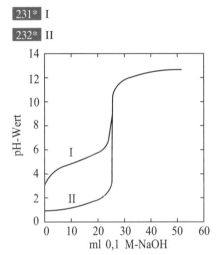

Liste 2
(A) 0,1 M-Salzsäure
(B) 0,1 M-Oxalsäure
(C) 0,1 M-Essigsäure
(D) 0,1 M-Phosphorsäure
(E) 0,1 M-Borsäure

233* Welche Aussage trifft zu?

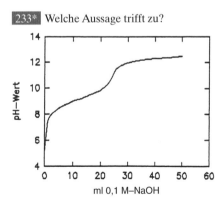

Die oben abgebildete Titrationskurve kann erhalten worden sein bei der Titration einer:

(A) Ameisensäure-Lösung
(B) Dihydrogenphosphat-Lösung
(C) Monohydrogenphosphat-Lösung
(D) 0,1 M-Essigsäure
(E) 0,1 M-Borsäure

234* Welche Aussage trifft zu?

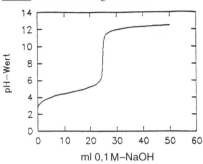

Die oben abgebildete Titrationskurve kann erhalten worden sein bei der Titration einer:

(A) 0,1-molaren Säure mit einem $pK_a \approx 4{,}7$
(B) 1-molaren Säure mit einem $pK_a \approx 8$
(C) 0,1-molaren Salzsäure
(D) 0,01-molaren Schwefelsäure
(E) 0,1-molaren Natronlauge

235 Welche Aussage trifft zu?

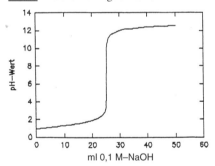

Die oben abgebildete Titrationskurve kann erhalten worden sein bei der Titration einer:

(A) 0,1-molaren Säure mit einem $pK_a = 5$
(B) 0,1-molaren Säure mit einem $pK_a = 7{,}5$
(C) 0,1-molaren Salzsäure
(D) 0,01-molaren Schwefelsäure
(E) 0,1-molaren Natronlauge

236* Bei der Titration einer 0,01 M-HCl mit NaOH-Lösung sei 0,1 % übertitriert worden (Titrationsgrad = 1,001).
Wie groß ist ungefähr der pH-Wert des Titrationsgemischs, wenn die Volumenänderung vernachlässigbar ist?

(A) 7
(B) 8
(C) 9
(D) 10
(E) 11

237 Welche Aussagen treffen zu?
Bei der potentiometrischen Titration der folgenden Säuren (c=0,1 mol/l in Wasser) mit Natriumhydroxid-Lösung (c = 0,1 mol/l) werden praktisch die gleichen Titrationskurven erhalten:

(1) $HClO_4$
(2) H_3PO_4
(3) HCl
(4) H_2SO_4
(5) HNO_3

(A) nur bei 1 und 2
(B) nur bei 2 und 3
(C) nur bei 1, 2 und 4
(D) nur bei 1, 3 und 5
(E) bei 1–5 = bei allen

Ordnen Sie bitte für die angenäherte Berechnung der „ausgezeichneten Punkte" in Liste 1 der Titration einer schwachen einbasigen Säure mit NaOH-Maßlösung jeweils die entsprechende Formel in Liste 2 zu (c_o = Anfangskonzentration, τ = Titrationsgrad, K_a = Dissoziationskonstante, K_w = Ionenprodukt des Wassers)!

Liste 1

238 τ = 0,5

239 τ = 1

240 τ = 0

Liste 2

(A) $pH = \dfrac{pK_a - \log c_o}{2}$

(B) $pH = (-1) \cdot \log c_o$

(C) $pH = \dfrac{pK_{a1} + pK_{a2}}{2}$

(D) $pH = pK_a$

(E) $pH = \dfrac{pK_w + pK_a + \log c_o}{2}$

241 Welche Aussage trifft zu?
Für die quantitative Bestimmung eines sauren Arzneistoffs in wässriger Lösung durch Titration mit NaOH-Maßlösung kann richtigerweise folgende Abschätzung vorgenommen werden:

(A) Je höher der pK_s-Wert des Arzneistoffs, desto mehr Maßlösung wird verbraucht.
(B) Je höher der pK_s-Wert des Arzneistoffs, desto weniger Maßlösung wird verbraucht.
(C) Je niedriger der pK_s-Wert des Arzneistoffs, desto mehr Maßlösung wird verbraucht.
(D) Hat der Arzneistoff einen pK_s < 1, so liegt der Äquivalenzpunkt im Neutralen.
(E) Hat der Arzneistoff einen pK_s > 9, so liegt der Äquivalenzpunkt im Neutralen.

242* Welche Aussagen treffen zu?
Bei der Titration von Essigsäure mit Natriumhydroxid-Maßlösung (c = 0,1 mol·l⁻¹) in Wasser

(1) liegt der Äquivalenzpunkt im alkalischen Bereich
(2) entspricht der pH-Wert am Halbtitrationspunkt annähernd dem pK_a-Wert der titrierten Säure
(3) ist am Äquivalenzpunkt Acetat weniger protolysiert als Na⁺
(4) würde sich der Verbrauch an Natriumhydroxid-Maßlösung bis zum Erreichen des Äquivalenzpunktes nicht ändern, wenn anstelle der Essigsäure die gleiche Stoffmenge einer stärkeren Säure titriert würde

(A) nur 1, 2 und 3 sind richtig
(B) nur 1, 2 und 4 sind richtig
(C) nur 1, 3 und 4 sind richtig
(D) nur 2, 3 und 4 sind richtig
(E) 1–4 = alle sind richtig

243 Welche Aussage trifft zu?
Schwache Säuren lassen sich in wässriger Lösung aus folgendem Grund **nicht** mit schwachen Basen gegen einen Farbindikator titrieren:

(A) Die Lösung des während der Titration entstandenen Salzes reagiert zu stark sauer.
(B) Die Lösung des während der Titration entstandenen Salzes reagiert zu stark alkalisch.
(C) Das während der Titration entstandene Salz wird zu wenig protolysiert (hydrolysiert).

(D) Die pH-Veränderung (pH-Sprung) in der Nähe des Äquivalenzpunktes ist zu klein.
(E) Schwache Säuren bilden mit schwachen Basen keine Salze.

244 Welche Aussagen treffen zu?
Eine bestimmte Masse des Hydrochlorids [M_r(HCl) = 36,5] einer einwertigen schwachen organischen Base unbekannter Molekülmasse wird in Wasser gelöst und mit Natriumhydroxid-Maßlösung titriert. Die Titrationskurve wird potentiometrisch ermittelt. Aus den vorgegebenen und gemessenen Daten des Versuchs können berechnet werden:

(1) die relative Molekülmasse des Hydrochlorids der Base
(2) die relative Molekülmasse der freien Base
(3) das Standardpotential der freien Base
(4) der pK_a-Wert der protonierten Base

(A) nur 1 und 2 sind richtig
(B) nur 3 und 4 sind richtig
(C) nur 1, 2 und 4 sind richtig
(D) nur 2, 3 und 4 sind richtig
(E) 1–4 = alle sind richtig

245 Die **Stoffmenge** eines sauren Arzneistoffs in einer Vorlage soll durch Titration mit NaOH-Maßlösung ermittelt werden. Welche Informationen sind für die Berechnung erforderlich?

(1) die Stöchiometrie der ablaufenden Reaktion
(2) der Verbrauch an NaOH-Maßlösung bis zum Äquivalenzpunkt
(3) die Konzentration der NaOH-Maßlösung
(4) das Volumen der Vorlage
(5) die Einwaage des Arzneistoffs

(A) nur 1 und 3 sind richtig
(B) nur 1, 2 und 3 sind richtig
(C) nur 1, 2 und 4 sind richtig
(D) nur 2, 3, 4 und 5 sind richtig
(E) 1–5 = alle sind richtig

246 Welche Aussagen treffen zu?
Die Höhe des Sprunges am Äquivalenzpunkt einer potentiometrisch indizierten alkalimetrischen Titration hängt ab von:

(1) dem Umsetzungsgrad
(2) dem pK_a-Wert der titrierten Säure
(3) der Autoprotolysekonstante des Lösungsmittels
(4) der Konzentration der vorgelegten Säure

(A) nur 1 und 2 sind richtig
(B) nur 2 und 3 sind richtig
(C) nur 1, 3 und 4 sind richtig
(D) nur 2, 3 und 4 sind richtig
(E) 1–4 = alle sind richtig

247 Welche Aussage trifft **nicht** zu?
Beim Titrationsgrad $\tau = 0,5$ der Gehaltsbestimmung einer schwachen einbasigen Säure mit einer starken Base in wässrigem Milieu

(A) ist die Pufferkapazität des Reaktionsgemischs am größten
(B) ist der pH-Wert des Reaktionsgemischs annähernd identisch mit dem pK_a-Wert der Säure
(C) liegt etwa die Hälfte der zu titrierenden schwachen Säure als Anion vor
(D) ist der pH-Wert der Lösung halb so groß wie der bei $\tau = 1$
(E) besitzt die Titrationskurve innerhalb des Bereichs von $\tau = 0$ bis $\tau = 1$ die kleinste Steigung

pH-Wert am Äquivalenzpunkt

248* Welche Aussagen treffen zu?
In die näherungsweise Berechnung des pH-Werts am Äquivalenzpunkt der Titration einer schwachen Säure mit einer starken Base gehen folgende Größen ein:

(1) Ionenprodukt des Wassers
(2) pK_a-Wert der schwachen Säure
(3) Ausgangskonzentration der schwachen Säure
(4) pK_a-Wert der starken Base
(5) pK_a-Wert des Indikators

(A) nur 1 und 2 sind richtig
(B) nur 2 und 3 sind richtig
(C) nur 1, 2 und 3 sind richtig
(D) nur 2, 3 und 4 sind richtig
(E) nur 3, 4 und 5 sind richtig

249 Welche Gleichung dient zur näherungsweisen Berechnung des pH-Werts am Äquivalenzpunkt der Titration einer Kationsäure mit einer starken Base in wässriger Lösung? (pK_w = Ionenprodukt des Wassers; pK_b, pK_a = pK-Werte des konjugierten Säure-Base-Paares; c = Ausgangskonzentration)

(A) $pH = \frac{1}{2} pK_w - \frac{1}{2} pK_b - \frac{1}{2} \log c$

(B) $pH = pK_w + \frac{1}{2} pK_b + \frac{1}{2} \log c$

(C) $pH = \frac{1}{2} pK_b - \frac{1}{2} \log c$

(D) $pH = \frac{1}{2} pK_w + \frac{1}{2} pK_a + \frac{1}{2} \log c$

(E) $pH = \frac{1}{2} pK_a - \frac{1}{2} \log c$

250* Welche Aussagen treffen zu?
Für die Titration einer schwachen Base mit einer starken Säure wird der pH-Wert des Äquivalenzpunktes aus folgenden Größen näherungsweise errechnet, wenn die Volumenänderung vernachlässigt wird:

(1) Ausgangskonzentration der zu titrierenden schwachen Base
(2) pK_a-Wert der schwachen Base
(3) Ionenprodukt pK_w des Wassers
(4) pK_a-Wert der starken Säure
(5) Molarität der Maßlösung (starke Säure)

(A) nur 1 und 5 sind richtig
(B) nur 1, 2 und 3 sind richtig
(C) nur 2, 3 und 4 sind richtig
(D) nur 3, 4 und 5 sind richtig
(E) nur 1, 2, 3 und 4 sind richtig

251 Welche Gleichung dient zur näherungsweisen Berechnung des pH-Werts am Äquivalenzpunkt der Titration einer Anionbase mit einer starken Säure in wässriger Lösung? (pK_w = Ionenprodukt des Wassers; pK_b, pK_a = pK-Werte des konjugierten Säure-Base-Paares; c = Ausgangskonzentration)

(A) $pH = \frac{1}{2} pK_w + \frac{1}{2} pK_b - \frac{1}{2} \log c$

(B) $pH = pK_w - \frac{1}{2} pK_b + \frac{1}{2} \log c$

(C) $pH = \frac{1}{2} pK_b - \frac{1}{2} \log c$

(D) $pH = \frac{1}{2} pK_w + \frac{1}{2} pK_a + \frac{1}{2} \log c$

(E) $pH = \frac{1}{2} pK_a - \frac{1}{2} \log c$

252 Welche Gleichung dient zur näherungsweisen Berechnung des pH-Werts am Äquivalenzpunkt der Titration einer schwachen Neutralbase mit Salzsäure in wässriger Lösung? (pK_w = Ionenprodukt des Wassers; pK_b, pK_a = pK-Werte des konjugierten Säure-Base-Paares; c = Ausgangskonzentration)

(A) $pH = \frac{1}{2} pK_w - \frac{1}{2} pK_b - \frac{1}{2} \log c$

(B) $pH = pK_w - \frac{1}{2} pK_b + \frac{1}{2} \log c$

(C) $pH = \frac{1}{2} pK_b - \frac{1}{2} \log c$

(D) $pH = \frac{1}{2} pK_w + \frac{1}{2} pK_a + \frac{1}{2} \log c$

(E) $pH = \frac{1}{2} pK_a + \frac{1}{2} \log c$

Ordnen Sie bitte die Äquivalenzpunkte der in Liste 1 aufgeführten Titrationen dem jeweils zutreffenden pH-Bereich der Liste 2 zu!

Liste 1

253 Titration einer verdünnten NH_3-Lösung mit 0,1 M-HCl

254 Titration von Propionsäure mit 0,1 M-NaOH

Liste 2
(A) pH = 1 bis 2
(B) pH = 2 bis 3
(C) pH = 4 bis 6
(D) pH = 8 bis 10
(E) pH = 11 bis 13

Berechnungen

255 Welche Aussage trifft zu?
Der pH-Wert des Äquivalenzpunktes bei der Titration einer 0,01-molaren Lösung einer einsäurigen Base ($K_a = 10^{-8}$ mol·l^{-1}) mit 0,1 M-Salzsäure beträgt etwa (das Ionenprodukt des Wassers sei 10^{-14} mol^2·l^{-2}):

(A) 1,5
(B) 3
(C) 5
(D) 6,5
(E) 8

256 Bei der Titration einer schwachen Base ($K_b = 10^{-6}$ mol·l^{-1}) betrug der pH-Wert am Äquivalenzpunkt 5.

Wie hoch war die Ausgangskonzentration der Base, wenn die Volumenänderung unberücksichtigt bleibt?

(A) 1   mol·l^{-1}
(B) 10^{-1} mol·l^{-1}
(C) 10^{-2} mol·l^{-1}
(D) 10^{-3} mol·l^{-1}
(E) 10^{-4} mol·l^{-1}

257* Wie groß ist der pH-Wert am Äquivalenzpunkt der Titration einer schwachen Base ($pK_b = 5$) der Konzentration $c = 0,1$ mol/l mit Salzsäure-Maßlösung (bei vernachlässigbarer Volumenänderung)?

(A) 3
(B) 4
(C) 5
(D) 6
(E) 7

258* Welche Aussage trifft zu?
Der pH-Wert am Äquivalenzpunkt der Titration einer Base ($c = 0,01$ mol·l^{-1}; K_a des Hydrochlorids der Base sei 10^{-10} mol·l^{-1}) mit Salzsäure ($c = 0,1$ mol·l^{-1}) beträgt etwa (Volumenänderung vernachlässigt):

(A) 5
(B) 6
(C) 7
(D) 8
(E) 9

259* 10^{-3} Mol einer schwachen Base ($pK_a = 9$) werden in Wasser gelöst und mit Salzsäure titriert.
Welcher der folgenden pH-Werte kommt dem Äquivalenzpunkt am nächsten, wenn das Volumen des Titrationsgemischs beim Äquivalenzpunkt 100 ml beträgt?

(A) pH = 3,5
(B) pH = 4,5
(C) pH = 5,5
(D) pH = 6,5
(E) pH = 7

260 Der pH-Wert am Äquivalenzpunkt der Titration einer 0,01-molaren schwachen Base mit Salzsäure liegt bei pH = 6.
Welche der folgenden Angaben kommt dem pK_a-Wert der Base (die Volumenänderung bleibe außer Betracht) am nächsten?

(A) $pK_a = 4$
(B) $pK_a = 6$
(C) $pK_a = 8$
(D) $pK_a = 10$
(E) $pK_a = 12$

261 In welchem pH-Bereich muss der Indikator umschlagen, damit eine Base mit $K_b = 10^{-7}$ mol·l^{-1} in 0,1-molarer Lösung mit einer starken Säure titriert werden kann?

(A) 1   bis 2,5
(B) 3   bis 5
(C) 5,5 bis 7
(D) 7   bis 9
(E) 9,5 bis 11

262* Eine 0,1-molare schwache Säure wird mit 1-molarer Natriumhydroxid-Lösung titriert. Beim Titrationsgrad $\tau = 0,5$ (halbtitrierte Lösung) wird der pH-Wert = 5 gemessen.
Wo liegt der Äquivalenzpunkt?

(A) bei pH = 7
(B) bei pH = 9
(C) bei pH = 10
(D) im Umschlagsbereich von Methylrot
(E) Der pH-Wert am Äquivalenzpunkt kann mit den angegebenen Daten **nicht** berechnet werden.

263 Welche Aussage über die angenäherte Größe des pH-Wertes bei gegebenem Titrationsgrad (τ) trifft **nicht** zu, wenn 100 ml einer 0,01 molaren Säure, $pK_a = 6$, mit Natriumhydroxid-Lösung titriert werden und die Verdünnung während der Titration vernachlässigt werden kann?

	τ	pH
(A)	0	1
(B)	0,1	5
(C)	0,5	6
(D)	0,9	7
(E)	1,0	9

264*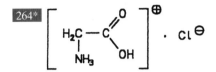

Welche Aussagen zur Titrationskurve einer wässrigen Lösung von Glycinhydrochlorid (siehe obige Formel) der Konzentration $c = 0{,}01$ mol·l^{-1} ($pK_{a1} = 2{,}4$; $pK_{a2} = 9{,}8$) mit Natriumhydroxid-Maßlösung der Konzentration $c = 0{,}1$ mol·l^{-1} treffen zu (τ = Titrationsgrad)?

(1) Bei $\tau = 0$ ist pH = 1.
(2) Bei $\tau = 0{,}5$ ist pH = 1,2.
(3) Bei $\tau = 1$ ist pH = 7.
(4) Bei $\tau = 1{,}5$ ist pH = 9,8.

(A) nur 1 ist richtig
(B) nur 3 ist richtig
(C) nur 4 ist richtig
(D) nur 2, 3 und 4 sind richtig
(E) 1–4 = alle sind richtig

Gemische von Protolyten, Simultantitrationen

265 Welche Aussagen treffen zu?

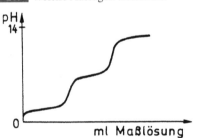

Die abgebildete Titrationskurve kann erhalten werden bei der Titration:

(1) einer zweisäurigen Base
(2) einer zweibasigen Säure
(3) von zwei unterschiedlich starken einbasigen Säuren annähernd gleicher Konzentration
(4) aller Protonen einer dreibasigen Säure
(5) einer Aminosäure (Monoaminomonocarbonsäure)

(A) nur 2 ist richtig
(B) nur 5 ist richtig
(C) nur 1 und 4 sind richtig
(D) nur 2 und 3 sind richtig
(E) nur 2, 3 und 5 sind richtig

266

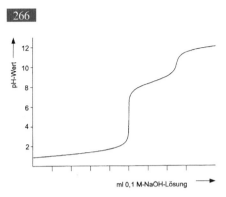

In der Abbildung ist der Verlauf einer potentiometrisch indizierten Säure-Base-Titration schematisch dargestellt.
Welche Aussage trifft **nicht** zu?

(A) Es handelt sich um die Titration eines Säuregemisches.
(B) Der Verbrauch an Maßlösung bis zum ersten Wendepunkt entspricht der Menge an stärkerer Säure.
(C) Es kann sich bis zur ersten Stufe auch um die Titration einer zweibasigen Säure handeln.
(D) Falls zwei einbasige Säuren vorliegen, ist die Konzentration der schwächeren Säure in dem Gemisch kleiner als die der stärkeren Säure.
(E) Die beiden Stufen können von der Titration **einer** zweibasigen Säure herrühren.

267 Eine Mischung aus Salzsäure und der dreifachen molaren Menge Essigsäure wird mit Natriumhydroxid-Maßlösung titriert. Welche Titrationskurve entspricht dem Titrationsverlauf?

(A)
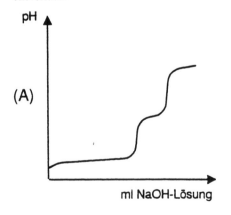

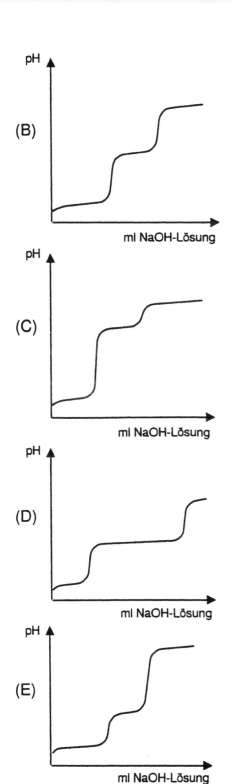

268 Welche Aussagen treffen zu?
In wässriger Lösung lassen sich maßanalytisch jeweils nebeneinander bestimmen:

(1) OH^-/CO_3^{2-}
(2) CO_3^{2-}/HCO_3^-
(3) $H_3PO_4/H_2PO_4^-$

(A) nur 1 ist richtig
(B) nur 2 ist richtig
(C) nur 3 ist richtig
(D) nur 2 und 3 sind richtig
(E) 1–3 = alle sind richtig

269* Die abgebildete Titrationskurve wurde bei der Simultantitration von Natriumhydroxid neben Carbonat aufgenommen.
Welche aus der Titrationskurve abgeleitete Aussage trifft zu?

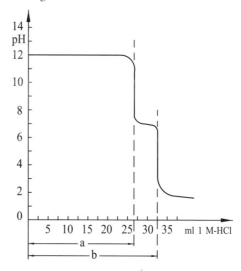

(A) Die Konzentration der vorgelegten Natriumhydroxid-Lösung war größer als 0,5 mol·l⁻¹.
(B) Der Verbrauch „a" entspricht der Menge an Natriumhydroxid in der vorgelegten Lösung.
(C) Der Verbrauch (b–a) entspricht der Umsetzung
$CO_3^{2-} + H_3O^+ \rightarrow HCO_3^- + H_2O$
(D) Das Gemisch enthält mehr Natriumhydroxid als Carbonat.
(E) Keine der Aussagen (A) bis (D) trifft zu.

270 Bei der Simultanbestimmung von Natriumhydroxid und Natriumcarbonat wird mit HCl zuerst gegen Phenolphthalein und dann gegen Methylorange titriert.
Welche der folgenden Gleichungen beschreiben die dabei ablaufenden Vorgänge?

(1) $OH^- + H_3O^+ \rightleftharpoons 2\,H_2O$
(2) $CO_3^{2-} + H_3O^+ \rightleftharpoons HCO_3^- + H_2O$
(3) $HCO_3^- + OH^- \rightleftharpoons CO_3^{2-} + H_2O$
(4) $HCO_3^- + H_3O^+ \rightleftharpoons CO_2 + 2\,H_2O$

(A) nur 1 ist richtig
(B) nur 1 und 2 sind richtig
(C) nur 2 und 3 sind richtig
(D) nur 2 und 4 sind richtig
(E) nur 1, 2 und 4 sind richtig

271* Bei der Bestimmung des Carbonat-Gehalts in Kaliumhydroxid wird zunächst eine überschüssige Menge Bariumchlorid-Lösung zu einer Lösung einer genau abgemessenen Menge Kaliumhydroxid in Wasser zugegeben. Diese Mischung wird mit Salzsäure-Maßlösung (c = 1 mol·l⁻¹) zuerst gegen Phenolphthalein und darauf nach Zusatz von Bromphenolblau-Lösung bis zu dessen Farbwechsel erneut titriert.
Welche Aussage zu dieser Methode trifft zu?

(A) Entstandenes Bariumcarbonat wird aufgrund seiner Schwerlöslichkeit bei der 2. Titration mit Salzsäure **nicht** erfasst.
(B) Bei der Titration gegen Phenolphthalein werden nur die Hydroxid-Ionen erfasst.
(C) Bei der Titration gegen Bromphenolblau werden überschüssige Barium-Ionen erfasst.
(D) Der Carbonat-Gehalt entspricht der Differenz der Konzentration an eingesetzten und zurücktitrierten Barium-Ionen.
(E) Überschüssige Barium-Ionen werden durch den Bromphenolblau-Zusatz komplexiert.

272 Welche Aussage trifft zu?
Die Gehaltsbestimmung von Kaliumcarbonat in Kaliumhydroxid (nach Arzneibuch) erfolgt nach Zusatz von Bariumchlorid-Lösung:

(A) gravimetrisch durch Glühen des $BaCO_3$ zu BaO
(B) nach Erfassung des Gesamtalkaligehalts durch Rücktitration mit 1 M-NaOH gegen Methylorange-Lösung
(C) mit 1 M-HCl gegen Phenolphthalein-Lösung
(D) nach Erfassung des Gesamtalkaligehalts (gegen Phenolphthalein) durch erneute Titration mit 1 M-HCl gegen Bromphenolblau-Lösung
(E) mit 0,1 M-HCl gegen Phenolphthalein-Lösung

273* Zur Gehaltsbestimmung nach Arzneibuch wird Natriumcarbonat-Decahydrat (M_r = 286,1) in Wasser gelöst und nach Zusatz von Methylorange-Lösung mit Salzsäure-Maßlösung (c = 1,0 mol·l⁻¹) titriert.
1 ml Salzsäure-Maßlösung (c = 1,0 mol·l⁻¹) entspricht welcher Masse Natriumcarbonat (M_r = 106,0)?

(A) 53,0 mg
(B) 106,0 mg
(C) 143,1 mg
(D) 212,0 mg
(E) 286,1 mg

Mehrwertige Protolyte

274 Welche Aussagen treffen zu?
Der Gehalt einer dreibasigen Säure lässt sich prinzipiell berechnen aus der Differenz des Verbrauchs an Maßlösung zwischen den bezifferten Punkten in den steilen Bereichen der Titrationskurve:

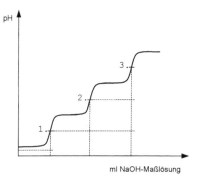

(1) zwischen dem 1. und 2.
(2) zwischen dem 1. und 3.
(3) zwischen dem 2. und 3.
(4) bis zum Erreichen des 1.

(A) nur 1 und 2 sind richtig
(B) nur 2 und 3 sind richtig
(C) nur 3 und 4 sind richtig
(D) nur 1, 2 und 3 sind richtig
(E) 1–4 = alle sind richtig

275 Welche Aussage trifft zu?

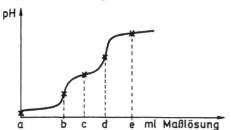

Eine zweibasige Säure wird unter Verbrauch von 2 Äquivalenten Maßlösung (OH$^-$) titriert. Der Gehalt ergibt sich aus dem Verbrauch an Maßlösung zwischen den auf der Abszisse (s. Abb.) eingezeichneten Punkten:

(A) a und c
(B) a und d
(C) c und d
(D) b und e
(E) c und e

276* Von welchen Größen hängt der pH-Wert des 1. Äquivalenzpunktes bei der Titration einer dreibasigen Säure mit Natriumhydroxid-Lösung ab?

(1) von pK_{a1}
(2) von pK_{a2}
(3) von pK_{a3}

(A) nur 1 ist richtig
(B) nur 2 ist richtig
(C) nur 3 ist richtig
(D) nur 1 und 2 sind richtig
(E) nur 2 und 3 sind richtig

277* Welche Aussage über die Titration einer zweibasigen Säure mit $pK_{a1} = 2$ und $pK_{a2} = 8$ trifft zu?

(A) Der Äquivalenzpunkt der ersten Stufe ist **nicht** zu erfassen, es gibt nur einen im schwach alkalischen Bereich.
(B) Der pH-Wert am ersten Äquivalenzpunkt ergibt sich näherungsweise aus dem arithmetischen Mittel von pK_{a1} und pK_{a2}.
(C) Der pH-Wert am ersten Äquivalenzpunkt ergibt sich näherungsweise aus der Differenz von pK_{a2} und pK_{a1}.
(D) Der pH-Wert am zweiten Äquivalenzpunkt liegt im schwach sauren Bereich.
(E) Zur Ermittlung des 2. Äquivalenzpunktes eignet sich am besten Bromthymolblau.

278 Welche Aussagen zur Titration von Schwefelsäure der Konzentration $c = 0{,}1$ mol·l^{-1} mit NaOH-Maßlösung ($c = 1{,}0$ mol·l^{-1}) treffen zu?

(1) Bei potentiometrischer Indikation erhält man zwei deutlich erkennbare Potentialsprünge.
(2) Bis zum Farbumschlag des Indikators Bromthymolblau verbraucht man 2 Äquivalente der Maßlösung.
(3) Bis zum Farbumschlag des Indikators Methylorange verbraucht man 1 Äquivalent der Maßlösung.

(A) nur 1 ist richtig
(B) nur 2 ist richtig
(C) nur 3 ist richtig
(D) nur 1 und 2 sind richtig
(E) nur 1 und 3 sind richtig

Welcher der in Liste 2 genannten Ausdrücke gibt näherungsweise den jeweiligen pH-Wert der in Liste 1 genannten Äquivalenzpunkte an (K_{a1}, K_{a2}, K_{a3} Dissoziationskonstanten der 1., 2. bzw. 3. Stufe der H_3PO_4)?

Liste 1

279* Äquivalenzpunkt der 1. Stufe

280* Äquivalenzpunkt der 2. Stufe

Liste 2
(A) $1/2\ pK_{a2} - 1/2 \log c$
(B) $1/2\ (pK_{a1} + pK_{a2})$
(C) $pK_{a2} - 1/2 \log c$
(D) $1/2\ (pK_{a2} + pK_{a3})$
(E) $1/2\ (pK_{a2} - pK_{a1})$

281 Mit welcher der nachfolgend wiedergegebenen Gleichungen lässt sich theoretisch der pH-Wert des Äquivalenzpunktes der 3. Protolysestufe von Phosphorsäure näherungsweise berechnen (C_s = Anfangskonzentration)?

(A) $pH_{ÄP3} = \dfrac{pK_{a1} + pK_{a2} + pK_{a3}}{3}$

(B) $pH_{ÄP3} = \dfrac{pK_{a2} + pK_{a3}}{2}$

(C) $pH_{ÄP3} = ½ (pK_w + pK_{a3} + \lg c_s)$

(D) $pH_{ÄP3} = \dfrac{pK_{a2} - pK_{a3}}{2}$

(E) $pH_{ÄP3} = 1/3 (pK_w + pK_{a3} + \lg c_s)$

Berechnungen

282 Wie groß ist der pH-Wert am Äquivalenzpunkt der Titration von Natriumdihydrogenphosphat mit NaOH-Lösung? (Für Phosphorsäure gelte: $pK_{a1} = 2$; $pK_{a2} = 7$; $pK_{a3} = 12$)

(A) 4,5
(B) 5
(C) 7
(D) 9,5
(E) 12

283* Welche Aussage trifft zu?
Bei der Titration von Piperazin-Hexahydrat ($pK_{a1} = 5,6$; $pK_{a2} = 9,8$) mit Salzsäure-Maßlösung (c = 0,1 mol·l⁻¹) beträgt der pH-Wert am 1. Äquivalenzpunkt annähernd:

(A) 3,8
(B) 5,6
(C) 5,9
(D) 7,0
(E) 7,7

284* Wie groß ist der pH-Wert am ersten Äquivalenzpunkt bei der Titration des Chinins mit Salzsäure-Lösung, wenn $pK_{b1} = 6$ und $pK_{b2} = 10$ gesetzt werden?

(A) 3
(B) 4
(C) 5
(D) 6
(E) 7

Themenübergreifende Fragen

285 Welche Aussagen zu Säure-Base-Titrationen treffen zu?

(1) Die Umsetzung stöchiometrischer Mengen einer Säure HA mit einer Base B führt immer zu einem neutral reagierenden Salz [BH⁺A⁻].
(2) Ampholyte sind Verbindungen, die sowohl Protonen abgeben als auch aufnehmen können.
(3) Amphiprotische Lösungsmittel sind zur Autoprotolyse befähigt.
(4) Farbindikatoren für Säure-Base-Titrationen müssen in wässriger Lösung neutral reagieren, um den Äquivalenzpunkt anzeigen zu können.

(A) nur 1 ist richtig
(B) nur 2 und 3 sind richtig
(C) nur 3 und 4 sind richtig
(D) nur 2, 3 und 4 sind richtig
(E) 1–4 = alle sind richtig

286 Welche Aussagen zu Säure-Base-Titrationen treffen zu?

(1) Citronensäure kann als mehrbasige Säure **nicht** mit Natriumhydroxid-Maßlösung gegen Phenolphthalein titriert werden.
(2) Der Äquivalenzpunkt der Titration einer schwachen Säure mit einer starken Base liegt immer im alkalischen pH-Bereich.
(3) Der Äquivalenzpunkt einer Titration mit NaOH-Maßlösung ist generell unabhängig vom pK_a-Wert der zu bestimmenden Substanz.
(4) Aprotische Lösungsmittel sind zur Titration schwacher Basen ungeeignet.
(5) Zur Einstellung einer Natriumhydroxid-Maßlösung kann Benzoesäure als Urtiter verwendet werden.

(A) nur 1 und 4 sind richtig
(B) nur 2 und 5 sind richtig
(C) nur 1, 2 und 3 sind richtig
(D) nur 2, 3 und 4 sind richtig
(E) nur 2, 3 und 5 sind richtig

6.1.5 Indizierungsmöglichkeiten

Siehe auch MC-Fragen Nr. 1734, 1772, 1773, 1817, 1859–1862.

287 Welche der angegebenen Indikatoren werden bei Säure-Base-Titrationen verwendet?

(1) Naphtholbenzein
(2) Kristallviolett
(3) Diphenylamin
(4) Bromthymolblau
(5) Thymolphthalein

(A) nur 2 und 5 sind richtig
(B) nur 1, 3 und 4 sind richtig
(C) nur 1, 2, 4 und 5 sind richtig
(D) nur 2, 3, 4 und 5 sind richtig
(E) 1–5 = alle sind richtig

288 Welcher der nachfolgend aufgeführten Indikatoren wird üblicherweise **nicht** zur Indikation von Säure-Base-Titrationen verwendet?

(A) Phenolphthalein
(B) Xylenolorange
(C) Methylrot
(D) Methylorange
(E) Bromthymolblau

289 Bei welchen Indikatoren handelt es sich um Azofarbstoffe?

(1) Dimethylgelb
(2) Bromphenolblau
(3) Methylorange
(4) Methylrot
(5) Phenolphthalein

(A) nur 1 ist richtig
(B) nur 2 und 3 sind richtig
(C) nur 1, 3 und 4 sind richtig
(D) nur 3, 4 und 5 sind richtig
(E) 1–5 = alle sind richtig

290 Welche der folgenden Indikatoren des Arzneibuches stellen Sulfophthaleinfarbstoffe dar?

(1) Thymolphthalein
(2) Phenolrot
(3) Methylrot
(4) Phenolphthalein
(5) Bromphenolblau

(A) nur 1 und 3 sind richtig
(B) nur 2 und 5 sind richtig
(C) nur 1, 2 und 5 sind richtig
(D) nur 1, 3 und 4 sind richtig
(E) nur 1, 3 und 5 sind richtig

291 Bei welchen Indikatoren handelt es sich um Triarylmethanfarbstoffe?

(1) Dimethylgelb
(2) Bromphenolblau
(3) Methylorange
(4) Methylrot
(5) Phenolphthalein

(A) nur 1 ist richtig
(B) nur 2 und 5 sind richtig
(C) nur 1, 3 und 4 sind richtig
(D) nur 3, 4 und 5 sind richtig
(E) 1–5 = alle sind richtig

Ordnen Sie bitte den Indikatoren in Liste 1 die jeweilige Stoffgruppe aus Liste 2 zu!

Liste 1

292 Bromthymolblau

293 Kristallviolett

Liste 2
(A) Sulfophthaleine
(B) Azofarbstoffe
(C) Phthaleine
(D) Triphenylmethanfarbstoffe
(E) Phthalocyanine

294* Welche der angegebenen Indikatoren sind „einfarbige" Indikatoren?

(1) Methylrot
(2) Bromcresolgrün
(3) Phenolphthalein
(4) Methylorange
(5) Thymolphthalein

(A) nur 3 ist richtig
(B) nur 3 und 5 sind richtig
(C) nur 1, 2, und 4 sind richtig
(D) nur 2, 3 und 4 sind richtig
(E) 1–5 = alle sind richtig

295 Welche Indikatoren nennt man „zweifarbig" bezüglich des Umschlagsverhaltens?

(1) Thymolblau
(2) Thymolphthalein
(3) Phenolrot
(4) Phenolphthalein

(A) nur 1 und 2 sind richtig
(B) nur 1 und 3 sind richtig
(C) nur 2 und 4 sind richtig
(D) nur 3 und 4 sind richtig
(E) 1–4 = alle sind richtig

Ordnen Sie bitte den Indikatoren in Liste 1 den jeweils zutreffenden Typ aus Liste 2 zu!

Liste 1

296 Thymolphthalein

297* Methylrot

298* Phenolphthalein

299* Methylorange

Liste 2
(A) Mischindikator
(B) einfarbiger Indikator
(C) reversibler Redoxindikator
(D) zweifarbiger Indikator
(E) Metall-/Komplex-Indikator

Strukturformeln Indikatoren

300 Welche der aufgeführten Formeln gibt die Struktur des Indikators Thymolphthalein wieder?

(A) [Struktur mit Anthrachinon, OH, SO$_3$] Na$^+$

(B) O$_2$N—⟨⟩—N=N—⟨⟩(CO$_2$H)—OH

(C) [O$_3$S—⟨Naphthalin mit OH, OH⟩—SO$_3$]$^{2-}$ 2 Na$^+$

(D) [O$_3$S—⟨⟩—N=N—⟨⟩—N(CH$_3$)$_2$]$^-$ Na$^+$

(E) Struktur mit HO, CH$_3$, (CH$_3$)$_2$HC, CH(CH$_3$)$_2$, OH und Phthalid-Ring

301* Welche der in Frage Nr. 300 aufgeführten Formeln gibt die Struktur des Indikators Alizaringelb wieder?

302* Welche der in Frage Nr. 300 aufgeführten Formeln gibt die Struktur des Indikators Alizarin S wieder?

Ordnen Sie bitte den Strukturformeln der Liste 1 die jeweils zutreffende Bezeichnung der Indikatoren aus Liste 2 zu!

Liste 1

303* HO—⟨⟩—C(⟨⟩—OH)—⟨Benzol-SO$_2$-O⟩

304* HO, CH$_3$, (CH$_3$)$_2$HC, H$_3$C, OH, CH(CH$_3$)$_2$ mit zentralem C und Sulfon-Ring

Liste 2
(A) Phenolphthalein
(B) Methylorange
(C) Phenolrot
(D) Methylrot
(E) Thymolblau

Ordnen Sie bitte den Strukturformeln der Liste 1 die jeweils entsprechende Bezeichnung aus Liste 2 zu!

Liste 1

305*

$$\text{\raisebox{0pt}{\begin{tabular}{c}\end{tabular}}} -N=N- \text{\raisebox{0pt}{\begin{tabular}{c}\end{tabular}}} -N(CH_3)_2$$
(mit COOH ortho am ersten Ring)

306*

$$Na^\oplus \; {}^\ominus O_3S- \text{\raisebox{0pt}{\begin{tabular}{c}\end{tabular}}} -N=N- \text{\raisebox{0pt}{\begin{tabular}{c}\end{tabular}}} -N(CH_3)_2$$

Liste 2
(A) Metanilgelb
(B) Methylrot
(C) Thymolphthalein
(D) Methylorange
(E) Indophenolblau

Umschlagsintervall von pH-Indikatoren

307 Welche Aussage trifft zu?
Bei acidimetrischen Titrationen (mit Säure, gem. IUPAC) hängt der Umschlagspunkt eines zweifarbigen Indikators hauptsächlich ab (die Aktivitätskoeffizienten seien gleich 1):

(A) von der Konzentration des Indikators
(B) vom Normalpotential des Indikators
(C) vom pK_a-Wert des Indikators
(D) von der Konzentration der zur Titration verwendeten Säure
(E) von der Konzentration der zu titrierenden Base

308 Welche Aussagen treffen zu?

(1) Der Umschlagspunkt eines einfarbigen Säure-Base-Indikators ist definiert als der pH-Wert, bei dem gleiche Aktivitäten der Indikator-Base und der Indikator-Säure vorliegen.
(2) Der Umschlagspunkt eines einfarbigen Säure-Base-Indikators ist abhängig von der Indikator-Totalkonzentration.
(3) Zur alkalimetrischen Bestimmung einer schwachen Säure wie Essigsäure mit Natronlauge eignet sich Methylorange.

(A) nur 1 ist richtig
(B) nur 2 ist richtig
(C) nur 3 ist richtig
(D) nur 1 und 2 sind richtig
(E) nur 1 und 3 sind richtig

309* Welche Aussage trifft zu?
Der Umschlagsbereich eines zweifarbigen pH-Indikators IndH/Ind⁻ (das sichtbare Konzentrationsgrenzverhältnis beider „Farben" sei 10:1 bzw. 1:10) beträgt etwa:

(A) 0,1 pH-Einheiten
(B) 0,2 pH-Einheiten
(C) 1 pH-Einheit
(D) 2 pH-Einheiten
(E) 4 pH-Einheiten

310 Welche der angegebenen Indikatoren schlagen im alkalischen pH-Bereich (pH > 7) um?

(1) Methylrot
(2) Bromcresolgrün
(3) Phenolphthalein
(4) Methylorange
(5) Thymolphthalein

(A) nur 3 ist richtig
(B) nur 3 und 5 sind richtig
(C) nur 1, 2 und 4 sind richtig
(D) nur 2, 3 und 4 sind richtig
(E) 1–5 = alle sind richtig

Ordnen Sie bitte den Indikatoren aus Liste 1 den jeweils zugehörigen Umschlagsbereich aus Liste 2 zu!

Liste 1

311* Phenolphthalein

312 Methylrot

Liste 2
(A) pH = 1,2 bis 2,8
(B) pH = 3,1 bis 4,4
(C) pH = 4,4 bis 6,2
(D) pH = 8,2 bis 10,0
(E) pH = 9,4 bis 10,6

Ordnen Sie bitte den in Liste 1 aufgeführten Säure-Base-Indikatoren den jeweils zutreffenden Umschlagsbereich aus Liste 2 zu!

Liste 1

313 Bromthymolblau

314* Methylorange

315* Metanilgelb

316 Thymolphthalein

Liste 2
(A) pH = 1,2 bis 2,3
(B) pH = 3,0 bis 4,4
(C) pH = 5,8 bis 7,4
(D) pH = 8,2 bis 10,0
(E) pH = 9,3 bis 10,5

317* In welchem der nachfolgenden Beispiele sind die Indikatoren nach **steigenden** pH-Werten ihres jeweiligen Umschlagsbereichs geordnet (von links nach rechts)?

(A) Bromphenolblau – Bromthymolblau – Thymolphthalein
(B) Phenolrot – Methylrot – Bromphenolblau
(C) Phenolrot – Phenolphthalein – Bromthymolblau
(D) Bromphenolblau – Thymolphthalein – Methylorange
(E) Methylorange – Phenolrot – Bromphenolblau

318

Thymolblau

Bromphenolblau

Bromcresolpurpur

Welche Reihenfolge ordnet die Indikatoren (siehe obige Formeln) nach **steigendem** pH-Wert ihres Umschlagsbereichs im pH-Bereich > 2,8?

(A) Thymolblau < Bromcresolpurpur < Bromphenolblau
(B) Bromphenolblau < Thymolblau < Bromcresolpurpur
(C) Bromcresolpurpur < Thymolblau < Bromphenolblau
(D) Bromcresolpurpur < Bromphenolblau < Thymolblau
(E) Bromphenolblau < Bromcresolpurpur < Thymolblau

Sulfophthaleine

319 Welche Aussage trifft zu?
Der Farbwechsel, durch den man den Äquivalenzpunkt einer Titration von Natronlauge mit Salzsäure erkennt, wird beim Indikator Phenolrot hervorgerufen durch die Reaktion:

Phthaleine

320 Welche Aussage trifft zu?
Eine wässrige Thymolphthalein-Lösung, welche durch Zugabe von Natronlauge gerade so eben blau gefärbt und anschließend auf ein weißes Filterpapier aufgebracht wurde, verliert diese Färbung an der Luft in kurzer Zeit.
Die Ursache für diese Entfärbung liegt in:

(A) der Reaktion mit Luftsauerstoff
(B) der Verdampfung des Lösungswassers
(C) dem Ausbleichen durch das Umgebungslicht
(D) dem Einwirken von CO_2 aus der Luft
(E) der Reaktion mit dem in belebten Räumen allgegenwärtigen Schwefelwasserstoff

Phenolphthalein

321* Welche Aussagen treffen zu?
Phenolphthalein

(1) besitzt als farbige Indikatorbase ein para-chinoides System
(2) liegt in sehr stark alkalischem Medium als farbloses Trianion vor
(3) besitzt bei pH = 10 als roter Farbstoff eine Lactonstruktur
(4) ist als Indikator zur maßanalytischen Bestimmung schwacher Säuren wie Essigsäure geeignet

(A) nur 1 und 2 sind richtig
(B) nur 2 und 3 sind richtig
(C) nur 1, 2 und 4 sind richtig
(D) nur 2, 3 und 4 sind richtig
(E) 1–4 = alle sind richtig

322 Welche Aussage zur Veränderung des farblosen Phenolphthaleins (siehe Abbildung) bei Zugabe von Natronlauge trifft **nicht** zu?

(A) Der Lactonring wird geöffnet.
(B) Es bildet sich ein chinoides System.
(C) Es bildet sich ein System konjugierter Doppelbindungen über mehrere Ringe.
(D) Es bildet sich ein mesomeriestabilisierter Enolester.
(E) Im Bereich von pH 8–10 tritt eine Rotfärbung ein.

323 Welche Aussage zur Veränderung des farblosen Phenolphthaleins bei Zugabe von Natronlauge trifft **nicht** zu?

(A) Der Lactonring wird geöffnet.
(B) Es bildet sich ein chinoides System.
(C) Es bildet sich ein System konjugierter Doppelbindungen.
(D) Es bildet sich ein mesomeriestabilisiertes Dianion.
(E) Im Bereich von pH 12–14 tritt ein Farbwechsel nach violett ein.

Indikatorauswahl

324 Welche Aussagen über Säure-Base-Indikatoren treffen zu?

(1) Bei der direkten Titration einer Säure ist der Indikator vor seinem Farbumschlag protoniert.
(2) Der Indikator wird in der Regel so gewählt, dass sein pK_a-Wert mit dem pK_a-Wert der titrierten Säure übereinstimmt.
(3) Der Farbumschlag eines Indikators erfolgt ohne Verbrauch von Maßlösung.
(4) Der pK_a-Wert einer Indikatorsäure ist zahlenmäßig identisch mit dem pH-Wert an seinem Umschlagspunkt.

(A) nur 2 ist richtig
(B) nur 3 ist richtig
(C) nur 1 und 4 sind richtig
(D) nur 2 und 3 sind richtig
(E) nur 1, 2 und 3 sind richtig

325 Welche Aussagen treffen zu?
Zur Indikation der alkalimetrischen Titration einer starken Säure eignen sich:

(1) sowohl Methylrot als auch Phenolphthalein
(2) Phenolrot
(3) Biamperometrie mit zwei Pt-Elektroden und einer Spannung von 100 mV
(4) Messung der Leitfähigkeit zwischen zwei platinierten Pt-Blechelektroden

(A) nur 3 ist richtig
(B) nur 4 ist richtig
(C) nur 1 und 2 sind richtig
(D) nur 1, 2 und 4 sind richtig
(E) 1–4 = alle sind richtig

326 Welche Indikation des Endpunkts der alkalimetrischen Titration einer Säure mit pK_a = 4 ist **ungeeignet?**

(A) Verwendung von Phenolphthalein
(B) Verwendung von Thymolphthalein
(C) Potentiometrie mit einer Glaselektrode als Indikatorelektrode
(D) Leitfähigkeitsmessung
(E) Biamperometrie unter Verwendung einer Doppel-Pt-Elektrode

327 Welche Indikation des Endpunkts der alkalimetrischen Titration einer Säure mit pK_a = 6 ist **nicht** geeignet?

(A) Phenolphthalein
(B) Methylrot
(C) Potentiometrie mit einer Glaselektrode als Indikatorelektrode
(D) Leitfähigkeitsmessung
(E) Thymolphthalein

Themenübergreifende Fragen

Siehe hierzu auch auch Kap. 7.1.3 „Redoxindikatoren", Kap. 8.1.2 „Fällungsindikatoren" und Kap. 9.1.5 „Metallindikatoren".

328 Welche der folgenden Aussagen über Indikatoren treffen zu?

(1) Xylenolorange wird als zweifarbiger Metallindikator verwendet.
(2) Thymolphthalein ist ein einfarbiger Säure-Base-Indikator.

(3) Diphenylamin-Schwefelsäure ist ein zweifarbiger Redoxindikator.
(4) Naphtholbenzein wird als Indikator für Titrationen mit Perchlorsäure in Eisessig verwendet.

(A) nur 1 und 4 sind richtig
(B) nur 2 und 3 sind richtig
(C) nur 1, 2 und 3 sind richtig
(D) nur 1, 2 und 4 sind richtig
(E) nur 2, 3 und 4 sind richtig

Ordnen Sie bitte jeder der in Liste 1 aufgeführten Titrationen einen dafür geeigneten Indikator aus Liste 2 zu!

Liste 1

329* Titration von Cl⁻ (nach Fajans)

330* Titration von Essigsäure mit Natriumhydroxid-Lösung

331* Titration von NO_2^- (cerimetrisch)

332* Bestimmung der temporären Härte des Wassers (Titration mit Säure)

Liste 2

(A) [Phenolphthalein-Struktur]

(B) [Fluorescein-Struktur]

(C) [Ferroin-Komplex $[Fe(phen)_3]^{2+}$]

(D) $NaO_3S\text{-}\langle\rangle\text{-}N=N\text{-}\langle\rangle\text{-}N(CH_3)_2$

(E) [Struktur mit ^-O_3S, OH, HO, N=N, O_2N-Naphthalin]

Ordnen Sie bitte jedem der in Liste 1 aufgeführten Indikatoren jeweils das Titrationsverfahren der Liste 2 zu, bei dem sie verwendet werden!

Liste 1

333* Ferroin

334* Thymolphthalein

335* Chromat-Ionen

Liste 2
(A) Fällungstitration
(B) Säure Base Titration
(C) Redoxtitration
(D) Komplexometrie
(E) Nitritometrie

6.1.6 Maßlösungen, insbesondere nach Arzneibuch

Siehe auch MC-Fragen Nr. 1730, 1818, 1858, 1863.

336* Welche der folgenden Maßlösungen können durch genaues Einwiegen der Substanzen hergestellt werden (Einstellung gegen Urtiter nicht erforderlich)?

(1) $K_2Cr_2O_7$-Maßlösung
(2) $KMnO_4$-Maßlösung
(3) NaOH-Maßlösung
(4) $KBrO_3$-Maßlösung
(5) NaCl-Maßlösung

(A) nur 1 und 2 sind richtig
(B) nur 3 und 4 sind richtig
(C) nur 1, 4 und 5 sind richtig
(D) nur 2, 3 und 4 sind richtig
(E) 1–5 = alle sind richtig

337 Welche der folgenden Kombinationen aus Reagenz und Indikator bzw. Indikationsverfahren sind zur Einstellung einer wässrigen NaOH-Maßlösung geeignet?

(1) Salzsäure/Phenolphthalein
(2) Salzsäure/Methylorange
(3) Oxalsäure/Methylorange
(4) Kaliumhydrogenphthalat/Naphtholbenzein
(5) Benzoesäure/potentiometrische Endpunktanzeige

(A) nur 1 ist richtig
(B) nur 1 und 2 sind richtig
(C) nur 2 und 3 sind richtig
(D) nur 1, 2 und 5 sind richtig
(E) nur 1, 4 und 5 sind richtig

338 Welche Aussagen zu Herstellung und Einstellung wässriger NaOH-Maßlösungen treffen zu?

(1) Bei Verunreinigung der NaOH-Maßlösung mit Carbonat erhält man bei deren Einstellung mit Salzsäure-Maßlösung gegen Phenolphthalein einen kleineren Faktor als unter Verwendung von Methylorange.
(2) Die Einstellung kann mit dem Urtiter Benzoesäure unter potentiometrischer Endpunktanzeige erfolgen.
(3) Natriumcarbonat ist in 60-prozentiger NaOH-Lösung schwer löslich.
(4) Durch Aufnahme von CO_2 bei der Lagerung der Maßlösung sinkt deren Faktor bei Einsatz von Phenolphthalein als Indikator.

(A) nur 2 ist richtig
(B) nur 1 und 4 sind richtig
(C) nur 1, 2 und 4 sind richtig
(D) nur 2, 3 und 4 sind richtig
(E) 1–4 = alle sind richtig

6.1.7 Urtitersubstanzen, insbesondere nach Arzneibuch

Einige MC-Fragen über Urtitersubstanzen sind nur schwer einem speziellen Kapitel zuzuordnen, so dass sie an dieser Stelle mit aufgelistet werden.

339* Welche der folgenden Substanzen eignet sich **nicht** als Urtitersubstanz?

(A) Arsen(III)-oxid (As_4O_6)
(B) Benzoesäure
(C) Ammoniumcarbonat
(D) Sulfanilsäure
(E) Oxalsäure

340* Welche Aussage trifft **nicht** zu?
Als Urtitersubstanzen eignen sich:

(A) KIO_3
(B) $KHCO_3$
(C) $KBrO_3$
(D) $KClO_4$
(E) NaCl

341 Welche der folgenden Substanzen eignet sich **nicht** als Urtitersubstanz?

(A) KIO_3
(B) $KHCO_3$
(C) $K_2Cr_2O_7$
(D) Kaliumhydrogenphthalat
(E) Natriumtetraphenylborat

342* Welche der folgenden Substanzen ist als Urtitersubstanz **nicht** verwendbar?

(A) NaOH
(B) Na_2CO_3
(C) $Na_2C_2O_4$
(D) Zn (metallisch)
(E) NaCl

343 Welche Aussagen treffen zu?
Als Urtitersubstanzen sind geeignet:

(1) Ammoniumthiocyanat
(2) Oxalsäure
(3) Sulfanilamid
(4) Zink (metallisch)
(5) Kaliumpermanganat

(A) nur 2 und 3 sind richtig
(B) nur 3 und 4 sind richtig
(C) nur 1, 2 und 4 sind richtig
(D) nur 1, 3 und 5 sind richtig
(E) nur 2, 3 und 4 sind richtig

344 Welche Aussage trifft zu?
Als Urtitersubstanz ist **nicht** geeignet:

(A) Natriumchlorid für Silbernitrat-Lösungen
(B) Ammoniumhydrogencarbonat für Säuren
(C) Tetraarsenhexoxid für Iod-Lösungen
(D) Kaliumhydrogenphthalat für Perchlorsäure-Lösungen
(E) Natriumchlorid für Quecksilber(II)-nitrat-Lösungen

Ordnen Sie bitte den Urtitersubstanzen der Liste 1 die Maßlösung der Liste 2 (c = 0,1 mol·l⁻¹) zu, die mit der jeweiligen Urtitersubstanz am besten eingestellt werden kann!

Liste 1

345 Natriumcarbonat

346 Benzoesäure

Liste 2
(A) Schwefelsäure
(B) Tetrabutylammoniumhydroxid-Lösung
(C) Iod-Lösung
(D) Kaliumpermanganat-Lösung
(E) Natriumnitrit-Lösung

Ordnen Sie bitte den Urtitersubstanzen in Liste 1 die jeweils damit prinzipiell einstellbare Maßlösung in Liste 2 zu!

Liste 1

347 Kaliumhydrogenphthalat

348 Kaliumiodat

Liste 2
(A) Kaliumpermanganat
(B) Cer(IV)-sulfat
(C) Natriumhydroxid
(D) Natriumthiosulfat
(E) Silbernitrat

Ordnen Sie bitte den in Liste 1 aufgeführten volumetrischen Lösungen die zu ihrer Einstellung jeweils verwendbare Urtitersubstanz (Liste 2) zu!

Liste 1

349* Natriumnitrit-Maßlösung

350* Schwefelsäure-Maßlösung

351 Natriumhydroxid-Lösung, ethanolische (c = 0,1 mol/l)

352* Iod-Maßlösung

Liste 2
(A) Benzoesäure
(B) Phthalsäure
(C) Sulfanilsäure
(D) Natriumcarbonat
(E) Arsentrioxid

353 Welche Aussagen treffen zu?
Zur Faktoreinstellung einer HCl-Maßlösung (c = 0,1 mol·l⁻¹) sind als Urtiter geeignet:

(1) NaOH
(2) Na_2CO_3
(3) $KHCO_3$

(A) nur 2 ist richtig
(B) nur 3 ist richtig
(C) nur 1 und 2 sind richtig
(D) nur 2 und 3 sind richtig
(E) 1–3 = alle sind richtig

354 Welche der folgenden Operationen ist im Reinigungsprozess von Natriumcarbonat für dessen Verwendung als Urtitersubstanz am zweckmäßigsten durchzuführen?

(A) Wasserdampfdestillation einer gesättigten wässrigen Lösung
(B) Extraktion der wässrigen Lösung mit Petroläther
(C) Ansäuern der gesättigten wässrigen Lösung mit Salzsäure
(D) Durchleiten von Kohlendioxid durch die gesättigte Lösung in Wasser
(E) Umkristallisieren aus verdünnter wässriger Essigsäure

355* Durch welche Operation kann Benzoesäure für die Verwendung als Urtitersubstanz am zweckmäßigsten gereinigt werden?

(A) Umfällung durch Zugabe von Aceton zu einer gesättigten wässrigen Lösung
(B) Glühen bis zur Massekonstanz

(C) Ansäuern der gesättigten wässrigen Lösung mit Salzsäure
(D) Durchleiten von Kohlendioxid durch die gesättigte Lösung in Wasser
(E) Sublimation

356 Welche Aussagen treffen zu?
Durch Umkristallisieren aus siedendem Wasser können folgende Stoffe zur Verwendung als Urtitersubstanzen gereinigt werden:

(1) Kaliumbromat
(2) Kaliumhydrogenphthalat
(3) Sulfanilsäure
(4) Natriumchlorid

(A) nur 1 und 2 sind richtig
(B) nur 2 und 3 sind richtig
(C) nur 3 und 4 sind richtig
(D) nur 1, 2 und 3 sind richtig
(E) nur 2, 3 und 4 sind richtig

6.2 Titrationen von Säuren und Basen in wässrigen Lösungen, insbesondere nach Arzneibuch

6.2.1 Titration von Säuren

357 Welche Aussage trifft zu?
Dihydrogenphosphate können in Gegenwart geeigneter Indikatoren mit Natriumhydroxid-Lösung titriert werden.
Hierbei reagiert das Dihydrogenphosphat als:

(A) Kationbase
(B) Kationsäure
(C) Anionbase
(D) Anionsäure
(E) Neutralbase

358* Welche Aussage trifft zu?
Hydrogencarbonate können in Gegenwart geeigneter Indikatoren mit Natriumhydroxid-Lösung titriert werden.
Hierbei reagiert das Hydrogencarbonat als:

(A) Kationbase
(B) Kationsäure
(C) Anionbase
(D) Anionsäure
(E) Neutralbase

359 Welche Aussage über Kohlensäure trifft **nicht** zu?

(A) In ihrer wässrigen Lösung ist die Stoffmengenkonzentration an CO_2 größer als die von H_2CO_3.
(B) Der pK-Wert der scheinbaren Dissoziationskonstanten der 1. Stufe ist größer als der der tatsächlichen 1. Dissozationskonstanten von H_2CO_3.
(C) Mit Natriumhydroxid-Lösung kann Kohlensäure potentiometrisch als **ein**basige Säure titriert werden.
(D) Mit Natriumhydroxid-Lösung und Phenolphthalein als Indikator kann Kohlensäure als **zwei**basige Säure titriert werden.
(E) Mit Bariumhydroxid-Lösung und Phenolphthalein als Indikator kann Kohlensäure als **zwei**basige Säure titriert werden.

Aminosäuren und Derivate

Weitere MC-Fragen zu Aminosäuren siehe Fragen Nr. 392, 415, 465, 584–586, 899, 1677, 1679–1681, 1789, 1867, 1872.

360 Welche Aminosäuren bzw. -hydrochloride verbrauchen bei der Titration in wässriger Lösung mit Natriumhydroxid-Maßlösung (0,1 mol·l^{-1}) zwei Äquivalente Natriumhydroxid (Phenolphthalein als Indikator)?

(1)

$$H_3C-\underset{\underset{O}{\|}}{C}-\underset{H}{N}-\underset{\underset{CH_2}{|}}{\overset{\overset{COOH}{|}}{C}}-H$$

Acetyltyrosin (mit $-C_6H_4-OH$)

(2)

$$H_2N-\underset{\underset{COOH}{|}}{\overset{\overset{COOH}{|}}{C}}-H$$
$$CH_2$$

Asparaginsäure

(3) Glutaminsäurehydrochlorid

$H_3N^{\oplus}-CH(COOH)-(CH_2)_2-COOH \; Cl^{\ominus}$

(4) Histidinhydrochlorid

$H_2N-CH(COOH)-CH_2-\text{(Imidazol-}H^{\oplus}\text{)} \; Cl^{\ominus}$

(5) Ornithinhydrochlorid

$H_2N-CH(COOH)-(CH_2)_3-NH_3^{\oplus} \; Cl^{\ominus}$

(A) nur 3 ist richtig
(B) nur 1 und 2 sind richtig
(C) nur 3, 4 und 5 sind richtig
(D) nur 1, 2, 3 und 4 sind richtig
(E) 1–5 = alle sind richtig

361 Glutaminsäure wird durch Titration mit NaOH-Maßlösung unter potentiometrischer Indikation des Endpunkts titriert. Welche Aussagen treffen zu?

(1) Es werden 2 Potentialsprünge erhalten.
(2) Es werden 3 Potentialsprünge erhalten.
(3) Der erste Potentialsprung ist größer als der zweite.
(4) Nach Verbrauch von 1 Äquivalent Base liegt ein neutrales Zwitterion vor.

(A) nur 1 ist richtig
(B) nur 2 ist richtig
(C) nur 3 ist richtig
(D) nur 1 und 3 sind richtig
(E) nur 2 und 4 sind richtig

Säurezahl

362 Welche Aussagen über die Säurezahl treffen zu?

(1) Sie gibt an, wie viel mg Kaliumhydroxid zur Neutralisation der in 1 g der untersuchten Substanz vorhandenen freien Säuren notwendig sind.
(2) Sie entspricht dem Quotienten von Esterzahl und Hydroxylzahl.
(3) Bei Fetten und Ölen weist eine erhöhte Säurezahl auf eine fortgeschrittene Hydrolyse hin, und ist daher ein Reinheitskriterium.
(4) Ihre Bestimmung erfolgt nach Arzneibuch nach Lösen der Substanz in einem zuvor gegen Phenolphthalein neutralisierten Gemisch von Ethanol und Petroläther durch Titration mit Kaliumhydroxid-Lösung ($c = 0{,}1$ mol·l^{-1}).
(5) Bei ihrer Bestimmung werden die in 1 g Substanz enthaltenen freien und veresterten Säuren gleichzeitig erfasst.

(A) nur 1 und 2 sind richtig
(B) nur 1, 3 und 4 sind richtig
(C) nur 2, 4 und 5 sind richtig
(D) nur 3, 4 und 5 sind richtig
(E) 1–5 = alle sind richtig

Verdrängungstitrationen

363 Welche Aussagen treffen zu?
Folgende Arzneistoffe verbrauchen, in Ethanol gelöst, bei der Titration mit wässriger 0,1 M-NaOH **ein** Äquivalent NaOH:

(1) Amantadin-HCl

[Adamantyl-NH$_3$]$^{\oplus}$ Cl$^{\ominus}$

(2) Amitriptylin-HCl

[Dibenzocycloheptyliden=CH-CH$_2$-CH$_2$-NH(CH$_3$)$_2$]$^{\oplus}$ Cl$^{\ominus}$

(3) Clonidin-HCl

$$\left[\begin{array}{c} H \\ N \\ \\ N \\ H \end{array}\!\!=\!\!N\!-\!\!\begin{array}{c} H \\ \\ \end{array}\!\!\begin{array}{c} Cl \\ \\ Cl \end{array}\right]^{\oplus} Cl^{\ominus}$$

(A) nur 1 ist richtig
(B) nur 2 ist richtig
(C) nur 3 ist richtig
(D) nur 1 und 3 sind richtig
(E) 1–3 = alle sind richtig

364

$$\begin{array}{c} CH_3 \\ | \\ H_2C-CH-\overset{H}{\underset{+}{N}}(CH_3)_2 \end{array}$$

(Phenothiazin-Struktur) Cl^-

Zur Gehaltsbestimmung von Promethazinhydrochlorid (siehe obige Formel) nach Arzneibuch wird die Substanz in einer Mischung von 5 ml 0,01 M-HCl und 50 ml Ethanol gelöst und mit Hilfe der Potentiometrie mit 0,1 M-NaOH titriert. Das zwischen den beiden Krümmungspunkten zugesetzte Volumen an 0,1 M-NaOH wird der Berechnung zugrunde gelegt.
Welche Aussage hierüber trifft zu?

(A) Die zugesetzte Salzsäure dient zur Stabilitätserhöhung des Promethazin.
(B) Der Verbrauch an 0,1 M-NaOH bis zum 2. Krümmungspunkt muss theoretisch doppelt so groß sein wie der Verbrauch an 0,1 M-NaOH bis zum 1. Krümmungspunkt.
(C) Für die Berechnung des Gehalts an Promethazinhydrochlorid muss der Faktor der 0,01 M-HCl berücksichtigt werden.
(D) Der 1. Krümmungspunkt ist identisch mit dem Halbneutralisationspunkt.
(E) Am 2. Äquivalenzpunkt liegt das eingesetzte Promethazinhydrochlorid als freie Base vor.

365 Das Europäische Arzneibuch schreibt für den abgebildeten Arzneistoff, das Dihydrat des Chininhydrochlorids, eine Gehaltsbestimmung in Ethanol mit Natriumhydroxid-Maßlösung (c = 0,1 mol·l^{-1}) vor, wobei vor der Titration ein definiertes Volumen Salzsäure (c = 0,01 mol·l^{-1}) zugegeben wird. Der Endpunkt der Titration wird potentiometrisch erfasst. Das Volumen zwischen den beiden Wendepunkten in den steilen Bereichen der Titrationskurve wird für die Berechnung des Gehalts herangezogen.

(Chinin-Struktur mit Chinuclidin-Ring und Chinolin-Ring) · HCl · 2 H$_2$O

Welche Aussagen treffen zu?

(1) Bei der Titration wird das Chlorid-Ion erfasst.
(2) Die Basizität des Chinuclidin-Stickstoffatoms ist größer als die des Chinolin-Stickstoffatoms.
(3) Das Volumen zwischen den Wendepunkten der Titrationskurve entspricht zwei Äquivalenten Natriumhydroxid-Maßlösung.
(4) Der Gehalt an Chininhydrochlorid kann auch durch Titration in wasserfreiem Medium mit Perchlorsäure-Maßlösung bestimmt werden.

(A) nur 2 ist richtig
(B) nur 1 und 4 sind richtig
(C) nur 2 und 4 sind richtig
(D) nur 1, 2 und 3 sind richtig
(E) 1–4 = alle sind richtig

6.2.2 Titration von Basen

366 Welche Aussagen zu Titrationen von Basen treffen zu?

(1) Säure-Base-Reaktionen in Wasser sind immer schnelle Reaktionen.
(2) Die Reaktionsprodukte reagieren stets neutral.
(3) Das Lösungsmittel kann Eisessig sein.
(4) Die Maßlösungen müssen täglich neu eingestellt werden.

(A) nur 2 ist richtig
(B) nur 4 ist richtig
(C) nur 1 und 2 sind richtig
(D) nur 1 und 3 sind richtig
(E) 1–4 = alle sind richtig

367 Welche Aussage trifft zu?
Natriumhydrogencarbonat reagiert bei der Titration mit Salzsäure als:

(A) Anionsäure
(B) Anionbase
(C) Kationbase
(D) Kationsäure
(E) Neutralbase

368 Welche Aussage trifft zu?
Eine Lösung eines genau abgewogenen Natriumsalzes wird mit Schwefelsäure-Maßlösung ($c = 0{,}5$ mol·l^{-1}) gegen Methylorange titriert. Nach Farbumschlag wird für 2 Minuten zum Sieden erhitzt und dann nach Abkühlung bis zum stabilen Farbumschlag titriert.
Ein Verbrauch von insgesamt 10,0 ml Maßlösung entspricht:

(A) 0,12 g NaH$_2$PO$_4$ (M_r 120,0)
(B) 240,0 mg NaH$_2$PO$_4$ (M_r 120,0)
(C) 0,53 g Na$_2$CO$_3$ (M_r 106,0)
(D) 1,06 g Na$_2$CO$_3$ (M_r 106,0)
(E) 120,1 mg NaHSO$_4$ (M_r 120,1)

6.2.3 Bestimmung von Carbonsäure-Derivaten, Verseifungstitrationen

369 Welche Aussage trifft **nicht** zu?
Alkalimetrische Gehaltsbestimmungen (als Rücktitration vorgelegter Natriumhydroxid-Lösung), in deren Verlauf eine Hydrolyse erfolgt, können mit folgenden Strukturen durchgeführt werden:

(A) R-CH(OR')(OR')

(B) R-COO-R'

(C) Cl$_3$C-CH(OH)$_2$

(D) (R-CO)$_2$O

(E)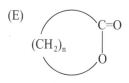

370 Welche Aussage trifft **nicht** zu?
Alkalimetrische Gehaltsbestimmungen (als Rücktitrationen vorgelegter NaOH), in deren Verlauf eine Hydrolyse erfolgt, können durchgeführt werden bei:

(A) Tetraalkylammoniumchloriden
(B) Carbonsäurephenylestern
(C) Lactonen
(D) Carbonsäureanhydriden
(E) Carbonsäurealkylestern

371* Welche Aussage trifft **nicht** zu?
Alkalimetrische Gehaltsbestimmungen (als Rücktitrationen vorgelegter NaOH), in deren Verlauf eine Hydrolyse erfolgt, können durchgeführt werden bei:

(A) Tetramethylammoniumchlorid

$$\left[\begin{array}{c} CH_3 \\ | \\ H_3C-N-CH_3 \\ | \\ CH_3 \end{array} \right]^{\oplus} Cl^{\ominus}$$

(B) Benzoylchlorid

(C) Acetylsalicylsäure

(D) Essigsäuremethylester

(E) Benzylmandelat

372 Welche Aussage trifft **nicht** zu?
Alkalimetrische Gehaltsbestimmungen, bei denen die Substanz mit überschüssiger NaOH verseift und der NaOH-Überschuss zurücktitriert wird, können durchgeführt werden bei:

(A) Tetramethylammoniumchlorid

(B) Essigsäureanhydrid

(C) Glycolid-Diacetat (dargestellt)

(D) Benzoylchlorid

(E) Benzylmandelat

373* Welche Aussagen treffen zu?
Durch Verseifung von Carbonsäure-Derivaten mit einem Alkaliüberschuss unter geeigneten Bedingungen und Rücktitration mit Salzsäure können prinzipiell bestimmt werden:

(1) Acetanhydrid

(2) Menthylacetat

(3) 2,4-Dinitrobenzoylchlorid

(A) nur 1 ist richtig
(B) nur 2 ist richtig
(C) nur 1 und 2 sind richtig
(D) nur 2 und 3 sind richtig
(E) 1–3 = alle sind richtig

374 4-Hydroxybenzoesäuremethylester (siehe Formel) lässt sich durch Erhitzen mit überschüssiger NaOH-Maßlösung und anschließende Titration mit Schwefelsäure-Maßlösung quantitativ bestimmen.

Welche Aussagen treffen zu?

(1) Das Erhitzen mit Natronlauge bewirkt Hydrolyse.
(2) Nach dem Erhitzen mit der überschüssigen Natronlauge liegt das Phenolat-Anion des 4-Hydroxybenzoesäuremethylesters vor.
(3) Bei der Titration mit Schwefelsäure wird der Überschuss der Natronlauge erfasst und das Phenolat-Anion protoniert.

(A) nur 1 ist richtig
(B) nur 2 ist richtig
(C) nur 1 und 2 sind richtig
(D) nur 1 und 3 sind richtig
(E) nur 2 und 3 sind richtig

Chloralhydrat

375 Welche der folgenden Reaktionen können ablaufen, wenn bei einer Gehaltsbestimmung von Chloralhydrat (Trichloracetaldehyd-Hydrat) mit einem Überschuss an Natriumhydroxid versetzt wurde?

(1) $Cl_3C-CH(OH)_2 + OH^- \rightarrow HCCl_3 + HCOO^- + H_2O$
(2) $Cl_3C-CH(OH)_2 + 3\,OH^- \rightarrow HOOC-CHO + 3\,Cl^- + 2\,H_2O$
(3) $HCCl_3 + 4\,OH^- \rightarrow HCOO^- + 3\,Cl^- + 2\,H_2O$

(A) nur 1 ist richtig
(B) nur 2 ist richtig
(C) nur 3 ist richtig
(D) nur 1 und 3 sind richtig
(E) 1–3 = alle sind richtig

376 Im Rahmen einer Gehaltsbestimmung von Chloralhydrat (Trichloracetaldehyd-Hydrat) versetzt man mit einem Überschuss an Natriumhydroxid. Welche Aussagen zu dieser Umsetzung treffen zu?

(1) Aus Chloralhydrat entsteht in Gegenwart von überschüssigem Natriumhydroxid unter anderem Formiat.
(2) Bei der Spaltung von 1 Mol Chloralhydrat zu (u. a.) Chloroform wird ein Äquivalent Natriumhydroxid verbraucht.
(3) Bei der Spaltung von 1 Mol Chloroform zu Formiat werden 3 Äquivalente Natriumhydroxid verbraucht.

(A) nur 1 ist richtig
(B) nur 3 ist richtig
(C) nur 1 und 2 sind richtig
(D) nur 2 und 3 sind richtig
(E) 1–3 = alle sind richtig

Acetylsalicylsäure

377

Zur Gehaltsbestimmung von Acetylsalicylsäure (siehe Formel) wird die genau gewogene Substanz in überschüssiger Natriumhydroxid-Maßlösung (0,1 mol·l^{-1}) hydrolysiert. Anschließend titriert man überschüssiges Natriumhydroxid mit Salzsäure gegen Phenolphthalein zurück. Aus der Differenz zwischen eingesetzter und zurücktitrierter Menge an Natriumhydroxid-Maßlösung wird der Gehalt berechnet. Welche Aussage über das erläuterte Verfahren trifft **nicht** zu?

(A) Bei der Hydrolyse von Acetylsalicylsäure entsteht Acetat.
(B) Bei der Hydrolyse von Acetylsalicylsäure entsteht Salicylat.
(C) Bei der Verwendung carbonatfreier Natriumhydroxid-Lösung kann anstelle von Phenolphthalein auch Methylorange als Indikator verwendet werden.
(D) Zur Gehaltsbestimmung werden pro Mol Acetylsalicylsäure 2 Mol Natriumhydroxid verbraucht.
(E) Beim pH-Wert des Umschlagbereichs von Phenolphthalein liegt Salicylsäure in Form ihres Monoanions vor.

378 Zur Gehaltsbestimmung von Acetylsalicylsäure wird die Substanz mit überschüssiger Natriumhydroxid-Lösung eine Stunde bei Raumtemperatur stehengelassen. Anschließend wird die nicht verbrauchte Stoffmenge an Natriumhydroxid mit Salzsäure gegen Phenolphthalein als Indikator zurücktitriert. Wieviel Äquivalente Natriumhydroxid werden für die Titration eines Mols Acetylsalicylsäure verbraucht?

(A) 0,5
(B) 0,66
(C) 1
(D) 2
(E) 3

379 Zur Gehaltsbestimmung des abgebildeten Arzneistoffs Carbasalat-Calcium wird die Substanz in Wasser gelöst und nach Versetzen mit NaOH-Maßlösung (c = 0,1 mol/l) verschlossen stehen gelassen. Nach 2 h wird mit HCl-Maßlösung (c = 0,1 mol/l) gegen Phenolphthalein titriert.

$$Ca^{2+} \left[\begin{array}{c} \text{(Struktur mit } CO_2^- \text{ und } O\text{-}CO\text{-}CH_3) \end{array} \right]_2 \cdot H_2N\text{-}CO\text{-}NH_2 \quad (M_r\ 458,4)$$

Welche Aussagen zu dieser Gehaltsbestimmung treffen zu?

(1) Harnstoff wird quantitativ an einem der beiden Stickstoffatome protoniert.
(2) Harnstoff wird quantitativ an beiden Stickstoffatomen protoniert.
(3) 1 ml NaOH-Maßlösung entspricht 22,92 mg Carbasalat-Calcium ($C_{19}H_{18}CaN_2O_9$).
(4) 1 ml NaOH-Maßlösung entspricht 45,84 mg Carbasalat-Calcium ($C_{19}H_{18}CaN_2O_9$).
(5) 1 ml NaOH-Maßlösung entspricht 60,10 mg Harnstoff (CH_4N_2O).

(A) nur 1 ist richtig
(B) nur 3 ist richtig
(C) nur 5 ist richtig
(D) nur 1 und 3 sind richtig
(E) nur 2 und 4 sind richtig

Verseifungszahl

380* Welche Aussage über die Verseifungszahl (nach Arzneibuch) trifft **nicht** zu?

(A) Die Verseifungszahl gibt an, wie viel mg KOH zur Neutralisation der freien Säuren von 1 g Substanz notwendig sind.
(B) Fette, in denen die veresterten Carbonsäuren überwiegend kurzkettig sind, weisen hohe Verseifungszahlen auf.
(C) Die Bestimmung der Verseifungszahl dient der Charakterisierung von Fetten und Wachsen.
(D) Die Verseifung wird mit ethanolischer Kaliumhydroxid-Maßlösung durchgeführt.
(E) Zur Rücktitration mit Salzsäure-Maßlösung ist Phenolphthalein als Indikator geeignet.

381 Welche Aussagen treffen zu?
Eine bekannte Masse eines unbekannten Fettsäurealkylesters wird mit einer gemessenen, überschüssigen Menge Natriumhydroxid verseift und der Laugenüberschuss mit Salzsäure zurücktitriert.
Aus der bei der Verseifung benötigten Stoffmenge Natriumhydroxid kann die relative Molekülmasse berechnet werden:

(1) des Esters
(2) des Alkohols
(3) der Säure

(A) nur 1 ist richtig
(B) nur 3 ist richtig
(C) nur 1 und 2 sind richtig
(D) nur 1 und 3 sind richtig
(E) nur 2 und 3 sind richtig

382 1,0 Gramm eines Esters wird mit überschüssiger ethanolischer Natriumhydroxid-Maßlösung unter Rückfluss bis zur vollständigen Verseifung erhitzt. Anschließend wird der Laugenüberschuss mit Salzsäure (1 mol·l^{-1}) zurücktitriert.
Bei welchem Ester ist der Salzsäureverbrauch am größten?

(A) H_7C_3–CO–O–CH_3
(B) H_3C–CO–O–C_3H_7
(C) H_7C_3–CO–O–C_3H_7
(D) H_2C–O–CO–C_3H_7
    H_2C–O–CO–C_3H_7
(E) H_2C–O–CO–C_3H_7
    HC–O–CO–C_3H_7
    H_2C–O–CO–C_3H_7

383 Die nachfolgenden Verseifungszahlen wurden für eine Reihe von Fetten erhalten (Hydroxylzahl jeweils 0, Säurezahl < 1).
Welches der Fette hat die größte molekulare Masse?

(A) 155
(B) 175
(C) 180
(D) 189
(E) 255

384 Welche Aussagen treffen zu?
Die Verseifungszahl ist ein wichtiges Kriterium für die Identität und Reinheit von:

(1) Fetten
(2) Wachsen
(3) synthetischen, fettähnlichen Estern
(4) ätherischen Ölen
(5) höheren Alkoholen

(A) nur 1 und 4 sind richtig
(B) nur 2 und 5 sind richtig
(C) nur 3 und 4 sind richtig
(D) nur 1, 2 und 3 sind richtig
(E) nur 3, 4 und 5 sind richtig

385 Welche Aussagen treffen zu?
Eine Mischung von Estern des Glycerols mit längerkettigen Carbonsäuren und Paraffinkohlenwasserstoffen wird mit überschüssiger alkoholisch-wässriger Kaliumhydroxid-Maßlösung 1 Stunde zum Sieden erhitzt. Nach beendeter Reaktion wird viel Wasser hinzugefügt und mit Ether ausgeschüttelt.

(1) Bei der Reaktion entsteht Glycerol.
(2) Bei der Reaktion entstehen die Kaliumsalze der längerkettigen Carbonsäuren.
(3) Bei der Reaktion entstehen hydroxylierte Paraffinkohlenwasserstoffe.
(4) Unveränderte Paraffinkohlenwasserstoffe befinden sich hauptsächlich in der Etherphase.

(A) nur 1 und 3 sind richtig
(B) nur 2 und 4 sind richtig
(C) nur 1, 2 und 4 sind richtig
(D) nur 2, 3 und 4 sind richtig
(E) 1–4 = alle sind richtig

Esterzahl

386 Welche Aussage über die Esterzahl trifft zu?

(A) Sie ist bei natürlichen Wachsen gleich der Verseifungszahl.
(B) Sie ist gleich der Differenz zwischen Verseifungszahl und Säurezahl.
(C) Sie ist der Quotient aus Verhältniszahl und Säurezahl.
(D) Sie gibt an, wieviel mg verseifbare Ester in 1 g Substanz enthalten sind.
(E) Keine der Aussagen (A) bis (D) trifft zu.

387 Welche der folgenden Berechnungen für die Esterzahl (EZ) eines Triglycerids sind zutreffend?

(1) $EZ = 10^3 \dfrac{m_{KOH}}{m_{Fett}}$

(m_{KOH}: Masse von KOH, nötig zur Verseifung der Masse des Fettes m_{Fett})

(2) $EZ = VZ - SZ$
(VZ: Verseifungszahl; SZ: Säurezahl)

(3) $EZ = 3 \cdot 10^3 \dfrac{M_{KOH}}{M_{Fett}}$

(M_{KOH}: molare Masse von KOH; M_{Fett}: mittlere molare Masse des Fettes)

(A) nur 2 ist richtig
(B) nur 1 und 2 sind richtig
(C) nur 1 und 3 sind richtig
(D) nur 2 und 3 sind richtig
(E) 1–3 = alle sind richtig

6.2.4 Spezielle Verfahren

Oximtitration

388* Welche Aussagen treffen zu?
Hydroxylaminhydrochlorid kann zur **quantitativen** Bestimmung von Arzneistoffen mit folgenden funktionellen Gruppen verwendet werden:

(1) R-COOH
(2) R-CHO
(3) $R^1\text{-}\underset{\underset{\|}{O}}{C}\text{-}R^2$
(4) R-CH$_2$OH
(5) R^1-CHOH-R^2

(A) nur 1 ist richtig
(B) nur 2 und 3 sind richtig
(C) nur 4 und 5 sind richtig
(D) nur 1, 2 und 3 sind richtig
(E) 1–5 = alle sind richtig

389 Wenn 5,0 ml Paraldehyd (2,4,6-Trimethyl–1,3,5-trioxan) nach Umsetzen mit ethanolischer Hydroxylaminhydrochlorid-Lösung mit Natriumhydroxid-Lösung (0,5 mol·l^{-1}) gegen Methylorange titriert werden, dürfen höchstens 0,8 ml der Maßlösung verbraucht werden.
Was stellt diese Reinheitsprüfung des Europäischen Arzneibuchs sicher?

(A) Die mögliche Verunreinigung mit nichtflüchtigen Bestandteilen wird auf 0,0004 Mol begrenzt.
(B) Die mögliche Verunreinigung mit Peroxiden (Peressigsäure) wird auf 0,4 mMol begrenzt.
(C) Die mögliche Verunreinigung mit Acetaldehyd wird auf 0,4 mMol in 5,0 ml Paraldehyd begrenzt.
(D) Die mögliche Verunreinigung mit sauer reagierenden Substanzen (Essigsäure) wird auf 0,4 mMol·l^{-1} begrenzt.
(E) Der Zusatz an Antioxidantien, die mit Hydroxylaminhydrochlorid unter Abspaltung von Salzsäure reagieren, wird auf 0,08 % limitiert.

Formoltitration

Siehe auch MC-Fragen Nr. 413, 415, 1679, 1680, 1867.

390 Welche Aussage trifft **nicht** zu?
Bei der Formoltitration von Ammoniumsalzen

(A) wird eine basische Maßlösung verwendet
(B) erfolgt die Titration in wässrigem Milieu
(C) entsteht aus Ammoniak und Formaldehyd Methenamin
(D) liegt am Äquivalenzpunkt das gesamte NH$_4^+$ als Ammoniak vor
(E) wird ein Indikator verwendet, dessen Umschlagsintervall im alkalischen Bereich liegt

391* Welche Aussage trifft zu?
Ammonium-Ionen, z. B. in Ammoniumchlorid, lassen sich in Gegenwart überschüssigen Formaldehyds mit NaOH-Maßlösung quantitativ bestimmen („Formoltitration").
Der Formaldehydzusatz bewirkt dabei:

(A) Stabilisierung der Ammonium-Ionen
(B) Erhöhung des pK$_a$-Werts der Ammonium-Ionen
(C) Bildung von Hexamethylentetramin (Urotropin)
(D) Schaffung von wasserfreien Verhältnissen durch Aldehydhydrat-Bildung
(E) Verbesserung der Erkennbarkeit des Indikatorumschlags

392 Welche Aussage trifft **nicht** zu?

(A) Die Formoltitration ist zur quantitativen Bestimmung von α-Aminosäuren geeignet.
(B) Bei der Formoltitration wird üblicherweise eingestellte Salzsäure als Maßlösung verwendet.
(C) Bei der Bestimmung von Ammonium-Ionen (NH$_4^+$) mit Hilfe der Formoltitration entsteht u. a. Hexamethylentetramin.
(D) Ammoniak lässt sich mit Hilfe der Formoltitration **nicht** quantitativ bestimmen.
(E) Das Prinzip der Formoltitration beruht darauf, dass die Basizität von primären und sekundären aliphatischen Aminen durch Reaktion mit Formaldehyd erheblich abgeschwächt wird.

393 Ammoniumsulfat lässt sich in Gegenwart eines Überschusses an Formaldehyd-Lösung mit Natriumhydroxid-Maßlösung gegen Phenolphthalein titrieren.
Welche Aussage trifft **nicht** zu?

(A) Für ein Mol Ammoniumsulfat werden zwei Mol Natriumhydroxid verbraucht.
(B) Während der Titration entsteht Methenamin („Urotropin").
(C) Aus Ammoniumsulfat wird durch Formaldehyd soviel Schwefelsäure freigesetzt, dass der pH-Wert der Lösung vor der Titration 0 bis 1 beträgt.
(D) Methenamin reagiert in wässriger Lösung schwach basisch.

(E) Bei Verwendung von Methylrot anstelle von Phenolphthalein wird zu wenig Maßlösung verbraucht.

Argentoalkalimetrie

394 Bei welchen der nachstehend aufgeführten Arzneistoffe wird eine alkalimetrische Gehaltsbestimmung bei Titration mit wässriger Natriumhydroxid-Lösung und Farbindikator durch Bildung eines Silbersalzes oder Silberkomplexes ermöglicht?

(1) Phenylbutazon
(2) Nicotinsäureamid
(3) Theobromin
(4) Phenytoin

(A) nur 2 und 4 sind richtig
(B) nur 3 und 4 sind richtig
(C) nur 1, 2 und 3 sind richtig
(D) nur 2, 3 und 4 sind richtig
(E) 1–4 = alle sind richtig

395 Welche Aussage trifft **nicht** zu?
In Gegenwart von Silber-Ionen können folgende Substanzen mit Natriumhydroxid-Lösung ($c = 0{,}1$ mol·l^{-1}) titriert werden:

(A) Coffein
(B) Theobromin
(C) Theophyllin
(D) Norethisteron

(E) Ethinylestradiol

396 SH-, OH- und NH-acide Verbindungen können nach Umsetzung mit Silbernitrat/Pyridin alkalimetrisch titriert werden.
Bei welchem der folgenden Arzneistoffe werden dabei **zwei** Protonen pro Molekül erfasst?

(A) Propylthiouracil
(B) Phenytoin
(C) Phenobarbital-Natrium
(D) Methylphenobarbital
(E) Theophyllin

397 Barbitursäure-Derivate werden nach Umsetzung mit Silbernitrat/Pyridin alkalimetrisch gegen Thymolphthalein titriert.
Bei welchen der folgenden Substanzen wird dabei nur **ein** Proton pro Molekül erfasst?

(1) Amobarbital-Natrium (Amobarbital: R^1 = -C_2H_5, R^2 = i-H_7C_3-H_2C-H_2C-, R^3 = -H)
(2) Phenobarbital (R^1 = -C_2H_5, R^2 = -C_6H_5, R^3 = -H)
(3) Methylphenobarbital (R^1 = -C_2H_5, R^2 = -C_6H_5, R^3 = -CH_3)
(4) Secobarbital-Natrium (Secobarbital: R^1 = n-H_7C_3-$\underset{CH_3}{CH}$-, R^2 = H_2C=CH-H_2C-, R^3 = -H)

(A) nur 2 ist richtig
(B) nur 3 und 4 sind richtig
(C) nur 1, 3 und 4 sind richtig
(D) nur 2, 3 und 4 sind richtig
(E) 1–4 = alle sind richtig

398

Phenytoin-Natrium wird zur Bestimmung mit überschüssiger Schwefelsäure ($c = 0{,}05$ mol·l^{-1}) versetzt. Unter potentiometrischer Indizierung wird der Säureüberschuss mit Lauge zurücktitriert. Nach Zugabe von Silbernitrat in Pyridin wird die Titration fortgesetzt. Insgesamt ergibt sich folgende Titrationskurve:

Aus welcher Größe kann der Gehalt an Analyt direkt bestimmt werden?

399

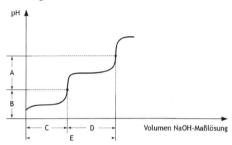

Ethinylestradiol (siehe Formel) kann nach Zusatz von Silbernitrat-Lösung in Tetrahydrofuran mit Natronlauge titriert werden.
Welche Protonen werden dabei erfasst?

(A) nur 1 ist richtig
(B) nur 3 ist richtig
(C) nur 1 und 2 sind richtig
(D) nur 2 und 3 sind richtig
(E) 1–3 = alle sind richtig

Hydroxylzahl, Bestimmung von Alkoholen

400 Welche Aussage trifft **nicht** zu?
Bei der Bestimmung der Hydroxylzahl nach Arzneibuch werden folgende funktionelle Gruppen erfasst:

(A) primäre und sekundäre Amide
(B) primäre und sekundäre Amine
(C) Enole
(D) Alkohole
(E) Phenole

401 Welche der folgenden Methoden sind zur quantitativen Bestimmung eines primären einwertigen Alkohols geeignet?

(1) Hydroxylzahl-Bestimmung
(2) Oxim-Methode
(3) Diazotierungs-Kupplungs-Reaktion und photometrische Bestimmung des Azofarbstoffs
(4) Malaprade-Titration

(A) nur 1 ist richtig
(B) nur 4 ist richtig
(C) nur 2 und 3 sind richtig
(D) nur 2 und 4 sind richtig
(E) nur 1, 3 und 4 sind richtig

402* Zum Zweck der quantitativen Erfassung von Alkoholen wird mit einer überschüssigen Menge Acetanhydrid in Pyridin acetyliert. Welcher der folgenden Stoffe reagiert dabei als Verunreinigung in der Probe **nicht** mit dem Reagenz?

(A) primäre aliphatische Amine
(B) sekundäre aliphatische Amine
(C) tertiäre aliphatische Amine
(D) Wasser
(E) Phenole

403* Zum Zweck ihrer quantitativen Erfassung werden geeignete funktionelle Gruppen in organischen Stoffen durch Umsetzung mit einer überschüssigen Menge Propionsäureanhydrid acyliert.
Bei welchen der folgenden Stoffe ist dies **nicht** möglich?

(A) primäre Amine
(B) sekundäre Amine
(C) Alkohole
(D) Aldehyde und Ketone
(E) Phenole

404 Für welche der nachfolgend angegebenen Verbindungen ist (unter den Standardbedingungen des Arzneibuchs und ohne vorherige Verseifung) die höchste Hydroxylzahl zu erwarten?

(A) Rizinolsäure (12-Hydroxyölsäure)

(B) Menthol

(C) Macrogol 1000 (mittlere Molmasse 1000)

(D) Macrogol 3000 (mittlere Molmasse 3000)

(E) Menthylacetat

405 Welche Aussagen treffen zu?
Die Bestimmung der Hydroxylzahl kann aufgrund der folgenden Reaktionen vorgenommen werden:

(1) oxidative Umsetzung von Perbenzoesäure mit Alkenen in Benzen
(2) Veresterungsreaktion mit Acetanhydrid in Gegenwart von Pyridin
(3) Umsetzung von p-Hydroxyacetophenon mit Hydroxylamin in schwach saurer Lösung
(4) Veresterungsreaktion mit Propionsäureanhydrid in Gegenwart von p-Toluensulfonsäure

(A) nur 1 und 2 sind richtig
(B) nur 2 und 4 sind richtig
(C) nur 3 und 4 sind richtig
(D) nur 2, 3 und 4 sind richtig
(E) 1–4 = alle sind richtig

406 Welche Aussagen über die in zwei Schritten erfolgende Gehaltsbestimmung von Alkoholen wie Menthol (Methode A nach Arzneibuch) durch Hydroxylzahlbestimmung treffen zu?
Im 1. Schritt erfolgt Umsetzung der Substanz mit:

(1) Pyridin
(2) Piperidin
(3) Dinitrochlorbenzen
(4) Acetanhydrid
(5) Brom

(A) nur 5 ist richtig
(B) nur 1 und 3 sind richtig
(C) nur 1 und 4 sind richtig
(D) nur 2 und 3 sind richtig
(E) nur 2 und 4 sind richtig

407 Im 2. Schritt erfolgt (in geeigneter Reihenfolge):

(1) Titration mit ethanolischer Kaliumhydroxid-Lösung
(2) Zugabe von Wasser und Ethanol
(3) Zugabe von Kaliumiodid und Titration mit Natriumthiosulfat-Lösung
(4) Zugabe einer gemessenen Menge 0,1 M-Salzsäure
(5) gravimetrische Bestimmung des gebildeten Niederschlags

(A) nur 5 ist richtig
(B) nur 1 und 2 sind richtig
(C) nur 2 und 3 sind richtig
(D) nur 3 und 4 sind richtig
(E) nur 1, 2 und 4 sind richtig

408 Welche Aussage trifft zu?
Bei der Berechnung der Hydroxylzahl (Methode A nach Arzneibuch) ist zu berücksichtigen:

(A) die Säurezahl
(B) die Esterzahl
(C) die Verseifungszahl
(D) der Wassergehalt
(E) die Iodzahl

409* Die quantitative Bestimmung von Hydroxyl-Gruppen in organischen Stoffen kann nach folgendem Prinzip erfolgen:

Eine genau abgewogene Menge der Substanz wird mit einer abgemessenen überschüssigen Menge Propionsäureanhydrid umgesetzt. Danach fügt man eine überschüssige Menge Anilin in Eisessig und Cyclohexan hinzu und titriert mit Perchlorsäure gegen Kristallviolett.

Welche der folgenden Reaktionen laufen praktisch quantitativ ab?

(1) $(C_2H_5CO)_2O + ROH \longrightarrow C_2H_5COOR + C_2H_5COOH$
(2) $(C_2H_5CO)_2O + C_6H_5NH_2 \longrightarrow C_2H_5COOH + C_2H_5CONHC_6H_5$
(3) $C_2H_5CONHC_6H_5 + CH_3COOH_2^+ \longrightarrow [C_2H_5CONH_2C_6H_5]^+ + CH_3COOH$

(A) nur 1 ist richtig
(B) nur 2 ist richtig
(C) nur 3 ist richtig
(D) nur 1 und 2 sind richtig
(E) 1–3 = alle sind richtig

Bestimmung von Borsäure-Derivaten

Siehe auch MC-Fragen Nr. 233, 412, 1662, 1663.

410* Welche Aussagen treffen zu?
Die Gehaltsbestimmung von wässrigen Borsäure-Lösungen durch Titration mit wässrigen Alkalihydroxid-Lösungen gegen Phenolphthalein kann prinzipiell unter Zusatz folgender Komplexbildner erfolgen:

(1) Ethanol
(2) Glycerol
(3) Mannitol
(4) Sorbitol

(A) nur 1 und 3 sind richtig
(B) nur 2 und 4 sind richtig
(C) nur 1, 2 und 3 sind richtig
(D) nur 2, 3 und 4 sind richtig
(E) 1–4 = alle sind richtig

411* Welche Aussage über die Analytik von Natriumtetraborat trifft **nicht** zu?

(A) Seine wässrige Lösung reagiert alkalisch.
(B) Durch Zufügen von Mannitol verschiebt sich der pH-Wert einer wässrigen Natriumtetraborat-Lösung zum Sauren.
(C) Bei der Gehaltsbestimmung seiner wässrigen Lösung, die eine ausreichende Menge Mannitol enthält, werden für ein Mol Natriumtetraborat zwei Mol Natriumhydroxid verbraucht.
(D) Aus einem Mol Natriumtetraborat entstehen beim Ansäuern seiner wässrigen Lösung vier Mol Borsäure.
(E) Es enthält pro Formeleinheit vier Natrium-Ionen.

Themenübergreifende Fragen

Ordnen Sie bitte den Säuren der Liste 1 das jeweils zu ihrer alkalimetrischen Titration eingesetzte Hilfsreagenz der Liste 2 zu!

Liste 1

412 H_3BO_3
413 NH_4^+

Liste 2
(A) Br_2
(B) CH_2O
(C) NH_2OH
(D) $HOCH_2-(CHOH)_4-CH_2OH$
(E) H_3COH

Ordnen Sie bitte den Verbindungen der Liste 1 das jeweils zu ihrer quantitativen Bestimmung geeignete Verfahren der Liste 2 zu!

Liste 1

414 $R^1\underset{\underset{O}{\|}}{}R^2$

415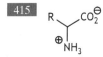

Liste 2
(A) Budde-Titration
(B) Malaprade-Spaltung
(C) Formoltitration
(D) Oximtitration
(E) Argentoalkalimetrische Titration

Bestimmungen nach Ionenaustausch

Weitere MC-Fragen zur Säulenchromatographie finden sich in den Kap. 12.5 und 12.6.

6.2 Titrationen von Säuren und Basen in wässrigen Lösungen, insbesondere nach Arzneibuch

416 Welche Aussagen über Ionenaustauscher treffen zu?

(1) Saure Ionenaustauscher tauschen Kationen aus.
(2) An einen Ionenaustauscher gebundene Magnesium-Ionen lassen sich **nicht** durch Natrium-Ionen austauschen.
(3) Ein Mischbettaustauscher lässt sich nur nach Trennung in die H^+- oder OH^--Form bringen.
(4) Stark basische Anionenaustauscher tauschen nur starke Anionenbasen aus.
(5) Für einen quantitativen Ionenaustausch ist die äquivalente Menge an Ionenaustauscher zu verwenden.

(A) nur 1 und 3 sind richtig
(B) nur 2 und 5 sind richtig
(C) nur 1, 4 und 5 sind richtig
(D) nur 2, 3 und 5 sind richtig
(E) 1–5 = alle sind richtig

417 Welche der Aussagen zu Ionenaustauschern trifft **nicht** zu?

(A) Funktionelle Gruppen starker Kationenaustauscher sind Halbester der Schwefelsäure.
(B) Schwache Kationenaustauscher tragen protonierte Carboxylat-Gruppen.
(C) Ein starker Anionenaustauscher trägt z. B. quartäre Ammonium-Gruppen.
(D) Die Austauschkapazität eines Ionenaustauschers gibt die äquivalente Menge in mMol pro 1 g Ionenaustauscher an.
(E) Natrium-Ionen haben zu einem Kationenaustauscher eine geringere Affinität als Calcium-Ionen.

418 Welche Aussagen über stark basische Anionenaustauscher treffen zu?

(1) Sie bestehen aus einem organischen Polyelektrolyten.
(2) Sie können fixierte, quartäre Ammonium-Gruppen enthalten.
(3) Die Prüfung der Austauschkapazität wird mit Hilfe einer zehnprozentigen Natriumsulfat-Lösung vorgenommen.

(A) nur 1 ist richtig
(B) nur 2 ist richtig
(C) nur 1 und 2 sind richtig
(D) nur 2 und 3 sind richtig
(E) 1–3 = alle sind richtig

419 Welche Aussagen über stark basische Anionenaustauscher treffen zu?

(1) Sie enthalten kovalent gebundene Dimethylamino-Gruppen.
(2) Das Grundgerüst kann aus einem Styren-Divinylbenzen-Copolymer bestehen.
(3) Die Chlorid-Form des Austauschers kann mit 1 M-Natriumhydroxid-Lösung in die OH-Form übergeführt werden.

(A) nur 1 ist richtig
(B) nur 1 und 2 sind richtig
(C) nur 1 und 3 sind richtig
(D) nur 2 und 3 sind richtig
(E) 1–3 = alle sind richtig

420 Welche Aussagen über Kationenaustauscher treffen zu?

(1) Sie besitzen z. B. fixierte Sulfonat- oder Carboxylat-Gruppen.
(2) Mit Natrium-Ionen beladene Austauscher können Natrium-Ionen **nicht** gegen andere Metallionen austauschen.
(3) Zur Überführung von mit Metallionen beladenen Austauschern in ihre saure Form (Regenerierung) ist Salzsäure geeignet.
(4) Ihre Austauschkapazität nimmt mit steigender Stärke der sauren funktionellen Gruppe ab.

(A) nur 1 und 3 sind richtig
(B) nur 2 und 4 sind richtig
(C) nur 1, 2 und 4 sind richtig
(D) nur 2, 3 und 4 sind richtig
(E) 1–4 = alle sind richtig

421 Was ist typischerweise **nicht** Bestandteil eines Kationenaustauschers?

(A) Polystyrol
(B) Sulfonsäure-Gruppe
(C) Carbonsäure-Gruppe
(D) quartäre Ammonium-Gruppe
(E) Phosphonsäure-Gruppe

422* Welche Aussage trifft zu?
Ein stark basischer Ionenaustauscher enthält:

(A) fixierte –SO₃H-Gruppen
(B) kovalent gebundene –OH-Gruppen
(C) primäre Amino-Gruppen
(D) quartäre Ammonium-Reste
(E) fixierte Carboxyl-Gruppen

423 Welche Aussage trifft zu?
Ein stark basischer Anionenaustauscher (OH⁻-Form)

(A) besteht aus basischem Aluminiumoxid
(B) enthält fixierte –SO₃H-Gruppen
(C) enthält kovalent gebundene –OH-Gruppen
(D) enthält tertiäre Amino-Gruppen
(E) kann bei der Gehaltsbestimmung einer NaCl-Lösung verwendet werden

424 Welche Aussagen zur Bestimmung von wasserfreiem Natriumsulfat durch Titration mit Natriumhydroxid-Maßlösung treffen zu?

(1) Das Natriumsulfat muss **vor** der Titration mit Natronlauge-Maßlösung mit Ionenaustauscherharzen behandelt werden.
(2) Es handelt sich um eine Substitutionstitration.
(3) Natriumsulfat wird mit Hilfe eines Ionenaustauschers stöchiometrisch einheitlich zu Schwefelsäure umgesetzt.
(4) Der stark saure Kationenaustauscher muss der Natriumsulfat-Probe in äquimolarer Menge zugesetzt werden.

(A) nur 2 ist richtig
(B) nur 1 und 3 sind richtig
(C) nur 2 und 4 sind richtig
(D) nur 3 und 4 sind richtig
(E) nur 2, 3 und 4 sind richtig

425* Zur Gehaltsbestimmung von Natriumsulfat wird die wässrige Lösung der Substanz über eine Säule chromatographiert und das Eluat mit Natriumhydroxid-Lösung (0,1 mol·l⁻¹) titriert.
Welche Säulenfüllung ist dazu geeignet?

(A) basisches Aluminiumoxid
(B) saures Aluminiumoxid
(C) basischer Anionenaustauscher
(D) saurer Kationenaustauscher
(E) Kieselgur

426* Zur Gehaltsbestimmung von Natriumsulfat wird die wässrige Lösung der Substanz über eine Säule chromatographiert und das Eluat mit Salzsäure-Lösung (0,1 mol·l⁻¹) titriert.
Welche Säulenfüllung ist dazu geeignet?

(A) basisches Aluminiumoxid
(B) saures Aluminiumoxid
(C) basischer Anionenaustauscher
(D) saurer Kationenaustauscher
(E) Kieselgur

427* Bei der Gehaltsbestimmung von wasserfreiem Natriumsulfat (M_r = 142,0) werden 1,30 g Substanz in 50 ml Wasser gelöst. Nachdem diese Lösung einen stark sauren Kationenaustauscher passiert hat, wird das Eluat mit Natriumhydroxid-Maßlösung (c = 1,0 mol·l⁻¹) gegen Methylorange als Indikator titriert.
Welche Aussagen treffen zu?

(1) 1 ml Natriumhydroxid-Maßlösung (c = 1,0 mol·l⁻¹) entspricht 71,0 mg Natriumsulfat.
(2) Als Kationenaustauscher kann ein Harz mit Sulfonsäure-Gruppen verwendet werden.
(3) Im Eluat befindet sich Schwefelsäure.
(4) Liegt das Austauschharz in der Na⁺-Form vor, kann es mit Salzsäure regeneriert werden.

(A) nur 1 und 2 sind richtig
(B) nur 1 und 3 sind richtig
(C) nur 1, 2 und 3 sind richtig
(D) nur 2, 3 und 4 sind richtig
(E) 1–4 = alle sind richtig

428 Welche Aussagen treffen zu?
Zur Gehaltsbestimmung von Natriumacetat eignen sich folgende Methoden:

(1) Passage einer wässrigen Lösung durch einen stark basischen Anionenaustauscher (OH⁻-Form) und Titration des Eluats mit Salzsäure
(2) Passage einer wässrigen Lösung durch einen stark sauren Kationenaustauscher (H⁺-Form) und Titration des Eluats mit Natriumhydroxid-Lösung
(3) Titration mit Perchlorsäure in wasserfreiem Medium

(4) Titration mit 1 M-Salzsäure und Bromcresolgrün als Indikator

(A) nur 1 und 2 sind richtig
(B) nur 1 und 3 sind richtig
(C) nur 2 und 4 sind richtig
(D) nur 1, 2 und 3 sind richtig
(E) 1–4 = alle sind richtig

429* Welche Aussagen treffen zu?
Kaliumnitrat läßt sich prinzipiell titrieren nach Säulenchromatographie (mit Ionenaustausch) über einen stark

(1) sauren Kationenaustauscher mit Salzsäure-Maßlösung
(2) basischen Anionenaustauscher mit Salzsäure-Maßlösung
(3) sauren Kationenaustauscher mit Natriumhydroxid-Maßlösung
(4) basischen Anionenaustauscher mit Natriumhydroxid-Maßlösung

(A) nur 1 ist richtig
(B) nur 4 ist richtig
(C) nur 1 und 2 sind richtig
(D) nur 2 und 3 sind richtig
(E) nur 3 und 4 sind richtig

430* Ein stark basischer Anionenaustauscher besitze eine Austauschkapazität von 5 mMol/g für einwertige Ionen.
Wieviel mg Chlorid-Ionen ($M_r = 35{,}5$) tauschen 10 g dieses Austauschers, frisch regeneriert, bis zur völligen Erschöpfung der Kapazität aus?

(A) ca. 0,7 mg
(B) ca. 1,4 mg
(C) ca. 17 mg
(D) ca. 71 mg
(E) ca. 1775 mg

Kjeldahl-Bestimmung

431* Welche Aussage trifft zu?
Der Kjeldahl-Aufschluss kann durchgeführt werden mit:

(A) Na_2CO_3 und K_2CO_3
(B) H_2SO_4 und Flusssäure
(C) $KHSO_4$ und Schwefel
(D) Na_2SO_4 (oder K_2SO_4), $CuSO_4$ und H_2SO_4
(E) Na_2CO_3 und KNO_3

432* Welche Aussage trifft zu?
Zur Bestimmung von organisch gebundenem Stickstoff nach Kjeldahl wird dieser übergeführt in:

(A) $(NH_4)_2SO_4$
(B) N_2O
(C) NO
(D) $NaCN$
(E) Hexamethylentetramin (Urotropin)

433* Welche Aussage trifft **nicht** zu?
Bei der Kjeldahl-Bestimmung nach Arzneibuch

(A) werden zur Verkürzung der Aufschlusszeit Kupfersulfat und Selen zugesetzt
(B) können bei Verbindungen mit NO_2-, NO-, NOH-, N-N- oder N=N-Gruppen Stickstoff oder stickstoffhaltige Spaltprodukte entweichen
(C) wird der gebildete Ammoniak nach Aufschluss der Substanz aus der schwefelsauren Lösung durch Zusatz von Natriumsulfat übergetrieben
(D) wird der in die Vorlage übergehende Ammoniak in überschüssige Salzsäure-Maßlösung eingeleitet
(E) wird für die Titration ein Indikator verwendet, der im sauren Bereich umschlägt

434* Welche Aussage trifft **nicht** zu?
Bei einer Kjeldahl-Bestimmung

(A) kann auch organisch gebundener Stickstoff wie in Amiden als Ammoniak bestimmt werden
(B) kann der in die Vorlage überdestillierende Ammoniak in überschüssige Salzsäure-Maßlösung eingeleitet werden
(C) erfolgt überwiegend eine Oxidation des organisch gebundenen Stickstoffs
(D) kann der Schwefelsäure zur Erhöhung der Siedetemperatur Kaliumsulfat zugesetzt werden
(E) sind zur Verkürzung der Aufschlusszeit Kupfersulfat und/oder Selen geeignet

Berechnungen

435 20 mg eines stickstoffhaltigen Arzneistoffs (relative Molekülmasse = 401) werden einer Kjeldahl-Bestimmung unterworfen. Ein Verbrauch von 5 ml Salzsäure (c = 0,01 mol·l^{-1}) wird ermittelt.
Wie viel Stickstoffatome enthält ein Molekül des Arzneistoffs?

(A) 1
(B) 2
(C) 4
(D) 5
(E) Keine der Antworten (A) bis (D) trifft zu.

436* 20 mg eines stickstoffhaltigen Arzneistoffs (relative Molekülmasse = 401) werden der Kjeldahl-Bestimmung nach Arzneibuch unterworfen. Ein Verbrauch von 15 ml Salzsäure (c = 0, 1 mol·l^{-1}) wird ermittelt.
Wie viel Stickstoffatome enthält ein Molekül des Arzneistoffs?

(A) 1
(B) 2
(C) 3
(D) 4
(E) 5

437 80,2 mg eines heterocyclischen Arzneistoffs (relative Molekülmasse = 401) mit einem Stickstoffatom pro Molekül werden der Kjeldahl-Bestimmung nach Arzneibuch unterworfen. Ein Verbrauch von 16 ml Salzsäure (c = 0,01 mol/l) wird ermittelt.
Welcher der folgenden Schlüsse kann nach diesem Ergebnis gezogen werden?

(A) Der Verbrauch an 0,01 M-HCl entspricht der berechneten Menge.
(B) Die Substanz wurde mit einem Isomeren gleicher Molekülmasse verwechselt.
(C) Der Arzneistoff ist mit einer stickstoffhaltigen Substanz mit kleinerer relativer Molekülmasse verunreinigt.
(D) Der Aufschluss war möglicherweise unvollständig.
(E) Der Korrekturfaktor der Salzsäure beträgt 0,8.

438* 40,1 mg eines Arzneistoffs (relative Molekülmasse = 401) mit einem Stickstoffatom pro Molekül werden einer Kjeldahl-Bestimmung unterworfen. Ein Verbrauch von 12 ml Salzsäure (c = 0,01 mol/l) wird ermittelt.
Welcher der folgenden Schlüsse kann aufgrund dieses Ergebnisses gezogen werden?

(A) Die Substanz wurde mit einer anderen Substanz verwechselt, deren Stickstoffgehalt niedriger ist.
(B) Der Arzneistoff ist mit einer stickstofffreien Substanz verunreinigt.
(C) Der Aufschluss war unvollständig.
(D) Die Konzentration der in den Destillationskolben gegebenen Natriumhydroxid-Lösung war zu hoch.
(E) Der Arzneistoff ist mit einer Substanz verunreinigt, deren Stickstoffgehalt höher ist.

Bestimmung von Tensiden

439 Welche Aussagen zur Tensidtitration treffen zu?

(1) Die Titration wird typischerweise im Zweiphasensystem durchgeführt.
(2) Grundlage ist die Bildung ungeladener Chelatkomplexe.
(3) Die Bestimmung von Alkylsulfonaten mittels Tensidtitration ist nur in alkalischer Lösung möglich.

(A) nur 1 ist richtig
(B) nur 2 ist richtig
(C) nur 1 und 2 sind richtig
(D) nur 1 und 3 sind richtig
(E) nur 2 und 3 sind richtig

440 Welche Aussage zur Ionenpaarbildung bei Tensidtitrationen trifft **nicht** zu?

(A) Die Bildung von Ionenpaaren erfolgt aufgrund von Coulomb-Interaktionen.
(B) Die Stabilität von Ionenpaaren ist in apolaren organischen Lösungsmitteln höher als in wässriger Lösung.
(C) Hohe Konzentrationen von Neutralsalzen können die Ionenpaarbildung stören.
(D) Kationische Tenside bilden nur mit anorganischen Anionen Ionenpaare.
(E) Die Stabilität des aus Indikator und Analyt gebildeten Ionenpaars ist geringer als

die des Ionenpaars aus Analyt und dem Reagenz der Maßlösung.

441 Welche Aussage zur Ionenpaarbildung bei Tensidtitrationen trifft zu?

(A) Grundlage der Tensidtitrationen ist die Bildung von Chelatkomplexen.
(B) Die Dissoziationskonstante von Ionenpaaren in wässriger Lösung unterscheidet sich **nicht** von der Dissoziationskonstante in organischen Lösungsmitteln.
(C) Die Ausbildung von Ionenpaaren führt zur Erhöhung der Leitfähigkeit einer Lösung.
(D) Kationische Tenside können nur mit anorganischen Anionen Ionenpaare bilden.
(E) Der Dichlormethan/Wasser-Verteilungskoeffizient eines Ionenpaars, auf dessen Bildung eine Tensidtitration beruht, ist größer als 1.

442 Natriumdodecylsulfat kann durch Tensidtitration quantitativ bestimmt werden.
Welche Beschreibung ist für dieses Verfahren zutreffend?

(A) Emulsionstitration, die auf einem schlagartigen Phasenwechsel des dispersen O/W-Systems am Äquivalenzpunkt beruht
(B) Emulsionstitration, die auf einem schlagartigen Phasenwechsel des dispersen W/O-Systems am Äquivalenzpunkt beruht
(C) Emulsionstitration, die auf Bildung eines homogenen W/O-Systems minimaler Leitfähigkeit beruht
(D) Zweiphasentitration, die auf Bildung und Verteilung von Ionenpaaren beruht
(E) Zugabe einer nicht mit Wasser mischbaren Flüssigkeit (Octanol-Maßlösung) zur wässrigen Lösung des Tensids bis zur Ausbildung eines Zweiphasensystems

6.3 Titrationen von Säuren und Basen in nichtwässrigen Lösungen, insbesondere nach Arzneibuch

6.3.1 Physikalisch-chemische Grundlagen

443 Welche Aussage trifft zu?
Die Gesamtaciditätskonstante K_s einer mittelstarken Säure in wasserfreier Essigsäure errechnet sich aus deren Ionisationskonstanten K_I und deren Dissoziationskonstanten K_D nach:

(A) $K_S = K_I + K_D$
(B) $K_S = K_I - K_D$
(C) $K_S = K_I / K_D$
(D) $K_S = (K_I \cdot K_D)/(1 + K_I)$
(E) $K_S = (K_I \cdot K_D)/(K_I + K_D)$

444* Welche Aussage trifft **nicht** zu?
Schwache, in wässriger Lösung nicht titrierbare Basen können häufig in wasserfreier Essigsäure mit Perchlorsäure (c – 0,1 mol·l⁻¹) bestimmt werden, weil:

(A) die Acidität der Perchlorsäure weniger nivelliert wird als in wässriger Lösung
(B) die Löslichkeit der Reaktionspartner besser sein kann als in Wasser
(C) in wasserfreier Essigsäure die Protolyse der gebildeten konjugierten Säure zurückgedrängt ist
(D) die Dissoziation der Reaktionspartner größer ist als in Wasser
(E) wasserfreie Essigsäure weniger basisch als Wasser ist

445* Welche Aussage trifft zu?
In wasserfreier Essigsäure liegen überwiegend dissoziiert vor:

(A) Salze wie Natriumperchlorat
(B) Säuren wie Schwefelsäure
(C) Salze wie Kaliumacetat
(D) Basen wie Harnstoff
(E) Keine der Aussagen (A) bis (D) trifft zu.

6.3.2 Lösungsmittel

446 Welches bei wasserfreien Titrationen gebräuchliche Lösungsmittel zählt **nicht** zu den neutralen aprotischen Lösungsmitteln?

(A) Aceton
(B) Essigsäure
(C) 1,4-Dioxan
(D) Toluol
(E) Acetonitril

447 Welches bei wasserfreien Titrationen gebräuchliche Lösungsmittel zählt **nicht** zu den neutralen aprotischen Lösungsmitteln?

(A) 1,4-Dioxan
(B) Acetonitril
(C) Aceton
(D) Toluol
(E) Ethanol

6.3.3 Titration von Säuren

Maßlösungen

448 Welche der folgenden Substanzen können in einer Tetrabutylammoniumhydroxid-Lösung (c = 0,1 mol/l) entstehen?

(1) Tributylamin
(2) But-1-en
(3) Butan-1-ol

(A) nur 1 ist richtig
(B) nur 2 ist richtig
(C) nur 1 und 3 sind richtig
(D) nur 2 und 3 sind richtig
(E) 1–3 = alle sind richtig

449 Für die Gehaltsbestimmung eines Arzneistoffs wird eine wasserfreie Titration mit Tetrabutylammoniumhydroxid-Maßlösung (c = 0,1 mol/l) durchgeführt.
Aus welcher der folgenden Angabenkombinationen lässt sich die Äquivalentmasse des Arzneistoffs bei dieser Titration eindeutig ermitteln?

(1) der molaren Masse des Arzneistoffs
(2) der Masse an Arzneistoff, die mit 1 ml Maßlösung reagiert
(3) dem verwendeten Lösungsmittel
(4) dem verwendeten Indikator

(A) nur 1 und 2 sind richtig
(B) nur 1 und 4 sind richtig
(C) nur 2 und 3 sind richtig
(D) nur 3 und 4 sind richtig
(E) nur 1, 3 und 4 sind richtig

450 Welche Aussagen zur Herstellung und Verwendung von Natriummethanolat-Maßlösung der Stoffmengenkonzentration c = 0,1 mol·l^{-1} treffen zu?

(1) Frisch geschnittenes metallisches Natrium wird in kleinen Portionen in wasserfreiem Methanol aufgelöst.
(2) Die Konzentration der Lösung kann aus der Einwaage des exakt wägbaren Metalls hinreichend genau berechnet werden.
(3) Natriummethanolat-Maßlösung der Stoffmengenkonzentration c = 0,1 mol·l^{-1} kann durch Verdünnen einer Stammlösung von Natriummethanolat mit Wasser erhalten werden.
(4) Natriummethanolat-Maßlösung kann zur Gehaltsbestimmung von Benzoesäure eingesetzt werden.

(A) nur 1 ist richtig
(B) nur 1 und 4 sind richtig
(C) nur 2 und 3 sind richtig
(D) nur 3 und 4 sind richtig
(E) 1–4 = alle sind richtig

Pharmazeutische Anwendungen

451* Welche Aussage trifft **nicht** zu?
Im wasserfreien Milieu lassen sich in der Regel folgende Substanzgruppen mit Tetrabutylammoniumhydroxid-Lösung (c = 0,1 mol·l^{-1}) titrieren:

(A) Phenole
(B) Kationsäuren aliphatischer Amine
(C) unsubstituierte Carbonsäureimide wie Phthalimid
(D) Sulfonamide wie Sulfanilamid
(E) Alkohole

452* Welche der folgenden Substanzen lässt sich in Dimethylformamid **nicht** mit Tetrabutylammoniumhydroxid-Lösung (0,1 mol·l^{-1}) gegen Thymolphthalein als Indikator titrieren?

6.3 Titrationen von Säuren und Basen in nichtwässrigen Lösungen, insbesondere nach Arzneibuch

(A) O=C(NH$_2$)NH$_2$

(B) O=C(NH$_2$)-NH-C(=O)-CH$_3$

(C) C$_6$H$_5$-OH

(D) O$_2$N-C$_6$H$_4$-OH

(E) O$_2$N-C$_6$H$_4$-N(CH$_3$)-C(=O)H

453* Welche der folgenden Verbindungsklassen lässt sich **nicht** direkt mit Tetrabutylammoniumhydroxid-Maßlösung titrieren?

(A) Phenole — R-C$_6$H$_4$-OH

(B) Sulfonamide — R^1-SO$_2$-NHR^2

(C) Imide — R^1-C(=O)-NH-C(=O)-R^2

(D) Ureide — R^1-C(=O)-NH-C(=O)-NHR^2

(E) tertiäre Amine — R^1-N(R^2)-R^3

454* Welcher der folgenden Stoffe lässt sich in wasserfreiem Milieu **nicht** mit Tetrabutylammoniumhydroxid-Maßlösung titrieren?

(A) 5-Chloro-2-hydroxy-N-(2-chloro-4-nitrophenyl)benzamid

(B) Phenazon-Derivat (1-Phenyl-2,3-dimethyl-pyrazolon)

(C) Phenytoin

(D) Sulfamethoxazol (H$_2$N-C$_6$H$_4$-SO$_2$-NH-Isoxazol-CH$_3$)

(E) H$_3$C-C(=O)-NH-(Thiadiazol)-SO$_2$-NH$_2$

Ordnen Sie bitte den Stoffen der Liste 1 den jeweils zutreffenden Verbrauch an Tetrabutylammoniumhydroxid-Lösung (c = 0,1 mol·l^{-1}) (Liste 2) bei Titration in Pyridin als Lösungsmittel zu!

Liste 1

455* Sulfanilamid (SO$_2$NH$_2$-C$_6$H$_4$-NH$_2$)

456* Phenytoin

Liste 2

(A) 0 Äquivalente
(B) 1 Äquivalent
(C) 2 Äquivalente
(D) 3 Äquivalente
(E) 4 Äquivalente

Klassische quantitative Analytik

457*

[Struktur: Hydrochlorothiazid]

Obige Verbindung (Hydrochlorothiazid, relative Molekülmasse 297,7) wird zur alkalimetrischen Gehaltsbestimmung in Pyridin gelöst und mit Tetrabutylammoniumhydroxid-Lösung (c = 0,1 mol·l^{-1}) titriert. Der Endpunkt wird mit Hilfe der Potentiometrie beim **zweiten** Äquivalenzpunkt bestimmt.
Wie viel ml der Tetrabutylammoniumhydroxid-Lösung entsprechen 29,77 mg Hydrochlorothiazid?

(A) 0,5 ml
(B) 1,0 ml
(C) 2,0 ml
(D) 3,0 ml
(E) 4,0 ml

6.3.4 Titration von Basen

Maßlösungen

458 Welche der folgenden Aussagen zur Verwendung von Perchlorsäure als Maßlösung in Eisessig treffen zu?

(1) Die Maßlösung darf erst 24 h nach Herstellung eingestellt werden.
(2) Als Farbindikator für die Einstellung eignet sich Kristallviolett.
(3) Der Wassergehalt wird 24 h nach Herstellung der Maßlösung nach der Karl-Fischer-Methode ohne Verwendung von Methanol bestimmt.
(4) Als Urtitersubstanz für die Einstellung eignet sich Kaliumhydrogenphthalat.
(5) Die Temperatur der Perchlorsäure bei der Einstellung ist zu vermerken.

(A) nur 1 und 3 sind richtig
(B) nur 2 und 5 sind richtig
(C) nur 1, 2 und 3 sind richtig
(D) nur 3, 4 und 5 sind richtig
(E) 1–5 = alle sind richtig

459 Welche Aussage trifft zu?
Zum Entfernen von geringen Wassermengen aus Essigsäure (Herstellung von wasserfreier Essigsäure für wasserfreie Titrationen) sind geeignet:

(A) Zusatz einer dem Wassergehalt äquivalenten Stoffmenge von Acetanhydrid
(B) Destillation unter Normaldruck
(C) Zusatz von Phosphorpentoxid (P_4O_{10}) im Überschuss
(D) Trocknen über Kaliumhydroxid-Plätzchen
(E) Einpressen von Natrium-Metall

460 Welche Aussage trifft zu?
Zum Entfernen des Wassers in 1 kg 98 % (G/G) Essigsäure sind an Acetanhydrid (M_r = 102) mindestens erforderlich:

(A) 20,4 g
(B) 36,7 g
(C) 113,3 g
(D) 153,0 g
(E) 183,6 g

461 Welche der folgenden Gleichungen stellt die ausschlaggebende Reaktion bei Säure-Base-Titrationen in wasserfreier Essigsäure mit Perchlorsäure dar?

(A) $CH_3COOH_2^+ + CH_3COO^- \rightleftharpoons 2\ CH_3COOH + H^+$
(B) $CH_3COOH + ClO_4^- \rightleftharpoons HClO_4 + CH_3COO^-$
(C) $HClO_4 \rightleftharpoons ClO_4^- + H^+$
(D) $CH_3COO^- + CH_3COOH_2^+ \rightleftharpoons 2\ CH_3COOH$
(E) Keine der Reaktionen (A) bis (D) trifft zu.

Stickstoffhaltige Basen

Ordnen Sie bitte den Arzneistoffen (Liste 1) den jeweils zutreffenden Verbrauch (Liste 2) an Perchlorsäure-Lösung (0,1 mol·l^{-1}) bei der Gehaltsbestimmung in wasserfreiem Milieu zu!

6.3 Titrationen von Säuren und Basen in nichtwässrigen Lösungen, insbesondere nach Arzneibuch

Liste 1

462 Trimethoprim

463 Methenamin

Liste 2
(A) 0 Äquivalente
(B) 1 Äquivalent
(C) 2 Äquivalente
(D) 3 Äquivalente
(E) 4 Äquivalente

464* Welche der folgenden Verbindungen verbrauchen bei der wasserfreien Titration mit Perchlorsäure-Maßlösung in Eisessig unter potentiometrischer Endpunktanzeige pro Mol genau ein Äquivalent Säure?

(1) Nicotinamid

(2) Coffein

(3) Mebendazol

(A) nur 1 ist richtig
(B) nur 2 ist richtig
(C) nur 1 und 2 sind richtig
(D) nur 2 und 3 sind richtig
(E) 1–3 – alle sind richtig

465 Welche Aminosäuren verbrauchen bei der Titration in wasserfreier Essigsäure gegen Kristallviolett als Indikator zwei Äquivalente Perchlorsäure?

(1) Arginin

(2) Asparagin

(3) Histidin

(4) Lysin

(5) Tryptophan

(A) nur 3 ist richtig
(B) nur 1 und 4 sind richtig
(C) nur 1, 3 und 4 sind richtig
(D) nur 2, 4 und 5 sind richtig
(E) 1–5 = alle sind richtig

466 Die Gehaltsbestimmung des abgebildeten Arzneistoffs Ofloxacin (M_r 361,4) nach Arzneibuch erfolgt durch Titration in wasserfreier Essigsäure mit Perchlorsäure-Maßlösung (c = 0,1 mol · l^{-1}). Der Endpunkt wird potentiometrisch bestimmt.

Welche Masse Ofloxacin entspricht 1 ml Perchlorsäure-Maßlösung ($c = 0,1$ mol · l^{-1})?

(A) 18,07 mg
(B) 36,14 mg
(C) 72,28 mg
(D) 108,42 mg
(E) 144,56 mg

467 Welche Aussagen treffen zu?
Die folgenden Arzneistoffe werden nach „wasserfreie Titration, Basen" titriert. Von diesen gelingt eine Bestimmung auch in wässriger Lösung direkt oder durch Rücktitration unter Verwendung eines geeigneten Säure-Base-Indikators bei:

(1) Codein

(2) Coffein

(3) Nicotinamid

(A) nur 1 ist richtig
(B) nur 2 ist richtig
(C) nur 3 ist richtig
(D) nur 1 und 2 sind richtig
(E) 1–3 = alle sind richtig

468 Welche Aussage trifft **nicht** zu?
Durch direkte Titration mit 0,1 M-Perchlorsäure in wasserfreier Essigsäure ist eine Gehaltsbestimmung bei folgenden Verbindungen möglich:

(A) Natriumcitrat
(B) Nicotinsäureamid
(C) Coffein
(D) Natriumbenzoat
(E) Benzoesäure

469 Welche Aussage trifft **nicht** zu?
Durch direkte Titration mit 0,1 M-Perchlorsäure in wasserfreier Essigsäure ist eine Gehaltsbestimmung bei folgenden Verbindungen möglich:

(A) Natriumcitrat
(B) Nicotinsäureamid
(C) Coffein
(D) Natriumbenzoat
(E) Quecksilber(II)-chlorid

Sulfate, Phosphate, Nitrate

470 Das Europäische Arzneibuch schreibt für den abgebildeten Arzneistoff Chloroquinsulfat eine Gehaltsbestimmung in wasserfreiem Medium mit Perchlorsäure-Maßlösung ($c = 0,1$ mol·l^{-1}) vor. Der Endpunkt wird potentiometrisch bestimmt.

Welche Aussagen treffen zu?
Bei der Titration wird

(1) Chlor als Chlorid erfasst
(2) Sulfat erfasst und zu Hydrogensulfat protoniert
(3) Sulfat erfasst und zu Schwefelsäure protoniert
(4) Hydrogensulfat erfasst und zu Schwefelsäure protoniert

(A) nur 1 ist richtig
(B) nur 2 ist richtig
(C) nur 3 ist richtig
(D) nur 4 ist richtig
(E) nur 1 und 2 sind richtig

471

Chloroquinphosphat (siehe obige Abbildung, relative Molekülmasse = 516) wird in wasserfreier Essigsäure mit 0,1 M-Perchlorsäure titriert, wobei der Endpunkt mithilfe der Potentiometrie bestimmt wird.
Wie viel mg Chloroquinphosphat entsprechen dabei 1 ml 0,1 M-Perchlorsäure-Lösung?

(A) 2,58 mg
(B) 5,16 mg
(C) 17,2 mg
(D) 25,8 mg
(E) 51,6 mg

472*

Welche der folgenden funktionellen Gruppen von Codeinphosphat (siehe obige Formel) wird bei der Gehaltsbestimmung im Gemisch aus wasserfreier Essigsäure und Dioxan und Titration mit Perchlorsäure-Lösung (0,1 mol·l⁻¹) in wasserfreier Essigsäure protoniert?

(A) das Dihydrogenphosphat-Anion
(B) der Ethersauerstoff der Methoxy-Gruppe
(C) der Sauerstoff des fünfgliedrigen Ethers
(D) der Aminstickstoff
(E) die alkoholische OH-Gruppe

473
Das Europäische Arzneibuch schreibt für den abgebildeten Arzneistoff, das Dihydrat des Chininsulfats, eine Gehaltsbestimmung in wasserfreiem Medium mit Perchlorsäure-Maßlösung ($c = 0{,}1$ mol·l⁻¹) vor. Der Endpunkt wird potentiometrisch erfasst.

Welche Aussagen treffen zu?

(1) Die Basizität des Chinolin-Stickstoffatoms ist größer als die des Chinuclidin-Stickstoffatoms.
(2) Die Basizität des Chinuclidin-Stickstoffatoms ist größer als die des Chinolin-Stickstoffatoms.
(3) Bis zum Endpunkt der Titration werden insgesamt drei Äquivalente Perchlorsäure-Maßlösung verbraucht.
(4) Bis zum Endpunkt der Titration werden insgesamt vier Äquivalente Perchlorsäure-Maßlösung verbraucht.

(A) nur 1 ist richtig
(B) nur 2 ist richtig
(C) nur 1 und 3 sind richtig
(D) nur 2 und 3 sind richtig
(E) nur 2 und 4 sind richtig

474
Welche Aussage zur acidimetrischen Titration von Chinidinsulfat mit Perchlorsäure-Maßlösung in Eisessig gegen Naphtholbenzein trifft zu?

(A) Der Verbrauch beträgt 1 Äquivalent Perchlorsäure.
(B) Der Verbrauch beträgt 2 Äquivalente Perchlorsäure.
(C) Der Verbrauch beträgt 3 Äquivalente Perchlorsäure.
(D) Der Verbrauch beträgt 4 Äquivalente Perchlorsäure.
(E) Die Substanz kann in der angegebenen Weise nur nach vorheriger Ausfällung des Sulfats titriert werden.

475 Welche Aussage zur Titration von Thiaminnitrat im Lösungsmittelgemisch Ameisensäure/Acetanhydrid trifft zu?

Thiaminnitrat

Der Verbrauch von Perchlorsäure-Maßlösung beträgt:

(A) 0,5 Äquivalente
(B) 1,0 Äquivalente
(C) 1,5 Äquivalente
(D) 2,0 Äquivalente
(E) 3,0 Äquivalente

Halogenide

476 Welche Gleichungen bilden die Grundlage für die wasserfreie Titration von Hydrochloriden organischer Basen in wasserfreier Essigsäure?

(1) $R-N\vert + CH_3COOH_2^+ \rightleftharpoons R-\overset{\oplus}{N}-H + CH_3COOH$ (mit R-Substituenten)

(2) $CH_3COO^- + CH_3COOH_2^+ \rightleftharpoons 2\ CH_3COOH$

(3) $2\,[R-N-H]^+ Cl^- + Hg(CH_3COO)_2 \rightleftharpoons HgCl_2 + 2\ CH_3COO^- + 2\ R-\overset{\oplus}{N}-H$

(4) $HClO_4 + CH_3COOH \rightleftharpoons ClO_4^- + CH_3COOH_2^+$

(5) $R-\overset{\oplus}{N}-H + CH_3COO^- \rightleftharpoons R-N\vert + CH_3COOH$

(A) nur 3 ist richtig
(B) nur 2, 3 und 4 sind richtig
(C) nur 3, 4 und 5 sind richtig
(D) nur 1, 2, 4 und 5 sind richtig
(E) 1–5 = alle sind richtig

477 Die Gehaltsbestimmung des abgebildeten Arzneistoffs Oxybuprocainhydrochlorid ($M_r = 344,9$) nach Arzneibuch erfolgt nach Auflösen der Substanz in einer Mischung von wasserfreier Essigsäure und Acetanhydrid. Titriert wird mit Perchlorsäure-Maßlösung. Der Endpunkt wird potentiometrisch bestimmt

·HCl

Welche Aussage trifft zu?

(A) Zusatz von Acetanhydrid führt zur Acetylierung des primären Amins.
(B) Zusatz von Acetanhydrid führt zur Acetylierung des tertiären Amins, so dass das primäre Amin erfasst werden kann.
(C) Zusatz von Acetanhydrid führt zu Umesterung und Freisetzung von Acetat, das mit Perchlorsäure erfasst wird.
(D) 1 ml Perchlorsäure-Maßlösung (c = 0,1 mol·l^{-1}) entspricht 68,98 mg Oxybuprocainhydrochlorid.
(E) 1 ml Perchlorsäure-Maßlösung (c = 0,1 mol·l^{-1}) entspricht 17,25 mg Oxybuprocainhydrochlorid.

478 Welche Aussage trifft zu?

Thiaminchloridhydrochlorid

Der Verbrauch an Perchlorsäure-Maßlösung bei der Titration von Thiaminchloridhydrochlorid im Lösungsmittelgemisch Ameisensäure/Acetanhydrid beträgt:

(A) 0,5 Äquivalente
(B) 1,0 Äquivalente
(C) 1,5 Äquivalente
(D) 2,0 Äquivalente
(E) 3,0 Äquivalente

7 Redoxtitrationen

7.1 Grundlagen

7.1.1 Redoxreaktionen, Redoxpotential, Standardpotential

479* Bei welchen der im folgenden schematisch angegebenen Redoxvorgänge sind 2 Elektronen beteiligt?

(1) $HCOOH \rightleftharpoons HCHO$
(2) $O_2 \rightleftharpoons H_2O_2$
(3) $I_3^- \rightleftharpoons 3\ I^-$
(4) $MnO_2 \rightleftharpoons Mn^{2+}$ (in saurer Lösung)
(5) $S_4O_6^{2-} \rightleftharpoons 2\ S_2O_3^{2-}$

(A) nur 2 und 4 sind richtig
(B) nur 1, 2 und 4 sind richtig
(C) nur 1, 3 und 5 sind richtig
(D) nur 2, 3 und 4 sind richtig
(E) 1–5 = alle sind richtig

Redoxpotential

480 Welche Aussagen treffen zu?
In der Nernstschen Gleichung
$E = E° + (RT/zF) \cdot \ln Q$
für die EMK einer elektrochemischen Zelle bedeutet:

(1) $E°$: Normalpotential (EMK)
(2) F: Elektrodenfläche
(3) R: Elektrodenradius
(4) z: Dissoziationsgrad
(5) Q: Quotient der Aktivitäten der oxidierten und reduzierten Reaktionsteilnehmer

(A) nur 1 und 5 sind richtig
(B) nur 1, 2 und 5 sind richtig
(C) nur 1, 3 und 4 sind richtig
(D) nur 2, 3 und 5 sind richtig
(E) nur 1, 3, 4 und 5 sind richtig

481 Welche Größe geht in die Gleichung zur Berechnung des Elektrodenpotentials des Redoxpaars Zn^{2+}/Zn **nicht** ein?

(A) Normalpotential des Redoxsystems Zn^{2+}/Zn
(B) Zinkionen-Konzentration
(C) Anzahl der beim Redoxprozess übertragenen Elektronen
(D) Ionenbeweglichkeit von Zn^{2+}
(E) allgemeine Gaskonstante

482 Welche Aussage trifft **nicht** zu?
Das mit einer kombinierten Pt-Elektrode gemessene Redoxpotential einer Dichromat-Lösung ist abhängig von:

(A) der Konzentration der Lösung an Dichromat
(B) die Konzentration der Lösung an Chrom (III)-Ionen
(C) dem pH-Wert
(D) der Temperatur
(E) der Vorbehandlung der Indikatorelektrode

483 Welche Anordnung der folgenden Metalle entspricht einer Spannungsreihe, geordnet nach **steigenden** Standardpotentialen?

(A) K Al Zn Fe H Cu Ag Pt
(B) H Ag Pt Fe Cu K Al Zn
(C) Ag Pt Fe Cu K Al Zn H
(D) Pt Ag Cu H Fe Zn Al K
(E) K Al H Fe Zn Cu Ag Pt

484* In welcher der folgenden Reihen sind die Redoxsysteme nach **steigendem** Normalpotential geordnet?

(A) Fe(II/III),   Cr(III/VI), Mn(II/VII)
(B) Mn(II/VII),   Fe(II/III), Cr(III/VI)
(C) Cr(III/VI),   Mn(II/VII), Fe(II/III)
(D) Fe(II/III),   Mn(II/VII), Cr(III/VI)
(E) Cr(III/VI),   Fe(II/III), Mn(II/VII)

485* In einer galvanischen Zelle besteht die Elektrode der Halbzelle 1 aus Eisen, die der Halbzelle 2 aus Kupfer. Beide Elektroden tauchen in gleich konzentrierte Lösungen der betreffenden Metallsulfate in der Oxidationsstufe +2 ein.
Welche Aussagen treffen zu?

(1) Es kommt zur Korrosion des Eisenblechs.
(2) Es kommt zur Korrosion des Kupferblechs.
(3) Die Elektronen wandern vom Kupfer- zum Eisenblech.
(4) Das Eisenblech stellt die Kathode dar.

(A) nur 1 ist richtig
(B) nur 1 und 4 sind richtig
(C) nur 2 und 3 sind richtig
(D) nur 1, 3 und 4 sind richtig
(E) 1–4 = alle sind richtig

Berechnungen

486 Eine Lösung sei 0,01-molar an I^- und 0,01-molar an I_2 (die I_3^--Bildung bleibe außer Betracht).
Welches Potential ergibt die Lösung, wenn das Normalpotential des Redoxsystems Iod/Iodid 0,54 V beträgt?

(A) 0,27 V
(B) 0,48 V
(C) 0,54 V
(D) 0,60 V
(E) 1,29 V

487* In einer wässrigen Lösung von $FeSO_4$ wird 1 % des Fe^{2+} zu Fe^{3+} oxidiert.
Welches Redoxpotential wird in dieser Lösung gegen die Standardwasserstoffelektrode (Normalpotential des Fe^{2+}/Fe^{3+}-Redoxpaares = 0,75 V) gemessen?

(A) – 0,75 V
(B) + 0,63 V
(C) + 0,69 V
(D) + 0,75 V
(E) + 0,87 V

488* In einer wässrigen Lösung von $Fe_2(SO_4)_3$ wird 1 % des Fe^{3+} zu Fe^{2+} reduziert.
Welches Redoxpotential wird in dieser Lösung gegen die Standardwasserstoffelektrode (Standardpotential des Fe^{2+}/Fe^{3+}-Redoxpaares = 0,75 V) gemessen?

(A) 0,0 V
(B) 0,75 V
(C) 0,79 V
(D) 0,81 V
(E) 0,87 V

Konzentrationsketten

Weitere MC-Fragen zu galvanischen und elektrolytischen Zellen finden sich im Kap. 10.1.4.

489 Welche Aussagen treffen zu?
In zwei durch ein (für Anionen durchlässiges) Diaphragma getrennte Lösungen von Kupfersulfat mit den Konzentrationen $1\ mol \cdot l^{-1}$ (links) und $0,1\ mol \cdot l^{-1}$ (rechts) werde ein dünner Kupferdrahtbügel beidseitig eingetaucht (siehe Schema).

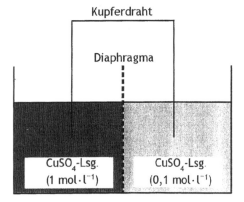

(1) Der Kupferdrahtbügel wird insgesamt schwerer.
(2) Die Sulfat-Konzentrationen bleiben in beiden Lösungen unverändert.
(3) Durch den Kupferdrahtbügel fließt Strom.
(4) Die Kupfer-Ionenkonzentration rechts wird größer.

(A) nur 1 und 2 sind richtig
(B) nur 3 und 4 sind richtig
(C) nur 1, 2 und 3 sind richtig
(D) nur 2, 3 und 4 sind richtig
(E) 1–4 = alle sind richtig

490* Welche Aussage trifft zu?
Die in der folgenden Abbildung skizzierte „Konzentrationskette" besitzt bei 20 °C (und sonst gleichen Bedingungen) eine Leerlaufspannung (leistungslos gemessene Zellspannung) von annähernd:

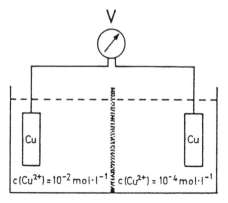

(A) 0,580 V
(B) 0,116 V
(C) 0,058 V
(D) 0,0116 V
(E) 0,0058 V

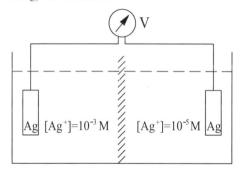

(A) 0,580 V
(B) 0,116 V
(C) 0,058 V
(D) 0,0116 V
(E) 0,0058 V

491* Welche Aussage trifft zu?
Die in der folgenden Abbildung skizzierte Zelle zeigt bei 20 °C (und sonst gleichen Bedingungen) eine leistungslos gemessene Zellspannung von annähernd:

492 Welche Aussage trifft zu?
Die in der folgenden Abbildung skizzierte Zelle zeigt bei 20 °C (und sonst gleichen Bedingungen) eine leistungslos gemessene Zellspannung (Betrag) von annähernd:

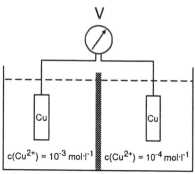

(A) 0,580 V
(B) 0,116 V
(C) 0,058 V
(D) 0,029 V
(E) 0,0058 V

493 Welche Aussage trifft zu?
Die Konzentrationskette Cu^{2+} (0,01 mol·l^{-1}) // Cu^{2+} (0,1 mol·l^{-1}) besitzt eine EMK von ca.

(A) 0,03 V
(B) 0,03 W
(C) 0,03 C
(D) 0,06 V
(E) 0,06 W

494* Welche Aussage trifft zu?

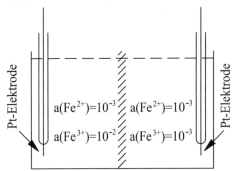

Die in der Abbildung skizzierte Konzentrationskette (Aktivitätsangaben a in mol·l⁻¹) besitzt bei 20 °C eine leistungslos gemessene Spannung (Betrag) von etwa:

(A) 0   V
(B) 0,058   V
(C) 0,116   V
(D) 0,175   V
(E) 0,58   V

495* Welche Aussage trifft zu?

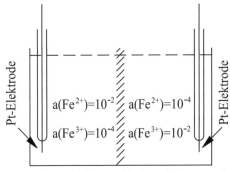

Die in der Abbildung skizzierte Konzentrationskette (Aktivitätsangaben a in mol·l⁻¹) besitzt bei 20 °C eine leistungslos gemessene Spannung von etwa:

(A) 0   V
(B) 0,058   V
(C) 0,116   V
(D) 0,175   V
(E) 0,232   V

496* Welche Aussage trifft zu?

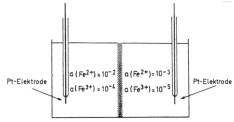

Die in der Abbildung skizzierte Konzentrationskette (Aktivitätsangaben a in mol·l⁻¹) besitzt bei 20 °C eine leistungslos gemessene Spannung von etwa:

(A) 0   V
(B) 0,058   V
(C) 0,116   V
(D) 0,175   V
(E) 0,58   V

497 Die gesättigte Kalomelektrode hat gegenüber der Normalwasserstoffelektrode ein Potential von +0,24 V.
Wie groß ist das Normalpotential eines Redoxpaares, dessen Potential, gegen die gesättigte Kalomelelektrode gemessen, –0,18 V beträgt?

(A) + 0,42 V
(B) – 0,42 V
(C) + 0,33 V
(D) + 0,06 V
(E) – 0,66 V

pH-Abhängigkeit des Redoxpotentials

498* Welche der folgenden Redoxpaare besitzen aufgrund der entsprechenden Reaktionsgleichung ein pH-abhängiges Redoxpotential (Ausfallen von Hydroxiden sei ausgeschlossen)?

(1) Mn^{2+}/MnO_2
(2) $HCHO/HCOO^-$
(3) NO/NO_3^-
(4) Mn^{2+}/MnO_4^-

(A) nur 1 und 2 sind richtig
(B) nur 2 und 3 sind richtig
(C) nur 3 und 4 sind richtig
(D) nur 1, 2 und 4 sind richtig
(E) 1–4 = alle sind richtig

499* Welches der folgenden Redoxpaare besitzt aufgrund seiner Redoxreaktion das am wenigsten pH-abhängige Redoxpotential?

(A) AsO_3^{3-}/AsO_4^{3-}
(B) Mn^{2+}/MnO_4^-
(C) $2Cr^{3+}/Cr_2O_7^{2-}$
(D) H_2O_2/O_2
(E) $3I^-/I_3^-$

500 Bei welchem der im folgenden schematisch charakterisierten Redoxsysteme ist das Redoxpotential am meisten vom pH-Wert der Lösung abhängig?

(A) Cl_2/Cl^-
(B) I_2/I^-
(C) MnO_4^-/Mn^{2+}
(D) O_2/H_2O
(E) H^+/H_2

501* Welche Aussage trifft zu?
Für das Redoxpaar der Reaktion
$H_2O + red \rightleftharpoons ox + 2H^+ + 2e^-$
betrage das Standardpotential $E° = +0,16$ V.
Das Redoxpotential E beträgt (25 °C) bei pH = 5 und $c_{ox}/c_{red} = 0,1/99,9$:

(A) $-0,23$ V
(B) $-0,15$ V
(C) $-0,05$ V
(D) $+0,07$ V
(E) $-0,37$ V

502* Welche Aussagen treffen zu?
Das Oxidationspotential einer Kaliumpermanganat-Lösung kann in schwefelsaurer Lösung erhöht werden (die Aktivitätskoeffizienten seien gleich 1) durch:

(1) Erhöhung der Permanganat-Konzentration
(2) Zugabe von Mangan(II)-sulfat
(3) Erhöhung der Schwefelsäure-Konzentration
(4) Erniedrigung der Schwefelsäure-Konzentration

(A) nur 1 ist richtig
(B) nur 1 und 2 sind richtig
(C) nur 1 und 3 sind richtig
(D) nur 2 und 4 sind richtig
(E) nur 1, 2 und 3 sind richtig

503* Wie groß ist ungefähr die Änderung des Redoxpotentials des MnO_4^-/Mn^{2+}-Redoxsystems bei **Erhöhung** des pH-Wertes um 1?

(A) $-0,059$ V
(B) $+0,059$ V
(C) $-0,1$ V
(D) $+0,1$ V
(E) $+1,0$ V

504 Wie groß ist ungefähr die Änderung des Redoxpotentials des MnO_4^-/Mn^{2+}-Redoxsystems bei **Erniedrigung** des pH-Wertes um 1?

(A) -1 V
(B) $-0,1$ V
(C) $-0,059$ V
(D) 0 V
(E) $+0,08$ V

505 In einer schwefelsauren [a(H$^+$) = 1 mol·l^{-1}] verdünnten wässrigen Lösung von MnO_4^- wird 1 % des MnO_4^- zu Mn^{2+} reduziert.
Welches Redoxpotential ergibt sich aus der Nernstschen Gleichung gegen die Standardwasserstoffelektrode (Standardpotential des MnO_4^-/Mn^{2+}-Redoxsystems sei 1,515 V)?

(A) $-0,059$ V
(B) $+1,456$ V
(C) $+1,515$ V
(D) $+1,527$ V
(E) $+1,539$ V

506 Die Aktivitäten einer schwefelsauren Lösung seien 1-molar an Protonen und je 1-molar an $Cr_2O_7^{2-}$ und Cr^{3+}.
Welches Potential besitzt die Lösung, wenn $E°(Cr_2O_7^{2-}/2 Cr^{3+}) = +1,38$ V ist?

(A) $1,18$ V
(B) $1,28$ V
(C) $1,38$ V
(D) $1,48$ V
(E) $1,58$ V

Redoxgleichgewichte

507 In welcher Größenordnung liegt die Gleichgewichtskonstante des Redoxgleichgewichts
$2 Red_2 + 3 Ox_1 \rightleftharpoons 2 Ox_2 + 3 Red_1$,
wenn die Normalpotentiale der Redoxsysteme $-0,8$ und $+1,4$ Volt betragen?

(A) $10^{-0,6}$
(B) 60
(C) 10^6
(D) 10^{60}
(E) 10^{224}

7.1.2 Titrationskurven

508 Welche Aussage zur Titrationskurve einer Redoxtitration trifft zu?

(A) Ihr Verlauf wird durch die Standardpotentiale der beteiligten Redoxpaare beeinflusst.
(B) Ihr Verlauf ist generell unabhängig vom pH-Wert der Titrationslösung.
(C) Zu Beginn der Titration ($\tau = 0$) beträgt das Redoxpotential der Lösung 0 V.
(D) Am Äquivalenzpunkt ($\tau = 1$) ist das Redoxpotential der Lösung gleich dem verhältnis der Standardpotentiale der beteiligten Redoxpaare.
(E) Bei $\tau = 0,5$ ist das Redoxpotential der Lösung gleich dem arithmetischen Mittel der Standardpotentiale der beteiligten Redoxpaare.

509 Welche Aussagen über Redoxtitrationen treffen zu?

(1) Die Potentialänderung in der Nähe des Äquivalenzpunktes einer Redoxtitration ist um so größer, je mehr sich die Normalpotentiale der Reaktanden unterscheiden.
(2) Der Wendepunkt einer Titrationskurve beim Titrationsgrad $\tau = 1$ entspricht etwa dem Äquivalenzpunkt.
(3) Der Äquivalenzpunkt der Redoxtitration von Fe^{2+} mit Ce^{4+} lässt sich auch potentiometrisch mit Hilfe einer Glaselektrode bestimmen.

(A) nur 2 ist richtig
(B) nur 3 ist richtig
(C) nur 1 und 2 sind richtig
(D) nur 1 und 3 sind richtig
(E) nur 2 und 3 sind richtig

510

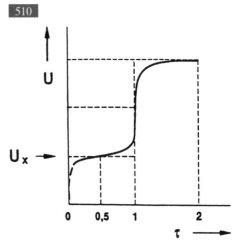

Obige Abbildung zeigt schematisch den Potentialverlauf in Abhängigkeit vom Titrationsgrad der Titration von Fe^{2+} mit Ce^{4+}.

Mit welcher Formel kann U_x mit den gegebenen Werten für τ in guter Näherung bestimmt werden?

(A) $U_x = E^o_{Fe^{3+}/Fe^{2+}} - 0{,}059 \cdot \log (C_{Fe^{2+}}/C_{Fe^{3+}})$
(B) $U_x = \frac{1}{2} (E^o_{Fe^{3+}/Fe^{2+}} + E^o_{Ce^{4+}/Ce^{3+}})$
(C) $U_x = E^o_{Ce^{4+}/Ce^{3+}} - 0{,}059 \cdot \log (C_{Ce^{4+}}/C_{Ce^{3+}})$
(D) $U_x = E^o_{Ce^{4+}/Ce^{3+}} - E^o_{Fe^{3+}/Fe^{2+}}$
(E) $U_x = (E^o_{Ce^{4+}/Ce^{3+}} - E^o_{Fe^{3+}/Fe^{2+}}) \cdot 0{,}059 \cdot \log (C_{Fe^{2+}}/C_{Ce^{4+}})$

511

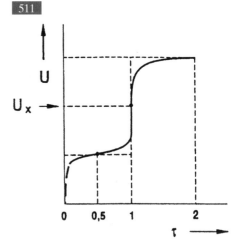

Obige Abbildung zeigt schematisch den Potentialverlauf in Abhängigkeit vom Titrationsgrad der Titration von Fe^{2+} mit Ce^{4+}.

Mit welcher Formel kann U_x mit den gegebenen Werten für τ in guter Näherung bestimmt werden?

(A) $U_x = E^\circ_{Fe^{3+}/Fe^{2+}} - 0{,}059 \cdot \log (C_{Fe^{2+}}/C_{Fe^{3+}})$
(B) $U_x = \frac{1}{2} (E^\circ_{Fe^{3+}/Fe^{2+}} + E^\circ_{Ce^{4+}/Ce^{3+}})$
(C) $U_x = E^\circ_{Ce^{4+}/Ce^{3+}} - 0{,}059 \cdot \log (C_{Ce^{3+}}/C_{Ce^{4+}})$
(D) $U_x = E^\circ_{Ce^{4+}/Ce^{3+}} - E^\circ_{Fe^{3+}/Fe^{2+}}$
(E) $U_x = (E^\circ_{Ce^{4+}/Ce^{3+}} - E^\circ_{Fe^{3+}/Fe^{2+}}) \cdot 0{,}059 \cdot \log (C_{Fe^{2+}}/C_{Ce^{4+}})$

512

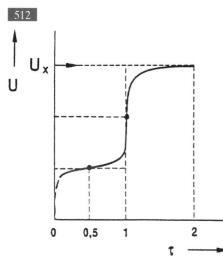

Obige Abbildung zeigt schematisch den Potentialverlauf in Abhängigkeit vom Titrationsgrad der Titration von Fe^{2+} mit Ce^{4+}.
Mit welcher Formel kann U_x mit den gegebenen Werten für τ in guter Näherung bestimmt werden?

(A) $U_x = E^\circ_{Fe^{3+}/Fe^{2+}} + 0{,}059 \cdot \log (C_{Fe^{2+}}/C_{Fe^{3+}})$
(B) $U_x = \frac{1}{2} (E^\circ_{Fe^{3+}/Fe^{2+}} + E^\circ_{Ce^{4+}/Ce^{3+}})$
(C) $U_x = E^\circ_{Ce^{4+}/Ce^{3+}} - 0{,}059 \cdot \log (C_{Ce^{3+}}/C_{Ce^{4+}})$
(D) $U_x = E^\circ_{Ce^{4+}/Ce^{3+}} - E^\circ_{Fe^{3+}/Fe^{2+}}$
(E) $U_x = (E^\circ_{Ce^{4+}/Ce^{3+}} - E^\circ_{Fe^{3+}/Fe^{2+}}) \cdot 0{,}059 \cdot \log (C_{Fe^{2+}}/C_{Ce^{4+}})$

513* Welche Aussagen treffen zu?
Beim Titrationsgrad $\tau = 0{,}5$ der Gehaltsbestimmung von Eisen(II)-sulfat mit Cer(IV)-sulfat-Maßlösung ist

(1) das Potential des Redoxpaares Fe^{2+}/Fe^{3+} ebenso groß wie sein Normalpotential
(2) das Potential des Redoxpaares Ce^{3+}/Ce^{4+} halb so groß wie das des Redoxpaares Fe^{2+}/Fe^{3+}
(3) die Summe der Potentiale der beiden Redoxpaare halb so groß wie das Potential am Äquivalenzpunkt

(A) nur 1 ist richtig
(B) nur 3 ist richtig
(C) nur 1 und 2 sind richtig
(D) nur 2 und 3 sind richtig
(E) 1–3 = alle sind richtig

514* Welche Aussage trifft zu?
Das Redoxpotential der Bestimmung von Fe^{2+} mit Ce^{4+} am Äquivalenzpunkt (U_{eq}) berechnet sich aus den Standardpotentialen U°_{Fe} und U°_{Ce} nach der Gleichung:

(A) $U_{eq} = U^\circ_{Fe} + U^\circ_{Ce}$
(B) $U_{eq} = \frac{1}{2} \cdot (U^\circ_{Fe} + U^\circ_{Ce})$
(C) $U_{eq} = \lg U^\circ_{Fe} + \lg U^\circ_{Ce}$
(D) $U_{eq} = \lg U^\circ_{Fe}/U^\circ_{Ce}$
(E) $U_{eq} = U^\circ_{Fe} - U^\circ_{Ce}$

515 Vorgelegte Eisen(II)-Ionen sollen cerimetrisch nach folgender Gleichung bestimmt werden:
$Fe^{2+} + Ce^{4+} \rightarrow Fe^{3+} + Ce^{3+}$

Welches Potential würde ein Platindraht als Arbeitselektrode bezogen auf das Potential der Normalwasserstoffelektrode bei Halbtitration ($\tau = 0{,}5$) aufweisen ($E^\circ_{Fe^{3+}/Fe^{2+}} = 0{,}77$ V; $E^\circ_{Ce^{4+}/Ce^{3+}} = 1{,}44$ V)?

(A) 0,77 V
(B) 1,11 V
(C) 1,44 V
(D) 2,21 V
(E) 4,42 V

516* Vorgelegte Eisen(II)-Ionen sollen cerimetrisch nach der Gleichung $Fe^{2+} + Ce^{4+} \rightarrow Fe^{3+} + Ce^{3+}$ bestimmt werden.
Welches Potential würde ein Platindraht als Indikatorelektrode bezogen auf das Potential der Standardwasserstoffelektrode am Äquivalenzpunkt $\tau = 1$ aufweisen?
($E^\circ_{Fe^{3+}/Fe^{2+}} = 0{,}77$ V; $E^\circ_{Ce^{4+}/Ce^{3+}} = 1{,}44$ V)

(A) 0,77 V
(B) 1,11 V
(C) 1,44 V
(D) 2,21 V
(E) 4,42 V

517* Welche Aussage trifft zu?
Bei der Titration von Eisen(II) mit Cer(IV) bei pH = 0 errechnet sich das Potential E beim Umsetzungsgrad τ = 2 aus den Standardpotentialen zu [E°(Ce^{IV}/Ce^{III}) = 1,44 V und E°(Fe^{3+}/Fe^{2+}) = 0,77 V]:

(A) E = 0,770 V
(B) E = 0,085 V
(C) E = 1,065 V
(D) E = 1,300 V
(E) E = 1,440 V

518* Welche Aussagen über die Titrationskurve einer Redoxtitration von Fe^{2+} mit MnO$_4^-$ im sauren Medium treffen zu?

(1) Das Potential am Halbtitrationspunkt ist gleich dem Normalpotential des MnO$_4^-$/Mn^{2+}-Redoxsystems.
(2) Das Potential am Äquivalenzpunkt ist gleich dem arithmetischen Mittel der Standardpotentiale der Redoxpartner.
(3) Das Potential am Äquivalenzpunkt liegt näher beim Normalpotential des Systems, dessen einzelne Teilchen mehr Elektronen austauschen (MnO$_4^-$/Mn^{2+}).
(4) Das Potential am Äquivalenzpunkt liegt näher beim Normalpotential des Fe^{3+}/Fe^{2+}-Redoxsystems.

(A) nur 2 ist richtig
(B) nur 3 ist richtig
(C) nur 4 ist richtig
(D) nur 1 und 2 sind richtig
(E) nur 1 und 4 sind richtig

519 Welche Aussage trifft zu?
Bei der Titration von Eisen(II) mit Dichromat gemäß der Reaktionsgleichung

6 Fe^{2+} + Cr$_2$O$_7^{2-}$ + 14 H$_3$O$^+$ ⇌ 6 Fe^{3+} + 2 Cr^{3+} + 21 H$_2$O

errechnet sich das Potential am Halbäquivalenzpunkt (τ = 0,5) aus den Standardpotentialen zu [E°(Cr$_2$O$_7^{2-}$/Cr^{3+}) = 1,36 V und E°(Fe^{3+}/Fe^{2+}) = 0,77 V]:

(A) E = 0,70 V
(B) E = 0,77 V
(C) E = 0,85 V
(D) E = 1,065 V
(E) E = 1,275 V

520 Welche Aussage trifft zu?
Bei einer Redoxtitration reagieren 1 Mol Oxidationsmittel mit 1 Mol Reduktionsmittel. Das Potential des Titrationsgemischs am Äquivalenzpunkt (E$_Ä$) errechnet sich aus den Normalpotentialen der beiden Redoxsysteme (E$_1^o$, E$_2^o$) nach folgender Gleichung:

(A) E$_Ä$ = 1/2 (E$_1^o$ + E$_2^o$)
(B) E$_Ä$ = 1/2 (E$_1^o$ − E$_2^o$)
(C) E$_Ä$ = (E$_1^o$ + E$_2^o$)
(D) E$_Ä$ = (E$_2^o$ − E$_1^o$)
(E) E$_Ä$ = 1/2 (E$_1^o$ · E$_2^o$)

Äquivalenzpotential (Berechnungen)

521* Wie groß ist etwa das Äquivalenzpotential für die Reaktion von Fe^{2+} mit MnO$_4^-$ bei pH = 0?
[E°(Fe^{3+}/Fe^{2+}) = 0,77 V − E°(MnO$_4^-$/Mn^{2+}) = 1,52 V]

(A) 0,77 V
(B) 0,90 V
(C) 1,15 V
(D) 1,40 V
(E) 1,52 V

522* Welche Aussage trifft zu?
Bei der Titration von Eisen(II) mit Dichromat bei pH = 0 gemäß folgender Redoxgleichung

6 Fe^{2+} + Cr$_2$O$_7^{2-}$ + 14 H$_3$O$^+$ ⇌ 6 Fe^{3+} + 2 Cr^{3+} + 21 H$_2$O

errechnet sich das Potential E am Äquivalenzpunkt aus den Standardpotentialen zu [E°(Cr$_2$O$_7^{2-}$/Cr^{3+}) = 1,36 V und E°(Fe^{3+}/Fe^{2+}) = 0,77 V]:

(A) E = 0,085 V
(B) E = 0,70 V
(C) E = 0,77 V
(D) E = 1,065 V
(E) E = 1,275 V

523 Welche Aussage trifft zu?
Bei einer oxidimetrischen Titration reagiert 1 Mol Oxidationsmittel mit 1 Mol der zu oxidierenden Substanz. Die Normalpotentiale des Reduktions- und des Oxidationsvorganges betragen +1,0 bzw. +2,0 V.

Das Potential am Äquivalenzpunkt beträgt (das Potential sei pH-unabhängig):
(A) + 3 V
(B) + 2 V
(C) + 1,5 V
(D) + 1 V
(E) + 0,5 V

524* Welche Aussage trifft zu?
Am Äquivalenzpunkt der Titration einer Fe^{2+}-Lösung mit Ce^{4+} beträgt das Verhältnis $[Fe^{3+}]/[Fe^{2+}]$ ungefähr (unter den gegebenen Bedingungen seien die Normalpotentiale $E°_{(Fe^{2+}/Fe^{3+})} = 0,77$ V und $E°_{(Ce^{4+}/Ce^{3+})} = 1,37$ V):

(A) 10^0
(B) 10^1
(C) 10^3
(D) 10^5
(E) 10^7

7.1.3 Redoxindikatoren, insbesondere nach Arzneibuch

Weitere MC-Fragen über Redoxindikatoren siehe Fragen Nr. 287, 328, 331, 333, 623, 624, 627, 695.

525* Welche der folgenden Indikatoren werden als Redoxindikatoren eingesetzt?

(1) Xylenolorange
(2) Bromthymolblau
(3) Diphenylamin
(4) Ferroin

(A) nur 1 und 2 sind richtig
(B) nur 2 und 3 sind richtig
(C) nur 3 und 4 sind richtig
(D) nur 1, 2 und 3 sind richtig
(E) nur 2, 3 und 4 sind richtig

526* In der Chromatometrie wird Diphenylamin als Redoxindikator verwendet.
Welche der folgenden Strukturen bzw. Zwischenstufen sind an dem Farbwechsel beteiligt?

(1) ⌬—NH—⌬—⌬—NH—⌬

(2) ⌬—⌬—NH—NH—⌬—⌬

(3) ⌬=N—⌬=⌬=N—⌬

(4) ⌬=N—⌬—⌬—N=⌬

(5) H_2N—⌬—⌬—NH—⌬—⌬—NH_2

(A) nur 2 ist richtig
(B) nur 5 ist richtig
(C) nur 1 und 3 sind richtig
(D) nur 3 und 4 sind richtig
(E) nur 1, 3 und 5 sind richtig

527 Welche Aussage trifft zu?
1,10-Phenanthrolinhydrochlorid dient

(A) als Säure-Base-Indikator bei der wasserfreien Titration von Basen mit Perchlorsäure
(B) zur **Herstellung** eines Redoxindikators
(C) als Reagenz zum Nachweis von Blei-Ionen
(D) als Adsorptionsindikator
(E) als Reagenz zum Nachweis von Formaldehyd

528* Welche Aussage über Ferroin trifft **nicht** zu?

(A) Ferroin ist ein Redoxindikator.
(B) Ferroin ist ein zweifarbiger Indikator.
(C) Beim Farbwechsel erfolgt eine reversible Oxidation der aromatischen Liganden.
(D) Ferroin ist über einen pH-Bereich von etwa 3 bis 7 beständig.
(E) Ferroin ist ein Komplex mit Eisen als Zentralatom.

Umschlagspotential

529* Welche Aussage trifft zu?
Der Umschlagspunkt eines bestimmten zweifarbigen, reversibel reagierenden Redoxindikators hängt ab (alle Aktivitätskoeffizienten seien gleich 1):

(A) von der Konzentration der verwendeten Maßlösung
(B) vom Normalpotential der verwendeten Maßlösung
(C) vom Normalpotential der zu titrierenden Substanz
(D) vom Normalpotential des Redoxindikators
(E) von der Konzentration der zu titrierenden Substanz

7.1.4 Maßlösungen, insbesondere nach Arzneibuch

Weitere MC-Fragen über Maßlösungen für Redoxtitrationen siehe Fragen Nr. 336, 349, 352, 1866.

530 Welche der folgenden Substanzen ist als Oxidationsmittel für den Einsatz in Redoxtitrationen **nicht** geeignet?

(A) Iod
(B) Natriumthiosulfat
(C) Kaliumdichromat
(D) Kaliumpermanganat
(E) Cer(IV)-sulfat

531 Welche der folgenden Verbindungen ist als Oxidationsmittel bei Redoxtitrationen zur Verwendung in einer Maßlösung **nicht** geeignet?

(A) Cer(IV)-sulfat
(B) Kaliumbromat
(C) Wasserstoffperoxid
(D) Kaliumdichromat
(E) Kaliumpermanganat

532 Welche Aussagen zur Iod-Maßlösung und ihrer Verwendung in Redoxtitrationen treffen zu?

(1) Sie wird aus elementarem Iod und Kaliumiodid hergestellt.
(2) Sie wird unter Verwendung von Thiosulfat-Maßlösung eingestellt.
(3) Das Redoxpotential des Redoxpaars I_3^-/I^- ist im sauren Milieu nahezu pH-unabhängig.
(4) Die Entfärbung von Povidon-Iod dient zur Endpunkterkennung der Titrationen.

(A) nur 1 ist richtig
(B) nur 4 ist richtig
(C) nur 2 und 4 sind richtig
(D) nur 1, 2 und 3 sind richtig
(E) 1–4 = alle sind richtig

533 Welche Aussagen zur Iodometrie treffen zu?

(1) Eine Iod-Maßlösung wird unter Verwendung von elementarem Iod und Kaliumiodid hergestellt.
(2) Die Einstellung einer Iod-Maßlösung gegen Thiosulfat-Maßlösung erfolgt im alkalischen Milieu ($pH = 10$).
(3) Das Potential des Redoxpaars I_2/I^- ist im schwach sauren Milieu nahezu unabhängig vom pH-Wert.

(A) nur 1 ist richtig
(B) nur 2 ist richtig
(C) nur 1 und 3 sind richtig
(D) nur 2 und 3 sind richtig
(E) 1–3 = alle sind richtig

534 Wie viel Iod (M_r 253,81) enthält 1 Liter einer Iod-Maßlösung der Konzentration c = 0,05 mol·l^{-1} und dem Faktor f = 0,90?

(A) 2,86 g
(B) 5,71 g
(C) 11,42 g
(D) 22,84 g
(E) 25,38 g

535 Zur Herstellung einer Iod-Maßlösung (c = 0,5 mol·l^{-1}) schreibt das Europäische Arzneibuch folgende Verfahrensweise vor:
127 g Iod und 200 g Kaliumiodid werden in Wasser zu 1000,0 ml gelöst. Zur Einstellung werden 2,0 ml dieser Lösung nach Zusatz von verdünnter Essigsäure und 50 ml Wasser unter Verwendung von Stärke-Lösung mit Natriumthiosulfat-Maßlösung (c = 0,1 mol·l^{-1}) titriert.

Welche Aussage trifft **nicht** zu?

(A) Angesichts der schlechten Wasserlöslichkeit von elementarem Iod ermöglicht die Zugabe von Kaliumiodid überhaupt erst die Herstellung dieser Maßlösung.
(B) Die Zugabe von Kaliumiodid dient zur Erhöhung des Redoxpotentials.
(C) Beim Auflösen von Iod und Kaliumiodid bilden sich überwiegend Triiodid-Ionen (I_3^-).
(D) Die Umsetzung mit Thiosulfat-Ionen führt unter den oben genannten Bedingungen zur Bildung von Tetrathionat-Ionen.
(E) Iod-Maßlösung kann auch unter Verwendung von Arsen(III)-oxid *RV* als Urtiter in schwach saurem Milieu eingestellt werden.

536* Welche Aussage trifft zu?
Die Haltbarkeit einer Natriumthiosulfat-Maßlösung wird günstig beeinflusst durch:

(A) Spuren von Schwermetallionen wie Cu^2
(B) OH^- (in Form von Na_2CO_3-Zusatz)
(C) Ascorbinsäure
(D) H_3O^+ (schwaches Ansäuern)
(E) H_2O_2

537 Welche Aussage trifft zu?
Bei der Oxidation des Thiosulfat-Ions mit Iod in neutraler oder schwach saurer Lösung entsteht:

(A) SO_2
(B) SO_3^{2-}
(C) SO_4^{2-}
(D) $S_4O_6^{2-}$
(E) $S_2O_8^{2-}$

538* Titriert man vorgelegte Iod-Lösungen mit Thiosulfat-Lösung, so tritt bei Titration in alkalischer Lösung, verglichen mit der Titration in schwach saurer Lösung, ein Minderverbrauch an Thiosulfat-Lösung auf.
Welche der folgenden Reaktionen ist hierfür verantwortlich?

(A) $2\ S_2O_3^{2-} + I_2 \longrightarrow S_4O_6^{2-} + 2\ I^-$
(B) $S_2O_3^{2-} \longrightarrow S + SO_3^{2-}$
(C) $S_2O_3^{2-} + 6\ OH^- \longrightarrow 2\ SO_3^{2-} + 3\ H_2O$
(D) $S_2O_3^{2-} + 4\ IO^- + 2\ OH^- \longrightarrow 2\ SO_4^{2-} + 4\ I^- + H_2O$
(E) $S_4O_6^{2-} + IO^- + 2\ OH^- \longrightarrow 2\ S_2O_4^{2-} + I^- + H_2O$

7.1.5 Urtitersubstanzen, insbesondere nach Arzneibuch

Weitere MC-Fragen zu Urtitersubstanzen für Redoxtitrationslösungen siehe Fragen Nr. 339, 344, 348, 349, 352, 356, 568, 1738, 1776.

539* Kaliumpermanganat-Maßlösung kann in saurer Lösung (pH < 3) gegen Oxalsäure als Urtiter eingestellt werden.
Welche Gleichung beschreibt die Reaktion am besten?

(A) $10\ H_2C_2O_4 + 2\ MnO_4^- + 6\ H_3O^+ \rightarrow 5\ H_2C_4O_8 + 2\ Mn^{2+} + 14\ H_2O$
(B) $5\ H_2C_2O_4 + 2\ MnO_4^- + 6\ H_3O^+ \rightarrow 10\ CO_2 + 2\ Mn^{2+} + 14\ H_2O$
(C) $5\ H_2C_2O_4 + 2\ MnO_4^- + 6\ H_3O^+ \rightarrow 10\ H_2CO + 2\ Mn^{2+} + 24\ H_2O$
(D) $2\ H_2C_2O_4 + MnO_4^{2-} + 4\ H_3O^+ \rightarrow 4\ CO_2 + Mn^{2+} + 8\ H_2O$
(E) $5\ H_2C_2O_4 + 6\ MnO_4^{2-} + 18\ H_3O^+ \rightarrow 10\ CO_2 + 6\ Mn^{2+} + 32\ H_2O + 5\ O_2$

540 Welche Aussage trifft zu?
Eine Kaliumpermanganat-Maßlösung, von der 10,0 ml in schwefelsaurer Lösung 0,5 mMol Oxalsäure zu Kohlendioxid oxidieren können, enthält in einem Liter [$M_r(KMnO_4) = 158{,}0$]:

(A) 15,86 g $KMnO_4$
(B) 7,93 g $KMnO_4$
(C) 5,29 g $KMnO_4$
(D) 3,17 g $KMnO_4$
(E) 1,59 g $KMnO_4$

541 Welche der folgenden Substanzen sind Urtiter für die Einstellung von Maßlösungen für Redoxtitrationen?

(1) Benzoesäure
(2) Arsen(III)-oxid
(3) Kaliumbromat
(4) Kaliumhydrogenphthalat

(A) nur 1 und 2 sind richtig
(B) nur 2 und 3 sind richtig
(C) nur 1, 3 und 4 sind richtig
(D) nur 2, 3 und 4 sind richtig
(E) 1–4 = alle sind richtig

542* Mit welcher der folgenden schematischen Reaktionsgleichungen kann die Einstellung von Ammoniumcer(IV)-Salzlösung (c = 0,1 mol·l⁻¹) mittels Arsen(III)-oxid als Urtitersubstanz beschrieben werden?

(A) $2\,Ce^{4+} + As_4O_6 + 12\,H_2O \rightarrow 2\,Ce^{3+} + As_4O_{10} + 8\,H_3O^+$
(B) $2\,Ce^{4+} + AsO_3^{3-} + 3\,H_2O \rightarrow 2\,Ce^{3+} + AsO_4^{3-} + 2\,H_3O^+$
(C) $2\,Ce^{4+} + 2\,AsO_3^{3-} + 3\,H_2O \rightarrow 2\,Ce^{3+} + 2\,AsO_4^{3-} + 2\,H_3O^+$
(D) $2\,Ce^{4+} + AsO_3^{3-} + 9\,H_3O^+ \rightarrow 2\,Ce^{3+} + AsO_4^{3-} + 12\,H_2O$
(E) $2\,Ce^{4+} + AsO_4^{3-} + 2\,H_3O^+ \rightarrow 2\,Ce^{3+} + AsO_3^{3-} + 3\,H_2O$

543 Welche der folgenden Reinigungsoperationen schreibt das Arzneibuch für Arsen(III)-oxid vor?

(A) Einleiten von CO_2 in die gesättigte Lösung der Substanz
(B) Sublimation
(C) Fällen der Substanz aus gesättigter Lösung mit Salzsäure (36%)
(D) Umkristallisieren aus Wasser unter Zusatz von 0,1% Schwefelsäure
(E) Lösen in 4 M-Natriumhydroxid-Lösung und anschließendes Fällen mit Salzsäure (36%)

544 Welche Aussage trifft zu?
Bei der Titration in hydrogencarbonathaltiger Lösung entspricht 1 ml einer 1-molaren I_2-Lösung folgendem Volumen einer mit 0,5 Mol As_2O_3 pro Liter hergestellten Natriumarsenit-Lösung

(A) 0,15 ml
(B) 0,5 ml
(C) 1,0 ml
(D) 2,0 ml
(E) 4,0 ml

545 Bei der Einstellung von Iod-Lösung (c = 0,05 mol·l⁻¹) mittels As_2O_3 arbeitet man in Hydrogencarbonat-alkalischer Lösung. Welche der folgenden Reaktionen läuft dabei ab?

(A) $I_2 + AsO_3^{3-} + OH^- \longrightarrow I^- + IO^- + AsO_4^{3-} + H^+$
(B) $3\,I_2 + AsO_3^{3-} + HCO_3^- \longrightarrow 5\,I^- + IO_3^- + AsO_4^{3-} + CO_2 + H^+$
(C) $I_2 + AsO_3^{3-} + 2\,HCO_3^- \longrightarrow 2\,I^- + AsO_4^{3-} + 2\,CO_2 + H_2O$
(D) $I_2 + AsO_4^{3-} + 2\,HCO_3^- \longrightarrow 2\,I^- + AsO_3^{3-} + 2\,CO_2 + H_2O$
(E) $2\,I_2 + 2\,S_2O_3^{2-} + AsO_3^{3-} + H_2O \longrightarrow 4\,I^- + S_4O_6^{2-} + AsO_4^{3-} + 2\,H^+$

546* Welche der nachfolgenden Urtitersubstanzen eignen sich zur Einstellung von Natriumthiosulfat-Lösung (c = 0,1 mol·l⁻¹)?

(1) $KBrO_3$
(2) KIO_3
(3) $K_2Cr_2O_7$
(4) $AgNO_3$
(5) Na_2CO_3

(A) nur 1 ist richtig
(B) nur 2 ist richtig
(C) nur 1, 2 und 3 sind richtig
(D) nur 2, 3 und 4 sind richtig
(E) 1–5 = alles sind richtig

547* Welche der nachfolgenden Reaktionsschritte laufen bei der Einstellung von Natriumthiosulfat-Lösung (c = 0,1 mol/l) mit Kaliumiodat als Urtitersubstanz ab?

(1) $I_2 + 2\,OH^- \rightleftharpoons I^- + IO^- + H_2O$
(2) $3\,IO^- \rightleftharpoons 2\,I^- + IO_3^-$
(3) $IO_3^- + 5\,I^- + 6\,H_3O^+ \rightleftharpoons 3\,I_2 + 9\,H_2O$
(4) $S_2O_3^{2-} + 4\,I_2 + 10\,OH^- \rightleftharpoons 8\,I^- + 2\,SO_4^{2-} + 5\,H_2O$
(5) $I_2 + 2\,S_2O_3^{2-} \rightleftharpoons 2\,I^- + S_4O_6^{2-}$

(A) nur 2 und 3 sind richtig
(B) nur 3 und 5 sind richtig
(C) nur 1, 2 und 4 sind richtig
(D) nur 3, 4 und 5 sind richtig
(E) 1–5 = alle sind richtig

7.1 Grundlagen

548* Welche der nachfolgenden Reaktionsschritte laufen bei der Einstellung von Natriumthiosulfat-Lösung (c = 0,1 mol/l) gegen Kaliumbromat ab?

(1) $I_2 + 2\,OH^- \rightleftharpoons I^- + IO^- + H_2O$
(2) $3\,BrO^- \rightleftharpoons 2\,Br^- + BrO_3^-$
(3) $BrO_3^- + 6\,I^- + 6\,H_3O^+ \rightleftharpoons 3\,I_2 + 9\,H_2O + Br^-$
(4) $S_2O_3^{2-} + 4\,I_2 + 10\,OH^- \rightleftharpoons 8\,I^- + 2\,SO_4^{2-} + 5\,H_2O$
(5) $I_2 + 2\,S_2O_3^{2-} \rightleftharpoons 2\,I^- + S_4O_6^{2-}$

(A) nur 5 ist richtig
(B) nur 3 und 5 sind richtig
(C) nur 1, 3 und 5 sind richtig
(D) nur 2, 3 und 4 sind richtig
(E) 1–5 = alle sind richtig

549* Welche Aussage trifft zu?
Bei der Einstellung von Natriumnitrit-Lösung (c = 0,1 mol/l) mit Sulfanilsäure als Urtitersubstanz entsteht folgendes Hauptprodukt:

(A) $[HSO_3-\langle\!\!\bigcirc\!\!\rangle-N\overset{\oplus}{=}NH-\langle\!\!\bigcirc\!\!\rangle-SO_3^{\ominus}]$

(B) $[N\overset{\oplus}{\equiv}N-\langle\!\!\bigcirc\!\!\rangle-SO_3^{\ominus}]$

(C) $H_2N-\langle\!\!\bigcirc\!\!\rangle-SO_2-O-NO$

(D) $[^\ominus O_3S-\langle\!\!\bigcirc\!\!\rangle-NH-\overset{\oplus}{N}H_3]$

(E) $HSO_3-\langle\!\!\bigcirc\!\!\rangle-NH-NO_2$

550* Welche Aussage trifft zu?
Bei der Einstellung von Natriumnitrit-Lösung (c = 0,1 mol/l) mit Sulfanilamid als Urtitersubstanz läuft folgende Reaktion ab:

(A) $2\,H_2N-\langle\!\!\bigcirc\!\!\rangle-SO_2NH_2 + 2\,HNO_2 + 2\,H_3O^+ \longrightarrow$
$H_2N-SO_2-\langle\!\!\bigcirc\!\!\rangle-N=N-\langle\!\!\bigcirc\!\!\rangle-SO_2NH_2 + N_2 + 6\,H_2O$

(B) $H_2N-\langle\!\!\bigcirc\!\!\rangle-SO_2NH_2 + HNO_2 + H_3O^+ \longrightarrow$
$[N\equiv N-\langle\!\!\bigcirc\!\!\rangle-SO_2NH_2]^+ + 3\,H_2O$

(C) $H_2N-\langle\!\!\bigcirc\!\!\rangle-SO_2NH_2 + HNO_2 + H_3O^+ \longrightarrow$
$[H_2N-\langle\!\!\bigcirc\!\!\rangle-SO_2-N\equiv N]^+ + 3\,H_2O$

(D) $H_2N-\langle\!\!\bigcirc\!\!\rangle-SO_2NH_2 + HNO_2 \longrightarrow$
$ON-\langle\!\!\bigcirc\!\!\rangle-SO_2NH_2 + N_2 + H_2O$

(E) $H_2N-\langle\!\!\bigcirc\!\!\rangle-SO_2NH_2 + 2\,HNO_2 + 2\,H_3O^+ \longrightarrow$
$[N\equiv N-\langle\!\!\bigcirc\!\!\rangle-SO_2NH_2]^+ + NO + 4\,H_2O$

Klassische quantitative Analytik

7.2 Methoden, pharmazeutische Anwendungen, insbesondere nach Arzneibuch

7.2.1 Permanganometrie

551 Welche Aussage im Zusammenhang mit der Permanganometrie trifft **nicht** zu?

(A) Zum Einstellen des Faktors der Maßlösung ist Natriumoxalat geeignet.
(B) Bei Titrationen in verdünnt salzsaurem Milieu (2 M) **kann** Chlor gebildet werden.
(C) Bei der permanganometrischen Gehaltsbestimmung von Wasserstoffperoxid wird H_2O_2 oxidiert.
(D) In alkalischem Milieu beträgt die Redoxäquivalentmasse von Kaliumpermanganat 4/7 seiner Molmasse.
(E) Bei Titrationen in saurem Milieu beträgt die Redoxäquivalentmasse von Kaliumpermanganat 1/5 seiner Molmasse.

552 Welche der folgenden Reaktionen von Kaliumpermanganat-Maßlösung werden für Titrationen verwendet?

(1) $MnO_4^- + 8 H^+ + 5 e^- \rightarrow Mn^{2+} + 4 H_2O$
(2) $MnO_4^- + 4 H^+ + 3 e^- \rightarrow MnO_2 + 2 H_2O$
(3) $MnO_4^- + 2 H^+ + 2 e^- \rightarrow MnO_3^- + H_2O$

(A) nur 2 ist richtig
(B) nur 3 ist richtig
(C) nur 1 und 2 sind richtig
(D) nur 1 und 3 sind richtig
(E) 1–3 = alle sind richtig

553* Welche Aussagen zur oxidimetrischen Bestimmung von Oxalsäure mit Kaliumpermanganat-Maßlösung in schwefelsaurer Lösung treffen zu?

(1) Oxalsäure wird durch Permanganat zu Kohlendioxid oxidiert.
(2) Das Potential des Redoxpaars MnO_4^-/Mn^{2+} ist pH-abhängig.
(3) Kaliumpermanganat-Maßlösung ist ausgesprochen titerstabil.

(A) nur 1 ist richtig
(B) nur 1 und 2 sind richtig
(C) nur 1 und 3 sind richtig
(D) nur 2 und 3 sind richtig
(E) 1–3 = alle sind richtig

554* Welche der folgenden schematisch dargestellten Redoxgleichungen für Reaktionen des Permanganat-Ions trifft **nicht** zu?

(A) $2 MnO_4^- + 10 Cl^- + 16 H^+ \rightarrow 2 Mn^{2+} + 5 Cl_2 + 8 H_2O$
(B) $2 MnO_4^- + 10 I^- + 16 H^+ \rightarrow 2 Mn^{2+} + 5 I_2 + 8 H_2O$
(C) $2 MnO_4^- + 5 H_2O_2 + 6 H^+ \rightarrow 2 Mn^{2+} + 5 O_2 + 8 H_2O$
(D) $2 MnO_4^- + 5 C_2O_4^{2-} + 36 H^+ \rightarrow 2 Mn^{2+} + 10 CO + 18 H_2O$
(E) $2 MnO_4^- + 5 C_2H_5OH + 6 H^+ \rightarrow 2 Mn^{2+} + 5 CH_3CHO + 8 H_2O$

555 Welche der folgenden Reaktionsgleichungen beschreibt die der Titration von Wasserstoffperoxid mit Permanganat in saurer Lösung zugrundeliegende Umsetzung?

(A) $MnO_4^- + H_2O_2 + 6 H_3O^+ \rightarrow Mn^{2+} + O_2 + 10 H_2O$
(B) $2 MnO_4^- + H_2O_2 + 2 H_2O \rightarrow 2 MnO_4^{2-} + O_2 + 2 H_3O^+$
(C) $2 MnO_4^- + 3 H_2O_2 + 10 H_3O^+ \rightarrow 2 Mn^{4+} + 3 O_2 + 18 H_2O$
(D) $2 MnO_4^- + 5 H_2O_2 + 26 H_3O^+ \rightarrow 2 Mn^{2+} + 44 H_2O$
(E) $2 MnO_4^- + 5 H_2O_2 + 6 H_3O^+ \rightarrow 2 Mn^{2+} + 5 O_2 + 14 H_2O$

556 Das Europäische Arzneibuch schreibt zur Gehaltsbestimmung von Wasserstoffperoxid-Lösung 3 % die folgende Verfahrensweise vor:
10,0 g Substanz werden mit Wasser zu 100,0 ml verdünnt. 10,0 ml dieser Lösung werden mit verdünnter Schwefelsäure versetzt und mit Kaliumpermanganat-Maßlösung (c = 0,02 mol·l^{-1}) bis zur Rosafärbung titriert.
Welche Aussagen zu diesem Verfahren treffen zu?

(1) Aus Wasserstoffperoxid entsteht durch Reaktion mit Kaliumpermanganat Wasser.
(2) Das Potential des Redoxpaars MnO_4^-/Mn^{2+} ist pH-abhängig.
(3) Kaliumpermanganat-Maßlösung zeichnet sich durch eine besonders hohe Titerstabilität aus.
(4) Der Endpunkt der Titration wird durch die Eigenfärbung des Kaliumpermanganats indiziert.

(A) nur 1 und 2 sind richtig
(B) nur 2 und 3 sind richtig
(C) nur 2 und 4 sind richtig
(D) nur 3 und 4 sind richtig
(E) 1–4 = alle sind richtig

557 Kaliumpermanganat (molare Masse = 158 g·mol^{-1}) werde zur Titration von Wasserstoffperoxid (molare Masse = 34 g·mol^{-1}) in saurer Lösung eingesetzt.
Welche der folgenden Massen reagieren stöchiometrisch miteinander?

	$KMnO_4$ (g)	H_2O_2 (g)
(A)	158	34
(B)	52,7	34
(C)	52,7	17
(D)	31,6	34
(E)	31,6	17

558* Welche Aussage trifft zu?
Bei der Titration von 1 mMol H_2O_2 mit $KMnO_4$-Maßlösung ($^1/_{50}$ mol $KMnO_4$/l) in saurer Lösung werden bis zum Äquivalenzpunkt verbraucht:

(A) 25 ml Maßlösung
(B) 20 ml Maßlösung
(C) 15 ml Maßlösung
(D) 10 ml Maßlösung
(E) 5 ml Maßlösung

559* Kaliumpermanganat (molare Masse = 158 g·mol^{-1}) werde zur Titration von $MnSO_4·H_2O$ (molare Masse = 169 g·mol^{-1}) in neutraler Lösung eingesetzt.
Welche der folgenden Massen reagieren stöchiometrisch miteinander?

	$KMnO_4$ (g)	$MnSO_4·H_2O$ (g)
(A)	158	169
(B)	158	338
(C)	316	507
(D)	158	845
(E)	158	422,5

560* Welche Aussage trifft zu?
Zur quantitativen Oxidation (Redoxtitration) von 0,1 Mol AsO_3^{3-} zu AsO_4^{3-} sind erforderlich:

(A) 0,1 Äquivalente MnO_4^- (= 0,02 Mol MnO_4^-)
(B) 0,2 Äquivalente MnO_4^- (= 0,04 Mol MnO_4^-)
(C) 0,5 Äquivalente MnO_4^- (= 0,1 Mol MnO_4^-)
(D) 0,75 Äquivalente MnO_4^- (= 0,15 Mol MnO_4^-)
(E) 1,0 Äquivalente MnO_4^- (= 0,2 Mol MnO_4^-)

561* Welche Aussage trifft zu?
Zur quantitativen Oxidation von 1 Mol Fe^{2+} mit MnO_4^- in saurer Lösung sind erforderlich:

(A) 1 Mol MnO_4^- und 1 Mol H_3O^+
(B) 0,5 Mol MnO_4^- und 5 Mol H_3O^+
(C) 0,2 Mol MnO_4^- und 1,6 Mol H_3O^+
(D) 2 Mol MnO_4^- und 2 Mol H_3O^+
(E) 5 Mol MnO_4^- und 1,5 Mol H_3O^+

7.2.2 Cerimetrie

562* Welche Aussagen treffen zu?
Schwefelsaure Ammoniumcer(IV)-nitrat-Maßlösung (0,1 mol·l^{-1}) besitzt gegenüber Kaliumpermanganat-Maßlösung (0,02 mol·l^{-1}) folgende Vorteile:

(1) größere Titerbeständigkeit
(2) breiterer Anwendungsbereich durch die Titrationsmöglichkeit auch alkalischer Lösungen
(3) eindeutiger Reaktionsverlauf bezüglich der Zahl der pro Titrator-Ion übertragenen Elektronen

(A) nur 2 ist richtig
(B) nur 1 und 2 sind richtig
(C) nur 1 und 3 sind richtig
(D) nur 2 und 3 sind richtig
(E) 1–3 = alle sind richtig

563 Auf welche Weise kann der Endpunkt der Titration von Eisen(II)-Salzen mit Cer(IV)-Maßlösung indiziert werden?

(1) mit dem Indikator Ferroin
(2) biamperometrisch
(3) bivoltametrisch
(4) amperometrisch

(A) nur 1 ist richtig
(B) nur 1 und 2 sind richtig
(C) nur 2 und 4 sind richtig
(D) nur 2, 3 und 4 sind richtig
(E) 1–4 = alle sind richtig

564 Welche der folgenden Stoffe lassen sich cerimetrisch bestimmen?

(1) 4-Aminophenol (OH, NH₂)
(2) Resorcin (1,3-Dihydroxybenzol)
(3) Hydrochinon (1,4-Dihydroxybenzol)
(4) 1,2-Dinitrobenzol

(A) nur 2 ist richtig
(B) nur 1 und 3 sind richtig
(C) nur 2 und 3 sind richtig
(D) nur 3 und 4 sind richtig
(E) nur 2, 3 und 4 sind richtig

565 Welche der folgenden Stoffe lassen sich, gegebenenfalls nach Hydrolyse oder Reduktion, cerimetrisch bestimmen?

(1) Paracetamol
(2) Resorcin
(3) 1,4-Benzochinon
(4) 1,2-Diaminobenzol
(5) Nicotinamid-Derivat

(A) nur 1 und 4 sind richtig
(B) nur 2 und 3 sind richtig
(C) nur 1, 2 und 5 sind richtig
(D) nur 1, 3, 4 und 5 sind richtig
(E) 1–5 = alle sind richtig

566* Welche Aussage trifft **nicht** zu?
Durch Titration mit Ammoniumcer(IV)-Salzlösung, gegebenenfalls nach vorausgehender Reduktion, Alkoholyse oder Hydrolyse, erfolgt die Gehaltsbestimmung von:

(A) Eisen(II)-sulfat
(B) Calciumlactat
(C) Menadion
(D) α-Tocopherolacetat
(E) Paracetamol

567 Das Europäische Arzneibuch schreibt zur Gehaltsbestimmung von Paracetamol folgende Verfahrensweise vor:

Paracetamol-Strukturformel

Eine gegebene Substanzmenge wird in verdünnter Schwefelsäure eine Stunde unter Rückfluss erhitzt und anschließend abgekühlt. Ein Teil der Lösung wird mit Eis, verdünnter Salzsäure und 0,1 ml Ferroin-Lösung versetzt und mit Cer(IV)-Maßlösung titriert.
Welche Aussagen treffen zu?

(1) Die quantitative Bestimmung beruht auf einer Redoxreaktion.
(2) Paracetamol wird zu 4-Aminophenol hydrolysiert.
(3) Durch die Umsetzung mit Cer(IV)-Ionen entsteht ein *ortho*-Chinon.

(A) nur 1 ist richtig
(B) nur 1 und 2 ist richtig
(C) nur 1 und 3 ist richtig
(D) nur 2 und 3 sind richtig
(E) 1–3 = alle sind richtig

568 Das Europäische Arzneibuch schreibt zur Gehaltsbestimmung von Paracetamol folgende Verfahrensweise vor:
Eine gegebene Substanzmenge wird in verdünnter Schwefelsäure eine Stunde unter Rückfluss erhitzt und anschließend abgekühlt.

Ein Teil der Lösung wird mit Eis, verdünnter Salzsäure und 0,1 ml Ferroin-Lösung versetzt und bis zum Farbumschlag nach Gelb mit Cer(IV)-sulfat-Maßlösung titriert.

[Strukturformel: Paracetamol – H₃C-C(=O)-NH-C₆H₄-OH]

Welche Aussagen treffen zu?

(1) Paracetamol wird durch Erhitzen in verdünnter Schwefelsäure zu 4-Aminophenol hydrolysiert.
(2) Durch Redoxreaktion mit Cer(IV)-Ionen bildet sich *p*-Chinonimin.
(3) Zur Endpunkterkennung ist eine biamperometrische Methode geeignet.
(4) Die Cer(IV)-sulfat-Maßlösung kann gegen Arsen(III)-oxid als Urtiter eingestellt werden.

(A) nur 1 und 3 sind richtig
(B) nur 1 und 4 sind richtig
(C) nur 2 und 3 sind richtig
(D) nur 1, 2 und 4 sind richtig
(E) 1–4 = alle sind richtig

7.2.3 Iodometrie

569 Welche Aussage trifft **nicht** zu?
Folgende Ionen bzw. Stoffe können Iodid zu Iod oxidieren:

(A) $Cr_2O_7^{2-}$

(B) BrO_3^-

(C) $[H_3C-C_6H_4-SO_2NCl]^- Na^+$

(D) R—O—OH

(E) $S_2O_3^{2-}$

570 Welche Aussage trifft **nicht** zu?
Folgende Ionen bzw. Stoffe können (unter geeigneten Bedingungen) Iodid zu Iod oxidieren:

(A) $Cr_2O_7^{2-}$

(B) BrO_3^-

(C) $[H_3C-C_6H_4-SO_2NCl]^- Na^+$

(D) R—O—OH

(E) AsO_3^{3-}

571 Welche der folgenden Ionen bzw. Verbindungen lassen sich nach Umsetzen mit Iodid-Überschuss und nachfolgender Titration des entstandenen Iods mit Thiosulfat-Maßlösung quantitativ bestimmen?

(1) Cu^{2+}
(2) H_2O_2
(3) $Cr_2O_7^{2-}$

(A) nur 2 ist richtig
(B) nur 3 ist richtig
(C) nur 1 und 2 sind richtig
(D) nur 2 und 3 sind richtig
(E) 1–3 = alle sind richtig

572* Welche Aussage trifft zu?
Die bei der iodometrischen Bestimmung von Antimon(III)-Verbindungen ablaufende Reaktion kann wie folgt formuliert werden:

(A) $SbO_3^{3-} + 2 I_2 + 4 H_2O \rightleftharpoons SbO_4^{3-} + 4 I^- + 4 H_3O^+$
(B) $SbO_3^{3-} + 2 I^- + 2 H_3O^+ \rightleftharpoons SbO_4^{3-} + I_2 + 2 H_2O$
(C) $SbO_3^{3-} + I_2 + 3 H_2O \rightleftharpoons SbO_4^{3-} + 2 I^- + 2 H_3O^+$
(D) $3 SbO_3^{3-} + 2 IO_3^- + 6 H_3O^+ \rightleftharpoons 3 SbO_4^{3-} + I_2 + 9 H_2O$
(E) $SbO_3^{3-} + IO_3^- + 3 I^- + 6 H_3O^+ \rightleftharpoons SbO_4^{3-} + 2 I_2 + 9 H_2O$

573* Welche der folgenden Reaktionsgleichungen beschreibt die der iodometrischen Titration von Sulfit zugrundeliegende Umsetzung?

(A) $2\ SO_3^{2-} + I_2 + 6\ H_3O^+ \rightleftharpoons$
$S_2O_3^{2-} + 2\ I^- + 9\ H_2O$
(B) $5\ SO_3^{2-} + 3\ I_2 + 9\ H_2O \rightleftharpoons$
$5\ S^{2-} + 6\ IO_3^- + 6\ H_3O^+$
(C) $2\ SO_3^{2-} + I_2 + 2\ H_3O^+ \rightleftharpoons$
$S_2O_5^{2-} + 2\ I^- + 3\ H_2O$
(D) $SO_3^{2-} + 2\ I_2 + 3\ H_2O \rightleftharpoons$
$SO_4^{2-} + 4\ I^- + 2\ H_3O^+$
(E) $SO_3^{2-} + I_2 + 3\ H_2O \rightleftharpoons$
$SO_4^{2-} + 2\ I^- + 2\ H_3O^+$

574 Zur Gehaltsbestimmung von „wasserfreiem Kupfer(II)-sulfat" nach Arzneibuch werden 0,125 g Substanz in 50 ml Wasser gelöst. Nach Zugabe von 2 ml Schwefelsäure und 3 g Kaliumiodid wird mit Natriumthiosulfat-Maßlösung (c = 0,1 mol · l⁻¹) titriert, wobei gegen Ende der Titration 1 ml Stärke-Lösung zugesetzt wird.
Welche der folgenden Reaktionen laufen bei dieser Gehaltsbestimmung ab?

(1) $2\ Cu^{2+} + 5\ I^- \longrightarrow 2\ CuI\downarrow + I_3^-$
(2) $I_3^- + 2\ S_2O_3^{2-} \longrightarrow S_4O_6^{2-} + 3\ I^-$
(3) $Cu^{2+} + 2\ I^- \longrightarrow CuI_2\downarrow$

(A) nur 1 ist richtig
(B) nur 3 ist richtig
(C) nur 1 und 2 sind richtig
(D) nur 1 und 3 sind richtig
(E) 1–3 = alle sind richtig

575 Zur Gehaltsbestimmung von wasserfreiem Kupfer(II)-sulfat (M_r = 159,6) nach Arzneibuch werden 0,125 g Substanz in 50 ml Wasser gelöst, 2 ml Schwefelsäure und 3 mg Kaliumiodid zugegeben und anschließend mit Natriumthiosulfat-Maßlösung (c = 0,1 mol·l⁻¹) titriert, wobei gegen Ende der Titration 1 ml Stärke-Lösung zugesetzt wird.
Welche Aussage trifft zu?

(A) Kupfer(II) wird zu Kupfer(I) reduziert.
(B) Es fällt schwer lösliches CuI_2 aus.

(C) Der Endpunkt der Titration wird durch Entstehen der blauen Farbe des Iod-Stärke-Komplexes angezeigt.
(D) 1 ml Natriumthiosulfat-Maßlösung (c = 0,1 mol·l⁻¹) entspricht 31,92 mg wasserfreiem Kupfer(II)-sulfat.
(E) 1 ml Natriumthiosulfat-Maßlösung (c = 0,1 mol·l⁻¹) entspricht 12,5 mg wasserfreiem Kupfer(II)-sulfat.

576* Das Redoxpaar Cu^+/Cu^{2+} hat ein Normalpotential von +0,15 V, das von $2\ I^-/I_2$ beträgt +0,54 V. Bei der iodometrischen Titration von Kupfer(II)-sulfat werden die Cu^{2+}-Ionen durch Kaliumiodid praktisch quantitativ zu Cu^+-Ionen reduziert. Das dabei entstehende elementare Iod wird mit Natriumthiosulfat-Maßlösung wieder zu Iodid-Ionen umgesetzt.
Was sind die Ursachen für diese entgegen den Normalpotentialen verlaufende Reduktion des Kupfer(II)-sulfats?

(1) die Verwendung eines großen Überschusses an Kaliumiodid
(2) die Entstehung von schwer löslichem Kupfer(I)-iodid oder eines sehr stabilen Kupfer(I)-Komplexes
(3) die Umsetzung von elementarem Iod zu Iodid-Ionen bei der Titration mit Natriumthiosulfat-Maßlösung

(A) Keine der Aussagen (1) bis (3) trifft zu.
(B) nur 1 ist richtig
(C) nur 1 und 3 sind richtig
(D) nur 2 und 3 sind richtig
(E) 1–3 = alle sind richtig

577 Welche Aussagen treffen zu?
Folgende Substanzen können durch **direkte** Titration mit Iod-Lösung (c = 0,05 mol·l⁻¹) bestimmt werden:

(1) $Na^+ \left[\begin{array}{c} H_3C \\ O_3S-CH_2-N \\ CH_3 \end{array} \begin{array}{c} CH_3 \\ N \\ N \\ CH_3 \end{array} \right]^- \cdot H_2O$

(2) As_2O_3 (in alkalischer Lösung)

(3) [Struktur: CH₂OH, H–C–OH, Furanonring mit HO, OH]

(4) [Struktur: 1-Methyl-2-phenyl-3-methylpyrazol-5-on]

(A) nur 2 ist richtig
(B) nur 3 ist richtig
(C) nur 1, 2 und 3 sind richtig
(D) nur 2, 3 und 4 sind richtig
(E) 1–4 = alle sind richtig

578 Welche Aussagen treffen zu?
Durch iodometrische Titration erfolgt nach Arzneibuch die Gehaltsbestimmung von:

(1) Dimercaprol (Dimercaptopropanol)
(2) Formaldehyd-Lösung
(3) Chloramin T (Tosylchloramid-Natrium)
(4) Ascorbinsäure

(A) nur 1 und 4 sind richtig
(B) nur 2 und 3 sind richtig
(C) nur 3 und 4 sind richtig
(D) nur 1, 2 und 3 sind richtig
(E) 1–4 = alle sind richtig

579 Welche Aussagen treffen zu?
Folgende Substanzen bzw. Ionen können durch Titration mit Iod-Lösung (c = 0,1 mol·l⁻¹) **direkt** bestimmt werden:

(1) Wasserstoffperoxid
(2) Natriumsulfit
(3) Arsen(III)
(4) Ascorbinsäure

(A) nur 2 ist richtig
(B) nur 3 ist richtig
(C) nur 4 ist richtig
(D) nur 1, 2 und 3 sind richtig
(E) nur 2, 3 und 4 sind richtig

580 Welcher der folgenden Stoffe lässt sich durch Titration mit Iod-Lösung am besten bestimmen?

(A) 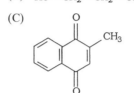 [Acetylsalicylsäure]

(B) HO—CH₂—CH₂—OH

(C) [2-Methyl-1,4-naphthochinon]

(D) O₂N—C₆H₄—C(O)—NH₂

(E) [Struktur: CH₂OH, H–C–OH, Furanonring mit OH, OH — Ascorbinsäure]

581 Welche Aussage trifft zu?

(A) Bei der iodometrischen Bestimmung von Formaldehyd erfolgt Oxidation des Formaldehyds durch Hypoiodit zu Ameisensäure.
(B) Überschüssiges Hypoiodit wird in alkalischer Lösung mit Thiosulfat-Lösung zurücktitriert.
(C) Formaldeyd wird in saurer Lösung durch Iodid zu Ethanol reduziert.
(D) Diphenylamin ist ein gebräuchlicher Indikator für iodometrische Titrationen.
(E) Acetaldehyd kann **nicht** mit Hypoiodit zu Essigsäure oxidiert werden.

582 Welche der folgenden Reaktionsschritte laufen bei der Gehaltsbestimmung von Formaldehyd-Lösung (Reagenz) nach Arzneibuch ab?

(1) $CH_2O + IO^- + OH^- \longrightarrow HCOO^- + I^- + H_2O$
(2) $I_2 + 2\,OH^- \longrightarrow IO^- + I^- + H_2O$
(3) $CH_2O + OH^- \longrightarrow HCOO^- + CH_3OH$
(4) $IO^- + I^- + 2\,H^+ \longrightarrow I_2 + H_2O$
(5) $I_2 + 2\,S_2O_3^{2-} \longrightarrow 2\,I^- + S_4O_6^{2-}$

(A) nur 1 ist richtig
(B) nur 3 und 5 sind richtig
(C) nur 3, 4 und 5 sind richtig
(D) nur 1, 2, 4 und 5 sind richtig
(E) nur 2, 3, 4 und 5 sind richtig

583* Welche Aussage trifft zu?
Bei der iodometrischen Gehaltsbestimmung von Dimercaprol (2,3-Dimercaptopropanol) entstehen:

(A) Sulfensäuren
(B) Sulfinsäuren
(C) Sulfonsäuren
(D) Disulfide
(E) Formaldehyd, Ameisensäure und Schwefelwasserstoff

584 Welche Aussage trifft zu?

```
      COOH
       |
   H-C-NH₂
       |
   H₃C-C-SH
       |
      CH₃
```

Bei der Reaktion von Penicillamin (siehe obige Formel) mit Iod in salzsaurer wässriger Lösung entsteht als Endprodukt (ionische Formeln bleiben unberücksichtigt):

(A) [cyclic structure with H₃C, NH₂, S, S, CH₃, H₂N, CH₃]

(B)
```
      COOH
       |
   H-C-NH₂
       |
   H₃C-C-S-OH
       |
      CH₃
```

(C)
```
      COOH
       |
   H-C-NH₂    CH₃
       |       |
   H₃C-C-S-S-C-CH₃
       |       |
      H₃C   H₂N-C-H
               |
              COOH
```

(D)
```
      COOH
       |
   H-C-NH₂
       |
   H₃C-C-SO₂H
       |
      CH₃
```

(E)
```
      COOH
       |
   H-C-NH₂
       |
   H₃C-C-SO₃H
       |
      CH₃
```

585 Welche Aussagen zur iodometrischen Gehaltsbestimmung von Methionin treffen zu?

(1) Methionin wird zum Sulfon oxidiert.
(2) 1 Mol Methionin verbraucht bis zum Äquivalenzpunkt 1 Mol I_2.
(3) Als Dehydrierungsprodukt entsteht ein Isothiazolidin-Derivat.
(4) Die Gleichgewichtslage des bei der Gehaltsbestimmung ablaufenden Redoxvorganges ist pH-abhängig.

(A) nur 1 ist richtig
(B) nur 2 und 3 sind richtig
(C) nur 1, 2 und 3 sind richtig
(D) nur 2, 3 und 4 sind richtig
(E) 1–4 = alle sind richtig

586 Welche der nachfolgend aufgeführten Verbindungen entsteht bei der iodometrischen Gehaltsbestimmung aus Methionin?

(A) $CH_3\text{-}S\text{-}CH_2\text{-}CH_2\text{-}\underset{NH_2}{\overset{I}{C}}\text{-}CO_2H$

(B) $CH_3\text{-}\overset{\oplus}{S}\text{-}CH_2\text{-}CH_2\text{-}\underset{NH_2}{CH}\text{-}CO_2^{\ominus}$
$CH_3\text{-}\underset{\oplus}{S}\text{-}CH_2\text{-}CH_2\text{-}\underset{NH_2}{CH}\text{-}CO_2^{\ominus}$

(C) $CH_3\text{-}S\text{-}CH=\underset{NH_2}{C}\text{-}CO_2H$

(D) Struktur mit H₂C—CH₂, ⊕S, H₃C, N, C, CO₂⁻

(E) Struktur mit H₂C—CH₂, ⊕S, H₃C, N—H, CH, CO₂⁻

Ascorbinsäure

Weitere MC-Fragen zur Ascorbinsäure siehe Fragen Nr. 218, 577–580, 1684, 1686–1691, 1748, 1784, 1819, 1871.

587 [Strukturformel Ascorbinsäure: CH₂OH, HC–OH, Ringstruktur mit OH OH]

Der iodometrischen Titration von Ascorbinsäure (siehe Formel; $M_r = 176$) liegt das Redoxpaar Ascorbinsäure/Dehydroascorbinsäure zugrunde.
Wie viel mg Ascorbinsäure entsprechen 1 ml Iod-Maßlösung (0,05 mol I_2/l)?

(A) 4,4 mg
(B) 8,8 mg
(C) 44 mg
(D) 88 mg
(E) 176 mg

588 Bei der Bestimmung von 176 mg Ascorbinsäure ($M_r = 176$) werden 20 ml einer Iod-Maßlösung verbraucht.
Wie groß ist die Molarität der Maßlösung an Iod?

(A) 0,5   mol·l⁻¹
(B) 0,1   mol·l⁻¹
(C) 0,05 mol·l⁻¹
(D) 0,01 mol·l⁻¹
(E) 0,005 mol·l⁻¹

589 Bei der Bestimmung von Ascorbinsäure ($M_r = 176$) werden 25 ml 0,05 M-Iod-Lösung verbraucht.
Wieviel mg Ascorbinsäure enthielt die Untersuchungssubstanz?

(A) 440
(B) 220
(C) 110
(D) 44
(E) 22

Iodmonochlorid-Verfahren

590* Welche Aussage trifft zu?
Der Gehalt von Kaliumiodid kann durch Titration in salzsaurem Medium (ca. 4 mol HCl/l) mit Kaliumiodat-Maßlösung (0,05 mol KIO_3/l) erfasst werden. Die dabei ablaufende Reaktion ist wie folgt zu formulieren:

(A) $2\,I^- + IO_3^- + 3\,Cl^- + 6\,H_3O^+ \rightarrow 3\,ICl + 9\,H_2O$
(B) $3\,I^- + IO_3^- + 4\,H_3O^+ \rightarrow 2\,I_2 + 6\,H_2O$
(C) $I^- + IO_3^- + 4\,Cl^- + 6\,H_3O^+ \rightarrow 2\,I_2 + 2\,Cl_2 + 9\,H_2O$
(D) $2\,I^- + IO_3^- + 6\,H_3O^+ \rightarrow 3\,IO^- + 9\,H_2O$
(E) $I^- + IO_3^- + 3\,Cl_2 + 6\,OH^- \rightarrow I_2 + 3\,Cl^- + 3\,ClO^- + 3\,H_2O$

591* Welche Aussage trifft zu?
Bei der Bestimmung von Iodid in stark salzsaurer Lösung nach dem Iodmonochlorid-Verfahren titriert man mit einer Lösung von:

(A) Kaliumiodat
(B) Perchlorsäure
(C) Natriummetaperiodat
(D) Kaliumiodid
(E) Iod

592 Die Gehaltsbestimmung von Natriumiodid erfolgt nach dem Iodmonochlorid-Verfahren.
Welche Reaktionen sind an dieser Gehaltsbestimmung beteiligt?

(1) $IO_3^- + 5\ I^- + 6\ H^+ \rightleftharpoons 3\ I_2 + 3\ H_2O$
(2) $ICl + I^- \rightleftharpoons I_2 + Cl^-$
(3) $2\ I_2 + IO_3^- + 6\ H^+ + 5\ Cl^- \rightleftharpoons 5\ ICl + 3\ H_2O$
(4) $Cl_2 + 2\ I^- \rightleftharpoons I_2 + 2\ Cl^-$
(5) $2\ I_2 + IO_3^- + 4\ OH^- \rightleftharpoons 5\ IO^- + 2\ H_2O$

(A) nur 1 und 2 sind richtig
(B) nur 1, 2 und 3 sind richtig
(C) nur 2, 3 und 4 sind richtig
(D) nur 3, 4 und 5 sind richtig
(E) 1–5 = alle sind richtig

Iodzahl

593 Welche Aussagen treffen zu?
Die Iodzahl

(1) gibt an, wie viel Gramm Halogen, berechnet als Iod, von 100 g Substanz gebunden werden
(2) ist ein Maß für den Gehalt eines Fettes an ungesättigten Verbindungen
(3) wird nach dem Arzneibuch unter Verwendung einer methanolischen 0,05 M-Bromcyan-Lösung ermittelt
(4) kann unter Verwendung von Interhalogenverbindungen wie IBr bestimmt werden
(5) ist besonders zur Erfassung konjugierter Doppelbindungen geeignet

(A) nur 1 und 2 sind richtig
(B) nur 3 und 5 sind richtig
(C) nur 1, 2 und 4 sind richtig
(D) nur 1, 3 und 4 sind richtig
(E) nur 2, 3 und 5 sind richtig

594 Welche der folgenden Verbindungen ist zur quantitativen Bestimmung der Zahl isolierter C=C-Bindungen eines Stoffes durch Additionsreaktion am **wenigsten** geeignet?

(A) BrCl
(B) Br_2
(C) I_2
(D) ICl
(E) IBr

Peroxidzahl

595* Welche Aussagen treffen zu?
Bei der Bestimmung der Peroxidzahl sind, ausgehend von Hydroperoxiden der allgemeinen Struktur

$$\text{R-CH-CH=CH-R'} \\ | \\ \text{OOH}$$

folgende Reaktionen beteiligt:

(1) 3 R-CH(OOH)-CH=CH-R' $+ 2\ I^- \longrightarrow 3$ R-CH_2-CH=CH-R' $+ 2\ IO_3^-$

(2) $IO_3^- + 5\ I^- + 6\ H_3O^+ \longrightarrow 3\ I_2 + 9\ H_2O$

(3) R-CH(OOH)-CH=CH-R' $+ 2\ I^- + 2\ H_3O^+ \longrightarrow$ R-CH(OH)-CH=CH-R' $+ I_2 + 3\ H_2O$

(4) $2\ S_2O_3^{2-} + I_2 \longrightarrow S_4O_6^{2-} + 2\ I^-$

(A) nur 1 und 4 sind richtig
(B) nur 2 und 3 sind richtig
(C) nur 3 und 4 sind richtig
(D) nur 1, 2 und 3 sind richtig
(E) nur 2, 3 und 4 sind richtig

596* Bei der Bestimmung welcher der folgenden Kennzahlen nach Arzneibuch werden „oxidimetrische" Methoden benutzt?

(1) Esterzahl
(2) Iodzahl
(3) Verhältniszahl
(4) Peroxidzahl

(A) nur 1 und 3 sind richtig
(B) nur 2 und 4 sind richtig
(C) nur 3 und 4 sind richtig
(D) nur 1, 2 und 3 sind richtig
(E) 1–4 = alle sind richtig

Karl-Fischer-Titration

Siehe auch MC-Fragen Nr. 918, 919, 1785.

597 Bei welcher der folgenden Titrationen erfolgt eine Oxidation von Schwefel der Oxidationsstufe +4 mit Iod zur Oxidationsstufe +6?

(A) Bestimmung von Wasser nach Karl Fischer
(B) Iodmonochlorid-Verfahren (Iodatometrie)
(C) Malaprade-Titration (Periodatometrie)
(D) Titration von Tosylchloramid-Natrium (N-Chlor-4-methyl-benzensulfonamid-Natrium)
(E) Keine der Aussagen (A) bis (D) trifft zu.

598* Welche Aussage trifft **nicht** zu?
Zur Herstellung der Karl-Fischer-Reaktionslösung werden eingesetzt:

(A) Methanol
(B) Iod
(C) Schwefeldioxid
(D) Basen wie Ethanolamin oder Pyridin
(E) Wasser

7.2.4 Periodatometrie (Malaprade-Reaktion)

599* Welche der folgenden funktionellen Gruppen unterliegt bei Umsetzung mit Natriummetaperiodat **nicht** einer C-C-Spaltung?

(A) H_2C-OH
    $|$
    H_2C-OH

(B) $HC=O$
    $|$
    H_2C-OH

(C) $HC=O$
    $|$
    $HC=O$

(D) $H_2C-O-CH_3$
    $|$
    H_2C-NH_2

(E) H_2C-OH
    $|$
    H_2C-NH_2

600 Welche Aussagen treffen zu?
Die Periodat-Oxidation lässt sich zur Bestimmung folgender Verbindungen heranziehen:

(1) $H_3C-CH-CH-CH_3$
         $|\quad\ |$
         $OH\ \ OH$

(2) $H_3C-CH-CH_2-CH-CH_3$
         $|\qquad\qquad\ |$
         $OH\qquad\quad OH$

(3) $\left[H_3C-\underset{OH}{\underset{|}{CH}}-\underset{N(CH_3)_3}{\underset{|}{CH}}-CH_3 \right]^{\oplus} OH^{\ominus}$

(A) nur 1 ist richtig
(B) nur 3 ist richtig
(C) nur 1 und 2 sind richtig
(D) nur 2 und 3 sind richtig
(E) 1–3 = alle sind richtig

601 Welche Aussagen treffen zu?
Bei der Bestimmung von Glycerol nach dem Periodsäure-Verfahren (Malaprade-Reaktion) liegen nach Ablauf der oxidativen Spaltung u. a. folgende Verbindungen vor:

(1) IO_3^-
(2) HCOOH
(3) $HOCH_2COOH$
(4) HCHO

(A) nur 2 und 3 sind richtig
(B) nur 3 und 4 sind richtig
(C) nur 1, 2 und 4 sind richtig
(D) nur 2, 3 und 4 sind richtig
(E) 1–4 = alle sind richtig

602* Welche Aussagen treffen zu?
Bei der Bestimmung von Glycerol nach dem Periodsäure-Verfahren (Malaprade-Reaktion) entstehen bei quantitativem Reaktionsverlauf pro Molekül Glycerol:

(1) 2 HCOOH
(2) 1 HCOOH
(3) 3 CH_2O
(4) 2 CH_2O
(5) 1 CH_2O

(A) nur 1 ist richtig
(B) nur 3 ist richtig
(C) nur 4 ist richtig
(D) nur 1 und 5 sind richtig
(E) nur 2 und 4 sind richtig

603

$$CH_2-O-\overset{O}{\underset{\|}{C}}-(CH_2)_{16}-CH_3$$
$$|\;CHOH$$
$$|\;CH_2OH$$

Glycerolmonostearat (siehe obige Abbildung, relative Molekülmasse = 358) werde mit überschüssigem Periodat nach Malaprade umgesetzt. Nach Ansäuern und Zusatz von Kaliumiodid wird das ausgeschiedene Iod mit 0,1 molarer Natriumthiosulfat-Lösung unter Zusatz von Stärke-Lösung titriert.
Wie viel mg Glycerolmonostearat entsprechen dabei 1 ml 0,1 molarer Natriumthiosulfat-Lösung?

(A) 3,58 mg
(B) 8,95 mg
(C) 11,93 mg
(D) 17,9 mg
(E) 35,8 mg

604* Welche Aussage trifft zu?
Bei der Reaktion von Hexiten wie Sorbitol werden mit überschüssigem Natriummetaperiodat pro Mol Hexit folgende Produkte freigesetzt:

(A) 6 Mol Ameisensäure
(B) 5 Mol Ameisensäure, 1 Mol Formaldehyd
(C) 4 Mol Ameisensäure, 2 Mol Formaldehyd
(D) 4 Mol Formaldehyd, 2 Mol Ameisensäure
(E) 5 Mol Formaldehyd, 1 Mol Ameisensäure

7.2.5 Bromometrie (Bromatometrie)

605
Hydrazin lässt sich bromatometrisch bestimmen, wobei Stickstoff entsteht.
Wie viel Mol Kaliumbromat werden pro Mol Hydrazin verbraucht?

(A) 1/2
(B) 2/3
(C) 3/4
(D) 1
(E) 3/2

606 Welche Aussage trifft zu?

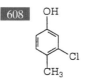

Bei der bromatometrischen Bestimmung von Isoniazid (siehe obige Formel; $M_r = 137$) entspricht 1 ml Kaliumbromat-Lösung $(0{,}0167\ mol \cdot l^{-1})$:

(A) 2,28 mg
(B) 3,43 mg
(C) 6,85 mg
(D) 9,13 mg
(E) 20,55 mg

Ordnen Sie bitte den Verbindungen der Liste 1 die jeweils am besten geeignete in Liste 2 genannte Gehaltsbestimmungsmethode zu!

Liste 1

607
$$H_2N-\!\!\!\underset{}{\bigcirc}\!\!\!-\overset{O}{\underset{\|}{C}}-NH_2$$

608
OH
(Benzolring mit Cl und CH$_3$)

Liste 2
(A) Acidimetrie in wässriger Lösung
(B) Argentometrie
(C) Bromometrie
(D) Cerimetrie
(E) Permanganometrie

Koppeschaar-Titration

609 Welche Aussage trifft nicht zu?
Folgende Substanzen sind unter Verbrauch freien Broms in einer elektrophilen **Substitutions**reaktion auf bromometrischem Wege bestimmbar:

(A) Sulfaguanidin
(B) 4-Aminobenzoesäureethylester
(C) Salicylsäure
(D) Thymol
(E) Hexobarbital (N-Methyl-cyclohexenylmethyl-barbitursäure)

610* Welche Aussage trifft zu?
Bei der bromometrischen Gehaltsbestimmung von 1 Mol des folgenden Phenols im sauren pH-Bereich werden 2 Mol Br₂ verbraucht:

(A) Phenolsulfonphthalein (Phenolrot)
(B) 4-Hydroxybenzoesäure
(C) Thymol
(D) Phenol
(E) Resorcin

611 Welche Aussage trifft zu?
Bei der bromometrischen Gehaltsbestimmung werden pro 1 Mol der folgenden Verbindungen 3 Mol Br₂ verbraucht:

(A) Isonicotinsäurehydrazid
(B) Natriumsalicylat
(C) Thymol
(D) Sulfaguanidin
(E) Sulfanilamid

612 Welche Aussagen treffen zu?
Bei der bromometrischen Gehaltsbestimmung werden pro 1 Mol der folgenden Verbindungen 3 Mol Br₂ verbraucht:

(1) Isonicotinsäurehydrazid
(2) Resorcin
(3) Phenol
(4) Sulfaguanidin

(A) nur 1 und 2 sind richtig
(B) nur 2 und 3 sind richtig
(C) nur 1, 3 und 4 sind richtig
(D) nur 2, 3 und 4 sind richtig
(E) 1–4 = alle sind richtig

613 Welche der aufgeführten Substanzen verbraucht bei der bromometrischen Titration nach Koppeschaar 3 Äquivalente Brom (Br₂)?

(A) Methylhydroxybenzoat

(B) Benzocain

(C) Phenol

(D) Benzaldehyd

(E) Sulfacetamid

614 Welche Aussage trifft zu?
Bei der Bestimmung des folgenden Arzneistoffes mit Bromid/Bromat in Salzsäure werden 8 Äquivalente (4 Mol) Brom verbraucht:

(A) Chlorcresol
(B) Natriumsalicylat
(C) Phenolsulfonphthalein
(D) Resorcin
(E) Thymol

615* Welche Aussage trifft zu?
Phenol (relative Molekülmasse 94) wird nach Koppeschaar bestimmt.
Dabei entspricht 1 ml Kaliumbromat-Lösung ($c = 0{,}0167$ mol·l^{-1}):

(A) 1,57 mg Substanz
(B) 2,35 mg Substanz
(C) 9,40 mg Substanz
(D) 15,7 mg Substanz
(E) 23,5 mg Substanz

616* Welche Aussage trifft zu?
p-Kresol (siehe Abbildung) (relative Molekülmasse etwa 108) wird nach Koppeschaar bestimmt.
Dabei entspricht 1 ml Kaliumbromat-Lösung ($c = 0{,}0167$ mol·l^{-1}):

(A) 1,8 mg Substanz
(B) 2,7 mg Substanz

(C) 5,4 mg Substanz
(D) 10,8 mg Substanz
(E) 21,6 mg Substanz

617* Welche Aussage trifft **nicht** zu?
Die bromometrische Gehaltsbestimmung von Natriumsalicylat kann aufgrund folgender Reaktionen ablaufen:

(A) Bildung von Br_2 aus Br^-(KBr) und BrO_3^- (KBrO$_3$) in saurer Lösung
(B) Bromierung des aromatischen Ringes
(C) Entfernung von überschüssigem Brom durch Ameisensäurezusatz
(D) Decarboxylierung
(E) Titration des nach KI-Zusatz ausgeschiedenen Iods mit 0,1 M-$Na_2S_2O_3$-Lösung

618* Welche Aussage trifft zu?
Bei der Bestimmung von 1 Mol Ethyl-4-hydroxybenzoat durch Bromierung **ohne** vorausgehende Hydrolyse werden in salzsaurer Lösung bei Raumtemperatur etwa verbraucht:

(A) 1 Mol Br_2
(B) 2 Mol Br_2
(C) 3 Mol Br_2
(D) 4 Mol Br_2
(E) 6 Mol Br_2

619 Welche Aussage trifft zu?
Bei einer Gehaltsbestimmung von p-Hydroxybenzoesäuremethylester wird nach alkalischer Hydrolyse die freie Säure bromometrisch erfasst. Nach Umsetzung mit Brom liegt vor:

(A) 2,4,4,6-Tetrabrom-2,5-cyclohexadien-1-on
(B) 2,4,6-Tribrombenzoesäure
(C) 2,6-Dibromphenol
(D) 3,5-Dibrom-4-hydroxybenzoesäure
(E) Keine der Aussagen (A) bis (D) trifft zu.

7.2.6 **Chromatometrie (Dichromatometrie)**

620* Welche Aussage trifft zu?
Die bei der chromatometrischen Bestimmung von Ethanol in saurer Lösung (Oxidation zu Essigsäure) ablaufende Reaktion lässt sich schematisch wie folgt formulieren:

(A) $CrO_4^{2-} + C_2H_5OH + 4\ H^+ \longrightarrow$
    $Cr^{3+} + CH_3COOH + 3\ H_2O$
(B) $Cr_2O_7^{2-} + 3\ C_2H_5OH + 2\ H^+ \longrightarrow$
    $2\ Cr^{3+} + 3\ CH_3COOH + 4\ H_2O$
(C) $2\ CrO_4^{2-} + C_2H_5OH + 12\ H^+ \longrightarrow$
    $2\ Cr^{3+} + CH_3COOH + 7\ H_2O$
(D) $2\ Cr_2O_7^{2-} + 3\ C_2H_5OH + 16\ H^+ \longrightarrow$
    $4\ Cr^{3+} + 3\ CH_3COOH + 11\ H_2O$
(E) $Cr_2O_7^{2-} + 2\ C_2H_5OH + 10\ H^+ \longrightarrow$
    $2\ Cr^{3+} + 2\ CH_3COOH + 7\ H_2O$

621* Welche Aussage trifft zu?
Die Gehaltsbestimmung von Eisen(II)-sulfat kann durch Titration mit Kaliumdichromat-Lösung (0,0167 mol·l^{-1}) ausgeführt werden. Die entsprechende Reaktionsgleichung ist wie folgt zu formulieren:

(A) $6\ Fe^{2+} + Cr_2O_7^{2-} + 3\ H_2O \longrightarrow$
    $6\ Fe^{3+} + 2\ CrO_4^{2-} + 2\ H_3O^+$
(B) $3\ Fe^{2+} + Cr_2O_7^{2-} + 14\ H_3O^+ \longrightarrow$
    $3\ Fe^{3+} + 2\ Cr^{3+} + 21\ H_2O$
(C) $3\ Fe^{2+} + Cr_2O_7^{2-} + 6\ H_3O^+ \longrightarrow$
    $Fe_3O_4 + 2\ Cr^{3+} + 9\ H_2O$
(D) $6\ Fe^{2+} + Cr_2O_7^{2-} + 14\ H_3O^+ \longrightarrow$
    $6\ Fe^{3+} + 2\ Cr^{3+} + 21\ H_2O$
(E) $3\ Fe^{2+} + Cr_2O_7^{2-} + 9\ H_2O \longrightarrow$
    $3\ Fe(OH)_3 + 2\ Cr(OH)_3 + H_3O^+$

7.2.7 **Nitritometrie (Diazotitration)**

622 Welche der folgenden Verbindungen lassen sich nitritometrisch bei saurem pH-Wert bestimmen?

(1) p-Aminosalicylsäure

$H_2N-\underset{OH}{\underset{|}{\bigcirc}}-COOH$

(2) Saccharin-Natrium

(3) Probenecid

(4) Isonicotinsäurehydrazid

(5) Acetazolamid

(A) nur 1 und 2 sind richtig
(B) nur 1 und 4 sind richtig
(C) nur 2 und 3 sind richtig
(D) nur 2, 3 und 4 sind richtig
(E) nur 3, 4 und 5 sind richtig

623 Welche Aussage trifft zu?
Zur Indikation einer nitritometrischen Titration eignet sich **nicht**:

(A) Zusatz von Ferrocyphen als Indikator
(B) Zusatz von KI-Stärke-Lösung als Indikator
(C) Biamperometrie mit Doppel-Pt-Stift-Elektroden
(D) Biamperometrie mit zwei Pt-Blech-Elektroden
(E) Bivoltametrie mit Doppel-Pt-Elektrode und einem Konstantstrom von 1 µA

624 Welche Aussagen treffen zu?
Zur Indikation einer nitritometrischen Titration eignen sich:

(1) Ferrocyphen als Farbindikator
(2) Tropaeolin 00 als Farbindikator
(3) Bivoltametrie mit zwei Pt-Elektroden

(A) nur 1 ist richtig
(B) nur 2 ist richtig
(C) nur 3 ist richtig
(D) nur 1 und 2 sind richtig
(E) 1–3 = alle sind richtig

Stickstoff in primären aromatischen Aminen

Siehe auch MC-Fragen Nr. 920–922, 1697–1699, 1702–1704, 1710.

625 Welche Aussage trifft zu?
Bei der Gehaltsbestimmung primärer aromatischer Amine nach Arzneibuch wird gemessen:

(A) der Verbrauch an Natriumnitrit-Lösung ($c = 0,1$ mol·l^{-1})
(B) die Absorption des bei der Reaktion gebildeten Azofarbstoffes
(C) das Volumen des bei der Reaktion entstandenen N_2 unter Normalbedingungen
(D) der Verbrauch an Natriumthiosulfat-Lösung ($c = 0,1$ mol·l^{-1}) bei der Rücktitration von I_2
(E) die Absorption des bei der Reaktion gebildeten Azomethins

626 Welche Aussage trifft zu?
Primäre aliphatische Amine stören bei der nitritometrischen Titration primärer aromatischer Amine im stark sauren Milieu **nicht**. Der Grund für diesen Sachverhalt ist

(A) die gegenüber Elektrophilen geringere Reaktivität aliphatischer Amine im Vergleich zu aromatischen Aminen
(B) die Instabilität aliphatischer Diazoniumsalze
(C) die geringere Basizität aliphatischer Amine im Vergleich zu aromatischen Aminen
(D) die Assoziation der aliphatischen Amine zu reaktionsträgen Clustern
(E) die weitgehende Protonierung aliphatischer Amine im stark sauren Milieu

627 Welche Aussagen treffen zu?
Der Endpunkt einer Titration „Stickstoff in primären aromatischen Aminen" kann indiziert werden:

(1) mit Ferrocyphen
(2) durch Messung der Stromstärke (als Funktion von τ), die zwischen zwei in die Lösung eintauchenden, gleichen, polarisierbaren Platinelektroden ($\Delta E = 200$ mV) fließt

(3) durch Messung der Spannung (als Funktion von τ), die zwischen einer Platinelektrode und einer Ag/AgCl-Elektrode, die beide in die Lösung eintauchen, besteht

(A) nur 1 ist richtig
(B) nur 2 ist richtig
(C) nur 3 ist richtig
(D) nur 1 und 2 sind richtig
(E) 1–3 = alle sind richtig

628* Die Titration eines primären aromatischen Amins mit $NaNO_2$-Maßlösung kann elektrometrisch indiziert werden.
Welche der folgenden Verfahrensweisen sind hierzu geeignet?

(1) Potentiometrie unter Einsatz einer Pt-Elektrode als Indikator-Elektrode
(2) Biamperometrie unter Einsatz einer Doppel-Platin-Elektrode
(3) Konduktometrie unter Einsatz einer Doppel-Platin-Blech-Elektrode
(4) Bivoltametrie unter Einsatz einer Doppel-Platin-Stift-Elektrode

(A) nur 1 ist richtig
(B) nur 2 ist richtig
(C) nur 2 und 4 sind richtig
(D) nur 1, 2 und 4 sind richtig
(E) 1–4 = alle sind richtig

Themenübergreifende Fragen

Ordnen Sie bitte den in Liste 1 angegebenen, in saurer Lösung durchgeführten oxidimetrischen Umsetzungen das jeweils zugehörige stöchiometrische Verhältnis der reagierenden Stoffe der Liste 2 zu!

Liste 1

629 Oxalsäure und Kaliumpermanganat

630 Eisen(II) und Kaliumdichromat

Liste 2
(A) 5 : 2
(B) 2 : 5
(C) 6 : 1
(D) 1 : 6
(E) 3 : 1

Ordnen Sie bitte den in Liste 1 angegebenen, in saurer Lösung durchgeführten oxidimetrischen Umsetzungen das jeweils zugehörige stöchiometrische Verhältnis der reagierenden Stoffe aus Liste 2 zu!

Liste 1

631 Cer(IV) und Wasserstoffperoxid

632 Nitrit und Kaliumpermanganat

Liste 2
(A) 2:1
(B) 1:1
(C) 5:2
(D) 2:5
(E) 5:3

8 Fällungstitrationen

8.1 Grundlagen

8.1.1 Physikalisch-chemische Grundlagen (Löse- und Fällungsvorgänge)

633 Welche Aussagen treffen zu?
Eine bekannte Masse des Hydrochlorids einer einwertigen Base wird argentometrisch titriert. Aus dem Verbrauch an Silbernitrat-Maßlösung kann berechnet werden [$M_r(HCl) = 36,5$]:

(1) die relative Molekülmasse des Hydrochlorids der Base
(2) die relative Molekülmasse der freien Base
(3) der pK_b-Wert der freien Base

(A) nur 2 ist richtig
(B) nur 3 ist richtig
(C) nur 1 und 2 sind richtig
(D) nur 2 und 3 sind richtig
(E) 1–3 = alle sind richtig

Lösungen ($c = 0,01$ mol·l^{-1}) der in Liste 1 genannten Halogenide werden argentometrisch mit 0,01 M-AgNO$_3$-Lösung titriert. Die Verdünnung im Verlaufe der Titration soll unberücksichtigt bleiben.
Ordnen Sie bitte diesen Titrationen (Liste 1) die jeweils zutreffende Titrationskurve aus Liste 2 zu! [$K_L(AgCl) = 10^{-10}$ mol^2·l^{-2}; $K_L(AgI) = 10^{-16}$ mol^2·l^{-2}]

Liste 1

634* Cl$^-$
635* I$^-$

Liste 2

(A)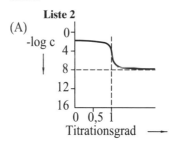

(B)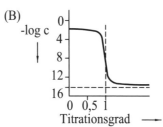

(C)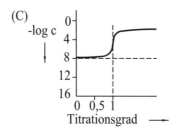

(D)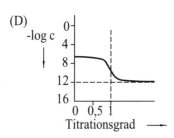
Titrationsgrad →

(E)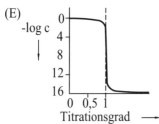
Titrationsgrad →

c = Konzentration des Halogenid-Ions

636* Welche Aussage trifft zu?
Zur annähernden Berechnung der Chlorid-Ionenaktivität am Äquivalenzpunkt einer argentometrischen Titration ist folgende Formel geeignet (a = Aktivität; L = Löslichkeitsprodukt):

(A) $a_{Cl^-} = (L_{AgCl})^2$

(B) $a_{Cl^-} = \sqrt{L_{AgCl}}$

(C) $a_{Cl^-} = a^2_{AgCl(gelöst)}$

(D) $a_{Cl^-} = \dfrac{L_{AgCl}}{2}$

(E) $a_{Cl^-} = \sqrt{\dfrac{L_{AgCl}}{2}}$

637 Welche Aussagen über die Ag$^+$-Konzentration $c(Ag^+)$ bei gegebenem Titrationsgrad τ treffen zu, wenn eine AgNO$_3$-Lösung (c = 0,01 mol·l^{-1}) mit Natriumchlorid-Lösung titriert und die Verdünnung während der Titration vernachlässigt wird ($L_{AgCl} = 10^{-10}$ mol^2·l^{-2})?

	τ	$c(Ag^+)$
(1)	0	10^{-3} M
(2)	0,99	10^{-4} M
(3)	1,0	10^{-5} M

(A) nur 1 ist richtig
(B) nur 2 ist richtig
(C) nur 3 ist richtig
(D) nur 2 und 3 sind richtig
(E) 1–3 = alle sind richtig

Berechnungen

638 Wie viel Gramm Natriumchlorid ($M_r = 58,4$) muss ein Liter einer „Maßlösung" enthalten, von der 1 ml bei einer argentometrischen Titration 10 mg Silber ($M_r = 107,9$) entspricht?

(A) 1,85 g
(B) 5,41 g
(C) 6,30 g
(D) 10,82 g
(E) 18,50 g

639* Das Löslichkeitsprodukt von Silberthiocyanat beträgt gerundet $K_L = 10^{-12}$ mol^2·l^{-2}. Wie groß ist die Silber-Ionenkonzentration am Äquivalenzpunkt bei der Titration von Silber-Ionen mit Ammoniumthiocyanat-Lösung?

(A) 10^{-5} mol·l^{-1}
(B) 10^{-6} mol·l^{-1}
(C) 10^{-10} mol·l^{-1}
(D) 10^{-12} mol·l^{-1}
(E) 10^{-18} mol·l^{-1}

640* Bei der argentometrischen Titration von Chlorid nach Mohr betrage die Konzentration an Chromat 10^{-4} mol·l^{-1}.
Bei welcher Konzentration an Silber-Ionen beginnt die Ausfällung von Silberchromat (Löslichkeitsprodukt von Silberchromat 10^{-12} mol^3·l^{-3})?

(A) 10^{-2} mol·l^{-1}
(B) 10^{-4} mol·l^{-1}
(C) 10^{-5} mol·l^{-1}
(D) 10^{-6} mol·l^{-1}
(E) 10^{-8} mol·l^{-1}

641* Bei der argentometrischen Titration von Chlorid-Ionen nach Mohr soll die Silberchromat-Fällung genau am Äquivalenzpunkt einsetzen (L = Löslichkeitsprodukt).
$L_{AgCl} = 10^{-10}$ mol^2·l^{-2}
$L_{Ag_2CrO_4} = 2 \cdot 10^{-12}$ mol^3·l^{-3}
Wie groß ist die erforderliche Chromat-Konzentration?

(A) 2   mol·l⁻¹
(B) 0,2   mol·l⁻¹
(C) 0,02   mol·l⁻¹
(D) 0,002   mol·l⁻¹
(E) 0,0002   mol·l⁻¹

642 Welche Aussage trifft zu?
Eine Lösung enthalte AgCl ($pK_L = 10{,}0$) und AgSCN ($pK_L = 12{,}0$). Nach Zugabe von AgNO₃-Lösung beginnt AgCl vor AgSCN auszufallen, wenn für das Konzentrationsverhältnis c von Chlorid zu Thiocyanat gilt:

(A) $c > 100$
(B) $10 < c < 80$
(C) $c = 1$
(D) $0{,}02 < c < 0{,}1$
(E) $c < 0{,}01$

8.1.2 Indizierungsmöglichkeiten

Siehe auch MC-Fragen Nr. 329, 335, 759, 776, 823–825, 914, 916, 917, 934, 1740, 1822, 1823, 1864.

Ordnen Sie bitte jeder der in Liste 1 aufgeführten argentometrischen Methoden die jeweils zutreffende Aussagekombination aus Liste 2 zu!

Liste 1
643 nach Fajans
644* nach Volhard
645* nach Mohr

Liste 2
(A) Titration in neutraler Lösung; Indikator: Ammoniumeisen(II)-sulfat
(B) Titration in salpetersaurer Lösung ohne Indikatorzusatz
(C) Titration in saurer Lösung mit Eosin als Indikator
(D) Titration in saurer Lösung mit Ammoniumeisen(III)-sulfat als Indikator (Rücktitration mit Ammoniumthiocyanat-Maßlösung)
(E) Titration in neutraler Lösung mit Kaliumchromat als Indikator

Ordnen Sie bitte den argentometrischen Titrationsverfahren aus Liste 1 die dabei jeweils zutreffende Indikatorsubstanz aus Liste 2 zu!

Liste 1
646* Titration nach Mohr
647* Titration nach Volhard

Liste 2
(A) Kaliumiodid
(B) Natriumbromat
(C) Kaliumchromat
(D) Ammoniumeisen(III)-sulfat
(E) Natriumthiosulfat

648* Welche Aussage trifft zu?
Bei der argentometrischen Bestimmung von Chlorid nach Fajans wird der Titrationsendpunkt nach folgender Methode erkannt:

(A) am Ausfallen von Silberchromat
(B) am Ausflocken des zuvor teilweise kolloidal gelösten AgCl
(C) mit dem Adsorptionsindikator Fluorescein-Natrium
(D) durch Tüpfeln mit Thioacetamid-Lösung
(E) an der Farbe des Eisen(III)-thiocyanat-Komplexes

8.1.3 Maßlösungen, insbesondere nach Arzneibuch

8.1.4 Urtitersubstanzen, insbesondere nach Arzneibuch

Bezüglich Urtitersubstanzen argentometrischer Maßlösungen siehe auch MC-Fragen Nr. 336, 340, 342.

649* Natriumchlorid dient als Urtiter zur Einstellung von Maßlösungen bei argentometrischen Titrationen.
Auf welche Weise wird das Reagenz Natriumchlorid R des Europäischen Arzneibuchs vorbehandelt, um als Urtiter Natriumchlorid RV eingesetzt werden zu können?

(A) Es wird durch Sublimation gereinigt.
(B) Es wird aus siedendem Wasser umkristallisiert; die bei ca. 35 °C abgeschiedenen Kristalle werden bis zur Massekonstanz bei 180 °C getrocknet.
(C) Es wird aus Aceton umkristallisiert; die bei ca. 35 °C abgeschiedenen Kristalle werden bis zur Massekonstanz bei 180 °C getrocknet.
(D) Es wird die gesättigte Lösung mit dem zweifachen Volumen Salzsäure versetzt; die ausfallenden Kristalle werden mit Salzsäure gewaschen und nach Entfernen der Salzsäure durch Erhitzen auf dem Wasserbad bis zur Massekonstanz bei 300 °C getrocknet.
(E) Es wird die gesättigte Lösung mit dem dreifachen Volumen Salpetersäure versetzt; die ausfallenden Kristalle werden mit Salpetersäure gewaschen und bei 300 °C bis zur Massekonstanz getrocknet.

8.2 Methoden, pharmazeutische Anwendungen, insbesondere nach Arzneibuch

650 Argentometrische Fällungstitrationen werden mit Silbernitrat-Maßlösung durchgeführt.
Welche Aussagen treffen zu?

(1) Silbernitrat-Maßlösung kann gegen Natriumchlorid als Urtitersubstanz eingestellt werden.
(2) Alle Halogenide lassen sich in der gleichen Weise argentometrisch bestimmen.
(3) Die Argentometrie ist zur quantitativen Bestimmung von Pseudohalogeniden wie Cyaniden und Thiocyanat geeignet.
(4) Der Titrationsendpunkt wird immer mittels eines Adsorptionsindikators angezeigt.

(A) nur 1 und 2 sind richtig
(B) nur 1 und 3 sind richtig
(C) nur 2 und 4 sind richtig
(D) nur 1, 3 und 4 sind richtig
(E) nur 2, 3 und 4 sind richtig

651* Welche Halogenide können argentometrisch titriert werden?

(1) Fluorid
(2) Chlorid
(3) Bromid
(4) Iodid

(A) nur 1 ist richtig
(B) nur 2 und 3 sind richtig
(C) nur 1, 2 und 3 sind richtig
(D) nur 2, 3 und 4 sind richtig
(E) 1–4 = alle sind richtig

8.2.1 Argentometrie nach Volhard

652 Welche Aussage zur Methode nach Volhard trifft zu?

(A) Halogenide werden direkt mit $AgNO_3$-Lösung titriert, K_2CrO_4 dient als Indikator.
(B) Zur Bestimmung von Silber-Ionen wird direkt mit NH_4SCN-Lösung titriert, Fe^{3+} dient als Indikator.
(C) Silber-Ionen werden direkt mit NH_4SCN titriert, K_2CrO_4 dient als Indikator.
(D) Zur Bestimmung von Silber-Ionen wird zuerst eine abgemessene Menge NaCl zugegeben, die überschüssigen Chlorid-Ionen mit $AgNO_3$-Lösung zurücktitriert, K_2CrO_4 dient als Indikator.
(E) Zur Halogenid-Bestimmung wird zuerst $AgNO_3$ im Überschuss zugegeben, der gegen K_2CrO_4 als Indikator mit NH_4SCN-Lösung ($c = 0{,}1$ mol·l^{-1}) zurücktitriert wird.

653 Das Europäische Arzneibuch schreibt zur Gehaltsbestimmung von Silbernitrat folgende Verfahrensweise vor:
0,300 g Substanz, in 50 ml Wasser gelöst, werden mit 2 ml verdünnter Salpetersäure und 2 ml Ammoniumeisen(III)-sulfat-Lösung versetzt und mit Ammoniumthiocyanat-Maßlösung ($c = 0{,}1$ mol·l^{-1}) bis zur Orangefärbung titriert.
Welche Aussagen treffen zu?

(1) Das Verfahren entspricht der argentometrischen Methodik nach Mohr.
(2) Bis zum Äquivalenzpunkt wird schwer lösliches Silberthiocyanat ausgefällt.
(3) Ammoniumeisen(III)-sulfat fungiert als Adsorptionsindikator nach Fajans.
(4) Die Orangefärbung resultiert aus der Reaktion von Fe(III) mit Thiocyanat.

(A) nur 3 ist richtig
(B) nur 1 und 4 sind richtig
(C) nur 2 und 4 sind richtig
(D) nur 1, 2 und 3 sind richtig
(E) nur 1, 2 und 4 sind richtig

654 Im Europäischen Arzneibuch ist zur Gehaltsbestimmung von Silbernitrat folgende Verfahrensweise vorgesehen:
0,3 g Substanz werden in 50 ml Wasser gelöst und mit 2 ml verdünnter Salpetersäure sowie 2 ml Ammoniumeisen(III)-sulfat-Lösung versetzt. Anschießend wird mit Ammoniumthiocyanat-Maßlösung bis zur Orangefärbung titriert. Welche Aussagen treffen zu?

(1) Silber-Ionen werden als schwer lösliches Silberthiocyanat ausgefällt.
(2) Das Titrationsverfahren ist nach Volhard benannt.
(3) Der Titrationsendpunkt wird durch die Bildung von roten Eisen(III)-thiocyanat-Komplexen angezeigt.
(4) Anstelle von Ammoniumeisen(III)-sulfat kann auch Ammoniumeisen(III)-nitrat als Indikator verwendet werden.

(A) nur 1 und 3 sind richtig
(B) nur 1 und 4 sind richtig
(C) nur 1, 2 und 3 sind richtig
(D) nur 2, 3 und 4 sind richtig
(E) 1–4 = alle sind richtig

655* Bei der argentometrischen Titration von Chlorid nach Volhard wird z. B. Toluen zugesetzt.
Welcher Grund ist hierfür maßgebend?

(A) Die Reaktion $AgSCN + Cl^- \rightarrow AgCl + SCN^-$ wird durch den Zusatz verhindert.
(B) Das Löslichkeitsprodukt von AgCl wird erniedrigt.
(C) Das Löslichkeitsprodukt von AgCl wird erhöht.
(D) Die Reaktion $AgCl + SCN^- \rightarrow AgSCN + Cl^-$ wird weitgehend unterbunden.
(E) AgCl löst sich in Toluen auf, so dass der Umschlag schärfer wird.

656 Bei der argentometrischen Bestimmung von Chlorid nach Volhard, das aus Chlorobutanol nach Arzneibuch durch Verseifung freigesetzt wurde, werden 2 ml Dibutylphthalat zugesetzt.

Welchem Zweck dient der Dibutylphthalat-Zusatz?

(A) Die Löslichkeit von AgCl wird erniedrigt.
(B) Die Reaktion $AgCl + SCN^- \rightarrow AgSCN + Cl^-$ wird beschleunigt.
(C) Die Reaktion $AgSCN + Cl^- \rightarrow AgCl + SCN^-$ wird verhindert.
(D) Dibutylphthalat dient als Lösungsvermittler.
(E) Keine der Aussagen (A) bis (D) trifft zu.

657 Silber-Ionen bilden in salpetersaurer Lösung mit Ammoniumthiocyanat schwer lösliches, weißes Silberthiocyanat. Auf dieser Fällungsreaktion beruht die Methode der Titration von Halogeniden nach Volhard. Dieses Verfahren kann auch zur Rücktitration von Chlorid, Bromid und Iodid eingesetzt werden.
Welche Aussagen zu diesen Bestimmungen treffen zu?

(1) Der gebildete AgCl-Niederschlag kann mit überschüssigem Thiocyanat zu AgSCN reagieren.
(2) Der Kontakt eines AgBr-Bodenkörpers mit überschüssiger Thiocyanat-Maßlösung muss durch Zugabe von Diethylether verhindert werden.
(3) AgBr reagiert mit Diethylether unter Bildung eines roten Farbstoffs, der die Bildung von roten Eisen-Thiocyanat-Komplexen vortäuscht.
(4) Ein AgI-Bodenkörper muss **nicht** vor einem Kontakt mit überschüssiger Maßlösung geschützt werden.

(A) nur 1 und 2 sind richtig
(B) nur 1 und 4 sind richtig
(C) nur 3 und 4 sind richtig
(D) nur 1, 2 und 4 sind richtig
(E) nur 1, 3 und 4 sind richtig

658 Welche Aussagen treffen zu?
Iodide lassen sich wie folgt quantitativ bestimmen:

(1) durch argentometrische Titration bei Indikation mit Iod und Stärke
(2) nach Fajans mit Eosin als Indikator
(3) gravimetrisch aus salpetersaurer Lösung mit $AgNO_3$ als Fällungsreagenz
(4) argentometrisch nach Volhard

(A) nur 2 ist richtig
(B) nur 4 ist richtig
(C) nur 2 und 4 sind richtig
(D) nur 2, 3 und 4 sind richtig
(E) 1–4 = alle sind richtig

8.2.2 Argentometrie nach Mohr

659 Welche Aussage trifft zu?
Die Titration von Halogenid-Ionen nach Mohr wird durchgeführt

(A) in salpetersaurer Lösung, um eine höhere Chromat-Ionenkonzentration als in alkalischer Lösung zu bewirken
(B) in schwach salpetersaurer Lösung, um den Ausfall von AgOH zu verhindern
(C) in annähernd neutraler Lösung, um die Bildung von Dichromat-Ionen zu verhindern
(D) in annähernd neutraler Lösung, um das Löslichkeitsprodukt des Silberhalogenids zu erreichen
(E) in ammoniumcarbonathaltiger Lösung, um das primär entstandene Silberhalogenid als Amminkomplex in Lösung zu bringen.

660* Chlorid-Ionen können nach Mohr mit Silbernitrat-Maßlösung in Anwesenheit von Chromat-Ionen als Indikator titriert werden. Welche Aussagen treffen zu?

(1) Die Umsetzung erfolgt im neutralen Milieu.
(2) Im sauren Milieu überwiegt im Gleichgewicht Chromat gegenüber Dichromat.
(3) Der Titrationsendpunkt wird durch die Bildung von löslichem Silberdichromat angezeigt.

(A) nur 1 ist richtig
(B) nur 2 ist richtig
(C) nur 3 ist richtig
(D) nur 1 und 2 sind richtig
(E) nur 2 und 3 sind richtig

8.2.3 Argentometrie nach Fajans

Siehe MC-Fragen Nr. 329, 643, 648, 1823.

8.2.4 Bestimmung organisch gebundenen Halogens

661 Welche der folgenden Verbindungen lässt sich **nicht** über eine hydrolytische Abspaltung des Halogenids quantitativ argentometrisch bestimmen?

(A) Thiamphenicol

(B) Chlorocresol

(C) Cyclophosphamid

(D) Chlorobutanol

(E) Lindan

662 Welche Aussage trifft **nicht** zu?
Durch Erhitzen in einer ethanolisch-wässrigen Natriumhydroxid-Lösung und anschließende Chlorid-Titration nach Volhard kann im Prinzip der Gehalt ermittelt werden von:

(A) C₆H₅-Cl (Phenyl-Cl)

(B) C₆H₅-CH₂-Cl (Benzyl-Cl)

(C) Cl_3C-CH_2-CH_2-CH_2-OH
(D) Cl_3C-COOH
(E) H_3C-COCl

663 Welche Aussagen treffen zu?
Der Gehalt an Brom in Bromisoval [(1-Brom-3-methylbutyryl)-harnstoff] oder Carbromal [(2-Brom-2-ethylbutyryl)-harnstoff] kann nach Erhitzen der Substanz mit wässriger Natriumhydroxid-Lösung wie folgt erfasst werden:

(1) durch Bildung ortho- bzw. para-Bromsubstituierter Phenole und iodometrische Rücktitration des Bromüberschusses
(2) durch Bildung von Bromchlorid in salzsaurer Lösung nach Zusatz von Chloramin T
(3) durch Fällung als AgBr mit überschüssiger Silbernitrat-Lösung aus salpetersaurem Medium und Rücktitration des Silberüberschusses mit Ammoniumthiocyanat-Lösung
(4) durch Titration mit Silbernitrat-Lösung in neutralem Medium mit Kaliumchromat als Indikator
(5) durch Titration mit Silbernitrat-Lösung in neutralem bis schwach saurem Medium mit Eosin als Indikator

(A) nur 1 und 4 sind richtig
(B) nur 2 und 3 sind richtig
(C) nur 4 und 5 sind richtig
(D) nur 3, 4 und 5 sind richtig
(E) nur 1, 2, 3 und 5 sind richtig

8.2.5 Argentometrie nach Budde

664 Welche Aussage trifft zu?
Die bei der Budde-Titration von 5,5-disubstituierten Barbituraten mit Silbernitrat-Lösung auftretende Trübung beruht auf der:

(A) Ausfällung von Silbercarbonat nach Überschreiten des Äquivalenzpunktes
(B) Ausfällung von Silberhydroxid
(C) Bildung einer Barbiturat-Silber-Verbindung im Verhältnis 1 : 2
(D) Bildung einer Barbiturat-Silber-Verbindung im Verhältnis 1 : 1
(E) Ausfällung einer Barbiturat-Silber-Verbindung im Verhältnis 2 : 1

Ordnen Sie bitte den in Liste 1 aufgeführten Substanzen jeweils die Stoffmenge Silbernitrat aus Liste 2 zu, die bei der entsprechenden argentometrischen Bestimmung von einem Mol Substanz nach Budde verbraucht wird.

Liste 1

665

[Barbiturat-Struktur mit H_5C_2 und Cyclohexenyl-Rest, monoanionische Form]$_2$ Ca^{2+}

666

[Barbiturat-Struktur mit H_5C_2 und Cyclohexenyl-Rest, neutrale NH-Form]

Liste 2
(A) 0 Mol
(B) 0,5 Mol
(C) 1 Mol
(D) 1,5 Mol
(E) 2 Mol

8.2.6 Simultantitrationen

667 Welche Aussage trifft **nicht** zu?
Zur Ermittlung der Zusammensetzung eines Gemischs von NaCl und KCl durch Titration mit Silbernitrat-Lösung ($c = 0,1$ mol·l^{-1})

(A) genügt im Prinzip **eine** Titration mit Silbernitrat-Lösung
(B) müssen die relativen Molekülmassen von NaCl und KCl bekannt sein
(C) muss die Größe der Einwaage bekannt sein
(D) ist eine vorausgehende Trennung von NaCl und KCl erforderlich
(E) darf das Gemisch kein weiteres Halogenid enthalten

668 Welche Aussagen treffen zu?
Eine spezifische Gehaltsbestimmung von Iodid- neben Chlorid-Ionen erfolgt durch Titration:

(1) nach Volhard
(2) nach Mohr
(3) mit 0,1 M-Silbernitrat-Lösung und Iod-Stärke als Indikator
(4) nach dem Iodmonochlorid-Verfahren mit Kaliumiodat
(5) mit Thiosulfat nach vorheriger Oxidation mit Brom in alkalischem Milieu, Zusatz von Kaliumiodid und Ansäuern

(A) nur 2 und 3 sind richtig
(B) nur 4 und 5 sind richtig
(C) nur 1, 2 und 3 sind richtig
(D) nur 1, 2 und 5 sind richtig
(E) nur 3, 4 und 5 sind richtig

8.2.7 Bestimmung von Sulfaten

669 Welche Aussagen treffen zu?
Sulfat-Ionen lassen sich mittels Fällungstitration mit folgenden Maßlösungen der Konzentration $c = 0,1$ mol·l^{-1} titrieren:

(1) Ba(NO$_3$)$_2$-Lösung
(2) CaSO$_4$-Lösung
(3) Na$_2$EDTA-Lösung
(4) Pb(NO$_3$)$_2$-Lösung
(5) CuCl$_2$-Lösung

(A) nur 1 ist richtig
(B) nur 1 und 3 sind richtig
(C) nur 1 und 4 sind richtig
(D) nur 3 und 4 sind richtig
(E) 1–5 = alle sind richtig

670 Welche Aussagen treffen zu?

(1) Natriumsulfat kann in einer Fällungstitration mit Blei(II)-nitrat-Maßlösung bestimmt werden.
(2) Die Einstellung der Blei(II)-nitrat-Maßlösung kann mit Hilfe von EDTA-Lösung erfolgen.
(3) Blei(II)-nitrat-Maßlösung wird üblicherweise bei Redoxtitrationen eingesetzt.
(4) Blei(II) bildet ein amphoteres Hydroxid.

(A) nur 2 und 3 sind richtig
(B) nur 2 und 4 sind richtig
(C) nur 3 und 4 sind richtig
(D) nur 1, 2 und 4 sind richtig
(E) 1–4 = alle sind richtig

9 Komplexometrische Titrationen

9.1 Grundlagen

Siehe auch MC-Fragen Nr. 1743, 1779, 1824, 1825, 1870.

9.1.1 Chelatbildung

671 Bei komplexometrischen Titrationen wird häufig Natriumedetat-Maßlösung eingesetzt.
Welche der folgenden Formeln gibt das zur Herstellung dieser Lösung (als Dihydrat) verwendete Reagenz als Dinatriumsalz oder freie Ethylendinitrilotetraessigsäure zutreffend wieder?

(A)

(B)

(C)

(D)

(E)

672 Welche Aussage zu Edetinsäure (EDTA) trifft **nicht** zu?
Edetinsäure

(A) ist eine 4-basige Säure
(B) kann als 6-bindiger Ligand fungieren
(C) liegt in Wasser gelöst als Zwitterion vor
(D) bildet nur mit 3-wertigen Kationen Komplexe
(E) bildet Komplexe, die im basischen Milieu stabiler sind als im sauren

673 Welche Aussagen zu Edetinsäure (EDTA) treffen zu?

(1) Edetinsäure ist eine 4-basige Säure.
(2) Edetinsäure kann bei geeignetem pH als 6-zähniger Ligand Komplexe bilden.
(3) Die effektive Komplexbildungskonstante (Konditionalkonstante) ist stark pH-abhängig.
(4) Die Komplexe mit 2-fach positiv geladenen Kationen sind planar gebaut.

(A) nur 1 ist richtig
(B) nur 2 ist richtig
(C) nur 2 und 3 sind richtig
(D) nur 1, 2 und 3 sind richtig
(E) 1–4 = alle sind richtig

674 Welche Aussage zur Komplexometrie mit Natriumedetat trifft **nicht** zu?

(A) Edetat kann als sechszähniger Ligand fungieren.
(B) Je ein Sauerstoffatom der Carboxylatgruppen koordiniert an das Metallion.
(C) In den Komplexen sind die beiden Stickstoffatome zueinander transständig.
(D) Die Komplexe sind meist (pseudo)oktaedrisch gebaut.
(E) Die Stabilität der Komplexe hängt vom pH-Wert ab.

675* Welche Aussage trifft zu?
Bei der Umsetzung von zwei- und dreiwertigen Metallionen mit Natriumedetat (EDTA) erfolgt die Komplexbildung in der Regel im Verhältnis:

	Metallion	:	EDTA
(A)	1	:	1
(B)	1	:	2
(C)	2	:	1
(D)	3	:	1
(E)	1	:	3

9.1.2 Anwendungsmöglichkeiten von Natriumedetat

676* Welche Aussage über die Stabilitätskonstante (K_{Stab}) bzw. die Dissoziationskonstante (K_{Diss}) eines Cu^{2+}-EDTA-Komplexes trifft zu?

(A) $K_{Stab} = \dfrac{1}{K_{Diss}}$

(B) K_{Stab} ist von der Kupfer-Ionenaktivität abhängig.
(C) K_{Diss} steigt mit sinkender EDTA-Aktivität in der Lösung.
(D) Zur Berechnung von K_{Diss} aus K_{Stab} müssen außer K_{Stab} auch die in der Lösung vorliegende Kupfer(II)-Ionenaktivität und die EDTA-Aktivität bekannt sein.
(E) $\dfrac{K_{Stab}}{K_{Diss}}$ = Kupfer-Ionenkonzentration

677* Welche Aussage trifft zu?
Die Zunahme der Stabilitätskonstanten der Metallionen-EDTA-Komplexe der angegebenen Metallionen wird durch folgende Reihe (von links nach rechts) beschrieben:

(A) Hg^{2+} Zn^{2+} Mg^{2+} Ca^{2+}
(B) Zn^{2+} Mg^{2+} Ca^{2+} Hg^{2+}
(C) Mg^{2+} Ca^{2+} Zn^{2+} Hg^{2+}
(D) Mg^{2+} Hg^{2+} Ca^{2+} Zn^{2+}
(E) Ca^{2+} Zn^{2+} Mg^{2+} Hg^{2+}

678* Welche Reihenfolge (von links nach rechts) gibt die Stabilitätszunahme der entsprechenden Metalledetat-Komplexe richtig wieder?

(A) Na^+, Mg^{2+}, Ca^{2+}, Zn^{2+}, Cu^{2+}, Fe^{3+}
(B) Na^+, Ca^{2+}, Mg^{2+}, Cu^{2+}, Zn^{2+}, Fe^{3+}
(C) Ca^{2+}, Mg^{2+}, Na^+, Zn^{2+}, Cu^{2+}, Fe^{3+}
(D) Mg^{2+}, Na^+, Ca^{2+}, Fe^{3+}, Zn^{2+}, Cu^{2+}
(E) Zn^{2+}, Na^+, Mg^{2+}, Ca^{2+}, Fe^{3+}, Cu^{2+}

679* Welche Aussage trifft zu?
Den am **wenigsten** stabilen Komplex mit EDTA bildet:

(A) Al^{3+}
(B) Ag^+
(C) Bi^{3+}
(D) Cu^{2+}
(E) Zn^{2+}

680 Welche Aussagen zu Edetinsäure (EDTA) treffen zu?

(1) Edetinsäure ist eine 4-basige Säure.
(2) Edetinsäure kann als 6-zähniger Ligand Komplexe bilden.
(3) Die effektive Komplexbildungskonstante (Konditionalkonstante) ist stark pH-abhängig.
(4) Außer Alkali-Ionen lassen sich alle Kationen mit Edetinsäure direkt titrieren.

(A) nur 1 ist richtig
(B) nur 2 ist richtig
(C) nur 2 und 3 sind richtig
(D) nur 1, 2 und 3 sind richtig
(E) 1–4 = alle sind richtig

681 Welche Aussage zu Eigenschaften bzw. Anwendung von Edetinsäure (Ethylendiamintetraessigsäure, EDTA) und ihren Salzen (den so genannten Edetaten) trifft **nicht** zu?

(A) Das Dinatriumsalz, Natriumedetat, ist geeignet zur Maskierung von Schwermetall-Spuren.
(B) Bismut-Kationen bilden selbst im stark Sauren stabile EDTA-Komplexe.
(C) Komplexometrische Titrationen von Magnesium-Kationen mit Natriumedetat-Maßlösung sollten im Neutralen erfolgen.
(D) Edetinsäure ist in Wasser wenig löslich.
(E) Edetinsäure löst sich in verdünnten Alkalihydroxid-Lösungen.

9.1.3 Komplexometrische Methodik

682* Welche der folgenden Arbeitsweisen werden in der Komplexometrie angewandt?

(1) direkte Titration
(2) Substitutionstitration
(3) Rücktitration
(4) indirekte Titration

(A) nur 3 ist richtig
(B) nur 1 und 4 sind richtig
(C) nur 2 und 4 sind richtig
(D) nur 1, 3 und 4 sind richtig
(E) 1–4 = alle sind richtig

683* Welche Aussage über die Komplexometrie trifft **nicht** zu?

(A) Als Titrator werden mehrzähnige Liganden verwendet.
(B) Die Titrationen werden häufig in pH-gepuffertem Medium ausgeführt.
(C) Die Stabilitätskonstante des Metall-Indikatorkomplexes muss größer sein als die des Metall-Titratorkomplexes.
(D) Die Stöchiometrie der Umsetzung ist in der Regel unabhängig von der Ladung des zu bestimmenden Kations.
(E) Fe^{3+} bildet mit EDTA einen stabileren Komplex als Fe^{2+}.

684 Welche Aussagen zur direkten komplexometrischen Titration mit Natriumedetat-Maßlösung treffen zu?

(1) Mit M^{3+} (M: Metall) werden nur 1 : 1-Komplexe gebildet.
(2) Die effektiven Komplexbildungskonstanten (Konditionalkonstanten) sind vom pH-Wert abhängig.
(3) Der Metall-EDTA-Komplex muss stabiler sein als der Metall-Indikator-Komplex.
(4) Edetat ist ein maximal 6-zähniger Ligand.

(A) nur 2 ist richtig
(B) nur 3 und 4 sind richtig
(C) nur 1, 2 und 3 sind richtig
(D) nur 1, 3 und 4 sind richtig
(E) 1–4 = alle sind richtig

685 Welche Aussage trifft **nicht** zu?
Die direkte komplexometrische Titration eines mehrwertigen Metallions ist nur dann möglich, wenn unter den Titrationsbedingungen

(A) die Stabilität des Komplexes aus dem zu bestimmenden Metallion und Natriumedetat hinreichend groß ist
(B) der Metallindikator mit dem zu bestimmenden Metallion einen Komplex bildet
(C) die Stabilität des Metall-Indikator-Komplexes kleiner ist als die des Metalledetat-Komplexes
(D) der Metallindikator in unmittelbarer Nähe des Äquivalenzpunktes mit überschüssigem Natriumedetat einen andersfarbigen Komplex bildet
(E) der Metalledetat-Komplex stöchiometrisch einheitlich ist

686 Aus welchen der folgenden Gründe werden in der Komplexometrie Rücktitrationen angewandt?

(1) wenn kein auf das zu bestimmende Metallion ansprechender Indikator existiert
(2) wenn das zu bestimmende Metallion nur langsam mit dem Komplexbildner der Maßlösung reagiert
(3) wenn sich das zu bestimmende Metallion bei dem Titrations-pH-Wert nicht in Lösung halten lässt
(4) wenn die Stabilität des EDTA-Metallion-Komplexes zu klein ist, um direkt titriert zu werden

(A) nur 1 ist richtig
(B) nur 1, 2 und 3 sind richtig
(C) nur 1, 3 und 4 sind richtig
(D) nur 2, 3 und 4 sind richtig
(E) 1–4 = alle sind richtig

687* Welche der folgenden Methoden charakterisiert die Durchführung einer komplexometrischen Nickel-Bestimmung im Rahmen einer Rücktitration?

(A) Zugabe eines Überschusses an eingestellter Natrium-EDTA-Lösung und Titration mit eingestellter Nickel-Lösung gegen Eriochromschwarz T als Indikator
(B) Zugabe eines Überschusses an eingestellter Natrium-EDTA-Lösung und Titration mit eingestellter Zinksulfat-Lösung gegen Eriochromschwarz T als Indikator
(C) Zugabe von Zinkcyanid und Titration des freigesetzten Zinks mit eingestellter Natrium-EDTA-Lösung gegen Dithizon als Indikator
(D) Zugabe von Magnesium-EDTA-Chelat und Titration des freigesetzten Magnesiums mit eingestellter Natrium-EDTA-Lösung gegen Eriochromschwarz T als Indikator
(E) Zugabe eines Überschusses an EDTA-Lösung zur gepufferten Lösung und alkalimetrische Titration der freigesetzten Protonen

688 Welche Aussage trifft zu?
In der Komplexometrie versteht man unter Substitutionstitration die

(A) Umsetzung des zu bestimmenden Metallions mit einem Überschuss an EDTA-Lösung und Titration von nicht verbrauchter EDTA mit eingestellter Metallsalz-Lösung
(B) Verdrängung von EDTA aus dem Metallchelat-Komplex durch Bildung eines stabileren Metall-Komplexes und Titration der EDTA mit eingestellter Metallsalz-Lösung
(C) Bestimmung von zwei Metallionen nacheinander in gleicher Lösung bei unterschiedlichen pH-Werten
(D) Freisetzung von Mg^{2+}- oder Zn^{2+}-Ionen aus ihren EDTA-Komplexen durch Reaktion mit dem zu bestimmenden Metallion und Titration der freigesetzten Mg^{2+}-bzw. Zn^{2+}-Ionen mit eingestellter EDTA-Lösung
(E) Fällung des zu bestimmenden Ions mit überschüssigem Reagenz und komplexometrische Titration des nicht verbrauchten Reagenzes

689 Welche Aussagen zu komplexometrischen Titrationen treffen zu?

(1) EDTA komplexiert mehrwertige Metallionen meist als vierfach negativ geladenes Anion.
(2) Hydroxid-Ionen haben als einwertige Liganden **keinen** Einfluss auf komplexometrische Titrationen mehrwertiger Metallionen.
(3) Die Metallionen-Konzentration am Äquivalenzpunkt ist eine Funktion der Komplexbildungskonstante.
(4) Die Konditionalkonstante beschreibt die Abhängigkeit des Komplexierungsgleichgewichts vom pH-Wert.
(5) Die komplexometrische Bestimmung von Anionen ist grundsätzlich **nicht** möglich.

(A) nur 1 und 5 sind richtig
(B) nur 1, 3 und 4 sind richtig
(C) nur 2, 3 und 4 sind richtig
(D) nur 3, 4 und 5 sind richtig
(E) 1–5 = alle sind richtig

690* Bei der komplexometrischen Titration von Kationen mit Edetat-Maßlösung können dem Analyten so genannte Hilfskomplexbildner, wie z.B. Ammoniak, Citrat oder Tartrat zugesetzt werden.
Welche Aussagen zu den Hilfskomplexbildnern treffen zu?

(1) Sie sollen das Ausfällen der Kationen in Abwesenheit von Edetat verhindern.
(2) Sie bilden mit den Kationen einen Komplex geringerer Stabilität im Vergleich zum Edetat-Komplex.
(3) Sie dienen ausschließlich zur Einstellung des pH-Werts der Analysenlösung.
(4) Die Bestimmung der Kationen erfolgt durch Rücktitration überschüssiger Hilfskomplexbildner.

(A) nur 3 ist richtig
(B) nur 1 und 2 sind richtig
(C) nur 1 und 4 sind richtig
(D) nur 3 und 4 sind richtig
(E) nur 1, 2 und 4 sind richtig

9.1.4 Titrationskurven, Endpunkte

691* Bei welchem Punkt der bei der Titration von Cu^{2+} mit EDTA erhaltenen Titrationskurve ist der Logarithmus der effektiven Stabilitätskonstante gleich dem Wert von $pc(Cu^{2+})$?

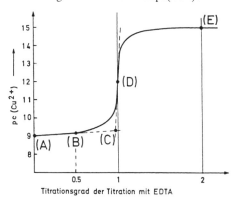

692* Welche Aussage trifft zu?
Im Verlauf der Titration von Cu^{2+} mit EDTA entspricht die Cu^{2+}-Konzentration ungefähr der Dissoziationskonstanten des Cu^{2+}-EDTA-Komplexes bei (τ = Titrationsgrad):

(A) $\tau = 0,1$
(B) $\tau = 0,9$
(C) $\tau = 1,0$
(D) $\tau = 1,1$
(E) $\tau = 2$

693 Wie groß ist die Konzentration des Metallions am Äquivalenzpunkt der Titration mit Ethylendiamintetraessigsäure, wenn die Ausgangskonzentration 10^{-2} mol·l^{-1} und die effektive Stabilitätskonstante $K_{eff} = 10^{12}$·mol^{-1} (Volumenveränderung bleibe außer Betracht) ist?

(A) 10^{-5} mol·l^{-1}
(B) 10^{-6} mol·l^{-1}
(C) 10^{-7} mol·l^{-1}
(D) 10^{-10} mol·l^{-1}
(E) 10^{-14} mol·l^{-1}

9.1.5 Indizierungsmöglichkeiten

Siehe auch MC-Fragen Nr. 288, 328.

694 Welcher der folgenden Indikatoren ist für die Komplexometrie **nicht** geeignet?

(A) Eriochromschwarz T
(B) Murexid
(C) Sulfosalicylsäure
(D) Bromkresolgrün
(E) Calconcarbonsäure

695* Welche der folgenden Substanzen ist zur Indikation komplexometrischer Titrationen **nicht** geeignet?

(A) Xylenolorange
(B) Calcein
(C) Murexid
(D) Ferroin
(E) Dithizon

696* Welcher der folgenden Indikatoren ist für komplexometrische Bestimmungen **nicht** geeignet?

(A) Calconcarbonsäure
(B) Methylenblau
(C) Murexid
(D) Xylenolorange
(E) Eriochromschwarz T

697 Welche der folgenden Substanzen ist zur Indikation komplexometrischer Titrationen **nicht** geeignet?

(A) Casein
(B) Calconcarbonsäure
(C) Eriochromschwarz T
(D) Murexid
(E) Dithizon

698 Welche der folgenden Formeln trifft für den Indikator Calconcarbonsäure zu?

(A) [Struktur mit COOH, OH, N=N, SO$_3$H · 3 H$_2$O]

(B) [Struktur mit OH, OH, SO$_3$Na]

(C) O$_2$N—⟨⟩—N=N—⟨⟩—OH, CO$_2$H

(D) (CH$_3$)$_2$N—⟨⟩—C=⟨⟩=N$^+$(CH$_3$)$_2$ Cl$^-$, (CH$_3$)$_2$N

(E) [Struktur mit HO, CH$_3$, H$_3$C, OH, H$_3$C, H, C, CH$_3$, O, C=O]

699 Wodurch unterscheidet sich der Calcein-Mischindikator vom Indikator Calcein?

(A) u. a. durch Zusatz des Säure-Base-Indikators Thymolphthalein
(B) durch Zusatz von 0,01 M-CaCl$_2$-Lösung
(C) durch Zusatz des Metallindikators Eriochromschwarz T
(D) durch Zusatz des Adsorptionsindikators Eosin-Natrium
(E) durch Zusatz von Tri-1,10-phenanthrolineisen(II)-sulfat

9.1.6 Maßlösungen, insbesondere nach Arzneibuch

700 Welche der folgenden Aussagen zur Herstellung einer wässrigen Natriumedetat-Maßlösung der Stoffmengenkonzentration $0,1$ mol·l^{-1} nach Europäischem Arzneibuch treffen zu?
[M_r (C$_{10}$H$_{14}$N$_2$Na$_2$O$_8$ · 2 H$_2$O) = 372,2]

(1) Das verwendete Natriumedetat muss der Arzneibuch-Monographie *Natriumedetat* entsprechen.
(2) Die Lösung enthält ungefähr 33,6 g wasserfreies Dinatriumdihydrogen(ethylendinitrilo)tetraacetat in einem Liter Maßlösung.
(3) Die Einstellung kann gegen KCl mittels potentiometrischer Endpunkterkennung erfolgen.
(4) Natriumedetat-Lösung ist in Polyethylengefäßen zu lagern.

(A) nur 1 und 2 sind richtig
(B) nur 1 und 3 sind richtig
(C) nur 1, 2 und 4 sind richtig
(D) nur 2, 3 und 4 sind richtig
(E) 1–4 = alle sind richtig

701 Welche Aussage trifft zu?
Eine Natriumedetat-Maßlösung der Konzentration c = 0,1 mol·l^{-1} wird gegen eine Vorlage von 25,0 ml einer Zinksulfat-Maßlösung der Konzentration c = 0,1 mol·l^{-1} (f = 0,98) bei pH = 10 in gepufferter Lösung eingestellt. Aus dem Verbrauch von 25,0 ml ergibt sich der Faktor der Natriumedetat-Lösung zu:

(A) 0,98
(B) 1,00
(C) 1,01
(D) 1,02
(E) 2,00

702* Ethylendiamintetraessigsäure (H_4Y) ist eine vierprotonige Säure mit den pK_a-Werten $pK_{a1} = 2,0$; $pK_{a2} = 2,8$; $pK_{a3} = 6,6$; $pK_{a4} = 10,3$. Welche der folgenden Reaktionsgleichungen gibt die Komplexbildung von Ethylendiamintetraessigsäure (die undissoziierte Form wird mit H_4Y bezeichnet) bzw. den davon abgeleiteten Anionen mit einem dreiwertigen Metallion (Me^{3+}) bei einem pH-Wert von 4 bis 5 richtig wieder?

(A) $Me^{3+} + HY^{3-} \longrightarrow MeY^- + H^+$
(B) $Me^{3+} + H_2Y^{2-} \longrightarrow MeY^- + 2\,H^+$
(C) $Me^{3+} + H_3Y^- \longrightarrow MeY^- + 3\,H^+$
(D) $Me^{3+} + H_3Y^- \longrightarrow MeHY + 2\,H^+$
(E) $Me^{3+} + H_4Y \longrightarrow MeHY + 3\,H^+$

703* In welchem pH-Bereich liegt Ethylendiamintetraessigsäure überwiegend als Trianion vor ($pK_{a1} = 2,0$; $pK_{a2} = 2,7$; $pK_{a3} = 6,2$; $pK_{a4} = 10,3$)?

(A) 2 bis 3
(B) 3 bis 4
(C) 4,5 bis 5,5
(D) 7 bis 9
(E) 10 bis 11

9.1.7 Urtitersubstanzen, insbesondere nach Arzneibuch

Siehe auch MC-Fragen Nr. 342, 343.

704 Zur Einstellung der für komplexometrische Titrationen benötigten Natriumedetat-Maßlösung wird nach dem Europäischen Arzneibuch elementares Zink *RV* als Urtiter verwendet.
Welche Aussagen treffen zu?

(1) Das Metall muss vor der Verwendung bei 180 °C bis zur Massekonstanz getrocknet werden.
(2) Zink *RV* kann zur Einstellung der Maßlösung in elementarer Form mit Natriumedetat-Maßlösung umgesetzt werden.
(3) Zink *RV* muss vor Einstellung der Maßlösung zunächst durch Reaktion mit Salzsäure vollständig in Zink(II) übergeführt werden.
(4) Die Einstellung der Maßlösung kann nur in einem stark sauren Medium erfolgen.
(5) Anstelle von Zink könnte auch hochreines Calciumcarbonat als Urtiter eingesetzt werden.

(A) nur 2 ist richtig
(B) nur 3 ist richtig
(C) nur 1 und 3 sind richtig
(D) nur 2 und 4 sind richtig
(E) nur 3 und 5 sind richtig

9.2 Pharmazeutische Anwendungen, insbesondere nach Arzneibuch

9.2.1 Bestimmung von Kationen

Siehe auch MC-Fragen Nr. 1655, 1658, 1664, 1780.

705 Welche der folgenden komplexometrischen Bestimmungen sind in saurer Lösung möglich?

(1) Bismut in basischem Bismutcarbonat
(2) Eisen (III)
(3) Mangan(II) als Rücktitration mit Zinksulfat-Maßlösung
(4) Quecksilber(II) als Substitutionstitration mit Hilfe einer Natrium-Magnesium-EDTA-Lösung
(5) Calcium in Calciumcarbonat

(A) nur 2 ist richtig
(B) nur 1 und 2 sind richtig
(C) nur 1 und 4 sind richtig
(D) nur 2 und 3 sind richtig
(E) nur 4 und 5 sind richtig

706 Welche Aussage trifft zu?
Bei der komplexometrischen Bestimmung von Calcium-Ionen mit EDTA-Lösung und Erio-T-

Mischindikator wird eine definierte Menge Zinksulfat zugesetzt. Dieser Zusatz bewirkt eine:

(A) Verhinderung der Fällung unlöslicher Calciumsalze
(B) Überführung des Calciumsalzes in unlösliches CaSO₄ unter Freisetzung einer äquivalenten Menge Zn^{2+}-Ionen
(C) bessere Erkennbarkeit des Indikatorumschlags am Endpunkt
(D) Maskierung eventuell vorhandener Verunreinigungen
(E) Erhöhung der effektiven Komplexbildungskonstanten des Calcium-EDTA-Komplexes

707 Welche Aussagen zur quantitativen Bestimmung von Quecksilber(II)-Ionen mit Natriumedetat treffen zu?

(1) Quecksilber(II)-Ionen lassen sich aus Stabilitätsgründen nur in stark saurer Lösung (pH = 1–2) direkt mit EDTA titrieren.
(2) Das Komplexbildungsgleichgewicht zwischen EDTA und Quecksilber(II)-Ionen ist pH-abhängig.
(3) Das stöchiometrische Verhältnis im Quecksilber(II)-EDTA-Komplex ist 1:1.
(4) Vorhandene Erdalkali-Ionen können durch Cyanid maskiert werden.

(A) nur 1 und 2 sind richtig
(B) nur 2 und 3 sind richtig
(C) nur 3 und 4 sind richtig
(D) nur 1, 2 und 3 sind richtig
(E) 1–4 = alle sind richtig

708 Welche Aussagen zur quantitativen Bestimmung von Quecksilber(II)-Ionen mit Natriumedetat treffen zu?

(1) Quecksilber(II)-Ionen lassen sich in ammoniakalischer/Ammoniumchlorid-gepufferter Lösung durch Rücktitration überschüssigen Natriumedetats mit Zinksulfat-Maßlösung bestimmen.
(2) Das Komplexbildungsgleichgewicht zwischen EDTA und Quecksilber(II)-Ionen ist pH-abhängig.
(3) Das stöchiometrische Verhältnis im Quecksilber(II)-EDTA-Komplex ist 1:2.
(4) Vorhandene Erdalkali-Ionen können durch Cyanid maskiert werden.

(A) nur 1 und 2 sind richtig
(B) nur 1 und 3 sind richtig
(C) nur 2 und 4 sind richtig
(D) nur 3 und 4 sind richtig
(E) 1–4 = alle sind richtig

709* Bei der komplexometrischen Gehaltsbestimmung von Quecksilber(II)-chlorid werden zuerst eine Rücktitration mit Zinkchlorid-Maßlösung und anschließend eine indirekte Titration gegen Eriochromschwarz T nach Maskierung des Hg^{2+} mit Kaliumiodid durchgeführt.
Welcher der folgenden schematisch wiedergegebenen Übergänge ruft den Farbumschlag am Endpunkt der 2. Titration hervor (Erio = Eriochromschwarz T)?

(A) freies Erio → Zn^{2+}-Komplex
(B) freies Erio → Hg^{2+}-Komplex
(C) Zn^{2+}-Erio-Komplex → freies Erio
(D) Hg^{2+}-Erio-Komplex → Zn^{2+}-Erio-Komplex
(E) Hg^{2+}-Erio-Komplex → $[HgI_4]^{2-}$ + freies Erio

710* Welche Aussagen treffen zu?
Zur komplexometrischen Bestimmung von Quecksilber(II)-chlorid kann nach einer ersten Titration mit Natriumedetat-Lösung aus dem gebildeten Hg-Edetat-Komplex ein stabilerer Komplex gebildet werden, wobei eine dem Hg(II) äquivalente Stoffmenge Edetat freigesetzt wird. Hierzu eignen sich:

(1) KI
(2) NH_3
(3) NaF
(4) $Na_2S_2O_3$
(5) Triethanolamin

(A) nur 2 ist richtig
(B) nur 4 ist richtig
(C) nur 1 und 4 sind richtig
(D) nur 2 und 3 sind richtig
(E) nur 1, 3 und 5 sind richtig

711 Welche Aussage trifft zu?
Bei der komplexometrischen Bestimmung von Blei-Ionen nach Arzneibuch wird vor der Titration zu der Bleisalz-Lösung Xylenolorange als Indikator hinzugefügt. Die gelbe Lösung wird mit soviel Methenamin versetzt, bis ein Farb-

wechsel eintritt und dann wird mit EDTA-Lösung titriert.
Der genannte Farbwechsel wird verursacht durch:

(A) Reaktion von Methenamin mit Blei-Ionen
(B) Reaktion von Methenamin mit Xylenolorange
(C) Entstehung eines Blei-Xylenolorange-Komplexes
(D) Reaktion von Xylenolorange mit Formaldehyd (aus Methenamin)
(E) Zerfall eines Blei-Xylenolorange-Komplexes

712 Welche der folgenden Ionen können mit Edetat **direkt** titrimetrisch bestimmt werden?

(1) Fe^{3+}
(2) CN^-
(3) PO_4^{3-}
(4) Na^+

(A) nur 1 ist richtig
(B) nur 1 und 2 sind richtig
(C) nur 1 und 4 sind richtig
(D) nur 2 und 3 sind richtig
(E) nur 3 und 4 sind richtig

713 Welche der folgenden Ionen können mit Edetat **direkt** titrimetrisch bestimmt werden?

(1) Ni^{2+}
(2) CN^-
(3) SO_4^{2-}
(4) Na^+

(A) nur 1 ist richtig
(B) nur 1 und 2 sind richtig
(C) nur 1 und 4 sind richtig
(D) nur 2 und 3 sind richtig
(E) nur 3 und 4 sind richtig

9.2.2 Simultantitration von Kationen

714* Welche Aussage trifft zu?
Bei der Härtebestimmung des Wassers ergibt sich aus dem Verbrauch an Natrium-EDTA-Lösung bei pH = 10 gegen Erio-T die:

(A) permanente Härte
(B) temporäre Härte
(C) Carbonathärte
(D) Sulfathärte
(E) Gesamthärte

9.2.3 Indirekte Bestimmung von Anionen und Kationen

Die Ionen der Liste 1 sollen **indirekt** mit Natrium-EDTA-Lösung bestimmt werden.

Ordnen Sie bitte diesen Ionen das jeweils zutreffende Metallion aus Liste 2 zu, das als „Überschusskation" titriert wird!

Liste 1

715 SO_4^{2-}

716 CN^-

Liste 2
(A) Ba^{2+}
(B) Ni^{2+}
(C) Zn^{2+}
(D) Hg^{2+}
(E) K^+

717 Welche Aussage über die komplexometrische Sulfat-Bestimmung trifft **nicht** zu?

(A) Das Sulfat wird mit einer gemessenen, überschüssigen Menge Ba^{2+} umgesetzt.
(B) Der entstandene Niederschlag muss quantitativ abfiltriert werden.
(C) Das überschüssige Ba^{2+} wird mit Natriumedetat titriert.
(D) Die zu titrierende Lösung muss alkalisch sein.
(E) Als Indikator eignet sich ein Metallindikator.

718 Sulfat soll **indirekt** mit Natrium-EDTA-Lösung bestimmt werden.
Welches der folgenden Metallionen kann als „Überschusskation" komplexometrisch titriert werden?

(A) Ni^{2+}
(B) Ba^{2+}
(C) Zn^{2+}
(D) Hg^{2+}
(E) K^+

Instrumentelle Analytik

10 Elektrochemische Analysenverfahren

10.1 Grundlagen der Elektrochemie

10.1.1 Ladungstransport in Elektrolytlösungen

719* Wie bezeichnet man die Wanderung von geladenen Teilchen im elektrischen Feld?

(A) Konvektion
(B) Diffusion
(C) Migration
(D) Polarisation
(E) Konfusion

720 Welche Aussage trifft **nicht** zu?
In einer wässrigen Lösung von Natriumchlorid, Kaliumnitrat und Schwefelsäure wird bei Stromfluss Ladung transportiert durch:

(A) Protonen
(B) solvatisierte Elektronen
(C) Natrium-Ionen
(D) Chlorid-Ionen
(E) Kalium-Ionen

721 Welche Aussagen zum Ladungstransport in Materie treffen zu?

(1) Er kann nur bei Bewegung von Ionen erfolgen.
(2) Er ist stets mit Bewegung positiver und negativer Ladungsträger verbunden.
(3) Er ist in wässrigen Elektrolytlösungen mit Wanderung von Ladungsträgern in entgegengesetzten Richtungen verknüpft.

(A) nur 2 ist richtig
(B) nur 3 ist richtig
(C) nur 1 und 2 sind richtig
(D) nur 1 und 3 sind richtig
(E) nur 2 und 3 sind richtig

722* Welche Aussagen treffen zu?
Ladungstransport in einem wässrigen Elektrolyten

(1) ist stets mit einer Gasentwicklung an den Elektroden verknüpft
(2) ist stets mit einem Massentransport verbunden
(3) kann in basischen Lösungen erfolgen
(4) ist in sauren Lösungen möglich
(5) erfolgt nur durch Elektronen

(A) nur 1, 2 und 5 sind richtig
(B) nur 1, 3 und 4 sind richtig
(C) nur 2, 3 und 4 sind richtig
(D) nur 2, 3 und 5 sind richtig
(E) 1–5 = alle sind richtig

723* Welche Aussagen treffen zu?
Beim Ladungstransport in einem wässrigen Elektrolyten

(1) wandern die positiv geladenen Ionen zur Kathode
(2) nimmt die Leitfähigkeit der Flüssigkeit mit wachsender Temperatur zu
(3) fließt im Elektrolyten die gleiche Stromstärke wie im äußeren Stromkreis

(A) nur 1 ist richtig
(B) nur 1 und 2 sind richtig
(C) nur 1 und 3 sind richtig
(D) nur 2 und 3 sind richtig
(E) 1–3 = alle sind richtig

724 Welche Aussagen treffen zu?
Die Wanderungsgeschwindigkeit von Ionen in Lösung zwischen zwei Elektroden hängt ab von:

(1) der Ionenladung
(2) dem Ionenradius
(3) der angelegten Spannung
(4) dem Elektrodenabstand
(5) der Viskosität der Flüssigkeit

(A) nur 2 ist richtig
(B) nur 3 ist richtig
(C) nur 1, 3 und 4 sind richtig
(D) nur 1, 3, 4 und 5 sind richtig
(E) 1–5 = alle sind richtig

725* Welche Aussage trifft **nicht** zu?
Der **Betrag** der Wanderungsgeschwindigkeit von Ionen, die sich in wässriger Lösung zwischen 2 Elektroden befinden, hängt ab von:

(A) der Feldstärke in der Lösung
(B) der angelegten Spannung (bei unverändertem Elektrodenabstand)
(C) dem Elektrodenabstand (bei unveränderter Spannung)
(D) dem Betrag ihrer Ladung
(E) dem Vorzeichen ihrer Ladung (bei gleichem Ladungsbetrag)

Elektrische Leitfähigkeit

Zur elektrischen Leitfähigkeit finden sich auch Fragen im Kap. 10.7.

726 Welche Aussagen treffen zu?
Der elektrische Leitwert kann in folgenden Einheiten angegeben werden:

(1) $1/\Omega$
(2) Ω
(3) $\Omega \cdot m$
(4) A/V

(A) nur 1 ist richtig
(B) nur 2 ist richtig
(C) nur 3 ist richtig
(D) nur 1 und 4 sind richtig
(E) nur 2 und 4 sind richtig

727* Welche Aussagen treffen zu?
Mit steigender Temperatur steigt in der Regel die Leitfähigkeit:

(1) eines Metalls
(2) eines Halbleiters
(3) in einer wässrigen Elektrolytlösung

(A) nur 1 ist richtig
(B) nur 2 ist richtig
(C) nur 3 ist richtig
(D) nur 1 und 3 sind richtig
(E) nur 2 und 3 sind richtig

728* Die elektrische Leitfähigkeit einer Elektrolytlösung hängt **nicht** ab von:

(A) den Ionenkonzentrationen
(B) der Temperatur der Lösung
(C) der Viskosität der Lösung
(D) den Ionenbeweglichkeiten
(E) der Zellkonstante der Leitfähigkeitszelle

729* Welche Aussage trifft **nicht** zu?
Die Leitfähigkeit in einer Elektrolytlösung hängt ab von:

(A) den Ionenkonzentrationen
(B) der Temperatur
(C) dem Volumen der Lösung
(D) den Ionenladungen
(E) den Ionenradien

730 Welche Aussagen treffen zu?
Die elektrische Leitfähigkeit einer Elektrolytlösung hängt ab von:

(1) der Konzentration der Kationen des Elektrolyten
(2) der Temperatur der Lösung
(3) der Amplitude der angelegten Wechselspannung
(4) den Beweglichkeiten der Kationen und Anionen

(A) nur 1 ist richtig
(B) nur 2 und 3 sind richtig
(C) nur 2 und 4 sind richtig
(D) nur 1, 2 und 4 sind richtig
(E) 1–4 = alle sind richtig

731* Welche Aussage trifft zu?
Die Leitfähigkeit einer Elektrolytlösung ist abhängig

(A) bei gesättigten Lösungen von der Stoffmenge des nicht gelösten Elektrolyten (Bodenkörper)
(B) von Fläche und Abstand der Elektroden der Leitfähigkeitszelle
(C) vom Volumen der Elektrolytlösung bei unveränderter Konzentration
(D) vom Dissoziationsgrad der gelösten Stoffe
(E) von der Amplitude der angelegten Wechselspannung

732 Welche der folgenden Maßnahmen führt **nicht** zu größerer elektrischer Leitfähigkeit einer Elektrolytlösung?
Erhöhung der

(A) Anzahl der frei beweglichen Ionen in der Lösung
(B) Anzahl der Elementarladungen pro Ion
(C) Ionenbeweglichkeit
(D) Stromstärke
(E) Temperatur der Elektrolytlösung

733 Welche Aussagen über die elektrische Leitfähigkeit einer NaCl-Lösung treffen zu?

(1) Sie ist direkt proportional zur Konzentration.
(2) Sie ist um so größer, je mehr Ionen in Lösung frei beweglich sind.
(3) Sie ist der Kehrwert des spezifischen Widerstands einer Lösung.
(4) Sie beruht auf der Ionenwanderung im elektrischen Feld (Migration).

(A) nur 1 ist richtig
(B) nur 1 und 2 sind richtig
(C) nur 1, 2 und 3 sind richtig
(D) nur 2, 3 und 4 sind richtig
(E) 1–4 = alle sind richtig

734 Welche Aussage zum elektrischen Leitvermögen einer Natriumchlorid-Lösung trifft zu?

(A) Es ist größer als die Leitfähigkeit einer Chlorwasserstoff-Lösung gleicher Molarität.
(B) Die Wanderungsgeschwindigkeit der Kationen und Anionen ist nur von ihrer Ladung abhängig.

(C) Die Leitfähigkeit nimmt mit zunehmender Verdünnung zu.
(D) Die Äquivalentleitfähigkeit nimmt mit zunehmender Verdünnung zu.
(E) Keine der Aussagen (A) bis (D) trifft zu.

735* Durch eine wässrige Elektrolytlösung, welche einmolare Mengen Natriumchlorid, Kaliumnitrat und Essigsäure enthält, fließe ein elektrischer Strom.
Welches Ion trägt am **wenigsten** zum Ladungstransport bei?

(A) Na^+
(B) K^+
(C) Cl^-
(D) NO_3^-
(E) CH_3COO^-

736* Welches der genannten Ionen trägt zur elektrolytischen Leitfähigkeit in einer wässrigen Lösung von Natriumchlorid, Natriumnitrat und Schwefelsäure (jeweils in der Konzentration $c = 1{,}0$ mol·l^{-1}) am **meisten** bei?

(A) Na^+
(B) Cl^-
(C) SO_4^{2-}
(D) NO_3^-
(E) H_3O^+

737 Welche Aussage trifft zu?
Die größte Ionenäquivalentleitfähigkeit in wässriger Lösung bei unendlicher Verdünnung (Grenzäquivalentleitfähigkeit) hat:

(A) Ba^{2+}
(B) K^+
(C) Li^+
(D) NH_4^+
(E) H_3O^+

738 Welches der folgenden Ionenpaare hat die größte Differenz ihrer Ionenäquivalentleitfähigkeit?

(A) K^+ und Cl^-
(B) Na^+ und I^-
(C) Mg^{2+} und Ca^{2+}
(D) Na^+ und OH^-
(E) NO_3^- und Br^-

739 Welche Wassersorte hat die kleinste elektrolytische Leitfähigkeit?

(A) Regenwasser
(B) hartes Trinkwasser
(C) Schwimmbadwasser
(D) bidestilliertes Wasser
(E) Meerwasser

10.1.2 Vorgänge an Elektroden

740* Welche Aussage trifft über die elektrochemische Doppelschicht zu, die sich an der Grenzfläche einer negativ geladenen Edelmetallelektrode in einer KCl-Lösung ausbildet?

(A) Sie besteht aus einer monomolekularen Schicht von Kalium-Atomen, die von einer monomolekularen Schicht von K^+-Ionen gegen die Lösung abgeschirmt wird.
(B) In ihr sind doppelt so viele K^+-Ionen wie Cl^--Ionen enthalten.
(C) Sie besteht überwiegend aus hydratisierten Elektronen.
(D) Ihr elektrisches Verhalten entspricht dem eines Kondensators.
(E) Ihr elektrisches Verhalten entspricht dem eines Ohmschen Widerstandes.

741

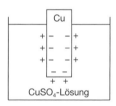

Taucht ein reines Kupferblech in eine Kupfersulfat-Lösung, so bildet sich an seiner Oberfläche eine elektrische Doppelschicht (siehe Zeichnung).
Welche der folgenden Gleichgewichtsreaktionen ist die Ursache für die Ausbildung der elektrischen Doppelschicht?

(A) $H_3O^+ + OH^- \rightleftharpoons 2\,H_2O$
(B) $H^+ + HSO_4^- \rightleftharpoons 2\,H^+ + SO_4^{2-}$
(C) $2\,H_3O^+ + SO_4^{2-} \rightleftharpoons H_2SO_4 + 2\,H_2O$
(D) $Cu^{2+} + SO_4^{2-} \rightleftharpoons CuSO_4$
(E) $Cu^{2+} + 2\,e^- \rightleftharpoons Cu$

742 Welche Aussage trifft zu?
Im Kontakt mit einer Elektrolytlösung können Ionen unmittelbar auf einer Elektrodenoberfläche adsorbiert werden und dort eine starre, elektrische Doppelschicht (so genannte innere Helmholtz-Schicht) bilden.
Die Dicke dieser Schicht beträgt etwa:

(A) 1 nm
(B) 10 nm
(C) 100 nm
(D) 1 μm
(E) 10 μm

10.1.3 Arten, Aufbau und Anwendung von Elektroden

743* Welche der folgenden Elektroden werden als Messelektroden 1. Art bezeichnet?

(1) Platinelektrode in Fe^{2+}/Fe^{3+}-Lösung
(2) Wasserstoffelektrode
(3) Kalomelelektrode
(4) Silber/Silberchlorid-Elektrode

(A) nur 1 und 2 sind richtig
(B) nur 2 und 3 sind richtig
(C) nur 3 und 4 sind richtig
(D) nur 2, 3 und 4 sind richtig
(E) 1–4 = alle sind richtig

744* Welche der folgenden Elektroden sind Elektroden 2. Art?

(1) Kalomelelektrode
(2) Silber/Silberchlorid-Elektrode
(3) Platinelektrode in Fe^{2+}/Fe^{3+}-Lösung
(4) Wasserstoffelektrode

(A) nur 1 und 2 sind richtig
(B) nur 1 und 4 sind richtig
(C) nur 2 und 3 sind richtig
(D) nur 1, 3 und 4 sind richtig
(E) 1–4 = alle sind richtig

745* Welche der folgenden in der Elektrochemie verwendeten Elektroden werden als Elektroden 2. Art bezeichnet?

(1) Ag/AgCl/Cl$^-$ (α = 3 mol·l^{-1})-Elektrode
(2) Wasserstoffelektrode
(3) gesättigte Kalomelelektrode
(4) Glaselektrode

(A) nur 4 ist richtig
(B) nur 1 und 2 sind richtig
(C) nur 1 und 3 sind richtig
(D) nur 2 und 3 sind richtig
(E) nur 3 und 4 sind richtig

746 Welche der folgenden Elektrodenbezeichnungen betreffen Elektroden 2. Art?

(1) Pt | H_2 | H^+
(2) Cu | Cu^{++}
(3) Ag | AgCl | Cl^-
(4) Hg | Hg_2Cl_2 | Cl^-
(5) Pt | Cl_2 | Cl^-

(A) nur 1 ist richtig
(B) nur 2 ist richtig
(C) nur 5 ist richtig
(D) nur 3 und 4 sind richtig
(E) nur 1, 3, 4 und 5 sind richtig

747 Welche Aussage zu Elektroden trifft **nicht** zu?

(A) Bei einer Elektrode 2. Art ist das Elektrodenmetall von einer Schicht eines schwer löslichen Salzes des Metalls bedeckt.
(B) Eine Ag/AgCl/Cl^- ($a = 3$ mol·l^{-1})-Elektrode ist eine Elektrode 2. Art.
(C) Eine Silberelektrode, die in eine $AgNO_3$-Lösung eintaucht, ist eine Elektrode 1. Art.
(D) In die Berechnung des Potentials einer Ag/AgCl/Cl^- ($a = 3$ mol·l^{-1})-Elektrode geht das Löslichkeitsprodukt von AgCl ein.
(E) Eine Kalomelelektrode ist eine Elektrode 1. Art.

748 Welche der paarweise aufgeführten Namen sind Bezeichnungen für dieselbe Elektrode?

(A) Bezugselektrode – Referenzelektrode
(B) Gegenelektrode – Arbeitselektrode
(C) Glaselektrode – Redoxelektrode
(D) Indikatorelektrode – Vergleichselektrode
(E) Graphitelektrode – Ionensitive Elektrode

749 Welche Aussagen treffen zu?
Als Bezugselektrode sind geeignet:

(1) Quecksilbertropfelektrode
(2) Silber/Silberchlorid/KCl ($a = 3$ mol·l^{-1})-Elektrode
(3) Quecksilber/Quecksilber(I)-chlorid/ gesättigte KCl-Elektrode

(A) nur 1 ist richtig
(B) nur 2 ist richtig
(C) nur 1 und 2 sind richtig
(D) nur 1 und 3 sind richtig
(E) nur 2 und 3 sind richtig

750 Welche Aussagen treffen zu?
Eine Platinelektrode wird üblicherweise verwendet:

(1) zur Indikation einer Redoxtitration
(2) zur Indikation einer Säure-Base-Titration im wässrigen Milieu
(3) als ionensensitive Elektrode in der Direktpotentiometrie von Fluorid-Ionen
(4) mit einer zweiten Platinelektrode zur biamperometrischen Indikation von Redoxtitrationen

(A) nur 1 ist richtig
(B) nur 2 ist richtig
(C) nur 1 und 2 sind richtig
(D) nur 1 und 4 sind richtig
(E) 1–4 = alle sind richtig

751* Welche Aussagen treffen zu?
Eine Platinelektrode wird üblicherweise verwendet:

(1) als Gegen- oder Hilfselektrode in der Voltammetrie/Polarographie
(2) als Referenzelektrode in der Potentiometrie
(3) zur Indikation einer Säure-Base-Titration im wässrigen Milieu
(4) mit einer zweiten Platinelektrode zur Leitfähigkeitsmessung

(A) nur 1 ist richtig
(B) nur 2 ist richtig
(C) nur 1 und 2 sind richtig
(D) nur 1 und 4 sind richtig
(E) 1–4 = alle sind richtig

752 Welche der folgenden Elektroden ist **nicht** polarisierbar?

(A) Silberelektrode
(B) Kalomelelektrode
(C) Goldelektrode
(D) Graphitelektrode
(E) Platinelektrode

Kalomelelektrode

Siehe hierzu auch MC-Fragen Nr. 743, 746, 747, 749.

753* Welche Aussage trifft **nicht** zu?
Die Kalomelelektrode enthält:

(A) KCl-Lösung
(B) einen Kontaktanschluss (z. B. Platin)
(C) metallisches Quecksilber
(D) $HgCl_2$
(E) Hg_2Cl_2

754 Welcher Bestandteil kommt in der Kalomel-Bezugselektrode **nicht** in nennenswerter Menge vor?

(A) Wasser
(B) Quecksilber(I)-chlorid
(C) Quecksilber(II)-chlorid
(D) Quecksilber
(E) Kaliumchlorid

755* Die „Normal-Kalomelelektrode" enthält eine Kaliumchlorid-Lösung folgender Konzentration [M_r(KCl) = 74,6; M_r(Cl) = 35,5]:

(A) 1 g/100 ml
(B) 1 kg/1 m³
(C) 1 mol/l
(D) 0,746 mol/l
(E) 0,355 mol/l

756* Welche Aussage über die **gesättigte** Kalomelelektrode trifft **nicht** zu?

(A) Ihr Potential unterscheidet sich von dem einer „0,1 N-Kalomelelektrode" (0,1 M-KCl-Lösung).
(B) Sie zeigt gegenüber der „0,1 N-Kalomelelektrode" (0,1 M-KCl-Lösung) ein negatives Potential.
(C) Die Elektrode enthält u. a. Hg_2Cl_2.
(D) Der potentialbildende Vorgang ist: $Hg^{2+} + 2e^- \rightleftharpoons Hg^0$
(E) Ihr Potential ist temperaturabhängig.

757 Welche Aussage über die gesättigte Kalomelelektrode trifft **nicht** zu?

(A) Ihr Potential unterscheidet sich von dem einer „0,1-N-Kalomelelektrode" (0,1 M-KCl-Lösung).
(B) Sie zeigt gegenüber der „0,1 N-Kalomelelektrode" (0,1 M-KCl-Lösung) ein negatives Potential.
(C) Die Elektrode enthält u. a. Hg_2Cl_2.
(D) Sie ist in der Argentometrie als Indikatorelektrode (Arbeitselektrode) bei dead-stop-Indizierung verwendbar.
(E) Ihr Potential ist temperaturabhängig.

Silber/Silberchlorid-Elektrode

Siehe hierzu auch MC-Fragen Nr. 743, 746, 747, 749.

758 Welche Aussagen über eine Silber/Silberchlorid-Elektrode treffen zu?

(1) Mit steigender Konzentration des KCl-Elektrolyten wird der gegen die Standardwasserstoffelektrode gemessene Betrag der Potentialdifferenz größer.
(2) Das Potential ist unabhängig von der Temperatur.
(3) Als Elektrolyt kann grundsätzlich NaCl oder KCl verwendet werden.

(A) nur 1 ist richtig
(B) nur 2 ist richtig
(C) nur 3 ist richtig
(D) nur 1 und 2 sind richtig
(E) nur 2 und 3 sind richtig

759 Welche Aussagen treffen zu?
Eine Silberelektrode kann verwendet werden

(1) als ionensensitive Elektrode für Silber-Ionen
(2) mit einem dünnen Überzug aus Silberchlorid als Chlorid-sensitive Elektrode
(3) als Tropfelektrode in der Polarographie
(4) mit festem Silberchlorid in KCl-Lösung (c = 3 mol · l⁻¹) als Referenzelektrode

(A) nur 1 ist richtig
(B) nur 4 ist richtig
(C) nur 3 und 4 sind richtig
(D) nur 1, 2 und 4 sind richtig
(E) 1–4 = alle sind richtig

Wasserstoffelektrode

760* Welche Aussagen über die Standardwasserstoffelektrode treffen zu?

(1) Der Wasserstoffdruck beträgt 1 atm (1 atm ≈ 10^5 Pa).
(2) Als Elektrodenmaterial dient platiniertes Platin.
(3) Das Elektrodenmetall taucht in eine Säure der H_3O^+-Aktivität 1 mol·l^{-1} ein.
(4) Die Elektrode stellt eine Indikatorelektrode dar.

(A) nur 1 ist richtig
(B) nur 3 ist richtig
(C) nur 1 und 4 sind richtig
(D) nur 2 und 4 sind richtig
(E) nur 1, 2 und 3 sind richtig

761 Welche Aussage trifft zu?
Der Betrag des Potentials einer Wasserstoff-Gaselektrode würde sich bei Erhöhung des Wasserstoffdruckes von 1 auf 10 bar etwa ändern um:

(A) 0 mV (= keine Änderung)
(B) 10 mV
(C) 30 mV
(D) 60 mV
(E) 100 mV

Ionenselektive Elektroden

762 Welche Elektroden zählen zu den ionenselektiven **Mess**elektroden?

(1) Ag_2S-Elektrode
(2) Ag/AgCl/KCl (α = 3)-Elektrode
(3) gesättigte Kalomelelektrode
(4) Lanthanfluorid-Elektrode

(A) nur 1 ist richtig
(B) nur 1 und 2 sind richtig
(C) nur 1 und 4 sind richtig
(D) nur 2 und 3 sind richtig
(E) nur 3 und 4 sind richtig

763 Welche Aussagen zu ionenselektiven Elektroden treffen zu?

(1) Mit ionenselektiven Elektroden können nur Kationen, nicht aber Anionen bestimmt werden.
(2) Je nach Art des Membranglases kann eine Glaselektrode auch als eine natriumsensitive Elektrode verwendet werden.
(3) Als Festkörpermembranelektrode ist die Ag_2S-Elektrode sowohl für Silber- als auch für Sulfid-Ionen sensitiv.

(A) nur 1 ist richtig
(B) nur 2 ist richtig
(C) nur 1 und 2 sind richtig
(D) nur 2 und 3 sind richtig
(E) 1–3 = alle sind richtig

764 Welche Aussage zu ionenselektiven Elektroden trifft **nicht** zu?

(A) Ihre Empfindlichkeit ist umso kleiner, je höher die Ladung des Ions ist.
(B) In der Direktpotentiometrie werden Probelösungen auf dieselbe Ionenstärke eingestellt wie die zur Elektrodenkalibrierung verwendeten Lösungen.
(C) Glaselektroden können Natriumionen-selektiv hergestellt werden.
(D) Zur biamperometrischen Titration in der Iodometrie werden zwei Glaselektroden eingesetzt.
(E) Ionenselektive Elektroden können zur potentiometrischen Indikation von Titrationen eingesetzt werden.

765 Welche Aussagen zu ionenselektiven Elektroden treffen zu?

(1) Je nach Art des Membranglases kann eine Glaselektrode auch als eine natriumsensitive Elektrode verwendet werden.
(2) Die als Festkörpermembranelektrode verwendete Ag_2S-Elektrode ist ausschließlich für Silber-Ionen sensitiv.
(3) Als Bestandteil des Festkörpers einer Fluorid-selektiven Elektrode wird Lanthanfluorid verwendet.

(A) nur 1 ist richtig
(B) nur 1 und 2 sind richtig
(C) nur 1 und 3 sind richtig
(D) nur 2 und 3 sind richtig
(E) 1–3 = alle sind richtig

10.1.4 Galvanische und elektrolytische Zellen

Zu MC-Fragen über Konzentrationsketten siehe auch Fragen Nr. 489–497, 1782.

Zersetzungsspannung

766* Nachfolgende schematische Abbildung zeigt den Zusammenhang zwischen Strom I und Spannung U an einer elektrolytischen Zelle.
Welcher der eingezeichneten Punkte A bis E gibt die Zersetzungsspannung an?

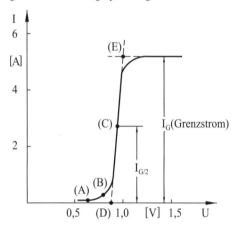

767 Welche Aussagen treffen zu?
Die Zersetzungsspannung eines Elektrolyten einer elektrolytischen Zelle

(1) errechnet sich aus der Leitfähigkeit der in der Lösung vorhandenen Ionen
(2) ist die Summe der Normalpotentiale der in der Zelle ablaufenden Elektrodenreaktionen
(3) hängt von der Temperatur des Elektrolyten ab
(4) hängt im Falle der Zersetzung von Wasser vom pH-Wert der Lösung ab

(A) nur 1 ist richtig
(B) nur 1 und 2 sind richtig
(C) nur 3 und 4 sind richtig
(D) nur 1, 2 und 3 sind richtig
(E) 1–4 = alle sind richtig

768* Welche Aussagen treffen zu?
Die Größe der Zersetzungsspannung bei einer elektrogravimetrischen Bestimmung von Kupfer in einer verdünnten Kupfersulfat-Lösung hängt ab von (alle Aktivitätskoeffizienten seien gleich 1):

(1) der Temperatur der Lösung
(2) dem Innenwiderstand der elektrolytischen Zelle
(3) den Normalpotentialen der an Anode und Kathode ablaufenden Redoxvorgänge
(4) der Konzentration der Cu^{2+}-Ionen

(A) nur 1 und 2 sind richtig
(B) nur 2 und 3 sind richtig
(C) nur 3 und 4 sind richtig
(D) nur 1, 2 und 3 sind richtig
(E) nur 1, 3 und 4 sind richtig

769* Welche Aussage trifft zu?
Die Zersetzungsspannung eines beliebigen Elektrolyten einer elektrolytischen Zelle

(A) stimmt stets überein mit der jeweils angelegten äußeren Spannung
(B) errechnet sich aus der Leitfähigkeit der in der Lösung enthaltenen Ionen
(C) ist stets gleich der Summe der Normalpotentiale der anodischen und kathodischen Elektrodenreaktion
(D) errechnet sich aus dem Widerstand des Elektrolyten bei einer Stromstärke von 1 Ampere
(E) Keine der Aussagen (A) bis (D) trifft zu.

770* Eine galvanische Zelle werde unter Zuhilfenahme eines so genannten Stromschlüssels (Salzbrücke) aufgebaut.
Welches der folgenden Salze eignet sich in wässriger Lösung am besten zur Füllung des Schlüssels?

(A) Bariumsulfat
(B) Kaliumchlorid
(C) Kaliumpermanganat
(D) Magnesiumcarbonat
(E) Lithiumiodid

Überspannung

771* Bei einer Elektrolyse ist eine größere Zellspannung erforderlich als die mithilfe der Nernst-Gleichung berechnete Gleichgewichtspotentialdifferenz.
Wie heißt die **zusätzlich** erforderliche Potentialdifferenz?

(A) Leerlaufspannung
(B) Überspannung
(C) Wechselspannung
(D) Zellspannung
(E) Zersetzungsspannung

772 Welche Aussagen treffen zu?
Ein Grund für eine Überspannung an einer Elektrode kann sein:

(1) ein geschwindigkeitsbestimmender Diffusionsvorgang
(2) eine der Durchtrittsreaktion vorgelagerte langsame chemische Reaktion
(3) eine Vergrößerung der Elektrodenoberfläche

(A) nur 1 ist richtig
(B) nur 2 ist richtig
(C) nur 3 ist richtig
(D) nur 1 und 2 sind richtig
(E) nur 2 und 3 sind richtig

773* Werden Protonen in wässriger Lösung an Metall-Kathoden zu Wasserstoff reduziert, so wird für diesen Vorgang häufig eine Überspannung beobachtet.
Für welches der folgenden Metalle ist diese Überspannung – unter sonst gleichen Bedingungen – am größten?

(A) Ag
(B) Cu
(C) Zn
(D) Hg
(E) Pt

774 Welche Aussage trifft zu?
Reines Zinkmetall löst sich in verdünnter Schwefelsäure nur sehr langsam auf, weil

(A) die Entladung von Protonen zu Wasserstoff an Zink eine Überspannung aufweist
(B) Zinkmetall sich an der Luft mit einer in Schwefelsäure unlöslichen Oxidschicht überzieht
(C) sich primär wasserunlösliches Zinksulfat bildet, das den weiteren Angriff der Säure hemmt
(D) Zink nach der Spannungsreihe edler als Wasserstoff ist
(E) Zinkmetall die Schwefelsäure zu Schwefliger Säure reduziert

10.1.5 Themenübergreifende Fragen zur Elektrochemie

Ordnen Sie bitte jeder der in Liste 1 aufgeführten Bestimmungsmethoden die jeweils (üblicherweise) verwendete **Indikator-** bzw. **Arbeitselektrode** aus Liste 2 zu!

Liste 1

775 Polarographie

776 argentometrische Fällungstitration mit potentiometrischer Indizierung

Liste 2
(A) gesättigte Kalomelelektrode
(B) Silberelektrode (z. B. Silberdraht)
(C) elektrolytisch platinierte Platinelektroden
(D) Glaselektrode
(E) Quecksilbertropfelektrode

Ordnen Sie bitte den in Liste 1 aufgeführten quantitativen Analysenmethoden die jeweils zutreffende Messgröße aus Liste 2 zu!

Liste 1

777* Potentiometrie

778* Polarographie

Liste 2
(A) elektrische Leitfähigkeit
(B) Ladung
(C) Potentialdifferenz
(D) Diffusionsgrenzstrom
(E) abgeschiedene Stoffmenge

Welche der in Liste 2 genannten Analysenmethoden gehört jeweils zur Messgröße in Liste 1?

Liste 1

779* Ladung

780* elektrische Leitfähigkeit

Liste 2
(A) Elektrogravimetrie
(B) Potentiometrie
(C) Konduktometrie
(D) Coulometrie
(E) Polarographie

Ordnen Sie bitte den Vorgängen bzw. Begriffen der Liste 1 das jeweils zugehörige elektrochemische Analysenverfahren aus Liste 2 zu!

Liste 1

781 Änderung eines Grenzflächenpotentials durch Ionenaustausch

782 Transportierte Ladungsmenge

Liste 2
(A) Potentiometrie
(B) Coulometrie
(C) Voltammetrie
(D) Konduktometrie
(E) Amperometrie

Ordnen Sie bitte den elektrochemischen Analysenverfahren der Liste 1 den in Liste 2 genannten Vorgang zu, der jeweils für den Massentransport der zu bestimmenden Teilchen verantwortlich ist!

Liste 1

783* Polarographie

784* Elektrophorese

Liste 2
(A) Konvektion
(B) Migration (unter Einfluss eines elektrischen Feldes)
(C) Diffusion
(D) Dispersion
(E) Absorption

785* Bei welchem der folgenden instrumentalanalytischen Verfahren tritt immer eine vollständige stoffliche Umsetzung der zu untersuchenden Substanz ein?

(A) Elektrogravimetrie
(B) Fluorimetrie
(C) Kernresonanzspektrometrie
(D) Direktpotentiometrie
(E) Refraktometrie

786* Bei welchem elektrochemischen Analysenverfahren beruht die Messgröße **nicht** auf einem Stromfluss infolge von Stoffumsatz?
(A) Voltammetrie
(B) Amperometrie
(C) Konduktometrie
(D) Polarographie
(E) Coulometrie

Ordnen Sie bitte den schematischen Diagrammen der Liste 1 das jeweils entsprechende elektrochemische Verfahren der Liste 2 zu (I = Gleichstromstärke, U = Gleichspannung, c = Konzentration)!

Liste 1

787*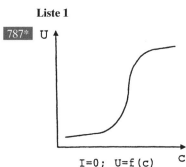
I=0; U=f(c)

788*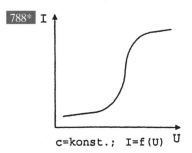
c=konst.; I=f(U)

789*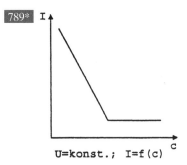
U=konst.; I=f(c)

Liste 2
(A) Monoamperometrie (mit einer Indikatorelektrode)
(B) Konduktometrie
(C) Polarographie
(D) Potentiometrie
(E) Coulometrie

Ordnen Sie bitte den Begriffen der Liste 1 die jeweils zugehörige Definition der Liste 2 zu!

Liste 1
790* Überspannung
791* Leerlaufspannung

Liste 2
(A) die bei der Elektrolyse eines Stoffes über den Betrag der elektromotorischen Kraft der Zelle hinaus erforderliche zusätzliche Spannung
(B) die zwischen der Elektronenquelle und dem Elektronenauffänger angelegte Spannung in einem Massenspektrometer
(C) die zur Zersetzung eines Elektrolyten mindestens erforderliche Gegenspannung
(D) angelegte entgegengerichtete Zellspannung bei der Amperometrie
(E) Spannung einer galvanischen Zelle in stromlosem Zustand

792 Welches Verfahren eignet sich **nicht** zur Endpunktbestimmung von Titrationen?

(A) Amperometrie
(B) Voltammetrie
(C) Potentiometrie
(D) Coulometrie
(E) Konduktometrie

793* Welche der folgenden elektrochemischen Verfahren sind üblicherweise zur Indizierung des Endpunkts einer Neutralisationstitration verwendbar?

(1) Biamperometrie
(2) Coulometrie
(3) Konduktometrie
(4) Potentiometrie

(A) nur 1 und 2 sind richtig
(B) nur 1 und 4 sind richtig
(C) nur 2 und 3 sind richtig
(D) nur 3 und 4 sind richtig
(E) nur 1, 2 und 3 sind richtig

Ordnen Sie bitte den in Liste 1 aufgeführten analytischen Verfahren die für sie zutreffende Aussage (Liste 2) zu!

Liste 1
794 Amperometrische Titration
795 Potentiometrie

Liste 2
(A) Ein Äquivalenzpunkt wird durch die Änderung der Stromstärke bei einer an die Elektroden angelegten Gleichspannung bestimmt.
(B) Ein Äquivalenzpunkt wird durch die Änderung der Spannung bei einer an die Elektroden angelegten konstanten Stromstärke bestimmt.
(C) Aus der Messung der Leitfähigkeit wird die Konzentration bestimmt.
(D) Durch praktisch stromlose Spannungsmessung zwischen Indikator- und Bezugselektrode wird die Konzentration bestimmt.
(E) Aus der bis zum Äquivalenzpunkt umgesetzten Ladungsmenge wird die Menge an zu analysierender Substanz bestimmt.

796 Welche der folgenden Methoden wird häufig zur Bestimmung des pH-Werts einer Elektrolytlösung verwendet?

(A) Potentiometrie
(B) Polarimetrie
(C) Polarographie
(D) Konduktometrie
(E) Refraktometrie

10.2 Potentiometrie

Zur Potentiometrie siehe auch MC-Fragen Nr. 627, 777, 781, 787, 792, 793, 795, 796, 1745, 1772, 1775, 1783, 1827, 1829.

10.2.1 Prinzip, Anordnung, Durchführung

797 Welche Aussage trifft zu?
Zur praktisch leistungslosen Messung einer Zellspannung, wie sie z. B. vom Arzneibuch zur Bestimmung des pH-Werts vorgeschrieben ist, eignet sich ein:

(A) Tensiometer mit hohem Widerstand
(B) VA-Meter (Leistungsmessgerät) mit einem Widerstand von mindestens 10^{-3} Ohm
(C) Drehspulmessinstrument mit einem Messbereich von 0 bis 2 V
(D) Voltmeter mit einem Eingangswiderstand, der erheblich größer ist als der Widerstand der Messkette
(E) Amperemeter, dessen Nebenwiderstand mindestens 1000 mal kleiner ist als der Widerstand der Messkette

798 Ein Messgerät soll zur Bestimmung des pH-Werts eingesetzt werden.
Welches der Messgeräte ist geeignet **und** besitzt **gerade noch** die Mindestgenauigkeit, um eine Änderung um 0,1 pH-Einheit zu erfassen?

(A) Potentiometer mit einer Ablesegenauigkeit von 0,1 mV
(B) Potentiometer mit einer Ablesegenauigkeit von 1 mV
(C) Potentiometer mit einer Ablesegenauigkeit von 10 mV
(D) Amperemeter mit einer Ablesegenauigkeit von 1 μA
(E) Amperemeter mit einer Ablesegenauigkeit von 1 mA

10.2.2 Direktpotentiometrie

pH-Wert-Bestimmung

799* Welche der folgenden Verfahren können prinzipiell zur Bestimmung des pH-Werts der Lösung einer schwachen Säure bzw. Base herangezogen werden?

(1) potentiometrische Messung an einer in die Lösung eintauchenden Glaselektrode (gegen Bezugselektrode)
(2) Bestimmung des Verbrauchs an Maßlösung bei der Neutralisationstitration (bis zum Äquivalenzpunkt)
(3) potentiometrische Messung an einer in die Lösung eintauchenden, wasserstoffumspülten (entsprechend konditionierten) Platinelektrode (gegen Bezugselektrode)
(4) potentiometrische Messung an zwei gleichen in die Lösung eintauchenden Platinelektroden

(A) nur 1 und 3 sind richtig
(B) nur 2 und 4 sind richtig
(C) nur 1, 2 und 3 sind richtig
(D) nur 2, 3 und 4 sind richtig
(E) 1–4 = alle sind richtig

800 Welche der folgenden Methoden werden nach Arzneibuch zur Bestimmung des pH-Werts einer Lösung herangezogen?

(1) potentiometrisch mit Hilfe einer Glaselektrode
(2) konduktometrisch mit zwei Platinelektroden
(3) kolorimetrisch mit Hilfe von Säure-Base-Indikatoren

(A) nur 1 ist richtig
(B) nur 2 ist richtig
(C) nur 1 und 2 sind richtig
(D) nur 1 und 3 sind richtig
(E) 1–3 = alle sind richtig

801* In der Potentiometrie kann nachstehende Formel verwendet werden:

$$pH = pH_s - \frac{E - E_s}{k}$$

E = Spannung der Zelle mit der zu untersuchenden Lösung
E_s = Spannung der Zelle mit der Lösung bekannten pH-Werts
pH_s = pH-Wert der Referenzlösung
k = temperaturabhängiger Parameter

Welche Aussagen über diese Gleichung treffen zu?

(1) Für ideal verdünnte Lösungen ist k = 1.
(2) Sie ist unmittelbar aus der Henderson-Hasselbalch-Gleichung abgeleitet.
(3) Ihr liegt zugrunde, dass sich die Spannungsdifferenz der Messkette bei Ände-

rung der H₃O⁺-Aktivität um eine pH-Stufe um einen jeweils gleichen Betrag ändert.

(A) nur 1 ist richtig
(B) nur 2 ist richtig
(C) nur 3 ist richtig
(D) nur 1 und 2 sind richtig
(E) nur 2 und 3 sind richtig

802 Welche Aussage zur Bestimmung des pH-Werts nach Arzneibuch trifft zu?

(A) Der pH-Wert wird aus der gemessenen Wasserstoff-Ionenkonzentration berechnet.
(B) Es wird eine empirische pH-Skala verwendet, wobei der zu bestimmende pH-Wert auf den pH-Wert von Referenzlösungen bezogen wird.
(C) Zur Messung ist ein Voltmeter zu verwenden, dessen Eingangswiderstand mindestens um den Faktor 100 kleiner ist als der Widerstand der Elektroden.
(D) Die pH-Definition des Arzneibuches gilt auch für Lösungen in wasserfreier Essigsäure.
(E) Keine der Aussagen (A) bis (D) trifft zu.

803 Welche der Kurven gibt die Abhängigkeit vom pH-Wert des Potentials U des Redoxpaares 2 H⁺/H₂ gegen die Standardwasserstoffelektrode richtig wieder (25 °C, Standarddruck)?

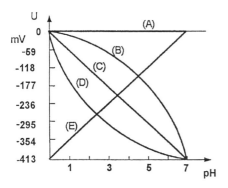

804* Welche Aussage trifft zu?
Mit einer für Wasserstoff-Ionen empfindlichen Elektrode und einer Bezugselektrode (Glaselektrodenmesskette) wird in einer Lösung mit pH = 7,00 bei 20 °C eine Potentialdifferenz von 0 Volt gemessen.

Eine Lösung von unbekanntem pH-Wert ergibt unter den gleichen Bedingungen eine Potentialdifferenz mit dem Betrag 0,029 V.
Der pH-Wert dieser Lösung kann ca. betragen (ideales Verhalten entsprechend der Nernstschen Gleichung sei vorausgesetzt):

(A) 7,25
(B) 7,29
(C) 7,50
(D) 7,58
(E) 7,75

805* Welche Aussage trifft zu?
Eine Glaselektrode, kombiniert mit einer Bezugselektrode, zeigt in einer Lösung bei 25 °C pH = 7,00 an.
Wird die Elektrodenkombination unter sonst gleichen Bedingungen in eine Lösung mit einem pH-Wert von 7,5 getaucht, ändert sich der Betrag des Potentials um:

(A) 0,03 V
(B) 0,06 V
(C) 0,12 V
(D) 0,24 V
(E) 0,48 V

Elektroden

806* Welches Metall eignet sich am besten als Elektrodenmaterial, um das Potential des Systems 2 H⁺ + 2 e⁻ ⇌ H₂ zu bestimmen?

(A) Hg
(B) Zn
(C) Pb
(D) Pt
(E) Cd

807* Welche der folgenden Elektroden können als **Indikator**elektroden zur pH-Bestimmung dienen?

(1) Wasserstoffelektrode
(2) Antimonelektrode
(3) Glaselektrode
(4) Normal-Wasserstoffelektrode
(5) Silber/Silberchlorid-Elektrode

(A) nur 3 ist richtig
(B) nur 2 und 3 sind richtig
(C) nur 4 und 5 sind richtig
(D) nur 1, 2 und 3 sind richtig
(E) nur 1, 2, 3 und 4 sind richtig

808 Welche Aussage trifft zu?
Die Indizierung des Endpunkts von acidimetrischen Titrationen im wasserfreien Milieu wird nach Arzneibuch häufig potentiometrisch vorgenommen. Dazu ist die Verwendung geeigneter Elektroden notwendig.
Als Arbeitselektrode eignet sich hierzu:

(A) Silberelektrode
(B) Kalomelelektrode
(C) Platinelektrode
(D) Glaselektrode
(E) Silber/Silberchlorid-Elektrode

Glaselektrode

809* Welche Aussage trifft zu?

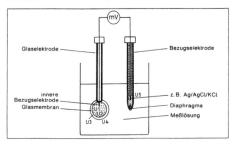

Die pH-Bestimmung mittels der Glaselektrode beruht auf der pH-Abhängigkeit der Potentialdifferenz

(A) in der inneren Bezugselektrode (U1)
(B) an der Grenzfläche innerer Elektrolyt/Glasmembran (U2)
(C) innerhalb der Glasmembran (U3)
(D) an der Grenzfläche Glasmembran/Messlösung (U4)
(E) zwischen Silber-/Silberchlorid-Elektrode und KCl-Lösung (U5)

810 Welche Aussage trifft zu?
Der Ohmsche Innenwiderstand einer Glaselektrode liegt typischerweise im Bereich von einigen:

(A) µΩ
(B) mΩ
(C) Ω
(D) kΩ
(E) MΩ

811 Welche Aussage trifft zu?
Die Steilheit einer Glaselektrode zur pH-Messung korreliert mit folgendem analytischen Begriff:

(A) Reproduzierbarkeit
(B) Empfindlichkeit
(C) Robustheit
(D) Richtigkeit
(E) Selektivität

812 Welche Aussagen treffen zu?
Die Steilheit einer Glaselektrode

(1) ist abhängig von der Temperatur
(2) ist proportional zur Ladung der potentialbestimmenden Ionen
(3) ist umgekehrt proportional zur Ladung der potentialbestimmenden Ionen
(4) kann in der Einheit Volt angegeben werden
(5) ist abhängig von der Ionenstärke der Untersuchungslösung

(A) nur 1 ist richtig
(B) nur 2 und 4 sind richtig
(C) nur 1, 2 und 5 sind richtig
(D) nur 1, 3 und 4 sind richtig
(E) nur 1, 2, 4 und 5 sind richtig

813 Welche Aussage trifft zu?
Der mit einer Glaselektroden-Einstabmesskette gemessene pH-Wert kann durch ein Diffusionspotential verfälscht werden.
Grund für das Auftreten dieses Diffusionspotentials ist (sind)

(A) eine zu langsame Diffusion der Protonen in der Glasmembran
(B) eine verminderte Diffusionsgeschwindigkeit der Na^+-Ionen in der Glasmembran
(C) die temperaturabhängige Diffusion der Hg^+-Ionen in der Kalomel-Bezugselektrode
(D) unterschiedliche Diffusionsgeschwindigkeiten der Ionenarten der Elektrolytlösung der Bezugselektrode am Diaphragma
(E) unterschiedliche Diffusionsgeschwindigkeit der H^+-Ionen an der inneren und an der äußeren Glasmembran

814 Welche Aussagen über den Säurefehler einer Glaselektrode treffen zu?

(1) Im stark sauren Bereich (pH < 0,5) ist der gemessene pH-Wert größer als der mit einer Elektrode ohne Säurefehler gemessene Wert.
(2) Im stark sauren Bereich (pH < 0,5) ist der gemessene pH-Wert kleiner als der mit einer Elektrode ohne Säurefehler gemessene Wert.
(3) Er hängt von der Art der inneren Bezugselektrode der Glaselektrode ab.
(4) Er hängt von der Zusammensetzung der Glasmembran ab.

(A) nur 2 ist richtig
(B) nur 3 ist richtig
(C) nur 1 und 4 sind richtig
(D) nur 2 und 3 sind richtig
(E) nur 3 und 4 sind richtig

815* Welche Aussage trifft zu?
Bei der pH-Bestimmung mit einer kombinierten Glaselektrode in stark natronalkalischer Lösung kann ein so genannter Alkalifehler auftreten. Ursache für den Alkalifehler ist:

(A) Auflösung der Glasmembran
(B) Querempfindlichkeit gegenüber Natrium-Ionen
(C) Dehydratisierung der Membranoberfläche
(D) Fällung von unlöslichem Siliciumhydroxid auf der Membran
(E) Verstopfung des Diaphragmas

816 Welche Aussagen über den Alkalifehler einer Glaselektrode treffen zu?

(1) Im alkalischen Bereich ist der gemessene pH-Wert größer als der mit einer Elektrode ohne Alkalifehler gemessene Wert.
(2) Im alkalischen Bereich ist der gemessene pH-Wert kleiner als der mit einer Elektrode ohne Alkalifehler gemessene Wert.
(3) Einfach geladene Kationen verursachen besonders große Alkalifehler.
(4) Er hängt von der Zusammensetzung der Glasmembran ab.

(A) nur 1 ist richtig
(B) nur 2 ist richtig
(C) nur 1 und 3 sind richtig
(D) nur 2 und 3 sind richtig
(E) nur 2, 3 und 4 sind richtig

Vergleichslösungen

817 Welche Aussage trifft zu?
Für die Kalibrierung einer Glaselektrode zur pH-Messung schreibt das Arzneibuch u. a. folgende Vergleichslösung vor:

(A) 1 M-Salzsäure für pH = 0
(B) 1 M-Essigsäure für pH = 5
(C) Aqua purificata für pH = 7
(D) 1 M-Natriumhydroxid-Lösung für pH = 14
(E) gesättigte Calciumhydroxid-Lösung

818* Welche Aussagen treffen zu?
Für die Kalibrierung einer Glaselektrode zur pH-Messung eignen sich:

(1) 1 M-Salzsäure für pH = 0
(2) Bidestilliertes Wasser für pH = 7
(3) 1 M-Natriumhydroxid-Lösung für pH = 14
(4) Referenzpufferlösungen bestimmter Zusammensetzung und Temperatur

(A) nur 2 ist richtig
(B) nur 4 ist richtig
(C) nur 1 und 3 sind richtig
(D) nur 2 und 4 sind richtig
(E) 1–4 = alle sind richtig

819* Welche Aussage trifft zu?
Für die Kalibrierung einer Glaselektrode zur pH-Messung eignet sich folgende Vergleichslösung:

(A) eine Kaliumhydrogenphthalat-Lösung bestimmten Gehaltes
(B) 1 M-Essigsäure für pH = 5
(C) Bidestilliertes Wasser für pH = 7
(D) 1 M-Natriumhydroxid-Lösung für pH = 14
(E) 1 M-Salzsäure für pH = 0

Chinhydron-Elektrode

820* Welche Aussagen treffen zu?
Zur elektrochemischen pH-Messung sind bei geeigneter Versuchsanordnung folgende Reaktionen (Summengleichungen) zu verwenden:

(1) $H_2 + 2 H_2O \rightleftharpoons 2 H_3O^+ + 2 e^-$

(2) $HO-C_6H_4-OH + 2 H_2O \rightleftharpoons O=C_6H_4=O + 2 H_3O^+ + 2 e^-$

(3) $H_2O_2 + H_2O_2 \rightleftharpoons 2 H_2O + O_2$

(A) nur 1 ist richtig
(B) nur 2 ist richtig
(C) nur 1 und 2 sind richtig
(D) nur 1 und 3 sind richtig
(E) nur 2 und 3 sind richtig

821* Welche Aussage über die Redoxbeziehung p-Benzochinon (=Ch)/Hydrochinon (= ChH_2) sowie das auftretende Chinhydron trifft **nicht** zu?

$HO-C_6H_4-OH \rightleftharpoons O=C_6H_4=O + 2 H^+ + 2 e^-$

(A) Chinhydron ist in Wasser schwer löslich.
(B) Das Potential des Systems ist definiert als

$$E_{Ch} = E^°_{Ch} + \frac{RT}{2F} \ln \frac{a_{Ch} \cdot (a_{H^+})^2}{a_{ChH_2}}$$

(C) Für $a_{Ch} = a_{ChH_2}$ ist das Redoxpotential E_{Ch} bei konstanter Temperatur nur vom pH-Wert abhängig.
(D) In stark saurer Lösung ist E_{Ch} kleiner als in neutraler Lösung.
(E) Chinhydron ist ein Charge transfer-Komplex aus p-Benzochinon und Hydrochinon im molaren Verhältnis 1 : 1.

822 Welcher ungefähre Wert errechnet sich für das Potential des Redoxpaares Chinon (0,01-molar)/Hydrochinon (1-molar) bei pH = 6? ($E^° = 0{,}7$ Volt)

(A) –1,0 V
(B) –0,5 V
(C) 0,0 V
(D) 0,3 V
(E) 1,0 V

10.2.3 Potentiometrisch indizierte Titrationen

823 Welche Aussagen treffen zu?
Die Potentiometrie eignet sich

(1) zur Indizierung von Redoxtitrationen
(2) zur Ermittlung des Redoxpotentials einer Lösung von KI und I_2
(3) zur Indizierung der komplexometrischen Titration von Ca(II) unter Verwendung einer Glaselektrode
(4) zur Indizierung einer argentometrischen Titration unter Verwendung einer Silberelektrode als Indikatorelektrode

(A) nur 1 ist richtig
(B) nur 1 und 2 sind richtig
(C) nur 3 und 4 sind richtig
(D) nur 1, 2 und 4 sind richtig
(E) 1–4 = alle sind richtig

824 Welche Aussagen treffen zu?
Die Potentiometrie eignet sich

(1) zur Messung des pH-Werts unter Verwendung einer Glaselektrode (Einstabmesskette)
(2) zur quantitativen Bestimmung von Fluorid unter Verwendung einer LaF_3-Elektrode als Indikatorelektrode
(3) zur Indizierung der Wasserbestimmung nach Karl Fischer unter Verwendung einer Glaselektrode
(4) zur Verfolgung des Verlaufs einer argentometrischen Titration unter Verwendung einer Silberelektrode als Indikatorelektrode

(A) nur 1 ist richtig
(B) nur 1 und 3 sind richtig
(C) nur 2 und 4 sind richtig
(D) nur 1, 2 und 4 sind richtig
(E) 1–4 = alle sind richtig

825 Welche Aussagen treffen zu?
Die Potentiometrie kann folgende analytische Anwendungen finden:

(1) Ermittlung von Konzentrationen elektrochemisch inaktiver Teilchen
(2) Indizierung des Endpunkts von Redoxtitrationen
(3) Indizierung des Endpunkts von Fällungstitrationen
(4) Indizierung des Endpunkts komplexometrischer Titrationen

(A) nur 1 und 2 sind richtig
(B) nur 2 und 3 sind richtig
(C) nur 3 und 4 sind richtig
(D) nur 1, 2 und 3 sind richtig
(E) nur 2, 3 und 4 sind richtig

826* Welche Aussage trifft zu?
Bei der potentiometrischen Titration erfolgt die

(A) leistungslose Messung der Potentialdifferenz zwischen Indikator- und Referenzelektrode in Abhängigkeit von der Reagenzzugabe
(B) Messung des Stromflusses zwischen einer Indikator- und einer Referenzelektrode bei konstanter Spannung
(C) Messung des Stromflusses zwischen zwei Indikatorelektroden bei konstanter Spannung
(D) Messung des Stromflusses zwischen Indikator- und Referenzelektrode bei Veränderung der Spannung
(E) Messung der Leitfähigkeit an zwei polarisierbaren Elektroden bei konstanter Spannung

827 Welche Aussage trifft zu?
Die Indizierung des Endpunkts von Titrationen im wasserfreien Milieu wird nach Arzneibuch häufig potentiometrisch vorgenommen.
Messgröße dieses Verfahrens ist:

(A) die Spannung
(B) die Änderung der Spannung
(C) die Stromstärke
(D) die Änderung der Stromstärke
(E) der elektrische Widerstand

828 Welche Aussage trifft zu?
Das Arzneibuch schreibt häufig die potentiometrische Indizierung mit der kombinierten Glaselektrode bei der wasserfreien Titration mit Perchlorsäure in Essigsäure vor. Dabei wird das Leitsalz Kaliumchlorid in der Elektrode durch ein anderes, besser geeignetes Salz ersetzt.
Dazu ist am besten geeignet:

(A) Natriumchlorid
(B) Bariumsulfat
(C) Silberchlorid
(D) Lithiumchlorid
(E) Calciumfluorid

829 Welche der folgenden Elektroden können für die potentiometrische Indikation einer Redoxtitration als **Indikator**elektroden eingesetzt werden?

(1) Glasmembran-Elektrode
(2) Platinelektrode
(3) Goldelektrode

(A) nur 1 ist richtig
(B) nur 2 ist richtig
(C) nur 1 und 3 sind richtig
(D) nur 2 und 3 sind richtig
(E) 1–3 = alle sind richtig

830 Welche Aussagen zur direktpotentiometrischen Fluorid-Bestimmung mit LaF_3-Einkristall-Membranelektroden treffen zu?

(1) Bei Messungen im sauren Bereich treten Störungen durch Bildung von undissoziiertem HF auf.
(2) Die Messungen sind störungsempfindlich gegenüber Hydroxid-Ionen.
(3) Unterhalb einer bestimmten Fluorid-Ionenaktivität der Analysenlösung macht sich die Löslichkeit von LaF_3 störend bemerkbar.

(A) nur 1 ist richtig
(B) nur 2 ist richtig
(C) nur 3 ist richtig
(D) nur 2 und 3 sind richtig
(E) 1–3 = alle sind richtig

831* Welche Aussage trifft zu?
Zur direktpotentiometrischen Bestimmung von Fluorid-Ionen ist am besten geeignet:

(A) Glaselektrode
(B) Silberelektrode
(C) Natriumfluorid-Membran-Elektrode
(D) Lanthanfluorid-Einkristall-Elektrode
(E) Silber/Silberfluorid/Kaliumfluorid ($c = 3$ mol·l^{-1})-Elektrode

Die Ionen in Liste 1 sollen mittels einer ionenselektiven Elektrode quantitativ bestimmt werden.
Ordnen Sie bitte den Ionen der Liste 1 die hierzu jeweils am besten geeignete Elektrode der Liste 2 zu!

Liste 1

832 Sulfid-Ionen (S^{2-})

833 Silber-Ionen (Ag$^+$)

Liste 2
(A) Silbersulfid-Elektrode
(B) Lanthanfluorid-Einkristall-Elektrode
(C) Chinhydron-Elektrode
(D) Antimonelektrode
(E) Kalomelelektrode

834 Welchen der folgenden Graphen erhält man bei einer mittels Silberelektrode potentiometrisch indizierten Titration mit AgNO$_3$-Maßlösung ($c = 0,1$ mol·l^{-1})?

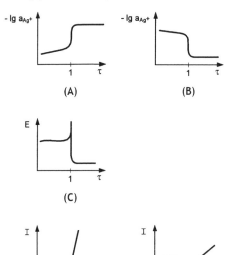

835 Bei welchem der folgenden Verfahren zur Bestimmung von Calcium wird **nicht** die Calcium-Ionen**konzentration**, sondern die Calcium-Ionen**aktivität** einer Lösung unmittelbar bestimmt?

(A) Titration mit EDTA und geeignetem Indikator
(B) Gravimetrische Bestimmung als Calciumoxalat
(C) Direktpotentiometrie mittels calciumionenselektiver Elektrode
(D) Flammenatomabsorption
(E) Atomemission

10.3 Elektrogravimetrie

Siehe auch MC-Fragen Nr. 785, 1658.

836 Welche Aussagen treffen zu?
Das 1. Faradaysche Gesetz stellt einen Zusammenhang her zwischen:

(A) dem Plattenabstand und der Ladung eines Kondensators
(B) der angelegten Spannung und der Ladung eines Kondensators
(C) der Konzentration und der Leitfähigkeit eines Elektrolyten
(D) der Konzentration und dem Dissoziationsgrad eines Elektrolyten
(E) der bei einer Elektrolyse abgeschiedenen Stoffmenge und der dabei geflossenen Ladung

837 Welche Aussagen treffen zu?
Die Faraday-Konstante F

(1) ist das Produkt aus Avogadro-Zahl und Ionenbeweglichkeit
(2) entspricht dem Betrag der Ladung eines Mols Elektronen
(3) ist das Produkt aus Avogadro-Zahl und Elementarladung
(4) ist der Innenwiderstand eines Elektrolyten

(A) nur 3 ist richtig
(B) nur 1 und 2 sind richtig
(C) nur 1 und 4 sind richtig
(D) nur 2 und 3 sind richtig
(E) nur 2, 3 und 4 sind richtig

838* Welche Aussagen treffen zu?
Bei der Elektrolyse wässriger KOH-Lösung wird Wasser zersetzt, d.h. an den Elektroden wird Wasserstoff (H_2) und Sauerstoff (O_2) abgeschieden.

(1) An der Kathode entsteht H_2, an der Anode O_2.
(2) An der Kathode entsteht O_2, an der Anode H_2.
(3) Pro Molekül H_2 entsteht ein Molekül O_2.
Pro Molekül H_2 entstehen zwei Moleküle O_2.

(A) nur 1 ist richtig
(B) nur 2 ist richtig
(C) nur 1 und 3 sind richtig
(D) nur 1 und 4 sind richtig
(E) nur 2 und 4 sind richtig

839* Welche Aussagen treffen zu?
Bei der Elektrolyse einer wässrigen Silbernitrat-Lösung werden an der Kathode folgende Prozesse beobachtet:

(1) Silber geht hier in Lösung.
(2) Es wird hier metallisches Silber abgeschieden.
(3) Nitrat-Ionen werden hier entladen.

(A) nur 1 ist richtig
(B) nur 2 ist richtig
(C) nur 3 ist richtig
(D) nur 1 und 3 sind richtig
(E) nur 2 und 3 sind richtig

840 Welche Aussagen treffen zu?
In eine elektrochemische Zelle (mit Platinelektroden) wird eine verdünnte wässrige NaCl-Lösung eingefüllt und eine geeignete Spannung angelegt, so dass ein Strom I fließt.

(1) Die Lösung enthält gleich viele Anionen und Kationen.
(2) Der Strom wird in der Lösung genau zur Hälfte von Anionen und Kationen getragen.
(3) Anionen und Kationen wandern bei Stromfluss verschieden schnell.
(4) Bei Gasentwicklung an der Kathode geht Elektrodenmaterial in Lösung.

(A) nur 1 ist richtig
(B) nur 1 und 3 sind richtig
(C) nur 2 und 4 sind richtig
(D) nur 1, 3 und 4 sind richtig
(E) 1–4 = alle sind richtig

841 Welche Aussage zur Elektrogravimetrie trifft **nicht** zu?

(A) Elektrogravimetrische Bestimmungen beruhen auf der elektrolytischen Abscheidung eines definierten Produkts des Analyten.
(B) Bei konstanter Stromstärke ist die abgeschiedene Stoffmenge des Analyten proportional zu der Zeit, in der dieser Strom fließt.
(C) Die Geschwindigkeit der elektrolytischen Abscheidung hängt vom Diffusionskoeffizienten des Analyten ab.
(D) Unter der Zersetzungsspannung versteht man die bei galvanostatischer Elektrolyse nach vollständiger elektrolytischer Abscheidung gemessene Spannung.
(E) Als Arbeitselektrode wird eine polarisierbare Elektrode eingesetzt.

842* Welche Aussage trifft zu?
Die bei der elektrogravimetrischen Kupferbestimmung in verdünnt schwefelsaurer Lösung ablaufende Reaktion lässt sich durch folgende Bruttogleichung wiedergeben:

(A) $Cu^{2+} + 3\ H_2O \longrightarrow Cu + 1/2\ O_2 + 2\ H_3O^+$
(B) $Cu^{2+} + 2\ H_3O^+ \longrightarrow Cu + 1/2\ O_2 + 2\ H_2O$
(C) $Cu^{2+} + 3\ H_2O \longrightarrow Cu^+ + 1/2\ O_2 + 2\ H_3O^+$
(D) $2\ Cu^{2+} + 2\ H_2O \longrightarrow 2\ Cu + 1/2\ O_2 + 2\ H_3O^+$
(E) $Cu^{2+} + H_2O \longrightarrow Cu + 1/2\ O_2 + H_2$

843* Welche Aussage trifft **nicht** zu?
In die Berechnung der Zersetzungsspannung bei der elektrogravimetrischen Bestimmung von Kupfer in einer schwefelsauren Kupfer(II)-sulfat-Lösung geht ein:

(A) das Standardpotential des Redoxsystems Cu^{2+}/Cu^0
(B) das Standardpotential des Redoxsystems O_2/H_2O
(C) eine eventuell vorhandene Sauerstoffüberspannung
(D) die Cu^{2+}-Konzentration
(E) der elektrische Widerstand der Lösung

844 Welche Aussage trifft zu?
Bei der Elektrolyse einer 1 M-CuSO$_4$-Lösung wurde eine Zersetzungsspannung von 1,5 V gemessen. Am Ende der Elektrolyse war die Cu^{2+}-Konzentration 10^{-6} mol · l^{-1}, die H$^+$-Ionenkonzentration blieb während der Elektrolyse praktisch konstant.
Der Betrag der Zersetzungsspannung betrug am Ende der Elektrolyse etwa:

(A) 1,5 + 0,36 V
(B) 1,5 + 0,18 V
(C) 1,5 + 0,06 V
(D) 1,5 − 0,18 V
(E) 1,5 − 0,36 V

845 Welche Aussage trifft zu?
Durch anodische Oxidation kann elektrogravimetrisch bestimmt werden:

(A) Pb^{2+}
(B) Bi^{3+}
(C) Ni^{2+}
(D) Fe^{2+}
(E) Cu^{2+}

846* Bei der Elektrolyse des Chlorids eines dreiwertigen Metalls entstehen an der Anode 11,2 ml Cl$_2$ (Gas, bezogen auf Normalbedingungen) und an der Kathode 40 mg Metall. Wie groß ergibt sich daraus annähernd die relative Atommasse des Metalls?

(A) 40
(B) 60
(C) 80
(D) 120
(E) 180

10.4 Coulometrie

Zur Coulometrie siehe auch MC-Fragen Nr. 779, 782, 792, 1746, 1784, 1871.

847 Welche Aussagen treffen zu?
Die Coulometrie kann genutzt werden:

(1) potentiostatisch zur Quantifizierung eines Stoffes
(2) galvanostatisch als Titrationsmethode
(3) zur intermediären Erzeugung eines instabilen Reagenzes
(4) zur Fällungstitration von Bromid
(5) zur Erzeugung von Brom

(A) nur 1 und 2 sind richtig
(B) nur 2 und 3 sind richtig
(C) nur 4 und 5 sind richtig
(D) nur 1, 2, 3 und 5 sind richtig
(E) 1–5 = alle sind richtig

848 Welche Aussagen zur coulometrischen Titration treffen zu?

(1) Der Titrationsendpunkt wird coulometrisch ermittelt.
(2) Die am System anliegende Spannung muss konstant sein.
(3) Der Stromfluss im System wird konstant gehalten.
(4) Die Messgröße bei der coulometrischen Titration ist die Zeit.

(A) nur 1 ist richtig
(B) nur 3 ist richtig
(C) nur 2 und 4 sind richtig
(D) nur 3 und 4 sind richtig
(E) nur 1, 2 und 4 sind richtig

849 Welche Aussage hinsichtlich der coulometrischen Titration trifft **nicht** zu?

(A) Bei der Titration starker Säuren werden im Anodenraum Säureäquivalente erzeugt.
(B) Bei der Titration starker Basen werden im Kathodenraum Basenäquivalente erzeugt.
(C) Die Titrationskurve einer starken Säure ist in der Nähe des Äquivalenzpunktes punktsymmetrisch.
(D) Die Coulometrie macht Reagenzien zugänglich, die als Maßlösung nur schwer zu handhaben sind wie z. B. Ti^{3+}.
(E) Eine Endpunktindikation wie bei der Volumetrie ist **nicht** erforderlich.

850 Die durch Elektrolyse aus einer AgNO$_3$-Lösung abgeschiedene Silbermenge m wird durch welche der folgenden Beziehungen richtig wiedergegeben (I = Stromstärke, t = Zeit)?

(A) $m \sim 1/t$
(B) $m \sim I^2 \cdot t$
(C) $m \sim 2\,It^2$
(D) $m \sim I \cdot t$
(E) $m \sim \sqrt{I \cdot t}$

851 Bei einer coulometrischen Titration werden zwei Pt-Elektroden eingesetzt. Als Leitelektrolyt wird Kaliumchlorid (c = 0,1 mol · l⁻¹) verwendet.
Welche Gleichungen beschreiben die ablaufenden Vorgänge zutreffend bzw. welche Aussagen treffen zu?

(1) Kathodenraum:

$$2\,H_2O + 2\,e^- \longrightarrow H_2 + 2\,OH^-$$

bzw.

$$2\,H_3O^+ + 2\,e^- \longrightarrow H_2 + 2\,H_2O$$

(2) Anodenraum:

$$2\,Cl^- \longrightarrow Cl_2 + 2\,e^-$$

(3) Im Kathodenraum können Säuren wie z. B. Essigsäure titriert werden.
(4) Im Kathodenraum können Basen wie z. B. Ephedrin titriert werden.

(A) nur 4 ist richtig
(B) nur 1 und 3 sind richtig
(C) nur 2 und 4 sind richtig
(D) nur 1, 2 und 3 sind richtig
(E) nur 1, 2 und 4 sind richtig

852* Welcher der folgenden Kurvenverläufe entspricht der **galvanostatischen** Coulometrie? (I = Stromstärke, U = Spannung, t = Zeit)

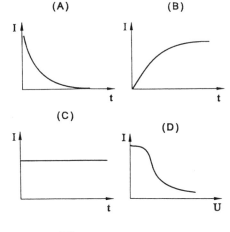

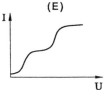

853* Welcher der folgenden Kurvenverläufe entspricht der **potentiostatischen** Coulometrie (I = Stromstärke, U = Spannung, t = Zeit)?

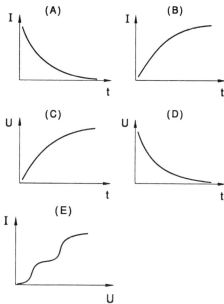

854* Welche Aussagen treffen zu?
Bei der coulometrischen Bestimmung von Arsen(III) mit konstanter Stromstärke durch anodisch erzeugtes Iod

(1) kann der Titrationsendpunkt durch Auftreten einer Blaufärbung nach Stärkezusatz angezeigt werden
(2) wird die Menge an Arsen(III) aus der Stromstärke und der Elektrolysedauer bis zum Titrationsendpunkt berechnet
(3) steigt beim Erreichen des Titrationsendpunkts die Stromstärke durch Bildung von freiem Iod sprunghaft an

(A) nur 1 ist richtig
(B) nur 3 ist richtig
(C) nur 1 und 2 sind richtig
(D) nur 2 und 3 sind richtig
(E) 1–3 = alle sind richtig

855 Welche Aussagen über die coulometrische Titration zur Bestimmung von Wasser nach Karl Fischer treffen zu?

(1) Das Reagenz I_2 wird anodisch erzeugt.
(2) Das Reagenz SO_2 wird kathodisch erzeugt.
(3) Wasser wird elektrolytisch zersetzt.
(4) Die Stromstärke wird konstant gehalten.

(A) nur 1 ist richtig
(B) nur 2 ist richtig
(C) nur 1 und 4 sind richtig
(D) nur 1, 2 und 4 sind richtig
(E) 1–4 = alle sind richtig

Berechnungen

856 In einer Elektrolyse-Zelle mit wässriger $AgNO_3$-Lösung werde an einer Elektrode in 2000 s 0,216 g Ag abgeschieden (Ag: relative Atommasse $M_A \approx 108$).
Wie groß war die mittlere Stromstärke etwa?

(A) ca. 48,3 mA
(B) ca. 96,5 mA
(C) ca. 19,3 A
(D) ca. 96,5 A
(E) ca. 193 A

857* Welche Aussage trifft zu?
Die elektrolytische Abscheidung von 1 Mol Kupfer aus einer Cu(II)-sulfat-Lösung bei einer Stromstärke von 32 A benötigt etwa:

(A) 50 min
(B) 100 min
(C) 3 h
(D) 6 h
(E) 54 h

858* Bei einer elektrogravimetrischen Bestimmung von Nickel(II) (relative Atommasse ≈ 58) entsteht gleichzeitig Wasserstoff an der Kathode. Nach 965 s Elektrolysezeit bei einem Strom von 1 A werden 58 mg Nickel ausgewogen.
Wie viel % der Elektrizitätsmenge wurden etwa für die Nickel-Abscheidung aufgewendet (Faraday-Konstante 96500 C pro Äquivalent)?

(A) 5 %
(B) 10 %
(C) 20 %
(D) 50 %
(E) 80 %

859 Bei der Wasserbestimmung nach Karl Fischer wurde das Reagenz I_2 coulometrisch erzeugt. Bis zum Äquivalenzpunkt vergingen 200 Sekunden bei einer konstant eingestellten Stromstärke von 100 mA.
Wie groß ist die erzeugte Stoffmenge I_2 (Faraday-Konstante $F = 10^5 \, A \cdot s \cdot mol^{-1}$)?

(A) 10 µmol
(B) 20 µmol
(C) 100 µmol
(D) 200 µmol
(E) 1 mmol

860 Der Wassergehalt einer Probe wurde coulometrisch nach Karl Fischer bestimmt. Dabei wurde der Äquivalenzpunkt bei einem Strom von 20 mA nach 5 min erreicht. (Faraday-Konstante $F = 10^5 \, A \cdot s \cdot mol^{-1}$)
Welcher Wassermenge entspricht dieses Messergebnis?

(A) 9 µg
(B) 18 µg
(C) 0,18 mg
(D) 0,54 mg
(E) 2,7 mg

861* Welche Aussage trifft zu?
Bei der coulometrischen Titration von 49,05 mg Schwefelsäure ($M_r = 98,1$), Na_2SO_4 als Elektrolyt, Pt-Kathode/Diaphragma/Pt-Anode, Äquivalenzpunkt: pH = 7, werden verbraucht (Faraday-Konstante: $96500 \, C \cdot mol^{-1}$):

(A) 98,1 C
(B) 96,5 C
(C) 49,05 C
(D) 48,25 C
(E) Keine der obigen Angaben trifft zu.

862* Welche Aussage trifft zu?
Bei der coulometrischen Titration einer Base werden unter geeigneten Bedingungen zur Erzeugung von soviel Mol Protonen, wie sie in 1,0 ml einer Salzsäure ($c = 0,1 \, mol \cdot l^{-1}$) enthalten sind, ungefähr benötigt:

(A) 0,5 C
(B) 1 C
(C) 5 C
(D) 10 C
(E) 50 C

863* Welche Aussage trifft zu?
Bei der Elektrolyse einer wässrigen Kupfer(II)-sulfat-Lösung fließt rund 24000 s lang ein Strom von 2 A. An der Kathode werden ungefähr abgeschieden:

(A) 4 Mol Cu
(B) 2 Mol Cu
(C) 1 Mol Cu
(D) 1/2 Mol Cu
(E) 1/4 Mol Cu

10.5 Voltammetrie (Polarographie)

Zur Polarographie siehe auch MC-Fragen Nr. 775, 778, 783, 788, 923, 1654, 1706, 1708, 1747, 1748, 1828, 1872.

10.5.1 Grundlagen der Polarographie, Strom-Spannungs-Kurven

864* Welche Aussage trifft zu?
Unter den Bedingungen einer polarographischen Zink-Bestimmung erfolgt der Transport der Zn^{2+}-Ionen zur Elektrode hauptsächlich durch:

(A) Migration
(B) Diffusion
(C) Konversion
(D) Konvektion
(E) Polarisation

865* Welche Aussage über die Polarographie trifft **nicht** zu?
In der Polarographie

(A) wird die tropfende Hg-Elektrode als Kathode verwendet
(B) ist das Halbstufenpotential identisch mit dem Redoxpotential der Probelösung, wenn es gegen eine Kalomelelektrode gemessen wird
(C) wird im Polarogramm die Stromstärke gegen die Spannung registriert
(D) wird nur ein Teil der in Lösung befindlichen Substanz an der Hg-Elektrode umgesetzt

(E) ist die Höhe des Diffusionsgrenzstromes der Konzentration des zu bestimmenden Stoffes proportional

866 Welche Aussagen zur Polarographie treffen zu?

(1) Die Stromstärke wird in Abhängigkeit von einer zeitlich veränderlichen Spannung gemessen.
(2) Als Arbeitselektrode wird die Quecksilbertropfelektrode eingesetzt.
(3) In der Methode Gleichstrompolarographie ist die mittlere Diffusionsgrenzstromstärke der Konzentration der elektroaktiven Spezies proportional.
(4) Die Diffusionsgrenzstromstärke ist abhängig von der Viskosität der Lösung.

(A) nur 1 ist richtig
(B) nur 3 ist richtig
(C) nur 1 und 2 sind richtig
(D) nur 3 und 4 sind richtig
(E) 1–4 = alle sind richtig

867 Welche Aussage trifft zu?
Die Nachweisgrenze bei der Gleichspannungspolarographie von Pb^{2+} wird hauptsächlich bestimmt durch:

(A) das Verhältnis der Höhe des Diffusionsgrenzstromes zum Wert des Halbstufenpotentials (gemessen gegen Normal-Wasserstoffelektrode)
(B) das Verhältnis der Größe des Faradayschen Stromes zur Größe des Ladestromes
(C) die Höhe der Wasserstoffüberspannung an Quecksilber
(D) die Leitfähigkeit der Grundlösung
(E) das Potential der Bezugselektrode

868 Bei der Puls-Polarographie wird im Verlauf der Spannungserhöhung bei der Aufnahme des Puls-Polarogramms kurz vor dem Abfallen des Quecksilbertropfens ein Spannungsimpuls an die elektrochemische Zelle gelegt.
Was zeichnet den dafür optimalen Zeitpunkt aus?

(A) Der Diffusionsgrenzstrom fällt steil ab.
(B) Der Ladestrom hat seinen Maximalwert erreicht.

(C) Die Differenz zwischen Kapazitätsstrom und Faraday-Strom ist null.
(D) Die Differenz zwischen Kapazitätsstrom und Faraday-Strom ist minimal.
(E) Die Differenz zwischen Kapazitätsstrom und Faraday-Strom ist am größten.

Grundelektrolyt (Leitsalz)

869* Welche Aussagen treffen zu?
Der Zusatz von Kaliumchlorid bei der Polarographie soll folgende störende Erscheinungen verhindern:

(1) Konvektion
(2) Migration
(3) Diffusion
(4) Polarisation

(A) nur 2 ist richtig
(B) nur 3 ist richtig
(C) nur 1 und 2 sind richtig
(D) nur 3 und 4 sind richtig
(E) nur 2, 3 und 4 sind richtig

870 Welches der genannten Salze wäre als Grundelektrolyt für die polarographische Zink-Bestimmung **nicht** geeignet?

(A) KCl
(B) $KClO_4$
(C) NH_3/NH_4Br
(D) $[N(C_4H_9)_4]^+ Cl^-$
(E) $CdBr_2$

Strom-Spannungs-Kurven

871* Die nachfolgende Abbildung zeigt das Polarogramm einer Blei(II)-Lösung.
Welche Größe stellt den Diffusionsgrenzstrom des Blei(II) dar (I_{kath} = kathodische Stromstärke, U = Zellspannung)?

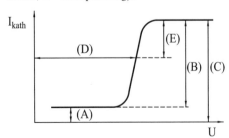

872* Die folgende Abbildung zeigt schematisch das Polarogramm einer Lösung von Zink- und Cadmiumchlorid in geeigneter Grundlösung.
Welcher der markierten Punkte (A) bis (E) gibt das Halbstufenpotential von Cadmium an?

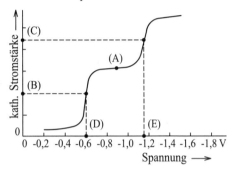

873 Die nachfolgende Abbildung zeigt das Polarogramm einer Lösung, die Cd^{2+} und Zn^{2+} enthält.
Welche Größe gibt das Halbstufenpotential des Zn^{2+} an?

(I_{kath} = kathodische Stromstärke
U = an die Zelle angelegte Spannung)

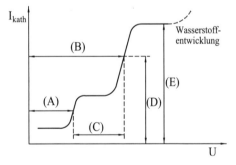

874 Welche Aussage trifft zu?
Die Polarogramme einer 10^{-4} M-Pb^{2+}-Lösung
– in einem Essigsäure/Acetat-Puffer und
– in einem Ammoniak/Ammoniumchlorid-Puffer
unterscheiden sich am meisten:

(A) in der Größe des Diffusionsgrenzstromes
(B) in der Größe des Kapazitätsstromes
(C) im Halbstufenpotential
(D) in der Steilheit der Stufe
(E) in der Zahl der auftretenden Stufen

875*

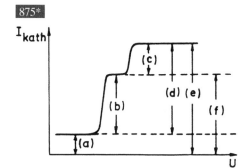

Obige Abbildung zeigt das Polarogramm einer Lösung, die Blei(II) und Thalium(I) enthält. Aus welcher(n) Größe(n) kann die **Gesamt**konzentration an beiden Metallionen ermittelt werden (I_{kath} = kathodische Stromstärke, U = an Zelle gelegte Spannung)?

(A) aus d
(B) aus e
(C) aus a und e
(D) aus b und c
(E) aus c und f

876

Welche Aussage über einen an einer Quecksilbertropfelektrode fließenden anodischen Strom trifft **nicht** zu?

(A) Er tritt z. B. bei der polarographischen Bestimmung von Ascorbinsäure auf.
(B) Er tritt bei der Auflösung des Elektrodenquecksilbers auf.
(C) Er ist durch die Übertragung von Elektronen von den umgesetzten Teilchen auf die Quecksilberelektrode charakterisiert.
(D) Voraussetzung für sein Auftreten ist ein positives Elektrodenpotential (>0 V) gegen die gesättigte Kalomelelektrode.
(E) Ein anodischer Grenzstrom kann diffusionskontrolliert sein.

Sauerstoff-Stufen

877

Welche der folgenden Aussagen bezüglich Sauerstoff in einer polarographisch untersuchten Lösung treffen zu?
Sauerstoff

(1) blockiert die Quecksilbertropfelektrode
(2) kann zu Wasserstoffperoxid reduziert werden
(3) kann zu Wasser reduziert werden
(4) greift die Elektrodenoberfläche an
(5) liefert zwei polargraphische Stufen

(A) nur 2 ist richtig
(B) nur 3 ist richtig
(C) nur 5 ist richtig
(D) nur 1 und 4 sind richtig
(E) nur 2, 3 und 5 sind richtig

Ilkovič-Gleichung

878

Die grundlegende Gleichung der Polarographie und der Voltammetrie, die Ilkovič-Gleichung, lautet:

$I_D = 607 \cdot z \cdot D^{1/2} \cdot m^{2/3} \cdot t^{1/6} \cdot c$

Welche der darin vorkommenden Variablen ist nachstehend **nicht** zutreffend bezeichnet?

(A) I_D: mittlere Diffusionsgrenzstromstärke
(B) z: Zahl der pro Teilchen umgesetzten Ladungen (Elektronenzahl)
(C) D: Diffusionskoeffizient
(D) m: Masse des Quecksilbertropfens
(E) t: Tropfzeit

879*

Welche der nachfolgend aufgeführten Größen sind in der Ilkovič-Gleichung zur Berechnung des polarographischen Diffusionsgrenzstromes von Metallionen enthalten?

(1) Zahl der bei der Reduktion des Metallions umgesetzten Elektronen
(2) Konzentration des Metallions
(3) Diffusionskoeffizient des zu reduzierenden Metallions
(4) Halbstufenpotential des zu bestimmenden Metallions

(A) nur 2 ist richtig
(B) nur 1 und 3 sind richtig
(C) nur 2 und 3 sind richtig
(D) nur 1, 2 und 3 sind richtig
(E) 1–4 = alle sind richtig

880*

Welche Aussage trifft **nicht** zu?
In die Ilkovič-Gleichung gehen folgende Größen ein:

(A) der bei der betreffenden Elektrodenreaktion ablaufende Wertigkeitswechsel in Form eines Ladungsumsatzes pro Mol Stoffumsatz
(B) die Tropfzeit der Kapillare

(C) die Spannung der polarographischen Zelle
(D) die Konzentration des elektrochemisch aktiven Stoffes
(E) der Diffusionskoeffizient des elektrochemisch aktiven Stoffes

881 Welche Aussage trifft **nicht** zu?
In der Ilkovič-Gleichung sind **explizit** folgende Größen enthalten:

(A) Zahl der pro Teilchen der umgesetzten Substanz ausgetauschten Elektronen
(B) Temperatur der Probelösung
(C) Ausflussgeschwindigkeit (Massenfluss) des Quecksilbers
(D) Konzentration der zu bestimmenden Substanz
(E) Diffusionskoeffizient

882* Welche Aussagen treffen zu?
Die Höhe des polarographischen Diffusionsgrenzstromes einer 10^{-4} molaren wässrigen Lösung von Pb^{2+}-Ionen ist abhängig von:

(1) der Art des verwendeten Grundelektrolyten
(2) dem Diffusionskoeffizienten der Blei-Ionen
(3) dem Volumen der Probelösung
(4) der Ausflussgeschwindigkeit des Quecksilbers aus der Kapillare

(A) nur 2 ist richtig
(B) nur 3 ist richtig
(C) nur 4 ist richtig
(D) nur 1, 2 und 4 sind richtig
(E) nur 2, 3 und 4 sind richtig

883 Zur Bestimmung des Arzneistoffgehalts einer Tablette der Masse 500 mg wurde diese gelöst und in einem Messkolben zu 25,0 ml mit Grundelektrolytlösung aufgefüllt. Dann wurden 2,0 ml dieser Lösung auf 20,0 ml aufgefüllt und nach Entlüften ein differentielles Puls-Polarogramm aufgenommen. Dabei wurde das Signal **4** erhalten.
Messungen des Arzneistoffs bei den angegebenen bekannten Konzentrationen ergaben die Signale 1 bis 3 (Schreiberausschlag: 10 nA/mm).

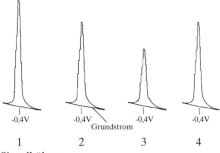

	1	2	3	4
Signalhöhe:	13,0 cm	0,10 cm	7,0 cm	10,0 cm
Arzneistoffkonzentration:	$0,13 \frac{mg}{ml}$	$0,10 \frac{mg}{ml}$	$0,07 \frac{mg}{ml}$	

Welcher Gehalt der Tablette ergibt sich aus dem Vergleich mit den Messungen bekannter Konzentrationen desselben Arzneistoffs?

(A) 1 %
(B) 2 %
(C) 3 %
(D) 4 %
(E) 5 %

10.5.2 Instrumentelle Anordnung, Durchführung

884* Welches Teil in der folgenden Prinzipskizze eines Gleichspannungspolarographen (z. B. bei der Bestimmung von Pb^{2+}, Cd^{2+} oder Zn^{2+}) ist **nicht** richtig angeordnet?

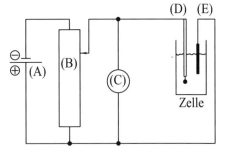

(A) Spannungsquelle (2 V)
(B) Widerstand mit Abgriff (Potentiometer)
(C) Amperemeter (Schreiber)
(D) Quecksilbertropfelektrode
(E) gesättigte Kalomelelektrode

885 Welche Aussage trifft zu?
Zur möglichst leistungslosen Messung der Spannung einer polarographischen Zelle eignet sich ein:

(A) Tensiometer mit hohem Widerstand
(B) Leistungsmessgerät mit einem Innenwiderstand von mindestens 10^{-3} Ohm
(C) Drehspulmessinstrument mit einem Messbereich von 0 bis 2 V
(D) Voltmeter mit einem Eingangswiderstand, der viel größer als der Widerstand der Zelle ist
(E) Amperemeter, dessen Innenwiderstand mindestens 1000 mal kleiner ist als der Widerstand der Zelle

886 Welche Aussage trifft **nicht** zu?
Bei einer polargraphischen Bestimmung mittels Quecksilbertropfelektrode müssen folgende Bedingungen eingehalten werden:

(A) Störender Sauerstoff muss aus der Lösung entfernt worden sein.
(B) Die Temperatur soll konstant bleiben.
(C) Die Lösung darf getrübt sein.
(D) Die Lösung muss gerührt werden.
(E) Ein Leitsalz muss zugesetzt werden.

10.5.3 Anwendungen der Polarographie

887 Welche der folgenden Teilchenarten können prinzipiell an der Quecksilbertropfelektrode reduziert werden?

(1) Kationen
(2) Anionen
(3) ungeladene Moleküle (Neutralteilchen)
(4) gelöste Gase

(A) nur 1 ist richtig
(B) nur 2 ist richtig
(C) nur 4 ist richtig
(D) nur 1 und 3 sind richtig
(E) 1–4 = alle sind richtig

Substanzgemische (Simultanbestimmungen)

888* Welche Aussage trifft zu?
Die Ionen Blei(II), Kupfer(II) und Zink(II) werden bei einer polarographischen Simultanbestimmung – geeignete Versuchsbedingungen vorausgesetzt – nacheinander wie folgt reduziert, wenn das Arbeitselektrodenpotential (gegen gesättigte Kalomelelektrode) bei 0 V beginnend in negativer Richtung verändert wird:

(A) Cu, Pb, Zn
(B) Cu, Zn, Pb
(C) Pb, Cu, Zn
(D) Pb, Zn, Cu
(E) Zn, Cu, Pb

889* Welche Aussage trifft zu?
Bei der polarographischen Bestimmung von Zink(II)- neben Cadmium(II)-Ionen

(A) werden bei fortschreitend negativem Potential zuerst praktisch alle in der Lösung enthaltenen Cadmium(II)- und dann die Zink(II)-Ionen an der Kathode reduziert
(B) wird die Konzentration an Zink(II)- und Cadmium(II)-Ionen aus der Höhe des jeweiligen Diffusionsgrenzstromes bestimmt
(C) wird die Konzentration an Zink(II)- und Cadmium(II)-Ionen aus den Halbstufenpotentialen nach der Ilkovič-Gleichung berechnet
(D) stören starke Elektrolyte wie Kaliumchlorid, da solche Elektrolyte die strombestimmende Wanderung der zu reduzierenden Ionen im elektrischen Feld unmöglich machen
(E) geht eine äquivalente Menge Quecksilber an der Kathode in Lösung

890* Welche Aussage trifft zu?
Bei der polarographischen Bestimmung (Gleichspannungspolarographie) von Zink(II)-Ionen neben Cadmium(II)-Ionen

(A) werden zuerst die Cadmium(II)-Ionen weitgehend (>99,9 % des Gesamtgehalts der Lösung) zu metallischem Cadmium reduziert, bevor die Reduktion der Zink(II)-Ionen einsetzt

(B) wird die zu untersuchende Lösung durch ein Inertgas wie Stickstoff weitgehend von gelöstem Sauerstoff befreit
(C) wird der Gehalt an Zink(II)-Ionen aus dem Halbstufenpotential berechnet
(D) stören Elektrolyte wie KCl, da diese Elektrolyte die Leitfähigkeit der Lösung zu stark erhöhen
(E) ist die Größe der Diffusionsgrenzströme den Redoxpotentialen der Redoxprozesse
$Zn(II) \rightarrow Zn + 2e^-$
$Cd(II) \rightarrow Cd + 2e^-$
proportional

891* Welche Aussagen treffen zu?
Die folgenden Kationen können an der Quecksilbertropfelektrode unter Ausbildung von zwei getrennten Stufen entsprechend dem Schema $Me^{2+} + e^- \rightarrow Me^+$; $Me^+ + e^- \rightarrow Me^0$ reduziert werden:

(1) Cu^{2+}
(2) Pb^{2+}
(3) Cd^{2+}
(4) Zn^{2+}

(A) nur 1 ist richtig
(B) nur 3 ist richtig
(C) nur 1 und 3 sind richtig
(D) nur 2, 3 und 4 sind richtig
(E) 1–4 = alle sind richtig

Organische Substanzen

892 Welche der folgenden Stoffklassen können polarographisch erfasst werden?

(1) Disulfide
(2) Nitroverbindungen
(3) Hydrazide
(4) Aldehyde
(5) Peroxide

(A) nur 2 ist richtig
(B) nur 1 und 3 sind richtig
(C) nur 2, 3 und 5 sind richtig
(D) nur 2, 3, 4 und 5 sind richtig
(E) 1–5 = alle sind richtig

893 Welcher der folgenden Stoffe ist polarographisch an einer Quecksilberelektrode am schwersten reduzierbar?

(A) O=⟨⟩=O

(B) $R_1R_2C=N-R_3$

(C) $R-NO_2$

(D) ⟨⟩-NH-C(=O)-NH$_2$

(E) $R-CH_2-Br$

894* Welcher der folgenden Stoffe wird an der Quecksilbertropfelektrode unter gleichen experimentellen Bedingungen am leichtesten reduziert?

(A) O=⟨⟩=O

(B) ⟨⟩-C(=O)-H

(C) ⟨⟩-Cl

(D) ⟨⟩-Br

(E) ⟨⟩-I

895* Welche Aussage trifft **nicht** zu?
An der Quecksilbertropfelektrode können in wässriger Lösung im Potentialbereich von 0 bis –2 V (gegen gesättigte Kalomelelektrode) folgende (schematisch formulierte) Reaktionen ablaufen:

(A) $Zn^{2+} \xrightarrow{+2e^-} Zn$ (Amalgam)

(B) O=⟨⟩=O $\xrightarrow{+2e^-}$ HO-⟨⟩-OH

(C) $(CH_3)_2C=NH \xrightarrow{+2e^-} (CH_3)_2CH-NH_2$

(D) $O_2 \xrightarrow{+2e^-} H_2O_2$

(E) $CH_3-CH_2-OH \xrightarrow{+2e^-} CH_3-CH_3$

896* Welche Aussage trifft zu?
Das schematisch wiedergegebene Polarogramm kann in saurer Lösung mit einer Verbindung erhalten worden sein, die folgende funktionelle Gruppe enthält

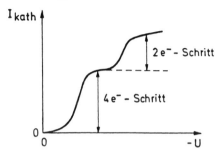

(A) —O—O—

(B) $\diagup$C=O

(C) $\diagup$C=N—

(D) —N=O

(E) —NO$_2$

(1) Menadion

(2) Nitrofurantoin

(3) Dimercaprol

(A) nur 1 ist richtig
(B) nur 3 ist richtig
(C) nur 1 und 2 sind richtig
(D) nur 2 und 3 sind richtig
(E) 1–3 = alle sind richtig

897 Die Voltammetrie unter Verwendung einer Quecksilbertropfelektrode kann zur quantitativen Bestimmung organischer Substanzen eingesetzt werden.
Welche der folgenden funktionellen Gruppen bzw. Stoffklassen kann mit dieser Methode **nicht** erfasst werden?

(A) Endiole
(B) aromatische Aldehyde
(C) aromatische Nitroverbindungen
(D) Akzeptor-substituierte Alkene
(E) gesättigte Kohlenwasserstoffe

898 Welche der folgenden Verbindungen lassen sich an einer Quecksilberelektrode durch reduktive Umsetzung bestimmen?

899 Bei der anodischen voltammetrischen Bestimmung der Aminosäure L-Cystein unter Verwendung von Edelmetall- oder Carbonelektroden wird nur eine funktionelle Gruppe erfasst.

Welche Aussage trifft zu?

(A) Die Thiol-Gruppe wird zum Disulfid oxidiert.
(B) Die Thiol-Gruppe wird zum Sulfoxid oxidiert.
(C) Die Carboxylat-Gruppe wird zum Aldehyd reduziert.
(D) Die Carboxylat-Gruppe wird zum Alkohol reduziert.
(E) Die Ammonium-Gruppe disproportioniert zu Nitroso- und Aminfunktion.

10.6 Amperometrie/ Voltammetrie

Zur Amperometrie/Voltammetrie siehe auch MC-Fragen Nr. 624, 627, 628, 789, 792, 794, 922, 1633, 1634, 1636, 1785, 1786, 1822, 1873, 1874.

900* Welche Aussagen treffen zu?
Die Amperometrie mit zwei polarisierbaren Elektroden („Biamperometrie")

(1) gehört zu den potentiometrischen Indikationsmethoden
(2) erfolgt bei konstanter Spannung
(3) ist ein Verfahren, bei dem durch zunehmende Depolarisation die Stromstärke (Betrag) kleiner wird

(A) nur 1 ist richtig
(B) nur 2 ist richtig
(C) nur 3 ist richtig
(D) nur 1 und 2 sind richtig
(E) nur 2 und 3 sind richtig

901 Bei der voltammetrisch indizierten Titration mit einer Indikatorelektrode erfolgt die

(A) Messung der Potentialdifferenz zwischen Indikator- und Referenzelektrode bei konstanter Stromstärke
(B) leistungslose Messung der Potentialdifferenz zwischen Indikator- und Referenzelektrode ohne Stromfluss
(C) Messung des Stromflusses zwischen Indikator- und Referenzelektrode bei konstanter Spannung
(D) Messung des Stromflusses bei konstanter Wechselspannung
(E) Messung des Stromflusses zwischen Indikator- und Referenzelektrode bei Veränderung der Spannung

Anordnungen (Schaltbilder)

902* Die folgende Zeichnung gibt das Schaltbild für eine biamperometrische Indikation an. Welches Bauelement ist **falsch** angeordnet?

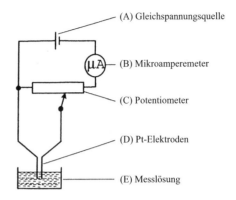

(A) Gleichspannungsquelle
(B) Mikroamperemeter
(C) Potentiometer
(D) Pt-Elektroden
(E) Messlösung

903 Welche der folgenden Darstellungen zeigt ein funktionsfähiges Schaltbild zur **biamperometrischen** Indikation (Amperometrie mit zwei polarisierbaren Elektroden; I = Stromstärke, U = Spannung)?

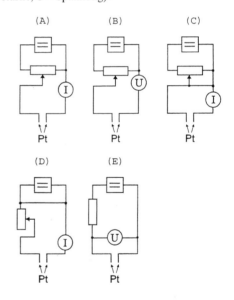

904 Welche der folgenden Darstellungen zeigt ein funktionsfähiges Schaltbild zur **bivoltametrischen** Indikation (Voltammetrie mit zwei polarisierbaren Elektroden) (I = Stromstärke, U = Spannung)?

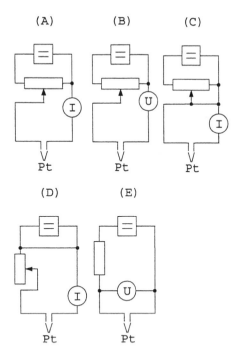

Eine Apparatur nach dem abgebildeten Blockschema ist für amperometrische Endpunktbestimmungen geeignet.
Ordnen Sie bitte den Schaltelementen der Liste 1 die jeweils entsprechende Stelle in dem Schaltschema (Liste 2) zu!

Liste 1

905 Voltmeter

906 veränderbarer Widerstand („Potentiometer")

Liste 2

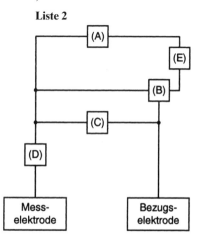

907 Welche Aussage trifft zu?
Das nachfolgende Schaltbild zeigt schematisch eine instrumentelle Anordnung zur:

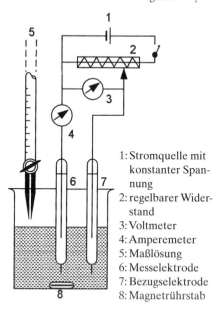

1: Stromquelle mit konstanter Spannung
2: regelbarer Widerstand
3: Voltmeter
4: Amperemeter
5: Maßlösung
6: Messelektrode
7: Bezugselektrode
8: Magnetrührstab

(A) Elektrogravimetrie
(B) coulometrischen Titration
(C) Polarographie
(D) Konduktometrie
(E) amperometrischen Titration

Durchführung

908 Welche Aussage trifft zu?
Das Standardpotential für Pb^{2+}/Pb beträgt ca. -130 mV. Für die erfolgreiche Titration von Sulfat mit Bleinitrat-Lösung bei monoamperometrischer Titration ist die Arbeitselektrode zu schalten als:

(A) Anode bei -200 mV vs. $Pt|H_2|H_3O^+$ ($a=1$)
(B) Anode bei $+200$ mV vs. $Pt|H_2|H_3O^+$ ($a=1$)
(C) Anode oder Kathode bei 0 mV vs. $Pt|H_2|H_3O^+$ ($a=1$)
(D) Kathode bei $+200$ mV vs. $Pt|H_2|H_3O^+$ ($a=1$)
(E) Kathode bei -400 mV vs. $Pt|H_2|H_3O^+$ ($a=1$)

Titrationskurven

Iod-Maßlösung wird mit Thiosulfat-Maßlösung titriert.

Ordnen Sie bitte den schematischen Graphen der Liste 1 den jeweils zutreffenden Begriff (mit Erläuterung) aus Liste 2 zu!

Liste 1

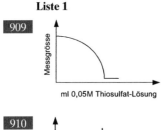

909

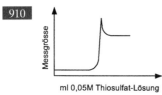

910

Liste 2
(A) Amperometrie mit einer Indikatorelektrode, Arbeitselektrode als Kathode
(B) Amperometrie mit einer Indikatorelektrode, Arbeitselektrode als Anode
(C) Amperometrie mit zwei Indikatorelektroden, ΔE klein
(D) Potentiometrie, Pt-Elektroden
(E) Voltammetrie mit zwei Indikatorelektroden, I klein

Ordnen Sie bitte den in Liste 1 aufgeführten monoamperometrisch (mit einer Indikatorelektrode) indizierten Titrationsverfahren die jeweils entsprechende Titrationskurve aus Liste 2 zu!

Liste 1

911 Reduktion des Analyten, keine Reduktion des Titrationsmittels

912 Reduktion des Titrationsmittels, keine Reduktion des Analyten

Liste 2

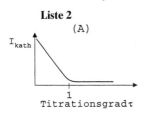

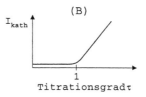

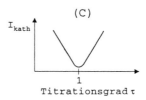

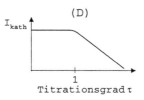

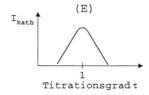

913* Welcher der folgenden Kurventypen wird bei der amperometrischen Titration (mit einer Indikatorelektrode) erhalten, wenn der Titrand **und** der Titrator unter den Bedingungen der Titration elektrochemisch aktiv sind?

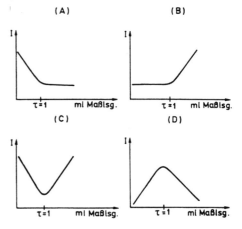

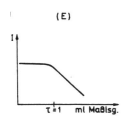

914 Bei einer amperometrisch indizierten Fällungstitration von Pb^{2+} mit Kaliumdichromat-Maßlösung wird folgende Kurve erhalten:

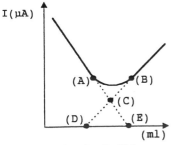

Welcher der Punkte (A) bis (E) dient zur Bestimmung des Verbrauchs an Maßlösung bis zum Äquivalenzpunkt?

915 Welche Aussage trifft zu?
Die komplexometrische Titration von Cu^{2+}-Ionen mit EDTA wurde biamperometrisch indiziert unter Verwendung einer Doppel-Cu-Elektrode. Folgende Graphik beschreibt den prinzipiellen Verlauf der Titration am besten ($U = \Delta E = 200$ mV):

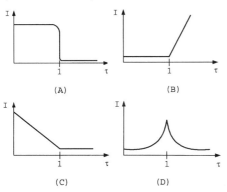

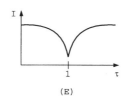

Ordnen Sie bitte den in Liste 1 dargestellten Titrationskurven die jeweils zutreffende in Liste 2 genannte amperometrische Titration zu [Messbedingungen: Zelle mit Quecksilbertropfelektrode und Ag/AgCl-Elektrode; $U = -0{,}8$ V (Hg gegen Ag/AgCl)]!

Liste 1

916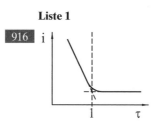

917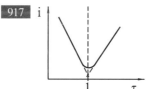

Liste 2

	Titrand	Titrator
(A)	Mg^{2+}	EDTA
(B)	Pb^{2+}	CrO_4^{2-}
(C)	Ca^{2+}	CrO_4^{2-}
(D)	Pb^{2+}	$(COO)_2^{2-}$
(E)	Ca^{2+}	$(COO)_2^{2-}$

Karl-Fischer-Titration

Siehe hierzu auch MC-Fragen Nr. 597, 598, 1785.

918* Welche Aussage zur abgebildeten Messanordnung, die zur Karl-Fischer-Titration mit iodhaltiger Maßlösung verwendet werden kann, trifft **nicht** zu?

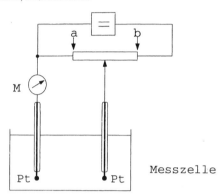

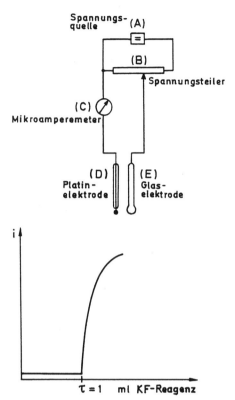

(A) Während der Titration bleibt die Spannung zwischen a und b praktisch konstant.
(B) Der Zellwiderstand steigt nach Überschreiten des Endpunkts an.
(C) Als Messinstrument M eignet sich ein Mikroamperemeter.
(D) Die zwischen den Elektroden angelegte Spannung ist kleiner als die zu Beginn der Titration für die Lösung erforderliche Zersetzungsspannung.
(E) Kurz vor Erreichen des Endpunkts wird nach jedem Reagenzzusatz ein vorübergehender Anstieg der Stromstärke beobachtet.

919* Welches Teil der in folgender Darstellung angegebenen Apparatur muss gegen ein anderes ausgetauscht werden, damit bei einer Wasserbestimmung nach Karl Fischer (Titration mit I_2-Lösung) die darunter abgebildete Titrationskurve erhalten wird?

Bestimmung primärer aromatischer Amine

Siehe hierzu auch MC-Fragen Nr. 625–628, 1697–1699, 1702–1704, 1710.

920 Welche Aussagen treffen zu?
Der Endpunkt der Titration eines primären aromatischen Amins mit $NaNO_2$-Lösung in verdünnter Salzsäure kann indiziert werden:

(1) amperometrisch unter Verwendung einer stickstoffselektiven Elektrode
(2) amperometrisch an zwei polarisierbaren Platinelektroden („biamperometrisch")
(3) potentiometrisch

(A) nur 2 ist richtig
(B) nur 3 ist richtig
(C) nur 1 und 2 sind richtig
(D) nur 2 und 3 sind richtig
(E) 1–3 = alle sind richtig

921* Bei der nitritometrischen Titration eines Sulfonamids wird folgende Titrationskurve erhalten.

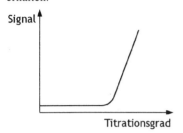

Welches Verfahren wurde zur Indikation des Endpunktes eingesetzt?

(A) Potentiometrie mit kombinierter Glaselektrode
(B) Potentiometrie mit kombinierter Platinelektrode
(C) Bivoltammetrie mit Doppel-Platinelektrode
(D) Biamperometrie mit Doppel-Platinelektrode
(E) Konduktometrie

Themenübergreifende Fragen

Ordnen Sie bitte den aufgeführten elektrochemischen Bestimmungsmethoden der Liste 1 jeweils eine Substanz aus Liste 2 zu, die man mit dieser Methode bestimmen kann!

Liste 1

922 Titration mit biamperometrischer Indikation

923 Differential-Pulspolarographie

Liste 2

(A) HOOC—CH_2—COOH

(B) [5-Nitrofuran-Hydantoin-Struktur]

(C) Cl_3C—$CH(OH)_2$

(D) [4-Hydroxyacetanilid-Struktur]

(E) [Sulfadiazin-Struktur]

10.7 Konduktometrie

Zur Konduktometrie und zur elektrischen Leitfähigkeit siehe auch MC-Fragen Nr. 726, 729–739, 780, 786, 792, 793, 1785, 1787, 1826, 1829, 1875.

924* Welche Aussage trifft für die konduktometrische Indizierung einer Titration zu?

(A) Es wird während der Titration eine zunehmende Gleichspannung an die Elektroden gelegt.
(B) Es werden eine polarisierbare Elektrode (z. B. Platin) und eine unpolarisierbare Elektrode (2. Art, z. B. Kalomelelektrode) verwendet.
(C) Es wird eine Wechselspannung an die Zelle gelegt und die Änderung des fließenden Wechselstromes verfolgt.
(D) Als Maß für die titrierte Stoffmenge dient die bis zum Titrationsendpunkt durch die Lösung transportierte elektrische Gesamtladung.
(E) Die Lösung muss vor der Titration zur Erhöhung der Leitfähigkeit mit einem Leitsalz versetzt werden.

925 Welche Aussage trifft zu?
Die Verwendung von Wechselspannung bei der Konduktometrie erfolgt zur Vermeidung von:

(A) Doppelschichtkapazitäten
(B) Ohmschen Lösungswiderständen
(C) Phasenverschiebungen
(D) Faradayschen (elektrolytischen) Vorgängen
(E) Ionenbewegungen

926 Zur **konduktometrischen** Indizierung der Titration von Salzsäure mit Natriumhydroxid-Lösung eignet sich am besten die Elektrodenkombination:

(A) eine Platin- und eine Silber-Silberchlorid-Elektrode
(B) eine Glas- und eine Kalomelelektrode
(C) eine Quecksilbertropf- und eine Kalomelelektrode
(D) zwei Platinelektroden
(E) eine Natrium- und eine Chlorid-sensitive Elektrode

In dem schematisierten Diagramm der konduktometrischen Titration von Salzsäure mit Natriumhydroxid-Maßlösung ist der Verlauf der Gesamtleitfähigkeit und der Teilleitfähigkeiten der einzelnen Reaktionsteilnehmer während der Titration dargestellt.

Ordnen Sie bitte den Reaktionsteilnehmern in Liste 1 die jeweils zugehörige Leitfähigkeitskurve im Diagramm („Liste 2") zu!

Liste 1

927 Hydroxid-Ionen

928 Natrium-Ionen

Liste 2

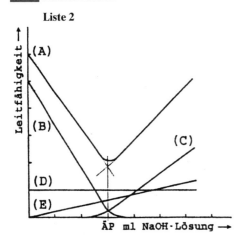

929* Welche der folgenden Titrationskurven wird bei der konduktometrischen Titration einer **schwachen** Säure mit NaOH-Maßlösung erhalten

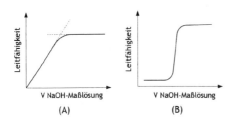

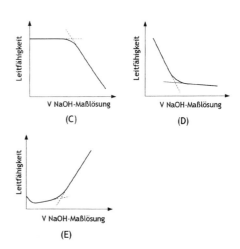

930* Welche der folgenden konduktometrischen Titrationskurven entspricht schematisch der Titration eines Gemischs von Salzsäure und Essigsäure mit 0,1 M-Natriumhydroxid-Lösung?

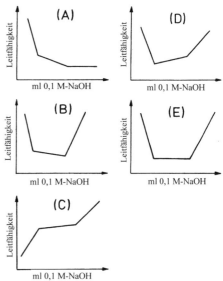

931 Welche der angegebenen Kurven würde sich bei der konduktometrischen Titration einer **schwachen** Säure mit einer **schwachen** Base ergeben?

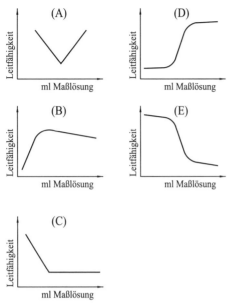

Eine starke Base wie NaOH-Lösung werde durch direkte Titration mit HCl-Maßlösung und in einer Parallelbestimmung durch Rücktitration unter Verwendung überschüssiger HCl-Maßlösung mit NaOH-Maßlösung bei konduktometrischer Indizierung bestimmt.

Ordnen Sie bitte den Titrationen in Liste 1 den jeweils im Prinzip zutreffenden Kurvenverlauf in Liste 2 zu!

Liste 1

932 direkte Titration

933 Rücktitration

Liste 2

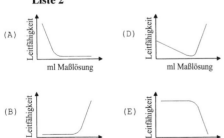

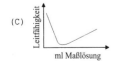

934 Welche der folgenden konduktometrischen Titrationskurven entspricht schematisch der Titration von Chlorid mit 0,1 M-Silbernitrat-Lösung?

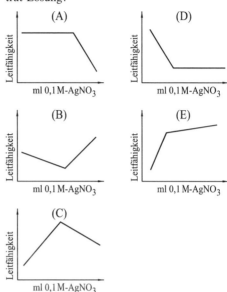

10.8 Elektrophorese

10.8.1 Grundlagen der Elektrophorese

Zur Elektrophorese siehe auch MC-Fragen Nr. 784, 1501, 1668, 1749, 1781, 1788–1790, 1830–1832, 1854, 1876.

935* Welche Aussagen treffen zu?
Elektrophoretische Trennungen beruhen auf:

(1) Migration
(2) Konvektion
(3) Diffusion

(A) nur 1 ist richtig
(B) nur 2 ist richtig
(C) nur 3 ist richtig
(D) nur 1 und 2 sind richtig
(E) nur 2 und 3 sind richtig

936* Von welchen Parametern ist die Wanderungsgeschwindigkeit geladener Teilchen bei der Elektrophorese abhängig?

(1) elektrische Feldstärke
(2) Größe der Ladung der Teilchen
(3) Teilchenradius
(4) Viskosität des Elektrolyten

(A) nur 1 ist richtig
(B) nur 2 ist richtig
(C) nur 1 und 2 sind richtig
(D) nur 1, 2 und 3 sind richtig
(E) 1–4 = alle sind richtig

937 Welche Aussagen treffen zu?
Die elektrophoretische Beweglichkeit µ eines Ions ist abhängig von:

(1) der angelegten Spannung
(2) der Ionenladung
(3) dem Ionenradius
(4) der Viskosität des Hintergrundelektrolyten
(5) der Länge der Trennkapillare

(A) nur 1 und 3 sind richtig
(B) nur 2 und 4 sind richtig
(C) nur 1, 2 und 5 sind richtig
(D) nur 2, 3 und 4 sind richtig
(E) 1–5 = alle sind richtig

938 Welche Aussagen zu elektrophoretischen Verfahren treffen zu?

(1) Die elektrophoretische Beweglichkeit eines geladenen Teilchens ist eine Funktion der elektrischen Feldstärke.
(2) Die Gesamtbeweglichkeit eines Teilchens setzt sich additiv zusammen aus seiner elektrophoretischen Beweglichkeit und der Beweglichkeit aufgrund des elektroosmotischen Flusses.
(3) Bei Verwendung eines Trägermaterials wie z.B. eines Polyacrylamid-Gels tragen Reibungsvorgänge zur elektrophoretischen Trennung bei.

(A) nur 3 ist richtig
(B) nur 1 und 2 sind richtig
(C) nur 1 und 3 sind richtig
(D) nur 2 und 3 sind richtig
(E) 1–3 = alle sind richtig

939 Welche Aussage im Zusammenhang mit der klassischen trägerfreien Elektrophorese (Grenzflächenelektrophorese) trifft **nicht** zu?

(A) Teilchen mit Ladungen entgegengesetzten Vorzeichens wandern makroskopisch in entgegengesetzte Richtung.
(B) Die Beweglichkeit elektrophoretisch trennbarer Teilchen ist u.a. abhängig von ihrer Form und Größe und von der verwendeten Pufferlösung.
(C) Der pH-Wert der verwendeten Pufferlösung hat **keinen** Einfluss auf das Elektropherogramm von Aminosäuren.
(D) Die zu trennenden Teilchen bewegen sich einige Zeit nach Beginn der Elektrophorese jeweils mit konstanten Geschwindigkeiten.
(E) Die Wanderungsgeschwindigkeit elektrophoretisch trennbarer Teilchen nimmt mit der Stärke des auf sie einwirkenden elektrischen Feldes zu.

940 Welche Aussage zur Elektrophorese trifft zu?

(A) Elektrophorese ist ohne Verwendung eines Trägers, z.B. eines Polyacrylamids, **nicht** möglich.
(B) Die Ionenbeweglichkeit ist dem Radius der wandernden Teilchen proportional.
(C) Die Ionenbeweglichkeit ist der Zahl der Elementarladungen pro Teilchen umgekehrt proportional.
(D) Am isoelektrischen Punkt ist die Wanderungsgeschwindigkeit eines Proteins am größten.
(E) Am isoelektrischen Punkt eines Proteins findet keine elektrophoretische Wanderung des Proteins statt.

941* Welche Aussage zur Elektrophorese trifft zu?

(A) Lösungen von Elektrolyten in organischen Lösungsmitteln können **nicht** eingesetzt werden.
(B) Eine Erhöhung der Ionenstärke des Elektrolyten führt bei gleicher Spannung zu einem höheren Stromfluss.
(C) Der Stromfluss ist unabhängig von der Elektrolytkonzentration.

(D) Zur Unterdrückung des elektroosmotischen Flusses werden besonders niedrig konzentrierte Elektrolytlösungen eingesetzt.
(E) Die durch den Stromfluss verursachte Wärmeentwicklung ist unabhängig von der Elektrolytkonzentration.

10.8.2 Elektrophoretische Verfahren

942 Welche Aussagen zu elektrophoretischen Verfahren treffen zu?

(1) Bei der Isotachophorese wandern alle Substanzen in Zonen mit gleicher Geschwindigkeit.
(2) Auch für die Analyse von Neutralsubstanzen stehen geeignete elektrophoretische Verfahren zur Verfügung.
(3) Die Wanderungsgeschwindigkeit der Teilchen steigt mit sinkender Viskosität der eingesetzten Pufferlösung.
(4) Zur Vermeidung der Aufheizung des Systems durch einen hohen elektrischen Strom dürfen den Pufferlösungen **keine** organischen Lösungsmittel zugesetzt werden.

(A) nur 1 und 4 sind richtig
(B) nur 2 und 3 sind richtig
(C) nur 3 und 4 sind richtig
(D) nur 1, 2 und 3 sind richtig
(E) 1–4 = alle sind richtig

943 Welche Aussage zur Isotachophorese trifft **nicht** zu?

(A) Es werden Leit- und Folgeelektrolyte verwendet.
(B) Die Ionen des Leitelektrolyten besitzen unter den experimentellen Bedingungen eine größere Beweglichkeit als die zu trennenden Substanzen.
(C) Die zu trennenden Substanzen wandern mit gleicher Geschwindigkeit.
(D) Die Feldstärke ist über die gesamte Trennstrecke konstant.
(E) Die Aufkonzentrierung von Proteinen durch Verwendung eines Sammelgels bei der Disk-Elektrophorese beruht auf einer Isotachophorese.

944 Peptide, Proteine und DNA-Fragmente können durch Elektrophorese an Polyacrylamidgelen getrennt werden.
Auf welchen der nachfolgend aufgeführten Mechanismen ist diese Trennung vorwiegend zurückzuführen?

(A) Adsorption am Polyacrylamidgel
(B) Molekularsiebeffekt des Polyacrylamidgels (Trennung nach Molekülgröße)
(C) Ionische Interaktion mit dem Polyacrylamidgel
(D) Ionische Interaktion mit der negativ geladenen Oberfläche der Elektrophoresekammer
(E) Interaktion der Analyten mit ionischen Pufferbestandteilen

945* Welches der folgenden Materialien kann als Träger in der Niederspannungs-Elektrophorese **nicht** eingesetzt werden?

(A) Agarose-Gel
(B) Papier
(C) Celluloseacetat-Folie
(D) SDS
(E) Polyacrylamid-Gel

946 Als Trägermaterial in der Elektrophorese wird häufig Agarose-Gel verwendet.
Welche Aussagen treffen zu?

(1) Agarose ist ein Polysaccharid.
(2) Agarose ist der Hauptbestandteil von Agar.
(3) Der Anteil der Agarose im Gel beeinflusst dessen Porengröße.
(4) Agarose-Gel ist **nur** zur Trennung von Nukleinsäuren geeignet.

(A) nur 1 ist richtig
(B) nur 3 ist richtig
(C) nur 1, 2 und 3 sind richtig
(D) nur 1, 3 und 4 sind richtig
(E) 1–4 = alle sind richtig

947 Nachstehend ist (unter Angabe der verwendeten Pufferlösungen) schematisch von links nach rechts der Ablauf einer Disk-Elektrophorese dargestellt.

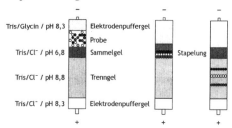

Welche Aussagen treffen zu?
(1) Sammel- und Trenngel besitzen unterschiedliche Porengrößen.
(2) Im Sammelgel läuft eine Isotachophorese ab.
(3) Im Trenngel herrscht eine konstante Feldstärke.
(4) Im Sammelgel entstehen Bereiche unterschiedlicher Feldstärke.

(A) nur 1 ist richtig
(B) nur 1 und 3 sind richtig
(C) nur 2 und 4 sind richtig
(D) nur 2, 3 und 4 sind richtig
(E) 1–4 = alle sind richtig

948 Die Trennung eines Substanzgemischs mittels Trägerelektrophorese ergibt das untenstehende Elektropherogramm.

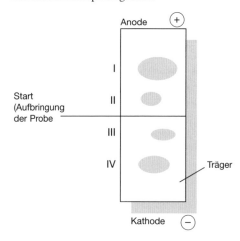

Welche Zuordnung der Banden zu den Analyten ist richtig?

(A) Banden I und II sind anionische Komponenten.
(B) Banden I und II sind kationische Komponenten.
(C) Banden III und IV sind anionische Komponenten.
(D) Banden I–IV sind kationische Komponenten.
(E) Banden I–IV sind neutrale, nicht-ionisierbare Komponenten.

949* Welche Aussagen über die elektrophoretische Trennung von Serumalbumin (Isoelektrischer Punkt: 4,6) und γ-Globulin (Isoelektrischer Punkt: 6,5) treffen prinzipiell zu?
(1) Bei Verwendung eines Puffers mit einem pH von 8 bis 9 wandern beide Proteine zur Anode.
(2) Bei Verwendung eines Puffers mit einem pH = 6,5 wandert Serumalbumin zur Kathode.
(3) Bei Verwendung eines Puffers mit einem pH = 4,6 erfolgt nur eine Wanderung des γ-Globulins.

(A) nur 1 ist richtig
(B) nur 2 ist richtig
(C) nur 3 ist richtig
(D) nur 1 und 3 sind richtig
(E) 1–3 = alle sind richtig

Kapillarelektrophorese (CE)

950 Welche Aussage trifft zu?
Die effektive Wanderungsgeschwindigkeit eines geladenen Analyten in der Kapillarelektrophorese ist **am wenigsten** abhängig von:

(A) dem elektroosmotischen Fluss
(B) der effektiven Ladung des Analyten
(C) dem Durchmesser der Kapillare
(D) dem hydrodynamischen Radius des Analyten
(E) der Viskosität des Laufpuffers

951 Eine Lösung, die Kationen, Anionen und Neutralteilchen enthält, wird elektrophoretisch in einer Quarzglaskapillare analysiert. Welcher Effekt bewirkt, dass alle gelösten Teilchen – trotz ihrer unterschiedlichen Ladungen – zu derselben Elektrode wandern?

(A) der oszillierende Diffusionsgrenzstrom
(B) die gyromagnetische Abschirmung
(C) eine Wechselspannung hoher Frequenz
(D) eine Gleichspannung mit aufgesattelten Pulsspitzen
(E) der elektroosmotische Fluss

952* Welche Aussagen zum elektroosmotischen Fluss (EOF) bei der Kapillarelektrophorese in Glaskapillaren treffen zu?

(1) Eine Ursache des EOF ist die Dissoziation (Deprotonierung) von Silanolgruppen an der Kapillaroberfläche.
(2) Die Adsorption kationischer Verbindungen an die Kapillaroberfläche führt zu einem anodischen EOF.
(3) Der EOF ist unabhängig vom *p*H-Wert der Pufferlösung.
(4) Der Zusatz organischer Lösungsmittel zur Pufferlösung hat **keinen** Einfluss auf den EOF.
(5) Der EOF sinkt mit zunehmender Viskosität der Pufferlösung.

(A) nur 1 und 3 sind richtig
(B) nur 2 und 4 sind richtig
(C) nur 1, 2 und 5 sind richtig
(D) nur 2, 3 und 5 sind richtig
(E) 1–5 = alle sind richtig

953 Welche Aussagen zum elektroosmotischen Fluss (EOF) in Glaskapillaren treffen zu?
Der EOF

(1) ist unabhängig von der angelegten Spannung
(2) sinkt mit steigender Pufferkonzentration
(3) steigt mit zunehmendem pH-Wert
(4) sinkt mit steigender Temperatur der Pufferlösung
(5) steigt mit zunehmender Viskosität der Pufferlösung

(A) nur 1 und 3 sind richtig
(B) nur 2 und 3 sind richtig
(C) nur 1, 2 und 5 sind richtig
(D) nur 2, 3 und 4 sind richtig
(E) nur 1, 3, 4 und 5 sind richtig

954 Welche der folgenden Substanzpaare sind durch Kapillarelektrophorese in freier Lösung (wässriger Phosphatpuffer **ohne weitere Zusätze** wie Micellbildner) prinzipiell trennbar?

(1) 2-Methylbenzoesäure/2-Ethylbenzoesäure
(2) 2-Methylbenzylamin/2-Ethylbenzylamin
(3) 2-Methylbenzylalkohol/2-Ethylbenzylalkohol

(A) nur 1 ist richtig
(B) nur 2 ist richtig
(C) nur 3 ist richtig
(D) nur 1 und 2 sind richtig
(E) 1–3 = alle sind richtig

955* Welche der folgenden Substanzpaare sind durch Kapillarelektrophorese in freier Lösung (wässriger Phosphatpuffer **ohne weitere Zusätze** wie Micellbildner) prinzipiell trennbar?

(1)

(2)

(3)
H   NH₂   H₂N   H
 \\ /   \\ /
 H₃C—COOH   H₃C—COOH

(A) nur 1 ist richtig
(B) nur 3 ist richtig
(C) nur 1 und 2 sind richtig
(D) nur 2 und 3 sind richtig
(E) 1–3 = alle sind richtig

956 Welche der folgenden Substanzpaare sind durch Kapillarelektrophorese in freier Lösung (wässriger Phosphatpuffer **ohne weitere Zusätze** wie Micellbildner) prinzipiell trennbar?

(1) 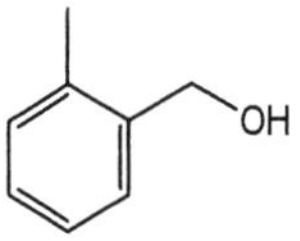 [o-methylbenzyl alcohol] und [o-ethylbenzyl alcohol]

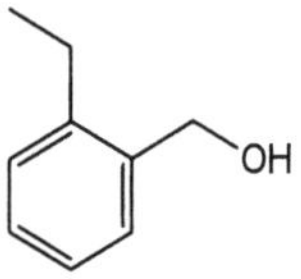

(2) 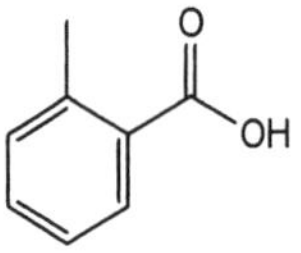 [o-methylbenzoic acid] und [o-ethylbenzoic acid]

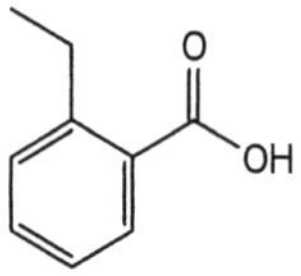

(3) 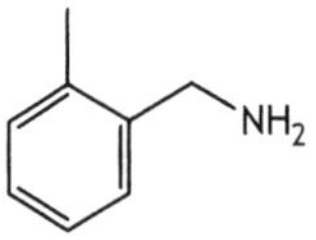 [o-methylbenzylamine] und [o-ethylbenzylamine]

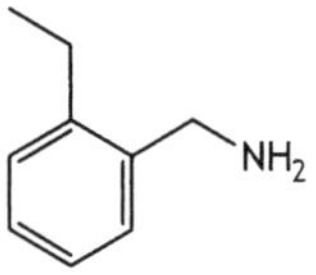

(A) nur 1 ist richtig
(B) nur 2 ist richtig
(C) nur 3 ist richtig
(D) nur 1 und 2 sind richtig
(E) nur 2 und 3 sind richtig

957 Bei der Kapillarelektrophorese in freier Lösung (unbeschichtete Quarzkapillare, Probenaufgabe an anodischer Seite der Kapillare, wässriger Phosphatpuffer pH = 7) wird das Gemisch der drei Analyten Benzoesäure, Benzylalkohol und Benzylamin getrennt. In welcher Reihenfolge werden diese Analyten detektiert?

(A) Benzoesäure–Benzylalkohol–Benzylamin
(B) Benzylamin–Benzylalkohol–Benzoesäure
(C) Benzylalkohol–Benzoesäure–Benzylamin
(D) Benzylamin–Benzoesäure–Benzylalkohol
(E) Benzosesäure–Benzylamin–Benzylalkohol

958 Welche der folgenden Mischungen ist kapillarelektrophoretisch unter Verwendung einfacher anorganischer Puffer prinzipiell **nicht** trennbar?

(A) Acetylsalicylsäure und Salicylsäure

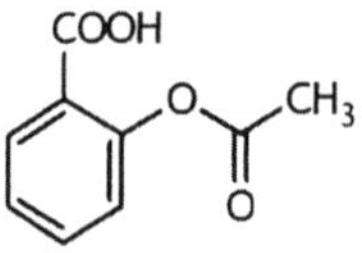

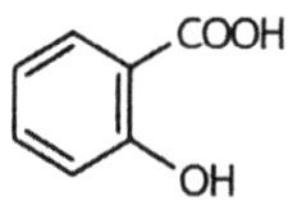

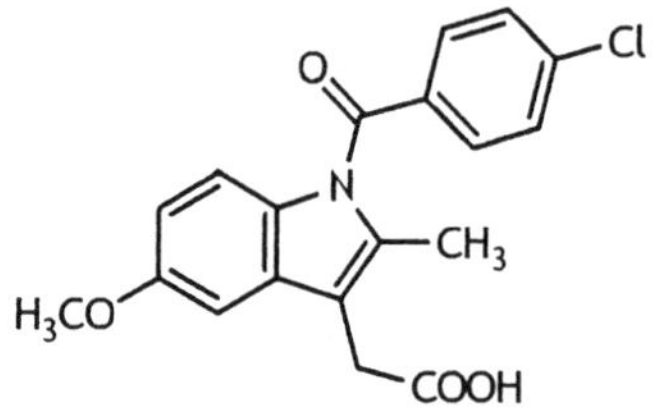

(B) Indometacin und Ibuprofen

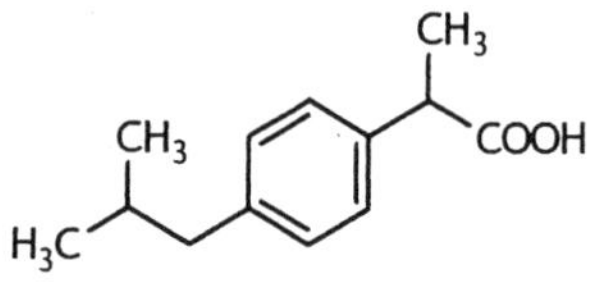

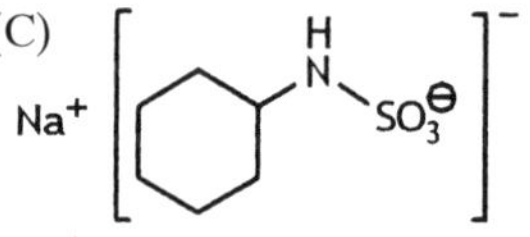

(C) Natriumcyclamat und Natriumsulfat

(D) Arginin und Lysin

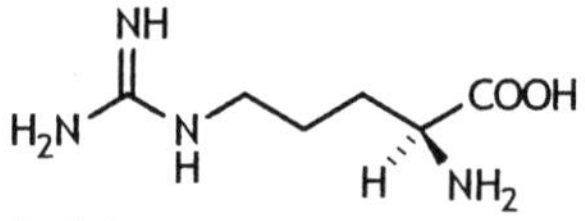

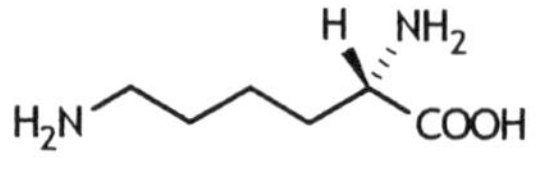

(E) Cholesterol und Progesteron

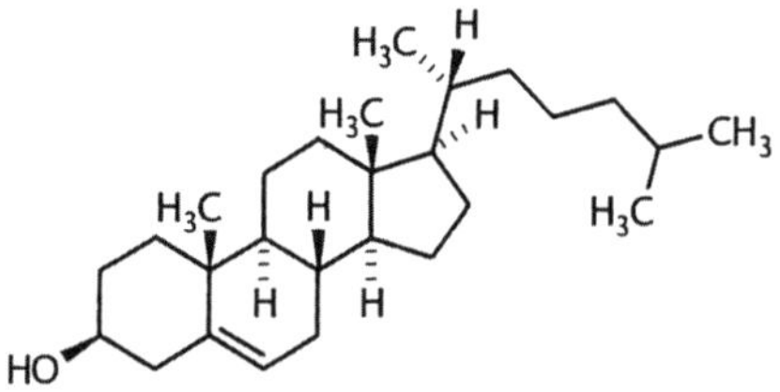

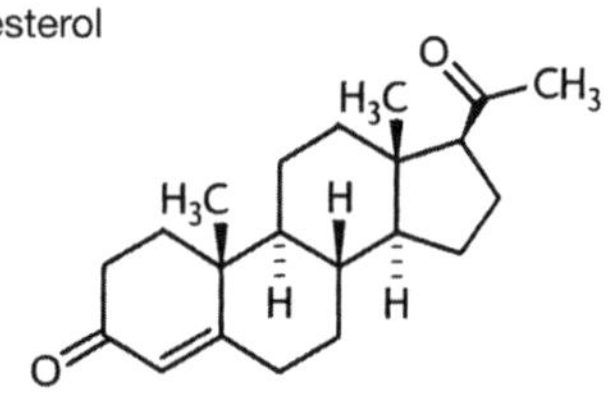

959 Welche Aussage trifft zu?
Racemische Gemische von Arzneistoffen können durch Kapillarelektrophorese in ihre Enantiomere getrennt werden. Dies setzt voraus, dass dem Trennsystem ein Selektor zugesetzt wird. Als solcher ist geeignet:

(A) Natriumhexadecylsulfat
(B) β-Cyclodextrin
(C) Acrylamid
(D) Polyethylenglycol
(E) Polysiloxan

960 Welche Aussage trifft zu?
Racemische Gemische von Arzneistoffen können durch Kapillarelektrophorese in ihre Enantiomere getrennt werden. Dies setzt voraus, dass dem Trennsystem ein Selektor zugesetzt wird. Als solcher ist geeignet:

(A) Natriumhexadecylsulfat
(B) Kupfer(II)-Histidin
(C) Acrylamid
(D) Polyethylenglycol
(E) Polysiloxan

MEKC-Methode

961 Bei welchem der nachfolgend genannten elektrophoretischen Verfahren können auch Neutralstoffe (nichtdissoziierbare Analyten) getrennt werden?

(A) Kapillarelektrophorese in wässrigem Phosphatpuffer ohne weitere Zusätze
(B) Isoelektrische Fokussierung
(C) Isotachophorese
(D) Disk-Elektrophorese
(E) Micellare elektrokinetische Chromatographie

962 Welche Aussagen zur Micellaren Elektrokinetischen Chromatographie (MEKC) treffen zu?

(1) Das Trennprinzip der MEKC beruht auf der Verteilung der Analyte zwischen der wässrigen Elektrolytlösung und den Micellen.
(2) Die Migrationsreihenfolge der Analyte ist unabhängig vom Verteilungskoeffizienten.
(3) Bei der MEKC werden ausschließlich geladene Micellbildner eingesetzt.
(4) Die MEKC eignet sich **nur** zur Trennung geladener Analyte.

(A) nur 1 ist richtig
(B) nur 1 und 2 sind richtig
(C) nur 2 und 4 sind richtig
(D) nur 1, 2 und 3 sind richtig
(E) nur 1, 3 und 4 sind richtig

963 Welche Aussage zur Micellaren Elektrokinetischen Chromatographie (MEKC) trifft zu?

(A) Die MEKC eignet sich **nur** zur Trennung geladener Analyte.
(B) Das Trennprinzip der MEKC beruht auf der Eigenmobilität ungeladener Analyte.
(C) Die Migrationsreihenfolge der Analyte ist abhängig von ihren Verteilungskoeffizienten.
(D) Bei der MEKC werden ausschließlich geladene Micellbildner eingesetzt.
(E) Bei der Verwendung kationischer Detergentien als Micellbildner kommt es zu einer Verstärkung des elektroosmotischen Flusses zur Kathode.

964 Welche Aussagen zur Micellaren Elektrokinetischen Chromatographie (MEKC) treffen zu?

(1) In der MEKC gibt man dem Puffer ausschließlich nichtionische Tenside zu, so dass sich ungeladene Micellen bilden.
(2) UV-Detektoren sind für die MEKC geeignet.
(3) Die Micellen bilden eine von der wässrigen Phase unterscheidbare pseudostationäre Phase.
(4) Die Trennung von ungeladenen, mäßig polaren Analyten erfolgt durch die Verteilung zwischen den Micellen und der wässrigen Phase.
(5) Bei der MEKC werden im Gegensatz zur Kapillarelektrophorese 125 mm kurze Trennsäulen mit einem Durchmesser von 3–4 mm eingesetzt.

(A) nur 1 ist richtig
(B) nur 3 ist richtig
(C) nur 2, 3 und 4 sind richtig
(D) nur 3, 4 und 5 sind richtig
(E) nur 1, 2, 4 und 5 sind richtig

965 Welche Aussagen zur micellaren elektrokinetischen Chromatographie (MEKC) treffen zu?

(1) Außerhalb der Micellen wandern geladene Moleküle aufgrund ihrer elektrophoretischen Mobilität.
(2) Mit der MEKC können **nur** ungeladene Moleküle getrennt werden.
(3) Die Kombination nichtionischer Tenside mit ionischen Tensiden als peudostationäre Phase ist ungeeignet.
(4) Die Verteilung ungeladener Moleküle zwischen Micellen und der wässrigen Phase trägt zur Trennung der Analyte bei.

(A) nur 1 ist richtig
(B) nur 1 und 4 sind richtig
(C) nur 2 und 3 sind richtig
(D) nur 1, 3 und 4 sind richtig
(E) nur 2, 3 und 4 sind richtig

966 Welches der nachfolgend aufgeführten Additive charakterisiert die Micellare Elektrokinetische Chromatographie (MEKC)?

(A) starke Säuren wie Schwefelsäure
(B) starke Basen wie Natronlauge
(C) oberflächenaktive Substanzen wie Natriumdodecylsulfat
(D) chirale Additive wie Cyclodextrine
(E) feinstkörnige Kieselgele wie RP-18-Phasen

11 Optische und spektroskopische Verfahren

11.1 Grundlagen

Eigenschaften von Licht

Siehe auch MC-Fragen Nr. 1437–1439.

967* Welche Aussagen über Licht treffen zu?

(1) Die Ausbreitungsgeschwindigkeit des Lichts beträgt im Vakuum etwa 200 000 km/s.
(2) Licht kann als transversale elektromagnetische Welle beschrieben werden.
(3) Licht kann linear polarisiert werden.
(4) In manchen Experimenten zeigt Licht Korpuskeleigenschaften.

(A) nur 1 und 3 sind richtig
(B) nur 1, 2 und 3 sind richtig
(C) nur 1, 2 und 4 sind richtig
(D) nur 2, 3 und 4 sind richtig
(E) 1–4 = alle sind richtig

968 Welche Beziehung gilt für die Ausbreitungsgeschwindigkeit c einer Lichtwelle (f Frequenz, λ Wellenlänge, w Kreisfrequenz, T Periodendauer, h Plancksches Wirkungsquantum, t Zeit)?

(A) $c = \frac{f}{\lambda}$
(B) $c = \lambda \cdot f$
(C) $c = h \cdot f$
(D) $c = w \cdot t$
(E) $c = \frac{w}{T}$

969 Welche Aussage trifft zu?
Die Streckenlänge 1 nm ist gleich:

(A) 10^{-3} µm
(B) 10^{-5} mm
(C) 10^{-8} cm
(D) 10^{-12} m
(E) Keine der vorstehenden Größen trifft zu.

970 Wie groß ist die Frequenz von Licht der Wellenlänge $\lambda = 500$ nm?

(A) $5 \cdot 10^{9}$ Hz
(B) $1,5 \cdot 10^{12}$ Hz
(C) $6 \cdot 10^{14}$ Hz
(D) $1,5 \cdot 10^{15}$ Hz
(E) $3 \cdot 10^{17}$ Hz

971 Welche Wellenzahl $\tilde{v}$ entspricht der Wellenlänge $\lambda = 4$ µm?

(A) 500 cm^{-1}
(B) 1000 cm^{-1}
(C) 2500 cm^{-1}
(D) 4000 cm^{-1}
(E) 10000 cm^{-1}

972* Welche Aussage trifft zu?
Eine wichtige Naturkonstante ist die Plancksche Konstante h. Sie legt beim Licht die Proportionalität fest zwischen:

(A) Quantenenergie W und Impuls p: $W = h \cdot p$
(B) Quantenenergie W und Temperatur T: $W = h \cdot T$

(C) Quantenenergie W und Frequenz f: W = h · f
(D) Quantenenergie W und Lichtgeschwindigkeit c: W = h · c²
(E) Wellenlänge λ und Lichtgeschwindigkeit c: λ = h · c

973* Welche Aussage trifft **nicht** zu?
Bei den Übergängen zwischen den untenstehend skizzierten Energiestufen in einem Atom werden die Energiedifferenzen W_1, W_2 und W_3 durch Lichtquanten emittiert.

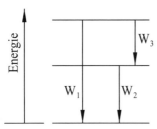

Für diese sowie die (analog indizierten) Frequenzen f und Wellenlängen λ gilt:

(A) $\lambda_1 = \lambda_2 + \lambda_3$
(B) $f_1 = f_2 + f_3$
(C) $W_1 = W_2 + W_3$
(D) $W_1 = h \cdot f_1$
(E) $W_1/W_2 = f_1/f_2$

Elektromagnetisches Spektrum, Spektralbereiche

974* Welche der folgenden Strahlungsarten gehören zum elektromagnetischen Spektrum?

(1) Radiowellen
(2) Röntgen(brems)strahlung
(3) α-Strahlung
(4) Infrarotstrahlung

(A) nur 1 und 2 sind richtig
(B) nur 1 und 4 sind richtig
(C) nur 1, 2 und 4 sind richtig
(D) nur 2, 3 und 4 sind richtig
(E) 1–4 = alle sind richtig

975 In welcher der angegebenen Reihen von Spektralbereichen nimmt die Wellenlänge von links nach rechts stets zu?

(A) IR – Mikrowellen – Radiowellen – Röntgen
(B) Röntgen – IR – Mikrowellen – UV
(C) Röntgen – UV – sichtbar (rot) – sichtbar (grün)
(D) Radiowellen – Mikrowellen – IR – UV
(E) sichtbar (grün) – sichtbar (rot) – IR – Radiowellen

976 In welcher der angegebenen Reihen von Spektralbereichen nimmt die Energie von links nach rechts stets zu?

(A) Radiowellen – sichtbar (grün) – sichtbar (gelb) – Ultraviolett
(B) Mikrowellen – sichtbar (gelb) – sichtbar (rot) – Röntgen
(C) Infrarot – sichtbar (rot) – sichtbar (grün) – Ultraviolett
(D) Röntgen – Ultraviolett – sichtbar (grün) – sichtbar (rot)
(E) Ultraviolett – Mikrowellen – sichtbar (rot) – sichtbar (grün)

Ordnen Sie bitte den in Liste 1 aufgeführten spektroskopischen Analysenmethoden den jeweils in Liste 2 dargestellten Wellenlängenbereich zu!

Liste 1

977* IR (übliche Geräte)

978 UV-VIS

Liste 2
(A) 1 mm–1 cm
(B) 0,8 µm–50 µm
(C) 200 nm–800 nm
(D) 1 nm–100 nm
(E) 0,01 nm–1 nm

Ordnen Sie bitte den in Liste 1 aufgeführten Spektralbereichen den jeweils zutreffenden Wellenlängenbereich aus Liste 2 zu!

Liste 1

979* Vakuum-UV

980 Fernes IR

981 Röntgenstrahlen

982* Mikrowellen

Liste 2
(A) 500 µm–30 cm
(B) 50 µm–500 µm
(C) 0,01 nm–1 nm
(D) 100 nm–200 nm
(E) 400 nm–800 nm

983* Welche Aussage trifft zu?
Zur Identifizierung von Arzneistoffen im Infrarotbereich kommt der folgende Wellenzahlbereich in Betracht:

(A) 2,5 bis 17 cm^{-1}
(B) 18 bis 57 cm^{-1}
(C) 58 bis 105 cm^{-1}
(D) 106 bis 200 cm^{-1}
(E) 670 bis 4000 cm^{-1}

984* Die Wellenlänge einer elektromagnetischen Welle betrage $2,5 \cdot 10^{-5}$ cm.
Welchem Spektralbereich gehört sie an?

(A) UV
(B) γ-Strahlung
(C) VIS
(D) IR
(E) Keinem der genannten Spektralbereiche

985 Die Wellenlänge einer monochromatischen Strahlung beträgt 5 µm. ($c = 3 \cdot 10^8$ m · s^{-1}; $h = 6,6 \cdot 10^{-34}$ J · s)
Welche Aussagen treffen zu?

(1) Die Strahlung lässt sich dem ultravioletten Spektralbereich zuordnen.
(2) Die Strahlung muss linear polarisiert sein.
(3) Die Energie eines Strahlungsquants dieser Wellenlänge beträgt ca. $4 \cdot 10^{-16}$ J.
(4) Die Wellenzahl beträgt 2000 cm^{-1}

(A) nur 1 ist richtig
(B) nur 2 ist richtig
(C) nur 4 ist richtig
(D) nur 3 und 4 sind richtig
(E) nur 1, 2 und 4 sind richtig

Licht und Farbe

986 Welche Farbe hat Licht der Wellenlänge $\lambda = 400$ nm?

(A) rot
(B) gelb
(C) grün
(D) blau
(E) violett

987 Welche Farbe hat Licht der Wellenlänge $\lambda = 700$ nm?

(A) rot
(B) gelb
(C) grün
(D) blau
(E) violett

11.2 Grundlagen der Refraktometrie

Zur Refraktometrie siehe auch MC-Fragen Nr. 1541, 1633, 1750, 1832.

11.2.1 Brechzahl (Brechungsindex), Messung

988* Welche Aussage über die Ausbreitung des Lichts trifft **nicht** zu?

(A) Licht breitet sich im Vakuum geradlinig aus.
(B) Die Ausbreitungsgeschwindigkeit in Materie hängt im Allgemeinen von der Frequenz des Lichts ab.
(C) Die Ausbreitungsgeschwindigkeit ist im Vakuum geringer als in Materie.
(D) Die Brechzahl eines Stoffes hängt im Allgemeinen von der Frequenz des Lichts ab.
(E) An kleinen Öffnungen wird Licht gebeugt.

989 Welche der folgenden Größen bleibt beim Übergang einer Lichtwelle von Luft in Glas gleich (unabhängig vom Einfallswinkel)?

(A) die Wellenlänge des Lichts
(B) die Frequenz des Lichts
(C) die Ausbreitungsgeschwindigkeit des Lichts
(D) die Ausbreitungsrichtung des Lichts
(E) die Wellenzahl des Lichts

990 Welche Aussagen treffen zu?
Licht trete von Luft in Glas ein. Beim Durchtritt durch die Grenzfläche

(1) nimmt die Frequenz des Lichts zu
(2) nimmt die Frequenz des Lichts ab
(3) nimmt die Wellenlänge des Lichts zu
(4) nimmt die Ausbreitungsgeschwindigkeit ab

(A) nur 1 ist richtig
(B) nur 2 ist richtig
(C) nur 3 ist richtig
(D) nur 4 ist richtig
(E) nur 2 und 3 sind richtig

991 Welche Aussagen zu nachfolgendem Schaubild zur Lichtbrechung treffen zu?

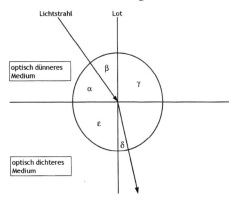

(1) Der Winkel α wird als Einfallswinkel bezeichnet.
(2) Der Winkel β wird als Einfallswinkel bezeichnet.
(3) Die Winkel γ und ε werden als Grenzwinkel der Totalreflexion bezeichnet.
(4) Der Winkel δ wird als Brechungswinkel bezeichnet.
(5) Der Grenzwinkel der Totalreflexion beträgt immer 90°.

(A) nur 1 und 4 sind richtig
(B) nur 2 und 4 sind richtig
(C) nur 3 und 5 sind richtig
(D) nur 2, 3 und 5 sind richtig
(E) nur 2, 3, 4 und 5 sind richtig

992* Die Skizze zeigt den Verlauf eines Lichtstrahls beim Übergang von einem Medium mit der Brechzahl n_1 in ein Medium mit der Brechzahl n_2.

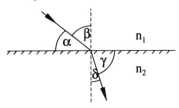

Wie ist das Brechungsgesetz zu formulieren?

(A) $\dfrac{\sin \alpha}{\sin \gamma} = \dfrac{n_1}{n_2}$

(B) $\dfrac{\sin \alpha}{\sin \delta} = \dfrac{n_1}{n_2}$

(C) $\dfrac{\sin \beta}{\sin \delta} = \dfrac{n_1}{n_2}$

(D) $\dfrac{\sin \beta}{\sin \gamma} = \dfrac{n_2}{n_1}$

(E) $\dfrac{\sin \beta}{\sin \delta} = \dfrac{n_2}{n_1}$

993* Welche Aussagen treffen zu?
Ein Lichtstrahl trifft aus der Luft (Brechzahl n = 1) schräg auf eine ebene Wasserfläche (Brechzahl n = 1,33) und wird teils reflektiert und teils gebrochen, wie untenstehend dargestellt.

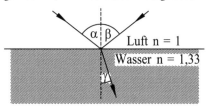

Es gilt stets:

(1) $\alpha = \beta$
(2) $\alpha + \beta = 90°$
(3) $\dfrac{\sin \alpha}{\sin \gamma} = 1{,}33$

(A) nur 1 ist richtig
(B) nur 3 ist richtig
(C) nur 1 und 3 sind richtig
(D) nur 2 und 3 sind richtig
(E) 1–3 = alle sind richtig

994 Welche Aussage zur Refraktometrie trifft **nicht** zu?

(A) Die Brechzahl einer Substanz ist unabhängig von der Wellenlänge des eingestrahlten Lichts.
(B) Die Brechzahl einer Substanz kann als Maß für deren Reinheit verwendet werden.
(C) Die Brechzahl einer Substanz ist temperaturabhängig.
(D) Die absolute Brechzahl einer Substanz ist das Verhältnis der Lichtgeschwindigkeit im Vakuum zu der in dieser Substanz.
(E) Die absolute Brechzahl von Luft ist geringfügig größer als die des Vakuums.

995 Welche Aussagen zur Refraktometrie treffen zu?

(1) Sie beruht auf den unterschiedlichen Ausbreitungsgeschwindigkeiten von Licht definierter Wellenlänge in optisch unterschiedlich dichten Medien.
(2) Sie wird üblicherweise durch Bestimmung des Grenzwinkels der Totalreflexion durchgeführt.
(3) Sie kann nur mit wässrigen Lösungen von Substanzen durchgeführt werden.
(4) Sie kann bei der HPLC zur Detektion genutzt werden.

(A) nur 1 ist richtig
(B) nur 3 ist richtig
(C) nur 2 und 3 sind richtig
(D) nur 1, 2 und 4 sind richtig
(E) 1–4 = alle sind richtig

996 Welche Aussage trifft **nicht** zu?
Die Brechzahl (früher: Brechungsindex) einer Substanz

(A) ist eine Stoffkonstante
(B) ist abhängig von der Temperatur
(C) hängt von der Wellenlänge des eingestrahlten Lichts ab
(D) ist abhängig vom Einfallswinkel des Lichts
(E) kann zu Identitäts- und Reinheitsprüfungen von Substanzen herangezogen werden

997* Welche Aussagen über die Lichtbrechung treffen zu?

(1) Die Brechzahl (Brechungsindex) ist wellenlängenabhängig.
(2) Die Brechzahl ist temperaturabhängig.
(3) Zur Kontrolle eines Refraktometers eignet sich destilliertes Wasser.
(4) Zur praktischen Messung der Brechzahl kann der Grenzwinkel der Totalreflexion herangezogen werden.

(A) nur 2 ist richtig
(B) nur 1 und 4 sind richtig
(C) nur 1, 2 und 3 sind richtig
(D) nur 2, 3 und 4 sind richtig
(E) 1–4 = alle sind richtig

998 Welche Aussage trifft **nicht** zu?
Der bei der Bestimmung der Brechzahl einer Substanzlösung mittels eines mit monochromatischem Licht arbeitenden Refraktometers ermittelte Wert hängt ab von der:

(A) Wellenlänge des Messlichts
(B) Schichtdicke des Substanzfilms
(C) Probentemperatur
(D) Substanzkonzentration
(E) Art des Lösungsmittels

Berechnungen

999 Mit etwa welcher Geschwindigkeit breitet sich Licht in einem Medium der Brechzahl n = 1,5 aus?

(A) 200 000 km/h
(B) 300 000 km/h
(C) 200 000 km/s
(D) 300 000 km/s
(E) 450 000 km/s

Dispersion

1000 Welche Aussagen über die Brechzahl treffen zu?
Licht breite sich in Materie aus, in der normale Dispersion des Lichts auftrete. Für die Brechzahl gilt:

(1) Sie nimmt mit steigender Wellenlänge des Lichts ab.
(2) Sie ist unabhängig von der Wellenlänge des Lichts.
(3) Sie ist unabhängig von der Ausbreitungsgeschwindigkeit des Lichts in der Materie.
(4) Sie ist unabhängig von der Frequenz des Lichts.

(A) nur 1 ist richtig
(B) nur 1 und 3 sind richtig
(C) nur 2 und 4 sind richtig
(D) nur 1, 3 und 4 sind richtig
(E) nur 2, 3 und 4 sind richtig

1001 Welche Aussagen treffen zu?
Bei normaler Dispersion in einem glasklaren Stoff gilt für die Brechzahl n:

(1) $n_{grün} > 1,00$
(2) $n_{rot} > n_{blau}$
(3) mit n = 1,33 ist in dem Medium die Lichtgeschwindigkeit < 300 000 km/s.

(A) nur 1 ist richtig
(B) nur 1 und 2 sind richtig
(C) nur 1 und 3 sind richtig
(D) nur 2 und 3 sind richtig
(E) 1–3 = alle sind richtig

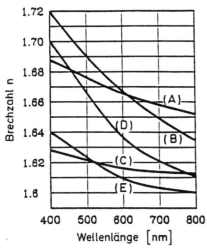

Obige Abbildung zeigt die Veränderung der Brechzahl für 5 Substanzen (A bis E) mit der Wellenlänge.
Welche Substanz zeigt im gesamten Bereich die größte Dispersion der Brechzahl?

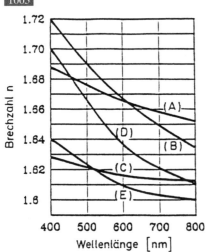

Obige Abbildung zeigt die Veränderung der Brechzahl für 5 Substanzen (A bis E) mit der Wellenlänge.
Welche Substanz zeigt die größte Brechzahl n_D^{20}?

Refraktometrie nach Arzneibuch

1004 Welche Aussage zur Bestimmung der Brechzahl nach Arzneibuch trifft **nicht** zu?

(A) Zur Kontrolle des Refraktometers kann Toluen verwendet werden.
(B) Die Brechzahl wird meistens auf die Wellenlänge der Na-D-Linie bezogen.
(C) Das Refraktometer muss die Ablesung der Brechzahl auf mindestens drei Dezimalen gestatten.
(D) Die Brechzahl organischer Flüssigkeiten nimmt mit der Temperatur zu.
(E) Die Messung muss bei definierter Temperatur erfolgen.

1005* Welche Aussage trifft **nicht** zu?
Zur Kontrolle des Refraktometers nach Arzneibuch sind geeignet:

(A) 2,2,4-Trimethylpentan
(B) Wasser
(C) Toluen (Toluol)
(D) 1-Methylnaphthalen
(E) Dünnflüssiges Paraffin

1006 Im Europäischen Arzneibuch ist die Anwendung der Refraktometrie zur Charakterisierung bestimmter Substanzen vorgesehen. Welche Aussage trifft **nicht** zu?

(A) Bestimmt wird die Brechzahl (früher: Brechungsindex) der Substanz.
(B) Die Messung muss bei definierter Temperatur erfolgen.
(C) Üblicherweise wird der Winkel der Totalabsorption bestimmt.
(D) Mit dem Verfahren können Aussagen zu Identität und Reinheit der Substanzen gemacht werden.
(E) Gehaltsbestimmungen von Substanzgemischen sind nur mit Hilfe von Kalibrierkurven möglich.

Messung Brechungsindex (Totalreflexion)

1007* Welche Aussagen zur Messung der Brechzahl mit dem Abbe-Refraktometer treffen zu?

(1) Das Gerät wird typischerweise, z.B. nach Ph. Eur., auf 20 °C temperiert.
(2) Fette und Wachse können bei höheren Temperaturen (z.B. 40 °C oder 75 °C) vermessen werden.
(3) Stoffgemische können mit dieser Methode **nicht** untersucht werden.
(4) Als Lichtquelle muss eine mit einem Natriumsalz gelb gefärbte Bunsenbrennerflamme verwendet werden.
(5) Die Messung beruht auf der Bestimmung des Grenzwinkels der Totalreflexion.

(A) nur 1 ist richtig
(B) nur 2 ist richtig
(C) nur 1 und 2 sind richtig
(D) nur 1, 2 und 5 sind richtig
(E) nur 2, 3 und 4 sind richtig

1008 Welche Aussagen zur Totalreflexion treffen zu?
Totalreflexion

(1) liegt vor, wenn die untergehende Sonne auf einer ruhigen Wasseroberfläche spiegelnde Reflexe liefert
(2) liegt vor, wenn die gesamte auffallende Strahlung reflektiert wird, dabei aber Einfalls- und Ausfallswinkel nicht gleich sind
(3) ist nur möglich, wenn der Lichtstrahl vom optisch dichteren auf das optisch dünnere Medium auffällt
(4) kann nur dann auftreten, wenn der Einfallswinkel einen bestimmten Grenzwinkel überschreitet

(A) nur 1 und 4 sind richtig
(B) nur 3 und 4 sind richtig
(C) nur 1, 2 und 3 sind richtig
(D) nur 2, 3 und 4 sind richtig
(E) 1–4 = alle sind richtig

1009 Welche Aussagen zur Refraktometrie treffen zu?

(1) Im Gegensatz zum Brechungswinkel einer Substanz ist der „Grenzwinkel der Totalreflexion" unabhängig von der Wellenlänge des eingestrahlten Lichts.
(2) Als „Grenzwinkel der Totalreflexion" bezeichnet man den Einfallswinkel α bei dem der Brechungswinkel β gerade 180° wird.
(3) Die absolute Brechzahl n einer Substanz bezeichnet den Quotienten aus der Lichtgeschwindigkeit c im Vakuum und der Lichtgeschwindigkeit c_s in der Substanz.

(A) nur 1 ist richtig
(B) nur 2 ist richtig
(C) nur 3 ist richtig
(D) nur 2 und 3 sind richtig
(E) 1–3 = alle sind richtig

1010 Grundlage der Refraktometrie ist die Lichtbrechung. In der folgenden Skizze ist der Verlauf eines gebrochenen Lichtstrahls dargestellt.

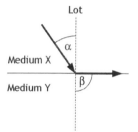

Welche Aussagen treffen zu?

(1) Der dargestellte Strahlungsverlauf gilt nur für Licht einer bestimmten Wellenlänge.
(2) Medium X ist das optisch dichtere Medium.
(3) Medium Y ist das optisch dichtere Medium.
(4) α ist der Grenzwinkel der Totalreflexion.
(5) β ist der Grenzwinkel der Totalreflexion.

(A) nur 2 ist richtig
(B) nur 3 ist richtig
(C) nur 1 und 4 sind richtig
(D) nur 1, 2 und 4 sind richtig
(E) nur 1, 2 und 5 sind richtig

1011 Welche Aussage trifft zu?
Beim Übergang von einem optisch dichteren Medium mit der Brechzahl n_1 in ein optisch dünneres Medium mit der Brechzahl n_2 gilt für den Grenzwinkel $α_g$ der Totalreflexion:

(A) $\sin \alpha_g = n_1/n_2$
(B) $\sin \alpha_g = n_2/n_1$
(C) $\tan \alpha_g = n_1/n_2$
(D) $\tan \alpha_g = n_2/n_1$
(E) Keine der vorstehenden Beziehungen trifft zu.

1012 Ein paralleles Lichtbündel läuft durch Glas (Brechzahl n = 1,5) und trifft unter dem Winkel β schräg auf die an Wasser (Brechzahl n = 1,33) grenzende ebene Oberfläche des Glases.

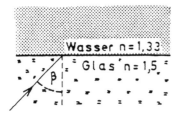

Wie berechnet sich der Grenzwinkel der Totalreflexion β_g?

(A) $\sin \beta_g = \dfrac{1,33}{1,5}$

(B) $\sin \beta_g = \dfrac{1,5}{1,33}$

(C) $\sin \beta_g = 1,33 - 1,5$
(D) $\sin \beta_g = 1,5 - 1,33$
(E) $\sin \beta_g = \dfrac{1,5 - 1,33}{1,5}$

1013 Welche Aussage zur Refraktometrie trifft zu?
Als „Grenzwinkel der Totalreflexion" bezeichnet man den Einfallswinkel α, bei dem der Brechungswinkel β gerade wird:

(A) 0°
(B) 45°
(C) 90°
(D) 180°
(E) 360°

1014 Wie groß ist der Grenzwinkel der Totalreflexion, wenn Licht aus Glas der Brechzahl *n* = 2 in Luft übergeht? (Hinweis: sin 30° = 0,5)

(A) 30°
(B) 40°
(C) 45°
(D) 50°
(E) 60°

11.2.2 Pharmazeutische Anwendungen, insbesondere nach Arzneibuch

1015* Welche Aussage trifft **nicht** zu?
Reines Glycerol kann von einer Glycerol-Wasser-Mischung (1:1) unterschieden werden durch:

(A) Bestimmung der relativen Dichte
(B) Bestimmung der Absorption bei 240 nm
(C) Bestimmung der Brechzahl (Brechungsindex)
(D) Titration nach Malaprade
(E) Wasserbestimmung durch azeotrope Destillation

11.3 Grundlagen der Polarimetrie

Zur Polarimetrie siehe auch MC-Fragen Nr. 1207, 1208, 1440, 1444, 1445, 1668, 1791, 1833, 1834, 1878.

11.3.1 Optische Drehung, Messung

Optische Aktivität

1016 Welche Aussage zu optisch aktiven Stoffen trifft zu?

(A) Sie reflektieren das Licht total, unabhängig vom Einfallswinkel.
(B) Sie dienen zur Erzeugung polarisierten Lichts.
(C) Sie drehen die Polarisationsebene linear polarisierten Lichts.
(D) Sie machen aus linear polarisiertem Licht wieder natürliches (unpolarisiertes) Licht.
(E) Sie lumineszieren.

1017 Welche der folgenden Aussagen zur optischen Aktivität treffen zu?

(1) Voraussetzung für die optische Aktivität einer Verbindung ist ihre Chiralität.
(2) Nur kristalline Verbindungen können optische Aktivität zeigen.

(3) Die Größe der spezifischen Drehung eines Stoffes ändert sich mit der Wellenlänge des polarisierten Lichts.
(4) Bei Kenntnis der spezifischen Drehung lässt sich anhand des gemessenen Drehwinkels die Konzentration berechnen.
(5) Der im Polarimeter gemessene Drehwinkel ist von der Konzentration des untersuchten Stoffes unabhängig.

(A) nur 1 und 4 sind richtig
(B) nur 1 und 5 sind richtig
(C) nur 1, 3 und 4 sind richtig
(D) nur 2, 3 und 4 sind richtig
(E) 1–5 = alle sind richtig

1018 Welche Aussage trifft zu?
Die Eigenschaft einer Substanz, die Ebene des polarisierten Lichts nach rechts zu drehen, wird üblicherweise gekennzeichnet durch:

(A) δ
(B) D
(C) r
(D) R
(E) +

1019* Welche Aussage trifft zu?
Die Eigenschaft einer Substanz, die Ebene des polarisierten Lichts nach links zu drehen, wird üblicherweise gekennzeichnet durch:

(A) –
(B) λ
(C) L
(D) s
(E) S

1020* Mit welchen der folgenden Bezeichnungen kann das Ergebnis einer polarimetrischen Bestimmung unmittelbar korreliert werden?

(1) (+)/(-)
(2) E/Z
(3) R/S
(4) D/L

(A) nur mit 1
(B) nur mit 1 und 2
(C) nur mit 2 und 3
(D) nur mit 2, 3 und 4
(E) mit 1 bis 4 = mit allen

1021 Bei welcher der genannten Verbindungen kann allein aus der Bezeichnung darauf geschlossen werden, dass sie in wässriger Lösung im Polarimeter die Ebene des linear polarisierten Lichts nach rechts dreht?

(A) R-Hyoscyamin·HBr
(B) D-Glucose
(C) (+)-Weinsäure
(D) E-Zimtsäure
(E) α-Tropinol

1022 Welche Aussagen treffen zu?
Ein paralleles, monochromatisches, polarisiertes Lichtbündel tritt senkrecht durch eine Küvette mit einer Lösung einer optisch drehenden Substanz. Dabei

(1) verringert sich die Frequenz des Lichts
(2) wird die Polarisationsebene des Lichts gedreht
(3) tritt Doppelbrechung auf
(4) vergrößert sich die Wellenlänge des Lichts

(A) nur 2 ist richtig
(B) nur 1 und 4 sind richtig
(C) nur 3 und 4 sind richtig
(D) nur 1, 2 und 3 sind richtig
(E) 1–4 = alle sind richtig

Chirale Verbindungen

1023

Wieviele unsymmetrisch substituierte C-Atome enthält obige Verbindung?

(A) 0
(B) 1
(C) 2
(D) 3
(E) 4

1024* Welche Aussagen treffen zu?
Ein ätherisches Ölgemisch zeige bei einer polarimetrischen Untersuchung eine Drehung linear polarisierten Lichts. Verantwortlich hierfür können folgende Bestandteile des Öles sein:

(1) [structure: p-methylphenyl with H₃C–CH(H)–CH₃]
(3) [structure: 4-methylcyclohexene with H₃C–C(OH)–CH₃]
(2) [structure: phenol with CH₃ and H₃C–CH(H)–CH₃]
(4) [structure: cyclohexanol with CH₃ and H₃C–CH(H)–CH₃]

(A) nur 1 ist richtig
(B) nur 4 ist richtig
(C) nur 3 und 4 sind richtig
(D) nur 2, 3 und 4 sind richtig
(E) 1–4 = alle sind richtig

1025* Verbindung I zeige eine spezifische Drehung von $[\alpha]^{20}_D = -48°$.

[Structure I: cyclohexane with H₇C₃, HO, CH₃ substituents]

Welche Verbindung zeigt als Enantiomer von I eine spezifische Drehung von +48°?

(A) [H₃C—...—C₃H₇, OH]
(D) [H₇C₃—...—CH₃, OH]
(B) [H₇C₃—...—CH₃, OH]
(E) [H₇C₃—...—OH, CH₃]
(C) [OH, CH₃, C₃H₇]

1026 [Structure of Hyoscyamin]

Hyoscyamin (siehe obige Formel) dreht die Ebene linear polarisierten Lichts.
Bei welchen der folgenden Reaktions- und Umwandlungsprodukte wäre ebenfalls eine optische Aktivität zu erwarten?

(1) [N-methylated quaternary ammonium derivative with CH₂OH]

(2) [derivative with =CH₂ instead of CH]

(3) [tropine-like structure with OH]

(4) [HO–C(=O)–C(CH₂OH)(H)–phenyl fragment]

(A) nur 3 ist richtig
(B) nur 4 ist richtig
(C) nur 1 und 2 sind richtig
(D) nur 1 und 4 sind richtig
(E) nur 1, 3 und 4 sind richtig

1027*

Cocain (siehe obige Formel) dreht die Ebene des polarisierten Lichts. Bei welchen der folgenden Verbindungen wäre ebenfalls eine optische Aktivität zu erwarten?

(A) nur bei 1
(B) nur bei 1 und 2
(C) nur bei 2 und 3
(D) nur bei 3 und 4
(E) bei 1–4 = bei allen

1028

Bei der Untersuchung von RRR-α-Tocopherol wird eine Verunreinigung identifiziert, die in ethanolischer Lösung im UV-Spektrum die gleichen Absorptionsmaxima und bei der Gaschromatographie an Polydimethylsiloxan dieselbe Retentionszeit aufweist.
Um welche der nachfolgenden Verbindungen handelt es sich mit höchster Wahrscheinlichkeit?

RRR-α-Tocopherol

Drehwinkel, spezifische Drehung

1029
Welche Aussagen treffen zu?
Beim Durchgang von polarisiertem Licht durch eine Küvette mit einer optisch drehenden Lösung gilt für den Drehwinkel α:

(1) α ist abhängig von der Frequenz des Messlichts.
(2) α ist proportional zum Küvettenquerschnitt (Durchmesser der Küvette).
(3) α wird geringer bei abnehmender Konzentration der optisch drehenden Substanz in der Lösung.

(A) nur 1 ist richtig
(B) nur 1 und 2 sind richtig
(C) nur 1 und 3 sind richtig
(D) nur 2 und 3 sind richtig
(E) 1–3 = alle sind richtig

1030* Welche Aussage trifft **nicht** zu?
Der Drehwinkel α der Lösung einer optisch aktiven Substanz

(A) hängt ab von der verwendeten Lichtwellenlänge
(B) ist proportional der Zahl der Chiralitätszentren eines Moleküls der Substanz
(C) hängt ab von der Dicke der durchstrahlten Schicht
(D) hängt ab von der Temperatur
(E) hängt ab von der Konzentration der optisch aktiven Substanz

1031* Welche Aussagen treffen zu?
Der Drehwinkel einer optisch aktiven Substanz ist abhängig von der:

(1) Wellenlänge des polarisierten Lichts
(2) Schichtdicke der durchstrahlten Lösung
(3) Konzentration der Substanz
(4) Temperatur der Lösung

(A) nur 1 ist richtig
(B) nur 1 und 4 sind richtig
(C) nur 2 und 3 sind richtig
(D) nur 1, 2 und 3 sind richtig
(E) 1–4 = alle sind richtig

1032* Welche der folgenden Faktoren beeinflussen den Betrag des polarimetrisch ermittelten Drehwertes optisch aktiver Verbindungen?

(1) die Messtemperatur
(2) die Viskosität des Lösungsmittels
(3) die Art des Lösungsmittels
(4) die Wellenlänge des polarisierten Lichts

(A) nur 4 ist richtig
(B) nur 1 und 2 sind richtig
(C) nur 1, 2 und 3 sind richtig
(D) nur 1, 3 und 4 sind richtig
(E) nur 2, 3 und 4 sind richtig

1033 Welche Aussagen treffen zu?
Der Wechsel des Lösungsmittels kann bei der Messung der spezifischen Drehung der Lösung einer chiralen Substanz prinzipiell bewirken:

(1) Umkehr des Vorzeichens beim Drehwinkel
(2) Verkleinerung des Drehwinkels
(3) Vergrößerung des Drehwinkels
(4) Verlust der Chiralität der Substanz

(A) nur 1 und 4 sind richtig
(B) nur 1, 2 und 3 sind richtig
(C) nur 1, 3 und 4 sind richtig
(D) nur 2, 3 und 4 sind richtig
(E) 1–4 = alle sind richtig

1034* Welche Aussage zur optischen Drehung trifft **nicht** zu?

(A) Der Drehwinkel der Lösung einer optisch aktiven Substanz ist unabhängig von der Wellenlänge des eingestrahlten linear polarisierten Lichts.
(B) Die spezifische Drehung ist eine stoffspezifische Größe.
(C) Der Drehwinkel der Lösung einer optisch aktiven Substanz kann zu deren Konzentrationsbestimmung herangezogen werden.
(D) Die spezifische Drehung wird üblicherweise mit linear polarisiertem Licht der Wellenlänge $\lambda = 589{,}3$ nm bestimmt.
(E) Der Drehwinkel der Lösung einer optisch aktiven Substanz ist von der Temperatur abhängig.

1035 Welche Aussagen zur optischen Drehung treffen zu?

(1) Aus dem gemessenen Drehwinkel kann die Saccharose-Konzentration einer Lösung berechnet werden.
(2) Die **spezifische** Drehung einer optisch aktiven Substanz ist annähernd proportional zur Schichtdicke der Messprobe in der Küvette.
(3) Die **spezifische** Drehung der Lösung einer optisch aktiven Substanz ist unabhängig vom Lösungsmittel.
(4) Der Buchstabe D vor der Bezeichnung einer optisch aktiven Substanz bezeichnet gemäß internationaler Konvention Rechtsdrehung, der Buchstabe L Linksdrehung.

(A) nur 1 ist richtig
(B) nur 2 und 3 sind richtig
(C) nur 3 und 4 sind richtig
(D) nur 1, 2 und 4 sind richtig
(E) 1–4 = alle sind richtig

1036 Welche Aussagen treffen zu?
Die **spezifische** Drehung der Lösung einer festen Substanz ist abhängig von:

(1) der Frequenz des verwendeten Lichts
(2) der Länge des verwendeten Polarimeterrohres
(3) der Beobachtungstemperatur
(4) dem Lösungsmittel

(A) nur 1 ist richtig
(B) nur 3 ist richtig
(C) nur 1 und 2 sind richtig
(D) nur 1, 3 und 4 sind richtig
(E) nur 2, 3 und 4 sind richtig

1037 Welche Aussagen treffen zu?
Bei der Bestimmung der **spezifischen** Drehung eines Arzneistoffes sind folgende Größen von Bedeutung:

(1) abgelesener Drehwinkel
(2) Schichtdicke der Messlösung
(3) Konzentration der Messlösung
(4) Temperatur
(5) Wellenlänge des polarisierten Lichts

(A) nur 1 und 2 sind richtig
(B) nur 1, 2 und 3 sind richtig
(C) nur 2, 3 und 4 sind richtig
(D) nur 3, 4 und 5 sind richtig
(E) 1–5 = alle sind richtig

1038 Welche Aussagen treffen zu?
Die **spezifische** Drehung $[\alpha]_D^{20}$ ist definiert als der Drehwinkel α, um den die Schwingungsebene des linear polarisierten Lichts durch eine optisch aktive Substanz gedreht wird:

(1) unter Verwendung von Licht der Wellenlänge 589 nm
(2) in einer Konzentration von $1\,g \cdot ml^{-1}$
(3) nur in wässriger Lösung
(4) in einer Schichtdicke von 10 cm

(A) nur 1 und 2 sind richtig
(B) nur 3 und 4 sind richtig
(C) nur 1, 2 und 3 sind richtig
(D) nur 1, 2 und 4 sind richtig
(E) 1–4 = alle sind richtig

1039 Wie werden die für die Bestimmung der **spezifischen** Drehung verwendeten Größen Konzentration und Schichtdicke nach SI normiert?

(A) 1 mol/l; 1 cm
(B) 1 g/l; 1 cm
(C) 100 g/l; 1 cm
(D) 1 g/100 ml; 1 dm
(E) $1\,kg/m^3$; 1 m

1040* Welche Aussagen treffen zu?
Bei der Bestimmung der **spezifischen** Drehung wird ein Drehwert von 90° ermittelt.
Zur Klärung, ob α entweder +90° oder –270° beträgt, dient die:

(1) Verdünnung der Lösung auf die halbe Konzentration
(2) Messung in einem Polarimeterrohr halber Länge
(3) Drehung des Polarimeterrohres um 180°

(A) nur 1 ist richtig
(B) nur 2 ist richtig
(C) nur 3 ist richtig
(D) nur 1 und 2 sind richtig
(E) 1–3 = alle sind richtig

Optische Rotationsdispersion

1041 Welche der nachfolgend beschriebenen Erscheinungen nennt man Rotationsdispersion?

(1) Abscheidung von Partikeln aus einer ultrazentrifugierten Suspension
(2) Wellenlängenabhängigkeit der Strahlungsabsorption im fernen Infrarot
(3) Abhängigkeit des Drehmoments von der Winkelgeschwindigkeit
(4) Wellenlängenabhängigkeit der Drehung der Polarisationsebene von elektromagnetischer Strahlung

(A) nur 2 ist richtig
(B) nur 4 ist richtig
(C) nur 1 und 2 sind richtig
(D) nur 2 und 4 sind richtig
(E) 1–4 = alle sind richtig

1042 Welche Aussagen zur optischen Rotationsdispersion (ORD) treffen zu?

(1) ORD beruht auf unterschiedlicher Brechung links- und rechtszirkular polarisierten Lichts in chiralen Medien.
(2) ORD beruht auf unterschiedlicher Absorption links- und rechtszirkular polarisierten Lichts in chiralen Medien.
(3) In ORD-Kurven wird die Drehung der Schwingungsebene des linear polarisierten Lichts in Abhängigkeit von der Wellenlänge aufgetragen.
(4) Verbindungen ohne einen ausgeprägten Chromophor zeigen **keine** ORD.

(A) nur 1 ist richtig
(B) nur 1 und 3 sind richtig
(C) nur 2 und 4 sind richtig
(D) nur 1, 2 und 4 sind richtig
(E) nur 2, 3 und 4 sind richtig

1043 Welche Aussagen treffen zu?
Für normale Rotationsdispersion gilt:

(1) Eine Probe zeigt bei verschiedenen Farben des Lichts unterschiedliche Drehwinkel der Polarisationsebene.
(2) Blaues Licht wird weniger als rotes Licht gedreht.
(3) Rotes Licht wird weniger gedreht als gelbes Licht.
(4) Der Effekt tritt bei Zuckern **nicht** auf.

(A) nur 1 ist richtig
(B) nur 4 ist richtig
(C) nur 1 und 2 sind richtig
(D) nur 1 und 3 sind richtig
(E) nur 1, 3 und 4 sind richtig

1044* Welche Aussagen zur optischen Rotationsdispersion (ORD) treffen zu?

(1) ORD beruht auf der unterschiedlichen Absorption rechts- und linkszirkular polarisierten Lichts.
(2) ORD und optische Drehung beruhen auf der unterschiedlichen Ausbreitungsgeschwindigkeit links- und rechtszirkular polarisierten Lichts in einem chiralen Medium.
(3) Die ORD-Kurven von Enantiomeren sind immer spiegelbildlich.
(4) Der Nulldurchgang der anomalen ORD-Kurve liegt bei der Wellenlänge des Maximums des Zirkulardichroismus einer optisch aktiven Substanz.
(5) Aus dem Verlauf der ORD-Kurve eines Proteins lässt sich ermitteln, aus wie vielen Aminosäuren es besteht.

(A) nur 1 und 3 sind richtig
(B) nur 3 und 4 sind richtig
(C) nur 1, 2 und 5 sind richtig
(D) nur 1, 3 und 5 sind richtig
(E) nur 2, 3 und 4 sind richtig

1045 Welche der Kurven (siehe Abbildung) stellt am besten die optische Drehung α einer gegebenen farblosen optisch drehenden Lösung in Abhängigkeit von der Wellenlänge λ des Messlichts im gesamten VIS-Bereich dar?

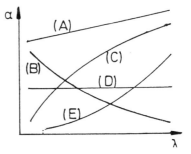

1046 Welche der Kurven (siehe Abbildung) stellt am besten die optische Drehung α einer gegebenen farblosen optisch drehenden Lösung in Abhängigkeit von der Frequenz f des Messlichts im gesamten VIS-Bereich dar?

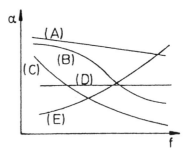

1047 Welche Aussage trifft zu?
Von einer gelösten optisch aktiven Substanz wird bei nachfolgend genannten Wellenlängen die optische Drehung bestimmt. Unter der Voraussetzung des Vorliegens normaler Rotationsdispersion ist der Betrag der optischen Drehung am größten bei Verwendung von:

(A) 589 nm
(B) 578 nm
(C) 564 nm
(D) 436 nm
(E) 365 nm

Polarimeter

1048 Welche Aussagen treffen zu?
Mit einem Polarimeter sind bestimmbar:

(1) die Drehung der Lichtpolarisationsebene
(2) die Konzentration einer gelösten, optisch aktiven Substanz
(3) der Pluspol eines galvanischen Elements
(4) der Winkel zwischen Polarstern und Horizont
(5) der Grenzwinkel der Totalreflexion

(A) nur 2 ist richtig
(B) nur 3 ist richtig
(C) nur 5 ist richtig
(D) nur 1 und 2 sind richtig
(E) nur 4 und 5 sind richtig

1049 Welche Aussage trifft zu?
Ein Polarimeter zur Untersuchung optisch aktiver Substanzen soll aufgebaut werden. Ein Laborant habe folgenden, schematisch skizzierten Aufbau erstellt (die Lichtquelle liefere monochromatisches, paralleles Licht).

(A) Die Anordnung ist im Prinzip brauchbar.
(B) Es fehlt ein Prisma zwischen Lichtquelle und Polarisator.
(C) Es fehlt eine Linse zwischen Messzelle und dem drehbaren Polarisator.
(D) Es fehlt ein Beugungsgitter zwischen Lichtquelle und Polarisator.
(E) Der Polarisator zwischen Lichtquelle und Messzelle ist überflüssig und sollte entfernt werden.

1050 Welche Aussagen treffen zu?
Ein Polarimeter zur Bestimmung der Konzentration einer optisch aktiven Substanz in einer Lösung besteht im Wesentlichen aus folgender Anordnung:

(1) Die Lichtquelle sollte möglichst monochromatisches Licht aussenden.
(2) Die Lichtquelle muss polarisiertes Licht aussenden.
(3) Der gemessene Drehwinkel ist proportional zur Länge der Messküvette.
(4) Der gemessene Drehwinkel ist proportional zum Quadrat der Konzentration der optisch aktiven Substanz.
(5) Der gemessene Drehwinkel ist umgekehrt proportional zum spezifischen Drehvermögen der optisch aktiven Substanz.

(A) nur 1 und 2 sind richtig
(B) nur 1 und 3 sind richtig
(C) nur 1, 2 und 3 sind richtig
(D) nur 1, 3 und 4 sind richtig
(E) nur 2, 3, 4 und 5 sind richtig

1051* Ein Halbschatten-Polarimeter zur Bestimmung der Konzentration einer wässrigen Zucker-Lösung besteht aus folgenden Baueinheiten:
A Analysator
B Beobachtungseinheit
HS Halbschatteneinrichtung
K Küvette für Lösung
P Polarisator
Q monochromatische Lichtquelle mit Kollimator

Welche der folgenden Anordnungen ist als Halbschatten-Polarimeter geeignet?

(A) Q · HS · P · A · K · B
(B) Q · K · P · HS · A · B
(C) Q · P · HS · K · A · B
(D) Q · P · HS · A · K · B
(E) Q · P · A · K · HS · B

1052 Welche Aussage trifft zu?
Bei einem Halbschattenpolarimeter dient das Hilfsnicol zur Erzeugung von:

(A) linear polarisiertem Licht, dessen Schwingungsrichtung gegenüber dem durch den Polarisator erzeugten Licht geringfügig gedreht ist
(B) monochromatischem Licht mit geringfügig kürzerer Wellenlänge als der des von der Natriumdampflampe ausgestrahlten Lichts
(C) kohärentem Licht aus linear polarisiertem Licht
(D) zirkular polarisiertem Licht aus linear polarisiertem Licht
(E) monochromatischem Licht aus polychromatischem Licht

1053* Wie sieht das Sichtfeld eines korrekt eingestellten Halbschattenpolarimeters im Augenblick des Ablesens aus?

(A)

(D)

(B)

(E)

(C)

Kontrolle Polarimeter

1054* Welche Aussage trifft zu?
Zur Überprüfung der Richtigkeit der von einem Polarimeter angezeigten optischen Drehung eignet sich grundsätzlich:

(A) β-Alanin
(B) Maleinsäure
(C) meso-Weinsäure
(D) Citronensäure
(E) R,R-Weinsäure

1055 Welche Aussage trifft zu?
Zur Kontrolle der Linearität der Anzeige eines Polarimeters ist eine Lösung folgender Substanz geeignet:

(A) Cyclohexanol
(B) Saccharose
(C) Citronensäure
(D) Propylenglycol
(E) Salicylsäure

11.3.2 Pharmazeutische Anwendungen, insbesondere nach Arzneibuch

1056 Die polarimetrische Bestimmung der **spezifischen** Drehung $[\alpha]_D^{20}$ als Kenngröße für optisch aktive Substanzen nach dem Europäischen Arzneibuch kann in Lösung vorgenommen werden.
Welche Aussagen treffen zu?

(1) Die spezifische Drehung der Substanz wird in Deuterium bestimmt.
(2) Die Bestimmung muss mit einer Konzentration der gelösten Substanz von 1 g/ml erfolgen.
(3) Es wird eine Schichtdicke von 1,00 dm vorgeschrieben.
(4) Die spezifische Drehung kann zu Identitäts- und Reinheitsprüfungen von Substanzen genutzt werden.
(5) Die Polarimetrie ist für Konzentrationsbestimmungen grundsätzlich ungeeignet.

(A) nur 1 und 3 sind richtig
(B) nur 3 und 4 sind richtig
(C) nur 4 und 5 sind richtig
(D) nur 1, 2, 3 und 4 sind richtig
(E) nur 1, 3, 4 und 5 sind richtig

Mutarotation

1057 Bei der polarimetrischen Untersuchung einer frisch hergestellten Glucose-Lösung kann sich die **spezifische** Drehung $[\alpha]_D^{20}$ verändern, bevor letztendlich ein konstanter Wert erreicht wird.
Welches der folgenden Gleichgewichte liegt diesem Prozess zugrunde?

(A) Mutationsgleichgewicht
(B) Mutarotationsgleichgewicht
(C) Racematgleichgewicht
(D) Enantiomerengleichgewicht
(E) Tautomerengleichgewicht

1058* Welche Aussagen treffen zu?
Zur Bestimmung der spezifischen Drehung ist die Einstellung des Mutarotationsgleichgewichts abzuwarten bei:

(1) Mannitol
(2) Mannose
(3) Saccharose
(4) Fructose

(A) nur 1 und 2 sind richtig
(B) nur 1 und 4 sind richtig
(C) nur 2 und 4 sind richtig
(D) nur 2, 3 und 4 sind richtig
(E) 1–4 = alle sind richtig

11.4 Grundlagen der Atomemissionsspektroskopie (AES)

Zur Atomemissionsspektroskopie siehe auch MC-Fragen Nr. 1449, 1451, 1454, 1751, 1793, 1835, 1837.

11.4.1 Lichtemission von Atomen

1059 Welche Aussage trifft zu?
Viele Alkaliatome – in eine heiße Flamme gebracht – emittieren sichtbares Licht, dessen Wellenlänge λ (bzw. Frequenz ν) charakteristisch für das Element ist. Bei der Lichtemission geht das Atom aus einem angeregten Zustand in einen energieärmeren Zustand über.
Dabei gilt für die Energiedifferenz ΔE der beiden beteiligten Zustände (c = Lichtgeschwindigkeit, n = Brechzahl, h = Plancksches Wirkungsquantum):

(A) $\Delta E = c \cdot \lambda$
(B) $\Delta E = n \cdot \lambda$
(C) $\Delta E = h \cdot \nu$
(D) $\Delta E = c^2$
(E) $\Delta E = n \cdot \nu$

1060* Welche Aussagen zur Flammenphotometrie treffen zu?

(1) Bei der Flammenphotometrie werden die Absorptionsspektren organischer Verbindungen zu ihrer Identifizierung herangezogen.
(2) Bei der Flammenphotometrie erfolgt eine thermische Anregung von Elektronen des zu bestimmenden Elements.
(3) Bei der Flammenphotometrie wird die Intensität des abgestrahlten Lichts zur quantitativen Bestimmung von Elementen herangezogen.
(4) Zur Auswertung flammenphotometrischer Messungen werden Standardzumischverfahren oder Eichkurven herangezogen.

(A) nur 1 und 2 sind richtig
(B) nur 1 und 3 sind richtig
(C) nur 2 und 4 sind richtig
(D) nur 1, 2 und 4 sind richtig
(E) nur 2, 3 und 4 sind richtig

1061 Welche Aussagen zur Spektralanalyse treffen zu?

(1) Die Spektralanalyse ist eine Form der Emissionsspektroskopie.
(2) Bei der Spektralanalyse gehen Elektronen durch thermische Anregung zunächst in energiereichere unbesetzte Atomorbitale über.
(3) Einige Alkali- und Erdalkalimetalle können bereits mit der Energie der Bunsenbrennerflamme aktiviert und durch Flammenfärbung analysiert werden.
(4) Die von den Alkali- und Erdalkalimetallen erzeugten Linienspektren sind Ausdruck des Isotopenverhältnisses dieser Elemente.

(A) nur 1 ist richtig
(B) nur 1 und 2 sind richtig
(C) nur 2 und 3 sind richtig
(D) nur 1, 2 und 3 sind richtig
(E) nur 2, 3 und 4 sind richtig

1062* Welche Aussage trifft zu?
Unter „Serien" der Emissionsspektren von Alkalimetallen versteht man:

(A) Gruppen äquidistanter Linien im Spektrum
(B) Folgen von Spektrallinien, deren Frequenzen (ν) einer allgemeinen Formel folgender Form gehorchen:
$\nu = \text{const} \cdot \left(\frac{1}{n^2} - \frac{1}{m^2}\right)$
(C) Folgen zeitlich nacheinander auftretender Linien im Flammenspektrum
(D) die Gesamtheit jener Linien, welche der Natrium-D-Linie bei den anderen Alkalimetallen entsprechen
(E) durch Triplett-Übergänge entstehende Emissionslinien-Dreiergruppen

1063* Welche Aussage trifft zu?
Unter „Serien" des Emissionsspektrums eines Elements versteht man:

(A) Gruppen äquidistanter Linien im Wellenzahl-linearen Spektrum
(B) Spektrallinien, die zu Übergängen mit gemeinsamem Grundzustand gehören
(C) Folgen zeitlich nacheinander auftretender Linien im Flammenspektrum
(D) Spektrallinien mit gemeinsamem angeregten Zustand
(E) die Gesamtheit aller Linien des Elements

1064* Welche Aussage trifft zu?
Beim Zerstäuben einer Natriumchlorid-Lösung in der Bunsenflamme wird die gelbe „Natrium-D-Linie" emittiert. Diese Emission rührt her von:

(A) undissoziierten NaCl-Molekülen im Dampfzustand
(B) NaCl-Kriställchen
(C) Natrium-Ionen (Na$^+$)
(D) dem dissoziierten Ionenpaar Na$^+$/Cl$^-$
(E) Natrium-Atomen

1065* Welcher der folgenden Vorgänge ist an der Identifizierung von Natriumsalzen in wässrigen Lösungen mittels Flammenatomemissionsspektroskopie **nicht** beteiligt?

(A) Natrium-Ionen werden durch thermische Energie angeregt.
(B) NaCl-Partikel werden verdampft.
(C) NaCl-Partikel dissoziieren teilweise in Atome.
(D) Ein Teil der Atome im Gaszustand wird durch thermische Energie angeregt.
(E) Die Elektronen gasförmiger angeregter Natrium-Atome kehren in den Grundzustand zurück.

1066 Bei der Atomemissionsspektroskopie von Erdalkalimetallen erhält man zumeist ein Linienspektrum.
Welche Aussagen treffen zu?
(1) Das Linienspektrum resultiert aus den unterschiedlichen Anregungszuständen der Atome.
(2) Das Linienspektrum repräsentiert das Isotopenverhältnis des Metalls.
(3) Die Intensität des emittierten Lichts korreliert weitgehend mit der Konzentration des Analyten.
(4) Die Intensität des emittierten Lichts ist weitgehend unabhängig von der Anregungstemperatur.

(A) nur 1 und 3 sind richtig
(B) nur 1 und 4 sind richtig
(C) nur 2 und 3 sind richtig
(D) nur 2 und 4 sind richtig
(E) nur 1, 3 und 4 sind richtig

11.4.2 Messmethodik und instrumentelle Anordnung

1067* Welches Bauelement in der folgenden Schemazeichnung eines **Flammenphotometers** ist **falsch** bzw. **nicht** zutreffend angeordnet?

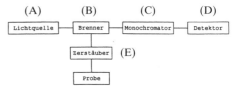

1068* Welches Bauteil ist **nicht** Bestandteil eines Flammenphotometers für die Atomemissionsspektroskopie?

(A) Zerstäuber
(B) Detektor
(C) Brenner
(D) Monochromator
(E) Quarzküvette

1069 Welche Aussage trifft **nicht** zu?
Als Brenngasmischung für die Flammenphotometrie sind geeignet:

(A) Leuchtgas (Erdgas)/Luft
(B) Acetylen/Wasserstoff
(C) Sauerstoff/Acetylen
(D) Wasserstoff/Luft
(E) Sauerstoff/Dicyan

1070 Welche Aussage trifft zu?
Bei Verwendung zu hoher Flammentemperaturen bei der Flammenemissionsspektroskopie (oder auch bei der AAS) ist der Anteil der Atome in der Flamme durch Ionisation vermindert. Die Ionisation kann am besten verhindert werden durch Zusatz von:

(A) CsCl
(B) LiCl
(C) $MgCl_2$
(D) $BeCl_2$
(E) $AlCl_3$

11.4.3 Pharmazeutische Anwendungen, insbesondere nach Arzneibuch

1071 Welches der folgenden Elemente lässt sich mit der gewöhnlichen Flammenphotometrie üblicherweise **nicht** bestimmen?

(A) Al
(B) Na
(C) K
(D) Cs
(E) Li

1072 Welches der folgenden Elemente lässt sich mittels einer einfachen flammenphotometrischen Anordnung am schlechtesten bestimmen?

(A) Mg
(B) Ca
(C) Ba
(D) Li
(E) K

1073 Der Arzneistoff Carbasalat-Calcium darf maximal 0,1 % mit Natrium verunreinigt sein.

Welches analytische Verfahren ist am besten geeignet, um die Reinheit der Substanz in Bezug auf Natrium zu überprüfen?

(A) Atomemissionsspektroskopie
(B) Fluoreszenzkorrelationsspektroskopie
(C) Polarographie
(D) Polarimetrie
(E) Diffraktometrie

11.5 Grundlagen der Atomabsorptionsspektroskopie (AAS)

Zur Atomabsorptionsspektroskopie siehe auch MC-Fragen Nr. 1457, 1653, 1794, 1836, 1879.

11.5.1 Lichtabsorption von Atomen

1074* Welche Aussagen treffen zu?
Die Atomabsorptionsspektrophotometrie

(1) dient zur quantitativen Bestimmung von Metallen
(2) beruht darauf, dass bei der thermischen Dissoziation eines Salzes Atome entstehen
(3) verwendet elektromagnetische Wellen der gleichen Wellenlänge, die auch von dem zu bestimmenden Element im angeregten Zustand emittiert werden
(4) ist ein Verfahren, bei dem die Absorption direkt proportional zur Konzentration der untersuchten Probe ist

(A) nur 1 ist richtig
(B) nur 2 ist richtig
(C) nur 3 ist richtig
(D) nur 4 ist richtig
(E) 1–4 = alle sind richtig

1075 Welche Aussage zur Atomabsorptionsspektroskopie (AAS) trifft **nicht** zu?

(A) Die AAS kann zu quantitativen Bestimmungen eingesetzt werden.
(B) Bei der AAS werden die Proben im gasförmigen Zustand vermessen.
(C) Atome müssen für die Messung zuerst ionisiert werden.
(D) Die Anregung der Atome erfolgt optisch, d.h. durch Einstrahlung von Licht.
(E) Es wird zur Messung typischerweise die Lichtwellenlänge genutzt, die der von den Atomen emittierten Wellenlänge entspricht (Resonanzabsorption).

1076 Welche Aussage zur Atomabsorptionsspektroskopie (AAS) trifft **nicht** zu?

(A) Schwer lösliche Analyten können vor ihrer quantitativen Bestimmung mittels AAS mit Königswasser aufgeschlossen werden.
(B) Als Brennergas für die AAS sind Acetylen-Lachgas-Gemische geeignet.
(C) Die AAS ist zur quantitativen Bestimmung von Metallhydriden geeignet.
(D) Bei der AAS werden Atome aus ihrem elektronischen Grundzustand heraus angeregt.
(E) Die Konzentration eines Analyten kann aus seinem Absorptionskoeffizienten und dem Messwert der AAS berechnet werden.

1077 Welche Aussage trifft **nicht** zu?
Die Atomabsorptionsspektroskopie ist ein Verfahren, bei dem

(A) die Absorption direkt proportional zur Konzentration der Probe ist
(B) meist das Licht der D-Linie des Natriums verwendet wird
(C) Metallionen (in Form ihrer Atome) quantitativ bestimmt werden können
(D) durch thermische Dissoziation von Salzen Atome entstehen
(E) die Bandbreite der verwendeten Linie der Lichtquelle kleiner sein muss als die Absorptionsbandbreite des Elements der Probe

1078 Welche Aussage trifft **nicht** zu?
Die Atomabsorptionsspektroskopie

(A) verwendet in der Regel das Licht der D-Linie des Natriums
(B) beruht darauf, dass Atome des zu bestimmenden Elements eingestrahltes Licht absorbieren
(C) ist ein Verfahren, bei dem mit zunehmender Konzentration des zu bestimmenden Elements die Intensität des aus der Probe austretenden Messlichtes abnimmt
(D) ist ein Verfahren zur Analyse von Metallen bzw. deren Verbindungen
(E) ermöglicht den Nachweis von **einigen** Elementen in Massenanteilen unterhalb 0,01 ppm

1079* Welche Aussage trifft **nicht** zu?
Bei der Atomabsorptionsspektroskopie

(A) muss die für die Messung ausgewählte Spektrallinie genügend weit von anderen Linien entfernt sein
(B) nimmt die Intensität des aus der Flamme austretenden gemessenen Lichts mit der Konzentration des zu bestimmenden Elements in der Probe zu
(C) wird der zu untersuchende Stoff in einer Flamme oder in einem elektrisch beheizten Graphitrohr atomisiert
(D) muss die Linienbreite der Messlinie kleiner sein als die der Atomabsorptionslinie des zu bestimmenden Elements
(E) ist eine quantitative Auswertung mit Hilfe von Eichkurven möglich

1080* Der Zinkgehalt einer verdünnten Zink-EDTA-Lösung werde mit Hilfe der Atomabsorptionsspektroskopie bei 214 nm bestimmt. Durch welche der nachfolgend aufgeführten Teilchen wird diese Lichtabsorption verursacht?

(A) Zink-Atome
(B) Zink-Ionen
(C) Zink-Radikale
(D) Zinkhydroxid
(E) Zinkoxid

1081 Folgende Abbildung zeigt einen Ausschnitt des Termschemas von Natrium (die Zahlen geben die Wellenlängen der entsprechenden Übergänge in nm an).
Welcher der mit A bis E bezeichneten Übergänge ist für eine Natriumbestimmung mittels Atomabsorptionsspektroskopie am geeignetsten?

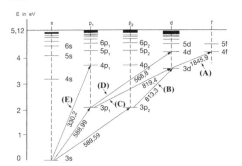

1082 Welche der folgenden Erscheinungen sind bei der Bestimmung von Kalium in Kaliumchlorid mittels Atomabsorptionsspektroskopie **nicht** erwünscht?

(A) Versprühen der Lösung (Aerosolbildung)
(B) Verdampfen des Lösungsmittels
(C) Verdampfen des Salzes
(D) Atomisierung der Salzbestandteile
(E) Ionisation der freien Atome

11.5.2 Messmethodik und instrumentelle Anordnung

1083* Welche der folgenden Bauteile finden sich in einem Atomabsorptionsspektrometer?

(1) Strahlungsquelle
(2) Magnetfeldanalysator
(3) Monochromator
(4) Detektor

(A) nur 1 und 4 sind richtig
(B) nur 1, 2 und 3 sind richtig
(C) nur 1, 3 und 4 sind richtig
(D) nur 2, 3 und 4 sind richtig
(E) 1–4 = alle sind richtig

1084 Welches der folgenden in Spektrometern verwendeten Bauelemente ist **nicht** Bestandteil eines Atomabsorptionsspektrometers?

(A) Hohlkathodenlampe
(B) Monochromator
(C) Nicol-Prisma
(D) Brenner
(E) Photodetektor

1085 In der Atomabsorptionsspektroskopie werden gebildete Atome durch Einstrahlung von Licht angeregt und die Intensität des dabei absorbierten Lichts gemessen.
Welche Aussage zu den hierbei eingesetzten Strahlungsquellen trifft zu?

(A) Es wird ein Argon-Plasma-Brenner eingesetzt, der hohe Temperaturen und homogenes weißes Licht hoher Intensität erzeugt.
(B) Als Strahlungsquelle für die Untersuchung organischer Arzneistoffe wird ein Globar, z. B. aus Siliciumcarbid, verwendet.
(C) Es wird eine Strahlungsquelle benötigt (z. B. eine Hohlkathodenlampe), die Emissionslinien des zu bestimmenden Elements erzeugt.
(D) Um Licht definierter Wellenlänge und ausreichender Intensität zu generieren, wird ein roter Neon-Argon-*Laser* herangezogen.
(E) Es wird ein Photodioden-Array benutzt, um die erforderliche Anregungswellenlänge einstellen zu können

1086* Welche Aussage zur Atomabsorptionsspektroskopie trifft **nicht** zu?

(A) Die Strahlungsquelle darf im Sichtbaren (400 bis 700 nm) nur eine Linie ausstrahlen.
(B) Die für die Messung ausgewählte Linie muss genügend isoliert sein.
(C) Die Linienbreite der für die Messung ausgewählten Linie der Strahlungsquelle muss bedeutend kleiner sein als die Atomabsorptionslinienbreite des zu bestimmenden Elements.
(D) Die Intensität der für die Messung ausgewählten Linie muss genügend groß und zeitlich konstant sein.
(E) Die Apparatur muss eine Einrichtung zur Erzeugung von Atomdämpfen haben.

1087 Welche Aussagen zur Atomabsorptionsspektrometrie (AAS) treffen zu?

(1) Die Bestimmungsgrenze liegt typischerweise im ppb-Bereich.
(2) Selbst die am schwersten flüchtigen Metalle können durch Induktionsheizung in die Gasphase übergeführt werden.
(3) Hohlkathodenlampen liefern kontinuierliche Spektren.

(A) nur 1 ist richtig
(B) nur 1 und 2 sind richtig
(C) nur 1 und 3 sind richtig
(D) nur 2 und 3 sind richtig
(E) 1–3 = alle sind richtig

1088 Welche Aussagen treffen zu?
In der AAS werden Hohlkathodenlampen verwendet, welche ein Füllgas von geringem Druck enthalten. Die Aufgabe des Füllgases ist:

(1) nach Ionisierung Leitung des Entladungsstromes zwischen Anode und Kathode
(2) Reaktion mit dem Kathodenmaterial unter Bildung von Verbindungen
(3) Herauslösen von Atomen aus der Kathodenoberfläche durch Gasionen
(4) Emission eines Bandenspektrums, aus welchem die Messwellenlänge ausgefiltert wird

(A) nur 2 ist richtig
(B) nur 1 und 3 sind richtig
(C) nur 1 und 4 sind richtig
(D) nur 2 und 3 sind richtig
(E) nur 1, 3 und 4 sind richtig

1089* Welche Aussage trifft zu?
Als Füllgas für eine Hohlkathodenlampe zur Bestimmung von Calcium mittels AAS eignet sich:

(A) N_2
(B) O_2
(C) Ne
(D) Cl_2
(E) H_2

1090 Die Bestimmung kleiner Arsenmengen mit der Atomabsorptionsspektroskopie gelingt mit der Hydridtechnik.
Welche Aussage trifft **nicht** zu?

(A) Die Probenvorbereitung erfolgt so, dass der Analyt als gelöste Arsenverbindung vorliegt.
(B) Arsenverbindungen in den Oxidationsstufen +3 und +5 werden durch einen Reduktionsprozess in Arsenwasserstoff übergeführt.
(C) Der Arsenwasserstoff wird in eine Küvette geleitet und UV/VIS-spektroskopisch vermessen.
(D) Der Arsenwasserstoff wird thermisch in Arsen und Wasserstoff zerlegt.
(E) Der Arsendampf wird spektroskopisch quantitativ bestimmt.

11.5.3 Pharmazeutische Anwendungen, insbesondere nach Arzneibuch

1091 Welche Aussagen treffen zu?
Durch Atomabsorptionsspektroskopie lassen sich folgende Ionen quantitativ bestimmen:

(1) Li^+
(2) Na^+
(3) K^+
(4) Mg^{2+}

(A) nur 2 ist richtig
(B) nur 1 und 3 sind richtig
(C) nur 1, 2 und 3 sind richtig
(D) nur 2, 3 und 4 sind richtig
(E) 1–4 = alle sind richtig

1092* Welche Aussagen treffen zu?
Durch Atomabsorptionsspektroskopie können folgende Ionen bestimmt werden:

(1) Zn^{2+}
(2) Pb^{2+}
(3) Mg^{2+}
(4) Ca^{2+}

(A) nur 1 und 2 sind richtig
(B) nur 2 und 3 sind richtig
(C) nur 3 und 4 sind richtig
(D) nur 2, 3 und 4 sind richtig
(E) 1–4 = alle sind richtig

1093 Welche Aussagen treffen zu?
Durch Atom**absorptions**spektroskopie lassen sich folgende Ionen quantitativ bestimmen:

(1) Ca^{2+}
(2) Ba^{2+}
(3) Pb^{2+}
(4) Cu^{2+}

(A) nur 1 ist richtig
(B) nur 1 und 2 sind richtig
(C) nur 2 und 3 sind richtig
(D) nur 3 und 4 sind richtig
(E) 1–4 = alle sind richtig

1094 Die Atomabsorptionsspektroskopie (AAS) ist eine nachweisstarke Technik zur Elementbestimmung in pharmazeutischen Präparaten.
Bei welchem Element wird typischerweise eine Absorption im sichtbaren Spektralbereich genutzt?

(A) Aluminium
(B) Blei
(C) Cadmium
(D) Kalium
(E) Quecksilber

11.6 Grundlagen der Molekülspektroskopie im ultravioletten (UV) und sichtbaren (VIS) Bereich

Zur UV-VIS-Spektroskopie siehe auch MC-Fragen Nr. 1450, 1459, 1466, 1631–1634, 1653, 1686, 1692, 1700, 1702, 1706, 1709, 1714, 1719, 1736, 1752, 1764, 1770, 1792, 1795–1797, 1809, 1838–1840.

11.6.1 Grundlagen der Lichtabsorption durch Moleküle im UV und VIS

Elektronenanregung

1095 Welche der folgenden Anregungsarten ist für die UV-Spektroskopie am charakteristischsten?

(A) Anregung von Molekülrotationen
(B) Anregung von symmetrischen Molekülschwingungen
(C) Anregung des Elektronensystems der Moleküle
(D) Anregung von antisymmetrischen Molekülschwingungen
(E) Anregung von Atomkernen unter Änderung des Kernspins

1096* Welche der folgenden Vorgänge im Molekül werden bei der UV-VIS-Spektroskopie angeregt?

(1) Rotation des Moleküls um seinen Schwerpunkt
(2) Schwingungen innerhalb des Moleküls
(3) Anhebung von Bindungs- oder Außenelektronen auf höhere Energieniveaus

(A) nur 1 ist richtig
(B) nur 2 ist richtig
(C) nur 1 und 2 sind richtig
(D) nur 2 und 3 sind richtig
(E) 1–3 = alle sind richtig

1097 Welche Aussage zur UV-VIS-Spektroskopie trifft **nicht** zu?

(A) Verbotene Übergänge zeichnen sich durch eine geringe Intensität der Absorptionsbande aus.
Bei Carbonylverbindungen erfordert der n→π*-Übergang eine höhere Energie der elektromagnetischen Strahlung als der π→π*-Übergang.
(B) Konjugation von Doppelbindungen führt zu einer Verringerung der Energiedifferenz zwischen dem höchsten besetzten (HOMO) und dem niedrigsten unbesetzten Orbital (LUMO).
(C) Nahe UV-Strahlung ist energiereicher als IR-Strahlung.
(D) Die UV-VIS-Spektroskopie gehört zu den molekülspektroskopischen Verfahren.

Ordnen Sie bitte den Bindungen in Liste 1 den jeweils für sie zutreffenden energieärmsten Elektronenübergang bei Absorption zu (Liste 2)!

Liste 1	Liste 2
1098 $\diagup C=C\diagdown$	(A) σ → σ*
	(B) π → π*
	(C) n → σ*
1099 —C≡C—	(D) n → π*
	(E) π* → n
1100 $-\overset{|}{\underset{|}{C}}-\overset{|}{\underset{|}{C}}-$	
1101 $\diagup C=\bar{\underline{S}}$	

Ordnen Sie bitte dem energieärmsten Elektronenübergang der Liste 1 die jeweils zutreffende Verbindung aus Liste 2 zu!

Liste 1	Liste 2
1102 n → π*	(A) Hexatrien
1103 π → π*	(B) Wasser
	(C) Aceton
	(D) Methanol
	(E) Cyclohexan

1104* Welche Aussage trifft **nicht** zu?
Im UV-Spektrum sind Maxima, welche auf n → π*-Übergänge zurückzuführen sind, bei Vorliegen folgender funktioneller Gruppen zu beobachten:

(A) Chinone
(B) Olefine
(C) Azomethine
(D) Ketone
(E) Aldehyde

1105 Welche Aussage trifft zu?
Die beiden UV-Absorptionsmaxima unterschiedlicher Stärke im Spektrum α,β-ungesättigter Ketone werden verursacht durch:

(A) den π → π*-Übergang der Doppelbindungen und den n → π*-Übergang am Sauerstoffatom
(B) Aufspaltung des gemeinsamen π → π*-Überganges der beiden Doppelbindungen in zwei Maxima
(C) je einen π → π*-Übergang an den beiden nichtbindenden Elektronenpaaren des Sauerstoffatoms
(D) je einen π → π*-Übergang an den Doppelbindungen des Olefins und der Carbonylgruppe

(E) Aufspaltung des gemeinsamen n → π*-Überganges am Sauerstoffatom in zwei Maxima

1106*

Welchem Elektronenübergang ist das Absorptionsmaximum bei 290 nm im UV-Spektrum von Campher (siehe Formel) zuzuordnen?

(A) σ → σ*
(B) n → σ*
(C) π → π*
(D) n → π*
(E) Keine der Antworten (A) bis (D) trifft zu.

1107 Benzophenon kann in Sonnenschutzmitteln als UV-Absorber eingesetzt werden. Welche der folgenden Anregungen bzw. Zustände können durch das Sonnenlicht am wenigsten bzw. **nicht** bewirkt werden?

(A) π → π*-Übergänge
(B) n → π*-Übergänge
(C) Atomrotationen
(D) Molekülrotationen
(E) Molekülschwingungen

1108 Welche Aussage trifft zu?

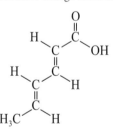

Sorbinsäure (siehe Formel) zeigt bei 264 nm ein Maximum, dessen spezifische Absorption 2350 beträgt. Diese Absorption lässt sich zuordnen zu:

(A) π → π* des Diens
(B) π → π* der Carboxylgruppe
(C) π → π* der α, β, γ, δ-ungesättigten Carbonsäure
(D) n → π* der Carbonylgruppe
(E) n → σ* der Hydroxylgruppe

1109* Welche Aussagen treffen zu?

Primidon (siehe obige Formel) weist drei Absorptionsmaxima bei 252, 257 und 264 nm auf. Diese sind den folgenden Elektronenübergängen zuzuordnen:

(1) $\pi \rightarrow \pi^*$ der Phenylgruppe
(2) $\pi \rightarrow \pi^*$ der Carbonylgruppe
(3) $n \rightarrow \pi^*$ der Carbonylgruppe

(A) nur 1 ist richtig
(B) nur 2 ist richtig
(C) nur 3 ist richtig
(D) nur 2 und 3 sind richtig
(E) 1–3 = alle sind richtig

1110 Welche Aussage trifft zu?
Bei einer stark verdünnten Benzylalkohol-Wasser-Emulsion wurde bei 420 nm und d = 1 cm eine Lichtabsorption von 0,1 gemessen. Die gemessene Absorption beruht auf:

(A) einem $\pi \rightarrow \pi^*$-Übergang
(B) einem $n \rightarrow \pi^*$-Übergang
(C) einem $n \rightarrow \pi^*$-Übergang
(D) einem $\sigma \rightarrow \sigma^*$-Übergang
(E) Lichtstreuung

1111 Welche der folgenden chemischen Gruppen ruft bei der UV-Spektrometrie **keine** Absorptionsbanden oberhalb von 210 nm hervor?

(A) $>C=N-$
(B) (Phenyl)
(C) $>C=O$
(D) $>CH-CH_2-$
(E) $-CH=CH-CH=CH-$

1112 Welche Aussage trifft **nicht** zu?
Bei der UV-VIS-Spektrometrie

(A) sind die Absorptionsbanden um so breiter, je weniger beständig die Anregungszustände sind
(B) verursachen „verbotene Energieübergänge" **keine** Absorptionsbanden
(C) nimmt die Breite der Absorptionsbanden mit der Polarität des Lösungsmittels zu
(D) sind die im Gaszustand gemessenen Absorptionsbanden schmaler als die in einem Lösungsmittel gemessenen
(E) sind die Absorptionsbanden um so intensiver, je größer die Wahrscheinlichkeit ist, dass ein Molekül mit der Strahlung in Wechselwirkung treten kann.

Absorptionsspektrum

1113* Welche Aussage trifft **nicht** zu?
In einem „Spektrum" können folgende Größen aufgetragen sein:

(A) Absorption gegen Wellenlänge
(B) Durchlässigkeit (in %) gegen Wellenzahl
(C) Frequenz gegen Wellenlänge
(D) Transmission gegen Wellenzahl
(E) Absorptionskoeffizient gegen Wellenlänge

1114* Welche Aussage trifft zu?
Unter einem „Spektrum" versteht man beispielsweise die graphische Auftragung der

(A) Frequenz gegen die Wellenlänge
(B) Wellenlänge gegen die Wellenzahl
(C) Durchlässigkeit (%) gegen die Absorption
(D) Absorption gegen die Frequenz
(E) Transmission gegen die Absorption

1115* Was ist ein „bathochromer Effekt" (Rotverschiebung) in der Elektronenspektroskopie?

(A) Erhöhung der Absorptionsintensität des Maximums der Absorptionskurve
(B) Erniedrigung der Absorptionsintensität des Maximums der Absorptionskurve
(C) Verschiebung des Absorptionsmaximums nach kürzeren Wellenlängen
(D) Verschiebung des Absorptionsmaximums nach größeren Wellenlängen
(E) Absorption von Licht bestimmter Wellenlänge aus einem eingestrahlten Gemisch (z. B. Tageslicht)

1116* Was ist ein „hypsochromer Effekt" (Blauverschiebung) in der Elektronenspektroskopie?

(A) Erhöhung der Absorptionsintensität des Maximums der Absorptionskurve
(B) Erniedrigung der Absorptionsintensität des Maximums der Absorptionskurve
(C) Verschiebung des Absorptionsmaximums nach kürzeren Wellenlängen
(D) Verschiebung des Absorptionsmaximums nach größeren Wellenlängen
(E) Absorption von Licht bestimmter Wellenlänge aus einem eingestrahlten Gemisch (z. B. Tageslicht)

1117 Welche Aussage trifft zu?
In der UV-VIS-Spektroskopie wird eine Absorptionserhöhung (Vergrößerung von ε_{max}) einer Bande, z. B. durch Lösungsmittelwechsel, bezeichnet als:

(A) bathochromer Effekt
(B) hypochromer Effekt
(C) hypsochromer Effekt
(D) hyperchromer Effekt
(E) hypertoner Effekt

11.6.2 Beziehungen zwischen Molekülstruktur und Lichtabsorption

Polyene, Carbonylverbindungen

1118 Welche Aussage trifft zu?
Bei konjugierten Polyenen kann der Zusammenhang zwischen der Lage des längstwelligen Absorptionsmaximums λ_{max} und der Zahl n der Doppelbindungen prinzipiell wie folgt formuliert werden:

(A) $\lambda_{max} = a \cdot \frac{1}{n^2} + b$
(B) $\lambda_{max} = a \cdot \frac{1}{n} + b$
(C) $\lambda_{max} = a^n + b$
(D) $\lambda_{max} = a \cdot n + b \cdot n^2$
(E) $\lambda_{max} = a \cdot \sqrt{n} + b$

1119 Welche Aussage trifft zu?
Die längstwellige Absorption eines Cyanins folgender Struktur
$(CH_3)_2N-(CH=CH)_n-CH=N^+(CH_3)_2$
erhöht sich etwa um den angegebenen Betrag, wenn die Zahl n der Doppelbindungen von 3 auf 4 erhöht wird:

(A) 10 nm
(B) 20 nm
(C) 30 nm
(D) 100 nm
(E) 200 nm

1120* Welcher der angegebenen Grundchromophore weist das längstwellige Absorptionsmaximum auf?

(A) C=O
(B) C=C
(C) (Benzolring)
(D) C=C-C=C
(E) C-OH

1121* Welche der nachfolgend aufgeführten Verbindungen besitzen im UV-Bereich oberhalb von 220 nm ein Absorptionsmaximum?

(1) Cyclohexan
(2) Cyclohexanon
(3) Cyclohexanol
(4) 1,3-Cyclohexadien
(5) Cyclohexylmethylether

(A) nur 2 ist richtig
(B) nur 2 und 4 sind richtig
(C) nur 1, 2 und 3 sind richtig
(D) nur 3, 4 und 5 sind richtig
(E) 1–5 = alle sind richtig

Aromaten

1122 Welche Aussage über die Lichtabsorption des Benzols (Benzens) bzw. seiner Derivate trifft **nicht** zu?

(A) Benzol hat 3 Absorptionsbanden mit Maxima bei etwa 184, 204 und 254 nm.
(B) Die Absorptionsbanden weisen im Dampfzustand z.T. eine Schwingungsfeinstruktur auf.

(C) Alle Substituenten verschieben die Absorption des Benzols bathochrom.
(D) Die Absorptionsbande bei 254 nm besitzt den größten molaren Absorptionskoeffizienten aller Absorptionsbanden des Benzols zwischen 180 und 300 nm.
(E) Sie ist abhängig von der Art des Lösungsmittels.

1123 Welche Aussagen zur längstwelligen Absorptionsbande des Benzens (Benzol) im UV treffen zu?

(1) Ein Substituent mit einem +M-Effekt verschiebt die Bande bathochrom.
(2) Ein Substituent mit einem -M-Effekt verschiebt die Bande hypsochrom.
(3) Sie ist die intensivste Bande im UV-Spektrum.

(A) nur 1 ist richtig
(B) nur 2 ist richtig
(C) nur 1 und 2 sind richtig
(D) nur 2 und 3 sind richtig
(E) 1–3 = alle sind richtig

1124 Welche Aussagen über die UV-Absorption von Benzen und seinen monosubstituierten Derivaten treffen zu?

(1) Im Bereich zwischen 180 und 300 nm hat Benzen Absorptionsbanden, die z.T. eine ausgeprägte Schwingungsfeinstruktur besitzen.
(2) Phenol hat in ethanolischer Lösung schmalere Absorptionsbanden als Benzen.
(3) Substituenten wie –OH verschieben die Absorptionsbanden des Benzens bathochrom.
(4) Substituenten wie –NO_2 verschieben die Absorptionsbanden des Benzens hypsochrom.

(A) nur 1 ist richtig
(B) nur 2 ist richtig
(C) nur 1 und 3 sind richtig
(D) nur 2 und 4 sind richtig
(E) 1 – 4 = alle sind richtig

1125 Welche der folgenden Verbindungen hat im Bereich λ > 250 nm in Methanol das kürzestwellige Absorptionsmaximum?

(A) Benzen
(B) Anilin
(C) Phenol
(D) Benzoesäure
(E) Iodbenzen

1126* In welcher Reihenfolge nimmt die Wellenlänge der jeweils längstwelligen Absorptionsbande der folgenden Verbindungen zu (gemessen in methanolischer Lösung)?

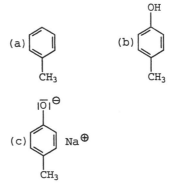

(A) a → b → c
(B) a → c → b
(C) b → c → a
(D) c → a → b
(E) c → b → a

1127 In welcher Reihenfolge nimmt im UV-Bereich die Wellenlänge des jeweils längstwelligen Absorptionsmaximums der folgenden Verbindungen zu?

(A) a → b → c
(B) a → c → b
(C) b → c → a
(D) c → a → b
(E) c → b → a

1128* Für welche der folgenden Verbindungen liegt das jeweils längstwellige Absorptionsmaximum im UV-Bereich bei der größten Wellenlänge (gemessen in methanolischer Lösung)?

(A) H–C(=O)–C₆H₅ (benzaldehyde)
(B) HO–C(=O)–C₆H₅ (benzoic acid)
(C) C₆H₆ (benzene)
(D) (H₃C)₂N–C₆H₅ (N,N-dimethylaniline)
(E) 4-(dimethylamino)benzaldehyde

Halochromie

1129 Welche der folgenden Verbindungen hat in Wasser (W) bzw. Ethanol (Eth) das längstwelliges UV-Absorptionsmaximum?

(A) Anilinhydrochlorid (W)
(B) Phenolat (W)
(C) Benzoat (W)
(D) Benzoesäure (W)
(E) Toluen (Eth)

1130 Welche Aussage über die Spektren von Phenolat oder Benzoat im Bereich zwischen 240 nm und 300 nm trifft zu?

(A) Ansäuern einer wässrigen Phenolat-Lösung bewirkt eine bathochrome Verschiebung.
(B) Ansäuern einer wässrigen Benzoat-Lösung bewirkt eine hypsochrome Verschiebung.
(C) Das Maximum des Phenolat-Spektrums in Wasser liegt in längerwelligem Bereich als das Maximum des Spektrums von Benzen in n-Hexan.
(D) Das Maximum des Benzoat-Spektrums in Wasser ist kürzerwellig als das Maximum des Spektrums von Benzen in n-Hexan.
(E) Das Phenolat-Spektrum in Wasser weist eine stärker ausgeprägte Schwingungsfeinstruktur als das Spektrum von Benzen in n-Hexan auf.

1131 Welcher der folgenden monosubstituierten Aromaten zeigt im UV-Spektrum bei Übergang vom neutralen zu alkalischem Medium eine deutliche Rotverschiebung?

(A) CH₃–C₆H₅
(B) OH–C₆H₅
(C) OCH₃–C₆H₅
(D) NH₂–C₆H₅
(E) NO₂–C₆H₅

1132* Bei welcher Verbindung ist im UV-VIS-Spektrum in ethanolischer Lösung bei Zugabe von NaOH eine deutliche bathochrome Verschiebung des längstwelligen Maximums zu erwarten?

(A) 1,5-Dimethyl-2-phenyl-pyrazol-3-on (Phenazon)
(B) $H_3C-CH(OH)-CH_3$
(C) $H_5C_2-O-C_2H_5$
(D) 2-Methyl-1,4-naphthochinon
(E) 7-Nitro-5-phenyl-1,3-dihydro-2H-1,4-benzodiazepin-2-on

1133 Welche Aussage trifft zu?
Durch Protonierung der folgenden Verbindungen tritt eine bathochrome Verschiebung der UV-Absorption ein bei:

(A) C₆H₅–NH₂
(B) C₆H₅–NHCH₃
(C) C₆H₅–N(CH₃)₂
(D) C₆H₅–O⁻
(E) C₆H₅–COO⁻

Isosbestischer Punkt

1134 Welche Aussage trifft zu?
Als isosbestischer Punkt wird bezeichnet

(A) die Wellenlänge, bei der zwei im Gleichgewicht zueinander befindliche Formen eines Stoffes mit unterschiedlichen Ab-

sorptionskurven den gleichen Absorptionskoeffizienten besitzen
(B) der pH-Wert, bei dem die Anzahl der positiven und negativen Ladungen eines Ampholyten gleich sind
(C) die niedrigste Schmelztemperatur eines Gemischs von zwei nicht identischen Stoffen
(D) der Wendepunkt im Verlauf der polarographischen Stufe einer voltammetrischen Strom-Spannungs-Kurve
(E) der Sättigungswert eines Adsorbens, d.h. die pro Flächeneinheit adsorbierte Stoffmenge bei maximaler Oberflächenbesetzung

1135 Welche der nachfolgend aufgeführten Verbindungen zeigt die folgenden, in alkalischer bzw. saurer wässriger Lösung aufgenommenen UV/VIS-Spektren?

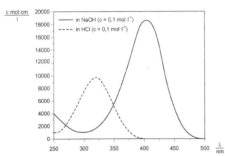

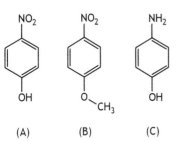

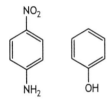

1136 Welche Aussagen zu nachfolgender Verbindung (4-Nitrophenol) treffen zu?

(1) Das Absorptionsmaximum im UV/VIS-Spektrum einer Lösung der Substanz in HCl ($c = 0{,}1$ mol·l^{-1}) ist im Vergleich zum Absorptionsmaximum einer Lösung in NaOH ($c = 0{,}1$ mol·l^{-1}) zu höheren Wellenlängen verschoben.
(2) Das Absorptionsmaximum im UV/VIS-Spektrum einer Lösung der Substanz in HCl ($c = 0{,}1$ mol·l^{-1}) ist im Vergleich zum Absorptionsmaximum einer Lösung in NaOH ($c = 0{,}1$ mol·l^{-1}) zu niedrigeren Wellenlängen verschoben.
(3) Die Absorptionsmaxima in den UV/VIS-Spektren der Substanz in HCl ($c = 0{,}1$ mol·l^{-1}) und NaOH ($c = 0{,}1$ mol·l^{-1}) treten bei etwa gleichen Wellenlängen auf.
(4) 4-Nitrophenol ist im Vergleich zu aliphatischen Alkoholen wie z.B. Ethanol eine stärkere Säure.
(5) 4-Nitrophenol ist im Vergleich zu aliphatischen Alkoholen wie z.B. Ethanol eine schwächere Säure.

(A) nur 1 und 4 sind richtig
(B) nur 1 und 5 sind richtig
(C) nur 2 und 4 sind richtig
(D) nur 2 und 5 sind richtig
(E) nur 3 und 4 sind richtig

1137 Der isosbestische Punkt von Salicylamid (**1**) und seiner konjugierten Base (**2**) in wässriger Lösung liegt bei 305 nm. Eine solche Lösung wird bei dieser Wellenlänge UV-photometrisch untersucht.

Welche Aussagen treffen zu?
Bei 305 nm

(1) besitzen **1** und **2** gleiche Absorptionskoeffizienten.
(2) setzt sich die gemessene Gesamtabsorption additiv aus den Absorptionen von **1** und **2** zusammen.
(3) kann allein aus der Gesamtabsorption der Lösung das Konzentrationsverhältnis der beiden Verbindungen berechnet werden.

(A) nur 1 ist richtig
(B) nur 2 ist richtig
(C) nur 3 ist richtig
(D) nur 1 und 2 sind richtig
(E) 1–3 = alle sind richtig

Lösungsmittel

1138 Welche Aussagen treffen zu?
Zur UV-photometrischen Bestimmung einer Substanz bei 220 nm eignen sich nach dem Kriterium ihrer Eigenabsorption folgende Lösungsmittel:

(1) Methanol
(2) Wasser
(3) Cyclohexan
(4) 0,1 M-Salzsäure

(A) nur 1 ist richtig
(B) nur 2 ist richtig
(C) nur 1 und 2 sind richtig
(D) nur 2 und 4 sind richtig
(E) 1–4 = alle sind richtig

1139 Welche Aussage trifft **nicht** zu?
Zur Bestimmung von $A_{1\,cm}^{1\,\%}$ einer Substanz bei 225 nm eignet sich (hinreichende Löslichkeit sei vorausgesetzt) als Lösungsmittel:

(A) Methanol
(B) Wasser
(C) Cyclohexan
(D) n-Hexan
(E) Toluen

1140 Welches der folgenden Lösungsmittel ist im ultravioletten Bereich bei Wellenlängen bis herab zu 230 nm wegen mangelnder Durchlässigkeit am wenigsten geeignet?

(A) Diethylether
(B) Wasser
(C) Ethanol
(D) Cyclohexan
(E) Benzen

1141 Welche Aussage trifft zu?
Die kleinste Lichtdurchlässigkeit bei 235 nm hat (als Lösungsmittel):

(A) Acetonitril
(B) Wasser
(C) Methanol
(D) n-Hexan
(E) Chloroform

1142* Ein Arzneistoff mit einem Absorptionsmaximum bei 250 nm soll UV-photometrisch bestimmt werden.
Welches der folgenden Lösungsmittel (gute Löslichkeit des Arzneistoffs sei vorausgesetzt) kann hierzu **nicht** verwendet werden?

(A) Benzen (Benzol)
(B) Cyclohexan
(C) Methanol
(D) Ethanol
(E) Acetonitril

1143* Die UV-photometrische Bestimmung von Nitrobenzen (Nitrobenzol) soll bei 269 nm durchgeführt werden.
Welche Lösungsmittel sind für die Bestimmung geeignet?

(1) Ethanol
(2) Diethylether
(3) Toluen

(A) nur 1 ist richtig
(B) nur 2 ist richtig
(C) nur 3 ist richtig
(D) nur 1 und 2 sind richtig
(E) nur 2 und 3 sind richtig

1144* Welche Aussage trifft zu?
Für spektralphotometrische Untersuchungen in möglichst kurzwelligem UV-Bereich ist aufgrund seiner Durchlässigkeit für UV-Strahlen als Lösungsmittel am besten geeignet:

(A) Ethylacetat (Essigsäureethylester)
(B) Methanol
(C) Dichlormethan
(D) Tetrachlormethan
(E) Toluen

1145 In welcher der Reihen (A) bis (E) sind die in der UV-Spektrometrie verwendeten Lösungsmittel mit ansteigender Durchlässigkeitsgrenze (in nm) aufgeführt (von links nach rechts)?

(A) Toluen, Dichlormethan, Wasser, Ethanol
(B) Dichlormethan, Ethanol, Wasser, Toluen
(C) Wasser, Ethanol, Dichlormethan, Toluen
(D) Ethanol, Toluen, Dichlormethan, Wasser
(E) Wasser, Toluen, Ethanol, Dichlormethan

Ordnen Sie bitte den Lösungsmitteln aus Liste 1 die jeweils für die UV-Photometrie praxisrelevanten UV-cut-offs (kurzwellige Durchlässigkeitsgrenzen) aus Liste 2 zu!

Liste 1

1146* Toluol

1147* Wasser

1148* Dichlormethan

Liste 2
(A) 200 nm
(B) 245 nm
(C) 285 nm
(D) 330 nm
(E) 420 nm

11.6.3 Gesetz der Lichtabsorption

Lambert-Beer-Gesetz

1149 Welche Aussagen zur Lichtabsorption treffen zu?

(1) Nach Arzneibuch versteht man unter Absorption A einer gelösten Substanz den dekadischen Logarithmus des Kehrwertes der Transmission T.
(2) Nach dem Lambert-Beer-Gesetz ist die Absorption A proportional der Konzentration der zu untersuchenden Substanz sowie proportional der Schichtdicke.
(3) Das Arzneibuch zieht Absorptionsmessungen sowohl zu Identitäts- und Reinheitsprüfungen als auch zu Gehaltsbestimmungen heran.

(A) nur 1 ist richtig
(B) nur 2 ist richtig
(C) nur 1 und 3 sind richtig
(D) nur 2 und 3 sind richtig
(E) 1–3 = alle sind richtig

1150 Welche Aussagen zur Absorptionsspektroskopie im UV/VIS-Bereich treffen zu?

(1) Der molare Absorptionskoeffizient ε gibt an, welcher Bruchteil einer auf eine Probe eingestrahlten Lichtintensität die Probe wieder verlässt.
(2) Das Lambert-Beer-Gesetz sagt u. a. aus, dass die Lichtabsorption umgekehrt proportional der Schichtdicke der durchstrahlten Probe ist.
(3) Der molare Absorptionskoeffizient ε einer Substanz ist unabhängig von der Frequenz des eingestrahlten Lichts.
(4) Zur Messung der Lichtabsorption kann neben der Absorption selbst auch die Transmission herangezogen werden.
(5) Bei Bestrahlung mit UV/VIS-Licht werden ausschließlich Elektronenübergänge angeregt.

(A) nur 4 ist richtig
(B) nur 1 und 2 sind richtig
(C) nur 3 und 4 sind richtig
(D) nur 1, 2 und 3 sind richtig
(E) 1–5 = alle sind richtig

1151 Welche Aussage trifft zu?
Die Größe der Absorption einer Analysenlösung ist in der UV-Photometrie **nicht** abhängig von der:

(A) Schichtdicke der Küvette
(B) Massenkonzentration des Analyten
(C) Stoffmengenkonzentration des Analyten
(D) Intensität des eingestrahlten Lichts
(E) Wellenlänge des eingestrahlten Lichts

1152* Welche Aussage trifft zu?
Die Absorption A ist definiert mit der Intensität des eingestrahlten Lichts (I_o) und der Intensität (I) nach Durchtritt durch die Lösung nach folgender Gleichung:

(A) $A = \dfrac{I_o}{I}$

(B) $A = \log \dfrac{I_o}{I}$

(C) $A = \dfrac{I_o - I}{I_o}$

(D) $A = \dfrac{I - I_o}{I}$

(E) $A = \log \dfrac{I}{I_o}$

1153 Welche Aussage trifft zu?
Das Lambert-Beer-Gesetz kann formuliert werden als (Bezeichnung der Größen gemäß Arzneibuch; d = Schichtdicke):

(A) $\log I_o \,/\, \log I = \varepsilon \cdot c \cdot d$
(B) $\log I_o \cdot \log I = \varepsilon \cdot c \cdot d$
(C) $\log I_o + \log I = \varepsilon \cdot c \cdot d$
(D) $\log I_o - \log I = \varepsilon \cdot c \cdot d$
(E) $\log I - \log I_o = \varepsilon \cdot c \cdot d$

1154 Welche Aussage trifft zu?

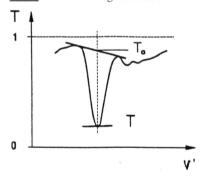

Zur Bestimmung der Konzentration einer Probelösung aus den Werten des abgebildeten Spektrums ist u. a. folgende Berechnung durchzuführen:

(A) $1 - T_0$
(B) $1 - T$
(C) $T_0 - T$
(D) $\lg T_0 - \lg T$
(E) $\lg[(1 - T_0)/(1 - T)]$

1155 Welche Aussage trifft zu?

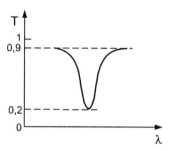

Die Lösung einer Substanz gibt obiges **Transmissionsspektrum** (Die Transmission des Lösungsmittels ist im betreffenden Spektralbereich konstant T = 0,9).
Wie groß ist die **Absorption** der gelösten Substanz bei der Wellenlänge (λ) des Transmissionsminimums?

(A) $-\lg 0{,}9$
(B) $-\lg 0{,}2$
(C) $-\lg (0{,}9 - 0{,}2)$
(D) $-\lg \dfrac{0{,}9}{0{,}2}$
(E) $-\lg \dfrac{0{,}2}{0{,}9}$

1156* Welcher Kurvenverlauf deutet auf eine Abweichung vom Lambert-Beer-Gesetz infolge Assoziation der absorbierenden Moleküle hin? (A = Absorption, c = Konzentration)

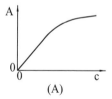
(A)

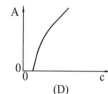
(D)

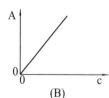
(B)

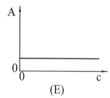
(E)

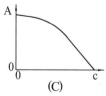
(C)

Molarer Absorptionskoeffizient

1157 Welche Aussage trifft zu?
Unter dem molaren Absorptionskoeffizienten versteht man

(A) eine Stoffkonstante einer Substanz, die der Absorption einer einmolaren Lösung bei gegebener Wellenlänge und gegebenem Lösungsmittel bei einer Schichtdicke von 1 cm entspricht
(B) eine Stoffkonstante einer Substanz, die der Absorption einer 1 %igen Lösung bei gegebener Wellenlänge und gegebenem Lösungsmittel bei einer Schichtdicke von 1 cm entspricht
(C) eine Stoffkonstante einer Substanz, die der Transmission einer einmolaren Lösung bei gegebener Wellenlänge und gegebenem Lösungsmittel bei einer Schichtdicke von 1 cm entspricht
(D) die Absorption einer einmolaren Lösung bei einer Schichtdicke von 1 dm im Absorptionsmaximum
(E) die Absorption einer 1 %igen Lösung bei einer Schichtdicke von 1 cm am Absorptionsmaximum

1158* Welche Aussagen treffen zu?
Der molare Absorptionskoeffizient (nach Arzneibuch) hängt bei Gültigkeit des Lambert-Beer-Gesetzes ab von der:

(1) Struktur der absorbierenden Substanz
(2) Konzentration der absorbierenden Substanz in der Lösung
(3) Wellenlänge des eingestrahlten Lichts
(4) Schichtdicke

(A) nur 1 und 2 sind richtig
(B) nur 1 und 3 sind richtig
(C) nur 2 und 4 sind richtig
(D) nur 1, 2 und 4 sind richtig
(E) nur 2, 3 und 4 sind richtig

1159 Welche Aussage trifft zu?
Der molare Absorptionskoeffizient im Lambert-Beerschen Gesetz hat die Dimension:

(A) Stoffmenge·Länge/Volumen
(B) Stoffmenge·Masse
(C) Volumen/(Länge·Stoffmenge)
(D) Fläche/Masse
(E) Masse·Volumen/Länge

Spezifische Absorption

1160 Welche Aussagen treffen zu?
Zur Umrechnung eines molaren Absorptionskoeffizienten in die spezifische Absorption muss (müssen) zusätzlich angegeben werden:

(1) die Konzentration der untersuchten Substanz
(2) die relative Molekülmasse („Molekulargewicht") der untersuchten Substanz
(3) die Schichtdicke
(4) die relative Dichte der Probelösung

(A) nur 1 ist richtig
(B) nur 2 ist richtig
(C) nur 1 und 4 sind richtig
(D) nur 1, 2 und 3 sind richtig
(E) 1–4 = alle sind richtig

1161* Welche Aussage trifft zu?
Zwischen der spezifischen Absorption $A_{1\,cm}^{1\%}$ und dem molaren Absorptionskoeffizienten ε besteht folgende Beziehung (M_r = relative Molmasse):

(A) $A_{1\,cm}^{1\%} = 10 \cdot \varepsilon \cdot M_r$
(B) $A_{1\,cm}^{1\%} = \dfrac{\varepsilon}{10 \cdot M_r}$
(C) $A_{1\,cm}^{1\%} = \dfrac{M_r}{10 \cdot \varepsilon}$
(D) $A_{1\,cm}^{1\%} = \dfrac{10 \cdot \varepsilon}{M_r}$
(E) $A_{1\,cm}^{1\%} = \dfrac{10}{\varepsilon \cdot M_r}$

1162 Welche der nachstehend angegebenen Einheiten bzw. Einheiten-Kombinationen trifft für die jeweilige photometrische Größe **nicht** zu?

(A) Absorption A: $l \cdot cm^{-1}$
(B) spezifische Absorption $A_{1\,cm}^{1\%}$: $l \cdot g^{-1} \cdot cm^{-1}$
(C) molarer Absorptionskoeffizient ε: $l \cdot mol^{-1} \cdot cm^{-1}$
(D) Stoffmengenkonzentration c: $mol \cdot l^{-1}$
(E) Schichtdicke b: cm

Substanzgemische

1163 Welche Aussage trifft zu?
In einer Lösung zweier Arzneistoffe betragen für eine bestimmte Wellenlänge die Einzelabsorptionen der beiden Komponenten A_A und A_B. Wenn sich beide Substanzen nicht beeinflussen, errechnet sich die Gesamtabsorption A_{AB} wie folgt:

(A) $A_{AB} = A_A - A_B$
(B) $A_{AB} = A_A \cdot A_B$
(C) $A_{AB} = A_A + A_B$
(D) $A_{AB} = \log \frac{A_A}{A_B}$
(E) $A_{AB} = \sqrt{A_A \cdot A_B}$

1164 Ein Gemisch aus drei Arzneistoffen kann ggf. analysiert werden, indem man Einzelmessungen bei unterschiedlichen Wellenlängen durchführt.
Bei wie vielen Wellenlängen muss zwecks Bestimmung der drei Komponenten mindestens gemessen werden, wenn alle zugehörigen Absorptionskoeffizienten bekannt sind?

(A) bei 2
(B) bei 3
(C) bei 4
(D) bei 6
(E) bei 9

Berechnungen

1165* Welche Aussage trifft zu?
In eine Küvette der Schichtdicke $d = 0{,}1$ cm wird monochromatisches Licht der Intensität I_0 eingestrahlt. Der aus der Küvette austretende Lichtstrahl hat die Intensität $I = I_0/10$. Die Absorption (früher: Extinktion) beträgt:

(A) $A = 0{,}1$
(B) $A = 1$
(C) $A = 10$
(D) $A = 100$
(E) $A = 10\%$

1166* Eine Lösung des Komplexes aus Fe(III) und Thiocyanat wird VIS-photometrisch bei 452 nm ($\varepsilon = 7 \cdot 10^3$ dm$^3 \cdot$ cm$^{-1} \cdot$ mol^{-1}) vermessen. Die Konzentration der Lösung beträgt $c = 2{,}0 \cdot 10^{-4}$ mol$\cdot$l^{-1}; die Schichtdicke der Messküvette beträgt $d = 1$ cm.
Welche Aussage trifft zu?

(A) Der molare Absorptionskoeffizient ε ist wellenlängenunabhängig.
(B) Die Transmission beträgt $T = 96\%$.
(C) Für die Messung müssen Quarzglasküvetten verwendet werden.
(D) Die gemessene Absorption beträgt $A = 1{,}4$.
(E) Die Lösung muss stark alkalisch sein.

1167 Für die Lösung eines Arzneistoffs mit einer Konzentration von 10^{-3} mol$\cdot$l^{-1} wird eine Absorption von 0,5 gemessen. Die Schichtdicke der Küvette beträgt 1 cm.
Wie groß ist der molare Absorptionskoeffizient?

(A) 500 l$\cdot$mol$^{-1}\cdot$cm^{-1}
(B) 1000 l$\cdot$mol$^{-1}\cdot$cm^{-1}
(C) 1500 l$\cdot$mol$^{-1}\cdot$cm^{-1}
(D) 2000 l$\cdot$mol$^{-1}\cdot$cm^{-1}
(E) 2500 l$\cdot$mol$^{-1}\cdot$cm^{-1}

1168* Welche Aussage trifft zu?
Die Transmission einer Probe wurde zu $T = 10\%$ bestimmt. Für ihre Absorption (gemäß Arzneibuch) gilt:

(A) $A = 1/10$
(B) $A = \ln 0{,}9$
(C) $A = 1$
(D) $A = -\ln 10$
(E) $A = \exp(-0{,}1)$

1169* Die Lichtabsorption in einer flüssigen Probe genüge dem Lambert-Beer-Gesetz. Im Photometer wird eine Transmission von 25 % beobachtet.
Welche Transmission ist bei Verdünnung auf die Hälfte der Konzentration ungefähr zu erwarten?

(A) 12,5 %
(B) 40 %
(C) 50 %
(D) 67 %
(E) 75 %

1170 Zwei gleiche Filter hintereinander gestellt, lassen 1 % der auffallenden Intensität von monochromatischem Licht durch.
Wie viel der auffallenden Intensität wird von einem Filter (allein) durchgelassen?

(A) 50 %
(B) 10 %
(C) 4 %
(D) 2 %
(E) 1,41 %

1171 Eine 10 cm dicke Schicht einer absorbierenden Flüssigkeit lässt 1/10 (10 %) der einfallenden Intensität einer monochromatischen (parallelen) Strahlung durch.
Welchen Prozentsatz lässt eine 20 cm dicke Schicht dieser Flüssigkeit bei Gültigkeit des Lambert-Beer-Gesetzes durch?

(A) 0,1 %
(B) 0,2 %
(C) 1 %
(D) 2 %
(E) 5 %

1172 Die Testlösung einer farbigen Substanz der Stoffmengenkonzentration 1 mol/l lässt in einer gegebenen Messanordnung 50 % der Leistung von monochromatischem Licht hindurch (d. h. Transmission 50 %). Eine zu untersuchende Lösung der gleichen Substanz lässt in derselben Messanordnung (feste Zellenlänge) nur 12,5 % hindurch.
Wie groß ist deren Stoffmengenkonzentration (Gültigkeit des Lambert-Beer-Gesetzes sei vorausgesetzt)?

(A) 0,25 mol/l
(B) 0,375 mol/l
(C) 1,75 mol/l
(D) 2 mol/l
(E) 3 mol/l

1173* Bei fester Messzellenlänge lässt die Testlösung einer farbigen Substanz mit der Stoffmengenkonzentration 1 mol/l noch 50 % der Strahlungsleistung von monochromatischem Licht durch.
Welchen Bruchteil der einfallenden Leistung lässt eine Lösung der Stoffmengenkonzentration 3 mol/l durch (Gültigkeit des Lambert-Beer-Gesetzes sei vorausgesetzt)?

(A) 2/3
(B) 1/3
(C) 1/6
(D) 1/8
(E) 1/9

1174* Zwei Lösungen L_1 und L_2 eines absorbierenden Stoffes werden mit parallelem monochromatischem Licht durchstrahlt. Gültigkeit des Lambert-Beer-Gesetzes sei vorausgesetzt. In untenstehendem Diagramm ist aufgetragen, wie die Lichtintensität hinter der Flüssigkeit jeweils von deren Schichtdicke x abhängt. Die Konzentration der Lösung L_1 beträgt 1 mol/l.

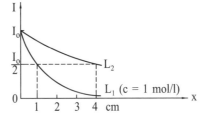

Wie groß ist die Konzentration der Lösung L_2?

(A) 0,25 mol/l
(B) 0,5 mol/l
(C) 2 mol/l
(D) 3 mol/l
(E) 4 mol/l

1175 Für die Lösung eines Arzneistoffs mit einem molaren Absorptionskoeffizienten von $1000 \cdot mol^{-1} \cdot cm^{-1}$ wird eine Absorption von 0,5 gemessen. Die Schichtdicke betrug 0,5 cm.
Wie groß ist die Konzentration der Lösung?

(A) 10 $mol \cdot l^{-1}$
(B) 10^{-1} $mol \cdot l^{-1}$
(C) 10^{-2} $mol \cdot l^{-1}$
(D) 10^{-3} $mol \cdot l^{-1}$
(E) 10^{-4} $mol \cdot l^{-1}$

1176 Wie groß ist die Konzentration einer Substanz, deren spezifische Absorption $A_{1\,cm}^{1\%}$ = 250 beträgt, wenn die gemessene Absorption in einer Küvette von 1 cm Länge 0,5 beträgt?

(A) 10 µg · ml^{-1}
(B) 20 µg · ml^{-1}
(C) 50 µg · ml^{-1}
(D) 2 mg · ml^{-1}
(E) 20 mg · ml^{-1}

1177 Der Arzneistoff Chloramphenicol besitzt im Maximum bei 278 nm die spezifische Absorption $A_{1\,cm}^{1\%} = 300$.
Welche Konzentration von Chloramphenicol gibt in einer Küvette der Schichtdicke 0,5 cm eine Absorption A von 0,30?

(A) 2 mg/l
(B) 3 mg/l
(C) 6 mg/l
(D) 15 mg/l
(E) 20 mg/l

1178* Die Lösung eines Arzneistoffs (1 g Substanz pro Liter) mit dem molaren dekadischen Absorptionskoeffizienten $\varepsilon = 1000\,l \cdot cm^{-1} \cdot mol^{-1}$ weist bei einer Schichtdicke von d = 1 cm die Absorption A = 1 auf.
Welche relative Molekülmasse (M_r) hat dieser Arzneistoff?

(A) M_r = 50
(B) M_r = 100
(C) M_r = 200
(D) M_r = 500
(E) M_r = 1000

1179* Für die Lösung eines Arzneistoffs (M_r = 200) mit einem molaren Absorptionskoeffizienten $\varepsilon = 4000\,l \cdot mol^{-1} \cdot cm^{-1}$ wird in einer Lösung der Massenkonzentration c = 0,001 g/100 ml eine Absorption A = 0,8 gemessen.
Wie groß ist die Schichtdicke der Küvette?

(A) 0,5 cm
(B) 1 cm
(C) 2 cm
(D) 3 cm
(E) 4 cm

1180 Ein Arzneistoff (M_r 500) besitzt einen molaren Absorptionskoeffizienten von $\varepsilon = 200\,000\,l \cdot mol^{-1} \cdot cm^{-1}$.
Wie groß ist seine spezifische Absorption $A_{1\,cm}^{1\%}$?

(A) 20 000
(B) 4 000
(C) 250
(D) 0,025
(E) Die spezifische Absorption kann mit diesen Angaben **nicht** berechnet werden.

1181 100 mg eines Stoffes werden zu 100,0 ml gelöst und 2,0 ml dieser Lösung zu 100,0 ml verdünnt. Die Absorption dieser Verdünnung, in einer Schichtdicke von 1,0 cm gemessen, beträgt 0,35.
Wie groß ist die spezifische Absorption des Stoffes?

(A) 0,70
(B) 17,5
(C) 87,5
(D) 175
(E) 700

1182 Welche Absorption besitzt eine 0,01 %ige (m/V = 10 mg/100 ml) Lösung eines Arzneistoffs bei einer Schichtdicke von 0,5 cm, wenn die spezifische Absorption (Definition und Einheit gemäß Arzneibuch) des Arzneistoffs 100 beträgt?

(A) 0,05
(B) 0,1
(C) 0,2
(D) 0,5
(E) 0,9

1183* Bei der photometrischen Gehaltsbestimmung eines Arzneistoffs mit Hilfe einer 2 %igen Vergleichslösung wird für die Vergleichslösung eine Absorption von A = 0,3, für die Analysenlösung eine Absorption von A = 0,45 gemessen.
Welche Konzentration hat die Analysenlösung?

(A) 3 %
(B) 4,5 %
(C) 6 %
(D) 7,5 %
(E) 9 %

1184 Ein Arzneistoff ($A_{1\,cm}^{1\%} = 200$) enthält als mögliche Verunreinigung eine Substanz, deren spezifische Absorption (gleiche Messbedingungen vorausgesetzt) 250 beträgt.
Wie groß ist der prozentuale Anteil der Verunreinigung einer Probe, deren spezifische Absorption 201 beträgt?

(A) 1 %
(B) 1,5 %
(C) 2 %
(D) 2,5 %
(E) 5 %

1185 Die spezifische Absorption (Definition und Einheit gemäß Arzneibuch) des Reaktionsproduktes von g-Strophantin mit Pikrat im Alkalischen muss, bei 490 nm gegen eine Pikrinsäure-Lösung gemessen, nach Arzneibuch mindestens 285 betragen.
Welchem Mindestgehalt (% G_1/G_2) an wasserfreier Substanz entspricht dies, wenn die spezifische Absorption der in gleicher Weise gemessenen Reinsubstanz (Referenzsubstanz) 300 beträgt und die Verunreinigung bei der genannten Wellenlänge **nicht** absorbiert?

(A) 91 %
(B) 93 %
(C) 95 %
(D) 97 %
(E) 99 %

11.6.4 Messmethodik und instrumentelle Anordnung

1186 Welche Aussage zur Ermittlung von Probenkonzentrationen gefärbter Lösungen mittels Photometrie trifft **nicht** zu?

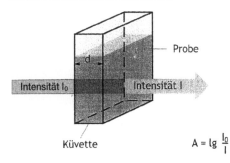

(A) Das Lambert-Beer-Gesetz gilt bei Verwendung monochromatischen Lichts.
(B) Das Lambert-Beer-Gesetz gilt für klare verdünnte Lösungen (A = 0,2 bis 0,8).
(C) Die Intensität I_0 muss wenigstens zehnmal so hoch sein wie die Intensität I.
(D) Die Schichtdicke d beträgt typischerweise 10 mm.
(E) Ein übliches Material für Einwegküvetten ist Polystyren.

1187 Welche Aussage trifft zu?
Bei UV-spektroskopischen Gehaltsbestimmungen sollte die Probelösung möglichst bei einer Wellenlänge vermessen werden, bei der die zu bestimmende Substanz ein relatives oder das absolute Absorptionsmaximum aufweist. Der Grund dafür liegt darin, dass

(A) dadurch der lichtempfindliche Analysator geschont wird
(B) im Bereich von UV-Maxima die Zersetzung lichtempfindlicher Arzneistoffe minimal ist
(C) dann die Empfindlichkeit des Verfahrens am größten ist
(D) dann Verunreinigungen **nicht** miterfasst werden
(E) UV-Maxima spezifisch für die untersuchte Probe sind

1188 Im folgenden Grundschema eines Zweistrahl-Photometers sind zwei Bauteile miteinander vertauscht.
Welche sind das?

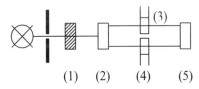

(1) Spektralfilter
(2) Detektorsystem
(3) Vergleichsküvette
(4) Messküvette
(5) Strahlenteiler

(A) 1 mit 2
(B) 2 mit 5
(C) 3 mit 4
(D) 3 mit 5
(E) 4 mit 5

1189* Was enthält ein UV-VIS-Absorptionsspektrometer typischerweise **nicht**?

(A) Glühlampe
(B) Natriumchlorid-Prisma
(C) Deuterium-Lampe
(D) Küvettenhalter
(E) Photozelle

1190 Bei welchem der folgenden spektroskopischen Verfahren kann eine Wolframfadenlampe als Quelle für die benötigte elektromagnetische Strahlung dienen?

(A) UV-Photometrie im Bereich 200–300 nm
(B) VIS-Spektroskopie im Bereich 400–800 nm
(C) Atomemissionsspektroskopie
(D) Atomabsorptionsspektroskopie
(E) ^{1}H-NMR-Spektroskopie

1191 Welche Aussage trifft zu?
Das in der Photometrie gemessene Licht muss sein:

(A) linear polarisiert
(B) zirkular polarisiert
(C) weitgehend monochromatisch
(D) weitgehend kohärent
(E) weiß

1192 Welche Aussage trifft **nicht** zu?
In einem Monochromator ist zur Zerlegung weißen Lichts ($\lambda = 400$–800 nm) in seine spektralen Bestandteile geeignet:

(A) Quarzprisma
(B) Gitter
(C) Nicolsches Prisma
(D) Glasprisma
(E) Geradsichtprisma

1193 Welche Aussage zu einem in der Spektroskopie als Monochromator verwendeten Prisma trifft zu?

(A) Bei Durchgang von polychromatischem Licht durch das Prisma erfährt das Licht eine wellenlängenabhängige Beugung.
(B) Das Prisma wirkt auf polychromatisches Licht als dispergierendes Element.
(C) Das Prisma darf **nicht** aus Kunststoff gearbeitet sein.
(D) Das Prisma darf **nicht** aus Glas gearbeitet sein.
(E) Die Brechzahl des Prismas ändert sich linear mit der Wellenlänge des eingestrahlten Lichts.

1194* Welche Aussage trifft zu?
Zur Bestimmung der Absorption A einer Lösung mit Hilfe eines Zweistrahl-Photometers sollte sich im Referenz-Strahlengang befinden:

(A) keine Küvette
(B) eine leere Küvette
(C) eine mit dem betreffenden Lösungsmittel gefüllte Küvette
(D) eine 1 %ige Lösung der zu untersuchenden Substanz
(E) eine 1 %ige Lösung der Referenzsubstanz

1195 Welches Küvettenmaterial eignet sich am besten für die UV-Spektroskopie?

(A) Kaliumbromid
(B) Natriumchlorid
(C) Geräteglas
(D) Polystyrol
(E) Quarz

1196 Welche Aussage trifft zu?
Zur Überprüfung des Auflösungsvermögens eines UV-VIS-Spektralphotometers eignet sich am besten eine Lösung von:

(A) $K_2Cr_2O_7$ in Schwefelsäure (0,01 mol·l^{-1})
(B) $CuSO_4$ in ammoniakalischer Tartrat-Lösung
(C) gleichen Teilen Methanol und Ethanol in Wasser
(D) Kaliumchlorid in Wasser
(E) Toluen in Hexan

1197* Welche Aussage trifft zu?
Die Kontrolle der Wellenlängenskala bei UV-Spektrometern kann mit folgendem Standard vorgenommen werden:

(A) Holmiumperchlorat-Lösung
(B) Kaliumchlorid-Lösung
(C) Kaliumpermanganat-Lösung
(D) Kaliumdichromat-Lösung
(E) Polystyrol-Folie

1198 Welche Aussage trifft **nicht** zu?
Die Kontrolle der Wellenlängenskala eines UV-VIS-Spektrometers kann nach Arzneibuch erfolgen mittels einer:

(A) Wasserstoff-Entladungslampe
(B) Deuterium-Entladungslampe
(C) Quecksilberdampf-Lampe
(D) Holmiumperchlorat-Lösung
(E) Kaliumdichromat-Lösung

1199 Zur Kalibrierung der Wellenlängenskala von UV-VIS-Spektralphotometern kann die in einer „Wasserstoff-Lampe" erzeugte Emissionslinie bei ca. 656 nm verwendet werden. Wodurch entsteht sie?

(A) Molekülschwingungen
(B) Rekombination von Wasserstoffatomen zu H_2
(C) Bildung von Protonen
(D) Elektronenübergänge in Wasserstoffatomen
(E) Elektronenübergänge in Wasserstoffmolekülen

Bei der Messung von UV-VIS-Spektren können Fehler auftreten, auf die mit entsprechenden Kontrollsubstanzen geprüft werden kann. Ordnen Sie bitte den möglichen Fehlern aus Liste 1 die jeweils entsprechende Kontrollsubstanz aus Liste 2 zu!

Liste 1

1200 Fehler bei der Messung der Absorption

1201 Fehler bei der Messung der Wellenlänge

Liste 2
(A) KCl
(B) $NaNO_3$
(C) $K_2Cr_2O_7$
(D) $Ho(ClO_4)_3$
(E) H_2SO_4

1202 Welche Aussagen treffen zu?
Eine sehr große spektrale Bandbreite führt bei spektralphotometrischen Messungen

(1) am Absorptions**maximum** zu einem zu kleinen Wert für die Absorption
(2) am Absorptions**minimum** zu einem zu großen Wert für die Absorption
(3) zu weitestgehend monochromatischem Licht des Messstrahls
(4) zu einer erhöhten Lichtintensität

(A) nur 1 ist richtig
(B) nur 3 ist richtig
(C) nur 4 ist richtig
(D) nur 3 und 4 sind richtig
(E) nur 1, 2 und 4 sind richtig

1203 Welche Aussage trifft zu?
Das Streulicht bei UV-Spektrometern kann kontrolliert werden mit einer:

(A) Holmiumperchlorat-Lösung
(B) Kaliumchlorid-Lösung
(C) Quecksilber-Hochdrucklampe
(D) Kaliumdichromat-Lösung
(E) Polystyrol-Folie

1204 Welche Aussage trifft zu?
Zur Bestimmung des Streulichts bei 220 nm eines UV-Spektralphotometers eignet sich am besten eine Lösung, die folgendes Spektrum hat:

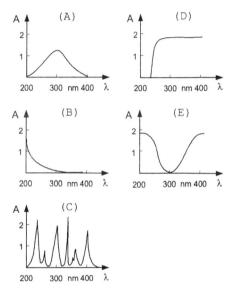

11.6.5 Zirkulardichroismus

Siehe auch MC-Fragen Nr. 1441, 1444.

1205 Zur Qualitätskontrolle von Arzneistoffen kann die Untersuchung chiroptischer Erscheinungen wie Zirkulardichroismus herangezogen werden.
Was führt zum Auftreten von Zirkulardichroismus?

(A) die jeweils unterschiedliche Ausbreitungsgeschwindigkeit von rechts- und linkszirkular polarisiertem Licht in chiralen Medien

(B) die Wellenlängen-abhängige Ausbreitungsgeschwindigkeit von linear polarisiertem Licht in chiralen Medien
(C) die jeweils unterschiedliche Absorption von rechts- und linkszirkular polarisiertem Licht in chiralen Medien
(D) die Temperatur-abhängige Beugung von linear polarisiertem Licht in anisotropen Kristallen
(E) die jeweils unterschiedliche Ausbreitungsgeschwindigkeit von rechts- und linkszirkular polarisiertem Licht in Wasser

1206* Zur Qualitätskontrolle von Arzneistoffen kann die Untersuchung chiroptischer Erscheinungen wie Zirkulardichroismus herangezogen werden. Hierzu werden Arzneistofflösungen in einem Dichrographen vermessen: Über einen bestimmten Wellenlängenbereich wird die Differenz ΔA zwischen den Absorptionen A_L für den linkszirkular sowie A_R für den rechtszirkular polarisierten Lichtstrahl bestimmt.
Welche Aussagen treffen zu?

(1) Für Racemate ist $A_L = A_R$.
(2) Für reines (S)-Phenylalanin ist im gesamten Wellenlängenbereich $A_R = 0$.
(3) Für optisch **nicht** aktive Verbindungen ist $\Delta A = 0$.

(A) nur 1 ist richtig
(B) nur 1 und 2 sind richtig
(C) nur 1 und 3 sind richtig
(D) nur 2 und 3 sind richtig
(E) 1–3 = alle sind richtig

1207 Welche Aussage zur chiroptischen Analyse einer Substanz trifft zu?

(A) Der Drehwert der Lösung einer optisch aktiven Substanz ist unabhängig vom verwendeten Lösungsmittel.
(B) Das Vorhandensein eines Chiralitätszentrums in einer Substanz ist eine **notwendige** Voraussetzung für optische Aktivität.
(C) Beim Durchgang linear polarisierten Lichts durch die Lösung einer optisch aktiven Substanz besitzen der links- und der rechtszirkular polarisierte Lichtstrahl die gleiche Ausbreitungsgeschwindigkeit.
(D) Beim Durchgang linear polarisierten Lichts durch die Lösung einer optisch aktiven Substanz sind die Brechzahlen für den links- und den rechtszirkular polarisierten Lichtstrahl unterschiedlich.
(E) Der Durchgang von linear polarisiertem Licht durch die Lösung einer optisch aktiven Substanz führt zur Änderung der Wellenlänge des Lichtstrahls.

1208 Welche Aussagen zum Cotton-Effekt treffen zu?

(1) Als Cotton-Effekt bezeichnet man den Verlauf der Abhängigkeit der Brechzahl einer chiralen Substanz von der Wellenlänge der elektromagnetischen Strahlung.
(2) Als Cotton-Effekt bezeichnet man den von der schlichten optischen Rotationsdispersion abweichenden Verlauf der ORD-Kurve einer chiralen Substanz im Wellenlängenbereich einer Absorptionsbande.
(3) Der Cotton-Effekt kann zur Ermittlung der Konfiguration einer Substanz herangezogen werden.

(A) nur 1 ist richtig
(B) nur 1 und 2 sind richtig
(C) nur 1 und 3 sind richtig
(D) nur 2 und 3 sind richtig
(E) 1–3 = alle sind richtig

1209 Welche der folgenden Komponenten findet sich **nicht** in einem Dichrographen zur Messung des Zirkulardichroismus?

(A) Xenonlampe
(B) Dioden-Array-Detektor
(C) Monochromator
(D) Küvette
(E) Polarisation

1210 Welche Aussage trifft zu?
Geräte zur Messung des Zirkulardichroismus (Dichrographen) messen die

(A) Differenz des Brechungsindex für rechts- und linkszirkular polarisiertes Licht
(B) Differenz der Absorption für rechts- und linkszirkular polarisiertes Licht
(C) Absorptionsmaxima zweifarbiger Indikatoren
(D) Differenz rechts und links umlaufender Ströme in Kryomagneten von NMR-Spektrometern

(E) Differenz rechts und links gerichteter Austauschvorgänge bei der Ionenaustauschchromatographie

1211 Welche Aussage trifft zu?
Der Zirkulardichroismus-Modulator (CD-Modulator) in einem CD-Spektrometer dient zur Erzeugung von

(A) zweifarbigem Licht
(B) linear polarisiertem Licht
(C) monochromatischem Licht
(D) kohärentem Licht
(E) rechts- und linkszirkular polarisiertem Licht

11.6.6 Pharmazeutische Anwendungen, insbesondere nach Arzneibuch

1212 Welcher der aufgeführten Verbindungen ist das folgende UV-Spektrum zuzuordnen?

1213* Bei welchem der folgenden Stoffe (gelöst in Ethanol) liegt das längstwellige Absorptionsmaximum bei etwa 325 nm?

1214 Bei welchem der folgenden Stoffe (gelöst in Ethanol) liegt das längstwellige Absorptionsmaximum bei etwa 330 nm?

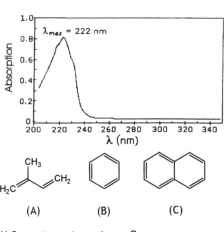

1215 Welche Aussage trifft zu?

Colecalciferol (siehe obige Formel) zeigt ein Absorptionsmaximum bei etwa:

(A) 205 nm
(B) 265 nm
(C) 355 nm
(D) 500 nm
(E) 615 nm

1216

Welche Aussagen über die UV-Absorption von Testosteronpropionat (siehe obige Formel) treffen zu?

(1) Die Lichtabsorption bei 241 nm (in ethanolischer Lösung) ist ursächlich durch die Enon-Struktur im Ring A bedingt.
(2) Die Lichtabsorption bei 241 nm (in ethanolischer Lösung) ist ursächlich durch die veresterte OH-Gruppe bedingt.
(3) Im Vergleich zu Testosteron tritt im gleichen Lösungsmittel infolge der Veresterung der OH-Gruppe eine bathochrome Verschiebung des Absorptionsmaximums (nach größerer Wellenlänge) des Testosteronpropionats um 30 nm auf.

(A) nur 1 ist richtig
(B) nur 2 ist richtig
(C) nur 3 ist richtig
(D) nur 1 und 3 sind richtig
(E) nur 2 und 3 sind richtig

1217
In der Monographie Cyanocobalamin des Europäischen Arzneibuchs ist die Bestimmung der Absorption einer wässrigen Lösung der Substanz bei 361 nm vorgesehen.

Cyanocobalamin: R = CN
Hydroxycobalamin: R = OH

Welche Aussage trifft zu?

(A) Die Bestimmung ermöglicht eine eindeutige Unterscheidung zwischen Cyanocobalamin (R = CN) und Hydroxycobalamin (R = OH).
(B) Zweck der Bestimmung ist die Prüfung auf freies Cyanid.
(C) Die Lösung der Substanz ist farblos.
(D) Bei 361 nm liegt das längstwellige Absorptionsmaximum von Cyanocobalamin.
(E) Das Verfahren kann zur Gehaltsbestimmung genutzt werden.

1218 Welche Aussage zur Derivativspektroskopie trifft zu?
Ein Derivativspektrum

(A) ist das UV-Spektrum eines Derivats der zu bestimmenden Substanz, das bei höherer Wellenlänge als die Substanz selbst absorbiert

(B) ist das UV-Spektrum eines Derivats der zu bestimmenden Substanz, das bei niedrigerer Wellenlänge als die Substanz selbst absorbiert
(C) ist die erste oder eine höhere mathematische Ableitung des UV-VIS-Spektrums einer Substanz
(D) einer Substanzmischung ergibt sich durch Differenzbildung der Einzelspektren der Substanzen
(E) einer Substanzmischung ergibt sich durch Addition der Einzelspektren der Substanzen

1219 Abgebildet ist der Arzneistoff Glyceroltrinitrat.

Zur Gehaltsbestimmung wird eine ethanolische Lösung der Substanz mit verdünner Natriumhydroxid-Lösung stehen gelassen. Danach werden Lösungen von Sulfanilsäure, verdünnter Salzsäure und Naphthylethylendiaminidihydrochlorid zugegeben. Die Messung der Absorption dieser Lösung bei 540 nm wird zur Bestimmung des Gehalts herangezogen.
Welche Aussage trifft **nicht** zu?

(A) Glyceroltrinitrat wird hydrolysiert.
(B) Es entsteht Nitrat.
(C) Es entsteht Nitrit.
(D) Es bildet sich ein Azofarbstoff.
(E) Die Methode eignet sich auch zur Gehaltsbestimmung von Glyceroltripalmitat.

1220 Mischt man Lösungen von racemischem Hyoscyamin (Atropin, **1**) und Iod (jeweils in 1,2-Dichlorethan), so kommt es zu einer ausgeprägten Veränderung des Absorptionsspektrums.

Worauf ist dieser Sachverhalt zurückzuführen?

(A) Iod oxidiert nur L-Hyoscyamin vollständig zu L-Scopolamin.
(B) Iod oxidiert nur D-Hyoscyamin vollständig zu D-Scopolamin.
(C) Iod oxidiert Atropin vollständig zu racemischem Scopolamin (Atroscin, **2**).
(D) Der Elektronendonator Atropin bildet mit dem Elektronenakzeptor Iod einen Charge-Transfer-Komplex.
(E) Atropin wird durch UV-Licht vernetzt (cross-linking) und schließt als Polyatropin-Helix das Triiodid-Ion I_3^- zu einem tiefblauen Clathrat ein.

1221 Eine UV/VIS-spektrometrische Reinheitsprüfung einer Probe von Ethanol 96 % ergibt ein deutlich erkennbares Absorptionsmaximum zwischen 250 und 260 nm. In einer Vergleichsprobe hochreinen Ethanols 96 % wird dieses Absorptionsmaximum nicht beobachtet. Welche Aussage trifft (am ehesten) zu?

(A) Es haben sich Peroxide gebildet.
(B) Es wurde eine Vergällung mit Petrolether durchgeführt.
(C) Der Ethanolgehalt ist kleiner als 96 %.
(D) Es liegt eine Verunreinigung mit aromatischen Kohlenwasserstoffen vor.
(E) Es liegt eine Verwechslung mit Propan-2-ol 96 % vor.

1222 Welche Aussagen treffen zu?
Eine Verunreinigung von dünnflüssigem Paraffin mit aromatischen Kohlenwasserstoffen kann nachgewiesen werden durch:

(1) Bestimmung der Absorption bei 275 nm
(2) den beim Erhitzen mit konzentrierter Schwefelsäure auftretenden braunen Niederschlag
(3) Messung der IR-Absorption im Bereich von 2800 bis 2000 cm^{-1}

(A) nur 1 ist richtig
(B) nur 2 ist richtig
(C) nur 3 ist richtig
(D) nur 1 und 2 sind richtig
(E) nur 2 und 3 sind richtig

Kolorimetrie

1223 Welches Reagenz ergibt mit Eisen(III)-Ionen eine gefärbte Verbindung und ermöglicht damit deren kolorimetrische Bestimmung?

(A) NH_4SCN
(B) $KClO_3$
(C) NH_3
(D) KCN
(E) Dithizon

1224 Welche Aussage trifft **nicht** zu?
Folgende Ionen bilden Komplexe, die aufgrund von d→d-Übergängen farbig sind:

(A) Cr^{3+}
(B) Fe^{3+}
(C) Co^{2+}
(D) Ni^{2+}
(E) Zn^{2+}

1225 Welche Aussage trifft zu?
Zur **kolorimetrischen** Bestimmung eines rot gefärbten Reaktionsproduktes muss der Vergleich folgende Farbe haben:

(A) rot
(B) gelb
(C) grün
(D) blau
(E) violett

1226* Welcher der folgenden Arzneistoffe ist gefärbt?

Vitamin A

1227 Welche Aussage trifft zu?
Das Primärprodukt der Carr-Price-Reaktion von Vitamin A

weist das längstwellige Maximum der Lichtabsorption auf bei etwa:

(A) 300 nm
(B) 400 nm
(C) 500 nm
(D) 600 nm
(E) 700 nm

1228* Abgebildet ist all-(E)-Retinol (Vitamin A)

Bei etwa welcher Wellenlänge hat der molare Absorptionskoeffizient seinen maximalen Wert?

(A) 225 nm
(B) 325 nm
(C) 425 nm
(D) 525 nm
(E) 625 nm

1229 Welche Aussage trifft zu?
Die Gehaltsbestimmung von Vitamin A in Ölen, z. B. im Heilbuttleberöl, erfolgt gemäß Arzneibuch:

(A) spektralphotometrisch (nach der Mehrwellenlängenmethode)
(B) durch Bestimmung der unverseifbaren Anteile
(C) manganometrisch
(D) durch die Hydroxylzahl
(E) cerimetrisch nach Solvolyse mit ethanolischer Schwefelsäure

Photometrische Titration

1230 Welche der folgenden Titrationskurven trifft bei der photometrischen Titration zu, wenn die molaren Absorptionskoeffizienten der titrierten Substanz und der Titrationslösung gleich 0 sind und der molare Absorptionskoeffizient des Produktes größer als 0 ist

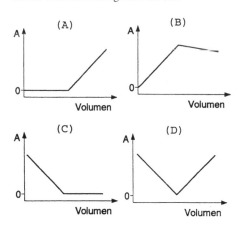

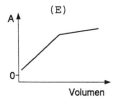

1231 Welche der folgenden Titrationskurven trifft bei der photometrischen Titration zu, wenn die molaren Absorptionskoeffizienten der titrierten Substanz und des Produktes gleich 0 sind und der molare Absorptionskoeffizient der Titrationslösung größer 0 ist?

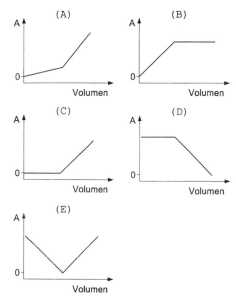

11.7 Grundlagen der Fluorimetrie

Zur Fluorimetrie siehe auch MC-Fragen Nr. 1449, 1455, 1633, 1634, 1753, 1758, 1798, 1799, 1841, 1880.

11.7.1 Prinzip der Methode

1232* Welche Aussage über die Fluoreszenz organischer Moleküle trifft **nicht** zu?

(A) Das Fluoreszenzmaximum eines Fluorophors ist gegenüber dem Absorptionsmaximum bathochrom verschoben.
(B) Fluoreszenz wird häufig bei starren Molekülen beobachtet.
(C) Es gibt Stoffe, die ultraviolettes Fluoreszenzlicht abstrahlen.
(D) Die Abklingdauer der Fluoreszenz liegt typischerweise im Sekundenbereich.
(E) Fluoreszenzerscheinungen beruhen nur auf Singulett-Singulett-Übergängen.

1233* Welche Aussage zur Fluorimetrie trifft **nicht** zu?

(A) Grundlage für Fluoreszenz ist die Absorption von Elektronenstrahlung.
(B) Bei der Fluoreszenz findet die Lichtemission aus einem angeregten Singulett-Zustand heraus statt.
(C) Anregungs- und Fluoreszenzspektrum einer Substanz sind bezüglich einer bestimmten Wellenlänge näherungsweise spiegelbildlich.
(D) Als Anregungsquelle können Laser verwendet werden.
(E) Unter „Quenching" versteht man die Verringerung der Quantenausbeute und damit die Verringerung der Fluoreszenzintensität.

1234 Welche Aussagen treffen zu?
Das Phänomen der Fluoreszenz basiert auf der Emission elektromagnetischer Strahlung nach Anregung mit monochromatischem Licht.
Diese beiden Prozesse gehen mit folgenden Elektronenübergängen des Jablonski-Termschemas einher:

(1) Übergang vom Singulett-Grundzustand (S_0) in den angeregten Triplett-Zustand (T_1)
(2) Übergang vom Singulett-Grundzustand (S_0) in den angeregten Singulett-Zustand (S_1)
(3) Übergang vom angeregten Triplett-Zustand (T_1) in den Singulett-Grundzustand (S_0)
(4) Übergang vom angeregten Singulett-Zustand (S_2) in den angeregten Singulett-Zustand (S_1)
(5) Übergang vom angeregten Singulett-Zustand (S_1) in den Singulett-Grundzustand (S_0)

(A) nur 1 und 3 sind richtig
(B) nur 1 und 5 sind richtig
(C) nur 2 und 4 sind richtig
(D) nur 2 und 5 sind richtig
(E) nur 3 und 5 sind richtig

1235* Welche Aussage trifft zu?
Eine Verbindung zeige bei Bestrahlung sowohl Fluoreszenz als auch Phosphoreszenz. Die entsprechenden Absorptions- bzw. Emissionsmaxima lassen sich wie folgt nach steigender Wellenlänge ordnen:

(A) Phosphoreszenz, Fluoreszenz, Absorption
(B) Fluoreszenz, Phosphoreszenz, Absorption
(C) Fluoreszenz, Absorption, Phosphoreszenz
(D) Absorption, Fluoreszenz, Phosphoreszenz
(E) Absorption, Phosphoreszenz, Fluoreszenz

1236 Welche Aussagen zur Fluorimetrie treffen zu?

(1) Die Fluoreszenz unterscheidet sich von der Phosphoreszenz in Wellenlänge und Lebensdauer der Emissionserscheinung.
(2) Grundlage der Fluoreszenz ist die Absorption von Photonen.
(3) Organische Fluorophore verfügen gewöhnlich über ein ausgedehntes π-System und sind häufig planar.
(4) Fluoreszenzlicht ist in der Regel langwelliger als das Anregungslicht.
(5) Lumineszenz tritt nur bei organischen Molekülen auf.

(A) nur 2 und 3 sind richtig
(B) nur 2 und 4 sind richtig
(C) nur 1, 3 und 4 sind richtig
(D) nur 1, 2, 3 und 4 sind richtig
(E) 1–5 = alle sind richtig

1237 Welche Aussagen zur Fluoreszenzspektroskopie treffen zu?

(1) Die Fluoreszenzspektroskopie zählt zur Emissionsspektroskopie.
(2) Die Fluoreszenz kann auch als Lumineszenz bezeichnet werden.
(3) Die Fluoreszenz beruht auf Singulett-Singulett-Übergängen.
(4) Fluoreszenz wird insbesondere bei organischen Molekülen mit starrem Grundgerüst beobachtet.
(5) Fluoreszenzerscheinungen sind zeitlich unmittelbar an das Vorhandensein von Anregungsstrahlung gebunden.

(A) nur 1 und 4 sind richtig
(B) nur 1, 3 und 4 sind richtig
(C) nur 2, 3 und 5 sind richtig
(D) nur 1, 2, 3 und 4 sind richtig
(E) 1–5 = alle sind richtig

1238 Bei welchem der folgenden Vorgänge findet typischerweise eine zweifache Spinumkehr statt?

(A) IR-Absorption
(B) UV-Absorption
(C) Fluoreszenz
(D) Atomemission
(E) Phosphoreszenz

1239 Welche Aussagen zu Elektronenübergängen von n- und π-Elektronen organischer Moleküle treffen zu?

(1) Die Elektronenübergänge werden üblicherweise mit Hilfe eines Jablonski-Termschemas veranschaulicht.
(2) Aus einem angeregten Zustand S_1 können die Elektronen durch strahlungslose Inaktivierung (internal conversion) in den Grundzustand S_0 zurückkehren.
(3) Aus einem angeregten Zustand S_1 können die Elektronen strahlungslos unter Spinumkehr in einen Triplett-Zustand T_1 (intersystem crossing) übergehen.
(4) Die Verweildauer der Elektronen in den einzelnen Energieniveaus ist immer gleich.

(A) nur 1 und 2 sind richtig
(B) nur 1 und 4 sind richtig
(C) nur 2 und 3 sind richtig
(D) nur 2 und 4 sind richtig
(E) nur 1, 2 und 3 sind richtig

1240 Welche Aussagen zu Elektronenübergängen von n- und π-Elektronen organischer Moleküle treffen zu?

(1) Beim Übergang von einem Singulett- in einen Triplett-Zustand erfolgt Spinumkehr.
(2) In einem Singulett-Zustand sind die Elektronenspins parallel.
(3) Bei der strahlungslosen Inaktivierung wird die Energie der Elektronen in Wärmeenergie umgewandelt (internal conversion).
(4) Fluoreszenz und Phosphoreszenz sind strahlungslose Elektronenübergänge.

(A) nur 1 ist richtig
(B) nur 1 und 2 sind richtig
(C) nur 1 und 3 sind richtig
(D) nur 3 und 4 sind richtig
(E) 1–4 = alle sind richtig

Ordnen Sie bitte den Lumineszenzerscheinungen der Liste 1 die jeweils ursächlich beteiligten Elektronenübergänge aus Liste 2 zu!

Liste 1

1241 Fluoreszenz

1242 Phosphoreszenz

Liste 2

(A) Singulett-Singulett-Übergänge **ohne** Spinumkehr
(B) Singulett-Dublett-Übergänge **ohne** Spinumkehr
(C) Singulett-Dublett-Übergänge **mit** Spinumkehr
(D) Singulett-Triplett-Übergänge **ohne** Spinumkehr
(E) Singulett-Triplett-Übergänge **mit** Spinumkehr

1243 Welche Aussagen treffen zu?
Zur Entscheidung, ob bei Lumineszenz einer Verbindung Fluoreszenz oder Phosphoreszenz vorliegt, können beitragen:

(1) die Größe des Absorptionskoeffizienten
(2) die Lage des Emissionsmaximums
(3) die Lage des Absorptionsmaximums
(4) das Zeitverhalten des Abklingens der Emission

(A) nur 1 ist richtig
(B) nur 1 und 2 sind richtig
(C) nur 2 und 3 sind richtig
(D) nur 2 und 4 sind richtig
(E) nur 3 und 4 sind richtig

1244 Eine verdünnte schwefelsaure Lösung eines Arzneistoffes ist farblos und zeigt bei entsprechender Anregung eine intensive blaue Fluoreszenz.
Welche Anregungswellenlänge kann **nicht** geeignet sein?

(A) 200 nm
(B) 250 nm
(C) 300 nm
(D) 350 nm
(E) 500 nm

1245* Zur Beschreibung des Ausmaßes der Fluoreszenz eines Arzneistoffs in einer Analyse wird die „Quantenausbeute" angegeben.

Welcher Quotient gibt die Fluoreszenzquantenausbeute zutreffend wieder?

(A) Anzahl der emittierten Photonen pro Zeiteinheit
(B) Anzahl der absorbierten Photonen pro Zeiteinheit
(C) Anzahl der emittierten Photonen pro Anzahl der absorbierten Photonen
(D) Anzahl der emittierten Photonen pro Anzahl der fluoreszierenden Moleküle
(E) Anzahl der emittierten Photonen pro Masse der fluoreszierenden Moleküle

1246 Was wird bei der Fluoreszenzspektroskopie als „Quenching" bezeichnet?

(A) die Wellenlängendifferenz zwischen absorbierter und emittierter Strahlung
(B) die Verringerung der Quantenausbeute des emittierten Lichts durch äußere Effekte (wie z. B. Lösungsmittel, hohe Substanzkonzentrationen)
(C) die überproportionale Fluoreszenzzunahme bei konstanter Anregungsstrahlung durch Temperaturerhöhung
(D) die Verschiebung des absorbierten Lichts zu kleineren Wellenlängen durch mesomeriestabilisierte Strukturen
(E) der Wellenlängenbereich, in dem ein Fluoreszenzfarbstoff Licht emittiert

1247 Welche Aussagen treffen zu?
Bei der Fluoreszenzspektroskopie wird

(1) die Lage einer bestimmten Fluoreszenzbande durch die Frequenz der Primärstrahlung beeinflusst
(2) die Lage einer bestimmten Fluoreszenzbande durch die Frequenz der Primärstrahlung **nicht** beeinflusst
(3) die Intensität des Fluoreszenzsignals durch die Frequenz der Primärstrahlung beeinflusst
(4) die Intensität des Fluoreszenzsignals durch die Frequenz der Primärstrahlung **nicht** beeinflusst

(A) nur 3 ist richtig
(B) nur 1 und 3 sind richtig
(C) nur 1 und 4 sind richtig
(D) nur 2 und 3 sind richtig
(E) nur 2 und 4 sind richtig

1248 Welche Aussage zur Fluoreszenz trifft zu?

(A) Die Wellenlänge der Fluoreszenzstrahlung ist kleiner als die Wellenlänge der (monochromatischen) Anregungsstrahlung.
(B) Bei intensiv fluoreszierenden Substanzen ist die Quantenausbeute größer als 1.
(C) Die Fluoreszenzintensität ist umgekehrt proportional zum molaren Absorptionskoeffizienten der fluoreszierenden Substanz.
(D) Für einen gegebenen Stoff gilt, dass die Fluoreszenzintensität der Frequenz der Anregungsstrahlung umgekehrt proportional ist.
(E) Bei hinreichend kleinen Konzentrationen ist der Quotient aus der Intensität der Fluoreszenzstrahlung und der Konzentration der fluoreszierenden Substanz eine Konstante.

1249 Welche Aussagen zur Fluoreszenz treffen zu?

(1) Die Fähigkeit eines Arzneistoffs zur Fluoreszenz kann bei Absorption an feste Oberflächen zunehmen.
(2) Die Fähigkeit eines Arzneistoffs zur Fluoreszenz kann durch Komplexbildung zunehmen.
(3) Die Fähigkeit eines Arzneistoffs zur Fluoreszenz wird durch ^{19}F-Markierung vervielfacht.
(4) Die Fluoreszenzintensität kann durch Erhöhung der Anregungsintensität gesteigert werden.

(A) nur 1 ist richtig
(B) nur 2 ist richtig
(C) nur 3 und 4 sind richtig
(D) nur 1, 2 und 4 sind richtig
(E) 1–4 = alle sind richtig

Fluorimetrie

1250 Welche Aussage trifft **nicht** zu?
Bei der Fluorimetrie

(A) handelt es sich um eine selektivere Methode als bei der UV-VIS-Spektrometrie
(B) ist die Wellenlänge des Anregungslichts größer als die des Fluoreszenzlichts
(C) ist bei hoher Quantenausbeute (nahe 1) die Empfindlichkeit größer als bei der UV-VIS-Spektrometrie
(D) handelt es sich um eine emissionsspektrometrische Methode
(E) ist bei hinreichender Verdünnung die Intensität des Fluoreszenzlichts der Konzentration der Substanz direkt proportional

1251 Welche Aussage zur Fluorimetrie trifft zu?

(A) In einem Fluoreszenzspektrum ist die Absorption des Lichts in Abhängigkeit von der Wellenlänge aufgetragen.
(B) Die Fluoreszenzausbeute ist eine Gerätekonstante.
(C) Die Fluoreszenzintensität ist der Wellenlänge des emittierten Lichts proportional.
(D) Die Fluoreszenzintensität bei gegebener Wellenlänge ist abhängig von der Intensität des Anregungslichts.
(E) Die emittierte elektromagnetische Strahlung besitzt eine höhere Energie als die absorbierte elektromagnetische Strahlung.

1252 Welche Aussagen zur Fluorimetrie treffen zu?

(1) Die Fluorimetrie ist ein Verfahren der Absorptionsspektroskopie.
(2) Voraussetzung für Fluoreszenz ist die Absorption von Lichtquanten.
(3) Elektronen aus bindenden Orbitalen können **nicht** angeregt werden.
(4) Bei Substanzen aus der Stoffklasse der Alkohole werden nichtbindende Elektronen am Sauerstoffatom aus einem Singulett-Zustand heraus angeregt.

(A) nur 2 ist richtig
(B) nur 1 und 4 sind richtig
(C) nur 2 und 3 sind richtig
(D) nur 2 und 4 sind richtig
(E) nur 3 und 4 sind richtig

1253 Welche Aussagen zur Fluorimetrie treffen zu?
Die Intensität des Fluoreszenzlichts

(1) ist proportional zur Intensität des eingestrahlten Lichts
(2) ist im niedrigen Konzentrationsbereich linear abhängig von der Konzentration der fluoreszierenden Teilchen
(3) ist proportional zur Intensität des absorbierten Lichts
(4) ist proportional zur Quantenausbeute

(A) nur 1 ist richtig
(B) nur 2 ist richtig
(C) nur 3 ist richtig
(D) nur 1, 2 und 3 sind richtig
(E) 1–4 = alle sind richtig

1254* Welche Aussagen treffen zu?
Bei der fluorimetrischen Bestimmung eines Arzneistoffs hängt die Fluoreszenzintensität ab von:

(1) der Intensität des Anregungslichts
(2) dem molaren Absorptionskoeffizienten der fluoreszierenden Substanz bei der Anregungswellenlänge
(3) der Fluoreszenzquantenausbeute
(4) dem Lösungsmittel

(A) nur 1 ist richtig
(B) nur 2 ist richtig
(C) nur 1 und 4 sind richtig
(D) nur 2 und 3 sind richtig
(E) 1–4 = alle sind richtig

1255* Welche Aussage trifft für die fluorimetrische Gehaltsbestimmung von Lösungen zu?

(A) Es wird die Verminderung der eingestrahlten Lichtintensität bei Durchgang durch die Analysenlösung gemessen.
(B) Die Messung der Intensität des Fluoreszenzlichts erfolgt in einem bestimmten Winkel (meistens 90°) zum Erregerlicht.
(C) Das Fluoreszenzlicht ist stets kürzerwellig als die Erregerstrahlung.
(D) Zur Anregung der Fluoreszenz muss polychromatisches UV-Licht eingestrahlt werden.
(E) Die Intensität des Fluoreszenzlichts ist unabhängig von der des Erregerlichts.

1256* Quantitative fluorimetrische Bestimmungen werden meistens mithilfe von Referenzlösungen bekannter Konzentration durchgeführt.
Nach welcher Formel wird die Konzentration der zu untersuchenden Lösung berechnet? (C_x = Konzentration der Prüflösung, C_s = Konzentration der Referenzlösung, I_x = Intensität des Fluoreszenzlichts der Prüflösung, I_s = Intensität des Fluoreszenzlichts der Referenzlösung)

(A) $C_x = \dfrac{I_s \cdot C_s}{I_x}$

(B) $C_x = \dfrac{I_s + C_s}{I_x}$

(C) $C_x = \dfrac{I_x \cdot C_s}{I_s}$

(D) $C_x = \dfrac{I_x \cdot I_s}{C_s}$

(E) $C_x = \dfrac{C_s}{I_s + I_x}$

1257 Welche Aussagen treffen zu?

(1) Die Fluoreszenzintensität bei gegebener Wellenlänge ist abhängig von der Intensität des Anregungslichts.
(2) Photolumineszenz wird nur bei organischen Verbindungen beobachtet.
(3) Lösungsmittel können die Fluoreszenz eines Stoffes **nicht** beeinflussen.
(4) Die emittierte Fluoreszenzstrahlung besitzt eine geringere Energie als die absorbierte elektromagnetische Strahlung.
(5) Quantitative Bestimmungen werden in der Fluorimetrie meist unter Verwendung einer Referenzlösung durchgeführt.

(A) nur 1 ist richtig
(B) nur 1 und 4 sind richtig
(C) nur 1, 2 und 4 sind richtig
(D) nur 1, 4 und 5 sind richtig
(E) nur 2, 3 und 5 sind richtig

Bestimmung von Chininsulfat

1258 Welche Aussage zur Fluorimetrie einer organischen Substanz, z. B. von Chininsulfat, trifft **nicht** zu?

(A) Es wird die Intensität des Fluoreszenzlichts gemessen, das von der zu untersuchenden Substanz ausgestrahlt wird.
(B) Die Anregungsstrahlung ist kurzwelliger als die Fluoreszenzstrahlung.
(C) Die Fluoreszenzintensität hängt von der Leistung der Lichtquelle ab.
(D) Messgröße ist der negative Logarithmus des Quotienten von Intensität des Anregungslichts und des Fluoreszenzlichts.
(E) Die quantitative Auswertung erfolgt mit Hilfe einer Referenzsubstanz.

1259 Im Europäischen Arzneibuch wird als Identitätsreaktion für Chininsulfat Folgendes vorgeschrieben:
Eine Lösung von 0,1 g Substanz in 3 ml verdünnter Schwefelsäure zeigt nach Auffüllen mit Wasser auf 100 ml im ultravioletten Licht bei 366 nm eine intensive, blaue Fluoreszenz, die nach Zusatz von 1 ml Salzsäure fast vollständig verschwindet.

Welche Aussagen treffen zu?

(1) Die Fähigkeit von Chinin zur Fluoreszenz ist von der Art der Anionen abhängig.
(2) Die Fluoreszenzlöschung ist auf eine starke Eigenabsorption der Chlorid-Ionen zurückzuführen.
(3) Nur in Gegenwart sauerstoffhaltiger anorganischer Säuren bildet Chinin fluoreszierende Salze.
(4) Durch Zugabe von Salzsäure wird Chinin zu nicht-fluoreszierendem 6-Methoxychinolin hydrolysiert.

(A) nur 2 ist richtig
(B) nur 1 und 2 sind richtig
(C) nur 1 und 3 sind richtig
(D) nur 1 und 4 sind richtig
(E) nur 2 und 4 sind richtig

1260 Im Europäischen Arzneibuch wird als Identitätsreaktion für Chininsulfat Folgendes vorgeschrieben:
Eine Lösung von 0,1 g Substanz in 3 ml verdünnter Schwefelsäure, mit Wasser zu 100 ml verdünnt, zeigt im ultravioletten Licht bei 366 nm eine intensive, blaue Fluoreszenz, die nach Zusatz von 1 ml konzentrierter Salzsäure fast vollständig verschwindet.

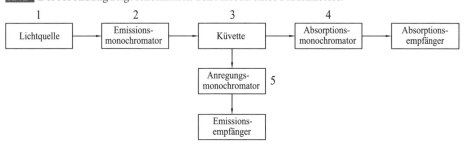

Welche Aussage trifft zu?

(A) Die Fluoreszenzlöschung ist auf eine starke Eigenabsorption der Chlorid-Ionen zurückzuführen.
(B) Die Fluoreszenzlöschung resultiert aus einer Veränderung des pH-Werts.
(C) Durch Zugabe von Salzsäure wird aus Chinin durch Hydrolyse nicht-fluoreszierendes 6-Methoxychinolin gebildet.
(D) Die Gegenwart sauerstoffhaltiger anorganischer Säuren ist eine Voraussetzung für die Fluoreszenz von Chinin.
(E) Nach Zugabe von Schwefelsäure zu Chininhydrochlorid tritt **keine** Fluoreszenz auf.

1261 Welche Aussagen treffen zu?
Die Fluoreszenzintensität einer wässrigen Chininsulfat-Lösung wird beeinflusst durch die:

(1) Intensität des Erregerlichts
(2) Chininkonzentration
(3) Wellenlänge des Erregerlichts
(4) Gegenwart eines größeren Überschusses von Halogenid-Ionen

(A) nur 1 ist richtig
(B) nur 2 ist richtig
(C) nur 1 und 2 sind richtig
(D) nur 2 und 4 sind richtig
(E) 1–4 = alle sind richtig

11.7.2 Messmethodik und instrumentelle Anordnung

1262* Die Abbildung zeigt schematisch den Aufbau eines Fluorimeters.

```
1              2                    3              4
Lichtquelle → Emissions-     →   Küvette   →  Absorptions-  → Absorptions-
              monochromator                   monochromator    empfänger
                                     ↓
                                Anregungs-     5
                                monochromator
                                     ↓
                                 Emissions-
                                 empfänger
```

Welche Bauteile sind vertauscht?

(A) 2 mit 3
(B) 3 mit 4
(C) 2 mit 5
(D) 2 mit 4
(E) 4 mit 5

1263 Welche Aussage trifft zu?
Als Detektor in Fluorimetern eignet sich besonders:

(A) Photozelle
(B) Fluorid-spezifische Elektrode
(C) Sekundärelektronenvervielfacher
(D) PbS-Zelle
(E) Thermoelement

1264 Welche Aussage trifft zu?
Das Europäische Arzneibuch schreibt zur fluorimetrischen Bestimmung eines Analyten in erster Wahl die Verwendung eines Fluorimeters vor, bei dem das emittierte Fluoreszenzlicht im Winkel von 90° zur Anregungsstrahlung vermessen wird.
Die Begründung dafür ist, dass bei diesem Winkel

(A) das Maximum der Fluoreszenzintensität erreicht wird
(B) Störungen durch das Erfassen des Anregungslichts minimiert werden können
(C) die Quantenausbeute der Fluorophore verbessert wird
(D) Quenching-Effekte vernachlässigt werden können
(E) ein linearer Zusammenhang von eingestrahlter und emittierter Lichtintensität besteht

11.7.3 Pharmazeutische Anwendungen, insbesondere nach Arzneibuch

1265 Aluminium-Ionen können nach Zusatz eines geeigneten Reagenzes fluorimetrisch bestimmt werden.
Welches der abgebildeten Moleküle ist hierzu am besten geeignet?

1266* Welcher der folgenden Wirkstoffe ist für eine direkte fluorimetrische Bestimmung am besten geeignet?

1267 Bei welchem der formulierten Arzneistoffe ist am ehesten eine sichtbare Fluoreszenz zu erwarten?

11.7 Grundlagen der Fluorimetrie

1268* Welche der folgenden Arzneistoffe fluoreszieren in wässriger Lösung bei Bestrahlung mit UV-Licht?

(1) (als Sulfat)

(2)

(3)

(4)

(A) nur 1 ist richtig
(B) nur 1 und 3 sind richtig
(C) nur 1 und 4 sind richtig
(D) nur 2, 3 und 4 sind richtig
(E) 1–4 = alle sind richtig

1269 Welche Verbindung zeigt – bei entsprechender Anregung – die intensivste Fluoreszenz?

(A) (B) (C) (D) (E)

1270 Welche Verbindung zeigt – bei entsprechender Anregung – die intensivste Fluoreszenz?

(A) (B) (C) (D) (E)

Fluoreszenzmarker

1271 Welche der folgenden Reagenzien sind als Fluoreszenzmarker für die fluorimetrische Bestimmung von primären Aminen geeignet?

(1)   (2)

(3)   (4)

(A) nur 3 ist richtig
(B) nur 1 und 4 sind richtig
(C) nur 1, 2 und 3 sind richtig
(D) nur 2, 3 und 4 sind richtig
(E) 1–4 = alle sind richtig

1272 Aliphatische Carbonsäurechloride sollen fluorimetrisch bestimmt werden.
Welche der folgenden Reagenzien sind als Fluoreszenzmarker zur direkten Derivatisierung des Säurechlorids geeignet?

(1)   (2)   (3)

(A) nur 1 ist richtig
(B) nur 3 ist richtig
(C) nur 1 und 3 sind richtig
(D) nur 2 und 3 sind richtig
(E) 1–3 = alle sind richtig

11.8 Grundlagen der Absorptionsspektroskopie im infraroten Spektralbereich (IR-Spektroskopie)

Zur IR-Spektroskopie siehe auch MC-Fragen Nr. 1442, 1450, 1452, 1457, 1461, 1462, 1465–1468, 1667, 1754–1756, 1792, 1800, 1801, 1843–1845, 1882–1884.

11.8.1 Grundlagen der Lichtabsorption im IR

Molekülschwingungen

1273 Welche Aussagen zur Infrarotspektroskopie (inclusive NIR und Fern-IR) treffen zu?

(1) Sie ist ein emissionsspektroskopisches Verfahren.
(2) Durch IR-Strahlen werden Molekülschwingungen angeregt.
(3) Auch Gase können IR-spektroskopisch vermessen werden.

(A) nur 2 ist richtig
(B) nur 3 ist richtig
(C) nur 1 und 2 sind richtig
(D) nur 1 und 3 sind richtig
(E) nur 2 und 3 sind richtig

1274 Welche Aussagen zur IR-Spektroskopie treffen zu?

(1) In der IR-Spektroskopie werden Moleküle durch Absorption von Strahlung in elektronisch angeregte Zustände angehoben.
(2) In der IR-Spektroskopie werden Moleküle durch Absorption von Strahlung zu Molekülschwingungen und -rotationen angeregt.
(3) Die IR-Spektroskopie ist eine emissionsspektroskopische Methode.
(4) Die IR-Spektroskopie ist eine absorptionsspektroskopische Methode.
(5) Als IR-Strahlung wird der Bereich des elektromagnetischen Spektrums mit Wellenlängen zwischen 800 nm und 500 μm bezeichnet.

(A) nur 1 ist richtig
(B) nur 2 und 4 sind richtig
(C) nur 1, 4 und 5 sind richtig
(D) nur 2, 3 und 5 sind richtig
(E) nur 2, 4 und 5 sind richtig

Ordnen Sie bitte den Molekülen (Liste 1) die jeweils zutreffende Zahl der Normalschwingungen (Liste 2) zu!

Liste 1

1275* H_2O

1276 N_2O

1277 SO_2

1278* CO_2

Liste 2
(A) 0
(B) 1
(C) 2
(D) 3
(E) 4

Ordnen Sie bitte den Molekülen (Liste 1) die jeweils zutreffende Zahl der Normalschwingungen (Liste 2) zu!

Liste 1

1279 NH_3

1280 $CHCl_3$

Liste 2
(A) 6
(B) 7
(C) 8
(D) 9
(E) 10

Masseneinflüsse

1281* Welche Aussagen treffen zu?
Die Wellenzahl der IR-Absorptionsbande einer Molekülschwingung nimmt zu bei:

(1) zunehmenden Massen der beteiligten Atome bzw. Molekülteile
(2) abnehmenden Massen der beteiligten Atome bzw. Molekülteile
(3) zunehmender Bindungsstärke zwischen den beteiligten Atomen bzw. Molekülteilen
(4) abnehmender Bindungsstärke zwischen den beteiligten Atomen bzw. Molekülteilen

(A) nur 1 ist richtig
(B) nur 1 und 3 sind richtig
(C) nur 1 und 4 sind richtig
(D) nur 2 und 3 sind richtig
(E) nur 2 und 4 sind richtig

1282 Welche Aussagen zur IR-Spektroskopie treffen zu?

(1) Die Lage einer IR-Absorptionsbande korreliert mit der Masse der an der Bindung beteiligten Atome.
(2) Je höher die Masse der an einer Bindung beteiligten Atome, umso geringer ist die Wellenlänge der zur Anregung notwendigen elektromagnetischen Strahlung.
(3) Die Anregungswellenlänge der Valenzschwingung einer Einfachbindung ist in der Regel größer als die Anregungswellenlänge der Valenzschwingung der entsprechenden Doppelbindung gleicher Atome.

(A) nur 1 ist richtig
(B) nur 3 ist richtig
(C) nur 1 und 3 sind richtig
(D) nur 2 und 3 sind richtig
(E) 1–3 = alle sind richtig

1283* Welcher Zusammenhang besteht zwischen den Schwingungsfrequenzen f_{H-H} und f_{D-D} der Moleküle Wasserstoff (H_2) und Deuterium (D_2)?

(A) $f_{D-D} = 2 f_{H-H}$
(B) $f_{D-D} = \sqrt{2} f_{H-H}$
(C) $f_{D-D} = f_{H-H}$
(D) $f_{D-D} = f_{H-H} / \sqrt{2}$
(E) $f_{D-D} = \frac{1}{2} f_{H-H}$

1284 Welcher Aussage über die beiden Konfigurationen mit etwa gleichen Kopplungskonstanten stimmen Sie zu?

$-C-H$ und $-C-D$

Für einen analogen Streckschwingungsmodus der C-H-Bindung bzw. der C-D-Bindung gilt für die Frequenzen f_H, f_D bzw. die Wellenzahlen $\tilde{v}_D$:

(A) $f_H > f_D$ und $\tilde{v}_H > \tilde{v}_D$
(B) $f_H > f_D$ und $\tilde{v}_H < \tilde{v}_D$
(C) $f_H = f_D$ und $\tilde{v}_H = \tilde{v}_D$
(D) $f_H < f_D$ und $\tilde{v}_H > \tilde{v}_D$
(E) $f_H < f_D$ und $\tilde{v}_H < \tilde{v}_D$

1285 Welche der folgenden Aussagen trifft zu?
In einem Molekül wird eine H-O-Gruppe durch eine T-O-Gruppe mit etwa gleicher Kopplungskonstante ersetzt. In den IR-Spektren gilt für einen analogen Streckschwingungsmodus jeweils innerhalb dieser Gruppe für die Wellenzahlen $\tilde{v}_{HO}$, $\tilde{v}_{TO}$ bzw. Frequenzen f_{HO}, f_{TO}:

(A) $\tilde{v}_{HO} > \tilde{v}_{TO}$ und $f_{HO} > f_{TO}$
(B) $\tilde{v}_{HO} > \tilde{v}_{TO}$ und $f_{HO} < f_{TO}$
(C) $\tilde{v}_{HO} = \tilde{v}_{TO}$ und $f_{HO} = f_{TO}$
(D) $\tilde{v}_{HO} < \tilde{v}_{TO}$ und $f_{HO} > f_{TO}$
(E) $\tilde{v}_{HO} < \tilde{v}_{TO}$ und $f_{HO} < f_{TO}$

1286 Das obere FT-IR-Spektrum ist das Ergebnis der Messung von Leitungswasser.
Durch Messung welcher Probe unter identischen Bedingungen wurde das untere Spektrum erhalten?

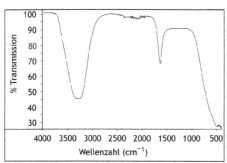

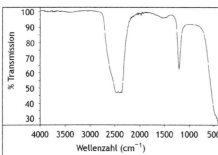

(A) Leitungswasser nach Zugabe von Trifluoressigsäure
(B) NMR-Lösungsmittel D_2O
(C) Gesättigte Kochsalzlösung
(D) Demineralisiertes Wasser (Ionenaustausch)
(E) Destilliertes Wasser (Glasapparatur)

Schwingungsarten

1287* Welche Aussage trifft zu?
In der IR-Spektroskopie versteht man unter dem Begriff „Streckschwingungen" (Valenzschwingungen):

(A) Schwingungen, die nur im fernen Infrarot zu Absorptionen führen
(B) Schwingungen, bei denen sich die Massenschwerpunkte der beteiligten Atome entlang der (gedachten) Bindungsachse verschieben
(C) Schwingungen, die im IR-Bereich nicht beobachtet werden können
(D) vorwiegend die im Wellenzahlbereich unterhalb von 1500 cm^{-1} festzustellenden Absorptionsbanden
(E) die auf geradkettige Alkane beschränkten, charakteristischen Schwingungen bei etwa 730 cm^{-1}

1288 Welche der folgenden Valenzschwingungen sind IR-inaktiv?

(1) $\vec{O}{=}C{=}\overleftarrow{O}$

(2) $\overleftarrow{O}{=}C{=}\vec{O}$

(3) $\overleftarrow{O}{=}\vec{C}{=}\overleftarrow{O}$

(4) $\vec{O}{=}\overleftarrow{C}{=}\vec{O}$

(A) nur 1 und 2 sind richtig
(B) nur 2 und 3 sind richtig
(C) nur 3 und 4 sind richtig
(D) nur 2, 3 und 4 sind richtig
(E) 1–4 = alle sind richtig

1289 Dem Auftreten der intensivsten Absorptionsbande im FT-IR-Spektrum des Gases Kohlendioxid bei ca. 2350 cm^{-1} liegt eine Änderung des dynamischen Dipolmoments des Moleküls zugrunde.
Welcher der folgenden Vorgänge bewirkt diese Bande?

(A) π-π*-Übergang
(B) Nuclear-Overhauser-Enhancement
(C) Symmetrische Deformationsschwingung
(D) Symmetrische Streckschwingung
(E) Asymmetrische Valenzschwingung

1290 Welche Aussage trifft **nicht** zu?
Im IR-Spektrum treten Banden auf, die sowohl auf symmetrische als auch auf asymmetrische Valenzschwingungen der gekennzeichneten Moleküle oder Molekülteile zurückzuführen sind:

(A) R–N(H)(H)

(B) O=C=O

(C) R–H₂C–O–CH₂–R

(D) R–N⁺(=O)(O⁻)

(E) R₂S(=O)(=O)

1291* Welche Aussage trifft zu?
In der IR-Spektroskopie versteht man unter dem Begriff „Biegeschwingungen" (Deformationsschwingungen):

(A) die auf den Infrarotbereich oberhalb 2000 cm⁻¹ beschränkten Schwingungen
(B) Schwingungen, bei denen sich die Massenschwerpunkte der beteiligten Atome entlang der (gedachten) Bindungsachse verschieben
(C) die auf flexible Cycloalkane beschränkten, charakteristischen Schwingungen
(D) Schwingungen, die durch eine Änderung von Bindungswinkeln charakterisiert sind
(E) Schwingungen in Richtung der Bindung zwischen zwei Atomen sehr unterschiedlicher Masse

1292* Welchem der dargestellten Wellenzahlengesamtbereiche sind Deformationsschwingungen zuzuordnen?

(A) 4000 bis 2800 cm⁻¹
(B) 2800 bis 2100 cm⁻¹
(C) 2100 bis 1500 cm⁻¹
(D) 4000 bis 1500 cm⁻¹
(E) 1600 bis 500 cm⁻¹

1293 Welche der nachfolgend aufgeführten Wellenzahlen liegt im charakteristischen Bereich der Deformationsschwingungen organischer Arzneistoffe?

(A) 1 cm⁻¹
(B) 10 cm⁻¹
(C) 100 cm⁻¹
(D) 1000 cm⁻¹
(E) 10000 cm⁻¹

1294 Welche Aussagen über Gerüstschwingungen eines Moleküls treffen zu?

(1) Die Gerüstschwingungen organischer Moleküle erzeugen häufig Absorptionen im IR-Bereich.
(2) Die Gerüstschwingungen eines Moleküls erzeugen in der Regel Absorptionen bei größerer Wellenzahl als die in ihm enthaltenen funktionellen Gruppen.
(3) Gerüstschwingungen eignen sich zur Identifizierung von Substanzen.

(A) nur 1 ist richtig
(B) nur 2 ist richtig
(C) nur 1 und 3 sind richtig
(D) nur 2 und 3 sind richtig
(E) 1–3 = alle sind richtig

1295 Welche Aussagen treffen zu?
In der Spektroskopie versteht man unter Gerüstschwingungen:

(1) durch IR-Strahlung angeregte Schwingungen, an denen im Allgemeinen alle Atome eines Moleküls beteiligt sind
(2) durch elektromagnetische Strahlung angeregte Überführung von Elektronen in energiereichere Orbitale
(3) Molekülschwingungen im sog. fingerprint-Bereich
(4) Absorptionen, die durch Rotation gelöster oder gasförmiger Moleküle hervorgerufen werden

(A) nur 1 ist richtig
(B) nur 3 ist richtig
(C) nur 4 ist richtig
(D) nur 1 und 3 sind richtig
(E) nur 2 und 4 sind richtig

Lambert-Beer-Gesetz

1296 Mittels der IR-Spektroskopie sind Gehaltsbestimmungen organischer Arzneistoffe möglich.
Welche Größe einer ausgewählten Absorptionsbande kann dazu **nicht** herangezogen werden?

(A) Absorption
(B) Integrale Absorption
(C) Durchlässigkeit
(D) Absorptionswellenlänge
(E) Transmission

1297 Welche Aussage trifft zu?

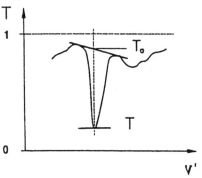

Zur Bestimmung der Konzentration einer Probelösung aus den Werten des abgebildeten Spektrums ist u. a. folgende Berechnung durchzuführen:

(A) $1 - T_0$
(B) T_0/T
(C) $T_0 - T$
(D) $T - T_0$
(E) $1 - T$

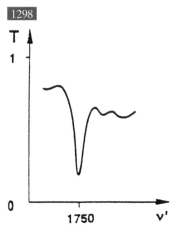

Welche der folgenden Schritte sind zur Bestimmung der Konzentration einer Lösung mit Hilfe der Bande bei 1750 cm^{-1} des abgebildeten Spektrums u. a. erforderlich?

(1) Festlegung einer Basislinie und Ermittlung von T_0
(2) Ermittlung von T
(3) Berechnung von $\lg(T_0/T)$

(A) nur 1 ist notwendig
(B) nur 2 ist notwendig
(C) nur 3 ist notwendig
(D) nur 1 und 2 sind notwendig
(E) 1–3 = alle Schritte sind notwendig

11.8.2 Beziehungen zwischen Molekülstruktur und Lichtabsorption im IR

1299 Welche der folgenden Gase lassen sich durch ein IR-Spektrum identifizieren?

(1) Wasserstoff
(2) Helium
(3) Sauerstoff
(4) Stickstoff
(5) Distickstoffmonoxid

(A) nur 2 ist richtig
(B) nur 5 ist richtig
(C) nur 1, 3 und 4 sind richtig
(D) nur 1, 2, 3 und 4 sind richtig
(E) 1–5 = alle sind richtig

1300 Welche der folgenden Schwingungen tritt im IR-Spektrum der jeweils links genannten Verbindung **nicht** auf?

(A) HCl   H-Cl-Deformationsschwingung
(B) $CH_3–CH_3$ C-H-Valenzschwingung
(C) $CH_3–CCl_3$ C-C-Valenzschwingung
(D) $CH_2=CH_2$ C-H-Valenzschwingung
(E) $CH_3–CH_3$ C-H-Deformationsschwingung

1301* Welche der folgenden Aussagen lassen sich dem IR-Spektrum einer gelösten Substanz üblicherweise entnehmen?

(1) Zahl der konjugierten C=C-Doppelbindungen
(2) Anwesenheit einer Carbonyl-Gruppe
(3) Anwesenheit einer Nitril-Gruppe
(4) Verfälschung einer optisch aktiven Verbindung durch das entsprechende Racemat

(A) nur 1 und 2 sind richtig
(B) nur 2 und 3 sind richtig
(C) nur 3 und 4 sind richtig
(D) nur 1, 2 und 4 sind richtig
(E) 1–4 = alle sind richtig

1302 Welche Aussage trifft zu?
Eine starke Absorptionsbande im IR-Spektrum bei etwa 1700 cm^{-1} ist charakteristisch für:

(A) OH-Gruppen von Alkoholen
(B) CH_3-Gruppen
(C) OH-Gruppen von Phenolen
(D) NH-Gruppen in Aminen (Valenzschwingungen)
(E) Carbonyl-Gruppen

1303 Im IR-Spektrum einer farblosen organischen Flüssigkeit wird eine intensive Bande bei 2995 cm^{-1} beobachtet.
Welche der folgenden Molekülschwingungen kann diese Bande verursachen?

(A) (C=O)-Valenzschwingung
(B) (C–H)-Valenzschwingung
(C) (C–O)-Valenzschwingung
(D) (C≡N)-Valenzschwingung
(E) (C–H)-Deformationsschwingungen

1304 Im IR-Spektrum einer farblosen organischen Flüssigkeit wird eine intensive Bande bei 2255 cm^{-1} beobachtet.
Welche der folgenden Molekülschwingungen kann diese Bande verursachen?

(A) (C=O)-Valenzschwingung
(B) (C–H)-Valenzschwingung
(C) (C–O)-Valenzschwingung
(D) (C≡N)-Valenzschwingung
(E) (C–H)-Deformationsschwingungen

1305 Im IR-Spektrum einer farblosen organischen Flüssigkeit wird eine intensive Bande bei 1735 cm^{-1} beobachtet.
Welche der folgenden Molekülschwingungen kann diese Bande verursachen?

(A) (C=O)-Valenzschwingung
(B) (C–H)-Valenzschwingung
(C) (C–O)-Valenzschwingung
(D) (C≡N)-Valenzschwingung
(E) (C–H)-Deformationsschwingungen

1306 Im IR-Spektrum einer farblosen organischen Flüssigkeit wird eine intensive Bande bei 1155 cm^{-1} beobachtet.
Welcher der folgenden Molekülschwingungen kann diese Bande zugeordnet werden?

(A) (C=O)-Valenzschwingung
(B) (C–H)-Valenzschwingung
(C) (C–O)-Valenzschwingung
(D) (C≡N)-Valenzschwingung
(E) (C–H)-Deformationsschwingungen

1307 Welche Aussagen treffen zu?
Im IR-Spektrum wird die Wellenzahl der C=O-Valenzschwingung durch folgende Faktoren beeinflusst:

(1) durch Konjugation, z.B. in α,β-ungesättigten Carbonylverbindungen
(2) durch die Elektronegativität des Substituenten X in Verbindungen der Struktur
$$X—C—R$$
$$\|$$
$$O$$
(3) durch Wasserstoffbrückenbindungen, an welchen der Sauerstoff der untersuchten C=O-Gruppe beteiligt ist

(A) nur 1 ist richtig
(B) nur 2 ist richtig
(C) nur 3 ist richtig
(D) nur 1 und 3 sind richtig
(E) 1–3 = alle sind richtig

1308 Welche Aussage trifft zu?
Die folgenden Verbindungen sind nach **steigender** Wellenzahl ihrer Carbonyl-Valenzschwingung geordnet:

(A) Ethylacetat < Benzaldehyd < Divinylketon
(B) Benzaldehyd < Ethylacetat < Divinylketon
(C) Divinylketon < Ethylacetat < Benzaldehyd
(D) Ethylacetat < Divinylketon < Benzaldehyd
(E) Divinylketon < Benzaldehyd < Ethylacetat

Aus der Lage der Carbonyl-Absorption im IR-Spektrum lassen sich Einflüsse der molekularen Umgebung ablesen.
Ordnen Sie bitte den Lactonen aus Liste 1 jeweils den Wellenzahlbereich aus Liste 2 zu, in dem bei der Aufnahme eines IR-Spektrums (KBr-Pressling) die Carbonyl-Absorption zu beobachten sein wird!

Liste 1   Liste 2

1309   (A) 1930–1950 cm^{-1}
            (B) 1830–1850 cm^{-1}
            (C) 1770–1790 cm^{-1}
            (D) 1730–1750 cm^{-1}
1310   (E) 1670–1690 cm^{-1}

1311 Welche Aussage trifft **nicht** zu?
Das IR-Spektrum von Essigsäureethylester weist mittelstarke bis starke Banden auf bei etwa:

(A) 2900 cm^{-1}
(B) 2200 cm^{-1}
(C) 1750 cm^{-1}
(D) 1450 cm^{-1}
(E) 1250 cm^{-1}

1312 Welche Molekülgruppierung ist im IR-Spektrum **nicht** durch eine Streckschwingung im Bereich zwischen 2900–2100 cm^{-1} zu erkennen (R = Alkyl)?

(A) R–C≡N
(B) R–C≡C–H
(C) R–C≡C–CH$_3$
(D) R–N=C=S
(E) R–CH=O

1313 Das IR-Spektrum einer Arzneistoffprobe weist

– (C–H)-Valenzschwingungen bei 3100–3000 cm^{-1},
– (C=C)-Valenzschwingungen bei 1600–1500 cm^{-1} und
– (C–H)-Deformationsschwingungen bei 900–680 cm^{-1} auf.

Welche Aussage lässt sich daraus ableiten?

(A) Der Arzneistoff liegt als Hydrochlorid vor.
(B) Es kann sich nur um einen Benzoesäureester handeln.
(C) Der Arzneistoff liegt in einem metastabilen Zustand vor.
(D) Die Verbindung ist wahrscheinlich aromatisch.
(E) Das Molekül ist mit hoher Wahrscheinlichkeit farbig.

Ordnen Sie bitte den in Liste 1 aufgeführten Strukturen den jeweils entsprechenden Wellenzahlbereich (in cm^{-1}) der Valenzschwingungen im IR-Spektrum aus Liste 2 zu!

Liste 1

1314 Aromatische Ringe (C⋯C)

1315 Nitrile (C≡N)

Liste 2
(A) 3500–3700
(B) 2200–2300
(C) 1700–2000
(D) 1450–1700
(E) 500–1450

Ordnen Sie bitte den in Liste 1 aufgeführten Strukturen den jeweils entsprechenden Wellenzahlbereich (in cm^{-1}) der Valenzschwingungen im IR-Spektrum aus Liste 2 zu!

Liste 1   Liste 2

1316 Alkene ($\tilde{\nu}_{CC}$)   (A) 2500–3700
                                 (B) 2000–2500
1317 Alkohole ($\tilde{\nu}_{OH}$) (C) 1600–1700
                                 (D) 1050–1300
                                 (E) 500–1500

1318 Welche Aussagen über die O-H-Valenzschwingung im IR-Spektrum einer Lösung von Ethanol in Tetrachlorkohlenstoff treffen zu?

(1) Die Bande für die freie OH-Gruppe tritt bei größeren Wellenzahlen auf als die Bande für die assoziierte OH-Gruppe.
(2) Die Halbwertsbreite der Bande der freien OH-Gruppe ist kleiner als die Halbwertsbreite der Bande der assoziierten OH-Gruppe.
(3) Beim Verdünnen der Lösung nimmt die Intensität der Bande der freien OH-Gruppe **relativ** zur Intensität der Bande der assoziierten OH-Gruppe zu.

(A) nur 1 ist richtig
(B) nur 3 ist richtig
(C) nur 1 und 2 sind richtig
(D) nur 1 und 3 sind richtig
(E) 1–3 = alle sind richtig

1319 Ein KBr-Pressling eines Arzneistoffs wird IR-spektroskopisch untersucht.
Worauf deutet eine breite Absorptionsbande bei 3450 cm^{-1} hin?

(1) Die Verbindung ist wahrscheinlich aromatisch.
(2) Die Verbindung ist mit großer Sicherheit aliphatisch.
(3) Die Verbindung ist wahrscheinlich farbig.
(4) Die Verbindung enthält möglicherweise Kristallwasser.

(A) nur 1 ist richtig
(B) nur 2 ist richtig
(C) nur 3 ist richtig
(D) nur 4 ist richtig
(E) nur 1 und 3 sind richtig

1320 Welche Aussagen über die IR-Valenzschwingung v_{X-H} des an verschiedene Atome X gebundenen Wasserstoffs treffen zu?

(1) v_{O-H} erfolgt im Allgemeinen bei größeren Wellenzahlen als v_{N-H}.
(2) Die Bildung einer Wasserstoffbrücke bewirkt eine Verschiebung der v_{O-H} zu größeren Wellenzahlen.
(3) Im Spektrum einer Substanz mit einer NH$_2$-Gruppe treten eine symmetrische und eine asymmetrische N-H-Valenzschwingung auf.
(4) v_{C-H} von Alkanen tritt bei 1730 cm^{-1} auf.

(A) nur 1 ist richtig
(B) nur 1 und 3 sind richtig
(C) nur 1, 2 und 3 sind richtig
(D) nur 2, 3 und 4 sind richtig
(E) 1–4 = alle sind richtig

$$\begin{bmatrix} & & & \overset{(I)}{H} & & \overset{(II)}{CN} & OCH_3 \\ H_3CO & & & | & & | & \\ & \bigcirc-CH_2-CH_2-N-(CH_2)_3-C- & \bigcirc-OCH_3 \\ H_3CO & & & | & & | & \\ & & & CH_3 & & (CH_3)_2CH & \end{bmatrix}^+ Cl^-$$

Ordnen Sie bitte den in obiger Formel gekennzeichneten funktionellen Gruppen von Verapamilhydrochlorid (Liste 1) die jeweils zugehörige Wellenzahl der Valenzschwingung im IR-Spektrum (Liste 2) zu!

Liste 1

1321* I
1322* II

Liste 2

(A) 2700–2400 cm^{-1}
(B) 2200 cm^{-1}
(C) 1700 cm^{-1}
(D) 1550, 1350 cm^{-1}
(E) 700 cm^{-1}

1323 Worauf ist die gekennzeichnete Bande des abgebildeten IR-Spektrums des Arzneistoffs Lidocain zurückzuführen?

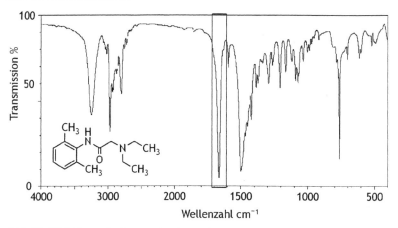

(A) (C–H)-Valenzschwingung des Aromaten
(B) Oberschwingungen des Aromaten
(C) (C=C)-Valenzschwingung des Aromaten
(D) (C=O)-Valenzschwingung des Amids
(E) Wasserspuren im KBr-Pressling

1324 Worauf ist der gekennzeichnete Bereich des abgebildeten IR-Spektrums des Arzneistoffs Benzocain zurückzuführen?

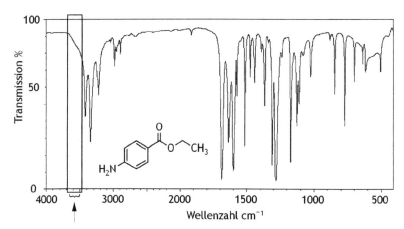

(A) (C–H)-Valenzschwingung des Aromaten
(B) (C-N)-Valenzschwingung
(C) (C=C)-Valenzschwingung des Aromaten
(D) (C=O)-Valenzschwingung der Carbonyl-Gruppe
(E) Wasserspuren im KBr-Pressling: Schulter der zugehörigen OH-Bande

1325 Worauf ist der gekennzeichnete Bereich des abgebildeten IR-Spektrums des Arzneistoffs Carbamazepin zurückzuführen?

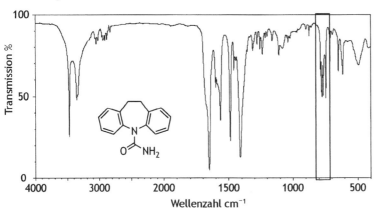

(A) (C–H)-Deformationsschwingungen der Aromaten
(B) (C–N)-Valenzschwingungen
(C) (C=C)-Valenzschwingungen der Aromaten
(D) (C=O)-Valenzschwingung der Harnstoff-Partialstruktur
(E) Wasserspuren im KBr-Pressling: Schulter der zugehörigen OH-Bande

Anwendungen zur Strukturanalyse

1326 Welche Aussage trifft zu?
Die folgende Abbildung stellt das IR-Spektrum (1 % in KBr) dar von:

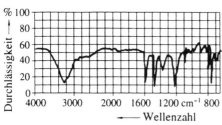

(A) n-Hexan
(B) Phenol
(C) Acetonitril
(D) Ethanol
(E) Aceton

1327

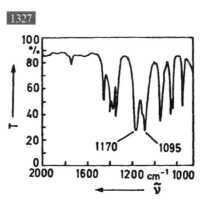

Das oben abgebildete IR-Spektrum trifft auf folgende Substanz zu:

(A) 1,4-Benzochinon
(B) Paraldehyd
(C) Campher
(D) Aceton
(E) Essigsäureethylester

1328* Von welcher der folgenden Substanzen ist das nachfolgend abgebildete Infrarot-Absorptionsspektrum aufgenommen worden?

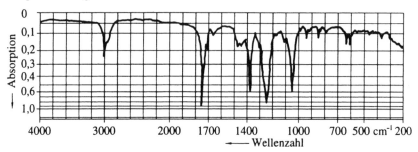

(A) Benzoesäuremethylester
(B) Essigsäure
(C) Essigsäureethylester
(D) Cyclohexan
(E) Harnstoff

1329*

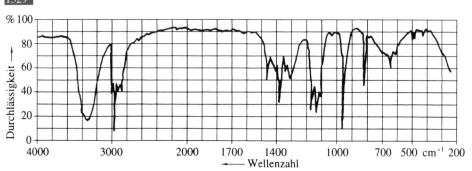

Für welche der folgenden Verbindungen gilt das obige IR-Spektrum?

(A) Aceton
(B) Chlorbenzen
(C) Chloroform
(D) n-Hexan
(E) Isopropanol

1330

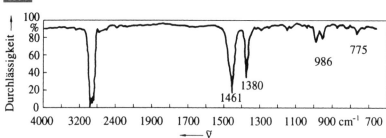

Auf welche der folgenden Substanzen trifft das abgebildete IR-Spektrum zu?

(A) 3-Methylpentan
(B) o-Xylen
(C) Heptatrien
(D) Phenylisocyanat
(E) Allylacetat

1331 Eine unbekannte Substanz ergibt folgendes IR-Spektrum:

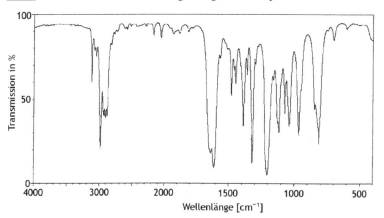

Um welche der nachfolgend aufgeführten Verbindungen kann es sich bei der Substanz handeln?

(A) 2-Methylpropanal

(B) Butan-2-on

(C) Ethylvinylether

(D) Benzonitril

(E) Hexafluoraceton

1332* Eine unbekannte Substanz ergibt folgendes IR-Spektrum:

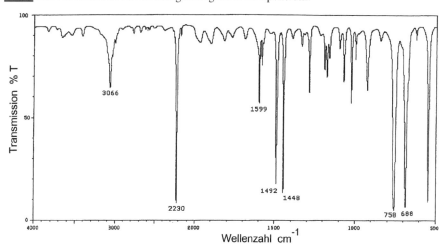

Um welche der nachfolgend aufgeführten Verbindungen kann es sich bei der Substanz handeln?

(A) Valeriansäureamid

(B) Benzonitril

(C) Hexafluoraceton

(D) Butan-2-on

(E) Ethylvinylether

1333 Welche Aussage trifft zu?

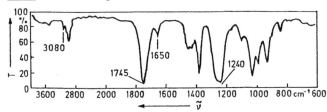

Das abgebildete IR-Spektrum trifft auf folgende Substanz zu:

(A) 3-Methylpentan
(B) o-Xylol (o-Xylen)
(C) Heptatrien
(D) p-Methylbenzonitril
(E) Essigsäureallylester

1334 Eine unbekannte Substanz ergibt folgendes IR-Spektrum:

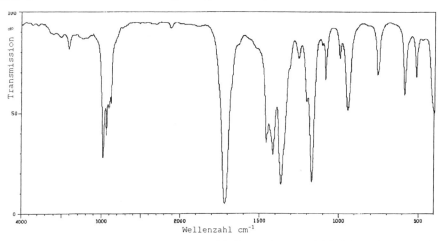

Um welche der nachfolgend aufgeführten Verbindungen kann es sich bei der Substanz handeln?

(A) Butan-2-on

(B) Cyclobutanol

(C) 2-Methyl-2-propen-1-ol

(D) Ethylvinylether

(E) Phenol

1335 Welche Aussage trifft zu?

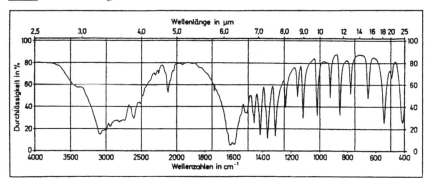

Das oben abgebildete IR-Spektrum wurde erhalten mit:

(A) Alanin
(B) Cyclohexanol
(C) Aceton
(D) Benzylalkohol
(E) Menthol

11.8.3 Messmethodik und instrumentelle Anordnung, insbesondere nach Arzneibuch

1336 Was enthält ein IR-Spektrometer typischerweise nicht?

(A) Eintrittsspalt
(B) Nernst-Stift
(C) Quarz-Prisma
(D) Thermoelement
(E) Wellenzahlskala

1337 Welche Aussage trifft zu?

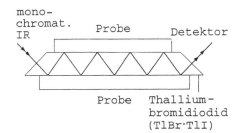

Der abgebildete Strahlengang ist Teil einer Messanordnung aus folgender analytischer Technik:

(A) Bestimmung der Brechzahl
(B) IR-Spektroskopie
(C) NMR-Spektroskopie
(D) UV-VIS-Spektroskopie
(E) Fluorimetrie

1338* Welche Aussagen treffen zu?

Übliche Materialien für Küvetten bei der IR-Spektroskopie im Bereich von 4000 bis 670 cm^{-1} sind:

(1) Natriumchlorid
(2) Quarz
(3) Kaliumbromid
(4) Teflon

(A) nur 1 ist richtig
(B) nur 1 und 3 sind richtig
(C) nur 2 und 4 sind richtig
(D) nur 1, 2 und 3 sind richtig
(E) 1–4 = alle sind richtig

1339 Welche Aussage trifft zu?

Die Kontrolle der Wellenzahlskala von IR-Spektrometern kann vorgenommen werden mit:

(A) Holmiumperchlorat-Lösung
(B) Kaliumchlorid-Lösung
(C) Quecksilber-Hochdrucklampe

(D) Kaliumdichromat-Lösung
(E) Polystyrol-Folie

1340 Welche Aussage trifft zu?
Zur Kontrolle der Auflösung eines IR-Spektrometers eignet sich die Aufnahme des Spektrums eines:

(A) Polystyrolfilms
(B) Presslings aus einer Mischung aus Thallium(I)-bromid (TlBr) und Thallium(I)-iodid (TlI)
(C) Nujolfilms
(D) CaF$_2$-Presslings
(E) Quarzkristalls

1341 Welche der folgenden Gase können bei einem Einstrahl-IR-Gerät durch Eigenabsorption zu Störungen führen?

(1) N$_2$
(2) O$_2$
(3) CO$_2$
(4) H$_2$O

(A) nur 1 ist richtig
(B) nur 4 ist richtig
(C) nur 2 und 3 sind richtig
(D) nur 3 und 4 sind richtig
(E) 1–4 = alle sind richtig

1342* Das Signal-Rausch-Verhältnis bei IR-Spektren kann durch Signalmittelung verbessert werden. Mehrere Einzelaufnahmen (Scans) werden aufaddiert und rechnerisch gemittelt. Das Signal-Rausch-Verhältnis hängt dabei in folgender Weise von der Scan-Zahl ab:

$$\frac{S}{N} = \sqrt{n}\,\frac{S_x}{N_x}$$

$\frac{S}{N}$ = Signal-Rausch-Verhältnis nach der Mittelung

$\frac{S_x}{N_x}$ = Signal-Rausch-Verhältnis vor der Mittelung

n = Anzahl der Scans

Wie verändert sich das Signal-Rausch-Verhältnis eines IR-Spektrums, wenn statt 100 Scans (in 2 Minuten) 1000 Scans (in 20 Minuten) aufgenommen werden?

(1) Das Signal-Rausch-Verhältnis verbessert sich mit der Quadratwurzel der Scan-Zahl.
(2) Das Signal-Rausch-Verhältnis verbessert sich linear mit der Messzeit.
(3) Eine verdoppelte Scan-Zahl ergibt ein ungefähr verdoppeltes Signal-Rausch-Verhältnis.
(4) Eine verzehnfachte Messzeit ergibt ein ungefähr 3-fach verbessertes Signal-Rausch-Verhältnis.

(A) nur 1 ist richtig
(B) nur 1 und 4 sind richtig
(C) nur 2 und 3 sind richtig
(D) nur 1, 3 und 4 sind richtig
(E) nur 2, 3 und 4 sind richtig

Messung von IR-Spektren

1343 Welche Aussagen treffen zu?
Die IR-spektroskopische Identifizierung von Arzneistoffen kann nach dem Arzneibuch u. a. in den folgenden Formen ausgeführt werden:

(1) Flüssigkeit als Film
(2) Feststoff als Lösung
(3) Feststoff als Dispersion in Paraffin
(4) Gas in spezieller Gasküvette

(A) nur 1 ist richtig
(B) nur 1 und 2 sind richtig
(C) nur 2 und 3 sind richtig
(D) nur 1, 2 und 3 sind richtig
(E) 1–4 = alle sind richtig

1344 Welche Aussage trifft **nicht** zu?
Zur Aufnahme eines IR-Spektrums im Bereich von 4000 bis 670 cm^{-1} eignen sich:

(A) Pressling mit KBr
(B) Paste in Paraffin zwischen NaCl-Platten
(C) Film zwischen NaCl-Platten
(D) Lösung in Quarz-Küvette
(E) Film auf Thalliumbromidiodid

1345 Unter welchen Bedingungen können IR-Spektren von Proben prinzipiell aufgenommen werden:

(1) als Suspension in Paraffinöl
(2) als KBr-Pressling
(3) in der Gasphase
(4) im geschmolzenen Zustand

(A) nur 2 ist richtig
(B) nur 1 und 3 sind richtig
(C) nur 2 und 4 sind richtig
(D) nur 3 und 4 sind richtig
(E) 1–4 = alle sind richtig

1346 Welche Aussagen treffen zu?
Bei der Aufnahme eines Infrarotspektrums ist es möglich, die zu untersuchende Substanz zu messen

(1) als Film zwischen zwei plangeschliffenen NaCl-Platten, wenn eine wenig flüchtige Flüssigkeit vorliegt
(2) in Lösung (in der Regel in $CHCl_3$ oder CCl_4) in geeigneten Küvetten
(3) als Pressling in Kaliumbromid bei Festsubstanzen
(4) als Suspension in Paraffinöl („Nujol") bei Festsubstanzen

(A) nur 1 und 2 sind richtig
(B) nur 2 und 3 sind richtig
(C) nur 1, 3 und 4 sind richtig
(D) nur 2, 3 und 4 sind richtig
(E) 1–4 = alle sind richtig

1347 Zur Untersuchung des Vorliegens inter- und/oder intramolekularer Wasserstoffbrücken eignet sich der Vergleich von IR-Spektren verschieden konzentrierter Lösungen in geeigneten Lösungsmitteln und Zellen.
Welche Kombination aus Lösungsmittel und Küvettenmaterial ist geeignet?

(A) Chloroform in Quarzglas-Küvetten
(B) Aceton in Polystyren-Küvetten
(C) Wasser in KBr-Küvetten
(D) Tetrachlormethan in NaCl-Küvetten
(E) Aceton in Borosilicatglas-Küvetten

1348 Ein FT-IR-Spektrum des Arzneistoffs Lidocain (siehe Formel), vermessen als KBr-Pressling gegen Luft, wurde unter unvollständiger Kompensation mit der Umgebungsluft aufgenommen.
Welche der folgenden Erscheinungen deutet auf diesen Umstand hin?

(A) eine intensive Absorptionsbande bei ca. $2350\,cm^{-1}$ (Kohlendioxid-Bande)
(B) das Ausbleiben der Carbonylabsorption bei $1750–1650\,cm^{-1}$ (Säurequenching)
(C) eine extrem hohe Absorption von über 80 % im Bereich von $4000–3800\,cm^{-1}$ (Streueffekt)
(D) das Auftreten charakteristischer Oberschwingungen im Fingerprint-Bereich (Signalaufspaltung)
(E) eine Verschiebung aller Signale um ca. $10\,cm^{-1}$ zu kleineren Wellenzahlen *(Downfield-Shift)*

1349 Der CO_2-Gehalt der Luft in einem geschlossenen Laborraum steigt durch die vom Laborpersonal ausgeatmete Luft im Laufe der Zeit an.
Bei welchem analytischen Verfahren führt dieser Umstand bei fehlender Kompensation zur Beeinträchtigung des Messergebnisses?

(A) Quantitative Analyse mittels GC-MS
(B) Quantitative Analyse mittels CE und UV-Detektion
(C) Quantitative Analyse mittels Flammen-AES
(D) Arzneistoffidentifizierung mittels FT-IR-Spektroskopie
(E) Qualitative Analyse mittels Flammen-AAS

1350 Der linke Teil der Abbildung zeigt ein FT-IR-Spektrum von Methenamin in der üblichen Darstellung (Transmission T als Funktion der Wellenzahl).
Im rechten Teil der Abbildung sehen Sie das gleiche Spektrum, bei dem für die Abszisse eine andere Auftragung gewählt wurde.

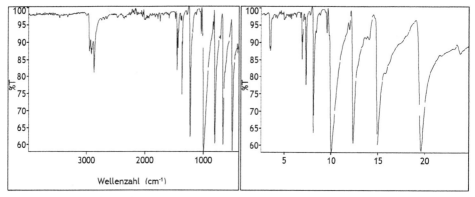

Welche Größe wurde auf der Abszisse aufgetragen?

(A) Frequenz in GHz
(B) Frequenz in MHz
(C) Wellenlänge in nm
(D) Wellenlänge in µm
(E) kinetische Energie in eV

11.8.4 Pharmazeutische Anwendungen, insbesondere nach Arzneibuch

1351 Welche Aussagen lassen sich dem IR-Spektrum eines stickstofffreien Ketons entnehmen?

(1) Identität der Verbindung aufgrund eines Vergleichsspektrums
(2) Anwesenheit einer Carbonyl-Gruppe
(3) Lage des n → π*-Elektronenübergangs der Carbonyl-Gruppe
(4) Lage des π → π*-Elektronenübergangs der Carbonyl-Gruppe
(5) eine stärkere Verunreinigung durch den entsprechenden Alkohol (ca. 10 % oder mehr)

(A) nur 1 und 2 sind richtig
(B) nur 1, 2 und 5 sind richtig
(C) nur 1, 3 und 4 sind richtig
(D) nur 2, 3, 4 und 5 sind richtig
(E) 1–5 = alle sind richtig

1352 Welche Aussage trifft **nicht** zu?
Zur IR-spektroskopischen Gehaltsbestimmung von Arzneistoffen können folgende Größen herangezogen werden:

(A) spektrale Bandbreite
(B) prozentuale Durchlässigkeit
(C) integrale Absorption
(D) Transmission
(E) Absorption

1353 Welche Aussagen zur Infrarotspektroskopie treffen zu?

(1) Unter NIR versteht man den IR-Bereich von 200 cm^{-1}–20 cm^{-1}.
(2) Unter FT-IR versteht man den IR-Bereich von 12500 cm^{-1}–4000 cm^{-1}.
(3) Unter der „ATR-Technik" versteht man die „Abgeschwächte Totalreflexions-IR-Spektroskopie".

(A) nur 1 ist richtig
(B) nur 2 ist richtig
(C) nur 3 ist richtig
(D) nur 1 und 3 sind richtig
(E) 1–3 = alle sind richtig

11.8.5 Spektroskopie im nahen Infrarot (Nahinfrarotspektroskopie, NIR)

1354 Welche Aussagen zur NIR-Spektroskopie treffen zu?

(1) Im nahen IR-Bereich zwischen $\tilde{v} = 12500$ und $4000\,cm^{-1}$ wirken niedrigere Energiebeträge auf die Moleküle ein als im normalen mittleren IR-Bereich.
(2) Mit der NIR-Spektroskopie lassen sich auch feste Substanzen direkt vermessen.
(3) Die Suspension einer Substanz lässt sich mit der NIR-Spektroskopie prinzipiell **nicht** vermessen.
(4) Mit der NIR-Spektroskopie sind quantitative Bestimmungen **nicht** möglich.
(5) Ein Messverfahren in der NIR-Spektroskopie ist die Messung der diffusen Reflexionen.

(A) nur 1 und 2 sind richtig
(B) nur 2 und 3 sind richtig
(C) nur 2 und 5 sind richtig
(D) nur 3 und 4 sind richtig
(E) nur 4 und 5 sind richtig

1355 Welche Aussagen zur NIR-Spektroskopie treffen zu?

(1) Im nahen IR-Bereich zwischen $\tilde{v} = 12500$ und $4000\,cm^{-1}$ wirken höhere Energiebeträge auf die Moleküle ein als im normalen mittleren IR-Bereich.
(2) Mit der NIR-Spektroskopie lassen sich feste Substanzen **nicht** direkt vermessen.
(3) Die Suspension einer Substanz lässt sich mit der NIR-Spektroskopie prinzipiell **nicht** vermessen.
(4) Mit der NIR-Spektroskopie sind auch quantitative Bestimmungen möglich.
(5) Ein Messverfahren in der NIR-Spektroskopie ist die Messung der diffusen Reflexionen.

(A) nur 4 und 5 sind richtig
(B) nur 1, 2 und 3 sind richtig
(C) nur 1, 4 und 5 sind richtig
(D) nur 2, 3 und 4 sind richtig
(E) nur 3, 4 und 5 sind richtig

1356* Welche Aussagen zur NIR-Spektroskopie treffen zu?

(1) In der NIR-Spektroskopie wird energieärmere elektromagnetische Strahlung eingesetzt als in der IR-Spektroskopie.
(2) In der NIR-Spektroskopie werden hauptsächlich Ober- und Kombinationsschwingungen beobachtet.
(3) Die Aufnahme eines Spektrums kann durch Messung der diffusen Reflexionsstrahlung erfolgen.
(4) Oberschwingungen erfordern zur Anregung typischerweise energiereichere elektromagnetische Strahlung als die entsprechende Grundschwingung.
(5) Im Gegensatz zur IR-Spektroskopie ist die Aufnahme eines NIR-Spektrums im Transmissionsverfahren **nicht** möglich.

(A) nur 1 und 2 sind richtig
(B) nur 1 und 4 sind richtig
(C) nur 2, 3 und 4 sind richtig
(D) nur 2, 3 und 5 sind richtig
(E) nur 2, 4 und 5 sind richtig

1357 Welche der folgenden Substanzeigenschaften können das Erscheinungsbild eines NIR-Spektrums beeinflussen?

(1) Teilchengröße
(2) Kristallstruktur
(3) Molekülstruktur
(4) Kristallwassergehalt

(A) nur 1 und 2 sind richtig
(B) nur 1 und 3 sind richtig
(C) nur 2 und 3 sind richtig
(D) nur 1, 2 und 4 sind richtig
(E) 1–4 = alle sind richtig

1358 Welche Aussage trifft zu?
Die NIR-Spektroskopie wird überwiegend eingesetzt zur:

(A) Identitätsprüfung von festen und halbfesten Analyten
(B) Unterscheidung von Enantiomeren
(C) Konformationsanalyse
(D) Strukturbestimmung
(E) Molekulargewichtsbestimmung

11.9 Raman-Spektroskopie

Siehe auch MC-Fragen Nr. 1443, 1842, 1881.

1359 Welche Aussage zur Raman-Spektroskopie trifft zu?

(A) Die Raman-Spektroskopie ist eine Atomspektroskopie.
(B) Raman-Spektren sind Emissionsspektren.
(C) Im Raman-Spektrum besitzen alle Banden eine größere Wellenlänge als das Anregungslicht.
(D) Alle optischen Bauteile von Raman-Spektrometern, wie Linsen, Fenster, Küvetten, müssen aus Quarzglas hergestellt sein.
(E) Im Raman-Spektrum treten die Absorptionen der asymmetrischen Molekülschwingungen auf.

11.10 Kernresonanzspektroskopie (NMR)

Zur NMR-Spektroskopie siehe auch MC-Fragen Nr. 1286, 1439, 1447, 1453, 1456, 1458–1462, 1466, 1667, 1792, 1802–1805, 1846, 1847, 1857, 1886–1888.

11.10.1 Grundlagen der NMR-Spektroskopie

1360 Welcher der folgenden durch Energieeinwirkung induzierten Vorgänge im Molekül wird in der NMR-Spektroskopie ausgenutzt?

(A) Rotation des Moleküls um seinen Schwerpunkt
(B) Schwingungen innerhalb des Moleküls
(C) Anhebung von Bindungs- oder Außenelektronen auf höhere Energieniveaus
(D) Umorientierung von Kernen in einem Magnetfeld
(E) Ionisierung von Doppelbindungen

1361 Welche der folgenden Eigenschaften sind günstig für ein Kernresonanz-Experiment?

(1) „empfindliche Kerne" (hohes gyromagnetisches Verhältnis)
(2) Kerne mit der Kernspinquantenzahl I = ½
(3) Kerne mit großem magnetischen Moment μ
(4) Kerne mit hoher natürlicher Häufigkeit

(A) nur 4 ist richtig
(B) nur 1 und 2 sind richtig
(C) nur 2 und 3 sind richtig
(D) nur 3 und 4 sind richtig
(E) 1–4 = alle sind richtig

1362* Welche Aussagen treffen zu?
Ein Atomkern ist NMR-aktiv, wenn

(1) seine Ordnungs- und Massenzahl gerade sind
(2) seine Ordnungs- und Massenzahl ungerade sind
(3) seine Ordnungszahl gerade und seine Massenzahl ungerade sind
(4) seine Ordnungszahl ungerade und seine Massenzahl gerade sind

(A) nur 1 und 2 sind richtig
(B) nur 3 und 4 sind richtig
(C) nur 1, 2 und 3 sind richtig
(D) nur 1, 3 und 4 sind richtig
(E) nur 2, 3 und 4 sind richtig

1363 Welcher der folgenden Atomkerne ist einer NMR-Messung prinzipiell **nicht** zugänglich?

(A) ^{15}N
(B) ^{31}P
(C) ^{32}S
(D) ^{113}Cd
(E) ^{19}F

1364 Welche der folgenden Atomkerne sind NMR-inaktiv?

(1) ^{1}H
(2) ^{19}F
(3) ^{12}C
(4) ^{16}O

(A) nur 1 ist richtig
(B) nur 2 ist richtig
(C) nur 1 und 2 sind richtig
(D) nur 3 und 4 sind richtig
(E) 1–4 = alle sind richtig

1365 Welcher der folgenden Atomkerne ist **nicht** NMR-aktiv?

(A) ^{1}H
(B) ^{2}H (=D)
(C) ^{13}C
(D) ^{19}F
(E) ^{32}S

1366* Welches der folgenden Isotope ist NMR-Messungen **nicht** zugänglich?

(A) ^{29}Si
(B) ^{15}N
(C) ^{19}F
(D) ^{31}P
(E) ^{32}S

1367* Welches der folgenden Isotope ist NMR-Messungen **nicht** zugänglich?

(A) ^{15}N
(B) ^{1}H
(C) ^{12}C
(D) ^{31}P
(E) ^{19}F

1368* Welche Atomkernsorte besitzt die Kernspinquantenzahl I = 1?

(A) ^{1}H
(B) ^{2}H(D)
(C) ^{13}C
(D) ^{19}F
(E) ^{31}P

1369

Von dem Arzneistoff „Dexamethasondihydrogenphosphat-Dinatrium" (siehe obige Formel) werden NMR-Spektren mit einem PFT-Spektrometer aufgenommen.
Das NMR-Spektrum welchen Kerns liefert den größten Informationsgehalt über die Struktur des Grundgerüstes?

(A) ^{13}C
(B) ^{19}F
(C) ^{23}Na

(D) ^{17}O
(E) ^{31}P

1370 Welche der gekennzeichneten Atome können in natürlicher Isotopenverteilung für die Kernresonanzspektroskopie der folgenden Verbindung herangezogen werden?

(A) nur 1 ist richtig
(B) nur 3 ist richtig
(C) nur 1 und 3 sind richtig
(D) nur 1, 2 und 3 sind richtig
(E) 1–4 = alle sind richtig

1371

Welches Element in Fluostigmin (siehe obige Abbildung) lässt sich – natürliche Isotopenverteilung vorausgesetzt – am schlechtesten kernresonanzspektroskopisch erfassen?

(A) Wasserstoff
(B) Kohlenstoff
(C) Sauerstoff
(D) Phosphor
(E) Fluor

1372 Welche Aussagen treffen zu?
Damit ein Isotop NMR-Messungen zugänglich ist,

(1) müssen Ordnungszahl und Massenzahl gerade Zahlen sein

(2) müssen die Elektronen eine Spinquantenzahl von +1/2 aufweisen
(3) muss die Spinquantenzahl seines Kerns größer null sein

(A) nur 1 ist richtig
(B) nur 2 ist richtig
(C) nur 3 ist richtig
(D) nur 2 und 3 sind richtig
(E) 1–3 = alle sind richtig

1373* Welche Aussage trifft zu?
Unter Relaxation versteht man in der NMR-Spektroskopie die

(A) Energieübertragung vom Sender auf das Spinsystem im Resonanzfall
(B) Zeit, welche zur Anregung des Systems gebraucht wird
(C) Justierung des TMS-Signals auf $\delta = 0$ ppm
(D) Desaktivierung angeregter Kerne (Übergang vom angeregten in den Ausgangszustand)
(E) Auftreten einer Quermagnetisierung

11.10.2 Messmethodik und instrumentelle Anordnung

1374 Welche der folgenden instrumentellen Teile bzw. Parameter sind zur Beobachtung eines kernmagnetischen Resonanzsignals mit Protonen irrelevant?

(1) ein Radiofrequenzsender
(2) ein homogenes Magnetfeld
(3) ein Radiofrequenzempfänger
(4) elektromagnetische Strahlung im Mikrowellenbereich

(A) nur 1 ist richtig
(B) nur 2 ist richtig
(C) nur 4 ist richtig
(D) nur 1 und 4 sind richtig
(E) nur 3 und 4 sind richtig

1375 Welches Bauelement enthält ein NMR-Spektrometer typischerweise **nicht**?

(A) Empfängerspule
(B) Senderspule
(C) Hochfrequenzsender
(D) Prisma
(E) Magnet

1376 Welche Aussage trifft zu?
In der NMR-Spektroskopie ist das Maß für die Zahl der NMR-aktiven Kerne in der Probe

(A) die Fläche unter dem Resonanzsignal
(B) die bei halber Höhe gemessene Linienbreite des Signals
(C) die Größe der Kopplungskonstanten
(D) die Größe der chemischen Verschiebung δ
(E) die Höhe des Signals

1377 Welche NMR-spektroskopisch relevanten Größen sind von der magnetischen Flussdichte des äußeren Magnetfelds des NMR-Spektrometers abhängig?

(1) die chemische Verschiebung eines Protons relativ zum Standard TMS
(2) die Frequenz der Präzessionsbewegung eines Kerns
(3) die magnetische Quantenzahl eines Kerns
(4) die Wellenlänge der zur Anregung eines Kerns eingesetzten elektromagnetischen Strahlung

(A) nur 1 ist richtig
(B) nur 1 und 4 sind richtig
(C) nur 2 und 3 sind richtig
(D) nur 2 und 4 sind richtig
(E) nur 3 und 4 sind richtig

Lösemittel

1378 Welche Aussage trifft **nicht** zu?
Folgende Substanzen werden üblicherweise als **Lösemittel** in der ^{1}H-NMR-Spektroskopie verwendet?

(A) Deuterochloroform ($CDCl_3$)
(B) Deuteriumoxid (D_2O)
(C) Deuteriertes Methanol (CD_3OD)
(D) Tetramethylsilan [$(CH_3)_4Si$]
(E) Deuterodimethylsulfoxid [$(CD_3)_2SO$]

1379 In der ^{1}H-NMR-Spektroskopie wird Deuterochloroform ($CDCl_3$) anstelle des viel preisgünstigeren Chloroforms ($CHCl_3$) als Lösungsmittel eingesetzt, weil der Deuteriumkern in $CDCl_3$ im Gegensatz zum H-Atomkern

in $CHCl_3$ kein störendes Signal im ^1H-NMR-Spektrum verursacht.
Was ist die zutreffende Begründung für dieses Phänomen?

(A) Moleküle, die den Kern ^2D enthalten, haben kein Magnetfeld und sind somit **nicht** NMR-aktiv.
(B) Der Kern ^2D hat keinen Kernspin und ist somit Kernresonanzmessungen **nicht** zugänglich.
(C) Es wird bei einer gegebenen Feldstärke des Magneten eine für den Kern ^1H geeignete Betriebsfrequenz eingestellt, bei der für ^2D-Kerne keine Kernresonanzsignale registriert werden.
(D) Deuterium wird durch Bestrahlung im NMR-Gerät in das kurzlebige, instabile und zudem stark entschirmte Isotop Tritium umgewandelt und so der Registrierung entzogen.
(E) Die Signale für ^2D-Kerne werden zwar registriert, aber durch Puls-Einstrahlung unterdrückt und mittels Fouriertransformation aus dem Datensatz entfernt (PFT-NMR), so dass sie **nicht** im bearbeiteten Spektrum erscheinen.

1380 Welches der folgenden Lösungsmittel benutzt man in der ^{13}C-NMR-Spektroskopie üblicherweise für polare, hydrophile Stoffe?

(A) Hexadeuterobenzen
(B) Deuterochloroform
(C) D_2O
(D) Kohlendisulfid
(E) Tetrachlormethan

Innerer Standard

1381 Welche Aussage trifft zu?
Für die Festlegung des Nullpunktes der δ [ppm]-Skala bei der ^1H-NMR-Spektrometrie wird als innerer Standard verwendet:

(A) Dimethylformamid
(B) Tetramethylsilan
(C) Tetrachlorethan
(D) Tetranitromethan
(E) Trichlormethylsilan

1382 Die beiden abgebildeten Substanzen sollen in Bezug auf ihre Eignung als innerer Standard in der ^1H-NMR-Spektroskopie im Lösungsmittel Deuteriumoxid (D_2O) verglichen werden.

1

2

Welche Aussagen treffen zu?

(1) Die Verbindung **1** trägt neun chemisch äquivalente ^2H-Kerne.
(2) Die Verbindung **1** ergibt im ^1H-NMR-Spektrum ein Singulett der Intensität 9 H.
(3) Die Verbindung **2** ist polarer als die Verbindung **1**.
(4) Die Protonen der Verbindung **2** sind stärker abgeschirmt als die der Verbindung **1**.
(5) Die Verbindung **2** ist als interner Standard im Lösungsmittel D_2O besser geeignet als die Verbindung 1.

(A) nur 1 ist richtig
(B) nur 3 ist richtig
(C) nur 1, 2 und 4 sind richtig
(D) nur 1, 3, 4 und 5 sind richtig
(E) 1–5 = alle sind richtig

1383 Das für ^1H-NMR-Messungen in organischen Lösungsmitteln als interner Standard üblicherweise eingesetzte Tetramethylsilan besitzt die Eigenschaft, kaum wasserlöslich zu sein.
Welche der folgenden Verbindungen ist als interner Standard für ^1H-NMR-Messungen in Deuteriumoxid (D_2O) anstelle von Tetramethylsilan am besten geeignet?

(A) Ameisensäurechlorid
(B) D-Glucitol
(C) Natrium-3-(trimethylsilyl)tetradeuteropropionat
(D) Trimethylsilylchlorid
(E) Hexadeuterobenzen

Berechnungen

1384 Welche Aussage trifft zu?
Tetramethylsilan gibt in einem ^{1}H-NMR-Experiment bei einer magnetischen Induktion von 2,35 Tesla bei ca. 100 MHz ein Resonanzsignal. Zur Beobachtung dieses Signals bei 400 MHz müsste folgende magnetische Induktion angewandt werden:

(A) 1,18 T
(B) 1,53 T
(C) 4,70 T
(D) 5,52 T
(E) 9,39 T

1385 Welche Aussage trifft zu?
Tetramethylsilan zeigt im ^{1}H-NMR-Spektrum bei einer Magnetfeldstärke von 2,35 Tesla ein Resonanzsignal bei 100 MHz. Bei Erhöhung der Feldstärke auf 4,70 Tesla ist das Signal zu erwarten bei:

(A) 25 MHz
(B) 50 MHz
(C) 100 MHz
(D) 200 MHz
(E) 400 MHz

1386 Welche Aussage trifft zu?
In einem mit einer Betriebsfrequenz von 60 MHz aufgenommenen ^{1}H-NMR-Spektrum entsprechen 0,5 ppm auf der δ-Skala:

(A) 1/120 Hz
(B) 30 Hz
(C) 60 Hz
(D) 90 Hz
(E) 120 Hz

1387* In einem bei einer Betriebsfrequenz von 400 MHz aufgenommenen ^{1}H-NMR-Spektrum wird ein Signal um 120 Hz tieffeldverschoben gegenüber Tetramethylsilan als innerem Standard registriert.
Wie groß ist die chemische Verschiebung δ_H?

(A) 0,30 ppm
(B) 1,20 ppm
(C) 3,00 ppm
(D) 4,00 ppm
(E) 12,00 ppm

1388 Kernresonanzspektrometer werden nach der Betriebsfrequenz in MHz in Bezug auf die ^{1}H-NMR-Messung bezeichnet. Für ein 400 MHz-NMR-Gerät benötigt man einen Magneten mit einer magnetischen Flussdichte B_0 von 9,4 T (Tesla).
Welche Aussage zu Messungen anderer Kerne trifft zu?

(A) Der ^{2}H-Kern hat unter diesen Messbedingungen (von nur 9,4 T) **keinen** Kernspin.
(B) Der ^{12}C-Kern besitzt **keinen** resultierenden Kernspin und ist somit Kernresonanzmessungen mit diesem Gerät **nicht** zugänglich.
(C) Die natürliche Häufigkeit des ^{13}C-Kerns reicht für eine Erfassung mit diesem Gerät **nicht** aus.
(D) Der ^{13}C-Kern besitzt ein größeres gyromagnetisches Verhältnis als der ^{1}H-Kern und benötigt daher mit ca. 2,4 GHz eine viel höhere Resonanzfrequenz als mit diesem Gerät erreicht werden kann.
(E) Der Bereich der chemischen Verschiebung δ von C-Kernen liegt im ppb-Bereich, ist damit wesentlich kleiner als bei ^{1}H-Kernen und kann nur mit erheblich höheren magnetischen Flussdichten untersucht werden.

11.10.3 Beziehungen zwischen Molekülstruktur und NMR-Spektrum

Chemische Verschiebung

1389 Welche der folgenden Eigenschaften des Moleküls können die chemische Verschiebung in der ^{1}H-NMR-Spektroskopie beeinflussen?

(1) van-der-Waals-Kräfte zwischen den Protonen
(2) Mesomerie-Effekte
(3) elektrische Dipole
(4) Wasserstoffbrücken

(A) nur 1 ist richtig
(B) nur 4 ist richtig
(C) nur 1 und 2 sind richtig
(D) nur 3 und 4 sind richtig
(E) 1–4 = alle sind richtig

1390 Welche Aussagen zu den Grundlagen der NMR-Spektroskopie treffen zu?

(1) Die chemische Verschiebung eines Protons wird wesentlich von der Verteilung der Elektronendichte, von sterischen Effekten und Anisotropieeffekten beeinflusst.
(2) Die Fläche unter der Kurve eines ^{13}C-Resonanzsignals ist zwar korreliert mit der Zahl der an dieser Stelle des Spektrums absorbierenden Kerne, kann aber trotzdem nur eingeschränkt für quantitative Analysen herangezogen werden.
(3) Sind Protonen chemisch äquivalent, so sind sie auch magnetisch äquivalent.
(4) Der Resonanzbereich für acetylenische Protonen liegt gegenüber olefinischen Protonen prinzipiell tieffeldverschoben.

(A) nur 1 ist richtig
(B) nur 1 und 2 sind richtig
(C) nur 2 und 3 sind richtig
(D) nur 1, 3 und 4 sind richtig
(E) nur 2, 3 und 4 sind richtig

1391 Welche Aussagen treffen zu?
In der Kernresonanzspektroskopie bezeichnet man eine große chemische Verschiebung eines Signals gegenüber Tetramethylsilan als inneren Standard durch die folgenden synonymen Begriffe

(1) hohes Feld
(2) entschirmt
(3) größere ppm-Werte (δ-Werte)
(4) diamagnetischer Effekt

(A) nur 1 ist richtig
(B) nur 4 ist richtig
(C) nur 1 und 2 sind richtig
(D) nur 2 und 3 sind richtig
(E) nur 3 und 4 sind richtig

1392 Welche Aussage trifft zu?
Die folgenden Strukturelemente sind nach **zunehmender** chemischer Verschiebung der Methylgruppensignale im ^{1}H-NMR-Spektrum geordnet (OC = Carbonyl):

(A) $H_2C \cdot CH_3 < OC \cdot CH_3 < O \cdot CH_3$
(B) $H_2C \cdot CH_3 < O \cdot CH_3 < OC \cdot CH_3$
(C) $OC \cdot CH_3 < H_2C \cdot CH_3 < O \cdot CH_3$
(D) $O \cdot CH_3 < OC \cdot CH_3 < H_2C \cdot CH_3$
(E) $OC \cdot CH_3 < O \cdot CH_3 < H_2C \cdot CH_3$

1393 Welche Methylgruppen-Resonanz tritt im ^{1}H-NMR-Spektrum bei tiefstem Feld auf?

(A) $-\overset{|}{\underset{|}{C}}-CH_3$

(B) $=C\overset{H}{\underset{CH_3}{\diagup}}$

(C) $\overset{\diagdown}{\underset{\diagup}{N}}-CH_3$

(D) $-O-CH_3$

(E) $-\overset{|}{\underset{|}{Si}}-CH_3$

Ordnen Sie bitte den folgenden funktionellen Gruppen der Liste 1 jeweils die typische in Liste 2 aufgeführte chemische Verschiebung (in ppm) im ^{1}H-NMR-Spektrum zu! (Lösungsmittel $CDCl_3$)

Liste 1

1394 R−C(=O)−H (R = Alkyl, Aryl)

1395 R₃C−CH₂ ... (R = Alkyl)

Liste 2
(A) 0,5–2
(B) 4–5
(C) 5–6
(D) 6–7
(E) 9–11

Spin-Spin-Kopplung

1396 In dem abgebildeten Ausschnitt eines ¹H-NMR-Spektrums des Arzneistoffs Primidon in deuteriertem Dimethylsulfoxid lassen sich zwei Signalgruppen mit einer Kopplungskonstante $J = 7{,}0$ Hz erkennen.

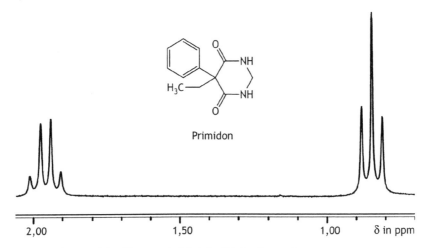

Primidon

Die Kopplung welcher Kerne ruft dabei das Triplett hervor?

(A) Protonen der CH₃-Gruppe (Kopplung über zwei Bindungen)
(B) Protonen der CH₂-Gruppen, die mit den C-Atomen der gleichen Gruppe koppeln (Kopplung über eine Bindung)
(C) Protonen der Carbonsäureamid-Gruppen, die mit den Stickstoffatomen koppeln
(D) Protonen der CH₃-Gruppe, die mit den Protonen der benachbarten CH₂-Gruppe koppeln
(E) Protonen der CH₃-Gruppe, die mit den C-Atomen der gleichen Gruppe koppeln (Kopplung über eine Bindung)

1397 In dem abgebildeten Ausschnitt eines ¹H-NMR-Spektrums des Arzneistoffs Primidon in deuteriertem Dimethylsulfoxid lassen sich zwei Signalgruppen mit einer Kopplungskonstante J = 7,0 Hz erkennen.

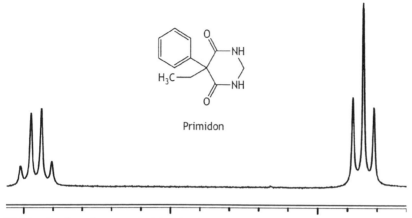

Primidon

Welches Strukturelement ruft dabei das Quartett hervor?

(A) der Phenylring
(B) die Carbonsäureamidfunktion
(C) die Methylengruppe im Ring
(D) die Methylgruppe der Ethylgruppe
(E) die Methylengruppe der Ethylgruppe

1398 Der abgebildete Ausschnitt eines mit einem 200 MHz-Spektrometer aufgenommenen ¹H-NMR-Spektrums eines Arzneistoffs zeigt zwei Signalgruppen mit einem Abstand benachbarter Linien von 0,035 ppm.

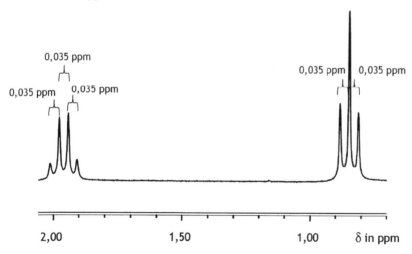

Wie groß ist näherungsweise die Kopplungskonstante J?

(A) 0,035 Hz
(B) 3,5 Hz
(C) 7,0 Hz
(D) 17,5 Hz
(E) 90 Hz

1399 Welche Aussage trifft zu?
Die Angabe ^2J für eine Kopplungskonstante in der NMR-Spektroskopie bezieht sich auf:

(A) die direkte Kopplung der Wasserstoffatome in H_2
(B) eine Kopplung über zwei Bindungen
(C) eine Kopplung zwischen zwei Heteroatom-Isotopen
(D) eine Kopplung zwischen zwei *ortho*-ständigen Aryl-H-Atomen
(E) eine „long-range"-Kopplung

Anwendungen zur Strukturanalyse

1400 Eine unbekannte, bei Raumtemperatur und Normaldruck flüssige Substanz ergibt folgendes ^{1}H-NMR-Spektrum, das ohne Lösungsmittel aufgenommen wurde:

Um welche der folgenden Verbindungen handelt es sich?

(A) Essigsäuremethylester
(B) Essigsäureethylester
(C) Aceton
(D) Methanol
(E) Propionsäuremethylester

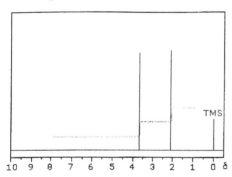

1401* Welche Aussage trifft zu?

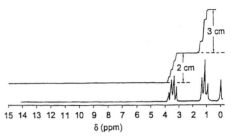

Obige Abbildung zeigt (gegen TMS als Standard) das ^{1}H-NMR-Spektrum von:

(A) $C_2H_5-O-CH_3$
(B) $C_2H_5-O-C_2H_5$
(C) $C_2H_5-\underset{\underset{O}{\|}}{C}-O-C_2H_5$
(D) $C_2H_5-O-\text{C}_6H_5$
(E) $C_2H_5-\underset{\underset{O}{\|}}{C}-CH_3$

1402 Eine unbekannte, bei Raumtemperatur und Normaldruck flüssige Substanz ergibt folgendes ^{1}H-NMR-Spektrum, das ohne weitere Lösungsmittel aufgenommen wurde:

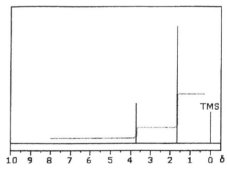

Um welche der folgenden Verbindungen handelt es sich?

(A) Methylacetat
(B) Ethylacetat

(C) Aceton

(D) p-Xylol

(E) 1,2-Dichlor-2-methylpropan

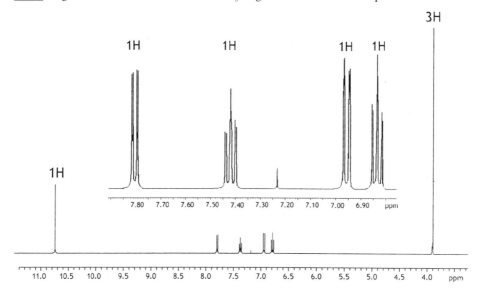

1403 Abgebildet ist ein bei 400 MHz in CDCl$_3$ aufgenommenes ^{1}H-NMR-Spektrum

Welche der folgenden Substanzen ergibt dieses Spektrum?

1404 Abgebildet ist ein bei 400 MHz in DMSO-d_6 aufgenommenes ^{1}H-NMR-Spektrum.

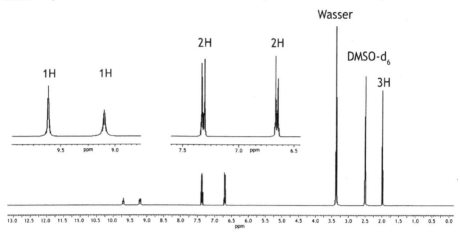

Welche der folgenden Substanzen ergibt dieses Spektrum?

1405 Abgebildet ist ein bei 400 MHz in [D_6]DMSO/D_2O aufgenommenes ^{1}H-NMR-Spektrum.

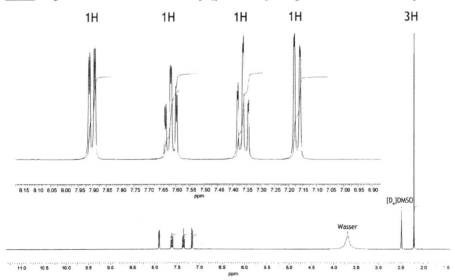

Welche der folgenden Substanzen ergibt dieses Spektrum?

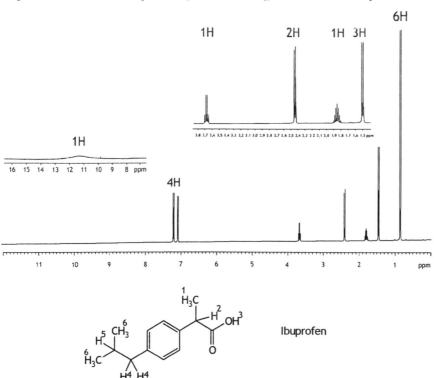

Abgebildet ist das ^{1}H-NMR-Spektrum (400 MHz, CDCl$_3$) des Arzneistoffs Ibuprofen.

Ordnen Sie bitte den Signalen der Liste 1 (δ in ppm) die jeweils entsprechenden Protonen der Liste 2 zu!

Liste 1

1406 1,48

1407 3,69

Liste 2
(A) H–1
(B) H–2
(C) H–4
(D) H–5
(E) H–6

Abgebildet ist das ¹H-NMR-Spektrum (400 MHz, CDCl$_3$) des Arzneistoffs Methylsalicylat.

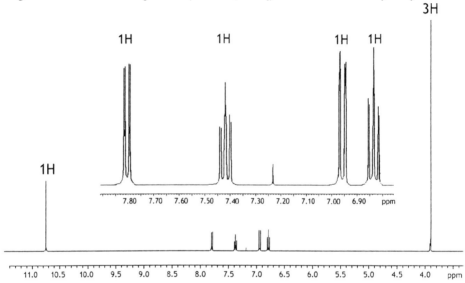

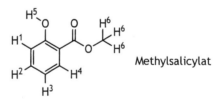

Methylsalicylat

Ordnen Sie bitte den Signalen der Liste 1 (δ in ppm) die jeweils entsprechenden Protonen der Liste 2 zu!

Liste 1

1408 3,92

1409 10,74

Liste 2
(A) H–1
(B) H–2
(C) H–4
(D) H–5
(E) H–6

Abgebildet ist das ¹H-NMR-Spektrum von 1,3-Dinitrobenzol.

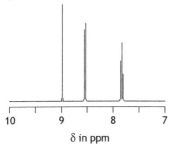

Ordnen Sie bitte den Signalen der Liste 1 (δ in ppm) die jeweils entsprechenden Protonen der Liste 2 zu!

Liste 1

1410 7,8

1411 8,55

1412 9,0

Liste 2
(A) H–1
(B) nur H–2
(C) H–3
(D) nur H–4
(E) H–2 und H–4

1413* Eine Lösung von Acetylaceton (Pentan-2,4-dion) in CDCl₃ ergibt bei Raumtemperatur das nachstehende ¹H-NMR-Spektrum (200 MHz), welches mit der abgebildeten Strukturformel allein nicht erklärt werden kann.

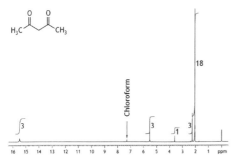

Welche Aussagen treffen zu?

(1) Die Signale bei 2,25 ppm und 3,60 ppm sind der abgebildeten Strukturformel (Pentan-2,4-dion) zuzuordnen.
(2) Die Signale deuten auf ein Tautomerengleichgewicht hin.
(3) Die Signale bei 2,05 ppm, 5,50 ppm und 15,50 ppm sind mit dem Vorliegen der Verbindung (Z)-4-Hydroxypent-3-en-2-on zu erklären.
(4) Die Integrale deuten auf das Vorliegen zweier Verbindungen im Verhältnis 1:1 hin.

(A) nur 1 ist richtig
(B) nur 4 ist richtig
(C) nur 1 und 4 sind richtig
(D) nur 3 und 4 sind richtig
(E) nur 1, 2 und 3 sind richtig

¹³C-NMR-Spektren

Siehe auch MC-Fragen Nr. 1364, 1365, 1369, 1370, 1380, 1388.

1414 Die untenstehende Abbildung zeigt schematisch ein NMR-Spektrum der Substanz L-Ascorbinsäure.

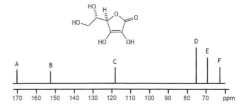

Welche Aussagen zu diesem Spektrum treffen zu?

(1) Es handelt sich um ein breitbandentkoppeltes ¹³C-NMR-Spektrum.
(2) Es handelt sich um ein gepulstes ¹⁶O-NMR-Spektrum.
(3) Ohne Integrale kann das Spektrum **nicht** ausgewertet werden.
(4) Die Kopplung zwischen den Signalen D, E und F ist typisch für Endiole.
(5) Die Carbonylgruppe liefert das Signal E.

(A) nur 1 ist richtig
(B) nur 2 ist richtig
(C) nur 2 und 3 sind richtig
(D) nur 4 und 5 sind richtig
(E) nur 3, 4 und 5 sind richtig

11.11 Massenspektrometrie (MS)

Zur Massenspektrometrie siehe auch MC-Fragen Nr. 1456, 1457, 1463, 1466, 1673, 1757, 1759, 1760, 1806.

Grundlagen der MS

1415 Welcher Vorgang gehört **nicht** zu den Grundprinzipien der EI-Massenspektrometrie?

(A) Ionisation der Moleküle
(B) Fragmentierung der Moleküle
(C) Trennung der Teilchen nach ihrem (Masse/Ladung)-Verhältnis
(D) Detektion der Ionen
(E) Sammeln der Molekülbruchstücke in präparativem Maßstab

1416 Welche Aussagen zur Massenspektrometrie treffen zu?

(1) Die Registrierung der Fragmente im Elektronenstoß-Ionisationsmassenspektrum erfolgt nach ihrer relativen Häufigkeit.
(2) Das Signal mit der höchsten relativen Intensität wird auch als Basispeak verwendet, auf den andere Fragmentintensitäten bezogen werden.
(3) Elektronenstoß-Ionisation ist ein schonendes Ionisierungsverfahren.
(4) Proteine sind als Analyte für die Elektronenstoßionisations-Massenspektrometrie im Allgemeinen ungeeignet.

(A) nur 2 ist richtig
(B) nur 3 und 4 sind richtig
(C) nur 1, 2 und 3 sind richtig
(D) nur 1, 2 und 4 sind richtig
(E) nur 1, 3 und 4 sind richtig

1417* Welche Aussagen zur massenspektrometrischen Untersuchung organischer Arzneistoffe treffen zu?

(1) Analyten werden atomisiert.
(2) Analyten werden ionisiert.
(3) Geladene Teilchen werden im elektrischen Feld beschleunigt.
(4) Ungeladene Teilchen werden im Hochvakuum beschleunigt.
(5) Ungeladene Teilchen werden in Hochdruckkammern beschleunigt.

(A) nur 1 ist richtig
(B) nur 2 ist richtig
(C) nur 1 und 4 sind richtig
(D) nur 1 und 5 sind richtig
(E) nur 2 und 3 sind richtig

Ordnen Sie bitte den in der Massenspektrometrie eingesetzten Ionisationsverfahren der Liste 1 den jeweils zugehörigen Mechanismus der Ladungsübertragung aus Liste 2 zu!

Liste 1

1418 ESI

1419 MALDI

Liste 2

(A) Beschuss mit energiereichen Elektronen
(B) Übertragung von Protonen aus Matrixmolekülen
(C) Ladungsübertragung in geladenen Tröpfchen
(D) Übertragung von Protonen aus Wasserstoffgas
(E) Übertragung von Protonen aus Reaktand-Gas

1420* Welche Aussagen treffen zu?
Zu den weichen Ionisationsmethoden in der Massenspektrometrie, bei denen die zu untersuchende Substanz nicht oder nur geringfügig fragmentiert, zählen:

(1) Elektronenstoß-Ionisation (EI)
(2) Fast Atom Bombardment (FAB)
(3) Elektrospray-Ionisation (ESI)
(4) Matrix Assisted Laser Desorption Ionisation (MALDI)

(A) nur 1 ist richtig
(B) nur 1 und 2 ist richtig
(C) nur 2 und 3 sind richtig
(D) nur 3 und 4 sind richtig
(E) nur 2, 3 und 4 sind richtig

1421 Welche der folgenden Ionisationsverfahren in der Massenspektrometrie finden im Hochvakuum statt?

(1) EI (Elektronenstoß-Ionisation)
(2) ESI (Elektrospray-Ionisation)
(3) MALDI (Matrix Assisted Laser Desorption Ionisation)

(A) nur 2 ist richtig
(B) nur 1 und 2 sind richtig

(C) nur 1 und 3 sind richtig
(D) nur 2 und 3 sind richtig
(E) 1–3 = alle sind richtig

1422 Welche Aussage zur massenspektrometrischen Fragmentierung nach Elektronenstoß-Ionisation trifft **nicht** zu?

(A) Zur Spaltung chemischer Bindungen muss die vom Molekül durch Elektronenbeschuss aufgenommene Überschussenergie mindestens der Aktivierungsenergie der Zerfallsreaktion entsprechen.
(B) Bei der Fragmentierung des Molekülions entsteht immer ein geladenes Fragment.
(C) Molekülionen mit geringer Überschussenergie werden entsprechend ihrer Massenzahl als Molpeak registriert.
(D) Radikalionen werden im Massenspektrometer als doppelt geladene Fragmentionen registriert.
(E) Nur ionische Fragmente können in Folgeschritten weiter fragmentiert und registriert werden.

1423 Welche Aussagen zur massenspektrometrischen Fragmentierung nach Elektronenstoß-Ionisation treffen zu?

(1) Zur Spaltung chemischer Bindungen muss die vom Molekül durch Elektronenbeschuss aufgenommene Überschussenergie mindestens der Aktivierungsenergie der Zerfallsreaktion entsprechen.
(2) Bei der Fragmentierung des Molekülions entsteht immer ein geladenes Fragmention.
(3) Die durch Spaltung des Molekülions resultierenden Fragmentionen sind immer Radikale.
(4) Ionische Fragmente können in Folgeschritten weiter fragmentieren.

(A) nur 1 und 2 sind richtig
(B) nur 1 und 3 sind richtig
(C) nur 2 und 4 sind richtig
(D) nur 1, 2 und 4 sind richtig
(E) 1–4 = alle sind richtig

1424 Welche Aussagen zur massenspektrometrischen Untersuchung organischer Arzneistoffe mittels Elektronenstoß-Ionisation (EI) und Magnet-Fokussierung treffen zu?

(1) Gebildete Kationen bzw. Radikalkationen mit den Massen m und den Ladungen z werden aufgrund unterschiedlicher Quotienten m/z getrennt.
(2) In der EI-Massenspektrometrie ist die Ionenladung z der erzeugten Teilchen meist +1.
(3) Die graphische Darstellung der Quotienten m/z aus der Masse m und der Ladung z der erzeugten Teilchen auf der Abszisse und der relativen Intensität der Teilchen (% Häufigkeit) auf der Ordinate ergibt ein Massenspektrum.
(4) Die Höhe der Signale ist direkt proportional zu den Quotienten m/z aus der Masse m und der Ladung z der erzeugten Teilchen.
(5) Die Höhe der Signale korreliert weitgehend mit der Häufigkeit, mit der die jeweiligen Teilchen gebildet werden.

(A) nur 1 und 5 sind richtig
(B) nur 2 und 5 sind richtig
(C) nur 1, 3 und 4 sind richtig
(D) nur 1, 2, 3 und 4 sind richtig
(E) nur 1, 2, 3 und 5 sind richtig

1425* Wenn das Molekülion in einem EI-Massenspektrometer (70 eV) ganz überwiegend fragmentiert und der Molekularpeak daher nicht registriert werden kann, müssen zu diesem Zweck alternative Verfahren angewendet werden.
Welche der folgenden Möglichkeiten ist **keinesfalls** geeignet, den Molekularpeak der Substanz doch zu detektieren?

(A) Erniedrigung der Elektronenenergie auf 10 bis 30 eV
(B) Einsatz von CI (Chemische Ionisation) statt EI (Elektronenstoß-Ionisation)
(C) Einsatz von FI (Feld-Ionisation) statt EI (Elektronenstoß-Ionisation)
(D) Anwendung der Verschiebungstechnik (Shift-Technik)
(E) Einsatz der FAB-MS (Fast Atom Bombardment)

1426 Welche Aussagen zur Elektrospray-Ionisation (ESI) in der Massenspektrometrie treffen zu?

(1) Diese Ionisierungsart ist zur Kopplung mit flüssigchromatographischen Verfahren geeignet.
(2) Zur Beschleunigung der Desolvatation der geladenen Flüssigkeitstropfen kann ein beheizter Stickstoffstrom eingesetzt werden.
(3) Bei der Ionisation von Peptiden entstehen häufig mehrfach geladene Ionen.
(4) Aufgrund der geringen Anregungsenergie erfolgt praktisch keine Fragmentierung der gebildeten Ionen.
(5) Typischerweise werden bei dem Ionisationsverfahren Quasimolekülionen detektiert.

(A) nur 1, 2 und 3 sind richtig
(B) nur 1, 4 und 5 sind richtig
(C) nur 2, 3 und 5 sind richtig
(D) nur 1, 2, 4 und 5 sind richtig
(E) 1–5 = alle sind richtig

1427 Bei der ESI-massenspektrometrischen Untersuchung eines Peptids (M_r 5735) mit einem Triple Quadrupol Massenspektrometer (Positiv-Modus) wird kein einfach geladenes Quasimolekülion mit $m/z = 5736$ detektiert. Ein Signal mit hoher relativer Intensität wird dagegen bei $m/z = 1148$ registriert.
Welche Aussage trifft zu?

(A) Peptide können grundsätzlich **nicht** massenspektrometrisch analysiert werden.
(B) Nur Peptide mit relativen Molekülmassen $M_r < 5000$ können massenspektrometrisch erfasst werden.
(C) Das Peptid wird durch die drastischen ESI-Bedingungen vollständig fragmentiert; das **häufigste** Bruchstück wird bei $m/z = 1148$ registriert.
(D) Das Peptid wird durch die drastischen ESI-Bedingungen vollständig fragmentiert; das **schwerste** Bruchstück wird bei $m/z = 1148$ registriert.
(E) Das untersuchte Peptid wird durch Mehrfachionisierung unter anderem als 5-fach protoniertes Quasimolekülion registriert.

1428* Welche Aussagen zur chemischen Ionisation (CI) in der Massenspektrometrie treffen zu?

(1) Durch den Beschuss mit beschleunigten Elektronen wird das Reaktand-Gas ionisiert.
(2) Aufgrund der hohen kinetischen Energie der beschleunigten Elektronen kommt es zu ausgeprägten Fragmentierungsreaktionen der resultierenden Molekülionen.
(3) Bei Verwendung von Methan als Reaktand-Gas werden üblicherweise Quasimolekülionen der Analyte beobachtet.
(4) Chemische Ionisation lässt nur in Kombination mit einem Quadrupol-Analysator exakte Massenbestimmungen der Molekülionen zu.

(A) nur 1 und 2 sind richtig
(B) nur 1 und 3 sind richtig
(C) nur 1 und 4 sind richtig
(D) nur 2 und 4 sind richtig
(E) nur 1, 3 und 4 sind richtig

Massenspektrometer/Analysatoren

1429 Die Abbildung zeigt schematisch den Aufbau eines Massenspektrometers.
Welche Bauteile sind vertauscht?

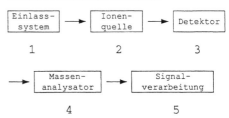

(A) 1 mit 2
(B) 2 mit 4
(C) 3 mit 4
(D) 3 mit 5
(E) 4 mit 5

1430 Welche Aussage trifft zu?
In der Massenspektrometrie ist zur Ionentrennung als Analysator **nicht** geeignet:

(A) magnetischer Analysator
(B) elektrostatischer Analysator
(C) Quadrupol-Analysator
(D) Polarisations-Analysator
(E) Flugzeit-Analysator

1431 Welcher Analysator wird in der Massenspektrometrie **nicht** eingesetzt?

(A) Magnetsektor-Analysator
(B) Quadrupol-Analysator
(C) Ioneneinfang-Analysator
(D) Flugzeit-Analysator
(E) Elektroneneinfang-Analysator

1432* Welche Aussagen zu den in der Massenspektrometrie gebräuchlichen Quadrupol-Massen-Analysatoren treffen zu?

(1) Sie dienen zur Detektion ungeladener Moleküle.
(2) Sie dienen zur Ionentrennung.
(3) Die Ionentrennung wird durch Ablenkung der Massen mittels elektrischer Felder erreicht.
(4) Ihr Bauprinzip besteht in der kreuzförmigen Anordnung von vier Helium-Neon-Lasern.
(5) Analytmoleküle werden im Focus des Quadrupols mittels eines Laserstrahls thermisch fragmentiert.

(A) nur 1 ist richtig
(B) nur 2 ist richtig
(C) nur 1 und 4 sind richtig
(D) nur 2 und 3 sind richtig
(E) nur 1, 4 und 5 sind richtig

Fragmentierungen

1433 Welche Reaktion ist für die EI-Massenspektrometrie **nicht** typisch?

(A) Alkylspaltung
(B) Allylspaltung
(C) Oniumspaltung
(D) McLafferty-Umlagerung
(E) Beckmann-Umlagerung

1434 Welche der folgenden Prozesse sind typische, im Massenspektrometer ablaufende Fragmentierungen von Ionen?

(1) α-Spaltung von Carbonylverbindungen
(2) Retro-Diels-Alder-Reaktion
(3) Allylspaltung
(4) Hofmann-Eliminierung
(5) Onium-Umlagerung

(A) nur 1 und 2 sind richtig
(B) nur 1, 3 und 5 sind richtig
(C) nur 2, 3 und 4 sind richtig
(D) nur 1, 2, 3 und 5 sind richtig
(E) 1–5 = alle sind richtig

1435 Das in Massenspektren häufig registrierte Fragment-Ionen-Signal $m/z = 149$ kann ein Indiz für Verunreinigungen einer Probe durch Kontakt mit Kunststoffoberflächen von Laborgeräten sein.
Welche der abgebildeten Verbindungen können einen Basispeak $m/z = 149$ im Massenspektrum verursachen?

(1)

(2)

(3)

(A) nur 1 ist richtig
(B) nur 2 ist richtig
(C) nur 3 ist richtig
(D) nur 2 und 3 sind richtig
(E) 1–3 = alle sind richtig

1436* Das in Massenspektren häufig registrierte Fragment-Ionen-Signal $m/z = 149$ kann ein Indiz für Verunreinigungen einer Probe durch Phthalsäureester wie z. B. Phthalsäuredibutylester sein.

Phthalsäuredibutylester

Welche der nachfolgend abgebildeten Spezies können im Massenspektrum ebenfalls einen Peak mit $m/z = 149$ verursachen?

1
2
3

(A) keine der abgebildeten Spezies ist richtig
(B) nur 1 ist richtig
(C) nur 2 ist richtig
(D) nur 3 ist richtig
(E) 1–3 = alle sind richtig

Fragen zu radiochemischen Analysenverfahren einschließlich der Fragen über radioaktive Strahlen sind in **Ehlers, Prüfungsfragen – Chemie I** mit aufgelistet!

11.12 Themenübergreifende Fragen zu optischen und spektroskopischen Analysenverfahren

Ordnen Sie bitte den Begriffen der Liste 1 die jeweils typischste Wirkung aus Liste 2 zu!

Liste 1

1437 Röntgenstrahlen

1438 Mikrowellen

Liste 2
(A) Ionisation
(B) Anregung von Valenzelektronen
(C) Anregung von Molekülschwingungen
(D) Anregung von Molekülrotationen
(E) Kernresonanz

1439 Bei welcher der folgenden Methoden wird zur Anregung der kleinste Quantenenergiebetrag benötigt?

(A) IR-Spektroskopie
(B) Kernresonanz-Spektroskopie
(C) Röntgen-Spektroskopie
(D) UV-Spektroskopie
(E) VIS-Spektroskopie

Ordnen Sie bitte den Verfahren der Liste 1 den jeweils zutreffenden wirksamen Effekt aus Liste 2 zu!

Liste 1

1440 Polarimetrie

1441 CD-Spektroskopie

Liste 2
(A) Polarisationstransfer
(B) Zirkulare Doppelbrechung
(C) Spinumkehr
(D) Zirkularer Dichroismus
(E) Leitfähigkeitsänderung

Ordnen Sie bitte den Verfahren der Liste 1 den jeweils zutreffenden wirksamen Effekt aus Liste 2 zu!

Liste 1

1442 IR-Spektroskopie

1443 Raman-Spektroskopie

Liste 2
(A) Spinumkehr
(B) Totalreflexion
(C) Polarisierbarkeitsänderung
(D) Spin-Spin-Kopplung
(E) Dipolmomentänderung

1444 Welche Aussagen treffen zu?
Zwei Enantiomere einer chiralen Substanz können prinzipiell unterschieden werden durch:

(1) Messung der optischen Drehung
(2) CD-Spektroskopie
(3) IR-Spektroskopie
(4) HPLC an chiralen (optisch aktiven) Phasen

(A) nur 1, 2 und 3 sind richtig
(B) nur 1, 2 und 4 sind richtig
(C) nur 1, 3 und 4 sind richtig
(D) nur 2, 3 und 4 sind richtig
(E) 1–4 = alle sind richtig

1445 Welche Aussage trifft zu?
Eine Verunreinigung von Atropin (= R/S-Hyoscyamin) durch S-Hyoscyamin kann am besten ermittelt werden mit der:

(A) Infrarotspektroskopie
(B) Ultraviolettspektroskopie
(C) Polarimetrie
(D) Refraktometrie
(E) Atomabsorptionsspektroskopie

1446 Mit welcher Methode lassen sich folgende Isomere am besten unterscheiden?

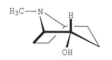 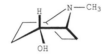

(A) Polarimetrie
(B) UV-Spektroskopie
(C) IR-Spektroskopie
(D) Kolorimetrie
(E) Schmelztemperatur

1447* Nachstehend abgebildet sind zwei isomere Tropanole.
Mit welcher der folgenden Methoden lassen sich die beiden Verbindungen am besten unterscheiden?

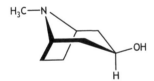

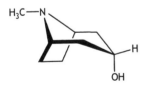

(A) Polarimetrie
(B) UV-Spektroskopie
(C) Fluorimetrie
(D) Kolorimetrie
(E) ^{1}H-NMR-Spektroskopie

1448 Der links abgebildete Arzneistoff Granisetronhydrochlorid kann mit der rechts abgebildeten Verbindung verunreinigt sein.

Welche Aussagen zur Reinheitsuntersuchung von Granisetronhydrochlorid treffen zu?

(1) Die Verbindungen unterscheiden sich im Vorzeichen der optischen Drehung $[\alpha]_D^{20}$.
(2) Die Verbindungen unterscheiden sich im Betrag ihrer optischen Drehung $[\alpha]_D^{20}$.
(3) Die Verbindungen sind zueinander enantiomer, wobei die links abgebildete die (R)-, die rechts abgebildete die (S)-Konfiguration aufweist.
(4) Der Arzneistoff und die Verunreinigung können HPLC-chromatographisch an einer achiralen stationären Phase getrennt werden.
(5) Der Arzneistoff und die Verunreinigung können HPLC-chromatographisch an einer chiralen stationären Phase getrennt werden.

(A) nur 1 ist richtig
(B) nur 2 ist richtig
(C) nur 4 und 5 sind richtig
(D) nur 1, 2, 3 und 5 sind richtig
(E) 1–5 = alle sind richtig

1449* Welche Aussagen treffen zu?
Zu den emissionsspektroskopischen Verfahren gehören die:

(1) Flammenphotometrie
(2) Kolorimetrie
(3) Fluorimetrie
(4) UV-Spektroskopie

(A) nur 1 ist richtig
(B) nur 3 ist richtig
(C) nur 1 und 3 sind richtig
(D) nur 2, 3 und 4 sind richtig
(E) 1–4 = alle sind richtig

1450* Welche der folgenden Methoden sind der Absorptionsspektroskopie zuzurechnen?

(1) Fluorimetrie
(2) UV-VIS-Spektroskopie
(3) IR-Spektroskopie
(4) Flammenphotometrie
(5) Kolorimetrie

(A) nur 2 und 3 sind richtig
(B) nur 4 und 5 sind richtig
(C) nur 1, 2 und 3 sind richtig
(D) nur 2, 3 und 5 sind richtig
(E) nur 2, 3, 4 und 5 sind richtig

1451 Nach Arzneibuch wird die Identität von Lithium-Ionen in Lithiumsalzen durch das Auftreten einer roten Flammenfärbung nachgewiesen.
Das Verfahren, durch welches die Färbung erhalten wird, gehört in den Bereich der:

(A) Kolorimetrie
(B) Atomabsorptionsspektroskopie
(C) Atomemissionsspektroskopie
(D) Konduktometrie
(E) UV-VIS-Photometrie

Ordnen Sie bitte den spektroskopischen Methoden der Liste 1 den jeweils zutreffenden Begriff aus Liste 2 zu!

Liste 1

1452 IR-Spektroskopie

1453 ^{1}H-NMR-Spektroskopie

Liste 2
(A) Kernspinänderung
(B) Schwingungsanregung
(C) Elektronenspinänderung
(D) Elektronenanregung
(E) Resonanzfluoreszenz

Ordnen Sie bitte den spektroskopischen Methoden der Liste 1 jeweils den Vorgang in Liste 2 zu, auf den die betreffende Messgröße zurückzuführen ist!

Liste 1

1454 Flammenphotometrie (AES)

1455 Fluoreszenzspektroskopie von Molekülen

Liste 2
(A) Absorption von Banden
(B) Absorption von Linien
(C) Emission von Banden
(D) Emission von Linien
(E) Reflexion von Linien

1456 Welche der folgenden Analysenmethoden sind für die Strukturaufklärung einer unbekannten organischen achiralen Verbindung geeignet?

(1) Coulometrie
(2) Polarimetrie
(3) MS (Massenspektrometrie)
(4) NMR-Spektroskopie

(A) nur 1 ist richtig
(B) nur 2 ist richtig
(C) nur 4 ist richtig
(D) nur 3 und 4 sind richtig
(E) 1–4 = alle sind richtig

1457 Bei welchen analytischen Verfahren werden die zu bestimmenden Substanzen chemisch verändert?

(1) NMR-Spektroskopie
(2) IR-Spektroskopie
(3) Massenspektrometrie
(4) Atomabsorptionsspektroskopie

(A) nur 1 und 2 sind richtig
(B) nur 2 und 3 sind richtig
(C) nur 3 und 4 sind richtig
(D) nur 1, 2 und 4 sind richtig
(E) 1–4 = alle sind richtig

1458 Mit welcher Methode lassen sich die Halogenalkane CH_3-CH_2-F und CH_3-CH_2-Cl am besten unterscheiden?

(A) Polarimetrie
(B) UV-Spektroskopie
(C) VIS-Spektroskopie
(D) Kolorimetrie
(E) ^{1}H-NMR-Spektroskopie

1459 Welche Aussagen treffen zu?
Eine Verunreinigung von Cyclohexan mit ca. 5 % Benzen kann nachgewiesen werden durch:

(1) Bestimmung der Lichtabsorption bei ca. 255 nm
(2) Aufnahme eines ^{1}H-NMR-Spektrums im Bereich von $\delta = 6$ bis 8 ppm (TMS als Standard)
(3) Messung der IR-Absorption zwischen 2300 bis 2800 cm^{-1}

(A) nur 1 ist richtig
(B) nur 3 ist richtig
(C) nur 1 und 2 sind richtig
(D) nur 2 und 3 sind richtig
(E) 1–3 = alle sind richtig

1460

H₃C–CO–CH₂–CO–CH₃
Ketoform

H₃C–C(O⋯H)=CH–C(O)–CH₃
Enolform

Acetylaceton liegt in einer Keto- und einer Enolform vor (siehe obige Abbildung).
Welches Verfahren ist zur Unterscheidung der beiden Formen geeignet?

(A) ^{1}H–NMR-Spektroskopie
(B) VIS-Spektroskopie
(C) Atomabsorptionsspektroskopie
(D) Polarimetrie
(E) Flammenphotometrie

1461 Wie lässt sich die Oxidation von 4-Phenylpropan-2-ol zu 4-Phenylpropan-2-on analytisch verfolgen?

(1) Auftreten einer Bande im Bereich von 1730–1700 cm^{-1} im IR-Spektrum des Produkts
(2) Geringerer R_f-Wert des Produkts im Vergleich zum Edukt bei der DC unter Verwendung von Kieselgel als stationärer Phase
(3) Auftreten eines Singuletts im Bereich von ca. 2,5 – 1,5 ppm im ^{1}H-NMR-Spektrum des Produkts

(A) nur 2 ist richtig
(B) nur 1 und 2 sind richtig
(C) nur 1 und 3 sind richtig
(D) nur 2 und 3 sind richtig
(E) 1–3 = alle sind richtig

1462 Welche der folgenden Verfahren sind geeignet, um die abgebildete Reduktion von 4-Phenylpropan-2-on zu 4-Phenylpropan-2-ol analytisch zu untersuchen?

(1) NMR-Spektroskopie
(2) IR-Spektroskopie
(3) Fluorimetrie
(4) Dünnschichtchromatographie
(5) Polarimetrie

(A) nur 1 und 2 sind richtig
(B) nur 1 und 3 sind richtig
(C) nur 2 und 4 sind richtig
(D) nur 1, 2 und 4 sind richtig
(E) nur 1, 2, 4 und 5 sind richtig

1463 Welche Aussage trifft zu?
Zur analytischen Unterscheidung von ^{13}C-Harnstoff und gewöhnlichem Harnstoff ist von den nachfolgend genannten Verfahren am besten geeignet:

(A) Massenspektrometrie
(B) Dünnschichtchromatographie
(C) Polarographie
(D) Polarimetrie
(E) UV-Spektroskopie

1464 ^{13}C-Harnstoff wird für diagnostische Zwecke bei Ulcus-Erkrankungen verwendet.
Welche Aussagen zu Charakterisierung, Reinheits- und Gehaltsbestimmung dieser Verbindung treffen zu?

(1) Die Gehaltsbestimmung von ^{13}C-Harnstoff kann nach der Kjeldahl-Methode erfolgen, gestattet aber keine quantitative Aussage über die Isotopenzusammensetzung.
(2) Die Fläche unter der Kurve der ^{13}C-Resonanzsignale im NMR-Spektrum ist (bei gleichem Probengehalt) bei ^{13}C-Harnstoff gegenüber der entsprechenden Fläche für Harnstoff mit natürlicher Isotopenverteilung stark erhöht.
(3) Die Überprüfung der Isotopenreinheit von ^{13}C-Harnstoff kann durch HPLC an chiralen stationären Phasen erfolgen.

(A) nur 2 ist richtig
(B) nur 1 und 2 sind richtig
(C) nur 1 und 3 sind richtig
(D) nur 2 und 3 sind richtig
(E) 1–3 = alle sind richtig

1465 Welche analytischen Verfahren sind gut geeignet, einen Anhaltspunkt zu liefern, ob zwei aus Wasser gewonnene kristalline Proben der abgebildeten Substanz Thiaminchloridhydrochlorid in verschiedenen polymorphen Formen vorliegen?

Thiaminchloridhydrochlorid

(1) Thermische Analysenverfahren
(2) Gaschromatographische Analysenverfahren
(3) Massenspektrometrische Verfahren
(4) UV/VIS-spektroskopische Verfahren
(5) IR-spektroskopische Verfahren

(A) nur 1 ist richtig
(B) nur 2 ist richtig
(C) nur 1 und 5 sind richtig
(D) nur 2 und 3 sind richtig
(E) nur 2, 3 und 4 sind richtig

1466 Die chemisch eng verwandten Wirkstoffe Ampicillin (**1**) und Amoxycillin (**2**) können mit diversen instrumentell-analytischen Methoden untersucht werden

In welchen analytischen Informationen unterscheiden sich die Substanzen?

(1) FT-IR-Spektren von KBr-Presslingen
(2) Signale der aromatischen Protonen in den ^{1}H-NMR-Spektren (500 MHz, D_2O)
(3) Retentionszeiten in HPLC-Chromatogrammen (RP–18-Säule)
(4) m/z-Verhältnisse der Molpeaks im Massenspektrum (Elektrospray)
(5) Lage der Absorptionsmaxima (der jeweiligen Lösungen in Natronlauge der Konzentration c = 0,1 mol·l^{-1}) in den UV-VIS-Spektren

(A) nur 2 ist richtig
(B) nur 3 ist richtig
(C) nur 1, 2 und 4 sind richtig
(D) nur 3, 4 und 5 sind richtig
(E) 1–5 = alle sind richtig

1467 Die Wirkstoffe Ampicillin (**1**) und dessen Trihydrat (**2**) können mit diversen instrumentell-analytischen Methoden untersucht werden

In welchen analytischen Informationen unterscheiden sich die Substanzen?

(1) FT-IR-Spektren ihrer KBr-Presslinge
(2) Signale der Aryl-H-Atome in ^{1}H-NMR-Spektren (500 MHz, D_2O)
(3) Retentionszeiten in HPLC-Chromatogrammen
(4) m/z-Quotienten der Molpeaks in ihren Massenspektren (Elektrospray)
(5) Schmelzverhalten

(A) nur 2 ist richtig
(B) nur 3 ist richtig
(C) nur 1 und 5 sind richtig
(D) nur 3, 4 und 5 sind richtig
(E) 1–5 = alle sind richtig

1468 Der Wirkstoff Ampicillin (**1**) und die darin als Verunreinigung auftretende Verbindung L-Ampicillin (**2**) können mit diversen instrumentell-analytischen Methoden untersucht werden

1

2

In welchen Analysedaten unterscheiden sich die Substanzen **1** und **2**?

(1) FT-IR-Spektren ihrer KBr-Presslinge
(2) Signalmultiplizität der aromatischen Protonen in den ^{1}H-NMR-Spektren (500 MHz, D$_2$O)
(3) Retentionszeiten in HPLC-Chromatogrammen an achiralen stationären RP-18-Phasen unter Verwendung nicht-chiraler mobiler Phasen
(4) C,H,N-Zusammensetzung durch Mikroanalyse (Elementaranalyse)
(5) Schmelzpunkte

(A) nur 2 ist richtig
(B) nur 3 ist richtig
(C) nur 1, 3 und 5 sind richtig
(D) nur 3, 4 und 5 sind richtig
(E) 1–5 = alle sind richtig

12 Chromatographische Analysenverfahren

12.1 Grundlagen

Zu chromatographischen Analysenverfahren siehe auch MC-Fragen Nr. 416–430, 1444, 1466, 1468, 1668, 1727, 1761–1766, 1792, 1807–1810, 1848–1853, 1855, 1885, 1890–1894.

1469 Welche Aussagen treffen zu?
Die essentiellen Bestandteile **aller** chromatographischen Verfahren sind:

(1) mobile Phase
(2) stationäre Phase
(3) Gegenstromverteilung
(4) Absorptionsvorgänge

(A) nur 1 und 2 sind richtig
(B) nur 1 und 3 sind richtig
(C) nur 2 und 4 sind richtig
(D) nur 1, 2 und 3 sind richtig
(E) 1–4 = alle sind richtig

1470* Welche Aussagen treffen zu?
Bei chromatographischen Prozessen kann die Trennung eines Stoffgemischs in einzelne Stoffe u. a. erfolgen aufgrund von

(1) unterschiedlichen Polaritäten der Substanzen
(2) unterschiedlichen Verteilungskoeffizienten zwischen zwei miteinander nicht mischbaren Phasen
(3) unterschiedlichen Molekülgrößen der Substanzen
(4) Ionenaustauschvorgängen

(A) nur 1 und 4 sind richtig
(B) nur 2 und 3 sind richtig
(C) nur 2 und 4 sind richtig
(D) nur 3 und 4 sind richtig
(E) 1–4 = alle sind richtig

1471* Aufgrund welcher Parameter kann eine Trennung eines Analysengemischs in einzelne Stoffe mit chromatographischen Verfahren erfolgen?

(1) Molekülmassen
(2) pK_a-Werte
(3) Lipophilie
(4) spezifische Affinität zu funktionellen Gruppen der stationären Phase

(A) nur 1 ist richtig
(B) nur 2 ist richtig
(C) nur 1, 2 und 3 sind richtig
(D) nur 1, 3 und 4 sind richtig
(E) 1–4 = alle sind richtig

1472 Welche Aussagen treffen zu?
Zur Trennung von Stoffgemischen können folgende Eigenschaften der Analyte ausgenutzt werden:

(1) Molekülgröße
(2) Ladungen
(3) Polarität
(4) Chiralität
(5) Löslichkeit in miteinander nicht mischbaren Lösungsmitteln

(A) nur 1 und 5 sind richtig
(B) nur 2 und 3 sind richtig
(C) nur 1, 4 und 5 sind richtig

(D) nur 2, 3, 4 und 5 sind richtig
(E) 1–5 = alle sind richtig

1473 Die chromatographische Trennung von Arzneistoffen basiert auf Mechanismen, die zu unterschiedlichem Retentionsverhalten der zu trennenden Substanzen führen.
Welche der folgenden physikalisch-chemischen Vorgänge sind – in der jeweils angegebenen chromatographischen Methode – Grundlage einer Trennung?`

(1) unterschiedliches Beschleunigungsverhalten und unterschiedliche maximal erreichbare Fließgeschwindigkeit der Analyten in der HPLC
(2) aufgrund unterschiedlicher Molekülgröße eintretende Siebeffekte in der Größenausschlusschromatographie
(3) unterschiedliche Verteilungskoeffizienten zwischen Gasphase und flüssiger Phase in der Gas-Flüssig-Chromatographie (GC)
(4) unterschiedliches Ausmaß der reversiblen Bindung an Sorbensoberflächen in der Säulenchromatographie (SC)

(A) nur 1 ist richtig
(B) nur 2 ist richtig
(C) nur 1 und 3 sind richtig
(D) nur 2, 3 und 4 sind richtig
(E) 1–4 = alle sind richtig

1474 Bei welchen chromatographischen Verfahren liegt ein inneres Chromatogramm vor?

(1) DC
(2) GC
(3) HPLC
(4) PC

(A) nur 3 ist richtig
(B) nur 1 und 4 sind richtig
(C) nur 2 und 3 sind richtig
(D) nur 1, 2 und 3 sind richtig
(E) 1–4 = alle sind richtig

1475 Bei welchen chromatographischen Verfahren liegt ein inneres Chromatogramm vor?

(1) DC
(2) GC
(3) HPLC
(4) HPTLC

(A) nur 3 ist richtig
(B) nur 1 und 4 sind richtig
(C) nur 2 und 3 sind richtig
(D) nur 1, 2 und 3 sind richtig
(E) 1–4 = alle sind richtig

1476 Bei welchen chromatographischen Methoden liegt ein äußeres Chromatogramm vor?

(1) DC
(2) GC
(3) HPLC
(4) PC

(A) nur 3 ist richtig
(B) nur 1 und 4 sind richtig
(C) nur 2 und 3 sind richtig
(D) nur 1, 2 und 3 sind richtig
(E) 1–4 = alle sind richtig

Chromatographische Größen

1477* Welche Aussage trifft **nicht** zu?
Als Kenngröße für das chromatographische Verhalten eines Stoffes lässt sich verwenden

(A) der „R_f-Wert" bei der Dünnschichtchromatographie
(B) die „Austauschkapazität" bei der Ionenaustauscherchromatographie
(C) die „relative Retention" bei der Gaschromatographie
(D) die „Nettoretentionszeit" bei der Gaschromatographie
(E) der „scheinbare Verteilungskoeffizient" bei der Größenausschlusschromatographie

1478*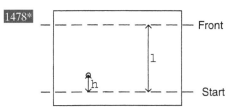

Der R_f-Wert eines Substanzflecks (siehe obige Abbildung) in der Dünnschichtchromatographie ist definiert als:

(A) h/l
(B) l/h
(C) h in cm
(D) h in mm
(E) (1–h) in cm

Ordnen Sie bitte den in Liste 1 aufgeführten Parametern in der DC die jeweils entsprechende Definition aus Liste 2 zu!

Liste 1

1479 R_f-Wert

1480 R_{St}-Wert

Liste 2
(A) Entfernung Start-Lösungsmittelfront
(B) Entfernung Start-Substanzfleck : Entfernung Start-Standardsubstanzfleck
(C) Entfernung Start-Substanzfleck : Entfernung Start-Lösungsmittelfront
(D) Entfernung Substanzfleck-Lösungsmittelfront
(E) Entfernung Start-Substanzfleck : Länge der Sorptionsschicht

1481 Welche Größe der Gaschromatographie hat die gleiche Bedeutung wie der R_{St}-Wert in der Dünnschichtchromatographie?

(A) Nettoretentionszeit
(B) Totzeit
(C) relative Retention
(D) Gesamtretentionszeit
(E) linearer Retentionsindex

1482 Zur Charakterisierung der Trennung zweier Substanzen in der Chromatographie dient die relative Retention.
Welche der folgenden Größen wird zu deren Berechnung benötigt?

(A) Säulenlänge L
(B) Trennstufenzahl N
(C) Trennstufenhöhe H
(D) Totzeit t_M
(E) Ausmaß des Hintergrundrauschens h

Ordnen Sie bitte den chromatographischen Verfahren in Liste 1 die üblicherweise verwendete Kenngröße eines Stoffes für sein chromatographisches Verhalten aus Liste 2 zu!

Liste 1

1483* Größenausschlusschromatographie

1484* Gaschromatographie

Liste 2
(A) relative Retention
(B) Austauschkapazität
(C) Molekülgröße
(D) Ionenbeweglichkeit
(E) R_f-Wert

Trennstufenhöhe – Trennstufenzahl

1485 Welche Aussagen treffen zu?
Die Trennstufenzahl bei einer flüssigchromatographischen Trennung wird beeinflusst durch:

(1) Länge der Säule
(2) Partikelgröße der stationären Phase
(3) Oberflächeneigenschaften der stationären Phase

(A) nur 1 ist richtig
(B) nur 2 ist richtig
(C) nur 1 und 3 sind richtig
(D) nur 2 und 3 sind richtig
(E) 1–3 = alle sind richtig

1486* Welche der Kurven beschreibt die Abhängigkeit der gaschromatographischen Trennstufenhöhe (Bodenhöhe) von der linearen Trägergasgeschwindigkeit prinzipiell zutreffend?

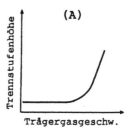

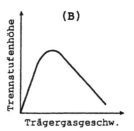

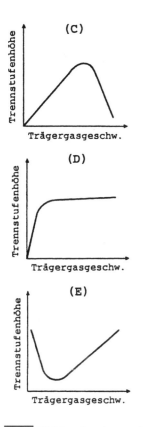

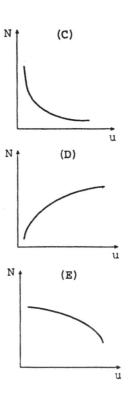

1487* Welche der dargestellten Kurven gibt die Abhängigkeit der **Trennstufenzahl** N einer bestimmten Säule von der linearen Trägergasgeschwindigkeit u bei der Gaschromatographie schematisch richtig wieder?

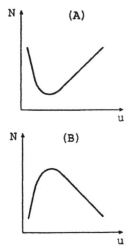

1488 Welche Aussage trifft für folgende Abbildung zu?

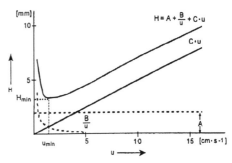

(A) Die Van-Deemter-Gleichung in der einfachsten Form stellt die Abhängigkeit der theoretischen Trennstufenhöhe H von der linearen Strömungsgeschwindigkeit u (cm·s^{-1}) der mobilen Phase einer chromatographischen Analyse her.

(B) Die Abbildung stellt eine Anwendung der Langmuirschen Adsorptionsisotherme dar und gestattet die Abschätzung der Ausbildung monomolekularer Grenzflächenbeladungen H in mm.

(C) Der initiale Abfall des Partialdruckes in mm beim Durchströmen eines porösen Festkörpers mit metallischem Quecksilber ist abhängig von der Strömungsgeschwindigkeit und erlaubt die Berechnung des Porenvolumens.
(D) Die Höhe der Stufe eines differentiellen Pulspolarogramms H in mm kann unter Kenntnis der Geschwindigkeit des ausströmenden Quecksilbers u (cm·s^{-1}) zur Charakterisierung von reversiblen Redoxprozessen herangezogen werden.
(E) Die Abhängigkeit der oszillometrisch ermittelten Leitfähigkeit in CE-Leitfähigkeitsdetektoren von der Schichtdicke und der Fließgeschwindigkeit lässt sich als Hyperbel darstellen.

1489 Welche Aussage zur van-Deemter-Kurve trifft zu?
Sie beschreibt für gas- und flüssigchromatographische Trennungen den Zusammenhang zwischen der Strömungsgeschwindigkeit der mobilen Phase und der

(A) Peakbreite
(B) Peakfläche
(C) Auflösung
(D) Peakhöhe
(E) Trennstufenhöhe

1490 Welche Aussage zur van-Deemter-Gleichung in der Chromatographie trifft zu?

(A) Die Gleichung beschreibt den Zusammenhang zwischen der Strömungsgeschwindigkeit der mobilen Phase und der Peakhöhe.
(B) Zur Fließrichtung der mobilen Phase longitudinale Diffusionsvorgänge werden nicht berücksichtigt.
(C) Der sogenannte „C-Term" beschreibt den Massentransfer zwischen stationärer und mobiler Phase.
(D) Die Gleichung beschreibt Vorgänge in der Dünnschichtchromatographie.
(E) Die Gleichung beschreibt den linearen Zusammenhang zwischen der Partikelgröße der chromatographischen Packung und der Peakhalbwertsbreite.

1491 Welche der folgenden Zusammenhänge werden durch die van Deemter-Gleichung beschrieben (HETP = Höhenäquivalent einer theoretischen Trennstufe)?

(1) zwischen HETP und Volumenfließgeschwindigkeit (ml·min^{-1})
(2) zwischen HETP und linearer Fließgeschwindigkeit (cm·min^{-1})
(3) zwischen HETP und Teilchengröße der stationären Phase
(4) zwischen linearer Fließgeschwindigkeit (cm·min^{-1}) und Volumenfließgeschwindigkeit (ml·min^{-1})

(A) nur 4 ist richtig
(B) nur 1 und 2 sind richtig
(C) nur 2 und 3 sind richtig
(D) nur 1, 2 und 4 sind richtig
(E) 1–4 = alle sind richtig

1492 Welche Aussagen über HETP (= Höhenäquivalent einer theoretischen Trennstufe) bei einer GC-Trennung treffen zu?

(1) Die Abhängigkeit des HETP von der Trägergasgeschwindigkeit kann mit der van-Deemter-Gleichung beschrieben werden.
(2) Bei Trägergasgeschwindigkeiten, die kleiner als der optimale Wert sind, steigt HETP an.
(3) Bei Trägergasgeschwindigkeiten, die größer als der optimale Wert sind, fällt HETP ab.
(4) Die optimale Trägergasgeschwindigkeit ist für alle Trägergase gleich.

(A) nur 1 ist richtig
(B) nur 3 ist richtig
(C) nur 1 und 2 sind richtig
(D) nur 2, 3 und 4 sind richtig
(E) 1–4 = alle sind richtig

1493 Welche Aussagen über HETP (Höhenäquivalent einer theoretischen Trennstufe) bei einer GC-Trennung treffen zu?

(1) Je größer HETP ist, um so kleiner ist die Trennleistung der Säule.
(2) Die optimalen Trägergasgeschwindigkeiten von H_2 und N_2 sind verschieden.
(3) Bei Übergang zu Trägergasgeschwindigkeiten, die kleiner als der optimale Wert sind, steigt HETP an.

(A) nur 1 ist richtig
(B) nur 2 ist richtig
(C) nur 3 ist richtig
(D) nur 2 und 3 sind richtig
(E) 1–3 = alle sind richtig

Trennleistung

1494 Durch welche Parameter erfolgt die Bewertung einer chromatographischen Säule bezüglich ihrer Trennleistung?

(1) Trennstufenzahl
(2) relative Retention
(3) Auflösungsvermögen

(A) Keine der Aussagen (1) bis (3) trifft zu.
(B) nur 1 ist richtig
(C) nur 2 ist richtig
(D) nur 1 und 2 sind richtig
(E) 1–3 = alle sind richtig

1495 Von welchen der folgenden Parameter hängt die Trennleistung in der HPLC ab?

(1) Strömungsgeschwindigkeit
(2) Teilchengröße der stationären Phase
(3) Empfindlichkeit des Detektors

(A) nur von 1
(B) nur von 2
(C) nur von 1 und 2
(D) nur von 2 und 3
(E) von 1 bis 3 (von allen)

1496 Welche Aussage trifft zu?
Die Leistungsfähigkeit einer chromatographischen Säule vorgegebener Länge wird am besten charakterisiert durch:

(A) die Auflösung
(B) das Signal-Rausch-Verhältnis
(C) die Bruttoretentionszeit
(D) die Peakhöhe
(E) die Trennstufenzahl

1497 Welche Aussagen zu chromatographischen Kenngrößen treffen zu?

(1) Zur Charakterisierung der Trennleistung einer Säule kann die Bodenhöhe dienen.
(2) Bei Verwendung chiraler stationärer Phasen kann die Bodenzahl **nicht** berechnet werden.
(3) In der Gaschromatographie ist der Kapazitätsfaktor k ein Maß für die Aufenthaltszeit einer Substanz in der mobilen Phase.
(4) Die Auflösung ist ein Maß für die Qualität einer chromatographischen Trennung.

(A) nur 4 ist richtig
(B) nur 1 und 4 sind richtig
(C) nur 2 und 3 sind richtig
(D) nur 1, 3 und 4 sind richtig
(E) nur 2, 3 und 4 sind richtig

Adsorptionsisotherme

1498 In der Skizze werden fünf Langmuir-Isothermen für ein bestimmtes Adsorptionssystem (Gas/Oberfläche) gezeigt (θ = Bedeckungsgrad, p = Druck).
Welche Langmuir-Isotherme wurde bei höchster Temperatur aufgenommen?

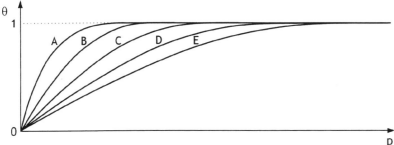

1499 Wie muss eine Adsorptionsisotherme verlaufen, damit es in der Chromatographie (z. B. DC) zum so genannten Tailing (Schwanzbildung) kommt? (m_A = absorbierte Masse [bezogen auf Masse Adsorbens], c_M = Konzentration in der mobilen Phase)

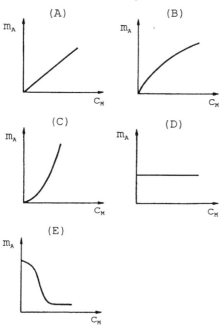

12.2 Dünnschichtchromatographie (DC)

1500 Welche Aussage zur DC-Analytik organischer Arzneistoffe trifft zu?

(A) Die Masse eines Analyten in einem Substanzfleck ist homogen verteilt.
(B) Zu Beginn der Analyse muss die Startlinie in das Laufmittelgemisch eintauchen.
(C) Auf DC-Platten mit Lumineszenzindikator erscheinen die meisten Arzneistoffe bei Bestrahlung mit UV-Licht (254 nm) als fluoreszierende Flecke.
(D) Für die Auswertung günstig sind R_f-Werte zwischen 0,2 und 0,8.
(E) Octan-1-ol/Wasser im Verhältnis 50:50 ist ein bewährtes Laufmittelgemisch zur Alkaloid-Trennung.

Ordnen Sie bitte den Begriffen der Liste 1 das jeweils zutreffende analytische Trennverfahren der Liste 2 zu!

Liste 1

1501 Elektroosmotischer Fluss

1502 Kammersättigung

Liste 2
(A) DC
(B) CE (Kapillarelektrophorese)
(C) HPLC
(D) GC
(E) SFC (Superkritische Flüssigchromatographie)

1503* Welche Aussagen treffen zu?
Zur quantitativen Auswertung eines Dünnschichtchromatogramms sind geeignet:

(1) Vergleich von Größe und Farbintensität des Flecks mit einem Vergleichsfleck, für den die Masse der aufgetragenen Substanz bekannt ist
(2) Spektralphotometrische Direktauswertung des Chromatogramms (Remissionsmessung)
(3) Auskratzen des Sorbens mit Fleck, Extraktion des Flecks mit einem geeigneten Lösungsmittel und photometrische Bestimmung der Lösung

(A) nur 1 ist richtig
(B) nur 3 ist richtig
(C) nur 1 und 2 sind richtig
(D) nur 1 und 3 sind richtig
(E) 1–3 = alle sind richtig

1504 Bei welchem quantitativen Analysenverfahren werden Remissions-Orts-Kurven registriert?

(A) Differenz-Scanning-Kalorimetrie (DSC)
(B) Differentielle Puls-Polarographie mit Quecksilbertropfelektrode
(C) Quantitative Dünnschichtchromatographie mit Scanner
(D) Differenzthermoanalyse (DTA) mit Thermo-Ofen
(E) Quantitative Raman-Spektroskopie

Mobile Phase/Eluotrope Reihe

1505 Welche Aussage trifft **nicht** zu?
Bei der Dünnschichtchromatographie mit Kieselgel als Schichtmaterial

(A) besitzen unter gleichen Bedingungen unpolare Stoffe einen größeren R_f-Wert als polare Stoffe
(B) ist für die Chromatographie polarer Stoffe ein polares Fließmittel erforderlich
(C) wandern unpolare Stoffe mit polaren Fließmitteln eine weitere Strecke als mit unpolaren Fließmitteln
(D) sind für Stoffe mittlerer Polarität Gemische aus polaren und unpolaren Lösungsmitteln als Fließmittel geeignet
(E) ist die Trennung eines Gemischs aus polaren und unpolaren Stoffen nur mit einem Fließmittelgemisch aus polaren und unpolaren Lösungsmitteln möglich.

1506* Welche Reihenfolge stellt eine eluotrope Reihe auf polaren Sorbentien dar (geordnet nach zunehmendem Elutionsvermögen)?

(A) Petroläther, Toluen, Chloroform, Aceton, Methanol
(B) Aceton, Methanol, Chloroform, Toluen, Petroläther
(C) Toluen, Chloroform, Aceton, Methanol, Petroläther
(D) Petroläther, Methanol, Aceton, Chloroform, Toluen
(E) Petroläther, Chloroform, Aceton, Toluen, Methanol

1507* Welche Folge gibt die eluotrope Reihe der genannten mobilen Phasen für die Chromatographie an Kieselgel richtig wieder?

(A) Diethylether, Petroläther, Aceton, Methanol, Wasser
(B) Petroläther, Diethylether, Aceton, Methanol, Wasser
(C) Diethylether, Petroläther, Aceton, Wasser, Methanol
(D) Aceton, Petroläther, Diethylether, Methanol, Wasser
(E) Diethylether, Aceton, Petroläther, Wasser, Methanol

1508 In welcher Reihenfolge sind die Lösungsmittel mit zunehmender Elutionskraft für die Chromatographie an Kieselgel (Normalphase) geordnet (eluotrope Reihe; von links nach rechts)?

(A) Hexan, Dichlormethan, Toluen, Acetonitril
(B) Dichlormethan, Toluen, Acetonitril, Hexan
(C) Toluen, Dichlormethan, Hexan, Acetonitril
(D) Hexan, Toluen, Dichlormethan, Acetonitril
(E) Acetonitril, Toluen, Hexan, Dichlormethan

1509 Welche der folgenden Reihenfolgen stellt eine eluotrope Reihe für die DC an Kieselgel dar?

(A) Aceton, Ethanol, Dichlormethan, Wasser
(B) Cyclohexan, Dichlormethan, Ethanol, Wasser
(C) Dichlormethan, Ethylacetat, Wasser, Ethanol
(D) Cyclohexan, Aceton, Diethylether, Wasser
(E) Dimethylformamid, Dichlormethan, Cyclohexan, Ethanol

1510 Welche Reihenfolge trifft zu?
Ordnen Sie bitte die folgenden in der Chromatographie verwendeten Fließmittel von links nach rechts nach zunehmender Elutionskraft an Kieselgel als stationärer Phase!

(1) n-Pentan
(2) Wasser
(3) Essigsäureethylester
(4) Diethylether
(5) Ethanol

(A) $3 < 5 < 1 < 4 < 2$
(B) $1 < 3 < 4 < 2 < 5$
(C) $1 < 4 < 3 < 5 < 2$
(D) $4 < 1 < 5 < 2 < 3$
(E) $4 < 1 < 5 < 3 < 2$

R_f-Werte

1511* Welche Aussagen treffen zu?
In der Dünnschichtchromatographie auf Kieselgel erfolgt üblicherweise eine Erhöhung des R_f-Werts bei sonst unveränderten Parametern mit **abnehmender**

(1) Polarität des Fließmittels
(2) Polarität der zu untersuchenden Substanz
(3) Aktivität der stationären Phase
(4) relativer Feuchte der Atmosphäre, in der die DC-Platte vorher aufbewahrt wurde

(A) nur 1 ist richtig
(B) nur 4 ist richtig
(C) nur 1 und 4 sind richtig
(D) nur 2 und 3 sind richtig
(E) nur 1, 3 und 4 sind richtig

1512 Welche der Aussagen treffen zu?
Bei der Dünnschichtchromatographie an einer Umkehrphase (RP; Alkyl-substituiertes Kieselgel) erfolgt üblicherweise eine Erhöhung des R_f-Werts bei sonst unveränderten Parametern mit **zunehmender**

(1) Polarität des Fließmittels
(2) Polarität des Analyten
(3) Kettenlänge des Alkylrestes an der Umkehrphase

(A) nur 1 ist richtig
(B) nur 2 ist richtig
(C) nur 3 ist richtig
(D) nur 1 und 3 sind richtig
(E) 1–3 = alle sind richtig

1513 Welche Aussagen treffen zu?
Bei der Dünnschichtchromatographie auf Kieselgel erfolgt üblicherweise eine Erhöhung des R_f-Werts bei sonst unveränderten Parametern mit **zunehmender**

(1) Polarität des Fließmittels
(2) Polarität der zu untersuchenden Substanz
(3) Aktivität der stationären Phase

(A) nur 1 ist richtig
(B) nur 2 ist richtig
(C) nur 3 ist richtig
(D) nur 1 und 2 sind richtig
(E) nur 1 und 3 sind richtig

1514 Welcher Parameter in der DC beeinflusst den R_f-Wert einer Substanz **nicht**?

(A) Polarität des Fließmittels
(B) Polarität der stationären Phase
(C) Nachweisgrenze des Detektionsmittels
(D) Temperatur
(E) Dissoziationsgrad der Substanz

1515* Welche Aussagen treffen zu?
Eine Carbonsäure zeigt bei der dünnschichtchromatographischen Untersuchung (SiO_2/Laufmittel Toluen) einen sehr niedrigen R_f-Wert.
Folgende Lösungsmittel bewirken eine Steigerung des R_f-Werts:

(1) Cyclohexan
(2) Benzen
(3) Eisessig
(4) Methanol

(A) nur 1 ist richtig
(B) nur 2 ist richtig
(C) nur 1 und 4 sind richtig
(D) nur 2 und 3 sind richtig
(E) nur 3 und 4 sind richtig

1516 Ein stark basischer Arzneistoff zeigt bei der dünnschichtchromatographischen Untersuchung (SiO_2/Laufmittel Toluen) einen sehr niedrigen R_f-Wert.
Der Zusatz welcher Lösungsmittel kann am ehesten eine Steigerung des R_f-Werts bewirken?

(1) Cyclohexan
(2) Benzen
(3) Methanol
(4) Dimethylamin

(A) nur 1 ist richtig
(B) nur 1 und 2 sind richtig
(C) nur 2 und 3 sind richtig
(D) nur 3 und 4 sind richtig
(E) nur 2, 3 und 4 sind richtig

Stationäre Phase

1517 Welches der folgenden Materialien ist zum Einsatz als stationäre Phase in der Planarchromatographie **nicht** geeignet?

(A) Kieselgel
(B) Cellulose

(C) Umkehrphasenkieselgel
(D) Polyethylenglycol
(E) Papier

1518* Welche der folgenden Eigenschaften wird bei der Qualitätsprüfung von Kieselgel G zur Dünnschichtchromatographie nach dem Arzneibuch **nicht** untersucht?

(A) Gipsgehalt
(B) Austauschkapazität
(C) Haftfestigkeit
(D) Trennvermögen
(E) pH-Wert

1519* Welcher Stoff verursacht bei der Dünnschichtchromatographie auf einer Platte mit Kieselgel GF_{254} praktisch **keine** Fluoreszenzminderung?

(A) Benzoesäure
(B) Zimtsäure
(C) Essigsäure
(D) Benzaldehyd
(E) Acetophenon

1520 Ein Gemisch von Arzneistoffen mit aromatischen Ringsystemen wird dünnschichtchromatographisch (Kieselgel F 254) in einem geeigneten Laufmittel getrennt.
Welche Aussagen treffen zu?

(1) F 254 ist eine Korngrößenbezeichnung des Kieselgels.
(2) Das Kieselgel enthält eine Indikatorsubstanz, die bei Bestrahlung mit Licht einer Wellenlänge von 254 nm eine starke Lumineszenz zeigt.
(3) Die Arzneistoffe bilden mit der Indikatorsubstanz fluoreszierende Komplexe.
(4) Die Arzneistoffe löschen die Lumineszenz des Indikators durch Absorption.
(5) Die Lumineszenzauswertung kann auch nach Behandlung der Platte mit Sprühreagenzien uneingeschränkt durchgeführt werden.

(A) nur 1 ist richtig
(B) nur 2 und 3 sind richtig
(C) nur 2 und 4 sind richtig
(D) nur 1, 3 und 5 sind richtig
(E) nur 2, 4 und 5 sind richtig

1521* Welche Reihenfolge trifft zu?
Werden funktionelle Gruppen in einen aromatischen Kohlenwasserstoff wie Benzen eingeführt, so erhöht sich die Adsorptionsaffinität auf Kieselgel in der Reihenfolge (von links nach rechts):

(A) —CH₃, H\C=O, —O—CH₃, —COOH, —OH

(B) —COOH, —OH, —O—CH₃, H\C=O, —CH₃

(C) —CH₃, —O—CH₃, H\C=O, —OH, —COOH

(D) —CH₃, —OH, —O—CH₃, H\C=O, —COOH

(E) —COOH, H\C=O, —O—CH₃, —OH, —CH₃

1522 Welche Aussagen treffen zu?
Basisches Aluminiumoxid zur Chromatographie

(1) kann Metallionen gegen Protonen austauschen
(2) lässt sich mit Natriumhydroxid-Lösung regenerieren
(3) kann verschiedene Anionen gegen Chlorid austauschen
(4) kann an seiner Oberfläche Stoffe adsorbieren

(A) nur 2 ist richtig
(B) nur 4 ist richtig
(C) nur 1 und 3 sind richtig
(D) nur 2 und 4 sind richtig
(E) nur 1, 2 und 4 sind richtig

Pharmazeutische Anwendungen

1523 Welche Aussage trifft **nicht** zu?
Bei der Identifizierung von Steroidhormonen durch Dünnschichtchromatographie ist eine Detektion von Prednisolon (siehe Strukturformel) möglich mit:

(A) UV-Licht
(B) ethanolischer Schwefelsäure
(C) Triphenyltetrazoliumchlorid
(D) Tetrazolblau
(E) Gibbs-Reagenz (2,6-Dichlor-1,4-chinon-4-chlorimid)

1524 Propylgallat und Gallussäure werden, in Aceton gelöst, dünnschichtchromatographisch analysiert.

Propylgallat   Gallussäure

Welche Aussage trifft **nicht** zu?

(A) Propylgallat hat auf Kieselgel einen höheren R_f-Wert als Gallussäure.
(B) Ein Elutionsmittelgemisch aus Toluol/Ethylformiat mit einem Zusatz von 10 % Ameisensäure ist geeignet, das Tailing saurer Analyten zurückzudrängen.
(C) Sowohl Propylgallat als auch Gallussäure sind auf Kieselgel GF_{254}-Platten durch Lumineszenzminderung bei 254 nm detektierbar.
(D) Sowohl Propylgallat als auch Gallussäure sind auf Kieselgel GF_{254}-Platten durch intensive rote Eigenfluoreszenz bei 486 nm detektierbar.
(E) Sowohl Propylgallat als auch Gallussäure lassen sich mit Eisen(III)-chlorid-Sprühreagenz zu farbigen Chelatkomplexen umsetzen.

1525 In der Monographie Propylgallat des Europäischen Arzneibuchs wird gefordert, dass eine mögliche Verunreinigung der Substanz mit Gallussäure einen festgelegten Grenzwert nicht überschreiten darf. Zu dieser Reinheitsprüfung werden beide Substanzen auf einer Kieselgel 60 GF_{254}-Platte chromatographiert.

Propylgallat   Gallussäure

Nebeneinander aufgetragen (Spuren **1** bis **2**) werden jeweils 5 µl folgender Untersuchungs- und Referenzlösungen der jeweiligen Substanzen:

Spur **1**: Lösung **1**: 200 mg Propylgallat-Analysen-Substanz in 10 ml Aceton
Spur **2**: Lösung **2**: 1 mg Gallussäure-Vergleichssubstanz R in 10 ml Aceton

Bei der Auswertung zeigt das Chromatogramm in Spur **1** einen Gallussäurefleck, der kleiner ist als der Fleck in Spur **2**.
Welche Aussage über die untersuchte Probe trifft zu?
Sie enthält

(A) weniger als 99,5 % Propylgallat
(B) weniger als 99 % Propylgallat
(C) nicht mehr als 95 % Propylgallat
(D) nicht mehr als 0,5 % Gallussäure
(E) mehr als 1 % Gallussäure

12.3 Papierchromatographie (PC)

1526 Welche Aussagen zur Papierchromatographie treffen zu?

(1) Die Papierchromatographie gehört zu den planar-chromatographischen Trennverfahren.
(2) Die Trennung der Stoffe beruht wesentlich auf ihrem unterschiedlichen Verteilungsverhalten zwischen stationärer und mobiler Phase.

(3) Die Trennung der Stoffe beruht wesentlich auf ihrer unterschiedlichen Fähigkeit zur Bildung von Cellulose-Einschlussverbindungen (Clathrate).
(4) Die Trennung der Stoffe beruht zu einem geringeren Anteil auch auf Adsorptionsvorgängen.

(A) nur 3 ist richtig
(B) nur 1 und 3 sind richtig
(C) nur 3 und 4 sind richtig
(D) nur 1, 2 und 4 sind richtig
(E) nur 1, 3 und 4 sind richtig

12.4 Gaschromatographie (GC)

1527 Welche Gleichgewichtsvorgänge können bei der Gaschromatographie stattfinden?

(1) Adsorption
(2) Verteilung zwischen Gas und Flüssigkeit
(3) Verteilung zwischen Gas und chemisch gebundener Phase

(A) nur 1 ist richtig
(B) nur 2 ist richtig
(C) nur 1 und 2 sind richtig
(D) nur 2 und 3 sind richtig
(E) 1–3 = alle sind richtig

Gaschromatograph

1528 Welches Bauteil in der folgenden schematischen Abbildung eines im Betrieb befindlichen Gaschromatographen ist **nicht** richtig angeordnet?

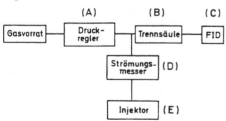

1529* Welche Aussage trifft **nicht** zu?
Üblich sind bei der Durchführung der Gaschromatographie folgende Geräteteile:

(A) Säulenofen
(B) Einspritzvorrichtung
(C) Entwicklungskammer
(D) Detektor
(E) Strömungsregler

1530* Welches Geräteteil wird bei der Gaschromatographie **nicht** verwendet?

(A) Detektor
(B) Einspritzvorrichtung
(C) Polarisator
(D) Strömungsregler
(E) Säulenofen

Trägergase

1531 Welches der folgenden Gase kann in der Gaschromatographie grundsätzlich **nicht** als Trägergas verwendet werden?

(A) Argon
(B) Acetylen
(C) Helium
(D) Stickstoff
(E) Wasserstoff

1532 Welche Aussagen treffen zu?
In der Gaschromatographie werden folgende Trägergase verwendet:

(1) Argon
(2) Kohlendioxid
(3) Stickstoff
(4) Wasserstoff

(A) nur 2 ist richtig
(B) nur 4 ist richtig
(C) nur 1 und 3 sind richtig
(D) nur 2, 3 und 4 sind richtig
(E) 1–4 = alle sind richtig

1533* Welche der folgenden Trägergase werden in der Gaschromatographie bei Verwendung eines Flammenionisationsdetektors üblicherweise eingesetzt?

(1) Helium
(2) Stickstoff
(3) Luft

(A) nur 1 ist richtig
(B) nur 3 ist richtig
(C) nur 1 und 2 sind richtig
(D) nur 1 und 3 sind richtig
(E) nur 2 und 3 sind richtig

1534 Welche der folgenden Trägergase werden in der Gaschromatographie bei Verwendung eines Wärmeleitfähigkeitsdetektors verwendet?

(1) Helium
(2) Wasserstoff
(3) Luft

(A) nur 2 ist richtig
(B) nur 3 ist richtig
(C) nur 1 und 2 sind richtig
(D) nur 1 und 3 sind richtig
(E) nur 2 und 3 sind richtig

Stationäre Phase

1535 Welche der folgenden Stoffe eignen sich bei der Gaschromatographie als flüssige stationäre Phase?

(1) Siliconöle
(2) Essigsäurebutylester
(3) Polyethylenglycole

(A) nur 1 ist richtig
(B) nur 2 ist richtig
(C) nur 1 und 3 sind richtig
(D) nur 2 und 3 sind richtig
(E) 1–3 = alle sind richtig

1536 Bestimmte lineare Polymere können in der Gaschromatographie mit Kapillarsäulen als stationäre Phase in Form eines dünnen Films eingesetzt werden.
Aus welchem Monomer bestehen solche Polymere für stark polare stationäre Phasen formal?

(A) Styren
(B) β-D-Fructose
(C) Ethen
(D) Vinylchlorid
(E) Ethylenglycol

1537 Vertreter welcher der aufgeführten Substanzklassen werden am weitaus häufigsten als dünner Film in Kapillarsäulen als stationäre Phase für die gaschromatographische Analyse eingesetzt?

(A) Polystyrene
(B) Cyclodextrine
(C) Cellulosen
(D) Polysiloxane
(E) Polyurethane

1538 Polyethylenglycole werden in der Gaschromatographie in Form eines dünnen Films als flüssige stationäre Phase in Kapillarsäulen eingesetzt.
Welche Aussagen zu dieser flüssigen stationären Phase treffen zu?
Sie ist

(1) unpolar
(2) stark polar
(3) für die Untersuchung von Aminen geeignet
(4) für die Untersuchung von Aldehyden geeignet
(5) für die Untersuchung von Fettsäuren geeignet

(A) nur 1 ist richtig
(B) nur 2 ist richtig
(C) nur 1 und 5 sind richtig
(D) nur 1, 3, 4 und 5 sind richtig
(E) nur 2, 3, 4 und 5 sind richtig

1539 Welche Reihenfolge trifft zu?
Ordnen Sie bitte die folgenden stationären gaschromatographischen Phasen nach steigender Polarität!

(1) Polydimethylsiloxan
(2) Polyethylenglycol
(3) Poly(dimethyl)(phenyl)siloxan
(4) Poly(cyanopropyl)(phenylmethyl)siloxan

(A) 1 < 2 < 3 < 4
(B) 1 < 3 < 4 < 2
(C) 2 < 3 < 4 < 1
(D) 4 < 2 < 3 < 1
(E) 3 < 1 < 2 < 4

Detektoren

1540 Welcher der folgenden chromatographischen Detektoren setzt **nicht** zwangsläufig eine chemische Veränderung bei der Detektion erfasster Moleküle voraus?

(A) Elektroneneinfangdetektor
(B) Flammenionisationsdetektor
(C) Massenselektiver Detektor
(D) Thermionischer Detektor
(E) Wärmeleitfähigkeitsdetektor

1541 Welche Aussage trifft **nicht** zu?
Als Detektoren in der Gaschromatographie können eingesetzt werden:

(A) Flammenionisationsdetektor
(B) Elektroneneinfangdetektor
(C) Brechzahldetektor
(D) Wärmeleitfähigkeitsdetektor
(E) Massenselektiver Detektor

Ordnen Sie bitte den gaschromatographischen Detektoren der Liste 1 das jeweils entsprechende Messprinzip aus Liste 2 zu!

Liste 1

1542* Flammenionisationsdetektor (FID)

1543* Wärmeleitfähigkeitsdetektor (WLD)

Liste 2

(A) Gemessen wird der Strom, der durch die entstehenden Radikale oder Ionen verursacht wird.
(B) Gemessen wird die durch eine Untersuchungssubstanz verursachte Änderung der Wärmeleitfähigkeit gegenüber dem Trägergas.
(C) Gemessen wird die durch eine Untersuchungssubstanz verursachte Änderung der Wärmeleitfähigkeit gegenüber der ionisierten Substanz.
(D) Gemessen wird die Ionisation durch ein radioaktives Präparat im Vergleich zur Ionisation des Trägergases.
(E) Gemessen wird die Durchlässigkeit einer Flamme für UV-Strahlung.

Ordnen Sie bitte den in Liste 1 dargestellten Grundprinzipien eines Detektors den jeweils zutreffenden Detektor in Liste 2 zu!

Liste 1

1544 Die bei der Verbrennung entstehenden Radikale bzw. Ionen führen zwischen zwei Elektroden zu einem Stromfluss

1545 Die geladenen Fragmente werden in einem magnetischen oder elektrischen Feld getrennt und registriert.

Liste 2
(A) Massenselektiver Detektor
(B) Flammenionisationsdetektor
(C) chemischer Reaktionsdetektor
(D) Elektroneneinfangdetektor
(E) Thermionischer Detektor

1546 Der in der Gaschromatographie verwendete Flammenionisationsdetektor (FID) spricht prinzipiell nur auf in Knallgas umsetzbare Verbindungen an.
Welche Aussagen zu diesem Detektor treffen zu?

(1) Die Verbindungen H_2O, N_2 und CO_2 werden vom FID **nicht** erfasst.
(2) Das vom FID erzeugte Primärsignal muss durch ein Kalorimeter in ein Sekundärsignal umgewandelt werden.
(3) Die unter Verwendung eines FID erfassten Peakflächen werden in hohem Maße von Schwankungen des Trägergasstroms beeinträchtigt.

(A) nur 1 ist richtig
(B) nur 2 ist richtig
(C) nur 3 ist richtig
(D) nur 2 und 3 sind richtig
(E) 1–3 = alle sind richtig

1547 Welche Aussagen zum in der Gaschromatographie verwendeten Flammenionisationsdetektor (FID) treffen zu?

(1) Das Signal des FID ist zur umgesetzten Stoffmenge proportional.
(2) N_2 und He sind mit der Fl-Detektion kompatible Trägergase.
(3) Die unter Verwendung eines FID erfassten Peakflächen sind in hohem Maße von Schwankungen des Trägergasstroms abhängig.

(A) nur 1 ist richtig
(B) nur 2 ist richtig
(C) nur 3 ist richtig
(D) nur 1 und 2 sind richtig
(E) nur 2 und 3 sind richtig

1548 Welche der folgenden Aussagen über den Elektroneneinfangdetektor trifft zu?
Gemessen wird

(A) die Stromstärke, die u. a. durch die thermisch erzeugten Ionen verursacht wird
(B) die durch eine Untersuchungssubstanz verursachte Änderung der Wärmeleitfähigkeit gegenüber dem Trägergas

(C) die durch eine Untersuchungssubstanz verursachte Änderung der Wärmeleitfähigkeit gegenüber der ionisierten Substanz
(D) die durch ein radioaktives Präparat ausgelöste Ionisation der Analysensubstanz
(E) die Durchlässigkeit einer Flamme für UV-Strahlung

1549 Welche Aussage trifft zu?
Der Elektroneneinfangdetektor in der Gaschromatographie ionisiert das Trägergas (z. B. Helium), wobei langsame Elektronen freigesetzt werden. Diese Ionisierung wird erzwungen durch:

(A) ein Lichtbogen-Thermoelement
(B) einen β-Strahler
(C) Beschuss mit Hydrid-Ionen (im Vakuum)
(D) Hochspannung (im Vakuum)
(E) UV-C-Strahlung

1550* Welche der folgenden Verbindungen ist bei der Gaschromatographie durch den Flammenionisationsdetektor (FID) am schlechtesten (oder gar nicht) bestimmbar?

(A) Cyclohexan
(B) n-Hexan
(C) Toluen
(D) Wasser
(E) Dichlormethan

1551 Welche der folgenden Verbindungen ist bei der Gaschromatographie durch den Flammenionisationsdetektor (FID) gut detektierbar?

(A) Stickstoff
(B) Kohlenmonoxid
(C) Kohlendioxid
(D) Tetrachlormethan
(E) Keine der obigen Verbindungen ist gut detektierbar.

1552 Welche Aussage trifft zu?
Der Gehalt eines pharmazeutischen Hilfsstoffs an chlorierten Kohlenwasserstoffen soll nach Anreicherung gaschromatographisch bestimmt werden.
Als Detektor eignet sich hierfür am besten ein:

(A) Wärmeleitfähigkeitsdetektor
(B) Elektroneneinfangdetektor
(C) Flammenionisationsdetektor
(D) infrarotspektroskopischer Detektor
(E) Brechzahldetektor

Gaschromatogramm

1553*

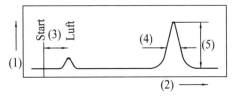

(1) Schreiberausschlag
(2) Retentionszeit
(3) Halbwertsbreite
(4) Totzeit
(5) Signalintensität

Welche Bezeichnungen in obigem Gaschromatogramm sind vertauscht?

(A) 1 mit 2
(B) 2 mit 3
(C) 3 mit 4
(D) 4 mit 5
(E) 2 mit 5

Ordnen Sie bitte den Aussagen der Liste 1 die jeweils entsprechende Kennzeichnung in der Abbildung des Gaschromatogramms (Liste 2) zu!

Liste 1

1554* Verweilzeit der Substanz in der stationären Phase

1555* Verweilzeit der Substanz in der mobilen Phase

Liste 2

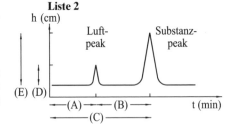

1556 Welche Bedeutung besitzt die in nachfolgendem Gaschromatogramm mit t_R bezeichnete Größe?

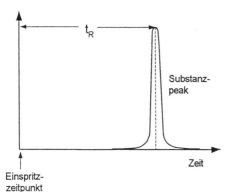

(A) relative Retentionszeit
(B) Nettoretentionszeit
(C) Gesamtretentionszeit
(D) relative Trennzeit
(E) Totzeit

1557 Welche der folgenden Aussagen über die Totzeit in der Gaschromatographie trifft zu?
Sie ist die

(A) Summe der Aufenthaltszeiten einer Substanz in der stationären und in der mobilen Phase
(B) Aufenthaltszeit einer Substanz in der stationären Phase
(C) Aufenthaltszeit einer Substanz in der mobilen Phase
(D) Summe der Aufenthaltszeiten einer Substanz außerhalb der Trennsäule, z.B. im Einspritzblock und im Detektor
(E) Differenz der Aufenthaltszeiten einer Substanz in mobiler und stationärer Phase

1558 Die chromatographische Auftrennung eines Gemisches aus zwei Substanzen ergibt in drei verschiedenen chromatographischen Systemen folgende Peaks:

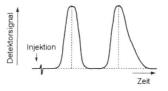

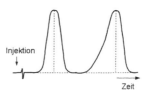

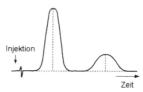

Welcher der dargestellten Peaks zeigt eine Schwanzbildung (Tailing)?

(A) Peak 2/I
(B) Peak 1/II
(C) Peak 2/II
(D) Peak 1/III
(E) keiner der dargestellten Peaks

1559 Bei HPLC- oder GC-Trennungen wird häufig das so genannte Tailing (Abflachung der abfallenden Flanke eines Peaks) beobachtet. Wodurch wird das Ausmaß dieser Peakasymmetrie beeinflusst?

(1) Totvolumina im Aufgabesystem
(2) Totvolumina im Detektor
(3) Adsorption von stärker polaren Substanzen an aktiven Oberflächen des Aufgabesystems
(4) Zersetzung der Probe während des chromatographischen Prozesses

(5) Auftreten von mesomeren Grenzformen des Analyten

(A) nur 1 ist richtig
(B) nur 2 ist richtig
(C) nur 1, 2 und 4 sind richtig
(D) nur 1, 2, 3 und 4 sind richtig
(E) 1–5 = alle sind richtig

Chromatographische Größen

1560 Welche Aussagen treffen zu?
Bei einer gaschromatographischen Analyse eines Gemischs von Fettsäuremethylestern an einer gepackten Säule (z. B. Macrogoladipat auf einem Trägermaterial) kann eine Erhöhung der Zahl der Trennstufen pro Meter erreicht werden durch:

(1) Erhöhung des Durchmessers der Teilchen des Trägermaterials
(2) Verminderung der Dicke des Films der stationären Phase (geringe Beladung der Säule vorausgesetzt)
(3) Ersatz eines kugelförmigen Trägermaterials durch ein unregelmäßig geformtes Trägermaterial, um möglichst breite Peaks zu erhalten

(A) nur 1 ist richtig
(B) nur 2 ist richtig
(C) nur 1 und 2 sind richtig
(D) nur 2 und 3 sind richtig
(E) 1–3 = alle sind richtig

1561* Welche Aussagen treffen zu?
In der Gaschromatographie wird, sachgemäße Durchführung vorausgesetzt, die Gesamtretentionszeit einer Probesubstanz beeinflusst durch:

(1) die Temperatur der Trennsäule
(2) die Strömungsgeschwindigkeit des Trägergases
(3) die Polarität (Lipophilie) der stationären Phase
(4) die Polarität der Probesubstanz

(A) nur 3 ist richtig
(B) nur 1 und 3 sind richtig
(C) nur 2 und 4 sind richtig
(D) nur 1, 2 und 4 sind richtig
(E) 1–4 = alle sind richtig

1562 Welche Aussage trifft **nicht** zu?
In der Gaschromatographie wird die Retentionszeit einer Probesubstanz beeinflusst durch:

(A) die Temperatur der Trennsäule
(B) den Verteilungskoeffizienten zwischen stationärer und mobiler Phase
(C) die Polarität der stationären flüssigen Phase
(D) die Trägergasgeschwindigkeit
(E) die Art des Detektors

Ordnen Sie bitte den Begriffen der Gaschromatographie in Liste 1 die für sie jeweils charakteristische Aussage aus Liste 2 zu.

Liste 1

1563* Nettoretentionszeit

1564 Gesamtretentionszeit

Liste 2
(A) Aufenthaltszeit einer Substanz in der stationären und in der mobilen Phase
(B) Aufenthaltszeit einer Substanz in der stationären Phase
(C) Aufenthaltszeit einer Substanz in der mobilen Phase
(D) Aufenthaltszeit einer Substanz im Einspritzblock und im Detektor
(E) Differenz der Aufenthaltszeiten einer Substanz in mobiler und stationärer Phase

1565* Welche Aussage trifft zu?
In der Gaschromatographie ist die Nettoretentionszeit (t_r) einer Substanz (t_{dr} = Gesamtretentionszeit; t_d = Totzeit) wie folgt definiert:

(A) $t_r = t_{dr} + t_d$
(B) $t_r = t_{dr} - t_d$
(C) $t_r = t_d - t_{dr}$
(D) $t_r = t_d \cdot t_{dr}$
(E) $t_r = \dfrac{t_{dr}}{t_d}$

1566 Welcher Parameter in der GC beeinflusst die Retentionszeit **nicht**?

(A) Strömungsgeschwindigkeit des Trägergases
(B) Dampfdruck der Probensubstanz
(C) Empfindlichkeit des Detektors
(D) Temperatur der Trennsäule
(E) Polarität der stationären Phase

1567* Welcher Effekt tritt bei der gaschromatographischen Analyse durch Erhöhung der Temperatur der Trennsäule **nicht** auf?

(A) Verkürzung der Nettoretentionszeit
(B) Verkleinerung der Peak-Halbwertsbreite
(C) Erhöhung der Säulenkapazität
(D) Anwachsen der Peakhöhe
(E) Verkürzung der Totzeit

1568 Welche Aussagen treffen zu?
Im Vergleich zu einem unter isothermen Bedingungen (180 °C) aufgenommenen Gaschromatogramm eines Gemischs von Palmitinsäure- und Stearinsäuremethylester ergeben sich bei Anwendung eines Temperaturgradienten (während der ersten 5 min 180 °C bis 200 °C) folgende Änderungen:

(1) Die Retentionszeit des Stearinsäuremethylesters wird kleiner.
(2) Die Retentionszeit des Palmitinsäureesters wird größer.
(3) Das Verhältnis der Peakflächen beider Ester bleibt weitgehend konstant.

(A) nur 1 ist richtig
(B) nur 2 ist richtig
(C) nur 3 ist richtig
(D) nur 1 und 2 sind richtig
(E) nur 1 und 3 sind richtig

1569 Die folgende Abbildung zeigt das Ergebnis einer gaschromatographischen Trennung.
Welche Aussagen zu dieser gaschromatographischen Trennung treffen zu?

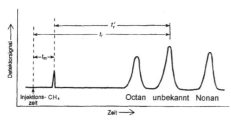

(1) Die Zeit t_m für alle Substanzen kann durch Messung der Retentionszeit t_r von Methangas ermittelt bzw. abgeschätzt werden.
(2) Die unbekannte Substanz ist wahrscheinlich Heptan.

(3) Je länger eine Substanz auf der Säule verweilt, desto größer ist ihr Kapazitätsfaktor (Retentionsfaktor) k' mit

$$k' = \frac{t_r - t_m}{t_m}$$

(4) Je größer die relative Retention α ist, desto kleiner ist die Trennung zweier Probenbestandteile 1 und 2 für

$$\alpha = \frac{t_{r2}}{t_{r1}}$$

(A) nur 1 ist richtig
(B) nur 2 ist richtig
(C) nur 1 und 3 sind richtig
(D) nur 2 und 4 sind richtig
(E) nur 2, 3 und 4 sind richtig

1570 Welche Aussage trifft **nicht** zu?
Die gaschromatographische Trennstufenhöhe

(A) ist von der Art des verwendeten Trägergases abhängig
(B) wird mit zunehmender Trennleistung größer
(C) ändert sich bei sehr niedriger Trägergasgeschwindigkeit stärker als bei hoher Trägergasgeschwindigkeit
(D) besitzt bei einer bestimmten Trägergasgeschwindigkeit ein Optimum
(E) kann bei sehr niedriger Trägergasgeschwindigkeit ebenso groß sein wie bei sehr hoher Trägergasgeschwindigkeit

1571 Welche Aussagen treffen zu?
Bei der Gaschromatographie gehen in die Berechnung der Anzahl der theoretischen Böden u. a. ein:

(1) Differenz der Retentionszeiten von 2 Substanzen
(2) Peakhöhe einer Substanz
(3) Verhältnis der Peakhöhen von 2 Substanzen
(4) Peakbreite in halber Peakhöhe

(A) nur 1 ist richtig
(B) nur 3 ist richtig
(C) nur 4 ist richtig
(D) nur 1 und 3 sind richtig
(E) 1–4 = alle sind richtig

1572 Welche Aussagen treffen zu?
Die folgenden chromatographischen Kenngrößen (Definition nach Arzneibuch) sind sowohl für die Gaschromatographie (isotherm) als auch für die Flüssigchromatographie (isokratisch) nach den jeweils gleichen Formeln zu berechnen:

(1) Symmetriefaktor
(2) Auflösung
(3) Anzahl der theoretischen Böden

(A) nur 1 ist richtig
(B) nur 2 ist richtig
(C) nur 3 ist richtig
(D) nur 1 und 2 sind richtig
(E) 1–3 = alle sind richtig

1573 Welche Aussage zum Symmetriefaktor trifft **nicht** zu?

(A) Der Symmetriefaktor muss für jeden Peak separat ermittelt werden.
(B) S = 0 symmetrischer Peak
(C) S < 1 Leading-Peak
(D) S > 1 Tailing-Peak (Schwanzbildung)
(E) Der Symmetriefaktor wird auch als Tailing-Faktor bezeichnet.

1574 Welche Faktoren können die chromatographische Auflösung (R_S) beeinflussen?

(1) Peaktailing
(2) Zusammensetzung der mobilen Phase
(3) Flussrate der mobilen Phase
(4) Herstellungsverfahren der stationären Phase
(5) Säulentemperatur

(A) nur 2 und 3 sind richtig
(B) nur 1, 2 und 5 sind richtig
(C) nur 3, 4 und 5 sind richtig
(D) nur 2, 3, 4 und 5 sind richtig
(E) 1–5 = alle sind richtig

1575 Welche Faktoren können die chromatographische Auflösung (R_S) beeinflussen?

(1) Peaktailing
(2) Zusammensetzung der mobilen Phase
(3) Säulentemperatur
(4) Konzentration der Probelösung

(A) nur 1 und 2 sind richtig
(B) nur 2 und 3 sind richtig
(C) nur 3 und 4 sind richtig
(D) nur 1, 2 und 4 sind richtig
(E) 1–4 = alle sind richtig

1576 Welche Aussagen treffen zu?
Bei der Gaschromatographie (nach Arzneibuch) hängt die Auflösung zwischen zwei gemessenen Peaks ab von:

(1) der Differenz ihrer Retentionszeiten
(2) der Summe ihrer Nettoretentionszeiten
(3) der Totzeit
(4) der Summe ihrer Peakbreiten in halber Peakhöhe
(5) ihren Symmetriefaktoren

(A) nur 2 ist richtig
(B) nur 5 ist richtig
(C) nur 1 und 4 sind richtig
(D) nur 3 und 5 sind richtig
(E) nur 2, 4 und 5 sind richtig

1577 Welche Reihenfolge trifft zu?
Ordnen Sie bitte die nachfolgenden Chromatogramme nach fallendem Auflösungs- bzw. Resolutionsfaktor R für die Komponenten 1 und 2! (α = Trenn- bzw. Separationsfaktor)!

(1)
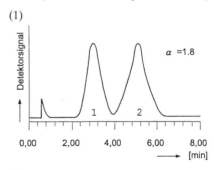

(2)
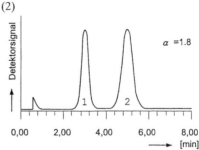

(3)

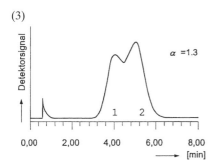

(A) 3 > 2 > 1
(B) 1 > 2 > 3
(C) 2 > 1 > 3
(D) 1 = 2 > 3
(E) 1 = 2 = 3

1578* Welche der folgenden Größen charakterisieren die chromatographische Trennung zweier Substanzen?

(1) Auflösung R_S
(2) Trennfaktor (Selektivität) α
(3) Zahl der theoretischen Böden n
(4) Peak-Tal-Verhältnis p/v
(5) Trennstufenhöhe H

(A) nur 1 und 2 sind richtig
(B) nur 2 und 4 sind richtig
(C) nur 1, 2 und 4 sind richtig
(D) nur 1, 3 und 5 sind richtig
(E) nur 1, 2, 4 und 5 sind richtig

Ordnen Sie bitte den chromatographischen Kennzahlen der Liste 1 die jeweils zur Berechnung benötigten Parameter der Liste 2 zu!

Liste 1

1579 Trennstufenzahl

1580 Auflösung

Liste 2
(A) Retentionszeit und Peakhalbwertsbreite
(B) Kapazitätsverhältnis und Peakhöhe
(C) Retentionszeit und Peakfläche
(D) Kapazitätsverhältnis und Peakhalbwertsbreite
(E) Retentionszeit und Trennstufenhöhe

1581 Welche Aussage trifft zu?
Die Bestimmung des Signal-Rausch-Verhältnisses (S/N) bei einer chromatographischen Trennung erfolgt nach folgender Beziehung, in der H die Signalhöhe und h den Schwankungsbereich des Untergrundrauschens bezeichnen.

(A) S/N = H/h
(B) S/N = 2 H/h
(C) S/N = H–h
(D) S/N = H–2 h
(E) S/N = h/H

Auswertung des Chromatogramms

1582 Welche Aussagen treffen zu?
Die quantitative Auswertung eines Gaschromatogramms kann – symmetrische Peaks vorausgesetzt – näherungsweise erfolgen durch Vergleich:

(1) der Peakhöhen
(2) der Produkte aus Halbwertsbreite und Peakbasisbreite
(3) der Produkte aus Peakhöhe und Halbwertsbreite
(4) der Quotienten aus Halbwertsbreite und Retentionszeit
(5) der Quotienten aus Retentionszeit und Totzeit

(A) nur 1 und 3 sind richtig
(B) nur 2 und 4 sind richtig
(C) nur 3 und 5 sind richtig
(D) nur 1, 2 und 3 sind richtig
(E) nur 3, 4 und 5 sind richtig

1583 Welche Aussagen treffen zu?
Für die näherungsweise quantitative Auswertung eines Gaschromatogramms kann herangezogen werden:

(1) bei symmetrischen Peaks die Peakhöhe
(2) das Produkt aus Peakhöhe und Halbwertsbreite
(3) das Produkt aus Retentionszeit und Peakbasisbreite
(4) die Retentionszeit

(A) nur 1 und 2 sind richtig
(B) nur 2 und 3 sind richtig
(C) nur 3 und 4 sind richtig
(D) nur 1, 3 und 4 sind richtig
(E) nur 2, 3 und 4 sind richtig

1584 Bei der quantitativen Auswertung eines Chromatogramms kann der Anteil einer oder mehrerer Komponenten in dem Analysengemisch als prozentualer Anteil bezogen auf die Fläche des Hauptpeaks oder die Gesamtfläche aller Peaks angegeben werden. (Die Peaks des Lösungsmittels oder von Substanzen unterhalb der Bestimmungsgrenze werden nicht berücksichtigt).
Wie bezeichnet man diese Vorgehensweise der Auswertung zutreffend?

(A) Normalisierung (Flächennormalisierung, 100 %-Methode)
(B) Externer-Standard-Methode
(C) Interner-Standard-Methode
(D) Standard-Additions-Verfahren
(E) Kalibrierung (Mehrpunktkalibrierung)

1585* Welche Aussage trifft zu?
Die quantitative Auswertung eines Gaschromatogramms kann nach folgender Gleichung erfolgen:

c_x : gesuchte Konzentration
c : Konzentration des Standards
F_x : zur Konzentration c_x gehörende Fläche
F : zur Konzentration des Standards gehörende Fläche

(A) $c_x = c \cdot \dfrac{F}{F_x}$

(B) $c_x = \dfrac{1}{c} \cdot F \cdot F_x$

(C) $c_x = c \cdot \dfrac{F + F_x}{2}$

(D) $c_x = c \cdot \dfrac{F_x}{F}$

(E) $c_x = \dfrac{1}{c} \cdot \dfrac{F}{F_x}$

1586 Welche Aussagen über einen internen Standard in der quantitativen Gaschromatographie treffen zu?
Er

(1) ist eine Substanz, die allen Probelösungen in gleicher Konzentration zugesetzt wird
(2) dient zur Korrektur der bei der Probeninjektion auftretenden Dosierfehler
(3) muss der zu untersuchenden Substanz chemisch möglichst unähnlich sein
(4) wird ausschließlich in einem separaten chromatographischen Lauf gemessen

(A) nur 3 ist richtig
(B) nur 4 ist richtig
(C) nur 1 und 2 sind richtig
(D) nur 3 und 4 sind richtig
(E) nur 2, 3 und 4 sind richtig

1587 Welche Aussagen über einen in der GC eingesetzten internen Standard treffen zu?

(1) Er muss der zu untersuchenden Substanz chemisch unähnlich sein.
(2) Die relative Retention von Substanz und Standard muss möglichst groß sein.
(3) Seine Anwesenheit in der zu analysierenden Substanz sollte ausgeschlossen sein.
(4) Er darf keine chemischen Reaktionen mit Komponenten des Analysengemischs eingehen.

(A) nur 1 ist richtig
(B) nur 1 und 2 sind richtig
(C) nur 1 und 4 sind richtig
(D) nur 2 und 4 sind richtig
(E) nur 3 und 4 sind richtig

1588 Welche Aussage trifft über die Verwendung eines inneren Standards bei einer gaschromatographischen Analyse zu?

(A) Der innere Standard muss die gleiche Retentionszeit wie die zu bestimmende Substanz haben.
(B) Der Detektor muss für den inneren Standard die gleiche Empfindlichkeit aufweisen.
(C) Bei Verwendung eines inneren Standards ist die Anwendung eines Temperaturprogramms **nicht** möglich.
(D) Bei Verwendung eines inneren Standards muss zur Berechnung des Analysenergebnisses das Volumen der eingespritzten Prüflösung **nicht** genau bekannt sein.
(E) Die Verwendung eines inneren Standards ist nur möglich, wenn die Quotienten Peakfläche/Stoffmenge für Standard und Substanz gleich sind.

Pharmazeutische Anwendungen

1589 Welche der folgenden Stoffe lassen sich in der abgebildeten Form unzersetzt mittels GC bestimmen?

(1) Diclofenac-Kalium

(2) Menthol

(3) Stearylalkohol

(4) Digitoxin

(5) Nicotin

(A) nur 1 ist richtig
(B) nur 2 und 5 sind richtig
(C) nur 3 und 4 sind richtig
(D) nur 1, 3 und 4 sind richtig
(E) 1–5 = alle sind richtig

1590 Welche Verfahren werden in der Gaschromatographie bei schwerflüchtigen Proben angewandt, um eine stärkere Verdampfung zu erreichen?

(1) Temperaturerhöhung im Einspritzblock
(2) Lyophilisation
(3) Derivatisierung

(A) nur 1 ist richtig
(B) nur 1 und 2 sind richtig
(C) nur 1 und 3 sind richtig
(D) nur 2 und 3 sind richtig
(E) 1–3 = alle sind richtig

1591 Welche Aussagen treffen zu?
Eine Derivatisierung in der Gaschromatographie ist

(1) eine chemische Modifizierung von Proben, um sie in eine leichter verdampfbare Verbindung zu überführen
(2) ein physikalisches Verfahren, um eine Probe in den Dampfzustand zu versetzen
(3) die chemische Veränderung des Trägergases

(A) nur 1 ist richtig
(B) nur 2 ist richtig
(C) nur 3 ist richtig
(D) nur 1 und 3 sind richtig
(E) 1–3 = alle sind richtig

1592* Welche Gründe gibt es für die Derivatisierung in der GC?

(1) Erhöhung der Flüchtigkeit von Substanzen
(2) Verringerung der Polarität von Substanzen
(3) Verbesserung der Detektion

(A) nur 1 ist richtig
(B) nur 2 ist richtig
(C) nur 3 ist richtig
(D) nur 2 und 3 sind richtig
(E) 1–3 = alle sind richtig

1593 Welche Aussage trifft zu?
Zur gaschromatographischen Trennung werden Fettsäuren im Allgemeinen derivatisiert. Für die Bildung leichter flüchtiger Derivate der Fettsäuren ist geeignet:

(A) Trifluoressigsäureanhydrid
(B) Diazomethan
(C) Essigsäureanhydrid
(D) Trichlormethylsilan
(E) Tetramethylsilan

1594 Welche Aussagen treffen zu?
Für die Gaschromatographie von Alkoholen bzw. Phenolen geeignete Derivate können durch folgende Umsetzungen erhalten werden (R = Alkyl):

(1) R—OH $\xrightarrow{(H_3C)_3Si—Cl}$ R—O—Si(CH$_3$)$_3$

(2) R—OH $\xrightarrow{(H_3CCO)_2O}$ R—O—C(=O)—CH$_3$

(3) R—OH $\xrightarrow{CS_2 + NaOH}$ R—O—C(=S)—S$^\ominus$ Na$^\oplus$

(4) C$_6$H$_5$—OH $\xrightarrow{Diazomethan}$ C$_6$H$_5$—OCH$_3$

(5) R—OH + (Phthalsäureanhydrid-artige Struktur) → 2-(RO-carbonyl)benzoesäure

(A) nur 1 und 3 sind richtig
(B) nur 1 und 5 sind richtig
(C) nur 2 und 3 sind richtig
(D) nur 1, 2 und 4 sind richtig
(E) nur 3, 4 und 5 sind richtig

1595 In einer Blutprobe soll Ethanol quantitativ bestimmt werden.
Welches der folgenden Verfahren ist hierzu besonders gut geeignet, da störende Matrixeffekte konstruktionsbedingt minimiert werden können?

(A) Quantitative Dünnschichtchromatographie mit Scanner
(B) HPLC-Analyse mit Photodiodenarray (PDA)-Detektor
(C) GC-Analyse mit Headspace-Technik
(D) Atomabsorptionsspektroskopie
(E) Atomemissionsspektroskopie mit induktiv gekoppeltem Plasma (ICP)

12.5 Flüssigchromatographie (LC)

1596 Welches der folgenden chromatographischen Trennverfahren wird **nicht** in der HPLC angewendet?

(A) Ausschlusschromatographie (Größenausschlusschromatographie)
(B) Affinitätschromatographie
(C) Radialchromatographie
(D) Verteilungschromatographie
(E) Adsorptionschromatographie

1597 Welches der folgenden chromatographischen Trennverfahren wird **nicht** in der HPLC angewendet?

(A) Adsorptionschromatographie
(B) Verteilungschromatographie
(C) Ionenpaarchromatographie
(D) Ionen(austausch)chromatographie
(E) Micellare elektrokinetische Chromatographie

1598 Elutionsmittelgemische in der HPLC-Analytik müssen hohen Anforderungen genügen.
Welche Aussagen treffen zu?

(1) Vor Befüllung der HPLC-Anlage kann eine Entgasung des Elutionsmittelgemischs mithilfe von Ultraschall in Verbindung mit vermindertem Druck durchgeführt werden.
(2) Eine Entgasung des Elutionsmittelgemischs kann durch Online-Inertgasspülung mit hochreinem Stickstoff unter Normaldruck zwischen Injektionsventil und Vorsäule erreicht werden.
(3) Gelöster Sauerstoff macht auf Grund seiner blauen Eigenfärbung den Detektionswellenlängenbereich von 400 nm – 500 nm unauswertbar.

(4) Bei Druckentlastung in der Detektorzelle kann es durch Bildung von Gasblasen zu Störsignalen kommen.

(A) nur 2 ist richtig
(B) nur 1 und 4 sind richtig
(C) nur 2 und 3 sind richtig
(D) nur 1, 2 und 4 sind richtig
(E) 1–4 = alle sind richtig

1599 Welche Aussage trifft zu?
Bei Angaben zur Flüssigchromatographie nach Arzneibuch bezeichnet die zu $(t_R/b_{0,5})^2$ proportionale Größe n:

(A) die Auflösung
(B) die Anzahl der theoretischen Böden
(C) den Symmetriefaktor
(D) die Anzahl der Peaks
(E) die Peakbreite

1600 Was versteht man unter „isokratischer" Arbeitsweise in der HPLC?

(A) Der Druck wird konstant gehalten.
(B) Die Zusammensetzung der mobilen Phase wird konstant gehalten.
(C) Es wird mit einem Brechzahldetektor gearbeitet.
(D) Als mobile Phase wird ein Puffer verwendet.
(E) Die Trennung beruht auf Ionenaustauschprozessen (Ionenchromatographie).

1601* Was versteht man unter Gradientenelution?

(A) Die Zusammensetzung der mobilen Phase bleibt über den Zeitraum der Analyse gleich.
(B) stufen- oder schrittweise Veränderung der Temperatur der mobilen Phase
(C) kontinuierlicher Zusatz eines Lösungsmittels mit höherer Elutionskraft zur mobilen Phase
(D) graduelle Änderung der Detektionswellenlänge
(E) kontinuierliche Erhöhung der Fließgeschwindigkeit der mobilen Phase

1602 Welche Aussagen über einen internen Standard in der HPLC treffen zu?

(1) Er muss der zu untersuchenden Substanz chemisch unähnlich sein.
(2) Die relative Retention von Substanz und Standard muss möglichst groß sein.
(3) Seine Anwesenheit in der ursprünglichen Substanz oder Analysenmischung sollte ausgeschlossen sein.
(4) Er darf keine chemischen Reaktionen mit Komponenten des Analysengemisches eingehen.

(A) nur 1 ist richtig
(B) nur 1 und 2 sind richtig
(C) nur 1 und 4 sind richtig
(D) nur 2 und 4 sind richtig
(E) nur 3 und 4 sind richtig

1603 Welche Aussagen treffen zu?
Der Verteilungskoeffizient eines Arzneistoffs in der HPLC-Analytik hängt ab von:

(1) der Kristallstruktur des Arzneistoffs vor der Auflösung
(2) dem Dampfdruck der mobilen Phase
(3) der Polarität der stationären Phase
(4) der Polarität der mobilen Phase

(A) nur 3 ist richtig
(B) nur 1 und 4 sind richtig
(C) nur 3 und 4 sind richtig
(D) nur 1, 3 und 4 sind richtig
(E) 1–4 = alle sind richtig

1604* Welche Aussage trifft **nicht** zu?
Bei unter vergleichbaren isothermen Bedingungen erhaltenen HPLC-Chromatogrammen

(A) nimmt die Peakbreite mit zunehmender Retentionszeit zu
(B) nimmt die Peakhöhe mit zunehmender Retentionszeit ab
(C) ist die Peakfläche von der Retentionszeit weitgehend unabhängig
(D) ist das Produkt aus Peakbreite und zugehöriger Retentionszeit proportional der den Peak hervorrufenden Stoffmenge
(E) erhält man durch die Retentionszeit ähnliche Informationen wie durch den R_f-Wert eines Dünnschichtchromatogramms

1605 Welches der folgenden Materialien ist zum Einsatz als stationäre Phase in der Flüssigchromatographie **nicht** geeignet?

(A) Aluminiumoxid
(B) Kieselgel
(C) Cyanopropyl-derivatisiertes Kieselgel
(D) RP-Kieselgel C 30 (RP: *reversed phase*)
(E) Hartparaffin

Normalphasenchromatographie

1606 Kieselgelpartikel sind ein wichtiges Sorbensmaterial in der Flüssigchromatographie. Welche Aussage zu dem (schematisch für pH 2–3) abgebildeten Kieselgelpartikel trifft **nicht** zu?

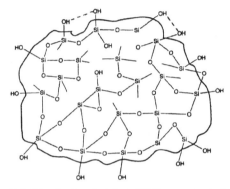

(A) Kieselgel enthält bei pH-Werten oberhalb von 3 zunehmend dissoziierte Si-O⁻-Gruppen.
(B) Kieselgel enthält bei pH 6–7 isolierte Silanolgruppen.
(C) Kieselgel enthält bei pH 4–5 geminale Silanolgruppen.
(D) Kieselgel enthält bei pH 2–3 durch Wasserstoffbrückenbindungen assoziierte vicinale Silanolgruppen.
(E) Kieselgelpartikel sind unlöslich im pH-Bereich 1–14.

1607 Welche stationären Phasen können in der Normalphasenchromatographie eingesetzt werden?

(1) Kieselgel
(2) Cyanopropyl-derivatisiertes Kieselgel
(3) Octadecylsilyl-derivatisiertes Kieselgel

(A) nur 1 ist richtig
(B) nur 1 und 2 sind richtig
(C) nur 1 und 3 sind richtig
(D) nur 2 und 3 sind richtig
(E) 1–3 = alle sind richtig

1608 Welche Aussagen zur Flüssigchromatographie treffen zu?

(1) In der Normalphasenchromatographie besitzt die stationäre Phase eine geringere Polarität als die mobile Phase.
(2) In der Normalphasenchromatographie werden die Analyte nach steigender Lipophilie eluiert.
(3) In der Normalphasenchromatographie wird generell nur Kieselgel als stationäre Phase eingesetzt.
(4) Mit Cyanopropylgruppen derivatisiertes Kieselgel kann sowohl in der Normalphasenchromatographie als auch in der Umkehrphasenchromatographie als stationäre Phase eingesetzt werden.
(5) In der Normalphasenchromatographie können organische Lösungsmittel wie *n*-Hexan und Methanol in der mobilen Phase eingesetzt werden.

(A) nur 2 und 3 sind richtig
(B) nur 4 und 5 sind richtig
(C) nur 1, 3 und 4 sind richtig
(D) nur 2, 4 und 5 sind richtig
(E) nur 1, 2, 4 und 5 sind richtig

1609 Welche Aussagen zur Flüssigchromatographie treffen zu?
In der Normalphasenchromatographie

(1) besitzt die stationäre Phase eine höhere Polarität als die mobile Phase
(2) werden die am wenigsten lipophilen Analyte zuerst eluiert
(3) kann ein Fließmittelgemisch aus *n*-Hexan und Wasser als mobile Phase eingesetzt werden

(A) nur 1 ist richtig
(B) nur 2 ist richtig
(C) nur 1 und 2 sind richtig
(D) nur 1 und 3 sind richtig
(E) nur 2 und 3 sind richtig

1610 Welche Aussagen zur Normalphasenchromatographie treffen zu?

(1) Die mobile Phase ist stets polarer als die stationäre Phase.
(2) Cyanopropylkieselgel kann als stationäre Phase eingesetzt werden.

(3) *n*-Hexan ist häufig Bestandteil der mobilen Phase.
(4) Die am wenigsten lipophilen Analyte werden zuerst eluiert.
(5) Normalphasenchromatographie ist zur Kopplung mit der Massenspektrometrie ungeeignet.

(A) nur 1 und 4 sind richtig
(B) nur 2 und 3 sind richtig
(C) nur 3 und 5 sind richtig
(D) nur 1, 3 und 5 sind richtig
(E) nur 2, 3 und 4 sind richtig

1611 Die folgende Abbildung zeigt von links nach rechts die zeitliche Abfolge einer chromatographischen Trennung der Analyte A und B. Die stationäre Phase ist Kieselgel, das Elutionsmittel besteht aus Dichlormethan/Methanol im Verhältnis 95 : 5.

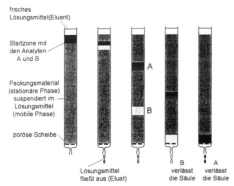

Welche Aussagen zu dieser chromatographischen Trennung treffen zu?

(1) Substanz A hat eine größere Affinität zu Kieselgel als Substanz B.
(2) Würde der Methanolanteil des Elutionsmittels verdoppelt, würde die Verweildauer der Substanzen A und B auf der Säule deutlich erhöht werden.
(3) Würde das Verhältnis von Dichlormethan zu Methanol umgekehrt, würde sich wahrscheinlich auch die Elutionsreihenfolge der Substanzen A und B umkehren.
(4) Die Zusammensetzung des sukzessiv auf die Säule gegebenen Elutionsmittelgemischs darf während einer chromatographischen Trennung keinesfalls verändert werden.

(A) nur 1 ist richtig
(B) nur 2 ist richtig
(C) nur 3 ist richtig
(D) nur 1 und 3 sind richtig
(E) nur 1, 2 und 4 sind richtig

1612 Welche Reihenfolge trifft zu?
Ordnen Sie bitte die abgebildeten Verbindungen nach steigenden Retentionszeiten in Bezug auf die isokratische HPLC-Trennung auf einer Normalphasen-Säule mit Hexan/Propan-2-ol im Verhältnis 80:20 bei Raumtemperatur!

(A) 1, 2, 3, 4
(B) 2, 1, 4, 3
(C) 2, 3, 4, 1
(D) 3, 2, 1, 4
(E) 4, 1, 2, 3

Umkehrphasenchromatographie

1613 Was versteht man in der Flüssigkeitschromatographie unter Umkehrphasenchromatographie?

(A) Verwendung von hydrophilen Laufmitteln an polaren Trägern
(B) Trennung an polaren, unbehandelten stationären Phasen
(C) Dünnschichtchromatographische Auftrennung eines Substanzgemischs durch erneute Entwicklung eines Chromatogramms nach Drehen der DC-Platte um 90°
(D) Trennung an stationären Phasen, die mit längerkettigen Kohlenwasserstoffen modifiziert sind
(E) Gradientenelutionstechnik mit schrittweiser Senkung der Elutionskraft des Eluenten

1614 Welche Aussagen zur Umkehrphasenchromatographie treffen zu?

(1) Die mobile Phase ist stets polarer als die stationäre Phase.
(2) Cyanopropylkieselgel kann als stationäre Phase eingesetzt werden.
(3) *n*-Hexan ist häufig Bestandteil der mobilen Phase.

(4) Umkehrphasenchromatographie ist zur Kopplung mit der Massenspektrometrie ungeeignet.

(A) nur 1 ist richtig
(B) nur 2 ist richtig
(C) nur 1 und 2 sind richtig
(D) nur 3 und 4 sind richtig
(E) nur 2, 3 und 4 sind richtig

1615 Was versteht man unter Gradientenelution in der Umkehrphasenchromatographie?

(A) konstante Zusammensetzung des Fließmittels
(B) steigender Anteil der lipophilen Komponente des binären Fließmittels
(C) Veränderung des Druckes während des chromatographischen Laufs
(D) Veränderung der Säulentemperatur während des chromatographischen Laufs
(E) stufenweise veränderte Partikelgröße der stationären Phase

1616 Welche Materialien können als stationäre Phasen in der Umkehrphasenchromatographie eingesetzt werden?

(1) Kieselgel
(2) Cyanopropyl-derivatisiertes Kieselgel
(3) Octadecylsilyl-derivatisiertes Kieselgel
(4) Polysiloxane

(A) nur 1 und 2 sind richtig
(B) nur 2 und 3 sind richtig
(C) nur 3 und 4 sind richtig
(D) nur 1, 2 und 3 sind richtig
(E) 1–4 = alle sind richtig

1617 Welche Aussage zur Beschaffenheit der stationären Phase von HPLC-Säulen trifft **nicht** zu?

(A) Der Teilchendurchmesser beträgt im Allgemeinen weniger als 25 µm.
(B) Die Teilchen können kugelförmig (sphärisch) geformt sein.
(C) Die Teilchen können unregelmäßig (gebrochen) geformt sein.
(D) „RP-8"-Reversed phase-Teilchen sind mit Silikonöl überzogene monodisperse Glaspartikel mit 8 µm Durchmesser.
(E) Die Trenneffizienz der Säule ist im Allgemeinen umso höher, je niedriger der Teilchendurchmesser ist.

1618 Welche Bedeutung hat eine Beschriftung RP-18 auf der folgenden Anordnung?

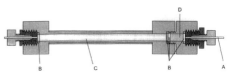

(A) Bauteil A enthält octadecylsilyliertes Kieselgel.
(B) Bauteile B sind aus RP-18-Stahl.
(C) Bauteil C enthält octadecylsilyliertes Kieselgel.
(D) Bauteil D enthält Polystyren mit einer mittleren Molmasse von 18 000.
(E) Der durchschnittliche Radius der verwendeten Sorbenspartikel beträgt 18 µm.

1619 Durch welche Behandlung kann octadecylsilyliertes Kieselgel in seinen Eigenschaften so verändert werden, dass der unerwünschte Effekt des so genannten *Tailings* von basischen Arzneistoffen zurückgedrängt werden kann?

(A) Äquilibrieren der verwendeten Säule mit wässriger Natronlauge (c = 10 mol·l⁻¹)
(B) Sequentielles Waschen mit Salzsäure und Wasser
(C) Wiederholtes Spülen mit Octadecylalkohol
(D) Nachsilanisieren verbliebener Silanol-Gruppen
(E) Sintern bei 780 °C

1620 Welche Reihenfolge trifft zu?
Ordnen Sie bitte die abgebildeten Verbindungen nach steigenden Retentionszeiten in Bezug auf die isokratische HPLC-Trennung auf einer RP-18-Säule mit Acetonitril/Wasser im Verhältnis 70:30 bei Raumtemperatur!

(A) 1, 2, 3, 4
(B) 2, 1, 4, 3
(C) 2, 3, 4, 1
(D) 3, 2, 1, 4
(E) 4, 1, 2, 3

1621 Eine arzneilich verwendete Lösung enthält Paracetamol, Coffein und Natriumbenzoat.

Paracetamol

Coffein   Natriumbenzoat

Welche Aussagen zur chromatographischen Trennung der Substanzen treffen zu?

(1) Unter Verwendung einer C-18-Umkehrphase und einer Methanol/Wasser-Mischung als mobiler Phase wird zuerst Natriumbenzoat, dann Paracetamol und zuletzt Coffein eluiert.
(2) Bei Verwendung einer unmodifizierten Kieselgelsäule wird zuerst Natriumbenzoat eluiert.
(3) Die Elution von Natriumbenzoat von einer C-18-Umkehrphase erfordert den Zusatz des Ionenpaarbildners Natriumoctylsulfonat.

(A) nur 1 ist richtig
(B) nur 2 ist richtig
(C) nur 1 und 2 sind richtig
(D) nur 1 und 3 sind richtig
(E) nur 2 und 3 sind richtig

1622 Zwei unterschiedliche Proben eines organischen Arzneistoffs, von denen die eine in amorpher Form (Probe **X**) und die andere in kristalliner Form als Trihydrat (Probe **Y**) vorliegt, werden unter folgenden Bedingungen vergleichend chromatographisch analysiert:

Stationäre Phase: RP-18-Säule
Elutionsmittel: Acetonitril/Wasser (1:1)
Detektion: PDA-Detektor und ESI-Massenspektrometrie

Die Probe **X** löst sich in dem gewählten Elutionsmittel schneller und in höherem Ausmaß als die Probe **Y**.
Welche Aussage trifft zu?

(A) Wegen der besseren Löslichkeit von **X** im Elutionsmittel wird **X** schneller eluiert als **Y**.
(B) Wegen der besseren Löslichkeit von **X** im Elutionsmittel wird **Y** schneller eluiert als **X**.
(C) Die Chromatogramme der Proben **X** und **Y** lassen weitgehend identische UV-Spektren der Hauptpeaks erwarten.
(D) Das UV-Spektrum der Probe **Y** zeigt gegenüber dem der Probe **X** eine deutliche Schulter im kurzwelligen Bereich (OH-Bauch).
(E) Im ESI-Massenspektrum wird der Molpeak der Probe **Y** bei einem gegenüber **X** um 54 amu erhöhten Masse/Ladungsverhältnis m/z registriert.

1623 Welche Aussagen zur Ionenpaar-Chromatographie treffen zu?

(1) Das Ausmaß der Bildung von Ionenpaaren ist von der Dielektrizitätszahl des Mediums abhängig.
(2) Das Verfahren wird bevorzugt zur Analyse geladener organischer Substanzen eingesetzt.
(3) Das Ausmaß der Adsorption von n-Alkylsulfonaten an eine RP-18 Phase steigt mit der Kettenlänge des Alkylsulfonats.
(4) Bei Verwendung von n-Alkylsulfonaten als Ionenpaar-Reagenzien für die Analyse protonierter Amine beeinflusst die Kettenlänge der Alkylsulfonate die Retentionszeit der Analyte unter ansonsten identischen experimentellen Bedingungen.

(A) nur 1 und 2 sind richtig
(B) nur 2 und 4 sind richtig
(C) nur 1, 2 und 3 sind richtig
(D) nur 1, 3 und 4 sind richtig
(E) 1–4 = alle sind richtig

Enantiomerentrennung

1624* Welche Aussage über die chromatographische Trennung eines racemischen Arzneistoffs trifft **nicht** zu?
Bei der **indirekten** Enantiomerentrennung

(A) werden Derivate des Arzneistoffs getrennt, die Diastereomere sind
(B) wird der Arzneistoff vor der Trennung mit einem enantiomerenreinen Derivatisierungsreagenz umgesetzt
(C) wird für die Derivatisierung des Arzneistoffs die Reaktivität funktioneller Gruppen ausgenutzt
(D) erfolgt die Trennung typischerweise an einer chiralen stationären Phase
(E) kann das enantiomerenreine Derivatisierungsreagenz zusätzlich einen Fluorophor besitzen

Bei der chromatographischen Racemattrennung eines Arzneistoffs können zwei grundsätzlich unterschiedliche Prinzipien angewendet werden.
Ordnen Sie bitte diesen Prinzipien in Liste 1 das **üblicherweise** angewendete Verfahren aus Liste 2 zu!

Liste 1

1625 Direkte Enantiomerentrennung
1626 Indirekte Enantiomerentrennung

Liste 2
(A) Trennung des racemischen Arzneistoffs an achiralen stationären Phasen
(B) Trennung des racemischen Arzneistoffs an chiralen stationären Phasen
(C) Trennung des racemischen Arzneistoffs nach Polarität mittels hydrophiler Interaktionschromatographie (HILIC)
(D) Derivatisierung des racemischen Arzneistoffs mit achiralen Reagenzien und Trennung an achiralen stationären Phasen
(E) Derivatisierung des racemischen Arzneistoffs mit chiralen Reagenzien und Trennung an achiralen stationären Phasen

1627 Die Prüfung chiraler Arzneistoffe auf Enantiomerenreinheit mittels HPLC kann nach Derivatisierung mit dem chiralen Reagenz (R)-(–)-1-(1-Naphthyl)-ethylisocyanat erfolgen.

Auf welche der folgenden Verbindungsklassen kann dieses Verfahren angewendet werden?

(1) Alkohole
(2) primäre Amine
(3) tertiäre Amine
(4) Thiole

(A) nur 1 ist richtig
(B) nur 3 ist richtig
(C) nur 2 und 3 sind richtig
(D) nur 3 und 4 sind richtig
(E) nur 1, 2 und 4 sind richtig

1628 Vor der Prüfung chiraler Arzneistoffe auf Enantiomerenreinheit mittels HPLC kann eine Derivatisierung vorgenommen werden.
Welches der folgenden chiralen Derivatisierungsreagenzien ist für die direkte Umsetzung von primären Aminen **nicht** geeignet?

1629 Das makrocyclische Antibiotikum Vancomycin (siehe Abbildung) wird als Bestandteil stationärer Phasen in der HPLC verwendet.

Welche Aussagen treffen zu?
Vancomycin

(1) dient hierbei der chiralen Diskriminierung
(2) ist ein Cyclodextrin
(3) kann hierbei zur Analytik von α-Aminocarbonsäuren herangezogen werden
(4) soll hierbei die Verkeimung des Pumpenkopfs der HPLC-Pumpe bei Verwendung wässriger Pufferlösungen verhindern

(A) nur 1 ist richtig
(B) nur 2 ist richtig
(C) nur 1 und 3 sind richtig
(D) nur 2 und 4 sind richtig
(E) 1–4 = alle sind richtig

1630 Abgebildet ist der Arzneistoff Ibuprofen.

Welche der folgenden Verfahren sind zu dessen Racemattrennung prinzipiell geeignet?

(1) Fraktionierende Kristallisation der mit (R)-1-Phenylethylamin gebildeten diastereomeren Salze.
(2) Fraktionierende Kristallisation der mit (S)-1-Phenylethylamin gebildeten diastereomeren Salze.
(3) HPLC unter Verwendung einer β-Cyclodextrin-Phase.
(4) HPLC unter Verwendung einer Cellulosetris(4-methylbenzoat)-Phase.

(A) nur 1 ist richtig
(B) nur 2 und 3 sind richtig
(C) nur 1, 3 und 4 sind richtig
(D) nur 2, 3 und 4 sind richtig
(E) 1–4 = alle sind richtig

Instrumentelle Anordnung

1631 Für einen Arzneistoff mit dem Absorptionsmaximum λ_{max} bei 232 nm soll eine HPLC-Methode entwickelt werden.
Welches Lösungsmittel ist als Komponente in der mobilen Phase im Rahmen einer UV-Messung dabei **nicht** geeignet?

(A) Wasser
(B) Methanol

(C) *n*-Hexan
(D) Toluen
(E) Cyclohexan

1632* Zur Substanzdetektion in einer Normalphasen-HPLC wird ein Festwellenlängendetektor bei 240 nm Wellenlänge benutzt. Welches Lösungsmittel ist als Bestandteil der mobilen Phase **am wenigsten** geeignet?

(A) Cyclohexan
(B) Diethylether
(C) Ethanol
(D) Aceton
(E) Propan-2-ol

1633* Welche der folgenden Methoden können als Detektionsverfahren in der HPLC eingesetzt werden?

(1) Refraktometrie
(2) Photometrie
(3) Fluorimetrie
(4) Amperometrie

(A) nur 1 ist richtig
(B) nur 3 ist richtig
(C) nur 1 und 4 sind richtig
(D) nur 2 und 3 sind richtig
(E) 1–4 = alle sind richtig

1634 Welcher der folgenden Detektoren ist für den Einsatz in der HPLC an Umkehrphasen prinzipiell **nicht** geeignet?

(A) Fluoreszenzdetektor
(B) Flammenionisationsdetektor
(C) UV-Detektor
(D) Photodiodenarraydetektor
(E) Amperometrischer Detektor

1635* Welche Aussage trifft zu?
Ein Differentialrefraktometer kann als Detektor eingesetzt werden bei der:

(A) Dünnschichtchromatographie (DC, TLC)
(B) Papierchromatographie (PC)
(C) Gaschromatographie (GC)
(D) Hochdruckflüssigkeitschromatographie (HPLC)
(E) hochauflösenden Dünnschichtchromatographie (HPTLC)

1636 Die unten stehende Abbildung zeigt das Bauprinzip eines elektrochemisch arbeitenden HPLC-Detektors.

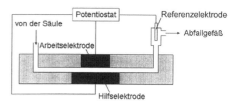

Welche Aussagen zu Bauart und Detektionsmöglichkeiten dieses Detektortyps treffen zu?

(1) Die Anordnung ist als amperometrische Dünnschicht-Durchflusszelle geeignet.
(2) Der Stromfluss während der Detektion eines erfassbaren Analyten wird hauptsächlich zwischen Arbeits- und Referenzelektrode gemessen.
(3) *o*-Diphenolische Verbindungen wie Adrenalin sind oxidativ detektierbar.
(4) Nitroaromatische Verbindungen sind reduktiv detektierbar.

(A) nur 1 ist richtig
(B) nur 1 und 4 sind richtig
(C) nur 2 und 3 sind richtig
(D) nur 1, 3 und 4 sind richtig
(E) 1–4 = alle sind richtig

1637 Welche der nachfolgenden Anordnungen stellt eine Mikrodurchflusszelle für die HPLC mit besonders günstigem Verhältnis von Lichtweg zu Füllvolumen dar?

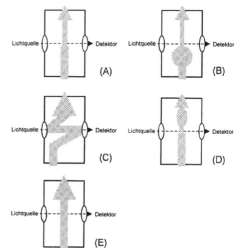

12.6 Ausschlusschromatographie (SEC)

1638* Welche der nachfolgenden chromatographischen Methoden ist zur (näherungsweisen) Bestimmung von Molekülmassen von Proteinen oder Peptiden am besten geeignet?

(A) Gaschromatographie
(B) Hochdruckflüssigkeitschromatographie an Silicagel
(C) Hochdruckflüssigkeitschromatographie an einer RP-Phase
(D) Dünnschichtchromatographie an Kieselgur
(E) Ausschlusschromatographie

1639 Wichtigster Trennparameter der Ausschlusschromatographie (SEC) ist die Molekülgröße.
Welche Aussagen zu diesem Parameter der SEC treffen zu?

(1) Verbindungen mit identischer molarer Masse können prinzipiell getrennt werden, wenn sich ihre Größe (Raumerfüllung) hinreichend unterscheidet.
(2) Verbindungen mit identischer molarer Masse können prinzipiell **nicht** getrennt werden.
(3) Die unterschiedliche Hydratisierung von Molekülen beim Wechsel von Lösungsmitteln ist **ohne** praktische Bedeutung für die SEC.
(4) Bei der Bestimmung der molaren Masse per SEC ist eine Kalibrierung mit Standards erforderlich.

(A) nur 1 ist richtig
(B) nur 2 ist richtig
(C) nur 1 und 4 sind richtig
(D) nur 2 und 3 sind richtig
(E) nur 2, 3 und 4 sind richtig

1640 Welche Aussage zur Ausschlusschromatographie trifft zu?

(A) Die Substanztrennung in der Ausschlusschromatographie beruht in erster Linie auf Adsorptionsvorgängen.
(B) Das Verfahren eignet sich bevorzugt zur Trennung geladener Substanzen.
(C) Das Elutionsvolumen einer Substanz ist direkt proportional zu ihrer relativen Molekülmasse.
(D) Die sogenannte Permeationsgrenze charakterisiert diejenige Molekülgröße, ab der Verbindungen vollständig in die Poren der stationären Phase eindringen.
(E) Voraussetzung für die Trennbarkeit von Verbindungen ist ein Unterschied ihrer relativen Molekülmassen um mindestens den Faktor 2.

1641* Welche Aussage trifft zu?
Bei der Ausschlusschromatographie wird der Verteilungskoeffizient K_D einer Substanz wie folgt berechnet:
(V_o = Elutionsvolumen einer nicht permeierenden Substanz,
V_t = Elutionsvolumen einer total permeierenden Substanz,
V_e = Elutionsvolumen der zu prüfenden Substanz)

(A) $K_D = \dfrac{V_e \cdot V_t}{V_o}$

(B) $K_D = \dfrac{V_e - V_o}{V_t - V_o}$

(C) $K_D = \dfrac{V_t - V_o}{V_e}$

(D) $K_D = \dfrac{V_t}{V_e \cdot V_o}$

(E) $K_D = \dfrac{V_e \cdot V_o}{V_t - V_o}$

13 Thermische Analysenverfahren (TA)

Siehe auch MC-Fragen Nr. 1465, 1767, 1811, 1890, 1895.

1642 Welche der folgenden Aufgaben und Fragestellungen können mit den Methoden der Thermoanalyse gelöst werden?

(1) Bestimmung von Kristallwasser
(2) Untersuchung von Reaktionsmechanismen nichtisothermer Prozesse
(3) Aufstellung von Phasendiagrammen
(4) Untersuchungen zur Kristallinität von Polymeren
(5) Bestimmung von Enthalpien u. a. thermochemischen Daten

(A) nur 1 ist richtig
(B) nur 2 ist richtig
(C) nur 1 und 3 sind richtig
(D) nur 2 und 4 sind richtig
(E) 1–5 = alle sind richtig

1643 Welche einen organischen Arzneistoff betreffende Sachverhalte bzw. Vorgänge können mit dem Verfahren der Differenzthermoanalyse analysiert werden?

(1) Vorliegen polymorpher Modifikationen
(2) Schmelzen von Kristallen
(3) thermische Zersetzung
(4) Reinheit
(5) intramolekulare Kondensation

(A) nur 3 ist richtig
(B) nur 1 und 2 sind richtig
(C) nur 2, 4 und 5 sind richtig
(D) nur 1, 2, 3 und 5 sind richtig
(E) 1–5 = alle sind richtig

Ordnen Sie bitte den in Liste 1 angegebenen thermischen Analysenverfahren die analytische Problemstellung aus Liste 2 zu, die mit diesem Verfahren am ehesten bearbeitet werden kann!

Liste 1

1644 Thermogravimetrie

1645 Differenzthermoanalyse

Liste 2
(A) Bestimmung der Lösungsenthalpie bei einem exothermen Lösevorgang eines Salzes in Wasser
(B) Bestimmung der Lösungsenthalpie bei einem endothermen Lösevorgang eines Salzes in Wasser
(C) Bestimmung des Kristallwassergehalts eines Salzes
(D) Bestimmung der molaren Masse organischer Arzneistoffe
(E) Bestimmung der Polymorphie organischer Arzneistoffe

1646 In der Thermogravimetrie werden Massenänderungen von Substanzproben unter dem Einfluss eines äußeren Temperaturprogramms untersucht. Graphisch dargestellt wird die Masse m der Substanzprobe als Funktion der Temperatur T.
Welche Informationen können solchen Thermogravimetrie-Kurven entnommen werden?

(1) die Temperatur, bei der eine Kristallwasser enthaltende Substanz das Kristallwasser verliert
(2) die Temperatur, bei der eine Substanz zersetzungsfrei schmilzt

(3) die Stabilität einer Substanz bezüglich Oxidation durch Luftsauerstoff

(A) nur 1 ist richtig
(B) nur 2 ist richtig
(C) nur 3 ist richtig
(D) nur 1 und 3 sind richtig
(E) 1–3 = alle sind richtig

1647 Das abgebildete Diagramm wird bei der thermoanalytischen Untersuchung eines Arzneistoffs erhalten. Dargestellt ist der Verlauf der Masse m einer Substanzprobe in Abhängigkeit von der Temperatur T.

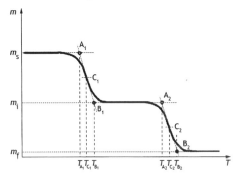

Welches thermoanalytische Verfahren ergibt ein solches Diagramm?

(A) Elektrothermische Analyse
(B) Thermogravimetrie
(C) Differentialthermogravimetrie
(D) Differenzthermoanalyse
(E) Differenzscanningkalorimetrie

Die nachstehend abgebildeten Messkurven **X** und **Y** wurden bei thermoanalytischen Untersuchungen eines Arzneistoffs erhalten.
Die Ordinatenbeschriftung für **X** befindet sich links, diejenige für **Y** rechts.

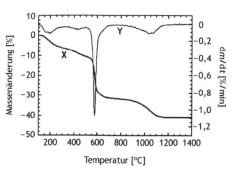

Ordnen Sie bitte den Messkurven der Liste 1 das jeweils angewendete Verfahren aus Liste 2 zu.

Liste 1

1648 Messkurve **X**

1649 Messkurve **Y**

Liste 2
(A) Thermogravimetrie (TG)
(B) Differenzthermoanalyse (DTA)
(C) Differentialthermogravimetrie (DTG)
(D) Dynamische Differenz-Kalorimetrie (DDK)
(E) Dielektrische Thermoanalyse (DeTA)

1650 Die thermogravimetrische Untersuchung der Substanz $CuSO_4 \cdot 5\,H_2O$ (M_r 249,67) liefert die folgende Kurve.
Aufgetragen ist die beim Erwärmen der Probe in einem Ofen gemessene Massendifferenz Δm gegen die Temperatur T.

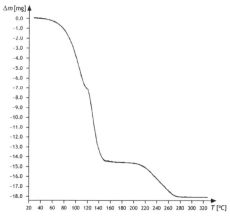

Welchen Schmelzbereich weist die Substanz auf?

(A) 110 °C–120 °C
(B) 140 °C–150 °C
(C) 160 °C–200 °C
(D) 200 °C–260 °C
(E) Aus der Kurve lässt sich keine Angabe über den Schmelzbereich machen.

14 Themenübergreifende Fragen

14.1 Anorganische Substanzen

1651 Welche der nachstehenden Maßlösungen gestatten in schwefelsaurer Lösung eine maßanalytische Gehaltsbestimmung von Wasserstoffperoxid?

(1) $KMnO_4$-Lösung
(2) Cer(IV)-Salzlösung
(3) $Na_2S_2O_3$-Lösung nach KI-Zusatz

(A) nur 1 ist richtig
(B) nur 2 ist richtig
(C) nur 3 ist richtig
(D) nur 2 und 3 sind richtig
(E) 1–3 = alle sind richtig

1652* Welche der folgenden Methoden eignen sich zur quantitativen Blei-Bestimmung?

(1) elektrolytisch als PbO_2 (anodisch)
(2) gravimetrisch als Oxinat
(3) als Bleichromat durch Fällungstitration (geeignete Indizierung vorausgesetzt)
(4) kolorimetrisch mit Dithizon

(A) nur 1 ist richtig
(B) nur 1 und 4 sind richtig
(C) nur 2 und 3 sind richtig
(D) nur 1, 3 und 4 sind richtig
(E) 1–4 = alle sind richtig

1653 Mit welchen der folgenden Methoden kann Blei quantitativ bestimmt werden?

(1) Flammenfärbung
(2) Atomabsorptionsphotometrie
(3) photometrisch nach Reaktion mit Diphenylthiocarbazon
(4) gravimetrische Bestimmung nach Fällung mit überschüssiger Natriumhydroxid-Lösung

(A) nur 1 ist richtig
(B) nur 2 ist richtig
(C) nur 1 und 2 sind richtig
(D) nur 2 und 3 sind richtig
(E) nur 2 und 4 sind richtig

1654 Welche Aussage trifft zu?
Zur Bestimmung von Bleispuren unter 40 ppb eignet sich als unmittelbares Verfahren (also ohne vorherige chemische Anreicherung) am besten die

(A) Polarimetrie
(B) CD-Spektroskopie
(C) Inverse Voltammetrie
(D) IR-Spektroskopie
(E) NMR-Spektroskopie

1655* Welche Aussage trifft **nicht** zu?
Folgende Methoden werden zur quantitativen Bestimmung von Fe^{2+} bzw. Fe^{3+} verwendet:

(A) Fe^{3+}: komplexometrisch mittels Natrium-EDTA
(B) Fe^{2+}: kolorimetrisch als Thiocyanat (Rhodanid)
(C) Fe^{3+}: gravimetrisch als Oxinat
(D) Fe^{2+}: oxidimetrisch mittels $K_2Cr_2O_7$
(E) Fe^{3+}: gravimetrisch als Oxid

1656 Mit welchen der nachstehenden Maßlösungen kann Fe^{2+} in **schwefelsaurer** Lösung **direkt** titriert werden?

(1) 0,1 M-Cer(IV)-Salzlösung
(2) 0,1 M-$K_2Cr_2O_7$-Lösung
(3) 0,1 M-Natriumarsenit-Lösung
(4) 0,1 M-$KMnO_4$-Lösung

(A) nur 1 und 2 sind richtig
(B) nur 1 und 4 sind richtig
(C) nur 1, 2 und 4 sind richtig
(D) nur 2, 3 und 4 sind richtig
(E) 1–4 = alle sind richtig

1657* Welche Aussagen treffen zu?
Arsen(III)-oxid (As_4O_6) kann maßanalytisch nach folgenden Methoden bestimmt werden:

(1) alkalimetrisch durch Titration mit NaOH-Maßlösung
(2) acidimetrisch durch Titration mit HCl-Maßlösung
(3) oxidimetrisch durch Titration mit Cer(IV)-Salz-Maßlösung in saurem Milieu
(4) oxidimetrisch durch Titration mit $KBrO_3$-Maßlösung in saurem Milieu
(5) oxidimetrisch durch Titration mit Iod-Maßlösung in Anwesenheit von $KHCO_3$

(A) nur 5 ist richtig
(B) nur 1 und 5 sind richtig
(C) nur 1, 2 und 3 sind richtig
(D) nur 1, 3 und 5 sind richtig
(E) nur 3, 4 und 5 sind richtig

1658 Welche Aussage trifft **nicht** zu?
Zink(II) zeigt folgende analytisch wichtige Eigenschaften und Reaktionen:

(A) Maßanalytisch kann Zink(II) durch direkte Titration mit Natrium-EDTA-Lösung bestimmt werden.
(B) Zink(II) kann aus einer mit Natriumacetat gepufferten wässrigen Lösung mit H_2S als weißes Zink(II)-sulfid gefällt werden.
(C) Zur gravimetrischen Gehaltsbestimmung kann Zink(II) als $NH_4ZnPO_4 \cdot 6 H_2O$ gefällt und nach dessen Glühen als $Zn_2P_2O_7$ ausgewogen werden.
(D) Nach Zugabe von $HgCl_2$-Lösung zu einer Zink(II)-Salzlösung fällt ein grauer, später schwarz werdender Niederschlag aus.
(E) In wässriger Ammoniak-Lösung ist $Zn(OH)_2$ unter Komplexsalzbildung löslich.

1659* Welche Aussagen treffen zu?
Die Gehaltsbestimmung von Ammoniumchlorid kann erfolgen:

(1) argentometrisch nach Volhard
(2) durch Titration mit Base gegen Methylorange-Mischindikator
(3) durch Titration mit Base nach Zusatz von Formaldehyd gegen Phenolphthalein
(4) durch Titration mit Perchlorsäure in wasserfreier Essigsäure unter Zusatz von $Hg(OAc)_2$

(A) nur 1 ist richtig
(B) nur 1 und 2 sind richtig
(C) nur 2 und 3 sind richtig
(D) nur 1, 2 und 3 sind richtig
(E) nur 1, 3 und 4 sind richtig

1660* Welche Aussage trifft **nicht** zu?
Ammoniumhalogenide können wie folgt quantitativ bestimmt werden:

(A) Überführen des durch NaOH freigesetzten Ammoniaks in eine Vorlage von HCl-Maßlösung und Rücktitration mit NaOH-Maßlösung
(B) mit 0,1 M-NaOH nach Zusatz von Formaldehyd-Lösung
(C) mit 0,1 M-NaOH in 90-prozentigem Ethanol
(D) mit 0,1 M-NaOH in wässriger Lösung
(E) mit Neßler-Reagenz photometrisch

1661 Welche der folgenden Methoden eignet sich **nicht** zur quantitativen Bestimmung von Phosphat?

(A) gravimetrisch nach Fällung als $Mg(NH_4)PO_4$
(B) gravimetrisch als Ammoniummolybdatophosphat
(C) oxidimetrisch (Bildung von Diphosphat) mittels Ammoniumcer(IV)-sulfat-Lösung
(D) alkalimetrisch (1. Stufe) gegen Bromphenolblau als Indikator
(E) alkalimetrisch (2. Stufe) gegen Thymolphthalein als Indikator

1662* Welche der folgenden Aussagen zu Borsäure trifft zu?

(A) Mit Wasser reagiert Borsäure gemäß folgender Reaktionsgleichung:
$H_3BO_3 + H_2O \rightleftharpoons H_2BO_3^- + H_3O^+$
(B) Borsäure ist in Wasser eine starke Mineralsäure mit $pK_s < 0$.
(C) Durch Umsetzung von Borsäure mit mehrwertigen Alkoholen wie z. B. Mannitol entsteht eine einbasige Säure (pK_s ca. 5 bis 6,5), die mit NaOH-Maßlösung titriert werden kann.
(D) Bei der Umsetzung von Borsäure mit Methanol und konzentrierter H_2SO_4 entsteht die abgebildete Verbindung, die aufgrund ihrer grünen Flammenfärbung identifiziert wird.

(E) Orthoborsäure und Metaborsäure sind zueinander regioisomere Verbindungen.

1663 Welche Aussage zu Borsäure trifft zu?

(A) Mit Wasser reagiert Borsäure unter Abspaltung zweier Protonen.
(B) Borsäure ist in Wasser eine starke Mineralsäure mit $pK_a < 0$.
(C) Nach Umsetzung mit geeigneten 1,2-Diolen kann ihr Gehalt durch Titration mit Natriumhydroxid-Maßlösung bestimmt werden.
(D) Durch Umsetzung mit überschüssigem Methanol in Gegenwart von konzentrierter Schwefelsäure entsteht als Hauptprodukt ein Borsäuremonomethylester.
(E) Orthoborsäure und Metaborsäure sind zueinander regioisomere Verbindungen.

1664 Wie kann der Gehalt an Fluorid-Ionen in einer ungefärbten wässrigen Mundspüllösung (z. B. 0,2 %ig) maßanalytisch bestimmt werden?

(A) Ausfällung als schwer lösliches Calciumfluorid und Rücktitration des Überschusses an Ca^{2+}-Ionen mit Natriumedetat-Maßlösung in gepufferter Lösung
(B) direkte Titration mit Salzsäure-Maßlösung gegen Thymolphthalein
(C) direkte Bestimmung mit Natriumedetat-Maßlösung gegen Calcon im Sauren
(D) Versetzen mit Kaliumiodid, Redoxtitration des gebildeten Iods mit Thiosulfat-Maßlösung in Anwesenheit von Stärke-Lösung
(E) direkte Fällungstitration mit Silbernitrat-Maßlösung gegen Eosin

1665 Mit welchen der folgenden Titrationen kann Chlorid in wässriger Lösung bestimmt werden?

(1) Silbernitrat-Lösung (Nitrobenzen-Zusatz) Ammoniumthiocyanat-Lösung, Ammoniumeisen(III)-sulfat als Indikator
(2) Kaliumiodat-Lösung, Stärke als Indikator
(3) Silbernitrat-Lösung, potentiometrische Indizierung

(A) nur 2 ist richtig
(B) nur 3 ist richtig
(C) nur 1 und 3 sind richtig
(D) nur 2 und 3 sind richtig
(E) 1–3 = alle sind richtig

1666 Welche Aussage trifft **nicht** zu?
Iodide lassen sich wie folgt quantitativ bestimmen:

(A) durch argentometrische Titration bei Indikation mit Iod und Stärke
(B) nach Fajans mit Eosin als Indikator
(C) durch Titration mit Iodat-Lösung in stark salzsaurem Milieu
(D) argentometrisch nach Volhard
(E) durch Titration mit Kaliumdichromat-Lösung und Diphenylamin als Indikator

14.2 Organische Substanzen

1667 Welche der folgenden analytischen Verfahren sind zur Identifizierung organischer Stoffe geeignet?

(1) Biamperometrie (mit zwei Indikatorelektroden)
(2) IR-Spektrometrie
(3) Massenspektrometrie
(4) NMR-Spektrometrie

(A) nur 3 ist richtig
(B) nur 4 ist richtig
(C) nur 1 und 3 sind richtig
(D) nur 1 und 4 sind richtig
(E) nur 2, 3 und 4 sind richtig

1668 Welche Aussagen treffen zu?
Die abgebildeten Verbindungen können prinzipiell mit folgenden Verfahren unterschieden werden:

(1) Schmelzpunktbestimmung
(2) Gaschromatographie
(3) Flüssigchromatographie
(4) Kapillarzonenelektrophorese
(5) Bestimmung der optischen Drehung

(A) nur 1 und 3 sind richtig
(B) nur 2, 3 und 4 sind richtig
(C) nur 2, 4 und 5 sind richtig
(D) nur 2, 3, 4 und 5 sind richtig
(E) 1–5 = alle sind richtig

1669 Welche der nachfolgenden Verbindungen lassen sich im wasserfreien Medium mit starken Basen titrimetrisch erfassen **und** können prinzipiell optische Drehung aufweisen?

(1) C₆H₅–CH(OH)–CH₂–OH
(2) HO–C₆H₄–CH₂–CH₂–OH
(3) H₂N–SO₂–C₆H₄–CH₂–CH(CH₃)–C₂H₅
(4) 2-HO-C₆H₄–CH(OH)–CH₃

(A) nur 2 ist richtig
(B) nur 1 und 3 sind richtig
(C) nur 3 und 4 sind richtig
(D) nur 1, 3 und 4 sind richtig
(E) 1–4 = alle sind richtig

1670* Welche der folgenden Methoden können zur quantitativen Oxalsäure-Bestimmung herangezogen werden?

(1) oxidimetrisch mit Kaliumpermanganat-Lösung
(2) alkalimetrisch mittels Natriumhydroxid-Lösung gegen Phenolphthalein als Indikator
(3) photometrisch nach Reaktion mit Oxin
(4) gravimetrisch durch Fällung mit CaCl₂-Lösung

(A) nur 1 und 4 sind richtig
(B) nur 2 und 3 sind richtig
(C) nur 1, 2 und 4 sind richtig
(D) nur 2, 3 und 4 sind richtig
(E) 1–4 = alle sind richtig

1671 Welche Aussagen zur Analytik der Weinsäure treffen zu?

(1) Bei der Titration mit wässriger Natronlauge wird nur eines der beiden Protonen erfasst.
(2) Weinsäure lässt sich nur wasserfrei titrieren.
(3) Eine wässrige Weinsäure-Lösung reagiert stärker sauer als eine gleich konzentrierte Essigsäure-Lösung.
(4) Weinsäure ist ein geeigneter Chelatbildner für Cu(II)-Ionen.

(A) nur 1 ist richtig
(B) nur 1 und 4 sind richtig
(C) nur 2 und 3 sind richtig
(D) nur 3 und 4 sind richtig
(E) nur 1, 2 und 3 sind richtig

1672 Welche Titrationsverfahren sind zur Gehaltsbestimmung von Alkaloidhydrochloriden durchführbar?

(1) mit 0,1 M-NaOH in Ethanol/Chloroform
(2) mit 0,1 M-HClO₄ nach Zusatz von Hg(OAc)₂ in wasserfreier Essigsäure
(3) mit 0,1 M-HCl nach Passage einer ethanolischen Lösung des Alkaloidhydrochlorids über eine basische Al₂O₃-Säule

(A) nur 1 ist richtig
(B) nur 2 ist richtig
(C) nur 1 und 2 sind richtig
(D) nur 1 und 3 sind richtig
(E) 1–3 = alle sind richtig

1673* Welche Aussage trifft **nicht** zu?
Quartäre Ammoniumchloride der allgemeinen Formel

$$\left[\begin{array}{c} R \\ | \\ R-N-R \\ | \\ R \end{array}\right]^+ Cl^-; R = Alkyl$$

lassen sich prinzipiell bestimmen:

(A) mit Natriumhydroxid-Lösung in einem Lösungsmittelgemisch aus Chloroform/Ethanol/Wasser
(B) argentometrisch nach Volhard
(C) nach Zusatz von Quecksilber(II)-acetat in wasserfreiem Milieu
(D) nach Ionenaustausch an einem stark basischen Ionenaustauscher
(E) mit Hilfe des Kjeldahl-Verfahrens

1674 Welche Aussage trifft **nicht** zu?
Tetramethylammoniumchlorid lässt sich prinzipiell titrieren:

(A) mit Natriumhydroxid-Maßlösung nach Zusatz von Formaldehyd-Lösung (Formoltitration)
(B) als Kationsäure
(C) als Anionbase
(D) nach Ionenaustausch an einem stark basischen Ionenaustauscher
(E) nach Ionenaustausch an einem stark sauren Ionenaustauscher

1675* Welche Aussage trifft **nicht** zu?
Zur Gehaltsbestimmung der nachstehend abgebildeten Verbindung Dimethylcarbamoyloxyphenyl-trimethyl-ammoniumbromid können folgende Wege beschritten werden:

(A) argentometrische Bestimmung des Anions
(B) spektralphotometrische Bestimmung
(C) Titration als Kationsäure („Verdrängungstitration")
(D) Anionenaustausch am stark basischen Anionenaustauscher und anschließende Säure-Base-Titration
(E) Hydrolyse mit Natriumhydroxid-Lösung und anschließende acidimetrische Bestimmung des überdestillierten Dimethylamins

1676* Welche Aussage trifft **nicht** zu?
Prinzipiell lässt sich der Gehalt von Cholinchlorid (siehe Formel)

$[HO-CH_2-CH_2-N(CH_3)_3]^\oplus Cl^\ominus$

bestimmen:

(A) durch Säulenchromatographie an einem stark basischen Ionenaustauscher (OH^--beladen) und anschließender Titration
(B) durch Säulenchromatographie an einem stark sauren Ionenaustauscher (H^+-beladen) und anschließender Titration
(C) als Anionbase
(D) als Kationsäure
(E) argentometrisch

Ordnen Sie bitte den Gehaltsbestimmungen der Liste 1 den jeweils damit am besten bestimmbaren Stoff der Liste 2 zu!

Liste 1

1677 Iodometrie
1678 Periodatometrie

Liste 2

(A) $H_3C-\langle\bigcirc\rangle-SO_2NH_2$
(B) $HO-CH_2-CH_2-OH$
(C) $HO-\langle\bigcirc\rangle-CH_3$ (mit Cl)
(D) $O_2N-\langle\bigcirc\rangle-\overset{O}{\overset{\|}{C}}-NH_2$
(E) $HS-CH_2-\underset{\overset{\oplus}{NH_3}}{CH}-COO^\ominus$

1679 Welche Bestimmungsmethoden für α-Aminosäuren sind grundsätzlich möglich?

(1) Titration mit einer Base in wasserfreiem Medium
(2) Titration mit einer Säure in wasserfreiem Medium
(3) Rücktitration mit 0,1 M-HCl nach Lösen in überschüssiger 0,1 M-NaOH
(4) Formoltitration

(A) nur 1 ist richtig
(B) nur 2 ist richtig
(C) nur 1 und 3 sind richtig
(D) nur 3 und 4 sind richtig
(E) nur 1, 2 und 4 sind richtig

1680 Welche Aussage trifft **nicht** zu?
α-Aminocarbonsäuren wie Alanin lassen sich grundsätzlich bestimmen durch:

(A) Rücktitration mit 0,1 M-Salzsäure nach Lösen in überschüssiger 0,5 M-Natriumhydroxid-Lösung
(B) Titration mit einer Base in wasserfreiem Medium
(C) Titration mit einer Säure in wasserfreiem Medium
(D) Formoltitration nach Sörensen
(E) Gasvolumetrische Bestimmung nach van Slyke

1681 Welche Aussagen treffen zu?
Argininhydrochlorid (siehe Formel) lässt sich prinzipiell titrieren:

$$\left[\ominus OOC-\underset{\oplus NH_3}{CH}-(CH_2)_3-\underset{H}{\overset{\oplus}{N}}=C\underset{NH_2}{\overset{NH_2}{\diagup}}\right] Cl^{\ominus}$$

(1) in geeignetem wasserfreiem Milieu mit Perchlorsäure-Maßlösung ohne Zusatz von Quecksilberacetat
(2) in geeignetem wasserfreiem Milieu mit Perchlorsäure-Maßlösung in Gegenwart von Quecksilberacetat
(3) in Wasser mit Natriumhydroxid-Maßlösung
(4) in Wasser mit Salzsäure-Maßlösung

(A) nur 1 und 3 sind richtig
(B) nur 2 und 4 sind richtig
(C) nur 1, 2 und 3 sind richtig
(D) nur 2, 3 und 4 sind richtig
(E) 1–4 = alle sind richtig

1682* Welche Aussage trifft **nicht** zu?
Phenobarbital (siehe Formel) kann bestimmt werden durch Titration:

(A) nach Budde im Soda-alkalischen Milieu
(B) mit ethanolischer Natriumhydroxid-Lösung gegen Thymolphthalein nach Zusatz von Pyridin und Silbernitrat
(C) mit Lithiummethanolat in Dimethylformamid gegen Thymolphthalein
(D) mit Perchlorsäure in Essigsäure gegen Kristallviolett
(E) des Metallionen-Gehaltes (komplexometrisch) im Niederschlag nach Fällung eines geeigneten Schwermetall-Barbiturats

1683 Welche Aussagen treffen zu?

Die Gehaltsbestimmung der oben dargestellten Substanz (Pentobarbital) kann erfolgen:

(1) alkalimetrisch durch Titration mit Natriummethoxid-Maßlösung in Dimethylformamid (0,1 mol·l^{-1})
(2) acidimetrisch durch Titration mit Perchlorsäure-Maßlösung in Eisessig (0,1 mol·l^{-1})
(3) bromometrisch durch Umsetzung mit KBr/KBrO$_3$ in saurer Lösung und Rücktitration des Br$_2$-Überschusses

(A) nur 1 ist richtig
(B) nur 2 ist richtig
(C) nur 3 ist richtig
(D) nur 1 und 2 sind richtig
(E) nur 2 und 3 sind richtig

Ordnen Sie bitte den Substanzen der Liste 1 das jeweils am besten geeignete quantitative Bestimmungsverfahren der Liste 2 zu!

Liste 1

1684 (Ascorbinsäure)

1685 Aluminium in Aluminium-Magnesium-Silicat

Liste 2
(A) Iodometrie
(B) Gravimetrie
(C) Atomabsorptionsspektroskopie
(D) Nitritometrie
(E) Argentometrie

1686

Welche der folgenden Methoden sind zur Identifizierung von L-Ascorbinsäure (siehe obige Formel) geeignet?

(1) Messung der UV-Absorption im Bereich von 240 bis 265 nm
(2) Bestimmung der spezifischen Drehung
(3) Bestimmung der IR-Absorption im Bereich zwischen 2000 und 2500 cm^{-1}

(A) nur 1 ist richtig
(B) nur 2 ist richtig
(C) nur 1 und 2 sind richtig
(D) nur 2 und 3 sind richtig
(E) 1–3 = alle sind richtig

1687 Welche Aussage trifft **nicht** zu?
Ascorbinsäure

(A) lässt sich als zweibasige Säure in wässriger Lösung titrieren
(B) kann iodometrisch bestimmt werden
(C) besitzt reduzierende Eigenschaften
(D) besitzt saure Wasserstoffatome
(E) bildet mit milden Oxidationsmitteln Dehydroascorbinsäure

1688 Welche Aussagen zur Analytik von Ascorbinsäure treffen zu?

(1) Der Gehalt kann durch Titration mit Kaliumiodat-Maßlösung unter Zusatz von Stärkelösung bestimmt werden.
(2) Der Gehalt kann durch Titration mit Kaliumbromat-Maßlösung und potentiometrischer Endpunktanzeige bestimmt werden.
(3) Der Gehalt kann durch Titration mit Cer(IV)-Maßlösung und Ferroin als Indikator bestimmt werden.

(A) nur 1 ist richtig
(B) nur 2 ist richtig
(C) nur 1 und 2 sind richtig
(D) nur 2 und 3 sind richtig
(E) 1–3 = alle sind richtig

1689 Zur Gehaltsbestimmung von Ascorbinsäure schreibt das Europäische Arzneibuch folgende Verfahrensweise vor:
0,150 g Substanz werden in einer Mischung aus 10 ml verdünnter Schwefelsäure und 80 ml kohlendioxidfreiem Wasser gelöst. Nach Zusatz von 1 ml Stärke-Lösung wird mit Iod-Maßlösung (c = 0,05 mol·l^{-1}) bis zur bleibenden Blauviolettfärbung titriert.

Welche Aussagen treffen zu?

(1) Iod wirkt als Oxidationsmittel.
(2) Das Redoxpotential der Ascorbinsäure ist pH-abhängig.

(3) Die Blauviolettfärbung am Äquivalenzpunkt resultiert aus der Oxidation von Stärke durch Iod.

(A) nur 1 ist richtig
(B) nur 2 ist richtig
(C) nur 1 und 2 sind richtig
(D) nur 2 und 3 sind richtig
(E) 1–3 = alle sind richtig

1690 Welche Aussagen zur Gehaltsbestimmung von Ascorbinsäure treffen zu?

(1) Bei der Titration mit NaOH-Maßlösung wird Proton 1 erfasst.
(2) Bei der Titration mit NaOH-Maßlösung wird Proton 2 erfasst.
(3) Bei der Titration mit NaOH-Maßlösung wird der Lactonring geöffnet.
(4) Der Gehalt kann durch Titration mit Natriumthiosulfat-Maßlösung nach Zugabe von Kaliumiodid-Lösung bestimmt werden.

(A) nur 1 ist richtig
(B) nur 2 ist richtig
(C) nur 1 und 3 sind richtig
(D) nur 1 und 4 sind richtig
(E) nur 2 und 4 sind richtig

1691 Welche Aussagen zur Gehaltsbestimmung von Ascorbinsäure treffen zu?

(1) Sie kann alkalimetrisch mit NaOH-Maßlösung (c = 0,1 mol·l^{-1}) gegen Methylorange titriert werden.
(2) Sie kann alkalimetrisch mit KOH-Maßlösung (c = 0,1 mol·l^{-1}) gegen Phenolphthalein titriert werden.
(3) Sie kann mit Iod-Maßlösung (c = 0,1 mol·l^{-1}) bei biamperometrischer Indikation titriert werden.

(4) Die Titration mit NaOH-Maßlösung (c = 0,1 mol·l^{-1}) und die Titration mit Iod-Maßlösung (c = 0,1 mol·l^{-1}) haben die gleiche Empfindlichkeit.

(A) nur 1 ist richtig
(B) nur 2 ist richtig
(C) nur 1 und 3 sind richtig
(D) nur 2, 3 und 4 sind richtig
(E) 1–4 = alle sind richtig

1692* Welche Aussagen treffen zu?
Eine quantitative Bestimmung von Phenol in wässriger Lösung ist möglich

(1) durch bromometrische Titration (Umsetzung mit Br$_2$-Überschuss, Zusatz von KI, Rücktitration mit Thiosulfat)
(2) durch photometrische Bestimmung bei etwa 280 nm
(3) durch Titration mit NaOH in wässriger Lösung und Methylorange als Indikator

(A) nur 2 ist richtig
(B) nur 3 ist richtig
(C) nur 1 und 2 sind richtig
(D) nur 2 und 3 sind richtig
(E) 1–3 = alle sind richtig

1693* Welche Aussagen treffen zu?
In einer Mischung von 4-Aminobenzoesäureethylester und 4-Hydroxybenzoesäureethylester lässt sich **einer** der beiden Stoffe spezifisch bestimmen durch:

(1) Bromometrie
(2) quantitative Acylierung (Hydroxylzahl)
(3) alkalimetrische Bestimmung der Säure nach Hydrolyse der Estergruppe
(4) Nitritometrie

(A) nur 2 ist richtig
(B) nur 4 ist richtig
(C) nur 1 und 3 sind richtig
(D) nur 2 und 3 sind richtig
(E) nur 1, 2 und 4 sind richtig

1694 Welche Aussagen treffen zu?
Salicylsäure lässt sich quantitativ bestimmen:

(1) bromometrisch
(2) alkalimetrisch
(3) photometrisch bei 420 nm
(4) kolorimetrisch nach Umsetzung mit Fe^{3+}

(A) nur 1 und 3 sind richtig
(B) nur 2 und 4 sind richtig
(C) nur 1, 2 und 4 sind richtig
(D) nur 2, 3 und 4 sind richtig
(E) 1–4 = alle sind richtig

1695 Welche Aussagen über Salicylsäure treffen zu?

(1) Der pK_a-Wert der Carboxylgruppe ist kleiner als der pK_a-Wert von Benzoesäure.
(2) Sie gibt mit Fe(III) einen gefärbten Komplex.
(3) Der pK_a-Wert der OH-Gruppe ist größer als der pK_a-Wert von Phenol.

(A) nur 1 ist richtig
(B) nur 2 ist richtig
(C) nur 3 ist richtig
(D) nur 1 und 3 sind richtig
(E) 1–3 = alle sind richtig

1696 Welche Aussagen treffen zu?
Der Gehalt einer wässrigen Lösung von Natrium-*p*-aminosalicylat lässt sich bestimmen durch:

(1) Titration mit Natriumnitrit-Lösung nach Ansäuern
(2) Titration der wässrigen Lösung mit Natriumhydroxid-Lösung
(3) Zugabe von Brom-Lösung zur angesäuerten Lösung und Rücktitration mit Natriumthiosulfat-Lösung nach Zusatz von Kaliumiodid
(4) Titration mit Cer(IV)-sulfat-Lösung

(A) nur 1 ist richtig
(B) nur 2 ist richtig
(C) nur 1 und 3 sind richtig
(D) nur 2 und 3 sind richtig
(E) nur 3 und 4 sind richtig

1697* Welche Aussagen treffen zu?

$$H_2N-\langle\bigcirc\rangle-\overset{O}{\underset{\|}{C}}-O-CH_2-CH_2-\overset{C_2H_5}{\underset{\underset{H}{|}}{\overset{|}{N}^+}}-C_2H_5 \quad Cl^-$$

Procainhydrochlorid (siehe Formel) lässt sich prinzipiell titrieren:

(1) nitritometrisch
(2) bromometrisch
(3) argentometrisch

(4) Erhitzen mit überschüssiger NaOH-Maßlösung und Rücktitration mit HCl-Maßlösung

(A) nur 1 und 4 sind richtig
(B) nur 2 und 3 sind richtig
(C) nur 3 und 4 sind richtig
(D) nur 1, 2 und 3 sind richtig
(E) 1–4 = alle sind richtig

1698 Welche Aussage trifft **nicht** zu?

$$\left[\begin{array}{c} O=C-O-CH_2-CH_2-\overset{H}{\overset{|}{N}}(C_2H_5)_2 \\ \langle\bigcirc\rangle \\ NH_2 \end{array} \right]^{\oplus} Cl^{\ominus}$$

Procainhydrochlorid (siehe Formel) lässt sich titrieren:

(A) nitritometrisch (mit Natriumnitrit-Maßlösung)
(B) in wässriger Lösung mit Salzsäure-Maßlösung
(C) bromometrisch
(D) in wasserfreiem Medium nach Zusatz von Quecksilberacetat mit Perchlorsäure-Maßlösung
(E) in Alkohol/Chloroform mit wässriger Natriumhydroxid-Maßlösung

1699 Welche Aussagen treffen zu?
Procainhydrochlorid

$$O=C-O-CH_2-CH_2-N(C_2H_5)_2$$
$$\langle\bigcirc\rangle \quad \cdot HCl$$
$$NH_2$$

(1) gibt ein farbiges Produkt mit saurer 4-Dimethylaminobenzaldehyd-Lösung
(2) In Procainhydrochlorid ist nur die aromatische Aminogruppe protoniert.
(3) lässt sich nitritometrisch bestimmen

(A) nur 1 ist richtig
(B) nur 2 ist richtig
(C) nur 3 ist richtig
(D) nur 1 und 3 sind richtig
(E) 1–3 = alle sind richtig

1700 Welche Aussagen treffen zu?
Nachfolgende Substanz

[Struktur: Phenyl-CH$_2$-C(CH$_3$)(H)-NH$_2$-CH$_3$]$^+$ Cl$^-$

lässt sich prinzipiell bestimmen:

(1) bromometrisch
(2) argentometrisch nach Volhard
(3) in wasserfreiem Medium mit Tetrabutyl-ammoniumhydroxid-Lösung (0,1 mol·l^{-1})
(4) durch Messung der UV-Absorption einer wässrigen Lösung zwischen 250 und 260 nm

(A) nur 2 ist richtig
(B) nur 1 und 3 sind richtig
(C) nur 1 und 4 sind richtig
(D) nur 2, 3 und 4 sind richtig
(E) 1–4 = alle sind richtig

1701 Welche der folgenden Verfahrensweisen sind zur Titration von Ephedrinhydrochlorid mit ausreichender Präzision und Richtigkeit (Forderung des Arzneibuchs: Gehalt zwischen 99 % und 101 %) geeignet?

[Struktur Ephedrin · HCl]

(1) Titration mit HClO$_4$-Maßlösung in Eisessig gegen Kristallviolett
(2) Titration mit AgNO$_3$-Maßlösung unter Zusatz von Kaliumchromat-Lösung (nach Mohr)
(3) Titration mit HClO$_4$-Maßlösung in Eisessig/Acetanhydrid (5/95) unter potentiometrischer Indikation
(4) Zusatz von H$_2$SO$_4$-Maßlösung; 1 h Erhitzen zum Sieden; Titration mit HClO$_4$-Maßlösung gegen Methylorange

(A) nur 1 ist richtig
(B) nur 2 ist richtig
(C) nur 2 und 3 sind richtig
(D) nur 2, 3 und 4 sind richtig
(E) 1–4 = alle sind richtig

1702* Welche Aussage trifft **nicht** zu?
Eine Gehaltsbestimmung von p-Aminobenzensulfonamid ist prinzipiell möglich durch:

(A) „Diazotitration" mit Nitrit in saurer Lösung
(B) bromometrische Titration
(C) acidimetrische Titration in wässriger Lösung mit Salzsäure-Maßlösung (c = 0,1 mol/l) und Methylrot als Indikator
(D) Spektralphotometrie im Bereich zwischen 250 und 350 nm
(E) Oxidation zu Sulfat und dessen gravimetrische Bestimmung als BaSO$_4$

1703 Auf welchen der folgenden Wege lässt sich Sulfanilamid titrimetrisch bestimmen?

[Struktur Sulfanilamid: H$_2$N—C$_6$H$_4$—SO$_2$—NH$_2$]

(1) Versetzen der Analysenlösung mit überschüssiger AgNO$_3$-Maßlösung; Abtrennung des Präzipitats; Titration von Ag$^+$ im Filtrat nach Volhard
(2) mit NaNO$_2$-Maßlösung unter biamperometrischer Indikation
(3) Versetzen der angesäuerten Analyselösung mit Kaliumbromid, gefolgt von Kaliumbromat-Maßlösung; Zugabe von Kaliumiodid; Titration mit Thiosulfat-Maßlösung (nach Koppeschaar)
(4) mit Lithiummethanolat-Maßlösung in DMF

(A) nur 1 ist richtig
(B) nur 2 ist richtig
(C) nur 2 und 3 sind richtig
(D) nur 1, 2 und 4 sind richtig
(E) 1–4 = alle sind richtig

1704* Welche Aussagen treffen zu?

[Struktur Sulfadimidin]

Sulfadimidin (siehe Formel) lässt sich prinzipiell titrieren:

(1) nitritometrisch
(2) bromometrisch
(3) mit Tetrabutylammoniumhydroxid-Lösung in wasserfreiem Milieu

(A) nur 1 ist richtig
(B) nur 3 ist richtig
(C) nur 1 und 2 sind richtig
(D) nur 2 und 3 sind richtig
(E) 1–3 = alle sind richtig

1705 Welche Aussagen treffen zu?

Prinzipiell lässt sich der Gehalt von Etacrynsäure (siehe Formel) bestimmen durch:

(1) Neutralisationstitration mit Natriumhydroxid-Lösung
(2) Schöniger-Verbrennung und nachfolgende argentometrische Titration
(3) Anlagerung von Halogen (bromometrische Titration)
(4) Bestimmung von Halogenid nach Erwärmen mit alkoholisch-wässriger Kaliumhydroxid-Lösung
(5) wasserfreie Titration in Essigsäure mit Perchlorsäure nach Zusatz von Quecksilberacetat

(A) nur 1, 2 und 3 sind richtig
(B) nur 2, 3 und 4 sind richtig
(C) nur 3, 4 und 5 sind richtig
(D) nur 1, 2, 4 und 5 sind richtig
(E) 1–5 = alle sind richtig

1706 Welche Aussage trifft **nicht** zu?

Eine Gehaltsbestimmung von (+)-Chloramphenicol (siehe Formel) ist prinzipiell möglich durch:

(A) Polarographie
(B) UV-Spektroskopie im Bereich zwischen 250 und 350 nm
(C) Chlor-Bestimmung nach Schöniger
(D) Polarimetrie
(E) Titration mit Salzsäure (0,1 mol/l) in Ethanol, Methylrot als Indikator

1707 Abgebildet ist das Antiphlogistikum Bufexamac.

Welche Aussagen zur Analytik der Substanz treffen zu?

(1) Im IR-Spektrum findet man im Bereich zwischen 1600 und 1700 cm^{-1} eine intensive Bande, die auf die C=O-Valenzschwingung zurückzuführen ist.
(2) In saurer wässriger Lösung (pH < 5) spaltet sie spontan in der für Carbamidsäuren typischen Weisen CO_2 ab.
(3) In methanolischer Lösung liegt ihr Absorptionsmaximum im UV/VIS-Spektrum bei 485 nm.
(4) Sie kann mittels der Schöniger-Methode quantitativ bestimmt werden.

(A) nur 1 ist richtig
(B) nur 1 und 2 sind richtig
(C) nur 2 und 3 sind richtig
(D) nur 2 und 4 sind richtig
(E) nur 1, 2 und 4 sind richtig

1708* Welche Aussagen zur quantitativen Bestimmung von Menadion treffen zu?

Menadion lässt sich quantitativ bestimmen durch:

(1) direkte Titration mit Natriumhydroxid-Maßlösung (c = 0,1 mol · l⁻¹)
(2) cerimetrische Titration nach Reaktion mit Zink und Salzsäure
(3) Titration mit Iod-Maßlösung ohne vorherige Reduktion
(4) polarographische Bestimmung

(A) nur 1 und 2 sind richtig
(B) nur 2 und 3 sind richtig
(C) nur 2 und 4 sind richtig
(D) nur 3 und 4 sind richtig
(E) 1–4 = alle sind richtig

1709 Welche Aussagen zur Analytik von Clonidinhydrochlorid treffen zu?

(1) Im Clonidinhydrochlorid liegt eine resonanzstabilisierte Guanidinium-Teilstruktur vor.
(2) Bei der Titration mit ethanolischer Natriumhydroxid-Maßlösung wird pro Mol Substanz ein Äquivalent der Maßlösung verbraucht.
(3) Das UV-Absorptionsmaximum der Substanz in salzsaurer Lösung liegt bei 353 nm.

(A) nur 1 ist richtig
(B) nur 2 ist richtig
(C) nur 3 ist richtig
(D) nur 1 und 2 sind richtig
(E) nur 2 und 3 sind richtig

1710 Abgebildet ist der Arzneistoff Bromhexinhydrochlorid.

Welche Aussage trifft **nicht** zu?

Bromhexinhydrochlorid kann quantitativ bestimmt werden durch Titration

(A) in Ethanol mit NaOH-Maßlösung bei potentiometrischer Indikation
(B) nach Lösen und Erwärmen in Ameisensäure/Acetanhydrid mit $HClO_4$-Maßlösung bei potentiometrischer Indikation
(C) in Eisessig nach Zusatz von Quecksilber(II)-acetat mit $HClO_4$-Maßlösung gegen Kristallviolett
(D) in salzsaurer Lösung mit $NaNO_2$-Maßlösung bei biamperometrischer Indikation
(E) in salzsaurer Lösung mit $NH_4Fe(SO_4)_2$-Maßlösung bei konduktometrischer Indikation

1711* Welche Aussagen zur Analytik des abgebildeten Arzneistoffs Medazepam treffen zu?

(1) Die Nachweisreaktion auf primäre aromatische Amine verläuft positiv, nachdem die Substanz mit Salzsäure zum Sieden erhitzt wurde.
(2) Die Gehaltsbestimmung kann in wasserfreiem Milieu durch Titration mit Perchlorsäure-Maßlösung durchgeführt werden.
(3) Die Gehaltsbestimmung kann in wasserfreiem Milieu durch Titration mit Tetrabutylammoniumhydroxid-Maßlösung durchgeführt werden.

(A) nur 1 ist richtig
(B) nur 2 ist richtig
(C) nur 1 und 2 sind richtig
(D) nur 2 und 3 sind richtig
(E) 1–3 = alle sind richtig

1712 Welche Aussagen zur Analytik und den Eigenschaften des abgebildeten Arzneistoffs Ofloxacin treffen zu?

(1) Die Verbindung ist chiral
(2) Ofloxacin bildet mit mehrwertigen Metallkationen Chelatkomplexe.
(3) Der Gehalt kann durch Titration in wasserfreier Essigsäure mit Perchlorsäure-Maßlösung bestimmt werden.

(A) nur 1 ist richtig
(B) nur 2 ist richtig
(C) nur 3 ist richtig
(D) nur 1 und 3 sind richtig
(E) 1–3 = alle sind richtig

1713 Welche Aussagen zu dem bei drei verschiedenen pH-Werten abgebildeten Pyridoxin treffen zu?

pH 5,5   pH 6,8   pH 8,9

(1) Aufgrund des Polymethingerüsts ist Pyridoxin bei pH 8,9 tiefblau gefärbt.
(2) Infolge des amphoteren Charakters ist die UV-Absorption pH-abhängig.
(3) Aufgrund der Phenol-artigen Hydroxypyridin-Struktur bei pH 5,5 lässt sich Pyridoxin mit Eisen(III)-chlorid nachweisen.
(4) Pyridoxin kann mit Salzsäure ein Hydrochlorid bilden.

(A) nur 1 ist richtig
(B) nur 2 ist richtig
(C) nur 1 und 4 sind richtig
(D) nur 2 und 3 sind richtig
(E) nur 2, 3 und 4 sind richtig

1714 Welche Aussagen zu dem bei drei verschiedenen pH-Werten abgebildeten Wirkstoff Pyridoxin treffen zu?

pH 5,5   pH 6,8   pH 8,9

Pyridoxin
(1) weist bei pH = 8,9 ein UV/VIS-Absorptionsmaximum im sichtbaren Bereich auf
(2) ist ein Ampholyt
(3) liegt bei pH = 6,8 als Betain vor
(4) liegt bei pH = 5,5 als tertiärer Alkohol vor

(A) nur 1 ist richtig
(B) nur 2 ist richtig
(C) nur 1 und 4 sind richtig
(D) nur 2 und 3 sind richtig
(E) nur 2, 3 und 4 sind richtig

1715 Welche Aussagen treffen zu?

$$\left[\begin{array}{c} \text{H}_3\text{CO} \diagup\!\!\!\diagdown \text{HO} \diagdown\!\!\!\diagup \text{CH}_2 \\ \text{N} \quad \text{H} \end{array} \right]_2^+ \text{SO}_4^{2-}$$

Prinzipiell lässt sich bei Chininsulfat (siehe Formel) titrieren:

(1) das Kation als Säure
(2) das Kation als Base
(3) das Anion als Säure
(4) das Anion als Base

(A) nur 1 und 3 sind richtig
(B) nur 2 und 4 sind richtig
(C) nur 1, 2 und 4 sind richtig
(D) nur 2, 3 und 4 sind richtig
(E) 1–4 = alle sind richtig

1716 Welche Aussagen zum abgebildeten Arzneistoff Trimethoprim treffen zu?

(1) Trimethoprin kann als Amidin mit Kaliumbromat-Lösung zu Hydrazin reduziert werden.
(2) Trimethoprim verbraucht bei der Titration in Eisessig 1 Äquivalent Perchlorsäure-Maßlösung.
(3) Als Amidin wird Trimethoprim im wasserfreien Milieu durch Perchlorsäure an den beiden exocyclischen Stickstoffatomen zum Dikation protoniert.
(4) Trimethoprim kann als NH-acide Verbindung im wässrigen Milieu mit Natronlauge-Maßlösung unter Zusatz von Silbernitrat titriert werden.

(A) nur 2 ist richtig
(B) nur 1 und 2 sind richtig
(C) nur 2 und 4 sind richtig
(D) nur 1, 3 und 4 sind richtig
(E) nur 2, 3 und 4 sind richtig

1717 Welche Aussage trifft **nicht** zu?

Bei der Gehaltsbestimmung von Thiaminchloridhydrochlorid (siehe Formel) werden pro Mol verbraucht:

(A) nach Volhard zwei Mol Silber-Ionen
(B) durch Neutralisationstitration ein Mol Natriumhydroxid
(C) in einem Gemisch aus wasserfreier Essigsäure und Ameisensäure nach Zusatz von Quecksilber(II)-acetat drei Mol Perchlorsäure
(D) nach Chromatographie über einen basischen Anionenaustauscher zwei Mol Salzsäure (Methylorange als Indikator)
(E) nach Mohr zwei Mol Silber-Ionen

1718 Welche Aussagen zur Titration des nachstehend abgebildeten Arzneistoffs Coffein im wasserfreien Milieu treffen zu?

(1) Die Substanz kann als schwache Säure in DMF mit Tetrabutylammoniumhydroxid-Maßlösung titriert werden.
(2) Coffein kann im Lösungsmittelgemisch Essigsäure/Acetanhydrid/Toluol als einwertige Base mit Perchlorsäure-Maßlösung bestimmt werden.
(3) Im Lösungsmittel Ameisensäure liegt Coffein überwiegend als Dikation vor.
(4) Um Coffein acidimetrisch titrieren zu können, muss die Substanz zuvor durch saure Hydrolyse unter Ringöffnung in Coffeidin übergeführt werden.

(A) nur 2 ist richtig
(B) nur 1 und 2 sind richtig
(C) nur 1, 2 und 4 sind richtig
(D) nur 1, 3 und 4 sind richtig
(E) nur 2, 3 und 4 sind richtig

1719 Welche Aussagen treffen zu?

$$\left[H_3C-(CH_2)_3-\overset{CH_3}{\underset{|}{N}} \underset{\underset{CH_2OH}{\overset{|}{C}-H}}{\overset{C=O}{\underset{|}{O}}} \right]^{\oplus} Br^{\ominus}$$

Eine Gehaltsbestimmung von Butylscopolaminiumbromid (siehe obige Formel) ist grundsätzlich möglich durch:

(1) Titration des Bromids nach Volhard
(2) Bestimmung der Lichtabsorption im Bereich zwischen 240 und 280 nm
(3) gravimetrische Bestimmung nach Fällung mit Natriumhydroxid-Lösung
(4) Titration mit Perchlorsäure in wasserfreier Essigsäure/Acetanhydrid (potentiometrische Endpunktsbestimmung)

(A) nur 1 und 2 sind richtig
(B) nur 1, 2 und 4 sind richtig
(C) nur 1, 3 und 4 sind richtig
(D) nur 2, 3 und 4 sind richtig
(E) 1–4 = alle sind richtig

1720 Welche Aussage zur quantitativen Bestimmung anionischer Tenside wie z. B. Natriumdodecylsulfat (SDS) (siehe Formel) trifft zu?

(A) Die Bestimmung beruht auf der quantitativen Bildung von Ionenpaaren mit zweiwertigen Metallionen.
(B) Die als Indikatoren eingesetzten anionischen Farbstoffe bilden mit SDS stabile Ionenpaare.
(C) Am Äquivalenzpunkt der Titration liegt die quantitative Bildung des Ionenpaares zwischen SDS und dem Indikator vor.
(D) Die eingesetzte Maßlösung enthält eine quartäre Ammoniumverbindung wie z. B. Benzethoniumchlorid.
(E) Überschüssiges Iodid wird nach dem Iodmonochloridverfahren bestimmt.

Ordnen Sie bitte den Substanzen der Liste 1 jeweils die Eigenschaft aus Liste 2 zu, die analytisch bedeutsam ist!

Liste 1

1721 Tetrabutylammoniumhydroxid

1722 Diacetyldioxim

Liste 2
(A) reduzierend
(B) stark basisch
(C) oxidierend
(D) komplexierend
(E) alkylierend

Ordnen Sie bitte den Substanzen der Liste 1 jeweils die Eigenschaft aus Liste 2 zu, die analytisch bedeutsam ist!

Liste 1

1723 Oxin (8-Hydroxychinolin)

1724 1,10-Phenanthrolin

Liste 2
(A) reduzierend
(B) deprotonierend
(C) oxidierend
(D) komplexierend
(E) alkylierend

14.3 Prüfung Frühjahr 2012

1725 Welche Aussagen treffen zu?
Der **Gehalt** einer Probe kann nach DIN/IUPAC folgendermaßen angegeben werden:

(1) Masse pro Masse
(2) %
(3) Stoffmenge pro Volumen
(4) Masse pro Volumen
(5) ppm

(A) nur 1 ist richtig
(B) nur 2 ist richtig
(C) nur 1, 2 und 5 sind richtig
(D) nur 1, 3 und 5 sind richtig
(E) 1–5 = alle sind richtig

1726 Welche Aussage über ein Analysenverfahren trifft **nicht** zu?

(A) Je richtiger das Analysenergebnis, desto reproduzierbarer ist es.

(B) Die Nachweisgrenze ist immer niedriger als die Bestimmungsgrenze.
(C) Die Empfindlichkeit beeinflusst die Präzision des Analysenergebnisses.
(D) Die Robustheit kann in einem Ringversuch bestimmt werden.
(E) Die Selektivität nimmt Einfluss auf die Richtigkeit.

1727 Nachstehend abgebildet ist der Ausschnitt eines Chromatogramms mit einem Substanzsignal (Peak). Die Höhe des Peaks beträgt $H = 3$ cm; seine Halbwertsbreite beträgt $b_{0,5} = 0,2$ cm.
Chromatogramm mit Substanzsignal

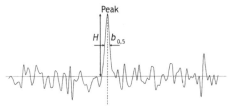

Zur Ermittlung des Untergrundrauschens wurde das Chromatogramm einer Blindprobe aufgenommen und wie nachstehend abgebildet ausgewertet. Die Höhe h des Untergrundrauschens (über einen Bereich von $20\,b_{0,5}$) beträgt $h = 1,6$ cm.

Chromatogramm einer Blindprobe

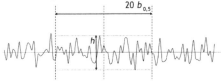

Wie groß ist das Signal-Rausch-Verhältnis?

(A) 1,25
(B) 1,88
(C) 3,00
(D) 3,75
(E) 5,50

1728 Das Löslichkeitsprodukt von Silberiodid beträgt $1 \cdot 10^{-16}$.
Welche Aussagen treffen zu?

(1) Die Einheit dieses Löslichkeitsprodukts ist $mol \cdot l^{-1}$.
(2) Die Löslichkeit des Silberiodids beträgt ca. $1 \cdot 10^{-16}$ mol$\cdot$l^{-1}.
(3) Die Löslichkeit des Silberiodids beträgt ca. $1 \cdot 10^{-8}$ mol$\cdot$l^{-1}.
(4) Die Löslichkeit des Silberiodids ist in reinem Wasser kleiner als in einer Kaliumnitrat-Lösung der Konzentration $c = 0,1$ mol$\cdot$l^{-1}.

(A) nur 2 ist richtig
(B) nur 1 und 3 sind richtig
(C) nur 2 und 4 sind richtig
(D) nur 3 und 4 sind richtig
(E) nur 1, 3 und 4 sind richtig

1729 Welche Aussage trifft **nicht** zu?
8-Hydroxychinolin eignet sich zur gravimetrischen Bestimmung von:

(A) Cd^{2+}
(B) Sb^{3+}
(C) NH_4^+
(D) Fe^{3+}
(E) Zn^{2+}

1730 Welche Aussagen zu Titrationen mit NaOH-Maßlösungen und deren Einstellung treffen zu?

(1) Die Einstellung von NaOH-Maßlösungen kann gegen Kaliumhydrogenphthalat erfolgen.
(2) Säure-Base-Reaktionen in Wasser sind immer schnelle Reaktionen.
(3) An Stelle von Wasser kann auch Eisessig als Lösungsmittel verwendet werden.

(A) nur 1 ist richtig
(B) nur 2 ist richtig
(C) nur 1 und 2 sind richtig
(D) nur 2 und 3 sind richtig
(E) 1–3 = alle sind richtig

Ordnen Sie bitte den wässrigen Säure-Lösungen der Liste 1 den jeweils zugehörigen ungefähren pH-Wert aus Liste 2 zu!

Liste 1

1731 Salpetersäure ($c = 0,01$ mol$\cdot$l^{-1})

1732 Chloressigsäure ($c = 0,01$ mol$\cdot$l^{-1}; pKa $= 2,86$)

Liste 2
(A) 1,0
(B) 1,5
(C) 2,0
(D) 2,4
(E) 4,1

1733 Eine Lösung von Salzsäure (c = 0,01 mol·l^{-1}) wird mit NaOH-Maßlösung (c = 0,1 mol·l^{-1}) titriert.
Wie groß ist der pH-Wert des Titrationsgemischs ungefähr, wenn 90 % der Säure umgesetzt sind (Titrationsgrad τ = 0,9)? (Die Volumenänderung sei vernachlässigbar.)

(A) 2
(B) 3
(C) 4
(D) 5
(E) 6

1734 Welche Aussagen treffen zu?
Phenolphthalein

(1) weist eine Triarylmethanstruktur auf
(2) liegt in der farbigen Form als vinyloges Amid (Merocyanin) vor
(3) ist ein zweifarbiger Indikator

(A) nur 1 ist richtig
(B) nur 3 ist richtig
(C) nur 1 und 2 sind richtig
(D) nur 1 und 3 sind richtig
(E) nur 2 und 3 sind richtig

1735 Eine NaOH-Maßlösung (c = 0,2 mol·l^{-1}) wird gegen eine Vorlage von 20,0 ml einer HCl-Maßlösung (c = 0,1 mol·l^{-1}; f_{HCl}= 0,98) eingestellt. Dabei beträgt der Verbrauch 9,80 ml NaOH-Maßlösung.
Welcher Faktor ergibt sich daraus für die NaOH-Maßlösung?

(A) 0,98
(B) 1,00
(C) 1,01
(D) 1,02
(E) 2,00

1736 Welche Aussagen zur Analytik von Cinnarizin treffen zu?

(1) Bei der wasserfreien Titration in einer Mischung aus Essigsäure und Ethylmethylketon (Butan-2-on) gegen Naphtholbenzein werden pro Substanz zwei Äquivalente Perchlorsäure-Maßlösung verbraucht.
(2) Das Alken-Strukturelement lässt sich durch Entfärbung von Brom-Lösung nachweisen.
(3) Das für eine photometrische Bestimmung von Cinnarizin am besten geeignete Absorptionsmaximum liegt bei etwa 480 nm.

(A) nur 1 ist richtig
(B) nur 2 ist richtig
(C) nur 3 ist richtig
(D) nur 1 und 2 sind richtig
(E) nur 2 und 3 sind richtig

1737 Abgebildet ist der Arzneistoff Clonidinhydrochlorid.

Welche Aussagen treffen zu?
Clonidinhydrochlorid kann quantitativ bestimmt werden durch Titration

(1) in Ethanol 96 % mit ethanolischer NaOH-Maßlösung bei potentiometrischer Indikation
(2) in Eisessig mit Perchlorsäure-Maßlösung nach Zusatz von Quecksilber(II)-acetat gegen Kristallviolett als Indikator
(3) in Acetanhydrid mit Perchlorsäure-Maßlösung bei potentiometrischer Indikation
(4) in Ethanol 40 % mit Iod-Maßlösung bei potentiometrischer Indikation

(A) nur 1 ist richtig
(B) nur 4 ist richtig
(C) nur 2 und 3 sind richtig
(D) nur 1, 2 und 3 sind richtig
(E) 1–4 = alle sind richtig

1738 Welche Aussagen treffen zu?
Kaliumpermanganat-Maßlösung

(1) wirkt als starkes Oxidationsmittel
(2) ist aufgrund ihrer Eigenfärbung auch ohne Indikator zu Titrationen einsetzbar
(3) zeigt eine schlechte Titerbeständigkeit
(4) weist ein pH-unabhängiges Redoxpotential auf
(5) kann gegen Oxalsäure als Urtiter eingestellt werden

(A) nur 2 ist richtig
(B) nur 1 und 5 sind richtig
(C) nur 2, 3 und 4 sind richtig
(D) nur 1, 2, 3 und 5 sind richtig
(E) nur 2, 3, 4 und 5 sind richtig

1739 Im Europäischen Arzneibuch ist zur Gehaltsbestimmung von Paracetamol folgende Verfahrensweise vorgesehen:

Die gegebene Substanzmenge wird in verdünnter Schwefelsäure eine Stunde unter Rückfluss erhitzt und anschließend abgekühlt. Nach Zugabe von Eis und verdünnter Salzsäure wird mit Cer(IV)-Maßlösung gegen Ferroin als Indikator titriert.

Welche Aussagen treffen zu?

(1) Die quantitative Bestimmung beruht auf einer Redoxreaktion.
(2) Der Indikator Ferroin wird durch Reaktion mit Cer(IV) reduziert.
(3) Bei der Titration mit Cer(IV) entsteht p-Chinonimin.

(A) nur 1 ist richtig
(B) nur 1 und 2 sind richtig
(C) nur 1 und 3 sind richtig
(D) nur 2 und 3 sind richtig
(E) 1–3 = alle sind richtig

1740 Chlorid kann durch eine Fällungstitration mit Silbernitrat-Maßlösung unter Verwendung von Chromat als Indikator direkt quantifiziert werden.
Welche Aussagen treffen zu?

(1) Dieses Titrationsverfahren ist nach Mohr benannt.
(2) Die Titration wird in stark saurem Milieu durchgeführt.
(3) Der Titrationsendpunkt wird durch Fällung von rotbraunem Silberchromat angezeigt.
(4) Die Konzentration des Chromats ist für die Erkennung des Endpunkts der Titration ohne Bedeutung.
(5) Silberchromat hat ein kleineres Löslichkeitsprodukt als Silberchlorid.

(A) nur 3 ist richtig
(B) nur 2 und 3 sind richtig
(C) nur 1, 2 und 4 sind richtig
(D) nur 1, 3 und 5 sind richtig
(E) 1–5 = alle sind richtig

1741 Welche der folgenden Substanzen verbraucht bei der bromometrischen Titration nach Koppeschaar 3 Äquivalente Brom (Br_2)?

(A) Hydroxyethylsalicylat

(B) Resorcin

(C) Thymol

(D) Sulfanilamid

(E) Benzaldehyd

1742 Mit welchen Verfahren kann Ammoniumchlorid quantitativ bestimmt werden?

(1) argentometrisch nach Volhard
(2) nach Zusatz von Formaldehyd durch Titration mit Natriumhydroxid-Maßlösung gegen Phenolphthalein
(3) durch Titration mit Salzsäure-Maßlösung gegen Methylorange

(A) nur 1 ist richtig
(B) nur 2 ist richtig
(C) nur 1 und 2 sind richtig
(D) nur 1 und 3 sind richtig
(E) 1–3 = alle sind richtig

1743 Welche Aussagen zu Edetinsäure [(Ethylendinitrilo)tetraessigsäure, EDTA] und ihrer Verwendung in der Komplexometrie treffen zu?

(1) Bei pH 3 sind Mg^{2+} und Ca^{2+} direkt mit Edetinsäure-Maßlösung titrierbar.
(2) Edetinsäure kann als 6-zähniger Ligand Komplexe bilden.
(3) Die effektive Komplexbildungskonstante (Konditionalkonstante) ist pH-abhängig.

(A) nur 1 ist richtig
(B) nur 2 ist richtig
(C) nur 1 und 2 sind richtig
(D) nur 2 und 3 sind richtig
(E) 1–3 = alle sind richtig

1744 Tensidtitrationen beruhen auf der Bildung von Ionenpaaren.
Welche Aussagen treffen zu?

(1) Die Bildung von Ionenpaaren erfolgt pH-unabhängig.
(2) Kationische Tenside bilden **keine** Ionenpaare mit organischen Anionen.
(3) Hohe Konzentrationen von Neutralsalzen können die Ionenpaarbildung stören.
(4) Die Bildung von Ionenpaaren erfolgt aufgrund von Coulomb-Interaktionen.

(A) nur 1 und 2 sind richtig
(B) nur 1 und 3 sind richtig
(C) nur 3 und 4 sind richtig
(D) nur 1, 2 und 4 sind richtig
(E) nur 2, 3 und 4 sind richtig

1745 Die Indizierung des Endpunkts von Titrationen in wasserfreiem Mileu wird nach Arzneibuch häufig potentiometrisch vorgenommen. Dazu werden geeignete Elektroden wie z. B. die Glaselektrode verwendet.
Durch die Änderung welcher Messgröße ist der Titrationsverlauf an einer solchen Elektrode erkennbar?

(A) Stromstärke
(B) Widerstand
(C) Temperatur
(D) Spannung
(E) Leitfähigkeit

1746 Bei einer coulometrischen Titration werden eine Ag- und eine Pt-Elektrode sowie als Leitelektrolyt Kaliumbromid (c = 0,1 mol·l^{-1}) eingesetzt.
Welche der Gleichungen beschreiben die ablaufenden Vorgänge zutreffend und welche der Aussagen treffen zu?

(1) Anode (Ag):
 $Br^- + Ag \longrightarrow AgBr + e^-$
(2) Kathode (Pt):
 $2 H_2O + 2 e^- \longrightarrow H_2 + 2 OH^-$
 bzw. $2 H_3O^+ + 2 e^- \longrightarrow H_2 + 2 H_2O$
(3) Acetylsalicylsäure ist als Säure unter diesen Bedingungen titrierbar.
(4) Ephedrin ist als Base unter diesen Bedingungen titrierbar.

(A) nur 1 ist richtig
(B) nur 2 ist richtig
(C) nur 2 und 3 sind richtig
(D) nur 1, 2 und 3 sind richtig
(E) nur 1, 2 und 4 sind richtig

1747 Welche Größen werden bei einem differentiellen Puls-Polarogramm typischerweise gegeneinander aufgetragen?

(A) Widerstand gegen Stromstärke
(B) Änderung der Spannung gegen Zeit
(C) Kapazitätsstrom gegen Widerstand

(D) Diffusionsgrenzstrom gegen Puls-Amplitude
(E) Änderung der Stromstärke gegen Spannung

1748 Die Voltammetrie unter Verwendung einer Quecksilbertropfelektrode kann zur quantitativen Bestimmung organischer Substanzen eingesetzt werden.
Welche der folgenden Verbindungen kann mit dieser Methode **nicht** erfasst werden?

(A) Benzaldehyd
(B) 4-Nitrotoluol
(C) Ascorbinsäure
(D) Menthol
(E) Fumarsäure

1749 Welche der folgenden Substanzpaare sind durch Kapillarelektrophorese in freier Lösung (wässriger Phosphatpuffer **ohne** weitere Zusätze) prinzipiell trennbar?

(1) Benzylalkohol/Benzylamin
(2) Benzylalkohol/Benzoesäure
(3) Benzoesäure/Benzylamin
(4) Benzoesäure/Phthalsäure
(5) Anilin/Benzylamin

(A) nur 1 und 2 sind richtig
(B) nur 3 und 4 sind richtig
(C) nur 1, 2 und 3 sind richtig
(D) nur 2, 3 und 4 sind richtig
(E) 1–5 = alle sind richtig

1750 Im Europäischen Arzneibuch ist zur Untersuchung bestimmter Substanzen die Anwendung der Refraktometrie vorgesehen. Die dabei ermittelte Brechzahl ist eine Stoffkonstante, die mit n_D^{20} bezeichnet wird.
Welche Aussagen zur Brechzahl treffen zu?

(1) Zu ihrer Bestimmung wird eine 20-prozentige Lösung der Substanz in Deuteriumoxid (D_2O) vermessen.
(2) Sie ist unabhängig vom Einfallswinkel des eingestrahlten Lichts.
(3) Sie ist unabhängig von der Wellenlänge des eingestrahlten Lichts.
(4) Ihre Bestimmung kann zu Identitäts-, Reinheits- und Gehaltsbestimmungen einer Substanz herangezogen werden.

(A) nur 1 ist richtig
(B) nur 1 und 2 sind richtig
(C) nur 2 und 4 sind richtig
(D) nur 1, 2 und 3 sind richtig
(E) nur 2, 3 und 4 sind richtig

1751 In der Atomemissionsspektroskopie wird die Intensität des von angeregten Atomen emittierten Lichts gemessen. Wird eine Flamme zur Anregung verwendet, sind Temperatur und Geometrie der Flamme von Bedeutung.
Welche Aussagen treffen zu?

(1) Der Anteil von Atomen im angeregten Zustand nimmt mit steigender Temperatur zu.
(2) Das Ausmaß der Ionisierung der Atome nimmt mit steigender Temperatur zu.
(3) Bei sehr hohen Temperaturen überlagert das Emissionsspektrum der angeregten Ionen dasjenige der angeregten Atome.
(4) Die Wahl der Beobachtungszone innerhalb einer weitgehend konstant eingestellten Flamme spielt bei der Messung von Probe und Vergleichslösung **keine** Rolle.
(5) In einer Flamme herrscht die höchste Temperatur oberhalb der Spitze ihres inneren Kegels.

(A) nur 1 und 5 sind richtig
(B) nur 2 und 3 sind richtig
(C) nur 2, 3 und 5 sind richtig
(D) nur 1, 2, 3 und 5 sind richtig
(E) 1–5 = alle sind richtig

1752 Welche Aussage trifft zu?
Bei der photometrischen Vermessung einer Substanzprobe ist die gemessene Absorption

(A) umgekehrt proportional zur Intensität des eingestrahlten Lichts
(B) umgekehrt proportional zur Schichtdicke
(C) proportional zur Wellenlänge des Lichts
(D) proportional zur Konzentration der Substanz
(E) proportional zum molaren Absorptionskoeffizienten der Substanz

1753 Welche Aussagen zur Fluoreszenzspektroskopie treffen zu?

(1) Die Fluoreszenzspektroskopie gehört zu den emissionsspektroskopischen Verfahren.

(2) Sie beruht auf Elektronenanregungen und deren Singulett-Triplett-Übergängen mit Spinumkehr.
(3) Fluoreszenz ist auch nach Beendigung der Einstrahlung des Anregungslichts noch nach Sekunden detektierbar.
(4) Das emittierte Licht ist stets längerwellig als das Anregungslicht.
(5) Die Intensität des emittierten Lichts ist proportional zur Intensität der Anregungsstrahlung.

(A) nur 1 und 4 sind richtig
(B) nur 2 und 5 sind richtig
(C) nur 1, 4 und 5 sind richtig
(D) nur 2, 3, 4 und 5 sind richtig
(E) 1–5 = alle sind richtig

1754 Welches der folgenden Ketone ergibt im IR-Spektrum eine intensive Bande bei der für diese Stoffklasse auffallend hohen Wellenzahl von 1780 cm^{-1}?

(A) Aceton
(B) Benzophenon
(C) Cyclobutanon
(D) Cyclohexanon
(E) Ethylmethylketon (Butan-2-on)

1755 Gase, die zu medizinischen Zwecken eingesetzt werden, müssen zur Prüfung auf Reinheit instrumentell analytisch auf toxische Verunreinigungen wie Kohlenmonoxid untersucht werden.
Welche der folgenden Methoden eignet sich zur quantitativen Bestimmung von Kohlenmonoxid in gasförmigem Stickstoff?

(A) ^{1}H-NMR-Spektroskopie
(B) Absorptionsspektroskopie im sichtbaren Spektralbereich
(C) Nicht-dispersive IR-Spektroskopie
(D) Polarimetrie
(E) Polarographie

1756 Der Wirkstoff Ampicillin kann in zwei unterschiedlichen polymorphen Formen vorkommen.

Mit welchen analytischen Informationen können diese beiden polymorphen Formen unterschieden werden?

(1) FT-IR-Spektren ihrer KBr-Presslinge
(2) Signale der aromatischen Protonen in den ^{1}H-NMR-Spektren (500 MHz, D$_2$O)
(3) Retentionszeiten in HPLC-Chromatogrammen
(4) Schmelzpunkte
(5) UV-VIS-Spektren

(A) nur 3 ist richtig
(B) nur 1 und 4 sind richtig
(C) nur 3 und 4 sind richtig
(D) nur 2, 3 und 5 sind richtig
(E) 1–5 = alle sind richtig

1757 Welche der folgenden Verfahren werden in der Massenspektrometrie zur Ionenerzeugung eingesetzt?

(1) Elektronenstoß-Ionisation (EI)
(2) Elektrospray-Ionisation (ESI)
(3) Atmosphärendruck-Photoionisation (APPI)
(4) Chemische Ionisation (CI)

(A) nur 1 und 2 sind richtig
(B) nur 1 und 4 sind richtig
(C) nur 2 und 3 sind richtig
(D) nur 3 und 4 sind richtig
(E) 1–4 = alle sind richtig

1758 Welches der folgenden Bauteile findet sich **nicht** in einem Fluorimeter?

(A) Lichtquelle
(B) Anregungsmonochromator
(C) Nicolsches Prisma
(D) Messküvette
(E) Emissionsdetektor

1759 Welche Aussagen zur Matrix-unterstützten Laserdesorptions-Ionisation (MALDI) in der Massenspektrometrie treffen zu?

(1) MALDI wird bevorzugt mit Flugzeit-Analysatoren kombiniert.
(2) Die Analytmoleküle werden durch Übertragung von Protonen der Matrixmoleküle positiv geladen.
(3) Zur effektiven Ionisation wird ein Laser verwendet, der Licht im Bereich der Absorptionsmaxima der Matrixsubstanzen abstrahlt.

(4) Aufgrund der hohen Energie des vom Laser abgestrahlten Lichts kommt es zur ausgeprägten Fragmentierung der ionisierten Analytmoleküle.
(5) Bei Einsatz von MALDI werden generell **keine** Molekülfragmente detektiert.

(A) nur 2 und 4 sind richtig
(B) nur 1, 2 und 3 sind richtig
(C) nur 1, 3 und 4 sind richtig
(D) nur 2, 4 und 5 sind richtig
(E) nur 3, 4 und 5 sind richtig

1760 Auf welchem Prinzip beruht die in der Massenspektrometrie ausgenutzte Ionentrennung mittels Quadrupol-Massen-Analysatoren?

(A) Unter variierten Spannungsverhältnissen kann ein Ion in Abhängigkeit von seiner Masse eine stabile Oszillierung ausführen, das System durchfliegen und den Detektor erreichen, während Ionen anderer Massen ausgeblendet werden.
(B) Durch Anlegen einer konstanten Hochspannung am terminalen Ende werden Ionenpakete im Quadrupol stark beschleunigt, wobei Ionen niedriger Masse den Detektor vor den Ionen hoher Masse erreichen.
(C) Ionenpakete werden zunächst auf der Oberfläche des Quadrupols absorbiert und dissoziieren im Hochvakuum sequentiell in Abhängigkeit von ihrer Masse.
(D) Der Quadrupol-Analysator ist mit einem engmaschigen Polymergerüst (Massenfilter) gefüllt, durch das die Ionen entsprechend ihrer Größe im Inertgasstrom unter hohem Druck zum Detektor penetrieren.
(E) Der variable Austrittsspalt des Quadrupols wird über einen elektrostatischen Sensor so geregelt, dass nur ein selektierter Ionenstrahl in den Analysator gelassen wird.

1761 Octadecylsilyliertes Kieselgel kann durch Nachsilanisieren verbliebener Silanol-Gruppen in seinen Eigenschaften verändert werden.
Welcher bei chromatographischen Trennungen unerwünschte Effekt kann durch Verwendung so behandelten Kieselgels zurückgedrängt werden?

(A) die Ausbildung von Doppelpeaks
(B) ein zu starker Druckanstieg bei Erhöhung der Flussrate
(C) das Tailing von basischen Arzneistoffen
(D) die Ausbildung von Packungsrissen durch Druckschwankungen bei der Injektion
(E) Instabilität der Basislinie bei Gradientenverfahren

1762 Bei der Trennung von Toluen und 1,3-Xylen mittels HPLC werden aus dem Chromatogramm folgende Informationen erhalten:
Gesamtretentionszeit von Toluen:
$t_{R(Toluen)} = 8{,}0 \, \text{min}$
Gesamtretentionszeit von 1,3-Xylen:
$t_{R(1,3-Xylen)} = 9{,}0 \, \text{min}$
Peakbreite in halber Höhe des Toluen-Peaks:
$W_{h \, (Toluen)} = 0{,}29 \, \text{min}$ (Halbwertsbreite)
Peakbreite in halber Höhe des 1,3-Xylen-Peaks:
$W_{h(1,3-Xylen)} = 0{,}30 \, \text{min}$ (Halbwertsbreite)
Totzeit des Systems: $t_0 = 2{,}0 \, \text{min}$

Beide Peaks weisen die Form einer Gaußschen Glockenkurve auf.
Welche Aussagen treffen zu?

(1) Die Auflösung beträgt:
$$R_S = 1{,}18 \cdot \left(\frac{t_{R\,(1,3\text{-Xylen})} - t_{R\,(Toluen)}}{W_{h\,(1,3\text{-Xylen})} + W_{h\,(Toluen)}} \right) = 2{,}0$$
(2) Die Auflösung beträgt:
$R_S = 1{,}18 \cdot (W_{h(1,3\text{-Xylen})} - W_{h(Toluen)}) = 0{,}018$
(3) Die Auflösung beträgt:
$R_S = 1{,}18 \cdot (W_{h(1,3\text{-Xylen})} - t_{R(Toluen)}) = 1{,}18$
(4) Es wurde Basislinientrennung erreicht.
(5) Es wurde **keine** Basislinientrennung erreicht.

(A) nur 1 und 4 sind richtig
(B) nur 1 und 5 sind richtig
(C) nur 2 und 4 sind richtig
(D) nur 2 und 5 sind richtig
(E) nur 3 und 5 sind richtig

1763 Welche Aussagen treffen zu?
Das Verfahren der Headspace-GC

(1) beruht auf dem thermodynamischen Verteilungsgleichgewicht zwischen Gasphase und Probe
(2) ist zur Analytik wässriger Proben ungeeignet

(3) ist zur Analytik flüchtiger Substanzen in Pulvern geeignet

(A) nur 1 ist richtig
(B) nur 2 ist richtig
(C) nur 3 ist richtig
(D) nur 1 und 3 sind richtig
(E) nur 2 und 3 sind richtig

1764 Der abgebildete Arzneistoff Ethambutoldihydrochlorid wird zur Reinheitsprüfung mittels HPLC an octadecylsilyliertem Kieselgel nach Vorsäulenderivatisierung mit (R)-(+)-α-Methylbenzylisocyanat analysiert. Die Detektion erfolgt spektrophotometrisch bei 215 nm.

Welche Aussagen treffen zu?

(1) Ethambutol und sein möglicherweise als Verunreinigung vorliegendes Enantiomer werden durch die Reaktion mit (R)-(+)-α-Methylbenzylisocyanat in diastereomere Derivate übergeführt.
(2) Durch Reaktion von Ethambutol mit dem chiralen Derivatisierungsreagenz entstehen Urethane.
(3) Ethambutol kann auch ohne Vorsäulenderivatisierung direkt bei 215 nm detektiert werden.

(A) nur 1 ist richtig
(B) nur 2 ist richtig
(C) nur 3 ist richtig
(D) nur 1 und 2 sind richtig
(E) 1–3 = alle sind richtig

1765 Elutionsmittelgemische in der HPLC-Analytik müssen hohen Anforderungen genügen.
Welche Aussagen treffen zu?

(1) Eine Entgasung des Elutionsmittelgemischs kann durch kontinuierliche Inertgasspülung in den Vorratsgefäßen mit dem wenig löslichen Edelgas Helium erreicht werden.
(2) Beim Ansaugen durch die Pumpen kann es durch Bildung von Gasblasen zu Abweichungen von der programmierten Fließmittelförderung kommen.
(3) Zur Verhinderung der Bildung von Schwebstoffen durch bakteriellen Stoffwechsel muss Wasser für die Chromatographie (water for chromatographical use) mit 1 % Trifluoressigsäure versetzt sein.
(4) Unlösliche Verunreinigungen im Elutionsmittelgemisch sollten mithilfe von engporigen Glas-Fritten abgetrennt werden.
(5) Unlösliche Verunreinigungen im Elutionsmittelgemisch können im ungünstigsten Fall bis zur Verstopfung der Vorsäule führen.

(A) nur 1 ist richtig
(B) nur 2 und 3 sind richtig
(C) nur 3 und 4 sind richtig
(D) nur 1, 2, 4 und 5 sind richtig
(E) 1–5 = alle sind richtig

1766 Bei der Enantiomerentrennung mittels HPLC können stationäre Phasen zum Einsatz kommen, die durch Proteine oder Peptide modifiziert sind, welche als chirale Selektoren fungieren.
Welche Aussagen treffen zu?

(1) Diese Proteine bzw. Peptide können kovalent an stationären Phasen verankert sein.
(2) Zur Konservierung muss die mobile Phase ein Antibiotikum wie Vancomycin enthalten.
(3) Es dürfen keine wasserhaltigen Elutionsmittelgemische verwendet werden.
(4) Die Enantiomerentrennung beruht auf der kontrollierten reversiblen Denaturierung der Proteine bzw. Peptide durch die Analyten.

(A) nur 1 ist richtig
(B) nur 2 ist richtig
(C) nur 1 und 3 sind richtig
(D) nur 2 und 4 sind richtig
(E) 1–4 = alle sind richtig

1767 Bei der Analyse von 50 mg der Substanz $CuSO_4 \cdot 5 H_2O$ (M_r 249,67) mit dem Verfahren der Thermogravimetrie wird die abgebildete Kurve erhalten. Aufgetragen ist die beim Erwärmen der Probe in einem Ofen gemessene Massendifferenz Δm gegen die Temperatur T.

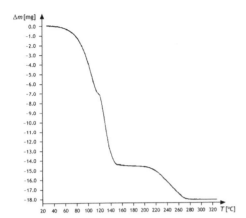

Welche Information kann aus dieser Thermogravimetrie-Kurve erhalten werden?

(A) Cu^{2+} wird zu Cu^+ reduziert.
(B) $CuSO_4 \cdot 5\,H_2O$ ist bei ca. 120 °C in das Trihydrat übergegangen.
(C) $CuSO_4 \cdot 5\,H_2O$ schmilzt im Temperaturbereich von ca. 140 °C – 150 °C.
(D) $CuSO_4 \cdot 5\,H_2O$ schmilzt im Temperaturbereich von ca. 200 °C – 260 °C.
(E) Sulfat wird zu Peroxodisulfat oxidiert.

Außer den Fragen Nr. 1725–1767 waren noch folgende Aufgaben aus voran stehenden Abschnitten Bestandteil der **Prüfung vom Frühjahr 2012**: Nr. 355 – 427 – 454 – 473 – 521 – 736 – 808 – 941 – 945 – 1065 – 1147 – 1148 – 1206 – 1245 – 1356 – 1368 – 1413 – 1447 – 1567 – 1713

14.4 Prüfung Herbst 2012

1768 Zur Analyse eines Proteingemischs steht die Anwendung folgender instrumentell-analytischer Methoden zur Diskussion: Größenausschlusschromatographie (SEC), Kapillarelektrophorese (CE), 2-dimensionale Gelelektrophorese (2-DE) sowie UV/VIS-Spektrometrie (UV/VIS).
Die genannten Methoden sollen nach steigender Selektivität geordnet werden.
Welche Reihenfolge ist zutreffend?

(A) UV/VIS < SEC < CE < 2-DE
(B) UV/VIS < SEC < 2-DE < CE
(C) CE < SEC < UV/VIS < 2-DE
(D) SEC < CE < 2-DE < UV/VIS
(E) UV/VIS < CE < SEC < 2-DE

1769 Welche Aussage trifft zu?

(A) Je richtiger das Ergebnis einer Analysenmethode ist, desto reproduzierbarer ist diese.
(B) Je reproduzierbarer ein Messwert ist, desto richtiger ist das Analysenergebnis.
(C) Zufällige Fehler bei der Probenahme beeinflussen das Analysenergebnis **nicht**.
(D) Unzureichende Selektivität einer Analysenmethode führt zu systematischen Fehlern.
(E) Die Robustheit einer Analysenmethode ist lediglich von der Umgebungstemperatur abhängig.

1770 Abgebildet sind zwei Kalibrierkurven für die UV/VIS-spektrometrische Bestimmung von Acetylsalicylsäure bei den Wellenlängen 225 nm bzw. 275 nm. Aufgetragen ist jeweils die Absorption A gegen die Massenkonzentration β.

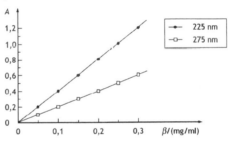

Welche Aussagen treffen zu?

(1) Die Messung bei 225 nm ist die empfindlichere.
(2) Die Messung bei 275 nm ist die empfindlichere.
(3) Ein Vergleich der Empfindlichkeiten bei den unterschiedlichen Wellenlängen ist **nicht** möglich.
(4) Bei 275 nm erhaltene Analysenergebnisse werden mit einer größeren Unsicherheit behaftet sein als solche, die bei 225 nm erhalten werden.
(5) Die Messergebnisse bei 275 nm lassen auf einen systematischen Fehler schließen.

(A) nur 2 ist richtig
(B) nur 3 ist richtig
(C) nur 1 und 4 sind richtig
(D) nur 3 und 5 sind richtig
(E) nur 1, 4 und 5 sind richtig

1771 Zur gravimetrischen Gehaltsbestimmung von Ni(II) wird die wässrige Analysenlösung zunächst ammoniakalisch gemacht. Nach Zugabe einer Lösung des Dinatriumsalzes von Diacetyldioxim (Na$_2$DMG) bildet sich ein Präzipitat.
In welchen der folgenden Komplexe liegt Ni(II) im Laufe dieser Reaktionsfolge vor?

(1) [Ni(H$_2$O)$_6$]$^{2+}$
(2) [Ni(NH$_3$)$_6$]$^{2+}$
(3) [NaNi(DMG)$_3$]
(4) [Ni(CO)$_4$]
(5) [Ni(DMG)$_2$]

(A) nur 3 ist richtig
(B) nur 5 ist richtig
(C) nur 4 und 5 sind richtig
(D) nur 1, 2 und 5 sind richtig
(E) nur 1, 2, 4 und 5 sind richtig

1772 Welche Indikatoren bzw. instrumentellen Verfahren eignen sich zur Endpunkterkennung der Titration einer Lösung von Propionsäure ($c = 0{,}1$ mol/l) mit NaOH-Maßlösung ($c = 0{,}1$ mol/l)?

(1) Methylorange
(2) Phenolphthalein
(3) Potentiometrie
(4) Konduktometrie

(A) nur 1 und 2 sind richtig
(B) nur 1 und 3 sind richtig
(C) nur 1, 3 und 4 sind richtig
(D) nur 2, 3 und 4 sind richtig
(E) 1–4 = alle sind richtig

1773 Welche Aussage zu Säure-Base-Indikatoren trifft zu?

(A) Säure-Base-Indikatoren dürfen selbst keine sauren oder basischen Eigenschaften besitzen.
(B) Die Konzentration des zugesetzten Indikators in der Titrationslösung hat prinzipiell keinen Einfluss auf den Verlauf der Titrationskurve einer Säure-Base-Titration.
(C) Als Mischindikatoren werden solche Säure-Base-Indikatoren bezeichnet, die in saurem Milieu eine andere Farbe aufweisen als in alkalischem Milieu.
(D) Bei Säure-Base-Indikatoren wird üblicherweise zwischen einfarbigen und zweifarbigen Indikatoren unterschieden.
(E) Eriochromschwarz T ist ein gebräuchlicher Säure-Base-Indikator.

1774 Welche Aussagen zur Analyse des Arzneistoffs Trimethoprim treffen zu?

(1) Trimethoprim kann als NH-acide Verbindung in wässrigem Milieu mit NaOH-Maßlösung unter Zusatz von Silbernitrat titriert werden.
(2) Trimethoprim kann als Amidin mit Kaliumbromat-Lösung zu Hydrazin reduziert werden.
(3) Bei der Titration von Trimethoprim in Eisessig unter potentiometrischer Indikation wird 1 Äquivalent Perchlorsäure-Maßlösung verbraucht.

(A) nur 1 ist richtig
(B) nur 2 ist richtig
(C) nur 3 ist richtig
(D) nur 1 und 2 sind richtig
(E) nur 2 und 3 sind richtig

1775 Eisen(II) kann mit Permanganat-Maßlösung unter potentiometrischer Indikation bestimmt werden.
Welche Aussagen zu einer hierbei aufgezeichneten Titrationskurve treffen zu?

(1) Die Höhe des Potentialsprungs ist abhängig von der Differenz der Standardpotentiale der beiden beteiligten Redoxsysteme.
(2) Die Höhe des Potentialsprungs ist bei pH 1 größer als bei pH 3.
(3) Das Potential am Äquivalenzpunkt ist gleich dem arithmetischen Mittel der Standardpotentiale der beiden beteiligten Redoxsysteme.

(A) nur 1 ist richtig
(B) nur 3 ist richtig
(C) nur 1 und 2 sind richtig
(D) nur 2 und 3 sind richtig
(E) 1–3 = alle sind richtig

1776 Welche der folgenden Substanzen sind als Urtiter zur Einstellung von Maßlösungen für Redoxtitrationen geeignet?

(1) Kaliumpermanganat
(2) Sulfanilsäure
(3) Natriumcarbonat
(4) Kaliumbromat
(5) Arsen(III)-oxid

(A) nur 1 ist richtig
(B) nur 2 und 4 sind richtig
(C) nur 3 und 5 sind richtig
(D) nur 2, 4 und 5 sind richtig
(E) nur 1, 2, 3 und 4 sind richtig

1777 Zur Gehaltsbestimmung von Eisen(II)-sulfat ist im Europäischen Arzneibuch folgende Verfahrensweise vorgesehen:
2,5 g Natriumhydrogencarbonat werden in einer Mischung aus 150 ml Wasser und 10 ml Schwefelsäure gelöst. Nach Beendigung der Gasentwicklung werden 0,50 g der zu analysierenden Substanz zugesetzt und unter vorsichtigem Schütteln gelöst. Nach Zusatz von 0,1 ml Ferroin-Lösung wird mit Ammoniumcer(IV)-nitrat-Maßlösung bis zum Verschwinden der Rotfärbung titriert.
Welche Aussage trifft zu?

(A) Cer(IV)-Ionen sind starke Reduktionsmittel.
(B) Durch die initiale Lösung des Natriumhydrogencarbonats im Reaktionsmedium soll schwer lösliches Eisen(II)-sulfat vollständig in lösliches Eisen(II)-carbonat übergeführt werden.
(C) Zweck der Zugabe des Natriumhydrogencarbonats ist die Bildung eines Puffersystems.
(D) Durch Lösen des Natriumhydrogencarbonats und Bildung von Kohlendioxid soll der störende Einfluss von Luftsauerstoff auf den Analyten vermindert werden.
(E) Ferroin ist ein roter Chelatkomplex des Eisen(III).

1778 Für den abgebildeten Arzneistoff Amidotrizoesäure-Dihydrat (M_r 650) ist im Europäischen Arzneibuch folgende Gehaltsbestimmung vorgesehen:
0,150 g Substanz werden mit konzentrierter Natriumhydroxid-Lösung und Zink-Pulver unter Rückfluss erhitzt. Nach Filtration wird das Filtrat mit verdünnter Schwefelsäure-Lösung versetzt und sofort mit Silbernitrat-Maßlösung (c = 0,1 mol·l^{-1}) titriert. Der Endpunkt wird potentiometrisch bestimmt.

Welche Aussage trifft zu?
1 ml Silbernitrat-Maßlösung (c = 0,1 mol·l^{-1}) entspricht

(A) 10,83 mg $C_{11}H_9I_3N_2O_4$
(B) 20,47 mg $C_{11}H_9I_3N_2O_4$
(C) 32,49 mg $C_{11}H_9I_3N_2O_4$
(D) 40,94 mg $C_{11}H_9I_3N_2O_4$
(E) 65,00 mg $C_{11}H_9I_3N_2O_4$

1779 Welche Aussage zu Titrationskurven in der Komplexometrie trifft **nicht** zu?

(A) Ein Austausch des als Titrator üblicherweise eingesetzten mehrzähnigen Liganden Edetat durch einen einzähnigen Liganden würde zu nicht oder deutlich schlechter auswertbaren Titrationskurven führen.
(B) Die Metallionen-Konzentration am Äquivalenzpunkt ist abhängig von der Komplexbildungskonstanten des Metallion-Edetat-Komplexes.
(C) Die Metallionen-Konzentration bei τ = 0,5 ist weitgehend unabhängig von der Komplexbildungskonstante.
(D) Bei der Titration von Kupfer(II) mit Natriumedetat-Maßlösung kann die Kupferionen-Konzentration bei τ = 2 näherungsweise aus der Bildungskonstanten des Kupfer-Edetat-Komplexes errechnet werden.
(E) Der pH-Wert hat keinen Einfluss auf den Verlauf der Titrationskurve der Bestimmung von Kupfer(II) mit Natriumedetat-Maßlösung unter potentiometrischer Indikation.

1780 Welche der folgenden Ionen können in gepufferter Lösung bei pH = 7 direkt mit Edetat titrimetrisch bestimmt werden?

(1) K^+
(2) Ni^{2+}
(3) Mg^{2+}
(4) Zn^{2+}

(A) nur 2 und 3 sind richtig
(B) nur 2 und 4 sind richtig
(C) nur 1, 2 und 3 sind richtig
(D) nur 1, 3 und 4 sind richtig
(E) 1–4 = alle sind richtig

1781 Welche Bedeutung hat die in der Bioanalytik verwendete Abkürzung PAGE?

(A) Proteinauffanggastexpression
(B) Polyacrylamidgel-Elektrophorese
(C) Polyamid-γ-Esterase
(D) Puffer-assoziierte Genomelimination
(E) p-Gluthethylen

1782

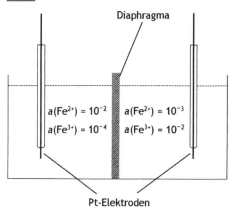

Pt-Elektroden

Welche Aussage trifft zu?
Die zwischen den Elektroden der in der Abbildung skizzierten Konzentrationskette bei 25 °C leistungslos messbare Spannung beträgt etwa:

(A) 0 V
(B) 0,059 V
(C) 0,118 V
(D) 0,177 V
(E) 0,59 V

1783 Für welche der folgenden Titrationen sind die jeweils angegebenen Elektroden als Indikatorelektrode zur potentiometrischen Endpunktanzeige geeignet?

(1) Ionenselektive Elektrode für Fällungstitrationen
(2) Glasmembran-Elektrode für Säure-Base-Titrationen
(3) Platin-Elektrode für Redoxtitrationen

(A) nur 2 ist richtig
(B) nur 3 ist richtig
(C) nur 1 und 2 sind richtig
(D) nur 2 und 3 sind richtig
(E) 1–3 = alle sind richtig

1784 Ascorbinsäure kann alkalimetrisch bestimmt werden durch eine coulometrische Titration in einer Messzelle, deren Anoden- und Kathodenraum durch einen Stromschlüssel getrennt sind.
Welche Aussagen zu dieser Verfahrensweise treffen zu?

(1) Die Umsetzung der Ascorbinsäure findet im Kathodenraum statt.
(2) Die Umsetzung der Ascorbinsäure findet im Anodenraum statt.
(3) Jeweils gleiche Volumina der Ascorbinsäure-Lösung müssen sowohl in den Kathoden- als auch in den Anodenraum gegeben werden.
(4) Die Indikation der Titration kann potentiometrisch unter Einsatz einer kombinierten Glaselektrode (Einstabmesskette) erfolgen.

(A) nur 1 ist richtig
(B) nur 2 ist richtig
(C) nur 1 und 4 sind richtig
(D) nur 2 und 4 sind richtig
(E) nur 3 und 4 sind richtig

1785 Welche Aussagen treffen zu?
Zwei gleich große Platin-Elektroden können eingesetzt werden zur

(1) biamperometrischen Indikation der nitritometrischen Titration von Anilin-Derivaten
(2) Leitfähigkeitstitration von Essigsäure mit Natronlauge
(3) Indizierung der Wasserbestimmung nach Karl Fischer
(4) bivoltametrischen Indikation der iodometrischen Titration von Natriumsulfit

(A) nur 1 ist richtig
(B) nur 2 ist richtig
(C) nur 1 und 4 sind richtig

(D) nur 3 und 4 sind richtig
(E) 1–4 = alle sind richtig

1786 Welche Aussagen über einen amperometrischen Sauerstoff-Sensor nach Clark treffen zu?

(1) Er enthält eine für Sauerstoff durchlässige Membran.
(2) Im Betrieb entsteht an der Opfer-Anode aus Silber AgCl.
(3) Im Betrieb wird an der Edelmetall-Kathode (z. B. Gold-Kathode) Sauerstoff reduziert.
(4) Als Innenlösung dient eine Kaliumchlorid-Lösung.

(A) nur 1 ist richtig
(B) nur 3 ist richtig
(C) nur 2 und 3 sind richtig
(D) nur 1, 3 und 4 sind richtig
(E) 1–4 = alle sind richtig

1787 Zur Prüfung auf Reinheit von D-Glucitol (D-Sorbitol) ist im Europäischen Arzneibuch die Leitfähigkeitsmessung einer Lösung von 20,0 g Substanz in 100 ml CO_2-freiem Wasser bei einer Temperatur von 20 °C vorgesehen. Der gemessene Wert darf maximal $20\,\mu S \cdot cm^{-1}$ betragen
Welche Aussagen treffen zu?

(1) Diese Prüfung kann einen Hinweis auf eine Verunreinigung mit Salzen geben.
(2) Eine Überschreitung der zulässigen Leitfähigkeit kann durch sauer reagierende Verunreinigungen bedingt sein.
(3) Eine Überschreitung der zulässigen Leitfähigkeit kann durch alkalisch reagierende Verunreinigungen bedingt sein.
(4) Diese Prüfung ist erforderlich, um eine Verunreinigung mit reduzierenden Mono- bzw. Disachariden zu erkennen.
(5) Hauptziel dieser Prüfung ist die Begrenzung einer Verunreinigung mit L-Glucitol.

(A) nur 5 ist richtig
(B) nur 2 und 4 sind richtig
(C) nur 1, 2 und 3 sind richtig
(D) nur 1, 3 und 4 sind richtig
(E) 1–5 = alle sind richtig

1788 Welche der genannten Größen sind Parameter, die in die Berechnung der Auflösung bei der Kapillarelektrophorese eingehen?

(1) elektrophoretische Beweglichkeiten der Analyten
(2) endoosmotische Beweglichkeit
(3) scheinbare Zahl der theoretischen Böden
(4) Injektionsdruck
(5) Signal-Rausch-Verhältnis

(A) nur 1 und 3 sind richtig
(B) nur 3 und 5 sind richtig
(C) nur 1, 2 und 3 sind richtig
(D) nur 1, 3 und 5 sind richtig
(E) nur 1, 2, 4 und 5 sind richtig

1789* Abgebildet sind die strukturell verwandten Substanzen Amphetamin und Tyrosin.

Amphetamin   Tyrosin

Welche Aussage zur Analyse von Amphetamin und Tyrosin mittels Kapillarelektrophorese trifft zu?

(A) Bei pH = 3 besitzt Tyrosin die betragsmäßig höhere elektrophoretische Mobilität.
(B) Bei pH = 5 besitzen beide Substanzen betragsmäßig gleich große elektrophoretische Mobilitäten.
(C) Bei pH = 11 besitzt Tyrosin die betragsmäßig höhere elektrophoretische Mobilität.
(D) Die Substanzen können in alkalischen Elektrolytlösungen (pH > 9) **nicht** getrennt werden.
(E) Die elektrophoretischen Wanderungsgeschwindigkeiten der Substanzen sind unabhängig von der angelegten Spannung.

1790 Welche Aussagen zur Micellaren Elektrokinetischen Chromatographie (MEKC) treffen zu?

(1) Bei der MEKC werden – im Gegensatz zur Elektrophorese – Spannungen angelegt, die lediglich im mV-Bereich liegen.
(2) Bei der MEKC werden der Pufferlösung ionische Tenside in einer zur Bildung geladener Micellen geeigneten Menge zugegeben.

(3) Die Bewegung der geladenen Micellen wirkt zwangsläufig in Richtung des EOF (elektroosmotischer Fluss) und führt zu einer additiven Beschleunigung.
(4) Die Micellen bilden eine von der wässrigen Phase unterscheidbare pseudostationäre Phase.
(5) Die Trennung von ungeladenen, mäßig polaren Analyten erfolgt aufgrund ihrer Verteilung zwischen den Micellen und der wässrigen Phase.

(A) nur 1 ist richtig
(B) nur 2 ist richtig
(C) nur 1, 3 und 5 sind richtig
(D) nur 2, 4 und 5 sind richtig
(E) nur 1, 2, 4 und 5 sind richtig

1791 Welche der genannten Größen können Einfluss nehmen auf den Wert der spezifischen Drehung der Lösung einer optisch aktiven Substanz?

(1) pH-Wert der Lösung
(2) Konzentration der Lösung
(3) Wellenlänge des verwendeten Lichts
(4) Messtemperatur

(A) nur 1 und 2 sind richtig
(B) nur 3 und 4 sind richtig
(C) nur 1, 2 und 4 sind richtig
(D) nur 1, 3 und 4 sind richtig
(E) 1–4 = alle sind richtig

1792 Die Reduktion des Ketons **A** führt unter geeigneten Bedingungen zu dem racemischen Produkt **B**.

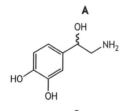

Durch welche der folgenden instrumentell-analytischen Methoden können **A** und **B** unterschieden werden?

(1) UV-Spektroskopie
(2) ¹H-NMR-Spektroskopie
(3) IR-Spektroskopie
(4) HPLC
(5) Polarimetrie

(A) nur 2 und 4 sind richtig
(B) nur 1, 3 und 5 sind richtig
(C) nur 2, 3 und 4 sind richtig
(D) nur 1, 2, 3 und 4 sind richtig
(E) 1–5 = alle sind richtig

1793 Welche Aussage trifft zu?
Die gelbe Emissionslinie des Natriums (D-Linie) kommt zustande durch Änderung

(A) des Kerndrehimpulses
(B) der Rotationsenergie
(C) des Schwingungszustandes
(D) der Translationsenergie
(E) des elektronischen Zustandes

1794 Welche Aussage zur Atomabsorptionsspektrometrie (AAS) trifft **nicht** zu?

(A) Die Atomisierung der Probe kann in einem Graphitrohrofen elektrothermisch vorgenommen werden.
(B) Die AAS ist auf die Untersuchung von Alkali- und Erdalkalimetallen beschränkt.
(C) Für die Absorption gilt das Lambert-Beer-Gesetz.
(D) Konzentrationsbestimmungen mittels AAS können mithilfe einer Kalibrierfunktion vorgenommen werden.
(E) Zur quantitativen Bestimmung von Analyten kann die Standardzumischmethode angewendet werden.

1795 Welche der folgenden Verbindungen zeigt im UV/VIS-Spektrum in ethanolischer Lösung bei Zugabe von NaOH eine deutliche bathochrome Verschiebung des längstwelligen Maximums?

(A) [structure]
(B) [structure]
(C) [structure]
(D) [structure]
(E) [structure]

1796 Welches der folgenden Lösungsmittel ist für die UV-Spektroskopie im Wellenlängenbereich von 220 nm bis 260 nm **nicht** geeignet?

(A) 1-Propanol
(B) Diethylether
(C) Cyclohexan
(D) Cyclohexanol
(E) Toluol

1797 Bei der photometrischen Analyse eines Arzneistoffs (M_r 200) mit einem molaren Absorptionskoeffizienten $\varepsilon = 8000\, l \cdot mol^{-1} \cdot cm^{-1}$ in einer Lösung der Massenkonzentration $\beta = 0{,}001$ g/100 ml wird eine Absorption $A = 0{,}8$ gemessen.
Wie groß ist die Schichtdicke der zu dieser Messung verwendeten Küvette?

(A) 0,5 cm
(B) 1 cm
(C) 2 cm
(D) 3 cm
(E) 4 cm

1798 Welche Aussagen zur Fluorimetrie treffen zu?

(1) Die Intensität des Fluoreszenzlichts ist unabhängig vom Absorptionskoeffizienten der fluoreszierenden Substanz.
(2) Die Fluorimetrie zählt zu den Lumineszenzverfahren.
(3) Die Energie der zur Anregung eingesetzten elektromagnetischen Strahlung wird nur unvollständig in Fluoreszenzlicht umgewandelt.
(4) Das so genannte Quenching ist nur zu beobachten, wenn eine Substanzprobe in einem aromatischen Lösungsmittel vermessen wird.

(A) nur 1 und 2 sind richtig
(B) nur 1 und 4 sind richtig
(C) nur 2 und 3 sind richtig
(D) nur 2 und 4 sind richtig
(E) nur 1, 2 und 4 sind richtig

1799 Welche Aussagen treffen zu?
Die Bestimmungsgrenze bei der fluorimetrischen Bestimmung einer organischen Substanz ist abhängig von der:

(1) Intensität des Anregungslichts
(2) Quantenausbeute
(3) Wellenlänge des Anregungslichts
(4) Art des Lösungsmittels

(A) nur 1 ist richtig
(B) nur 1 und 2 sind richtig
(C) nur 2 und 3 sind richtig
(D) nur 3 und 4 sind richtig
(E) 1–4 = alle sind richtig

1800 Welche Aussagen treffen zu?
Zu den Bauteilen eines FT-IR-Spektrometers gehören:

(1) Monochromator
(2) Interferometer
(3) Quecksilberdampflampe
(4) Probenküvette aus Quarzglas

(A) nur 2 ist richtig
(B) nur 1 und 2 sind richtig
(C) nur 1 und 4 sind richtig
(D) nur 2 und 3 sind richtig
(E) 1–4 = alle sind richtig

1801 Welche Aussagen zur IR-Spektroskopie treffen zu?

(1) Lineare Moleküle können keine IR-Strahlung absorbieren.
(2) Die Anregung der Valenzschwingung einer C-Cl-Bindung (z. B. in CH_2Cl_2) erfordert eine höhere Anregungsenergie als die Anregung der Valenzschwingung einer C-I-Bindung (z. B. in CH_2I_2).
(3) Oberschwingungen erfordern zu ihrer Anregung eine höhere Energie der elektromagnetischen Strahlung als die entsprechende Grundschwingung.
(4) Unterschiedliche Bindungsgrade chemischer Bindungen (z. B. Dreifachbindung, Doppelbindung) haben keinen Einfluss auf die Lage der von ihnen verursachten IR-Absorptionsmaxima.

(A) nur 2 ist richtig
(B) nur 1 und 2 sind richtig
(C) nur 1 und 4 sind richtig
(D) nur 2 und 3 sind richtig
(E) nur 1, 3 und 4 sind richtig

1802* Welche Aussagen treffen zu?
Zur Beobachtung kernmagnetischer Resonanz-Signale von H-Atomkernen werden benötigt:

(1) ein Radiofrequenzsender
(2) ein homogenes Magnetfeld
(3) ein Radiofrequenzempfänger
(4) elektromagnetische Strahlung im Mikrowellenbereich

(A) nur 1 und 2 sind richtig
(B) nur 2 und 3 sind richtig
(C) nur 1, 2 und 3 sind richtig
(D) nur 1, 3 und 4 sind richtig
(E) nur 2, 3 und 4 sind richtig

Ordnen Sie bitte den H-Atomkernen der Ethyl-Gruppe von Essigsäureethylester der Liste 1 das jeweils zugehörige Aufspaltungsmuster im ^{1}H-NMR-Spektrum aus Liste 2 zu!

Liste 1	Liste 2
1803* –CH_2–	(A) Singulett
1804* –CH_3	(B) Dublett
	(C) Triplett
	(D) Quartett
	(E) Quintett

1805 Abgebildet ist ein bei 400 MHz in $CDCl_3$ aufgenommenes ^{1}H-NMR-Spektrum.

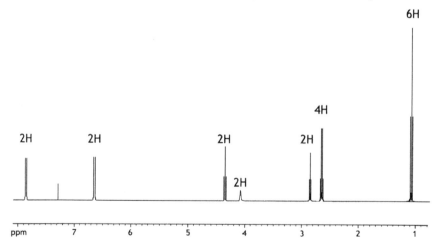

Welche der folgenden Substanzen ergibt dieses Spektrum?

(A) [Struktur: H₂N-C₆H₄-C(=O)-O-CH₂-N(CH₃)(C₂H₅) bzw. Procain-ähnlich mit N(CH₃)- und CH₃-Gruppe]

(B) [Struktur: H₂N-C₆H₄-C(=O)-O-CH₂CH₂-N(C₂H₅)₂]

(C) [Struktur: H₂N-C₆H₄-C(=O)-N(C₂H₅)₂]

(D) [Struktur: H₂N-C₆H₄-C(=O)-O-CH₂CH₂-N(CH₃)₂]

(E) [Struktur: 3-H₂N-C₆H₄-C(=O)-O-CH₂CH₂-N(C₂H₅)₂]

1806 Welche Aussagen zur Elektronenstoß-Ionisation in der Massenspektrometrie treffen zu?

(1) Bei Kopplung von HPLC mit Massenspektrometrie (MS) ist die Elektronenstoß-Ionisation (EI) das bevorzugte Ionisierungsverfahren.
(2) Der Beschuss eines Moleküls mit energiereichen Elektronen kann im ersten Schritt unter Verlust eines Elektrons zur Bildung eines Radikalkations führen.
(3) Das Ionisierungspotential ist die zur Entfernung eines Elektrons aus dem höchsten besetzten Molekülorbital eines Moleküls aufzuwendende Energie.
(4) Zur Fragmentierung von Molekülionen kommt es infolge der Überschussenergie, welche die Moleküle beim Elektronenbeschuss aufnehmen.

(A) nur 2 ist richtig
(B) nur 1 und 4 sind richtig
(C) nur 2 und 3 sind richtig
(D) nur 1, 2 und 3 sind richtig
(E) nur 2, 3 und 4 sind richtig

1807 Welche Aussage zur Umkehrphasen-Chromatographie trifft **nicht** zu?

(A) Das Verfahren wird zur Analyse hydrophiler Analyten eingesetzt.
(B) Als mobile Phasen werden polare Lösungsmittelgemische verwendet.
(C) Cyanopropyl-Kieselgel ist als stationäre Phase ungeeignet.
(D) Wird der Anteil des organischen Bestandteils der mobilen Phase erhöht, so resultiert eine Verkürzung der Retentionszeiten der Analyten.
(E) Wässrige Puffer können Bestandteil der mobilen Phase sein.

1808 Welche Kenngrößen eines Chromatogramms werden zur Bestimmung des Peak-Tal-Verhältnisses zweier unvollständig getrennter Peaks verwendet?

(1) Höhe (über der extrapolierten Basislinie) des niedrigsten Punkts zwischen den beiden Peaks
(2) Höhe (über der extrapolierten Basislinie) des größeren Peaks
(3) Höhe der theoretischen Trennstufe des kleineren Peaks
(4) Höhe des Untergrundrauschens, betrachtet über das 20-fache der Peakbreite
(5) Höhe (über der extrapolierten Basislinie) des kleineren Peaks

(A) nur 1 und 5 sind richtig
(B) nur 2 und 4 sind richtig
(C) nur 1, 3 und 4 sind richtig
(D) nur 2, 4 und 5 sind richtig
(E) nur 1, 2 und 5 sind richtig

1809 Multikanalphotometer mit Durchlaufküvetten werden häufig als so genannte PDA-Detektoren (Photodiodenarray-Detektoren) in der HPLC eingesetzt.
Welche Aussage trifft **nicht** zu?

(A) Hunderte nebeneinander aufgereihter Photodioden ermöglichen die gleichzeitige Aufnahme der Absorption in einem bestimmten Wellenlängenbereich (z. B. 200 nm–800 nm).
(B) Die Aufnahme eines Spektrums in einem bestimmten Wellenlängenbereich (z. B. 200 nm–800 nm) erfordert nur Sekundenbruchteile.
(C) Jede Photodiode des Arrays emittiert Licht einer auf 1 nm genau definierten Wellenlänge, das von der Detektorzelle registriert wird.
(D) Zur Verbesserung des Signal-Rausch-Verhältnisses können viele Spektren in einem Rechner addiert werden.
(E) Die registrierten UV/VIS-Spektren können zur Reinheitskontrolle der einzelnen HPLC-Signale herangezogen werden (Peak-Reinheit).

1810 Das Fischöl Lebertran ist reich an Omega-3-Fettsäuren. Sein unverseifbarer Anteil besteht etwa zur Hälfte aus Cholesterol (**1**), dessen Anteil im Öl insgesamt ca. 1 % beträgt.
Nach Verseifungs- und Extraktionsschritten sowie gegebenenfalls Vorsäulenmodifizierung kann eine Untersuchungslösung erhalten werden, die für die gaschromatographische Analyse unter Einsatz eines Flammenionisationsdetektors geeignet ist.

1

2

Welche Aussage zu einer solchen gaschromatographischen Analyse trifft **nicht** zu?

(A) Während der Trennung in der auf über 260 °C beheizten Quarzglaskapillare wird aus Cholesterol (**1**) durch Reaktion mit der Kapillarwand das Silyl-Derivat **2** gebildet.
(B) Die aus der Säule austretenden Substanzen werden in einer Knallgasflamme verbrannt.
(C) Flammenionisationsdetektoren sind unempfindlich gegenüber solchen Substanzen, die entweder nicht verbrennen oder bei deren Verbrennung praktisch keine Radikale und in der Folge keine Ionen auftreten.
(D) Gemessen wird der Stromfluss, der von den bei der Verbrennung aus Radikalen entstehenden Ionen verursacht wird.
(E) Als Trägergas ist Wasserstoff geeignet.

1811 Welcher der folgenden chemischen bzw. physikalischen Prozesse lässt sich **nicht** mittels Thermogravimetrie verfolgen?

(A) Abgabe physikalisch gebundenen Wassers aus einem Arzneistoff
(B) Abgabe von Wasser aus einem kristallwasserhaltigen Salz
(C) Schmelzen eines organischen Arzneistoffs
(D) Wasseraufnahme eines hygroskopischen organischen Arzneistoffs
(E) Zersetzung eines organischen Arzneistoffs durch thermische Decarboxylierung

Außer den Fragen Nr. 1768–1811 waren noch folgende Aufgaben aus voran stehenden Abschnitten Bestandteil der **Prüfung vom Herbst 2012**: Nr. 257 – 380 – 464 – 646 – 647 – 696 – 1007 – 1113 – 1179 – 1332 – 1387 – 1417 – 1432 – 1486 – 1578 – 1624 – 1662 – 1708

14.5 Prüfung Frühjahr 2013

1812 Welche Aussagen zur Präzision eines Analysenverfahrens treffen zu?

(1) Die Vergleichspräzision ist ein Maß für die Reproduzierbarkeit eines Analysenergebnisses.
(2) Bei einem großen zufälligen Fehler besitzt das Analysenverfahren eine geringe Präzision.
(3) Die Präzision ist ein Maß für die Empfindlichkeit der Bestimmung einer Substanz in Gegenwart verwandter Substanzen.

(A) nur 1 ist richtig
(B) nur 1 und 2 sind richtig
(C) nur 1 und 3 sind richtig
(D) nur 2 und 3 sind richtig
(E) 1–3 = alle sind richtig

1813 Welche Aussagen zur Robustheit eines Analysenverfahrens treffen zu?

(1) Ein Analysenverfahren kann im Hinblick auf seine Robustheit mittels eines Ringversuchs untersucht werden.
(2) Die Robustheit wird durch gezielte Veränderungen relevanter Parameter untersucht.
(3) Die Robustheit kann im Hinblick auf Veränderungen der Streuung untersucht werden.
(4) Die Robustheit kann im Hinblick auf systematische Fehler untersucht werden.

(A) nur 1 ist richtig
(B) nur 3 ist richtig
(C) nur 1 und 3 sind richtig
(D) nur 1, 3 und 4 sind richtig
(E) 1–4 = alle sind richtig

1814 Welches der folgenden Salze reagiert, in Wasser gelöst, am stärksten sauer?

(A) $Fe(NO_3)_3$
(B) $NaClO_4$
(C) NH_4Cl
(D) $BaCl_2$
(E) $H_2N–NH_3^+\ Cl^-$

1815 Welche Aussage trifft zu?
Die Löslichkeit von AgCl ist am größten in:

(A) H_2O
(B) $(NH_4)_2CO_3$-Lösung ($c = 0{,}1$ mol/l)
(C) NH_4NO_3-Lösung ($c = 0{,}1$ mol/l)
(D) KNO_3-Lösung ($c = 0{,}1$ mol/l)
(E) HNO_3-Lösung ($c = 0{,}1$ mol/l)

1816 Welche Aussagen zu Urtitersubstanzen treffen zu?

(1) Sie sind notwendigerweise anorganische Verbindungen.
(2) Sie werden auch als interner Standard bezeichnet.
(3) Sie können zur Herstellung von Maßlösungen verwendet werden.

(A) nur 2 ist richtig
(B) nur 3 ist richtig
(C) nur 1 und 2 sind richtig
(D) nur 2 und 3 sind richtig
(E) 1–3 = alle sind richtig

1817 In welcher der folgenden Substanzklassen finden sich üblicherweise **keine** Vertreter von Säure-Base-Indikatoren?

(A) Tetrachlordibenzodioxine
(B) Phthaleine
(C) Azobenzen-Derivate
(D) Triphenylmethane
(E) Sulfophthaleine

1818 Welche Aussagen zu Titrationen mit KOH-Maßlösungen treffen zu?

(1) Die Einstellung von KOH-Maßlösungen kann gegen Kaliumhydrogenphthalat erfolgen.
(2) Säure-Base-Reaktionen in Wasser sind immer schnelle Reaktionen.

(3) Auch Ethanol ist als Lösungsmittel in KOH-Maßlösungen gebräuchlich.

(A) nur 1 ist richtig
(B) nur 2 ist richtig
(C) nur 1 und 2 sind richtig
(D) nur 2 und 3 sind richtig
(E) 1–3 = alle sind richtig

1819 Welche der genannten Maßlösungen ($c = 0,1$ mol·l^{-1}) ist zur Titration von Ascorbinsäure **nicht** geeignet?

(A) Ammoniumcer(IV)-nitrat-Maßlösung
(B) Iod-Maßlösung
(C) Tetrabutylammoniumhydroxid-Maßlösung
(D) Perchlorsäure-Maßlösung in Eisessig
(E) Kaliumhydroxid-Maßlösung

1820* Zum Zweck ihrer quantitativen Erfassung können geeignete funktionelle Gruppen in organischen Arzneistoffen durch Umsetzung mit einem Überschuss von Propionsäureanhydrid acyliert werden.
Bei welchen der folgenden Substanzklassen ist dies **nicht** möglich?

(A) primäre Amine
(B) sekundäre Amine
(C) Alkohole
(D) Aldehyde und Ketone
(E) Phenole

1821 Zur Gehaltsbestimmung von Eisen(II)-gluconat ist im Europäischen Arzneibuch folgende Verfahrensweise vorgesehen:
0,5 g Natriumhydrogencarbonat werden in einer verdünnten Schwefelsäure-Lösung gelöst. Nach Beendigung der Gasentwicklung wird in dieser Lösung 1,00 g der zu analysierenden Substanz gelöst und mit Ammoniumcer(IV)-nitrat-Maßlösung unter Zusatz von Ferroin bis zum Verschwinden der Rotfärbung titriert.
Welche Aussage trifft **nicht** zu?

(A) Die Bestimmung beruht auf der Oxidation von Fe(II).
(B) Die Titration ist an einen sauren pH-Wert gebunden.

(C) Zweck der Vorlage des Natriumhydrogencarbonats ist die Bildung eines Puffersystems.
(D) Durch die Bildung von CO_2 soll der störende Einfluss von Luftsauerstoff auf den Analyten vermindert werden.
(E) Der rote Indikator Ferroin enthält Fe(II) als Zentralatom.

1822 Welche Aussagen zu argentometrischen Titrationen von Chlorid, Bromid bzw. Iodid treffen zu?

(1) Die jeweilige Konzentration des Halogenid-Ions am Äquivalenzpunkt ist speziesunabhängig.
(2) Die sprunghafte Änderung der Konzentration des jeweiligen Halogenid-Ions um den Äquivalenzpunkt ist umso ausgeprägter, je kleiner das Löslichkeitsprodukt des betreffenden Silberhalogenids ist.
(3) Zur Endpunktanzeige der Titration von Iodid ist Fluorescein als Indikator ungeeignet.
(4) Die Endpunktanzeige der Titrationen kann amperometrisch erfolgen.

(A) nur 1 und 3 sind richtig
(B) nur 1 und 4 sind richtig
(C) nur 2 und 3 sind richtig
(D) nur 2 und 4 sind richtig
(E) nur 2, 3 und 4 sind richtig

1823 Welche Aussage trifft zu?
Eosin

(A) wird als Indikator bei der Komplexometrie eingesetzt
(B) kann zur Indizierung einer Titration von Fluorid mit Silbernitrat-Maßlösung eingesetzt werden
(C) eignet sich als Indikator bei der Bestimmung neutraler Tenside
(D) verleiht nach quantitativer Fällung von Bromid mit Silber-Ionen dem Niederschlag eine intensive Färbung
(E) ist ein so genannter Absorptionsindikator

1824 Welche Aussagen zu komplexometrischen Titrationen mit Natriumedetat-Maßlösung treffen zu?

(1) Die stöchiometrische Zusammensetzung der Komplexe aus einem Metallkation und Edetat beträgt 1:1.
(2) Bei Fehlen eines geeigneten Indikators für eine direkte Titration des zu bestimmenden Metallkations kann die Bestimmung durch eine Rücktitration erfolgen.
(3) Bei der Bestimmung von Al^{3+} kann die Rücktitration überschüssigen Edetats mit Zinksulfat-Maßlösung erfolgen.

(A) nur 1 ist richtig
(B) nur 1 und 2 sind richtig
(C) nur 1 und 3 sind richtig
(D) nur 2 und 3 sind richtig
(E) 1–3 = alle sind richtig

1825 Der Gehalt an Cu^{2+}-Ionen in einer wässrigen Lösung kann durch Titration mit Natriumedetat-Maßlösung bestimmt werden. Welche Koordinationszahl hat Cu^{2+} in einem Komplex mit Edetat?

(A) 2
(B) 4
(C) 6
(D) 8
(E) 12

1826 Welches der folgenden Ionen hat in wässriger Lösung bei (angenommener) unendlicher Verdünnung die größte Ionenäquivalentleitfähigkeit?

(A) Ba^{2+}
(B) K^+
(C) F^-
(D) SO_4^{2-}
(E) OH^-

1827 Welche Aussagen treffen zu?
Der bei alkalimetrischer Titration einer einbasigen Säure mit potentiometrischer Indizierung erhaltene Potentialsprung $\Delta E = E(\tau = 1{,}01) - E(\tau = 0{,}99)$ [τ: Umsetzungsgrad] ist abhängig von:

(1) dem pK_a-Wert der Säure
(2) der Anfangskonzentration der Säure
(3) der Autoprotolysekonstante des Lösungsmittels

(A) nur 1 ist richtig
(B) nur 2 ist richtig
(C) nur 1 und 2 sind richtig
(D) nur 2 und 3 sind richtig
(E) 1– 3 = alle sind richtig

1828 Welche der folgenden Verbindungsklassen lassen sich an einer Quecksilberelektrode durch reduktive Umsetzung quantitativ bestimmen?

(1) primäre aromatische Amine
(2) Chinone
(3) Arylalkylsulfide

(A) nur 1 ist richtig
(B) nur 2 ist richtig
(C) nur 1 und 3 sind richtig
(D) nur 2 und 3 sind richtig
(E) 1–3 = alle sind richtig

1829 Welche Aussagen zur instrumentellen Indizierung von Säure-Base-Titrationen treffen zu?

(1) Eine Leitfähigkeitsmessung zur Indizierung der Titration von Essigsäure mit NaOH-Maßlösung ist wegen zu geringer Ionenleitfähigkeit des Acetat-Ions ungeeignet.
(2) Soll die Indizierung potentiometrisch durch Titration auf eine bestimmte Zellspannung hin („Endpunkttitration") erfolgen, so ist eine kalibrierte Indikatorelektrode einzusetzen.
(3) Die Indizierung der Titration konjugierter Basen schwacher Säuren mit starken Säuren kann konduktometrisch erfolgen.

(A) nur 1 ist richtig
(B) nur 2 ist richtig
(C) nur 1 und 2 sind richtig
(D) nur 1 und 3 sind richtig
(E) nur 2 und 3 sind richtig

Ordnen Sie bitte den Substanzen der Liste 1 ihre jeweilige Funktion in der Gelelektrophorese zu (Liste 2)!

Liste 1

1830 Bisacrylamid

1831 Natriumdodecylsulfat

Liste 2
(A) EOF-Marker
(B) Vernetzer (*cross-linker*)
(C) Puffersubstanz
(D) Denaturierung von Proteinen
(E) Spaltung von Disulfidbrücken

1832 Welche der folgenden Analysenmethoden können zu quantitativen Bestimmungen von Analyten eingesetzt werden?

(1) Elektrophorese
(2) IR-Spektroskopie
(3) NMR-Spektroskopie
(4) Refraktometrie

(A) keine der genannten Analysenmethoden
(B) nur 1 und 2 sind richtig
(C) nur 2 und 3 sind richtig
(D) nur 1, 2 und 3 sind richtig
(E) 1–4 = alle sind richtig

1833 Welche Aussagen zur Polarimetrie treffen zu?

(1) α-D-Glucose und β-D-Glucose unterscheiden sich in ihrer spezifischen Drehung.
(2) Enantiomere eines Arzneistoffs unterscheiden sich in ihrer optischen Drehung.
(3) Die optische Drehung kann von der Konzentration der zu vermessenden Lösung abhängen.
(4) Die Wellenlänge des linear polarisierten Lichts ist ohne jeden Einfluss auf die optische Drehung.

(A) nur 2 ist richtig
(B) nur 1 und 2 sind richtig
(C) nur 1, 2 und 3 sind richtig
(D) nur 1, 3 und 4 sind richtig
(E) nur 2, 3 und 4 sind richtig

1834 Welche Aussagen zur Optischen Rotationsdispersion (ORD) treffen zu?

(1) ORD beruht auf unterschiedlichen Ausbreitungsgeschwindigkeiten links- und rechtszirkular polarisierten Lichts in chiralen Medien.
(2) ORD beruht auf unterschiedlicher Absorption links- und rechtszirkular polarisierten Lichts in chiralen Medien.
(3) In ORD-Kurven wird die Drehung der Schwingungsebene des linear polarisierten Lichts in Abhängigkeit von der Wellenlänge aufgetragen.

(A) nur 1 ist richtig
(B) nur 2 ist richtig
(C) nur 3 ist richtig
(D) nur 1 und 3 sind richtig
(E) nur 2 und 3 sind richtig

1835 Welche Aussagen zur Spektralanalyse treffen zu?

(1) Die Spektralanalyse ist ein absorptionsspektroskopisches Verfahren.
(2) Die Spektralanalyse setzt die Elektronenanregung von Atomen voraus.
(3) Bestimmte Alkali- und Erdalkalimetalle können zur Spektralanalyse bereits durch eine Bunsenbrennerflamme thermisch aktiviert werden.
(4) Natrium und Barium weisen bei der Spektralanalyse nahezu identische Nachweisgrenzen auf.
(5) Mittels Spektralanalyse werden qualitativ-analytische Informationen gewonnen.

(A) nur 1 und 5 sind richtig
(B) nur 2 und 4 sind richtig
(C) nur 1, 3 und 4 sind richtig
(D) nur 2, 3 und 5 sind richtig
(E) nur 2, 3, 4 und 5 sind richtig

1836 Zuckeralkohole wie Mannitol müssen nach Ph. Eur. auf eine mögliche Verunreinigung mit Nickel geprüft werden, wobei der Gehalt 1 ppm nicht übersteigen darf.
Welche Aussagen zu dieser Reinheitsprüfung treffen zu?

(1) Nickel kann durch die Verwendung von Raney-Nickel als Hydrierungskatalysator eingeschleppt worden sein.
(2) „1 ppm Nickel" bedeutet, dass höchstens 1 ppm Nickel(II)-hydroxid enthalten sein darf.
(3) „1 ppm Nickel" bedeutet, dass höchstens 1 ppm des Bis(dimethylglyoximato) nickel(II)-Komplexes enthalten sein darf.
(4) Die Reinheitsprüfung kann mit der Methode der Atomabsorptionsspektrometrie (AAS) erfolgen.
(5) Die Reinheitsprüfung kann mit der Methode der Infrarotabsorptionsspektroskopie (IR) erfolgen.

(A) nur 2 ist richtig
(B) nur 3 ist richtig
(C) nur 1 und 4 sind richtig
(D) nur 3 und 4 sind richtig
(E) nur 1, 3 und 5 sind richtig

1837 Welche Aussagen zur Atomemissionsspektroskopie (AES) treffen zu?

(1) Grundlage der AES ist der Übergang eines Atoms in einen elektronisch angeregten Zustand mit anschließender Rückkehr in den Grundzustand.
(2) Die Kationen anorganischer Salze werden bei der Analyse mittels AES zunächst atomisiert.
(3) Angeregte Atome eines gegebenen Elements können Licht unterschiedlicher Wellenlängen emittieren.
(4) Die AES kann zu quantitativen und zu qualitativen Stoffbestimmungen herangezogen werden.

(A) nur 1 ist richtig
(B) nur 4 ist richtig
(C) nur 1 und 2 sind richtig
(D) nur 2, 3 und 4 sind richtig
(E) 1–4 = alle sind richtig

1838 Durch welche(s) Strukturelement(e) ist das UV-Absorptionsmaximum von Cortisonacetat bei etwa 240 nm bedingt?

(A) Estergruppe
(B) Carbonylgruppe in Position 20 und Hydroxylgruppe in Position 17
(C) Carbonylgruppe in Position 11 und Hydroxylgruppe in Position 17
(D) Carbonylgruppe in Position 11
(E) Carbonylgruppe in Position 3 und Doppelbindung in Position 4

1839 Welche der folgenden Substanzen sind in der jeweils abgebildeten Struktur farbig?

(1)

(2)

(3)

(A) nur 1 ist richtig
(B) nur 2 ist richtig
(C) nur 1 und 2 sind richtig
(D) nur 2 und 3 sind richtig
(E) 1–3 = alle sind richtig

1840 Eine Lösung des Komplexes aus Fe(III) und Thiocyanat wird photometrisch bei 452 nm ($\varepsilon = 7 \cdot 10^3$ dm$^3 \cdot$ cm$^{-1} \cdot$ mol^{-1}) vermessen. Die Konzentration der Lösung beträgt c $= 2{,}0 \cdot 10^{-4}$ mol $\cdot$ l^{-1}; die Schichtdicke der Messküvette beträgt $d = 1$ cm.
Welche Aussage trifft zu?

(A) Für die Messung können Quarzglasküvetten verwendet werden.
(B) Die Transmission beträgt $T = 96\%$.
(C) Der molare Absorptionskoeffizient ε ist abhängig von der Schichtdicke der Messküvette.
(D) Die gemessene Absorption beträgt $A = 4{,}0$.
(E) Die Lösung muss stark alkalisch sein.

1841 Welche Aussage zur Fluorimetrie trifft **nicht** zu?

(A) Die Fluorimetrie ist eine emissionsspektroskopische Methode.
(B) Das Anregungs- und das Fluoreszenzspektrum eines Fluorophors verhalten sich in Bezug auf eine bestimmte Wellenlänge spiegelbildlich.
(C) Die Fluoreszenzintensität ist von der Intensität der Anregungsstrahlung unabhängig.
(D) Die Fluoreszenzintensität ist von der Konzentration des Analyten abhängig.
(E) Quantitative Stoffbestimmungen mittels Fluorimetrie werden anhand von Kalibrierkurven vorgenommen, die durch Messungen von Vergleichslösungen erhalten werden.

1842 Das Streulichtspektrum einer mit monochromatischem Licht bestrahlten festen, flüssigen oder gasförmigen chemischen Verbindung enthält außer der Linie des anregenden Lichts verschiedene schwache Linien, anhand derer Rückschlüsse auf Schwingungen und Rotationen der streuenden Moleküle gezogen werden können.
Welche Aussage zu diesem Phänomen trifft zu?

(A) Quantitative NMR-Messungen basieren auf diesem Phänomen.
(B) Dieses Phänomen wird zur Quantifizierung von Enantiomerenverhältnissen mittels UV/VIS-Spektrometrie genutzt.
(C) In der Raman-Spektroskopie wird dieses Phänomen zur Analyse von Molekülschwingungen genutzt, die nicht mit einer Änderung des Dipolmoments des Moleküls während der Schwingung einhergehen.
(D) Die schwachen Linien ergeben detailreiche Linienspektren in der Flammenatomabsorptionsspektroskopie.
(E) Die beobachteten Streuungsmuster werden von Streulicht-Detektoren (*evaporative light scatters*) zur Auswertung von Signalen bei der HPLC herangezogen.

1843 Welche Aussagen zur IR-Spektroskopie treffen zu?

(1) Die Lage einer IR-Absorptionsbande hängt von den Massen der Atome ab, die an der zur Schwingung angeregten Bindung beteiligt sind.
(2) Je höher die Massen der an einer Bindung beteiligten Atome, desto niedriger ist die Wellen**zahl** der zur Schwingungsanregung notwendigen elektromagnetischen Strahlung.
(3) Die Anregung der Valenzschwingung einer Einfachbindung erfolgt bei niedrigerer Wellen**länge** als die einer Doppelbindung gleicher Atome.

(A) nur 1 ist richtig
(B) nur 2 ist richtig
(C) nur 1 und 2 sind richtig
(D) nur 2 und 3 sind richtig
(E) 1–3 = alle sind richtig

1844 Abgebildet ist das IR-Spektrum des Arzneistoffs Lidocain.

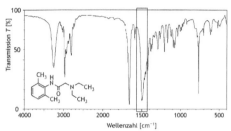

Worauf ist die gekennzeichnete Bande bei 1500 cm^{-1} zurückzuführen?

(A) (C-H)-Valenzschwingungen des Aromaten
(B) Oberschwingungen des Aromaten
(C) (C=C)-Valenzschwingungen des Aromaten
(D) (C-N)-Valenzschwingung des Carbonsäureamids
(E) Wasserspuren im KBr-Pressling

1845 Bei der IR-spektroskopischen Analyse fester Arzneistoffe muss mit dem Vorliegen polymorpher Formen gerechnet werden.
Worin können sich die IR-Spektren solcher polymorpher Formen unterscheiden?

(1) Bandenaufspaltungen
(2) Bandenformen
(3) Intensitätsverhältnisse der Banden
(4) Zahl der Absorptionsbanden

(A) nur 1 ist richtig
(B) nur 2 ist richtig
(C) nur 3 ist richtig
(D) nur 1 und 2 sind richtig
(E) 1–4 = alle sind richtig

1846 Welches der folgenden Lösungsmittel ist zur ^{1}H-NMR-spektroskopischen Untersuchung polarer, hydrophiler Analyte am besten geeignet?

(A) Hexadeuterodimethylsulfoxid (C_2D_6SO)
(B) Deuterochloroform ($CDCl_3$)
(C) Hexadeuterobenzen (C_6D_6)
(D) Kohlenstoffdisulfid (CS_2)
(E) Tetrachlormethan (CCl_4)

1847 Acetylaceton (Pentan-2,4-dion) liegt bei Raumtemperatur in einem Tautomerengleichgewicht vor:

Welche Aussagen zu dem bei Raumtemperatur in $CDCl_3$ aufgenommenen ^{1}H-NMR-Spektrum (200 MHz) von Acetylaceton treffen zu?

(1) Das Spektrum zeigt ausschließlich die Signale der Ketoform.
(2) Das Spektrum zeigt ausschließlich die Signale der Enolform.
(3) Es treten mehrere Singuletts auf.
(4) Es tritt mehr als ein Signal für die Methyl-Gruppen auf.
(5) Das Signal von H_B der Enolform erscheint bei tieferem Feld als das Signal von H_A der Ketoform.

(A) nur 1 ist richtig
(B) nur 1 und 4 sind richtig
(C) nur 1, 3 und 4 sind richtig
(D) nur 2, 3 und 4 sind richtig
(E) nur 3, 4 und 5 sind richtig

1848 Welche Aussagen zur Normalphasenchromatographie treffen zu?

(1) Die stationäre Phase ist stets polarer als die mobile Phase.
(2) Cyanopropylkieselgel kann als stationäre Phase eingesetzt werden.
(3) n-Hexan kann als Bestandteil der mobilen Phase eingesetzt werden.
(4) Die lipophileren Analyte werden zuerst eluiert.
(5) Zwischen den analytischen Verfahren der Normalphasenchromatographie und der Massenspektrometrie ist Kopplung möglich.

(A) nur 1 und 4 sind richtig
(B) nur 2 und 3 sind richtig
(C) nur 3 und 5 sind richtig
(D) nur 1, 3 und 5 sind richtig
(E) 1–5 = alle sind richtig

1849 Die nachstehend genannten Lösungsmittel sollen nach steigender Elutionskraft in der Flüssigchromatographie an einer Normalphase geordnet werden.
Welche Reihenfolge ist zutreffend?

(A) Methanol < Acetonitril < Toluen < Dichlormethan < Hexan < Cyclohexan
(B) Methanol < Acetonitril < Dichlormethan < Toluen < Cyclohexan < Hexan
(C) Hexan < Cyclohexan < Toluen < Dichlormethan < Acetonitril < Methanol
(D) Cyclohexan < Toluen < Hexan < Dichlormethan < Methanol < Acetonitril
(E) Dichlormethan < Cyclohexan < Hexan < Toluen < Acetonitril < Methanol

1850 Welche Aussagen zur Gaschromatographie (GC) treffen zu?

(1) Hochreiner Sauerstoff ist ein nahezu universell einsetzbares Trägergas.
(2) Bei Verwendung eines Flammenionisationsdetektors sind die erfassten Peakflächen weitgehend unabhängig vom Trägergasstrom.
(3) Zur Analyse polarer Substanzen werden üblicherweise polare stationäre Phasen eingesetzt.
(4) Als stationäre Phasen in der Kapillar-GC können substituierte Polysiloxane eingesetzt werden.

(A) nur 2 ist richtig
(B) nur 1 und 2 sind richtig
(C) nur 1 und 3 sind richtig
(D) nur 2 und 4 sind richtig
(E) nur 2, 3 und 4 sind richtig

1851 Bei der chromatographischen Analyse eines Substanzgemischs wird zunächst das Chromatogramm **1** und nach versuchter Methodenoptimierung Chromatogramm **2** erhalten:

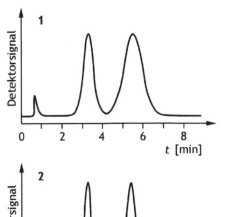

Retentionszeit von Toluen:
$t_{R(Toluen)} = 8{,}0$ min

Retentionszeit von 1,3-Xylen:
$t_{R(1,3\text{-Xylen})} = 9{,}0$ min

Halbwertsbreite des Toluenpeaks:
$W_{h(Toluen)} = 0{,}29$ min

Halbwertsbreite des 1,3-Xylenpeaks:
$W_{h(1,3\text{-Xylen})} = 0{,}30$ min

Das Erscheinungsbild der beiden Peaks entspricht jeweils dem einer Gaußschen Glockenkurve.

Die Anzahl der theoretischen Trennstufen $N_{1,3\text{-Xylen}}$ von 1,3-Xylen errechnet sich nach folgender Formel zu:

$$N_{1,3\text{-Xylen}} \approx 5{,}54 \left(\frac{t_{R(1,3\text{-Xylen})}}{W_{h(1,3\text{-Xylen})}} \right)^2 \approx 4986$$

Welche Aussagen treffen zu?

(1) Die theoretische Bodenzahl und die theoretische Bodenhöhe können zur Beurteilung der Effizienz einer Trennsäule herangezogen werden.
(2) Für die Anzahl der theoretischen Trennstufen gilt: $N_{1,3\text{-Xylen}} > M_{Toluen}$
(3) Die theoretische Bodenhöhe von 1,3-Xylen beträgt $H = 125$ μm.
(4) Die theoretische Bodenhöhe von 1,3-Xylen beträgt $H = 25$ μm.

(A) nur 2 ist richtig
(B) nur 3 ist richtig
(C) nur 1 und 3 sind richtig
(D) nur 2 und 4 sind richtig
(E) nur 1, 2 und 4 sind richtig

Worin unterscheidet sich das Chromatogramm 2 von dem Chromatogramm 1?

(A) Verschlechterung der Peaksymmetrie
(B) Verschlechterung der Auflösung
(C) Erhöhung der Trenneffizienz
(D) Erhöhung des Trennfaktors
(E) Erhöhung sowohl des Trennfaktors als auch der Trenneffizienz

1852 Welche Verfahren eignen sich prinzipiell zur Trennung von Enantiomeren kleiner organischer Moleküle?

(1) Hochleistungsflüssigchromatographie
(2) Gaschromatographie
(3) Polarimetrie
(4) Dünnschichtchromatographie

(A) nur 2 ist richtig
(B) nur 3 ist richtig
(C) nur 1, 2 und 4 sind richtig
(D) nur 2, 3 und 4 sind richtig
(E) 1–4 = alle sind richtig

1853 Die Stoffe Toluen und 1,3-Xylen wurden mittels einer 125 mm langen HPLC-Säule chromatographisch getrennt. Dem Chromatogramm konnten folgende Informationen entnommen bzw. daraus berechnet werden:

Ordnen Sie bitte den instrumentell-analytischen Methoden der Liste 1 die jeweils gebräuchliche Abkürzung aus Liste 2 zu!

Liste 1

1854 Kapillarelektrophorese

1855 Größenausschlusschromatographie

Liste 2
(A) CE
(B) GAC
(C) GC
(D) KEP
(E) SEC

Außer den Fragen Nr. 1812–1855 waren noch folgende Aufgaben aus voran stehenden Abschnitten Bestandteil der **Prüfung vom Frühjahr 2013:** Nr. 18 – 321 – 342 – 391 – 447 – 464 – 541 – 553 – 751 – 815 – 853 – 937 – 980 – 981 – 1013 – 1264 – 1401 – 1428 – 1468 – 1711 – 1789

14.6 Prüfung Herbst 2013

1856 Welche Aussagen zur Robustheit eines Analysenverfahrens treffen zu?

(1) Sie ist umso höher, je höher die Präzision des Ergebnisses ist.
(2) Sie kann mittels eines Ringversuchs überprüft werden.
(3) Sie kann durch gezielte Veränderungen relevanter Parameter untersucht werden.

(A) nur 2 ist richtig
(B) nur 3 ist richtig
(C) nur 1 und 2 sind richtig
(D) nur 2 und 3 sind richtig
(E) 1–3 = alle sind richtig

1857 Welche Aussage trifft zu?
Die Fettsäuren Ölsäure ((Z)-Octadec-9-ensäure) und Elaidinsäure ((E)-Octadec-9-ensäure) können eindeutig unterschieden werden durch:

(A) das visuell wahrnehmbare Verhalten bei tropfenweiser Zugabe von Brom-Lösung zu einer ethanolischen Lösung der jeweiligen Fettsäure
(B) ihre jeweilige spezifische Drehung
(C) das jeweilige Masse/Ladungsverhältnis (m/z) der Molekülionen ihrer Methylester in EI-Massenspektren
(D) den jeweiligen Verbrauch an NaOH-Maßlösung (c = 0,1 mol/l) bei der Titration von je 10 ml der Lösung der jeweiligen Fettsäure in Methanol (c = 0,1 mol/l)
(E) die jeweiligen Signale der olefinischen Protonen in den ^{1}H-NMR-Spektren

1858 Welche Aussagen zu Säure-Base-Titrationen treffen zu?

(1) Zum Einsatz in Maßlösungen sind nur Säuren bzw. Basen mit der Äquivalentzahl 1 geeignet.
(2) Der Verlauf der Titrationskurve der Bestimmung einer starken Base mit einer starken Säure hängt von der Ausgangskonzentration der Base ab.
(3) Der pH-Wert am Äquivalenzpunkt der Titration einer Base mit einer Säure ergibt sich aus der Protolysereaktion des am Äquivalenzpunkt vorliegenden Salzes.

(A) nur 1 ist richtig
(B) nur 2 ist richtig
(C) nur 3 ist richtig
(D) nur 2 und 3 sind richtig
(E) 1–3 = alle sind richtig

1859 Welcher der folgenden Indikatoren (angegeben sind die jeweiligen Umschlagsbereiche) ist zur selektiven Bestimmung von Salzsäure neben Hydroxylaminhydrochlorid durch Titration mit NaOH-Maßlösung (c = 0,1 mol/l) am besten geeignet?
pK_b (Hydroxylamin) = 8,2

(A) Methylorange (3,0 - 4,4)
(B) Bromthymolblau (5,8 - 7,4)
(C) Phenolrot (6,8 - 8,4)
(D) Phenolphthalein (8,2 - 10,0)
(E) Alizaringelb (10,0 - 12,0)

Ordnen Sie bitte den Indikatoren der Liste 1 den jeweils zutreffenden Typ aus Liste 2 zu!

Liste 1

1860* Phenolphthalein

1861 Bromthymolblau

Liste 2

(A) Mischindikator
(B) einfarbiger Indikator
(C) reversibler Redoxindikator
(D) zweifarbiger Indikator
(E) Metallindikator (Komplexometrie)

1862 Welche Aussagen zum Umschlagsbereich eines Säure-Base-Indikators treffen zu?
Der Umschlagsbereich

(1) eines einfarbigen Indikators ist unabhängig von dessen Totalkonzentration
(2) eines einfarbigen Indikators hängt von dessen subjektiv als farbig erkennbarer Grenzkonzentration ab

(3) eines zweifarbigen Indikators ist unabhängig von dessen Totalkonzentration
(4) eines zweifarbigen Indikators wird durch den pK_a-Wert der Indikatorsäure bestimmt

(A) nur 2 ist richtig
(B) nur 1 und 4 sind richtig
(C) nur 1, 2 und 3 sind richtig
(D) nur 2, 3 und 4 sind richtig
(E) 1–4 = alle sind richtig

1863 Welche Aussage zum Faktor f von Maßlösungen trifft **nicht** zu?

(A) Er ist ein Maß für die Abweichung der tatsächlichen Stoffmengenkonzentration von der nominalen Stoffmengenkonzentration.
(B) Er kann mittels einer Lösung eines primären Standards (Urtiter) bekannter Stoffmengenkonzentration ermittelt werden.
(C) Besitzt eine Maßlösung einen Faktor $f > 1$, so ist die tatsächliche Stoffmengenkonzentration höher als die nominale Stoffmengenkonzentration.
(D) Zur Berechnung der tatsächlichen Stoffmengenkonzentration einer Maßlösung wird die nominale Stoffmengenkonzentration mit dem Wert f des Faktors multipliziert.
(E) Der Faktor f von Maßlösungen für Bestimmungen mit elektrochemischer Endpunktanzeige muss nicht ermittelt werden, da er aus dem Elektrodenpotential am Äquivalenzpunkt der Bestimmung hervorgeht.

1864 Auf welche Weise kann Ephedrinhydrochlorid quantitativ bestimmt werden?

(1) durch Titration mit NaOH-Maßlösung gegen Methylrot als Indikator
(2) durch Titration mit NaOH-Maßlösung in Ethanol unter potentiometrischer Indikation
(3) durch Titration mit Perchlorsäure-Maßlösung in Acetanhydrid unter potentiometrischer Indikation
(4) argentometrisch gegen Kaliumchromat als Indikator

(A) nur 1 ist richtig
(B) nur 2 ist richtig
(C) nur 2 und 4 sind richtig
(D) nur 1, 3 und 4 sind richtig
(E) nur 2, 3 und 4 sind richtig

1865 Welche Aussagen treffen zu?

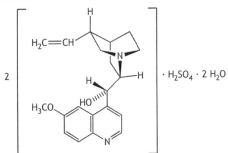

Chinidinsulfat lässt sich quantitativ bestimmen durch Titration

(1) in Acetanhydrid mit Perchlorsäure-Maßlösung ($c = 0,1$ mol·l^{-1}) bei einem Verbrauch von 3 Äquivalenten
(2) in Ethanol mit Natriumhydroxid-Maßlösung ($c = 0,1$ mol·l^{-1}) unter potentiometrischer Indikation
(3) mit Blei(II)-nitrat-Maßlösung ($c = 0,1$ mol·l^{-1}) unter potentiometrischer Indikation

(A) nur 1 ist richtig
(B) nur 2 ist richtig
(C) nur 3 ist richtig
(D) nur 1 und 3 sind richtig
(E) 1–3 = alle sind richtig

1866 Welche der folgenden Verbindungen ist als Oxidationsmittel bei Redoxtitrationen zur Verwendung in einer Maßlösung **nicht** geeignet?

(A) $KBrO_3$
(B) $K_2Cr_2O_7$
(C) $KMnO_4$
(D) $Ce_2(SO_4)_3$
(E) $NH_4Fe(SO_4)_2$

1867 Auf welche Weise kann Lysinhydrochlorid quantitativ bestimmt werden?

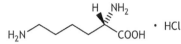

(1) nach Auflösen in wasserfreier Ameisensäure und Zusatz von wasserfreier Essigsäure durch Titration mit Perchlorsäure-Maßlösung in Eisessig unter potentiometrischer Indikation
(2) durch Titration mit ethanolischer NaOH-Maßlösung in Ethanol unter potentiometrischer Indikation
(3) durch Titration mit NaOH-Maßlösung gegen Phenolphthalein nach Zusatz von Formaldehyd (Formoltitration)
(4) argentometrisch

(A) nur 4 ist richtig
(B) nur 1 und 2 sind richtig
(C) nur 1 und 3 sind richtig
(D) nur 2, 3 und 4 sind richtig
(E) 1–4 = alle sind richtig

1868 In einer galvanischen Zelle, deren Halbzellen durch ein Diaphragma getrennt sind, besteht die Elektrode der Halbzelle 1 aus einem Eisenblech, die der Halbzelle 2 aus einem Kupferblech. Jede der beiden Elektroden taucht in eine Lösung des jeweiligen Metallsulfats der Oxidationsstufe +II ein. Die Lösungen sind gleich konzentriert, und die Elektroden sind leitend miteinander verbunden.
Welche Aussagen treffen zu?

(1) Es kommt zur Korrosion des Kupferblechs.
(2) Die Elektronen fließen vom Kupfer- zum Eisenblech.
(3) Das Eisenblech stellt die Anode dar.

(A) nur 1 ist richtig
(B) nur 3 ist richtig
(C) nur 1 und 2 sind richtig
(D) nur 2 und 3 sind richtig
(E) 1–3 = alle sind richtig

1869 Natriumbromid kann mit Natriumchlorid verunreinigt sein. Zur diesbezüglichen Reinheitsprüfung ist im Europäischen Arzneibuch folgende Bestimmung vorgesehen:

1,000 g Substanz wird in 20 ml verdünnter Salpetersäure gelöst, mit 5 ml Wasserstoffperoxid-Lösung (30 %) versetzt und bis zur vollständigen Entfärbung auf dem Wasserbad erhitzt. Anschließend werden 5 ml Silbernitrat-Maßlösung ($c = 0,1$ mol/l) sowie 1 ml Dibutylphthalat zugesetzt und umgeschüttelt. Die Lösung wird mit Ammoniumthiocyanat-Maßlösung ($c = 0,1$ mol/l) gegen Ammoniumeisen(III)-sulfat bis zum Auftreten einer Rotfärbung titriert. Die verbrauchte Menge Silbernitrat-Maßlösung darf eine bestimmte Obergrenze nicht überschreiten.
Welche der folgenden Reaktionen laufen im Zuge dieser Reinheitsprüfung ab?

(1) Oxidation von Chlorid
(2) Oxidation von Bromid
(3) Bildung von schwer löslichem Silberbromid
(4) Bildung von schwer löslichem Silberchlorid
(5) Bildung von schwer löslichem Silberthiocyanat

(A) nur 3 ist richtig
(B) nur 4 ist richtig
(C) nur 2 und 5 sind richtig
(D) nur 1, 4 und 5 sind richtig
(E) nur 2, 4 und 5 sind richtig

1870 Welche Aussagen zur Komplexometrie treffen zu?

(1) Der Komplex eines Metallions mit Edetat ist formal das Produkt der Reaktion einer Lewis-Säure mit einer Lewis-Base.
(2) Die effektiven Stabilitätskonstanten (Konditionalkonstanten) der Komplexe von Erdkali-Ionen mit Edetat sind unabhängig vom pH-Wert.
(3) Die Chelatisierung im Zuge der Bildung von Metallion-Edetat-Komplexen geht mit einer Entropiezunahme einher.
(4) Sämtliche Chelatkomplexe sind in Wasser leicht löslich.

(A) nur 3 ist richtig
(B) nur 4 ist richtig
(C) nur 1 und 3 sind richtig
(D) nur 1, 2 und 3 sind richtig
(E) nur 2, 3 und 4 sind richtig

1871 Ascorbinsäure kann in Gegenwart von Iodid coulometrisch titriert werden.
Welche Aussagen treffen zu?

(1) Die Umsetzung der Ascorbinsäure findet im Kathodenraum statt.
(2) Ascorbinsäure wird durch Iod oxidiert.
(3) Die Bestimmung kann mit einer zusätzliche Doppel-Pt-Elektrode im Anodenraum bivoltametrisch indiziert werden.
(4) Je größer der konstante Strom zwischen den Generatorelektroden ist, desto schneller ist der Äquivalenzpunkt erreicht.

(A) nur 2 ist richtig
(B) nur 1 und 2 sind richtig
(C) nur 1 und 4 sind richtig
(D) nur 2, 3 und 4 sind richtig
(E) 1–4 = alle sind richtig

1872 Welche der folgenden Verbindungen lassen sich an einer Quecksilberelektrode durch reduktive Umsetzung bestimmen?

(1) Hydrochinon

(2) Cystin

(3) Niclosamid

(A) nur 1 ist richtig
(B) nur 3 ist richtig
(C) nur 1 und 2 sind richtig
(D) nur 2 und 3 sind richtig
(E) 1–3 = alle sind richtig

1873 In der nachstehend abgebildeten Titrationskurve von Ascorbinsäure ist das Messsignal U gegen die Titrationszeit t aufgetragen, wobei t zum Volumen der zugesetzten Maßlösung proportional ist (monotone Titration).

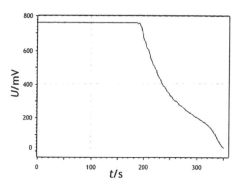

Durch welches der nachstehend genannten Verfahren kann diese Titrationskurve erhalten worden sein?

(A) Titration mit $KMnO_4$-Maßlösung unter potentiometrischer Indikation
(B) Titration mit $KMnO_4$-Maßlösung unter photometrischer Indikation (U ist proportional zur Transmission.)
(C) Titration mit NaOH-Maßlösung unter potentiometrischer Indikation
(D) Titration mit $HClO_4$-Maßlösung in Aceton unter potentiometrischer Indikation
(E) Titration mit Iod-Maßlösung unter bivoltametrischer Indikation

1874 Welche Aussagen über einen amperometrischen Sauerstoff-Sensor nach Clark treffen zu?

(1) Als Bezugselektrode zur Einstellung des Potentials der Arbeitselektrode dient eine Silberelektrode.
(2) An der Anode findet die folgende Reaktion statt: $Ag + Cl^- \rightarrow AgCl\downarrow + e^-$
(3) An der Kathode findet summarisch die folgende Reaktion statt: $O_2 + 4e^- + 2H_2O \rightarrow 4OH^-$
(4) Zwischen Opfer-Anode und Kathode wird eine Spannung angelegt.

(A) nur 1 ist richtig
(B) nur 3 ist richtig
(C) nur 2 und 3 sind richtig
(D) nur 1, 3 und 4 sind richtig
(E) 1–4 = alle sind richtig

1875 Welche Aussagen treffen zu?
Bei einer konduktometrisch indizierten Fällungstitration

(1) kann die Leitfähigkeit bis zum Äquivalenzpunkt zunehmen
(2) nimmt die Leitfähigkeit nach dem Äquivalenzpunkt zu
(3) hat die Leitfähigkeit am Äquivalenzpunkt ein Maximum
(4) besteht die Titrationskurve aus zwei annähernd linearen Bereichen

(A) nur 1 ist richtig
(B) nur 2 ist richtig
(C) nur 1 und 3 sind richtig
(D) nur 1, 2 und 4 sind richtig
(E) nur 1, 3 und 4 sind richtig

1876 Welche Aussage zur Kapillarelektrophorese trifft zu?
Die elektrophoretische Mobilität μ_{ep} geladener Teilchen

(A) ist abhängig von der aus der angelegten Spannung resultierenden elektrischen Feldstärke
(B) ist abhängig vom Zetapotential an der Oberfläche der Kapillare
(C) ist abhängig vom elektroosmotischen Fluss
(D) ist abhängig von der Ladungsdichte der Teilchen (Verhältnis von Ladung zu hydrodynamischem Radius)
(E) ist für Proteine am höchsten im Bereich des isoelektrischen Punkts

1877 Acetylsalicylsäure (**1**) kann unter anderem die abgebildeten Verunreinigungen **2** und **3** enthalten.

1   **2**   **3**

Welche analytischen Verfahren sind geeignet, um **2** und **3** als Verunreinigungen in Acetylsalicylsäure (**1**) zu detektieren bzw. nachzuweisen?

(1) Polarimetrische Vermessung einer wässrig/ethanolischen Prüflösung
(2) HPLC-Analyse unter Einsatz einer Umkehrphasentrennsäule (RP-18-Kieselgel)
(3) Erhitzen mit NaOH-Lösung zum Sieden, Zugabe von H_2SO_4 nach dem Abkühlen; Abfiltrieren, Waschen und Trocknen des Niederschlags; Bestimmung der Schmelztemperatur des so gewonnenen Niederschlags

(A) nur 2 ist richtig
(B) nur 3 ist richtig
(C) nur 1 und 2 sind richtig
(D) nur 2 und 3 sind richtig
(E) 1–3 = alle sind richtig

1878 Bei polarimetrischen Messungen kann das Phänomen der Mutarotation auftreten.
Welche Aussage trifft **nicht** zu?
Mutarotation

(A) ist die unmittelbar nach Auflösung einsetzende Änderung der optischen Drehung der Lösung einer optisch aktiven Substanz bis zum Erreichen eines Endwerts
(B) kann bei Zuckeralkoholen wie Sorbitol (Glucitol) beobachtet werden
(C) kann sowohl bei Aldosen als auch bei Ketosen beobachtet werden
(D) geht bei Zuckern mit der Einstellung eines Gleichgewichts zwischen halbacetalischen Ringformen und der offenkettigen Form einher
(E) geht bei Glucose mit einer Epimerisierung einher

1879 Bei der Atomabsorptionsspektroskopie (AAS) werden an die Lichtquelle besondere Anforderungen gestellt.
Welche Aussagen treffen zu?

(1) Die für die Messung ausgewählte Linie muss genügend isoliert sein.
(2) Die Linie muss im sichtbaren Spektralbereich liegen.
(3) Die Linienbreite der Emissionslinie muss bedeutend kleiner sein als die Absorp-

tionslinienbreite des zu bestimmenden Elements.
(4) Die Intensität der Emissionslinie muss genügend konstant sein.

(A) nur 1 ist richtig
(B) nur 2 ist richtig
(C) nur 2 und 3 sind richtig
(D) nur 1, 3 und 4 sind richtig
(E) 1–4 = alle sind richtig

1880 Welche Aussage zur Fluorimetrie trifft zu?

(A) In einem Fluoreszenzspektrum ist die Absorption des Lichts in Abhängigkeit von der Wellenlänge aufgetragen.
(B) Unter der Fluoreszenzquantenausbeute versteht man den Bruchteil der Anregungslichtenergie, der in Fluoreszenzlicht umgewandelt wird.
(C) Die Fluoreszenzintensität ist der Wellenlänge des emittierten Lichts proportional.
(D) Die Fluoreszenzintensität bei gegebener Wellenlänge ist von der Intensität des Anregungslichts unabhängig.
(E) Die emittierte elektromagnetische Strahlung besitzt eine höhere Energie als die absorbierte elektromagnetische Strahlung.

1881 Welche Aussagen zur Raman-Spektroskopie treffen zu?

(1) In einem Raman-Spektrum wird üblicherweise die Absorption elektromagnetischer Strahlung gegen die Wellenzahl aufgetragen.
(2) Raman-Streustrahlung tritt auf, wenn sich die Polarisierbarkeit der untersuchten Moleküle während einer Molekülschwingung ändert.
(3) Raman-Spektroskopie beruht auf der Beugung elektromagnetischer Wellen.

(A) nur 2 ist richtig
(B) nur 3 ist richtig
(C) nur 1 und 2 sind richtig
(D) nur 1 und 3 sind richtig
(E) 1–3 = alle sind richtig

Ordnen Sie bitte den IR-Spektren der Liste 1 die jeweils zugehörige Substanz aus Liste 2 zu!

Liste 1

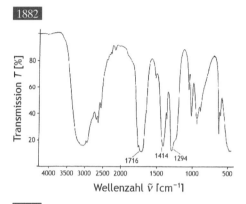

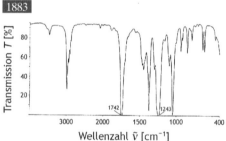

Liste 2
(A) Acetonitril
(B) Ethen
(C) Essigsäure
(D) Ethanol
(E) Essigsäureethylester

1884 Welche Aussage zur NIR-Spektroskopie trifft zu?

(A) Bei der NIR-Spektroskopie wird energiereichere elektromagnetische Strahlung eingesetzt als bei der IR (MIR)-Spektroskopie.
(B) Bei der NIR-Spektroskopie werden Ober- und Kombinationsschwingungen nur selten beobachtet.
(C) Die NIR-Spektroskopie wird vorwiegend zur Spurenanalytik eingesetzt.
(D) Oberschwingungen erfordern zur Anregung energieärmere elektromagnetische Strahlung als die entsprechende Grundschwingung.

(E) Bei der NIR-Spektroskopie ist die Aufnahme eines Spektrums im Transmissionsverfahren – im Gegensatz zur IR (MIR)-Spektroskopie – **nicht** möglich.

1885 Durch Umsetzung des Natriumsalzes **1** der 2-Ethylhexansäure (racemisch) mit Carbonsäuren lassen sich diese bei Bedarf in ihre jeweiligen Natriumcarboxylate überführen.
Das auf diese Weise aus dem Penicillin Amoxicillin gewonnene Natriumsalz **2** kann demnach – herstellungsbedingt – mit **1** verunreinigt sein.

Welche Aussage zur Analytik von Amoxicillin-Natrium (**2**) trifft zu?

(A) Im IR-Spektrum darf im Carbonyl-Bereich von 1650 cm^{-1} - 1750 cm^{-1} keine intensive Bande zu sehen sein.
(B) Im ^{1}H-NMR-Spektrum darf kein Signal im Bereich von 1–2 ppm auftreten.
(C) Eine gelbe Flammenfärbung beweist, dass noch 2-Ethylhexansäure-Natriumsalz (**1**) als Verunreinigung vorliegt.
(D) Die Verunreinigung mit **1** kann mittels UV-VIS-Spektroskopie bei 589 nm (Natrium-D-Linie) erkannt werden.
(E) Zur Reinheitsprüfung auf 2-Ethylhexansäure ist die Anwendung der Gaschromatographie sinnvoll.

1886 Welche Aussage zur Verwendung von flüssigem Stickstoff und flüssigem Helium in leistungsfähigen NMR-Spektrometern moderner Bauart trifft zu?

(A) Flüssiges Helium wird bei der ^{13}C-NMR-Spektroskopie als Lösungsmittel eingesetzt.
(B) Flüssiges Helium wird zur Kühlung des supraleitenden Kryomagneten benötigt.
(C) Flüssiger Stickstoff wird ^{1}H-NMR-Proben zur Quantifizierung als interner Standard zugesetzt.
(D) Flüssiges Helium wird ^{1}H-NMR-Proben zur Kalibrierung des Nullpunkts in den Spektren zugesetzt.
(E) Flüssiger Stickstoff dient der Verdrängung von Singulett-Sauerstoff aus der Probenlösung und führt so zu einer reduzierten Spin-Spin-Kopplung (*broad band decoupling*) in ^{13}C-NMR-Spektren.

Abgebildet ist ein bei 600 MHz aufgenommenes ^{1}H-NMR-Spektrum des Arzneistoffs Ibuprofen.

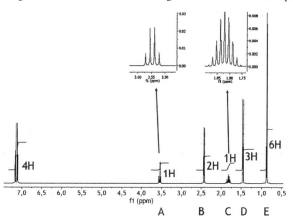

Ordnen Sie bitte den in der Formel an den Positionen 1 und 2 befindlichen H-Atomen (Liste 1) das jeweils zugehörige Signal aus Liste 2 zu!

Liste 1

1887 H-Atomkern 1

1888 H-Atomkern 2

Liste 2
(A) Signal A
(B) Signal B
(C) Signal C
(D) Signal D
(E) Signal E

1889 Welche Aussagen zur ^{1}H-NMR-Spektroskopie treffen zu?

(1) Die chemische Verschiebung des Signals eines H-Atoms wird sowohl von der Verteilung der Elektronendichte als auch von sterischen Effekten und Anisotropieeffekten beeinflusst.
(2) Sind H-Atomkerne chemisch äquivalent, so sind sie auch magnetisch äquivalent.
(3) Der Resonanzbereich von Alkin-H-Atomen (wie z.B. in R-C ≡ C-**H**) liegt gegenüber dem olefinischer H-Atome (wie z.B. in R-C**H** = C**H**$_2$) hochfeldverschoben. (R: Methyl)

(A) nur 1 ist richtig
(B) nur 2 ist richtig
(C) nur 1 und 3 sind richtig
(D) nur 2 und 3 sind richtig
(E) 1–3 = alle sind richtig

1890 Bei kristallinen Arzneistoffen kann Polymorphie auftreten.
Mit welchen der genannten Methoden können unterschiedliche polymorphe Formen eines Arzneistoffs unterschieden werden?

(1) Gaschromatographie
(2) HPLC
(3) UV/VIS-Spektroskopie
(4) thermische Analysenverfahren

(A) nur 1 ist richtig
(B) nur 4 ist richtig
(C) nur 1 und 2 sind richtig
(D) nur 1 und 3 sind richtig
(E) nur 2 und 3 sind richtig

1891 Welche Aussagen zu chromatographischen Kenngrößen treffen zu?

(1) Zur Charakterisierung der Effizienz einer Trennsäule kann die Bodenhöhe H dienen.
(2) Der Kapazitätsfaktor k' gibt das Verhältnis der Aufenthaltszeit eines Analyten in der stationären Phase zu seiner Aufenthaltszeit in der mobilen Phase an.
(3) Die Auflösung R_s ist ein Maß für die Qualität der chromatographisc Trennung zweier Substanzen.

(A) nur 1 ist richtig
(B) nur 2 ist richtig
(C) nur 3 ist richtig
(D) nur 2 und 3 sind richtig
(E) 1–3 = alle sind richtig

1892 Bei der chromatographischen Analyse eines Substanzgemischs wird zunächst das Chromatogramm **1** und nach Variation der Trennbedingungen das Chromatogramm **2** erhalten.

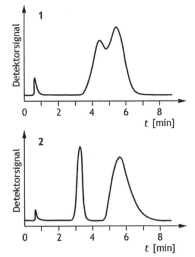

Welche Aussage trifft zu?
Chromatogramm **2** unterscheidet sich von Chromatogramm **1** wesentlich durch:

(A) Verbesserung der Peaksymmetrie
(B) Verschlechterung der Auflösung
(C) Verbesserung der Trenneffizienz ohne Veränderung des Trennfaktors
(D) Verbesserung des Trennfaktors
(E) Verbesserung des Signal/Rausch-Verhältnisses

1893 In der Monographie Propylgallat des Europäischen Arzneibuchs wird gefordert, dass eine mögliche Verunreinigung der Substanz mit Gallussäure einen festgelegten Grenzwert nicht überschreiten darf.

Propylgallat   Gallussäure

Welche Aussage zur Reinheitsprüfung von Propylgallat trifft zu?

(A) Nach Zugabe von Eisen(III)-chlorid-Lösung zur Untersuchungssubstanz auf der Tüpfelplatte bildet sich nur bei Anwesenheit von Gallussäure ein blaues Eisenchelat.
(B) Nach Zugabe von Hydroxylaminhydrochlorid-Lösung und Eisen(III)-chlorid zu einer Prüflösung tritt nur bei Anwesenheit von Gallussäure eine bläulich rote oder rote Färbung auf.
(C) Gallussäure ist kräftig blau gefärbt und im Neßler-Zylinder gegen eine verdünnte Farb-Stammlösung quantifizierbar.
(D) Nur bei Anwesenheit von Gallussäure wird Silbernitrat-Lösung unter Bildung von elementarem Silber (grauer Niederschlag) reduziert.
(E) Nach dünnschichtchromatographischer Trennung lassen sich sowohl Propylgallat als auch Gallussäure mit Eisen(III)-chlorid-Sprühreagenz zu blauen Chelatkomplexen umsetzen.

1894 Um kürzere Analysenzeiten für die Untersuchung von Noradrenalinhydrochlorid gemäß Arzneibuch zu realisieren, soll eine HPLC-Säule ausgewählt werden, deren Füllmaterial sich durch eine hohe Porosität und einen geringen Druckwiderstand auszeichnet.
Auf welche stationäre Phase trifft dieses Anforderungsprofil zu?

(A) monolithischer Stab, der durch Polymerisation in der Säule erzeugt und anschließend chemisch modifiziert wurde (monolithisches Octadecylsilyl-Kieselgel)
(B) partikuläre Packung aus stark gebrochenen, unmodifizierten Kieselgel-Teilchen
(C) partikuläre Packung aus stark gebrochenen, unmodifizierten Aluminiumoxid-Teilchen
(D) partikuläre Packung aus sphärischen, monodispersen Glaspartikeln (*controlled pore glass*), die in der Säule mit Siliconöl imprägniert wurden
(E) Gele aus Styren-Divinylbenzen-Copolymeren (2 % Divinylbenzen) in Siliconöl

1895 Bei der thermogravimetrischen Untersuchung von 50 mg der Substanz $CuSO_4 \cdot 5\,H_2O$ (M_r 249,67) wird die folgende Kurve erhalten.
Aufgetragen ist die beim Erwärmen der Probe in einem Ofen gemessene Massendifferenz Δm gegen die Temperatur T.

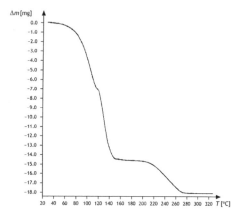

Welche Aussage lässt sich aus dem Kurvenverlauf **nicht** ableiten?

(A) $CuSO_4 \cdot 5\,H_2O$ ist bei ca. 120 °C in das Trihydrat übergegangen.

(B) Bei 180 °C liegt Kupfersulfat als Monohydrat vor.
(C) Ab ca. 280 °C liegt wasserfreies $CuSO_4$ vor.
(D) $CuSO_4 \cdot 5\,H_2O$ schmilzt zwischen 140 °C und 220 °C.
(E) Bis 320 °C hat noch keine Zersetzung zu CuO und SO_3 stattgefunden.

Außer den Fragen Nr. 1856–1895 waren noch folgende Aufgaben aus voran stehenden Abschnitten Bestandteil der **Prüfung vom Herbst 2013**: Nr. 78 – 113 – 137 – 453 – 553 – 675 – 696 – 831 – 843 – 952 – 955 – 1005 – 1044 – 1143 – 1166 – 1228 – 1366 – 1420 – 1428 – 1436 – 1487 – 1624

Kommentare

4 Grundlagen und allgemeine Arbeitsweisen der quantitativen pharmazeutischen Analytik

Nutzerhinweis: Die Fragen werden fortlaufend kommentiert, wobei ähnliche Fragen zusammenfassend beantwortet werden. Weitere Fragen mit analogem oder identischem Inhalt, die in späteren Abschnitten aufgelistet sind, sind heller unterlegt

4.1 Größen und Einheiten

1 A   **2** E   **3** C

Auf den Begriff **Stoffmenge** treffen folgende Aussagen zu:
- Die Stoffmenge, abgekürzt durch das Symbol „**n**", ist eine Basisgröße des internationalen SI-Systems (**S**ystème **i**nternational d'unités).
- Die Einheit der Stoffmenge ist das „**Mol**", das Einheitenzeichen ist „**mol**".
- Die Stoffmenge ist mittels einer *Teilchenzahl* definiert. **1 Mol** entspricht $6,022 \cdot 10^{23}$ Teilchen (Atome, Ionen, Moleküle). Diese Zahl wird auch als *Avogadro-Konstante* bezeichnet.
- Die Stoffmenge ist keine volumenbezogene Größe.

Gleiche Stoffmengen besitzen die gleiche Teilchenzahl! Zum Beispiel haben gleiche Stoffmengen von Kohlenstoffnucliden die gleiche Anzahl von C-Atomen, sie besitzen aber als Isotope eine *unterschiedliche Masse*.

4 D

Auch die Stoffmenge von *Äquivalenten* wird in „Mol" angegeben.

1 Mol eines idealen Gasen, wie z.B. **1** Mol Stickstoff (N_2) enthält $6,022 \cdot 10^{23}$ N_2-Moleküle und nimmt bei 273,15 K (**0 °C**) und 100 kPa [Standardbedingungen] ein Volumen von **22,4 Liter** ein (*Molvolumen*).

Gemäß der Formelgleichung

$$1\ MnO_4^- + 5\ Fe^{2+} + 8\ H_3O^+ \rightleftharpoons 1\ Mn^{2+} + 5\ Fe^{3+} + 12\ H_2O$$

entsprechen **5 Mol** Fe(II) bei der manganometrischen Titration in saurer Lösung **1 Mol** Permanganat (MnO_4^-).

5 E

Die Stoffmenge (n) kann berechnet aus:
- der *Masse* einer Stoffportion. Es gilt: Stoffmenge = Masse/Molmasse [$n = m/M$]
- dem *Volumen* einer flüssigen Stoffportion. Es gilt: Stoffmenge = Volumen der Stoffportion/ Volumen von 1 Mol der Flüssigkeit
- der *Teilchenzahl*. Es gilt: Stoffmenge = Teilchenzahl/Avogadro-Konstante [$n = N/N_A$]
- der *Konzentration*. Es gilt: Stoffmenge = Konzentration·Volumen [$n = c \cdot V$]

Die *Oberfläche* einer Flüssigkeit steht in *keinem* direkten Zusammenhang mit der Stoffmenge der betreffenden Flüssigkeit.

6 A   **12** C

Die **Stoffmengenkonzentration** (c) ist definiert als Quotient der Stoffmenge eines bestimmten Stoffes zum Gesamtvolumen der Lösung.

7 C   **11** E   **12** C

Die **Stoffmengenkonzentration** (c) einer Lösung ergibt sich aus dem Quotienten der Stoffmenge (n) zum Volumen (V) der Lösung [c = n/V]. Ferner ist die Stoffmenge (n) definiert als Quotient aus der Masse (m) des gelösten Stoffes zu dessen molarer Masse (M) [n = m/M]. Aus beiden Gleichungen folgt, dass die Stoffmengenkonzentration (c) gleich dem Quotienten aus der Masse des gelösten Stoffes und dem Produkt aus seiner molaren Masse sowie dem Volumen der Lösung ist:

$$c = n/V \rightarrow \mathbf{c = m/(M \cdot V)} \leftarrow n = m/M$$

Aus der Definitionsgleichung (c = n/V) ergibt sich, dass die Stoffmenge ein Maß für die Anzahl der Teilchen des gelösten Stoffes (= Stoffmenge) in einem bestimmten Volumen darstellt.

Das Verhältnis der Masse des gelösten Stoffes zur Summe der Massen aller Stoffe der Lösung (= Gesamtmasse) wird als **Massenanteil** (*Massengehalt*) bezeichnet.

8 A

Eine Blei(II)-nitrat-Lösung [$Pb(NO_3)_2$] (c = 0,1 mol·l^{-1}) enthält aufgrund der unterschiedlichen stöchiometrischen Zusammensetzung die *doppelte* Menge an Anionen im Vergleich zu einer Natriumnitrit-Lösung [$NaNO_2$] (c = 0,1 mol·l^{-1}) gleicher Konzentration.

Die Zahlenangabe der Stoffmengenkonzentration als (c = x mol·l^{-1}) erfordert eine Spezifizierung der Teilchenart, auf die sich die betreffende Angabe bezieht.

Gleiche Stoffmengenkonzentrationen (= Molarität) verschiedener Teilchenarten bedeuten die gleiche Zahl der Teilchen (= Stoffmenge) im gleichen Volumen.

Die *Molarität* einer Maßlösung bzw. deren *Äquivalentkonzentration* werden in **mol·l^{-1}** angegeben.

9 C

Bei einer Molmasse [$M(H_2O) = 18$] enthält 1 Liter (m = 1000 g) reines Wasser die Stoffmengenkonzentration: c = m/M = 1000/18 = **55,6 mol·l^{-1}**

10 A   **14** D

Zur Umrechnung der *Stoffmengenkonzentration* (c = m_{Stoff}/M_{Stoff}) einer Lösung in den *Massengehalt* (Massenanteil) der Lösung ($m_{Stoff}/m_{Lösung}$) benötigt man die *relative Molmasse* (M_{Stoff}) des gelösten Stoffes.

11 E   **10** A

Unter **Massenanteil** (Massengehalt) versteht man den Quotienten aus der Masse eines Stoffes zur Gesamtmasse (m_{Stoff}/m_{Gesamt}) der Mischphase.

12 C   **6** A   **7** C

Die **Stoffmengenkonzentration** (c) ist definiert als Quotient der Stoffmenge eines bestimmten Stoffes (n) zum Gesamtvolumen (V) [c = n/V].

13 A

Der **Stoffmengenanteil** gibt das Verhältnis der Stoffmenge eines bestimmten Stoffes zur Gesamtstoffmenge an. Der Stoffmengenanteil wurde früher *Molenbruch* genannt.

14 D

Die **Massenkonzentration** ist definiert als Masse eines bestimmten Stoffes pro Gesamtvolumen seiner Lösung.

15 E   1725 C

Der **Gehalt** einer Probe kann angegeben durch:
- die Volumenkonzentration = Volumen einer Stoffportion pro Volumen der Mischphase
- den Stoffmengenanteil = Stoffmenge einer Substanz pro Gesamtstoffmenge
- den Gewichts- oder Volumenanteil in Prozent oder z. B. in ppb (parts per billion)

$$1 \text{ ppb} = 10^{-9} \text{ Anteile} = 10^{-3} \text{ ppm}$$

- den Massenanteil (Massengehalt) = Masse eines Stoffes pro Gesamtmasse eines Gemischs

16 A   17 E

Gegeben: $M_r(K^+) = 39{,}1$ und $M_r(SO_4^{2-}) = 96{,}1$
Daraus folgt: $M_r(K_2SO_4) = 174{,}3$
Gesucht: *Massenanteil* von 1 ppm SO_4^{2-} bzw. von 100 ppm K^+ in 1 kg Lösung?
Berechnung: 1 ppm(SO_4^{2-}) = 10^{-3} g/kg = 1 mg/kg = [174,3 : 96,1]
  ~ **1,81 mg K_2SO_4**
  100 ppm(K^+) = [174,3 : (2·39,1)]·100
  ~ **223 mg K_2SO_4**

18 C

Bei einem Zink(II)-Gehalt von 0,5 % enthalten 100 mg Zink-Insulin 0,5 mg ($5 \cdot 10^{-4}$ g) an Zn(II)-Ionen. Der Arbeitsbereich der Bestimmungsmethode beträgt 50 µg/ml ($5 \cdot 10^{-5}$ g/ml). Somit sollten 100 mg einer Probe in einem Volumen von **10 ml** gelöst werden.

19 D

Die Berechnung erfolgt mithilfe des **Mischungskreuzes**, das eine Anwendung der Erhaltung der Stoffmenge darstellt:

Gegeben: (a) Lösung 1 ($c_1 = 0{,}1$ g/ml)   (b–x)= **3** Anteile Lösung 1
         Gesucht: (x)   Lösung (c = 0,2 g/ml)
Gegeben: (b) Lösung 2 ($c_2 = 0{,}5$ g/ml)   (x–a)= **1** Anteil Lösung 2

Zur Herstellung von **100 ml** einer Schwefelsäure-Lösung der Konzentration (c = 0,2 g/ml) sollten **75 ml** Lösung mit c_1 und **25 ml** Lösung mit c_2 gemischt werden.

20 A   1863 E

Auf **Maßlösungen** des Arzneibuches treffen folgende Aussagen zu:
- Das *Europäische Arzneibuch* gibt die Konzentration von Maßlösungen als *Stoffmengenkonzentration* an (**c = mol · l^{-1}**). Bei einigen Maßlösungen wird die Äquivalentstoffmengenkonzentration angegeben.
- Die *Wiederholpräzision* (relative Wiederholstandardabweichung) von Maßlösungen darf nach Arzneibuch höchstens **0,2 %** betragen.

Bei der Herstellung von Maßlösungen muss die eingewogene Menge nicht exakt der Molmasse eines Stoffes entsprechen. Auch aus flüchtigen Stoffen wie Iod können Maßlösungen hergestellt werden. In beiden Fällen ist der Gehalt durch die Einstellung der Maßlösung unmittelbar vor Gebrauch zu ermitteln.

21 B

Der *Faktor* einer **Salzsäure-Maßlösung** ($c = 1$ mol·l^{-1}) gegen Natriumcarbonat (Na$_2$CO$_3$) [M$_r$ = 106,0 g/mol] als Urtiter wird nach folgender Formel berechnet: **F = e/a · 53**
Bezogen auf eine 1 M HCl-Maßlösung ergibt sich: **F = 18,87 · e/a**
Darin bedeuten e = Einwaage (in mg) an Na$_2$CO$_3$ und a = Verbrauch (in ml) unter Berücksichtigung, dass bei der Einstellung gegen Carbonat 2 Äquivalente Säure verbraucht werden:

$$CO_3^{2-} + 2\,H_3O^+ \rightarrow CO_2\uparrow + 3\,H_2O$$

22 B

Eine 0,1 M-Natriumhydroxid-Maßlösung (M$_r$ = 40 g/mol) enthält bei einem Faktor F = 0,95 insgesamt **3,8 g** NaOH [0,1 · 40 · 0,95].

23 B

25 ml einer NaOH-Maßlösung ($c = 0,4$ mol·l^{-1}) neutralisieren in einer Vorlage 20 ml einer HCl-Maßlösung ($c = 0,5$ mol·l^{-1}). Die Salzsäure-Maßlösung besitzt einen Faktor von F = 0,95. Aufgrund der Äquivalenzbeziehung (1 NaOH + 1 HCl = 1 NaCl + HOH) gilt:
25 · 0,4 · F = 20 · 0,5 · 0,95 → **F = (20 · 0,5 · 0,95)/(25 · 0,4) = 0,95**

24 D

1 Liter einer Silbernitrat-Maßlösung ($c = 0,1$ mol·l^{-1}) [M$_r$ = 169,87 g/mol] und einem Faktor von F = 0,92 enthält **15,63 g** AgNO$_3$ [169,87 · 0,1 · 0,92].

25 A

20 ml einer Natriumchlorid-Maßlösung ($c = 0,1$ mol·l^{-1}) werden gegen eine Vorlage von 20 ml einer Silbernitrat-Maßlösung ($c = 0,1$ mol·l^{-1}) eingestellt. Die AgNO$_3$-Lösung besitzt einen Faktor von F = 0,95. Aufgrund der Äquivalenzbeziehung [1 NaCl + 1 AgNO$_3$ = 1 AgCl + 1 NaNO$_3$] gilt:
20 · 0,1 · F = 20 · 0,1 · 0,95 → **F = 0,95**

26 C

Entsprechend der Formelgleichung des folgendes Reduktionsvorganges
$$Cr_2O_7^{2-} + 6\,e^- + 14\,H_3O^+ \rightarrow 2\,Cr^{3+} + 21\,H_2O \quad (\text{Äquivalentzahl } z = 6)$$
besitzt *Kaliumdichromat* (K$_2$Cr$_2$O$_7$) [M$_r$ = 294,2 g/mol] bei Reaktionen in saurer Lösung eine **Äquivalentmasse** von: m^{eq} = 294,2/6 ~ **49 g/mol**

27 B   31 C

Die **äquivalente Stoffmengenkonzentration** (c^{eq}), auch *Äquivalentkonzentration* genannt, berechnet sich aus der Stoffmengenkonzentration (c) nach:

$$c^{eq} = c \cdot z \; (\text{mol} \cdot l^{-1})$$

Die Zahl z heißt *Äquivalentzahl* und entspricht bei Redoxvorgängen der Zahl der pro Mol Substanz aufgenommenen oder abgegebenen Elektronen (e$^-$).

■ Die Angabe c(**1/5 KMnO$_4$**) = 0,1 mol·l^{-1} entspricht somit der Stoffmengenkonzentration *eines* Äquivalents an Kaliumpermanganat (= **Äquivalentkonzentration**), entsprechend der Formelgleichung:

$$MnO_4^- + 5\,e^- + 8\,H_3O^+ \rightarrow Mn^{2+} + 12\,H_2O \quad (z = 5)$$

28 B

■ Gemäß den Formelgleichungen

$$1\,MnO_4^- + 5\,Fe^{2+} + 8\,H_3O^+ \rightarrow 1\,Mn^{2+} + 5\,Fe^{3+} + 12\,H_2O$$
$$2\,MnO_4^- + 10\,I^- + 16\,H_3O^+ \rightarrow 2\,Mn^{2+} + 5\,I_2 + 24\,H_2O$$
$$2\,MnO_4^- + 5\,H_2O_2 + 6\,H_3O^+ \rightarrow 2\,Mn^{2+} + 5\,O_2\uparrow + 14\,H_2O$$
$$2\,MnO_4^- + 3\,Mn^{2+} + 4\,HO^- \rightarrow 5\,MnO(OH)_2 \quad [6/3 : 6 = 1/3]$$

entspricht nur ½ (0,5) Mol Mn^{2+}-Ionen dem Äquivalent c(**1/3 KMnO$_4$**) bei der Titration mit Kaliumpermanganat-Maßlösung in neutralem Milieu.

29 E   30 E   31 C

■ Aufgrund der Redoxgleichungen

$$1\,BrO_3^- + 5\,Br^- + 6\,H_3O^+ \rightarrow 3\,Br_2 + 9\,H_2O$$
$$3\,Br_2 + 6\,e^- \rightarrow 6\,Br^- \quad [\text{Äquivalentzahl } z = 6]$$

besitzt 1 **ml** einer Kaliumbromat-Maßlösung (KBrO$_3$), die 0,5 **mmol** Brom (Br$_2$) äquivalent ist, in saurer Lösung eine **äquivalente Stoffmengenkonzentration** von c(**1/6 KBrO$_3$**). Demzufolge besitzt eine KBrO$_3$-Maßlösung, die 0,05 mmol Br$_2$ äquivalent ist, eine Äquivalentkonzentration von c(**1/60 KBrO$_3$**).

31 C   29 E   30 E   32 C   33 C

■ Die **äquivalente Stoffmengenkonzentration** (c^{eq}), auch *Äquivalentkonzentration* genannt, berechnet sich aus der Stoffmengenkonzentration (c) nach:

$$c^{eq} = c \cdot z \; (mol \cdot l^{-1})$$

Die Zahl z heißt Äquivalentzahl und entspricht bei Redoxvorgängen der Zahl der pro Mol Substanz aufgenommenen oder abgegebenen Elektronen (e).

■ Gemäß der Redoxgleichungen

$$Cr_2O_7^{2-} + 14\,H_3O^+ + \mathbf{6}\,e^- \rightarrow 2\,Cr^{3+} + 21\,H_2O \quad (z = 6)$$
$$MnO_4^- + 8\,H_3O^+ + \mathbf{5}\,e^- \rightarrow Mn^{2+} + 12\,H_2O \quad (z = 5)$$
$$BrO_3^- + 5\,Br^- + 6\,H_3O^+ \rightarrow 9\,H_2O + (3\,Br_2) + \mathbf{6}\,e^- \rightarrow 6\,Br^- \quad (z = 6)$$
$$Ce^{4+} + \mathbf{1}\,e^- \rightarrow Ce^{3+} \quad (z = 1)$$
$$AsO_3^{3-} + 3\,H_2O \rightarrow AsO_4^{3-} + 2\,H_3O^+ + \mathbf{2}\,e^- \quad (z = 2)$$

besitzen folgende Maßlösungen eine äquivalente Stoffmengenkonzentration c^{eq} = 0,1 mol·l^{-1}:
– 1/60 = 0,06 mol·l^{-1} Kaliumdichromat [K$_2$Cr$_2$O$_7$]
– 0,05 mol·l^{-1} Natriumarsenit [Na$_3$AsO$_3$]
– 1/60 = 0,06 mol·l^{-1} Kaliumbromat [KBrO$_3$]
– 0,02 mol·l^{-1} Kaliumpermanganat [KMnO$_4$]
– 0,1 mol·l^{-1} Ammoniumcer(IV)-sulfat [(NH$_4$)$_4$Ce(SO$_4$)$_4$]

32 C **31** C **33** C

▪ Die **Äquivalentzahl z** entspricht bei Säure-Base-Reaktionen der Zahl der aufgenommenen oder abgegebenen Protonen (H⁺) bzw. bei Redoxvorgängen der Zahl der übertragenen Elektronen (e⁻) *pro Mol* Substanz.

▪ Aufgrund der Reaktionsgleichungen

$$H_2SO_4 + 2\,H_2O \rightarrow SO_4^{2-} + \mathbf{2}\,H_3O^+ \; (z = 2)$$
$$2\,S_2O_3^{2-} \rightarrow S_4O_6^{2-} + \mathbf{2}\,e^- \; (z = 1)$$
$$I_2 + \mathbf{2}\,e^- \rightarrow 2\,I^- \; (z = 2)$$
$$AgNO_3 \rightarrow \mathbf{1}\,Ag^+ + NO_3^- \; (z = 1)$$
$$Cr_2O_7^{2-} + 14\,H_3O^+ + \mathbf{6}\,e^- \rightarrow 2\,Cr^{3+} + 21\,H_2O \; (z = 6)$$

besitzen folgende Maßlösungen eine äquivalente Stoffmengenkonzentration $c^{eq} = \mathbf{0{,}1\,mol \cdot l^{-1}}$:
- 0,05 mol·l⁻¹ Schwefelsäure (H_2SO_4)
- 0,1 mol·l⁻¹ Natriumthiosulfat ($Na_2S_2O_3$)
- 0,05 mol·l⁻¹ Iod (I_2)
- 0,1 mol·l⁻¹ Silbernitrat ($AgNO_3$)
- 1/60 = 0,06 mol·l⁻¹ Kaliumdichromat ($K_2Cr_2O_7$)

33 C **31** C **32** C

▪ Bei der Titration von *Natriumtetraborat* (*Borax*) [$Na_2B_4O_7 \cdot 10\,H_2O$] mit HCl-Maßlösung gegen Methylrot oder nach Zusatz von Mannitol mit Natriumhydroxid-Maßlösung gegen Phenolphthalein werden nur **2** Äquivalente Säure bzw. Lauge verbraucht, da von 4 Borsäure-Molekülen bereits zwei im Borax neutralisiert sind.

▪ Bei der Titration von *Natriumthiosulfat* ($Na_2S_2O_3$) mit Iod (I_2) gegen Stärke als Indikator wird **1** Äquivalent Iod pro Thiosulfat-Ion verbraucht:

$$2\,S_2O_3^{2-} + I_2 \rightarrow S_4O_6^{2-} + 2\,I^-$$

▪ Bei der Titration von *Natriumcarbonat* (Na_2CO_3) mit Salzsäure-Maßlösung gegen Methylorange als Indikator werden 2 Äquivalente Säure verbraucht.

$$CO_3^{2-} + 2\,H_3O^+ + 2\,Cl^- \rightarrow CO_2\uparrow + 3\,H_2O + 2\,Cl^-$$

▪ Bei der Titration von *Dinatriumoxalat* (NaOOC-COONa) mit Kaliumpermanganat-Maßlösung im sauren Milieu werden 10 Elektronen von 5 Oxalat-Molekülen abgegeben. Dies entspricht 2 Elektronen pro Oxalat-Molekül.

$$2\,MnO_4^- + 5^-OOC\text{-}COO^- + 16\,H_3O^+ \rightarrow 2\,Mn^{2+} + 10\,CO_2\uparrow + 24\,H_2O$$

4.2 Stöchiometrische Grundlagen

4.3 Chemisches Gleichgewicht, Aktivität

34 D

▪ Eine Substanz zerfällt gemäß der Gleichung (AB ⇌ A + B). Dabei entstehen gleiche Stoffmengen von A *und* B. Wird nun die Ausgangskonzentration (in 2 [AB]) verdoppelt, so erhöht sich die Gleichgewichtskonzentration von **[A]** um den Faktor √2.

Berechnung:
$$K = [A] \cdot [B]/[AB] =) [A]^2/[AB] \Rightarrow [A] = \sqrt{K \cdot [AB]}$$
$$K = [A] \cdot [B]/2\,[AB] = [A]^2/2\,[AB] \Rightarrow [A] = \sqrt{2} \cdot \sqrt{K \cdot [AB]}$$

35 B

Zwei Stoffe A und B reagieren miteinander zur Verbindung AB [A + B ⇌ AB]. Die Aktivitätskoeffizienten seien gleich 1 und die Gleichgewichtskonstante hat den Zahlenwert K = 10^{-4}. Wenn die Gleichgewichtskonzentration [AB] = 10^{-6} mol·l^{-1} ist, beträgt – unter Berücksichtigung, dass A und B im Verhältnis 1:1 miteinander reagieren – die Gleichgewichtskonzentration von [A] = **0,1** (10^{-1}) **mol·l^{-1}**.

Berechnung: K = [AB]/([A]·[B]) = [AB]/[A]2 ⇒ 10^{-4} = 10^{-6}/[A]² ⇒ [A] = $\sqrt{10^{-6}/10^{-4}}$ = $\sqrt{10^{-2}}$ = 10^{-1}

36 B

Eine Substanz zerfällt gemäß der Gleichung (AB ⇌ A + B); die Stoffmengen von A und B sind gleich. Die Gleichgewichtskonstante hat den Zahlenwert K = 10^{-6} mol·l^{-1} und mit der Gleichgewichtskonzentration [AB] = 10^{-2} mol·l^{-1} ergibt sich im Gleichgewichtszustand die Konzentration von A zu: **[A] = 10^{-4} mol·l^{-1}**

Berechnung: K = ([A]·[B])/[AB] = [A]²/[AB] ⇒ [A]² = [AB]·K
[A] = $\sqrt{10^{-2} \cdot 10^{-6}}$ = $\sqrt{10^{-8}}$ = 10^{-4} mol/l

37 D **38** A **40** E

Über **Aktivitätskoeffizienten** (f) lassen sich folgende Aussagen machen:
- Die Aktivitätskoeffizienten sind in konzentrierten Lösungen *Korrekturgrößen*, die den Einfluss von Wechselwirkungen zwischen den Teilchen eines chemischen Systems berücksichtigen.
- Die Aktivität (a) eines Stoffes ergibt sich, wenn dessen Konzentration (c) mit dem betreffenden Aktivitätskoeffizienten (f) multipliziert wird, zu: **a = f·c**
- In *Elektrolytlösungen* hängen die Aktivitätskoeffizienten vom verwendeten *Lösungsmittel* und der *Ionenstärke* (I) der Lösung ab.
- Nach Debye-Hückel gilt für die Ionenart (i): **log f_i = 0,509·$(n_i)^2 \cdot \sqrt{I}$**, worin n die Ladung des Ions und I die Ionenstärke der Lösung bedeuten. Aus dieser Gleichung ist ersichtlich, dass die Aktivitätskoeffizienten für zweiwertige Ionen *nicht* halb so groß sind wie für einwertige Ionen.
- Die Aktivitätskoeffizienten liegen in der Regel im Bereich **0 ≤ f ≤ 1**. In sehr verdünnten Lösungen wird f = 1 und die Aktivität eines Stoffes entspricht seiner Konzentration.

39 A **40** E **41** A **42** C

Über die **Ionenstärke** einer Elektrolytlösung lassen sich folgende Aussagen machen:
- Die Ionenstärke einer Lösung hängt von der *Konzentration* (c) *aller Ionen* (Anionen wie Kationen) in der Lösung *und* deren *Ladung* (n) ab. Es gilt: **I = ½ Σ (n)²·c**
- Da in die Bestimmungsgleichung (n)² eingeht, kann die Ionenstärke einer Lösung mit zweiwertigen Ionen *nicht* doppelt so groß sein wie die einer gleich konzentrierten Lösung mit einwertigen Ionen.

0,1 M-$MgSO_4$ = Mg^{2+} + SO_4^{2-}: I = ½ [2²·0,1(Mg^{2+}) + 2²·0,1(SO_4^{2-})] = 0,4
0,1 M-NaCl = Na^+ + Cl^-: I = ½ [1²·0,1(Na^+) + 1²·0,1(Cl^-)] = 0,1

- Die Ionenstärke einer Lösung beeinflusst die *elektrolytische Dissoziation schwacher Elektrolyte* (Säuren, Basen). Man nutzt dies zum Beispiel bei der alkalimetrischen Gehaltsbestimmung von Phosphorsäure durch Zusatz eines *Neutralsalzes* wie NaCl oder KCl aus.
- In verdünnten Lösungen eines starken Elektrolyten wie KCl bestimmt die Ionenstärke weitgehend den mittleren *Aktivitätskoeffizienten*.

- In einer 0,1 M-Acetat-Pufferlösung und einer 0,2 M-Natriumacetat-Lösung berechnen sich die Ionenstärken wie folgt:

0,1 M-NaOAc/0,1 M-HOAc: $I = \frac{1}{2}[1^2 \cdot 0{,}1(Na^+) + 1^2 \cdot 0{,}1(OAc^-) + 1^2 \cdot 0{,}1(H^+) + 1^2 \cdot 0{,}1(OAc^-)] = 0{,}2$

0,2 M-NaOAc: $I = \frac{1}{2}[1^2 \cdot 0{,}2(Na^+) + 1^2 \cdot 0{,}2(OAc^-)] = 0{,}2$

43 A   **44** D   **113** E

Gemäß der Gleichung $I = \frac{1}{2} \Sigma (n)^2 \cdot c$ berechnen sich die **Ionenstärken** *gleich konzentrierter* Salzlösungen ($c = 0{,}02$ mol·l⁻¹) wie folgt:
- $FeCl_3 = Fe^{3+} + Cl^- + Cl^- + Cl^-$: $I = \frac{1}{2}(3^2 \cdot 0{,}02 + 1^2 \cdot 0{,}02 + 1^2 \cdot 0{,}02 + 1^2 \cdot 0{,}02) = \mathbf{0{,}12}$
- $CaCl_2 = Ca^{2+} + Cl^- + Cl^-$: $I = \frac{1}{2}(2^2 \cdot 0{,}02 + 1^2 \cdot 0{,}02 + 1^2 \cdot 0{,}02) = 0{,}06$
- $NaNO_3 = Na^+ + NO_3^-$: $I = \frac{1}{2}(1^2 \cdot 0{,}02 + 1^2 \cdot 0{,}02) = 0{,}02$
- $KI = K^+ + I^-$: $I = \frac{1}{2}(1^2 \cdot 0{,}02 + 1^2 \cdot 0{,}02) = 0{,}02$
- $NH_4Cl = NH_4^+ + Cl^-$: $I = \frac{1}{2}(1^2 \cdot 0{,}02 + 1^2 \cdot 0{,}02) = 0{,}02$

44 D   **43** A   **113** E

Gemäß der Gleichung $I = \frac{1}{2} \Sigma (n)^2 \cdot c$ berechnen sich die **Ionenstärken** *gleich konzentrierter* Salzlösungen ($c = 0{,}02$ mol·l⁻¹) wie folgt:
- $NaCl = Na^+ + Cl^-$: $I = \frac{1}{2}(1^2 \cdot 0{,}02 + 1^2 \cdot 0{,}02) = 0{,}02$
- $LiBr = Li^+ + Br^-$: $I = \frac{1}{2}(1^2 \cdot 0{,}02 + 1^2 \cdot 0{,}02) = 0{,}02$
- $NaHCO_3 = Na^+ + HCO_3^-$: $I = \frac{1}{2}(1^2 \cdot 0{,}02 + 1^2 \cdot 0{,}02) = 0{,}02$
- $K_2HPO_4 = K^+ + K^+ + HPO_4^{2-}$: $I = \frac{1}{2}(1^2 \cdot 0{,}02 + 1^2 \cdot 0{,}02 + 2^2 \cdot 0{,}02) = \mathbf{0{,}06}$
- $HClO_4 = H^+ + ClO_4^-$: $I = \frac{1}{2}(1^2 \cdot 0{,}02 + 1^2 \cdot 0{,}02) = 0{,}02$

4.4 Statistische Auswertung von Analysendaten

45 E

Bei der **Auswahl eines Analysenverfahrens** sind einige Parameter zu berücksichtigen, wobei an dieser Stelle nicht alle Parameter aufgelistet werden können:
- *Probenmatrix*: Unter einer Matrix fasst man die Summe aller Begleitstoffe (Verunreinigungen, Zersetzungsprodukte, in Arzneimitteln zählen dazu auch die Hilfsstoffe) zusammen. Die Matrix beeinflusst die *Selektivität* bzw. *Spezifität* eines Verfahrens, d.h. die Richtigkeit eines Verfahrens in Gegenwart anderer Stoffe.
- *Bestimmungsbereich des Verfahrens*: Darunter versteht man den Bereich, in dem der Messwert der Stoffmenge proportional ist. Dabei ist die *Bestimmungsgrenze* definiert als die kleinste Menge oder den kleinsten Gehalt eines Analyten, der noch mit einer festgelegten *Präzision* richtig bestimmt werden kann.
- *Art des Analyten*: Beispielsweise muss man den Aggregatzustand des Analyten (gasförmig, flüssig, fest) bei der Auswahl der Methode berücksichtigen. Weiterhin spielen funktionelle Gruppen eine Rolle, ob sie die Möglichkeit zur Derivatisierung zulassen bzw. ein bestimmtes Verfahren überhaupt dafür geeignet ist. Zum Beispiel wird man für ein Molekül nur dann ein photometrisches Verfahren wählen, wenn dessen elektronischen Eigenschaften dies erlauben.
- *Konzentration des Analyten* in einer Probe: Beispielsweise sind zur Spurenanalytik oft andere Methoden heranzuziehen, als bei der Prüfung einer Reinsubstanz.
- *Empfindlichkeit* des *Verfahrens*: Die Empfindlichkeit einer Methode beschreibt, wie stark ein Messergebnis auf Konzentrationsänderungen anspricht. Bei einem empfindlichen Ver-

fahren haben kleine Konzentrationsänderungen große Änderungen des Messwertes zur Folge.
- *Robustheit eines Verfahrens*: Hierunter versteht, inwieweit eine Analysenmethode trotz Änderungen von Parametern noch korrekte Ergebnisse liefert.

46 D **60** E **64** A **65** E

Die *Richtigkeit* (Genauigkeit) eines Analysenverfahrens gibt Auskunft über den **systematischen Fehler** einer Analysenmethode.

47 E **63** B **65** E **73** B **74** C **1812** B

Die *Präzision* eines Analysenverfahrens korreliert mit den **zufälligen Fehlern** (Abweichungen) und ist ein Maß für die Reproduzierbarkeit von Analysendaten.

48 D **49** E

Die **relative Unsicherheit** ist definiert als Quotient aus absoluter Unsicherheit und Messwert. Dabei versteht man unter *absoluter Unsicherheit* die mögliche Abweichung in der *letzten* Stelle des Messwertes.

50 D

Bei der Bildung der Summe von Dezimalzahlen (Addition von Dezimalzahlen) dürfen im Ergebnis nur so viele Stellen auftreten, wie der Einzelwert mit der kleinsten Zahl von Dezimalstellen besitzt. Dabei kann sowohl der Einzelwert als auch der Summenwert auf- bzw. abgerundet werden.
- 42,5 + 9,19 + 0,439 = (52,109) = **52,1** oder
- 42,5 + 9,2 + 0,4 = **52,1**

51 D

Die *Häufigkeitsverteilung* von Messwerten, die keinen systematischen Fehler aufweisen, können mithilfe einer **Normalverteilung** (Gauß-Kurve) beschrieben werden. Diese Kurve besitzt eine Glockenform.

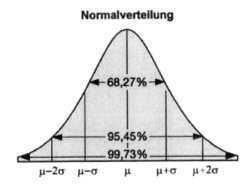

Die Standardabweichung (σ) [in der Literatur auch mit dem Symbol s abgekürzt] bestimmt die Breite der Glockenkurve. Kleine Standardabweichungen ergeben eine hohe, schlanke Kurve, große Standardabweichungen führen zu einer breiten, flachen Kurve. Somit ist die Standardabweichung ein Maß für die Messwertstreuung.

- Das Kurvenmaximum gibt den Mittelwert an, der bei Vernachlässigung systematischer Fehler dem wahren Wert (μ) entspricht.
- Bezüglich der Gestalt der Normalverteilungskurve ist weiterhin auszuführen:
  - Im Intervall μ±σ finden sich 68,27 % aller Messwerte.
  - Im Intervall μ±2σ finden sich 95,45 % aller Messwerte.
  - Im Intervall μ±3σ finden sich 99,73 % aller Messwerte.

52 B

Die Angabe eines *arithmetischen Mittelwertes* setzt eine symmetrische Häufigkeitsverteilung voraus, die zu einer Gaußschen Glockenkurve führt. Bei streuenden, *nicht* normalverteilten Messwerten ist die beste Auswertungsmöglichkeit die Angabe des **Medians** und der **Spannweite**. Der Median ist robust gegenüber Ausreißern.

Zur *Ermittlung* des *Medians* ordnet man die Messwerte in einer Reihe nach steigender Größe. Bei einer ungeraden Anzahl von Messwerten ist der mittlere Zahlenwert der Median. Bei einer geraden Zahl von Messwerten ergibt sich der Median als Mittelwert der beiden mittleren Zahlenwerte. Beispielsweise entspricht bei 9 Messwerten der 5. Zahlenwert dem Median, bei 8 Messwerten ist der Median der Mittelwert aus dem 4. und 5. Zahlenwert.

Als *Spannweite* bezeichnet man die Differenz zwischen dem größten und dem kleinsten Zahlenwert ($x_{max} - x_{min}$).

53 A

Systematische Fehler sind durch den Prozessablauf begründet. Sie liefern entweder zu hohe oder zu niedrige Messwerte. Systematische Fehler heben sich bei wiederholter Messung nicht durch Bildung des arithmetischen Mittels auf.

Das *arithmetische Mittel* einer Messreihe ist der Quotient aus der Summe der Messwerte und ihrer Anzahl. Der *Mittelwert* aus einer Reihe von Messdaten sagt nichts über die Richtigkeit (Genauigkeit) der Messmethode aus.

Die *Standardabweichung* ist ein Maß für die Streuung der Messwerte um den Mittelwert. Die Standardabweichung ist die *Quadratwurzel* aus der *Varianz*.

54 B   55 A   56 B   57 D

Die **Standardabweichung** (abgekürzt mit den Symbolen **s** oder **σ**) ist ein Maß für die Streuung der Messwerte (um den Mittelwert) und ist definiert als Quadratwurzel aus der Varianz [n = Anzahl der Messwerte, x = Messwert, $\bar{x}$ = Mittelwert]...

$$\text{Standardabweichung:} \quad s = \sqrt{\frac{1}{n-1} \cdot \sum_{i=1}^{n} (x_i - \bar{x})^2}$$

Für die Messreihe 1,00/1,01/1,00/1,01/0,98/1,00/1/00 berechnet sich
- der Mittelwert zu: $\bar{x}$ = 1,00 + 1,01 + 1,00 + 1,01 + 0,98 + 1,00 + 1,00 = 7,00/7 = **1,00**
- die Standardabweichung zu: $\sqrt{1/6 \,[(1,00-1,00)^2 + (1,01-1,00)^2 + (1,00-1,00)^2 + (1,01-1,00)^2 + (0,98-1,00)^2 + (1,00-1,00)^2 + (1,00-1,00)^2]} = \sqrt{1/6 \,[(0,01)^2 + (0,01)^2 + (0,02)^2]} = \sqrt{1/6 \,(0,0001 + 0,0001 + 0,0004)} = \sqrt{1/6 \cdot 0,0006} = \sqrt{1 \cdot 10^{-4}} = \mathbf{1 \cdot 10^{-2}}$

Die Standardabweichung wird als Betrag (ohne Vorzeichen!) angegeben. Sie hat die gleiche Einheit (Dimension) wie das Analysenergebnis.

58 C

Der **t-Test** dient der Abschätzung systematischer Fehler. Im sog. *einfachen* t-Test prüft man anhand des Mittelwertes einer Stichprobe, ob der Mittelwert signifikant von einem vorgegebenen Sollwert abweicht. Im sog. *doppelten* t-Test prüft man anhand der Mittelwerte zweier unabhängiger Stichproben, ob die Mittelwerte einander gleich sind. Voraussetzung für den t-Test ist die Durchführung eines F-Testes (siehe Frage Nr. **59**).

59 C

Die *Standardabweichung* (s) bzw. deren Quadrat, die *Varianz* (s^2), kann auch als vergleichendes Maß für die Präzision zweier unterschiedlicher Analysenverfahren herangezogen werden (**F-Test**). Für den dabei ermittelten F-Wert gilt: **F = s_1^2/s_2^2**, worin s_1^2 und s_2^2 die Varianzen zweier unabhängiger Stichproben bedeuten. Die Prüfgröße F sollte größer 1 sein, so dass die größere Stichprobenvarianz stets im Zähler steht ($s_1^2 > s_2^2$). Ist der Prüfquotient (F) größer als der theoretisch abgeleitete Tabellenwert, so besteht zwischen beiden Standardabweichungen ein signifikanter Unterschied und es ist nicht zulässig beide Stichproben zu einer Grundgesamtheit zusammenzufassen.

4.5 Validierung von Verfahren

60 E 46 D 64 A 65 E

Die Abweichung des Mittelwertes aus vielen Messungen vom „wahren" Wert korreliert mit der **Richtigkeit** der Methode und hat ihre Ursache in systematischen Fehlern.

61 D 62 C

Die **Empfindlichkeit** eines Analysenverfahrens beschreibt, wie stark ein Messwert auf Konzentrationsänderungen anspricht. Zum Beispiel ist eine Methode umso empfindlicher, je größer die Zunahme des Messwertes bei minimaler Zunahme der Konzentration des zu bestimmenden Stoffes ist.

62 C 61 D

Beispielsweise korreliert die **Empfindlichkeit** mit der *Steigung* der Kalibrierfunktion. Je steiler die Kalibrierkurve verläuft, desto empfindlicher ist die Methode.

63 B 47 E 73 B 74 C 1812 B

Die **Präzision** eines analytischen Verfahrens ist ein Maß für die Reproduzierbarkeit der Analysenergebnisse bei wiederholter Durchführung des Verfahrens.

64 A 65 E 46 D 60 E

Wenn der wahre Wert bekannt ist, wird die **Richtigkeit** einer volumetrischen Mehrfachbestimmung durch den **relativen Fehler** ($\Delta x \cdot 100 / \bar{x}$) angegeben, worin $\bar{x}$ der Mittelwert der Bestimmung ist. Das Analysenergebnis besteht daher aus der Angabe des Mittelwertes *und* der Angabe des relativen Fehlers. Es gilt: $\bar{x} \pm (\Delta x \cdot 100/\bar{x})$ [%]

66 A 45 E

Die **Bestimmungsgrenze** ist definiert als der niedrigste mit akzeptabler *Präzision* und *Richtigkeit* bestimmbare Substanzgehalt.

67 A **68** D **61** D **62** C **1770** C

Die **Empfindlichkeit** einer Analysenmethode beschreibt, wie stark sich ein Messergebnis bei einer Konzentrationsänderung des zu bestimmenden Stoffes verändert. Zum Beispiel ist die Empfindlichkeit einer Analysenmethode umso größer, je höher die Steigung ihrer Kalibrierfunktion ist.

69 C

Bei der Zweipunktkalibrierung einer Bestimmung mittels Kapillarelektrophorese ergibt sich die **Empfindlichkeit** der Methode aus der *Steigung* der *Kalibriergeraden*, die sich wie folgt aus den angegebenen Daten zweier Messungen berechnen lässt:

$(0{,}5800A - 0{,}200A) : (60\,\beta\cdot l\cdot mg^{-1} - 20\,\beta l\cdot mg^{-1}) = (0{,}3800A : 40\,\beta l\cdot mg^{-1}) = 0{,}0095\,l\cdot mg^{-1} = \mathbf{9{,}5\,ml\cdot mg^{-1}}$

70 E

Das arithmetische Mittel (**Mittelwert**) ist definiert als Quotient aus der Summe aller Messwerte und der Anzahl der Messungen. Der Mittelwert ist umso richtiger, je kleiner der *systematische Fehler* ist. Daher heben sich Messfehler, die auf systematischen Fehlern beruhen, durch Bildung des Mittelwertes *nicht* auf.

71 E **72** C

Die **Richtigkeit** gibt die Abweichung des Mittelwertes der Mehrfachbestimmung vom wahren Wert (Sollwert) an. Die Richtigkeit der beiden Messreihen (**3**) und (**4**) – siehe nachfolgende Abbildung – ist am besten.

Die **Präzision** ist ein Maß für die Reproduzierbarkeit der Analysenergebnisse bei wiederholter Durchführung der betreffenden Bestimmung. Die Präzision ist – siehe nachfolgende Abbildung – bei den Messreihen (**1**) und (**3**) am höchsten.

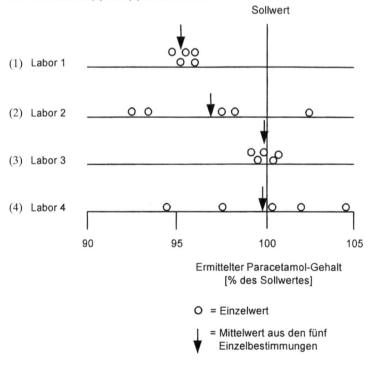

73 B **47** E **63** B **74** C **1812** B

Die **Präzision** beschreibt die Streuung der einzelnen Messwerte eines analytischen Verfahrens. Sie kann in Form der Standardabweichung oder der relativen Standardabweichung (Variationskoeffizient) angegeben werden. Darüber hinaus ist die Präzision ein Maß für die *Reproduzierbarkeit* von Messdaten.

74 C **47** E **63** B **73** B **1812** B

Die **Wiederholpräzision** macht Aussagen über die Reproduzierbarkeit des Ergebnisses einer analytischen Methode, wobei identische Bedingungen (Probe, Prüfer, Gerät, Reagenzien usw.) einzuhalten sind.

75 E

Folgende *Arbeitsschritte* gehören zu einem *Analysenverfahren*:

Probenahme – Probenvorbereitung (z. B. Derivatisierung, Lösen, usw.) – Messmethode und Messung – Aufzeichnung der Messdaten – Auswertung der Messdaten – Interpretation der Messdaten – Angabe des Ergebnisses und der Fehlerbreite

76 B

Die Abkürzung **CRS** bedeutet *chemische Referenzsubstanz*.

4.6 Kalibrierung quantitativer Analysenverfahren

77 C **78** D **79** B **80** A

Das Bestimmen der Absorption in Abhängigkeit von der Konzentration bei einer spektralphotometrischen Messung wird **Kalibrieren** genannt. Die Kalibrierfunktion wird durch Auftragen der Absorption gegen die Konzentration erhalten.

Atomabsorptionsspektroskopie (AAS), Atomemissionsspektroskopie (AES), UV-VIS-Photometrie einschließlich Kolorimetrie, IR-Spektroskopie, HPLC mit UV-Detektion (u. a. m.) sind analytische Verfahren, die eine Kalibrierung erfordern.

Bei *Titrationen* (Säure-Base-, Redox-, komplexometrische und fällungsanalytische Titrationen), elektrogravimetrischen Bestimmungen sowie konduktometrischen und coulometrischen Titrationen (u. a. m.) ist *keine Kalibrierung* zur Quantifizierung einer Stoffportion erforderlich.

81 E **82** E

Aus der abgebildeten Kalibrierkurve (aufgetragen ist die Absorption A gegen die Konzentration c) können folgende Schlussfolgerungen gezogen werden:
- Die Kurve kann durch die allgemeine Gleichung einer Geraden $A = a \cdot c + b$ mit dem Ordinatenschnittpunkt $b = 0$ beschrieben werden.
- Im betrachteten (linearen) Konzentrationsbereich ist das Lambert-Beer-Gesetz $A = \varepsilon \cdot c \cdot d$ erfüllt, nach dem die gemessene Absorption der Konzentration direkt proportional ist.
- Die Steigung der Kalibrierkurve (Gerade) korreliert mit der Empfindlichkeit der Methode.
- Die Streuung der Messwerte wird durch die Präzision eines analytische Verfahrens beschrieben und durch die Angabe der Standardabweichung ausgedrückt.

82 E **81** E

▪ Folgende Aussagen über die *einfache* **lineare** *Regression* bei einer Kalibriergeraden treffen zu:
– Mit der Regression wird versucht, einen Zusammenhang zwischen einer abhängigen Variablen durch eine oder mehrere unabhängige Variable zu finden. Die Variable, die vorhergesagt werden soll, wird als *abhängige Variable* bezeichnet; die Variable, die zur Vorhersage dient, heißt *unabhängige Variable*.
– Es wird angenommen, dass zwischen den beiden Variablen x und y ein linearer Zusammenhang **y = a + bx** besteht, worin a eine additive Konstante ist und den Schnittpunkt mit der y-Achse darstellt. b ist die Steigung (Regressionskoeffizient) der Kalibriergeraden. Bei *linearer Abhängigkeit* entspricht die *Empfindlichkeit* der *Steigung* der *Kalibriergeraden*, d. h. dem Regressionskoeffizienten.
– Der Zusammenhang zwischen den Variablen x und y ist umso besser, je näher sich der Regressionskoeffizient dem Wert ±1 nähert. Bei b = 0 besteht kein Zusammenhang zwischen x und y. Ziel einer Regressionsanalyse ist, den optimalen Zusammenhang zwischen den Variablen x und y zu ermitteln.

4.7 Maßanalyse

83 B **84** B **85** B **86** C **682** E **684** E
685 D **686** B **688** D

▪ Die verschiedenen **Titrationsmethoden** der **Volumetrie** können wie folgt beschrieben werden:
– *Direkte Titration*: Zugabe von Maßlösung zur Probenlösung bis zum Erreichen des Äquivalenzpunktes.
– *Indirekte Titration*: Hier wird nicht die Probe selbst sondern eine bekannte Verbindung des Titranden (zu bestimmenden Stoffes) mit einer Maßlösung bestimmt und aus dem Verbrauch auf die darin enthaltene Probenmenge geschlossen.
– *Inverse Titration*: Vorlage einer definierten Menge an Maßlösung, die mit der Probenlösung titriert wird.
– *Rücktitration*: Zugabe eines Überschusses an Maßlösung zur Probenlösung und Titration des Überschusses mit einer zweiten Maßlösung.
– *Substitutionstitration*: Die Substanz (Probe) wird nicht unmittelbar mit einer Maßlösung, sondern mit einer bekannten Verbindung des Titrators (Maßlösung) umgesetzt und die dabei freigesetzte, der Probe äquivalente Menge des Titrators zurücktitriert.
– *Simultantitration*: Zwei (oder mehr) Stoffe können nebeneinander mit ein und derselben Titration erfasst werden.

87 B

▪ Der **Blindwert** entspricht dem Messwert, wenn die zu untersuchende Messgröße den Wert Null hat bzw. nicht vorhanden ist. Durch zufällige und/oder systematische Fehler weicht aber der Wert einer Blindprobe häufig von Null ab. Oft bezeichnet man als Blindwert das Messergebnis der substanzfreien Referenzprobe. Ein Blindwert dient dazu, das Messergebnis zu berichtigen.

88 D **232** A **235** C **919** E **927** C **928** E
932 D **933** C

▪ Zu den abgebildeten **Titrationskurven** lässt sich ausführen:
– **Kurve A**: Es handelt sich um die *halblogarithmische* Darstellung (pH = log a_{H^+}) der Titration einer starken Säure mit Natriumhydroxid-Maßlösung. Der Wendepunkt der sigmoiden Kurve entspricht dem Äquivalenzpunkt.

- **Kurve B**: Es handelt sich um die halblogarithmische Titrationskurve einer starken Säure mit NaOH-Maßlösung mit potentiometrischer Indizierung, wenn man anstelle des sich ändernden pH-Wertes das gemessene Potential (U = –0,059 pH) in mV aufträgt.
- **Kurve C** stellt die Titrationskurve der volumetrischen Bestimmung einer starken Säure mit NaOH-Maßlösung mit *konduktometrischer* Indizierung dar. Der Äquivalentverbrauch ergibt sich aus dem Schnittpunkt der beiden Kurvenäste.
- **Kurve D**: Abgebildet ist die Titrationskurve der *amperometrisch* indizierten Diazotitration bzw. der Karl-Fischer-Titration.
- **Kurve E**: Abgebildet ist die *lineare* (Veränderung a_{H^+} gegen ml-Maßlösung) Titrationskurve der volumetrischen Bestimmung einer starken Säure mit NaOH-Maßlösung.

89 E

Zur **Auswertung** potentiometrisch indizierter **Titrationskurven** für die Ermittlung des *Äquivalenzpunktes* (ÄP) können folgende Verfahren herangezogen werden:
- **Tubbs-Verfahren** (auch bei asymmetrischen Titrationskurven): Man legt passende Kreise in die obere und untere Krümmung der halblogarithmischen Titrationskurve und ermittelt deren Mittelpunkt. Der Schnittpunkt der Verbindungslinie der beiden Kreismittelpunkte mit der Titrationskurve ergibt den Äquivalenzpunkt.

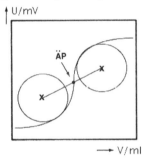

Tubbs-Verfahren

- **Differenzierte Titrationskurve**: 1. Ableitung der Titrationskurve liefert eine Peak-förmige Kurve, deren Maximum dem Äquivalenzpunkt entspricht.

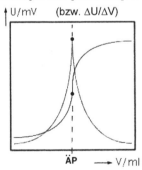

1. Ableitung der Titrationskurve

- **Tangenten-Verfahren**: Man legt an die obere und unter Krümmung der Titrationskurve die Tangenten an. Der Schnittpunkt ihrer Mittelparallelen mit der Titrationskurve entspricht dem Äquivalenzpunkt.

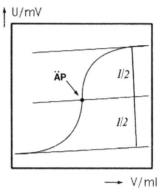

Tangenten-Verfahren

- **Gran-Verfahren**: Die Kurvenäste vor und nach dem Äquivalenzpunkt werden mithilfe einer speziellen Gleichung (Gran-Funktion) linearisiert. Der Schnittpunkt beider Kurvenäste entspricht dem Äquivalenzpunkt.

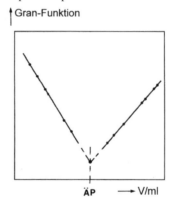

Gran-Verfahren

90 E

▪ Die abgeleitete (differenzierte) Kurve der Titration einer einbasigen Säure ($pK_a = 5$) mit einer starken Base hat Extrema bei ca. pH 5 und pH 9!

▪ *Anmerkung:* Die Aufgabe ist nicht klar formuliert. Zum zweifelsfreien Nachvollziehen des Ablaufs der Titration fehlt die Angabe der Konzentration. Ist mit Ableitung die 1. oder 2. abgeleitete Titrationskurve gemeint? Was versteht man dann unter Extrema? Die 1. Ableitung einer potentiometrisch indizierten Titration besitzt ein Maximum, dessen Lage auf der Volumenachse dem Äquivalenzpunkt entspricht. Die 2. Ableitung der Titrationskurve geht durch ein Maximum, kreuzt dann die Volumenachse und verläuft weiter über ein Minimum. Hier entspricht der Schnittpunkt mit der Volumenachse dem Äquivalenzpunkt.

4.8 Standardadditionsverfahren

91 A

Beim **Standardadditionsverfahren** werden:
- die Messwerte gegen die Konzentration (c) aufgetragen. Der Messwert der Analysenlösung wird bei c = 0 eingetragen.
- die Messwerte bei den verschiedenen Zumischungen in positiver Richtung eingetragen.
- die einzelnen Messpunkte miteinander verbunden und die resultierende Gerade in negativer Richtung bis zum Schnittpunkt mit der Abszisse verlängert (extrapoliert).
- Der Wert, an dem diese Gerade die Abszisse schneidet, entspricht der Konzentration der Analysenlösung (in der abgebildeten Graphik von Frage Nr. **91** entspricht dies der **Strecke A**).

5 Gravimetrie

5.1 Grundlagen

92 B

Die **Gravimetrie** bietet gegenüber der *Fällungstitration* einige Vorteile:
- Durch Verwendung eines Reagenzüberschusses ist die Konzentration an zu bestimmender Substanz aufgrund des Überschusses an Fällungsreagenz geringer als bei volumetrischen Fällungsanalysen.
- Die Gravimetrie besitzt gegenüber einer Fällungstitration eine höhere Präzision, da keine Kalibrierung erforderlich ist und man keinen Indikator benötigt. Fast jede Fällungstitration verwendet einen eigenen, spezifischen Fällungsindikator.
- Die Wägung des Niederschlags besitzt im Vergleich zur volumetrischen Bestimmung eine höhere Genauigkeit.

Das *Löslichkeitsprodukt* einer schwer löslichen Verbindung ist unabhängig von der angewandten Bestimmungsmethode.

93 C

Folgende Eigenschaften des Fällungsproduktes sind für eine **gravimetrische Bestimmung** erforderlich:
- Schwerlöslichkeit des Niederschlags im verwendeten Lösungsmittel.
- optimale Partikelgröße für eine gute Filtrierbarkeit.
- chemische Reinheit des Produktes, keine Mitfällung von Fremdsubstanzen.
- definierte Zusammensetzung des Produktes; die Wägeform muss eine eindeutige stöchiometrische Zusammensetzung besitzen.

Die Farbe des Niederschlags zur visuellen Verfolgung der Fällung spielt für die Gravimetrie keine Rolle (zum Vergleich: *rote* Fällung von Nickeldiacetyldioxim, *weißer* Niederschlag von Silberchlorid, *brauner* Niederschlag von Eisen(III)-hydroxid).

94 D

Auf die **Bildung** von **Niederschlägen** bei gravimetrischen Analysen treffen folgende Aussagen zu:
- Die Wägeform muss stets in gleicher stöchiometrischer Zusammensetzung herstellbar sein, sie muss jedoch nicht mit der Fällungsform übereinstimmen.
- Waschflüssigkeiten können einen Teil der Fällungsform enthalten.
- Umfällungen von Niederschlägen werden üblicherweise infolge mitgerissener Fremdionen (Fremdsubstanzen) durchgeführt.

- Das Löslichkeitsprodukt eines schwer löslichen Niederschlags ist unabhängig vom Volumen, in dem die Fällung durchgeführt wird.

95 D   96 D

Gravimetrische Bestimmungen können beeinflusst werden durch:
- **Okklusion**: Einschluss von Fremdsubstanzen in unregelmäßiger Anordnung in innere Hohlräume des auskristallisierenden Niederschlags.
- **Inklusion**: Einbau von Fremdsubstanzen in das Kristallgitter des Analyten unter Bildung von Mischkristallen.
- **Adsorption**: Adhäsion von Fremdsubstanzen an aktiven *Oberflächen* ausgefällter schwer löslicher Salze.
- **Alterung** (Reifung): alle physikalischen Veränderungen, denen der Niederschlag nach der Fällung ausgesetzt ist und die eine Minderung seines Energieinhaltes zur Folge haben.

Absorption: Die chemische Absorption beschreibt einen Vorgang der Aufnahme oder das Lösen von Stoffen in die Hohlräume (das freie Volumen) einer anderen Phase.

97 B

Bei der gravimetrischen **Bestimmung** von **Sulfat** (SO_4^{2-}) als Bariumsulfat ($BaSO_4$) treten oft zu hohe Analysenwerte auf infolge *Mitfällung des Fällungsreagenzes* Bariumchlorid ($BaCl_2$).

98 E   99 B

Für ein Salz der Zusammensetzung A_mB_n ergibt sich das **Löslichkeitsprodukt** (K_L) zu:

$$K_L(A_mB_n) = [A]^m \cdot [B]^n \; (mol^{m+n} \cdot l^{-(m+n)})$$

Das Löslichkeitsprodukt (K_L) beschreibt die Abhängigkeit des Fällungsvorganges von der *Gleichgewichtslage* der Fällungsreaktion und von der *Temperatur*.

100 A

Je kleiner das Löslichkeitsprodukt (K_L) einer Verbindung ist, umso größer ist deren pK_L-Wert (**$pK_L = -\log K_L$**) und umso schwerer löslich ist die betreffende Verbindung.

Aus dem Löslichkeitsprodukt (K_L) eines Salzes der allgemeinen Zusammensetzung A_mB_n errechnet sich die molare Löslichkeit (L oder c_m) *[Sättigungskonzentration]* zu:

$$L = c_m = (K_L/m^m \cdot n^n)^{1/(m+n)}$$

Die genannten Sulfide – da sie die gleiche formelmäßige Zusammensetzung vom Typ [**AB**] besitzen – können auch aufgrund ihres Löslichkeitsproduktes in folgende Reihe zunehmender Löslichkeit geordnet werden:

Silbersulfid [Ag_2S] ($pK_L = 49$) < *Cadmiumsulfid* [CdS] ($pK_L = 27$) < *Zinksulfid* [ZnS] ($pK_L = 22$) < *Mangansulfid* [MnS] ($pK_L = 15$) < *Calciumsulfid* [CaS]

Anzumerken ist, dass Calciumsulfid (CaS) in wässriger Lösung instabil ist und zu Calciumhydrogensulfid [$Ca(SH)_2$] und Calciumhydroxid [$Ca(OH)_2$] hydrolysiert.

$$CaS + H_2O \rightarrow Ca(HS)(OH) + H_2O \rightarrow Ca(OH)_2 + H_2S$$

101 B

Da sich *Magnesiumfluorid* (MgF_2) [**AB_2**] in der Zusammensetzung von den übrigen Verbindungen [**AB**] unterscheidet, muss hier die molare Löslichkeit (L) [gelöste Stoffmenge/Volumen] der Salze zum Vergleich ihrer Löslichkeitseigenschaften herangezogen werden.

Aufgrund der (gerundeten) Löslichkeitsprodukte [$K_L(AgBr) \sim 10^{-13} < K_L(AgCl) \sim 10^{-10} < K_L(MgF_2) \sim 10^{-9} < K_L(PbSO_4) \sim 10^{-8}$] ergibt sich folgende Reihe zunehmender Löslichkeit:

$$L(AgBr) \sim (10^{-13})^{1/2} = \mathbf{10^{-6,5}} < L(AgCl) \sim (10^{-10})^{1/2} = \mathbf{10^{-5}} < L(PbSO_4) \sim (10^{-8})^{1/2} = \mathbf{10^{-4}} < L(MgF_2) \sim (10^{-9})^{1/3} = \mathbf{10^{-3} \, mol \cdot l^{-1}}$$

102 E

Da sich *Eisen(III)-hydroxid* [Fe(OH)$_3$] [**AB$_3$**] in der Zusammensetzung von den übrigen Hydroxiden [**AB$_2$**] unterscheidet, müssen hier zum Vergleich der Löslichkeitseigenschaften die molaren Löslichkeiten (Sättigungskonzentrationen) herangezogen werden.

Aufgrund der (gerundeten) Löslichkeitsprodukte [K_L(Fe(OH)$_3$) ~ 10^{-38} < K_L(Zn(OH)$_2$) ~ 10^{-18} < K_L(Mg(OH)$_2$) ~ 10^{-12} < K_L(Ba(OH)$_2$) ~ 10^{-6}] können die genannten Hydroxide in folgende Reihe abnehmender Löslichkeit geordnet werden:

$$L(Ba(OH)_2) \sim (10^{-6})^{1/3} = \mathbf{10^{-2}} > L(Mg(OH)_2) \sim (10^{-12})^{1/3} = \mathbf{10^{-4}} > L(Zn(OH)_2) = (10^{-18})^{1/3} = \mathbf{10^{-6}} >$$
$$L(Fe(OH)_3) \sim (10^{-38})^{1/4} = \mathbf{10^{-9{,}5} \, mol \cdot l^{-1}}$$

103 C

Die genannten Chloride lassen sich nach kleiner werdendem Löslichkeitsprodukt in folgende Reihe ordnen:

Zinkchlorid (ZnCl$_2$) [K_L ~ 12,6 · 10^4 mol^3 · l^{-3}) > *Bariumchlorid* (BaCl$_2$) [K_L ~ 23,3 mol^3 · l^{-3}] > *Blei(II)-chlorid* (PbCl$_2$) [K_L ~ 1,6 · 10^{-5} mol^3 · l^{-3}] > *Silberchlorid* (AgCl) [K_L ~1,7 · 10^{-10} mol^2 · l^{-2}]

Mit anderen Worten, bei 20 °C ist ZnCl$_2$ sehr gut und BaCl$_2$ gut in Wasser löslich, während PbCl$_2$ und AgCl in Wasser schwer lösliche Chloride sind.

104 D

Aufgrund ihrer Löslichkeitsprodukte (K_L) lassen sich die genannten Silbersalze in folgende Reihe nach *steigendem* Löslichkeitsprodukt ordnen:

Silbersulfid (Ag$_2$S) [K_L ~ 5,5 · 10^{-51} mol^3 · l^{-3}] > *Silberiodid* (AgI) [K_L ~ 8,5 · 10^{-17} mol^2 · l^{-2}] > *Silberchlorid* (AgCl) [K_L ~ 1,7 · 10^{-10} mol^2 · l^{-2}] > *Silbersulfat* (Ag$_2$SO$_4$) [K_L ~ 1,6 · 10^{-5} mol^3 · l^{-3}]

105 D

Die *Löslichkeit* der Erdalkalisulfate nimmt in Wasser kontinuierlich vom Magnesiumsulfat zum Bariumsulfat hin ab und kann in folgende Reihe fallender Löslichkeit geordnet werden: *Magnesiumsulfat* [Bittersalz] (MgSO$_4$) > *Calciumsulfat* [Gips] (CaSO$_4$) > *Strontiumsulfat* (SrSO$_4$) > *Bariumsulfat* [Schwerspat] (BaSO$_4$)

106 C

Die **Löslichkeitsangaben** des *Europäischen Arzneibuches* bezogen auf die ungefähre Anzahl an Volumenteilen des verwendeten Lösungsmittels in Milliliter je Gramm Substanz sind wie folgt definiert:
– *praktisch unlöslich*: > (über) 1 g Substanz/10000 ml Lösungsmittel
– *sehr schwer löslich*: 1 g Substanz in 1000 bis 10000 ml Lösungsmittel
– *schwer löslich*: 1 g Substanz in 100 bis 1000 ml Lösungsmittel
– *wenig löslich*: 1 g Substanz/30 bis 100 ml Lösungsmittel
– *löslich*: 1 g Substanz/10 bis 30 ml Lösungsmittel
– *leicht löslich*: 1 g Substanz/1 bis 10 ml Lösungsmittel
– *sehr leicht löslich*: < (weniger als) 1 g Substanz/1 ml Lösungsmittel

107 C

Gegeben: Gesättigte NaCl-Lösung mit 260 g/l NaCl (M_r = 58,5 g/mol)

Gesucht: Löslichkeitsprodukt (K_L) von NaCl?
Berechnung: Sättigungskonzentration c_m = 260 : 58,5 = 4,44 mol · l^{-1} (m = n = 1)
$$\mathbf{K_L} = m^m \cdot n^n (c_m)^{m+n} = 1^1 \cdot 1^1 \, (4{,}44)^2 = \mathbf{19{,}71 \, mol^2 \cdot l^{-2}}$$

108 B

Gegeben: $MgSO_4$-Lösung ($c = 10^{-2}$ mol·l^{-1}),

$K_L(Mg(OH)_2) = 10^{-12}$ mol^3·l^{-3}

Gesucht: pH-Wert, an dem Magnesiumhydroxid [$Mg(OH)_2$] ausfällt?

Berechnung: $K_L = [Mg^{2+}] \cdot [HO^-]^2 = 10^{-12}$ mol^3·l^{-3}

$[HO^-]^2 = K_L/[Mg^{2+}] = 10^{-12}/10^{-2}$ mol^2·l^{-2}

$[HO^-] = (10^{-10})^{1/2} = 10^{-5}$ mol·l^{-1} → $pOH = -\log [HO^-] = 5$

pH = $pK_w - pOH = 14 - 5 =$ **9**

109 B

Gegeben: $K_L(BaSO_4) = 10^{-10}$ mol^2·l^{-2}

$c(Ba^{2+}) = 10^{-3}$ (0,001) mol·l^{-1} (aus $BaCl_2$)

$c(SO_4^{2-}) = 10^{-4}$ (0,0001) mol·l^{-1} (aus Na_2SO_4)

Gesucht: Milliliter Sulfat-Lösung zur Herstellung einer gesättigten Lösung?

Berechnung: $K_L(BaSO_4) = [Ba^{2+}] \cdot [SO_4^{2-}] = 10^{-10}$ mol^2·l^{-2}

$[SO_4^{2-}] = K_L/[Ba^{2+}] = 10^{-10}/10^{-3} =$ **10^{-7} mol·l^{-1}**

1000 ml Lösung enthalten $n = 10^{-4}$ mol an Sulfat (aus Na_2SO_4)

1 ml Lösung enthält $n = 10^{-7}$ mol an Sulfat (zur Herstellung der gesättigten Lösung)

110 D   113 E

Fremdionige Zusätze, die keine Ionen des zu fällenden, schwer löslichen Salzes enthalten,
- haben Einfluss auf die Löslichkeit des Salzes, in dem sie die *Ionenstärke* (I) der Lösung *erhöhen* und damit die *Aktivitätskoeffizienten* (f) der Ionen des Salzes *erniedrigen*.
- erhöhen in der Regel die Löslichkeit des Salzes, da f < 1 wird [c = a/f].

111 D

Die *Löslichkeit von Salzen sehr starker* Säuren (z. B. Perchlorate wie $KClO_4$) wird durch den Zusatz einer weiteren Säure nicht beeinflusst, da das Anion des betreffenden Salzes eine äußerst schwache Base darstellt.

Die *Löslichkeit von Salzen schwacher Säuren* (Carbonate, Hydroxide, Sulfide, Oxalate, Chromate, Oxinate) in Mineralsäuren beruht darauf, dass die schwache Säure aus ihren Salzen freigesetzt wird, sodass die Anionenkonzentration nicht mehr ausreicht, das Löslichkeitsprodukt des betreffenden Salzes zu überschreiten bzw. dass die schwache Säure in undissoziierter Form instabil ist und sich weiter umwandelt.

$$ZnS + 2 H_3O^+ \rightarrow Zn^{2+} + H_2S\uparrow + 2 H_2O$$
$$BaCO_3 + 2 H_3O^+ \rightarrow Ba^{2+} + 2 H_2O + (H_2CO_3) \rightarrow H_2O + CO_2\uparrow$$
$$MgNH_4PO_4 + 3 H_3O^+ \rightarrow Mg^{2+} + NH_4^+ + H_3PO_4$$
$$Mg(Ox)_2 + 2 H_3O^+ \rightarrow Mg^{2+} + 2 H_2O + 2\ Ox\text{-}H\ [Ox\text{-}H = 8\text{-Hydroxychinolin}]$$

112 A

Die Löslichkeit von *Eisen*(III)-*hydroxid* [$Fe(OH)_3$], *Calciumoxalat* [CaC_2O_4] und *Kaliumperchlorat* [$KClO_4$] wird durch einen Überschuss des Fällungsmittels (*gleichioniger Zusatz*) erniedrigt, was die gravimetrische Bestimmung dieser Salze nicht beeinträchtigt. Demgegenüber kann *Silberchlorid* [$AgCl$] in stark salzsaurem Milieu als komplexes Salz [$AgCl_2$]$^-$ in Lösung gehen und somit wird dessen Fällung unvollständig.

113 E **43** A **44** D **110** D

Die *Löslichkeit* von *Silberchlorid* (AgCl) wird durch *gleichionige Zusätze* wie z. B. eine NaCl-Lösung erniedrigt.

Fremdionige Zusätze wie eine $NaNO_3$- oder $Mg(NO_3)_2$-Lösung ($c = 0{,}1$ mol·l^{-1}) erhöhen die Löslichkeit von AgCl, da sie die Ionenstärke der Lösung erhöhen und dadurch die Aktivitätskoeffizienten der Ionen in der Lösung senken. Die Ionenstärke einer 0,1-molaren $Mg(NO_3)_2$-Lösung ist höher als die einer gleich konzentrierten $NaNO_3$-Lösung, so dass die *Löslichkeit* von *Silberchlorid* in der *Magnesiumnitrat-Lösung* am *größten* ist.
- $Mg(NO_3)_2 = Mg^{2+} + NO_3^- + NO_3^-$: $I = ½ (2^2 \cdot 0{,}1 + 1^2 \cdot 0{,}1 + 1^2 \cdot 0{,}1) = 0{,}3$
- $NaNO_3 = Na^+ + NO_3^-$: $I = ½ (1^2 \cdot 0{,}1 + 1^2 \cdot 01) = 0{,}1$

114 D

Auf **gravimetrische Bestimmungen** treffen folgende Aussagen zu:
- Das *Löslichkeitsprodukt* des gefällten Niederschlags sollte möglichst *klein* sein. Je kleiner das Löslichkeitsprodukt ist, desto schwerer löslich ist der Niederschlag und desto kleiner ist die in Lösung verbleibende Restmenge des zu bestimmenden Ions.
- Die *Fällungsform* kann durch Trocknen oder Glühen in eine stöchiometrisch einheitliche Wägeform übergeführt werden. Dabei sollte die Molmasse der *Wägeform* möglichst groß sein, was einen kleinen *gravimetrischen Faktor* zur Folge hat.
- In der Regel wird das *Fällungsreagenz im Überschuss* eingesetzt, was zu einer kleineren Restmenge an zu bestimmendem Ion in der Lösung führt.

115 B **116** D **117** B

Chloride wie Silberchlorid (AgCl), *Thiocyanate* wie Kupfer(I)-thiocyanat (CuSCN) nach vorheriger Reduktion von Kupfer(II)-Salzen, *Sulfate* wie Bariumsulfat ($BaSO_4$) oder Blei(II)-sulfat ($PbSO_4$) bzw. *Sulfide* wie Quecksilber(II)-sulfid (HgS) oder Arsen(III)-sulfid (As_2S_3) werden in dieser Form gefällt und auch ausgewogen. Auch Calciumoxalat (CaC_2O_4) oder Kaliumtetraphenylborat $K[B(C_6H_5)_4]$ kann in dieser Form gefällt und ausgewogen werden.

Schwer lösliche *Hydroxide* wie Eisen(III)-hydroxid $[Fe(OH)_3]$ werden in wasserhaltiger Form gefällt und kommen nach Trocknen und Glühen als Oxide zur Auswaage.

$$2 Fe^{3+} + 6 HO^- \rightarrow 2 Fe(OH)_3\downarrow \rightarrow Fe_2O_3 + 3 H_2O$$

Eine Reihe von Kationen wie Magnesium oder Zink werden als *Ammoniumphosphate* gefällt und nach Trocknen und Glühen in Diphosphate als Wägeform übergeführt.

$$2 Mg^{2+} + 2 NH_4^+ + 2 PO_4^{3-} \rightarrow 2 Mg(NH_4)PO_4\downarrow \rightarrow Mg_2P_2O_7 + 2 NH_3 + H_2O$$

118 B

Der **gravimetrische Faktor** berechnet sich wie folgt:

$$\text{Gravimetrischer Faktor} = \frac{\text{Atommasse des Elements} \cdot \text{Zahl der Atome}}{\text{Formelmasse der Verbindung}}$$

Für Bariumsulfat [$BaSO_4$] mit [$M_r(BaSO_4) = 240$ und $M_r(SO_4^{2-}) = 96$] ergibt sich der gravimetrische Faktor F_{SO_4} zu: $\mathbf{F_{SO_4}} = SO_4/BaSO_4 = 96 : 240 = \mathbf{0{,}4}$

119 A

Bei der gravimetrischen Bestimmung einer Arzneistoffzubereitung (Einwaage 1000 mg) beträgt die Auswaage 500 mg bei einem gravimetrischen Faktor von 0,2. Wie viel Prozent Wirkstoff sind in der Zubereitung enthalten?
Berechnung: %-Wirkstoff = 100 · Faktor · Auswaage/Einwaage = 100 · 0,2 · 500/1000 = **10 %**

5.2 Pharmazeutisch relevante gravimetrische Bestimmungen

120 B   **129** C   **1652** E   **1653** D   **1654** C

Blei(II)-Ionen können als schwer lösliches Sulfat ($PbSO_4$), Chromat ($PbCrO_4$), Sulfid (PbS) oder als Oxinat $[Pb(Ox)_2]$ (Ox^- = 8-Hydroxychinolinat) gravimetrisch bestimmt werden. In Anwesenheit von Tartrat-Ionen verbleibt Pb(II) komplex in Lösung.

121 E   **128** D

Barium-Ionen können als schwer lösliches Carbonat ($BaCO_3$), Oxalat (BaC_2O_4), Chromat ($BaCrO_4$) oder als Sulfat ($BaSO_4$) gravimetrisch bestimmt werden.

Diacetyldioxim (Formel **E**) dient zur gravimetrischen Bestimmung von **Nickel(II)-Ionen**.

122 B   **123** D   **124** C   **125** C   **127** C

8-Hydroxychinolin (**Oxin**) ist ein zweizähniger Ligand, der die gravimetrische Bestimmung vieler zwei- und dreiwertiger Kationen [Mg(II), Cu(II), Mg(II), Zn(II), Fe(III), Al(III), u.a.] ermöglicht.

Alkali-Ionen [Li^+, Na^+, K^+] stören die Fällungsreaktionen mit Oxin *nicht*.

126 A   **130** B

Kalium-Ionen können mit Natriumtetraphenylborat $Na[B(C_6H_5)_4]$ als schwer lösliches Kaliumsalz gefällt werden.

127 C

Eisen(III)-Ionen lassen sich mit 8-Hydroxychinolin gravimetrisch bestimmen.

128 C   **129** C   **120** B   **121** E

Barium- und **Blei(II)-Ionen** können als schwer lösliches *Chromat* ($BaCrO_4$, $PbCrO_4$) gefällt und in dieser Form auch ausgewogen werden.

130 B   **112** A   **126** A

Kalium-Ionen bilden ein schwer lösliches *Perchlorat* ($KClO_4$), jedoch führt die gravimetrische Bestimmung zu ungenauen Ergebnissen.

131 A   **121** E   **1771** D

Zur Gravimetrie von **Nickel(II)-Salzen** dient vor allem die Fällung mit *Diacetyldioxim* [HO-N=C(CH_3)-(CH_3)C=N-OH].

132 E

Auf die gravimetrische Bestimmung von **Chlorid** als *Silberchlorid* (AgCl) treffen folgende Aussagen zu:
- Die Fällung kann in salpetersaurer Lösung vorgenommen werden und die Fällungsform (AgCl) ist – nach Trocknen des Niederschlags bei 120–130 °C – auch die Wägeform.
- Ein Dunkelwerden des Niederschlags beeinträchtigt die Genauigkeit der Bestimmung.
- Reduzierende Ionen wie Zinn(II) stören die Bestimmung, da sie Ag(I) zu Ag reduzieren.
- Auch Hg(II)-Ionen dürfen nicht zugegen sein, da $HgCl_2$ nur in geringem Umfang dissoziiert.

133 A

Nach Arzneibuch bezeichnet man als **Asche** die Anteile, die beim Verbrennen und anschließendem Glühen (ohne Zusätze) einer organische Substanz zurückbleiben.

134 B   135 B

Auf das **Veraschen** organischer Substanzen treffen folgende Aussagen zu:
- Beim Veraschen (Glühen bei 600 °C bis zur Massekonstanz) entstehen aus organischen Stoffen, die nur die Elemente C, H, N und O enthalten, flüchtige Verbindungen, die entweichen.
- Mit der Bestimmung der Asche lassen sich einige *anorganisch-mineralische Stoffe* (*nicht alle!*) quantitativ erfassen. Beispielsweise können sich *Alkalihalogenide* verflüchtigen.

Auch die **Sulfatasche** enthält anorganisch-mineralische Bestandteile und nicht nur Sulfate. Darüber hinaus:
- wird die Verflüchtigung von Alkalihalogeniden vermieden, da sie in Alkalisulfate umgewandelt werden.
- wandelt der Zusatz von Ammoniumcarbonat $[(NH_4)_2CO_3]$ und erneutes Glühen Pyrosulfate (Disulfate) $[S_2O_7^{2-}]$ in Sulfate $[SO_4^{2-}]$ um. Die Bildung von Pyrosulfaten kann zu Abweichungen im Ergebnis führen (Überschreitung des Grenzwertes):
$$S_2O_7^{2-} + CO_3^{2-} \rightarrow 2\ SO_4^{2-}\downarrow + CO_2\uparrow$$

Anmerkung: Ph.Eur.7 verzichtet auf den Zusatz von Ammoniumcarbonat und lässt stattdessen nach Zusatz von Schwefelsäure den Glühvorgang bis zur Massekonstanz wiederholen.

136 C   137 C

Auf die **Grenzprüfung „Sulfatasche"** nach dem *Europäischen Arzneibuch* treffen folgende Aussagen zu:
- Die organische Substanz wird mit 1 ml Schwefelsäure befeuchtet und verkohlt. Nach dem Abkühlen gibt man noch einmal 1 ml Schwefelsäure hinzu und glüht bei 600±25 °C bis der Rückstand verascht ist. Dabei ist zu beachten, dass Schwefelsäuredämpfe *korrosiv* sind.
- Die Bestimmung der Sulfatasche dient dem Erkennen und der Begrenzung von *anorganischen Verunreinigungen* aus dem Herstellungsprozess.
- Die Bildung von *Pyrosulfaten* im Veraschungsprozess kann bei der ersten Wägung des Rückstands zur Überschreitung des Grenzwertes führen. Dann setzt man erneut Schwefelsäure zu und wiederholt den Glühvorgang (30 min) solange, bis zwei aufeinander folgende Wägungen nicht mehr als 0,5 mg voneinander abweichen.

Ph.Eur.7 setzt also zur Umwandlung von Pyrosulfaten zu Sulfaten *kein* Ammoniumcarbonat mehr zu.

138 D **139** A **140** E

Fette sind Triester des Glycerols (Triglyceride) mit langkettigen Carbonsäuren (Fettsäuren) wie z.B. Ölsäure, die bei der Verseifung mit einer Alkalihydroxid-Lösung in Glycerol (Propan-1,2,3-triol) und in die Alkalisalze von Fettsäuren (Kaliumseife, Natriumseife) gespalten werden.

Zu den **unverseifbaren Anteilen** zählen Paraffinkohlenwasserstoffe, Mineralöle bei vorliegender Verfälschung, höhere Alkohole (Cetyl-, Stearyl- oder Myristylalkohol), Sterine (Sterole), Triterpene, Lipochrome (Carotinoide, Chlorophyll), fettlösliche Vitamine und Antioxidantien.

6 Säure-Base-Titrationen

6.1 Grundlagen

141 A **142** D **143** B

Nach **Brönsted** nimmt eine **Base** ein Proton (H$^+$) auf und geht in ihre *korrespondierende Säure* über. (In den nachfolgenden Beispielen sind die korrespondierenden Säuren fett gedruckt.)

$$\text{Hydroxid-Ion } HO^- + H^+ \rightarrow \mathbf{H_2O} \text{ Wasser}$$
$$\text{Monohydrogenphosphat-Ion } HPO_4^{2-} + H^+ \rightarrow \mathbf{H_2PO_4^-} \text{ Dihydrogenphosphat-Ion}$$
$$\text{Wasser } H_2O + H^+ \rightarrow \mathbf{H_3O^+} \text{ Hydroxonium-Ion}$$

144 C **145** A **146** E

Nach **Brönsted** gibt eine **Säure** ein Proton (H$^+$) ab und geht in ihre *korrespondierende Base* über. (In den nachfolgenden Beispielen sind die korrespondierenden Basen fett gedruckt.)

$$\text{Hydroxid-Ion } HO^- \rightarrow H^+ + \mathbf{O^{2-}} \text{ Oxid-Ion}$$
$$\text{Wasser } H_2O \rightarrow H^+ + \mathbf{HO^-} \text{ Hydroxid-Ion}$$
$$\text{Monohydrogenphosphat-Ion } HPO_4^{2-} \rightarrow H^+ + \mathbf{PO_4^{3-}} \text{ Phosphat-Ion}$$

147 A

Das Dimethylammonium-Ion [(CH$_3$)$_2$NH$_2^+$] ist eine einbasige Säure und geht durch Deprotonierung in Dimethylamin [(CH$_3$)$_2$NH] über.

Das Acetat-Ion [CH$_3$-COO$^-$] ist eine einsäurige Base und geht unter Protonierung in Essigsäure [CH$_3$-COOH] über.

Das Acetacidium-Ion [CH$_3$-COOH$_2^+$] ist ein zweibasige Säure, die über Essigsäure [CH$_3$-COOH] schließlich zu Acetat [CH$_3$-COO$^-$] deprotoniert werden kann.

Pyridin [C$_5$H$_5$N] ist eine einsäurige Base, die zum Pyridinium-Ionen [C$_5$H$_5$NH$^+$] protoniert wird.

Pyridinium-Ionen sind einsäurige Basen, die sich zu Pyridin deprotonieren lassen.

148 D **149** E

Dihydrogenphosphat-Ionen [H$_2$PO$_4^-$], Aluminiumhydroxid [Al(OH)$_3$] und das Hydrogensulfat-Ion [HSO$_4^-$] sind *amphotere Substanzen*, die sowohl protoniert als auch deprotoniert werden können. Eisen(III)-hydroxid [Fe(OH)$_3$] ist ein *nicht* amphoteres Hydroxid.

$$\text{Phosphorsäure } H_3PO_4 \leftarrow H_2PO_4^- \rightarrow HPO_4^{2-} \text{ Monohydrogenphosphat-Ion}$$

Aluminium-Kation Al^{3+} ← Al(OH)$_3$ → [Al(OH)$_4$]$^-$ Tetrahydroxoaluminat-Ion
Schwefelsäure H$_2$SO$_4$ ← HSO$_4^-$ → SO$_4^{2-}$ Sulfat-Ion

149 E   148 D

Monohydrogenoxalat [HOOC-COO$^-$], Zinkhydroxid [Zn(OH)$_2$], Aluminiumhydroxid [Al(OH)$_3$] und das Hydrogensulfat-Ion [HSO$_4^-$] sind *amphotere Substanzen*, die sowohl protoniert als auch deprotoniert werden können. Das Phosphat-Ion [PO$_4^{3-}$] ist *nicht* amphoter, sondern stellt eine Brönsted-Base dar, die zum Monohydrogenphosphat-Ion [HPO$_4^{2-}$] protoniert werden kann.

Zink-Ionen Zn^{2+} ← Zn(OH)$_2$ → [Zn(OH)$_4$]$^{2-}$ Tetrahydroxozincat
Oxalsäure HOOC-COOH ← HOOC-COO$^-$ → $^-$OOC-COO$^-$ Oxalat-Ionen

150 D

Über die **Aciditätskonstante** (K$_a$ bzw. K$_s$) einer Säure (HA) lassen sich folgende Aussagen machen:
– Sie entspricht der Gleichgewichtskonstanten der Reaktion der Säure (HA) mit Wasser (der Dissoziation der Säure in Wasser).

$$HA + H_2O \rightleftharpoons H_3O^+ + A^- \Rightarrow K_s = [H_3O^+] \cdot [A^-]/[HA]$$

– Ihr Wert hängt wie der aller Gleichgewichtskonstanten von der *Temperatur* ab.
– Sie ist ein Maß für das Vermögen eines Stoffes, Protonen auf Wasser zu übertragen. *Je größer die Aciditätskonstante ist, desto stärker ist die betreffende Säure.*

Bei der Ermittlung der Aciditätskonstanten in wasserfreiem Milieu, z. B. in wasserfreier Essigsäure, sind zwei Teilschritte zu berücksichtigen, die Ionisation mit der Ionisationskonstanten (K$_I$) und die Dissoziation mit der Dissoziationskonstanten (K$_D$). Daraus folgt:

$$HA + HOAc \rightleftharpoons [H_2OAc^+ \cdot A^-] \rightleftharpoons H_2OAc^+ + A^- \Rightarrow \mathbf{K_s = K_D \cdot K_I/(1+K_I)}$$

Protolyte   K$_I$ Ionenpaar   K$_D$ Ionen

151 A

Die exakte thermodynamische *Aciditätskonstante* für **H$_3$O$^+$** beträgt **K$_a$ = 1**.

$$H_3O^+ + H_2O \rightleftharpoons H_2O + H_3O^+ \Rightarrow K_a = [H_3O^+] \cdot [H_2O]/[H_2O] \cdot [H_3O^+] = 1$$

152 E

Cyanwasserstoff [Blausäure] (HCN) ist eine sehr schwache Säure mit pK$_s$ = **9,31**.

153 A

Bromwasserstoff (HBr) ist eine sehr starke Elementwasserstoffsäure mit pK$_s$ = **–6**.

154 A

Iodwasserstoff (HI) ist die stärkste Elementwasserstoffsäure mit pK$_s$ = **–8**.

155 A

Chlorwasserstoff [Salzsäure] (HCl) ist eine sehr starke Mineralsäure mit pK$_s$ = **-3**.

156 B

Fluorwasserstoff [Flusssäure] (HF) ist eine starke Säure mit pK$_s$ = **3,45**.

157 A

Perchlorsäure ($HClO_4$) ist die stärkste Elementsauerstoffsäure mit pK_s = **-9**.

158 E

Das *Ammonium-Ion* (NH_4^+) ist eine schwache Kationsäure mit pK_s = **9,25**.

159 A

Das *Hydrogensulfat-Ion* (HSO_4^-) ist eine starke Anionsäure mit pK_s = **1,92**.

160 C

Das *Dihydrogenphosphat-Ion* ($H_2PO_4^-$) ist eine schwache Anionsäure mit pK_s = **7,21**.

161 E

Das *Monohydrogenphosphat-Ion* (HPO_4^{2-}) ist eine sehr schwache Anionsäure mit pK_s = **12,32**.

162 A

Oxalsäure (HOOC-COOH) ist eine nichtflüchtige starke, zweibasige Dicarbonsäure mit pK_{s1} = **1,23** und pK_{s2} = **4,19**.

163 B

Essigsäure [Ethansäure] (CH_3-COOH) ist eine schwache Carbonsäure mit pK_s = **4,75**.

164 A

Phosphorsäure (H_3PO_4) besitzt in der ersten Protolysestufe den Wert pK_{s1} = **1,96**.

165 D

Borsäure (H_3BO_3) reagiert in Wasser als einbasige Lewis-Säure und hat den Wert pK_s = **9,14**.

166 C

Die zweibasige Säure *Schwefelwasserstoff* (H_2S) hat in der ersten Protolysestufe den Wert pK_{s1} = **7,0**.

167 D

Das *Hydrogencarbonat-Ion* (HCO_3^-) hat den Wert pK_s = **10,25** und wird zum *Carbonat-Ion* (CO_3^{2-}) deprotoniert.

168 A

Das *Hydrogensulfat-Ion* (HSO_4^-) hat den Wert pK_s = **1,92** und wird zum *Sulfat-Ion* (SO_4^{2-}) deprotoniert.

169 D

Bei einem korrespondierenden Säure-Base-Paar addieren sich pK_s- und pK_b-Wert bei 25 °C zum Wert 14.

$$K_s \cdot K_b = [H_3O^+] \cdot [HO^-] = K_w = 10^{-14} \Rightarrow \mathbf{pK_s + pK_b = pH + pOH = pK_w = 14}$$

Eine Base mit der Basizitätskonstanten $K_b = 10^{-2}$ mol·l^{-1} ($pK_b = -\log K_b = 2$) korreliert mit einem pK_s-Wert von 12 für die korrespondierende Säure: $\mathbf{pK_s = 14 - pK_b = 14 - 2 = 12}$

170 C

Das Analgetikum **Morphin** besitzt eine schwach saure phenolische Hydroxyl-Gruppe ($pK_a = 9{,}85$) und eine basische tertiäre Amin-Struktur ($pK_b = 5{,}93$) [entsprechend einem pK_a-Wert für das Hydrochlorid von $pK_a = \mathbf{8{,}07}$].

phenolisches Hydroxyl
$pK_a = 9{,}85$

tertiäres Amin
$pK_a = 8{,}07 \equiv pK_b = 5{,}93$

171 C   172 E

Der Betablocker **Propranolol** enthält das Strukturelement eines sekundären Amins ($pK_b = 4{,}97$), sodass das korrespondierende Hydrochlorid ($R_2NH_2^+Cl^-$) einen pK_a-Wert von **9,03** hat. Das alkoholische Hydroxyl ($pK_a > 14$) spielt beim Säure-Base-Verhalten des Wirkstoffs keine Rolle.

sekundäres Amin $pK_b = 4{,}97$
Hydrochlorid: $pK_a = 9{,}03$

alkoholisches Hydroxyl $pK_a > 14$

173 C   **174** D

Das Antiphlogistikum **Oxyphenbutazon** besitzt an C-4 eine stark CH-acide Gruppe (pK_a = **5,1**), während das phenolische Hydroxyl (pK_a = **9,9**) eine schwache Säure darstellt.

phenolisches Hydroxyl pK_a=9,9

CH-acide Gruppe pK_a=5,1

175 E

Die genannten Verbindungen lassen sich in folgende Reihe *zunehmender Säurestärke* (abnehmendem pK_a-Wert) ordnen:

Benzamid [4] (C_6H_5-$CONH_2$) [pK_a = 23,35 in DMSO] < **Phenol** [3] (C_6H_5-OH) [pK_a = 9,91] < **Benzoesäure** [2] (C_6H_5-COOH) [pK_a = 4,12] < **Benzensulfonsäure** [1] (C_6H_5-SO_3H) [pK_a = 0,7] (**4 < 3 < 2 < 1**).

176 A

Die genannten Verbindungen lassen sich in folgende Reihe *zunehmendem pK_a-Wert* (fallender Säurestärke) ordnen:

Eisen(III)-chlorid ($FeCl_3$) [pK_a = 2,22] < **Benzoesäure** (C_6H_5-COOH) [pK_a = 4,21] < **Essigsäure** (CH_3-COOH) [pK_a = 4,76] < **Kaliumdihydrogenphosphat** (KH_2PO_4) [pK_a = 7,21]

177 D   **178** D

Für Säure-Base-Gleichgewichte [HA + B $\rightleftharpoons$ A^- + BH^+], an denen zwei korrespondierende Säure-Base-Paare beteiligt sind, berechnet sich der pK-Wert wie folgt:

$$pK = pK_a(HA) - pK_a(BH^+)$$

Für die Umsetzung von Acetat (CH_3-COO^-) [pK_b = 9,3] – entsprechend einem pK_a = 4,7 für die korrespondierende Essigsäure (CH_3-COOH) – mit Ameisensäure (HCOOH) [pK_a = 3,7] gilt:

$$H\text{-}COOH + CH_3\text{-}COO^- \rightleftharpoons H\text{-}COO^- + CH_3\text{-}COOH$$
$$pK = 3{,}7 - 4{,}7 = -1 \text{ mit } pK = -\log K \Rightarrow \mathbf{K = 10}$$

Für die Umsetzung von Acetat (CH_3-COO^-) [pK_b = 9,25] – entsprechend einem pK_a = 4,75 für die korrespondierende Essigsäure (CH_3-COOH) – mit Oxalsäure (HOOC-COOH) [pK_{a1} = 1,45] gilt [**Acetat-Nachweis!**]:

$$HOOC\text{-}COOH + CH_3\text{-}COO^- \rightleftharpoons HOOC\text{-}COO^- + CH_3\text{-}COOH$$
$$pK = 1{,}45 - 4{,}75 = -3{,}3 \text{ mit } pK = -\log K \Rightarrow \mathbf{K = 10^{3,3}}$$

179 B   178 D

- Auf **Oxalsäure** (HOOC-COOH) treffen folgende Aussagen zu:
  - Oxalsäure besitzt die Säureexponenten $pK_{a1} = 1{,}23$ und $pK_{a2} = 4{,}19$. Die Säure ist in der ersten Protolysestufe eine starke, und in der zweiten eine schwache Säure.
  - Oxalsäure ($pK_{a1} = 1{,}23$) ist in der ersten Protolysestufe eine stärkere Säure als Essigsäure ($pK_a = 4{,}76$) und vermag deshalb Essigsäure aus ihren Salzen freizusetzen.

180 E

- Auf **Salicylsäure** (*o*-Hydroxybenzoesäure) treffen folgende Aussagen zu:
  - Salicyclsäure besitzt die pK-Werte: $pK_{a1} = 2{,}97$ für die Carboxyl-Gruppe und $pK_{a2} = 11{,}79$ für das phenolische Hydroxyl.
  - Salicylsäure ($pK_{a1} = 2{,}97$) ist somit stärker sauer als Benzoesäure ($pK_a = 4{,}21$).
  - Das phenolische Hydroxyl der Salicylsäure ($pK_{a2} = 11{,}97$) besitzt einen höheren pK_a-Wert als Phenol ($pK_a = 9{,}91$).
  - Salicylsäure ergibt mit Fe^{3+}-Ionen einen gefärbten Chelatkomplex [positive Eisen(III)-chlorid-Reaktion].

181 C

- Für viele mehrbasige anorganische Sauerstoffsäuren beträgt die Differenz ihrer pK_a-Wert etwa 5 ($\Delta pK \sim 5$):
  - H_2SO_4 ($pK_a = -3$) / HSO_4^- ($pK_a = 1{,}92$) $\Rightarrow \Delta pK \sim 5$
  - H_3PO_4 ($pK_a = 1{,}96$) / $H_2PO_4^-$ ($pK_a = 7{,}21$) $\Rightarrow \Delta pK \sim 5$
  - $H_2PO_4^-$ ($pK_a = 7{,}21$) / HPO_4^{2-} ($pK_a = 12{,}32$) $\Rightarrow \Delta pK \sim 5$
- *Bernsteinsäure* [HOOC-$(CH_2)_2$-COOH] besitzt die pK_a-Werte: $pK_{a1} = 4{,}16$ und $pK_{a2} = 5{,}61$. Bei organischen Dicarbonsäuren ist die Differenz zwischen den pK_a-Werten im Allgemeinen geringer.

182 C

- Bei 22 °C beträgt die **Autoprotolysekonstante** (Ionenprodukt) des Wassers:

$$-\log K_w = pK_w = pH + pOH = 14$$

Bei 100 °C nimmt im Vergleich zu 25 °C die Eigendissoziation des Wassers zu und es gilt: $\mathbf{pK_{w,100\,°C} < 14}$. Der pH-Wert von reinem Wasser liegt bei 100 °C nahe bei pH ~ 6.

183 E

- Starke Säuren wie Perchlorsäure ($pK_a = -9$), Chlorwasserstoff ($pK_a = -3$), Salpetersäure ($pK_a = -1{,}32$) und Schwefelsäure ($pK_{a1} = -3$) werden im *amphiprotischen Lösungsmittel Wasser* auf die Stufe der in diesem Medium stärksten stabilen Säure *nivelliert*. In Wasser ist es das **Hydroxonium-Ion** [H_3O^+] ($pK_a = -1{,}74$).
- Schwache Säuren wie Essigsäure ($pK_a = 4{,}76$) werden in Wasser *nicht* nivelliert.

184 C

- Starke Basen wie das Hydrid-Ion (H^-) in Natriumhydrid ($pK_b = -24{,}6$), das Amid-Ion (NH_2^-) in Natriumamid ($pK_b = -9$) oder das Methanolat-Ion (CH_3O^-) in Natriummethanolat ($pK_b = -1{,}5$) werden in wässriger Lösung auf die stärkste, in Wasser existenzfähige Base, das **Hydroxid-Ion** [HO^-] nivelliert.
- Schwache Basen wie Ammoniak ($pK_b = 4{,}76$) oder Pyridin ($pK_b = 8{,}77$) werden in Wasser als Lösungsmittel *nicht* nivelliert.

185 E

- Für den pH-Wert einer starken Säure gilt: **pH = –log a_{H^+}**
- Für eine Wasserstoffionen-Aktivität von $a = 3{,}2 \cdot 10^{-6}$ mol·l^{-1} berechnet sich der pH-Wert zu:
$$pH = -\log 3{,}2 \cdot 10^{-6} = -\log 3{,}2 - \log 10^{-6} = -0{,}5 + 6{,}0 = \mathbf{5{,}5}$$

186 C

- Für eine Wasserstoffionen-Aktivität von $a = 3{,}2 \cdot 10^{-8}$ mol·l^{-1} berechnet sich der pH-Wert zu:
$$pH = -\log 3{,}2 \cdot 10^{-8} = -\log 3{,}2 - \log 10^{-8} = -0{,}5 + 8 = \mathbf{7{,}5}$$

- In wässriger Lösung addieren sich der pH- und pOH-Wert zum Wert 14, so dass für obige Lösung gilt: **pOH** = 14 – pH = 14 – 7,5 = **6,5**

187 E

- Gegeben: Starke Säure (c = 1 mol·l^{-1}), Aktivitätskoeffizient: f = 0,01

Gesucht: pH-Wert der Säure-Lösung?
Berechnung: $a_{H^+} = f \cdot c_{H^+} = 1 \cdot 0{,}01 = 0{,}01$
$$pH = -\log a_{H^+} = -\log 0{,}01 = -\log 10^{-2} = \mathbf{+2}$$

188 A

- Der pH-Wert der Säure-Lösung kann aufgrund der fehlenden Konzentrationsangabe *nicht* berechnet werden.

189 A

- Gegeben: Starke Säure (c = 0,1 mol·l^{-1}), Aktivitätskoeffizient: f = 0,1

Gesucht: pH-Wert der Säure-Lösung?
Berechnung: $a_{H^+} = f \cdot c_{H^+} = 0{,}1 \cdot 0{,}1 = 0{,}01$
$$pH = -\log a_{H^+} = -\log 0{,}01 = -\log 10^{-2} = \mathbf{+2}$$

190 E

- Gegeben: Starke Säure (c = 0,01 mol·l^{-1}), Aktivitätskoeffizient: f = 1

Gesucht: pH-Wert der Säure-Lösung?
Berechnung: $a_{H^+} = f \cdot c_{H^+} = 0{,}01 \cdot 1 = 0{,}01$
$$pH = -\log a_{H^+} = -\log 0{,}01 = -\log 10^{-2} = \mathbf{+2}$$

191 B

- Für eine starke Säure wie *Salzsäure* (c = 0,1 mol·l^{-1}) ergibt sich der pH-Wert zu:
$$pH = -\log c_{H^+} = -\log 0{,}1 = -\log 10^{-1} = \mathbf{1}$$

192 D

- Für eine schwache Säure wie *Essigsäure* (c = 0,1 mol·l^{-1}; pK_a = 4,75) berechnet sich der pH-Wert der Lösung nach: **pH** = ½ pK_a – ½ log $c_{säure}$

$$= \tfrac{1}{2} \cdot 4{,}75 - \tfrac{1}{2} \log 10^{-1} \approx 2{,}4 + 0{,}5 = \mathbf{2{,}9}$$

193 A

Für eine starke Säure wie *Salpetersäure* ($c = 1$ mol·l^{-1}) berechnet der pH-Wert der Lösung nach: **pH** $= -\log c_{H^+} = -\log 1 = $ **0**

194 D

Für eine schwache Säure wie *Ameisensäure* ($c = 0{,}01$ mol·l^{-1}; $pK_a = 3{,}8$) berechnet sich der pH-Wert nach: **pH** $= \frac{1}{2} pK_a - \frac{1}{2} \log c_{säure} = \frac{1}{2} \cdot 3{,}8 - \frac{1}{2} \log 10^{-1} = 1{,}9 + 0{,}5 = $ **2,4**

195 B

Für eine schwache Säure wie *Nicotinsäure* ($c = 0{,}01$ mol·l^{-1}; $K_a = 10^{-5}$ mol·l^{-1} ≡ $pK_a = 5$) berechnet sich der pH-Wert zu: **pH** $= \frac{1}{2} pK_a - \frac{1}{2} \log c_{H^+}$
$$= \frac{1}{2} \cdot 5 - \frac{1}{2} \log 10^{-2} = 2{,}5 + 1{,}0 = \textbf{3,5}$$

196 D

Für eine schwache Säure ($c = 0{,}01$ mol·l^{-1}) mit der Dissoziationskonstanten $K_a = 10^{-6}$ mol·l^{-1} – entsprechend $pK_a = 6$ – ergibt sich der pH-Wert der wässrigen Lösung zu:
$$\textbf{pH} = \frac{1}{2} pK_a - \frac{1}{2} c_{säure} = \frac{1}{2} \cdot 6 - \frac{1}{2} \log 10^{-2} = 3 + 1 = \textbf{4}$$

197 D

10 ml Salzsäure-Lösung ($c = 0{,}1$ mol·l^{-1}) werden mit 11 ml Natriumhydroxid-Lösung ($c = 0{,}1$ mol·l^{-1}) neutralisiert. Es verbleibt ein Überschuss von 1 ml NaOH-Lösung ($c = 0{,}1$ mol·l^{-1}), der den pH-Wert bestimmt. Durch Verdünnen auf 100 ml wird $c_{NaOH} - 0{,}001$ mol·l^{-1} und pOH $= -\log [HO^-] = \log 10^{-3} = 3$. Daraus berechnet sich der pH-Wert zu:
$$\textbf{pH} = 14 - pOH = 14 - 3 = \textbf{11}$$

198 A

Bei einer Hydroxid-Ionenaktivität ($a = 10^{-5}$ mol·l^{-1}) berechnet sich der pOH-Wert zu: pOH $= -\log 10^{-5} = 5$. Daraus ergibt sich der pH-Wert zu: **pH** $= 14 - pOH = 14 - 5 = $ **9**

199 C

Gegeben: $K_b = 10^{-6}$ mol·l^{-1}; $c = 0{,}01$ mol·l^{-1}

Gesucht: pH-Wert der Lösung?
Berechnung: $\log K_b = pK_b = -\log 10^{-6} = 6$
pH $= 14 - \frac{1}{2} pK_b + \frac{1}{2} \log c_{Base}$
$= 14 - \frac{1}{2} \cdot 6 + \frac{1}{2} \log 10^{-2} = 14 - 3 - 1 = $ **10**

200 C

Kaliumsulfat (K_2SO_4) ist ein Salz aus einer starken Base und einer starken Säure. Die wässrige KCl-Lösung reagiert *neutral*.

Natriummetaperiodat ($NaIO_4$) ist ein Salz aus einer starken Base und einer schwachen Säure [$pK_s(HIO_4) = 3{,}29$]. Seine wässrige Lösung reagiert daher *schwach alkalisch*.

Hydroxylaminhydrochlorid ($NH_3OH^+Cl^-$) und *Ammoniumchlorid* (NH_4Cl) sind Salze aus einer schwachen Base und einer starken Säure. Daher reagieren ihre wässrigen Lösungen *schwach sauer*.

Das hydratisierte Eisen(III)-Ion [$Fe(H_2O)_6$]$^{3+}$ ist eine starke Kationsäure ($pK_s = 2{,}22$). Daher reagieren wässrige Lösungen von Eisen(III)-Salzen wie *Eisen*(III)-*sulfat* [$Fe_2(SO_4)_3$] *stark sauer*.

$$[Fe(H_2O)_6]^{3+} + H_2O \rightleftharpoons [Fe(OH)(H_2O)_5]^{2+} + H_3O^+$$

201 E

■ Durch Zugabe einer Salzsäure-Lösung der Konzentration ($c = 10^{-7}$ mol·l^{-1}) verändert sich die Eigendissozation des Wassers nicht. [*Anmerkung:* Zur exakten Berechnung des pH-Wertes fehlt aber die Angabe der Temperatur (siehe hierzu Frage Nr. **182**)].

■ Zur Berechnung des pH-Wertes ist der Massenanteil einer Säure wie Essigsäure oder eines Salzes wie Ammoniumchlorid in die Stoffmengenkonzentration umzurechnen, wozu eine Volumenangabe erforderlich ist. Zudem reagiert eine wässrige NH$_4$Cl-Lösung schwach sauer.

■ Eine wässrige Lösung von Dinatriumhydrogenphosphat (Na$_2$HPO$_4$) reagiert schwach alkalisch.

■ Für ein korrespondierendes Säure-Base-Paar addieren sich der pK_s-Wert der Säure (HA) und der pK_b-Wert der korrespondierenden Base (A$^-$) zum Wert 14.

$$pK_s(HA) + pK_b(A^-) = pH + pOH = 14$$

202 E

■ Auf **Pufferlösungen** treffen folgende Aussagen zu:
– Sie enthalten eine schwache Säure und ihre korrespondierende (konjugierte) Base als Bestandteile.
– Die Pufferkapazität (β) ist begrenzt. Die Pufferkapazität ist proportional zum Differentialquotienten der Konzentration einer zugesetzten Base und der Änderung des pH-Wertes:
$\beta = dc_{base}/d(pH)$
– Der pH-Wert einer Pufferlösung hängt von der Dissoziationskonstanten (bzw. dem pK_s-Wert) der schwachen Säure ab und ergibt sich aus der Henderson-Hasselbalch-Gleichung:

pH = pKs(Säure) + log [korr. Base]/[Säure]

203 C

■ Neutralsalze wie *Natriumchlorid* (NaCl) können nicht bestimmender Bestandteil eines Puffersystems sein.

204 C

■ Ein äquimolarer (pH = pK_s) **Acetatpuffer** aus *Natriumacetat* [CH$_3$COONa] und *Essigsäure* [CH$_3$COOH] besitzt einen pH-Wert um **4,75** [pK_s(CH$_3$COOH) = 4,75].

205 D

■ Ein äquimolarer (pH = pK_s) **Phosphatpuffer** aus *Natriumdihydrogenphosphat* [NaH$_2$PO$_4$] und *Dinatriummonohydrogenphosphat* [Na$_2$HPO$_4$] besitzt einen pH-Wert um **7,21** [pK_s(H$_2$PO$_4^-$) = 7,21].

206 B

■ Ein äquimolarer (pH = pK_s) **Ammoniakpuffer** aus *Ammoniumchlorid* (NH$_4$Cl) und *Ammoniak* (NH$_3$) besitzt einen pH-Wert um **9,25** [pK_s(NH$_4^+$) = 9,25].

207 A

■ Die **Pufferkapazität** (β) eines Acetatpuffers hat ein Maximum bei pH = pK_s(HOAc). Die Pufferkapazität ist umso größer, je höher die Gesamtmolarität der Pufferlösung ist.

208 A

Nach der *Henderson-Hasselbalch-Gleichung* hängt der **pH-Wert** eines **Acetatpuffers** ab:
– vom pK_a-Wert der Essigsäure (HOAc)
– von den Konzentrationen an Essigsäure [HOAc] und Natriumacetat [NaOAc].

$$pH = pK_a(HOAc) + \log [NaOAc]/[HOAc]$$

209 D

Ein Neutralsalz wie Kaliumchlorid greift über die Ionenstärke der Lösung in das Puffergleichgewicht ein und wird bei einem Acetatpuffer durch Einbeziehung des mittleren *Aktivitätskoeffizienten* (γ) von Essigsäure in die Henderson-Hasselbalch-Gleichung wie folgt berücksichtigt:

$$pH = pK_s(HOAc) + \log [OAc^-] \cdot \gamma/[HOAc]$$

210 C

Gegeben: Natriumacetat [$c = 10^{-5}$ mol·l^{-1}); Essigsäure ($c = 10^{-4}$ mol·l^{-1})

pK_a(Essigsäure) = 5
Zusatz von Kaliumchlorid
Aktivitätskoeffizient $\gamma = 0{,}8$ mit $\log \gamma = -0{,}1$
Gesucht: pH-Wert der Lösung?

Berechnung: **pH** = pK_a + log [Natriumacetat] · γ/[Essigsäure]
= pK_a + log [NaOAc] + log γ – log [HOAc]
= 5 + log 10^{-5} + log 0,8 – log 10^{-4} = 5 – 5 – 0,1 + 4 = **3,9**

211 E

Bei pH = 7 liegt ein schwach saurer Arzneistoff zu 99,9 % als undissoziierte Säure und zu 0,1 % als korr. Base vor. Der pK_a-Wert des Arzneistoffs lässt sich mithilfe der Henderson-Hasselbalch-Gleichung wie folgt berechnen (der mittlere Aktivitätskoeffizient sei 1).

Berechnung: pH = pK_s + log [A$^-$]/[HA]
pK_s = pH – log [A$^-$]/[HA] = 7 – log [0,1]/[99,9]
≈ 7 – log 10^{-3} = 7 + 3 = **10**

212 E

Eine schwache Säure ($pK_a = 6$) wird mit Natriumhydroxid-Lösung partiell (bis pH = 8) neutralisiert, so dass eine Pufferlösung aus schwacher Säure und korr. Base (Salz) entsteht. Die Zusammensetzung des Puffergemischs kann mithilfe der Henderson-Hasselbalch-Gleichung ermittelt werden.

Berechnung: pH = pK_a + log [Salz]/[Säure]
log [Salz]/[Säure] = pH – pK_a = 8 – 6 = 2
[Salz] : [Säure] = 100 : 1

213 D

Wenn in einer Pufferlösung das Verhältnis $c_{säure} : c_{salz} = 10 : 1$ wird, ändert sich – aufgrund des Konzentrationsgliedes in der Henderson-Hasselbalch-Gleichung – der pH-Wert um ca. **1 pH-Einheit** (log 10/1 = 1).

214 D

■ Voraussetzung für die Säure-Base-Titration in einem amphiprotischen Lösungsmittel (Autoprotolysekonstante K_L) unter Verwendung eines Säure-Base-Indikators (Indikatorkonstante K_{ind}) ist die höhere Acidität bzw. Basizität der zu titrierenden Substanz (ausgedrückt durch den pK_a-Wert des Analyten). Daher gilt: **$pK_a < pK_L$ und $pK_a < pK_{ind}$**

215 B   216 C

■ Bei Direkttitrationen, die ohne weitere Zusätze gegen einen *Farbindikator* in einem amphiprotischen Lösungsmittel (Autoprotolysekonstante K_L mit $pK_L = -\log K_L$) durchgeführt werden, gilt für die Titrierbarkeit: **$pK_L - pK_a \geq 8$**

■ *Wasser* besitzt einen pK_L-Wert von 14, sodass Säuren oder Basen mit **pK_s (pK_b) ≤ 6** in wässriger Lösung direkt gegen Farbindikatoren titriert werden können.

■ Anzumerken ist, dass Protolyte in wässriger Lösung noch bis zu $pK_a \sim 8$ mit hinreichender Genauigkeit zu titrieren sind, wenn die Endpunkt der Titration mithilfe der *Potentiometrie* bestimmt wird.

217 E

■ *Essigsäure* ($pK_s = 4{,}76$) [CH_3COOH], *Monochloressigsäure* ($pK_s = 2{,}85$) [$ClCH_2COOH$], *Dichloressigsäure* ($pK_s = 1{,}30$) [$Cl_2CHCOOH$] und *Trichloressigsäure* ($pK_s = 0{,}89$) [Cl_3CCOOH] sind in wässriger Lösung mit einer NaOH-Maßlösung gegen Farbindikatoren titrierbar.

218 D

■ *Trichloressigsäure* [$Cl_3C-COOH$] ($pK_s = 0{,}89$) [1], *Asccorbinsäure* ($pK_{s1} = 4{,}10$; $pK_{s2} = 11{,}79$) [3] und *para-Toluensulfonsäure* [$CH_3-C_6H_4-SO_3H$] ($pK_s \sim 0{,}7$) [5] können in wässriger Lösung direkt als einbasige Säuren mit Natriumhydroxid-Maßlösung titriert werden.

■ *Phenol* [2] (C_6H_5-OH) [$pK_s = 9{,}91$] und *Phenobarbital* (Ethylphenylbarbitursäure) [4] ($pK_s = 7{,}36$) sind *nicht* direkt in wässriger Lösung mit Laugen titrierbar.

219 B

■ **Tolbutamid** [1-Butyl-3-tosyl-harnstoff] ($pK_s = 5{,}16$) ist ein NH-acider Sulfonylharnstoff [$R-SO_2-NH-CO-NH-R´$], der sich in wässriger Lösung direkt mit einer Natriumhydroxid-Maßlösung titrieren lässt.

Phenytoin
(Diphenylhydantoin)
$pK_s = 8{,}33$

Tolbutamid
(1-Butyl-3-tosyl-harnstoff)
$pK_s = 5{,}16$

Propylthiouracil
$pK_s = 8{,}3$

■ *Phenytoin* [Diphenylhydantoin] ($pK_s = 8{,}33$) und *Propylthiouracil* ($pK_s = 8{,}3$) sind NH- bzw. SH-acide Verbindungen, die sich in wässriger Lösung *nicht* mit NaOH-Maßlösung titrieren lassen. Beide Substanzen können aber argentoalkalimetrisch nach Zusatz von Silbernitrat bestimmt werden. Die Gehaltsbestimmung von Phenytoin nach *Ph.Eur. 7* erfolgt jedoch in wasserfreiem Milieu mit Natriummethanolat-Maßlösung.

220 C   221 D

■ *Phenazon* (pK$_b$ = 12,6) ist eine schwache Base, deren Gehalt nach Arzneibuch iodometrisch bestimmt wird.

■ Die Gehaltsbestimmung von *Phenytoin* erfolgt nach Arzneibuch in wasserfreiem Milieu mit Natriummethanolat-Maßlösung.

■ **Phenylbutazon** (pK$_s$ = 4,89) [M$_r$ = 308] besitzt aufgrund seiner 1,3-Dicarbonyl-Struktur an C-4 ein hinreichend acides H-Atom. Der Arzneistoff kann in Aceton mit NaOH-Maßlösung gegen Bromthymolblau bestimmt werden. Es wird 1 Äquivalent Lauge zur Neutralisation verbraucht, sodass 1 ml einer 0,1 M-Natriumhydroxid Maßlösung **30,8 mg** Phenylbutazon entspricht.

Phenylbutazon (pK$_a$ = 4,89)

222 A

■ **4´-Nitrobenzanilid** [C$_6$H$_5$-CO-NH-C$_6$H$_4$-NO$_2$] ist aufgrund der *para*-ständigen Nitro-Gruppe ein NH-acides Amid, das *stärker sauer* reagiert als *N-Methylbenzamid* [C$_6$H$_5$-CO-NH-CH$_3$] oder *Acetanilid* [CH$_3$-CO-NH-C$_6$H$_5$].

223 C

■ 5,5-disubstituierte **Barbitursäure-Derivate** [Formeln 1 und 2] besitzen pK$_s$-Werte um 8 und sind *nicht* direkt in wässriger Lösung mit Lauge titrierbar. Die unsubstituierte *Barbitursäure* (pK$_s$ = 4,01) und ihre N-Methyl-Derivate [Formel **3**] können dagegen in wässrig-alkoholischer Lösung mit Natriumhydroxid-Lösung gegen Phenolphthalein bestimmt werden.

224 A

■ **Guanidin** [(H$_2$N)$_2$C=NH] (**1**) [pK$_b$ = 0,30] ist eine starke Base und kann in wässriger Lösung mit 0,1 M-Salzsäure-Lösung gegen Methylrot titriert werden.

■ *Harnstoff* [(H$_2$N)$_2$C=O] (3) [pK$_b$ = 13,82] und *Acetamid* [CH$_3$-CO-NH$_2$] (4) [pK$_b$ = 13,37] reagieren schwach basisch und lassen sich *nicht* in Wasser acidimetrisch bestimmen.

■ *Acetonoxim* [(H$_3$C)$_2$C=N-OH] (2) ist eine sehr schwache Base, die nur mit den stärksten Säuren unter Dehydratisierung reagiert (Beckmann-Umlagerung).

225 D

■ **Vanillin** [3-Methoxy-4-hydroxybenzaldehyd] (pK$_s$ = 7,4) ist eine *phenyloge Ameisensäure*, deren Acidität aufgrund des -M-Effektes der Formyl-Gruppe größer ist als die von Phenol. Vanillin kann in Aceton als Lösungsmittel mit NaOH-Maßlösung gegen Thymolphthalein titriert werden.

226 B

■ **Weinsäure** [(2 R,3 R)-2,3-Dihydroxybutandisäure] (HOOC-CHOH-CHOH-COOH) ist eine zweibasige Säure (pK$_{a1}$ = 2,95; pK$_{a2}$ = 4,23), die in Wasser mit NaOH-Maßlösung gegen Phenolphthalein unter Verbrauch von **2** *Äquivalenten* Lauge titriert werden kann. Der pH-Wert des Äquivalenzpunktes liegt im *schwach alkalischen* (pH ~ 7,5–8,5).

227 B   **228** D

Citronensäure [2-Hydroxypropan-1,2,3-tricarbonsäure] ($pK_{a1} = 3{,}14$; $pK_{a2} = 4{,}77$; $pK_{a3} = 6{,}39$; $M_r = 192{,}1$) wird in wässriger Lösung unter Verbrauch von **3** Äquivalenten Natriumhydroxid-Maßlösung gegen Phenolphthalein titriert. Daher entspricht 1 ml NaOH-Lösung **64,03 mg** Citronensäure.

229 C

Prinzipiell lassen sich im *Codeinphosphat* ($R_2NH\text{-}CH_3]^+ H_2PO_4^-$) das Kation ($R_2NH\text{-}CH_3]^+$) als Säure und das amphotere Dihydrogenphosphat-Anion ($H_2PO_4^-$) als Säure oder als Base titrieren.

230 D

Coffein wird nach Arzneibuch in wasserfreier Essigsäure als schwache Base mit Perchlorsäure-Maßlösung titriert. Der Endpunkt wird potentiometrisch bestimmt.
Natriumcitrat wird als Salz einer Carbonsäure in wasserfreier Essigsäure mit Perchlorsäure-Maßlösung gegen Naphtholbenzein als Indikator titriert.
Formaldehyd wird in alkalischer Lösung iodometrisch bestimmt.
Natriumhydrogencarbonat ($NaHCO_3$) lässt sich als Anionsäure mit Salzsäure-Maßlösung gegen Methylorange titrieren.
Der Gehalt einer *Wasserstoffperoxid*-Lösung wird nach Arzneibuch permanganometrisch bestimmt.

231 C   **232** A   **233** E   **234** A   **235** C

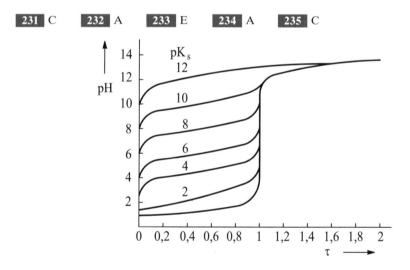

Obige Abbildung zeigt die **Titrationskurven** gleich konzentrierter Protolyte ($c = 0{,}1\ mol \cdot l^{-1}$) unterschiedlicher Säurestärke. Als Ordinate ist der pH-Wert, als Abszisse der Titrationsgrad (τ) aufgetragen.

Die unterste Titrationskurve (siehe Fragen Nr. **232** und **235**) entspricht der alkalimetrischen Bestimmung einer 0,1 molaren einbasigen starken Säure wie **Salzsäure**. Der Äquivalenzpunkt liegt bei $pH_{ÄP} \sim 7$.

Die drittunterste Kurve entspricht der Titrationskurve einer 0,1 molaren schwachen Säure wie **Essigsäure** [$pK_a \sim 4{,}7$] (siehe Fragen Nr. **231** und **234**). Der Ausgangs-pH-Wert liegt bei $pH \sim 2{,}9$ und der pH-Wert am Äquivalenzpunkt bei $pH_{ÄP} \sim 8{,}8$. Der Halbneutralisationspunkt entspricht dem pK_a-Wert der schwachen Säure.

Die zweitoberste Kurve zeigt den Titrationsverlauf einer sehr schwachen Säure wie **Borsäure** [$pK_a = 9{,}14$] (siehe Frage Nr. 233). Eine solche Säure kann in wässriger Lösung – ohne weitere Zusätze – *nicht* mehr mit hinreichender Genauigkeit titriert werden.

236 C

Wenn eine 0,01 M-Salzsäure-Lösung mit NaOH-Lösung um 0,1 % (Titrationsgrad $\tau = 1{,}001$) übertitriert wurde, dann beträgt die überschüssige Hydroxid-Ionenkonzentration 0,00001 mol·l^{-1} (0,01·0,001). Dies entspricht einem pOH-Wert von: pOH = –log [HO$^-$] = –log 10^{-5} = 5. Daraus ergibt sich ein pH-Wert von: **pH** = 14 – pOH = 14 – 5 = **9**.

237 D

Sehr starke *einbasige* Säuren wie *Perchlorsäure* [HClO$_4$] (pK_s = -9), *Chlorwasserstoff* (Salzsäure) [HCl] (pK_s = -3) oder *Salpetersäure* [HNO$_3$] (pK_s = –1,32) werden in wässriger Lösung auf die Stufe des Hydroxonium-Ions (H$_3$O$^+$) nivelliert. Gleichkonzentrierte Lösungen dieser Säuren zeigen somit in wässriger Lösung den *gleichen* pH-Wert und die *gleiche* Titrationskurve.

Schwefelsäure [H$_2$SO$_4$] ist eine *zweibasige*, Phosphorsäure [H$_3$PO$_4$] eine *dreibasige* Säure. Ihre Titrationskurven zeigen einen anderen Verlauf.

238 D

Bei einer schwachen Säure mit der Dissoziationskonstanten K_a (–log K_a = pK_a) entspricht der Halbneutralisationspunkt ($\tau = 0{,}5$) dem pK_a-Wert der schwachen Säure: **pH = pK_a**

239 E

Der pH-Wert am Äquivalenzpunkt ($\tau = 1$) der Titration einer schwachen Säure (–log K_a = pK_a) mit NaOH-Maßlösung berechnet sich wie folgt, worin c_o die Ausgangskonzentration der schwachen Säure bedeutet und K_w (–log K_w = pK_w) dem Ionenprodukt des Wassers entspricht:

$$pH = \tfrac{1}{2}\,(pK_w + pK_a + c_o)$$

240 A

Mit c_o der Ausgangskonzentration und K_a (–log K_a = pK_a) der Dissoziationskonstanten einer schwachen Säure berechnet sich der pH-Wert der zu titrierenden Lösung (Ausgangs-pH) ($\tau = 0$) zu:

$$pH = \tfrac{1}{2}\,(pK_a - \log c_o)$$

241 D

Hat ein Stoff einen pK_s-Wert von $pK_s < 1$, so handelt es sich um eine starke Säure und der Äquivalenzpunkt der Titration liegt im Neutralen.

Der Verbrauch an Maßlösung ist abhängig von der Konzentration der vorgelegten Säure und korreliert *nicht* mit deren pK_s-Wert.

Ein Arzneistoff mit $pK_s > 9$ kann in wässriger Lösung *nicht* direkt alkalimetrisch bestimmt werden. Die Bestimmung muss im wasserfreien Milieu erfolgen.

242 B

Auf die **Titration von Essigsäure** ($pK_s = 4{,}76$) mit Natriumhydroxid-Maßlösung in wässriger Lösung treffen folgende Aussagen zu:
- Der Äquivalenzpunkt der Titration liegt im alkalischen pH-Bereich.
- Der Halbneutralisationspunkt entspricht annähernd dem pK_s-Wert der Essigsäure.
- Ändert sich am Verbrauch an NaOH-Maßlösung *nichts*, wenn anstelle von Essigsäure die *gleiche Stoffmenge* einer stärkeren Säure titriert würde.

243 D

Schwache Säuren lassen sich *nicht* mit schwachen Basen gegen einen Farbindikator bestimmen, da die pH-Veränderung (**pH-Sprung**) in der Nähe des Äquivalenzpunktes zu klein ist.

244 C

Das Hydrochlorid einer organischen Base ($R_3NH^+Cl^-$) wird mit NaOH-Lösung bei potentiometrischer Indizierung titriert. Aus der Titrationskurve können folgende Daten ermittelt werden:
- der pH-Wert des Halbneutralisationspunktes entspricht dem pK_a-Wert der protonierten Base (R_3NH^+).
- mit dem Äquivalentverbrauch kann die Stoffmenge (n) des zu titrierenden Stoffes ermittelt werden. Aus der Masse (m) der Einwaage und dem Äquivalentverbrauch lässt sich dann die relative Molekülmasse des Hydrochlorids bzw. die relative Molekülmasse (M) der freien Base ermitteln: **M = m/n**

245 B

Für die Bestimmung der **Stoffmenge** eines sauren Arzneistoffs mittels Titration sind folgende Informationen erforderlich:
- die Stöchiometrie der ablaufenden Neutralisationsreaktion,
- der Verbrauch an NaOH-Maßlösung bis zum Äquivalenzpunkt,
- die Konzentration der NaOH-Maßlösung.

Volumen der Titrationslösung und Einwage (Masse m) des sauren Arzneistoffes spielen für die Berechnung der Stoffmenge keine Rolle.

246 D   1827 E

Die Höhe des pH-Sprunges am Äquivalenzpunkt (Umsetzungsgrad = Titrationsgrad: $\tau = 1$) einer potentiometrisch indizierten alkalimetrischen Titration hängt ab von:
- dem pK_a-Wert (Säurestärke) der titrierten Säure,
- der Autoprotolysekonstante (K_L) des Lösungsmittels,
- der Konzentration (c) der vorgelegten Säure.

247 D

Am **Halbneutralisationspunkt** (Titrationsgrad $\tau = 0{,}5$) der volumetrischen Gehaltsbestimmung einer schwachen Säure (HA) mit einer starken Base
- ist die Pufferkapazität am größten, weil ein äquimolares Gemisch aus schwacher Säure und ihrer korrespondierenden Base vorliegt,
- ist der pH-Wert der Titrationslösung annähernd gleich dem pK_a-Wert der zu titrierenden Säure,
- liegt die Hälfte der zu titrierenden Säure (HA) als Anion (korr. Base A^-) vor,

- besitzt die Titrationskurve innerhalb des Bereichs $\tau = 0$ bis $\tau = 1$ (Äquivalenzpunkt) die geringste Steigung,
- entspricht der pH-Wert am Halbneutralisationspunkt *nicht* dem arithmetischen Mittel des pH-Wertes am Äquivalenzpunkt (pT-Wert) [0,1 M-HOAc: $pH_{\tau=0,5} = pK_a(HOAc) = 4{,}76$ und $pH_{\tau=1} = pH_{ÄP} = 8{,}88$].

248 C   **249** D

In die Berechnung des **pH-Wertes** am **Äquivalenzpunkt** ($pH_{ÄP}$) der *Titration* einer *schwachen Säure* mit einer starken Base in *wässriger* Lösung gehen folgende Größen ein:
- das Ionenprodukt des Lösungsmittels Wasser (pK_w),
- der pK_a-Wert der schwachen Säure,
- die Ausgangskonzentration (c) der zu titrierenden schwachen Säure.

Der pH-Wert am Äquivalenzpunkt der Titration einer schwachen Säure berechnet sich nach:

$$pH_{ÄP} = ½\, pK_w + ½\, pK_a + ½ \log c$$

250 B   **251** E   **252** A

In die Berechnung des **pH-Wertes** am **Äquivalenzpunkt** ($pH_{ÄP}$) der *Titration* einer *schwachen Base* mit einer starken Säure in *wässriger* Lösung gehen folgende Größen ein:
- das Ionenprodukt des Lösungsmittels Wasser (pK_w),
- der pK_b-Wert der schwachen Base bzw. der pK_a-Wert der konjugierten Säure,
- die Ausgangskonzentration (c) der zu titrierenden schwachen Base.

Der pH-Wert am Äquivalenzpunkt der Titration einer schwachen Base berechnet sich nach:

$$pH_{ÄP} = ½\, pK_w - ½\, pK_b - ½ \log c = ½\, pK_a - ½ \log c$$

253 C

Der pH-Wert am Äquivalenzpunkt einer verdünnten *Ammoniak*-Lösung [$pK_b(NH_3) = 4{,}76$] – verdünnte Lösung einer schwachen Base – mit einer 0,1 M-Salzsäure-Maßlösung liegt im schwach sauren pH-Bereich bei **pH = 4–6**. Eine genaue Berechnung des $pH_{ÄP}$ ist *nicht* möglich, weil die Ausgangskonzentration der NH_3-Lösung nicht angegeben ist.

254 D

Der pH-Wert am Äquivalenzpunkt ($pH_{ÄP}$) einer verdünnten *Propionsäure*-Lösung [$pK_a(CH_3CH_2COOH) = 4{,}88$] – verdünnte Lösung einer schwachen Säure – mit einer 0,1 M-Salzsäure-Maßlösung liegt im schwach alkalischen pH-Bereich bei **pH = 8–10**. Eine genaue Berechnung des $pH_{ÄP}$ ist *nicht* möglich, weil die Ausgangskonzentration der Propionsäure-Lösung nicht angegeben ist.

255 C

Gegeben: Schwache Base ($c = 0{,}01 = 10^{-2}\ mol \cdot l^{-1}$; $K_a = 10^{-8}\ mol \cdot l^{-1}$)

Gesucht: pH-Wert am Äquivalenzpunkt?

Berechnung: $pK_a = -\log K_a = -\log 10^{-8} = 8$

$pH_{ÄP} = ½\, pK_a - ½ \log c = ½ \cdot 8 - ½ \log 10^{-2} = 4 + 1 = \mathbf{5}$

256 C

Gegeben: Schwache Base ($K_b = 10^{-6}$ mol·l^{-1}), pH am Äquivalenzpunkt = 5

Gesucht: Ausgangskonzentration c der Base?
Berechnung: $-\log K_b = pK_b = -\log 10^{-6} = 6$
$pH_{ÄP} = ½\, pK_w - ½\, pK_b - ½ \log c$
$\log c = pK_w - pK_b - 2 \cdot pH_{ÄP} = 14 - 6 - 10 = -2 \Rightarrow$ **c = 10^{-2} mol·l^{-1}**

257 C

Gegeben: Schwache Base mit $K_b = 10^{-5}$ mol·l^{-1} und $c = 0{,}1 = 10^{-1}$ mol·l^{-1}

Gesucht: pH-Wert am Äquivalenzpunkt ($pH_{ÄP}$)?
Berechnung: $-\log K_b = pK_b = -\log 10^{-5} = 5$
$pH_{ÄP}$ $= ½\, pK_w - ½\, pK_s - ½ \log c = ½ \cdot 14 - ½ \cdot 5 - ½ \log 10^{-1}$
$= 7 - 2{,}5 + 0{,}5 =$ **5**

258 B

Gegeben: Schwache Base mit $K_a = 10^{-10}$ mol·l^{-1} und $c = 0{,}01 = 10^{-2}$ mol·l^{-1}

Gesucht: pH-Wert am Äquivalenzpunkt ($pH_{ÄP}$)?
Berechnung: $-\log K_a = pK_a = -\log 10^{-10} = 10$
$pH_{ÄP}$ $= ½\, pK_a - ½ \log c = ½ \cdot 10 - ½ \log 10^{-2} = 5 + 1 =$ **6**

259 C

Gegeben: Schwache Base mit $pK_a = 9$ und
$c = 10^{-3}$ mol·l^{-1} ad **100 ml** entspricht $c = 10^{-2}$ mol·l^{-1}

Gesucht: pH-Wert am Äquivalenzpunkt ($pH_{ÄP}$)?
Berechnung: $pH_{ÄP} = ½\, pK_a - ½ \log c = ½ \cdot 9 - ½ \log 10^{-2} = 4{,}5 + 1{,}0 =$ **5,5**

260 D

Gegeben: Schwache Base mit $c = 0{,}01 = 10^{-2}$ mol·l^{-1}
pH-Wert am Äquivalenzpunkt = 6

Gesucht: pK_a-Wert der Base?
Berechnung: $pH_{ÄP} = ½\, pK_a - ½ \log c$
pK_a $= 2\, pH_{ÄP} + \log c = 2 \cdot 6 + \log 10^{-2} = 12 - 2 =$ **10**

261 B

Gegeben: Schwache Base mit $K_b = 10^{-7}$ mol·l^{-1} und $c = 0{,}1 = 10^{-1}$ mol·l^{-1}

Gesucht: pH-Wert am Äquivalenzpunkt für die Indikatorauswahl?
Berechnung: $-\log K_b = pK_b = -\log 10^{-7} = 7$
$pH_{ÄP}$ $= ½\, pK_w - ½\, pK_b - ½ \log c = ½ \cdot 14 - ½ \cdot 7 - ½ \log 10^{-1}$
$= 7 - 3{,}5 + 0{,}5 =$ **4,0**

Für die Titration ist ein Indikator zu wählen, der im Bereich **pH = 3 bis 5** umschlägt.

262 B

Gegeben: Schwache Säure mit $c = 0{,}1 = 10^{-1}$ mol·l^{-1}
Halbneutralisationspunkt pH = 5 entspricht dem $pK_a = 5$ der Säure
Gesucht: pH-Wert am Äquivalenzpunkt ($pH_{ÄP}$)?

Berechnung: $pH_{ÄP} = ½ pK_w + ½ pK_a + ½ \log c = ½ \cdot 14 + ½ \cdot 5 + ½ \log 10^{-1}$
$= 7 + 2{,}5 - 0{,}5 = \mathbf{9{,}0}$

263 A

■ *Gegeben:* Schwache Säure mit $c = 0{,}01 = 10^{-2}$ mol·l^{-1} und $pK_a = 6$

Gesucht: Ausgezeichnete pH-Werte beim Titrationsgrad $\tau = 0$, $\tau = 0{,}5$ und $\tau = 1$?

Berechnung: für **$\tau = 0$**: $pH = ½ pK_s - ½ \log c = ½ \cdot 6 - ½ \log 10^{-2} = 3 + 1 = \mathbf{4}$

$\tau = 0{,}5$: $pH = pK_a = \mathbf{6}$

$\tau = 1$: $pH_{ÄP} = ½ pK_w + ½ pK_a + ½ \log c$
$= ½ \cdot 14 + ½ \cdot 6 + ½ \log 10^{-2} = 7 + 3 - 1 = \mathbf{9}$

■ Der pH-Wert der Ausgangslösung ($\tau = 0$) beträgt nicht pH ≠ 1, sondern pH = 4.

264 C

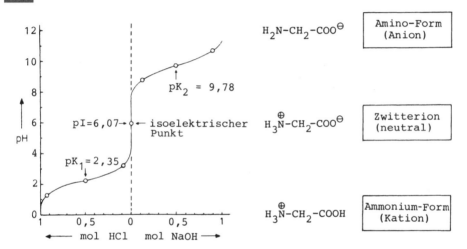

■ Wie obige **Titrationskurve** von **Glycin** [H$_2$N-CH$_2$-COOH] belegt, entspricht der **pH-Wert** am Titrationspunkt ($\tau = 0{,}5$) dem pK_{a1}-Wert ($pK_{a1} = 2{,}35$), am Punkt ($\tau = 1$) dem isoelektrischen Punkt (pI = 6,07) und am Punkt ($\tau = 1{,}5$) dem pK_{a2}-Wert ($pK_{a2} = 9{,}78$). Der Ausgangs-pH-Wert (bei $\tau = 0$) einer wässrigen Glycinhydrochlorid-Lösung ($c = 0{,}1$ mol·l^{-1}) liegt bei etwa pH ~ 1,7.

265 D

■ Die in der Frage abgebildete **zweistufige Titrationskurve** kann herrühren von der Titration
– einer zweibasigen Säure mit deutlich unterschiedlichen pK-Werten für die erste und zweite Protolysestufe.
– eines Gemischs zweier unterschiedlich starker einbasiger, gleichkonzentrierter Säuren (äquidistanter Abstand der beiden Äquivalenzpunkte).

■ Bei einer zweisäurigen Base fällt der pH-Wert im Verlaufe der Titration ab.

■ Bei einer dreiprotonigen Säure müssten bei deutlich unterschiedlichen pK-Werten und der Erfassung *aller* Protonen drei Titrationsstufen zu beobachten sein.

■ Eine Monoaminocarbonsäure (H$_3$N$^+$-CHR-COO$^-$) wird als einbasige Säure mit einer Hydroxid-Maßlösung titriert.

266 E

- Bei der abgebildeten **Titrationskurve**
  - handelt es sich um die Titration eines Säuregemischs zweier einbasiger Säuren mit deutlich unterschiedlichen pK-Werten und unterschiedlicher Konzentration, wobei der Verbrauch an Maßlösung bis zum ersten Wendepunkt (Äquivalenzpunkt) der Stoffmenge an stärkerer Säure entspricht. Darüber hinaus ist die Konzentration der schwächeren Säure im Gemisch kleiner als die der stärkeren Säure (5 Skalenteile bis zum 1.ÄP, 2,5 Skalenteile zwischen 1. und 2. ÄP)
  - handelt es sich um die Titration eines Säuregemischs einer stärkeren zweibasigen Säure und einer schwächeren Säure.
- Bei der Titrationskurve kann es sich *nicht* um die Titration *einer* zweibasigen Säure handeln, da dann der Äquivalentverbrauch bis zum 1.Äquivalenzpunkt dem Verbrauch zwischen 1. und 2. Äquivalenzpunkt entsprechen müsste.

267 D

Es wird ein **Säuregemisch** aus 1 Teil *Salzsäure* ($pK_a = -3$) und 3 Teilen *Essigsäure* ($pK_a = 4{,}76$) mit Natriumhydroxid-Lösung titriert. Bis zum 1.Äquivalenzpunkt (Wendepunkt) wird die stärkere Salzsäure neutralisiert, danach wird bis zum 2.Wendepunkt die schwächere Essigsäure titriert. Aufgrund der Mengenanteile (1:3) muss sich auch der Äquivalentverbrauch für beide *einbasigen* Säuren wie **1:3** verhalten, was nur für die Titrationskurve (**D**) zutrifft.

268 E

Folgende Substanzpaare können nebeneinander maßanalytisch bestimmt werden (**Simultantitration**):

- **Hydroxid neben Carbonat**: Titriert man das Gemisch (HO^-/CO_3^{2-}) zunächst mit einer Salzsäure-Maßlösung gegen *Phenolphthalein* (Verbrauch „1"), so werden die HO^--Ionen neutralisiert und der Carbonat-Anteil wird in HCO_3^- umgewandelt. Anschließend titriert man mit HCl-Maßlösung gegen *Methylorange* (Verbrauch „2"), wobei die HCO_3^--Ionen in CO_2 umgewandelt werden. Der Verbrauch „2" ist äquivalent zum Carbonat-Gehalt und aus der Differenz von Verbrauch „1" und „2" kann die Konzentration an Hydroxid-Ionen ermittelt werden.

  1. Bestimmung: $HO^- + H_3O^+ \rightarrow 2\,H_2O$ und $CO_3^{2-} + H_3O^+ \rightarrow HCO_3^- + H_2O$
  2. Bestimmung: $HCO_3^- + H_3O^+ \rightarrow 2\,H_2O + CO_2\uparrow$

- **Carbonat neben Hydrogencarbonat**: Titriert man das Gemisch (CO_3^{2-}/HCO_3^-) mit starken Säuren gegen Phenolphthalein, so wird *nur* der Carbonat-Anteil erfasst; bei der acidimetrischen Titration gegen Methylorange erhält man die Summe aus Carbonat und Hydrogencarbonat.

- **Phosphorsäure neben Dihydrogenphosphat**: In der 1. Stufe [$pK_a(H_3PO_4) = 1{,}96$] ist Phosphorsäure in wässriger Lösung eine starke Säure, in der 2.Stufe [$pK_a(H_2PO_4^-) = 7{,}21$] nur eine schwache Säure, während das dritte Proton [$pK_a(HPO_4^{2-}) = 12{,}32$] unter den üblichen Bedingungen in wässriger Lösung *nicht* erfasst wird. Der Verbrauch an Maßlösung bis zum 1.Wendepunkt (Äquivalenzpunkt) entspricht daher der Deprotonierung der Phosphorsäure (H_3PO_4), während zwischen dem 1. und 2.Wendepunkt der Titrationskurve die Dihydrogenphosphat-Ionen ($H_2PO_4^-$) erfasst werden.

269 D

Auf die abgebildete Titrationskurve der *Simultantitration* von **Hydroxid- neben Carbonat-Ionen** treffen folgende Aussagen zu:
- Die Ausgangslösung hat einen pH-Wert von 12. Bezieht man das formal nur auf die HO⁻-Konzentration so ist die Stoffmengenkonzentration etwa $c = 10^{-2}$ mol·l⁻¹ (pOH = –log [HO⁻] = –log 10^{-2} = 2 ⇒ pH = 14 – pOH = 14 – 2 = 12).
- Der Verbrauch „a" entspricht dem Gesamtalkaligehalt aus Hydroxid- *und* Carbonat-Ionen.
- Der Verbrauch „b-a" entspricht der Umsetzung von Hydrogencarbonat-Ionen zu Kohlendioxid:

$$HCO_3^- + H_3O^+ \rightarrow 2\,H_2O + CO_2\uparrow$$

- Das Gemisch enthält mehr Natriumhydroxid als Carbonat (Vergleiche: Verbrauch „a" gegenüber dem Verbrauch „b-a").

270 E

Titriert man das Gemisch aus *Natriumhydroxid* (NaOH) und *Natriumcarbonat* (Na$_2$CO$_3$) zunächst mit einer Salzsäure-Maßlösung gegen *Phenolphthalein*, so werden die HO⁻-Ionen neutralisiert *und* der Carbonat-Anteil wird in HCO$_3^-$ umgewandelt. Anschließend titriert man mit HCl-Maßlösung gegen *Methylorange*, wobei die HCO$_3^-$-Ionen in CO$_2$ umgewandelt werden. Somit laufen bei dieser Simultanbestimmung folgende Teilreaktionen ab:

1. Titration: $HO^- + H_3O^+ \rightarrow 2\,H_2O$
$CO_3^{2-} + H_3O^+ \rightarrow HCO_3^- + H_2O$
2. Titration: $HCO_3^- + H_3O^+ \rightarrow 2\,H_2O + CO_2\uparrow$

271 B   **272** D

Bei der Bestimmung des Carbonat-Gehalts in **Kaliumhydroxid** (KOH) [nach Arzneibuch] gibt man zunächst Bariumchlorid-Lösung (BaCl$_2$) hinzu. Es bildet sich ein schwer löslicher Niederschlag von Bariumcarbonat (BaCO$_3$). Bei der nachfolgenden 1. Titration gegen *Phenolphthalein* werden nur die HO⁻-Ionen erfasst. Die 2. Titration gegen *Bromphenolblau* dient dann der Bestimmung des Carbonat-Gehalts; aus gefälltem BaCO$_3$ wird CO$_2$ gebildet.

1. Titration: $HO^- + H_3O^+ \rightarrow 2\,H_2O$
2. Titration: $BaCO_3\downarrow + 2\,H_3O^+ \rightarrow Ba^{2+} + 3\,H_2O + CO_2\uparrow$

273 A

Zur Neutralisation von Carbonat (CO$_3^{2-}$) in **Natriumcarbonat** (Na$_2$CO$_3$, M_r = 106,0) werden **2** Äquivalente Salzsäure-Maßlösung verbraucht. 1 ml Salzsäure-Maßlösung ($c = 1{,}0$ mol·l⁻¹) entspricht daher **53,0 mg** Na$_2$CO$_3$.

$$CO_3^{2-} + 2\,H_3O^+ \rightarrow 3\,H_2O + CO_2\uparrow$$

274 E

Der *Gehalt* einer **dreibasigen Säure** (H$_3$A) mit deutlich unterschiedlichen pK-Werten – und daher drei getrennten Stufen in der Titrationskurve – lässt sich berechnen aus dem Verbrauch an Maßlösung:
- bis zum Erreichen des 1. Äquivalenzpunktes: (1. Äquivalent: H$_3$A → H$_2$A⁻)
- zwischen dem 1. und 2. Äquivalenzpunkt (1 Äquivalent: H$_2$A⁻→ HA^{2-})
- zwischen dem 2. und 3. Äquivalenzpunkt (1 Äquivalent: HA^{2-}→ A^{3-})
- bis zum Erreichen des 2. Äquivalenzpunktes (2 Äquivalente: H$_3$A → HA^{2-})
- zwischen dem 1. und 3. Äquivalenzpunkt (2 Äquivalente: H$_2$A⁻→ A^{3-})
- bis zum Erreichen des 3. Äquivalenzpunktes: (3 Äquivalente H$_3$A → A^{3-})

275 B

Der *Gehalt* einer **zweibasigen Säure** (H_2A) mit deutlich unterschiedlichen pK-Werten – und daher zwei getrennten Stufen in der Titrationskurve – lässt sich berechnen aus dem Verbrauch an Maßlösung:
– zwischen dem Ausgangspunkt (**a**) und dem 2.Wendepunkt (Äquivalenzpunkt) (**d**) der abgebildeten Titrationskurve ($H_2A \rightarrow A^{2-}$).

276 D

Der pH-Wert des **1.** Äquivalenzpunktes der Titration einer **dreibasigen Säure** (H_3A) mit Natriumhydroxid-Maßlösung ergibt sich näherungsweise aus dem arithmetischen Mittel von pK_{a1} und pK_{a2}.

277 B

Der pH-Wert des **1.** Äquivalenzpunktes der Titration einer **zweibasigen Säure** (H_2A) mit Natriumhydroxid-Maßlösung ergibt sich näherungsweise aus dem arithmetischen Mittel von pK_{a1} und pK_{a2}.

278 B

Bei der Neutralisation von wässriger **Schwefelsäure** [H_2SO_4] ($c = 0,1$ mol·l^{-1}) mit NaOH-Maßlösung werden bis zum Farbumschlag des Indikators *Bromthymolblau* oder des Indikators *Methylorange* bzw. bei *potentiometrischer Indizierung* des Endpunktes **2** Äquivalente Maßlösung verbraucht. In wässriger Lösung sind die beiden Protolysestufen *nicht* getrennt erfassbar.

279 B

Der **Äquivalenzpunkt** der 1.Protolysestufe der **Phosphorsäure** [H_3PO_4] ($pK_{a1} = 1,96$; $pK_{a2} = 7,21$; $pK_{a3} = 12,32$) berechnet sich als arithmetisches Mittel von pK_{a1} und pK_{a2}:

$$pH_{ÄP1} = \tfrac{1}{2}(pK_{a1} + pK_{a2}) = \tfrac{1}{2}(1,96 + 7,21) \sim \mathbf{4,54}$$

280 D   282 D

Der **Äquivalenzpunkt** der 2.Protolysestufe der **Phosphorsäure** [H_3PO_4] ($pK_{a1} = 1,96$; $pK_{a2} = 7,21$; $pK_{a3} = 12,32$) berechnet sich als arithmetisches Mittel von pK_{a2} und pK_{a3}:

$$pH_{ÄP2} = \tfrac{1}{2}(pK_{a2} + pK_{a3}) = \tfrac{1}{2}(7,21 + 12,32) \sim \mathbf{9,76}$$

281 C

Der **Äquivalenzpunkt** der 2.Protolysestufe der **Phosphorsäure** [H_3PO_4] ($pK_{a1} = 1,96$; $pK_{a2} = 7,21$; $pK_{a3} = 12,32$) berechnet sich näherungsweise nach folgender Gleichung, worin c_s = Anfangskonzentration der Säure und pK_w = Ionenexponent des Wassers bedeuten:

$$pH_{ÄP3} = \tfrac{1}{2}(pK_w + pK_{a3} + \log c_s)$$

282 D   280 D

Die dreibasige Phosphorsäure [H_3PO_4] hat nach Aufgabentext die pK-Werte: $pK_{a1} = 2$; $pK_{a2} = 7$; $pK_{a3} = 12$. Das Dihydrogenphosphat-Anion [$H_2PO_4^-$] in **Natriumdihydrogenphosphat** [NaH_2PO_4] wird in *wässriger* Lösung mit NaOH-Maßlösung als *einbasige Anionsäure* titriert, wobei der Äquivalenzpunkt dem arithmetischen Mittel von pK_{a2} und pK_{a3} der Phosphorsäure (Äquivalenzpunkt der 2.Stufe) entspricht:

$$pH_{ÄP} = \tfrac{1}{2}(pK_{a2} + pK_{a3}) = \tfrac{1}{2}(7 + 12) = \mathbf{9,5}$$

283 E

Piperazin-Hexahydrat ist eine *zweisäurige* Base. Sein Dihydrochlorid besitzt die pK-Werte: $pK_{a1} = 5{,}6$ und $pK_{a2} = 9{,}8$. Daher beträgt der pH-Wert am Äquivalenzpunkt der Titration von Piperazin mit Salzsäure-Maßlösung:

$$pH_{ÄP} = \tfrac{1}{2}(pK_{a1} + pK_{a2}) = \tfrac{1}{2}(5{,}4 + 9{,}8) = \mathbf{7{,}7}$$

284 D

Gegeben: zweisäurige Base Chinin mit $pK_{b1} = 6$ und $pK_{b2} = 10$

Gesucht: pH-Wert am Äquivalenzpunkt bei der Titration mit HCl-Maßlösung?
Berechnung: $pK_{a1} = 14 - pK_{b1} = 14 - 6 = 8$
 $pK_{a2} = 14 - pK_{b2} = 14 - 10 = 4$
 $\mathbf{pH_{ÄP}} = \tfrac{1}{2}(pK_{a1} + pK_{a2}) = \tfrac{1}{2}(8 + 4) = \mathbf{6}$

285 B

Folgende Aussagen zu **Säure-Base-Titrationen** treffen zu:
- Die Umsetzung einer *stöchiometrischen* Menge einer starken Säure [HA] mit einer starken Base [B] führt zu einem *neutral* reagierenden *Salz* [BH$^+$A$^-$]. Die Reaktion zwischen einer starken Säure mit einer schwachen Base führt zu einem *sauer* reagierenden Salz, während bei der Umsetzung einer schwachen Säure mit einer starken Base ein *alkalisch* reagierendes Salz gebildet wird.
- *Ampholyte* (amphotere Substanzen) sind Verbindungen, die sowohl Protonen aufnehmen als auch abgeben können.
- *Amphiprotische Lösungsmittel* besitzen sowohl saure als auch basische Eigenschaften und sind zur *Autoprotolyse* befähigt.
- *Farbindikatoren* müssen einen Umschlagsbereich (pK_{Ind}-Wert) besitzen, der mit dem Äquivalenzpunkt der Titration nahezu übereinstimmt [$pH_{ÄP} \sim pK_{Ind}$]. Darüber hinaus sind acidobasische Indikatoren im Allgemeinen selbst schwache Säuren oder Basen, die daher schwächere acidobasische Eigenschaften aufweisen müssen, als die zu bestimmende Substanz [$pK_a < pK_{Ind}$].

286 B

Folgende Aussagen zu **Säure-Base-Titrationen** treffen zu:
- *Citronensäure* kann in wässriger Lösung unter Verbrauch von 3 Äquivalenten Natriumhydroxid-Maßlösung gegen Phenolphthalein titriert werden.
- Der *Äquivalenzpunkt* der Titration einer *schwachen* Säure mit einer *starken* Base liegt im *alkalischen* pH-Bereich.
- Der pH-Wert am *Äquivalenzpunkt* der Titration einer schwachen Säure mit NaOH-Maßlösung hängt vom pK_a-Wert der zu bestimmenden Substanz ab:

$$pH_{ÄP} = 7 + \tfrac{1}{2} pK_a + \tfrac{1}{2} \log c$$

- *Aprotische Lösungsmittel* wie Benzen können zur Titration schwacher Basen in wasserfreiem Milieu eingesetzt werden.
- Zur Einstellung einer Natriumhydroxid-Maßlösung kann *Benzoesäure* als *Urtiter* verwendet werden.

287 C   **288** B

■ *Naphtholbenzein, Kristallviolett, Bromthymolblau* und *Thymolphthalein* sind Indikatoren zur Indizierung von Säure-Base-Titrationen.
■ *Diphenylamin* ist ein Redoxindikator.

288 B   **287** C

■ *Phenolphthalein, Methylrot, Methylorange* und *Bromthymolblau* sind Indikatoren zur Indizierung von Säure-Base-Titrationen.
■ *Xylenolorange* ist ein Indikator für komplexometrische Titrationen.

289 C

■ *Dimethylgelb, Methylorange* und *Methylrot* sind **Azofarbstoffe** und können als Derivate des Azobenzens [Ar-N=N-Ar] aufgefasst werden.
■ *Phenolphthalein* zählt zu den *Phthaleinen* und *Bromphenolblau* zu den *Sulfophthaleinen*.

290 B

■ *Phenolrot* und *Bromphenolblau* zählen zu den Sulfophthaleinfarbstoffen.
■ *Phenolphthalein* und *Thymolphthalein* sind Phthaleine.
■ *Methylrot* ist ein Azofarbstoff.

291 B

■ *Bromphenolblau* und *Phenolphthalein* enthalten ein Triphenylmethan-Strukturelement (Ar_3C-X).
■ *Dimethylgelb, Methylorange* und *Methylrot* sind Azofarbstoffe und enthalten das Strukturelement des Azobenzens (Ar-N=N-Ar´).

292 A

■ *Bromthymolblau* ist ein Sulfophthalein-Farbstoff.

293 D

■ *Kristallviolett* ist ein Triphenylmethanfarbstoff.

294 B

■ *Phenolphthalein* und *Thymolphthalein* zählen zu den einfarbigen Indikatoren.
■ *Methylrot, Bromcresolgrün* und *Methylorange* sind zweifarbige Indikatoren.

295 B

■ *Thymolblau* und *Phenolrot* zählen aufgrund ihres Umschlagverhaltens zu den zweifarbigen Indikatoren.
■ *Thymolphthalein* und *Phenolphthalein* sind einfarbige Indikatoren.

296 B   **297** D   **298** B   **299** D   **1860** B   **1861** D

■ *Thymolphthalein* und *Phenolphthalein* sind einfarbige Indikatoren.
■ *Methylrot* und *Methylorange* sind zweifarbige Indikatoren.

300 E **301** B **302** A

Die nachfolgende Abbildung zeigt die Strukturformeln von **Thymolphthalein**, **Alizaringelb** und **Alizarin** zusammen mit ihren Umschlagsbereichen.

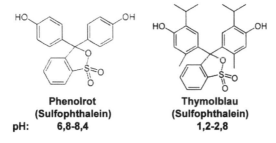

Thymolphthalein	Alizaringelb	Alizarin S
(Phthalein)	(Azofarbstoff)	(Anthrachinon)
pH: 9,3-10,5	10,0-12,0	3,7-5,2

303 C **304** E

Die nachfolgende Abbildung zeigt die Strukturformeln der Sulfophthaleine **Phenolrot** und **Thymolblau** zusammen mit ihren Umschlagsbereichen.

Phenolrot	Thymolblau
(Sulfophthalein)	(Sulfophthalein)
pH: 6,8-8,4	1,2-2,8

305 B **306** D

Die nachfolgende Abbildung zeigt die Strukturformeln der Azofarbstoffe **Methylrot** und **Methylorange** zusammen mit ihren Umschlagsbereichen.

Methylrot	Methylorange
(Azofarbstoff)	(Azofarbstoff)
pH: 4,4-6,0	3,0-4,4

307 C **1862** D

Der Farbwechsel (**Umschlagspunkt**) eines *zweifarbigen* Säure-Base-Indikators hängt vom pK_a-Wert des Indikators ab und erfolgt bei **pH = pK_a**. Dort herrscht die Mischfarbe vor.

308 B **1862** D

Der **Umschlagspunkt** eines *einfarbigen* Säure-Base-Indikators hängt vom pK_a-Wert und von der *Totalkonzentration* (c_I) des Indikators ab. Bezeichnet man mit c_{HIn} die für das Auge wahrnehmbare Konzentration der farbigen Form, so gilt: **pH = pK_a – log c_I + log C_{HIn}**

309 D

Der *Farbton* eines *Gemischs* aus *zwei Farbstoffen* wird vom Auge nur dann als „*rein*" erkannt, wenn der zweite Farbton weitgehend verschwunden ist. Dies ist erfahrungsgemäß der Fall bei einem Verhältnis von Indikatorsäure [Hin] zu Indikatorbase [In⁻] von 10:1 bzw. 1:10, so dass daraus ein **Umschlagsintervall von 2 pH-Einheiten** resultiert: **pH = pK_a ±1** mit pK_a (pK_I) dem Indikatorexponenten.

310 B

Phenolphthalein und *Thymolphthalein* sind Säure-Base-Indikatoren, die im alkalischen pH-Bereich (pH > 7) umschlagen.

Methylrot, *Bromcresolgrün* und *Methylorange* sind acidobasische Indikatoren, die im sauren pH-Bereich (pH < 7) umschlagen.

311 D

Phenolphthalein schlägt im alkalischen pH-Bereich zwischen pH = 8,2–10,0 um.

312 C

Methylrot schlägt im sauren pH-Bereich zwischen pH = 4,4–6,2 um.

313 C

Bromthymolblau schlägt zwischen pH = 5,8–7,4 um.

314 B

Methylorange schlägt im sauren pH-Bereich zwischen pH = 3,0–4,4 um.

315 A

Metanilgelb schlägt im sauren pH-Bereich zwischen pH = 1,2–2,3 um.

316 E   **334** B

Thymolphthalein schlägt im alkalischen pH-Bereich zwischen 9,3–10,5 um.

317 A   **318** E

Die aufgelisteten Säure-Base-Indikatoren können wie folgt nach *steigenden* pH-Werten ihres jeweiligen **Umschlagsbereiches** geordnet werden:
- *Bromphenolblau* (pH = 2,8–4,6) < *Bromthymolblau* (pH = 5,8–7,4) < *Thymolphthalein* (pH = 9,3–10)
- *Bromphenolblau* (pH = 2,8–4,6) < *Bromcresolpurpur* (pH = 5,2–6,8) < *Thymolblau* (pH = 8,0–9,6)

319 D **303** C

▪ *Sulfophthaleine* wie **Phenolrot** sind zweifarbige Indikatoren, die einen *Sultonring* enthalten, der aber bereits im sauren Medium (Neutralform des Indikators) gespalten wird. Der für eine Titration relevante Farbwechsel von gelb (pH < 6,8) nach rotviolett (pH > 8,4) wird durch die Deprotonierung des chinoiden Monoanions zu einem Dianion hervorgerufen.

Phenolrot → rot ⇌ gelb: pH < 6,8 (−H⁺) ⇌ (−H⁺)

rotviolett: pH > 8,4 +HO⁻ ⇌ farblos

320 D **300** E **316** E

▪ Lässt man eine **Thymolphthalein**-Lösung, die durch Zugabe von Natronlauge gerade blau gefärbt ist, einige Zeit an der Luft stehen, so tritt Entfärbung ein durch Aufnahme von CO_2 aus der Luft. Dies wird verursacht durch die Umwandlung von Kohlendioxid in Carbonat, was mit dem Verbrauch von Hydroxid-Ionen verbunden ist.

$$CO_2 + 2\,HO^- \rightarrow H_2O + CO_3^{2-}$$

321 C **322** D **323** E **311** D **1734** A **1860** B

▪ **Phenolphthalein** – der einfachste Vertreter der *einfarbigen* Phthaleine – besitzt in fester Form bzw. in saurer Lösung eine *farblose Lacton*-Struktur und geht im alkalischen Milieu (durch Zugabe von Natronlauge bei pH = 8–10) unter Öffnung des Lactonringes in das *para-chinoide, rote*, mesomeriestabilisierte *Dianion* über. Im roten Dianion liegt auch ein System mit konjugierten Doppelbindungen über mehrere Ringe vor. In sehr stark alkalischer Lösung (pH > 12) wird durch Anlagerung von HO⁻-Ionen das *farblose, benzoide Trianion* gebildet.

farblos −2H⁺ ⇌ rot +HO⁻ ⇌ farblos

▪ Phenolphthalein ist aufgrund seines Umschlagsbereiches (pH = 8,2–10,0) im Alkalischen zur maßanalytischen Bestimmung *schwacher Säuren* wie Essigsäure geeignet.

324 C

■ Bei der direkten Titration einer Säure ist der Indikator vor seinen Farbumschlag protoniert. Es liegt die Indikatorsäure vor. Der Farbumschlag erfolgt dann durch Deprotonierung der Indikatorsäure durch die zugesetzte Maßlösung.

■ Optimal für das Erkennen des Endpunkts einer Titration ist, wenn der pK_a-Wert der Indikatorsäure mit dem pH-Wert am Umschlagspunkt (pH-Wert am Äquivalenzpunkt $pH_{ÄP}$) nahezu übereinstimmt.

325 D   326 E   327 B   927 C   928 E

■ Zur Bestimmung des Endpunkts der alkalimetrischen Bestimmung einer *starken Säure* können aufgrund des ausgeprägten, steilen Abschnitts der Titrationskurve Indikatoren verwendet werden, die im schwach sauren (*Methylrot*), neutralen (*Phenolrot*) oder schwach alkalischen pH-Bereich (*Phenolphthalein*) umschlagen.

■ Die Stoffmengenkonzentration einer starken Säure kann auch durch Messung der Leitfähigkeit zwischen zwei platinierten Platinblech-Elektroden bestimmt werden (konduktometrische Titration).

■ Die Biamperometrie unter Verwendung von zwei Pt-Elektroden ist für die Indizierung des Endpunktes einer Säure-Base-Titration ungeeignet.

326 E   327 B   325 D   808 D   927 C   928 E   1772 D

■ Zur Titration von schwachen Säuren ($pK_a = 4$ oder $pK_a = 6$) sind Indikatoren geeignet, die im schwach alkalischen pH-Bereich umschlagen. Hierzu zählen *Phenolphthalein* und *Thymolphthalein*. Methylrot, das im schwach sauren pH-Bereich umschlägt, ist hierfür *nicht* geeignet.

■ Der Endpunkt von Säure-Base-Titrationen kann auch elektrochemisch indiziert werden, z. B. *konduktometrisch* durch Messung der Leitfähigkeit zwischen zwei Pt-Elektroden oder *potentiometrisch* mit einer Glaselektrode als Indikatorelektrode.

■ Die Biamperometrie unter Verwendung von zwei Pt-Elektroden ist für die Indizierung des Endpunktes einer Säure-Base-Titration ungeeignet.

328 D

■ *Xylenolorange* ist ein zweifarbiger Metallindikator für komplexometrische Bestimmungen.

■ *Thymolphthalein* ist ein einfarbiger Säure-Base-Indikator für die Titration schwacher Säuren.

■ *Diphenylamin* ist ein einfarbiger Redoxindikator.

■ *Naphtholbenzein* ist ein Säure-Base-Indikator, der bevorzugt bei der wasserfreien Titration schwacher Basen in Eisessig mit Perchlorsäure-Maßlösung eingesetzt wird.

329 B   330 A   331 C   332 D

■ Für die argentometrische Bestimmung von Chlorid (Cl⁻) nach *Fajans* wird ein *Adsorptionsindikator* wie *Fluorescein* benötigt.

■ Für die Titration der schwachen Essigsäure mit Natriumhydroxid-Lösung wird ein Indikator wie *Phenolphthalein* benötigt, der im schwach alkalischen pH-Bereich umschlägt.

■ Der Endpunkt der cerimetrischen Bestimmung von Nitrit (NO_2^-) kann mit einem Redoxindikator wie *Ferroin* indiziert werden.

■ Die Bestimmung der temporären Wasserhärte läuft auf eine Bestimmung des Carbonat-Gehaltes (CO_3^{2-}) hinaus. Für die Titration von Carbonat mit einer Säure wird ein Indikator wie *Methylorange* benötigt, der im schwach sauren pH-Bereich umschlägt.

Fluorescein   **Phenolphthalein**   **Ferroin**   **Methylorange**

333 C   **528** C

■ **Ferroin**, ein Eisen(II)-komplex mit Phenanthrolin (Formel siehe Frage Nr. 331) wird in der Cerimetrie und Chromatometrie als *Redoxindikator* eingesetzt.

334 B   **300** E   **316** E   **320** D

■ **Thymolphthalein** (Formel siehe Frage Nr. 300) ist ein einfarbiger Säure-Base-Indikator zur Bestimmung schwacher Säuren; der Indikator schlägt im schwach alkalischen pH-Bereich um.

335 A   **645** E   **646** C   **659** C

■ **Chromat-Ionen** (CrO_4^{2-}) werden als Fällungsindikator für *argentometrische* Bestimmungen nach *Mohr* eingesetzt.

336 C

■ **Kaliumdichromat** ($K_2Cr_2O_7$), **Kaliumbromat** ($KBrO_3$) und **Natriumchlorid** (NaCl) können in hoher Reinheit hergestellt werden, so dass der Faktor der betreffenden Maßlösungen aus der Einwaage ermittelt werden kann. Eine Einstellung gegen einen Urtiter ist nicht erforderlich.
■ *Kaliumpermanganat*- ($KMnO_4$) und *Natriumhydroxid*-Maßlösungen (NaOH) müssen gegen eine Urtitersubstanz eingestellt werden.

337 D   **338** E   **268** E   **269** D   **270** E   **271** B
272 D   **1730** C   **1772** D   **1818** E

■ Auf die *Herstellung* und *Einstellung* einer **Natriumhydroxid-Maßlösung** treffen folgende Aussagen zu:
- Die *Einstellung* kann mit *Benzoesäure* (C_6H_5-COOH) als Urtiter unter *potentiometrischer Endpunktanzeige* erfolgen. Zur Einstellung ist auch eine eingestellte *Salzsäure*-Maßlösung gegen *Methylorange* oder *Phenolphthalein* als Indikator geeignet. Das Arzneibuch lässt die Maßlösung mit Salzsäure gegen Phenolphthalein einstellen.
- Durch Aufnahme von CO_2 aus der Luft, das dabei in Carbonat (CO_3^{2-}) umgewandelt wird, sind bei längerer Lagerung der Maßlösung je nach Indikator unterschiedliche Volumina an Salzsäure-Maßlösung zur Neutralisation erforderlich. So erhält man bei der Einstellung gegen Phenolphthalein einen kleineren Faktor als bei Verwendung von Methylorange. Bei der Einstellung gegen Phenolphthalein wird nämlich der Carbonat-Anteil miterfasst.

$$2\,HO^- + CO_2\downarrow \rightarrow CO_3^{2-} + H_2O$$

■ Wasserfreies **Natriumcarbonat** [*Soda*] (Na_2CO_3) ist löslich in Wasser unter stark alkalischer Reaktion und unter starker Wärmeentwicklung. Es ist schwer löslich in konzentrierter Natronlauge, so dass es beim Einleiten von CO_2 in eine NaOH-Lösung ausfällt.

$$2\,NaOH + CO_2\downarrow \rightarrow Na_2CO_3\downarrow + H_2O$$

339 C

■ **Arsen(III)-oxid** [As_4O_6] (für Iodometrie), **Benzoesäure** [C_6H_5-COOH] (für Alkalimetrie), **Sulfanilsäure** [p-H_2N-C_6H_4-SO_3H] (für Nitritometrie) und **Oxalsäure** [HOOC-COOH] (für Permanganometrie) sind als *Urtitersubstanzen* geeignet.
■ Ammmoniumcarbonat [$(NH_4)_2CO_3$] ist *kein* Urtiter.

340 D   341 E

■ **Kaliumiodat** [KIO_3] (für Iodometrie), **Kaliumbromat** [$KBrO_3$] (für Bromatometrie), **Kaliumdichromat** ($K_2Cr_2O_7$) (für Chromatometrie), **Kaliumhydrogencarbonat** [$KHCO_3$] (für Acidimetrie), **Kaliumhydrogenphthalat** [o-HOOC-C_6H_4-COOK] (für Perchlorsäure-Titrationen) und **Natriumchlorid** [NaCl] (für Argentometrie) sind als *Urtitersubstanzen* geeignet.
■ Kaliumperchlorat [$KClO_4$] und Natriumtetraphenylborat [$Na^+B(C_6H_5)_4$] sind *keine* Urtiter

342 A

■ **Natriumcarbonat** [Na_2CO_3] (für Acidimetrie), **Natriumoxalat** [$Na_2C_2O_4$] (für Permanganometrie), metallisches **Zink** [Zn] (für Komplexometrie) und **Natriumchlorid** [NaCl] (für Argentometrie) sind Urtitersubstanzen.
■ Natriumhydroxid [NaOH] ist *keine* Urtitersubstanz.

343 E

■ **Oxalsäure** [$H_2C_2O_4$] (für Permanganometrie), **Sulfanilamid** [p-H_2N-C_6H_4-SO_2-NH_2] (für Nitritometrie) und metallisches **Zink** [Zn] (für Komplexometrie) sind als Urtiter geeignet.
■ Ammoniumthiocyanat [NH_4SCN] und Kaliumpermanganat [$KMnO_4$] sind als Urtitersubstanzen *nicht* geeignet.

344 B

■ **Natriumchlorid** [NaCl] ist als Urtitersubstanz geeignet für Silbernitrat- [$AgNO_3$] und Quecksilber(II)-nitrat-Maßlösungen [$Hg(NO_3)_2$].
■ **Tetraarsenhexoxid** [Arsen(III)-oxid] [As_4O_6] dient zur Einstellung einer Iod-Lösung [I_2].
■ **Kaliumhydrogenphthalat** [o-HOOC-C_6H_4-COOK] ist Urtiter für die Einstellung der Perchlorsäure-Maßlösung.
■ Ammoniumhydrogencarbonat [NH_4HCO_3] ist *keine* Urtitersubstanz für Säuren, hierzu verwendet man Kalium- [$KHCO_3$] oder Natriumhydrogencarbonat [$NaHCO_3$].

345 A   350 D

■ **Natriumcarbonat** [Na_2CO_3] ist Urtiter zur Einstellung von Schwefelsäure-Maßlösungen [H_2SO_4].

346 B   351 A   355 E

■ **Benzoesäure** [C_6H_5-COOH] dient zur Einstellung einer Tetrabutylammoniumhydroxid-Maßlösung [$(C_4H_9)_4N^+HO^-$].

347 C   344 B

■ **Kaliumhydrogenphthalat** [o-HOOC-C_6H_4-COOK] kann als Urtiter zur Einstellung von Natriumhydroxid-Maßlösungen [NaOH)] verwendet werden.

348 B

Kaliumiodat [KIO_3] ist Urtiter zur Einstellung einer Cer(IV)-sulfat-Maßlösung [$Ce(SO_4)_2$].

349 C

Eine **Natriumnitrit-Maßlösung** [$NaNO_2$] wird mit Sulfanilsäure [p-H_2N-C_6H_4-SO_3H] als Urtitersubstanz eingestellt.

350 D **345** A

Eine **Schwefelsäure-Maßlösung** [H_2SO_4] wird gegen Natriumcarbonat [Na_2CO_3] als Urtitersubstanz eingestellt.

351 A **346** B

Der Faktor einer **ethanolischen Natriumhydroxid-Lösung** [NaOH] wird gegen Benzoesäure [C_6H_5-COOH] als Urtiter ermittelt.

352 E **344** B

Eine **Iod-Maßlösung** [I_2] kann gegen Arsentrioxid [As_2O_3] eingestellt werden.

353 D

Zur Einstellung einer Salzsäure-Maßlösung [HCl] können **Natriumcarbonat** [Na_2CO_3] oder **Kaliumhydrogencarbonat** [$KHCO_3$] als Urtiter verwendet werden.
Natriumhydroxid [NaOH] ist zur Faktoreinstellung einer HCl-Maßlösung als Urtiter ungeeignet.

354 D

Zur *Herstellung* des **Natriumcarbonat-Urtiters** leitet man bei Raumtemperatur in eine filtrierte, gesättigte Na_2CO_3-Lösung Kohlendioxid (CO_2) ein. Der Niederschlag wird abfiltriert und bis zur Massekonstanz getrocknet.

355 E

Zur Reindarstellung wird **Benzoesäure** [C_6H_5-COOH] in einer geeigneten Apparatur *sublimiert*.

356 D

Kaliumbromat [$KBrO_3$], **Kaliumhydrogenphthalat** [o-HOOC-C_6H_4-COOK] und **Sulfanilsäure** [p-H_2N-C_6H_4-SO_3H] können durch Umkristallisieren in Wasser zur Verwendung als Urtiter gereinigt werden.
Eine gesättigte *Natriumchlorid*-Lösung wird mit konz. Salzsäure versetzt. Die ausgefallenen Kristalle werden abfiltriert, auf dem Wasserbad erwärmt und dann bei 300 °C bis zur Massekonstanz getrocknet.

6.2 Titrationen von Säuren und Basen in wässrigen Lösungen, insbesondere nach Arzneibuch

357 D

Dihydrogenphosphate ($H_2PO_4^-$) können als *Anionsäure* mit Natriumhydroxid-Maßlösung gegen einen geeigneten Indikator titriert werden.

358 D

Hydrogencarbonate (HCO_3^-) können als *Anionsäure* mit Natriumhydroxid-Maßlösung gegen einen geeigneten Indikator titriert werden.

359 D

Eine wässrige Lösung von **Kohlendioxid** (CO_2) reagiert schwach sauer (pH = 4–5). In einer solchen Lösung treten nebeneinander folgende Gleichgewichte auf:

$$(1)\ CO_2 + H_2O \rightleftharpoons (H_2CO_3) \qquad pK_s = 3{,}16$$
$$(2)\ (H_2CO_3) + H_2O \rightleftharpoons H_3O^+ + HCO_3^- \qquad pK_{s1} = 3{,}30$$
$$(3)\ HCO_3^- + H_2O \rightleftharpoons H_3O^+ + CO_3^{2-} \qquad pK_{s2} = 10{,}40$$

Das Gleichgewicht (1) liegt bei 20 °C ziemlich stark auf der linken Seite; etwa 99 % des gelösten Kohlendioxids liegen als physikalisch gelöste CO_2-Moleküle vor. Die Stoffmengenkonzentration an CO_2 ist somit in wässriger Lösung größer als die von (H_2CO_3).
Durch Zusammenfassen der Gleichgewichte (1) und (2) erhält man die erste (tatsächliche) Dissoziationskonstante der Kohlensäure, d. h. der Säurekonstante für gelöstes CO_2. Kohlensäure ist daher in Wasser keine starke Säure ($pK_{s1} = 3{,}3$), sondern – gemäß Gleichung (4) – nur eine *schwache* Säure.

$$(4)\ CO_2 + 2\,H_2O \rightleftharpoons H_3O^+ + HCO_3^- \qquad pK_{s\,eff} = 6{,}46$$

Aufgrund der pK_s-Werte kann Kohlensäure bei potentiometrischer Indizierung des Äquivalenzpunktes nur als *einbasige* Säure mit Natriumhydroxid-Lösung titriert werden. Die zweite Protolysestufe wird in wässriger Lösung *nicht* erfasst. Mit Bariumhydroxid-Lösung gegen Phenolphthalein als Indikator werden hingegen zwei Äquivalente HO^--Ionen verbraucht.

$$(CO_2)_{aq} + Ba(OH)_2 \rightarrow BaCO_3\downarrow + H_2O$$

360 A

Der Gehalt von **Aminosäuren** [R-CH(NH_2)-COOH], die keine zusätzlichen sauren oder basischen Gruppen tragen, wird nach *Arzneibuch* als schwache Base durch Titration mit Perchlorsäure-Maßlösung ermittelt.

N-Acetylaminosäuren [R-CH(NHCOCH$_3$)-COOH] wie *N-Acetyltyrosin* oder *N-Acetyltryptophan* können unter Verbrauch von **1** Äquivalent mit Natriumhydroxid-Maßlösung volumetrisch erfasst werden. Der Endpunkt wird mit Hilfe der Potentiometrie bestimmt.

Saure Aminosäuren wie Asparaginsäure (*Aspartinsäure*) [HOOC-CH$_2$-CH(NH_2)-COOH] werden mit Natriumhydroxid-Maßlösung gegen Bromthymolblau als Indikator titriert. Es wird **1** Äquivalent Lauge verbraucht und die γ-ständige Carboxyl-Gruppe wird neutralisiert.

Aminosäure-Hydrochloride [R-CH($NH_3^+Cl^-$)-COOH] wie *Histidin-Hydrochlorid* oder *Ornithin-Hydrochlorid* können unter Verbrauch von 1 Äquivalent Lauge bestimmt werden. Es wird die Ammonium-Gruppe (R-$NH_3^+Cl^-$) deprotoniert.

Glutaminsäure-Hydrochlorid verbraucht bei der Titration in wässriger Lösung 2 Äquivalente Natriumhydroxid-Maßlösung. Es werden die δ-ständige Carboxyl-Gruppe und die α-ständige Ammonium-Gruppe deprotoniert.

361 D

Glutaminsäure [HOOC-(CH$_2$)$_2$-CH(NH$_2$)-COOH] wird nach Arzneibuch mit Natriumhydroxid-Maßlösung titriert. Unter Verbrauch von 1 Äquivalent Lauge wird die δ-ständige Carboxyl-Gruppe zum Anion deprotoniert.

Die unten abgebildete Titrationskurve der Glutaminsäure zeigt 2 Potentialsprünge (pH-Sprünge).

Anmerkung: Die Aussage, dass der 1.Potentialsprung größer ist als der zweite, kann nach der abgebildeten Titrationskurve nicht nachvollzogen werden, so dass auch (A) eine korrekte Antwortalternative wäre!

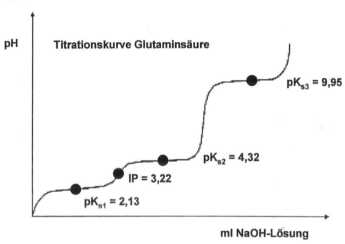

362 B

Über die **Säurezahl** (SZ) lassen sich folgende Aussagen machen:
- Die Säurezahl gibt an, wie viel Milligramm Kaliumhydroxid zur Neutralisation der in 1 Gramm zu untersuchender Substanz vorhandenen *freien* Säuren notwendig sind.
- Die Bestimmung der Säurezahl nach Arzneibuch erfolgt nach Lösen der Substanz in einem zuvor gegen Phenolphthalein neutralisierten Gemisch von Ether und Petroläther durch Titration mit Kalium- oder Natriumhydroxid-Maßlösung (c = 0,1 mol · l^{-1}) gegen Phenolphthalein als Indikator.
- Die Säurezahl ist in Fetten und fetten Ölen ein Reinheitskriterium. Erhöhte Säurezahlen weisen auf eine fortgeschrittene Hydrolyse hin.

363 E   364 E

Zur Bestimmung von **Amin-Hydrochloriden** [R$_3$NH$^+$Cl$^-$; R$_2$NH$_2^+$Cl$^-$; RNH$_3^+$Cl$^-$] wie *Amantadin-Hydrochlorid, Amitriptylin-Hydrochlorid, Clonidin-Hydrochlorid* oder *Promethazin-Hydrochlorid* werden 0,15 – 0,25 g der betreffenden Substanz in 50 ml Ethanol (96 %) und 5 ml Salzsäure (c = 0,01 mol · l^{-1}) gelöst und das bei potentiometrischer Endpunktanzeige zwischen den beiden Krümmungspunkten zugesetzte Volumen an Natriumhydroxid-Lösung (c = 0,1 mol · l^{-1}) abgelesen.

Erst nach der Neutralisation des HCl-Überschusses (1.Wendepunkt) wird die zu bestimmende Kationsäure zur freien Base (2.Wendepunkt) deprotoniert. Der Verbrauch zwischen 1. und 2.Wendepunkt entspricht somit der Menge an Analyt.

365 C **473** D **474** C **1673** A **1674** A **1675** C
1676 D **1715** C **1865** E

Bei der Bestimmung von **Chinin-Hydrochlorid** nach Arzneibuch (siehe Fragen Nr. **363–364**) wird der kationische Molekülteil [$R_3NH^+Cl^-$] erfasst. Dabei entspricht das Volumen zwischen den beiden Wendepunkten der Titrationskurve 1 Äquivalent an Natriumhydroxid-Maßlösung.

Da das sp^3-hybridisierte Chinuclidin-Stickstoffatom basischer ist als das sp^2-hybridisierte Chinolin-Stickstoffatom, liegt der Chinuclidin-Stickstoff protoniert vor und wird bei der Bestimmung zur freien Chinuclidin-Base deprotoniert.

Der Gehalt kann auch durch Titration in wasserfreiem Medium mit Perchlorsäure-Maßlösung bestimmt werden. Hierbei werden das Chlorid-Ion und der Chinolin-Stickstoff erfasst und 2 Äquivalente Maßlösung verbraucht.

366 D

Auf die **Titration** von **Basen** treffen folgende Aussagen zu:
- Protonenübertragungsreaktionen in Wasser sind schnelle Reaktionen.
- Die Reaktionsprodukte reagieren bei einer starken Base neutral, bei einer schwachen Base liegt der pH-Wert am Äquivalenzpunkt im schwach sauren pH-Bereich. Titriert wird immer mit der Maßlösung einer starken Säure.
- Bei der volumetrischen Bestimmung von Basen kann auch Eisessig als Lösungsmittel verwendet werden. Die zu titrierende Base liegt dann protoniert als Ammoniumacetat [$R_3NH^+CH_3COO^-$] vor. Erfasst wird daher das Acetat-Anion, z. B. durch Titration mit Perchlorsäure-Maßlösung.
- Maßlösungen müssen *nicht* täglich neu eingestellt werden. Über die Häufigkeit der Einstellung einer Maßlösung macht *Ph. Eur. 7* keine Angaben.

367 B **358** D

Im **Natriumhydrogencarbonat** ($NaHCO_3$) kann das Hydrogencarbonat-Ion (HCO_3^-) mit Salzsäure-Maßlösung als *Anionbase* titriert werden.

368 C **345** A **350** D

Natriumcarbonat (Na_2CO_3) [$M_r = 106{,}0$] kann unter Verbrauch von **2** Äquivalenten Schwefelsäure-Maßlösung gegen Methylorange titriert werden. 10 ml Schwefelsäure-Maßlösung ($c = 0{,}5$ mol·l^{-1}) entsprechen somit **0,53 g** Na_2CO_3.

369 A

Alkalimetrische Gehaltsbestimmungen (als Rücktitration vorgelegter, überschüssiger Natriumhydroxid-Maßlösung), in deren Verlauf eine Hydrolyse (*Verseifung*) stattfindet, sind möglich bei folgenden Substanzen und Substanzklassen: *Carbonsäureester* [R-COO-R´] (B), geminale Trihalogenide wie *Chloralhydrat* [$Cl_3C-CH(OH)_2$] (C), *Carbonsäureanhydride* [$(RCO)_2O$] (D) oder *Lactone* (E)

Acetale [$R-CH(OR´)_2$] sind alkalistabil und *nicht* durch **Verseifungstitration** mit NaOH-Maßlösung bestimmbar.

370 A **371** A **372** A **1673** A **1674** A

Alkalimetrische Gehaltsbestimmungen (als Rücktitration vorgelegter Natriumhydroxid-Maßlösung), in deren Verlauf eine *Hydrolyse* (Verseifung) erfolgt, können durchgeführt werden mit: *Carbonsäurealkyl-* [R-COO-Alk] und *Carbonsäurephenylestern* [R-COO-Ph] wie Acetylsalicylsäure (*o*-Acetoxybenzoesäure), Essigsäuremethylester (Methylacetat) oder Mandelsäurebenzylester (Benzylmandelat), *Carbonsäurechloriden* [R-CO-Cl] wie Benzoylchlorid [C_6H_5-CO-Cl], *Carbonsäureanhydriden* [R-CO-O-CO-R] wie Acetanhydrid [CH_3-CO-O-CO-CH_3] oder den inneren Estern der Milchsäure bzw. anderer α-Hydroxycarbonsäuren, so genannten *Lactiden*.

γ-Lacton   **Lactid**

■ Tetraalkylammoniumchloride [$R_4N^+Cl^-$] wie Tetramethylammoniumchlorid [$(CH_3)_4N^+Cl^-$] lassen sich als quartäre Ammoniumsalze *nicht* durch eine Verseifungstitration bestimmen.

■ *Anmerkung:* Tetraalkylammonium-Ionen [R_4N^+] sind – nach der Brönstedschen Definition – keine Kationsäuren, die mit Natriumhydroxid-Maßlösung titriert werden könnten (siehe hierzu Fragen Nr. 370, **1673**, **1675**, **1676**).

Im Falle des Tetramethylammonium-Ions [$(CH_3)_4N^+$] widersprechen sich jedoch die offiziellen Lösungen der Fragen Nr. **371** und **1674**. Denkbar wäre, dass in einer konzentrierten NaOH-Maßlösung eine S_N-Reaktion unter Bildung von Trimethylamin [$(CH_3)_3N$] und Methanol [CH_3OH] eintritt und anschließend der Laugenüberschuss acidimetrisch zurücktitriert wird.

$$(CH_3)_4N^+ + HO^- \rightarrow (CH_3)_3N + CH_3OH$$

Aber auch in diesem Fall ist das Tetramethylammonium-Ion *keine* Kationsäure.

373 E

■ *Acetanhydrid* (1), *Menthylacetat* [Essigsäurementhylester] (2) und *2,4-Dinitrobenzoylchlorid* (3) können durch eine Verseifungstitration bestimmt werden.

374 D

■ Über **4-Hydroxybenzoesäuremethylester** [Methyl-4-hydroxybenzoat] lassen sich folgende Aussagen machen.
– Der Ester kann durch Erhitzen mit Natriumhydroxid-Maßlösung zum Bisnatriumsalz [$Na^+ {}^-O$-C_6H_4-COO$^-Na^+$] verseift werden. Es liegt somit am Endpunkt der Verseifung das Phenolat-Anion des 4-Hydroxybenzoats vor.
– Bei der Rücktitration mit Schwefelsäure-Maßlösung wird der Überschuss an Natriumhydroxid-Maßlösung erfasst und das Phenolat-Anion wird protoniert. Es liegt dann am Endpunkt der Titration 4-Hydroxybenzoat-Natrium [HO-C_6H_4-COO$^-Na^+$] vor.
– In *Ph.Eur.* 7 wird der Gehalt des Esters mittels HPLC bestimmt.

375 D   376 C

■ Bei der *Gehaltsbestimmung* von **Chloralhydrat** (Trichloracetaldehyd-Hydrat) [Cl_3C-CH(OH)$_2$] wird die Substanz mit **1** Äquivalent Natriumhydroxid-Lösung zu Chloroform (HCCl$_3$) und Formiat (HCOO$^-$) verseift.

$$Cl_3C\text{-}CH(OH)_2 + HO^- \rightarrow HCCl_3 + HCOO^-$$

■ Der Laugenüberschuss muss rasch mit Schwefelsäure-Maßlösung gegen Phenolphthalein zurücktitriert werden, da bei längerem Stehenlassen im Alkalischen das gebildete Chloroform unter Verbrauch von 4 Äquivalenten Natriumhydroxid zu Formiat hydrolysiert.

$$HCCl_3 + 4 HO^- \rightarrow HCOO^- + 3\,Cl^- + 2\,H_2O$$

377 C   **378** D

- Auf die *Gehaltsbestimmung* von **Acetylsalicylsäure** treffen folgende Aussagen zu:
  - Acetylsalicylsäure wird nach Arzneibuch 1 Stunde bei Raumtemperatur mit überschüssiger Natriumhydroxid-Maßlösung behandelt. Dabei werden **2** *Äquivalente* Natriumhydroxid verbraucht und der Ester wird zu *Acetat* und *Salicylat* hydrolysiert. Durch den Überschuss an NaOH wird das phenolische Hydroxyl im Salicylat-Monoanion noch in das Salicylat-Dianion umgewandelt.
  - Danach wird der Überschuss an Natriumhydroxid mit Salzsäure-Maßlösung gegen Phenolphthalein zurücktitriert. Zudem wird das Salicylat-Dianion zum Salicylat-Monoanion protoniert.
  - Phenolphthalein kann bei der Rücktitration *nicht* durch Methylorange ersetzt werden, da im sauren Umschlagsbereich (pH = 3,0–4,4) des Indikators die Carboxylat-Gruppen partiell protoniert würden, was einen Mehrverbrauch an HCl-Maßlösung bei der Rücktitration zur Folge hätte.

379 B

- **Carbasalat-Calcium** [M_r = 458,4] ist das wasserlösliche Calciumsalz der Acetylsalicylsäure, das einen 1:1-Komplex mit Harnstoff bildet. Die Gehaltsbestimmung erfolgt durch Esterhydrolyse der Acetoxy-Gruppe (CH_3-CO-O-Ar) mit überschüssiger Natriumhydroxid-Lösung unter Verbrauch von **2** Äquivalenten NaOH. Daher entspricht 1 ml Natriumhydroxid-Maßlösung (c = 0,1 mol·l^{-1}) **22,92 mg** Carbasalat-Calcium.

380 A   **381** A

- Über die **Verseifungszahl** (VZ) lassen sich folgende Aussagen machen:
  - Die Verseifungszahl gibt an, wie viel Milligramm Kaliumhydroxid zur Neutralisation der freien Säuren und zur Verseifung der Ester von 1 Gramm Substanz notwendig sind.
  - Die Bestimmung der Verseifungszahl dient der Charakterisierung von Fetten, Wachsen oder synthetischen, fettähnlichen Estern.
  - Die Verseifungszahl erlaubt Rückschlüsse auf die Art des Fettes (Esters) und dessen *relativer, mittlerer Molekülmasse*. Fette (Triglyceride), in denen überwiegend *kurzkettige Carbonsäuren* vorliegen, weisen *hohe Verseifungszahlen* auf.
  - Die Verseifung von Fetten wird in ethanolischer Kaliumhydroxid-Maßlösung durchgeführt. Zur Rücktitration des KOH-Überschusses gegen Phenolphthalein als Indikator wird Salzsäure als Maßlösung verwendet. Ein Blindversuch wird durchgeführt.
  - Die Verseifungszahl berechnet sich nach (n_2 = HCl-Verbrauch in ml, n_1 = HCl-Verbrauch in ml im Blindversuch, m = Substanzeinwaage in g):

$$VZ = 28{,}05\ (n_2-n_1)/m$$

382 C

- Bei der Verseifung von Triestern des Glycerols (E) werden 3 Äquivalente, von Diestern des Ethan-1,2-diols (D) 2 Äquivalente NaOH-Maßlösung verbraucht. Zur Verseifung der Monoester (A, B, C) wird 1 Äquivalent Lauge benötigt. Je höher der Äquivalentbedarf ist, desto geringer ist der Verbrauch an Salzsäure bei der Rücktitration.
- Bei gleicher Substanzeinwaage des Buttersäuremethylesters (A), des Essigsäurepropylesters (B) und des Buttersäurepropylesters (C) hat letzterer die größte molare Masse (M), so dass bei gleicher Einwaage bei (C) die kleinste Stoffmenge (n = m/M) vorliegt und der geringste Bedarf an NaOH-Maßlösung besteht. Hieraus resultiert für den Ester [H_7C_3-CO-O-C_3H_7] (**C**) der größte Salzsäure-Verbrauch bei der Rücktitration.

6.2 Titrationen von Säuren und Basen in wässrigen Lösungen, insbesondere nach Arzneibuch

383 A   **380** A

Bei gleicher Substanzeinwaage (m) ist die zu analysierende Stoffmenge (n) am kleinsten, je größer die *molare* Masse (M) ist [n = m/M]. Je kleiner jedoch die Stoffmenge ist, desto kleiner ist auch die Verseifungszahl. Ein Fett mit der VZ = 255 hat damit von den aufgelisteten Verseifungszahlen die größte molare Masse (M).

384 D   **380** A

Die **Verseifungszahl** ist ein wichtiges *Kriterium* für die Reinheit und Identität von Fetten, Wachsen und synthetischen, fettähnlichen Estern.

385 C

Ein Gemisch aus dem Triester des Glycerols mit längerkettigen Fettsäuren und Paraffinkohlenwasserstoffen als Beimischungen wird mit überschüssiger Kaliumhydroxid-Lösung verseift. Nach beendeter Reaktion wird der Reaktionsansatz mit Ether extrahiert.
- Bei der Reaktion entstehen durch Verseifung Glycerol und die Kaliumsalze (Kaliumseifen) der längerkettigen Carbonsäuren.
- Befinden sich die unverändert gebliebenen Paraffinkohlenwasserstoffe hauptsächlich in der organischen Ether-Phase.

386 B   **387** E

Die **Esterzahl** (EZ) gibt an, wie viel Milligramm KOH zur Verseifung der in 1 g Substanz vorhandenen Ester notwendig sind; sie errechnet sich aus der Differenz von Verseifungszahl (VZ) und Säurezahl (SZ). **EZ = VZ – SZ**

Die Berechnung der Esterzahl kann auch auf folgendem Wege geschehen:
- Aus der Definition der Esterzahl ergibt sich: $EZ = mg_{KOH}/g_{Fett}$
- Berücksichtigt man mit dem Faktor 10^3 die Umrechnung von g in mg, so gilt:
  $EZ = 10^3 \, mg_{KOH}/mg_{Fett} = \mathbf{10^3 \, m_{KOH}/m_{Fett}}$
  Hierin bedeutet m_{KOH} die Masse an KOH, die zur Verseifung der Masse m_{Fett} nötig ist.
- Zur Verseifung eines Triglycerids werden 3 Äquivalente KOH benötigt. Somit gilt für die Stoffmengen: $n_{Fett} = 3 \, n_{KOH}$
- Ferner gelten folgende Beziehungen: $m_{Fett} = M_{Fett} \cdot n_{Fett}$ und $m_{KOH} = M_{KOH} \cdot n_{KOH}$
- Daher gilt auch: $\mathbf{EZ = 3 \cdot 10^3 \cdot M_{KOH}/M_{Fett}}$
  Hierin bedeuten M_{KOH} = molare Masse von KOH und M_{Fett} = mittlere molare Masse des Fettes.

388 B   **414** D

Aldehyde (R-CHO) und **Ketone** (R^1-CO-R^2) können mittels *Oximtitration* durch Umsetzung mit einer Hydroxylaminhydrochlorid-Lösung quantitativ bestimmt werden. Als Reaktionsprodukte bilden sich *Aldoxime* (R-CH=N-OH) bzw. *Ketoxime* (R^1R^2C=N-OH).

Carbonsäuren (R-COOH), primäre (R-CH_2OH) und sekundäre Alkohole (R^1-CHOH-R^2) können mit dieser Methode *nicht* quantitativ bestimmt werden.

389 C

Mittels *Oximtitration* wird in der Monographie „**Paraldehyd**" (2,4,6-Trimethyl-1,3,5-trioxan) eine mögliche Verunreinigung mit *Acetaldehyd* (CH_3-CH=O) auf 0,4 mMol in 5,0 ml Paraldehyd begrenzt. Reaktionsprodukt ist *Acetaldehydoxim* (CH_3-CH=N-OH). Die Oximtitration ist hier eine *Reinheitsprüfung*.

| 390 | D | 391 | C | 392 | B | 393 | C | 413 | B | 415 | C |
| 1659 | E | 1742 | C |

Auf die **Formoltitration** treffen folgende Aussagen zu:
- Die Formoltitration ist ein Analysenverfahren in wässrigem Milieu, bei dem anorganische Ammoniumsalze ($NH_4^+X^-$), Ammoniumsalze von primären oder sekundären Aminen ($R-NH_3^+X^-$, $R_2NH_2^+X^-$) oder α-Aminosäuren ($R-CHNH_2-COOH$) in Gegenwart von *Formaldehyd* ($H_2C=O$) mit *Natriumhydroxid-Maßlösung* gegen Phenolphthalein als Indikator quantitativ bestimmt werden.
- Das Prinzip der Methode beruht darauf, dass die Bazität von Ammoniak oder von primären bzw. sekundären Amin-Funktionen durch Reaktion mit Formaldehyd erheblich abgeschwächt wird.
- Titriert man anorganische Ammoniumsalze wie **Ammoniumchlorid** [NH_4Cl] oder **Ammoniumsulfat** [$(NH_4)_2SO_4$] so wird der bei der Titration entstehende Ammoniak durch den zugesetzten Formaldehyd in das schwach basische *Methenamin* (*Hexamethylentetramin*) umgewandelt. Ammoniak (NH_3) lässt sich daher mithilfe der Formoltitration *nicht* quantitativ bestimmen.
- Da eine schwache *Kationsäure* (NH_4^+) titriert wird, benötigt man einen Indikator wie *Phenolphthalein*, der im schwach alkalischen pH-Bereich umschlägt. Phenolphthalein kann daher *nicht* durch Methylrot als Indikator ersetzt werden, der im sauren pH-Bereich umschlagen würde.
- Pro Mol Ammonium-Ionen (NH_4^+) wird 1 Mol Natriumhydroxid benötigt. Zur Bestimmung von Ammoniumsulfat werden somit 2 Äquivalente Lauge benötigt.

| 394 | B | 395 | A | 396 | A | 397 | C | 398 | D | 399 | B |

Einige schwach NH-, SH-, HO- oder CH-acide Verbindungen, die ein schwer lösliches Silbersalz oder einen stabilen Silberkomplex bilden, lassen sich alkalimetrisch nach Zusatz von *Silbernitrat*-Lösung bestimmen. Die Zugabe von *Pyridin* verhindert ein Ausfallen von Silberoxid (Ag_2O) und bindet die freigesetzten Protonen als Pyridinium-Ion. Zu den Substanzklassen, die sich maßanalytisch durch **Argentoalkalimetrie** bestimmen lassen, zählen:
- **Xanthine**: *Theobromin* (1,7-Dimethylxanthin) [$pK_s = 10,0$] und *Theophyllin* (1,3-Dimethylxanthin) [$pK_s = 8,6$] sind schwach NH-acide Verbindungen, die ein schwer lösliches Monosilbersalz bilden, so dass sie nach Zusatz von Silbernitrat/Pyridin unter Verbrauch von **1** Äquivalent Lauge alkalimetrisch bestimmbar sind. *Coffein* (1,3,7-Trimethylxanthin) besitzt hingegen *keine* NH-acide Funktion und lässt sich auf diese Weise *nicht* erfassen.

Theobromin   **Theophyllin**   **Coffein**

- **Thiouracile**: Thiouracile wie *Propylthiouracil* bilden schwer lösliche, praktisch undissoziierte Disilbersalze, so dass auf $AgNO_3$-Zusatz pro Molekül 2 Protonen freigesetzt werden, die maßanalytisch mit Lauge neutralisiert werden.
- **Hydantoine:** Phenytoin (Diphenylhydantoin) ist aufgrund seiner Imid-Partialstruktur [R-CO-NH-CO-R´] eine schwach NH-acide Verbindung, während die Amid-Funktion

[R-CO-NH-R´] weitgehend neutral reagiert. Daher wird für die argentoalkalimetrische Bestimmung nur **1** Äquivalent Natriumhydroxid-Maßlösung benötigt.

Phenytoin   **Propylthiouracil**

– **Barbiturate**: Barbitursäure-Derivate wie *Phenobarbital* setzen bei der Umsetzung mit Silbernitrat/Pyridin pro Wirkstoffmolekül **2** Protonen frei, während für die argentoalkalimetrische Bestimmung von N-Methylbarbituraten wie *Methylphenobarbital* nur **1** Äquivalent Lauge verbraucht wird. Auch die Natriumsalze wie *Amobarbital-Natrium*, *Phenobarbital-Natrium* oder *Secobarbital-Natrium* setzen pro Molekül auf Zugabe von AgNO$_3$-Lösung nur **1** Proton frei.

Phenobarbital   **Methylphenobarbital**
Phenobarbital-Natrium

Amobarbital   **Secobarbital**
Amobarbital-Natrium   **Secobarbital-Natrium**

– **Alkine**: Arzneistoffe mit einer *Ethinyl-Gruppe* (R-C≡CH) wie *Norethisteron* oder *Ethinylestradiol* sind CH-acid und können in Tetrahydrofuran nach Zugabe von AgNO$_3$-Lösung unter Verbrauch von **1** Äquivalent Lauge alkalimetrisch bestimmt werden.

Norethisteron   **Ethinylestradiol**

Phenylbutazon ist eine stark CH-acide Verbindung, die *direkt* mit einer Alkalihydroxid-Maßlösung titriert werden kann.

Nicotinsäureamid, ein primäres Carbonsäureamid, ist *nicht* NH-acid und wird als schwache Base in wasserfreiem Milieu mit Perchlorsäure-Maßlösung bestimmt.

398 D   **394** B   **396** A

Phenytoin-Natrium wird zur Bestimmung mit überschüssiger Schwefelsäure-Maßlösung versetzt und dabei in das NH-acide Phenytoin (Formel siehe Frage Nr. **394**) umgewandelt. Unter potentiometrischer Indizierung wird der Säureüberschuss mit Lauge neutralisiert (1.Wendepunkt der Titrationskurve). Nach Zugabe von Silbernitrat/Pyridin werden pro Mol Substanz 1 Mol Protonen freigesetzt unter Bildung des Silbersalzes von Phenytoin. Die Titration mit Natriumhydroxid-Lösung wird fortgesetzt (2.Wendepunkt der Titrationskurve). Der Laugen-Verbrauch zwischen 1. und 2. Krümmungspunkt (Abschnitt **D**) entspricht dem Phenytoin-Anteil.

399 B   **395** A

Bei der argentoalkalimetrischen Bestimmung von **Ethinylestradiol** wird das Proton (3) der *Ethinyl-Gruppe* (R-C≡C**H**) erfasst. Phenolisches (1) und alkoholisches Hydroxyl (2) reagieren *nicht* mit Silbernitrat.

400 A   **401** A   **402** C   **403** D   **1820** D

Primäre ($R-NH_2$) und **sekundäre** (R_2NH) **Amine**, **Enole** ($R_2C=CR-OH$), **Alkohole** (R-OH) und **Phenole** (Ar-OH) lassen sich mit *Acetanhydrid* in *Pyridin* acetylieren und somit quantitativ bestimmen. Diese Reaktion bildet die Grundlage der **Bestimmung** der **Hydroxylzahl**. Auch **Wasser** reagiert mit dem Acetylierungsgemisch.

Tertiäre Amine (R_3N) sowie *primäre* ($R-CO-NH_2$) und *sekundäre* (R-CO-NH-R´) *Amide* reagieren *nicht* mit dem Acetylierungsgemisch und sind daher *nicht* mittels Hydroxylzahl-Bestimmung quantitativ erfassbar.

Die *Oxim-Methode* ist ein Verfahren zur quantitativen Bestimmung von Aldehyden (R-CH=O) und Ketonen ($R_2C=O$).

Mithilfe der *Diazotierungs-Kupplungs-Reaktion* und der photometrische Bestimmung des gebildeten Azofarbstoffs können primäre aromatische Amine ($Ar-NH_2$) quantitativ erfasst werden.

Die *Malaprade-Reaktion* dient zur Bestimmung von 1,2-Diolen [Glycolen] ($HOCR_2-CR_2-OH$).

404 B

Die **Hydroxylzahl** (OHZ) berechnet sich nach:

$$OHZ = 28{,}05\ (n_2-n_1)/m + SZ$$

worin n_2 der Verbrauch an ethanolischer KOH-Maßlösung im Hauptversuch und n_1 der Verbrauch im Blindversuch bedeuten. m entspricht der Substanzeinwaage in Gramm und SZ ist die gesondert bestimmte *Säurezahl*.

Entsprechend obiger Formel ist die Hydroxylzahl umso größer, je kleiner die Masse des zu bestimmenden Stoffes ist. Bei gleicher Stoffmenge (n) ist die Masse (m) einer Substanz umso geringer, je geringer die relative molare Masse der Substanz [m = n·M] ist. Von den genannten Verbindungen besitzt **Menthol** [$M_r = 156{,}3$] die geringste molare Masse und somit die höchste Hydroxylzahl.

405 B

Die **Bestimmung** der **Hydroxylzahl** kann nach Arzneibuch aufgrund folgender Reaktionen vorgenommen werden:
- Veresterung mit Acetanhydrid in Gegenwart von Pyridin als Protonenakzeptor (Methode A).
- Veresterung mit Propionsäureanhydrid in Gegenwart von *p*-Toluolsulfonsäure als Katalysator (Methode B).

406 C   407 B

Bei der **Bestimmung** der **Hydroxylzahl** nach Arzneibuch (Methode A) wird im:
- 1. Schritt Acetanhydrid/Pyridin [Pyr = Pyridin] als Acetylierungsgemisch eingesetzt.

$$R\text{-OH} + (CH_3CO)_2O + Pyr \rightarrow R\text{-O-CO-CH}_3 + Pyr\text{-}H^+ + CH_3\text{-COO}^-$$

- 2. Schritt das überschüssige Acetanhydrid [$(CH_3CO)_2O$] mit ethanolhaltigem Wasser zersetzt und das gebildete Pyridiniumacetat danach mit ethanolischer Kaliumhydroxid-Maßlösung gegen Phenolphthalein als Indikator volumetrisch erfasst.

$$(CH_3CO)_2O + H_2O + 2\,Pyr \rightarrow 2\,Pyr\text{-}H^+ + 2\,CH_3\text{-COO}^-$$
$$Pyr\text{-}H^+ + HO^- \rightarrow Pyr + H_2O$$

408 A

Falls die Probe freie Säure enthält, wird bei der Titration zusätzlich Lauge verbraucht und man erhält zu *tiefe Hydroxylzahlen*. Man berücksichtigt dies, indem man die zuvor bestimmte *Säurezahl* (SZ) zum experimentell gefundenen OHZ-Wert hinzuaddiert.

409 D

Bei der **Bestimmung** der **Hydroxylzahl** nach Arzneibuch (Methode B) wird mit überschüssigem *Propionsäureanhydrid* [$(CH_3CH_2CO)_2O$] acyliert. Anschließend setzt eine überschüssige Menge *Anilin* [$C_6H_5\text{-}NH_2$] in Cyclohexan/Eisessig hinzu. Anilin reagiert mit überschüssigem Anhydrid zu Propionsäureanilid [$C_6H_5\text{-}NH\text{-}COCH_2CH_3$] und wandelt die gebildete Propionsäure in Propionat [$CH_3CH_2COO^-$] um. Anschließend titriert man das entstandene Propionat mit *Perchlorsäure-Maßlösung* (mit Acetacidiumperchlorat als wirksamem Agens) gegen *Kristallviolett* als Indikator. Dabei laufen folgende Prozesse ab:

(1) $R\text{-OH} + (CH_3CH_2CO)_2O \rightarrow R\text{-O-COCH}_2CH_3 + CH_3CH_2COOH$
(2) $(CH_3CH_2CO)_2O + C_6H_5\text{-}NH_2 \rightarrow CH_3CH_2COOH + C_6H_5\text{-}NH\text{-}COCH_2CH_3$
(3) $CH_3CH_2COOH + C_6H_5\text{-}NH_2 \rightarrow C_6H_5\text{-}NH_3^+ + CH_3CH_2COO^-$
(4) $CH_3CH_2COO^- + [CH_3COOH_2^+ \cdot ClO_4^-] \rightarrow CH_3CH_2COOH + CH_3COOH + ClO_4^-$

410 D   233 E   412 D   1662 C   1663 C

Borsäure [$pK_s = 9{,}14$] ist in Wasser eine schwache Lewis-Säure, deren alkalimetrische Direkttitration nicht möglich ist. Gibt man jedoch zu der Lösung einen mehrwertigen, vicinalen Alkohol (wie Glycerol, Mannitol oder Sorbitol) hinzu, so bildet sich ein komplexer Chelatester, der sich wie eine mittelstarke einbasige Säure verhält und alkalimetrisch gegen Phenolphthalein titriert werden kann.

411 E

Auf **Natriumtetraborat** [*Borax*] ($Na_2B_4O_7 \cdot 10\,H_2O$) treffen folgende Aussagen zu:
- Das Salz reagiert in wässriger Lösung alkalisch.
- Bei der Hydrolyse in wässriger Lösung entstehen 4 Mol Borsäure [$B(OH)_3$].
- Zur Neutralisation von 1 Mol Natriumtetraborat sind nach Zusatz von *Mannitol* nur 2 Äquivalente Natriumhydroxid-Lösung erforderlich, da für 4 Borsäurechelatester bereits 2 Na^+-Ionen in der Lösung vorliegen.
- Durch den Zusatz von Mannitol und die Bildung von sauren Borsäurechelatestern verschiebt sich der pH-Wert einer wässrigen Borax-Lösung in den sauren pH-Bereich.

412 D **233** E **410** D **1662** C **1663** C

Borsäure [H_3BO_3] kann nach Zusatz von Mannitol oder Sorbitol [$HOCH_2\text{-}(CHOH)_4\text{-}CH_2OH$] alkalimetrisch bestimmt werden.

413 B **390** D **391** C **392** B **393** C **1659** E
1660 D **1742** C

Ammonium-Ionen [NH_4^+] können nach Zusatz von Formaldehyd ($H_2C=O$) alkalimetrisch titriert werden (*Formoltitration*).

414 D **388** B

Ketone [$R^1\text{-}CO\text{-}R^2$] können mittels *Oximtitration* quantitativ erfasst werden.

415 C **390** D **391** C **392** B **393** C **1679** E
1680 A **1867** E

α-Aminosäuren [$R\text{-}CHNH_3^+\text{-}COO^-$] können nach Zusatz von Formaldehyd ($CH_2=O$) mittels *Formoltitration* quantitativ bestimmt werden.

416 A **417** A

Auf **Ionenaustauscher** treffen folgende Aussagen zu:
- Ionenaustauscher sind anorganische oder organische *Polyelektrolyte* (*Salze*) mit fixierten ionisierbaren Gruppen und austauschbaren beweglichen Ionen. *Saure* Ionenaustauscher tauschen Kationen aus; das bewegliche Ion ist daher ein Kation. *Basische* Ionenaustauscher tauschen Anionen aus; das bewegliche Ion ist deshalb ein Anion.
- Stark saure *Kationenaustauscher* enthalten an ein Polymergerüst (Matrix) [POL] gebundene *Sulfonsäure-Gruppen* [$POL\text{-}SO_3^-H^+$] (H^+-Form), schwach saure Kationenaustauscher tragen *Carboxylat-Gruppen* [$POL\text{-}COO^-Na^+$] (Na^+-Form).
- Stark basische *Anionenaustauscher* enthalten an ein Polymergerüst [POL] gebundene *quartäre Ammonium-Gruppen* [$POL\text{-}NR_3^+HO^-$] (HO^--Form).
- Ein *Mischbettaustauscher* enthält eine Mischung von stark saurem Kationenaustauscher und stark basischem Anionenaustauscher. Zur Regeneration werden die Harze *getrennt* und der Kationenaustauscher wird mit Säure in die H^+-Form und der Anionenaustauscher mit Lauge in die HO^--Form gebracht.
- Der Ionenaustausch ist eine *Gleichgewichtsreaktion*, so dass sich auch mit ausreichenden Mengen weniger affiner Ionen wie Natrium (z. B. Na^+) Kationen höherer Affinität (z. B. Ca^{2+}, Mg^{2+}) von einem Kationenaustauscher verdrängen lassen (*Prinzip nach Le Chatelier*). Im Allgemeinen steigt die *Selektivität* (Affinität) eines Ionenaustauschers mit zunehmender Ionenladung und zunehmender Ionenmasse.

– Für einen quantitativen Ionenaustausch ist mehr als die äquivalente Menge an Ionenaustauscher notwendig. Dabei gibt die *Austauschkapazität* eines Ionenaustauschers die äquivalente Menge in **mmol** an, die **1 g** Austauschermaterial zu binden vermag.

418 C   419 D

Über einen **stark basischen Anionenaustauscher** lassen sich folgende Aussagen machen:
– Das organische Polymergerüst ist häufig ein Styren-Divinylbenzen-Copolymerisat, das fixierte quartäre *Ammonium-Gruppen* enthält [POL-NR$_3^+$Cl$^-$] (Cl$^-$-Form).
– Die Chlorid-Form (Cl$^-$-Form) des Austauschers kann durch Regenerierung mit Natriumhydroxid-Lösung in die HO$^-$-Form gebracht werden.
– Die Prüfung der Austauscherkapazität ist im Hinblick auf das zu bestimmende und auszutauschende Ion vorzunehmen.

420 A   421 D

Über einen **Kationenaustauscher** lassen sich folgende Aussagen machen:
– Sie besitzen häufig ein mit Divinylbenzol quervernetztes *Polystyrol-Gerüst*, an das bei einem stark sauren Kationenaustauscher *Sulfonsäure-Gruppen* [POL-SO$_3$H$^+$] (H$^+$-Form) oder *Sulfonat-Gruppen* [POL-SO$_3^-$Na$^+$] (Na$^+$-Form) fixiert sind. Sehr häufig handelt es sich um eine Sulfopropyl-Gruppe [POL-O-CH$_2$CH$_2$CH$_2$-SO$_3^-$Na$^+$].
– Bei einem schwach sauren Kationenaustauscher sind Carbonsäure- oder Carboxylat-Gruppen [POL-COO$^-$Na$^+$] (Na$^+$-Form) bzw. Phosphonat-Gruppen [POL-P(OR)$_2$O$^-$Na$^+$] mit der Polymermatrix verankert. Ein häufig genutzter schwach saurer Kationenaustauscher enthält die Carboxymethyl-Gruppe [POL-O-CH$_2$-COO$^-$Na$^+$].
– Die Belegungskapazität ist vielfach eine Funktion der *Ionenstärke* und des *pH*-Wertes der Lösung. So sind schwach saure Polycarbonsäureaustauscher [POL-COO$^-$Na$^+$] nur im neutralen und alkalischen Milieu brauchbar, da im stark sauren pH-Bereich ungeladene COOH-Gruppen vorliegen.
– Die Austauschkapazität ist ein Maß für die Menge (Zahl) der austauschfähigen (geladenen oder potentiell geladenen) Gruppen pro Gramm trockener Ionenaustauscher. Die Ausdrücke „stark" und „schwach" haben nichts zu tun mit der Kapazität eines Ionenaustauschers, sondern geben die Veränderung der Ionisation in Abhängigkeit vom pH-Wert an. Starke Ionenaustauscher sind vollständig ionisiert über einen weiten pH-Bereich, während bei schwachen Ionenaustauschern das Ausmaß der Dissoziation stark vom pH-Wert abhängt.
– Mit Natrium beladene Austauscher werden genutzt, um Na$^+$-Ionen gegen andere Metallionen auszutauschen. Für quantitative Bestimmungen verwendet man die Ionenaustauscher aber in der H$^+$ oder HO$^-$-Form und titriert dann die eluierten starken Säuren oder Basen.

422 D   423 E

Ein stark basischer Ionenaustauscher [POL-NR$_3^+$X$^-$] enthält fixierte *quartäre Ammonium-Reste* als geladene Gruppe. Ein solcher Ionenaustauscher kann in der HO$^-$-Form zur Gehaltsbestimmung einer NaCl-Lösung verwendet wird. Es wird (Cl$^-$) gegen (HO$^-$) ausgetauscht und die eluierte Natriumhydroxid-Lösung (Na$^+$HO$^-$) kann acidimetrisch bestimmt werden.

424 B   **425** D   **426** C   **427** E

▪ Über die Bestimmung von **wasserfreiem Natriumsulfat** (Na_2SO_4) [M_r = 142,0] mittels *Ionenaustausch* lassen sich folgende Aussagen machen:
- Eine wässrige Lösung der Substanz wird über eine Säule, die mit überschüssigem, stark saurem Kationenaustauscher (H^+-Form) gefüllt ist, chromatographiert. Dabei wird das Natrium-Ion (Na^+) stöchiometrisch gegen ein Proton (H^+) ausgetauscht. Anschließend kann die gebildete und eluierte *Schwefelsäure* (H_2SO_4) mit Natriumhydroxid-Maßlösung gegen Methylorange als Indikator volumetrisch erfasst werden. Pro Mol Natriumsulfat werden 2 Äquivalente Schwefelsäure freigesetzt, so dass 1 ml Natriumhydroxid-Lösung (c = 1,0 mol · #l^{-1}) **71,0 mg** Natriumsulfat entspricht.

$$[HO_3S\text{-POL-}SO_3H] + Na_2SO_4 \rightarrow [NaO_3S\text{-POL-}SO_3Na] + \mathbf{H_2SO_4}$$
$$H_2SO_4 + 2\,NaOH \rightarrow Na_2SO_4 + 2\,H_2O$$

- Nach dem Ionenaustausch liegt der Kationenaustauscher in der Na^+-Form vor und kann durch Regenerierung mit Salzsäure wieder in die H^+-Form übergeführt werden.
- Eine wässrige Lösung von Natriumsulfat kann auch an einem stark basischen Anionenaustauscher (HO^--Form) chromatographiert werden. Dabei wird stöchiometrisch das Sulfat-Ion gegen zwei Hydroxid-Ionen ausgetauscht und Natriumhydroxid (NaOH) wird von der Säule eluiert. Die Lauge kann anschließend mit Salzsäure-Maßlösung gegen einen geeigneten Indikator titrimetrisch erfasst werden.

$$[HO^{-\,+}R_3N\text{-POL-}NR_3^+OH^-] + Na_2SO_4 \rightarrow [^+R_3N\text{-POL-}NR_3^+\,SO_4^{2-}] + 2\,\mathbf{NaOH}$$
$$2\,NaOH + 2\,HCl \rightarrow 2\,NaCl + 2\,H_2O$$

- *Ph.Eur.7* lässt wasserfreies Natriumsulfat fällungsanalytisch mit Blei(II)-nitrat-Maßlösung bestimmen.

428 D

▪ Zur *Gehaltsbestimmung* von **Natriumacetat** [$CH_3COO^-Na^+$] eignen sich folgende Methoden:
- Passage einer wässrigen Natriumacetat-Lösung durch einen stark basischen Anionenaustauscher (HO^--Form), wobei Acetat durch Hydroxid ersetzt und Natriumhydroxid eluiert wird. Anschließend erfolgt die Titration des alkalischen Eluats mit Salzsäure-Maßlösung.
- Passage einer wässrigen Natriumacetat-Lösung durch einen stark sauren Kationenaustauscher (H^+-Form), wobei Natrium gegen ein Proton ersetzt und Essigsäure eluiert wird. Danach erfolgt die Titration des sauren Eluats mit Natriumhydroxid-Maßlösung gegen Phenolphthalein als Indikator.
- Titration des Acetat-Anions als Base in wasserfreiem Milieu mit Perchlorsäure-Maßlösung.

429 D

▪ **Kaliumnitrat** [$K^+NO_3^-$] lässt sich prinzipiell titrieren nach Säulenchromatographie (mit Ionenaustausch) über einen stark
- basischen Anionaustauscher (HO^--Form), wobei Nitrat durch Hydroxid ersetzt und Natriumhydroxid eluiert wird. Danach erfolgt Titration mit Salzsäure-Maßlösung.
- sauren Kationenaustauscher (H^+-Form), wobei Kalium-Ionen durch Protonen ersetzt werden und Salpetersäure (HNO_3) eluiert wird. Danach erfolgt die Titration mit einer Natriumhydroxid-Maßlösung.

430 E

▪ Die **Austauschkapazität** eines Ionenaustauschers charakterisiert die Gesamtmenge der austauschbaren Gegenionen (in mmol), die 1 g des trockenen Ionenaustauschermaterials zu binden vermag.

▪ Gegeben: 10 g eines stark basischen Anionenaustauschers
Austauschkapazität (K) = 5 mmol/g für einwertige Ionen
Gesucht: Beladungsmenge (mg) für Chlorid-Ionen ($M_r = 35{,}5$)?
Berechnung: K = 5 · 35,5 · 10 = **1775 mg**

431 D   432 A

▪ Unter **Kjeldahl-Bestimmung** versteht man die Zerstörung einer stickstoffhaltigen Verbindung mit einem Gemisch aus *Natriumsulfat* (Na_2SO_4) [oder Kaliumsulfat (K_2SO_4)] und *Kupfer*(II)-*sulfat* ($CuSO_4$) mit konzentrierter *Schwefelsäure* (H_2SO_4). Dabei wird der organisch gebundene Stickstoff in *Ammoniumsulfat* [$(NH_4)_2SO_4$] oder Ammoniak [NH_3] umgewandelt.

433 C   434 C

▪ Auf die **Kjeldahl-Bestimmung** treffen folgende Aussagen zu:
– Der Schwefelsäure werden Alkalisulfate zur Erhöhung der Aufschlusstemperatur und Katalysatoren [Kupfer(II)-sulfat, Selen] zur Verkürzung der Aufschlusszeit zugesetzt.
– Die organische Substanz wird oxidativ zerstört, der Stickstoff wird dabei in Ammoniak (Oxidationszahl von N: -3 niedrigst mögliche Oxidationsstufe des Stickstoffs) umgewandelt und liegt im Aufschlussgemisch als *Ammoniumsulfat* [$(NH_4)_2SO_4$] vor. Daraus wird Ammoniak mit Natriumhydroxid-Lösung freigesetzt und in eine mit überschüssiger Salzsäure-Maßlösung gefüllte Vorlage übergetrieben (eingeleitet) und dort als Ammoniumchlorid gebunden. Anschließend wird der HCl-Überschuss alkalimetrisch gegen Methylrot, das im schwach Sauren umschlägt, zurücktitriert.
– Die Kjeldahl-Bestimmung gelingt, wenn der Stickstoff als Amin (R_3N, R_2NH, RNH_2) oder Amid ($R-CO-NH_2$, $R-CO-NHR$, $R-CO-NR_2$) vorliegt. In Nitroverbindungen ($R-NO_2$), Nitrosoverbindungen (R-NO), Hydroxylamin-Derivaten (R-NHOH, $R_2C=N-OH$), Hydrazin-Derivaten (R-NH-NH-R´) oder Azoverbindungen (R-N=N-R´) können elementarer Stickstoff (N_2) oder stickstoffhaltige Spaltprodukte entweichen. Solche Verbindungen werden zuvor einem Reduktionsprozess unterworfen.

435 A   436 C

▪ Den nachfolgenden Berechnungen (Fragen Nr. **435–438**) liegt zugrunde, dass bei der Kjeldahl-Bestimmung **pro 1 N-Atom 1 Äquivalent HCl**-Maßlösung verbraucht wird.
▪ 20 mg eines stickstoffhaltigen Arzneistoffs ($M_r = 401$) werden nach Kjeldahl aufgeschlossen. 5 ml Salzsäure-Maßlösung ($c = 0{,}01\ mol \cdot l^{-1}$) werden verbraucht. Anzahl der N-Atome?

Berechnung: 20 mg Substanz entsprechen einer Konzentration von $c = 0{,}5 \cdot 10^{-4}\ mol \cdot l^{-1}$. **5 ml** 0,01 M-Salzsäure entsprechen einer Konzentration von $c = 0{,}5 \cdot 10^{-4}\ mol \cdot l^{-1}$. Somit enthält die aufzuschließende Substanz **ein** N-Atom.
Bei Verbrauch von **15 ml** Salzsäure ($c = 0{,}01\ mol \cdot l^{-1}$) enthält die stickstoffhaltige Verbindung **drei** N-Atome.

437 D

▪ 80,2 mg eines stickstoffhaltigen Arzneistoffs ($M_r = 401$) werden nach Kjeldahl aufgeschlossen. 16 ml Salzsäure-Maßlösung ($c = 0,01$ mol·l^{-1}) werden verbraucht.

Berechnung: 80,2 mg Substanz entsprechen einer Konzentration von $c = 2 \cdot 10^{-4}$ mol·l^{-1}. Theoretisch müssten bei der Titration 20 ml einer 0,01 M-Salzsäure-Maßlösung verbraucht werden. Bei Verbrauch von nur 16 ml 0,01 M-HCl-Lösung war der *Aufschluss unvollständig*.

438 E

▪ 40,1 mg eines stickstoffhaltigen Arzneistoffs ($M_r = 401$) mit *einem* N-Atom werden nach Kjeldahl aufgeschlossen. 12 ml Salzsäure-Maßlösung ($c = 0,01$ mol·l^{-1}) werden verbraucht.

Berechnung: 40,1 mg des Arzneistoffes entsprechen einer Konzentration von $c = 1 \cdot 10^{-4}$ mol·l^{-1}. Bei der Titration müssten theoretisch 10 ml einer 0,01 M-Salzsäure-Maßlösung (entsprechend $c = 1 \cdot 10^{-4}$ mol·l^{-1}) verbraucht werden. Bei einem Verbrauch von 12 ml HCl-Lösung muss der Arzneistoff mit einer Substanz *verunreinigt* sein, deren *Stickstoffgehalt höher* ist.

439 A 440 D 441 E 442 D 1744 C

▪ **Tenside** sind Substanzen (Salze), die die Oberflächenspannung einer Flüssigkeit herabsetzen. Sie zählen zu den waschaktiven Stoffen und bestehen aus einem *hydrophoben* (wasserabweisenden) langkettigen Kohlenwasserstoffrest und einem *hydrophilen* (wasserliebenden) geladenen Molekülteil. Zu den *anionischen* Tensiden zählen Carboxylate (Seifen) (R-COO$^-$Na$^+$), Sulfonate (R-SO$_3^-$Na$^+$) oder Sulfate (R-O-SO$_3^-$Na$^+$). Kationische Tenside enthalten eine quartäre Ammonium-Gruppe (R´-NR$_3^+$Cl$^-$).

▪ Bei der **Tensidtitration** wird ein in Wasser lösliches anionisches Tensid in einem *Zweiphasensystem* (Wasser/Dichlormethan) mit einem kationischen Tensid titriert und umgekehrt. Die Titration beruht auf der Bildung von *Ionenpaaren* aufgrund von Coulomb-Wechselwirkungen zwischen dem anionischen und kationischen Tensid. Die Ionenpaare besitzen in aprotischen polaren Lösungsmitteln wie *Dichlormethan* oder *Chloroform* eine höhere Stabilität und Löslichkeit als in Wasser; der Dichlormethan/Wasser-*Verteilungskoeffizient* des Tensid-Ionenpaars ist somit größer 1. Hohe Konzentrationen von Neutralsalzen können die Ionenpaar-Bildung aus Anion- und Kationtensid stören.

▪ In einer moderneren Variante der **Epton-Titration**, die ursprünglich Methylenblau als Indikator verwendete, setzt man heute Mischindikatoren aus einem anionischen und einem kationischen Farbstoff ein. Ein Beispiel hierfür ist der Dimidiumbromid/Sulfanblau-Mischindikator, der bei Bestimmungen nach *Arzneibuch* eingesetzt wird. Dimidiumbromid ist ein Salz mit rot gefärbtem Kation, Sulfanblau (Disulfinblau, Patentblau) ist ein wasserlösliches Salz mit violett gefärbtem Anion. Voraussetzung für die Verwendung des Indikators ist, dass die Stabilität des Farbstoff-Tensid-Ionenpaars geringer ist als die Stabilität des Titrand-Titration-Ionenpaars (Aniontensid-Kationtensid-Salz).

▪ Der Verlauf der Tensidtitration soll am Beispiel der Gehaltsbestimmung des anionischen Tensids **Natriumdodecylsulfat** nach *Arzneibuch* beschrieben werden: Bei der Bestimmung des anionischen Tensids in Gegenwart von Dimidium/Sulfanblau-Reagenz ist die organische Chloroform-Phase durch das Dimidium-Aniontensid-Salz *rosa* gefärbt. Man titriert mit einem kationischen Tensid wie z. B. einer *Benzethoniumchlorid-Maßlösung*. Die Färbung der organischen Phase verschwindet im Verlaufe der Titration durch Bildung des Aniontensid-Kationtensid-Ionenpaars. Am Titrationsendpunkt entsteht durch den Überschuss an Kationtensid und Bildung des Sulfanblau-Kationtensid-Salzes ein *graublauer* Farbton der Chloroform-Phase.

6.3 Titrationen von Säuren und Basen in nichtwässrigen Lösungen, insbesondere nach Arzneibuch

443 D

In wasserfreier Essigsäure (HOAc) setzt sich die **Gesamtaciditätskonstante** (K_s) einer Säure (HA) aus der *Ionisationskonstanten* (K_I) und der *Dissoziationskonstanten* (K_D) des Protolyten wie folgt zusammen:

$$HA + HOAc \xrightleftharpoons[K_I]{\text{Ionisation}} [H_2OAc^+ \cdot A^-] \xrightleftharpoons[K_D]{\text{Dissoziation}} (H_2OAc)^+ + (A)^-$$

Protolyte   Ionenpaar   solvensgetrennte Ionen

Es gilt: $K_s = (K_I \cdot K_D)/(1 + K_I)$

444 D

Schwache Basen (B) werden in wasserfreiem Milieu (z. B. in Eisessig) häufig mit *Perchlorsäure-Maßlösung* titriert, weil
- die Acidität der Perchlorsäure weniger nivelliert wird als in wässriger Lösung,
- die Löslichkeit des Analyten besser sein kann als in Wasser,
- in wasserfreiem Milieu die Protolyse der gebildeten korrespondierenden Säure (BH^+) zurückgedrängt ist,
- wasserfreie Essigsäure weniger basisch reagiert als Wasser,
- die Dissoziation schwacher Basen und Salze geringer ist als in Wasser.

445 E

Die Aciditätskonstanten (K_s) von Säuren sind in wasserfreier Essigsäure geringer als in Wasser, die Basizitätskonstanten (K_b) sind höher, jedoch spielt für Protolyte (Salze, Säuren, Basen) die elektrolytische Dissoziation in wasserfreier Essigsäure im Vergleich zu Wasser nur eine untergeordnete Rolle.

446 B   **447** E

Essigsäure und Ethanol zählen zu den polar protischen Lösungsmitteln.
Aceton, 1,4-Dioxan, Acetonitril und Toluol gehören in die Gruppe der neutralen, aprotischen Lösungsmittel.

448 E

Ältere **Tetrabutylammoniumhydroxid-Maßlösungen** (TBAH-Lösung) [$(CH_3CH_2CH_2CH_2)_4N^+HO^-$] können quartäre Ammoniumhydrogencarbonate, **Tributylamin** [$(CH_3CH_2CH_2CH_2)_3N$], **Buten-1** [$CH_3CH_2-CH=CH_2$] und **Butan-1-ol** [$CH_3CH_2CH_2CH_2OH$] enthalten. Das Hydrogencarbonat resultiert durch CO_2-Aufnahme aus der Luft. Tributylamin und Buten-1 entstehen durch Hofmann-Eliminierung der quartären Ammoniumbase und Butan-1-ol durch S_N-Reaktion aus dem quartären Ammoniumhydroxid.

449 A

Die Äquivalentmasse (Äquivalentstoffmenge) eines basischen Arzneistoffs kann acidimetrisch ermittelt werden
- aus der Äquivalentzahl (z),
- aus der molaren Masse (M) des Arzneistoffs und
- aus der Masse (m) an Arzneistoff, die mit 1 ml Maßlösung reagieren.

$$n^{eq} = n \cdot z = m \cdot z/M$$

450 B

Zur *Herstellung* einer **Natriummethanolat-Maßlösung** ($CH_3O^-Na^+$) wird frisch geschnittenes metallisches Natrium portionsweise in wasserfreiem Methanol gelöst und die Lösung ad 1 Liter mit Toluol aufgefüllt. Die Einstellung der Lösung erfolgt mit *Benzoesäure* als Urtiter gegen Thymolblau.

451 E   452 A   453 E   454 B

Mit Tetrabutylammoniumhydroxid-Maßlösung können *schwache* Säuren bestimmt werden. Dazu zählen:
- **Phenole** (Ar-OH) wie Phenol (C_6H_5-OH) oder 4-Nitrophenol (p-O_2N-C_6H_4-OH),
- *primäre* (p-H_2N-C_6H_4-SO_2-NH_2) und *sekundäre* **Sulfonamide** (p-H_2N-C_6H_4-SO_2-NHR) wie Sulfanilamid (p-H_2N-C_6H_4-SO_2-NH_2),
- **Carbonsäureimide** (R^1-CO-NH-CO-R^2) und cyclische Imide wie Phthalimid,
- einige acidifizierte **Carbonsäureamide** wie 4-Nitroacetanilid (p-O_2N-C_6H_4-NH-CO-CH_3), während normalerweise die Amidfunktion (R-CO-NH_2) wie im Harnstoff (H_2N-CO-NH_2) nahezu neutral bis schwach basisch reagiert.
- **Ureide** [Acylharnstoffe] (R^1-CO-NH-CO-NHR^2) wie Acetylharnstoff (CH_3-CO-NH-CO-NH_2),
- **Ammoniumsalze** ($R_3NH^+X^-$).

Alkohole (R-OH) wie Ethanol (CH_3CH_2OH), tertiäre Amine ($R^1R^2R^3$N) und Harnstoff (H_2N-CO-NH_2) lassen sich mit TBAH-Lösung *nicht* quantitativ erfassen.

454 B

Niclosamid (Formel A), ein phenyloges Nitramid, **Phenytoin** (Formel C), ein cyclisches Imid, **Sulfamethoxazol** (Formel D), ein sekundäres Arylsulfonamid, und **Acetazolamid** (Formel E), ein primäres Sulfonamid, lassen sich als schwache Säuren mit TBAH-Lösung titrieren.

Phenazon [Antipyrin] (Formel B) wird nach Europäischem Arzneibuch iodometrisch titriert.

455 B   456 B

Sulfanilamid (4-Aminobenzolsulfonamid), ein primäres Sulfonamid, und **Phenytoin** (Diphenylhydantoin), ein cyclisches Imid, verbrauchen bei der Titration mit Tetrabutylammmoniumhydroxid jeweils **1** Äquivalent Maßlösung

457 C

Hydrochlorothiazid ($M_r = 297{,}7$), ein primäres Sulfonamid und ein cyclisches, sekundäres Sulfonamid zugleich, verbraucht bei der Titration mit einer TBAH-Lösung (c = 0,1 mol·l^{-1}) **2** Äquivalente Maßlösung. Daher entsprechen **2 ml** der Tetrabutylammoniumhydroxid-Maßlösung **29,77 mg** Hydrochlorothiazid.

458 E   459 A   460 C

Über die Verwendung von **Perchlorsäure** ($HClO_4$) als Maßlösung treffen folgende Aussagen zu:
- Zur Herstellung der Maßlösung wird 70 %ige *wässrige* Perchlorsäure in Eisessig gelöst, mit *Acetanhydrid* [$(CH_3CO)_2O$] versetzt und 24 Stunden stehen gelassen. Während dieser Zeit reagiert das vorhandene Wasser mit dem zugesetzten Acetanhydrid zu Essigsäure.

$$H_2O + CH_3\text{-}CO\text{-}O\text{-}CO\text{-}CH_3 \rightarrow 2\ CH_3\text{-}COOH$$
$$M_r = 18 \qquad M_r = 102 \qquad\qquad M_r = 60$$

- Nach 24 Stunden wird der Wassergehalt (Restgehalt 0,1–0,2,%) mittels Karl-Fischer-Titration (ohne Verwendung von Methanol) überprüft.
- Die Einstellung der Maßlösung erfolgt mit *Kaliumhydrogenphthalat* als Urtiter gegen *Kristallviolett* als Indikator.
- Das Volumen der Perchlorsäure-Lösung ist infolge des relativ großen Ausdehnungskoeffizienten der Essigsäure merklich *temperaturabhängig*. Daher ist die Temperatur bei Einstellung und Titration zu notieren und in Form eines Korrekturfaktors zu berücksichtigen.

460 C

1 kg (1000 g) 98%ige Essigsäure enthält 2% = 20 g Wasser. Zur Bindung von 18 g Wasser (siehe Frage Nr. **458**) werden 102 g Acetanhydrid benötigt, zur Bindung von 20 g Wasser sind daher mindestens **113,3 g** Acetanhydrid (102·20/18) erforderlich.

461 D

Die ausschlaggebende Reaktion bei der Titration von schwachen Basen mit Perchlorsäure-Maßlösung in wasserfreier Essigsäure als Lösungsmittel ist die Neutralisation von Acetat-Ionen [CH_3-COO^-] mit Acetacidium-Ionen [CH_3-$COOH_2^+$]:

$$CH_3\text{-}COO^- + CH_3\text{-}COOH_2^+ \rightarrow 2\ CH_3\text{-}COOH$$

462 B   463 B   464 E

Folgende **heterocyclische Basen** verbrauchen bei der Titration mit Perchlorsäure jeweils **1** Äquivalent Maßlösung:
- *Trimethoprim*, ein 2,4-Diaminopyrimidin-Derivat, vermutlich wird N-1 protoniert,
- *Methenamin* (Urotropin, Hexamethylentetramin),
- *Nicotinamid*, in dem das Ring-N-Atom monoprotoniert wird,
- *Coffein*, ein Purin-Derivat, in dem das Atom N-9 im Imidazol-Strukturelement durch Perchlorsäure protoniert wird,
- *Mebendazol*, ein Benzimidazol-Derivat, wird an N-3 monoprotoniert.

465 C

Aminosäuren werden in Eisessig/Ameisensäure (10:1) als Lösungsmittel mit Perchlorsäure gegen Naphtholbenzein oder Kristallviolett als Indikator titriert. Der Endpunkt der Titration kann auch potentiometrisch angezeigt werden. Neutrale Aminosäuren wie Asparagin oder Tryptophan verbrauchen bei der Neutralisation 1 Äquivalent Perchlorsäure, während **basische Aminosäuren** wie *Arginin*, *Histidin* oder *Lysin* 2 Äquivalente benötigen

466 B

Das Antibiotikum **Ofloxacin** (M_r = 361,4), ein Chinoloncarbonsäure-Derivat, verbraucht bei der Titration in wasserfreier Essigsäure 1 Äquivalent Perchlorsäure. Es wird der Pyrazin-Stickstoff protoniert. Daher entspricht 1 ml Perchlorsäure-Lösung (c = 0,01 mol·l^{-1}) **36,14 mg** Ofloxacin.

467 A

Nicotinsäureamid (3) [pK_b = 10,65] ist eine schwache Base, die durch Perchlorsäure am sp^2-hybridisierten Pyridin-Stickstoff monoprotoniert wird.

Coffein (2) [pK_b = 14,15] verbraucht bei der Titration 1 Äquivalent Perchlorsäure und wird am sp^2-hybridisierten Atom N-9 im Imidazol-Ringsystem protoniert.

▓ **Codein** (1) [pK$_b$ = 5,8] enthält einen sp^3-hybridisierten, tertiären, deutlich basischeren Amin-Stickstoff und verbraucht bei der Titration 1 Äquivalent Perchlorsäure. Codein kann zur volumetrischen Bestimmung aber auch in 0,05 M-Schwefelsäure gelöst werden. Anschließend wird der H$_2$SO$_4$-Überschuss mit 0,1 M-NaOH-Lösung gegen Methylrot zurücktitriert.

468 E **469** E

▓ *Carbonsäuresalze* wie *Natriumacetat* (CH$_3$COO$^-$Na$^+$) oder *Natriumbenzoat* (C$_6$H$_5$-COO$^-$Na$^+$) können unter Verbrauch von 1 Äquivalent Perchlorsäure in wasserfreier Essigsäure titriert werden. Es wird das Carboxylat-Anion protoniert.

▓ *Coffein* [pK$_b$ = 14,15] und *Nicotinsäureamid* [pK$_b$ = 10,65] sind schwache heterocyclische Basen, die in wasserfreier Essigsäure mit Perchlorsäure-Maßlösung unter Verbrauch von 1 Äquivalent bestimmt werden.

▓ Die sauer reagierende *Benzoesäure* (C$_6$H$_5$-COOH) und undissoziiertes *Quecksilber*(II)-*chlorid* (HgCl$_2$) können *nicht* mit Perchlorsäure-Lösung volumetrisch bestimmt werden.

470 B

▓ Bei der Titration von **Chloroquinsulfat** in wasserfreier Essigsäure mit Perchlorsäure wird Sulfat (SO$_4^{2-}$) erfasst und zu Hydrogensulfat (HSO$_4^-$) protoniert.

471 D

▓ Bei der wasserfreien Bestimmung von **Chloroquinphosphat** [M$_r$ = 515,9] werden zur Protonierung der *beiden* Dihydrogenphosphat-Anionen (H$_2$PO$_4^-$) zu Phosphorsäure (H$_3$PO$_4$) 2 Äquivalente 0,1 M-Perchlorsäure verbraucht. 1 ml Maßlösung entspricht daher **25,8 mg** Chloroquinphosphat.

472 A

▓ Bei der wasserfreien Bestimmung von **Codeinphosphat** mit Perchlorsäure-Maßlösung wird das *Dihydrogenphosphat-Anion* (H$_2$PO$_4^-$) erfasst.

473 D **474** C **365** C **1715** C **1865** E

▓ Über **Chininsulfat** und **Chinidinsulfat** lassen sich folgende Aussagen machen:
– Die Basizität des sp^3-hybridisierten Chinuclidin-Stickstoffatoms ist größer als die des sp^2-hybridisierten Chinolin-Stickstoffs. Daher liegt in den Sulfaten jeweils das Chinuclidin-N-Atom protoniert vor.
– Bei der wasserfreien Titration in Eisessig mit Perchlorsäure-Maßlösung beträgt der Verbrauch **3** Äquivalente Perchlorsäure. *Ein* Äquivalent dient zur Umwandlung von Sulfat in Hydrogensulfat. Unter wasserfreien Bedingungen ist auch das Chinolin-N-Atom hinreichend basisch und wird durch Perchlorsäure protoniert. Da zwei Kationen im Sulfat vorliegen resultiert daraus ein zusätzlicher Verbrauch von *zwei* Äquivalenten Perchlorsäure.

475 D

▓ Bei der wasserfreien Titration von **Thiaminnitrat** werden **2** Äquivalente Perchlorsäure-Maßlösung benötigt, da neben dem Nitrat-Ion (NO$_3^-$) auch der Pyrimidinring des Thiamins protoniert wird.

476 B

Bei der wasserfreien Titration von **Amin-Hydrochloriden** ($R_3N^+Cl^-$) in Eisessig als Lösungsmittel mit Perchlorsäure-Maßlösung laufen nach Zusatz von *Quecksilber(II)-acetat* [$Hg(OOC-CH_3)_2$] folgende Teilprozesse ab:
- Perchlorsäure reagiert mit Eisessig zu Acetacidiumperchlorat

$$HClO_4 + CH_3\text{-}COOH \rightarrow ClO_4^- + CH_3\text{-}COOH_2^+$$

- Das Amin-Hydrochlorid reagiert mit dem Quecksilber(II)-acetat zu undissoziiertem Quecksilber(II)-chlorid ($HgCl_2$) unter Freisetzung der äquivalenten Menge an Acetat.

$$2\,R_3N^+Cl^- + Hg(OOC\text{-}CH_3)_2 \rightarrow 2\,R_3N^+ + HgCl_2 + 2\,CH_3\text{-}COO^-$$

- Das gebildete Acetat wird mit dem Acetacidium-Ion zu undissoziierter Essigsäure neutralisiert.

$$CH_3\text{-}COO^- + CH_3\text{-}COOH_2^+ \rightarrow 2\,CH_3\text{-}COOH$$

477 A

Über die wasserfreie Bestimmung von **Oxybuprocain-Hydrochlorid** [$M_r = 344{,}9$] nach Zusatz von *Acetanhydrid* [$(CH_3CO)_2O$] mit Perchlorsäure-Maßlösung unter potentiometrischer Indizierung des Endpunktes lassen sich folgende Aussagen machen:
- Die tertiäre Diethylamin-Struktur [$(CH_3CH_2)_2N\text{-}R$] ist basischer als ein primäres aromatisches Amin ($Ar\text{-}NH_2$), sodass das N-Atom der tertiären Amin-Partialstruktur im Hydrochlorid protoniert vorliegt.
- Acetanhydrid acetyliert die primäre aromatische Amino-Gruppe zu einem Acetanilid-Derivat ($Ar\text{-}NH\text{-}CO\text{-}CH_3$), das *nicht* mit Perchlorsäure reagiert.
- Erfasst wird unter Verbrauch von **1** Aquivalent Perchlorsäure-Maßlösung das Chlorid-Ion (Cl^-), so dass 1 ml Maßlösung **34,49 mg** des Hydrochlorids entspricht.

478 D

Gelöst in Ameisensäure/Acetanhydrid verbraucht **Thiaminchlorid-Hydrochlorid 2** Äquivalente Perchlorsäure-Maßlösung. Es werden die beiden Chlorid-Ionen (Cl^-) protoniert.

7 Redoxtitrationen

7.1 Grundlagen

479 E

An allen angeführten Reduktionsvorgängen sind *zwei* Elektronen (e⁻) beteiligt:

$$HCOOH + 2\,H_3O^+ + 2\,e^- \rightarrow H_2C=O + 3\,H_2O$$
$$O_2 + 2\,H_3O^+ + 2\,e^- \rightarrow H_2O_2 + 2\,H_2O$$
$$I_3^- + 2\,e^- \rightarrow 3\,I^-$$
$$MnO_2 + 4\,H_3O^+ + 2\,e^- \rightarrow Mn^{2+} + 6\,H_2O$$
$$S_4O_6^{2-} + 2\,e^- \rightarrow 2\,S_2O_3^{2-}$$

480 A   **481** D

Die **Nernstsche Gleichung** gibt die Konzentrationsabhängigkeit des Redoxpotentials an. Sie lautet: $\mathbf{E = E° + (R \cdot T/z \cdot F) \cdot \ln Q}$

Darin bedeuten: $E°$ = Normalpotential (Standardpotential) des betreffenden Redoxsystems – R = allgemeine Gaskonstante – T = Temperatur in Kelvin – z = Anzahl der beim Redoxprozess übertragenen Elektronen – F = Faraday-Konstante – Q = Quotient der Aktivitäten (Konzentrationen) der oxidierten und reduzierten Reaktionsteilnehmer a_{ox}/a_{red}.

Für das Redoxsystem Zn^{2+}/Zn [$Zn^{2+} + 2\,e^- \rightarrow Zn$] lautet die Nernstsche Gleichung:

$$E = E°(Zn^{2+}/Zn) + (R \cdot T/2 \cdot F) \cdot \ln [Zn^{2+}]/[Zn]$$

482 E

Die Reduktion von **Dichromat** ($Cr_2O_7^{2-}$) zu Chrom(III) (Cr^{3+}) kann durch folgende Formelgleichung beschrieben werden:

$$Cr_2O_7^{2-} + 6\,e^- + 14\,H_3O^+ \rightarrow 2\,Cr^{3+} + 21\,H_2O$$

Aufgrund dieser Gleichung ergibt sich die Nernstsche Formel zu:

$$E = E°(Cr_2O_7^{2-}/Cr^{3+}) + (R \cdot T/6 \cdot F) \ln [Cr_2O_7^{2-}] \cdot [H_3O^+]^{14}/[Cr^{3+}]^2$$

Das Redoxpotential von Dichromat ist daher abhängig von:
- den Konzentrationen an Dichromat und Chrom(III),
- der Konzentration an Hydroxonium-Ionen (pH-Wert),
- der Temperatur.

483 A

Die genannten Metalle können in folgende Reihe (*Spannungsreihe*) nach *steigenden* **Normalpotentialen** (Standardpotentialen) [E° in Volt] geordnet werden:

Kalium [-2,93] < *Aluminium* [–1,68] < *Zink* [-0,79] < *Eisen* [-0,44] < *Wasserstoff* [0] < *Kupfer* [+0,34] < *Silber* [+0,80] < *Platin* [+1,12]

484 A

Die genannten korrespondierenden Redoxpaare können in folgende Reihe nach *steigenden-***Normalpotentialen** [E° in Volt] geordnet werden:

Fe^{3+}/Fe^{2+} [+0,75] < $Cr_2O_7^{2-}/Cr^{3+}$ [+1,36] < MnO_4^-/Mn^{2+} [+1,52]

485 A   1868 B

In einer **galvanischen Zelle** bestehend aus 1. Halbzelle (*Eisenelektrode*) [E°(Fe^{2+}/Fe) = -0,44 V] und 2. Halbzelle (*Kupferelektrode*) [E°(Cu^{2+}/Cu) = +0,35 V] kommt es zu folgender Reaktion:

$$Fe + Cu^{2+} \rightarrow Fe^{2+} + Cu$$

Das Eisen-System gibt Elektronen an das Kupfer-System ab, es korrodiert. Eisen (Fe) wird dabei zu Fe^{2+} oxidiert (*anodische Oxidation*). Das Eisenblech stellt somit die *Anode* dar. Cu(II) wird zu Cu reduziert (*kathodische Reduktion*) und auf dem Cu-Blech scheidet sich weiteres Cu ab.

486 D

Eine Lösung, die Iod [c = 0,01 mol · l^{-1}] und Iodid [c = 0,01 mol · l^{-1}] enthält, hat ein *Redoxpotential* (E) von [E°(I_2/I^-) = +0,54 V] von, wenn man als Redoxvorgang folgenden Prozess zugrunde legt: $I_2 + 2e^- \rightarrow 2 I^-$

E = 0,54 + 0,06/2 log $[10^{-2}]/[10^{-2}]^2$ = 0,54 + 0,03 log $[10^2]$ = 0,54 + 0,06 = **+0,60 V**

487 B

Eine Lösung, die 99 % Fe^{2+}-Ionen und 1 % Fe^{3+}-Ionen enthält, hat ein *Redoxpotential* (E) [E°(Fe^{3+}/Fe^{2+}) = +0,75 V] von, wenn man als Redoxvorgang folgende Gleichung zugrunde legt: Fe^{3+} + 1 $e^- \rightarrow Fe^{2+}$

E = 0,75 + 0,06/1 log [1 %]/[99 %] ~ 0,75 + 0,06 log $[10^{-2}]$ = 0,75 – 0,12 = **+0,63 V**

488 E

Eine Lösung, die 1 % Fe^{2+}-Ionen und 99 % Fe^{3+}-Ionen enthält, hat ein *Redoxpotential* (E) [E°(Fe^{3+}/Fe^{2+}) = +0,75 V] von, wenn man als Redoxvorgang folgende Gleichung zugrunde legt: Fe^{3+} + 1 $e^- \rightarrow Fe^{2+}$

E = 0,75 + 0,06/1 log [99 %]/[1 %] ~ 0,75 + 0,06 log $[10^2]$ = 0,75 + 0,12 = **+0,87 V**

489 B

Eine **Konzentrationskette** (Konzentrationselement) ist eine galvanische Zelle, die aus zwei gleichartigen Halbzellen (gleichen korrespondierenden Redoxpaaren) besteht. Aufgrund unterschiedlicher Konzentrationen fließt dennoch ein Strom, der einen Konzentrationsausgleich zur Folge hat.

Die linke Halbzelle enthält Kupfersulfat (c = 1,0 mol · l^{-1}) in höherer, die rechte Halbzelle enthält Kupfersulfat (c = 0,1 mol · l^{-1}) in niedrigerer Konzentration. In beide Zellen taucht ein Kupferdraht (Redoxpaar: Cu^{2+}/Cu) ein. Aufgrund des Konzentrationsunterschieds fließt durch den Kupferdrahtbügel ein Strom und die Kupfer-Ionenkonzentration in der rechten Halbzelle wird größer (Konzentrationsausgleich).

490 B

In den Fragen Nr. **490–495** wird mit E_l das Einzelpotential der linken, mit E_r das Einzelpotential der rechten Halbzelle in den abgebildeten galvanischen Elementen (Konzentrationsketten) gekennzeichnet.

Aufgrund des Redoxvorgangs ($Ag^+ + 1\,e^- \rightarrow Ag$) ergeben sich mit Hilfe der Nernstschen Gleichung für die beiden Halbzellen folgende Einzelpotentiale [Dabei muss die Konzentration des Metalls – reduzierte Form – nicht berücksichtigt werden.]:

$$E_l = E°(Ag^+/Ag) + (0{,}058/1)\ \log\ [Ag^+] = E°(Ag^+/Ag) + 0{,}058\ \log\ [10^{-3}]$$
$$E_r = E°(Ag^+/Ag) + (0{,}058/1)\ \log\ [Ag^+] = E°(Ag^+/Ag) + 0{,}058\ \log\ [10^{-5}]$$

Daraus errechnet sich die Potentialdifferenz beider Halbzellen zu, wobei man das niedrigere vom höheren Einzelpotential abzieht:

$$\Delta E = E_l - E_r = 0{,}058\ \log\ [10^{-3}] - 0{,}058\ \log\ [10^{-5}] = 0{,}058\ \log\ 10^2 = \mathbf{0{,}116\ V}$$

491 C

Aufgrund des Redoxvorgangs ($Cu^{2+} + 2\,e^- \rightarrow Cu$) ergeben sich mit Hilfe der Nernstschen Gleichung für die beiden Halbzellen folgende Einzelpotentiale, wobei die Konzentration des metallischen Kupfers – reduzierte Form – bei der Erstellung der Nernst-Formel nicht berücksichtig werden muss:

$$E_l = E°(Cu^{2+}/Cu) + (0{,}058/2)\ \log\ [Cu^{2+}] = E°(Cu^{2+}/Cu) + (0{,}058/2)\ \log\ [10^{-2}]$$
$$E_r = E°(Cu^{2+}/Cu) + (0{,}058/2)\ \log\ [Cu^{2+}] = E°(Cu^{2+}/Cu) + (0{,}058/2)\ \log[10^{-4}]$$

Daraus errechnet sich die Potentialdifferenz beider Halbzellen zu, wobei man das niedrigere vom höheren Einzelpotential abzieht:

$$\Delta E = E_l - E_r = 0{,}058/2\ \log\ [10^{-2}] - 0{,}058/2\ \log\ [10^{-4}] = 0{,}058/2\ \log\ 10^2 = \mathbf{0{,}058\ V}$$

492 D

Aufgrund des Redoxvorgangs ($Cu^{2+} + 2\,e^- \rightarrow Cu$) ergeben sich mit Hilfe der Nernstschen Gleichung für die beiden Halbzellen folgende Einzelpotentiale:

$$E_l = E°(Cu^{2+}/Cu) + (0{,}058/2)\ \log\ [10^{-3}]\ \text{und}\ E_r = E°(Cu^{2+}/Cu) + (0{,}058/2)\ \log\ [10^{-4}]$$

Daraus errechnet sich die Potentialdifferenz beider Halbzellen zu, wobei man das niedrigere vom höheren Einzelpotential abzieht:

$$\Delta E = E_l - E_r = 0{,}058/2\ \log\ [10^{-3}] - 0{,}058/2\ \log\ [10^{-4}] = 0{,}058/2\ \log\ 10^1 = \mathbf{0{,}029\,V}$$

493 A

Aufgrund des Redoxvorgangs ($Cu^{2+} + 2\,e^- \rightarrow Cu$) ergeben sich mit Hilfe der Nernstschen Gleichung für die beiden Halbzellen folgende Einzelpotentiale:

$$E_l = E°(Cu^{2+}/Cu) + (0{,}058/2)\ \log\ [10^{-1}]\ \text{und}\ E_r = E°(Cu^{2+}/Cu) + (0{,}058/2)\ \log\ [10^{-2}]$$

Daraus errechnet sich die Potentialdifferenz beider Halbzellen zu, wobei man das niedrigere vom höheren Einzelpotential abzieht:

$$\Delta E = E_l - E_r = 0{,}058/2\ \log\ [10^{-1}] - 0{,}058/2\ \log\ [10^{-2}] = 0{,}058/2\ \log\ 10^1 = \mathbf{0{,}029\ V \sim 0{,}03\ V}$$

494 B

Aufgrund des Redoxvorgangs ($Fe^{3+} + 1e^- \rightarrow Fe^{2+}$) ergeben sich mit Hilfe der Nernstschen Gleichung für die beiden Halbzellen folgende Einzelpotentiale:

$E_l = E^o(Fe^{3+}/Fe^{2+}) + (0,058/1) \log [Fe^{3+}]/[Fe^{2+}] = E^o(Fe^{3+}/Fe^{2+}) + 0,058 \log [10^{-2}]/[10^{-3}]$
$E_r = E^o(Fe^{3+}/Fe^{2+}) + (0,058/1) \log [Fe^{3+}]/[Fe^{2+}] = E^o(Fe^{3+}/Fe^{2+}) + 0,058 \log [10^{-3}]/[10^{-3}]$

Daraus errechnet sich die Potentialdifferenz beider Halbzellen zu, wobei man das niedrigere vom höheren Einzelpotential abzieht:

$\Delta E = E_l - E_r = 0,058 \log [10^{-1}] - 0,058 \log [1] = 0,058 \cdot 1 - 0,058 \cdot 0 = \textbf{0,058 V}$

495 E

Aufgrund des Redoxvorgangs ($Fe^{3+} + 1e^- \rightarrow Fe^{2+}$) ergeben sich mit Hilfe der Nernstschen Gleichung für die beiden Halbzellen folgende Einzelpotentiale:

$E_l = E^o(Fe^{3+}/Fe^{2+}) + (0,058/1) \log [Fe^{3+}]/[Fe^{2+}] = E^o(Fe^{3+}/Fe^{2+}) + 0,058 \log [10^{-4}]/[10^{-2}]$
$E_r = E^o(Fe^{3+}/Fe^{2+}) + (0,058/1) \log [Fe^{3+}]/[Fe^{2+}] = E^o(Fe^{3+}/Fe^{2+}) + 0,058 \log [10^{-2}]/[10^{-4}]$

Daraus errechnet sich die Potentialdifferenz beider Halbzellen zu, wobei man das niedrigere vom höheren Einzelpotential abzieht:

$\Delta E = E_r - E_l = 0,058 \log [10^2] - 0,058 \log [10^{-2}] = 0,058 \cdot 2 - 0,058 \cdot (-2) = \textbf{0,232 V}$

496 A

Beide Halbzellen besitzen denselben Konzentrationsquotienten von $[10^{-2}]$ (aus $10^{-4}/10^{-2}$ bzw. $10^{-5}/10^{-3}$), so dass kein Konzentrationsunterschied besteht und *kein* Strom fließt, da beide Halbzellen das gleiche Einzelpotential besitzen. Es ist: $\mathbf{\Delta E = 0\ V}$

497 D

Das Potential der GKE beträgt $E_{GKE} = +0,24$ V; die EMK der Zelle beträgt $\Delta E_Z = -0,18$ V. Somit ergibt sich für das Potential (E_x) des gesuchten korrespondierenden Redoxpaares zu:

$E_x = \Delta E_Z + E_{GKE} = -0,18 + 0,24 = \textbf{+0,06 V}$

498 E   499 E   500 C

Wie die Formelgleichungen ausweisen, sind an allen genannten Redoxprozessen **Hydroxonium-Ionen** beteiligt und daher ist das Redoxpotential der betreffenden korrespondierenden Redoxpaare *pH-abhängig*.

$Mn^{2+} + 6 H_2O \rightarrow MnO_2 + 4\ \mathbf{H_3O^+} + 2e^-$
$HCHO + 3 H_2O \rightarrow HCOOH + 2\ \mathbf{H_3O^+} + 2e^-$
$NO + 6 H_2O \rightarrow NO_3^- + 4\ \mathbf{H_3O^+} + 3e^-$
$Mn^{2+} + 12 H_2O \rightarrow MnO_4^- + 8\ \mathbf{H_3O^+} + 5e^-$

499 E   498 E   500 C

Wie die Formelgleichungen ausweisen ist das Redoxpotential des korrespondierenden Redoxpaares **[Iod/Iodid]** im neutralen und sauren Bereich am *wenigsten* pH-abhängig, weil an diesem Redoxvorgang keine H^+-Ionen beteiligt sind:

$AsO_3^{3-} + 3 H_2O \rightarrow AsO_4^{3-} + 2 H_3O^+ + 2e^-$
$Mn^{2+} + 12 H_2O \rightarrow MnO_4^- + 8 H_3O^+ + 5e^-$
$2 Cr^{3+} + 21 H_2O \rightarrow Cr_2O_7^{2-} + 14 H_3O^+ + 6e^-$
$H_2O_2 + 2 H_2O \rightarrow O_2 + 2 H_3O^+ + 2e^-$
$3 I^- \rightarrow I_3^- + 2e^-$

500 C   **498** E   **499** E

Wie die Formelgleichungen ausweisen ist das Redoxpotential des korrespondierenden Redoxpaares [**Mangan(II)/Permanganat**] am *meisten* vom pH-Wert der Lösung abhängig.

$$Cl_2 + 2\,e^- \rightarrow 2\,Cl^-$$
$$I_2 + 2\,e^- \rightarrow 2\,I^-$$
$$\mathbf{MnO_4^- + 8\,H_3O^+ + 5\,e^- \rightarrow Mn^{2+} + 12\,H_2O}$$
$$O_2 + 4\,H_3O^+ + 4\,e^- \rightarrow 6\,H_2O$$
$$2\,H^+ + 2\,e^- \rightarrow H_2$$

501 A

Für einen pH-abhängigen Oxidationsvorgang (Red $\rightarrow$ Ox + m H$^+$ + n e$^-$) lautet die Nernstsche Gleichung für die Konzentrations- und pH-Abhängigkeit des Redoxpotentials:

$$\mathbf{E = E^\circ - 0{,}059 \cdot (m/n) \cdot pH + (0{,}059/n) \cdot \log\,[Ox]/[Red]}$$

Daraus folgt bei pH = 5 für den Oxidationsvorgang (Red + H$_2$O $\rightarrow$ Ox + 2 H$^+$ + 2 e$^-$) mit m = n = 2, E$^\circ$ = +0,16 V und c_{ox}/c_{red} = 0,1/99,9:

$$\mathbf{E} \sim +0{,}16 - 0{,}06 \cdot (2/2) \cdot 5 + (0{,}06/2) \cdot \log\,[10^{-1}]/[10^2] = +0{,}16 - 0{,}30 + 0{,}03 \log\,[10^{-3}]$$
$$= -0{,}14 + 0{,}03\,(-3) = -0{,}14 - 0{,}09 = \mathbf{-0{,}23\,V}$$

502 C

Basierend auf dem Reduktionsvorgang (MnO$_4^-$ + 8 H$_3$O$^+$ + 5 e$^-$ $\rightarrow$ Mn^{2+} + 12 H$_2$O) lautet die Nernstsche Gleichung für das *Oxidationspotential* einer **Kaliumpermanganat-Lösung** im sauren Milieu: E = E$^\circ$(MnO$_4^-$/Mn^{2+}) + (0,058/5) log [MnO$_4^-$] · [H$_3$O$^+$]^8/[Mn^{2+}]

Die Erhöhung der Permanganat-Konzentration und/oder die Erhöhung der Schwefelsäure-Konzentration erhöhen das Oxidationspotential von KMnO$_4$, da sie im Konzentrationsterm der Nernst-Formel den Zähler vergrößern.

Die Erniedrigung der Schwefelsäure-Konzentration und/oder die Erhöhung der Mn(II)-Konzentration (Zugabe von MnSO$_4$) erniedrigen das Oxidationspotential von KMnO$_4$.

503 C   **504** E   **505** E

Für einen pH-abhängigen Redoxvorgang (Red $\rightarrow$ Ox + m H$^+$ + n e$^-$) lautet die Nernstsche Formel für das Redoxpotential:

$$\mathbf{E = E^\circ + 0{,}059 \cdot (m/n) \cdot pH + (0{,}059/n) \log\,[Ox]/[Red]}$$

Für die **Reduktion** von **Permanganat** zu Mn(II) im sauren Milieu ergibt sich aufgrund des Reduktionsvorgangs (MnO$_4^-$ + 8 H$_3$O$^+$ + 5 e$^-$ $\rightarrow$ Mn^{2+} + 12 H$_2$O) die Nernstsche Formel zu:

$$E = E^\circ(MnO_4^-/Mn^{2+}) + 0{,}059\,(8/5)\,pH + 0{,}059/5 \log\,[MnO_4^-]/[Mn^{2+}]$$

Aufgrund des pH-Terms [0,059 (8/5) 1 ~ 0,094] verändert sich deshalb das Oxidationspotential von Permanganat um **-0,09 V**, wenn man den pH-Wert (ΔpH = 1) um eine pH-Einheit *erhöht*. Das Potential verändert sich um **+0,09 V**, wenn man den pH-Wert um eine Einheit *erniedrigt*.

Eine schwefelsaure Lösung [a(H$^+$) = 1 mol · l^{-1}] hat einen pH-Wert von *Null*. Für eine Permanganat-Lösung, in der 1 % des Permanganats zu Mn(II) reduziert wurde, ergibt sich das Redoxpotential (E) bei pH = 0 zu [Standardpotential E$^\circ$(MnO$_4^-$/Mn^{2+}) = +1,515 V]:

$$\mathbf{E} = 1{,}515 + 0{,}059 \cdot (8/5) \cdot \mathbf{0} + 0{,}059/5 \log\,[99\,\%]/[1\,\%] \sim 1{,}515 + 0{,}012 \log\,[10^2]$$
$$= 1{,}515 + (0{,}012 \cdot 2) = 1{,}515 + 0{,}024 = \mathbf{1{,}539\,V}$$

506 C

Aufgrund der Reduktionsgleichung ($Cr_2O_7^{2-} + 14\,H_3O^+ + 6\,e^- \rightarrow 2\,Cr^{3+} + 21\,H_2O$) ergibt sich das Redoxpotential (E) einer äquimolaren Lösung aus $[Cr_2O_7^{2-}] = [Cr^{3+}] = 1\,mol\cdot l^{-1}$ in 1 molarer Schwefelsäure (pH = 0) zu [Standardpotential $E^\circ(Cr_2O_7^{2-}/Cr^{3+}) = 1{,}38\,V$]:

$$E = E^\circ + 0{,}059\,(m/n)\,pH + 0{,}059/n\,\log [Ox]/[Red]$$
$$= 1{,}38 + 0{,}059\cdot(14/6)\cdot 0 + 0{,}059/6\,\log [Cr_2O_7^{2-}]/[Cr^{3+}]^2 = 1{,}38 + 0{,}059/6\,\log 1 = \mathbf{1{,}38\,V}$$

507 E

Für eine Redoxreaktion der allgemeinen Formel

$$n\,Ox^1 + n^*\,Red^2 \rightleftharpoons n\,Red^1 + n^*\,Ox^2$$

ergibt sich die **Gleichgewichtskonstante** (K) zu:

$$-\log K = pK = (n\cdot n^*/0{,}059)\,(E^\circ_{Red}\,E^\circ_{Ox})$$

Für eine Redoxreaktion der allgemeinen Formel ($2\,Red^2 + 3\,Ox^1 \rightleftharpoons 2\,Ox^2 + 3\,Red^1$) berechnet sich die Gleichgewichtskonstante (K) zu ($E^\circ_{Red} = -0{,}8\,V$ und $E^\circ_{Ox} = +1{,}4\,V$):

$$-\log K = (2\cdot 3/0{,}06)\,(-0{,}8-1{,}4) = 100\,(-2{,}2) = -220 \Rightarrow \mathbf{K = 10^{224}}$$

508 A   509 C

Folgende Aussagen über den Verlauf der **Titrationskurve** einer **Redoxtitration** treffen zu:
- Der Verlauf der Titrationskurve wird durch die Standardpotentiale (Normalpotential) der beiden am Redoxprozess beteiligten korrespondierenden Redoxpaare bestimmt. Grundlage für die Berechnung der Titrationskurve ist die Nernstsche Gleichung. Vor dem Äquivalenzpunkt bestimmt das Redoxpotential des Analyten, danach das Redoxpotential der Maßlösung den Kurvenverlauf.
- Die sprunghafte Potentialänderung in der Nähe des Äquivalenzpunktes einer Redoxtitration ist umso größer, je mehr sich die Standardpotentiale (Normalpotentiale) der Reaktanden (der beiden beteiligten korrespondierenden Redoxpaare) voneinander unterscheiden.
- Der Wendepunkt der Titrationskurve beim Titrationsgrad $\tau = 1$ entspricht etwa dem Äquivalenzpunkt der Titration.
- Bei pH-abhängigen Redoxprozessen wird der Verlauf der Titrationskurve auch vom pH-Wert der Lösung bestimmt.

510 A   511 B   512 C   513 A   514 B   515 A   516 B
517 E

Über die Berechnung *ausgezeichneter Punkte* der **Redoxtitrationskurve** der *Bestimmung* von **Eisen(II)** mit **Cer(IV)** [$Fe^{2+} + Ce^{4+} \rightarrow Fe^{3+} + Ce^{3+}$] lassen sich folgende Aussagen machen:
- $\tau = 0{,}5$: Am *Halbtitrationspunkt* entspricht das Redoxpotential (E) dem Normalpotential (E°) des Analyten:

$$E = E^\circ(Fe^{3+}/Fe^{2+}) + 0{,}059\,\log [Fe^{3+}]/[Fe^{2+}] = \mathbf{E^\circ(Fe^{3+}/Fe^{2+})} -0{,}059\,\log [Fe^{2+}]/[Fe^{3+}]$$

Am Halbtitrationspunkt ist $[Fe^{3+}] = [Fe^{2+}]$ und es wird (mit $\log 1 = 0$):

$$\mathbf{E = E^\circ(Fe^{3+}/Fe^{2+}) = 0{,}77\,V}$$

- $\tau = 1$: Das Potential am Äquivalenzpunkt ($E_Ä$) der cerimetrischen Bestimmung von Eisen(II)-Salzen ist gleich dem arithmetischen Mittel der beiden Normalpotentiale (E°).

$$\mathbf{E_Ä = \tfrac{1}{2}\,[E^\circ(Fe^{3+}/Fe^{2+}) + E^\circ(Ce^{4+}/Ce^{3+})] = \tfrac{1}{2}\,[0{,}77 + 1{,}44] = +1{,}11\,V}$$

- $\tau = 2$: Im Überschussbereich bestimmt das Potential der Cer(IV)-Maßlösung den Kurvenverlauf. Es gilt:

$$E = E^0(Ce^{4+}/Ce^{3+}) + 0{,}059 \log [Ce^{4+}]/Ce^{3+}] = \mathbf{E^0(Ce^{4+}/Ce^{3+}) - 0{,}059 \log [Ce^{3+}]/[Ce^{4+}]}$$

Beim Titrationspunkt $\tau = 2$ (100 % Überschuss an Maßlösung) ist $[Ce^{4+}] = [Ce^{3+}]$ und es wird (mit $\log 1 = 0$):

$$\mathbf{E = E^0 (Ce^{4+}/Ce^{3+}) = 1{,}44\ V}$$

Das Potential beim Titrationspunkt $\tau = 2$ entspricht somit dem Normalpotential des Titrators.

518 B   521 D

Über die **Titration von Eisen(II)-Salzen** mit *Kaliumpermanganat-Maßlösung* treffen folgende Aussagen zu:
- Das Potential am Halbtitrationspunkt ($\tau = 0{,}5$) entspricht in etwa dem Normalpotential des Analyten (Redoxsystem Fe^{3+}/Fe^{2+}).
- Das Potential am Äquivalenzpunkt ($\tau = 1$) liegt näher beim Normalpotential des Systems, dessen einzelne Teilchen mehr Elektronen austauschen (MnO_4^-/Mn^{2+}) [zur Berechnung des Äquivalenzpotentials siehe Frage Nr. **521**].

519 B

Das Potential am Halbtitrationspunkt ($\tau = 0{,}5$) entspricht in etwa dem Normalpotential des Analyten (Redoxsystem Fe^{3+}/Fe^{2+}) und beträgt **$E = 0{,}77\ V$**.

520 A

Wenn 1 Mol eines Oxidationsmittels mit 1 Mol eines Reduktionsmittels reagieren, so entspricht das Potential am Äquivalenzpunkt ($E_Ä$) gleich dem arithmetischen Mittel der beiden am Redoxvorgang beteiligten korrespondierenden Redoxpaare:

$$\mathbf{E_Ä = \tfrac{1}{2} (E_1^o + E_2^o)}$$

521 D   1775 C

Für eine pH-abhängige Redoxreaktion der allgemeinen Formel (a Ox^1 + b Red^2 + m H^+ → a Red^1 + b Ox^2) ergibt sich das Potential am Äquivalenzpunkt ($E_Ä$) zu:

$$\mathbf{E_Ä = (a \cdot E_2^o + b \cdot E_1^o - 0{,}059 \cdot m \cdot pH)/(a+b)}$$

Der Oxidation von Eisen(II)-Salzen mit Permanganat-Lösung bei pH = 0 liegt folgende Formelgleichung zugrunde: $1\ MnO_4^- + 5\ Fe^{2+} + 8\ H_3O^+ \rightarrow 1\ Mn^{2+} + 5\ Fe^{3+} + 12\ H_2O$

Daraus berechnet sich das Äquivalenzpotential mit den Normalpotentialen $E^o(MnO_4^-/Mn^{2+}) = +1{,}52\ V$ und $E^o(Fe^{3+}/Fe^{2+}) = +0{,}77\ V$ zu:

$$E_Ä = (5 \cdot 1{,}52 + 1 \cdot 0{,}77 - 0{,}059 \cdot 8 \cdot 0)/1 + 5 = (7{,}60 + 0{,}77)/6 = 8{,}37/6 = \mathbf{1{,}4\ V}$$

Das Äquivalenzpotential liegt also näher beim Normalpotential des Permanganats, das heißt, dem Redoxsystem, das mehr Elektronen austauscht (siehe auch Frage Nr. **518**).

522 E

Aufgrund der Redoxgleichung ($Cr_2O_7^{2-} + 6\ Fe^{2+} + 14\ H_3O^+ \rightarrow 2\ Cr^{3+} + 6\ Fe^{3+} + 21\ H_2O$) berechnet sich bei pH = 0 das Äquivalenzpotential ($E_Ä$) der Oxidation von Fe(II) mit Cr(VI) [Normalpotentiale $E^o(Cr_2O_7^{2-}/Cr^{3+}) = +1{,}36\ V$ und $E^o(Fe^{3+}/Fe^{2+}) = +0{,}77\ V$] – gemäß der Definitionsgleichung in Frage Nr. **521** – zu:

$$E_Ä = (6 \cdot 1{,}36 + 1 \cdot 0{,}77 - 0{,}059 \cdot 14 \cdot 0)/(1+6) = (8{,}16 + 0{,}77)/7 = \mathbf{1{,}276\ V}$$

523 C

▪ Wenn gleiche Stoffmengen Oxidations- und Reduktionsmittel miteinander reagieren, so ergibt sich das **Äquivalenzpotential** ($E_{\text{Ä}}$) als arithmetisches Mittel der Normalpotentiale der beiden an der Redoxreaktion beteiligten korrespondierenden Redoxpaare:

$$E_{\text{Ä}} = \tfrac{1}{2}(1{,}0 + 2{,}0) = \mathbf{+1{,}5\ V}$$

524 D

▪ Für die Redoxreaktion ($Fe^{2+} + Ce^{4+} \rightarrow Fe^{3+} + Ce^{3+}$) mit den Normalpotentialen $E°(Fe^{3+}/Fe^{2+}) = +0{,}77$ V und $E°(Ce^{4+}/Ce^{3+}) = +1{,}37$ V ergibt sich das Äquivalenzpotential ($E_{\text{Ä}}$) als arithmetisches Mittel aus den beiden Normalpotentialen:

$$E_{\text{Ä}} = \tfrac{1}{2}(0{,}77 + 1{,}37) = \mathbf{+1{,}07\ V}$$

▪ Dies führt am Äquivalenzpunkt – gemäß der Nernstschen Gleichung – zu einem Konzentrationsverhältnis $[Fe^{3+}]/[Fe^{2+}]$ von:

$$E_{\text{Ä}} = E°(Fe^{3+}/Fe^{2+}) + 0{,}06 \log [Fe^{3+}]/[Fe^{2+}]$$
$$\log [Fe^{3+}]/[Fe^{2+}] = (E_{\text{Ä}} - E°)/0{,}06 = (1{,}07 - 0{,}77)/0{,}06 = 0{,}30/0{,}06 = 5$$
$$[Fe^{3+}]/[Fe^{2+}] = 10^5$$

525 C

▪ **Diphenylamin** und **Ferroin** können als *Redoxindikatoren* eingesetzt werden.
▪ *Bromthymolblau* ist ein Säure-Base-Indikator und *Xylenolorange* wird bei komplexometrischen Titrationen als Indikator verwendet.

526 C

▪ Das farblose **Diphenylamin** wird zunächst zu *Tetraphenylhydrazin* oxidiert und anschließend in schwefelsaurer Lösung irreversibel zum *farblosen Diphenylbenzidin* umgelagert. Danach erfolgt in einem reversiblen Oxidationsschritt der Farbwechsel unter Bildung von *tiefblauem* **Diphenylbenzidinviolett** (*Diphenylaminblau*).

527 B **528** C **333** C

Über **Ferroin** lassen sich folgende Aussagen machen:
- Ferroin ist ein *zweifarbiger* Redoxindikator bestehend aus einem Chelatkomplex mit Fe(II) als Zentralatom und drei *Phenanthrolin*-Molekülen als Liganden.
- Der Farbwechsel erfolgt unter Erhalt des Komplexes durch Oxidation des Fe(II)-Zentralatoms zum Fe(III)-Zentralatom. *Rotes* Ferroin wird so zum *blauen Ferriin*.
- Ferroin ist im pH-Bereich 2,5–9,0 beständig; bei pH-Werten > 10 zersetzt sich der Komplex unter Bildung von Eisen(II)-hydroxid [Fe(OH)$_2$].

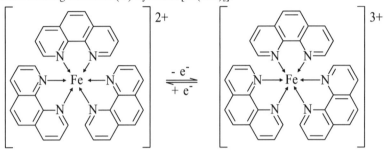

Ferroin; rot   **Ferriin; blau**

529 D

Der *Umschlagspunkt* eines *zweifarbigen* Redoxindikators hängt von seinem Normalpotential (E^o_{ind}) ab.

530 B **531** C

Iod (I_2), *Kaliumdichromat* ($K_2Cr_2O_7$), *Kaliumpermanganat* ($KMnO_4$), *Kaliumbromat* ($KBrO_3$) und *Cer(IV)-sulfat* [$Ce(SO_4)_2$] sind Oxidationsmittel, die zur Herstellung von Maßlösungen geeignet sind.

Natriumthiosulfat ($Na_2S_2O_3$) ist ein Reduktionsmittel.

Wasserstoffperoxid (H_2O_2) wirkt zwar oxidierend, kann aber *nicht* zur Herstellung einer Maßlösung verwendet werden.

532 D **533** C **534** C **535** B

Über die *Herstellung* und *Einstellung* einer **Iod-Maßlösung** lassen sich folgende Aussagen machen:
- Zur Herstellung der Iod-Maßlösung (c = 0,5 mol·l^{-1}) werden 127 g elementares Iod (M_r = 253,81) und 200 g Kaliumiodid in 1000 ml Wasser gelöst. Für eine 0,05 molare Iod-Maßlösung mit einem Faktor von 0,90 werden deshalb **11,42 g Iod** (253,81 : 10 : 2 · 0,9) benötigt.
- *Kaliumiodid* ermöglicht erst durch Bildung von Triiodid-Ionen (I_3^-) die Wasserlöslichkeit des schlecht wasserlöslichen, elementaren Iods.
- Das Redoxpotential einer Iod-Lösung ($I_3^- + 2e^- \rightarrow 3\ I^-$) ist im neutralen und schwach sauren pH-Milieu nahezu *unabhängig* vom pH-Wert [$E^o(I_2/I^-)$= +0,54 V].
- Die Einstellung der Iod-Maßlösung erfolgt mit *Natriumthiosulfat-Maßlösung* gegen Stärke-Lösung als Indikator. Thiosulfat ($S_2O_3^{2-}$) wird dabei zu *Tetrathionat* ($S_4O_6^{2-}$) oxidiert.

$$I_3^- + 2\ S_2O_3^{2-} \rightarrow 3\ I^- + S_4O_6^{2-}$$

– Die Iod-Maßlösung kann in schwach saurem Milieu auch mit *Arsen*(III)-*oxid* (As_2O_3) als Urtiter eingestellt werden.

$$AsO_3^{3-} + I_3^- + 3\,H_2O \rightarrow AsO_4^{3-} + 3\,I^- + 2\,H_3O^+$$

Povidon-Iod ist ein Komplex aus Iod und dem Polymer Polyvinylpyrrolidon, der als Desinfektionsmittel eingesetzt wird.

536 B

Der *Zusatz* von *Natriumcarbonat* (Na_2CO_3) erhöht die Beständigkeit einer **Natriumthiosulfat-Maßlösung**, weil gelöstes CO_2 durch Bildung von Hydrogencarbonat-Ionen (HCO_3^-) gebunden und Spuren an Cu-Ionen ausgefällt werden.

$$CO_3^{2-} + H_2O \rightarrow HCO_3^- + HO^- \xrightarrow{+CO_2} 2\,HCO_3^-$$

537 D   535 B   538 D

Thiosulfat ($S_2O_3^{2-}$) wird durch eine wässrige Iod-Lösung (I_2, I_3^-) in *neutraler* bis *schwach saurer* Lösung zu *Tetrathionat* ($S_4O_6^{2-}$) oxidiert.

$$I_3^- + 2\,S_2O_3^{2-} \rightarrow 3\,I^- + S_4O_6^{2-}$$

538 D   535 B   537 D

Thiosulfat ($S_2O_3^{2-}$) wird im *Alkalischen* von Iod-Lösung zu Sulfat (SO_4^{2-}) oxidiert. Oxidierendes Agens ist allerdings in der alkalischen Lösung das *Hypoiodit-Ion* (IO^-).

$$S_2O_3^{2-} + 4\,IO^- + 2\,HO^- \rightarrow 2\,SO_4^{2-} + 4\,I^- + H_2O$$

539 B   540 D   629 A   1738 D

Eine **Kaliumpermanganat-Maßlösung** ($M_r = 158{,}0$) kann gegen *Oxalsäure* (HOOC-COOH) als Urtiter gemäß folgender Formelgleichung eingestellt werden:

$$2\,MnO_4^- + 5\,H_2C_2O_4 + 6\,H_3O^+ \rightarrow 2\,Mn^{2+} + 10\,CO_2\uparrow + 14\,H_2O$$

Gemäß obiger Reaktionsgleichung sind 0,5 mMol Oxalat 0,2 mMol Kaliumpermanganat äquivalent. 0,2 mMol $KMnO_4$ entsprechen 0,316 g/ml. Somit sind in 10 ml $KMnO_4$-Maßlösung **3,16 g** $KMnO_4$ enthalten.

541 B

Arsen(III)-oxid (As_2O_3) und **Kaliumbromat** ($KBrO_3$) sind Urtiter zum Einstellen von Maßlösungen für Redoxtitrationen.

Benzoesäure und *Kaliumhydrogenphthalat* sind Urtiter in der Alkalimetrie.

542 B

Eine **Ammoniumcer(IV)-Salzlösung** kann mit Arsen(III)-oxid als Urtiter (bzw. mit Arsenit) gemäß folgender Formelgleichung eingestellt werden.

$$2\,Ce^{4+} + AsO_3^{3-} + 3\,H_2O \rightarrow 2\,Ce^{3+} + AsO_4^{3-} + 2\,H_3O^+$$

543 B

Zur Reinigung wird **Arsen(III)-oxid** (As_2O_3) in einer geeigneten Apparatur *sublimiert* und über Silicagel gelagert.

544 C   **545** C

Aufgrund der Reaktionsgleichung
$$AsO_3^{3-} + I_2 + 2\,HCO_3^- \rightarrow AsO_4^{3-} + 2\,I^- + 2\,CO_2\uparrow + H_2O$$
reagiert 1 Äquivalent Arsenit in hydrogencarbonathaltiger Lösung mit 2 Äquivalenten Iod, so dass 1 ml einer 1 molaren Iod-Lösung **1 ml** einer 0,5 molaren Arsenit-Lösung entspricht.

546 C   **547** B   **548** B

Kaliumbromat (KBrO$_3$), *Kaliumiodat* (KIO$_3$) und *Kaliumdichromat* (K$_2$Cr$_2$O$_7$) können als Urtiter in Redoxtitrationen verwendet werden und eignen sich daher zur Einstellung einer Natriumthiosulfat-Maßlösung.

Silbernitrat (AgNO$_3$) ist keine Urtitersubstanz und *Natriumcarbonat* (Na$_2$CO$_3$) dient als Urtiter in der Acidimetrie.

547 B   **546** C   **548** B

Der Einstellung einer **Natriumthiosulfat-Maßlösung** (Na$_2$S$_2$O$_3$) mit *Kaliumiodat* (KIO$_3$) als Urtiter liegen folgende Reaktionsgleichungen zugrunde:
$$IO_3^- + 5\,I^- + 6\,H_3O^+ \rightarrow 3\,I_2 + 9\,H_2O$$
$$I_2 + 2\,S_2O_3^{2-} \rightarrow 2\,I^- + S_4O_6^{2-}$$

548 B   **546** C   **547** B

Der Einstellung einer **Natriumthiosulfat-Maßlösung** (Na$_2$S$_2$O$_3$) mit *Kaliumbromat* (KBrO$_3$) als Urtiter liegen folgende Reaktionsgleichungen zugrunde:
$$BrO_3^- + 6\,I^- + 6\,H_3O^+ \rightarrow 3\,I_2 + 9\,H_2O + Br^-$$
$$I_2 + 2\,S_2O_3^{2-} \rightarrow 2\,I^- + S_4O_6^{2-}$$

549 B   **550** B

Die Einstellung einer **Natriumnitrit-Maßlösung** (NaNO$_2$) erfolgt bei elektrometrischer Endpunktanzeige gegen *Sulfanilamid* (R = NH$_2$) oder gegen *Sulfanilsäure* (R = OH). Die beiden primären aromatischen Amine werden dabei in die betreffenden Aryldiazonium-Ionen (Ar-N$_2^+$) umgewandelt.

$$H_2N\text{–}\langle\!\!\!\bigcirc\!\!\!\rangle\text{–}\underset{O}{\overset{O}{\overset{\|}{\underset{\|}{S}}}}\text{-R} + HNO_2 + H_3O^+ \longrightarrow \overset{+}{N}\!\!\equiv\!\!N\text{–}\langle\!\!\!\bigcirc\!\!\!\rangle\text{–}\underset{O}{\overset{O}{\overset{\|}{\underset{\|}{S}}}}\text{-R} + 3\,H_2O$$

7.2 Methoden, pharmazeutische Anwendungen, insbesondere nach Arzneibuch

| 551 | D | 552 | C | 553 | B | 502 | C | 503 | C | 504 | E | 505 | E |
| 539 | B | 540 | D | 554 | D | 556 | C |

- Über die **Permanganometrie** lassen sich folgende Aussagen machen:
  - Die Kaliumpermanganat-Maßlösung besitzt nur eine *geringe Titerbeständigkeit*.
  - Zur Einstellung der KMnO$_4$-Maßlösung kann *Oxalsäure* (H$_2$C$_2$O$_4$) oder *Natriumoxalat* (Na$_2$C$_2$O$_4$) verwendet werden, die zu Kohlendioxid (CO$_2$) oxidiert werden.

  $$2\,MnO_4^- + 5\,H_2C_2O_4 + 6\,H_3O^+ \rightarrow 2\,Mn^{2+} + 10\,CO_2\uparrow + 14\,H_2O$$

  - Das Redoxpotential des korrespondierenden Redoxpaares MnO$_4^-$/Mn^{2+} ist pH-abhängig.
  - Im alkalischen Milieu beträgt die Redoxäquivalentmasse von Kaliumpermanganat **1/3** seiner Molmasse. MnO$_4^-$ wird unter Aufnahme von 3 Elektronen zu *Braunstein* (MnO$_2$) reduziert.

  $$MnO_4^- + 4\,H^+ + 3\,e^- \rightarrow MnO_2 + 2\,H_2O$$

  - Bei Titrationen im sauren Milieu beträgt die Redoxäquivalentmasse von KMnO$_4$ **1/5** seiner Molmasse. MnO$_4^-$ wird unter Aufnahme von 5 Elektronen zu Mn(II) reduziert.

  $$MnO_4^- + 8\,H^+ + 5\,e^- \rightarrow Mn^{2+} + 4\,H_2O$$

  - Der Endpunkt permanganometrischer Direkttitrationen wird durch die *Eigenfärbung* des Permanganats indiziert (Rosafärbung der Titrationslösung).
  - Aufgrund des höheren Normalpotentials kann Permanganat [E°(MnO$_4^-$/Mn^{2+}) = +1,52 V] als stärkeres Oxidationsmittel in salzsaurer Lösung [c(HCl) = 2 mol·l^{-1}] Chlorid zu Chlor [E°(Cl$_2$/Cl$^-$) = +1,36 V] oxidieren.

  $$2\,MnO_4^- + 10\,Cl^- + 16\,H^+ \rightarrow 2\,Mn^{2+} + 5\,Cl_2 + 8\,H_2O$$

  - Permanganat ist ein stärkeres Oxidationsmittel als Wasserstoffperoxid (H$_2$O$_2$) [E°(O$_2$/H$_2$O$_2$) = +0,68 V] und oxidiert das Peroxid zu molekularem Sauerstoff (O$_2$).

  $$2\,MnO_4^- + 5\,H_2O_2 + 6\,H^+ \rightarrow 2\,Mn^{2+} + 5\,O_2\uparrow + 8\,H_2O$$

| 554 | D | 555 | E | 629 | A |

- Mit **Kaliumpermanganat** können folgende Stoffe oxidiert werden:

(A) *Chlorid* zu elementarem Chlor

$$2\,MnO_4^- + 10\,Cl^- + 16\,H_3O^+ \rightarrow 2\,Mn^{2+} + 5\,Cl_2 + 24\,H_2O$$

(B) *Iodid* zu elementarem Iod

$$2\,MnO_4^- + 10\,I^- + 16\,H_3O^+ \rightarrow 2\,Mn^{2+} + 5\,I_2 + 24\,H_2O$$

(C) *Wasserstoffperoxid* zu molekularem Sauerstoff

$$2\,MnO_4^- + 5\,H_2O_2 + 6\,H_3O^+ \rightarrow 2\,Mn^{2+} + 5\,O_2\uparrow + 14\,H_2O$$

(D) *Oxalate* zu Kohlendioxid

$$2\,MnO_4^- + 5\,C_2O_4^{2-} + 16\,H_3O^+ \rightarrow 2\,Mn^{2+} + 10\,CO_2\uparrow + 24\,H_2O$$

(E) *Ethanol* zu Acetaldehyd

$$2\,MnO_4^- + 5\,CH_3CH_2OH + 6\,H_3O^+ \rightarrow 2\,Mn^{2+} + 5\,CH_3CHO + 14\,H_2O$$

556 C **557** E **558** B **555** E

Über die *permanganometrische* Bestimmung von **Wasserstoffperoxid** (H_2O_2) lassen sich folgende Aussagen machen:
- Das Redoxpotential des Redoxpaares MnO_4^-/Mn^{2+} ist pH-abhängig. Die Oxidation von H_2O_2 zu molekularem Sauerstoff wird in schwefelsaurer Lösung durchgeführt. Der Endpunkt der Direkttitration wird durch die Eigenfärbung von überschüssigem Kaliumpermanganat indiziert (Rosafärbung der Lösung). Permanganat-Maßlösungen sind im Allgemeinen *nicht* titerbeständig.
- Die Redoxtitration kann durch die Formelgleichung

$$2\,MnO_4^- + 5\,H_2O_2 + 6\,H_3O^+ \rightarrow 2\,Mn^{2+} + 5\,O_2\uparrow + 14\,H_2O$$

beschrieben werden, wonach 2 Mol MnO_4^- 5 Mol H_2O_2 äquivalent sind. Daher reagieren **31,6 g** $KMnO_4$ ($M_r = 158\,g\cdot mol^{-1} : 5$) und **17 g** H_2O_2 ($M_r = 34\,g\cdot mol^{-1} : 2$) stöchiometrisch miteinander.
- Wie obige Reaktionsgleichung ausweist entspricht 1 Mol H_2O_2 **0,4 Mol** $KMnO_4$ und 1 mMol H_2O_2 sind somit $4\cdot 10^{-4}$ Mol $KMnO_4$ äquivalent. 1 ml $KMnO_4$-Maßlösung ($c = 1/50$ mol·l^{-1}) enthält $0,2\cdot 10^{-4}$ Mol $KMnO_4$. Daher werden zur Titration von 1 mMol H_2O_2 **20 ml** Maßlösung benötigt, die $4\cdot 10^{-4}$ Mol an $KMnO_4$ enthalten.

559 C

Gemäß der Reaktionsgleichung

$$2\,MnO_4^- + 3\,Mn^{2+} + 4\,HO^- + 3\,H_2O \rightarrow 5\,MnO(OH)_2$$

entsprechen 2 Mol (**316 g**) $KMnO_4$ [$M_r = 158\,g\cdot mol^{-1}$] 3 Mol (**507 g**) $MnSO_4\cdot H_2O$ [$M_r = 169\,g\cdot mol^{-1}$].

560 B

Gemäß der nachfolgenden Reaktionsgleichung

$$2\,MnO_4^- + 5\,AsO_3^{3-} + 6\,H_3O^+ \rightarrow 2\,Mn^{2+} + 5\,AsO_4^{3-} + 9\,H_2O$$

entsprechen 0,1 Mol Arsenit **0,04 Mol (0,2 Äquivalente)** Permanganat.

561 C

Eisen(II)-*Salze* lassen sich in schwefelsaurer Lösung mit Permanganat zu Fe(III) oxidieren, wobei pro 1 Mol Fe(II) **0,2 Mol** $KMnO_4$ und **1,6 Mol** H_3O^+-Ionen verbraucht werden.

$$5\,Fe^{2+} + MnO_4^- + 8\,H_3O^+ \rightarrow 5\,Fe^{3+} + Mn^{2+} + 12\,H_2O$$

562 C

Gegenüber Permanganat besitzen **Cer(IV)-Salz-Maßlösungen** einige Vorteile:
- hohe Titerbeständigkeit, selbst bei längerem Erhitzen,
- auch in salzsauren Lösungen kann titriert werden,
- eindeutiger Reaktionsverlauf infolge des nur eine Stufe betragenden Wertigkeitswechsels ($Ce^{4+} \rightarrow Ce^{3+}$); die Reaktion kann nicht auf einer Zwischenstufe stehen bleiben.

Um ein Ausfallen schwer löslicher, basischer Cer(IV)-Verbindungen zu verhindern, wird in *saurer* Lösung titriert.

563 E

Der *Endpunkt* **cerimetrischer Methoden** kann mithilfe von *Redoxindikatoren* (Ferroin, seltener Diphenylamin) und *elektrochemisch* (Amperometrie, Biamperometrie, Bivoltametrie) indiziert werden.

564 B   **565** D   **566** B

p-**Aminophenol** (1) kann cerimetrisch zu *p*-Chinonimin oxidiert werden. *p*-Aminophenol entsteht bei der Hydrolyse von *Paracetamol*. **Hydrochinon** (3) wird durch Cer(IV)-Salze zu *p*-Benzochinon oxidiert.

Resorcin [1,3-Dihydroxybenzen] (2) und *o-Dinitrobenzen* (4) können *nicht* mit Cer(IV)-Salzlösungen oxidiert werden.

565 D   **564** B   **566** B

Paracetamol (1) wird zu *p*-Aminophenol hydrolysiert, das anschließend cerimetrisch titriert wird.

Resorcin (2) kann als *meta*-Dihydroxybenzen-Derivat *nicht* mit Cer(IV)-Salzen oxidiert werden.

p-**Benzochinon** (3) kann zu Hydrochinon reduziert und anschließend cerimetrisch bestimmt werden.

o-**Phenylendiamin** (4) ist direkt mit Cer(IV)-Salzen zu einem *ortho*-chinoiden Diimin oxidierbar.

1,4-Dihydropyridin-Derivate (5) können in saurer Lösung unter Verbrauch von 2 Äquivalenten Cer(IV)-Maßlösung zum betreffenden Pyridin-Derivat dehydriert werden.

566 B   **564** B   **565** D   **631** A

Eisen(II)-Salze wie $FeSO_4$ können cerimetrisch zu Fe(III)-Salzen oxidiert werden.

Calciumlactat, das Calciumsalz der Milchsäure [$(CH_3CHOHCOO^-)_2Ca^{2+}$], ist *nicht* durch eine cerimetrische Titration bestimmbar.

Menadion (2-Methyl-1,4-naphthochinon, Vitamin K_3) wird in saurer Lösung mit Zinkpulver zu 2-Methyl-1,4-naphthohydrochinon reduziert. Anschließend kann das Hydrochinon-Derivat mit Cer(IV) wieder zu Menadion oxidiert werden.

Die Ester-Gruppe im α-**Tocopherolacetat** wird in schwefelsaurer Lösung zu Tocopherol verseift, das mit Ammoniumcer(IV)-Maßlösung unter Ringöffnung und Oxidation zu Tocopherylchinon reagiert.

Paracetamol wird zu *p*-Aminophenol hydrolysiert, das anschließend cerimetrisch bestimmt wird.

Paracetamol   α-Tocopherolacetat   Menadion

567 B   **568** E   **1739** C

Über die Gehaltsbestimmung von **Paracetamol** (*N*-Acetyl-4-aminophenol, *p*-Hydroxyacetanilid, *N*-(4-Hydroxyphenyl)acetamid) treffen folgende Aussagen zu:
– Die Substanz wird durch Erhitzen in verdünnter Schwefelsäure zu *p*-Aminophenol hydrolysiert.

- Durch Oxidation von *p*-Aminophenol mit Cer(IV)-Ionen bildet sich quantitativ *p*-Chinonimin.
- Der Endpunkt wird nach Arzneibuch mit Ferroin indiziert. Zur Endpunkterkennung ist aber auch die biamperometrische Indizierung geeignet.
- Die Cer(IV)-Maßlösung kann gegen Arsen(III)-oxid (As_2O_3) als Urtiter eingestellt werden.

569 E   570 E   571 E

Lösungen von **Oxidationsmitteln** werden *iodometrisch* in der Weise bestimmt, dass man überschüssiges Kaliumiodid hinzufügt und das ausgeschiedene Iod anschließend gegen Stärke mit Thiosulfat-Maßlösung zurücktitriert. Zu den oxidierenden Stoffen zählen: **Chloramin T** (Tosylchloramid-Natrium), **Dichromate** ($Cr_2O_7^{2-}$), **Bromate** (BrO_3^-), **Wasserstoffperoxid** (H_2O_2), **Hydroperoxide** (RO-OH) oder **Cu(II)-Salze** (Cu^{2+}).

Reduktionsmittel wie *Thiosulfat* ($S_2O_3^{2-}$) oder *Arsenit* (AsO_3^{3-}) werden im Allgemeinen direkt mit einer Iod-Maßlösung titriert.

572 C

Antimon(III)-Salze werden von Iod-Lösung zu fünfwertigen Antimonverbindungen oxidiert.

$$SbO_3^{3-} + I_2 + 3 H_2O \rightarrow SbO_4^{3-} + 2 I^- + 2 H_3O^+$$

573 E

Überschüssige Iod-Lösung oxidiert **Sulfite** zu Sulfaten, wobei 2 Äquivalente Iod verbraucht werden.

$$SO_3^{2-} + I_2 + 3 H_2O \rightarrow SO_4^{2-} + 2 I^- + 2 H_3O^+$$

574 C   575 A   576 E

Kupfer(II)-Ionen wie z. B. *wasserfreies* **Kupfer(II)-sulfat** ($CuSO_4$) [$M_r = 159{,}6$] werden durch überschüssiges Iodid zu Kupfer(I) reduziert, das als schwer lösliches Kupfer(I)-iodid (CuI) ausfällt. Bedingt durch die *Schwerlöslichkeit* des **CuI** verläuft die Redoxreaktion bei ausreichendem Iodid-Überschuss entgegen den Normalpotentialen [$E°(Cu^{2+}/Cu^+) = +0{,}15$ V und $E°(I_2/I^-) = +0{,}54$ V]. Wegen der sehr geringen Cu^+-Konzentration in Lösung wird schließlich das Potential der Cu-Redoxpaares größer als das des Iod-Systems ($E_{Cu} > E_I$) und Cu(II) vermag Iodid zu Iod zu oxidieren. Das freigesetzte Iod wird anschließend mit Thiosulfat-Maßlösung nach Zusatz von Stärke-Lösung bis zur Entfärbung der blauen Lösung zurücktitriert, so dass insgesamt nachfolgend genannte Prozesse bei der iodometrischen Cu(II)-Bestimmung ablaufen. Aufgrund nachfolgender Formelgleichungen entspricht 1 ml Natriumthiosulfat-Maßlösung ($c = 0{,}1$ mol·l^{-1}) **15,96 mg** wasserfreiem Kupfer(II)-sulfat.

$$2\, Cu^{2+} + 5\, I^- \rightarrow 2\, CuI\downarrow + I_3^-$$
$$I_3^- + 2\, S_2O_3^{2-} \rightarrow S_4O_6^{2-} + 3\, I^-$$

577 C   578 E   579 E   580 E

Mit **Iod-Lösung** können volumetrisch bestimmt werden:
- **Metamizol-Natrium**: Die Substanz wird in schwach salzsaurem Milieu durch Iod *direkt* zum Halbaminal und Hydrogensulfat oxidiert.

$$R\text{-}N(CH_3)\text{-}CH_2\text{-}SO_3Na^+ + I_2 + 2 H_2O \rightarrow R\text{-}N(CH_3)\text{-}CH_2OH + 2 HI + HSO_4^-\text{-}Na^+$$

- **Arsen(III)-Salze** oder Arsen(III)-oxid [As_2O_3] (in alkalischer Lösung) können in einer $NaHCO_3$-gepufferten Lösung mit Iod quantitativ zu Arsenaten oxidiert werden.

$$H_2AsO_3^- + I_2 + H_2O \rightarrow H_2AsO_4^- + 2\,HI$$

- **Ascorbinsäure**: In schwefelsaurer Lösung wird Ascorbinsäure als Endiol unter Verbrauch von 2 Äquivalenten Iod zu *Dehydroascorbinsäure* oxidiert.
- **Phenazon**: In einer acetatgepufferten Lösung wird Phenazon durch überschüssiges Iod in **4-Iodphenazon** umgewandelt. Anschließend wird der Iod-Überschuss mit Thiosulfat-Maßlösung zurücktitriert. Phenazon ist also *nicht* durch *direkte* Titration mit Iod-Lösung zu erfassen.

Metamizol-Natrium   **Ascorbinsäure**

Chloramin T   **Phenazon**

- **Dimercaprol** (2,3-Dimercaptopropanol) [HOCH$_2$-CH$_2$SH-CH$_2$SH] ist eine Bis-Sulfhydryl-Verbindung (Mercaptan). Bei der iodometrischen Titration werden unter Oxidation zu einem Bis-Disulfid (R-S-S-R) pro 1 Mol Dimercaprol 2 Äquivalente Iod verbraucht.

$$2\,R\text{-}SH + I_2 \rightarrow R\text{-}S\text{-}S\text{-}R + 2\,HI$$

- **Formaldehyd**: Eine alkalische Iod-Lösung oxidiert Formaldehyd (H$_2$C=O) quantitativ zu Formiat (HCOO$^-$). Als Oxidationsmittel fungiert das in alkalischer Lösung entstehende *Hypoiodit* (IO$^-$). Nach Ansäuern wird der Iod-Überschuss mit Thiosulfat-Lösung zurücktitriert (zum formelmäßigen Ablauf der Bestimmung siehe Frage Nr. **581**).
- **Natriumsulfit** (Na$_2$SO$_3$): Überschüssige Iod-Lösung oxidiert Sulfite zu Sulfaten, wobei 2 Äquivalente Iod verbraucht werden. Der Iod-Überschuss wird mit Thiosulfat zurücktitriert. Das *Arzneibuch* lässt Sulfit *nicht* durch Direkttitration sondern durch eine iodometrische Rücktitration bestimmen.

$$SO_3^{2-} + I_2 + 3\,H_2O \rightarrow SO_4^{2-} + 2\,I^- + 2\,H_3O^+$$

▪ Als *Oxidationsmittel* können nach Zugabe von überschüssigem Kaliumiodid von den aufgelisteten Stoffen iodometrisch bestimmt werden:
- *Wasserstoffperoxid*: H$_2$O$_2$ (E° = +0,68 V) oxidiert aufgrund seines positiveren Redoxpotentials Iodid zu Iod .

$$H_2O_2 + 2\,I^- + 2\,H_3O^+ \rightarrow I_2 + 4\,H_2O$$

▪ *Acetylsalicylsäure* (2-Acetoxybenzoesäure) (*o*-CH$_3$-CO-O-C$_6$H$_4$-COOH] wird acidimetrisch bestimmt.
▪ *Ethan*-1,2-diol [HOCH$_2$-CH$_2$OH] lässt sich als vicinales Diol nach Malaprade mit Natriummetaperiodat-Maßlösung quantitativ erfassen.
▪ *Menadion* (2-Methyl-1,4-naphthochinon) wird nach vorheriger Reduktion zu 2-Methyl-1,4-naphthohydrochinon cerimetrisch bestimmt.
▪ 4-*Nitrobenzamid* [*p*-O$_2$N-C$_6$H$_4$-CONH$_2$] kann nach vorheriger Reduktion zu 4-Aminobenzamid [*p*-H$_2$N-C$_6$H$_4$-CONH$_2$] nitritometrisch erfasst werden.

581 A 582 D

Eine alkalische Iod-Lösung oxidiert **Formaldehyd** ($H_2C=O$) quantitativ zu *Formiat* ($HCOO^-$) bzw. Ameisensäure (HCOOH). Als Oxidationsmittel fungiert das in alkalischer Lösung entstehende Hypoiodit (IO^-). Nach *Ansäuern* wird der Iod-Überschuss mit Thiosulfat-Lösung zurücktitriert.

$$I_2 + 2\,HO^- \rightarrow IO^- + I^- + H_2O$$
$$H_2C=O + IO^- + HO^- \rightarrow HCOO^- + I^- + H_2O$$
$$IO^- + I^- + 2\,H_3O^+ \rightarrow I_2 + 3\,H_2O$$
$$I_2 + 2\,S_2O_3^{2-} \rightarrow 2\,I^- + S_4O_6^{2-}$$

In analoger Weise lässt sich auch **Acetaldehyd** ($CH_3\text{-}CH=O$) iodometrisch bestimmen, wobei in alkalischer Lösung Acetat ($CH_3\text{-}COO^-$) als Titrationsprodukt gebildet wird.

583 D

Dimercaprol (2,3-Dimercaptopropanol) [$HOCH_2\text{-}CH_2SH\text{-}CH_2SH$] ist eine Bis-Sulfhydryl-Verbindung (Mercaptan). Bei der iodometrischen Titration werden unter Oxidation zu einem **Bis-Disulfid** (R-S-S-R) pro 1 Mol Dimercaprol 2 Äquivalente Iod verbraucht.

$$2\,R\text{-}SH + I_2 \rightarrow R\text{-}S\text{-}S\text{-}R + 2\,HI$$

584 C

Pencillamin kann als Mercaptan iodometrisch zu einem *Disulfid* oxidiert werden. Die Gehaltsbestimmung nach *Ph. Eur.* 7 erfolgt durch wasserfreie Titration mit Perchlorsäure.

$$2\;\begin{array}{c}COOH\\|\\H\text{-}C\text{-}NH_2\\|\\H_3C\text{-}C\text{-}\mathbf{SH}\\|\\CH_3\end{array} + I_2 \rightarrow \begin{array}{c}COOH\qquad\qquad\\|\qquad\qquad\\H\text{-}C\text{-}NH_2\quad CH_3\\|\qquad\quad|\\H_3C\text{-}C\text{-}\mathbf{S}\text{—}\mathbf{S}\text{-}C\text{-}CH_3\\|\qquad\quad|\\H_3C\quad\; H\text{-}C\text{-}NH_2\\\qquad\qquad|\\\qquad\qquad COOH\end{array} + 2\,HI$$

585 D 586 E

Methionin, eine Aminosäure mit einer Thioether-Gruppierung [$CH_3\text{-}S\text{-}R$], kann iodometrisch titriert werden, wobei die Substanz unter Verbrauch von 2 Äquivalenten (1 Mol) Iod zu einem cyclischen Zwitterion oxidiert wird. Dieses Isothiazolidin-Derivat wird auch als *Dehydromethionin* bezeichnet. Die Gleichgewichtslage des bei der Titration ablaufenden Redoxvorgangs ist stark pH-*abhängig*; man titriert am besten in acetatgepufferter Lösung.

$$\begin{array}{c}H_3C\text{-}S\text{-}CH_2\text{-}CH_2\text{-}CH\text{-}COOH\\|\\NH_2\end{array} + I_2 \rightleftharpoons \begin{array}{c}H_2C\text{——}CH_2\\|\qquad\quad|\\H_3C\text{-}S^+\quad\; CH\text{-}COO^-\\\diagdown\;\diagup\\N\\|\\H\end{array} + 2\,HI$$

Methionin   **Dehydromethionin**

587	B	588	C	589	B	577	C	578	E	579	E	580	E
1684	A	1686	C	1687	A	1688	E	1689	C	1690	B	1691	D
1784	C	1819	D	1871	D	1873	E						

Über die *iodometrische Bestimmung* von **Ascorbinsäure** ($M_r = 176$) lassen sich folgende Aussagen machen:
- In schwefelsaurer Lösung wird 1 Mol Ascorbinsäure von 2 Äquivalenten (1 Mol) Iod zu Dehydroascorbinsäure oxidiert. 1 ml Iod-Lösung ($c = 0.05$ mol·l^{-1}) entsprechen somit **8,8 mg** Ascorbinsäure.

Ascorbinsäure   **Dehydroascorbinsäure (Monomer)**

- Werden bei der Titration von 176 mg Ascorbinsäure 20 ml einer Iod-Maßlösung verbraucht, so hatte die Iod-Lösung eine Konzentration von **$c = 0.05$ mol·l^{-1}**.
- Werden 25 ml dieser Maßlösung bei der Bestimmung verbraucht, so enthielt die Substanzprobe **220 mg** an Ascorbinsäure (176 mg : 20 · 25).

590	A	591	A	592	B

Der Gehalt von **Kaliumiodid** (KI) oder **Natriumiodid** (NaI) kann durch Titration in stark salzsaurem Milieu ($c = 4$ mol·l^{-1}) mit Kaliumiodat-Maßlösung ($c = 0.05$ mol·l^{-1}) ermittelt werden. Dabei wandelt Iodat Iodid quantitativ in Iod um, das aber am Titrationsendpunkt in dem stark salzsauren Milieu als *Iodmonochlorid* (ICl) bzw. als Komplex [ICl$_2$]$^-$ vorliegt. Zunächst titriert man die wässrige Iodid-Lösung bis zum Farbumschlag von Rot nach Gelb, setzt dann Chloroform zu und titriert weiter bis zur Entfärbung der Chloroformphase. Bei der Bestimmung von Iodiden nach dem *Iodmonochlorid-Verfahren* können somit folgende Teilprozesse ablaufen

$$IO_3^- + 5\,I^- + 6\,H_3O^+ \rightarrow 3\,I_2 + 9\,H_2O$$
$$2\,I_2 + IO_3^- + 6\,H_3O^+ + 5\,Cl^- \rightarrow 5\,ICl + 9\,H_2O$$
$$ICl + I^- \rightarrow I_2 + Cl^-$$

Der Gesamtprozess kann dann durch folgende Formelgleichung beschrieben werden:

$$2\,I^- + IO_3^- + 6\,H_3O^+ + 6\,Cl^- \rightarrow 3\,[ICl_2]^- + 9\,H_2O$$

593	C	594	C

Auf die Bestimmung der **Iodzahl** treffen folgende Aussagen zu:
- Die Iodzahl ist ein Maß für den Gehalt eines Fettes an *ungesättigten Verbindungen* ($R_2C=CR_2$).
- Die Iodzahl gibt an, wie viel Gramm Halogen, berechnet als Iod, von 100 g Substanz gebunden werden.
- Die Bestimmung der Iodzahl beruht auf der quantiativen Auswertung der Addition von Brom (als methanolische Br$_2$-Lösung) oder von *Interhalogenen* [Iodmonochlorid (ICl), Iodmonobromid (IBr), Brommonochlorid (BrCl)] an Mehrfachbindungen. Iod selbst reagiert unter den Analysenbedingungen *nicht* mit C=C-Doppelbindungen.

$$C=C + XY \rightarrow X\text{-}C\text{-}C\text{-}Y \quad [XY: Br_2, BrCl, ICl, IBr]$$

– Die Halogenaddition verläuft selten quantitativ. Besonders konjugierte Doppelbindungen addieren Halogene *nicht quantitativ*, da sich das primär gebildete 1,4-Addukt nur langsam weiter umsetzt.

595 C

Ungesättigte Verbindungen reagieren in Allylstellung zu einer C=C-Doppelbindung mit molekularem Sauerstoff zu **Hydroperoxiden** (R-O-OH), die sich durch Bestimmung der **Peroxidzahl** mittels iodometrischer Titration quantitativ erfassen lassen:

$$R\text{-CH-CH=CH-R}' + 2\,I^- + 2\,H_3O^+ \rightarrow R\text{-CH-CH=CH-R}' + I_2 + 3\,H_2O$$
$$\underset{\text{O-OH}}{|} \qquad\qquad\qquad\qquad \underset{\text{OH}}{|}$$

$$I_2 + 2\,S_2O_3^{2-} \rightarrow 2\,I^- + S_4O_6^{2-}$$

596 B

Iodzahl und **Peroxidzahl** gehören zu den so genannten „*oxidimetrischen Kennzahlen*"; beide werden mittels iodometrischer Verfahren bestimmt.

Die *Esterzahl* errechnet sich aus der Differenz von Verseifungszahl und Säurezahl, die beide alkalimetrisch bestimmt werden.

Die *Verhältniszahl* ist der Quotient aus der Esterzahl und der Säurezahl.

597 A   598 E   855 C   918 B   919 E

Die wichtigste Methode zur **Wasserbestimmung** ist die Titration nach *Karl Fischer*. Sie beruht auf der Oxidation von *Schwefeldioxid* (SO_2) [Oxidationsstufe S-Atom: +4] mit *Iod* (I_2) zu Sulfat (SO_4^{2-}) [Oxidationsstufe S-Atom: +6], die *nur* in Anwesenheit von *Wasser* ablaufen kann.

$$SO_2 + I_2 + 2\,\mathbf{H_2O} \rightarrow SO_4^{2-} + 2\,I^- + (4\,H^+)$$

Für den quantitativen Verlauf ist Voraussetzung, dass die dabei freigesetzten Protonen mit einer geeigneten *Base* (z. B. Pyridin, Ethanolamin u. a.) gebunden werden. Um polare Stoffe besser lösen zu können, wird noch *Methanol* eingesetzt.

599 D   600 A

Mehrwertige Alkohole mit benachbarten (**vicinalen**) **Hydroxyl-Gruppen** lassen sich nach **Malaprade** quantitativ mit Natriummetaperiodat-Maßlösung bestimmen. Pro Glycol-Gruppierung wird 1 Mol Periodat verbraucht.

$$HO\text{-C-C-OH} + IO_4^- \rightarrow O=C + C=O + IO_3^- + H_2O$$

Neben Glycolen (1,2-Diol) [**HO-C-C-OH**] reagieren auch *primäre α-Aminoalkohole* (Ethanolamin-Derivate) [**HO-C-C-NH₂**] und *α-Hydroxycarbonylverbindungen* (α-Hydroxyaldehyde, α-Hydroxyketone, α-Hydroxycarbonsäuren) [**HO-C-C=O**] sowie 1,2-*Dicarbonylverbindungen* [**O=C-C=O**] positiv mit Natriummetaperiodat.

Die vicinalen Hydroxyl-Gruppen dürfen weder verethert [z. B. $H_2N\text{-}CH_2\text{-}CH_2\text{-}OCH_3$] noch verestert [HO-C-C-O-CO-R] sein, noch darf die primäre Amin-Funktion alkyliert vorliegen [$R\text{-CHOH-CHR-N}(CH_3)_3^+\,HO^-$]. Auch 1,3-Diole [HO-C-C-C-OH] reagierten *nicht* nach Malaprade.

601 C   **602** E

Glycerol (HOCH$_2$-CHOH-CH$_2$OH) wird von überschüssigem NaIO$_4$ zu **2** Mol *Formaldehyd* (H$_2$C=O) und **1** Mol *Ameisensäure* (HCOOH) gespalten. Dabei bildet sich der Formaldehyd aus den beiden primären Alkohol-Gruppen (R-CH$_2$-OH) und die Ameisensäure entsteht aus der sekundären Alkohol-Funktion (R-CHOH-R). Als weiteres Reaktionsprodukt tritt Iodat (IO$_3^-$) auf.

603 D

Das *Monoglycerid* **Glycerolmonostearat** [HOCH$_2$-CHOH-CH$_2$-O-CO-(CH$_2$)$_{16}$-CH$_3$] (M$_r$ = 358) ist ein vicinales Diol, das bei der Glycolspaltung **1** Mol Periodat verbraucht. Dies korreliert mit 1 Mol (2 Äquivalenten) Iod bzw. 2 Mol Thiosulfat bei der Rücktitration. Daher entsprechen 1 ml Natriumthiosulfat-Lösung (c = 0,1 mol·l^{-1}) insgesamt **17,9 mg** (0,5 mMol) Glycerolmonostearat.

$$IO_4^- + 2\,I^- + 2\,H_3O^+ \rightarrow I_2 + IO_3^- + 3\,H_2O$$
$$I_2 + 2\,S_2O_3^{2-} \rightarrow 2\,I^- + S_4O_6^{2-}$$
$$IO_4^- + 2\,S_2O_3^{2-} + 2\,H_3O^+ \rightarrow IO_3^- + S_4O_6^{2-} + 3\,H_2O$$

604 C

Bei der *Malaprade-Reaktion* eines **Hexits** (wie *Sorbitol* oder *Mannitol*) [HOCH$_2$-(CHOH)$_4$-CH$_2$OH] entstehen **2** Mol **Formaldehyd** [CH$_2$=O] (aus den primären Alkoholen C-1 und C-6) und **4** Mol **Ameisensäure** [HCOOH] (aus den sekundären Alkoholen C-2 bis C-5).

605 B

Entsprechend den nachfolgenden Reaktionsgleichungen werden **2/3** Mol *Kaliumbromat* (KBrO$_3$) zur oxidimetrischen Bestimmung von **Hydrazin** (H$_2$N-NH$_2$) verbraucht.

$$BrO_3^- + 5\,Br^- + 6\,H_3O^+ \rightarrow 3\,Br_2 + 9\,H_2O$$
$$H_2N-NH_2 + 2\,Br_2 \rightarrow N_2\uparrow + 4\,HBr$$

606 B   **611** B   **612** B

Bei der direkten *bromometrischen* Bestimmung von **Isoniazid** (*Isonicotinsäurehydrazid*) gegen Methylrot oder Ethoxychrysoidin als Indikator werden 4 Äquivalente (2 Mol) Brom (Br$_2$) verbraucht. Da aus 1 Mol KBrO$_3$ 3 Mol (6 Äquivalente) Br$_2$ entstehen, entspricht 1 ml einer KBrO$_3$-Maßlösung (c = 0,0167 mol·l^{-1}) **3,429 mg** Isoniazid.

$$BrO_3^- + 5\,Br^- + 6\,H_3O^+ \rightarrow 3\,Br_2 + 9\,H_2O$$
$$\text{Het-CO-NH-NH}_2 + 2\,Br_2 + H_2O \rightarrow \text{Het-COOH} + N_2\uparrow + 4\,HBr$$

607 C

Primäre aromatische Amine (Ar-NH$_2$) wie *p*-**Aminobenzamid** (*p*-H$_2$N-C$_6$H$_4$-CO-NH$_2$) lassen sich als aktivierte Aromaten unter Verbrauch von 4 Äquivalenten Brom *bromometrisch* bestimmen.

608 C

Aktivierte Aromaten wie *Phenole* (Ar-OH) lassen sich *bromometrisch* bestimmen. ***m*-Chlorcresol** (3-Chlor-4-methylphenol) reagiert unter Verbrauch von 4 Äquivalenten Brom zu 2,6-Dibrom-3-chlor-4-methylphenol.

609 E

▪ **Primäre aromatische Amine** (wie *Sulfaguanidin* oder *4-Aminobenzoesäureethylester*) und **Phenole** (wie *Salicylsäure* oder *Thymol*) mit freier ortho- und/oder para-Position reagieren unter *elektrophiler Substitution* mit Brom.

▪ *Hexobarbital* (N-Methyl-cyclohexenylmethylbarbitursäure) enthält eine C=C-Doppelbindung, an die Brom *addiert* werden kann.

610 C   611 B   612 B   613 C   614 C

▪ Bei der *bromometrischen Titration* folgender Verbindungen nach *Koppeschaar* werden **2 Mol (4 Äquivalente)** Brom verbraucht: **Thymol** (2-Isopropyl-5-methylphenol) – **Chlorocresol** (4-Chlor-3-methylphenol) – **Isoniazid** (Isonicotinsäurehydrazid) – **Sulfaguanidin** – **Sulfanilamid** (4-Aminobenzensulfonsäureamid) – **Sulfacetamid** – **Methylhydroxybenzoat** (4-Hydroxybenzoesäuremethylester) – **Benzocain** (4-Aminobenzoesäureethylester)

▪ Bei der bromometrischen Titration folgender Verbindungen werden **3 Mol (6 Äquivalente)** Brom verbraucht: **4-Hydroxybenzoesäure** – **Natriumsalicylat** [Natrium(2-hydroxybenzoat)] – **Phenol** – **Resorcin** (1,3-Dihydroxybenzen)

▪ *Anmerkung:* Die offizielle Lösung der Frage Nr. 613 ist *nicht korrekt*. Bei der bromometrischen Titration nach Koppeschaar von *Phenol* werden 3 Mol (6 Äquivalente) Brom (Br_2) verbraucht und nicht 3 Äquivalente Brom (Br_2)! Siehe auch Fragen Nr. 612, 615! Die Aufgabenformulierung unterscheidet nicht exakt zwischen der Stoffmengenkonzentration und der Äquivalentstoffmengenkonzentration (beide werden in $mol \cdot l^{-1}$ angegeben). Den Verbrauch von 6 Äquivalenten bestätigt auch Aufgabe Nr. 615.

▪ Bei der bromometrischen Bestimmung folgender Verbindung werden **4 Mol (8 Äquivalente)** Brom verbraucht: **Phenolsulfonphthalein** (*Phenolrot*)

▪ Desaktivierte Aromaten wie *Benzaldehyd* lassen sich *nicht* bromometrisch bestimmen.

615 A   610 C   612 B   613 C

▪ Bei der bromometrischen Gehaltsbestimmung von **Phenol** (Hydroxybenzen) [$M_r = 94,1$] werden **6 Äquivalente** Brom verbraucht. Daher entspricht 1 ml Bromid-Bromat-Lösung ($c = 0,0167$ $mol \cdot l^{-1}$) **1,569 mg** Phenol [C_6H_5-OH] (9,41 : 6 = 1,569).

616 B

▪ Bei der bromometrischen Bestimmung von *p*-**Kresol** (4-Methylphenol) [$M_r = 108$] werden aufgrund der beiden freien *ortho*-Positionen **4** Äquivalente Brom verbraucht. Daher entspricht 1 ml Bromid-Bromat-Lösung ($c = 0,0167$ $mol \cdot l^{-1}$) **2,7 mg** Substanz.

617 C   611 B   614 C

▪ Bei der *bromometrischen Bestimmung* von **Natriumsalicylat** [Natrium(2-hydroxybenzoat)] laufen nacheinander folgende Teilprozesse ab.
  – Aus Kaliumbromid (KBr) und Kaliumbromat-Maßlösung ($KBrO_3$) wird in saurem Milieu unter Komproportionierung Brom (Br_2) erzeugt.

$$BrO_3^- + 5\,Br^- + 6\,H_3O^+ \rightarrow 3\,Br_2 + 9\,H_2O$$

  – Im sauren Milieu wird Natriumsalicylat in die undissoziierte Salicylsäure umgewandelt, aus der durch Bromierung des aromatischen Ringes 3,5-Dibromsalicylsäure entsteht.
  – Die Dibromsalicylsäure reagiert mit weiterem Brom unter gleichzeitiger Decarboxylierung zu 2,4,6-Tribromphenol, das von überschüssigem Brom in 2,4,4,6-Tetrabrom-2,5-cyclohexadien-1-on (*Endprodukt der Bromierung*) umgewandelt wird.

Natriumsalicylat →(H⁺) **Salicylsäure** →(+2Br₂, −2HBr) [3,5-Dibromsalicylsäure] →(+Br₂, −HBr) [Tetrabrom-Addukt] →(−CO₂) **2,4,6-Tribromphenol** ⇌(+Br₂/+HI) [2,4,4,6-Tetrabrom-2,5-cyclohexadien-1-on]

– Durch Zusatz von Kaliumiodid (KI) wird das Tetrabrom-Addukt zum 2,4,6-Tribromphenol (*Endprodukt der Titration*) wieder reduziert und gleichzeitig entfernt man den Brom-Überschuss durch Oxidation des zugesetzten Iodids zu Iod. Danach wird das ausgeschiedene Iod mit Natriumthiosulfat-Maßlösung gegen Stärke zurücktitriert.

$$Br_2 + 2\,I^- \rightarrow 2\,Br^- + I_2$$
$$I_2 + 2\,S_2O_3^{2-} \rightarrow 2\,I^- + S_4O_6^{2-}$$

Ph.Eur. 7 bestimmt den Gehalt von Natriumsalicylat in wasserfreiem Medium mit Perchlorsäure-Maßlösung.

618 B   619 A

Ethyl-4-hydroxybenzoat (*p*-Hydroxybenzoesäureethylester) wird – ohne vorausgehende Hydrolyse – bei der bromometrischen Bestimmung in salzsaurer Lösung unter Verbrauch von 2 Mol (4 Äquivalente) Brom in das 3,5-Dibrom-Derivat umgewandelt.

Verseift man zuvor den Ester zur **4-Hydroxybenzoesäure**, so wird diese unter gleichzeitiger Decarboxylierung in 2,4,4,6-Tetrabrom-2,5-cyclohexadien-1-on als Endprodukt der Bromierung umgewandelt.

HO–C₆H₄–COOR →(2 Br₂) HO–C₆H₂(Br)₂–COOR

HO–C₆H₄–COOH →(3 Br₂, −CO₂) HO–C₆H₂(Br)₂–Br ⇌(+Br₂/+HI) O=C₆H₂(Br)₂(Br)₂

4-Hydroxybenzoesäure

620 D

Ethanol (CH₃CH₂OH) wird in saurer Lösung durch Dichromat ($Cr_2O_7^{2-}$) zu *Essigsäure* (CH₃COOH) oxidiert.

$$2\,Cr_2O_7^{2-} + 3\,CH_3CH_2OH + 16\,H_3O^+ \rightarrow 4\,Cr^{3+} + 3\,CH_3COOH + 27\,H_2O$$

621 D   **630** C

■ **Eisen(II)-Salze** werden von einer Dichromat-Maßlösung quantitativ zu Eisen(III)-Salzen oxidiert.

$$6\,Fe^{2+} + Cr_2O_7^{2-} + 14\,H_3O^+ \rightarrow 6\,Fe^{3+} + 2\,Cr^{3+} + 21\,H_2O$$

622 B

■ *Primäre aromatische Amine* (Ar-NH$_2$) wie **p-Aminosalicylsäure** [1] können nitritometrisch bestimmt werden.
■ *Carbonsäurehydrazide* (R-CO-NH-NH$_2$) wie **Isonicotinsäurehydrazid** (Isoniazid) [4] werden in saurer Lösung von Natriumnitrit (NaNO$_2$) zu Carbonsäureaziden (R-CO-N$_3$) diazotiert.
■ *Saccharin-Natrium* [2] wird nach Arzneibuch in wasserfreiem Milieu mit Perchlorsäure-Maßlösung titriert.
■ *Probenecid* [3] wird als Benzoesäure-Derivat alkalimetrisch bestimmt.
■ *Acetazolamid* [5] wird als NH-acide Verbindung mit ethanolischer Natriumhydroxid-Lösung bestimmt.

623 B   **624** E   **627** E   **628** D   **920** D   **921** D   **1785** E

■ Der *Endpunkt* **nitritometrischer Titrationen** kann visuell mit Farbindikatoren wie *Ferrocyphen* oder *Tropäolin* 00 erkannt werden.
■ Das Arzneibuch bevorzugt eine *biamperometriische* Methode. Hierbei wird die Stromstärke als Funktion des Titrationsgrades τ gemessen, die zwischen zwei gleichen in die Lösung eintauchenden Pt-Elektroden fließt.
■ Auch die Bivoltametrie ist zur Endpunkterkennung geeignet; hierbei wird die Spannung als Funktion des Titrationsgrades τ gemessen, die zwischen zwei gleichen in die Lösung eintauchenden Pt-Elektroden herrscht.
■ Schließlich ist auch das *externe* Tüpfeln auf Kaliumiodid-Stärke-Papier zur Endpunkterkennung geeignet.

625 A

■ Die *Gehaltsbestimmung* primärer *aromatischer* Amine (Ar-NH$_2$) kann direkt aus dem Verbrauch einer Natriumnitrit-Maßlösung (NaNO$_2$) gemessen werden, die das primäre aromatische Amin in ein Aryldiazonium-Ion (Ar-N$_2^+$) umwandelt.

626 E

■ *Primäre aliphatische Amine* (R-NH$_2$) stören bei der nitritometrischen Titgration primärer aromatischer Amine (Ar-NH$_2$) in *stark saurem* Milieu *nicht*, weil die stärker basischen primären aliphatischen Amine protoniert als Ammoniumsalze vorliegen und so nicht nitrosierbar sind.

627 E   **628** D   **623** B   **624** E   **920** D   **921** D   **1785** E

■ Der *Endpunkt* **nitritometrischer Titrationen** kann visuell mit Farbindikatoren wie *Ferrocyphen* oder *Tropäolin* 00 erkannt werden.
■ Das Arzneibuch bevorzugt eine *biamperometriische* Methode. Hierbei wird die Stromstärke als Funktion des Titrationsgrades τ unter Einsatz einer Doppel-Platin-Elektrode gemessen.
■ Die *Bivoltametrie* ist ebenfalls zur Endpunkterkennung geeignet; hierbei wird die Spannung als Funktion des Titrationsgrades τ unter Einsatz einer Doppel-Platin-Stift-Elektrode gemessen.

■ Auch eine *potentiometrische* Indizierung des Äquivalenzpunktes durch Messung der Spannung als Funktion des Titrationsgrades τ zwischen einer Pt-Elektrode und einer Ag/AgCl-Elektrode als Messkette ist möglich.
■ Die Konduktometrie ist zur Indizierung nitritometrischer Titrationen *nicht* geeignet.

629 A   **539** B   **540** B

■ Die Oxidation von Oxalsäure (HOOC-COOH) mit Kaliumpermanganat ($KMnO_4$) wird durch folgende Formelgleichung beschrieben:

$$2\,MnO_4^- + 5\,H_2C_2O_4 + 6\,H_3O^+ \rightarrow 2\,Mn^{2+} + 10\,CO_2\uparrow + 14\,H_2O$$

630 C   **621** D

■ Die Oxidation von Eisen(II)-Salzen mit Kaliumdichromat ($K_2Cr_2O_7$) wird durch folgende Formelgleichung beschrieben:

$$6\,Fe^{2+} + 1\,Cr_2O_7^{2-} + 14\,H_3O^+ \rightarrow 6\,Fe^{3+} + 2\,Cr^{3+} + 21\,H_2O$$

631 A

■ Die Oxidation von Wasserstoffperoxid (H_2O_2) mit einem Cer(IV)-Salz wird durch folgende Formelgleichung beschrieben:

$$1\,H_2O_2 + 2\,Ce^{4+} + 2\,H_2O \rightarrow 2\,Ce^{3+} + O_2\uparrow + 2\,H_3O^+$$

632 C

■ Die Oxidation von Nitrit (NO_2^-) mit Kaliumpermanganat ($KMnO_4$) wird durch folgende Formelgleichung beschrieben:

$$5\,NO_2^- + 2\,MnO_4^- + 6\,H_3O^+ \rightarrow 5\,NO_3^- + 2\,Mn^{2+} + 9\,H_2O$$

8 Fällungstitrationen

8.1 Physikalisch-chemische Grundlagen (Löse- und Fällungsvorgänge)

633 C

Mittels **argentometrischer Titrationen** kann man über den Äquivalentverbrauch die Stoffmenge (n) eines Hydrochlorids einer einwertigen Base bestimmen. Mit der bekannten Masse (m) des zu titrierenden Stoffes, die sich aus der Einwaage ergibt, lässt sich gemäß der Gleichung (n = m/M) die *relative Molekülmasse* (M) des Hydrochlorids und daraus die relative Molekülmasse der freien Base berechnen.

Der pK_b-Wert einer *schwachen* freien Base ist mittels Säure-Base-Titration über den Halbneutralisationspunkt bestimmbar.

634 A **635** B **636** B **637** D **834** B

Für die *argentometrische Titration von Halogeniden* lassen sich folgende *ausgezeichnete Punkte* aus der **Titrationskurve** ermitteln:
- Für Halogenid-Lösungen (c = 0,01 mol·l⁻¹) ergibt sich beim Titrationsgrad $\tau = 0$ (mit c = Ausgangskonzentration des Halogenids): $-\log c = -\log 10^{-2} = \mathbf{2}$
- Die Konzentration am Äquivalenzpunkt eines schwer löslichen Silberhalogenids (AgCl, AgBr, AgI) berechnet sich beim Titrationsgrad $\tau = 1$ aus dem *Löslichkeitsprodukt* (K_L) des Halogenids nach: $-\log c_{ÄP} = (K_L)^{1/2}$

Mit $K_L(AgCl) = 10^{-10}$ mol²·l⁻² berechnet sich die Konzentration am Äquivalenzpunkt zu: $-\log c_{ÄP}(AgCl) = (10^{-10})^{1/2} = \mathbf{5}$, sodass Titrationskurve (**A**) die *argentometrische Chlorid-Bestimmung* wiedergibt.

Mit $K_L(AgI) = 10^{-16}$ mol²·l⁻² ergibt sich die Konzentration am Äquivalenzpunkt zu: $-\log c_{ÄP}(AgI) = (10^{-16})^{1/2} = \mathbf{8}$, sodass Titrationskurve (**B**) die *argentometrische Iodid-Bestimmung* wiedergibt.

636 B **637** D

Beim Titrationsgrad $\tau = 0$ berechnet sich das **Löslichkeitsprodukt** (K_L) einer *Silberchlorid*-Lösung (c = **0,01** mol·l⁻¹) zu: $K_L = [Ag^+] \cdot [Cl^-] = a_{Ag^+} \cdot a_{Cl^-} = 10^{-10}$ mol²·l⁻²

Am Äquivalenzpunkt ($\tau = 1$) der argentometrischen Chlorid-Bestimmung (Bestimmung mit Silber-Ionen) ist aus Elektroneutralitätsgründen $a_{Ag^+} = a_{Cl^-}$. Daraus folgt für die Aktivität des Anions (Kations): $\mathbf{a_{Ag^+} = a_{Cl^-}} = \sqrt{K_L(AgCl)} = (K_L)^{1/2} = (10^{-10})^{1/2} = \mathbf{10^{-5}}$ **mol·l⁻¹**

Bei $\tau = 0{,}99$ sind 99 % der Chlorid-Menge (bzw. 99 % der Menge an Ag^+-Ionen) gefällt, sodass 1 % der Ausgangsmenge noch in Lösung ist. Dies entspricht: $a_{Ag^+} = a_{Cl^-} = 10^{-4}$ **mol·l^{-1}**

638 B

10 mg/ml (= 10 g/l) an Ag^+-Ionen ($M_r = 107{,}9$) entsprechen einer Konzentration von $c = 0{,}09$ mol·l^{-1}. Mit $[Ag^+] = [Cl^-]$ ergibt sich daraus, dass 1 Liter einer Natriumchlorid-Maßlösung ($M_r = 58{,}4$) etwa **5,41 g** an NaCl enthalten muss.

639 B

Für *Silberthiocyanat* (AgSCN) berechnet sich das Löslichkeitsprodukt (K_L) aufgrund der Zusammensetzung des Salzes zu: $K_L(AgSCN) = [Ag^+] \cdot [SCN^-] = 10^{-12}$ mol$^2 \cdot$ l^{-2}. Am Äquivalenzpunkt der argentometrischen Bestimmung ist aus Elektroneutralitätsgründen $[Ag^+] = [SCN^-]$. Daraus resultiert eine Silber-Ionenkonzentration am Äquivalenzpunkt von:

$$[Ag^+] = \sqrt{K_L(AgSCN)} = (K_L)^{1/2} = (10^{-12})^{1/2} = 10^{-6} \text{ mol} \cdot \text{l}^{-1}$$

640 B

Das Löslichkeitsprodukt von *Silberchromat* (Ag_2CrO_4) ist gegeben durch den Ausdruck: $K_L(Ag_2CrO_4) = [Ag^+]^2 \cdot [CrO_4^{2-}] = 10^{-12}$ mol$^3 \cdot$ l^{-3}. Bei einer Chromat-Konzentration von $[CrO_4^{2-}] = 10^{-4}$ mol·l^{-1} beginnt die Ausfällung – wenn das Löslichkeitsprodukt von Silberchromat überschritten wird – bei einer Silber-Ionenkonzentration von:

$$[Ag^+] = \sqrt{K_L/[CrO_4^{2-}]} = (K_L/[CrO_4^{2-}])^{1/2} = (10^{-12}/10^{-4})^{1/2} = (10^{-8})^{1/2} = 10^{-4} \text{ mol} \cdot \text{l}^{-1}$$

641 C

Die Löslichkeitsprodukte für *Silberchromat* (Ag_2CrO_4) und *Silberchlorid* (AgCl) sind gegeben durch die Ausdrücke:

$$K_L(Ag_2CrO_4) = [Ag^+]^2 \cdot [CrO_4^{2-}] = 2 \cdot 10^{-12} \text{ mol}^3 \cdot \text{l}^{-3}$$
$$K_L(AgCl) = [Ag^+] \cdot [Cl^-] = [Ag^+]^2 = 10^{-10} \text{ mol}^2 \cdot \text{l}^{-2}$$

Aus Elektroneutralitätsgründen ist am Äquivalenzpunkt $[Ag^+] = [Cl^-]$, sodass sich die Chromat-Konzentration, bei der die Ag_2CrO_4-Fällung einsetzt, berechnet nach:

$$[CrO_4^{2-}] = K_L(Ag_2CrO_4)/[Ag^+]^2 = K_L(Ag_2CrO_4)/K_L(AgCl) = 2 \cdot 10^{-12}/10^{-10} = \mathbf{0{,}02 \text{ mol} \cdot \text{l}^{-1}}$$

642 A

Die Löslichkeitsprodukte für *Silberthiocyanat* (AgSCN) und *Silberchlorid* (AgCl) sind gegeben durch die Ausdrücke:

$$K_L(AgSCN) = [Ag^+] \cdot [SCN^-] \text{ mit } pK_L = -\log K_L = 12$$
$$K_L(AgCl) = [Ag^+] \cdot [Cl^-] \text{ mit } pK_L = -\log K_L = 10$$

Daraus ergibt sich für die Silber-Ionenkonzentration:

$$[Ag^+] = K_L(AgSCN)/[SCN^-] = K_L(AgCl)/[Cl^-]$$

und das Konzentrationsverhältnis der beiden Anionen zueinander wird:

$$[Cl^-]/[SCN^-] = K_L(AgCl)/K_L(AgSCN) = 10^{-10}/10^{-12} = 10^2$$

Daher beginnt AgCl *vor* AgSCN auszufallen, wenn **$[Cl^-]:[SCN^-] > 100:1$** ist.

643 C   648 C   1823 D

Die argentometrische Fällungstitration nach **Fajans** wird in *saurer* Lösung durchgeführt unter Verwendung des Adsorptionsindikators *Eosin*.

644 D   **647** D

Die argentometrische Bestimmung nach **Volhard** wird in *saurer* Lösung durchgeführt unter Verwendung von *Ammoniumeisen(III)-sulfat* als Indikator mit nachfolgender *Rücktitration* des Silbernitrat-Überschusses mit einer *Ammoniumthiocyanat-Maßlösung*.

645 E   **646** C   **335** A   **659** C

Argentometrische Bestimmungen nach **Mohr** werden in *neutraler* Lösung durchgeführt mit *Kaliumchromat* als Indikator.

647 D   **644** D

Die Argentometrie nach **Volhard** verwendet *Ammoniumeisen(III)-sulfat* zur Indizierung des Äquivalenzpunktes.

648 C   **643** C

Zur argentometrischen Chlorid-Bestimmung nach **Fajans** verwendet man *Fluorescein-Natrium* als Indikator.

649 D

Zur Einstellung einer Silbernitrat-Maßlösung verwendet man **Natriumchlorid** (NaCl) als *Urtitersubstanz*. NaCl kann *nicht* durch Umkristallisation aus Wasser gereinigt werden. Zur Reindarstellung wird deshalb eine gesättigte NaCl-Lösung mit 2 Volumenteilen 36 %iger Salzsäure versetzt. Die ausgefallenen Kristalle werden abgetrennt, mit 25 %iger Salzsäure gewaschen und zum Entfernen anhaftender HCl auf dem Wasserbad erwärmt. Danach werden die NaCl-Kristalle bei 300 °C bis zur Massekonstanz getrocknet.

8.2 Methoden, pharmazeutische Anwendungen, insbesondere nach Arzneibuch

650 B

Auf **argentometrische Fällungstitrationen** treffen folgende Aussagen zu:
– Silbernitrat-Maßlösung kann gegen Natriumchlorid als *Urtitersubstanz* eingestellt werden.
– Die *Halogenide* lassen sich *nicht* alle in der gleichen Weise argentometrisch bestimmen. Beispielsweise können Iodide *nicht* nach Mohr titriert werden, zudem sind Fluoride *nicht* durch eine argentometrische Fällungstitration erfassbar.
– Die Argentometrie ist auch zur quantitativen Bestimmung von *Pseudohalogeniden* wie Cyaniden (CN⁻) und Thiocyanaten (SCN⁻) geeignet.

Die Argentometrie untergliedert sich in die Verfahren nach *Mohr*, *Volhard* und *Fajans*. Nur bei der Argentometrie nach *Fajans* kann der Titrationsendpunkt mithilfe eines *Adsorptionsindikators* angezeigt werden.

651 D

Chloride (Cl⁻), *Bromide* (Br⁻) und *Iodide* (I⁻) lassen sich argentometrisch titrieren. Fluoride sind einer argentometrischen Fällungstitration *nicht* zugänglich.

652 B   **653** C   **654** E

Die **Bestimmung von Silber-Ionen** (Ag⁺) nach *Volhard* erfolgt durch *Direkttitration* in salpetersaurem Medium mit einer Ammoniumthiocyanat-Maßlösung (NH₄SCN) und Fe(III)-Ionen als Indikator. Der Endpunkt der Titration ist an der *Orange- bis Rotfärbung* der Lösung durch Bildung von Eisen(III)-thiocyanat [Fe(SCN)₃] oder komplexen Eisen(III)-thiocyanaten mit überschüssigem NH₄SCN zu erkennen. Bis zum Äquivalenzpunkt fällt schwer lösliches, weißes *Silberthiocyanat* (AgSCN) aus. Als Indikator kann Ammoniumeisen(III)-sulfat oder Ammoniumeisen(III)-nitrat eingesetzt werden.

655 D   **656** E   **657** B

Bei der *argentometrischen* **Chlorid-Bestimmung** nach *Volhard* kann der gebildete AgCl-Niederschlag mit überschüssigem Thiocyanat zu AgSCN reagieren, weil AgSCN ($K_L = 10^{-12}$ mol² · l⁻²) schwerer löslich ist als AgCl ($K_L = 10^{-10}$ mol² · l⁻²). Um die Reaktion (AgCl + SCN⁻ → AgSCN + Cl⁻) weitgehend zu unterbinden, setzt man *Toluen, Nitrobenzen* oder nach Arzneibuch *Dibutylphthalat* hinzu. Diese nicht mit Wasser mischbaren Lösungsmittel umhüllen den AgCl-Bodenkörper und entziehen ihn so der Einwirkung der Thiocyanat-Ionen bei der Rücktitration mit einer NH₄SCN-Maßlösung.

Alternativ dazu kann man den Silberhalogenid-Niederschlag vor der Rücktitration abtrennen, was aber aufgrund der Adsorption von Silber-Ionen häufig zu hohe Chlorid-Werte liefert.

Die *argentometrische* **Bestimmung von Bromiden** als AgBr ($K_L = 10^{-12}$ mol² · l⁻²) könnte ohne Abtrennung der AgBr-Fällung vor der Rücktitration erfolgen, jedoch lässt das Arzneibuch auch bei den Fällungstitrationen von Alkalibromiden Dibutylphthalat zusetzen.

Ein AgI-Bodenkörper [K_L(AgI) = 10^{-16} mol² · l⁻²] muss *nicht* vor einem Kontakt mit überschüssiger NH₄SCN-Maßlösung geschützt werden, da **Silberiodid** (AgI) deutlich schwerer löslich ist als Silberthiocyanat (AgSCN).

658 E

Iodide lassen sich mit folgenden Methoden quantitativ bestimmen durch:
- argentometrische Titration als AgI mit *Iod* und *iodidfreier Stärke* als Indikator. Das Auftreten einer Blaufärbung durch die Iod-Stärke-Reaktion ist an die Anwesenheit von Iodid-Ionen in Lösung gebunden. Mit der Ausfällung der Iodid-Ionen tritt am Endpunkt der Titration Entfärbung ein. Es resultiert eine gelbliche Lösung durch die Eigenfarbe des gelösten Iods.
- argentometrische Titration nach *Volhard*, wobei der AgI-Bodenkörper bei der Rücktitration nicht vor dem Kontakt mit Thiocyanat-Ionen geschützt werden muss.
- argentometrische Titration nach Fajans mit Eosin als Adsorptionsindikator.
- gravimetrische Bestimmung als in salpetersaurem Medium schwer lösliches Silberiodid mit überschüssiger Silbernitrat-Lösung als Fällungsreagenz.

659 C   **660** A   **645** E   **646** C   **1740** D

Bei der direkten *argentometrischen Bestimmung* von **Chlorid** oder **Bromid** nach **Mohr** nutzt man zur Endpunkterkennung aus, dass Ag⁺-Ionen in *neutralem* Medium mit Chromat-Ionen (CrO_4^{2-}) schwer lösliches, *rotbraunes Silberchromat* (Ag_2CrO_4) ergeben.

Die Titration ist an eine annähernd neutrale Lösung gebunden, da im sauren Milieu *Dichromat* ($Cr_2O_7^{2-}$) im Gleichgewicht überwiegt, das mit Ag⁺-Ionen am Äquivalenzpunkt *keinen* schwer löslichen Niederschlag bildet.

$$2\,CrO_4^{2-} + 2\,H_3O^+ \rightleftharpoons Cr_2O_7^{2-} + 3\,H_2O$$

661 B **662** A

Aus *halogenhaltigen organischen Wirkstoffen*, in denen das Halogenatom kovalent an ein Kohlenstoffatom gebunden ist, kann das Halogen hydrolytisch, oxidativ oder reduktiv als Halogenid abgespalten und anschließend argentometrisch bestimmt werden. **Arylhalogenide** (Ar-Hal) wie *Chlorocresol* (4-Chlor-3-methylphenol) oder *Chlorbenzen* (C_6H_5-Cl) spalten beim Erhitzen in wässrig-alkoholischer Lösung *kein* Halogenid ab und sind daher einer argentometrischen Bestimmung in der üblichen Weise *nicht* zugänglich.

663 D

Bromisoval [(2-Brom-3-methylbutyryl)harnstoff] [$(CH_3)_2$CH-CHBr-CO-NH-CO-NH_2] wird beim Erhitzen in NaOH-Lösung in einer S_N-Reaktion in 2-*Hydroxyisovaleriansäure* [$(CH_3)_2$CH-CHOH-COOH] und Harnstoff [H_2N-CO-NH_2] umgewandelt. Das abgespaltene *Bromid* (Br^-) wird argentometrisch bestimmt nach:
- *Volhard* durch Fällung als AgBr in salpetersaurem Milieu mit überschüssiger Silbernitrat-Maßlösung und Rücktitration des Ag^+-Überschusses mit Ammoniumthiocyanat-Maßlösung in Gegenwart von Fe(III)-Ionen als Indikator.
- *Mohr* durch Titration in neutralem Medium mit $AgNO_3$-Maßlösung in Gegenwart von Kaliumchromat als Indikator.
- *Fajans* durch Titration in neutralem bis schwach saurem Milieu mit Silbernitrat-Maßlösung in Anwesenheit von Eosin als Indikator.

664 C

Am Stickstoffatom-nichtmethylierte **Barbiturate** bilden am Äquivalenzpunkt einen schwer löslichen Niederschlag (Trübung der Lösung) eines *Barbiturat-Silber-Komplexes* im Verhältnis (**1:2**).

665 E

Cyclobarbital [5-(1-Cyclohexenyl)-5-ethylbarbitursäure] hat als *Calciumsalz* die Zusammensetzung Ca(Barb)$_2$. Pro Barbiturat-Molekül wird 1 Äquivalent $AgNO_3$-Maßlösung benötigt, sodass insgesamt **2 Mol** Ag^+-Ionen für die Bestimmung von **Cyclobarbital-Calcium** verbraucht werden.

666 C

Cyclobarbital [5-(1-Cyclohexenyl)-5-ethylbarbitursäure] bildet mit Silbernitrat-Maßlösung bis zum Äquivalenzpunkt einen löslichen Barbiturat-Silber-Komplex im Verhältnis **1:1**, sodass daraus ein Äquivalentverbrauch von **1 Mol** an $AgNO_3$-Maßlösung resultiert.

Cyclobarbital

667 D

Eine argentometrische *Simultantitration* von *Natriumchlorid* (NaCl) neben *Kaliumchlorid* (KCl) gelingt *nicht*. Eine vorausgehende Trennung beider Analyte ist erforderlich.

668 E

Eine spezifische **Iodid-Bestimmung** *neben Chlorid* ist möglich durch Titration mit einer:
- Silbernitrat-Maßlösung mit Iod und iodidfreier Stärke-Lösung als Indikator, wobei zunächst Silberiodid gefällt wird und in Abwesenheit von Iodid die blaue Farbe der Iod-Iodid-Stärke-Einschlußverbindung in die gelbe Eigenfarbe des gelösten Iods umschlägt.
- Kaliumiodat-Maßlösung nach dem *Iodmonochlorid-Verfahren*, wobei aufgrund der salzsauren Lösung der Chlorid-Gehalt nicht stört. [Zum formelmäßigen Verlauf dieser Bestimmung siehe Fragen Nr. **590–592**.]
- Thiosulfat-Maßlösung nach vorheriger Oxidation von Iodid (I^-) mit Brom (Br_2) zu elementarem Iod (I_2). Da Brom Chlorid *nicht* zu Chlor oxidiert, hat die Chlorid-Verunreinigung keinen Einfluss auf den stöchiometrischen Ablauf der Bestimmung. Chlorid-Ionen stören die Bestimmung nicht!

Bei der argentometrischen Titration nach Volhard oder Mohr werden Iodide *und* Chloride gemeinsam erfasst.

669 C

Die fällungsanalytische **Sulfat-Bestimmung** kann erfolgen durch Titration mit einer:
- Bariumnitrat-Maßlösung [$Ba(NO_3)_2$] in Gegenwart eines Adsorptionsindikators (Naphtharson, Alizarinsulfonsäure), wobei schwer lösliches *Bariumsulfat* ($BaSO_4$) ausfällt.
- Blei(II)-nitrat-Maßlösung [$Pb(NO_3)_2$] unter potentiometrischer Indizierung des Äquivalenzpunktes mit einer bleisensitiven Indikatorelektrode. Es fällt schwer lösliches *Bleisulfat* ($PbSO_4$) aus.

670 D

Natriumsulfat (Na_2SO_4) kann aufgrund des Sulfat-Gehalts in einer Fällungstitration mit einer **Blei(II)-nitrat-Maßlösung** bestimmt werden. Es fällt *weißes* Bleisulfat ($PbSO_4$) aus.

Die Einstellung der $Pb(NO_3)_2$-Maßlösung kann mithilfe einer Ethylendiamintetraacetat-Maßlösung (EDTA-Maßlösung) erfolgen.

Eine Blei(II)-nitrat-Maßlösung wird üblicherweise bei komplexometrischen Rücktitrationen eingesetzt.

Blei(II)-*hydroxid* [$Pb(OH)_2$] ist ein *amphoteres Hydroxid* und geht mit einem Hydroxid-Überschuss in lösliches Tetrahydroxoplumbat(II) über [$Pb(OH)_4$]$^{2-}$.

9 Komplexometrische Titrationen

9.1 Grundlagen

671 A

Natriumedetat, das zwitterionische, in Wasser lösliche *Dinatriumsalz* der Ethylendinitrilotetraessigsäure (Ethylendiamintetraessigsäure) kann durch nachfolgende Strukturformel beschrieben werden.

Natriumedetat

672 D   **673** D   **674** C   **675** A

Über **Edetinsäure** [(Ethylendinitrilo)tetraessigsäure] lassen sich folgende Aussagen machen:
- Edetinsäure ist eine *vierbasige Säure* ($pK_{s1} = 2{,}0 - pK_{s2} = 2{,}67 - pK_{s3} = 6{,}16 - pK_{s4} = 10{,}26$).
- Edetinsäure kann bei geeignetem pH-Wert als *sechzähniger Ligand* (Tetraanion) mit Metallionen *Chelatkomplexe* bilden.
- Edetinsäure ist praktisch *unlöslich* in Wasser und Ethanol (96 %).
- Edetinsäure bildet mit vielen *zwei-* und *dreiwertigen* Metallionen Chelatkomplexe, die im basischen Milieu stabiler sind als im sauren. Die effektive Stabilitätskonstante (*Konditionalkonstante*) der Metalledetat-Komplexe [K_{eff}] ist daher stark pH-abhängig.
- Die Metalledetat-Komplexe sind (pseudo)oktaedrisch gebaut.

674 C   **675** A   **672** D   **673** D   **1825** C

▪ Auf **Metalledetat-Komplexe** treffen folgende Aussagen zu:
- *Natriumedetat* ist als Tetraanion ein sechszähniger Ligand und bildet mit Metallionen – unabhängig von deren Ladung – immer **1:1-Komplexe**.
- Die Metalledetat-Komplexe sind (pseudo)oktaedrisch gebaut, wobei je ein Sauerstoffatom der Carboxyl-Gruppen vier Ecken eines *Oktaeders* besetzen. Die beiden noch freien Ecken werden von den beiden Stickstoffatomen der Ethylendiamin-Partialstruktur eingenommen, wobei die beiden Stickstoffatome eine *cis-Position* zueinander besitzen; eine *trans*-Anordnung der beiden N-Atome ist aus sterischen Gründen nicht möglich.

- Die Stabilität der Metalledetat-Chelatkomplexe hängt stark vom pH-Wert der Reaktionslösung ab.

676 A

▪ Die **Stabilitätskonstante** (K_{Stab}) eines Metall-EDTA-Komplexes entspricht der Bildungskonstanten und ergibt sich aus der Anwendung des Massenwirkungsgesetzes auf die Komplexbildung [Hinreaktion]. Die **Dissoziationskonstante** (K_{Diss}) entspricht der Zerfallskonstanten und quantifiziert die Rückreaktion. Wie alle Gleichgewichtskonstanten sind beide Werte von der Temperatur und dem Druck abhängig. Zwischen beiden Konstanten, die gegenläufige Prozesse beschreiben, besteht folgender Zusammenhang, d. h., die Stabilitätskonstante entspricht dem *Kehrwert* der Dissoziationskonstanten:

$$K_{Stab} = 1/K_{Diss}$$

677 C   **678** A   **679** B

▪ Je größer die Stabilitätskonstante (K_{Stab}) ist, desto stabiler ist der Komplex. Im Allgemeinen gibt man die Stabilitätskonstante im logarithmischen Maß an (log K_{Stab} = pK_{Stab}). Daraus folgt, je größer der pK-Wert ist, desto stabiler ist der Metalledetat-Komplex.

▪ Die genannten Kationen können in folgende Reihe zunehmender Stabilität ihrer EDTA-Komplexe geordnet werden. In Klammer sind die pK_{Stab}-Werte angegeben:

Na^+ (1,66) < Ag^+ (7,2) < Mg^{2+} (8,69) < Ca^{2+} (10,7) < Al^{3+} (16,13) < Zn^{2+} (16,50)
< Cu^{2+} (18,8) < Hg^{2+} (21,8) < Fe^{3+} (25,1) < Bi^{3+} (27,94)

680 D

▌ Über **Edetinsäure** (EDTA = **E**thylen**d**iamin**t**etra**a**cetic**a**cid) und ihre Komplexe mit Metallionen lassen sich folgende Aussagen machen:
- Edetinsäure ist eine in Wasser und Ethanol schwer lösliche, *vierbasige* Säure (H_4Y).
- Edetinsäure kann bei geeignetem pH-Wert als *sechszähniger* Ligand fungieren, der mit Metallionen 1:1-Chelatkomplexe bildet.

- Die effektive Stabilitätskonstante (*Konditionalkonstante*) von Metall-EDTA-Komplexen ist in hohem Maße vom *pH-Wert abhängig*. Im Allgemeinen sind EDTA-Komplexe im Alkalischen stabiler als im sauren Milieu.
- Außer Alkalikationen können auch andere Metallionen *nicht direkt* mit Natriumedetat bestimmt werden. Dies ist der Fall, wenn kein auf das zu bestimmende Ion geeigneter Indikator existiert, das Metallion zu langsam mit Edetat reagiert oder wenn sich das zu bestimmende Kation beim Titrations-pH-Wert nicht in Lösung halten lässt.

681 C

▌ Die **effektive Stabilität** (pK_{eff}) eines EDTA-Komplexes ergibt sich unter Berücksichtigung eines pH-abhängigen Wasserstoffkoeffizienten (α) zu: $\mathbf{pK_{eff} = pK_{Stab} - \log \alpha}$

▌ Im Allgemeinen setzen komplexometrische *Direkttitrationen* effektive Stabilitätskonstanten $K_{eff} > 10^7$ ($pK_{eff} > 7$) voraus.

▌ Der **Magnesiumedetat-Komplex** besitzt eine niedrige Stabilitätskonstante ($pK_{Stab} = 8{,}69$). Bei pH = 7 ist $\log \alpha = 3{,}32$, woraus sich die effektive Stabilität des Mg-EDTA-Komplexes berechnet zu: $pK_{eff} = 8{,}69 - 3{,}32 = 5{,}35 < 7$. Daher kann die Direkttitration von Mg^{2+}-Ionen mit Natriumedetat *nicht* im Neutralen erfolgen, sondern der pH-Wert des Titrationsmediums muss oberhalb von pH = 8,5 ($\log \alpha = 1{,}77$) liegen.

682 E

▌ Für *komplexometrische Bestimmungen* existieren folgende **Arbeitsweisen**:
- Direkttitration,
- Rücktitration,
- Substitutionstitration und
- indirekte Titration.

683 C

▌ Eine *komplexometrische Direkttitration* ist *nur* möglich, wenn die Stabilität des Metall-Indikator-Komplexes geringer ist als die des Metall-EDTA-Komplexes, so dass die Maßlösung Metallionen aus dem Metall-Indikator-Komplex freisetzen und als Metall-Titratorkomplex zu binden vermag, was mit einer Farbänderung des Indikators einhergeht.

9.1 Grundlagen

■ In der Komplexometrie werden mehrzähnige Liganden als Maßlösung (Titratorlösung) eingesetzt, wobei die Stöchiometrie der Chelatkomplexbildung in der Regel unabhängig von der Ladung (Wertigkeit) des zu bestimmenden Kations ist.

■ Komplexometrische Bestimmungen werden im Allgemeinen bei einem bestimmten pH-Wert in einem *gepufferten Medium* durchgeführt.

■ Die Stabilität des Eisen(III)-edetat-Komplexes ($pK_{Stab} = 25{,}1$) ist größer als die des Fe(II)-edetat-Komplexes ($pK_{Stab} = 14{,}33$).

684 E

■ Über die *direkte komplexometrische Titration* mit Natriumedetat-Maßlösung lassen sich folgende Aussagen machen:
- Edetat kann maximal als sechszähniger Ligand (als Tetraanion) fungieren, der mit zwei- und dreiwertigen Kationen 1:1-Chelatkomplexe bildet.
- Die effektive Komplexbildungskonstante (Konditionalkonstante) eines Metalledetat-Komplexes ist vom pH-Wert abhängig.
- Bei einer komplexometrischen Direkttitration muss der Metall-EDTA-Komplex stabiler sein als der Metall-Indikator-Komplex.

685 D

■ Eine **komplexometrische Direkttitration** ist nur dann möglich, wenn:
- die Stabilität des Metalledetat-Komplexes hinreichend groß ist ($pK_{eff} > 7$) und der Metall-edetat-Komplex stöchiometrisch einheitlich ist.
- der Metallindikator mit dem zu bestimmenden Kation einen Komplex bildet und dieser Metall-Indikator-Komplex eine geringere Stabilität besitzt als der Metalledetat-Komplex.
- der Metall-Indikator-Komplex eine andere Farbe besitzt als der freie Indikator.

686 B   1824 E

■ Eine **komplexometrische Rücktitration** wird angewandt, wenn
- kein auf das zu bestimmende Kation ansprechender Indikator existiert.
- das zu bestimmende Metallion zu langsam mit dem Komplexbildner der Maßlösung reagiert.
- das zu bestimmende Kation bei dem für die Titration notwendigen pH-Wert sich nicht in Lösung halten lässt.

■ Auch bei der komplexometrischen Rücktitration besteht der erste Titrationsschritt in der Bildung eines stabilen Metalledetat-Komplexes, so dass auch für Rücktitrationsverfahren der Metall-EDTA-Komplex ($pK_{eff} > 7$) eine hinreichende Stabilität aufweisen muss.

687 B

■ Der Ablauf einer **komplexometrischen Rücktitration** – am Beispiel der *Nickel-Bestimmung* erläutert – setzt sich aus folgenden Teilschritten zusammen:
- Nach Zugabe eines Überschusses an Natriumedetat-Maßlösung (Na_2H_2Y) bildet sich der Nickel(II)-edetat-Chelatkomplex.

$$Ni^{2+} + H_2Y^{2-} \rightarrow [NiY]^{2-} + (2\,H^+)$$

- Der Edetat-Überschuss wird anschließend mit einer eingestellten Zinksulfat-Maßlösung ($ZnSO_4$) zurücktitriert unter Bildung eines Zinkedetat-Komplexes.

$$H_2Y^{2-} + Zn^{2+} \rightarrow [Zn\text{-}Y]^{2-} + (2\,H^+)$$

- Überschüssige Zn(II)-Ionen bilden mit Eriochromschwarz T einen Zink-Indikator-Komplex, was mit einer Farbänderung verbunden ist.

$$[H_2\text{Erio T}]^- + Zn^{2+} \rightarrow [Zn\text{-Erio T}]^- + (2\,H^+)$$

688 D

Bei einer **komplexometrischen Substitutionstitration** laufen folgende Teilschritte ab:
- Das zu bestimmende Metallion setzt aus einem Magnesium- oder Zinkedetat-Komplex die äquivalente Stoffmenge an Zink(II)- oder Magnesium(II)-Ionen frei.

$$[Zn\text{-}Y]^{2-} + Me^{2+} \rightarrow [Me\text{-}Y]^{2-} + Zn^{2+}$$

- Die freigesetzte Mg(II)- oder Zn(II)-Stoffmenge wird mit einer eingestellten Edetat-Maßlösung ($Na_2H_2Y_2$) erfasst.

$$Zn^{2+} + H_2Y^{2-} \rightarrow [Zn\text{-}Y]^{2-} + (2\,H^+)$$

- Überschüssiges Edetat setzt aus dem Zink-Indikator-Komplex den metallochromen Indikator frei, was mit einer Farbänderung einhergeht.

$$[Zn\text{-}Ind]^{2-n} + H_2Y^{2-} \rightarrow [Zn\text{-}Y]^- + (Ind)^{n-} + (2\,H^+)$$

689 B

Über **komplexometrische Titrationen** lassen sich folgende Aussagen machen:
- EDTA komplexiert in der Regel mehrwertige Metallionen als vierfach negativ geladenes Anion (als *Tetraanion*).
- *Hydroxid-Ionen* haben einen bestimmenden Einfluss auf die komplexometrischen Titrationen, da sie mit dem zu bestimmenden Ion auch zur Bildung von schwer löslichen Hydroxiden oder stabilen Oxokomplexen führen können.
- Die Konzentration an Metallionen am *Äquivalenzpunkt* (Titrationsgrad $\tau = 1$) ist eine Funktion der Komplexbildungskonstanten (K) und der Ausgangskonzentration (c_o):

$$-\log [Me^{n+}] = -0{,}5\,(\log c_o - \log K)$$

- Die *Konditionalkonstante* (K_{eff}) beschreibt die Abhängigkeit des Komplexierungsgleichgewichts [der Komplexbildungskonstanten K_{Stab}] vom pH-Wert.
- Auch *Anionen* lassen sich mithilfe einer *indirekten Titration* komplexometrisch bestimmen.

690 B

Folgende Aussagen über **Hilfskomplexbildner** treffen zu:
- Sie sollen das Ausfällen der Kationen in Abwesenheit von Edetat verhindern.
- Sie bilden mit Kationen einen Komplex geringerer Stabilität im Vergleich zum Metalledetat-Komplex.
- Hilfskomplexbildner spielen bei der stöchiometrischen Auswertung der Titration keine Rolle.

Die Einstellung des pH-Wertes (pH-Bereiches) der Titrationslösung erfolgt durch Zugabe von Puffersubstanzen.

691 E   692 E

Der Verlauf der **Titrationskurve** im *Überschussbereich* einer komplexometrischen Bestimmung kann beschrieben werden durch: $\log c_{Me} = pMe = \log K - \log (\tau-1)$

Für $\tau = 2$ ($\log \tau-1 = \log 2-1 = \log 1 = 0$) entspricht die Metall-Ionenkonzentration ungefähr der **Dissoziationskonstanten** des Metall-EDTA-Komplexes: $\log C_{Me} = p_{Me} = \log K$

693 C

Die Konzentration an Metallionen am Äquivalenzpunkt einer komplexometrischen Titration ist berechenbar mit der Gleichung (mit K = Stabilitätskonstante – c_o = Ausgangskonzentration des Metallions): $\log c_{Me} = pMe = -0{,}5\,(\log c_o - \log K)$

■ Bei einer Ausgangskonzentration $c_0 = 10^{-2}$ mol·l^{-1} und einer effektiven Stabilitätskonstanten $K_{eff} = 10^{12}$ mol^{-1} berechnet sich die Metall-Ionenkonzentration am Äquivalenzpunkt zu:
$$\log c = -0{,}5 \, (\log 10^{-2} - \log 10^{12}) = -0{,}5 \, (-2-12) = 1 + 6 = 7$$
Daraus folgt: $[Me^{n+}]_{ÄP} = 10^{-7}$ mol·l^{-1}

694 D **695** D **696** B **697** A **698** A **699** A

■ **Metallindikatoren** oder *metallochrome Indikatoren* sind organische Farbstoffe, die mit Metallionen Komplexe bilden, die anders gefärbt sind als der freie Indikator. Sie gehören verschiedenen Stoffklassen an:
- **Calconcarbonsäure** und **Eriochromschwarz T** sind *Azofarbstoffe*, die in räumlicher Nachbarschaft zur Azo-Gruppe (Ar-N=N-Ar) phenolische Hydroxyl-Gruppen tragen.

Calconcarbonsäure   **Eriochromschwarz T**

- **Calcein** und **Xylenolorange** zählen zu den Triphenylmethanfarbstoffen [Ph$_3$CX]. Calcein ist ein Derivat des Fluoresceins und Xylenolorange gehört in die Gruppe der Sulfophthaleine.

Calcein   **Xylenolorange**

- Auch einfache aromatische Verbindungen wie **Sulfosalicylsäure** oder **Dithizon** (1,5-Diphenylthiocarbazon) können als Metallindikatoren eingesetzt werden, ebenso wie **Murexid**, das Ammoniumsalz der Purpursäure.

Sulfosalicylsäure   **Dithizon**   **Murexid**

■ **Bromkresolgrün** ist ein Säure-Base-Indikator. *Ferroin* und *Methylenblau* sind Redoxindikatoren.

■ *Casein* ist der Proteinanteil der Milch von Säugetieren, der nicht in die Molke gelangt und z.B. zu Käse verarbeitet wird.

699 A

Der **Calcein-Mischindikator** enthält zusätzlich zum Metallindikator Calcein noch den Säure-Base-Indikator *Thymolphthalein*.

700 C

Über die *Herstellung* der **Natriumedetat-Maßlösung** nach Arzneibuch lassen sich folgende Aussagen machen.
- Das für die Herstellung der Maßlösung verwendete Natriumedetat R [M_r = 372,2] muss der Arzneibuchmonographie *Natriumedetat* [Dinatriumdihydrogen(ethylendinitrilo)tetraacetat] (Natrii edetas) entsprechen.
- 1 Liter Maßlösung (c = 0,1 mol·l^{-1}) enthält 33,6 g an *wasserfreiem* Natriumedetat.
- Die Einstellung der Maßlösung erfolgt mit *Zink* als Urtiter durch Auflösen in salzsaurer Lösung unter Zusatz von Bromwasser. Zur Titerbestimmung verwendet man im Methenamin-Puffer *Xylenolorange* als Indikator.
- Natriumedetat-Maßlösung wird vorteilhaft in Polyethylengefäßen gelagert, da diese keine Metallionen abgeben können.

701 A

Wenn *25 ml* einer Zinksulfat-Maßlösung (c = 0,1 mol·l^{-1}) [*f = 0,98*] mit *25 ml* Natriumedetat-Maßlösung (c = 0,1 mol·l^{-1}) eingestellt werden, so besitzt auch die Natriumedetat-Lösung den Faktor **f = 0,98**.

702 B

Aufgrund der pK_s-Werte (pK_{s1} = 2,0 – pK_{s2} = 2,8 – pK_{s3} = 6,6 – pK_{s4} = 10,6] liegt die vierbasige **Ethylendiamintetraessigsäure** (H_4Y) bei pH = 4–5 als *Dianion* (H_2Y^{2-}) vor. Daher kann die Titration eines dreiwertigen Metallions bei diesem pH-Wert durch nachfolgende Formelgleichung beschrieben werden:

$$Me^{3+} + H_2Y^{2-} \rightarrow [MeY]^- + (2\,H^+)$$

703 D

Aufgrund der pK_s-Werte (siehe Frage Nr. **702**) liegt die vierbasige **Ethylendiamintetraessigsäure** bei pH = 7–9 als *Trianion* (HY^{3-}) vor.

704 E

Die **Einstellung** der **Natriumedetat-Maßlösung** erfolgt nach Arzneibuch gegen metallisches *Zink* (Zn), das zuvor durch Lösen in Salzsäure in Zink(II)-chlorid ($ZnCl_2$) übergeführt wurde.

Anstelle von Zink kann auch hochreines **Calciumcarbonat** ($CaCO_3$) als *Urtiter* eingesetzt werden.

9.2 Pharmazeutische Anwendungen, insbesondere nach Arzneibuch

705 B

Eisen(III)- [pK = 25,1] und *Bismut*(III)-*Ionen* [pK = 27,94] bilden sehr stabile EDTA-Komplexe, so dass deren komplexometrische Bestimmung im relativ saurer Lösung erfolgen kann.

Mangan(II)- [pK = 13,79] und *Calcium*(II)-*Ionen* [pK = 10,7] bilden mittelstarke bis schwache EDTA-Komplexe, so dass deren Bestimmung im Neutralem bis schwach Alkalischen durchgeführt werden muss.

■ *Quecksilber(II)-Ionen* [pK = 21,8] bilden zwar einen sehr stabilen Komplex mit Edetat, jedoch besitzt die komplexometrische Direkttitration in saurer Lösung keine praktische Bedeutung, weil hierfür ein geeigneter Metallindikator fehlt.

706 C

■ **Eriochromschwarz T-Mischindikator** enthält zusätzlich noch den Säure-Base-Indikator *Methylorange*. Zur visuellen Endpunkterkennung nutzt man den Farbumschlag von Rot (Metall-Erio T-Komplex + Methylorange) über einen grauen Zwischenton nach Grün (freies Erio T + Methylorange) aus. Beim Calcium erfolgt dieser Farbumschlag eher unscharf. Hier dient der Zusatz einer kleinen definierten Menge an Zinksulfat der besseren Erkennbarkeit des Farbumschlags am Endpunkt der Titration.

707 B 708 A 709 A 710 C

■ Auf die *komplexometrische* Bestimmung von **Quecksilber(II)-Ionen** mittels einer Arbeitsweise aus *Rück-* und *Substitutionstitration* treffen folgende Aussagen zu:
– Quecksilber(II) bildet einen sehr stabilen (pK = 21,8) 1:1-Chelatkomplex mit Natriumedetat.
– Die Bildung des Quecksilber(II)-edetat-Komplexes ist – wie alle Komplexierungsgleichgewichte mit Edetinsäure – in hohem Maße vom pH-Wert abhängig.

■ Quecksilber(II)-Ionen bilden zwar einen stabilen Komplex mit Edetat, jedoch besitzt die komplexometrische Direkttitration in *saurer* Lösung keine praktische Bedeutung, weil hierfür ein geeigneter Metallindikator fehlt.
– Vorhandene Erdalkali-Ionen können *nicht* mit Cyanid maskiert werden, da CN^--Ionen mit Hg(II) einen sehr stabilen Tetracyano-Komplex bilden würden.
– Das *Arzneibuch* schreibt für die Quecksilber(II)-Bestimmung ein Rücktitrationsverfahren in ammoniakalischer, Ammoniumchlorid-haltiger Lösung vor. Die Erfassung des EDTA-Überschusses (H_2Y^{2-}) erfolgt mit einer Zinksulfat- oder Zinkchlorid-Maßlösung gegen Eriochromschwarz T als Indikator. Dabei laufen folgende Teilschritte ab, wobei der Endpunkt durch die Bildung des Zink-Erio T-Komplexes angezeigt wird:

$$Hg^{2+} + H_2Y^{2-} \rightarrow [Hg\text{-}Y]^{2-} + (H_2Y^{2-})_{\text{überschuss}} + (2H^+)$$
$$(H_2Y^{2-})_{\text{überschuss}} + Zn^{2+} \rightarrow [Zn\text{-}Y]^{2-} + (2H^+)$$
Farbumschlag: [freies Erio T]$^{n-}$ + $Zn^{2+} \rightarrow$ [Zn-Erio T]$^{2-n}$

– Durch nachfolgende Zugabe von *Kaliumiodid* (KI) oder *Natriumthiosulfat* ($Na_2S_2O_3$) unter Bildung der sehr stabilen Tetraiodomercurat(II)- [HgI_4]$^{2-}$ oder Dithiocyanatomercurat(II)-Komplexe [$Hg(S_2O_3)_2$]$^{2-}$ wird Hg(II) aus seinem EDTA-Komplex verdrängt. Dabei wird die äquivalente Stoffmenge an Edetat freigesetzt, die erneut mit Zinksulfat-Maßlösung quantitativ erfasst wird. Es laufen folgende Teilprozesse ab:

$$[Hg\text{-}Y]^{2-} + 4\,I^- \text{ oder } 2\,S_2O_3^{2-} \rightarrow Y^{4-} + [HgI_4]^{2-} \text{ oder } [Hg(S_2O_3)_2]^{2-}$$
$$Y^{4-} + Zn^{2+} \rightarrow [Zn\text{-}Y]^{2-}$$
Farbumschlag: [freies Erio T]$^{n-}$ + $Zn^{2+} \rightarrow$ [Zn-Erio-T]$^{2-n}$

711 C

■ Bei der direkten komplexometrischen Titration von **Blei(II)-Ionen** mit Natriumedetat-Maßlösung wird *vor* der Titration Xylenolorange zugesetzt. Dann wird die gelbe Analytlösung mit soviel Methenamin versetzt bis ein Farbwechsel eintritt. Dabei entsteht ein Blei-Xylenolorange-Komplex. Danach wird mit EDTA-Maßlösung titriert und die visuelle Endpunkterkennung erfolgt durch den Farbwechsel bei der Freisetzung von Xylenolorange.

712 A   **713** A

Eisen(III)- (Fe^{3+}) und **Nickel(II)-Ionen** (Ni^{2+}) bilden stabile EDTA-Komplexe und können durch *Direkttitration* komplexometrisch bestimmt werden.

Natrium- (Na^+), *Cyanid-* (CN^-), *Sulfat-* (SO_4^{2-}) und *Phosphat-Ionen* (PO_4^{3-}) sind nur einer *indirekten* komplexometrischen Bestimmung zugänglich.

714 E

Die Bestimmung der **Wasserhärte** ist ein Beispiel einer *Simultantitration* von *Calcium neben Magnesium*, wobei aus dem Verbrauch an EDTA-Maßlösung nur die **Gesamthärte** des Wassers ermittelt wird.

715 A   **717** B   **718** B

Die *indirekte komplexometrische* **Sulfat-Bestimmung** erfolgt nach Fällung des Sulfat-Ions als Bariumsulfat ($BaSO_4$) mit einer eingestellten, überschüssigen Bariumchlorid-Lösung. Danach wird der Ba^{2+}-Überschuss mit Edetat im Alkalischen zurücktitriert.

716 B

Bei der *indirekten komplexometrischen* **Cyanid-Bestimmung** werden die CN^--Ionen zunächst mit einem Überschuss an einer standardisierten Ni(II)-Salzlösung gebunden. Es entsteht der sehr stabile $[Ni(CN)_4]^{2-}$-Komplex. Danach wird das nicht umgesetzte Ni(II) komplexometrisch erfasst.

717 B   **718** B   **715** A

Bei der *indirekten komplexometrischen* **Sulfat-Bestimmung** laufen folgende Teilprozesse ab:
- Die Sulfat-Lösung wird mit einer definierten, überschüssigen Menge an Bariumchlorid-Lösung ($BaCl_2$) bekannter Stoffmenge versetzt. Es fällt schwer lösliches *Bariumsulfat* ($BaSO_4$) aus.
- Ohne Abfiltrieren des entstandenen $BaSO_4$-Niederschlag werden die überschüssigen Ba^{2+}-Ionen im alkalischen Milieu mit Natriumedetat erfasst. Da Barium-Ionen nur einen sehr schwachen EDTA-Komplex (pK = 7,76) bilden, muss die Lösung *alkalisch* sein.
- Zur visuellen Erkennung des Titrationsendpunktes wird ein Metallindikator wie z.B. *Phthaleinpurpur* eingesetzt.

10 Elektrochemische Analysenverfahren

10.1 Grundlagen der Elektrochemie

719 C

Die Wanderung von geladenen Teilchen (Anionen, Kationen) in einem elektrischen Feld bezeichnet man als **Migration**.

720 B

In einer **Elektrolytlösung** wird der Strom durch die in der Lösung vorhandenen Ionen transportiert. Solvatisierte Elektronen sind in wässriger Lösung *nicht* existent.

721 B **722** C

In *Elektrolytlösungen* (Lösungen von Säuren, Basen oder Salzen) kann der **Ladungstransport** durch die in der Lösung vorhandenen *Ionen* erfolgen. Der Ladungstransport ist stets mit einem Massentransport verbunden, wobei Anionen (zur Anode) und Kationen (zur Kathode) in entgegen gesetzte Richtungen wandern. Auch in *Salzschmelzen* beruht der Ladungstransport auf beweglichen Ionen.

In *Metallen* wird der Ladungstransport durch bewegliche *Elektronen* verursacht.

723 E

Beim **Ladungstransport** in einer wässrigen *Elektrolytlösung*
- wandern die positiv geladenen Ionen (Kationen) zur Kathode (Minuspol) und die negativ geladenen Ionen (Anionen) zur Anode (Pluspol).
- nimmt die elektrische Leitfähigkeit der Lösung mit steigender Temperatur zu (positiver Temperaturkoeffizient).
- fließt im Elektrolyten die gleiche Stromstärke (I) wie im äußeren Stromkreis.

724 E   **725** E

Die **Wanderungsgeschwindigkeit** von Ionen in einer Lösung zwischen zwei Elektroden hängt ab von:
- dem *Ionenradius* und dem Betrag der *Ionenladung*, ist aber (bei gleichem Ladungsbetrag) unabhängig vom Vorzeichen der Ionenladung.
- der angelegten *Spannung* (bei unverändertem Elektrodenabstand) und vom *Elektrodenabstand* (bei unveränderter Spannung) sowie von der elektrischen *Feldstärke* in der Lösung.
- der *Viskosität* der Lösung (des Lösungsmittels).

726 D

Der **elektrische Leitwert** ist definiert als reziproker Wert (Kehrwert) des elektrischen Widerstandes R [gemessen in Ohm (Ω)]. Er hat somit die *Einheit*: **1/Ω [Siemens (S)]**

Aufgrund des Ohmschen Gesetzes [1/R = I/U] kann der elektrische Leitwert auch angegeben werden in Ampere/Volt [**A/V**].

727 E

Die **elektrische Leitfähigkeit** eines *Halbleiters* und einer *wässrigen Elektrolytlösung* nehmen mit steigender Temperatur zu (positiver Temperaturkoeffizient).

Die elektrische Leitfähigkeit eines *Metalls* nimmt mit steigender Temperatur ab (negativer Temperaturkoeffizient).

728 E   **729** C   **730** D   **731** D   **732** D   **733** D   **734** D

Die **elektrische Leitfähigkeit** einer *Elektrolytlösung* hängt ab von:
- den *Konzentrationen* der *Ionen* (Anionen und Kationen) und deren *Beweglichkeiten*. Die Wanderungsgeschwindigkeit von Ionen hängt zudem von den *Ionenradien* und den *Ionenladungen* (Betrag) ab. Bei schwachen Elektrolyten bestimmt auch der **Dissoziationsgrad** der gelösten Stoffe die Menge an Ionen in der Lösung.
- der *Viskosität* und der *Temperatur* der Lösung, wobei die Leitfähigkeit mit steigender Temperatur zunimmt.

Die elektrische Leitfähigkeit einer Elektrolytlösung hängt *nicht* ab vom Volumen (bei unveränderter Konzentration) der Lösung sowie von apparativen Parametern wie Fläche und Abstand der Elektroden bzw. von der Zellkonstanten der Leitfähigkeitsmesszelle; sie ist gleichfalls unabhängig von der Amplitude der angelegten Wechselspannung oder von der Stromstärke.

732 D

Die *elektrische Leitfähigkeit* einer *Elektrolytlösung* kann erhöht werden durch:
- Erhöhung der *Anzahl* frei beweglicher *Ionen* in der Lösung und der *Ionenwertigkeit* (Zahl der Elementarladungen pro Ion)
- Erhöhung der *Ionenbeweglichkeit* und der *Temperatur* der Elektrolytlösung.

733 D

Die *elektrische Leitfähigkeit* einer **Natriumchlorid-Lösung**
- beruht auf der Ionenwanderung (von Na^+- und Cl^--Ionen) im elektrischen Feld (Migration).
- entspricht dem Kehrwert des spezifischen Widerstandes ($1/\rho$) der Lösung.
- ist umso größer je mehr Ionen in Lösung *frei beweglich* sind.

10.1 Grundlagen der Elektrochemie

▪ Üblicherweise erhöht sich die Leitfähigkeit einer Elektrolytlösung mit zunehmender Konzentration des Elektrolyten, weil die Anzahl beweglicher Ladungsträger ansteigt. Durch Assoziations-, Dissoziations- oder Solvatationseffekte besteht aber nur bis zur einer Konzentration von etwa c = 1 mol·l⁻¹ ein linearer Zusammenhang. In hochkonzentrierten Lösungen beeinflussen interionische Wechselwirkungen die Ionenbeweglichkeit und die elektrische Leitfähigkeit kann mit steigender Konzentration auch abnehmen.

734 D

▪ Die Leitfähigkeit einer Natriumchlorid-Lösung ist geringer als die einer Chlorwasserstoff-Lösung (HCl) gleicher Stoffmengenkonzentration, infolge der signifikant höheren Äquivalentleitfähigkeit des Hydroxonium-Ions (H_3O^+) im Vergleich zu der des Natrium-Ions (Na^+).
▪ Die Wanderungsgeschwindigkeit von Ionen (Anionen, Kationen) hängt nicht nur vom Betrag ihrer Ladung ab; auch die Ionenradien beeinflussen die Wanderungsgeschwindigkeit.
▪ Der Dissoziationsgrad schwacher Elektrolyte nimmt zwar mit zunehmender Verdünnung zu, da aber die Elektrolytkonzentration mit zunehmender Verdünnung abnimmt, erniedrigt sich demzufolge auch die elektrische Leitfähigkeit der Lösung.
▪ Leitfähigkeitswerte, die auf die Äquivalentstoffmengenkonzentration bezogen sind, werden als *Äquivalentleitfähigkeit* bezeichnet. Die Äquivalentleitfähigkeit starker und schwacher Elektrolyte nimmt mit steigender Verdünnung zu und nähert sich einem Grenzwert.

735 E   **736** E   **737** E   **738** D   **1826** E

▪ Die genannten Ionen lassen sich in folgende Reihe *steigender* **Grenzäquivalentleitfähigkeit** [bei unendlicher Verdünnung] (in S·cm²·mol⁻¹) ordnen:

Li^+ (38,6) < **CH_3COO^-** (40,9) < Na^+ (50,9) < Mg^{2+} (53,1) < Ca^{2+} (60) < Ba^{2+} (65) < NO_3^- (71,5) < NH_4^+ (73,7) < K^+ (74,5) < Cl^- (75,5) < I^- (76,5) < Br^- (78,5) < SO_4^{2-} (79) < HO^- (192) < **H_3O^+** (350)

738 D

▪ Aufgrund der o. a. Reihe (siehe Frage Nr. **735**) besteht zwischen den Ionen **Na^+** und **HO^-** die größte Differenz in ihren Grenzäquivalentleitfähigkeiten.

739 D

▪ Die elektrische Leitfähigkeit ist ein Maß für den Gehalt an ionischen Verunreinigungen.
▪ Zur Herstellung von *„Hochgereinigtes Wasser"* (Aqua valde purificata) oder *„Wasser für Injektionszwecke"* (Aqua ad iniectabilia) lässt Ph.Eur. ausschließlich die *Destillation* in geeigneten Apparaturen zu (*bidestilliertes Wasser*) und begrenzt die Leitfähigkeit auf ≤1,1 µS·cm⁻¹.

740 D   **741** E   **742** A

▪ Berühren sich zwei elektrisch leitende Phasen, so tritt zwischen beiden Phasen eine Potentialdifferenz auf, deren Ursache die Ausbildung einer **elektrochemischen Doppelschicht** ist. In einer solchen Doppelschicht stehen sich zwei entgegengesetzt geladene, elektrische Schichten gegenüber. Im Allgemeinen versteht man unter „Doppelschicht" die Phasengrenze zwischen einem *Elektronenleiter* (Metall) und einem *Ionenleiter* (Elektrolytlösung). Die Doppelschicht weist die Eigenschaften eines *Kondensators* auf.
▪ Taucht ein Kupferblech (Elektronenleiter) in eine Kupfer(II)-sulfat-Lösung (Ionenleiter) ein, so bildet sich an der Cu-Oberfläche eine elektrische Doppelschicht aus, deren Ursache auf folgender Gleichgewichtsreaktion beruht: $Cu^{2+} + 2e^- \rightleftharpoons Cu$
▪ Im Kontakt mit einer Elektrolytlösung können Ionen auf einer Elektrodenoberfläche adsorbiert werden und dort eine starre elektrische Doppelschicht ausbilden. Die **Dicke** dieser Schicht beträgt etwa 0,1–10 nm (1 nm = 10⁻⁹ m).

743 A **744** A **745** C **746** D

Als **Elektroden 1. Art** (Messelektroden), deren Potential direkt von der Konzentration (Aktivität) der sie umgebenden Elektrolytlösung abhängt, werden eingesetzt:
- *Kationenelektroden*: ein Metall taucht in die Lösung seiner Ionen ein (Metall im Gleichgewicht mit seinen Ionen) [Cu/Cu^{2+}].
- *Anionenelektroden*: ein Nichtmetall befindet im Gleichgewicht mit seinen Ionen, wobei der Elektronenübergang durch Platin vermittelt wird [Wasserstoffelektrode:Pt/H$_2$/H$^+$] oder [Chlorelektrode: Pt/Cl$_2$/Cl$^-$].
- *Redoxelektroden*: Platin ermöglicht den Elektronenübergang zwischen der oxidierten und reduzierten Form eines korrespondierenden Redoxpaares [Pt/Fe^{3+}/Fe^{2+}].

744 A **745** C **746** D **743** A **747** E

Als **Elektroden 2. Art** (Bezugselektroden), deren Potential nur indirekt von der Konzentration (Aktivität) der sie umgebenden Elektrolytlösung abhängt, können Metalle im Gleichgewicht mit dem Bodenkörper eines *schwer löslichen Salzes* des betreffenden Metalls verwendet werden.
Zu Elektroden dieses Typs zählen:
- **Silber/Silberchlorid-Elektrode** [Ag/AgCl/Cl$^-$], wobei in Klammer häufig noch die Konzentration (Aktivität) der Chlorid-Lösung (NaCl, KCl) angegeben wird.
- **Kalomelektrode** (gesättigte Kalomelelektrode oder Normalkalomelelektrode) [Hg/Hg$_2$Cl$_2$/Cl$^-$].

Die *Glaselektrode* zählt zu den ionensensitiven (ionenselektiven) Membranelektroden, deren Potential von der Konzentration (Aktivität) einer bestimmten Ionenart (hier der H$^+$-Ionen) abhängt.

747 E

Bei einer **Elektrode 2. Art** (Silber/Silberchlorid-Elektrode [Ag/AgCl/Cl$^-$] oder Kalomelelektrode [Hg/Hg$_2$Cl$_2$/Cl$^-$]) ist das Elektrodenmetall (Ag, Hg) von einer Schicht eines schwer löslichen Salzes des Metalls (AgCl, Hg$_2$Cl$_2$) umgeben.

In die Berechnung des Potentials (E) einer **Silber/Silberchlorid-Elektrode** (a$_{Cl}$ = 3 mol·l^{-1}) geht das Löslichkeitsprodukt (K$_L$) von Silberchlorid (AgCl) ein. Es gilt, wobei E° das Normalpotential des korrespondierenden Redoxpaares (Ag/Ag$^+$) bedeutet:
$$E = E° + 0{,}059 \log K_L - 0{,}059 \log [Cl^-]$$

Eine **Silberelektrode**, bei der ein Silberblech in eine Silbernitrat-Lösung (AgNO$_3$) eintaucht, ist eine Elektrode 1. Art.

748 A

Von den aufgelisteten Bezeichnungen sind nur die Begriffe *Bezugselektrode* und *Referenzelektrode* synonym.

749 E

Als **Bezugselektroden**, die ein *konstantes Potential* besitzen, können Elektroden 2. Art verwendet werden. Hierzu zählen:
- Silber/Silberchlorid/KCl(a = 3 mol·l^{-1})-Elektrode
- Quecksilber/Quecksilber(I)-chlorid/KCl(gesättigt)-Elektrode (*gesättigte* Kalomelelektrode).

10.1 Grundlagen der Elektrochemie

750 D **751** D **1785** E

▪ Eine inerte **Platinelektrode** wird üblicherweise verwendet:
– zur Endpunkterkennung von Redoxtitrationen, in dem sie in eine Lösung eines korrespondierenden Redoxpaares eintaucht
– zusammen mit einer 2. Platinelektrode bei der biamperometrischen Indizierung von Redoxtitrationen
– zusammen mit einer 2. Platinelektrode zu Leitfähigkeitsmessungen (Konduktometrie)
– als Gegen- oder Hilfselektrode in der Voltammetrie (Polarographie)

▪ Zur potentiometrischen Indizierung von Säure-Base-Titrationen verwendet man im Allgemeinen die Glaselektrode in Form der so genannten *Einstabmesskette*, in die eine Silber/Silberchlorid-Referenzelektrode integriert ist.

▪ Als Referenzelektroden in der Potentiometrie verwendet man Elektroden 2. Art (Silber/Silberchlorid- und Kalomelelektrode).

▪ Als ionensensitive Elektrode in der Direktpotentiometrie von Fluorid-Ionen setzt man eine Lanthanfluorid-Elektrode (LaF_3) ein.

752 B

▪ Kalomelelektrode und Silber/Silberchlorid-Elektrode sind bei kleinen Stromdichten praktisch **nicht polarisiert**. Sie besitzen ein konstantes Potential, da in diesen Elektroden die Konzentration an potentialbestimmenden Ionen weitgehend konstant gehalten werden kann. Sie werden deshalb als **Referenzelektroden** verwendet.

▪ Metalle, die in die Lösung ihrer Ionen eintauchen (Silber-, Goldelektrode), sind *polarisiert*. Graphit- und Platinelektrode werden im Allgemeinen als inerte Ableitungselektroden eingesetzt.

753 D **754** C **755** C

▪ Die **Kalomelelektrode** ist eine Bezugselektrode mit metallischem Quecksilber (Hg) als Elektrodenmaterial, das mit Quecksilber(I)-chlorid (*Kalomel*) [Hg_2Cl_2] bedeckt ist. Als Elektrolyt fungiert eine mit Hg_2Cl_2 gesättigte *wässrige* Kaliumchlorid-Lösung (KCl) definierter Konzentration. Als Kontaktanschluss dient Platin.

▪ Die „*Normal-Kalomelelektrode*" enthält eine KCl-Lösung der Konzentration (c = **1 mol·l^{-1}**).

▪ Die Kalomelelektrode (NKE) enthält *kein* Quecksilber(II)-chlorid (*Sublimat*) [$HgCl_2$].

756 D **757** D

▪ Über die **gesättigte Kalomelelektrode** (GKE) lassen sich folgende Aussagen machen:
– Die gesättigte Kalomelelektrode (E = **+242 mV**) zeigt gegenüber der „0,1 N-Kalomelelektrode" [c(KCl) = 0,1 mol·l^{-1}] (E = **+334 mV**) ein negatives Potential.
– Die Elektrode enthält Quecksilber(I)-chlorid (Hg_2Cl_2) und der potentialbildende Vorgang wird beschrieben durch: $Hg_2Cl_2 + 2\,e^- \rightleftharpoons 2\,Hg + 2\,Cl^-$
– Das Potential der Kalomelelektrode ist temperaturabhängig.
– Die Kalomelelektrode dient als Bezugselektrode und *nicht* als Arbeitselektrode (Indikatorelektrode).

758 C

▪ Die **Silber/Silberchlorid-Elektrode** besteht aus einem Silberdraht (Ag), der mit einer Silberchlorid-Schicht (AgCl) bedeckt ist und in eine Kaliumchlorid-Lösung (KCl) definierter Konzentration eintaucht. Anstelle von KCl kann auch NaCl als Grundelektrolyt verwendet werden. Die Elektrodenreaktion kann beschrieben werden durch: $AgCl + e^- \rightleftharpoons Ag + Cl^-$

▪ Das Potential der Ag/AgCl-Elektrode ist temperaturabhängig und beträgt bei einer Elektrolytkonzentration [c(KCl) = 1 mol·l^{-1}]: E = **+236 mV**

759 D **776** B **834** B

■ Die **Silberelektrode** ist eine ionenselektive Elektrode für Silber-Ionen (Ag^+). Der potentialbildende Vorgang lautet: $Ag \rightleftharpoons Ag^+ + e^-$

■ Ist der Silberdraht mit einer *dünnen* Schicht aus Silberchlorid überzogen, kann die Elektrode als ionenselektive (ionensensitive) Elektrode für Chlorid-Ionen fungieren.

■ Steht das Metall (Ag) im Gleichgewicht mit *festem* Silberchlorid (AgCl) in einer KCl-Lösung ($c = 3$ mol·l^{-1}), so handelt es sich um eine Elektrode 2. Art [Ag/AgCl/KCl ($c = 3$ mol·l^{-1})], die aufgrund ihres konstanten Potentials als Referenzelektrode (Bezugselektrode) verwendet werden kann.

760 E

■ Die **Standardwasserelektrode** (SWE) ist eine Gaselektrode, deren Potential auf folgendem Elektrodenvorgang beruht: $H_2 + 2 H_2O \rightleftharpoons 2 H_3O^+ + 2 e^-$

■ Die Standardwasserstoffelektrode besteht aus einem Platinblech, das mit einer Schicht fein verteilten Platins (*platiniertes Platin*) überzogen ist. Die Elektrode wird von Wasserstoffgas von 1 atm (ca. 10^5 Pa) Druck umspült und taucht in eine Säurelösung der *Protonenaktivität* ($a = 1$ mol·l^{-1}) ein.

■ Die Standardwasserstoffelektrode ist eine *Bezugselektrode* zur Messung von *Standardpotentialen*, ist aber für diesen Verwendungszweck in der Praxis aus technischen Schwierigkeiten von den üblichen Elektroden 2. Art abgelöst worden.

761 C

■ Aufgrund der Elektrodenreaktion ($1/2\, H_2 + H_2O \rightleftharpoons H_3O^+ + e^-$) ergibt sich die *Nernstsche Gleichung* für das Potential der **Wasserstoffelektrode** zu, wobei das Normalpotential (E^o) der Wasserstoffelektrode definitionsgemäß gleich *Null* ist und man anstelle der Konzentration des Wasserstoffgases dessen Partialdruck in den Konzentrationsterm der Nernstschen Gleichung einsetzen kann:

$E = E^o + (0{,}06/n) \log a_{H3O^+}/(p_{H2})^{1/2} = 0{,}06 \log a_{H3O^+} - 0{,}03 \log p_{H2} = -0{,}06\, pH - 0{,}03 \log p_{H2}$

■ Aus dieser Gleichung ist ableitbar, dass sich das Potential der Wasserstoffelektrode um **30 mV** ändert, wenn man den Wasserstoffdruck (p_{H2}) von 1 bar (0,03 log 1 = 0) auf 10 bar (0,03 log 10 = 0,03 · 1 = 0,03 V) erhöht.

762 C

■ Zu den **ionensensitiven Messelektroden** (Festkörper-Membranelektroden) zählen: *Silbersulfid-Elektrode* (Ag_2S) und *Lanthanfluorid-Elektrode* (LaF_3)

■ Gesättigte Kalomelelektrode [Hg/Hg$_2$Cl$_2$/KCl(gesättigt)] und Silber/Silberchlorid-Elektrode [Ag/AgCl/KCl($a = 3$ mol·l^{-1})] sind Elektroden 2. Art und werden als *Bezugselektroden* verwendet.

763 D **764** D **765** C **830** E **831** D **832** A **833** A

■ **Ionensensitive** (*ionenselektive*) **Elektroden** enthalten wie die Glaselektrode eine Membran als Bauelement, in die nur ganz bestimmte Ionen eindringen und ein Phasengrenzpotential aufbauen können.

■ Beispielsweise kann man aus speziellen Glassorten Elektroden herstellen, die nicht wie die Glaselektrode auf H_3O^+-Ionen sondern auf Na^+-Ionen ansprechen, und die man somit als *Natriumsensitive Elektroden* verwenden kann.

■ Die *Silbersulfid-Elektrode* (Ag_2S) ist eine Festkörper-Membranelektrode, die sowohl auf Silber- (Ag^+) als auch Sulfid-Ionen (S^{2-}) anspricht.

■ Als Bestandteil der Festkörpermembran einer *Fluorid-sensitiven Elektrode* wird schwer lösliches Lanthanfluorid (LaF_3) verwendet.

■ Ionenselektive Elektroden können zur *potentiometrischen Indizierung* von Titrationen eingesetzt werden. Dabei ist die Empfindlichkeit der Elektrode umso kleiner, je höher geladen das zu bestimmende Ion ist.

■ In der *Direktpotentiometrie*, bei der die Konzentration eines Ions aus der Größe des Elektrodenpotentials einer Indikatorelektrode berechnet wird, werden Probelösungen auf dieselbe Ionenstärke eingestellt wie die zur *Elektrodenkalibrierung* verwendeten Lösungen.

766 D

■ Legt man an zwei polarisierte Metallelektroden, die in eine Elektrolytlösung eintauchen, eine Gleichspannung (U) an und misst die resultierende Stromstärke (I) in der Elektrolysezelle als Funktion der angelegten Spannung, so erhält man die unten abgebildete **Strom-Spannungskurve**.

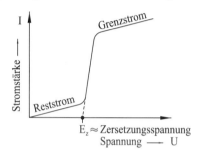

■ Zunächst fließt nur ein geringer Reststrom. Ein Stromfluss setzt erst dann merklich ein, wenn die angelegte Spannung größer ist als die **Zersetzungsspannung** (E_z) der betreffenden Elektrolysezelle. Die Zersetzungsspannung ergibt sich dabei als Differenz der Elektrodenpotentiale von Anode und Kathode. Bei dieser Spannung beginnt die Zersetzung des Elektrolyten.

■ Mit anderen Worten: Damit die elektrolytische Abscheidung einer Substanz an einer Elektrode eintreten kann, muss ein bestimmter Mindestbetrag an elektrischer Energie aufgewendet werden.

■ Graphisch ergibt sich die Zersetzungsspannung (E_z) als Spannungswert, den man durch *Extrapolation* des annähernd linearen Kurvenastes auf die Spannungsgerade erhält [Punkt (**D**) in Frage Nr. **766**.].

767 C   768 E   769 E   771 B   843 E

■ Folgende Aussagen über die **Zersetzungsspannung** (E_z) eines Elektrolyten in einer elektrolytischen Zelle treffen zu:
- Der Betrag der Zersetzungsspannung kann unter Anwendung der *Nernstschen Gleichung* für beide Elektrodenpotentiale berechnet werden. Die Zersetzungsspannung ergibt sich aus der *Differenz* der Elektrodenpotentiale der Anode und der Kathode einer Elektrolysezelle. Es gilt:
$$E_z = E_{anode} - E_{kathode}$$
- Daher ist die Zersetzungsspannung abhängig von den *Normalpotentialen* ($E°$) der an der Anode und Kathode ablaufenden Elektrodenreaktionen, den *Konzentrationen* (Aktivitäten) der Elektrolyte (z. B. [Cu^{2+}]) in der Zelle, und im Falle der Zersetzung von Wasser auch vom *pH-Wert* der Lösung. Darüber hinaus hängt die Zersetzungsspannung von der *Temperatur* (T) der Elektrolytlösung ab.
- Meist ist die experimentell ermittelte Zersetzungsspannung aufgrund von Hemmerscheinungen größer als die mithilfe der Nernstschen Gleichung theoretisch berechnete EMK der Zelle. Diese Differenz wird *Überspannung* genannt.

770 B

Als ionenleitende Verbindung zwischen getrennten Halbzellen eines galvanischen Elements wird ein **Stromschlüssel** (**Salzbrücke**) zwischen beiden Elektrodenräumen verwendet. Dies kann zum Beispiel ein Glasrohr sein, das mit der konzentrierten Lösung eines Neutralsalzes wie z. B. **Kaliumchlorid** (KCl) gefüllt ist. Die beiden Enden des Glasrohrs sind mit einem Diaphragma verschlossen.

771 B   772 D   790 A

Bei einer Elektrolyse ist eine größere Zellspannung zur Abscheidung der Stoffe erforderlich als die mithilfe der Nernstschen Gleichung berechnete Gleichgewichtspotentialdifferenz zwischen den Potentialen von Anode und Kathode. Diese zusätzlich erforderliche Potentialdifferenz heißt **Überspannung** (η).

Für das Auftreten der Überspannung können verschiedene Ursachen verantwortlich sein:
- *Diffusionsüberspannung*: Der Transport der an der Elektrodenreaktion beteiligten Stoffe ist durch einen geschwindigkeitsbestimmenden Diffusionsvorgang gehemmt.
- *Durchtrittsüberspannung*: Der Durchtritt von Ladungsträgern (Elektronen, Anionen, Kationen) durch die elektrochemische Doppelschicht ist gehemmt.
- *Reaktionsüberspannung*: Eine der eigentlichen Durchtrittsreaktion vor- oder nachgelagerte langsame chemische Reaktion ist gehemmt.

773 D

Die genannten Metalle lassen sich in folgende Reihe *zunehmender* **Überspannung** (η) ordnen (Zahlenangaben in Volt):

platiniertes Platin [Pt] (0,015) < Platin (0,024) < Silber [Ag] (0,48) ~ Kupfer [Cu] (0,48) < Zink [Zn] (0,72) < Quecksilber [**Hg**] (0,88)

774 A

Reines Zink [Zn] löst sich in verdünnter Schwefelsäure nur sehr langsam unter Wasserstoffentwicklung auf, weil die Entladung von Protonen (H^+) zu Wasserstoff (H_2) an Zink eine hohe Überspannung aufweist: $2\,H^+ + Zn \rightarrow Zn^{2+} + H_2$

775 E

In der *Polarographie* verwendet man die *Quecksilbertropfelektrode* als Arbeitselektrode.

776 B   759 D

Zur *potentiometrischen Indizierung* einer argentometrischen Fällungstitration dient eine *Silberelektrode* (z. B. ein Silberdraht).

777 C   781 A

Messgröße in der *Potentiometrie* ist die Potentialdifferenz zwischen zwei Halbzellen (einer Mess- und einer Bezugselektrode).

778 D   783 C

In der *Polarographie* dient der *Diffusionsgrenzstrom* als Messgröße zur quantitativen Bestimmung von Analyten.

10.1 Grundlagen der Elektrochemie

779 D   **782** B

In der *Coulometrie* wird die *elektrische Ladung* (Strommenge) gemessen, die notwendig ist, um einen in Lösung befindlichen Stoff quantitativ umzusetzen.

780 C   **786** C

Bei der *Konduktometrie* misst man die *elektrische Leitfähigkeit* von Lösungen.

781 A   **777** C

Die Änderung des Grenzflächenpotentials durch Ionenaustausch ist beispielsweise das Messprinzip in der *Potentiometrie* bei Verwendung einer Membranelektrode wie der Glaselektrode.

782 B   **779** D

Die *transportierte Ladungsmenge* dient in der *Coulometrie* zur quantitativen Bestimmung von Stoffen.

783 C   **778** D

In der *Polarographie* erfolgt der Massentransport durch *Diffusion*.

784 B

Bei der *Elektrophorese* erfolgt der Massentransport durch *Migration* (Wanderung geladener Teilchen unter dem Einfluss eines elektrischen Feldes).

785 A

Die *Elektrogravimetrie* ist ein Analysenverfahren, bei dem Stoffe an einer Elektrode quantitativ elektrolytisch abgeschieden und anschließend durch Wägung bestimmt werden. Es findet eine vollständige stoffliche Umsetzung des Analyten statt.

786 C   **780** C

Um bei *konduktometrischen Messungen* eine Elektrolyse (Stromfluss infolge von Stoffumsatz) zu vermeiden, arbeitet man bei Leitfähigkeitsmessungen mit niederfrequentem Wechselstrom.

787 D

Bei *potentiometrisch indizierten Titrationen* trägt man die gemessene Spannung (U) gegen die Konzentration (c) (bzw. das Volumen der zugesetzten Maßlösung) auf.

788 C

Aus **Strom-Spannungs-Kurven** [aufgetragen wird die gemessene Stromstärke (I) als Funktion der angelegten Spannung (U)] ermittelt man bei *polarographischen Bestimmungen* den *Diffusionsgrenzstrom*, aus dem sich die Konzentration des Depolarisators berechnen lässt.

789 A

■ Bei *amperometrischen Titrationen* mit einer Indikatorelektrode (*Monoamperometrie*) wird bei konstanter Spannung zur Ermittlung des Titrationsendpunktes die Stromstärke (I) gegen die Konzentration (c) aufgetragen.

790 A   **771** B   **772** D

■ Als **Überspannung** (η) bezeichnet man bei der Elektrolyse eines Stoffes den über den Betrag der elektromotorischen Kraft (EMK) der Zelle hinausgehenden zusätzlichen Spannungsbetrag.

791 E

■ Als **Leerlaufspannung** bezeichnet die Spannung einer galvanischen Zelle im stromlosen Zustand. Die Beträge der angelegten Gegenspannung und der EMK stimmen überein.

792 C   **793** D

■ Zur Erkennung (Indizierung) des **Endpunktes** von **Titrationen** (*volumetrische Bestimmungen*) können an elektrochemischen Verfahren genutzt werden: *Amperometrie – Konduktometrie – Potentiometrie – Voltametrie*
■ Zur Indizierung des **Endpunktes** von **Säure-Base-Titration** können an elektrochemischen Verfahren genutzt werden: *Konduktometrie – Potentiometrie*
■ Bei *coulometrischen Titrationen* wird der Titrator elektrolytisch erzeugt und coulometrisch statt volumetrisch gemessen.

794 A

■ Bei *amperometrischen Titrationen* wird die Änderung der Stromstärke bei einer konstanten an die Elektroden angelegten Gleichspannung gemessen.

795 D   **796** A

■ In der **Potentiometrie** wird durch eine praktisch stromlose Messung der Spannung (damit keine elektrolytischen Reaktionen eintreten) zwischen einer Indikatorelektrode (Messelektrode) und einer Bezugselektrode die Konzentration des Analyten ermittelt.
■ Ein wichtiges Anwendungsgebiet der Potentiometrie ist die Bestimmung des **pH-Wertes** einer Elektrolytlösung und die Erkennung des Äquivalenzpunktes von **Säure-Base-Titrationen** mithilfe einer *Glaselektrode*.

10.2 Potentiometrie

797 D   **798** B

■ Potentiometrische Bestimmungen erfordern eine praktisch leistungslose Spannungsmessung, da ein Stromfluss durch die elektrochemische Zelle einen merklichen Stoffumsatz an den Elektroden und somit Konzentrationsänderungen der elektroaktiven Teilchen in der Elektrodenumgebung zur Folge hätte.
■ Man erreicht die praktisch leistungslose Spannungsmessung durch ein *Voltmeter* (hochohmiges Spannungsmessgerät), dessen Eingangswiderstand erheblich größer ist als der Widerstand der Messkette.

798 B   797 D

Bei einer potentiometrischen pH-Messung ist der Zusammenhang mit der Messgröße (bei einer Wasserstoffelektrode) gegeben durch: **E = -0,059 pH**

Daher muss man im Messgerät ein *Potentiometer* mit einer Ablesegenauigkeit von 1 mV verwenden, wenn man Änderungen von 0,1 pH-Einheiten erfassen will.

799 C

Zur **Bestimmung** des **pH-Wertes** der Lösung einer schwachen Säure bzw. des pH-Wertes der Lösung einer schwachen Base sind geeignet:
– die potentiometrische Messung an einer in die Analytlösung eintauchenden *Glaselektrode* als Messelektrode gegen eine geeignete Bezugselektrode. Meistens sind in einer Einstabmesskette Arbeits- und Bezugselektrode miteinander kombiniert.
– die potentiometrische Messung an einer in die Analytlösung eintauchenden Wasserstoffelektrode als Messelektrode gegen eine Bezugselektrode. Bei der Wasserstoffelektrode handelt es sich um eine mit Wasserstoffgas umspülte Platinelektrode, die in die saure oder alkalische Elektrolytlösung eintaucht. Es gilt die Beziehung:

$$E = -0{,}059\, pH$$

– die volumetrische Bestimmung des Äquivalentverbrauchs bei einer Neutralisationstitration. Aus der ermittelten Äquivalentstoffmenge an Titrator ergibt sich die Ausgangsmenge an Säure oder Base. Daraus kann dann der pH-Wert der Lösung berechnet werden. Der pK-Wert eines schwachen Elektrolyten kann aus dem Halbneutralisationspunkt ermittelt werden.

Zwei in eine Lösung eintauchende Pt-Elektroden dienen zur *konduktometrischen* Erkennung des Endpunktes von Säure-Base-Titrationen. Zur Bestimmung des pH-Wertes ist dieses Analysenverfahren *nicht* geeignet.

800 D

Der pH-Wert einer Lösung kann bestimmt werden:
– potentiometrisch mithilfe einer Glaselektrode,
– kolorimetrisch mit Hilfe von Säure-Base-Indikatoren (acidobasischen Indikatoren).

Konduktometrisch lässt sich zwar der Verlauf einer Säure-Base-Titration verfolgen, aber der pH-Wert einer Lösung ist durch eine Leitfähigkeitsmessung mit zwei Pt-Elektroden *nicht* zu bestimmen.

801 C   802 B

Nach *Arzneibuch* kann der **pH-Wert** einer Prüflösung (pH) nach der Gleichung

$$pH = pH_S - (E - E_S)/k$$

berechnet werden, sofern der pH-Wert (pH_S) einer Vergleichslösung, die Temperatur und die Potentialwerte von Prüflösung (E) und Vergleichslösung (E_S) bekannt sind.

Der oben aufgeführten Gleichung liegt zugrunde, dass sich die Spannungsdifferenz der Messkette bei Änderung der H_3O^+-Aktivität um eine pH-Stufe jeweils um den gleichen Betrag ändert.

Das Arzneibuch verwendet eine *empirische pH-Skala*, bei welcher der zu bestimmende pH-Wert einer Prüflösung auf den pH-Wert von Referenzlösungen bezogen wird.

Der Faktor k [k = (E-E_S)/(pH-pH_S)] wird als *Elektrodensteilheit* bezeichnet und korreliert mit der Empfindlichkeit der Elektrode (siehe hierzu Fragen Nr. **811–812**).

803 C

Das Potential des Redoxpaares $2\,H^+/H_2$, das gegen die Standardwasserstoffelektrode, deren Potential definitionsgemäß gleich Null ist, gemessen wird, ergibt sich aus der Beziehung:

$$E = -0{,}059\ pH$$

Das Potential beträgt z. B. –59 mV bei pH = 1 oder –413 mV bei pH = 7. Diese Punkte liegen auf einer *abfallenden Geraden* (Gerade **C** in der Abbildung zu Frage Nr. **803**).

804 C   805 A

Der Formel zur Berechnung des pH-Wertes nach *Arzneibuch* (siehe Frage Nr. **801**) liegt die Annahme zugrunde, dass sich bei 20 °C das Potential um 58,2 mV (0,0582 V) ändert bei einer Änderung um *eine* pH-Einheit. Mit anderen Worten der Betrag des Potentials ändert sich um 0,029 V, wenn man z. B. den pH-Wert einer Lösung von pH = 7,0 auf **pH = 7,5** erhöht.

806 D

Für das Redoxsystem $2\,H^+ + 2\,e^- \rightleftharpoons H_2$ ist aufgrund seiner geringen Überspannung **Platin** (Pt) das beste Elektrodenmaterial zur Bestimmung des Potentials dieses Redoxpaares.

807 D

Indikatorelektroden (Messelektroden, Arbeitselektroden) zur *pH-Bestimmung* sind: Wasserstoffelektrode – Antimonelektrode – Glaselektrode

Normal-Wasserstoffelektrode und Silber/Silberchlorid-Elektrode werden aufgrund ihres konstanten Potentials als Bezugselektroden eingesetzt.

808 D

Zur *potentiometrischen* Indizierung des Endpunktes *acidimetrischer* Titrationen wird eine **Glaselektrode** verwendet.

Die Silberelektrode dient in der Argentometrie als Indikatorelektrode und eine Platinelektrode verwendet man als inerte Ableitelektrode bei Redoxprozessen.

Kalomelelektrode und Silber/Silberchlorid-Elektrode werden aufgrund ihres konstanten Potentials (Elektroden 2. Art) als Bezugselektroden verwendet.

809 D

Die **Bestimmung** des **pH-Wertes** einer Lösung mithilfe einer Glaselektrode beruht auf der pH-Abhängigkeit der *Potentialdifferenz* an der äußeren Grenzfläche Glasmembran/Messlösung (Position U4 in der Abbildung der Frage Nr. **809**), deren Größe von den Konzentrationen (Aktivitäten) der H_3O^+-Ionen in der Innen- und Außenlösung abhängt.

Aus diesem Grund zählt die Glaselektrode zu den *Membranelektroden*.

810 E

Die Glasmembran der Glaselektrode besitzt einen sehr hohen elektrischen *Eigenwiderstand* (Ohmscher Innenwiderstand) von 100–500 MΩ.

811 B   812 D

Die **Elektrodensteilheit** gibt an, wie sich das Potential an der Elektrode ändert, wenn sich die Konzentration (Aktivität) eines gelösten Reaktionspartners um den Faktor 10 ändert. Die Elektrodensteilheit ergibt sich aus der Nernstschen Gleichung zu: $\mathbf{k = (R \cdot T/n \cdot F)\ \ln 10}$.

Danach ist die Steilheit einer Elektrode abhängig von der *Temperatur* (T). Die Elektrodensteilheit ist zudem umgekehrt proportional zur *Ladung* (n) der potentialbestimmenden Ionen.

Die Steilheit einer *Glaselektrode* korreliert mit der *Empfindlichkeit* der Messung und ergibt sich aus der Spannungsänderung pro pH-Einheit (V/pH) [log 10 = 1]. Sie wird in der Einheit *Volt* (V) angegeben.

813 D

Das Auftreten von *Diffusionspotentialen* bei der Glaselektrode rührt von *unterschiedlichen Wanderungsgeschwindigkeiten* (Beweglichkeiten) von Anionen und Kationen der Elektrolytlösung der Bezugselektrode am Diaphragma her.

814 C

In stark sauren Lösungen (pH < 0,5) können bei Verwendung einer Glaselektrode **Säurefehler** (*Querempfindlichkeit gegenüber Anionen*) auftreten. Der in saurer Lösung gemessene pH-Wert ist dann *größer* als der mit einer Elektrode ohne Säurefehler gemessene pH-Wert.

Der Säurefehler hängt von der Zusammensetzung der Glasmembran ab. Durch Entwicklung besonderer Glassorten sind heute Bestimmungen im gesamten konventionellen pH-Bereich von 0–14 möglich.

815 B   816 E

In stark alkalischen Lösungen kann bei der Glaselektrode der **Alkalifehler** (*Querempfindlichkeit gegenüber Alkali-Ionen*) auftreten. Der im Alkalischen gemessene pH-Wert ist *kleiner* als der mit einer Elektrode ohne Alkalifehler gemessene pH-Wert.

Der Alkalifehler hängt von der Zusammensetzung der Glasmembran ab. Besonders einfach geladene Kationen wie Natrium-Ionen (Na^+) verursachen große Alkalifehler. Durch Entwicklung besonderer Glassorten sind jedoch heute Bestimmungen im gesamten konventionellen pH-Bereich von 0–14 möglich, wobei der optimale Messbereich für die Glaselektrode im Bereich **2 < pH < 12** liegt.

817 E   818 B   819 A

Zur **Kalibrierung der Glaselektrode** schreibt das *Arzneibuch* ausgewählte *Referenzlösungen* definierten pH-Wertes, bestimmter Zusammensetzung und Temperatur vor.

Als Kalibrierlösungen sind Lösungen folgender Substanzen zu nennen: Kaliumhydrogentartrat – Kaliumtetraoxalat – Kaliumhydrogencitrat – *Kaliumhydrogenphthalat* – Natriumtetraborat sowie eine *gesättigte Calciumhydroxid-Lösung*.

Hinzu kommen noch Phosphatpufferlösungen aus Kaliumdihydrogenphosphat und Kaliummonohydrogenphosphat bzw. Lösungen der analogen Natriumsalze. Auch eine Lösung aus Natriumcarbonat/Natriumhydrogencarbonat wird als Referenzlösung verwendet.

820 C

Einer *Wasserstoffelektrode* liegt zur pH-Messung folgende Reaktion zugrunde:
$$H_2 + 2\,H_2O \rightleftharpoons 2\,H_3O^+ + 2\,e^-$$

Einer *Chinhydron-Elektrode* liegt zur pH-Messung folgende Reaktion zugrunde:
$$\text{Hydrochinon} + 2\,H_2O \rightleftharpoons p\text{-Benzochinon} + 2\,H_3O^+ + 2\,e^-$$

821 D   **822** D

Die **Chinhydron-Elektrode** besteht aus einer inerten Pt-Elektrode, die in eine mit Chinhydron gesättigte Analysenlösung eintaucht. *Chinhydron* ist ein 1:1-charge transfer Komplex aus 1,4-Benzochinon und Hydrochinon [Benzen-1,4-diol]. Chinhydron ist in Wasser schwer löslich.

Chinhydron

Das Redoxgleichgewicht zwischen Benzochinon [Ch], der oxidierten Form, und Hydrochinon [ChH$_2$], der reduzierten Form, kann durch folgende Formelgleichung beschrieben werden:

$$ChH_2 + 2 H_2O \rightleftharpoons Ch + 2 H_3O^+ + 2 e^-$$

Danach lautet die Nernstsche Gleichung für dieses Redoxgleichgewicht:

$$E = E^\circ + (R \cdot T/2 \cdot F) \ln [Ch][H_3O^+]^2/[ChH_2]$$

Da im Chinhydron ein Gemisch des korrespondierenden Redoxpaares Hydrochinon/Benzochinon im molaren Verhältnis vorliegt, ist [Ch] = [ChH$_2$] und die Nernst-Gleichung kann bei 25 °C umgeformt werden in:

$$\mathbf{E = E^\circ + (R \cdot T/2 \cdot F) \ln [H_3O+]^2 = E^\circ + 0{,}059 \log [H_3O^+] = E^\circ - 0{,}059 \text{ pH}}$$

Somit ist das Redoxpotential (E) der Chinhydron-Elektrode nur vom pH-Wert abhängig und das Potential ist in saurer Lösung (z. B. bei pH = 1) größer (positiver) als im alkalischen pH-Bereich (z. B. bei pH = 10).

Bei einem Normalpotential von E° = +0,7 Volt und einem Konzentrationsverhältnis [Ch]/[ChH$_2$] = [0,01]/[1] berechnet sich das Potential einer Chinhydron-Elektrode bei pH = 6 obiger Reaktionsgleichung zu:

$$\begin{aligned}
\mathbf{E} &= E^\circ + (0{,}059/2) \log [Ch] \cdot [H_3O^+]^2/[ChH_2] \\
&= E^\circ + 0{,}059 \log [H_3O^+] + (0{,}059/2) \log [Ch]/[ChH_2] \\
&= E^\circ - 0{,}059 \text{ pH} + (0{,}059/2) \log [Ch]/[ChH_2] \\
&= 0{,}07 - 0{,}059 \cdot 6 + (0{,}059/2) \log [10^{-2}]/[10^1] = 0{,}7 - 0{,}354 - 0{,}059 \mathbf{\approx 0{,}3 \text{ V}}
\end{aligned}$$

823 D   **824** D   **825** E   **1783** E

Die **Potentiometrie** eignet zur
- Indizierung von Säure-Base-Reaktionen mit einer Glaselektrode als Arbeitselektrode
- Indizierung von Redoxtitrationen, bei denen meistens eine Platinelektrode als Indikatorelektrode eingesetzt wird
- Indizierung argentometrischer Titrationen (Fällungstitrationen) unter Verwendung einer Silberelektrode als Indikatorelektrode
- Indizierung komplexometrischer Titrationen unter Verwendung von Metallionenelektroden oder ionensensitiven Elektroden, beispielsweise einer calciumselektiven Elektrode zur komplexometrischen Titration von Ca(II)
- quantitativen Bestimmung von Fluorid unter Verwendung einer fluoridsensitiven LaF$_3$-Elektrode als Indikatorelektrode
- Messung des pH-Werts unter Verwendung einer Glaselektrode (Einstabmesskette)

■ Zur *Wasserbestimmung* nach der Karl-Fischer-Methode verwendet man die biamperometrische Indizierung des Titrationsendpunktes mithilfe zweier polarisierbarer Pt-Elektroden.

826 A **827** B **1745** D

■ Bei der **potentiometrischen Titration** erfolgt die leistungslose (praktisch stromlose) Messung der Potentialdifferenz zwischen einer Indikatorelektrode und einer Referenzelektrode in Abhängigkeit von der Reagenzzugabe. Messgröße ist die Änderung *der* Spannung jeweils nach der portionsweisen Zugabe einer Maßlösung.

828 D

■ Bei *wasserfreien* Titrationen mit Perchlorsäure-Maßlösung in Eisessig mit einer Glaselektrode und einer Kalomel-Bezugselektrode mit Diaphragma ist es ratsam, den KCl-Elektrolyten durch **Lithiumchlorid** (LiCl) zu ersetzen, um ein Verstopfen des Diaphragmas durch auskristallisierendes Kaliumperchlorat ($KClO_4$) zu verhindern. Einstabmessketten sind infolge einer zu hohen Diffusionspotentialdifferenz für nichtwässrige Lösungen ungeeignet.

829 D

■ Zur potentiometrischen Indizierung von Redoxtitrationen sind inerte Edelmetallelektroden wie eine *Platinelektrode* oder eine *Goldelektrode* geeignet.

830 E **831** D **763** D **764** D **765** C

■ Zur direktpotentiometrischen Bestimmung von **Fluorid-Ionen** ist am besten eine Lanthanfluorid-Einkristall-Elektrode (LaF_3) geeignet. Zu dieser *Fluoridelektrode* lassen sich folgende Aussagen machen:
– Bei Messungen im sauren pH-Bereich (pH < 5) treten Störungen durch Bildung von undissoziiertem Fluorwasserstoff (HF) oder HF_2^--Ionen auf, die somit aus der Lösung entfernt werden und bei der darauf folgenden Bestimmung nicht mehr detektierbar sind.
– Bei Messungen im alkalischen pH-Bereich können Störungen durch Hydroxid-Ionen auftreten (*Querempfindlichkeit gegenüber Hydroxid-Ionen*), da Lanthanhydroxid [$La(OH)_3$] ($pK_L = 18{,}7$) schwerer löslich ist als Lanthanfluorid [LaF_3] ($pK_L = 16{,}2$).
– Der Konzentrationsbereich der Fluoridelektrode ist durch das Löslichkeitsprodukt des Lanthanfluorids (LaF_3) bestimmt. Eine niedrigere Fluorid-Konzentration wie die sich durch das Löslichkeitsprodukt ergebende Konzentration ist in Lösung nicht messbar.

832 A **833** A **763** D **764** D **765** C

■ Eine geeignete Elektrode zur Bestimmung von Silber-Ionen (Ag^+) und Sulfid-Ionen (S^{2-}) ist die **Silbersulfid-Elektrode** (Ag_2S).

834 B   **634** A   **635** B   **636** B   **637** D

Trägt man bei einer potentiometrisch mit einer Silberelektrode indizierten Titration mit Silbernitrat-Maßlösung den *negativen* dekadischen Logarithmus der Silber-Ionenkonzentration ($-\log [Ag^+]$) gegen den Titrationsgrad (τ) auf, so erhält man die nachfolgend abgebildete *halblogarithmische Titrationskurve* (**Graph B**). Der Endpunkt (Äquivalenzpunkt) der Titration entspricht dem Wendepunkt der Titrationskurve. (*Anmerkung:* Graph A würde man erhalten, wenn man den dekadischen Logarithmus der Ag^+-Konzentration gegen τ aufträgt.)

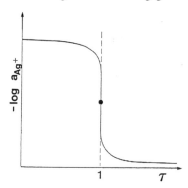

835 C

Ionenaktivitäten als Maß für die wirksame (effektive) Ionenkonzentration können direktpotentiometrisch mit ionenselektiven (ionensensitiven) Elektroden bestimmt werden. Für die Bestimmung von Calcium-Ionen verwendet man eine *calciumionenselektive Elektrode*. Sie enthält eine Polymermatrix als Membran mit einer Calciumchlorid-Innenlösung.

10.3 Elektrogravimetrie

836 E

Das **1. Faradaysche Gesetz** ($m = M \cdot Q / n \cdot F$) stellt den Zusammenhang her zwischen der bei einer Elektrolyse abgeschiedenen Stoffmenge (Masse m) und der dabei geflossenen Ladungsmenge (Strommenge Q). M kennzeichnet die relative molare Masse des abzuscheidenden Stoffes, n entspricht der elektrochemischen Wertigkeit und F ist die Faraday-Konstante.

837 D

Die **Faraday-Konstante** (F) ist das Produkt aus der *Avogadro-Zahl* ($N_A = 6{,}023 \cdot 10^{23}$) und der *Elementarladung* ($e = 1{,}602 \cdot 10^{-19}$ A·s). Sie entspricht dem Betrag der Ladung von 1 Mol Elektronen bzw. der Ladung, die zur elektrolytischen Abscheidung von 1 Mol eines einwertigen Metalls erforderlich ist.

838 A

Bei der **Elektrolyse** einer *wässrigen* Kaliumhydroxid-Lösung (KOH) entsteht durch *kathodische Reduktion* von Wasser Wasserstoff (H_2) und durch *anodische Oxidation* der Hydroxid-Ionen bildet sich Sauerstoff (O_2).

Kathode: $2 H_2O + 2 e^- \rightarrow \mathbf{H_2}\uparrow + 2 HO^-$
Anode: $2 HO^- \rightarrow \frac{1}{2} \mathbf{O_2}\uparrow + H_2O + 2 e^-$

839 B

Bei der **Elektrolyse** einer wässrigen Silbernitrat-Lösung (AgNO$_3$) wird durch Reduktion an der Kathode *metallisches* Silber *abgeschieden*: Ag$^+$ + e$^-$ → **Ag↓**

840 B

Über die *Elektrolyse* einer *wässrigen Natriumchlorid-Lösung* (NaCl) lassen sich folgende Aussagen machen:
- Aus Elektroneutralitätsgründen enthält die Lösung gleich viele Anionen wie Kationen.
- Bei Stromfluss wandern Anionen und Kationen unterschiedlich schnell (unterschiedliche Ionenbeweglichkeit). Die Anionen wandern zur Anode und werden dort oxidiert, die Kationen wandern zur Kathode und werden dort reduziert.
- Bei der Elektrolyse einer wässrigen Natriumchlorid-Lösung (**Chloralkalielektrolyse**) entsteht neben dem anodisch gebildeten Chlor (Cl$_2$) an der Kathode noch Wasserstoff (H$_2$). Zusätzlich fällt Natriumhydroxid als Elektrolyseprodukt an:

$$2\,H_2O + 2\,NaCl \rightarrow H_2\uparrow + Cl_2\uparrow + 2\,NaOH$$

841 D

Zur **Elektrogravimetrie** lassen sich folgende Aussagen machen:
- Elektrogravimetrische Bestimmungen beruhen auf der *anodischen* oder *kathodischen Abscheidung* von Stoffen. Die Ermittlung der Stoffmenge erfolgt unabhängig von elektrochemischen Daten durch *Wägung*.
- Bei konstanter Stromstärke (*galvanostatische Elektrolyse*) ist die abgeschiedene Menge (m) des Analyten proportional zu der Zeit (t), in welcher der Strom (I) fließt: m ≈ I · t
- Die Geschwindigkeit der elektrolytischen Abscheidung hängt auch vom *Diffusionskoeffizienten* (D) des Analyten ab.
- Als *Zersetzungsspannung* (E$_Z$) einer elektrolytischen Zelle bezeichnet man die Minimalspannung, bei der die Elektrolyse gerade noch nicht einsetzt.
- Die Abscheidung des Analyten erfolgt meistens an einer polarisierbaren Platinelektrode. Von einer *polarisierbaren Elektrode* spricht man, wenn deren tatsächliches Potential von dem mittels der Nernstschen Gleichung berechneten Elektrodenpotential abweicht, zum Beispiel bei Anlegen einer äußeren Spannung, bei Stromfluss durch die Zelle oder bei Konzentrationsänderungen infolge einer Elektrodenreaktion.

842 A

Bei einer *elektrogravimetrischen* **Kupfer-Bestimmung** in einer verdünnten, schwefelsauren Lösung wird durch Reduktion von Cu(II)-Ionen an der Kathode metallisches Kupfer abgeschieden und an der Anode bildet sich Sauerstoff. Insgesamt läuft folgender Redoxprozess ab:

$$Cu^{2+} + 3\,H_2O \rightarrow Cu\downarrow + \tfrac{1}{2}\,O_2\uparrow + 2\,H_3O^+$$

843 E   767 C   768 E   769 E   771 B

Bei der Elektrolyse einer *wässrigen Kupfersulfat-Lösung* hängt die **Zersetzungsspannung** ab von:
- dem Normalpotential des Redoxsystems Cu^{2+}/Cu
- dem Normalpotential des korrespondierenden Redoxpaares O$_2$/H$_2$O
- einer eventuell vorhandenen Sauerstoffüberspannung
- der Cu^{2+}-Konzentration

844 B

Während der Elektrolyse einer wässrigen $CuSO_4$-Lösung bei konstantem pH-Wert überzieht sich die Pt-Elektrode mit Kupfer und wird so zur *Kupferelektrode*. Das Potential dieser Elektrode, und damit auch die *Zersetzungsspannung*, ist von der Konzentration an gelösten Cu(II)-Ionen abhängig. Die *Konzentration* der gelösten Cu^{2+}-Ionen *nimmt* während der Elektrolyse *ab* (im vorliegenden Fall auf 10^{-6} mol·l^{-1}), weshalb die Zersetzungsspannung um etwa **0,18 V** *steigt*. Bei einem Reduktionsvorgang ($Cu^{2+} + 2e^- \rightarrow Cu$) ergibt sich die insgesamt auftretende Spannungsänderung aus dem Konzentrationsglied der Nernstschen Gleichung zu: $0{,}059/2 \log 10^{-6} \approx -0{,}18$ V

845 A

Von den genannten Kationen kann **Pb^{2+}** anodisch zu Pb(IV) oxidiert werden; es scheidet sich ein Oxidhydrat auf der Elektrode ab, das sich beim Trocknen in **Blei(IV)-oxid** (PbO_2) umwandelt.

846 D

Bei der *Elektrolyse* eines *dreiwertigen Metallchlorids* ($MeCl_3$) laufen folgende Elektrodenprozesse ab:

$$\text{Anode: } 2\,Cl^- \rightarrow Cl_2\uparrow + 2\,e^-$$
$$\text{Kathode: } Me^{3+} + 3\,e^- \rightarrow Me\downarrow$$
$$\text{Elektrolyseprozess: } 2\,MeCl_3 \rightarrow 3\,Cl_2 + 2\,Me$$

Bilden sich durch anodische Oxidation der Chlorid-Ionen 11,2 ml Chlor-Gas, so entspricht dies – unter Einbeziehung des Molvolumens eines Gases von 22400 ml – einer Stoffmenge von n $= 0{,}0005$ ($5 \cdot 10^{-4}$) Mol Chlor.

Aufgrund der gegebenen Stöchiometrie, nach der 3 Mol Chlor (Cl_2) 2 Mol des betreffenden Metalls (Me) entsprechen, ergibt sich, dass im gleichen Zeitraum $1/3 \cdot 10^{-3}$ Mol $= 40$ mg $= 0{,}04$ ($4 \cdot 10^{-2}$) g Metall an der Kathode abgeschieden werden. Daraus berechnet sich die relative Atommasse des Metalls zu: $\mathbf{A_r} = 4 \cdot 10^{-2}$ g$/1/3 \cdot 10^{-3}$ mol $= 4 \cdot 3 \cdot 10^1 =$ **120 g/mol**

10.4 Coulometrie

847 E

Die **Coulometrie** kann genutzt werden:
- *potentiostatisch* (bei konstanter Spannung) zur Quantifizierung von Stoffen, wobei statt der Masse die bei der Abscheidung des Stoffes geflossene Strommenge gemessen wird.
- *galvanostatisch* (*coulometrische Titration*), wobei intermediär ein Hilfsreagenz, das als Titrator fungiert, elektrolytisch erzeugt und coulometrisch statt volumetrisch gemessen wird. Vorteil dieser Methode ist, dass auf diese Weise *Reagenzien* (z. B. Ti^{3+}-Ionen) zugänglich werden, die als Maßlösung *instabil* oder nur schwer zu handhaben sind.
- zur *Fällungstitration* von Halogeniden wie Bromid (Br^-), indem Ag^+-Ionen durch anodische Oxidation aus einer Silberelektrode erzeugt werden und danach das schwer lösliche Silberhalogenid (z. B. AgBr) ausfällt.
- zu *bromometrischen Titrationen* durch anodisch aus einer Bromid-Lösung erzeugtes Brom (Br_2).

848 D

Bei der **galvanostatischen Coulometrie** (*coulometrische Titrationen*) wird die Stromstärke (I) während der Elektrolyse konstant gehalten und das Produkt aus Stromstärke und Zeit (t) dient als Messgröße. Der Endpunkt der Bestimmung kann mithilfe von Indikatoren oder durch elektrochemische Verfahren ermittelt werden.

849 E

Über **coulometrische Titrationen** lassen sich folgende Aussagen machen:
– Für die Titration von Säuren werden durch Kathodenreaktion von Wasser Hydroxid-Ionen ($2 H_2O + 2 e^- \rightarrow H_2 + 2 HO^-$) erzeugt, die durch Rühren in der Lösung verteilt werden und den Analyten neutralisieren. KCl oder Na_2SO_4 dienen als Leitelektrolyt.
– Für die Titration von Basen werden durch Anodenreaktion von Wasser Protonen erzeugt ($2 H_2O \rightarrow O_2 + 4 H^+ + 4 e^-$), die durch Rühren in der Lösung verteilt werden und welche die zu bestimmende Base neutralisieren.
– Da Anoden- und Kathodenreaktion immer parallel ablaufen, müssen die beiden Elektrodenräume durch ein Diaphragma von einander getrennt werden. Zur Bestimmung von Säuren oder von Basen wird die Polarität der Arbeitselektrode umgekehrt.
– Titrationskurven von starken Säuren oder Basen sind in der Nähe des Äquivalenzpunktes punktsymmetrisch.
– Durch Coulometrie können Reagenzien wie Ti^{3+}-Ionen elektrolytisch erzeugt werden, die sonst nur sehr schwer zu handhaben sind.
– Der *Endpunkt* coulometrischer Titrationen kann durch Farbindikatoren angezeigt werden, im Allgemeinen werden aber elektrochemische (potentiometrische, konduktometrische, amperometrische) Verfahren bevorzugt angewandt, da diese eine größere Empfindlichkeit besitzen.

850 D

Bei der durch elektrolytische Zersetzung einer Silbernitrat-Lösung abgeschiedenen Silbermenge (m) besteht zwischen der Stromstärke (I) und der Elektrolysezeit (t) folgender Zusammenhang: $m \approx I \cdot t$

851 D   **1746** D   **1784** C   **1872** D

Bei einer **coulometrischen Titration** mit zwei Pt-Elektroden und *Kaliumchlorid* (KCl) als Leitelektrolyt können folgende Vorgänge ablaufen:
– An der *Kathode* bilden sich durch *Reduktion* (Elektronenaufnahme) von Wasser Wasserstoff (H_2) und Hydroxid-Ionen (HO^-). In saurer Lösung werden Hydroxonium-Ionen (H_3O^+) zu Wasserstoff reduziert.

$$2 H_2O + 2 e^- \rightarrow H_2 + 2 HO^-$$
$$2 H_3O^+ + 2 e^- \rightarrow H_2 + 2 H_2O$$

– Durch *anodische Oxidation* (Elektronenabgabe) bildet sich aus den Chlorid-Ionen des Leitelektrolyten elementares Chlor (Cl_2).

$$2 Cl^- \rightarrow Cl_2 + 2 e^-$$

– Durch kathodisch erzeugte Hydroxid-Ionen können Säuren wie z. B. *Essigsäure* titriert werden. Im Kathodenraum werden aber Hydroxonium-Ionen zu Wasserstoff reduziert, so dass im Kathodenraum unter diesen Bedingungen Basen wie Ephedrin nicht bestimmbar sind.

– Erst durch Änderung der Polarität der Arbeitselektrode und mit Natriumsulfat als Leitsalz (anstelle von Kaliumchlorid) können durch anodische Oxidation Protonen (H⁺) erzeugt werden, mit denen man Basen wie *Ephedrin* titrieren kann.

$$2\,H_2O \rightarrow 4\,H^+ + O_2 + 4\,e^-$$

852 C   **853** A

■ Die **Stromstärke-Zeit-Kurve** der *galvanostatischen Coulometrie* (bei konstanter Stromstärke) ist in der nachfolgenden Abbildung (**b**) graphisch dargestellt. Die Methode erfordert eine Indizierung des Titrationsendpunktes (bei t_e), die visuell mit Indikatoren oder mithilfe elektrochemischer Verfahren erfolgen kann.

■ Die Stromstärke-Zeit-Kurve der *potentiostatischen Coulometrie* (bei konstanter Spannung) ist in der nachfolgenden Abbildung (**a**) wiedergegeben. Die Ermittlung der verbrauchten Ladungsmenge erfolgt graphisch oder elektronisch. Die durch einen Stromkreis transportierte Ladung (Q) ist bei veränderlicher Stromstärke (I) durch das Zeitintegral der Stromstärke gegeben (t_0 = Titrationsstart, t_e = Zeit bis zum Titrationsende).

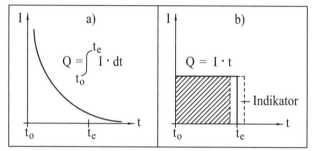

854 C   **1872** D

■ **Arsenit** (AsO_3^{3-}) kann mit anodisch aus einer Iodid-Lösung (Hilfsreagenz) erzeugtem Iod (I_2) zu Arsenat (AsO_4^{3-}) oxidiert werden. Der Endpunkt der Titration wird durch das Auftreten einer Blaufärbung nach Stärkezusatz angezeigt oder aus der Stromstärke und der Elektrolysedauer bis zum Titrationsendpunkt berechnet.

$$2\,I^- \xrightarrow{\text{anodische Oxidation}} I_2 + 2\,e^-$$

$$AsO_3^{3-} + H_2O + I_2 \xrightarrow{\text{Stärke}} AsO_4^{3-} + 2\,HI$$

855 C   **597** A   **598** E   **859** C   **860** D   **918** B   **919** E

■ *Ph.Eur.* lässt die **Mikrobestimmung** von **Wasser** mittels **Karl-Fischer-Titration** und *coulometrischer Indizierung* des Endpunktes durchführen. Hierbei wird also keine Iod-Maßlösung zur Prüflösung hinzugefügt, sondern Iod wird durch anodische Oxidation *in situ* erzeugt. Chemisch läuft der analoge Prozess ab, wie bei der volumetrischen Bestimmung. Die Stromstärke (I) wird während der Titration konstant gehalten. Die Zeit bis zum Erreichen des Endpunktes wird gemessen. Das Produkt aus Strom und Zeit ist direkt proportional zur gebildeten Menge an Iod und daher auch zur Wassermenge in der Prüflösung. B bedeutet eine Hilfsbase.

$$SO_2 + \mathbf{I_2} + \mathbf{H_2O} + 2\,B \rightarrow SO_3 + 2\,I^- + 2\,BH^+$$

856 B

Zur Abscheidung von m = 0,216 g Silber (A_r = 108) aus einer Silber(I)-Salzlösung [Ag^+ + 1 e^- → Ag (n = **1**)] ist nach dem Faradayschen Gesetz – unter Einbeziehung der Faraday-Konstante (F = 96500 C·mol^{-1}) – eine Ladung (Q) erforderlich von:

$$Q = m \cdot n \cdot F/A_r = 0{,}216 \cdot 1 \cdot 96500/108 = 193 \text{ A} \cdot \text{s (C)}$$

Bei einer Elektrolysezeit von 2000 Sekunden (s) entspricht dies einer Stromstärke (I) von:

$$I = Q/t = 193/2000 = \mathbf{96{,}5 \text{ mA}}$$

857 B

Aufgrund der kathodischen Reduktion [Cu^{2+} + 2 e^- → Cu (n = **2**)] ist zur Abscheidung von 1 Mol Cu aus einer wässrigen $CuSO_4$-Lösung eine Ladung von etwa 193000 Coulomb (A·s) erforderlich. Bei einer Stromstärke I = 32 A benötigt man dazu eine Elektrolysezeit (t) von:

$$t = Q/I = 193000/32 = 6031 \text{ s} \sim \mathbf{100 \text{ min}}$$

858 C

Bei der elektrogravimetrischen Bestimmung von Nickel(II) (A_r = 58) entsteht an der Kathode neben Nickel (Ni) gleichzeitig noch Wasserstoff (H_2). Aus der Abscheidung von 58 mg (m = 0,058 g) Ni berechnet sich aufgrund der kathodischen Reduktion [Ni^{2+} + 2 e^- → Ni (n = **2**)] mithilfe des Faradayschen Gesetzes die Ladungsmenge (Q_{Ni}) zu:

$$Q_{Ni} = m \cdot n \cdot F/A_r = 0{,}058 \cdot 2 \cdot 96{,}500/58 = 193 \text{ A} \cdot \text{s}$$

Bei dieser Elektrolyse belief sich – bei einer Stromstärke I = 1 A und einer Elektrolysezeit von t = 965 s – die insgesamt verbrauchte Ladungsmenge (Q_{gesamt}) auf:

$$Q_{gesamt} = I \cdot t = 1 \cdot 965 = 965 \text{ A} \cdot \text{s}$$

Daher wurden nur **20 %** der Ladungsmenge für die Nickel-Abscheidung aufgewendet.

859 C   855 C

Zur coulometrischen Erzeugung von 1 Mol Iod [2 I^- → I_2 + 2 e^- (n = **2**)] sind etwa 2·10^5 Coulomb (A·s) erforderlich. Bei einer Stromstärke I = 100 mA (= 0,1 A) und einer Elektrolysezeit von t = 200 s ist durch die Zelle folgende Ladungsmenge (Q) geflossen:

$$Q = I \cdot t = 0{,}1 \cdot 200 = 20 \text{ C (A} \cdot \text{s)}$$

Dies entspricht nach dem Faradayschen Gesetz einer Menge an freigesetzten Iod von:

$$m = 1 \text{ M} \cdot 20 \text{ C}/2 \cdot 10^5 \text{ C} = 0{,}0001 \text{ M} = \mathbf{100 \text{ μMol}}$$

860 D   855 C

Bei der **Mikrobestimmung** von **Wasser** durch coulometrische Titration mittels *Karl-Fischer-Methode* wird Iodid anodisch zu Iod oxidiert und dieses oxidiert Schwefeldioxid (SO_2) in Anwesenheit von Wasser (H_2O) und einer Hilfsbase (B) zu Schwefeltrioxid (SO_3):

Anodische Oxidation: 2 I^- → $\mathbf{I_2}$ + 2 e^- (n = **2**)
Wasserbestimmung: $\mathbf{I_2}$ + $\mathbf{H_2O}$ + SO_2 + 2 B → SO_3 + 2 I^- + 2 BH^+

Der Äquivalenzpunkt der Bestimmung war bei einem Strom von I = 20 mA nach 5 min (300 s) erreicht. Dies entspricht einer Strommenge (Q) von:

$$Q = I \cdot t = 20 \text{ mA} \cdot 300 \text{ s} = 6000 \text{ mA} \cdot \text{s}$$

Daraus berechnet sich die Stoffmenge (m/M) an gebildetem Iod nach dem Faradayschen Gesetz zu, wobei $F = 10^5$ A·s·mol^{-1} beträgt:

$$m/M = Q/n \cdot F = 6000 \text{ mA} \cdot \text{s}/2 \cdot 10^5 \text{ A} \cdot \text{s} \cdot \text{mol}^{-1} = \mathbf{0{,}03 \text{ mmol}}$$

▪ Da die Stoffmengen von Iod und Wasser gemäß obiger Formelgleichung äquivalent sind, entspricht dies auch 0,03 mmol an Wasser ($M_r = 18$). Folglich enthielt die Probe **0,54 mg** Wasser.

861 B

▪ Bei der coulometrischen Titration von 49,05 mg (m = 0,04905 g) Schwefelsäure ($M_r = 98{,}1$) und dem Elektrodenvorgang [$H_2SO_4 + 2 e^- \rightarrow H_2 + SO_4^{2-}$ (n = 2)] wird nach dem Faradayschen Gesetz mit F = 96500 C·mol^{-1} eine Ladungsmenge (Q) verbraucht von:

$$Q = m \cdot n \cdot F/M_r = 0{,}04905 \cdot 2 \cdot 96500/98{,}1 = \mathbf{96{,}5 \text{ C m}(A \cdot s)}$$

862 D

▪ Zur coulometrischen Erzeugung von 1 Mol Protonen (ad 1000 ml) sind etwa 10^5 Coulomb erforderlich. 1,0 ml Salzsäure-Lösung (c = 0,1 mol·l^{-1}) enthält 10^{-4} Mol an Protonen (H^+), zu deren Erzeugung etwa $\mathbf{10^1 = 10 \text{ C}}$ benötigt werden.

863 E

▪ Zur elektrolytischen Abscheidung von 1 Mol Kupfer sind aufgrund des Elektrodenvorganges [$Cu^{2+} + 2 e^- \rightarrow Cu$ (n = 2)] eine Ladungsmenge von etwa Q = 193500 C erforderlich. Fließt ein Strom von I = 2 A über einen Zeitraum t = 24000 s durch eine wässrige $CuSO_4$-Lösung, so entspricht dies einer Ladung (Q) von:

$$Q = I \cdot t = 2 \text{ A} \cdot 24000 \text{ s} = 48000 \text{ C (A·s)}$$

Durch diese Ladungsmenge werden daher etwa **¼ Mol Cu** (48000/193500 ≈ 0,248 Mol) abgeschieden.

10.5 Voltammetrie (Polarographie)

864 B

▪ Bei der polarographischen Zink-Bestimmung erfolgt der *Transport* der Zn^{2+}-Ionen zur Arbeitselektrode durch **Diffusion**.

865 B 866 E

▪ Zur **Polarographie** lassen sich folgende Aussagen machen:
- Als Arbeitselektrode wird die *Quecksilbertropfelektrode* (QTE) verwendet, wobei sie in der Regel als Kathode geschaltet wird.
- Es wird nur ein Teil der in Lösung befindlichen Substanz (Depolarisator) umgesetzt, so dass eine mehrmalige Wiederholung der Analyse möglich ist.
- In einem *Polarogramm* wird die Stromstärke (I) in Abhängigkeit von einer zeitlich veränderlichen Spannung registriert (Strom-Spannungs-Kurve).
- Der (mittlere) *Diffusionsgrenzstrom*, der durch Diffusion und spontane Reaktion der elektroaktiven Substanz zustande kommt, ist der Konzentration der elektroaktiven Substanz direkt proportional. Die Höhe des Diffusionsgrenzstromes (*Stufenhöhe* im Polarogramm) ist Grundlage für die *quantitative* Auswertung des Polarogramms mithilfe der Ilkovič-Gleichung.

- In die Ilkovič-Gleichung geht der *Diffusionskoeffizient* ein, der von der *Viskosität* des Lösungsmittels abhängt. Folglich ist auch die Diffusionsgrenzstromstärke abhängig von der Viskosität der Lösung.
- Das *Halbstufenpotential* ist der Spannungswert, bei dem die Zellstromstärke der Hälfte des Diffusionsgrenzstromes entspricht. Das Halbstufenpotential stimmt mit dem *Standardpotential* überein, und ermöglicht die Identifizierung von Stoffen (*qualitative* Aussage).

867 B

Ein durch eine elektrochemische Reaktion – zum Beispiel der Reduktion eines Analyten – verursachter Strom heißt *Faradayscher Strom*. Er liefert in der Polarographie das Messsignal und hängt von der angelegten Spannung ab.

An der Phasengrenze Elektrode (Quecksilbertropfen) und der sie umgebenden Elektrolytlösung baut sich eine elektrochemische Doppelschicht auf. Die dadurch an der Phasengrenze entstehende Spannung wird durch den *kapazitiven Ladestrom* kompensiert. Mit anderen Worten, die Doppelschicht wird durch den kapazitiven Ladestrom zum Kondensator aufgeladen. Der kapazitive Ladestrom, ein nicht-faradayscher Strom, überlagert das Messsignal und begrenzt die Empfindlichkeit des Verfahrens.

Die **Nachweisgrenze** in der *Polarographie* wird daher hauptsächlich durch das Verhältnis der Größe des Faradayschen Stromes zur Größe des kapazitiven Ladestromes (Kapazitätsstrom) bestimmt.

868 E   1747 E

Bei der **Puls-Polarographie** wird während der Aufnahme des Polarogramms kurz vor dem Abfallen des Hg-Tropfens ein Spannungsimpuls an die elektrochemische Zelle gelegt. Dadurch klingt der Kapazitätsstrom rascher ab als der Faraday-Strom und das Verhältnis Ladestrom zu Faraday-Strom wird verbessert (ist am größten). Infolgedessen erhöht sich die **Nachweisgrenze** auf etwa 10^{-8} mol·l^{-1}. Die Nachweisgrenze der „normalen" Polarographie liegt bei etwa 10^{-5} mol·l^{-1}.

869 A

Als **Grundelektrolyt** (Leitsalz) [wie z.B. KCl] bezeichnet man Stoffe, die bei elektrochemischen Prozessen im großen Überschuss eingesetzt werden. Sie greifen *nicht* in die Elektrodenprozesse ein, sondern *verhindern* den durch Überführen der elektroaktiven Substanz zur Elektrode bedingten *Migrationsstrom*.

870 E

Cadmium(II)-bromid (CdBr$_2$) kann nicht als Grundelektrolyt bei der Zink-Bestimmung verwendet werden, da Cd^{2+}-Ionen elektroaktiv sind und an einer Hg-Kathode reduziert werden können.

871 B

Aus dem unten abgebildeten, schematisierten **Polarogramm** (Strom-Spannungs-Kurve) kann man die Zersetzungsspannung (U_Z), das Halbstufenpotential ($U_{1/2}$) und den **Diffusionsgrenzstrom** (I_D) entnehmen. Bei einer polarographischen Bleibestimmung ist der Diffusionsgrenzstrom direkt proportional zur Pb(II)-Konzentration.

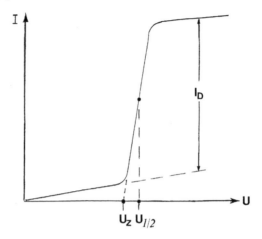

872 D   **873** B   **875** D   **889** B   **890** B

Bei der Polarographie einer Lösung, die Cd^{2+}- und Zn^{2+}-Ionen enthält, addieren sich die Polarogramme der beiden Depolarisatoren zum Polarogramm der Mischung. Zuerst werden die Cd^{2+}-Ionen (Halbstufenpotential $U_{1/2}$ = -0,64 V) [Stufe 1] und danach erst die Zn^{2+}-Ionen (Halbstufenpotential $U_{1/2}$ = -1,06 V) [Stufe 2] reduziert.

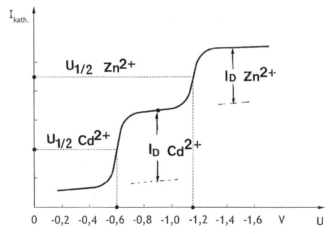

874 C

Das **Halbstufenpotential** ($U_{1/2}$) wird von der *Zusammensetzung* des *Grundelektrolyten* beeinflusst. Pb^{2+}-Ionen haben daher in einem Essigsäure/Acetat-Puffer ein anderes Halbstufenpotential als in einem Ammoniak/Ammoniumchlorid-Puffer.

875 D

Sofern die Halbstufenpotentiale genügend weit auseinander liegen, kann man mit der Polarographie gleichzeitig mehrere Depolarisatoren *simultan* bestimmen. Die einzelnen Depolarisatoren werden dabei in der Reihenfolge zunehmend negativerer Halbstufenpotentiale reduziert. Bei solchen Substanzgemischen addieren sich die einzelnen Strom-Spannungs-Kurven zum Polarogramm des Gemischs. Der Grenzstrom der unteren Stufe stellt jeweils den Grundstrom der nächstfolgenden Stufe dar, wie dies nachfolgende Abbildung ausweist.

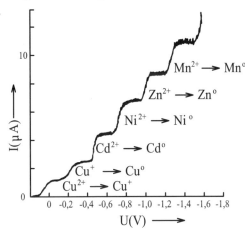

876 D

Manche Substanzen liefern polarographische Stufen eher mit der anodisch als mit der kathodisch geschalteten Quecksilbertropfelektrode. Die Elektrodenreaktion ist dann eine anodische Oxidation, wobei Elektronen von dem umgesetzten Teilchen auf die Quecksilberelektrode übertragen werden. Auch ein anodischer Grenzstrom ist diffusionskontrolliert.

Eine anodische Oxidation findet statt beim Auflösen des Elektrodenquecksilbers. Die Quecksilberelektrode kann daher nur bis etwa +0,3 Volt verwendet werden.

Aus diesem Grund lassen sich nur leicht oxidierbare Substanzen wie die *Ascorbinsäure* [Halbstufenpotential (pH = 7): $U_{1/2} = 0,02$ V], die zu Dehydroascorbinsäure oxidiert wird, polarographisch an der Quecksilbertropfelektrode bestimmen. Relativ leicht oxidierbar sind auch Thiole (R-SH), deren Oxidation schon bei einem Halbstufenpotential von $U_{1/2} = -0,3$ V einsetzen kann.

Die anodische Oxidation findet aufgrund des eingeschränkten Anwendungsbereiches häufig an Carbon-, Platin- oder anderen Edelmetallelektroden statt, deren Polarisierbarkeitsbereiche zum Teil bis +2 Volt reichen.

877 E

In der Analytlösung enthaltener **Sauerstoff** (O_2) trägt mit zum Grundstrom (Reststrom) bei und wird deshalb durch Einleiten eines Inertgases wie *Stickstoff* aus der Lösung entfernt. Sauerstoff wird an der Quecksilbertropfelektrode zweistufig reduziert; zunächst bildet sich Wasserstoffperoxid (H_2O_2) und bei negativerem Elektrodenpotential entsteht daraus Wasser (H_2O).

bei ca. -0,1 V: $O_2 + 2 H^+ + 2 e^- \rightarrow H_2O_2$
bei ca. -0,9 V: $H_2O_2 + 2 H^+ + 2 e^- \rightarrow 2 H_2O$

878 D　　**879** D　　**880** C　　**881** B　　**882** D

Die **Ilkovič-Gleichung** stellt die lineare Beziehung her zwischen dem *Diffusionsgrenzstrom* (I_D) und der *Konzentration* (c) der zu bestimmenden Substanz. Die Gleichung bildet die Grundlage für die *quantitative Auswertung* eines Polarogramms. Sie lautet:

$$I_D = 607 \cdot z \cdot D^{1/2} \cdot m^{2/3} \cdot t^{1/6} \cdot c$$

Darin bedeuten:
- I_D = mittlere Diffusionsgrenzstromstärke (in µA)
- z = Zahl der pro Teilchen umgesetzten Ladungen (Elektronenzahl)
- D = Diffusionskoeffizient (in $cm^2 \cdot s^{-1}$) des Analyten
- m = Masse des pro Sekunde durch die Kapillare fließenden Quecksilber; entspricht der Ausflussgeschwindigkeit des Quecksilbers aus der Kapillare (in $mg \cdot s^{-1}$)
- t = Tropfzeit (s); entspricht der Zeit zwischen zwei aufeinander folgenden Tropfen

Die **Temperatur** tritt nicht explizit in der Ilkovič-Gleichung auf. Trotzdem beeinflusst die Temperatur die Diffusionsgrenzstromstärke, weil – mit Ausnahme von z – alle Größen dieser Gleichung von der Temperatur abhängen; insbesondere der Diffusionskoeffizient (D) zeigt eine starke Temperaturabhängigkeit.

Auch die Art und Konzentration des *Leitsalzes* (Grundelektrolyt) beeinflusst die Höhe des Diffusionsgrenzstromes. So erhält man in Lösungen von guter elektrischer Leitfähigkeit Strom-Spannungs-Kurven von hoher Steilheit.

Die Spannung, die an einer polarographischen Zelle anliegt, und daher auch das Halbstufenpotential ($U_{1/2}$) haben keinen Einfluss auf die quantitative Auswertung eines Polarogramms. Das Halbstufenpotential dient aber zur Identifizierung des Analyten (*qualitativer* Nachweis).

883 E

Eine 500 mg-Tablette wird in 25 ml Grundelektrolytlösung gelöst. Nimmt man davon 2 ml und verdünnt diese auf 20 ml, so enthält die Prüflösung 2 mg/ml.

Die Prüflösung führt zu Signal 4, das dieselbe Signalhöhe hat wie Signal 2, was 0,10 mg/ml an Arzneistoff entspricht. Somit hat die Tablette einen Arzneistoffgehalt von **5 %**.

884 C　　**885** D

Die nachfolgende Abbildung zeigt den Aufbau eines **Gleichspannungspolarographen**. Die beiden Elektroden sind zusammen mit einem Mikroamperemeter (µA) an die Gleichspannungsquelle angeschlossen, deren Spannung mit einem Potentiometer (Widerstand mit Abgriff) in messbarer Weise verändert werden kann. Zur leistungslosen Messung der Spannung muss der Eingangswiderstand des Voltmeters (U) sehr viel größer sein als der Widerstand der polarographischen Zelle. Das im Mikroamperemeter gemessene Stromstärkesignal wird verstärkt und liefert auf einen Schreiber übertragen die Strom-Spannungs-Kurve (Polarogramm).

Das im Schaltbild der Frage Nr. **884** an Position (C) gezeigte Messgerät ist kein Amperemeter sondern ein Voltmeter.

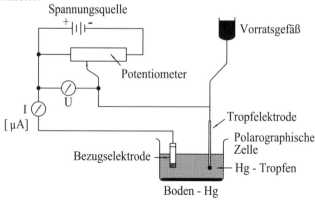

886 D

Bei der **Aufnahme** eines **Polarogramms**
- stört *Sauerstoff* in der Lösung und muss durch Spülen mit einem Inertgas wie Stickstoff entfernt werden.
- muss die Temperatur konstant gehalten werden, da mit Ausnahme der Zahl der übertragenen Elektronen alle Parameter der Ilkovič-Gleichung – insbesondere der Diffusionskoeffizient – von der Temperatur abhängen.
- darf die Messlösung trüb sein.
- muss die Prüflösung nicht gerührt werden. Die zu bestimmenden Stoffe gelangen durch *Diffusion* zur Elektrode.
- muss ein *Leitsalz* (Grundelektrolyt) im Überschuss zugesetzt werden, um die *Migration* der zu bestimmenden Substanzen zu verhindern.

887 E

Folgende Teilchen sind elektroaktiv und können an einer Quecksilbertropfelektrode reduziert werden:
- Kationen,
- Anionen,
- Neutralteilchen (ungeladene Moleküle),
- gelöste Gase wie z. B. Sauerstoff.

888 A

Die genannten Kationen werden in folgender Reihe mit zunehmend *negativerem* **Potential** reduziert:

$$\text{Kupfer(II) } [U_{1/2} = -0{,}21 \text{ V}] < \text{Blei(II) } [U_{1/2} = -0{,}44 \text{ V}] < \text{Zink(II) } [U_{1/2} = -1{,}06 \text{ V}]$$

889 B 890 B 872 D 873 B

Bei der polarographischen **Simultanbestimmung** von *Zink(II)*- neben *Cadmium(II)-Ionen*
- werden aufgrund des weniger negativen Halbstufenpotentials zuerst Cd^{2+}-($U_{1/2} = -0{,}64$ V) und dann die Zn^{2+}-Ionen ($U_{1/2} = -1{,}06$ V) reduziert.
- kann das Polarogramm wiederholt aufgenommen werden, da der *Stoffumsatz* an der Quecksilbertropfelektrode *minimal* ist und dadurch die Konzentration in der Lösung praktisch konstant bleibt.
- treten im Polarogramm zwei getrennte Stufen auf und die Konzentrationen an Zink(II)- und Cadmium(II)-Ionen werden aus der Höhe des jeweiligen Diffusionsgrenzstromes ermittelt. Der Diffusionsgrenzstrom ist gemäß der Ilkovič-Gleichung der Konzentration eines Depolarisators direkt proportional.
- werden starke Elektrolyte wie Kaliumchlorid als Grundelektrolyte (Leitsalze) eingesetzt, um die Migration der zu bestimmenden Teilchen zu verhindern.

891 A

Von den aufgelisteten Kationen wird nur Kupfer(II) *stufenweise* reduziert:

$$Cu^{2+} + 1e^- \rightarrow Cu^+ + 1e^- \rightarrow Cu$$

892 E

Folgende Substanzklassen können polarographisch bestimmt werden:
- *Disulfide* (R-S-S-R) werden zu Sulfiden (R-SH) gespalten.
- *Nitroverbindungen* (R-NO_2) werden in saurer Lösung zu primären Aminen (R-NH_2) reduziert; in neutraler bis schwach alkalischer Lösung verläuft die Reduktion nur bis zur Stufe des Hydroxylamins (R-NH-OH).
- *Hydrazide* (R-CO-NH-NH_2) werden polarographisch zu Amiden (R-CO-NH_2) und Ammoniak (NH_3) gespalten.
- *Aldehyde* (R-CHO) lassen sich zu primären Alkoholen (R-CH_2OH) oder seltener zu Glycolen (R-CHOH-CHOH-R) reduzieren.
- *Peroxide* (R-O-O-R) liefern bei der polarographischen Bestimmung Alkohole (R-OH).

893 D

Polarographisch aktiv sind:
- (A) *p-Benzochinon*, das zu Hydrochinon reduziert wird.
- (B) *Azomethine* (R^1R^2C=N-R^3), die zu Aminen (R^1R^2CH-NH-R^3) reduziert werden.
- (C) *Nitroverbindungen* (R-NO_2) werden in saurer Lösung zu primären Aminen (R-NH_2) reduziert; in neutraler bis alkalischer Lösung verläuft die Reduktion nur bis zur Stufe des Hydroxylamins (R-NH-OH).
- (D) N-substituierte Harnstoff-Derivate (Ph-NH-CO-NH_2) sind *nicht* polarographisch aktiv.
- (E) *Alkylbromide* (R-CH_2-Br), bei denen die C-Br-Bindung reduktiv gespalten wird (zu R-CH_3 und HBr).

894 A   1748 D   1828 B

Polarographisch aktiv sind
- *Chinone* wie *p-Benzochinon*, die im Bereich von 0 V bis –1 V leicht zu Hydrochinonen reduziert werden.
- *Aldehyde* wie *Benzaldehyd* (Ph-CH=O), die ab etwa –1 V eine gut ausgeprägte polarographische Stufe ergeben. Sie werden in der Regel zu primären Alkoholen (Ph-CH_2OH) reduziert.
- *Halogenide* (R-X), wobei die C-Halogenbindung hydrogenolytisch gespalten wird (zu R-H + H-X). Die Leichtigkeit der Hydrogenolyse nimmt in der Reihe Cl < Br < I zu.

895 E

- (A) *Zink(II)-Ionen* ($U_{1/2}$ = –1,06 V) werden unter Aufnahme von 2 Elektronen zu Zinkatomen reduziert.
- (B) *p-Benzochinon* wird in saurer Lösung zu Hydrochinon (Benzen-1,4-diol) reduziert.
- (C) *Acetonimin* [(CH_3)$_2$C=NH] wird unter Verbrauch von 2 Elektronen zu Isopropylamin [(CH_3)$_2$CH-NH_2] reduziert.
- (D) *Sauerstoff* (O_2) liefert bei etwa –0,1 V an der Quecksilbertropfelektrode unter Aufnahme von 2 Elektronen Wasserstoffperoxid (H_2O_2).
- (E) Ethanol (CH_3CH_2OH) kann *nicht* unter Spaltung der C-O-Bindung polarographisch bestimmt werden.

896 E 1748 D 1872 D

Die **Nitro-Gruppe** (R-NO$_2$) wird in saurer Lösung *zweistufig* unter Aufnahme von 6 Elektronen zum primären Amin (R-NH$_2$) reduziert. In der ersten, vierelektronigen Stufe erfolgt die Reduktion der NO$_2$-Gruppe über die Nitrosoverbindung (R-N=O) bis zum Hydroxylamin-Derivat (R-NHOH), das anschließend bei negativerem Potential unter Aufnahme von 2 weiteren Elektronen in das primäre Amin umgewandelt wird. In neutraler bis schwach alkalischer Lösung bleibt die Reduktion der Nitro-Gruppe auf der Stufe des Hydroxylamins stehen.

897 E 1748 D 1872 D

Folgende funktionelle Gruppen bzw. Stoffklassen können polarographisch erfasst werden:
– *Endiole* (HO-C=C-OH) werden an einer Hg-Elektrode zu 1,2-Dicarbonylverbindungen (O=C-C=O) oxidiert. Ein Beispiel hierfür ist die Oxidation der *Ascorbinsäure* zu Dehydroascorbinsäure.
– *Aromatische Aldehyde* (Ar-CH=O) werden unter Aufnahme von 2 Elektronen zu primären Alkoholen reduziert.
– *Aromatische Nitroverbindungen* (Ar-NO$_2$) werden in saurer Lösung zweistufig unter Aufnahme von 6 Elektronen zu primären aromatischen Aminen (Ar-NH$_2$) reduziert.
– Isolierte C=C-*Doppelbindungen* werden im zugänglichen Potentialbereich der Quecksilbertropfelektrode *nicht* reduziert. Ist die Doppelbindung jedoch zu einem aromatischen Ringsystem *oder* einer C=O-Doppelbindung konjugiert, so wird die C=C-Funktion unter Aufnahme von 2 Elektronen und 2 Protonen bis zur Stufe des Alkans reduziert. Beispielsweise ergeben *Stilben-Derivate* (Ar-CH=CH-Ar) bei der polarographischen Bestimmung 1,2-Diphenylethan-Derivaten (Ar-CH$_2$-CH$_2$-Ar). Auch *Fumarsäure* [HOOC-CH=CH-COOH] ist polarographisch aktiv.
– *Gesättigte* Kohlenwasserstoffe können mittels Polarographie *nicht* quantitativ bestimmt werden. Auch rein aromatische Kohlenwasserstoffe wie *Benzen* werden *nicht* erfasst.

898 C 1872 D

Menadion (1) ist ein 1,4-Naphthochinon-Derivat, das zum 2-Methyl-1,4-naphthohydrochinon reduziert werden kann.

Nitrofurantoin (2) enthält eine heteroaromatische Nitro-Gruppe, die in saurer Lösung zur primären Amino-Gruppe reduziert werden kann.

Dimercaprol (3) ist ein Thiol-Derivat, das an einer Edelmetall- oder Carbonelektrode zum Disulfid oxidiert werden kann.

899 A 1872 D

Bei der anodischen voltammetrischen Bestimmung der Aminosäure **L-Cystein** (HSCH$_2$-CHNH$_2$-COOH) wird unter Verwendung einer Edelmetall- oder Carbonelektrode die Thiol-Gruppe (R´-CH$_2$SH) zum *Disulfid* (R´-CH$_2$-S-S-CH$_2$-R´) oxidiert.

10.6 Amperometrie/Voltametrie

900 B

Bei der Amperometrie mit zwei gleichartigen polarisierbaren Edelmetallelektroden (**Biamperometrie**) wird an die Zelle eine geringe, *konstante Spannung* (ca. 10–100 mV) angelegt und die Stromänderung in Abhängigkeit von der Reagenzienzugabe gemessen (*biamperometrische Titration*).

901 A

Die **Voltametrie** ist ein elektrochemisches Verfahren, das die Konzentrationsabhängigkeit von Elektrodenpotentialen bei *konstanter Stromstärke* ausnutzt. Man misst die Potentialdifferenz (Spannung) zwischen einer Indikator- und einer Referenzelektrode bei konstanter Stromstärke. Es wird also eine bestimmte Zellstromstärke vorgegeben und die sich einstellende Spannung wird gemessen.

902 B   **903** A   **905** C   **906** B   **907** E

Das unten abgebildete Schaltbild zeigt die *Messanordnung* der *amperometrischen* Indizierung einer *Titration*. Man verwendet eine Gleichspannungsquelle [S] (ca. -2 V Gleichstrom), die an eine Mess- [M] und an eine Bezugselektrode [B] angeschlossen ist. Beide Elektroden tauchen in die Prüflösung ein. Die Messelektrode kann als Anode oder Kathode geschaltet sein. In der *Biamperometrie* verwendet man anstelle der Bezugselektrode eine *zweite Messelektrode*, meistens zwei polarisierbare Platin-Elektroden. Ein veränderbarer Widerstand [R] (Potentiometer) dient zum Einstellen einer konstanten Spannung (U), die mithilfe eines Voltmeters [V] angezeigt wird. Ein Mikroamperemeter [A] dient zum Registrieren des Stromes (I) und dessen Änderung.

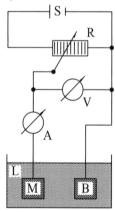

904 E

Das unten abgebildete Schaltbild zeigt die *Messanordnung* einer *voltametrischen* Indizierung einer *Titration*. Man verwendet eine Spannungsquelle [S], (ca. 50 V Gleichstrom), die an eine polarisierbare Mess[M] und eine unpolarisierbare Bezugselektrode [B] angeschlossen ist. Beide Elektroden tauchen in die Prüflösung ein. In der *Bivoltametrie* wird eine *zweite polarisierbare Messelektrode* anstelle der Bezugselektrode verwendet. Im Stromkreis befindet sich ein sehr großer Widerstand [R] (ca. 10 MΩ). Durch Anlegen einer Gleichspannung lässt man einen *konstanten* Strom von 1–10 µA durch die Prüflösung fließen. Während der Titration wird die Potentialdifferenz mit einem

Voltmeter [V] in Abhängigkeit vom zugesetzten Volumen an Maßlösung gemessen. Der Äquivalenzpunkt wird durch eine *sprunghafte Spannungsänderung* angezeigt.

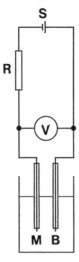

905 C   **906** B   **907** E   **902** B   **903** A

Eine Abbildung der instrumentellen Anordnung für eine **amperometrische Titration** ist in den Fragen Nr. **902–903** bereits erfolgt. Das Schaltschema wird dort beschrieben.

908 E

Sulfat-Ionen werden mit einer Blei(II)-nitrat-Maßlösung titriert. Es fällt bis zum Äquivalenzpunkt schwer lösliches Blei(II)-sulfat (PbSO$_4$) aus. Anschließend wird der Überschuss an Pb^{2+}-Ionen *kathodisch* zu Blei (Pb) reduziert. Das Standardpotential für das Redoxpaar Pb(II)/Pb beträgt E = –130 mV. Daher muss die Arbeitselektrode (Pt-Elektrode) als Kathode geschaltet werden mit einem Potential von größer als –130 mV (z. B. -400 mV). Im genannten Beispiel dient eine Standardwasserstoffelektrode [Pt/H$_2$/H$_3$O$^+$ (a = 1 mol·l^{-1})] als Bezugselektrode.

909 C   **910** E

Die *volumetrische Titration* einer **Iod-Lösung** mit Thiosulfat-Maßlösung kann durch nachfolgende Formelgleichung beschrieben werden:

$$I_2 + 2\,S_2O_3^{2-} \rightarrow 2\,I^- + S_4O_6^{2-}$$

Bei *biamperometrischer Indizierung* (zwei Indikatorelektroden, ΔE klein) wird an die Zelle eine geringe, konstante Spannung angelegt und die resultierende Stromänderung in Abhängigkeit von der Zugabe der Maßlösung aufgezeichnet.

Zu Beginn der Titration liegen Iod und Iodid nebeneinander vor. Bei einem angelegten konstanten Potential von etwa 15 mV wird Iod kathodisch zu Iodid reduziert und Iodid anodisch zu Iod oxidiert. Es fließt ein Strom, der aufgrund des Iodid-Überschusses (bzw. abnehmender Iod-Konzentration) bis zum Äquivalenzpunkt geringer wird.

Am Äquivalenzpunkt (τ = 1), wenn alles Iod titriert wurde, kann keine kathodische Reduktion mehr stattfinden. Es fließt *kein* Strom mehr. Nach dem Äquivalenzpunkt verläuft die Titrationskurve ohne merklichen Stromfluss flach weiter, weil das System Thiosulfat/Tetrathionat unter den gewählten Bedingungen *kein* reversibles Redoxpaar darstellt.

▎ Bei dieser Titration liegen ein reversibles Redoxpaar des Titranden und ein irreversibles Redoxpaar des Titrators vor, was zu der unten abgebildeten biamperometrischen *Titrationskurve* führt:

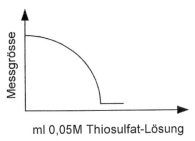

ml 0,05M Thiosulfat-Lösung

910 E   **909** C   **1873** E

▎ Bei der *bivoltametrischen* Indizierung (mit zwei Indikatorelektroden, I klein) volumetrischer Titrationen misst man bei geringer, konstanter Stromstärke die Konzentrationsabhängigkeit der Elektrodenpotentiale.

▎ Der formelmäßige Ablauf der Titration von Iod-Lösung mit einer Thiosulfat-Maßlösung wurde in Frage Nr. **909** beschrieben. Während der Titration wird die Potentialdifferenz an den Elektroden gemessen und in Abhängigkeit vom zugesetzten Volumen an Maßlösung (bzw. dem Titrationsgrad) aufgetragen. Bei der Bivoltametrie erkennt man den Titrationsendpunkt durch eine Spannungsspitze oder einem Spannungsabfall bzw. durch den Beginn eines Spannungsplateaus.

▎ Bei der Bestimmung von Iod mit Thiosulfat liegt am Anfang ein reversibles Redoxsystem des Titranden (Analyten) vor, während der Titrator ein irreversibles Redoxsystem bildet, was zur nachfolgend abgebildeten *Titrationskurve* führt. Man erkennt am Kurvenverlauf sehr gut das im Vergleich zur biamperometrischen Titration (siehe Frage Nr. **909**) *inverse Messprinzip* der Bivoltametrie.

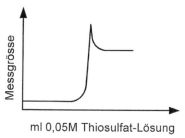

ml 0,05M Thiosulfat-Lösung

911 A   **912** B   **915** C   **916** D

▎ Bei einer *monoamperometrisch* indizierten Titration (eine Indikator- und eine Bezugselektrode) eines Analyten, der kathodisch *reduziert* werden kann, und eines Titrators (Maßlösung), der unter gewählten Bedingungen *nicht* reduziert wird, nimmt die Stromstärke bis zum Äquivalenzpunkt kontinuierlich ab und nach dem Äquivalenzpunkt wird *kein* merklicher Stromfluss beobachtet. Diesen Sachverhalt gibt die Titrationskurve **A** wieder.

10.6 Amperometrie/Voltametrie

912 B   **911** A

Bei einer *monoamperometrischen Titration*, bei welcher der Analyt (zu bestimmende Stoff) *nicht* reduziert wird, die Maßlösung jedoch elektroaktiv ist, fließt bis zum Äquivalenzpunkt nahezu kein Strom. Nach Überschreiten des Endpunktes wird dann durch die Reduktion des Titrators ein merklicher Stromfluss beobachtet. Diesen Sachverhalt gibt Titrationskurve **B** wieder.

913 C   **914** C   **917** B

Wenn bei monoamperometrisch indizierten Titrationen Titrand (Analyt) *und* Titrator (Maßlösung) unter den gewählten Bedingungen elektrochemisch aktiv sind, nimmt die Stromstärke bis zum Äquivalenzpunkt ab, da die Menge an Titrand abnimmt. Nach dem Erreichen des Äquivalenzpunktes steigt die Stromstärke wieder an, weil nun das Agens der Maßlösung reduziert wird. Diesen Sachverhalt gibt Titrationskurve **C** (in Frage Nr. **913**) korrekt wieder. Ein Beispiel hierfür ist die Bestimmung von Pb(II)-Salzen mit einer Kaliumdichromat-Maßlösung bei einer konstanten Spannung von –1 V.

Titrationskurven des oben beschriebenen Typs sind im Bereich um den Äquivalenzpunkt mehr oder weniger stark gekrümmt. Man erhält den Äquivalenzpunkt durch Verlängerung der beiden nahezu linearen Kurvenäste der Titrationskurve vor und nach dem Äquivalenzpunkt. Der Schnittpunkt dieser Geraden entspricht dem Endpunkt der Titration (in Frage Nr. **914** entspricht dies Punkt **C**).

915 C   **911** A   **916** D

Bei der komplexometrischen Titration von Cu^{2+}-Ionen mit Ethylendiamintetraacetat (EDTA) und *biamperometrische* Indizierung des Titrationsverlaufs, ist der Titrand (Analyt) bei einer Spannung von 200 mV elektrochemisch aktiv, während der Titrator (Maßlösung) elektrochemisch inaktiv ist. Daher wird der Strom bis zum Äquivalenzpunkt kontinuierlich abnehmen und danach ist kein merklicher Stromfluss mehr zu verzeichnen. Dieser Sachverhalt wird am besten durch Titrationskurve **C** wiedergegeben. Der Äquivalenzpunkt ergibt sich als Schnittpunkt der beiden linearen Kurvenäste.

916 D   **911** A   **915** C

Bei der Titration von Pb^{2+}-Ionen bei einer Spannung von U = -0,8 V mit einer Oxalat-Maßlösung [$^-$OCC-COO$^-$], ist der Titrand elektrochemisch aktiv, Maßlösung (Titrator) und Fällungsprodukt sind elektrochemisch inaktiv. Daher wird bei *monoamperometrischer* Indizierung des Titrationsverlaufs der Strom bis zum Äquivalenzpunkt kontinuierlich abnehmen. Nach Überschreiten des Äquivalenzpunktes ist kein merklicher Stromfluss mehr zu verzeichnen.

917 B   **913** C   **914** C

Bei der Titration von Pb^{2+}-Ionen mit einer Chromat-Maßlösung (CrO_4^{2-}) wird bei einer Spannung von U = -0,8 V vor dem Äquivalenzpunkt Pb(II) zu Pb reduziert; nach Überschreiten des Äquivalenzpunktes wird Cr(VI) zu Cr(III) reduziert, während das Fällungsprodukt Bleichromat ($PbCrO_4$) elektrochemisch inaktiv ist. Daher wird bei *monoamperometrischer Indizierung* des Titrationsverlaufs der Strom (I) bis zum Äquivalenzpunkt kontinuierlich ab- und im Überschussbereich wieder kontinuierlich zunehmen.

918 B **919** E **597** A **598** E **855** C **1785** E

■ Der **Halbmikrobestimmung** von **Wasser** (H_2O) nach *Karl Fischer* mit einer iodhaltigen Maßlösung liegt der Befund zugrunde, dass Iod und Schwefeldioxid nur in Anwesenheit von Wasser nach folgender Gleichung miteinander reagieren:

$$I_2 + SO_2 + 2\,H_2O \rightarrow H_2SO_4 + 2\,HI$$

■ Bei *biamperometrischer Indizierung* des Titrationsverlaufs besteht die Apparatur aus einer 1,5 Volt-Batterie (Spannungsquelle) [B], die mit zwei Platin-Messelektroden [Pt] verbunden ist. Beide Elektroden tauchen in die Prüflösung ein. Durch ein zugeschaltetes Potentiometer (Spannungsteiler) [P] [ca. 2 kΩ] wird eine einstellbare, während der Titration praktisch konstant bleibende Spannung zwischen den Elektroden erzeugt. Als Messinstrument [M] eignet sich ein in Reihe geschaltetes Mikroamperemeter. Dass schematische Schaltbild dieser Apparatur zeigt nachfolgende Abbildung:

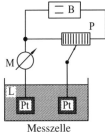

Messzelle

■ Voraussetzung für einen merklichen Stromfluss ist, dass an der Anode eine Oxidation und gleichzeitig an der Kathode eine Reduktion von in der Lösung vorhandenen Stoffen stattfindet. Bei der Karl-Fischer-Titration ist dafür das reversible Redoxsystem Iod/Iodid verantwortlich. Vor dem Äquivalenzpunkt fließt praktisch *kein* Strom, da kein kathodisch reduzierbares Teilchen vorhanden ist. Erst am Äquivalenzpunkt, wenn freies Iod (kathodisch reduzierbar) und Iodid (anodisch oxidierbar) nebeneinander vorliegen, „bricht der Zellwiderstand zusammen" und man beobachtet einen merklichen Anstieg der Stromstärke.

920 D **921** D **625** A **626** E **627** E **628** D

■ Der Endpunkt der Titration eines primären aromatischen Amins (Ar-NH_2) mit einer Natriumnitrit-Maßlösung (NaNO$_2$) in verdünnter Salzsäure wird nach *Arzneibuch* biamperometrisch an zwei polarisierbaren Platin-Messelektroden indiziert. Die Titration kann durch folgende Formelgleichung beschrieben werden:

$$Ar\text{-}NH_2 + HNO_2 + H_3O^+ \rightarrow Ar\text{-}N\equiv N^+ + 3\,H_2O$$

■ Ein merklicher Stromfluss wird bei der Biamperometrie erst gemessen, wenn ein an der Anode oxidierbares und ein an der Kathode reduzierbares Teilchen in der Titrationslösung vorhanden sind. Dies ist bei der Bestimmung von primären aromatischen Aminen erst nach Überschreiten des Äquivalenzpunktes der Fall, wenn überschüssige *Salpetrige Säure* (HNO$_2$) vorliegt, die oxidiert und reduziert werden kann. Es setzt daher erst nach Erreichen des Äquivalenzpunktes ein merklicher Stromfluss ein.

■ Die Bestimmung primärer aromatischer Amine nach Arzneibuch kann auch *potentiometrisch* oder mithilfe von *Indikatoren* indiziert werden. Die amperometrische Indizierung des Endpunktes mithilfe einer stickstoffselektiven Elektrode ist *nicht* möglich.

922 E

Sulfadiazin (Formel **E**) ist ein primäres aromatisches Amin (Ar-NH$_2$), dessen nitritometrische Bestimmung mit biamperometrischer Indizierung des Titrationsverlaufs erfolgen kann.

923 B 898 C 1747 E

Nitrofurantoin (Formel **B**) enthält eine polarographisch aktive *Nitro-Gruppe* (Het-NO$_2$), sodass die Substanz mittels Differential-Pulspolargraphie quantitativ erfasst werden kann.

10.7 Konduktometrie

924 C 925 D 926 D

Die *Konduktometrie* gehört zu den elektrochemischen Methoden mit *unpolarisierbaren* Elektroden. Für konduktometrische Titrationen eignen sich zwei *platinierte Platinelektroden*. Während der konduktometrischen Messung darf *keine* Zersetzung des Leiters infolge Faradayscher (elektrolytischer) Vorgänge eintreten. Daher wird eine *Wechselspannung* an die Messzelle gelegt und die Änderung des fließenden Wechselstromes verfolgt.

927 C 928 E

Bei der **Titration von Salzsäure** mit einer Natriumhydroxid-Lösung setzt sich die Gesamtleitfähigkeit der Lösung aus den Teilleitfähigkeiten der einzelnen Reaktionspartner zusammen. Es gilt:

$$H_3O^+ + Cl^- + Na^+ + HO^- \rightarrow H_2O + Na^+ + Cl^-$$

- Kurve (A) entspricht der *konduktometrisch indizierten Titrationskurve* einer starken Säure mit einer starken Base.
- Kurve (B) kennzeichnet den Anteil der *Hydroxonium-Ionen* (H$_3$O$^+$), der bis zum Äquivalenzpunkt kontinuierlich abnimmt.
- Kurve (C) kennzeichnet den Anteil der **Hydroxid-Ionen** (HO$^-$), der nach dem Äquivalenzpunkt im Überschussbereich stark zunimmt.
- Der Beitrag (D) der *Chlorid-Ionen* (Cl$^-$) zur Gesamtleitfähigkeit der Titrationslösung bleibt während der gesamten Titration konstant.
- Der Beitrag (E) der **Natrium-Ionen** (Na$^+$) nimmt mit Beginn der Zugabe an Maßlösung kontinuierlich zu.

929 E

Bei der konduktometrischen Titration einer *schwachen Säure* wie der Essigsäure (pK$_s$ = 4,76) mit einer Natriumhydroxid-Maßlösung wird nachfolgend abgebildete Titrationskurve erhalten.

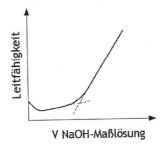

▌ Zu Beginn der Titration sind H_3O^+-Ionen und Acetat-Ionen nur in geringer Menge vorhanden. Dabei trägt das H_3O^+-Ion aufgrund seiner hohen Beweglichkeit zum Leitwert der Titrationslösung stärker bei als das Acetat-Ion. Während der Titration wird die Menge an Acetat-Ionen in dem Maße größer, wie die schwach dissoziierte Essigsäure in den starken Elektrolyten Natriumacetat ($CH_3COO^-Na^+$) übergeführt wird. Nach dem Äquivalenzpunkt bleibt die Menge an Acetat-Ionen konstant.

▌ Die Konzentration an H_3O^+-Ionen verändert sich in komplexer Weise. Zunächst nimmt sie rasch und danach langsam ab und besitzt am Endpunkt der Titration praktisch den Wert Null. Dieser Effekt rührt daher, dass das während der Titration gebildete Natriumacetat die Dissoziation der Essigsäure zurückdrängt. Zusammen mit den wachsenden Beiträgen an Natrium- und Acetat-Ionen nimmt das Leitvermögen der Titrationslösung am Anfang ab. Danach schließt sich ein nahezu linearer Anstieg bis zum Äquivalenzpunkt an. Nach Überschreiten des Äquivalenzpunktes nimmt die Leitfähigkeit der Titrationslösung deutlich zu infolge des Überschusses an Natrium- und Hydroxid-Ionen.

930 D

▌ Nachfolgende Abbildung zeigt die konduktometrisch indizierte Titrationskurve eines *Gemischs von Salzsäure und Essigsäure* mit einer NaOH-Maßlösung. Der starke Leitfähigkeitsabfall entspricht der Neutralisation der Salzsäure, der langsame Anstieg zeigt die Neutralisation der schwachen Essigsäure an. Der steile Anstieg wird wiederum vom Überschuss an Maßlösung verursacht.

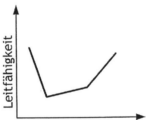

931 B

▌ Auch die Titration einer *schwachen Säure* ($pK_s \geq 8$) mit einer schwachen Base (oder umgekehrt), die nach anderen Methoden nur schwer durchführbar ist, kann konduktometrisch indiziert werden. Die Dissoziation der Säure ist so gering, dass sie praktisch nicht zur Leitfähigkeit der Lösung beiträgt, die deshalb allein durch das bei der Titration gebildete Salz verursacht wird. Die Leitfähigkeit der Lösung durchläuft beim Äquivalenzpunkt ein Maximum, und fällt dann – da der schwach basische Titrator keinen Beitrag leistet – im Überschussbereich durch die zunehmende Verdünnung ab.

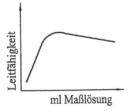

932 D   **933** C

Eine Natriumhydroxid-Lösung wird mit einer Salzsäure-Maßlösung bei konduktometrischer Indizierung des Titrationsverlaufs titriert. Die unterschiedlichen Teilleitfähigkeiten von Hydroxonium-Ionen ($\Lambda_\infty = 350$) und Hydroxid-Ionen ($\Lambda_\infty = 192$) führen dazu, dass man bei Säure-Base-Titrationen unterschiedliche Kurvenläufe erhält, je nach dem, ob man die Bestimmung direkt oder als Rücktitration ausführt. Abbildung (**a**) zeigt den Kurvenverlauf der *Direkttitration*, Abbildung (**b**) den der *Rücktitration*.

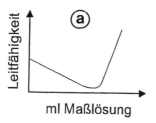
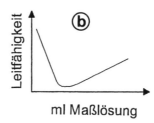

934 B   **1875** D

Auch **Fällungstitrationen** können konduktometrisch verfolgt werden. In der nachfolgenden Abbildung ist die Titration von Silbernitrat mit einer Natriumchlorid-Maßlösung dargestellt. Die Teilbeträge der einzelnen Ionen sind markiert. Vertauscht man die „Felder" von Ag^+ mit Na^+ und von NO_3^- mit Cl^-, so zeigt die schematische Titrationskurve auch den Verlauf der Titration von NaCl mit einer $AgNO_3$-Maßlösung.

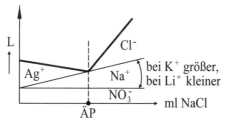

10.8 Elektrophorese

935 A

Elektrophoretische Trennungen beruhen auf der **Migration**, d. h. der Wanderung von Ionen in einem elektrischen Feld.

936 E

Die *Wanderungsgeschwindigkeit* geladener Teilchen (Anionen, Kationen) bei der Elektrophorese hängt ab von der:
- Größe der Ladung der Teilchen (Zahl der Elementarladungen) und deren Radius. Je höher geladen und je kleiner das Teilchen ist, desto größer ist seine elektrophoretische Wanderungsgeschwindigkeit.
- Viskosität des Elektrolyten, die zu Reibungskräften führt.
- elektrischen Feldstärke, die zu einer auf die geladenen Teilchen wirkenden Coulomb-Kraft führt.

937 D **938** D **1876** D

Die *elektrophoretische Beweglichkeit* (μ) eines Ions ist gegeben durch den Quotienten [μ = v/E] aus der Wanderungsgeschwindigkeit (v) und der elektrischen Feldstärke (E). Die elektrophoretische Beweglichkeit hängt ab von der:
- *Ionenladung* und dem *Ionenradius*,
- *Viskosität* der Elektrolytlösung.

938 D **937** D **951** E

Die *Gesamtbeweglichkeit* eines Teilchens bei der Elektrophorese setzt sich *additiv* zusammen aus seiner *elektrophoretischen Beweglichkeit* und der Beweglichkeit aufgrund des *elektroosmotischen Flusses* (EOF).
- Die **elektrophoretische Beweglichkeit** (μ) eines geladenen Teilchens ist definiert als das Verhältnis seiner Wanderungsgeschwindigkeit (v) zur Stärke des angelegten elektrischen Feldes (E). Es gilt: **μ = v/E = s/t · E**. Die elektrophoretische Beweglichkeit kann bei gegebener Feldstärke auch aus der zurückgelegten Wegstrecke (s) und der Dauer des Trennprozesses (t) berechnet werden.
- Der **elektroosmotische Fluss** (EOF) ist eine durch Ladungen ausgelöste Bewegung einer Flüssigkeit entlang einer festen Phasengrenze. Auf elektrophoretischen Trägerplatten oder Kapillaren treten ortsfeste Oberflächenladungen auf, die mit einer darüber stehenden Elektrolytlösung zur Bildung einer elektrischen Doppelschicht führen. Die beweglichen Ladungen in der Elektrolytlösung folgen einem angelegten elektrischen Feld und verursachen eine konstante Strömung der Elektrolytlösung. Daher bewirkt der EOF, dass *alle* gelösten Teilchen – trotz unterschiedlicher Ladungen – zu derselben Elektrode wandern.

Bei Verwendung eines elektrophoretischen *Trägermaterials* wie z. B. ein Polyacrylamid-Gel spielen neben dem elektrophoretischen Trennmechanismus der Migration auch adsorptive Wechselwirkungen (*Reibungskräfte*) als Trennprinzip eine Rolle.

Die elektrophoretische Beweglichkeit eines geladenen Teilchens ist eine charakteristische Größe für das betreffende Teilchen und hängt ab von den Größe und Ladung, der Temperatur und den Eigenschaften des Trennmediums.

939 C

Auf die **trägerfreie Elektrophorese** (*Grenzflächenelektrophorese*) treffen folgende Aussagen zu:
- Teilchen mit unterschiedlicher Ladung wandern in entgegengesetzte Richtungen. Beim Anlegen einer Gleichspannung wandern positiv geladene Teilchen zur Kathode und negativ geladene zur Anode.
- Die elektrophoretische Beweglichkeit eines Teilchens hängt von seiner Größe, seiner Form und seiner Ladung sowie den Eigenschaften des Trennmediums ab, z. B. den Eigenschaften der verwendeten Pufferlösung.
- Der **pH-Wert** der verwendeten Pufferlösung hat einen *starken Einfluss* auf das Elektropherogramm von Aminosäuren, da er deren Dissoziationsverhalten bestimmt.
- Die elektrophoretisch zu trennenden Teilchen wandern mit einer *mittleren konstanten Geschwindigkeit* zur jeweils entgegengesetzt geladenen Elektrode.
- Die Wanderungsgeschwindigkeit (v) elektrophoretisch trennbarer Teilchen nimmt mit der Stärke (E) des auf sie einwirkenden elektrischen Feldes zu. Es gilt, worin μ die elektrophoretische Beweglichkeit bedeutet: **v = μ · E**

940 E

Elektrophoretische Trennungen können trägerfrei in einer Pufferlösung oder auf einem Träger, z. B. einem Polyacrylamid-Gel durchgeführt werden.

Die *Ionenbeweglichkeit* ist der Zahl der Elementarladungen pro Teilchen direkt proportional, und umgekehrt proportional zum Ionenradius und zur Viskosität des Mediums.

Am *isoelektrischen Punkt* eines Proteins trägt dieses keine Nettoladung und daher findet auch keine elektrophoretische Wanderung des Proteins an diesem Punkt statt.

941 B

Die *Erhöhung* der **Elektrolytkonzentration** (Pufferkonzentration) führt zu einer Erhöhung der *Ionenstärke*. Aus einer erhöhten Ionenstärke resultiert bei gleicher Spannung ein höherer Stromfluss. Der höhere Stromfluss verursacht eine stärkere Wärmeentwicklung, die abgeführt werden muss. Die höhere Pufferkonzentration (höhere Ionenstärke) mindert zudem den elektroosmotischen Fluss (EOF).

942 D

Bei der *Isotachophorese* wandern alle Stoffe in Zonen mit *gleicher Geschwindigkeit* (v). Aufgrund der unterschiedlichen elektrophoretischen Beweglichkeit (µ) der Substanzen kommt dies dadurch zustande, dass auf der Trennstrecke Bereiche mit unterschiedlichen Feldstärken (E) entstehen. Es gilt: $v = \mu_1 \cdot E_1 = \mu_2 \cdot E_2 \ldots\ldots = \mu_n \cdot E_n$

Auch für die Analyse von *Neutralsubstanzen* steht mit der *micellaren elektrokinetischen Chromatographie* (MEKC) ein geeignetes elektrophoretisches Verfahren zur Verfügung.

Bei der Elektrophorese verhält sich die Wanderungsgeschwindigkeit (v) von Teilchen umgekehrt proportional zur *Viskosität* (η) des Mediums [$v \sim 1/\eta$]. Darum steigt die Wanderungsgeschwindigkeit der Teilchen mit sinkender Viskosität der verwendeten Elektrolytlösung.

Die durch den Stromfluss entstehende Wärme wird durch Kühleinrichtungen abgeführt. Daher können *organische Lösungsmittel* wie Methanol als Lösungsvermittler durchaus den in der Elektrophorese verwendeten Pufferlösungen zugesetzt werden.

943 D

Über die **Isotachophorese** lassen sich folgende Aussagen machen:
- Bei der Isotachophorese verwendet man unterschiedliche Elektrolyte, die bewirken, dass die zu trennenden Substanzen in scharfen Zonen mit gleicher Geschwindigkeit wandern. Dies rührt daher, dass auf der Trennstrecke unterschiedliche Feldstärken entstehen.
- Vor der Probelösung befindet sich der *Leitelektrolyt*, dessen Ionen unter den angewandten Bedingungen eine größere Beweglichkeit besitzen als die zu trennenden Substanzen.
- Nach der Probelösung kommt der *Folgeelektrolyt*, dessen Ionen eine geringere Beweglichkeit besitzen als die zu trennenden Substanzen.
- Durch die unterschiedliche Beweglichkeit stellt sich – bei gleicher Wanderungsgeschwindigkeit – in den Zonen höherer Beweglichkeit eine niedrigere, in den Zonen mit niedriger Beweglichkeit eine höhere Feldstärke ein.
- Die Aufkonzentrierung von Proteinen durch Verwendung eines Sammelgels (Anreicherungsgel) bei der *Disk-Elektrophorese* beruht auf einer Isotachophorese.

944 B   1781 B   1830 B

Polyacrylamid-Gele zeigen auch *Molekularsiebeffekte*, sodass die *Molekülgröße* einen wichtigen Beitrag zum Trennmechanismus leistet.

945 D   1831 D

Als **Träger** in der Elektrophorese können eingesetzt werden: Papier – Celluloseacetat-Folie – Polyacrylamid-Gel – Agar-Gel – Agarose-Gel – Stärke-Gel

Natriumdodecylsulfat (**S**odium**d**odecyl**s**ulphate) [$CH_3(CH_2)_{10}CH_2\text{-O-SO}_3^-Na^+$] wirkt als Zusatz bei der Polyacrylamid-Gelelektrophorese als Ionenpaarbildner. Durch Assoziationen zwischen SDS und einem Protein kommt es zur *Denaturierung* des Proteins.

946 C

Agarose ist ein Polysaccharid und die Hauptkomponente des Agars. Agarose-Gele werden in der Elektrophorese zur Trennung von Nukleinsäuren oder Proteinen eingesetzt. Die Konzentration der Agarose in einen Puffer richtet sich nach der Größe der mit der Gelelektrophorese aufzutrennenden Teilchen: Für kleinere Partikel wird ein höherprozentiges, für größere Teilchen ein niederprozentiges Agarose-Gel verwendet.

947 E

Auf die **Disk-Elektrophorese** treffen folgende Aussagen zu:
- Bei dieser Technik verwendet man Gelschichten unterschiedlicher Zusammensetzung und Porengröße.
- Das vom *Arzneibuch* verwendete Trennsystem besteht aus zwei aufeinander folgenden Gelen, einem Anreicherungsgel (*Sammelgel*) und einem *Trenngel*.
- Im Sammelgel entstehen Bereiche unterschiedlicher Feldstärke (Isotachophorese) und es findet eine Aufkonzentrierung der zu bestimmenden Substanzen in einer schmalen Bande statt.
- Im Trenngel herrscht eine konstante Feldstärke; hier vollzieht sich die Auftrennung des Gemischs.

948 A

Elektrophoretische Trennungen beruhen auf der unterschiedlichen Migration geladener Teilchen. Nach dem Anlegen einer Gleichspannung wandern negativ geladene Teilchen (Komponenten I und II) zur Anode (Pluspol) und positiv geladene Teilchen (Komponenten III und IV) zur Kathode (Minuspol).

949 D

Serumalbumin (isoelektrischer Punkt: 4,6) und *γ-Globulin* (isoelektrischer Punkt: 6,5) wandern bei pH-Werten von 8–9 (schwach alkalischer pH-Bereich) beide als Anionen zur Anode. Bei Verwendung eines Puffers von pH = 6,5 wandert nur Serumalbumin als Anion zur Anode. Bei Verwendung eines Puffers von pH = 4,6 erfolgt nur eine Wanderung von γ-Globulin als Kation zur Kathode.

950 C   1788 C

Die Wanderungsgeschwindigkeit eines geladenen Analyten in der Kapillarelektrophorese (CE) wird durch die elektrophoretischen Eigenschaften des Analyten (effektive Ladung, hydrodynamischer Radius), die elektroosmotische Mobilität des Laufpuffers (elektroosmotischer Fluss) in der Kapillare und dessen Viskosität bestimmt.

951 E **952** C **953** B **1501** B

Der **elektroosmotische Fluss** (EOF) bewirkt bei der Kapillarelektrophorese, dass alle gelösten Teilchen (Anionen, Kationen, Neutralmoleküle) trotz ihrer unterschiedlichen Ladung in einer Quarzkapillare zur selben Elektrode wandern.

952 C **953** B **951** E **1501** B

Folgende Aussagen zum **elektroosmotischen Fluss** (EOF) treffen zu:
- Der EOF spielt eine dominante Rolle bei der *Kapillarelektrophorese* (CE).
- Ursache des EOF ist die Dissoziation (Deprotonierung) der Silanol-Gruppen [SiOH → SiO$^-$] an der Kapillaroberfläche. Die ortsfesten negativen Ladungen der Kapillarinnenwand werden kompensiert durch bewegliche positive Ladungen in der darüber/darunter befindlichen Elektrolytlösung. Die beweglichen positiven Ionen wandern unter dem Einfluss des elektrischen Feldes in Richtung Kathode (kathodischer EOF) und setzen dabei die Flüssigkeit entlang der Kapillarinnenwand in Bewegung. Der EOF ist abhängig von der angelegten Spannung.
- Durch Adsorption kationischer, oberflächenaktiver Verbindung kann die Kapillarinnenwand auch positiv aufgeladen werden. Die ortsfesten positiven Ladungen auf der Kapillaroberfläche werden kompensiert durch bewegliche negative Ladungen aus der Elektrolytlösung und verursachen einen anodischen EOF.
- Der (kathodische) EOF ist stark abhängig vom pH-Wert, da das Ausmaß der Deprotonierung der Silanol-Gruppen vom pH-Wert der Elektrolytlösung abhängt. Bei niedrigem pH-Wert wird der EOF kleiner und steigt mit zunehmendem pH-Wert.
- Die Stärke des EOF ist abhängig von der Temperatur und der Elektrolytkonzentration und damit auch von der Viskosität des Trennmediums. Mit zunehmender Elektrolytkonzentration bzw. zunehmender Viskosität der Pufferlösung sinkt der EOF, während der EOF mit steigender Temperatur (sinkender Viskosität) größer wird.
- Durch Zusatz von organischen Lösungsmitteln wie Methanol zur Pufferlösung nimmt der EOF ab.

954 D **955** A **956** E **957** B **958** E **1749** E **1789** C

Für die Auftrennung von Substanzen mittels Kapillarelektrophorese gelten folgende Regeln (bei kationischem EOF):
- Neutrale Substanzen gelangen mit dem elektroosmotischen Fluss zum Detektor, Kationen davor (beschleunigte Bewegung) und Anionen (verzögerte Bewegung) danach.
- Die neutralen Substanzen werden hierbei nicht aufgetrennt, Kationen und Anionen sind dagegen entsprechend ihrer Ladungsdichte (Dissoziationsverhalten) trennbar.

Über die in den Fragen genannten Substanzen lassen sich folgende Aussagen machen:
- Im Phosphatpuffer bei pH = 7 liegt Benzylamin überwiegend als Kation und Benzoesäure als Anion vor. Daher können in Gemischen dieser Substanzen mit dem neutralen Benzylalkohol die Verbindungen in folgender Reihenfolge detektiert werden: *Benzylamin – Benzylalkohol – Benzoesäure*
- Die sauren Verbindungspaare [2-*Methylbenzoesäure 2-Ethylbenzoesäure*] oder [2-*Chlorbenzoesäure – 4-Chlorbenzoesäure*] bzw. [*Acetylsalicylsäure – Salicylsäure*] oder [*Indometacin – Ibuprofen*] liegen in einer Pufferlösung entsprechenden pH-Wertes als Anionen vor und können aufgrund ihrer unterschiedlichen Dissoziation getrennt werden.
- Das basische Verbindungspaar [2-*Methylbenzylamin – 2-Ethylbenzylamin*] liegt unter geeigneten Bedingungen als Kation protoniert vor und kann aufgrund der unterschiedlichen Dissoziation getrennt werden. Dies trifft auch auf die unterschiedlich stark basischen Aminosäuren [*Arginin – Lysin*] zu.

- Bei den abgebildeten Stereoformeln der Aminosäure *Alanin* [CH_3-$CHNH_2$-$COOH$] handelt es sich um das *R*- bzw. *S*-Isomer. Das *Racemat* ist unter den angegebenen Elektrophoresebedingungen *nicht* trennbar.
- Die Anionen von *Natriumcyclamat* und *Natriumsulfat* [Na_2SO_4] sind aufgrund der unterschiedlichen negativen Ladung mittels Kapillarelektrophorese trennbar.
- Die *neutralen* Verbindungspaare [2-*Methylbenzylalkohol* – 2-*Ethylbenzylalkohol*] und [1,2-*Dichlorbenzen* – 1,4-*Dichlorbenzen*] sowie [*Cholesterol* – *Progesteron*] wandern mit dem elektroosmotischen Fluss, werden dabei aber *nicht* aufgetrennt.

959 B   **960** B

Racemische Gemische sind mittels Kapillarelektrophorese in ihre Enantiomere trennbar, wenn z. B. dem Trennsystem **β-Cyclodextrin** oder **Kupfer(II)-Histidin** als *Selektor* (als chirale Verbindung) zugesetzt wird. β-Cyclodextrin ist ein cyclisches Oligosaccharid aus 7 Glucose-Einheiten, das durch Abbau von Stärke entsteht und in der Kapillarelektrophorese die Trennung neutraler Enantiomeren ermöglicht.

961 E

Die **micellare elektrokinetische Chromatographie** (MEKC) ist eine Variante der Kapillarelektrophorese, mit der *Neutralstoffe* (nichtdissoziierbare Analyte) getrennt werden können.

962 A   **963** C   **964** C   **965** B   **1790** D

Über die **micellare elektrokinetische Chromatographie** (MEKC) lassen sich folgende Aussagen machen:
- Das *Trennprinzip* der MEKC beruht auf der Verteilung der Analyte zwischen einer wässrigen Pufferlösung und Dergentien (Tensiden), die ab einer bestimmten Konzentration *Micellen* bilden. Die Micellen bilden eine von der wässrigen Phase unterscheidbare pseudostationäre Phase; die Micellen wandern unter der Wirkung eines angelegten elektrischen Feldes.
- Das Lumen der Micellen besitzt einen hydrophoben Charakter, währen die Micellen nach außen hin je nach verwendetem *Tensid* (anionisch, kationisch, amphoter oder nichtionisch) geladen (hydrophil) sind. Auch eine Kombination von ionischen und nichtionischen Tensiden ist als pseudostationäre Phase geeignet. In das Lumen der Micellen können Substanzen eingeschlossen werden.
- Die Trennung und somit die Migrationsreihenfolge der *ungeladenen* Moleküle beruht daher auf ihrer Verteilung zwischen den Micellen und der wässrigen Elektrolytlösung. Die Wanderungsgeschwindigkeit der Substanzen hängt deshalb von ihrem Verteilungsverhalten (von ihrem *Verteilungskoeffizienten*) zwischen beiden Phasen ab.
- Außerhalb der Micellen wandern *geladene* Moleküle entsprechend ihrer elektrophoretischen Mobilität.
- Zum *Nachweis* der getrennten Substanzen können in der MEKC UV-*Detektoren* eingesetzt werden.

966 C   **1831** D

Zur Bildung negativ geladener Micellen wird häufig **Natriumdodecylsulfat** (SDS) als oberflächenaktive Substanz verwendet.

11 Optische und spektroskopische Verfahren

11.1 Grundlagen

967 D **968** B

■ **Licht** kann als transversale elektromagnetische Welle aufgefasst werden; in manchen Experimenten zeigt Licht aber auch die Eigenschaften eines Korpuskels (Photon).
■ Licht kann *linear* polarisiert werden, d. h. der Lichtvektor schwingt nur in einer Ebene zu seiner Fortpflanzungsrichtung.
■ Die Ausbreitungsgeschwindigkeit (c) von Licht [*Lichtgeschwindigkeit*] beträgt im Vakuum 300000 km/s. Die Lichtgeschwindigkeit ergibt sich aus dem Produkt von *Lichtfrequenz* (ν) und der *Wellenlänge* (λ) des Lichtes. Es gilt: $c = \lambda \cdot \nu$

969 A

■ Die Streckenlänge 1 *Nanometer* (1 nm) entspricht 10^{-9} m. 1 *Mikrometer* (1 µm) sind 10^{-6} m. Folglich gilt der Zusammenhang: **1 nm = 10^{-3} µm**

970 C

■ Die Lichtgeschwindigkeit (c) beträgt $3 \cdot 10^8$ m/s. Bei einer Wellenlänge (λ) von 500 nm = $5 \cdot 10^{-7}$ m beträgt die *Frequenz* (ν) des Lichts: $\nu = c/\lambda = 3 \cdot 10^8 / 5 \cdot 10^{-7} = \mathbf{6 \cdot 10^{14}}$ [1/s = Hertz]

971 C

■ Die **Wellenzahl** ($\bar{\nu}$) von Licht entspricht dem reziproken Wert der Wellenlänge (1/λ) [Dimension: cm^{-1}]. Bei einer Wellenlänge von $\lambda = 4\,\mu m = 4 \cdot 10^{-6}$ m $= 4 \cdot 10^{-4}$ cm beträgt die Wellenzahl: $\bar{\nu} = 1/\lambda = 1/4 \cdot 10^{-4} = 1/0{,}0004 = \mathbf{2500\ cm^{-1}}$

972 C **1059** C

■ Die **Energie** eines Lichtquants (E) ergibt sich aus dem Produkt von Planckschem Wirkungsquantum (h) und der Frequenz (ν) des Lichts [Plank-Einstein-Energie-Frequenz-Gleichung]:

$$E = h \cdot \nu = h \cdot c/\lambda$$

■ Die Lichtenergie ist direkt proportional zur Lichtfrequenz und umgekehrt proportional zur Wellenlänge des Lichts. Hochfrequentes Licht ist energiereich, niederfrequentes Licht ist energiearm.

973 A

Wie das Energieniveauschema der Frage ausweist, addieren sich die Teilbeträge (E_2, E_3) der Lichtenergie zum Gesamtenergiebetrag (E_1). Es gilt: $E_1 = E_2 + E_3$

Mithilfe der Planck-Einsteinschen Energie-Frequenz-Gleichung können daraus noch folgende Zusammenhänge abgeleitet werden:
- $h \cdot v_1 = h \cdot v_2 + h \cdot v_3 \Rightarrow v_1 = v_2 + v_3$
- $h \cdot c/\lambda_1 = h \cdot c/\lambda_2 + h \cdot c/\lambda_3 \Rightarrow 1/\lambda_1 = 1/\lambda_2 + 1/\lambda_3$
- $E_1/E_2 = h \cdot v_1/h \cdot v_2 = v_1/v_2$

974 C

α-Strahlen sind doppelt positiv geladene Heliumkerne. Es sind Korpuskularstrahlen und sie zählen *nicht* zum elektromagnetischen Spektrum.

975 E

Die genannten *Spektralbereiche* lassen sich in folgende Reihe nach *steigender* Wellenlänge ordnen (in Klammer sind die Wellenlängenbereiche angegeben):

Grünes Licht (500–560 nm) < Rotes Licht (605–750 nm) < Infrarotbereich (0,8–500 µm) < Radiowellen (10 cm–100 km)

976 C

Die Lichtenergie ist der Wellenlänge des Lichtes umgekehrt proportional. Langwelliges Licht ist energiearm, kurzwelliges energiereich.

Die genannten *Spektralbereiche* lassen sich in folgende Reihe nach *fallender Wellenlänge* (*zunehmende Energie*) ordnen (in Klammer sind die Wellenlängenbereiche angegeben):

Infrarotbereich (0,8–500 µm) > Rotes Licht (605–750 nm) > Grünes Licht (500–560 nm) > Ultravioletter Spektralbereich (200–400 nm)

977 B

Der *Infrarotbereich* (IR) erstreckt sich über einen Wellenlängenbereich von: **0,8–50 µm**

978 C

Der ultraviolette (UV) *und sichtbare* (VIS) *Spektralbereich* erstrecken sich über einen Wellenlängenbereich von: **200–800 nm**

979 D

Der *Vakuum*-UV-Bereich erstreckt sich über einen Wellenlängenbereich von: **100–200 nm**

980 B

Der *ferne* Infrarotbereich erstreckt sich über einen Wellenlängenbereich von: **50–500 µm**

981 C   1437 A

Röntgenstrahlen sind kurzwellig und besitzen Wellenlängen von 0,01–1 nm.

982 A   1438 D

Mikrowellen sind energiearm (langwellig) und besitzen Wellenlängen von *500 µm–30 cm*.

983 E

Der für die Identifizierung von Arzneistoffen wichtige IR-Bereich hat *Wellenzahlen* von **670–4000 cm^{-1}**.

984 A

Eine elektromagnetische Welle der Wellenlänge $\lambda = 2{,}5 \cdot 10^{-5}$ cm $= 250 \cdot 10^{-7}$ cm $=$ **250 nm** gehört dem **UV**-Bereich an.

985 C

Eine monochromatische, unpolarisierte Strahlung der Wellenlänge $\lambda = 5$ µm $= 5 \cdot 10^{-4}$ cm hat die Wellenzahl: $\bar{v} = 1/\lambda = 1/5 \cdot 10^{-4}$ cm $=$ **2000 cm^{-1}**. Sie lässt sich dem Infrarotbereich (670–4000 cm^{-1}) zuordnen.

Die Energie dieser Strahlung beträgt:
$$E = h \cdot c/\lambda = 6{,}6 \cdot 10^{-34} \text{ J} \cdot \text{s} \cdot 3 \cdot 10^8 \text{ m} \cdot \text{s}^{-1}/5 \cdot 10^{-6} \text{ m} \sim \mathbf{4 \cdot 10^{-20} \text{ J}}$$

986 E

Licht aus dem sichtbaren Spektralbereich der Wellenlänge $\lambda = 400$ nm hat die Farbe: *Violett*

987 A

Licht aus dem sichtbaren Spektralbereich der Wellenlänge $\lambda = 700$ nm hat die Farbe: *Rot*

11.2 Grundlagen der Refraktometrie

988 C

Über die **Ausbreitung** von **Licht** treffen folgende Aussagen zu:
- Licht breitet sich im Vakuum gradlinig aus. Die Ausbreitungsgeschwindigkeit im Vakuum ist größer als in Materie und beträgt 300000 km/s.
- An kleinen Öffnungen wird Licht gebeugt. Unter Beugung versteht man die Ablenkung von Lichtwellen an Hindernissen (Spalt, Gitter), deren Größe der Wellenlänge des Lichts entspricht.
- Die Ausbreitungsgeschwindigkeit von Licht in Materie hängt von der Frequenz des Lichts ab. Sie ist in Materie geringer als im Vakuum.
- Die absolute Brechzahl ist definiert als das Verhältnis der Lichtgeschwindigkeit im Vakuum zur Lichtgeschwindigkeit in einer Substanz. Die Brechzahl hängt von der Frequenz des Lichts ab.

989 B   990 D

Beim Übergang einer Lichtwelle von Luft in Glas:
- bleibt die Frequenz (ν) des Lichts unverändert,
- nimmt die Ausbreitungsgeschwindigkeit des Lichts (c) ab,
- nimmt die Wellenlänge (λ) des Lichts ab [λ = c/ν].

991 B

In der abgebildeten Zeichnung wird der Winkel β als *Einfallswinkel* und der Winkel δ als *Brechungswinkel* bezeichnet.

992 E

Nach dem **Snellius-Gesetz** ergibt sich die Brechzahl als Quotient aus dem Sinus des Einfallswinkels (β) zum Sinus des Brechungswinkels (δ). Darüber hinaus entspricht die Brechzahl dem Verhältnis der Brechungsindices vom *optisch dichteren* (n_2) zum *optisch dünneren* (n_1) Medium. Es gilt: **sin β/sin δ = n_2/n_1**

993 C

Wird ein Lichtstrahl aus der Luft beim Auftreffen auf eine Wasseroberfläche *reflektiert*, so gilt Einfallswinkel = Ausfallswinkel (α = β)

Trifft ein Lichtstrahl aus dem optisch dünneren Medium Luft ($n_1 = 1$) auf das optisch dichtere Medium Wasser ($n_2 = 1,33$) und wird dabei *gebrochen* (Einfallswinkel α – Brechungswinkel γ), so gilt: **sin α/sin γ = n_2/n_1 = 1, 33**

994 A

Die Brechzahl einer Substanz ist *abhängig* von der *Wellenlänge* und der *Temperatur* des zur Untersuchung verwendeten Lichts. Sie ist ein *Reinheitskriterium* für die betreffende Substanz.

Die absolute Brechzahl einer Substanz ist das Verhältnis der Lichtgeschwindigkeiten im Vakuum und in der Substanz: $n_{absolut} = c_{vakuum}/c_{substanz}$

Die absolute Brechzahl von Luft (n = 1,000292) ist geringfügig größer als die im Vakuum (n = 1).

995 D

Über die **Refraktometrie** treffen folgende Aussagen zu:
- Die Refraktometrie beruht auf den unterschiedlichen Ausbreitungsgeschwindigkeiten von Licht definierter Wellenlänge in optisch unterschiedlich dichten Medien. Das Arzneibuch bestimmt eine relative, auf Luft (nicht auf das Vakuum) bezogene Brechzahl.
- Die Brechzahl wird üblicherweise durch Bestimmung des Grenzwinkels der Totalreflexion ermittelt.
- Die Brechzahl kann von reinen flüssigen Substanzen oder von gelösten Substanzen in Wasser oder einem organischen Lösungsmittel bestimmt werden.
- In der HPLC können Brechzahldetektoren eingesetzt werden.

996 D   997 E   1750 C

Die **Brechzahl** ist eine Stoffkonstante. Sie ist abhängig von den Temperatur, der Frequenz bzw. der Wellenlänge des zur Untersuchung verwendeten Lichts.

Die Brechzahl wird mit einem Refraktometer bestimmt. Die Messung beruht auf der Bestimmung des Grenzwinkels der Totalreflexion. Zur Kontrolle eines Refraktometers ist neben organischen Substanzen auch Wasser ($n_D^{20} = 1,333$) geeignet.

Die Brechzahl kann zu Identitäts- und Reinheitsprüfungen von Substanzen herangezogen werden.

Die Brechzahl ist unabhängig vom Einfallswinkel des Lichts; sie ist definiert als Quotient des Sinus des Einfallswinkels zum Sinus des Brechungswinkels beim Übertritt eines Lichtstrahls vom optisch dünneren in ein optisch dichteres Medium.

11.2 Grundlagen der Refraktometrie   515

998 B

Die Brechzahl einer Substanzlösung hängt ab von der Messtemperatur, der Wellenlänge des zur Untersuchung verwendeten Lichts sowie von der Substanzkonzentration und des zur Lösung eingesetzten Lösungsmittels.

Die Brechzahl hängt *nicht* ab von der Schichtdicke des Substanzfilms, da der Lichtstrahl in der gesamten Substanzschicht die gleiche Ausbreitungsgeschwindigkeit besitzt.

999 C

Gegeben ist: $n = c_{vakuum}/c_{substanz} = 1,5$

Daraus berechnet sich: $c_{substanz} = 300000/1,5$ (km/s) = **200000 (km/s)**

1000 A   **1001** C

Die Brechzahl (früher: Brechungsindex) hängt von der Wellenlänge des zur Untersuchung verwendeten Lichts ab. Dieses Phänomen wird als *Dispersion* bezeichnet.

Im Allgemeinen nimmt die Brechzahl mit steigender Wellenlänge ab (*normale Dispersion*) [$n_{800\,nm} < n_{400\,nm} \equiv n_{rot} < n_{blau}$]

Die Brechungsindices organischer Flüssigkeiten liegen in der Größenordnung von $n = 1,3–1,8$; somit gilt auch: $n_{grün} > 1,00$

Die Ausbreitungsgeschwindigkeit von Licht in einem Medium wie Wasser ($n = 1,33$) ist geringer als im Vakuum ($c_{medium} < 300000$ km/s).

1002 D

Den abgebildeten Dispersionskurven im Wellenlängenbereich von 400–800 nm ist zu entnehmen, dass Substanz [**D**] die größte Dispersion (Abnahme der Brechzahl mit steigender Wellenlänge) von $n_{400\,nm} = 1,70$ nach $n_{800\,nm} = 1,61$ zeigt.

1003 B

Die Natrium-**D**-Linie besitzt eine Wellenlänge von $\lambda = \mathbf{589,3\,nm}$. Bei dieser Wellenlänge zeigt Substanz [**B**] die größte Brechzahl.

1004 D   **1005** E

Über die **Bestimmung** der **Brechzahl** nach *Arzneibuch* treffen folgende Aussagen zu:
– Die Brechzahl wird meistens auf die *Wellenlänge* der Na-D-Linie bei 589,3 nm bezogen.
– Die Bestimmung der Brechzahl muss bei einer definierten Temperatur erfolgen, da die Brechzahl der meisten Stoffe mit steigender *Temperatur* abnimmt. Das Arzneibuch lässt die Brechzahl bei 20±0,5 °C bestimmen.
– Das Refraktometer muss die *Ablesung* der Brechzahl auf mindestens 3 Dezimalen gestatten.
– Zur *Kontrolle* eines Refraktometers können folgende *Referenzsubstanzen* verwendet werden: 2,2,4-Trimethylpentan – Toluol – 1-Methylnaphthalin – Wasser

1006 C

▪ Über die Anwendung der **Refraktometrie** nach *Europäischem Arzneibuch* lassen sich folgende Aussagen machen:
- Bestimmt wird die Brechzahl (früher: Brechungsindex) einer Substanz.
- Die Messung der Brechzahl muss bei einer definierten *Temperatur* erfolgen, wobei üblicherweise die Messung auf der Bestimmung des Grenzwinkels der *Totalreflexion* beruht.
- Die Bestimmung der Brechzahl ist ein Identitäts- und Reinheitskriterium.
- *Gehaltsbestimmungen* von Substanzen wie beispielsweise einer wässrigen Glucose-Lösung oder eines Glycerol-Wasser-Gemischs sind nur mithilfe von Kalibrierkurven möglich.

1007 D

▪ Zur Messung der Brechzahl mit einem **Abbe-Refraktometer** lassen sich folgende Aussagen machen:
- Das Refraktometer wird nach *Ph.Eur.* auf 20±0,5 °C temperiert.
- Fette und Wachse können auch bei höherer Temperatur, z. B. 50 °C, vermessen werden. Die Bestimmung der Brechzahl ist hier ein Kriterium zur Beurteilung der Konsistenz eines Fettes.
- Die Refraktometrie dient auch zur Untersuchung von Stoffgemischen, wie z. B. Wasser-Glucose- oder Wasser-Glycerol-Mischungen.
- Die Messung der Brechzahl mit einem Abbe-Refraktometer beruht auf der Bestimmung des Grenzwinkels der Totalreflexion. Als monochromatische Lichtquelle zur Erzeugung der Na-D-Linie setzte man früher eine Natriumdampflampe ein. Heute kommen Glühlampen zum Einsatz, die mit einem optischen Filter kombiniert sind, der nur Licht der Na-D-Linie durchlässt.

1008 B   1009 C   1010 D   1011 B   1012 A   1013 C

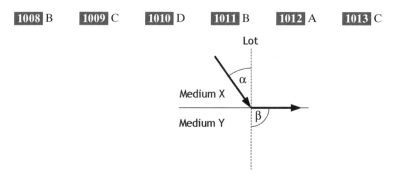

▪ Tritt Licht von einem optisch dichteren Medium (X) [mit dem Brechungsindex n_1] in ein optisch dünneres Medium (Y) [mit dem Brechungsindex n_2] über, so wird der Lichtstrahl vom Lot weg gebrochen. Wenn Licht einen bestimmten Grenzwinkel (α) überschreitet, dann tritt die Lichtwelle nicht mehr in das Medium (Y) ein, sondern wird nahezu vollständig reflektiert. Daher nennt man den Einfallswinkel (α) den **Grenzwinkel der Totalreflexion** ($α_g$) und der Brechungswinkel (β) beträgt 90°.

▪ Der in obiger Abbildung dargestellte Strahlungsverlauf gilt nur für Licht einer bestimmten Wellenlänge.

▪ Die absolute Brechzahl (n) einer Substanz kennzeichnet den Quotienten aus der Lichtgeschwindigkeit im Vakuum (c_{vakuum}) zur Lichtgeschwindigkeit ($c_{substanz}$) in dem zu untersuchenden Medium. Es gilt: **n = $c_{vakuum}/c_{substanz}$**

▪ Nach dem **Snellius-Gesetz** gilt ferner: **sin α/sin β = n_2/n_1**

Bei einem Grenzwinkel der Totalreflexion von 90° ist sin β = sin 90° = 1 und das Snellius-Gesetz lässt sich wie folgt formulieren, wenn als optisch dichteres Medium eine Glasplatte verwendet wird, auf die man die zu untersuchende Flüssigkeit aufträgt: $\sin \alpha_g = n_2/n_1 = n_{substanz}/n_{glas}$

Trifft ein Lichtstrahl aus dem optisch dichteren Medium *Glas* ($n_1 = 1{,}50$) auf das optisch dünnere Medium *Wasser* ($n_2 = 1{,}33$), so berechnet sich der Grenzwinkel der Totalreflexion (α_g) nach: $\sin \alpha_g = 1{,}33/1{,}50$

1014 A

Wenn Licht aus Glas der Brechzahl ($n_1 = 2$) in Luft ($n_1 \sim 1$) übergeht, so beträgt der Grenzwinkel der Totalreflexion: $\sin \alpha_g = 1/2 \Rightarrow \mathbf{\alpha = 30°}$

1015 B

Reines Glycerol kann von einer Glycerol-Wasser-Mischung (1:1) unterschieden werden durch:
- Bestimmung der relativen Dichte oder der Brechzahl (Brechungsindex)
- Titration nach Malaprade mittels Glycolspaltung
- Wasserbestimmung nach Karl Fischer oder durch azeotrope Destillation

Da Glycerol bei 240 nm keine Absorption zeigt, kann eine Absorptionsmessung *nichts* zur Unterscheidung zwischen Glycerol und einer Glycerol-Wasser-Mischung beitragen.

11.3 Grundlagen der Polarimetrie

1016 C

Optisch aktive Stoffe drehen die Schwingungsebene des linear polarisierten Lichts um einen bestimmten Winkel nach links oder rechts.

1017 C   1833 C

Folgende Aussagen über die **optische Aktivität** treffen zu:
- Voraussetzung für die optische Aktivität eines Moleküls ist seine *Chiralität*. Chirale Moleküle zeigen eine optische Aktivität im gasförmigen, flüssigen, festen oder im gelösten Zustand.
- Die Größe der *spezifischen Drehung* $[\alpha]_D^{20}$ ändert sich mit der Wellenlänge (*Rotationsdispersion*).
- Bei Kenntnis der spezifischen Drehung lässt sich anhand des gemessenen Drehwinkels die *Konzentration* berechnen, weil der mit einem *Polarimeter* gemessene Drehwinkel von der Konzentration des gelösten Stoffes abhängt.

1018 E   1019 A   1020 A   1021 C

Die Eigenschaft einer Substanz die Ebene des linear polarisierten Lichts nach *rechts* zu drehen, wird mit einem (**+**) angegeben; die *Linksdrehung* wird durch (**−**) gekennzeichnet.

E/Z sowie *R/S* oder D/L sind Konfigurationskennzeichnungen, die über den Drehwinkel keine Auskunft geben. Somit zeigt nur die Bezeichnung (+)-Weinsäure an, dass das Molekül die Ebene des linear polarisierten Lichts nach rechts dreht.

1022 A

Durchstrahlt linear polarisiertes Licht eine Küvette mit der Lösung einer optisch aktiven Substanz, so wird die Polarisationsebene des Lichts um einen bestimmten Winkel gedreht. Frequenz und Wellenlänge des Lichtstrahls werden *nicht* verändert.

1023 C   1026 D   1027 E   1445 C   1446 A   1447 E   1448 C

Das Molekül **3α-Tropanol** besitzt zwei unsymmetrisch substituierte C-Atome, ist aber aufgrund der vorhandenen Symmetrieebene achiral.

1024 C

Die polysubstituierten Benzol-Derivate (1) und (2) sind achiral.
Die Cyclohexan-Derivate (3) und (4) sind *chiral* und drehen die Ebene des linear polarisierten Lichts

1025 A

Zum abgebildeten **(-)-Menthol** stellt Molekül (A) das betreffende (+)-Enantiomer dar.

Menthol $[\alpha]_D^{20} = -48°$ $[\alpha]_D^{20} = +48°$

Im Molekül (B) sind Isopropyl-(C_3H_7-) und Hydroxyl-Gruppe (HO-) *cis*-ständig zueinander angeordnet, während sie im (-)-Menthol eine *trans*-Position einnehmen.
Molekül (C) ist das aaa-Isomer (Konformationsisomer) zum (-)-Menthol, in dem die drei Substituenten die eee-Position einnehmen (a = axiale -, e = äqutoriale Position).
Die Moleküle (D) und (E) sind bezüglich der Hydroxyl-Gruppe Stellungsisomere zum (-)-Menthol.

1026 D   1023 C   1027 E   1445 C   1447 E   1448 C

(*S*)-(-)-**Hyoscyamin** ist der Ester des 3α-Tropinols (3) mit der Tropasäure (4). Tropasäure (4) besitzt ein asymmetrisch substituiertes C-Atom und zeigt optische Aktivität. 3α-Tropinol (3) besitzt zwar zwei unsymmetrisch substituierte C-Atome, aufgrund einer Spiegelebene ist das Molekül jedoch achiral. Durch Quarternisierung des Ringstickstoffs ändert sich nichts an der Stereochemie des (*S*)-(-)-Hyoscyamin, so dass auch das Molekül (1) optische Aktivität zeigt.

(S)-(-)-Hyoscyamin

1027 E   **1023** C   **1026** D   **1447** E   **1448** C

Im 3β-Tropanol-Ringgerüst sind die beiden Ringatome C-1 und C-5 unsymmetrisch substituiert. Sofern kein weiterer Substituent in Position 2 vorhanden wäre, hätte das Molekül eine Symmetrieebene und wäre nicht optisch aktiv. Durch die Carboxy- bzw. Methoxycarbonyl-Gruppe in Position 2 sind nun auch die Atome C-2 und C-3 unsymmetrisch substituiert. Daher zeigt nicht nur **(2 R,3S)-(-)Cocain** optische Aktivität sondern auch alle unter (1) bis (4) aufgelisteten Moleküle sind chiral.

(2R,3S)-(-)-Cocain

1028 B

Eine Verunreinigung soll in ethanolischer Lösung im UV-Spektrum die gleichen Absorptionsmaxima und bei der Gaschromatographie an einer achiralen stationären Phase dieselbe Retentionszeit besitzen. Das trifft nur auf das Enantiomer zum **RRR-α-Tocopherol** zu. Dem enantiomeren **SSS**-α-Tocopherol entspricht Formel (B). Ein Enantiomer besitzt in *allen* Chiralitätszentren die jeweils entgegengesetzte Konfiguration.

RRR-α-Tocopherol

1029 C   **1030** B   **1031** E   **1032** D

Beim Durchgang durch eine Küvette mit einer optisch drehenden Lösung gilt für den **Drehwinkel** (α) [Drehwert]:
– α ist von der *Frequenz* bzw. der *Wellenlänge* des Messlichts abhängig.
– α ist von der *Temperatur*, der Art des *Lösungsmittels* und der *Schichtdicke* der durchstrahlten Lösung abhängig. α hängt *nicht* ab von der Viskosität des Lösungsmittels und dem Querschnitt der durchstrahlten Küvette.
– α hängt von der Konzentration der optisch aktiven Substanz ab. α wird geringer mit abnehmender Konzentration. α ist *nicht* abhängig von der Zahl der Chiralitätszentren in einem Molekül.

1033 B

Beim Wechsel des Lösungsmittels kann sich der Drehwinkel vergrößern oder verkleinern, es kann sogar zur Umkehr des Vorzeichens (Drehsinn) beim Drehwinkel kommen.
Die Chiralität einer Verbindung ändert sich *nicht* beim Herstellen einer Lösung der optisch aktiven Verbindung.

1034 A   **1035** A

Über die **optische Drehung** lassen sich folgende Aussagen machen:
- Die Buchstaben D und L sind Konfigurationsbezeichnungen nach der Fischer-Nomenklatur. Sie machen keine Angaben über den Drehsinn der optischen aktiven Substanzen; dieser wird durch die Zeichen (+) oder (-) angegeben.
- Der Drehwinkel (α) der Lösung einer optisch aktiven Substanz ist abhängig von der Wellenlänge (λ) des eingestrahlten Lichts (Rotationsdispersion).
- Der Drehwinkel der Lösung einer optisch aktiven Substanz hängt von der Temperatur (T) ab.
- Aus dem gemessenen Drehwinkel (α) der Lösung einer optisch aktiven Substanz kann deren Konzentration (c) berechnet werden.
- Die *spezifische Drehung* $[\alpha]_D^{20}$ einer optisch aktiven Substanz ist eine Stoffkonstante und wird im Allgemeinen bei einer Wellenlänge λ = 589,3 nm (Na-D-Linie) bestimmt. Die spezifische Drehung ist abhängig vom verwendeten Lösungsmittel. Sie wird auf eine Schichtdicke von 1 Dezimeter (10 cm) und auf eine Konzentration von 1 Gramm je Milliliter bezogen.

1036 D   **1037** E   **1038** D   **1791** E

Die **spezifische Drehung** $[\alpha]_D^{20}$ ist abhängig von der
- Frequenz und der Wellenlänge des polarisierten Lichts; im Allgemeinen verwendet man Licht der Wellenlänge λ = 589,3 nm.
- Beobachtungstemperatur; im Allgemeinen wird bei einer Temperatur von 20 °C gemessen.
- Schichtdicke (l) der durchstrahlen Lösung (nicht von der Länge des Polarimeterrohres!); die spezifische Drehung wird nach Arzneibuch auf eine Schichtdicke von 10 Zentimeter (1 dm) bezogen.
- Konzentration (c) der Messlösung, wobei nach Arzneibuch auf eine Konzentration von 1 g·ml^{-1} bezogen wird.

Die spezifische Drehung ist abhängig vom abgelesenen Drehwinkel (α) und berechnet sich nach folgender Formel: $[\alpha]_D^{20} = 1000 \cdot \alpha/l \cdot c$

Die spezifische Drehung eines chiralen Stoffes kann in Wasser oder einem organischen Lösungsmittel bestimmt werden.

1039 E

Die spezifische Drehung $[\alpha]_D^{20}$ wird nach SI auf eine Konzentration von **1 kg/m³** und auf eine Schichtdicke von **1 m** bezogen.

1040 D

Bei der Bestimmung der spezifischen Drehung wird ein Drehwinkel α = 90° gemessen. Um entscheiden zu können, ob der Drehwinkel +90° oder -270° beträgt, dient die
- Verdünnung der Lösung auf die halbe Konzentration (c → c/2),
- Vermessung der Lösung bei halber Schichtdicke (l → l/2).

1041 B

Als (optische) **Rotationsdispersion** bezeichnet man die Wellenlängenabhängigkeit der Drehung der Polarisationsebene von elektromagnetischer Strahlung.

11.3 Grundlagen der Polarimetrie

1042 B   **1044** E   **1440** A   **1834** D

Die **optische Rotationsdispersion** (ORD) beruht auf der unterschiedlichen *Brechung* von links- und rechtszirkular polarisiertem Licht in chiralen Medien. Der Effekt ist *nicht* an einen Chromophor gebunden.

Bei **ORD-Kurven** wird die Drehung der Schwingungsebene von linear polarisiertem Licht in Abhängigkeit von der Wellenlänge des für die Messung verwendeten Lichts aufgetragen.

1043 D

Für die Rotationsdispersion gilt, dass ein chirales Medium, also auch die Lösung eines Zuckers, bei verschiedenen „Farben" (Wellenlängen des sichtbaren Spektralbereichs) zu unterschiedlichen Drehwinkeln der Polarisationsebene führt.

Bei der normalen optischen Rotationsdispersion wird blaues Licht stärker gedreht als rotes und rotes Licht weniger stark gedreht als gelbes.

1044 E   **1042** B   **1205** C   **1206** C   **1207** D   **1208** D   **1440** A

Optische Rotationsdispersion und optische Drehung beruhen auf der unterschiedlichen Ausbreitungsgeschwindigkeit (Brechung) links- und rechtszirkular polarisierten Lichts in einem chiralen Medium.

Trägt man in einem Diagramm die gemessene Drehung (α) gegen die Wellenlänge (λ) graphisch auf, so erhält man die **ORD-Kurven**. Bei *normalen* Kurven nimmt der Betrag der Drehung mit abnehmender Wellenlänge stetig zu, wobei sich die ORD-Kurven von Enantiomeren symmetrisch (spiegelbildlich) zur Nulllinie anordnen.

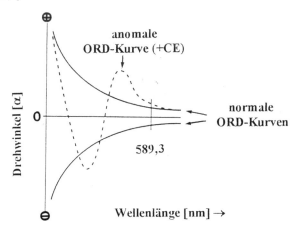

Normale ORD-Kurven findet man aber nur in dem vermessenen Wellenlängenbereich, in dem die Substanz *nicht absorbiert*. In dem Bereich, in dem Absorption von Licht eintritt, hat die ORD-Kurve einen S-förmigen Verlauf (*anomale* ORD-Kurve). Diese Erscheinung wird auch als *Cotton-Effekt* (CE) bezeichnet. Die Gestalt der Kurven hängt von der Stereochemie in der Umgebung des Chromophors ab. Der Nulldurchgang der Kurve liegt bei der Wellenlänge des *Zirkulardichroismus*.

ORD-Kurvern lassen keine Rückschlüsse auf die Zahl der Aminosäuren in einem Protein zu.

1045 B

Bei einer normalen ORD-Kurve nimmt der Drehwinkel (α) mit steigender Wellenlänge (λ) *ab*. Kurve (B) entspricht daher einer normalen ORD-Kurve.

1046 E

Die Frequenz (ν) hängt mit der Wellenlänge (λ) des Lichts und der Lichtgeschwindigkeit (c) wie folgt zusammen: **ν = c/λ**. Je höher die Lichtfrequenz ist, desto kürzerwellig ist das Licht.

Bei einer normalen ORD-Kurve nimmt der Drehwinkel (α) mit steigender Frequenz (ν) zu. Kurve (**E**) entspricht daher einer normalen ORD-Kurve.

1047 E

Bei einer normalen ORD-Kurve nimmt der Drehwinkel (α) mit steigender Wellenlänge (λ) *ab*. Folglich ist der Betrag der optischen Drehung von den genannten Wellenlängen am größten bei Verwendung von Licht der Wellenlänge λ = **365 nm**.

1048 D

Ein *Polarimeter* dient der Messung der Drehung der Schwingungsebene von polarisiertem Licht. Der gemessene Drehwinkel kann zur Bestimmung der Konzentration des optisch aktiven Stoffes genutzt werden.

1049 A   1050 B

Ein **Polarimeter** besteht aus folgenden Bauteilen:
- einer *Lichtquelle*, die möglichst monochromatisches Licht aussendet. Hierbei kann es sich um eine Natriumdampflampe oder um eine Glühlampe, die mit einem Farbfilter versehen ist, handeln.
- einem feststehenden *Polarisator* (Nicol-Prisma, *Polarisator-Nicol*), der das eingestrahlte, unpolarisierte Licht durch unterschiedliche Brechung in zwei linear polarisierte Lichtstrahlen (ordentlicher -, außerordentlicher Strahl) zerlegt. Der ordentliche Lichtstrahl wird im Nicol-Prisma durch Totalreflexion entfernt, während der außerordentliche Lichtstrahl durch die Messlösung geleitet wird.
- einer *Messzelle* (Messküvette) definierter Länge, die mit der Probelösung gefüllt ist.
- einem drehbaren zweiten Polarisator (*Analysator-Nicol*), der mit einer in Winkelgraden eingeteilten Skala verbunden ist.
- einem *Okular* (Beobachtungseinrichtung). Stehen Polarisator und Analysator *parallel* zueinander (Winkel 0° bzw. 180°), so herrscht Helligkeit im Okular. Nehmen Polarisator und Analysator eine *gekreuzte* Stellung (Winkel 90° bzw. 270°) ein, so herrscht Dunkelheit im Okular.

Der gemessene Drehwinkel (α) ist der spezifischen Drehung einer chiralen Substanz, der Länge der Messküvette (Schichtdicke) und der Konzentration der optischen aktiven Substanz direkt proportional.

1051 C   1052 A   1053 C

Da das menschliche Auge vollkommene Dunkelheit (gekreuzte Stellung von Polarisator und Analysator) nur schlecht erkennen kann, arbeiten moderne Polarimeter nach der so genannten *Halbschattenmethode*. Hierzu wird der Strahlengang geteilt und in die obere Hälfte zwischen Polarisator und Messküvette ein **Hilfsnicol** eingebracht. Verdreht man das Hilfsnicol bei paralleler Stellung von Polarisator und Analysator um einen kleinen Winkel, so kommt es in der oberen Hälfte des Okulars zu einer leichten Verdunklung, da die Schwingungsrichtung des polarisierten

Lichtes gegenüber dem Polarisator geringfügig gedreht ist. Man muss nun den Analysator um diesen Winkel nachstellen, damit beide Hälften des Okulars wieder *gleiche Dunkelheit* besitzen. Dies ist die *Nulleinstellung* des Gerätes. Befindet sich eine optisch aktive Probe in der Messküvette, so erscheinen beide Halbkreise im Okular ungleich dunkel und man muss den Analysator um den Winkel (α) nachjustieren, um erneut gleiche Dunkelheit zu erreichen. Dies entspricht dem optischen Drehwert der Probe.

1054 E   **1055** B

■ Zur *Kontrolle* bzw. zur Kalibrierung eines Polarimeters können Substanzen wie **R,R-Weinsäure** oder **Saccharose** verwendet werden. Die anderen genannten Substanzen sind optisch *nicht* aktiv.

1056 B

■ Zur polarimetrischen Bestimmung der spezifischen Drehung $[\alpha]_D^{20}$ nach Arzneibuch lassen sich folgende Aussagen machen:
– Es wird eine Schichtdicke von 1,00 dm vorgeschrieben und die Messung soll bei einer Temperatur von 20±0,5 °C vorgenommen werden.
– Die spezifische Drehung kann zu Identitäts- und Reinheitsprüfungen genutzt werden.
– Die Polarimetrie kann auch zu Konzentrationsbestimmungen eingesetzt werden.

1057 B   **1058** C   **1878** B

■ Unter **Mutarotation** versteht man die Erscheinung, dass frisch zubereitete *Zuckerlösungen* beim Stehenlassen kontinuierlich eine Änderung ihrer optischen Drehung zeigen, die schließlich einen konstanten Endwert erreicht.
■ Mutarotation zeigen Monosaccharide wie *Glucose*, *Fructose* oder *Mannose* sowie Disaccharide wie *Maltose* (Malzzucker) und *Lactose* (Milchzucker). Saccharose (Rohrzucker) und der Zuckeralkohol Mannitol zeigen keine Mutarotation.

11.4 Grundlagen der Atomemissionsspektroskopie (AES)

1059 C   **972** C

■ Für die Energiedifferenz (ΔE) zwischen zwei Elektronenzuständen in einem Atom gilt, worin h das Plancksche Wirkungsquantum und ν die Frequenz des emittierten Lichts bedeuten: **ΔE = h · ν**

1060 E

■ Auf die **Flammenphotometrie** treffen folgende Aussagen zu:
– Bei der Flammenphotometrie erfolgt eine thermische Anregung von Valenzelektronen des zu bestimmenden Elements gefolgt von einer Intensitätsmessung des ausgestrahlten Lichts.
– Die Flammenphotometrie ist ein Verfahren der *Atomemissionsspektroskopie*; sie kann als *Flammenfärbung* (Spektralanalyse) zur Identifizierung von Elementen herangezogen werden.
– Die Intensität des bei der Emission ausgestrahlten Lichts kann zur *quantitativen Bestimmung* eines Elements genutzt werden.
– Zur *quantitativen Auswertung* werden Standardadditionsverfahren oder Eichkurvenverfahren eingesetzt.

1061 D   1454 D   1835 D

■ Die **Spektralanalyse** (Flammenfärbung) ist eine Form der Emissionsspektroskopie und dient der Identifizierung von Elementen.
■ Bei der Spektralanalyse gehen Valenzelektronen von Atomen durch thermische Anregung von energieärmeren in energiereichere (unbesetzte) Atomorbitale über.
■ Einige Alkali- und Erdalkalimetalle können bereits mit der Energie der Bunsenbrennerflamme thermisch angeregt und durch Flammenfärbung analysiert werden.
■ Die Flammenphotometrie ist *keine* Methode, die Isotopenzusammensetzung eines Elements zu bestimmen. Hierzu dient die Massenspektrometrie.

1062 B   1063 B

■ Spektrallinien, die zu Elektronenübergängen mit einem gemeinsamen Grundzustand gehören, können zu einer so genannten „**Serie**" zusammengefasst werden. Die Frequenzen (ν) der Spektrallinien einer Serien gehorchen folgendem Zusammenhang, worin n der Hauptquantenzahl der energiereicheren (inneren) und m der Hauptquantenzahl der energieärmeren (äußeren) Elektronenbahn entspricht: **ν = const.· $(1/n^2 - 1/m^2)$**

1064 E

■ Die beim Zerstäuben einer Natriumchlorid-Lösung (Na^+Cl^-) in einer Bunsenflamme emittierte *gelbe* Natrium-D-Linie (bei λ = 589,3 nm) rührt von **Natrium-Atomen** her. In der Flamme werden durch *thermische Dissoziation* (*Atomisierung*) von Natrium-Ionen Natrium-Atome gebildet, die dann thermisch angeregt werden.

1065 A   1793 E   1837 E

■ Bei der **Flammenfärbung** von **Natriumchlorid** (NaCl) laufen folgende *Teilprozesse* ab: NaCl-Partikel werden in der Flamme verdampft aus den NaCl-Partikeln bilden sich durch thermische Dissoziation Natrium- und Chlor-Atome – die Natrium-Atome werden anschließend thermisch angeregt (Elektronenübergang vom Grundzustand in einen elektronenenergetisch angeregten Zustand) – die Elektronen angeregter Natrium-Atome kehren unter Emission von Licht definierter Wellenlänge in den Grundzustand zurück.

1066 A   1454 D   1837 E

■ Da ein Atom in verschiedene Anregungszustände übergeführt werden und das angeregte Atom zudem stufenweise in den Grundzustand zurückkehren kann, resultiert daraus ein **Linienspektrum** mit zahlreichen Emissionslinien, das die unterschiedlichen Energiezustände in einem Atom abbildet. Das Emissionsspektrum gibt keinerlei Auskunft über die Isotopenzusammensetzung des Metalls.
■ Die Intensität des emittierten Lichts ist von der Anregungstemperatur abhängig und korreliert zudem mit der Konzentration des Analyten.

1067 A   1068 E   1069 B

■ Die Wirkungsweise eines **Flammenphotometers** kann wie folgt beschrieben werden: Die *Probelösung* wird im *Zerstäuber* mit Luft oder Sauerstoff verdüst. Die zerstäubte Lösung wird zusammen mit dem Brenngas (Acetylen, Dicyan, Erdgas, Wasserstoff) dem *Brenner* als Aerosol zugeführt und in einer Flamme geeigneter Zusammensetzung und Temperatur atomisiert und thermisch angeregt. Aus dem emittierten Licht wird im *Monochromator* die gewünschte Spektrallinie herausgefiltert. Als *Detektor* dient eine Photozelle, die das emittierte Licht in ein elektrisches Signal umwandelt, verstärkt und an das *Anzeigegerät* weiterleitet.

▫ Acetylen /Wasserstoff ist kein geeignetes Brenngas; dem Gasgemisch fehlt ein Anteil an Sauerstoff oder Luft.

1070 A **1751** D

▫ Die Intensität des emittierten Lichts ist von der *Temperatur* abhängig. Bei zu hoher Flammentemperatur ist aber der Anteil der Atome durch *Ionisation* gemindert. Die Ionisation kann am besten verhindert werden durch einen Zusatz an *Caesiumchlorid* (CsCl). Caesium hat ein niedriges Ionisierungspotential und verhindert dadurch weitgehend die Ionisation des Analyten.

1071 A **1072** A

▫ Die Flammenphotometrie dient im Allgemeinen der quantitativen Bestimmung von Alkali- und Erdalkalielementen [Li, Na, K, Cs, Ca, Sr, Ba]. Aluminium (Al) oder Magnesium (Mg) werden üblicherweise *nicht* mittels Flammenphotometrie bestimmt.

1073 A

▫ Die Atomemissionsspektroskopie ist die Methode der Wahl, um *Carbasalat-Calcium* auf eine Verunreinigung mit Natrium-Ionen zu überprüfen.

11.5 Grundlagen der Atomabsorptionsspektroskopie (AAS)

1074 E **1075** C **1794** E

▫ Die **Atomabsorptionsspektroskopie**
 – dient zur quantitativen Bestimmung von Metallen und Halbmetallen, da die Absorption von elektromagnetischer Strahlung direkt proportional zur Konzentration der untersuchten Probe ist.
 – beruht auf der thermischen Dissoziation (Atomisierung) von Salzen (Ionen) zu gasförmigen Atomen, deren Valenzelektronen optisch durch Einstrahlen von Licht angeregt werden.
 – verwendet zur Anregung vor allem elektromagnetische Wellen mit der gleichen Wellenlänge, die auch von dem zu bestimmenden Element im angeregten Zustand emittiert wird (*Resonanzabsorption*).

1076 A **1794** E

▫ Als effektive Methode zur Atomisierung wird in der AAS die Zerstäubung einer wässrigen Probelösung genutzt. Schwer lösliche Analyte werden vor ihrer quantitativen Bestimmung z. B. mit Königswasser aufgeschlossen.
▫ Als Brenngas sind in der AAS Acetylen-Luft- (T ~ 2300 °C) oder Acetylen-Lachgas-Gemische (T ~ 2800 °C) geeignet.
▫ Bei der Hydrid-Technik wird vor der Atomisierung das zu bestimmende Element in ein Hydrid umgewandelt, das oberhalb von 800 °C in das betreffende Metallatom und Wasserstoff zerfällt.
▫ Bei der AAS werden Atome aus ihrem elektronischen Grundzustand heraus angeregt. Als Strahlungsquelle dient eine Hohlkathodenlampe.
▫ In der AAS gilt im Prinzip das Lambert-Beer-Gesetz. Da aber die Vorgänge in der Flamme von der Versuchsdurchführung beeinflusst werden, ist eine Berechnung der Konzentration aus der gemessenen Absorption (A) mithilfe des Absorptionskoeffizienten (ϵ) *nicht* möglich. Zur quantitativen Auswertung wird eine Kalibrierkurve erstellt.

1077 B **1078** A **1079** B **1794** B **1879** D

Bei der **Atomabsorptionsspektroskopie**
- können einige Elemente noch in Massenanteilen von weniger als 0,01 ppb nachgewiesen werden.
- werden Metallionen quantitativ bestimmt, wobei aus Salzen zuvor in einer Flamme oder in einem Graphitrohr durch thermische Dissoziation (*Atomisierung*) *Metallatome* gebildet werden.
- ist die gemessene Absorption (A) *direkt* proportional zur Konzentration der untersuchten Probe. Je höher die Konzentration des Analyten ist, desto höher ist die Intensität des absorbierten Lichts.
- wird die Konzentration einer Probe nicht direkt aus der gemessenen Absorption berechnet; die quantitative Auswertung erfolgt mithilfe einer Kalibrierkurve.
- beruht die Messung darauf, dass Atome des zu bestimmenden Elements eingestrahltes Licht absorbieren und dabei aus dem Grundzustand in einen angeregten Zustand übergehen. Zur Anregung verwendet man Licht der gleichen Wellenlänge, die das zu bestimmende Element zu emittieren vermag.
- muss die für die Messung ausgewählte Linie genügend weit von anderen Linien entfernt sein.
- muss die Linienbreite der Messlinie kleiner sein als die Linienbreite der Absorptionslinie des zu bestimmenden Elements.

1080 A

Bei der Gehaltsbestimmung einer Zink-EDTA-Lösung mittels AAS bei 214 nm wird die durch **Zink-Atome** verursachte Lichtabsorption gemessen.

1081 E

Das *Arzneibuch* nutzt für eine **Natriumbestimmung** die Absorption bei $\lambda = 330{,}2$ nm aus. Dies entspricht einem Elektronenübergang von $3\,s \rightarrow 4\,p$.

Die Absorption des Natriums bei $\lambda = 589{,}3$ nm (Na-D-Linie) entspricht einem Elektronenübergang $3\,s \rightarrow 3\,p$.

1082 E

Bei der Bestimmung von *Kalium* in Kaliumchlorid wird die Prüflösung versprüht (Aerosolbildung) und in einer Flamme verdampfen Salz und Lösungsmittel. Darüber hinaus kommt es in der Flamme zur *Atomisierung* (thermischen Dissoziation) der Salzbestandteile unter Bildung von **Kalium-Atomen**, die angeregt werden.

Eine Ionisation der Kalium-Atome mindert die Absorption.

1083 C **1084** C

In einem **Atomabsorptionsspektrophotometer** finden sich folgende Bauteile:
- eine *Strahlungsquelle*, meistens eine Hohlkathodenlampe, bei der die Kathode mit dem zu bestimmenden Element überzogen ist.
- ein *Brenner*, in dem die Zerstäubung der Probelösung und die Bildung der Metallatome stattfinden. Anstelle des Brenners kann bei der flammenlosen AAS auch ein Graphitofen verwendet werden.
- ein *Monochromator*, der vor oder nach der Atomisierungseinrichtung angeordnet sein kann, und in dem die zur Messung günstigste Resonanzlinie herausgefiltert wird.

- ein *Photodetektor*, der die elektromagnetische Strahlung in ein elektrisches Signal umwandelt, verstärkt und an ein Anzeigeinstrument weiterleitet.
▪ Ein Nicol-Prisma ist Bauteil eines Polarimeters.

1085 C   **1086** A   **1879** D

▪ Ein wichtiges Bauteil eines Atomabsorptionsspektrometers ist eine *Atomisierungseinrichtung* zur Erzeugung von Atomdämpfen.
▪ In der AAS wird eine Strahlungsquelle verwendet, die Emissionslinien des zu bestimmenden Elements erzeugt. Im Allgemeinen verwendet man eine *Hohlkathodenlampe*, die mit einem Füllgas (Ne, Ar) gefüllt ist und deren Anode aus Wolfram oder Nickel besteht. Als Kathodenmaterial verwendet man das zu bestimmende Metall. Als Anregungswellenlängen werden solche aus dem UV- oder dem VIS-Bereich verwendet.
▪ Die ausgewählte **Messlinie** muss einigen Anforderungen genügen:
  – Die für die Messung ausgewählte Linie muss genügend von anderen Emissionslinien isoliert sein.
  – Die Linienbreite der für die Messung ausgewählten Linie der Strahlungsquelle muss bedeutend kleiner sein als die Atomabsorptionslinienbreite des zu bestimmenden Elements.
  – Die Intensität der für die Messung ausgewählten Linie muss hinreichend groß und zeitlich konstant sein.

1087 B

▪ Die Bestimmungsgrenze der AAS liegt im ppb-Bereich.
▪ Selbst schwer flüchtige Metalle können durch Induktionsheizung verdampft und somit bestimmt werden.
▪ Hohlenkathodenlampen liefern ein Linienspektrum.

1088 B   **1089** C

▪ Die **Hohlkathodenlampe** enthält ein *Füllgas*, meistens ein Edelgas wie Neon oder Argon.
▪ Legt man an die Hohlkathode eine hinreichend hohe Spannung an, so wird zunächst das Füllgas ionisiert und es fließt ein Strom zwischen Anode und Kathode. Die Füllgaskationen werden von der Kathode angezogen, prallen auf die Kathode auf und lösen aus dem Kathodenmaterial Atome heraus, die angeregt werden und das zur Messung benötigte Licht aussenden.

1090 C   **1076** E

▪ Für einige Elemente wurden spezielle Techniken wie die **Hydrid-Technik** entwickelt, mit der z.B. die Bestimmung kleinster Arsenmengen gelingt. Bei der Hydrid-Technik wird das zu bestimmende Element in ein Hydrid [beim Arsen in Arsenwasserstoff (Arsin, AsH_3)] umgewandelt, das bei 800–1000 °C in das betreffende Element und Wasserstoff zerfällt.

1091 E   **1092** E   **1093** E

▪ Die AAS ist ein hochempfindliches Verfahren zur *qualitativen* und *quantitativen Bestimmung* der meisten **Metalle** und Halbmetalle. Zum Beispiel: Li – Na – K – Mg – Ca – Sr – Ba – Pb – Cu u. a. m.

1094 D

▪ Wie die Anregungswellenlängen ausweisen [*Aluminium* (309,3 nm) – *Blei* (283,3 nm) – *Cadmium* (228,8 nm) – *Kalium* (766,5 nm) – *Quecksilber* (253,6 nm)] wird typischerweise beim **Kalium** eine Absorption im sichtbaren (VIS) Spektralbereich genutzt.

11.6 Grundlagen der Molekülspektroskopie im ultravioletten (UV) und sichtbaren (VIS) Bereich

1095 C

Für die UV-Spektroskopie ist die *Anregung* des *Elektronensystems* von Molekülen charakteristisch.

1096 E

Bei der UV-Spektroskopie werden *Rotationen* des Moleküls, *Schwingungen* innerhalb eines Moleküls sowie **Elektronenübergänge** in höhere Energiezustände ausgelöst. Die Folge ist ein Bandenspektrum.

1097 B

Die UV-VIS-Spektroskopie gehört zu den spektroskopischen Methoden zur Untersuchung von *Molekülen*.
Je kurzwelliger das Licht ist, desto energiereicher ist es. Daher ist die nahe UV-Strahlung energiereicher als die IR-Strahlung.
Verbotene Elektronenübergänge zeichnen sich im UV-Spektrum durch eine geringe Intensität der Absorptionsbande aus.
Bei einer *Carbonylverbindung* ($R_2C=O$) erfordert der n→π*-Elektronenübergang eine *niedrigere* Energie der elektromagnetischen Strahlung als der π→π*-Übergang.
Die *Konjugation* von Doppelbindungen führt zu einer Verringerung der Energiedifferenz zwischen dem höchsten besetzten (HOMO) und dem niedrigsten unbesetzten (LUMO) Molekülorbital und somit zu einer langwelligeren Absorption.

1098 B

Ein π→π*-Übergang ist der energieärmste Elektronenübergang in einem *Alken* mit einer C=C-Doppelbindung als Chromophor.

1099 B

Ein π→π*-Übergang ist der energieärmste Elektronenübergang in einem *Alkin* mit einer C≡C-Dreifachbindung als Chromophor.

1100 A

Ein σ→σ*-Übergang ist der energieärmste Elektronenübergang in einem *Alkan* mit einer C-C-Einfachbindung. Solche Elektronenübergänge spielen in der praktischen UV-Spektroskopie keine Rolle.

1101 D

Ein n→π*-Übergang ist der energieärmste Elektronenübergang in einer *Thiocarbonylverbindung* mit einer C=S-Doppelbindung als Chromophor.

1102 C

Im *Aceton* [$(CH_3)_2C=O$] ist der n→π*-Übergang der energieärmste Elektronenübergang und bestimmt das längstwellige Absorptionsmaximum.

1103 A

Im *Hexa-1,3,5-trien* [H$_2$C=CH-CH=CH-CH=CH$_2$] ist der π→π*-Übergang der energieärmste Elektronenübergang

1104 B

Aldehyde, Chinone, Ketone und Azomethine enthalten ein doppelt gebundenes Heteroatom (O, N) mit einem freien Elektronenpaar am N- oder O-Atom. Daher ist der n→π*-Übergang der energieärmste Elektronenübergang.

In einem Olefin kommen nur C=C-Doppelbindungen vor, so dass nur ein π→π*-Übergang und kein n→π*-Elektronenübergang auftreten kann.

1105 A

In einem α,β-ungesättigten Keton [C=C-C=O] treten der π→π*-Elektronenübergang der konjugierten Doppelbindungen auf sowie der n→π*-Übergang des freien (nichtbindenden) Elektronenpaars am Sauerstoffatom der Carbonyl-Gruppe auf.

1106 D

Im *Campher* ist das längstwellige Absorptionsmaximum bei 290 nm dem n→π*-Übergang zuzuordnen.

1107 C

Im *Benzophenon* [(C$_6$H$_5$)$_2$C=O] können durch Sonnenlicht (UV-Strahlung) Molekülrotationen, Molekülschwingungen, π→π*-Elektronenübergänge des aromatischen Elektronensystems und der C=O-Doppelbindung sowie ein n→π*-Übergang des freien (nichtbindenden) Elektronenpaars am Sauerstoffatom der Carbonyl-Gruppe angeregt werden.

1108 C

In *Sorbinsäure* [(*E,E*)-Hexa-2,4-diensäure] (H$_3$C-CH=CH-CH=CH-COOH] kann das längstwellige Maximum bei 264 nm einem π→π*-Elektronenübergang des *Chromophors*, also der α,β,γ,δ-ungesättigten Carbonsäure, zugeschrieben werden. Das konjugierte π-Elektronensystem eines Stoffes in seiner *Gesamtheit* wird als **Chromophor** bezeichnet.

1109 A

Primidon weist drei Absorptionsbanden bei 252, 257 und 264 nm auf, die von π→π*-Elektronenübergängen der Phenyl-Gruppe herrühren.

1110 E

Die in einer Benzylalkohol-Wasser-Emulsion bei 420 nm (VIS-Bereich) gemessene Absorption beruht auf einer *Lichtstreuung*.

Im UV-Spektrum (in Methanol) zeigt *Benzylalkohol* [C$_6$H$_5$-CH$_2$OH] Maxima bei 252, 257 und 264 nm, die von π→π*-Elektronenübergängen der Phenyl-Gruppe herrühren.

1111 D

Ein σ→σ*-Übergang ist der energieärmste Elektronenübergang in einem Alkan (R_2CH-CH_2R); ein solcher Elektronenübergang kann *nicht* von Licht einer Wellenlänge von 210 nm ausgelöst werden.

Alle anderen genannten funktionellen Gruppen enthalten Mehrfachbindungen, die zu π→π*-Elektronenübergängen oder n→π*-Übergängen mit Absorptionen oberhalb von 210 nm führen.

1112 B

Bei der UV-VIS-Spektrometrie
- sind die *Absorptionsbanden* umso *breiter*, je weniger beständig die Anregungszustände sind. Dabei nimmt die Breite der Absorptionsbande mit steigender Polarität des Lösungsmittels zu. Besonders *schmale Absorptionsbanden* erhält man deshalb bei der Anregung von Molekülen im *Gaszustand*.
- verursachen so genannte „*verbotene Übergänge*" Absorptionsbanden mit geringer Intensität; n→π*-Elektronenübergänge sind verbotene Übergänge.
- sind die Absorptionsbanden umso intensiver, je stärker das Molekül mit der elektromagnetischen Strahlung in Wechselwirkung treten kann.

1113 C   1114 D

In einem „**Spektrum**" können folgende Größen gegeneinander aufgetragen werden:
- Absorption gegen Wellenlänge oder Frequenz
- Absorptionskoeffizient gegen Wellenlänge
- Durchlässigkeit (in %) gegen Wellenlänge
- Transmission gegen Wellenzahl

1115 D

Unter einem **bathochromen Effekt** (*Rotverschiebung*) in einem Elektronenspektrum versteht man die Verschiebung des Absorptionsmaximums (λ_{max}) nach *längeren Wellenlängen*.

1116 C

Unter einem **hypsochromen Effekt** (*Blauverschiebung*) in einem Elektronenspektrum versteht man die Verschiebung des Absorptionsmaximums (λ_{max}) nach *kürzeren Wellenlängen*.

1117 D

Unter einem **hyperchromen Effekt** in einem Elektronenspektrum versteht man die Erhöhung des Absorptionsmaximums (Vergrößerung von ε_{max}).

1118 E

Zur Interpretation der Elektronenspektren **konjugierter Polyene** kann das *Quadratwurzelgesetz* herangezogen werden. Danach ist die Lage des längstwelligen Absorptionsmaximums (λ_{max}) annähernd proportional zur Quadratwurzel der Zahl (n) der konjugierten Doppelbindungen. Es gilt: $\lambda_{max} = 134\sqrt{n} + 31$ [nm]

1119 D

Bei einem **Cyanin** [R_2N-$(CH=CH)_n$-$CH=NR_2^+$] erhöht sich die Wellenlänge (λ_{max}) des Absorptionsmaximum für jede zusätzliche Doppelbindung (CH=CH) um etwa **100 nm**, ausgehend von 309 nm für n = 1.

11.6 Grundlagen der Molekülspektroskopie im ultravioletten (UV) und sichtbaren (VIS) Bereich

1120 A

Bei *gesättigten Carbonylverbindungen* [R$_2$C=O] wie *Aceton* oder *Campher* erfordert die Anregung des π→π*-Übergangs so hohe Energiebeträge, dass das Absorptionsmaximum häufig unter 200 nm liegt. Solche Verbindungen zeigen daher nur ein dem n→π*-Übergang entsprechendes Maximum bei 275–295 nm.

Eine C=C-Doppelbindung [C=C] (λ ~ 162 nm), ein konjugiertes Dien [C=C-C=C] (λ ~ 217 nm) oder ein Phenyl-Rest (λ ~ 254 nm) zeigen π→π*-Elektronenübergänge mit kurzwelligeren Absorptionsmaxima.

Alkohole [R$_3$C-OH] dienen in der UV-VIS-Spektroskopie als Lösungsmittel.

1121 B

Cyclohexanon und Cyclohexa-1,3-dien absorbieren bei Wellenlängen oberhalb von 220 nm.
Cyclohexan, Cyclohexanol und Cyclohexylmethylether enthalten keinen Chromophor, der oberhalb von 220 nm UV-Licht absorbieren würde.

1122 D   **1123** A   **1124** C

Über das Absorptionsspektrum von **Benzol** und seinen Derivaten lassen sich folgende Aussagen machen:
- *Benzol* hat drei Absorptionsmaxima bei λ_{max} = 184 nm (ε_{max} = 60000), λ_{max} = 203,5 nm (ε_{max} = 7400) und λ_{max} = 254 nm (ε_{max} = 204). Die Absorptionsbanden weisen im Dampfzustand eine zum Teil ausgeprägte Schwingungsfeinstruktur auf. Von den drei Absorptionsbanden liegt nur die am *wenigsten intensive* bei 254 nm im messtechnisch zugänglichen Bereich. Sie beruht auf einem „*verbotenen*" Elektronenübergang.
- *Alle Substituenten* (z. B. Ph-OH, Ph-NO$_2$ u. a.) erweitern das chromophore System des Benzols und verschieben die längstwellige Absorption *bathochrom*
  [**Anmerkung:** Diese Aussage in Frage **Nr. 1122** ist *nicht* korrekt. So besitzen z.B. Benzol (C$_6$H$_6$) und das Anilinium-Ion (C$_6$H$_5$-NH$_3^+$) ein substituiertes Benzol-Derivat, das gleiche längstwellige Absorptionsmaximum bei λ = 254 nm.].
- Die Schwingungsfeinstruktur von Aromaten wie Benzol bei Aufnahme des Elektronenspektrums in der Gasphase verschwindet, wenn man das Elektronenspektrum in Lösung aufnimmt. Die Bandenverbreiterung nimmt dabei mit der Polarität des Lösungsmittels zu, sodass zum Beispiel *Phenol* in ethanolischer Lösung nur eine breite Absorptionsbande bei 270 nm aufweist.

1125 A   **1126** B

Die nachfolgend genannten Aromaten sind jeweils in einer Reihe nach *zunehmendem* längstwelligen Absorptionsmaximum (λ_{max}) geordnet:

Benzol (254 nm) < Iodbenzol (257 nm) < Phenol (270 nm) < Benzoesäure (273 nm)
< Anilin (280 nm)

Benzol (254 nm) < Anilin (280 nm) < *p*-Nitranilin (375 nm) [**a→c→b**]

1127 A

Das chromophore System von Toluol (Methylbenzol) [λ_{max} = 261 nm] wird durch die *para*-ständige Hydroxyl-Gruppe im *p*-Kresol (4-Methylphenol) erweitert. Durch die Phenolat-Bildung erfährt das Absorptionsmaximum von *p*-Kresol eine weitere bathochrome Verschiebung, so dass sich die Verbindungen in folgende Reihe nach *zunehmendem* Absorptionsmaximum ordnen lassen:

Toluol < *p*-Kresol < *p*-Kresol-Natrium [**a→b→c**]

1128 E

Eine besonders starke *bathochrome Verschiebung* bei disubstituierten Benzol-Derivaten ergibt sich, wenn der eine Rest einen +M- [(CH$_3$)$_2$N-] und der andere einen -M-Effekt [-CH=O] ausübt wie im **p-Dimethylaminobenzaldehyd** (λ_{max} = 340 nm) [*push-pull-Effekt*].

Die anderen genannten Verbindungen lassen sich in folgende Reihe mit *steigendem* längstwelligen Absorptionmaximum (λ_{max}) ordnen:

Benzen (254 nm) < Benzoesäure (273 nm) < Benzaldehyd (280 nm)
< N,N-Dimethylanilin (293 nm)

1129 B

Die genannten aromatischen Verbindungen lassen sich in folgende Reihe nach *steigendem* längstwelligen Absorptionsmaximum (λ_{max}) ordnen:

Anilinhydrochlorid (254 nm) < Toluol (261 nm) < Benzoat (269 nm)
< Benzoesäure (273 nm) < Phenolat (287 nm)

1130 C   1131 B   1133 E

Über die UV-Spektren von *Phenolat* und *Benzoat* lassen sich folgende Aussagen machen:
– Beim Ansäuern einer Phenolat-Lösung [Ph-O$^-$] (λ_{max} = 287 nm) zu Phenol [Ph-OH] (λ_{max} = 270 nm) verschiebt sich das Absorptionsmaximum *hypsochrom*.
– Beim Ansäuern einer Benzoat-Lösung [Ph-COO$^-$] (λ_{max} = 268 nm) zu Benzoesäure [Ph-COOH] (λ_{max} = 273 nm) verschiebt sich das Absorptionsmaximum *bathochrom*.
– Das Maximum des Phenolat-Spektrums (λ_{max} = 287 nm) und des Benzoat-Spektrums (λ_{max} = 268 nm) in Wasser liegen beide im längerwelligen Bereich im Vergleich zum Maximum des Benzol-Spektrums (λ_{max} = 254 nm) in *n*-Hexan.
– Je höher die *Polarität* des *Lösungsmittels* ist, desto größer ist die *Verbreiterung* der *Absorptionsbande* unter Verlust der Schwingungsfeinstrukturen. Daher weist das Phenolat-Spektrum im polaren Wasser eine deutlich geringer ausgeprägte Schwingungsfeinstruktur auf als das Spektrum von Benzol im unpolaren *n*-Hexan.

1131 B

Ein deutlich bathochromer Effekt (*Rotverschiebung*) wird beobachtet, wenn man Phenol [Ph-OH] (λ_{max} = 270 nm) durch Alkalisieren in das Phenolat-Anion [Ph-O$^-$] (λ_{max} = 287 nm) umwandelt.

Die anderen genannten Aromaten zeigen beim Behandeln mit einer Natriumhydroxid-Lösung keine Veränderung ihres chromophoren Systems.

1132 E   1795 C

Nitrazepam zeigt in 0,05 molarer, methanolischer Schwefelsäure ein Absorptionsmaximum bei λ = 280 nm, das in alkalischer Lösung deutlich bathochrom (λ = 370 nm) verschoben wird. Verantwortlich dafür ist die Ausbildung eines mesomeriestabilisierten Anions durch Deprotonierung der NH-aciden Amid-Funktion (Ar-**NH**-CO-R).

Nitrazepam

1133 E

Ein bathochromer Effekt (Rotverschiebung) wird beobachtet, wenn man Benzoat [Ph-COO$^-$] (λ_{max} = 268 nm) zu Benzoesäure [Ph-COOH] (λ_{max} = 273 nm) protoniert.

Die Protonierung des Phenolat-Anions [Ph-O$^-$] (λ_{max} = 287 nm) zu Phenol [Ph-OH] (λ_{max} = 270 nm) verursacht einen hypsochromen Effekt (Blauverschiebung).

Ein hyposochromer Effekt wird auch beobachtet, wenn man Anilin, *N*-Methylanilin oder *N*,*N*-Dimethylanilin in saurer Lösung protoniert. Durch die Bildung von Anilinium-Ionen (Ph-NR$_2$H$^+$) wird das chromophore System auf den Phenyl-Rest verkürzt.

1134 A   1135 A   1136 C   1137 D

Als **isosbestischer Punkt** bezeichnet man jene Wellenlänge(n), bei denen sich die Absorptionskurven zweier (oder mehrerer) reiner, miteinander in einem *dynamischen Gleichgewicht* stehender Molekülformen überschneiden. An diesem Punkt besitzen die beiden reinen Molekülformen den *gleichen Absorptionskoeffizienten*, so dass die Gesamtabsorption an diesem Punkt vom Mischungsverhältnis und von der Lage des Gleichgewichts unabhängig ist. Beispiele hierfür sind die pH-abhängigen Säure-Base-Gleichgewichte von Stoffen wie z.B. das Chromat-Dichromat-Gleichgewicht. In einem Gleichgewichtsgemisch können mehrere isosbestische Punkte auftreten.

1135 A   1136 C   1134 A   1137 D

4-Nitrophenol (pK$_s$ = 7,14) ist im Vergleich zu aliphatischen Alkoholen wie z.B. Ethanol (pK$_s$ = 15,9) eine stärkere Säure.

4-Nitrophenol (*p*-O$_2$N-C$_6$H$_4$-OH) liegt in salzsaurer Lösung (pH = 1) als undissoziiertes Phenol vor und zeigt eine Absorptionskurve mit einem Maximum bei etwa 320 nm (gestrichelte Absorptionskurve). In stark alkalischer Lösung (pH = 13) liegt hingegen die konjugierte Base (*p*-O$_2$N-C$_6$H$_4$-O$^-$) vor und die Absorptionskurve ist *bathochrom* zu höheren Wellenlängen hin verschoben. Die Lösung zeigt eine *tiefgelbe* bis *rote Farbe* und das Maximum der Absorptionskurve (durchgezogene Linie) bei etwa 405 nm liegt im sichtbaren Bereich. Die beiden Kurven schneiden sich in zwei *isosbestischen Punkten*. Solche Punkte gleicher Absorption sind charakteristisch für miteinander im Gleichgewicht stehender Molekülformen.

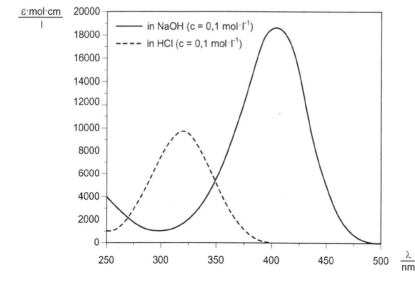

■ Die anderen aufgelisteten Moleküle (Phenol – *p*-Aminophenol – *p*-Nitranilin – Nitroanisol) zeigen im Alkalischen keine oder eine nicht so stark ausgeprägte Bathochromie (bis hin in den VIS-Bereich wie beim 4-Nitrophenol).

1137 D   **1134** A   **1135** A   **1136** C

■ Das **Säure-Base-Gleichgewicht** von *Salicylamid* (**1**) und seiner konjugierten Base (**2**) zeigt einen isosbestischen Punkt bei λ = 305 nm.

$$\text{Salicylamid (1)} + H_2O \rightleftharpoons \text{Anion (2)} + H_3O^+$$

■ An diesem Punkt besitzen (**1**) und (**2**) den *gleichen Absorptionskoeffizienten* und die gemessene Gesamtabsorption einer Salicylamid-Lösung setzt sich additiv aus den Absorptionen von (**1**) und (**2**) zusammen. An diesem Punkt ist der Absorptionskoeffizient und somit die Gesamtabsorption unabhängig von den Konzentrationen beider Molekülformen (Mischungsverhältnis) in der Lösung. Die Interpretation von Spektren mit einem isosbestischen Punkt erlaubt die *Bestimmung von Gleichgewichtskonstanten*.

1138 E   **1139** E   **1140** E   **1141** E   **1142** A   **1143** D   **1144** B
1145 C   **1796** E

■ In der nachfolgenden Auflistung sind gebräuchliche **Lösungsmittel** zusammen mit ihrer *Grenzwellenlänge* zusammengestellt. Aufgrund der Eigenabsorption unterhalb der Grenzwellenlänge sollte das Lösungsmittel nur in darüber liegenden Wellenlängenbereichen verwendet werden:
Wasser (200 nm) < Salzsäure (210 nm) – Cyclohexan (210 nm) – Methanol (210 nm) – Ethanol (210 nm) < *n*-Hexan (215 nm) – Diethylether (215 nm) < Acetonitril (220 nm) < Dichlormethan (245 nm) < Chloroform (250 nm) < Ethylacetat [Essigsäureethylester] (260 nm) < Tetrachlorkohlenstoff (270 nm) < Benzol (280 nm) < Toluol (285 nm)

1146 C   **1796** E

■ *Toluol* hat als Lösungsmittel einen UV-cut off bei 285 nm (kurzwellige Durchlässigkeitsgrenze, Grenzwellenlänge).

1147 A

■ *Wasser* hat als Lösungsmittel einen UV-cut off bei 200 nm (kurzwellige Durchlässigkeitsgrenze, Grenzwellenlänge).

1148 B

■ *Dichlormethan* hat als Lösungsmittel einen UV-cut off bei 245 nm (kurzwellige Durchlässigkeitsgrenze, Grenzwellenlänge).

1149 E

Nach *Arzneibuch* versteht man unter der *Absorption* (A) einer gelösten Substanz den dekadischen Logarithmus des Kehrwertes der *Transmission* (T). Es gilt:

$$A = \log 1/T = -\log T$$

Nach dem **Lambert-Beer-Gesetz** ist die Absorption (A) der Konzentration (c) und der Schichtdicke (d) der Messküvette direkt proportional; (ε) wird als molarer Absorptionskoeffizient bezeichnet wird. Es gilt:

$$A = \varepsilon \cdot c \cdot d$$

Im *Arzneibuch* dienen *Absorptionsmessungen* sowohl als Identitäts- und Reinheitsprüfungen als auch zur Gehaltsbestimmung von Arzneistoffen.

1150 A

Der *molare Absorptionskoeffizient* (ε) entspricht der Absorption, die man in einer Lösung mit der Stoffmengenkonzentration ($c = 1$ mol·l^{-1}) und der Schichtdicke ($d = 1$ cm) messen würde. Der molare Absorptionskoeffizient ist abhängig von der Struktur der absorbierenden Substanz und der Wellenlänge bzw. Frequenz des eingestrahlten Lichts.

Das *Lambert-Beer*-Gesetz besagt, dass die Lichtabsorption *direkt proportional* zur Konzentration der gelösten Substanz und zur Schichtdicke (Küvette) der Lösung ist.

Zur Messung der Lichtabsorption kann neben der Absorption (A) auch die Transmission (T) herangezogen werden.

Bei der Bestrahlung einer Substanz mit UV-VIS-Licht können Elektronenübergänge, Molekülschwingungen und Molekülrotationen angeregt werden. Daraus resultieren *Bandenspektren*.

1151 D

Die Größe der Absorption einer Analysenlösung ist in der UV-Photometrie abhängig von der Schichtdicke der Küvette, der Wellenlänge des eingestrahlten Lichts und der Massenkonzentration (g·l^{-1}) bzw. der Stoffmengenkonzentration (mol·l^{-1}) des Analyten.

1152 B

Das *Arzneibuch* definiert als **Absorption** (A) den dekadischen Logarithmus des Verhältnisses der Intensität des eingestrahlten (I_o) zur Intensität des austretenden Lichts (I). Es gilt:

$$A = \log I_o/I = \log I_o - \log I$$

1153 D   1752 D

Das **Lambert-Beer-Gesetz** lautet, worin A = Absorption, ε = molarer Absorptionskoeffizient, c = Stoffmengenkonzentration und d = Schichtdicke bedeuten:

$$A = \log I_o - \log I = \varepsilon \cdot c \cdot d$$

1154 D

Die Stoffmengenkonzentration (c) einer Prüflösung berechnet sich nach dem Lambert-Beer-Gesetz wie folgt, unter Berücksichtigung der Bezeichnungen aus der Graphik:

$$c \cdot \varepsilon \cdot d = A = \log 1/T = \mathbf{\log T_o - \log T}$$

1155 E

Gegeben sind – entsprechend der Graphik – die Transmission $T_o = 0,9$ und $T_x = 0,2$. Daraus berechnet sich die Absorption (A) wie folgt:

$$A = \log 1/T = \log T_o - \log T = \log T_o/T_x = -\log T_x/T_o = \mathbf{-\log 0{,}2/0{,}9}$$

1156 A

Trägt man in einem Diagramm die jeweils gemessene Absorption (A) gegen die Konzentration (c) auf, so ergibt sich bei Gültigkeit des Lambert-Beerschen Gesetzes eine **Gerade** (1). **Abweichungen** vom Lambert-Beer-Gesetz werden als *positiv* (2) und *negativ* (3) bezeichnet, je nachdem, ob die beobachtete Kurve ober- oder unterhalb der Geraden (1) verläuft. Negative Abweichungen – wie sie Graphik (A) der Frage Nr. **1156** zeigt – treten häufig bei *Assoziationen* der absorbierenden Moleküle auf.

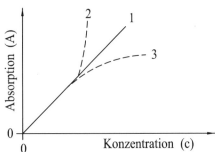

1157 A 1158 B

Der **molare Absorptionskoeffizient** (ε) ist eine Stoffkonstante und entspricht bei gegebener Wellenlänge in einem definierten Lösungsmittel der Absorption (A), die man in einer Lösung der Stoffmengenkonzentration ($c = 1\ \text{mol} \cdot l^{-1}$) und der Schichtdicke ($d = 1\ \text{cm}$) messen würde.

1158 B 1157 A

Der **molare Absorptionskoeffizient** (ε) hängt – bei Gültigkeit des Lambert-Beerschen Gesetzes – von der *Struktur* der absorbierenden Substanz und der *Wellenlänge* bzw. *Frequenz* die eingestrahlten Lichtes ab.

1159 C

Der **molare Absorptionskoeffizient** (ε) hat die Dimension [Volumen/(Länge·Stoffmenge)] ($l \cdot mol^{-1} \cdot cm^{-1}$). Dabei ergibt sich die Konzentration als Quotient aus der Stoffmenge und dem Volumen der Lösung ($c = n/V$).

1160 B 1161 D

Um den molaren Absorptionskoeffizienten (ε) in die spezifische Absorption ($A_{1\ cm}^{1\%}$) umrechnen zu können, muss die relative Molekülmasse (M_r) der untersuchten Substanz bekannt sein. Es gilt: $\mathbf{A_{1\ cm}^{1\%} = 10 \cdot \varepsilon / M_r}$

1162 A

Die **Absorption** (A) ist eine *dimensionslose* Messgröße.

11.6 Grundlagen der Molekülspektroskopie im ultravioletten (UV) und sichtbaren (VIS) Bereich

1163 C

Aufgrund der *Additivität der Absorption* – sofern sich die Komponenten nicht gegenseitig beeinflussen – beträgt die Gesamtabsorption (A_{AB}) zweier Komponenten mit den Einzelabsorptionen (A_A) und (A_B) bei der gleichen Wellenlänge: $\mathbf{A_{AB} = A_A + A_B}$

1164 B

Ein Gemisch aus *drei* Arzneistoffen kann, sofern alle dazugehörigen Absorptionskoeffizienten bekannt sind, analysiert werden, indem man Einzelmessungen bei *drei* unterschiedlichen Wellenlängen durchführt.

1165 B

Hat das austretende Licht die Intensität $I = I_o/10$, so beträgt die Absorption (A):
$$\mathbf{A} = \log I_o/I = \log I_o/(I_o/10) = \log 10 = \mathbf{1}$$

1166 D **1840** A

Bei der photometrischen Bestimmung von Eisen(III) mit Thiocyanat unter Bildung von Eisen(III)-thiocyanat [Fe(SCN)$_3$] berechnet sich die **Absorption** (A) nach dem Lambert-Beer-Gesetz mit den angegebenen Zahlenwerten [$\varepsilon = 7 \cdot 10^3$ l·cm^{-1}·mol^{-1}; c = 2,0·10^{-4} mol·l^{-1}; d = 1 cm] zu:
$$A = \varepsilon \cdot c \cdot d = (7 \cdot 10^3) \cdot (2,0 \cdot 10^{-4}) \cdot (1) = 14 \cdot 10^{-1} = \mathbf{1{,}4}$$

1167 A

Mit den angegeben Zahlenwerten [A = 0,5; c = 10^{-3} mol·l^{-1}; d = 1,0 cm] berechnet sich der molare Absorptionskoeffizient (ε) nach dem Lambert-Beerschen Gesetz zu:
$$\varepsilon = A/c \cdot d = 0{,}5/10^{-3} \cdot 1 = \mathbf{500\ l \cdot mol^{-1} \cdot cm^{-1}}$$

1168 C

Bei einer prozentualen Transmission [T = 10%] berechnet sich die Absorption (A) wie folgt:
$$\mathbf{A} = \log(100/T\%) = \log 100/10 = \log 10 = \mathbf{1}$$

1169 C

Besitzt eine Analysenlösung eine Transmission von T = 25%, so beträgt die Transmission **T = 50%**, wenn man die Lösung auf die *Hälfte* der ursprünglichen Konzentration verdünnt (bei sonst unveränderter Versuchsanordnung).

1170 B **1171** C

Monochromatisches Licht der Intensität $I_o = 1$ tritt durch *zwei gleiche*, hintereinander gestellte Filter hindurch. Das ausgestrahlte Licht hat die Restintensität von 1% der ursprünglichen Intensität. Dies ist nur möglich, wenn jedes Filter die Intensität des eintretenden Lichts auf 1/10 schwächt. Daher muss nach dem *ersten* Filter Licht mit **10%** der ursprünglichen Intensität austreten. Die Plausibilitätsbetrachtung beruht auf der *direkten Proportionalität* von Absorption und Schichtdicke.

Den gleichen Effekt erzielt man, wenn man die Schichtdicke einer durchstrahlten Lösung verdoppelt. Wird Licht der Intensität I = 1 bei einer Schichtdicke von 10 cm bei Durchtritt durch eine Lösung auf I = 1/10 (10%) in seiner Strahlungsintensität gemindert, so wird die Lichtintensität von I = 1 auf 1/100 geschwächt bei einer Schichtdicke von 20 cm. Dies entspricht **1 %** der ursprünglich eingestrahlten Lichtintensität [$I_o \to I = I_o/10 \to I = I_o/100$].

1172 E   1173 D

Eine Testlösung mit der Stoffmengenkonzentration c = 1 mol·l^{-1} lässt bei fester Messzellenlänge 50 % (die Hälfte) der Strahlungsleistung von monochromatischem Licht hindurch. Aufgrund der direkten Proportionalität von Absorption und Stoffmengenkonzentration lässt eine Testlösung desselben Stoffes mit der Stoffmengenkonzentration **c = 3 mol·l^{-1}** nur noch **12,5 %** (**1/8**) der eingestrahlten Lichtintensität durchtreten [$I_o = 100 \% \to I = 50 \% (1/2) \to I = 25 \% (1/4) \to 12,5 \% (1/8)$ entspricht c = 1 mol·l^{-1} $\to$ +1 mol·l^{-1} $\to$ +1 mol·l^{-1}].

1174 A

Wie die abgebildete Graphik zeigt, mindert die Lösung L_1 bei einer Stoffmengenkonzentration c_1 = 1 mol·l^{-1} und einer Schichtdicke d_1 = 1 cm die Intensität des eingestrahlten Lichts um die Hälfte [$I_o \to I_o/2$]. Eine Lösung L_2 der *gleichen* Substanz unbekannter Konzentration (c_2) mindert bei einer Schichtdicke von d_2 = 4 cm die eingestrahlte Lichtintensität um die Hälfte. Die Absorptionen (A) sowie die Absorptionskoeffizienten (ε) beider Lösungen sind gleich, so dass nach dem Lambert-Beerschen Gesetz gilt: $c_1 \cdot d_1 = c_2 \cdot d_2 \to$ **$c_2 = c_1 \cdot d_1/d_2 = 1 \cdot 1/4 =$ 0,25 mol·l^{-1}**

1175 D

Gegeben ist eine Prüflösung unbekannter Konzentration (c) eines Arzneistoffs mit dem Absorptionskoeffizienten ε = 1000 l·mol^{-1}·cm^{-1}. Gemessen wurde bei einer Schichtdicke von d = 0,5 cm eine Absorption von A = 0,5. Daraus berechnet sich die unbekannte Konzentration nach dem Lambert-Beer-Gesetz zu: **c = A/ε·d = 0,5/1000·0,5 = 10^{-3} mol·l^{-1}**

1176 B

Gegeben ist eine Probelösung unbekannter Konzentration eines Arzneistoffs mit der spezifischen Absorption $A_{1\,cm}^{1\%}$ = 250. Gemessen wurde bei einer Schichtdicke von d = 1 cm eine Absorption von A = 0,5. Ist die spezifische Absorption bekannt, so lässt sich daraus direkt die prozentuale Konzentration bestimmen: **c = A/A$_{1\,cm}^{1\%}$·d = 0,5/250·1 = 0,002 %**

1 % entspricht 1 g Substanz ad 100 ml (0,01 g·ml^{-1}). 0,002 % entsprechen dann 0,00002 g·ml^{-1} oder **c = 20 µg·ml^{-1}**.

1177 E

Eine Chloramphenicol-Lösung (spezifische Absorption $A_{1\,cm}^{1\%}$ = 300) unbekannter Konzentration zeigt bei einer Schichtdicke von 0,5 cm eine Absorption von A = 0,30. Daraus berechnet die prozentuale Konzentration zu: **c = A/A$_{1\,cm}^{1\%}$·d = 0,30/300·0,5 = 0,002 %**

0,002 % entspricht einer Konzentration von c = 2 g/100 ml oder **c = 20 mg/l**.

1178 E

Ein Arzneistoff mit unbekannter relativer Molmasse (M_r) in der Konzentration c = 1 g/l besitzt den molaren dekadischen Absorptionskoeffizienten von ε = 1000 l·mol^{-1}·cm^{-1}. Gemessen wurde bei einer Schichtdicke von d = 1 cm eine Absorption von A = 1. Daraus berechnet sich die Konzentration der Lösung wie folgt: **c = A/ε·d = 1/1000·1 = 10^{-3} mol·l^{-1}**

1 g·l^{-1} Substanz entsprechen einer Konzentration von c = 10^{-3} mol·l^{-1}. Folglich berechnet sich *relative Molekülmasse* nach: **M_r** = Stoffmenge/Masse = n/m = 1/10^{-3} = **1000**

11.6 Grundlagen der Molekülspektroskopie im ultravioletten (UV) und sichtbaren (VIS) Bereich

1179 E   **1797** C

Gegeben ist ein Arzneistoff mit der relativen Molmasse $M_r = 200$ und dem molaren Absorptionskoeffizienten $\varepsilon = 4000\, l\cdot mol^{-1}\cdot cm^{-1}$. Gemessen wurde in einer Lösung mit der Massenkonzentration $c^* = 0{,}001\, g/100\, ml = 0{,}01\, g/l$ eine Absorption von $A = 0{,}8$. Die Stoffmengenkonzentration der Lösung betrug: $c = c^*/M_r = 0{,}001/200 = 0{,}00005\, mol\cdot l^{-1}$.

Daraus berechnet sich nach dem Lambert-Beer-Gesetz die Schichtdicke (d) der Lösung zu:
$$d = A/\varepsilon\cdot c = 0{,}8/4000\cdot 0{,}0005 = \mathbf{4\, cm}$$

1180 B

Gegeben ist ein Arzneistoff mit der relativen Molmasse $M_r = 500$ und dem molaren Absorptionskoeffizienten $\varepsilon = 200000\, l\cdot mol^{-1}\cdot cm^{-1}$. Daraus berechnet sich die spezifische Absorption ($A_{1\,cm}^{1\%}$) wie folgt: $\mathbf{A_{1\,cm}^{1\%}} = 10\cdot \varepsilon/M_r = 10\cdot 200000/500 = \mathbf{4000}$

1181 D

100 mg eines Arzneistoffes werden in 100 ml gelöst. 2 ml dieser Lösung werden zu 100 ml verdünnt; dies entspricht einer Massenkonzentration von $c^* = 0{,}002\,\%$. Gemessen wurde bei einer Schichtdicke von $d = 1\, cm$ eine Absorption von $A = 0{,}35$. Daraus berechnet sich die spezifische Absorption ($A_{1\,cm}^{1\%}$) wie folgt: $\mathbf{A_{1\,cm}^{1\%}} = A/c^*\cdot d = 0{,}35/0{,}002\cdot 1 = \mathbf{175}$

1182 D

Vermessen wurde die Lösung eines Arzneistoffs mit der Massenkonzentration $c^* = 10\, mg/100\, ml = 0{,}01\,\%$ und der spezifischen Absorption $A_{1\,cm}^{1\%} = 100$. Die Schichtdicke betrug $d = 0{,}5\, cm$.

Zur Berechnung der Absorption (A) nach dem Lambert-Beer-Gesetz muss zunächst die Massenkonzentration (c^*) in die Stoffmengenkonzentration umgewandelt werden: $c = c^*/M_r\, [mol\cdot l^{-1}]$. Der molare Absorptionskoeffizient (ε) ergibt sich aus der Definitionsgleichung für die spezifische Absorption: $\varepsilon = A_{1\,cm}^{1\%}\cdot M_r/10$

Setzt man beide Gleichungen in das Lambert-Beer-Gesetz ein, so folgt:
$$A = \varepsilon\cdot c\cdot d = (A_{1\,cm}^{1\%}\cdot M_r/10)\cdot (c^*/M_r) = A_{1\,cm}^{1\%}\cdot c^*\cdot d = 100\cdot 0{,}1\cdot 0{,}5/10 = \mathbf{0{,}5}$$

1183 A

Bei identischer Messanordnung und identischer Substanz (ε und d sind dann gleich) gilt aufgrund der Additivität der Absorption: [c: 1 % → 2 % → **3 %** → 4 % entspricht A: 0,15 → 0,30 → **0,45** → 0,60]

1184 C

Eine Probe aus einem Arzneistoff ($A_{1\,cm}^{1\%} = 200$) und einer Verunreinigung ($A_{1\,cm}^{1\%} = 250$) zeigt eine spezifische Absorption von $A_{1\,cm}^{1\%} = 201$. Aufgrund der Additivität der Absorption berechnet sich der Prozentgehalt (%G/G) an Verunreinigung wie folgt:
$$A_{1\,cm}^{1\%} = 98\,\%\cdot 200 + 2\,\%\cdot 250 = 196 + 5 = 201$$
Der Arzneistoff enthält somit **2 %** an Verunreinigung.

1185 C

Das *reine* Reaktionsprodukt aus g-Strophantin und Pikrat zeigt bei 490 nm eine spezifische Absorption $A_{1\,cm}^{1\%} = 300$. Eine verunreinigte Strophantin-Probe hat die spezifische Absorption $A_{1\,cm}^{1\%} = 285$. Da die Verunreinigung bei 490 nm nicht absorbiert, ergibt sich der Gehalt an Strophantin durch eine einfache Dreisatzrechnung: $x = 100\,\%\cdot 285/300 = \mathbf{95\,\%}$

1186 C

Auf die *Photometrie gefärbter Lösungen* im sichtbaren Spektralbereich treffen folgende Aussagen zu:
- Das Lambert-Beer-Gesetz gilt bei Verwendung von monochromatischem Licht und von klaren Lösungen. Die Absorption sollte im Bereich von A = 0,3–0,6 liegen.
- Die Schichtdicke der Küvette beträgt typischerweise d = 10 mm = 1 cm. Übliche Materialien für den sichtbaren Spektralbereich sind Glas oder Einwegküvetten aus Polystyrol.

1187 C

Bei UV-spektroskopischen Gehaltsbestimmungen sollte die Messung im Absorptionsmaximum vorgenommen werden, weil dort die Empfindlichkeit des Verfahrens am größten ist.

1188 B

In dem abgebildeten Zweistrahlphotometer müssen Strahlenteiler (5) und Detektorsystem (2) vertauscht werden, damit das Gerät als Photometer eingesetzt werden kann.

1189 B

Ein Natriumchlorid-Prisma ist *nicht* Bauteil eines UV-VIS-Absorptionsspektrometers, sondern ist ein Bauteil in einem IR-Spektrophotometer.

1190 B

Bei der VIS-Spektroskopie (400–800 nm) setzt man eine Halogenlampe oder eine Wolframfadenlampe als Strahlungsquelle ein.

1191 C

Das in der Photometrie verwendete Licht muss weitgehend monochromatisch (Licht einer Wellenlänge) sein, weil der Absorptionskoeffizient von der Wellenlänge (ε) des eingestrahlten Lichts abhängt.

1192 C

Ein Nicol-Prisma ist *nicht* Bauteil eines Photometers, sondern Bauteil eines Polarimeters.

1193 B

Beim Durchtritt durch ein *Prisma* wird polychromatisches Licht unterschiedlich stark gebrochen, in Licht einzelner Wellenlängen zerlegt und die gewünschte Wellenlänge aussortiert. Das Prisma wirkt daher auf polychromatisches Licht als dispergierendes Bauteil.

1194 C

Bei einem Zweistrahlphotometer findet sich im Referenzstrahlengang eine mit dem betreffenden Lösungsmittel gefüllte Küvette.

1195 E

Für die **UV-Spektroskopie** ist *Quarz* als Küvettenmaterial am besten geeignet.

11.6 Grundlagen der Molekülspektroskopie im ultravioletten (UV) und sichtbaren (VIS) Bereich

1196 E

Das **Auflösungsvermögen** eines Spektralphotometers ist ein Maß dafür, die Absorptionen bei zwei verschiedenen Wellenlängen noch hinreichend genau getrennt zu vermessen. Hierzu wird das Spektrum einer 0,02 %igen (V/V) Lösung von *Toluol* in *n-Hexan* aufgenommen.

1197 A

Zur **Kontrolle** der **Wellenlängenskala** eines UV-Spektrophotometers dient eine *Holmiumperchlorat*-Lösung.

1198 E

Eine Holmiumperchlorat-Lösung kann zur **Kontrolle** der **Wellenlängenskala** eines UV-VIS-Spektrometers herangezogen werden. Darüber hinaus lassen sich die Wellenlängen eines Spektrometers mittels definierter Emissionslinien einer Wasserstoff- oder Deuteriumlampe bzw. mit ausgewählten Linien einer Quecksilberdampflampe überprüfen.

Eine *Kaliumdichromat-Lösung* dient zur Kontrolle der Genauigkeit der photometrischen Anzeige (**Kontrolle** der **Absorption**).

1199 D

Die Emissionslinie bei 656,29 nm der Wasserstofflampe beruht auf einem Elektronenübergang im Wasserstoffatom (Linie aus der *Balmer-Serie*).

1200 C

Als Kontrollsubstanz für Fehler bei der Absorptionsmessung dient *Kaliumdichromat* [$K_2Cr_2O_7$]

1201 D

Als Kontrollsubstanz für Fehler bei der Messung der Wellenlänge dient *Holmiumperchlorat* [$Ho(ClO_4)_3$].

1202 E

Die aus dem Monochromator austretende Strahlung umfasst einen gewissen Wellenlängenbereich, dessen Intensitätsverteilung die Form eines gleichschenkligen Dreiecks besitzt. Der in halber Höher dieses Dreiecks gemessene Wellenlängenbereich wird als **spektrale Bandbreite** bezeichnet.

Die spektrale Bandbreite sollte möglichst klein sein, um weitgehend monochromatisches Licht zu erhalten; sie sollte aber so groß wie möglich sein, um eine genügend hohe Lichtintensität zu erzielen.

Bei zu großer spektraler Spaltbreite erhält man im Absorptionsmaximum einen zu kleinen Wert und im Absorptionsminimum einen zu großen Absorptionswert (A).

1203 B   **1204** B

Aus einem Monochromatorspalt tritt nicht nur Licht der gewünschten Wellenlänge aus, sondern auch Licht anderer Wellenlängen. Diese Fehlstrahlung, die sich vor allem im kurzwelligen Spektralbereich bemerkbar macht, entsteht durch Lichtstreuung sowie durch die Eigenabsorption des Lösungsmittels. Die **Lichtstreuung** führt zu Abweichungen vom Lambert-Beer-Gesetz.

▌ Zur Begrenzung der Streulichtanteils lässt das Arzneibuch eine *wässrige* 1,2 %ige **Kaliumchlorid**-Lösung vermessen. Die Absorption der KCl-Lösung soll bei der Schichtdicke d = 1 cm zwischen 220–200 nm steil ansteigen und bei 198 nm größer 2,0 sein, wie dies nachfolgendes Spektrum anzeigt.

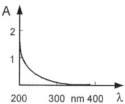

1205 C **1206** C **1207** D **1440** B **1441** D

▌ Linear polarisiertes Licht kann man sich aus einem rechtszirkular polarisierten Lichtstrahl (rechtsdrehendes polarisiertes Licht) und einem linkszirkular polarisierten Lichtstrahl (linksdrehendes polarisiertes Licht) zusammengesetzt denken.

▌ Beim Durchtritt linear polarisierten Lichts durch die Lösung einer optisch aktiven Substanz sind die *Brechzahlen* für den rechts- und den linkszirkular polarisierten Lichtstrahl aufgrund verschiedener Ausbreitungsgeschwindigkeiten unterschiedlich (*zirkulare Doppelbrechung*).

▌ Darüber hinaus unterscheiden sich in einem chiralen Medium auch die *Absorptionen* von rechtszirkular polarisiertem Lichtstrahl (A_R) und linkszirkular polarisiertem Lichtstrahl (A_L). Diese Absorptionsdifferenz (ΔA) chiraler Substanzen für rechts- und linkszirkular polarisiertes Licht wird als **Zirkulardichroismus** bezeichnet: $\Delta A = A_L - A_R$

▌ Für chirale Substanzen ist $A_L \neq A_R \neq 0$. Für Racemate gilt $A_L = A_R$. Für eine optisch inaktive (achirale) Verbindung ist $\Delta A = 0$.

1208 D **1044** E

▌ Als **Cotton-Effekt** bezeichnet man den von der normalen optischen Rotationsdispersion abweichenden Verlauf der ORD-Kurve einer *chiralen Substanz* im Wellenlängenbereich einer Absorptionsbande. Zum Verlauf einer anomalen ORD-Kurve siehe Abbildung Frage Nr. **1044**. Der Cotton-Effekt kann zur Ermittlung der Konfiguration von Substanzen herangezogen werden.

1209 B **1210** B **1211** E

▌ Der Dioden-Array-Detektor (DAD) gehört zu den am häufigsten verwendeten Detektoren in der Flüssigkeitschromatographie. Er bietet die Möglichkeit von jedem einzelnen Peak in einem Chromatogramm das gesamte Elektronenspektrum aufzunehmen.

1210 B **1209** B **1211** E

▌ **Dichrographen** sind Geräte zur *Messung* des *Zirkulardichroismus*, d.h. der Differenz (ΔA) der Absorption für rechts- (A_R) und linkszirkular (A_L) polarisiertes Licht.

1211 E **1209** B **1210** B

▌ In einem CD-Spektrometer dient der Zirkulardichroismus-Modulator (CD-Modulator) zur Erzeugung von rechts- und linkszirkular polarisiertem Licht.

1212 A

Von den genannten Substanzen zeigt nur **Isopren** [2-Methylbuta-1,3-dien] (A) ein Absorptionsmaximum bei $\lambda_{max} = 222$ nm.

Die längstwelligen Absorptionsbanden von Benzol (B) [254 nm], Naphthalin (C) [314 nm], Anthracen (D) [374 nm] und von (E,E,E)-Octa-2,4,6-triensäuremethylester (E) [~268 nm] liegen bei höheren Wellenlängen.

1213 B   1214 B   1228 B

Von den Verbindungen besitzt **Vitamin-A-Alkohol** [Retinol] (B) in Ethanol ein Absorptionsmaximum bei $\lambda_{max} = 325$ nm.

Benzoesäure (A) [273 nm], *Acetylsalicylsäure* (C) [278 nm] und *Ephedrin* (D) [264 nm] zeigen längstwellige Absorptionsbanden bei Wellenlängen unter 325 nm.

Methylenblau (E) zeigt ein Absorptionsmaximum im VIS-Bereich bei $\lambda_{max} = 660$ nm.

1214 B   1213 B

Menadion [2-Methyl-1,4-naphthochinon] (B) zeigt ein Absorptionsmaximum bei $\lambda_{max} = 330$ nm.

Die Absorptionsmaxima der anderen genannten Verbindung sind in Frage Nr. **1213** aufgelistet.

1215 B

Colecalciferol zeigt aufgrund des konjugierten Trien-Chromophors [$H_2C=C-C=CH-CH=CR_2$] ein Absorptionsmaximum bei etwa $\lambda_{max} = 265$ nm.

1216 A   1838 E

Die Lichtabsorption in ethanolischer Lösung von **Testosteronpropionat** bei $\lambda_{max} = 241$ nm ist durch die En-on-Struktur [C=C-C=O] im Ring A des Steroidgerüstes bedingt.

1217 E

In der Monographie „**Cyanocobalamin**" des Europäischen Arzneibuchs ist eine Absorptionsmessung bei 361 nm vorgesehen. Über diese Messung lassen sich folgende Aussagen machen:
– Das Verfahren ist zur *Gehaltsbestimmung* geeignet.
– Das längstwellige Absorptionsmaximum liegt im VIS-Bereich bei $\lambda = 550$ nm. Wässrige Lösungen von Cyanocobalamin sind *rot* gefärbt.
– Verantwortlich für die Lichtabsorption ist das Cobalt-Corrin-Chelatringgerüst, so dass die Absorptionsmessung *nicht* zur eindeutigen Unterscheidung von *Cyanocobalamin* und *Hydroxycobalmin* herangezogen werden kann, die beide den gleichen Chromophor besitzen.

1218 C

Bei einem „normalen" Spektrum trägt man im Allgemeinen die gemessene Absorption (A) gegen die Wellenlänge (λ) auf. Bei einem **Derivativspektrum** trägt man hingegen die Änderung der Absorption pro Wellenlänge [$dA/d\lambda$] auf (1. Ableitung). Es kann aber auch [$d^2A/d\lambda^2$] gegen die Wellenlänge (2. Ableitung) aufgezeichnet werden. Ein Derivativspektrum hat an solchen Stellen Maxima oder Minima, an denen im normalen Spektrum Wendepunkte auftreten. Ein Derivativspektrum hat den Wert *Null* an der Stelle, wo im normalen Spektrum das Absorptionsmaximum liegt. Derivativspektren führen zu einer verbesserten Auswertbarkeit und zu einem besseren Erkennen von Verunreinigungen.

1219 E

Glyceroltrinitrat wird zur Gehaltsbestimmung im alkalischen Milieu verseift. Es entstehen unter Esterverseifung zwei Äquivalente *Nitrit* und 1 Äquivalent Nitrat. Im alkalischen Milieu erfolgt auch eine Glycolspaltung des Glycerol-C-Gerüstes unter Bildung von 1 Äquivalent Formiat und 1 Äquivalent Acetat. Mit dem gebildeten **Nitrit** wird in verdünnter Salzsäure Sulfanilsäure diazotiert und mit Naphthylethylendiamin (Bratton-Marshall-Reagenz) zu einem *roten* Azofarbstoff gekuppelt, der ein Absorptionsmaximum bei $\lambda_{max} = 540$ nm besitzt.

Glyceroltripalmitat kann auf diese Weise *nicht* bestimmt werden, da bei dessen Hydrolyse *kein Nitrit* gebildet wird. Nitrit ist für den Ablauf der Diazotierung essentiell.

1220 D

Mischt man eine Lösung von **Atropin**, Racemat aus *R*- und *S*-Hyoscyamin, mit Iod, so kommt es zu einer deutlichen Veränderung im Absorptionsspektrum. Ein Elektronendonator (Atropin) bildet mit einem Elektronenakzeptor (Iod) einen *charge-transfer-Komplex*, der ein anderes Absorptionsverhalten zeigt und zu zwei deutlichen Maxima im Bereich 300–400 nm führt.

1221 D 1222 A

Das UV-VIS-Spektrum von **Ethanol**, dessen Grenzwellenlänge bei 210 nm liegt, zeigt ein Absorptionsmaximum im Bereich von 250–260 nm. Dies deutet auf eine Verunreinigung mit aromatischen Kohlenwasserstoffen hin, wie z. B. Benzen (254 nm).

1222 A 1221 D

Eine Verunreinigung von dünnflüssigem **Paraffin** mit aromatischen Kohlenwasserstoffen kann nachgewiesen werden durch die Bestimmung der Absorption bei $\lambda = 275$ nm.

1223 A 1166 D 1225 A 1840 A

Die Umsetzung von Eisen(III)-Ionen mit Ammoniumthiocyanat (NH_4SCN) führt zu *rot* gefärbtem Eisen(III)-thiocyanat, das *kolorimetrisch* bestimmt werden kann.

1224 E

Die Farbe von Komplexen zahlreicher Übergangsmetalle [Cr^{3+}, Fe^{3+}, Co^{2+}, Ni^{2+}] beruhen auf so genannten **d→d-Elektronenübergängen** und rühren von der *Ligandenfeldaufspaltung* der zuvor entarten fünf d-Niveaus her.

Bei den Komplexen des Zn(II)-Ions spielen solche d→d-Übergänge keine Rolle, da im Zn^{2+}-Ion mit der Elektronenkonfiguration **$3d^{10}$** diese Niveaus vollständig mit Elektronen besetzt sind. Viele Zinkkomplexe sind daher *farblos*.

1225 A 1166 D 1223 A 1840 A

Zur kolorimetrischen Bestimmung (*Farbvergleich*) eines *rot* gefärbten Reaktionsproduktes wie **Eisen(III)-thiocyanat** [$Fe(SCN)_3$] muss die Vergleichslösung ebenfalls *rot* gefärbt sein.

1226 A 1839 B

Ethacridin (A) ist eine *gelb* gefärbte Verbindung, die bei 410 nm Licht absorbiert.

Ephedrin (B) [264 nm], *Atropin* (C) [263 nm], *Benzocain* (D) [272 nm] und *Sulfacetamid* (E) [265 nm] sind farblose Verbindungen.

1227 D   1228 B   1229 A

Setzt man Vitamin A in wasserfreiem Ethanol/Chloroform mit Antimontrichlorid ($SbCl_3$) um, so bildet sich eine *blaue*, allmählich verblassende Lösung. Dabei wird durch die Lewis-Säure $SbCl_3$ zunächst ein mesomeriestabilisiertes *Retinyl-Kation* [zur Formel siehe Frage Nr. **1227**] gebildet, das bei $\lambda = 587\,nm$ absorbiert.

Reines all-trans **Vitamin A** (Retinol) besitzt in 2-Propanol ein Absorptionsmaximum bei $\lambda = 325\,nm$. Die Gehaltsbestimmung erfolgt spektralphotometrisch nach der *Mehrwellenlängenmethode*. Dazu wird in einem Isopropanol/Pentan-Gemisch die Absorption (A_{326}) bei 326 nm bestimmt. Danach werden in der Prüflösung noch die Absorptionen bei 300, 350 und 370 nm gemessen. Das Verhältnis der gemessenen Absorptionen A_λ/A_{326} darf bestimmte Grenzwerte nicht überschreiten, andernfalls ist eine flüssigchromatographische Bestimmung durchzuführen.

1230 B

Bei einer **photometrischen Titration** zeigen bei der betreffenden Wellenlänge Analyt und Titrator keine Absorption (sind photometrisch inaktiv) [$\varepsilon = 0$]. Das Reaktionsprodukt (Titrationsprodukt) ist jedoch bei dieser Wellenlänge photometrisch aktiv [$\varepsilon > 0$]. Man erhält folgenden Kurvenverlauf, wenn die gemessene Absorption gegen das Volumen der Titrationslösung aufgetragen wird: Die Absorption wird durch Bildung des Titrationsproduktes bis zum Äquivalenzpunkt stetig zunehmen und am Endpunkt der Titration ein Maximum erreichen. Im Überschussbereich nimmt die Absorption aufgrund der zunehmenden Verdünnung wieder leicht ab. Der Kurvenverlauf **B** gibt diesen Sachverhalt korrekt wieder.

1231 C

Bei einer **photometrischen Titration** zeigen bei der betreffenden Wellenlänge Analyt und Titrationsprodukt keine Absorption (sind photometrisch inaktiv) [$\varepsilon = 0$]. Die Maßlösung (Titratorlösung) ist jedoch bei dieser Wellenlänge photometrisch aktiv [$\varepsilon > 0$]. Trägt man die gemessene Absorption gegen das Volumen der Maßlösung auf, so erhält man folgenden Kurvenverlauf: Bis zum Äquivalenzpunkt misst man keine Absorption, da die photometrisch aktive Titratorlösung verbraucht wird; danach steigt die Absorption im Überschuss des Titrators an. Der Äquivalenzpunkt liegt im Schnittpunkt (Knickpunkt) beider Kurvenäste. Der Kurvenverlauf **C** gibt diesen Sachverhalt richtig wieder.

11.7 Grundlagen der Fluorimetrie

1232 D   1233 A

Über die **Fluoreszenz** organischer Molekül bzw. die **Fluorimetrie** lassen sich folgende Aussagen machen:
– Grundlage der Fluoreszenz ist die *Emission* von Strahlung, in dem Moleküle aus angeregten Singulett-Zuständen (S_x) in den Singulett-Grundzustand (S_0) zurückkehren und dabei ihr Elektronensystem die überschüssige Energie in Form von elektromagnetischer Strahlung abgibt [$S_x \rightarrow S_0$-Elektronenübergang; x = 1, 2 ....]. Ein Singulett-Zustand in einem Molekül liegt vor, wenn die Orbitale paarweise mit Elektronen entgegengesetzten Spins besetzt sind.
– Es gibt Stoffe, die *ultraviolettes Fluoreszenzlicht* abstrahlen, bei anderen Stoffen liegt die Fluoreszenz im sichtbaren Wellenlängebereich und ist mit dem Auge erkennbar.
– Fluoreszenz wird häufig bei Molekülen mit *starrem Molekülgerüst* beobachtet.

– *Anregungsspektrum* (Absorptionsspektrum) und *Fluoreszenzspektrum* (Emissionsspektrum) einer Substanz zeigen näherungsweise bezüglich einer bestimmten Wellenlänge einen *spiegelbildlichen Kurvenverlauf*.
– Dabei ist das *Floreszenzmaximum* eines Fluorophors gegenüber dem Absorptionsmaximum bathochrom (längerwellig) verschoben (*Stokesche Regel*).
– Als Anregungsquelle zur Fluoreszenz können *Laser* eingesetzt werden.
– Unter *Quenching* versteht man die Verringerung der Quantenausbeute und damit die Verringerung der Fluoreszenzintensität. Als *Quantenausbeute* bezeichnet man den Bruchteil der Energie des Anregungslichtes, der in Fluoreszenzlicht umgewandelt wird.

1234 D   **1241** A

Fluoreszenz basiert auf der Emission elektromagnetischer Strahlung nach vorheriger Anregung des Elektronensystems mit monochromatischem Licht. Dabei treten folgende Teilprozesse auf:
– *Anregung*: Elektronenübergang vom Singulett-Grundzustand (S_0) in den ersten angeregten Singulettzustand (S_1)
– *Emission*: Elektronenübergang vom ersten angeregten Singulett-Zustand (S_1) in den Singulett-Grundzustand (S_0)

1235 D   **1239** D

Die Fluoreszenzanregung ist in der Regel energiereicher (kurzwelliger) als die Emissionsstrahlung, weil angeregte Elektronensysteme Schwingungsenergie strahlungslos abgeben können (*internal conversion*). Fluoreszenzstrahlung ist zudem kurzwelliger als Phosphoreszenzstrahlung, so dass diese Prozesse in folge Reihe *steigender Wellenlänge* (abnehmender Energie) geordnet werden können: **Absorption < Fluoreszenz < Phosphoreszenz**

1236 D

Auf die **Fluorimetrie** treffen folgende Aussagen zu:
– Fluoreszenz und Phosphoreszenz unterscheiden sich in Wellenlänge und Lebensdauer der Emissionserscheinung. Die Fluoreszenzstrahlung ist kurzwelliger und klingt schneller ab als die Phosphoreszenzstrahlung.
– Grundlage für die Fluoreszenz ist die vorherige Absorption von Photonen (Absorption elektromagnetischer Strahlung) und Übergang in einen angeregten Zustand.
– Organische Fluorophore verfügen im Allgemeinen über ein starres, ausgedehntes π-Elektronensystem.
– Fluoreszenzlicht ist in der Regel langwelliger als das zur Anregung verwendete Licht.
– Als *Lumineszenz* bezeichnet man ganz allgemein die Emission elektromagnetischer Strahlung von Atomen oder Molekülen nach vorheriger Anregung. Auch anorganische Verbindungen zeigen Lumineszenz, z. B. *Zinksulfid* (ZnS) bei radioaktiver Bestrahlung.

1237 E   **1455** C

Die Fluoreszenzspektroskopie zählt zu den Methoden der *Emissionsspektroskopie*. Die Emission von elektromagnetischer Strahlung wird ganz allgemein als **Lumineszenz** bezeichnet.

Fluoreszenz beruht auf Singulett-Elektronenübergängen (Anregung: $S_0 \rightarrow S_1$ – Emission: $S_1 \rightarrow S_0$). Als Singulett-Zustand bezeichnet man einen Molekülzustand, in dem die Orbitale paarweise mit Elektronen entgegengesetzten Spins (↑↓) besetzt sind.

Fluoreszenz wird vor allem bei Molekülen mit starrem Molekülgerüst beobachtet.

Der Fluoreszenz geht die Anregung des Elektronensystems voraus. Daher sind Fluoreszenzerscheinungen zeitlich unmittelbar an das Vorhandensein von Anregungsstrahlung gebunden.

11.7 Grundlagen der Fluorimetrie

1238 E   **1242** E

Das Phänomen der **Phosphoreszenz** ist mit einer *zweifachen Spinumkehr* verbunden. Die Phosphoreszenzerscheinung besteht aus folgenden Teilprozessen: Anregung/Absorption: Elektronenübergang $S_0(\downarrow\uparrow) \rightarrow S_1(\downarrow\uparrow)$ ⇒ Intersystem crossing: $S_1(\downarrow\uparrow) \rightarrow T_1(\uparrow\uparrow)$ ⇒ Emission/Phosphoreszenz: Elektronenübergang $T_1(\uparrow\uparrow) \rightarrow S_0(\downarrow\uparrow)$. Darin bedeuten: S_0 = Singulett-Grundzustand – S_1 = 1. angeregter Singulett-Zustand – T_1 = 1. angeregter Triplett-Zustand

1239 E

Die Elektronenübergänge bei Absorption oder Emission können anschaulich durch ein **Jablonski-Termschema** dargestellt werden. Dabei handelt es sich um ein *Energieniveauschema*, in dem neben den *Elektronenzuständen* auch die *Schwingungszustände* in einem Molekül abgebildet werden. Die Elektronenübergänge werden mit durchgezogenen Pfeilen dargestellt, während strahlungslose Vorgänge durch gestrichelte (oder punktierte) Pfeile kenntlich gemacht werden.

Aus einem angeregten Singulett-Zustand (S_1) können Elektronen unter Lichtemission (Fluoreszenz) in den Singulett-Grundzustand (S_0) zurückkehren. Die Rückkehr von S_1 nach S_0 kann aber auch durch *strahlungslose* Inaktivierung erfolgen (**internal conversion**). Die freigesetzte Energie wird dabei in Wärmeenergie umgewandelt.

Aus einem angeregten Singulett-Zustand (S_1) können Elektronen strahlungslos unter *Spinumkehr* in einen angeregten Triplett-Zustand (T_1) übergehen (**intersystem crossing**).

Die Verweildauer der Elektronen in den einzelnen Energieniveaus ist unterschiedlich. So ist z. B. die Verweildauer in einem angeregten Triplett-Zustand (T_1) länger als in einem angeregten Singulett-Zustand (S_1).

1240 C

Beim Übergang vom Singulett-Zustand ($\downarrow\uparrow$) in einen Triplett-Zustand ($\uparrow\uparrow$) erfolgt *Spinumkehr*. Im Singulett-Zustand sind die Elektronenspins antiparallel, in einem Triplett-Zustand sind sie parallel zueinander.

Bei der strahlungslosen Inaktivierung wird Schwingungsenergie in Wärmeenergie umgewandelt (*internal conversion*).

Fluoreszenz und *Phosphoreszenz* sind Emissionserscheinungen, die mit der Aussendung elektromagnetischer Strahlung verbunden sind.

1241 A   **1234** D

Bei der **Fluoreszenz** handelt es sich um Singulett-Singulett-Elektronenübergänge *ohne* Spinumkehr.

1242 E   **1238** E

Bei der **Phosphoreszenz** handelt es sich um Triplett-Singulett-Elektronenübergänge mit Spinumkehr.

1243 D

Ob es sich bei einer Lumineszenzerscheingung um *Fluoreszenz* oder *Phosphoreszenz* handelt, kann mit der Lage des Emissionsmaximums und dem Zeitverhalten des Abklingens der Emission begründet werden. Da der erste angeregte Triplett-Zustand (T_1) energetisch günstiger ist als der erste angeregte Singulett-Zustand (S_1), ist die Phosphoreszenzstrahlung langwelliger als die Fluoreszenzstrahlung. Die Fluoreszenz besitzt eine Abklingdauer von etwa 10^{-8} Sekunden, dagegen setzt die Phosphoreszenz erst nach einer Millisekunde ein.

Die Absorptionsparameter sind für Fluoreszenz und Phosphoreszenz gleich.

1244 E

▪ *Blaues* Fluoreszenzlicht besitzt eine Wellenlänge von etwa 500 nm. Da bei der Messung Fluoreszenzlicht und Anregungslicht voneinander getrennt werden müssen, kann man für die Elektronenanregung nicht Licht der gleichen Wellenlänge wählen.

1245 C   1880 B

▪ Unter **Quantenausbeute** versteht man den Quotienten aus der Anzahl der emittierten Photonen (Lichtquanten) zur Anzahl der absorbierten Photonen.

1246 B   1798 C

▪ Unter **Quenching** versteht man die Verringerung der Quantenausbeute des emittierten Lichts durch äußere Einflüsse (z. B. Lösungsmittel, Fremdionen, hohe Substanzkonzentrationen u. a. m.).

1247 D

▪ Bei der Fluoreszenzspektroskopie wird die Lage einer bestimmten Fluoreszenzbande durch die Frequenz der Primärstrahlung *nicht* beeinflusst, hingegen beeinflusst die Frequenz der Primärstrahlung die Intensität des Fluoreszenzsignals.

1248 E

▪ Die Wellenlänge der Fluoreszenzstrahlung ist größer (energieärmer) als die Wellenlänge der monochromatischen Anregungsstrahlung, weil ein Teil der Schwingungsenergie im anregten Elektronenzustand strahlungslos abgegeben wird und die Emission vom Schwingungsgrundzustand des elektronenenergetisch angeregten Zustandes ausgeht (internal conversion).
▪ Die Quantenausbeute ist definiert als Zahl der emittierten Photonen zur Zahl der absorbierten Photonen; die Quantenausbeute kann daher *nicht* größer als 1 sein.
▪ Die Intensität des Fluoreszenzlichts ist *direkt proportional* zu folgenden Parametern: ε = Absorptionskoeffizient der Substanz bei der Anregungswellenlänge; I_o = Intensität des Anregungslichts; Q = Quantenausbeute der Fluoreszenz; c = Konzentration des Analyten. Es gilt: $I \sim \varepsilon \cdot I_o \cdot Q \cdot c$
▪ Bei hinreichend kleinen Konzentrationen ist der Quotient aus der Intensität der Fluoreszenzstrahlung und der Konzentration des fluoreszierenden Stoffes eine Konstante.

1249 D

▪ Die Fähigkeit eines Arzneistoffs zur Fluoreszenz kann bei Absorption an feste Oberflächen oder durch Komplexbildung zunehmen. Auch nicht fluoreszierende Stoffe können nach Umsetzung mit Fluoreszenzmarken fluorimetrisch bestimmt werden.
▪ Die Fluoreszenzintensität kann durch Erhöhung der Intensität des Anregungslichts gesteigert werden. Die Intensität des Fluoreszenzlichts und des Anregungslichts sind direkt proportional zueinander.

1250 B

▪ Die Fluoreszenzspektroskopie ist ein emissionsspektroskopisches Verfahren, das selektiver und empfindlicher ist als die UV-VIS-Spektrometrie.
▪ Bei hinreichender Verdünnung ist die Fluoreszenzintensität der Konzentration des zu bestimmenden Stoffes direkt proportional. Fluorimetrische Methoden können daher zu *Gehaltsbestimmungen* von Arzneistoffen genutzt werden.
▪ Da ein Teil der Anregungsenergie auf dem Weg in einen schwingungslosen angeregten Elektronenzustand strahlungslos (in Form von Wärme) abgegeben wird, ist das Fluoreszenzlicht langwelliger (energieärmer) als das Anregungslicht.

11.7 Grundlagen der Fluorimetrie

1251 D **1252** A **1880** B

Die Fluorimetrie ist ein Verfahren der Emissionsspektroskopie, jedoch ist für die Fluoreszenz die vorherigen Absorption von Lichtquanten (Photonen) Voraussetzung.

Dabei wird das Verhältnis der Anzahl von emittierten Photonen zur Anzahl der absorbierten Lichtquanten als Quantenausbeute bezeichnet. Die Quantenausbeute ist keine Gerätekonstante, sondern wird durch äußere Parameter stark beeinflusst (Quenching).

Bei der Fluoreszenzanregung sind $\pi \rightarrow \pi^*$-Elektronenübergänge (aus bindenden Orbitalen) gegenüber $n \rightarrow \pi^*$-Elektronenübergängen bevorzugt.

Bei einem Fluoreszenzspektrum wird die Fluoreszenzintensität gegen die Wellenlänge aufgetragen.

Die Fluoreszenzintensität ist bei gegebener Wellenlänge abhängig von der Intensität des Anregungslichts.

Als Folge einer strahlungslosen Inaktivierung in den Schwingungsgrundzustand in angeregten Elektronenzuständen ist die Fluoreszenzstrahlung energieärmer (langwelliger) als die Anregungsstrahlung.

1253 E **1254** E **1753** C **1799** E **1841** C **1880** B

Die **Intensität** des **Fluoreszenzlichts**
- ist direkt proportional zur Intensität (I_o) des eingestrahlten Lichts (Anregungslicht).
- ist bei niedrigen Konzentrationen linear abhängig von der Konzentration der fluoreszierenden Teilchen. Trägt man die Fluoreszenzintensität gegen die Probenkonzentration auf, so ergibt sich eine *Gerade*.
- hängt ab vom molaren Absorptionskoeffizienten (ε) der fluoreszierenden Substanz bei der Anregungswellenlänge.
- ist direkt proportional zur Fluoreszenzquantenausbeute (Q).
- hängt im hohen Maße vom Lösungsmittel ab.

1255 B

Nach der gezielten Anregung einer Substanz mit monochromatischem Licht erfolgt die Messung des emittierten Lichts in der Regel rechtwinklig (90°) zur Richtung des eingestrahlten Erregerlichts.

1256 C

Aufgrund zahlreicher Einflüsse auf die Fluoreszenzintensität sind fluorimetrische Absolutmessungen *nicht möglich*. **Quantitative Bestimmungen** werden daher durch Vergleich mit Lösungen bekannten Gehalts einer Referenzsubstanz durchgeführt. Es gilt, wobei I_x = Fluoreszenzintensität der Prüflösung, I_s = Fluoreszenzintensität der Vergleichslösung, c_x = Konzentration der Prüflösung und c_s = Konzentration der Prüflösung bedeuten: $c_x = I_x \cdot c_s / I_s$

1257 D

Die *Fluoreszenzintensität* ist bei gegebener Wellenlänge abhängig von der Intensität des Anregungslichts.

Photolumineszenz tritt auch bei anorganischen Stoffen auf.

Lösungsmittel haben einen starken Einfluss auf die Fluoreszenz eines Stoffes.

Die emittierte Fluoreszenzstrahlung besitzt eine geringere *Energie* (ist langwelliger) als die von der Substanz absorbierte elektromagnetische Strahlung.

Quantitative Bestimmungen werden in der Regel in der Fluorimetrie mithilfe von Referenzlösungen durchgeführt.

1258 D

▪ Die **Intensität** des **Fluoreszenzlichts**, das von der untersuchten Substanz ausgestrahlt wird, ist die *Messgröße* bei fluorimetrischen Bestimmungen.
▪ Das Anregungslicht ist im Allgemeinen energiereicher (kurzwelliger) als die Fluoreszenzstrahlung.
▪ Die Fluoreszenzintensität hängt auch von der Leistung der Lichtquelle ab. Als Lichtquellen verwendet man Hochdruck-Gasentladungslampen.
▪ Die *quantitative Auswertung* einer fluorimetrischen Analyse erfolgt mithilfe einer Referenzsubstanz.

1259 C   1260 D

▪ Die Fähigkeit von **Chinin** zur Fluoreszenz ist von der Art der Anionen abhängig; die Gegenwart sauerstoffhaltiger anorganischer Säuren ist eine Voraussetzung für die Fluoreszenz von Chinin. Mit anderen Worten, *Chininsulfat* fluoresziert, *Chininhydrochlorid* fluoresziert nicht.

1261 E

▪ Die Fluoreszenzintensität einer wässrigen Lösung von **Chininsulfat** wird beeinflusst durch die:
  – Intensität und die Wellenlänge des Erregerlichts.
  – Konzentration an Chinin; nur bei niedrigen Konzentrationen besteht eine Linearität zwischen Fluoreszenzintensität und Probenkonzentration.
  – Gegenwart eines größeren Überschusses an Halogenid-Ionen, insbesondere an Chlorid-Ionen. Für diese Fremdlöschung werden unterschiedliche Mechanismen diskutiert.

1262 C   1263 C   1264 B

▪ In dem schematisch abgebildeten **Fluorimeter** müssen Emissionsmonochromator (2) und Absorptionsmonochromator (5) miteinander vertauscht werden, damit das Gerät einsatzfähig ist. Die Absorption elektromagnetischer Strahlung ist Voraussetzung für die Emission von Strahlung.
▪ Als *Detektor* in einem Fluorimeter eignet sich besonders ein Sekundärelektronenvervielfacher (Photomultiplier). Mit einem Spektralfluorimeter lassen sich sowohl Absorptions- als auch Emissionsspektren aufnehmen.
▪ Das *Arzneibuch* fordert, dass das emittierte Fluoreszenzlicht im Winkel von 90° zur Anregungsstrahlung vermessen wird. Dadurch sollen Störungen, die von der Miterfassung von Anregungslicht herrühren, minimiert werden.

1265 D

▪ Aluminium-Ionen können nach Komplexbildung mit Flavonol-Derivaten (**D**) fluorimetrisch bestimmt werden. Bekannt ist die Bildung eines *grün* fluoreszierenden Farblacks zwischen Al(III)-Ionen und Morin.

Morin

11.7 Grundlagen der Fluorimetrie

1266 B   **1267** D   **1268** C   **1269** A

Fluorimetrisch bestimmbar sind in der Regel Verbindungen, die chromophore Strukturelemente (konjugierte π-Elektronensysteme) in einem relativ starren, häufig ringförmigen Molekülgerüst enthalten. Nachfolgend abgebildet sind einige stark fluoreszierende Moleküle.

Anthracen

Anthrachinon

Chinidin / Chinin (als Sulfat)

Cumarin (R=H)
4-Hydroxycumarin (R=OH)

Ethacridin

Riboflavin

Triamteren

1270 C

Dansylamid (C) zeigt eine intensive Fluoreszens. Die Substanz ist herstellbar aus dem Fluoreszensmarker *Dansylchlorid* (5-Dimethylaminonaphthalinsulfonylchlorid) und Ammoniak.

1271 C   **1272** B

▪ **Fluoreszenzmarker** sind Reagenzien, die nichtfluoreszierende Substanzen in fluoreszierende Derivate umwandeln.

▪ Zur Derivatisierung von *primären* Aminen lassen sich als Fluoreszenzmarker Dansylchlorid (1), 7-Methoxy-4-brommethyl-cumarin (2) bzw. 7-Dimethylamino-4-brommethyl-cumarin oder Fluoresceinisothiocyanat (3) einsetzen. Zur Derivatisierung von *aliphatischen Carbonsäurechloriden* verwendet man häufig Dansylhydrazin (4).

11.8 Grundlagen der Absorptionsspektroskopie im infraroten Spektralbereich (IR-Spektroskopie)

1273 E   **1274** E   **1452** B

▪ Die **IR-Spektroskopie** ist eine absorptionsspektroskopische Methode; in ihr werden durch elektromagnetische Strahlung *Molekülschwingungen* und *Molekülrotationen* angeregt.

▪ Auch Gase (z. B. CO_2, N_2O) können IR-spektroskopisch vermessen werden.

▪ Als IR-Strahlung bezeichnet man im elektromagnetischen Spektrum den Wellenlängenbereich von λ = 800 nm–500 µm. Im Allgemeinen verwendet man jedoch zur IR-Anregung den Wellenzahlenbereich von $\bar{\nu}$ = 4000–650 cm^{-1} (λ = 2,5–15,4 µm).

11.8 Grundlagen der Absorptionsspektroskopie im infraroten Spektralbereich (IR-Spektroskopie)

1275 D   **1276** E   **1277** D   **1278** E   **1279** A   **1280** D

▪ Die *Zahl* (Z) der **Normalschwingungen** (Grundschwingungen) beträgt in *linearen Molekülen* (**Z = 3·N-5**) und in *nichtlinearen Molekülen* (**Z = 3·N-6**), wobei N die Anzahl der Atome in dem betreffenden Molekül bedeutet.

▪ Das dreiatomige *Wasser*-Molekül [H_2O] ist gewinkelt gebaut, so dass sich die Zahl der Normalschwingungen berechnet zu: **Z = 3·3–6 = 3**

▪ *Distickstoffmonoxid* (Lachgas) [N_2O] ist ein lineares Molekül; daher beträgt die Zahl der Normalschwingungen: **Z = 3·3–5 = 4**

▪ *Schwefeldioxid* [SO_2] ist gewinkelt gebaut, so dass 3 Normalschwingungen auftreten: **Z = 3·3–6 = 3**

▪ *Kohlendioxid* [CO_2] besitzt einen linearen Molekülbau; daher treten **Z = 3·3–5 = 4** Normalschwingungen auf.

▪ Das vieratomige *Ammoniak*-Molekül [NH_3] ist pyramidal gebaut. Die Zahl der Molekülschwingungen berechnet sich zu: **Z = 3·4–6 = 6**

▪ *Chloroform* [$CHCl_3$] ist tetraedrisch gebaut; die Zahl der Normalschwingungen in diesem fünfatomigen Molekül ergibt sich zu: **Z = 3·5–6 = 9**

1281 D   **1282** C   **1843** C

▪ Die Wellenzahl einer IR-Absorptionsbande (einer Molekülschwingung) korreliert mit der *Masse* der an der Bindung beteiligten Atome und der *Bindungsordnung* (Bindungsstärke) der betreffenden chemischen Bindung.

▪ Die *Wellenzahl* einer IR-Absorptionsbande *nimmt zu* mit *abnehmenden Massen* der an einer Schwingung beteiligten Atome bzw. Molekülteile. Da die Wellenzahl [$\tilde{\nu} = 1/\lambda$] dem reziproken Wert der Wellenlänge entspricht, nimmt die Wellenlänge einer IR-Bande ab, je geringer die Masse der an der Bindung beteiligten Atome ist.

▪ Die *Wellenzahl* einer IR-Absorptionsbande nimmt zu mit zunehmender Bindungsstärke zwischen den an einer chemischen Bindung beteiligten Atomen. Hingegen nimmt die Absorptionswellenlänge im IR ab mit zunehmender Bindungsordnung. Daher ist die Anregungswellenlänge der Valenzschwingung einer *Einfachbindung* in der Regel größer als die einer *Doppelbindung* zwischen gleichen Atomen.

1283 D   **1284** A   **1285** A   **1801** D   **1843** C

▪ Zur Beschreibung von Molekülschwingungen können einfache physikalische Modelle wie z. B. der *harmonische Oszillator* dienen. Für dessen Schwingungsfrequenz (f) gilt:

$$f = 1/2\pi \cdot \sqrt{k/\mu}$$

▪ Die Kraftkonstante (k) ist ein Maß für die Stärke einer chemischen Bindung und die reduzierte Masse (μ) [$\mu = (m_1 \cdot m_2)/(m_1+m_2)$] steht für die Masse der schwingenden Atome. Dies bedeutet, dass starke kovalente Bindungen mit Atomen kleiner Masse zu IR-Absorptionsbanden bei großen Frequenzen (f) bzw. großen Wellenzahlen ($\tilde{\nu}$) führen, da die Frequenz (f) einer elektromagnetischen Strahlung direkt proportional zu seiner Wellenzahl ist. Es gilt: $f = c/\lambda = c \cdot \tilde{\nu}$

▪ Aus obiger Gleichung geht hervor, dass zwischen der Schwingungsfrequenz (f_{H-H}) im Wasserstoff-Molekül [$\mu = \frac{1}{2}$] und der Schwingungsfrequenz (f_{D-D}) im Deuterium-Molekül [$\mu = 1$] folgender Zusammenhang besteht: $f_{D-D} = f_{H-H}/\sqrt{2}$

▪ Als Folge der zunehmenden Masse von Wasserstoff ($m_H = 1$), Deuterium ($m_D = 2$) zum Tritium ($m_T = 3$) hin, kann man aus obiger Frequenz-Gleichung ableiten, dass für die Schwingungsfrequenzen (f) folgender Zusammenhang besteht: $f_H > f_D > f_T$. Infolge der direkten Proportionalität von Frequenz und Wellenzahl gilt auch: $\tilde{\nu}_H > \tilde{\nu}_D > \tilde{\nu}_T$

▪ Analoge Betrachtungen lassen sich auch für die H-O-Bindung im Vergleich zur D-O- oder T-O-Bindung anstellen. Es gilt: $f_{H-O} > f_{D-O} > f_{T-O}$ bzw. $\tilde{\nu}_{H-O} > \tilde{\nu}_{D-O} > \tilde{\nu}_{T-O}$

1286 B

Das obere FT-IR-Spektrum wurde für *Wasser* (**H-O-H**) aufgenommen. Im unter Spektrum treten dieselben Absorptionsbanden auf, jedoch ist das untere Spektrum zu kleineren Wellenzahlen hin parallel verschoben. Diese Befunde deuten zweifelsfrei auf **Deuteriumoxid** (**D-O-D**) hin, das als Lösungsmittel in der NMR-Spektroskopie verwendet wird.

1287 B

Unter **Valenzschwingungen** (Streckschwingungen) versteht man Molekülschwingungen, bei denen sich die Massenschwerpunkte der beteiligten Atome entlang der (gedachten) Bindungsachse verschieben. Bindungswinkel werden nicht verändert.

1288 A   1289 E

Bedingung für eine IR-Anregung ist, dass mit der Molekülschwingung eine periodische *Änderung* des *Dipolmoments* einhergeht.

Die symmetrischen Valenzschwingungen (1) und (2) im Kohlendioxid-Molekül sind identisch und IR-inaktiv, weil mit dieser Bewegung der beiden Sauerstoffatome im Kohlendioxid (O=C=O) keine Änderung des Dipolmomentes verbunden ist. Beide C=O-Bindungen sind zu jedem Schwingungszeitpunkt gleich lang und das CO_2-Molekül besitzt keinen Dipolcharakter.

Die *asymmetrischen Valenzschwingungen* (3) und (4) des Kohlendioxids sind identisch und IR-aktiv; sie führen zu einer Absorptionsbande bei 2349 cm^{-1}.

1290 B

In den IR-Spektren von primären Aminen (R-**NH₂**) [A], symmetrischen Ethern (R-**H₂C-O-CH₂**-R) [C], Nitroverbindungen (R-**NO₂**) [D] und Sulfonen (R₂**SO₂**) [E] treten bezüglich der markierten Molekülteile sowohl *symmetrische* als auch *asymmetrische Valenzschwingungen* auf.

Im Kohlendioxid (O=C=O) [B] ist die symmetrische Valenzschwingung IR-inaktiv und es tritt bei 2349 cm^{-1} nur die asymmetrische C=O-Valenzschwingung im Spektrum auf.

1291 D

Unter einer **Deformationsschwingung** (Biegeschwingung) versteht man eine Schwingung, die durch Änderung von Bindungswinkeln zustande kommt.

1292 E   1293 D

Deformationsschwingungen treten im IR-Spektrum bei Wellenzahlen von $\bar{v}$ = 1600–500 cm^{-1} auf.

1294 C   1295 D

Gerüstschwingungen, an denen *alle Atome* eines Moleküls nahezu gleich stark beteiligt sind, finden sich im IR-Spektrum im Wellenzahlen-Bereich von $\bar{v}$ = 1300–650 cm^{-1}. Die hier auftretenden Banden sind so zahlreich, dass eine exakte Zuordnung zu einer bestimmten Schwingungsbewegung nicht möglich ist. Andererseits ist die Vielzahl der Banden unterschiedlicher Intensität für ein Molekül besonders charakteristisch und zu dessen *Identifizierung* geeignet. Man bezeichnet diesen Bereich auch als so genanntes **fingerprint-Gebiet**. Die Wellenzahlen der Gerüstschwingungen liegen in der Regel unterhalb der Wellenzahlen für funktionelle Gruppen (Gruppenfrequenzen).

11.8 Grundlagen der Absorptionsspektroskopie im infraroten Spektralbereich (IR-Spektroskopie)

1296 D   **1352** A

Das **Lambert-Beer-Gesetz** gilt grundsätzlich auch für die Absorption von elektromagnetischer Strahlung durch Moleküle im IR-Bereich, so dass bei Gehaltsbestimmungen die:
- Transmission (T) oder Durchlässigkeit [bzw. die prozentuale Transmission T%],
- Absorption A (aus der Transmission berechenbar),
- integrale Absorption (Fläche unter einer charakteristischen IR-Bande)

als Maß für die Konzentration einer Lösung herangezogen werden kann.

1297 B   **1298** E

Für die **quantitative Auswertung** eines IR-Spektrums sind folgende Schritte notwendig:
- Festlegung einer Basislinie und Ermittlung von T_o
- Ermittlung der Transmission T
- Berechnung der Absorption A [$A = \log(T_o/T) = \log T_o - \log T$]

1299 B

Von den genannten Substanzen kann mittels IR nur das dreiatomige **Distickstoffmonoxid** [Lachgas] (N_2O) identifiziert werden. Bei den zweiatomigen, homonuklearen Gasen (O_2, N_2, H_2) geht die Schwingung [3N-5 = 1] nicht mit einer Änderung des Dipolmomentes einher. Helium ist ein atomares Gas.

1300 A

Beim gasförmigen zweiatomigen, heteronuklearen *Chlorwasserstoff* (H-Cl) können die Atome nur gegeneinander entlang der Bindungsachse schwingen [3N-5 = 1]. Es tritt *keine Deformationsschwingung* auf.

1301 B

Dem IR-Spektrum einer unbekannten Substanz kann man relativ sicher die Information über die Anwesenheit einer Carbonyl-Gruppe [C=O-Doppelbindung] oder die Anwesenheit einer Nitril-Gruppe [C≡N-Dreifachbindung] entnehmen.
Über die Zahl konjugierter Doppelbindungen in einem Molekül gibt eher die UV-VIS-Spektrometrie Auskunft, und die Verfälschung einer optischen aktiven Verbindung durch das entsprechende Racemat lässt sich besser mittels Polarimetrie bestimmen.

1302 E   **1305** A   **1754** C

Carbonyl-Gruppen (C=O-Doppelbindungen) zeigen im IR-Spektrum eine starke Absorptionsbande bei etwa **1700 cm^{-1}** für die (C=O)-Valenzschwingung.

1303 B

(C-H)-Valenzschwingungen führen zu einer intensiven IR-Bande bei etwa **2995 cm^{-1}**.

1304 D

Die **(C≡N)-Valenzschwingung** verursacht eine intensive IR-Bande bei etwa **2255 cm^{-1}**.

1305 A   1302 E

Die **(C=O)-Valenzschwingung** ergibt im IR-Spektrum eine intensive Bande bei etwa **1735 cm⁻¹**.

1306 C

Die **(C-O)-Valenzschwingung** ergibt eine intensive, aber wenig charakteristische IR-Absorptionsbande bei **1155 cm⁻¹**.

1307 E

Im IR-Spektrum wird die Wellenzahl der **(C=O)-Valenzschwingung** durch folgende Faktoren beeinflusst:
- Anwesenheit einer Doppelbindung in Konjugation zur C=O-Gruppe
- Beteiligung des Sauerstoffatoms der C=O-Gruppe an Wasserstoffbrückenbindungen
- Elektronegativität des Atoms X in einer O=C-X-Gruppierung

1308 E

Die **(C=O)-Valenzschwingungen** der nachfolgend genannten Verbindungen sind nach *steigender* Wellenzahl geordnet:
Divinylketon [$H_2C=CH-CO-CH=CH_2$] < *Benzaldehyd* [C_6H_5-HCO] < *Ethylacetat* [$H_3C-CO-OEt$]

1309 D   1310 D

Das 7gliedrige ε-Caprolacton und das 6gliedrige δ-Valerolacton zeigen im IR-Spektrum eine Carbonyl-Absorption bei **1730–1750 cm⁻¹**.

1311 B

Im Bereich um **2200 cm⁻¹** finden sich die Absorptionsbanden von Valenzschwingungen für X≡Y-Dreifachbindungen oder kumulierten X=Y=Z-Doppelbindungen. Keines dieser Strukturelemente ist im *Essigsäureethylester* ($CH_3-CO-O-CH_2CH_3$) enthalten.

1312 E

Im Bereich um **2900–2100 cm⁻¹** finden sich die Absorptionsbanden von Valenzschwingungen für X≡Y-Dreifachbindungen [Nitrile (R-C≡N) oder Alkine (R-C≡C-H, R-C≡C-CH_3)] oder kumulierten X=Y=Z-Doppelbindungen [Isocyanate (R-N=C=O), Senföle (R-N=C=S)].

Die Absorptionsbande für die Valenzschwingung der C=O-Doppelbindung in einem Aldehyd (R-CH=O) liegt im Wellenzahlenbereich von 2000–1600 cm⁻¹.

1313 D

Eine **aromatische Verbindung** führt im IR-Spektrum zu Absorptionsbanden für die:
- (C-H)-Valenzschwingungen bei 3100–3000 cm⁻¹,
- (C=C)-Valenzschwingungen bei 1600–1500 cm⁻¹,
- (C-H)-Deformationsschwingungen bei 900–680 cm⁻¹.

1314 D

Die Bande für die **(C=C)-Valenzschwingungen** *aromatischer* Ringsysteme findet sich im Wellenzahlen-Bereich von **1450–1700 cm⁻¹**.

1315 B

Die Bande für die **(C≡N)-Valenzschwingung** von *Nitrilen* findet sich im Wellenzahlen-Bereich von **2200–2300 cm^{-1}**.

1316 C

Die Bande für die **(C=C)-Valenzschwingung** von *Alkenen* findet sich im Wellenzahlen-Bereich von 1600–1700 cm^{-1}.

1317 A

Die Bande für die **(O-H)-Valenzschwingung** von *Alkoholen* findet sich im Wellenzahlen-Bereich von 2500–3700 cm^{-1}.

1318 E

Auf die **(O-H)-Valenzschwingung** im IR-Spektrum eines Alkohols wie z. B. *Ethanol* treffen folgende Aussagen zu:
- Die IR-Bande für die freie H-O-Gruppe tritt bei größeren Wellenzahlen auf als die Bande für die durch **Wasserstoffbrücken** assoziierte H-O-Gruppe, weil eine H-Brücke die Bindungsstärke einer H-O-Bindung mindert und die Schwingungsanregung zu kleineren Wellenzahlen verschiebt.
- Die Halbwertsbreite der IR-Bande für die freie H-O-Gruppe ist kleiner (schmaler) als die Halbwertsbreite der Bande für eine assoziierte Hydroxyl-Gruppe.
- Beim Verdünnen der Lösung eines Alkohols mit Tetrachlorkohlenstoff nimmt die Intensität der IR-Bande der freien H-O-Gruppe *relativ* zur Intensität der Bande der assoziierten H-O-Gruppe zu. Dagegen werden *intramolekulare* Wasserstoffbrücken durch Verdünnen *nicht* beeinflusst.

1319 D

Ein Arzneistoff, der im IR-Spektrum eine breite Absorptionsbande bei 3450 cm^{-1} besitzt, enthält möglicherweise *Kristallwasser*.

1320 B

Die (H-O)-Valenzschwingung (3700–2500 cm^{-1}) tritt im Allgemeinen bei größeren Wellenzahlen auf als die (N-H)-Valenzschwingung (3500–2200 cm^{-1}).

Die Bande der (H-O)-Valenzschwingung im IR-Spektrum wird im Allgemeinen bei der Beteiligung der Hydroxyl-Gruppe an einer Wasserstoffbrücke zu kleineren Wellenzahlen hin verschoben.

Im IR-Spektrum eines primären Amins treten aufgrund der NH$_2$-Gruppe eine symmetrische und eine asymmetrische Bande der (N-H)-Valenzschwingungen auf. Dies dient auch zur Unterscheidung zwischen primären und sekundären Aminen.

Die (C-H)-Valenzschwingungen in Alkanen führen zu einer IR-Absorption im Wellenzahlen-Bereich zwischen 3000–2850 cm^{-1}.

1321 A   1322 B

Im **Verapamil-Hydrochlorid** führt die (N-H)-Valenzschwingung (I) zu einer IR-Bande bei 2700–2400 cm^{-1} und die (C≡N)-Valenzschwingung (II) liefert eine intensive Bande bei etwa 2200 cm^{-1}.

1323 D   **1844** C

▮ Im markierten Bereich um 1700 cm⁻¹ im IR-Spektrum des Arzneistoffs **Lidocain** findet sich die IR-Absorption für die (C=O)-Valenzschwingung der Amid-Gruppierung.

1324 E

▮ Im markierten Bereich von 3700–3500 cm⁻¹ des IR-Spektrums von **Benzocain** könnte die Schulter im Spektrum von einer (H-O)-Valenzschwingung herrühren aufgrund von Wasserspuren im KBr-Pressling.

1325 A

▮ Im markierten Wellenzahlen-Bereich von 830–720 cm⁻¹ im IR-Spektrum des Arzneistoffs **Carbamazepin** werden die Absorptionen verursacht durch die (C-H)-Deformationsschwingungen der aromatisch gebundenen Wasserstoffatome.

1326 B

▮ Abgebildet ist das IR-Spektrum von **Phenol** (C_6H_5-OH). Charakteristisch hierfür ist die breite Absorption bei etwa 3250 cm⁻¹ für die (H-O)-Valenzschwingung sowie die beiden intensiven Banden der aromatischen (C=C)-Valenzschwingungen bei ca. 1600 und 1490 cm⁻¹.
▮ Andere Banden für C=O- oder C≡N-Mehrfachbindungen im Bereich von 2500–1600 cm⁻¹ sind im IR-Spektrum nicht vorhanden, so dass *Aceton* oder *Acetonitril* keine zutreffenden Lösungen sein können. Im Ethanol und *n*-Hexan sind keine Mehrfachbindungen enthalten.

1327 B

▮ Die Abbildung zeigt das IR-Spektrum von **Paraldehyd** (2,4,6-Trimethyl-1,3,5-trioxan), das cyclische Acetal des Acetaldehyds, dem die typischen Eigenschaften der C=O-Gruppe fehlen. Durch das Fehlen jeglicher Absorptionen im Bereich 1800–1600 cm⁻¹ können die anderen genannten Verbindungen, die alle eine C=O-Doppelbindung enthalten, ausgeschlossen werden.

1328 C   **1882** C   **1883** E

▮ Dargestellt ist das IR-Spektrum von **Essigsäureethylester** (CH_3-CO-OCH_2CH_3). Typisch hierfür ist die starke Bande der (C=O)-Valenzschwingung bei etwa 1740 cm⁻¹.
▮ Für die anderen aufgelisteten Verbindungen mit einer C=O-Doppelbindung wie Essigsäure oder Harnstoff fehlen die Banden der (H-O)- oder (N-H)-Valenzschwingung. Auch Benzoesäureethylester kommt als Lösung nicht in Frage, da im abgebildeten IR-Spektrum die Banden für die aromatischen (C=C)-Valenzschwingungen bei etwa 1600 und 1500 cm⁻¹ nicht vorhanden sind.

1329 E

▮ Abgebildet ist das IR-Spektrum von **Isopropanol** (CH_3-CHOH-CH_3), für das die starken Absorptionsbanden der (H-O)-Valenzschwingung bei etwa 3350 cm⁻¹ und der (C-H)-Valenzschwingungen bei etwa 2950 cm⁻¹ besonders charakteristisch sind.
▮ Die weiteren aufgelisteten Verbindungen wie Chlorbenzol oder Aceton enthalten ungesättigte Strukturelemente, für die die entsprechenden IR-Absorptionsbanden fehlen.

11.8 Grundlagen der Absorptionsspektroskopie im infraroten Spektralbereich (IR-Spektroskopie)

1330 A

Aufgenommen wurde das IR-Spektrum von **3-Methylpentan**, für das die intensive und breite Absorptionsbande bei 2950 cm^{-1} für die (C-H)-Valenzschwingungen spricht.

Alle weiteren genannten Substanzen enthalten Mehrfachbindungen, für die die betreffenden Absorptionsbanden im Wellenzahlen-Bereich von 2500–1640 cm^{-1} fehlen.

1331 C

Abgebildet ist das IR-Spektrum von **Ethylvinylether** ($H_2C=CH-O-CH_2CH_3$).

Die anderen aufgelisteten Substanzen enthalten eine C=O-Doppelbindung bzw. eine C≡N-Dreifachbindung. Die für diese Strukturelemente relevanten IR-Absorptionsbanden bei Wellenzahlen oberhalb von 1640 cm^{-1} sind im Spektrum nicht vorhanden.

1332 B

Die Abbildung zeigt das IR-Spektrum von **Benzonitril** ($C_6H_5-C≡N$). Typisch hierfür ist die Absorption bei 2230 cm^{-1} für die (C≡N)-Valenzschwingung sowie zwei starke Banden bei 1492 cm^{-1} und 1448 cm^{-1} für die (C=C)-Valenzschwingungen des aromatischen Ringsystems.

1333 E   **1328** C   **1882** C   **1883** E

Die Graphik zeigt das IR-Spektrum von **Essigsäureallylester** ($CH_3-CO-O-CH_2CH=CH_2$) mit einer charakteristischen starken Absorptionsbande bei 1745 cm^{-1} für das Estercarbonyl.

Alle anderen genannten Verbindungen enthalten funktionelle Gruppen, die bei dieser Wellenzahl *nicht* absorbieren.

1334 A

Gezeigt wird das IR-Spektrum von **Butan-2-on** ($H_3C-CO-CH_2CH_3$). Hierfür sprechen die Absorption bei 3000–2850 cm^{-1} für die (C-H)-Valenzschwingungen und vor allem die intensive Bande bei etwa 1720 cm^{-1} für die (C=O)-Valenzschwingung, die von keiner der anderen genannten Verbindungen stammen kann.

1335 A

Die Abbildung zeigt das IR-Spektrum von **Alanin** [2-Aminopropionsäure] (CH_3-CHNH$_2$-COOH) mit einer typischen Absorption für die C=O-Gruppe bei etwa 1600 cm^{-1}. Die breite und intensive Absorption bei Wellenzahlen oberhalb 3000 cm^{-1} rührt von den (N-H)- und (H-O)-Valenzschwingungen her. Beide Strukturelemente sind in keiner der anderen Verbindungen zusammen enthalten.

1336 C

Ein Quarz-Prima ist ein Bauteil in einem UV-Spektrometer und dient dort als Monochromator.

1337 B   **1800** A

Das abgebildete Bauteil gehört zu einem IR-Spektrometer zur Messung von Strahlung nach *Mehrfachreflexion*.

1338 B

▪ Für die IR-Vermessung von Lösungen dienen **Küvetten** aus *Natriumchlorid* oder *Kaliumbromid*.
▪ Küvetten aus Quarz oder Teflon sind für IR-Absorptionsmessungen ungeeignet.

1339 E **1340** A

▪ Für die *Kontrolle* der *Wellenzahlenskala* und der *Kontrolle* der Auflösung von IR-Spektrometern dient eine **Polystyrol-Folie** (Film).

1341 D

▪ Bei der Aufnahme von IR-Spektren stören Gase wie *Kohlendioxid* oder *Wasser*(dampf), während zweiatomige Gase wie Sauerstoff oder Stickstoff *nicht* stören.

1342 B

▪ Das **Signal-Rausch-Verhältnis** (S/N) beeinflusst die Nachweisgrenze einer Messmethode.
▪ Gemäß der vorgegeben Formel ist das Signal-Rausch-Verhältnis bei IR-Spektren proportional der *Quadratwurzel* aus der Zahl (n) der Scans. Es gilt: **S/N ~ $\sqrt{n}$**
▪ Eine Verzehnfachung der Messzeit [von 2 auf 20 Minuten] bedeutet eine Verzehnfachung der Scans [von n = 10 nach n = 1000]. Diese Verzehnfachung von n verbessert das Signal-Rausch-Verhältnis ungefähr um das **3-fache** ($\sqrt{10}$).

1343 E

▪ Die **Identifizierung** eines *Arzneistoffes* kann nach Arzneibuch IR-spektroskopisch erfolgen als
– Feststoff (als Dispersion in Paraffin oder in Lösung)
– Flüssigkeit (als Film)
– Gas (in einer speziellen Gasküvette).

1344 D **1345** E **1346** E **1347** D

▪ Zur **Aufnahme** eines **IR-Spektrums** im Wellenzahlen-Bereich von 4000–670 cm^{-1} eignen sich:
– ein *Pressling* mit Kaliumbromid (KBr). 1–2 mg der *festen* Substanz werden mit 300–400 mg KBr bei einem Druck von 800 MPa zu einer Scheibe gepresst.
– eine *Paste* (Suspension), wobei 5–10 mg der *festen* Substanz mit *Paraffin(öl)* („Nujol") verrieben werden. Ein Teil dieser Paste wird als feiner *Film* zwischen zwei Natriumchlorid-Platten gepresst.
– ein dünner Film auf einer IR-durchlässigen Scheibe von *Thaliumbromidiodid* (bei der MIR-Technik) [MIR = mittleres Infrarot]
– eine *Lösung* der festen oder flüssigen Substanz in einem geeigneten Lösungsmittel in einer Küvette aus einem Alkalihalogenid. *Quarz* ist als Küvettenmaterial *ungeeignet*.
▪ Auch von Substanzen im gasförmigen oder geschmolzenen Zustand können IR-Spektren aufgenommen werden.

1346 E **1347** D **1344** D **1345** E

▪ Die **Aufnahme** eines **IR-Spektrums** ist möglich:
– als Film zwischen zwei plangeschliffenen NaCl-Platten, wenn eine schwer flüchtige Flüssigkeit vorliegt.

11.8 Grundlagen der Absorptionsspektroskopie im infraroten Spektralbereich (IR-Spektroskopie)

– in Lösung in NaCl- oder KBr-Küvetten, wobei in der Regel Schwefelkohlenstoff (Kohlenstoffdisulfid), Chloroform (Trichlormethan) oder Tetrachlorkohlenstoff (Tetrachlormethan) als Lösungsmittel verwendet werden.
– als KBr-Pressling oder als Suspension (Paste) in Paraffinöl („Nujol") bei Festsubstanzen.

1348 A   1349 D

Das IR-Spektrum von **Lidocain** als KBr-Pressling wurde unter *unvollständiger Kompensation* der *Umgebungsluft* (Stickstoff, Sauerstoff, Kohlendioxid, Edelgase) aufgenommen. Aufgrund des Gehaltes der Luft an Kohlendioxid kann dann das IR-Spektrum eine intensive Absorptionsbande bei etwa 2349 cm^{-1} aufweisen, die von der asymmetrischen (C=O)-Valenzschwingung herrührt (*Kohlendioxid-Bande*). Der CO_2-Gehalt der Luft beeinträchtigt daher die Arzneistoffidentifizierung mittels FT-IR-Spektroskopie.

1350 D

Im linken IR-Spektrum ist die Transmission in % gegen die Wellenzahl ($\tilde{\nu}$) aufgetragen. Im rechten Spektrum wurde für die Abszisse die Wellenlänge (λ) in Mikrometer gewählt. Dies kann an der Absorptionsbande bei 1000 cm^{-1} deutlich gemacht werden. Die Wellenlänge von $\lambda = 10\,\mu m = 10^{-3}$ cm entspricht einer Wellenzahl von $\tilde{\nu} = 1/\lambda = 1/10^{-3} = 1000$ cm^{-1}.

1351 B   1754 C

Aus dem **IR-Spektrum** eines **Ketons** kann man entnehmen:
– die Identität der Verbindung durch Vergleich mit dem Spektrum einer Referenzsubtanz,
– Anwesenheit der Carbonyl-Gruppe im Molekül aufgrund des Vorhandenseins einer Bande für die (C=O)-Valenzschwingung bei etwa 1700 cm^{-1},
– Erkennen einer größeren Verunreinigung mit dem entsprechenden Alkohol durch Auftreten einer Bande für die (H-O)-Valenzschwingung.

1352 A   1296 D

Zur **quantitativen Auswertung** eines IR-Spektrums können herangezogen werden die:
– Transmission (T) oder Durchlässigkeit [bzw. die prozentuale Transmission T%],
– Absorption A (aus der Transmission berechenbar),
– integrale Absorption (Fläche unter einer charakteristischen IR-Bande).

1353 C   1884 A

NIR ist die Abkürzung für *„nahes Infrarot"* und umfasst den Wellenzahlen-Bereich von $\tilde{\nu} = 12500–4000$ cm^{-1} (Wellenlänge $\lambda = 0{,}8–2{,}5\,\mu m$).

Unter **FT-IR** versteht man die *Fourier-Transformations*-IR-Spektroskopie, bei der die Strahlung des gesamten IR-Bereichs in eine Probe eingestrahlt wird. Ein Monochromator ist daher nicht mehr erforderlich, jedoch ist zur Auswertung der Messsignale ein hochwertiger Rechner notwendig.

Unter „**ATR-Technik**" versteht man die *„abgeschwächte Totalreflexions*-Technik", die man bei Materialien einsetzt, bei denen eine Absorptionsmessung schwierig ist (Salben, Kunststoffe, Fasern, Lacke).

1354 C   **1355** C   **1884** A

Die Energie elektromagnetischer Strahlung berechnet sich nach der Planck-Einsteinschen Energie-Frequenz-Gleichung zu: $E = h \cdot \bar{v} = h \cdot c/\lambda = h \cdot c \cdot \bar{v}$. Die Lichtenergie ist der Wellenzahl des Lichts direkt proportional. Daher besitzt Strahlung im nahen IR-Bereich ($\bar{v} = 12500-4000\,\text{cm}^{-1}$) eine höhere Energie als Strahlung im mittleren (normalen) IR-Bereich ($\bar{v} = 4000-200\,\text{cm}^{-1}$).

In der NIR-Spektroskopie lassen sich verdünnte und unverdünnte (feste) Substanzen sowie Suspensionen vermessen.

Die NIR-Spektroskopie eignet sich zur Gehaltsbestimmung von Substanzen in komplexen Stoffgemischen, z. B. zur Bestimmung von Wirkstoffen in Gegenwart pharmazeutischer Hilfsstoffe.

Das Arzneibuch sieht die Messung der *Transmission*, die Messung durch *Transflexion* sowie die Messung durch *diffuse Reflexionen* als Messverfahren in der NIR-Spektroskopie vor.

1356 C   **1884** A

In der **NIR-Spektroskopie** wird energiereichere elektromagnetische Strahlung verwendet als in der IR-Spektroskopie.

In der NIR-Spektroskopie werden hauptsächlich Ober- und Kombinationsschwingungen angeregt, die eine energiereichere elektromagnetische Strahlung erfordern als die entsprechenden Grundschwingungen.

Die Aufnahme des NIR-Spektrums kann durch Messung der diffusen Reflexion, der Transmission oder der Transflexion erfolgen.

1357 E

Das Erscheinungsbild eines **NIR-Spektrums** wird beeinflusst durch die Molekülstruktur, die Teilchengröße einschließlich der Kristallstruktur (Auftreten *polymorpher Formen*) sowie durch den Gehalt an *Kristallwasser*.

1358 A

Die NIR-Spektroskopie wird überwiegend eingesetzt zu Identitätsprüfungen von festen und halbfesten Analyten sowie zur Analyse komplexer Substanzgemische.

11.9 Raman-Spektroskopie

1359 B   **1443** C   **1842** C   **1881** A

In der **Raman-Spektroskopie** werden Molekülschwingungen in Form von Emissionsspektren gemessen, wobei solche Schwingungen Raman-aktiv sind, bei denen sich mit der Schwingung die *Polarisierbarkeit* des Moleküls ändert.

Im Raman-Spektrum treten im Allgemeinen Banden auf, die eine kleinere Wellenzahl besitzen als das eingestrahlte Anregungslicht (Stokes-Linien). Daneben sind aber auch weniger intensive Banden bei größeren Wellenzahlen zu beobachten (Anti-Stokes-Linien).

11.10 Kernresonanzspektroskopie (NMR)

1360 D   **1453** A

In der Kernresonanzspektroskopie untersucht man das Verhalten von Atomkernen. Unter dem Einfluss eines äußeren Magnetfeldes kommt es zur *Umorientierung* des *Kernspins*, die mit einer energetischen Veränderung verbunden ist.

1361 E

Folgende Eigenschaften des Atomkerns begünstigen Kernresonanz-Experimente:
- ein hohes *gyromagnetisches Verhältnis* (γ). Darunter versteht man den Quotienten aus dem magnetischen Moment (μ) und dem Drehimpuls (p): $\gamma = \mu/p$. Das gyromagnetische Verhältnis ist für jede Kernart eine charakteristische Konstante.
- ein großes permanentes magnetischen Moment (μ), dessen Ursache der Kernspin ist.
- eine *Kernspinquantenzahl* I = ½ [^{1}H, ^{13}C, ^{19}F, ^{31}P]. Es können nur Kerne mit der Kernspinquantenzahl I ≠ 0 nachgewiesen werden.
- eine hohe natürliche *Häufigkeit*, was vor allem bei Isotopengemischen eine Rolle spielt [z. B. den ^{13}C-Anteil (ca. 1,11 %) im natürlichen Kohlenstoff].

1362 E

Ein Atomkern ist NMR-aktiv, wenn seine
- Ordnungszahl (Protonenzahl) und seine Massenzahl ungerade sind.
- Ordnungszahl gerade und seine Massenzahl ungerade sind.
- Ordnungszahl ungerade und seine Massenzahl gerade sind.

Ein Atomkern ist NMR-inaktiv, wenn seine Ordnungs- und Massenzahl gerade sind (I = 0).

1363 C   **1364** C   **1365** E   **1366** E   **1367** C

Die Atomkerne ^{12}C, ^{16}O und ^{32}S besitzen jeweils eine gerade Ordnungszahl und eine gerade Massenzahl. Diese Kerne sind NMR-inaktiv; sie besitzen kein magnetisches Moment.

1368 B   **1379** C

Der *Deuteriumkern* ^{2}H (= D) besteht aus einem Proton und einem Neutron. Seine Massenzahl ist gerade, die Protonenzahl ungerade. (Deuteriumatome besitzen zwar einen Kernspin, ergeben aber bei den Bedingungen der ^{1}H-NMR-Spektroskopie kein Kernresonanzsignal!)

1369 A   **1414** A

Den größten Informationsgehalt für die Struktur des Molekülgerüsts von **Dexamethasondihydrogenphosphat-Dinatrium** liefert die ^{13}C-NMR-Spektroskopie.

1370 E

Bei dem Arzneistoff **Flufenaminsäure** können folgende Isotope zur Kernresonanzspektroskopie herangezogen werden [natürliche Isotopenverteilung vorausgesetzt]: (1) ^{13}C – (2) ^{15}N – (3) ^{1}H – (4) ^{19}F

1371 C

Beim Arzneistoff **Fluostigmin** können die Sauerstoffatome (natürliche Isotopenverteilung vorausgesetzt) *nicht* durch ein Kernresonanz-Experiment bestimmt werden.

1372 C

Damit ein Isotop NMR-Messungen zugänglich ist, muss die **Kernspinquantenzahl** größer Null sein (I > 0).

1373 D

In der NMR-Spektroskopie versteht man unter **Relaxation** den energetischen Übergang von einem angeregten Zustand in den Ausgangszustand (Desaktivierung angeregter Kerne). Unter Resonanzbedingungen finden somit kontinuierlich Anregung und Relaxation statt.

1374 C   1375 D   1802 C   1886 B

Im Prinzip besteht ein **NMR-Spektrometer** aus:
- einem Magneten zur Erzeugung eines homogenen Magnetfeldes, in das die zu untersuchende Probe eingebracht wird.
- einem Radiofrequenzsender zur Bestrahlung der Probe mit elektromagnetischen Wellen (aus dem Radiowellenbereich).
- Radiofrequenzempfänger mit Schreiber und Integrator, der die von den Kernen zur Anregung absorbierte Energie misst und als NMR-Spektrum aufzeichnet.

Ein Prisma ist ein Bauteil eines UV-Spektrometers zur Erzeugung von monochromatischem Licht.

1376 A

In der NMR-Spektroskopie ist die *Fläche unter dem Resonanzsignal* ein Maß für die *Zahl* der NMR-aktiven Kerne in der Probe. Die Fläche wird in eine *Integrationskurve* umgerechnet.

1377 D

Die *magnetische Flussdichte* (B_o) ist ein Maß für die Stärke des äußeren Magnetfeldes. Sie wird in Tesla angegeben. Die magnetische Flussdichte beeinflusst die:
- Frequenz (ν) der Präzessionsbewegung eines Kerns. Es gilt, worin γ das gyromagnetische Verhältnis bedeutet: $\nu = \gamma \cdot B_o / 2\pi$. Die Frequenz der Präzessionsbewegung ist umso größer, je stärker das Magnetfeld ist.
- Energiedifferenz (ΔE), die zur Überführung des Kerns aus dem energieärmeren in den energiereicheren Zustand aufzuwenden ist: $\Delta E = \gamma \cdot B_o \cdot h / 2\pi = h \cdot c / \lambda$. Mit anderen Worten, die Wellenlänge (λ) der zur Anregung eines Kerns eingesetzten elektromagnetischen Strahlung hängt ab von der magnetischen Flussdichte.

Die *chemische Verschiebung* (δ) eines Protons relativ zum Standard Tetramethylsilan (TMS) ist von der Magnetfeldstärke und somit auch von der Größe der magnetischen Flussdichte unabhängig.

Die Kernspinquantenzahl (I) ist eine Eigenschaft des betreffenden Atomkern und von äußeren Parametern unabhängig.

1378 D   1381 B

Tetramethylsilan (TMS) [$(CH_3)_4Si$] wird in der NMR-Spektroskopie nicht als Lösungsmittel, sondern als *innerer Standard* eingesetzt. Die Position eines NMR-Signals wird auf das TMS-Signal bezogen.

1379 C **1368** B

In der ¹H-NMR-Spektroskopie werden **deuterierte Lösungsmittel** eingesetzt, die im ¹H-NMR-Spektrum keine störenden Signale ergeben. Es wird nämlich bei einer gegebenen Magnetfeldstärke eine für die ¹H-Kerne geeignete Betriebsfrequenz eingestellt, bei der für die D-Kerne keine Kernresonanzsignale registriert werden.

1380 C **1286** B **1846** A

Deuteriumoxid (D_2O) wird als Lösungsmittel in der ¹³C-NMR-Spektroskopie vor allem zum Lösen von polaren, hydrophilen Stoffen eingesetzt.

1381 B **1378** D

Für die Festlegung des *Nullpunktes* der δ-Skala [in ppm] wird in der ¹H-NMR-Spektroskopie **Tetramethylsilan** (TMS) als innerer Standard eingesetzt.

Die Position eines NMR-Signals ist definiert als der Quotient aus der Differenz der Frequenz (v_i) eines Peaks und der Frequenz (v_{TMS}) des internen Standards [beide in Hertz] zur Messfrequenz (v_o) [in MHz] des jeweiligen NMR-Spektrometers. Dies führt zu einem *dimensionslosen* und von der Feldstärke unabhängigen Zahlenwert, der so genannten **chemischen Verschiebung** (δ). Es gilt: δ = [v_i(Hz) – v_{TMS}(Hz)]/v_o(MHz) [ppm]

1382 D **1383** C

Die Verbindungen [$(D_3C)_3$Si-CH_2-CH_2-CO-OCH_3] (1), ein Carbonsäureester, und [$(H_3C)_3$Si-CD_2-CD_2-CO-O⁻Na⁺] (2), ein Carbonsäuresalz, sollen miteinander verglichen werden:
- Die Verbindung (1) besitzt – aufgrund der Gruppierung [$(D_3C)_3$Si-] – neun chemisch äquivalente ²H(=D)-Kerne.
- Die Verbindung (1) ergibt im ¹H-NMR-Spektrum – aufgrund der Gruppierung [-OCH_3] – ein Singulett der Intensität (3 H).
- Die Verbindung (2) ist als Salz polarer als der Ester (1).
- Die Protonen der Verbindung (2) – aufgrund der Gruppierung [$(H_3C)_3$Si-] im Vergleich zu [-CH_2-CH_2-CO-OCH_3] – sind stärker abgeschirmt (Hochfeldverschiebung) als die der Verbindung (1).
- Die Verbindung (2) ist im Lösungsmittel D_2O als interner Standard besser geeignet als die Verbindung (1). Die Verbindung (1) ist in D_2O als Ester weniger gut löslich und zudem würden die Signale der Protonen der Gruppierung [-CH_2-CH_2-CO-OCH_3] in Verbindung (1) die Auswertung eines Spektrums erschweren.

1383 C **1382** D

Für ¹H-NMR-Messungen kann anstelle von Tetramethylsilan (TMS) in Deuteriumoxid (D_2O) **Natrium-3-(trimethylsilyl)tetradeuteropropionat** [$(H_3C)_3$Si-CD_2-CD_2-COO⁻Na⁺] als *interner Standard* verwendet werden.

1384 E **1385** D

Die Lage eines NMR-Resonanzsignals hängt auch von der angelegten Magnetfeldstärke ab. Da Feldstärke und Resonanzfrequenz zueinander proportional sind, führt eine Verdopplung der Feldstärke auch zu einer Verdopplung der Resonanzfrequenz.

Nach Aufgabentext zeigt beispielsweise Tetramethylsilan (TMS) im ¹H-NMR-Spektrum bei einer Flussdichte von 2,35 Tesla ein Resonanzsignal bei 100 MHz. Bei einer Erhöhung der Flussdichte auf 4,70 Tesla ist das Signal dann bei **200 MHz** zu erwarten. Bei **9,39** Tesla würde das Signal bei etwa 400 MHz auftreten.

1386 B

In einem 60-MHz-Spektrum entsprechen auf der δ-Skala **0,5 ppm = 30 Hz**.

1387 A

Ist ein Resonanzsignal im ^{1}H-NMR-Spektrum bei einer Resonanzfrequenz von 400 MHz um 120 Hz gegenüber TMS verschoben, so beträgt die chemische Verschiebung (δ):

$$\delta = [\nu_i(Hz) - \nu_{TMS}(Hz)]/[\nu_o(MHz)] = 120{-}0/400 = \mathbf{0{,}30\ ppm}$$

1388 B

Der *Deuteriumkern* (^{2}H = D) hat einen Kernspin (I = 1) (unabhängig von den Messbedingungen); der Deuteriumkern ergibt aber unter den Messbedingungen für ein ^{1}H-NMR-Spektrum kein Resonanzsignal.

Der ^{12}C-Kern besitzt keinen Kernspin (I = 0) und ist Kernresonanzexperimenten *nicht* zugänglich.

Die natürliche Häufigkeit (ca. 1,1 %) des ^{13}C-Kerns reicht für eine Erfassung unter den angeführten Betriebsbedingungen aus.

Das gyromagnetische Verhältnis des ^{1}H-Kerns [γ(^{1}H) = 2,675] ist größer als des ^{13}C-Kerns [γ(^{13}C) = 0,675].

Der Bereich der δ-Werte umfasst bei der ^{1}H-NMR-Spektroskopie den Bereich von 0–10 ppm, bei der ^{13}C-NMR-Spektroskopie den Bereich –10 bis 250 ppm.

1389 E

Die **chemische Verschiebung** (δ) in ^{1}H-NMR-Spektren wird beeinflusst durch:
- induktive und mesomere Effekte (Elektronendichteänderungen),
- anisotrope Effekte,
- sterische und chirale Effekte,
- Wasserstoffbrückenbindungen (Dipol-Dipol-Wechselwirkungen),
- van der Waals-Kräfte zwischen den Protonen.

1390 B   1889 C

Die chemische Verschiebung (δ) eines Protons wird beeinflusst von der Elektronendichteverteilung (induktive und mesomere Effekte benachbarter Gruppen) sowie von sterischen und anisotropen Effekten.

Die Fläche unter der Kurve eines ^{13}C-Resonanzsignals korreliert zwar mit der Zahl der an dieser Stelle absorbierenden Kerne, sie kann aber nur eingeschränkt für quantitative Analysen genutzt werden, da die Signalintensität *nicht* wie beim ^{1}H-NMR-Spektrum von der Zahl der C-Atome *allein* abhängt. Daher verzichtet man im Allgemeinen auf die Integration eines ^{13}C-Resonanzsignals.

Chemisch äquivalent Protonen müssen nicht magnetisch äquivalent sein.

Der Resonanzbereich für acetylenische Protonen (RC≡CH) [δ = 1,8–3,1 ppm] liegt gegenüber olefinischen Protonen ($R_2C=CH_2$) [δ = 4,6–5,0 ppm] Hochfeld verschoben.

1391 D

In der NMR-Spektroskopie bezeichnet man eine große chemische Verschiebung eines Resonanzsignals im Vergleich zum TMS-Signal als internen Standard als entschirmt, Tieffeld verschoben oder zu höheren δ-Werten (höheren ppm-Werten) verschoben.

1392 A   **1393** D

Die Signale von **Methyl-Gruppen** im ¹H-NMR-Spektrum lassen sich in folgende Reihen *zunehmender* ppm-Werte ordnen:
-CH$_2$-**CH$_3$** (δ = 0,8–1,0 ppm) < -CO-**CH$_3$** (δ = 2,1–2,6 ppm) < -O-**CH$_3$** (δ = 3,3–3,9 ppm)
-Si-**CH$_3$** (δ = 0 ppm) < -C-**CH$_3$** (δ = 0,8–1,0 ppm) < =CH-**CH$_3$** (δ = 1,6–1,9 ppm) < -N-**CH$_3$** (δ = 2,3 ppm) < -O-**CH$_3$** (δ = 3,3–3,9 ppm)

1394 E

Für das H-Atom der **Formyl-Gruppe** (R-CO-**H**) beträgt die chemische Verschiebung δ = 9–11 ppm.

1395 A

Für das H-Atom einer **Methyl-Gruppe** in *Alkanen* (R$_3$C-**CH$_3$**) beträgt die chemische Verschiebung δ = 0,5–2 ppm.

1396 D   **1397** E   **1803** D   **1804** C

Im ¹H-NMR-Spektrum von **Primidon** führen die Protonen der:
– **CH$_3$**-Gruppe, die mit den Protonen der benachbarten CH$_2$-Gruppe koppeln, zu einem *Triplett*.
– **CH$_2$**-Gruppe, die mit den Protonen der benachbarten CH$_3$-Gruppe koppeln, zu einem *Quartett*.

1398 C

Die **Kopplungskonstante** (J) ist der Abstand zweier Linien in einem Multiplett und wird in Hertz angegeben. Kopplungskonstante = Linienabstand in ppm mal Messfrequenz in MHz = Kopplungskonstante in Hz. Im abgebildete 200 MHz-Spektrum ist: **J** = 0,035 ppm · 200 MHz = **7,0 Hz**

1399 B

Die Zahl der Bindungen, über die zwei Kerne koppeln, wird durch einen hochgestellten Index an der Kopplungskonstante (J) angegeben. Die Angabe ²J bezieht sich daher auf eine Kopplung über zwei Bindungen.

1400 A

Abgebildet ist das ¹H-NMR-Spektrum von **Essigsäuremethylester** (CH$_3$-CO-O-CH$_3$). Das Spektrum zeigt zwei Singuletts gleicher Fläche. Ein *Singulett* rührt von der CH$_3$-CO-Gruppe (bei etwa 2,2 ppm) her, das zweite *Singulett* stammt von der CH$_3$-O-Gruppierung (bei etwa 3,7 ppm).

Essigsäureethylester (CH$_3$-CO-O-CH$_2$CH$_3$) würde im ¹H-NMR-Spektrum ein Singulett (3 H) [CH$_3$-CO-], ein Triplett (3 H) [C-CH$_3$] und ein Quartett (2 H) [-CH$_2$-] ergeben.

Aceton (CH$_3$-CO-CH$_3$) würde im ¹H-NMR-Spektrum zu einem Singulett (6 H) führen.

Methanol (CH$_3$-OH) zeigt ein Singulett für die CH$_3$-O-Gruppe und ein etwas breiteres Resonanzsignal für die H-O-Gruppe.

Im ¹H-NMR-Spektrum von *Propionsäuremethylester* (CH$_3$CH$_2$-CO-O-CH$_3$) treten ein Singulett (3 H) für die CH$_3$-O-Gruppe, ein Triplett (3 H) für die CH$_3$-C-Gruppe und ein Quartett (2 H) für die C-CH$_2$-CO-Gruppierung als Resonanzsignale auf.

1401 B

▪ Abgebildet ist das ¹H-NMR-Spektrum von **Diethylether** (CH_3CH_2-O-CH_2CH_3). Die Protonen der CH_3-Gruppe, die mit den Protonen der CH_2-Gruppe koppeln, ergeben ein *Triplett* bei δ = 1,1 ppm; die Protonen der CH_2-Gruppe, die mit den benachbarten Protonen der CH_3-Gruppe koppeln, führen zu einem *Quartett* bei etwa δ = 3,5 ppm. Die Integrationskurve zeigt ein Verhältnis der Protonen von 3:2 (6:4) an. Die beiden Ethyl-Gruppen im Diethylether sind chemisch und magnetisch äquivalent.

▪ *Ethylmethylether* (CH_3CH_2-O-CH_3) führt im ¹NMR-Spektrum zu einem Singulett (3 H) für O-CH_3-Gruppierung, zu einem Triplett (3 H) für das CH_3-C-Strukturelement und zu einem Quartett (2 H) für die C-CH_2-O-Gruppe. Ein analoges Kopplungsmuster würde auch *Butan-2-on* (CH_3CH_2-CO-CH_3) ergeben, jedoch würden die Resonanzsignale bei anderen ppm-Werten auftreten.

▪ *Propionsäureethylester* (CH_3CH_2-CO-O-CH_2CH_3) ergibt im ¹H-NMR-Spektrum ein Triplett (3 H) für die CH_3-C-CO-Gruppe und ein Quartett (2 H) aufgrund des C-CH_2-CO-Strukturelements. Zu einem weiteren Triplett (3 H) und einem weiteren Quartett (2 H) führt auch die Ethyl-Gruppe der Alkohol-Komponente (CO-O-CH_2CH_3), jedoch treten die Resonanzsignale bei anderen ppm-Werten auf.

▪ *Phenetol [Ethylphenylether]* (CH_3CH_2-O-C_6H_5) scheidet als Antwort aus, weil im abgebildeten NMR-Spektrum keine Resonanzsignale im Bereich der aromatischen Protonen (δ ~ 6,0 – 9,0 ppm) zu finden sind.

1402 E

▪ Abgebildet ist das ¹H-NMR-Spektrum von **1,2-Dichlor-2-methylpropan** [Cl-CH_2-C(Cl)(CH_3)$_2$]. Die beiden magnetisch und chemisch äquivalenten CH_3-Gruppen ergeben ein *Singulett* (6 H) bei etwa δ = 1,7 ppm. Die CH_2-Protonen führen zu einem *Singulett* (2 H) bei etwa δ = 3,7 ppm.

▪ *Methylacetat* [Essigsäuremethylester] (CH_3-CO-O-CH_3) würde in einem ¹H-NMR-Spektrum 2 Singuletts (3 H) ergeben. (Zum Spektrum von Methylacetat siehe Frage Nr. **1400**.)

▪ Im ¹H-NMR-Spektrum von *Ethylacetat* [Essigsäureethylester] (CH_3-CO-O-CH_2CH_3) treten ein Singulett (3 H) für die CH_3-CO-Gruppe sowie ein Triplett (3 H) und ein Quartett (2 H) für die Ethyl-Gruppe auf.

▪ *Aceton* (CH_3-CO-CH_3) würde im ¹H-NMR-Spektrum zu einem Singulett (6 H) führen.

▪ *p-Xylol* (1,4-Dimethylbenzol) scheidet als Antwort aus, weil im abgebildeten NMR-Spektrum keine Resonanzsignale im Bereich der aromatischen Protonen (δ ~ 6,0–9,0 ppm) auftreten.

1403 B   1408 E   1409 D

▪ Abgebildet ist das ¹H-NMR-Spektrum von **Salicylsäuremethylester [B]**.

▪ Im Bereich der Resonanzsignale für aromatische Protonen (δ = 6,8–7,9 ppm) treten vier Peakgruppen auf (für jeweils 1 H), bestehend aus 2 Dubletts und 2 Tripletts. Dies ist typisch für *ortho-disubstituierte Benzen-Derivate*. Daher scheiden die monosubstituierten Derivate 4-Hydroxybenzoesäuremethylester [A] und Acetophenon [E] als Lösungen aus.

▪ Das Signal bei 10,75 ppm rührt von dem Proton einer Hydroxyl– (-O-H) oder Carboxyl-Gruppe (-CO-O-H) her, so dass der Phthalsäuredimethylester (D) als Lösung nicht in Frage kommt.

▪ Eine CH_3-O-Gruppe führt zu einem Singulett – wie angezeigt – bei etwa 3,9 ppm, während das Singulett für eine Acetyl-Gruppe (CH_3-CO-R) bei etwa 2,4 ppm auftreten sollte. Daher scheidet auch Acetylsalicylsäure (C) als richtige Lösung aus. (Zum ¹H-NMR-Spektrum von Acetylsalicylsäure siehe Frage Nr. **1405**.)

1404 B   1805 B

Abgebildet ist das ¹H-NMR-Spektrum von **Paracetamol [B]**.

In *para-disubstituierten Benzol-Derivaten* treten im Bereich der aromatischen Protonen (δ = 6,65–7,35 ppm) zwei symmetrische Peakgruppen auf, die wie Dubletts aussehen. Daher scheidet 3-Hydroxyacetanilid (C) als Lösung aus.

Im abgebildeten NMR-Spektrum tritt nur ein Singulett (3 H) bei etwa 1,95 ppm für eine Acetyl-Gruppe (CH_3-CO-) auf. Beim 4-Acetoxyacetanilid (A) müssten zwei Singuletts für die beiden Methyl-Gruppen auftreten. Im 4-Hydroxybenzoesäuremethylester (E) müsste das Singulett (3 H) für die CH_3-O-Gruppe bei etwa 4 ppm liegen.

Darüber hinaus treten im gezeigten Spektrum zwei breitere Resonanzsignale bei etwa 9,1 (1 H) und 9,6 ppm (1 H) auf, die von den N-H- und O-H-Protonen des Paracetamol herrühren. Beim 4-Acetoxyphenol (D) dürfte nur eines dieser Resonanzsignale zu finden sein.

1405 A

Gezeigt wird das ¹H-NMR-Spektrum von **Acetylsalicylsäure [A]**.

Im Bereich der Resonanzsignale für aromatische Protonen (δ = 7,15–7,95 ppm) treten vier Peakgruppen auf (für jeweils 1 H), bestehend aus 2 Dubletts und 2 Tripletts. Dies ist typisch für *ortho-disubstituierte Benzen-Derivate*. Daher kommen 4-Acetoybenzoesäure (B) und 3-Acetoxybenzoesäure infolge des abweichenden Substitutionsmusters als Lösungen nicht in Frage.

Das Spektrum enthält weiterhin ein Singulett (3 H) für die CH_3-CO-Gruppierung. Die Substanzen (C) und (D) sind Methylester und das Resonanzsignal für die CH_3-O-Gruppe wäre bei etwa 4 ppm zu erwarten, sodass Acetylsalicylsäure die einzige zutreffende Lösung darstellt.

1406 A   1407 B   1887 C   1888 A

Im ¹H-NMR-Spektrum von **Ibuprofen**, ein Propionsäure-Derivat, ergeben die Protonen der Methyl-Gruppe [**CH_3**-C-COOH] durch Spin-Spin-Kopplung ein Dublett (3 H) bei δ = 1,48 ppm und die Protonen der Methylen-Gruppe [C-**CH_2**-COOH] ein Quartett (1 H) bei δ = 3,69 ppm.

1408 E   1409 D   1403 B

Im ¹H-NMR-Spektrum von **Methylsalicylat** (Salicylsäuremethylester) ergeben die Protonen der Methoxy-Gruppe (**CH_3**-O-CO) ein Singulett (3 H) bei δ = 3,92 ppm und das Proton des phenolischen Hydroxyls (**H**-O-Ar) führt zu einem Resonanzsignal (1 H) bei δ = 10,74 ppm.

1410 C   1411 E   1412 A

Meta-disubstituierte Benzol-Derivate wie **1,3-Dinitrobenzol** erzeugen im ¹H-NMR-Spektrum im Bereich der Resonanzsignale für die aromatischen Protonen vier Peakgruppen:
– ein Singulett bei δ = 9,0 ppm für das H-Atom an C-2,
– zwei Dubletts bei δ = 8,55 ppm für die Wasserstoffatome an C-4 und C-5, die hier zusammenfallen, da beide Substituenten am Benzol-Ring im 1,3-Dinitrobenzol gleich sind,
– ein Triplett bei δ = 7,8 ppm für das Proton an C-5.

1413 E   1460 A   1847 E

Über das ¹H-NMR-Spektrum von **Acetylaceton** (Pentan-2,4-dion) [CH_3-CO-CH_2-CO-CH_3] in Deuterochloroform lassen sich folgende Aussagen machen:
– Die Signale bei δ = 2,25 ppm und δ = 3,60 ppm im Flächenverhältnis 1:3 (2:6) sind der Keto-Form des 1,3-Diketons zuzuordnen.

- Die Signale deuten auf ein Tautomerengleichgewicht mit der Enol-Form hin. Die Signale bei δ = 2,05 ppm, δ = 5,50 ppm und δ = 15,50 ppm sind mit der Verbindung (Z)-4-Hydroxypent-3-en-2-on [CH_3-CO-CH=CH(OH)-CH_3], der Enol-Form des Acetylacetons, zu erklären. Das enolische Hydroxyl erzeugt das Resonanzsignal bei 15,5 ppm.
- Die Integrale deuten auf ein Verhältnis Keto-Form : Enol-Form von 1:6 hin.

1414 A   **1369** A   **1370** E   **1380** C   **1388** B

Bei dem abgebildeten Spektrum handelt es sich um ein breitbandentkoppeltes ^{13}C-Spektrum der **Ascorbinsäure**. Die Resonanzsignale A-F kennzeichnen die sechs C-Atome der Ascorbinsäure.

11.11 Massenspektrometrie (MS)

1415 E

Grundprinzipien der Elektronenstoß-Ionisation-Massenspektrometrie (EI-MS) sind:
- *Verdampfen* der Moleküle
- *Ionisation* der Moleküle mit einem Elektronenstrahl unter Bildung von Molekülionen
- *Fragmentierung* von Molekülen in geladene Molekülbruchstücke
- *Detektion* der Ionen und *Analyse* der Teilchen nach ihrem (Masse/Ladung)-Verhältnis

Das präparative Sammeln von Molekülfragmenten ist keine Grundoperation der Massenspektrometrie.

1416 D   **1806** E

Über die **Elektronenstoß-Ionisations-Massenspektrometrie** lassen sich folgende Aussagen machen:
- Die Registrierung der Fragmente in der EI-Massenspektrometrie erfolgt nach ihrer relativen Häufigkeit. Das Signal mit der höchsten Intensität (größten Häufigkeit) wird *Basispeak* genannt. Auf diesen Peak werden die anderen Fragmentintensitäten bezogen.
- Die EI-Technik ist *kein* schonendes Ionisationsverfahren. Es kann sogar vorkommen, dass kein Molekülpeak ($M^{•+}$) im Massenspektrum auftritt, weil das Molekülion sofort in kleinere Bruchstücke zerschlagen wird.
- Voraussetzung für die EI-Technik ist, dass die Probe leicht verdampft werden kann. Daher sind Proteine im Allgemeinen keine geeigneten Analyte für die EI-Massenspektrometrie.

1417 E

Teilprozesse der Massenspektrometrie sind die *Ionisierung* und *Fragmentierung* von Molekülen mit nachfolgender Beschleunigung der geladenen Teilchen in einem elektrischen Feld.

1418 C

Bei der ESI-Technik (**E**lektronenspray-**I**onisation) erfolgt die Ladungsübertragung in geladenen Tröpfchen.

1419 B   **1759** B

Bei der MALDI-Technik (**m**atrix **a**ssisted **l**aser **d**esorption **i**onisation) erfolgt die Übertragung von Protonen aus Matrixmolekülen.

1420 E   **1757** E

An *weichen* **Ionisationsmethoden**, bei denen die zu untersuchende Substanz nicht oder nur geringfügig fragmentiert wird, sind zu nennen:
- FAB = **f**ast **a**tom **b**ombardment
- ESI = **e**lectron **s**pray **i**onisation
- MALDI = **m**atrix **a**ssisted **l**aser **d**esorption **i**onisation

1421 C

Folgende **Ionisationsverfahren** in der Massenspektrometrie finden im *Hochvakuum* statt:
- EI = **E**lektronenstoß-**I**onisation
- MALDI = **m**atrix **a**ssisted **l**aser **d**esorption **i**onisation

1422 D   **1423** D

Über die massenspektrometrische Fragmentierung nach Elektronenstoß-Ionisation (EI) lassen sich folgende Aussagen machen:
- Werden Moleküle mit Elektronen, die eine Energie von 10–15 eV besitzen, beschossen, so können im Prinzip zwei Arten von Ionisation ablaufen: Aus der Elektronenhülle des Moleküls (M) kann ein Elektron herausgeschlagen werden unter Bildung eines Radikalkations ($M^{\bullet+}$) oder es kann ein Elektron zusätzlich in die Atomhülle aufgenommen werden unter Bildung eine Radikalanions ($M^{\bullet-}$).

$$M + e^- \rightarrow M^{\bullet+} + 2e^-$$
$$M + e^- \rightarrow M^{\bullet-}$$

- Unter den Bedingungen der EI-Massenspektrometrie entstehen vor allem *Radikalkationen* und es werden die Moleküle zudem mit Elektronen der Energie von 70 eV beschossen. Dadurch verbleibt nach der Ionisation im Molekül noch ein Überschuss an Energie. Wenn dieser Energieüberschuss größer ist als die Aktivierungsenergie eines Zerfallsprozesses, dann kommt es zur *Fragmentierung* der Radikalkationen durch Spaltung chemischer Bindungen.
- Bei der Fragmentierung eines Molekülions ($M^{\bullet+}$) entstehen aus Elektroneutralitätsgründen entweder ein Neutralmolekül (Z) *und* ein Radikalkation ($X^{\bullet+}$) oder auf einem zweiten möglichen Zerfallsweg ein Radikal ($R^{\bullet}$) *und* ein Kation (Y^+). Es entsteht also immer ein geladenes Fragment.
- Wenn im Molekülion ($M^{\bullet+}$) nur ein geringer Energieüberschuss vorhanden ist, fragmentiert dieses nicht und wird entsprechend seiner Massenzahl als Molpeak registriert.
- Nur ionische Fragmente (Radikalkationen $X^{\bullet+}$ oder Kationen Y^+) können in Folgeschritten weiter fragmentieren und als Molekülbruchstücke registriert werden. Einige dieser Bruchstücke sind charakteristisch für das betreffende Molekül und werden als *Schlüsselbruchstücke* bezeichnet.

1424 E

Über die massenspektrometrischen Untersuchungen mittels Elektronenstoß-Ionisation (EI) und nachfolgender Magnet-Fokussierung lassen sich folgende Aussagen machen:
- Gebildete Kationen (Y^+) oder Radikalkationen ($X^{\cdot+}$) mit den Massen (m) und den Ladungen (z) werden aufgrund unterschiedlicher *Quotienten* (m/z) im Massenspektrometer getrennt, wobei in der EI-Technik vor allem Teilchen mit der Ionenladung $z = 1$ erzeugt werden.
- Die graphische Darstellung der Quotienten (m/z) aus der Masse (m) und der Ladung (z) der erzeugten Teilchen auf der Abszisse und der relativen Intensität der Teilchen (prozentuale Häufigkeit) auf der Ordinate wird als **Massenspektrum** bezeichnet.
- Die Höhe der MS-Signale korreliert weitgehend mit der *Häufigkeit*, mit der die jeweiligen geladenen Teilchen gebildet werden.

1425 D

Wenn in einem Massenspektrum, das mittels EI-Technik (70 eV) aufgenommen wurde, der Molekularpeak [$M^{\cdot+}$] nicht registriert wird, kann man zur Detektion eines Molekularpeaks die Elektronenenergie erniedrigen (auf 10–30 eV) oder zu *weichen Ionisationstechniken* (CI, FI, FAB) übergehen.

Die **Shift-Technik** wird zur Identifizierung unterschiedlich substituierter Substanzen mit gleichem Grundgerüst eingesetzt. Durch Vergleich der Massenzahlen charakteristischer Fragmente mit denen einer Grundsubstanz (Vergleichssubstanz) gelingt es häufig zusätzliche Substituenten und deren Lage im Molekül zu bestimmen.

1426 E

Folgende Aussagen zur **Elektronenspray-Ionisation** (ESI) in der Massenspektrometrie treffen zu:
- Bei ESI wird die zu analysierende Substanz in einem polaren, leicht verdampfbaren Lösungsmittel gelöst. Die Lösung wird in eine Ionisationskammer als feiner Nebel gesprüht und dort einem elektrischen Feld ausgesetzt. Je nach der Polarität der angelegten Spannung entstehen positiv oder negativ geladene *Quasimolekülionen*, die nach Verdampfen des Lösungsmittels und der Desolvatisierung im Analysator detektiert werden. Zur Beschleunigung der Desolvatation der geladenen Flüssigkeitströpfchen kann ein beheizter, entgegenströmender Stickstoffstrom verwendet werden.
- Typischerweise entstehen bei ESI je nach der Polarität der angelegten Spannung [M+H]$^+$- oder [M-H]$^-$-*Quasimolekülionen*. Charakteristisch für ESI ist auch die Bildung von Addukt-Ionen wie [M+Na]$^+$. Bei *Peptiden* oder anderen Molekülen mit größerer Molekülmasse treten häufig mehrfach geladene Ionen wie [M+nH]$^{n+}$ oder [M-nH]$^{n-}$ auf. Aufgrund der geringen Anregungsenergie erfolgt praktisch keine Fragmentierung der gebildeten Ionen.
- Diese Ionisierungsart ist zur Kopplung der Massenspektrometrie mit flüssigchromatographischen Verfahren geeignet.

1427 E

Bei der ESI-massenspektrometrischen Untersuchung (Positiv-Modus) eines Peptids ($M_r = 5735$) wird kein einfach positiv geladenes Quasimolekülion [M+H]$^+$ bei $m/z = 5736$ detektiert. Dagegen wird ein Signal hoher Intensität bei $m/z = 1148$ registriert. Dieses Signal ist durch Mehrfachionisierung auf das fünffach protonierte Quasimolekülion **[M+5 H]$^{5+}$** zurückzuführen (5735 + 5 = 5740 : 5 = 1148).

1428 B

Die **chemische Ionisation** (CI) zählt in der Massenspektrometrie zu den *weichen* (schonenden) Methoden, so dass bei dieser kaum Fragmentierungen der resultierenden Molekülionen beobachtet werden.

Bei der CI-Methode wird die Substanz zusammen mit einem großen Überschuss eines *Reaktand-Gases* mit Elektronen hoher Energie (70 eV) bestrahlt. Als Reaktand-Gas verwendet man z. B. *Methan* (CH_4). In der Elektronenstoß-Ionenquelle reagieren die beschleunigten Elektronen zunächst mit dem überschüssigen Methan unter Bildung eines Radikalkations ($CH_4^{\bullet+}$). Dieses reagiert mit einem weiteren Methanmolekül zu einem protonierten Methan (CH_5^+), welches das Proton auf die Substanz (M) unter Bildung eines *Quasimolekülions* **[M-H]⁺** überträgt. Insgesamt laufen folgende Prozesse ab:

$$CH_4 + e^- (70\,eV) \rightarrow CH_4^{\bullet+} + 2\,e^-$$
$$CH_4^{\bullet+} + CH_4 \rightarrow CH_3^{\bullet} + CH_5^+$$
$$CH_5^+ + M \rightarrow CH_4 + [M-H]^+$$

1429 C

In dem abgebildeten schematischen Aufbau eines Massenspektrometers sind die Bauteile Detektor (Empfänger) und Massenanalysator vertauscht.

1430 D

Ein „Polarisations-Analysator" (Polarisator-Nicol) ist Bauteil eines Polarimeters.

1431 E   1548 D   1549 B

Ein „Elektroneneinfang-Analysator" (Elektroneneinfangdetektor) ist Bauteil eines Gaschromatographen.

1432 D   1760 A

Ein **Analysator** dient in der MS zur *Massentrennung*. Gebräuchliche *Quadrupol-Massen-Analysatoren* bestehen aus vier parallel angeordneten Metallstäben, von denen kreuzweise jeweils zwei leitend miteinander verbunden sind. Die Ionen werden – nach Anlegen einer konstanten Spannung – durch Ablenkung mittels eines elektrischen Feldes getrennt. Mit einem Rechenprogramm wird der Quadrupol so eingestellt, dass immer nur *eine* Ionensorte definierter Masse zum Detektor gelangt. Alle anderen Ionen prallen gegen die Gehäusewand.

1433 E   1434 D

An wichtigen **Fragmentierungsreaktionen** in der Massenspektrometrie sind zu nennen:
- *Alkylspaltung*: Unter EI-Bedingungen können C-C-Bindungen gespalten werden. Da die Stabilität von Radikalkationen in der Reihe $RH_2C^{\bullet+} < R_2HC^{\bullet+} < R_3C^{\bullet+}$ zunimmt, werden Kohlenwasserstoffketten bevorzugt an verzweigten C-Atomen gespalten.
- *Allylspaltung*: Carbokationen können auch durch mesomere Effekte stabilisiert werden. Daher werden C-C-Bindungen in Nachbarschaft zu einer Doppelbindung, d. h. in *Allylstellung* gespalten $[R^1\text{-}CH=CH\text{-}CH_2\!\downarrow\!\text{-}R^2]^{\bullet+}$. Es entstehen ein mesomeriestabilisiertes Allyl-Kation $[R^1\text{-}CH=CH\text{-}CH_2]^+$ und ein Radikal $[R^2]^{\bullet}$.
- *Benzylspaltung*: Besonders leicht werden Bindungen $[C_6H_5\text{-}CH_2\!\downarrow\!\text{-}R]^{\bullet+}$ gespalten, wenn dabei ein durch Mesomerie stabilisiertes Benzylkation $[C_6H_5\text{-}CH_2]^+$ entstehen kann, das sich anschließend durch Umlagerung in ein aromatisches Tropylium-Kation weiter stabilisiert.

$$\text{C}_6\text{H}_5-\text{CH}_2-\text{R} + e^{\ominus} \longrightarrow 2e^{\ominus} + \text{R}\cdot + \text{C}_6\text{H}_5-\overset{\oplus}{\text{CH}_2} \longrightarrow \text{C}_7\text{H}_7^{+}$$

Benzyl-Kation   Tropylium-Ion

- *α-Spaltung von Carbonylverbindungen*: In Carbonylverbindungen wird vorzugsweise die zur Carbonyl-Gruppe $[R^1\text{-}CH_2\text{-}\downarrow CO\text{-}R^2]^{\bullet+}$ benachbarte Bindung zum α-Kohlenstoff gespalten unter Bildung eines Radikals $[R^1\text{-}CH_2]^{\bullet}$ und eines mesomeriestabilisierten Acylkations $[R^2\text{-}CO]^+$.
- *β-Spaltung (Oniumspaltung)*: An Heteroatomen (vorzugsweise X = N, O, S) wird auch die C-C-Bindung $[R^1\text{-}X\text{-}CH_2\downarrow\text{-}R^2]^{\bullet+}$ zum β-Atom gespalten, weil sich das neben einem Radikal $[R^2]^{\bullet}$ gebildete Kation $[R^1\text{-}X\text{-}CH_2]^+$ infolge des freien Elektronenpaars am Heteroatom als Oniumion (Ammoniumion, Oxoniumion, Sulfoniumion) $[R^1\text{-}X=CH_2]^+$ stabilisieren kann [Diese Art der Fragmentierung wird von einigen Autoren auch als *α-Spaltung* bezeichnet, weil die vom α-C-Atom des Heteroatoms ausgehende Bindung gespalten wird.]
- *Decarbonylierung*: Acylkationen $[R\text{-}C{=}O]^+$, die durch α-Spaltung aus einer Carbonylverbindung gebildet wurden, können unter Abspaltung von Kohlenmonoxid (CO) weiter fragmentieren.
- *Retro-Diels-Alder-Reaktion*: Die Diels-Alder-Cycloadditionen können in einem Massenspektrometer auch in umgekehrter Richtung verlaufen, so dass Sechsringe, die eine Doppelbindung enthalten, wieder in ein Dien und ein Dienophil zerfallen.
- *McLafferty-Umlagerung*: Enthält eine Substanz eine Mehrfachbindung (C=O, C=N) in γ-Stellung zu einer CH-Gruppe, so kann über einen sechsgliedrigen, cyclischen Übergangszustand ein Wasserstoffatom auf das ungesättigte Zentrum übertragen werden; dabei wird ein ungeladenes Alken eliminiert, das im Massenspektrum *nicht* als Peak registriert wird, sondern nur als Massendifferenz zwischen zwei Peaks auftritt.

X = CH$_2$, O, S, NR
Y = OH, SH, NH$_2$

- *Onium-Umlagerung*: Die bei der β-Spaltung (Onium-Spaltung) gebildeten Oniumionen (Ammonium-, Oxonium- und Sulfoniumionen) können nachfolgend eine Onium-Umlagerung eingehen, in dem ein Wasserstoffatom aus der Seitenkette an das Heteroatom (X) wandert unter Abspaltung eines ungeladenen Alkens.

$$[R\text{-}CH_2\text{-}CH_2\text{-}X{=}CR_2]^+ \rightarrow [R\text{-}CH{=}CH_2] + [H\text{-}X{=}CR_2]^+$$

■ Hofmann-Eliminierung und Beckmann-Umlagerung sind *keine* Zerfallsreaktionen in einem Massenspektrometer.

1435 E   **1436** B

Phthalate wie Phthalsäuredimethylester (3), Phthalsäurediethylester (2) oder Phthalsäuredibutylester (1) führen im Massenspektrum häufig zu einem Fragmention ($m/z = 149$), das auf das protonierte Phthalsäureanhydrid zurückzuführen ist.

$m/z = 149$

11.12 Themenübergreifende Fragen zu optischen und spektroskopischen Analysenverfahren

1437 A   **981** C

Röntgenstrahlen sind so energiereich (kurzwellig), dass sie Moleküle ionisieren können.

1438 D   **982** A

Mikrowellen sind so energiearm (langwellig), dass sie in Molekülen nur Rotationen anregen können.

1439 B

Von den genannten spektroskopischen Verfahren benötigt die Kernresonanzspektroskopie den kleinsten Energiebetrag zur Anregung. Die Energie von *Radiowellen* reicht aus, um eine Änderung in den Kernspinzuständen herbeizuführen.

1440 B

Zirkulare Doppelbrechung ist ein Begriff aus der *Polarimetrie* und bedeutet, dass links- und rechtszirkular polarisiertes Licht in der Lösung einer optisch aktiven Substanz unterschiedlich stark gebrochen wird.

1441 D   **1205** C

Zirkularer Dichroismus ist ein Begriff aus der CD-Spektroskopie und bedeutet, dass rechts- und linkszirkular polarisiertes Licht in chiralen Medien unterschiedlich stark absorbiert wird.

1442 E

In einem IR-Spektrum werden nur solche Molekülschwingungen registriert, die mit einer *Dipolmomentänderung* einhergehen.

1443 C   1359 B   1842 C   1881 A

In einem Raman-Spektrum werden nur solche Molekülschwingungen registriert, die mit einer *Polarisierbarkeitsänderung* einhergehen.

1444 B

Die beiden Enantiomeren einer chiralen Substanzen können prinzipiell unterschieden werden durch:
– Messung der optischen Drehung. Enantiomere drehen die Ebene von linear polarisiertem Licht in unterschiedliche Richtungen.
– Aufnahme des CD-Spektrums. Chirale Substanzen zeigen unterschiedliche Absorptionen für links- und rechtszirkular polarisiertes Licht.
– Chromatographie an chiralen (optisch aktiven) stationären Phasen.

1445 C   1026 D

Atropin ist das *Racemat* aus (*R*)- und (*S*)-Hyoscyamin und zeigt daher keine optische Drehung. Eine Verunreinigung durch das optische aktive (*S*)-Hyoscyamin kann dagegen mithilfe der *Polarimetrie* erkannt werden.

1446 A   1023 C

Abgebildet sich die beiden Enantiomeren des **2α-Tropanols** mit äquatorialer Anordnung der HO-Gruppe, die sich am besten mittels *Polarimetrie* durch ihre optische Drehung unterscheiden lassen.

1447 E   1023 C   1026 D   1027 E

Abgebildet sind die *diastereomeren* Verbindungen **3α-Tropanol** mit axialer Anordnung der HO-Gruppe, und **3β-Tropanol**, in dem die Hydroxyl-Gruppe die äquatoriale Position einnimmt. Solche stereoisomeren Verbindungen lassen sich am besten mittels ^{1}H-NMR-Spektroskopie unterschieden.

1448 C   1023 C   1026 D   1027 E

Im **Granisetron-Hydrochlorid** steht das Wasserstoffatom an C-3 des Tropin-Ringes in äquatorialer Position. In der rechts abgebildeten, isomeren Verunreinigung hat das H-Atom an C-3 eine axiale Position. Beide Verbindungen sind *achiral* und *diastereomer* zu einander, so dass sie an achiralen und chiralen stationären Phasen mittels HPLC getrennt werden können.

1449 C   1450 D

Flammenphotometrie (Atomemissionsspektroskopie) und Fluorimetrie sind Verfahren der *Emissionsspektroskopie*.

UV-VIS-Spektroskopie, Kolorimetrie und IR-Spektroskopie sind Verfahren der *Absorptionsspektroskopie*.

1451 C

Die Identifizierung von **Lithiumsalzen** durch Auftreten einer *roten Flammenfärbung* zählt zu den Untersuchungen mittels *Atomemissionsspektroskopie* (AES).

1452 B   1273 E

In der **IR-Spektroskopie** werden Molekülschwingungen angeregt.

1453 A   1360 D

In der **¹H-NMR-Spektroskopie** wird die mit einer *Kernspinänderung* einhergehende Energieänderung gemessen.

1454 D   1061 D   1066 A

Bei der **Flammenphotometrie** beobachtet man die *Emission* von *Spektrallinien*.

1455 C   1237 E

Bei der **Fluoreszenzspektroskopie** von Molekülen beobachtet man die *Emission* von *Banden*.

1456 D

Massenspektrometrie (MS) und NMR-Spektroskopie sind zur *Strukturaufklärung* einer unbekannten, *achiralen* Verbindung am besten geeignet.

1457 C

In der Massenspektrometrie werden Moleküle ionisiert und in der Atomabsorptionsspektroskopie werden Metallionen atomisiert. In beiden Fällen wird das Substrat chemisch verändert.
In der IR- und der NMR-Spektroskopie werden Substanzen chemisch *nicht* verändert.

1458 E

Ethylfluorid (CH_3CH_2F) und *Ethylchlorid* (CH_3CH_2Cl) können am besten mittels **¹H-NMR-Spektroskopie** aufgrund der unterschiedlichen chemischen Verschiebung der Resonanzsignale für die Ethyl-Gruppe unterschieden werden.

1459 C

Eine Verunreinigung von **Cyclohexan** durch *Benzol* kann erkannt werden durch:
- Bestimmung der Lichtabsorption bei etwa $\lambda = 255$ nm; bei dieser Wellenlänge absorbiert nur Benzol.
- Aufnahme eines ¹H-NMR-Spektrums. Im Bereich $\delta = 6–8$ ppm finden sich die Resonanzsignale der aromatischen Protonen (TMS als innerer Standard); in diesem Bereich zeigt Cyclohexan keine Resonanzsignale.

Der IR-Bereich zwischen 2300–2800 cm^{-1} ist zur Unterscheidung beider Verbindungen *nicht* geeignet, da beide Substanzen Absorptionen für die (C-H)-Valenzschwingungen zeigen.

1460 A   1413 E   1847 E

Die ¹H-NMR-Spektroskopie ist am besten geeignet *Keto-Enol-Gleichgewichte* zu untersuchen.

1461 C   **1462** D

▪ Die *Oxidation* von **4-Phenylpropan-2-ol** zu **4-Phenylpropan-2-on** kann am besten verfolgt werden:
- IR-spektroskopisch durch Auftreten einer intensiven Bande im Bereich von 1730–1700 cm^{-1} für die (C=O)-Valenzschwingung.
- ^{1}H-NMR-spektroskopisch durch Auftreten eines Singuletts für die CH$_3$-CO-Gruppe im Bereich von δ = 1,5–2,5 ppm.

▪ In der Dünnschichtchromatographie werden polare Substanzen wie Alkohole an Kieselgel stärker zurückgehalten als weniger polare Substanzen wie Ketone. Daher hätte 4-Phenylpropan-2-on einen größeren R$_f$-Wert als 4-Phenylpropan-2-ol.

1462 D   **1461** C   **1792** D

▪ Die *Reduktion* von **4-Phenylpropan-2-on** zu **4-Phenylpropan-2-ol** kann analytisch verfolgt werden:
- ^{1}H-NMR-spektroskopisch durch die unterschiedliche chemische Verschiebung des CH$_3$-CO-Resonanzsignals im Vergleich zum CH$_3$-CHOH-Signal.
- IR-spektroskopisch durch Abnahme der intensiven Bande für die (C=O)-Valenzschwingung und das Auftreten einer Absorption für die (H-O)-Valenzschwingung.
- dünnschichtchromatographisch durch die unterschiedlichen R$_f$-Werte von Edukt und Produkt.

1463 A   **1464** B

▪ ^{13}C-Harnstoff lässt sich von normalem **Harnstoff** mittels Massenspektrometrie unterscheiden aufgrund der unterschiedlichen Isotopenzusammensetzung und der unterschiedlichen Massen der C-Isotope.

1464 B   **1463** A

▪ Die Gehaltsbestimmung von **^{13}C-Harnstoff** kann mittels Stickstoffbestimmung nach der Kjeldahl-Methode erfolgen, jedoch gestattet die Methode keine quantitative Aussage über die Isotopenzusammensetzung.

▪ Die Fläche unter Kurve des ^{13}C-Resonanzsignals im NMR-Spektrum ist beim ^{13}C-Harnstoff gegenüber dem normalen Harnstoff (^{12}C-Harnstoff) stark erhöht.

▪ Die Hochdruckflüssigkeitschromatographie ist keine Methode zur Überprüfung der Isotopenreinheit eines Präparats.

1465 C   **1643** E   **1756** B   **1845** E   **1890** B

▪ Das Auftreten von **polymorphen Formen** (Modifikationen) einer Verbindung kann am besten mittels IR-Spektroskopie oder thermischen Analysenverfahren erkannt werden.

▪ Gaschromatographische Analysen, einige massenspektrometrische Verfahren und die Verfahren der UV-VIS-Spektroskopie setzen die Herstellung einer Lösung voraus, wodurch die Unterschiede in den Kristallstrukturen verschwinden.

1466 E   **1467** C   **1468** C   **1885** E

▪ **Ampicillin** (1) und **Amoxicillin** (2) unterscheiden sich in ihren:
- FT-IR-Spektren von KBr-Presslingen. Beim Amoxicillin tritt zusätzlich die Absorptionsbande für die phenolische (H-O)-Valenzschwingung (3175 cm^{-1}) auf. Zudem zeigen mono- und disubstituierte Benzol-Derivate Unterschiede bei den (C-H)-Deformationsschwingungen der aromatischen Wasserstoffe.

- ¹H-NMR-Spektren durch die unterschiedlichen Signalmuster und Signalmultiplizitäten für die aromatischen Protonen. Ampicillin enthält das Strukturelement eines monosubstituierten, Amoxicillin das Strukturelement eines disubstituierten Benzol-Ringes.
- Retentionszeiten bei HPLC-Analysen.
- Molpeaks [M$^{•+}$] im Massenspektrum aufgrund ihrer unterschiedlichen relativen Molmassen.
- Absorptionsmaxima in alkalischer Lösung, durch die starke bathochrome Verschiebung des Absorptionsmaximum des Phenolats (Ar-O$^-$) beim Amoxicillin.

1467 C   **1466** E   **1468** C   **1756** B

Wasserfreies **Ampicillin** (1) und **Ampicillin-Trihydrat** (2) unterscheiden sich aufgrund des Wassergehalts in ihren FT-IR-Spektren sowie in ihrem Schmelzverhalten.

Beide Substanzen zeigen im Massenspektrum den gleichen Molpeak [M$^{•+}$] und das gleiche Signalmuster für die aromatischen Protonen in ihren ¹H-NMR-Spektren. Beide Substanzen besitzen – nach Lösen – die gleichen Retentionszeiten im HPLC-Chromatogramm.

1468 C   **1466** E   **1467** C

In Verbindung (1) wurde die *chirale* 6-Aminopenicillansäure mit D-Phenylglycin zu **Ampicillin** acyliert. In Verbindung (2) wurde „L-Ampicillin" durch Acylierung mit L-Phenylglycin erhalten. Die Verbindungen (1) und (2) enthalten jeweils vier Chiralitätszentren, unterschieden sich aber nur im Chiralitätszentrum der Acylseitenkette. Daher sind beide Verbindungen *diastereomer* zueinander.

Diastereomere unterscheiden sich in ihren FT-IR-Spektren (KBr-Pressling), ihren Retentionszeiten im HPLC-Chromatogramm sowie in ihren Schmelzpunkten.

Beide Verbindungen sind Isomere; sie besitzen die gleiche Summenformel und unterscheiden sich daher *nicht* in der C,H,N-Elementaranalyse.

Beide Verbindungen enthalten einen identisch substituierten Benzol-Ring, so dass beide Verbindungen im ¹H-NMR-Spektrum die gleiche Signalmultiplizität für die aromatischen Protonen ergeben.

12 Chromatographische Analysenverfahren

12.1 Grundlagen

1469 A

Grundprinzip *aller* chromatographischen Verfahren ist das unterschiedliche Verhalten von Stoffen bei *Phasenübergängen* zwischen einer **mobilen** (beweglichen) **Phase** und einer (praktisch unveränderlichen) **stationären Phase**.

1470 E **1471** E **1472** E **1473** D

Die **Trennung** eines **Stoffgemischs** in einzelne Komponenten kann erfolgen aufgrund:
- unterschiedlicher *Polaritäten*. Dies führt z. B. zu einer unterschiedlich starken, reversiblen Bindung von polaren oder unpolaren Stoffen an die Oberfläche einer stationären Phase in der Dünnschichtchromatographie (DC) oder der Säulenchromatographie (SC).
- unterschiedlicher *Lipophilie* und damit unterschiedlichen Löslichkeiten (*Verteilungskoeffizienten*) zwischen zwei nicht miteinander mischbaren Phasen, wie z. B. zwei flüssigen Phasen in der Papierchromatographie (PC) oder zwischen einer Gasphase und einer flüssigen Phase in der Gas-Flüssig-Chromatographie (GC).
- unterschiedlicher *Molekülgrößen* (Molekülmassen) der Substanzen. Zum Beispiel treten aufgrund der unterschiedlichen Molekülgröße *Siebeffekte* in der Größenausschlusschromatographie (SEC) ein.
- von *Ionenaustauschvorgängen*, für die der pK_a-Wert des Analyten und dessen *Ladung* eine wichtige Bedeutung haben.
- *spezifischer Affinitäten* von Stoffen zu funktionellen Gruppen der stationären Phase. Erwähnt sei an dieser Stelle die *Enantiomerentrennung* an *chiralen* Phasen.

Aufgrund der oben genannten Effekte an einer stationären Phase resultiert *scheinbar* auch eine unterschiedliche Wanderungsgeschwindigkeit der Komponenten in der mobilen Phase. Mit anderen Worten, es kommt zu einer *unterschiedlich starken Verzögerung* der Bewegung auf der stationären Phase und damit zu einer räumlichen Trennung der Komponenten eines Stoffgemischs. Der *Stofftransport* findet jedoch ausschließlich in der *mobilen Phase* statt.

1474 B **1475** B

Bei einem **inneren Chromatogramm** bricht man die Entwicklung ab, bevor die Laufmittelfront das Ende der Trennstrecke erreicht hat. Beispiele hierfür sind die Papierchromatographie (PC), die Dünnschichtchromatographie (DC) oder die Chromatographie an HPTLC-Platten (**h**igh **p**erformace **t**hin **l**ayer **c**hromatography).

1476 C

Setzt man die Chromatographie solange fort, bis die Substanzen mit der mobilen Phase die stationäre Phase verlassen und analysiert werden können, so entwickelt man ein **äußeres Chromatogramm**. Beispiele hierfür sind die Gaschromatographie (GC), die Säulenchromatographie (SC) oder die Hochdruckflüssigchromatographie (HPLC).

1477 B

Wichtige **Kenngrößen** eines Stoffes für sein chromatographisches Verhalten sind:
- der „R_f-Wert" in der Dünnschichtchromatographie,
- die „Nettoretentionszeit" oder die „relative Retention" in der Gaschromatographie,
- der „scheinbare Verteilungskoeffizient" in der Größenausschlusschromatographie.

1478 A   **1479** C

Der R_f-Wert (Retentionsfaktor, Retardierungsfaktor) [nach IUPAC: R_F] in der DC ist definiert als Quotient aus $R_f (R_F)$ = Entfernung Start-Substanzfleckmitte : Entfernung Start-Lösungsmittelfront.

1480 B

Der R_{St}-Wert (*relative Retention*), d. h. die auf eine Vergleichssubstanz bezogene Retention ist definiert als Quotient aus R_{St} = Entfernung Start-Substanzfleck : Entfernung Start-Standardsubstanzfleck.

1481 C

Der R_{St}-Wert in der Dünnschichtchromatographie (DC) entspricht der **relativen Retention** in der Gaschromatographie (GC).

1482 D   **1484** A

Die dimensionslose **relative Retention** (r) lässt sich mit nachfolgender Formel berechnen, worin t_d = Totzeit, t_R = Retentionszeit der Probe und t_{RS} = Retentionszeit der Vergleichssubstanz bedeuten: $r = (t_R - t_d)/(t_{RS} - t_d)$

1483 C

Die *Molekülgröße* ist entscheidend für den Trenneffekt in der Größenausschlusschromatographie.

1484 A   **1482** D

Die **relative Retention** dient in der Gaschromatographie zur Stoffcharakterisierung. Sie ergibt sich aus dem *Verhältnis* der *Nettoretentionszeiten* von Untersuchungssubstanz zu einer Referenzsubstanz.

1485 E

Die **Trennstufenzahl** (n) einer flüssigchromatographischen Trennung hängt ab von der Länge der Säule und der Partikelgröße sowie den Oberflächeneigenschaften der stationären Phase.

1486 E   **1487** B

Trägt man bei einer gaschromatographischen Trennung die *Trennstufenhöhe* (h) gegen die *lineare Trägergasgeschwindigkeit* (u) auf, so erhält man den unten abgebildeten Kurvenverlauf. Diese Kurve entspricht der graphischen Darstellung der **van Deemter-Gleichung**. Da die Trennstufenhöhe definiert ist als Quotient aus der Säulenlänge und der *Trennstufenzahl* (n), erhält man einen „spiegelbildlichen" Kurvenverlauf, wenn man die Trennstufenzahl (n) gegen die lineare Trägergasgeschwindigkeit (u) aufträgt.

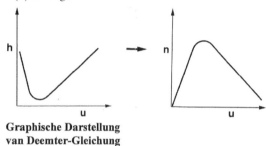

Graphische Darstellung van Deemter-Gleichung

1488 A   **1489** E   **1490** C   **1491** C   **1492** C   **1493** E   **1570** B

Die **van Deemter-Gleichung** beschreibt die Abhängigkeit der theoretischen Trennstufenhöhe (h) von der linearen Strömungsgeschwindigkeit (u) [in cm·s^{-1}] der mobilen Phase für gas- und flüssigchromatographische Trennungen. Die Trennstufenhöhe (h) wird auch als „Höhenäquivalent eines theoretischen Bodens" [HETP] bezeichnet und ist definiert als Quotient aus der Säulenlänge (L) und der Zahl der theoretischen Böden (n):

$$h = HETP = L/n$$

Für *gaschromatographische* Trennungen lautet die van-Deemter-Gleichung:

$$h = HETP = A + B/u + C \cdot u$$

– A, B und C sind Konstanten. Der A-Term berücksichtigt die *Streudiffusion*, d.h. die Wanderung der Substanzen durch Poren und Kanäle. Der B-Term berücksichtigt *Diffusionseffekte* entlang der Trennstrecke. Der C-Term schließlich beschreibt den *Massentransfer* zwischen stationärer und mobiler Phase.

Die van Deemter-Gleichung stellt nicht nur den Zusammenhang her zwischen HETP und der linearen Fließgeschwindigkeit, sondern beschreibt auch den Zusammenhang zwischen HETP und der Partikelgröße der stationären Phase. Je kleiner die Teilchengröße der stationären Phase ist, desto höher ist die Trennstufenzahl (n) und desto besser ist die Trennleistung.

Aus dem Kurvenverlauf der van-Deemter-Gleichung (siehe Frage Nr. **1486**) kann gefolgert werden, dass zu niedrige Strömungsgeschwindigkeiten (u) das HEPT stark ansteigen lassen, wodurch sich die Trennung verschlechtert. Auch bei zu hohen Strömungsgeschwindigkeiten steigt HETP – wenn auch langsamer – ebenfalls an. Beide Effekte – zu niedrige und zu hohe lineare Fließgeschwindigkeiten – verschlechtern daher die chromatographische Trennung.

Anzumerken ist, dass die optimalen Trägergasgeschwindigkeiten (u_{opt}) (Minimum in der van Deemter-Kurve) für verschiedene Trägergase (H_2, N_2) unterschiedlich sind.

1494 E   **1496** E

Zur generellen Bewertung der **Trennleistung** einer chromatographische Säule können herangezogen werden: Trennstufenzahl – relative Retention – Auflösungsvermögen

1495 C

■ Die **Trennleistung** einer Chromatographiesäule in der HPLC wird beeinflusst durch die lineare Strömungsgeschwindigkeit der mobilen Phase und die Teilchengröße (Packungsdichte) der stationären Phase.

■ Die Empfindlichkeit des Detektors beeinflusst *nicht* die Trennleistung einer Chromatographiesäule, sondern die Nachweisgrenze des betreffenden Verfahrens.

1496 E   **1494** E

■ Die Leistungsfähigkeit einer Chromatographiesäule wird charakterisiert durch die Trennstufenzahl (n). Je höher die Anzahl (n) der Trennstufen bei vorgegebener Länge der Säule ist, desto kleiner ist HETP und desto höher ist die Trennleistung und desto niedriger ist die Bandenverbreiterung.

1497 B   **1891** E

■ Zur Charakterisierung der Trennleistung einer Chromatographiesäule dient die *Trennstufenhöhe* [Bodenhöhe] (h). Je kleiner (h) ist, desto mehr Trennstufen sind bei einer vorgegebenen Säulenlänge vorhanden.

■ Die Bodenzahl (n) einer Chromatographiesäule definierter Länge kann für chirale und achirale stationäre Phasen aus chromatographischen Daten berechnet werden. Es gilt:

$$n = 16 \, (z/y)^2$$

– Hierin bedeutet – je nach Verfahren – z = Entfernung Substanzpeak-Lösungsmittelpeak *oder* Differenz der Elutionszeiten des Lösungsmittels und der Komponenten (in mm) *oder* Nettoretentionszeit. y gibt die Basisbreite des Peaks an.

1498 E   **1499** B

■ Unter *Adsorption* versteht man die Anreicherung einer Substanz an der Oberfläche eines anderen (meistens festen) Stoffes. Trägt man die Konzentration des adsorbierten Stoffes (C_S) an der stationären Phase gegen die Konzentration des Stoffes (C_L) in der mobilen Phase auf, so erhält man die **Adsorptionsisotherme**. Bei niedrigen Konzentrationen steigt die Adsorptionsisotherme nahezu linear an und das Verhältnis C_S/C_L ist eine Konstante. Bei höheren Konzentrationen in der mobilen Phase verläuft die Isotherme gekrümmt und nähert sich einem Sättigungswert an. Ein linearer Verlauf der Adsorptionsisothermen ist eine Vorraussetzung für die Reproduzierbarkeit des Trennergebnisses.

■ Das Verhältnis adsorbierter Menge zu gelöster Menge hängt auch von der Temperatur ab. Im Allgemeinen nimmt die Adsorption eines Stoffes an die Oberfläche der stationären Phase mit steigender Temperatur ab. In der nachfolgenden Abbildung ist der Bedeckungsgrad (θ) einer stationären Phase mit einem gasförmigen Stoff gegen den Gasdruck [Gaskonzentration] (p) aufgetragen. Für die Adsorptionsisothermen A-E gilt, dass sie bei steigender Temperatur aufgenommen wurden, sodass die Langmuir-Isotherme (**E**) den Kurvenverlauf bei der höchsten Temperatur widerspiegelt. Bei diesem Verlauf ist im Chromatogramm mit einem *Tailing* (Schwanzbildung) zu rechnen.

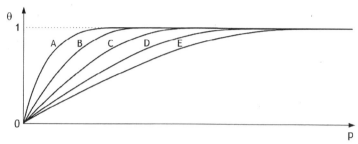

12.2 Dünnschichtchromatographie (DC)

1500 D

Für die Auswertung eines Dünnschichtchromatogramms günstig sind R_F-**Werte** (auch als R_f-**Wert** bezeichnet) im Bereich $R_F = 0{,}2\text{--}0{,}8$. Im Allgemeinen erhält man bei Stoffen mit ähnlichem Retentionsverhalten ein Maximum an Auflösung bei R_F-Werten um 0,3.

1501 B **951** E

Der *elektroosmotische Fluss* (EOF) ist ein Begriff aus der Kapillarelektrophorese (CE). Der EOF bewirkt, dass alle gelösten Teilchen – trotz unterschiedlicher Ladung – zur selben Elektrode wandern.

1502 A

Die *Kammersättigung* ist ein Begriff aus der Dünnschichtchromatographie (DC). Die Kammersättigung verhindert, dass in komplexen Fließmittelgemischen leichtflüchtige Komponenten verdampfen und daraus starke Veränderungen in der Zusammensetzung des Fließmittels entlang der Trennstrecke eintreten. Der Einfluss der Kammersättigung auf die Trennung ist nicht abschätzbar.

1503 E **1504** C

Zur **quantitativen Auswertung** eines *Dünnschichtchromatogramms* sind geeignet:
- Vergleich von Größe und Farbintensität des DC-Flecks mit einem Vergleichsfleck, für den die Menge der aufgetragenen Substanz bekannt ist.
- spektralphotometrische Direktauswertung des Chromatogramms mit DC-Scannern und Aufnahme der Remissionsgrad-Ortskurven. Es wird die mengenabhängige Remissionsminderung (Minderung der reflektierten Lichtintensität) durch eine Substanz aufgezeichnet.
- Auskratzen des Sorbens mit Fleck, Extraktion des Flecks mit einem geeigneten Lösungsmittel und anschließende photometrische Bestimmung der Lösung.

1505 E

Über die **Dünnschichtchromatographie** am *polaren* Sorbens *Kieselgel* lassen sich folgende Aussagen machen:
- Es besitzen unter gleichen Bedingungen unpolare Stoffe einen größeren R_F-Wert als polare Stoffe; d. h. sie wandern aufgrund ihrer geringeren Affinität zum Sorbens eine weitere Strecke.
- Es wandern unpolare Stoffe mit polaren Fließmitteln eine weitere Strecke als mit unpolaren Fließmitteln.
- Es ist für die Chromatographie polarer Stoffe ein polares Fließmittel erforderlich.
- Es sind für Stoffe mittlerer Polarität Gemische aus polaren und unpolaren Fließmitteln geeignet. Besitzen Substanzen dann zu große R_F-Werte, sollte der Anteil der polaren Komponente des Fließmittels verringert werden. Liegen die Substanzen zu nahe an der Startzone, ist die Polarität des Fließmittels zu erhöhen.

1506 A   **1507** B   **1508** D   **1509** B   **1510** C   **1849** C

Die eluierende Wirkung eines **Lösungsmittels** korreliert mit seiner Polarität und seiner Dielektrizitätszahl, so dass man Lösungsmittel in eine **eluotrope Reihe** nach *zunehmendem Elutionsvermögen* an polaren stationären Phasen (z. B. Kieselgel) wie folgt ordnen kann:

Petroläther < Toluol < Chloroform < Aceton < Methanol
Petroläther < Diethylether < Aceton < Methanol < Wasser
n-Hexan < Toluol < Diethylether < Dichlormethan < Acetonitril
Cyclohexan < Dichlormethan < Ethanol < Wasser
n-Pentan < Diethylether < Essigsäureethylester < Ethanol < Wasser

1511 D   **1512** B   **1513** A

In der Dünnschichtchromatographie kommt es dann zu einer Erhöhung des R_F-Wertes, wenn die Entfernung Start-Substanzfleck größer wird. Da der Stofftransport nur in der mobilen Phase erfolgt, muss die Verweilzeit in der mobilen Phase länger und in der stationären Phase kürzer werden.

In der Dünnschichtchromatographie an *polarem Kieselgel* erfolgt daher eine *Erhöhung* des R_F-Wertes mit:
- *abnehmender* Polarität der zu untersuchenden Substanzen,
- *abnehmender* Aktivität der stationären Phase.

1512 B   **1511** D   **1513** A

In der Dünnschichtchromatographie an einer *Umkehrphase* erfolgt eine *Erhöhung* des R_F-Wertes mit:
- *abnehmender* Polarität des Fließmittels,
- *zunehmender* Polarität des Analyten,
- *abnehmender* Kettenlänge des Alkylrestes an der Umkehrphase.

1513 A   **1511** D   **1512** B

In der Dünnschichtchromatographie an *polarem Kieselgel* erfolgt eine *Erhöhung* des R_F-Wertes bei sonst unveränderten Parametern mit *zunehmender* Polarität des Fließmittels, was zu einer kürzeren Verweilzeit in der stationären Phase führt.

1514 C

▨ Der **R$_F$-Wert** eines Stoffes wird beeinflusst durch die *Polaritäten* des Moleküls, des Fließmittels und der stationären Phase. Da Adsorption und Verteilung temperaturabhängige Größen sind, beeinflusst auch die Temperatur den R$_F$-Wert. Darüber hinaus spielt bei basischen und sauren Stoffen der *Dissoziationsgrad* der Substanz eine wichtige Rolle.

▨ Naturgemäß kann die Nachweisgrenze des *nach* dem chromatographischen Prozess angewandten Detektionsmittels keinen Einfluss auf das Retadierungsverhalten eines Stoffes haben.

1515 E

▨ Wenn bei der DC-Trennung von *Carbonsäuren* an polarem Kieselgel mit Toluol als Laufmittel die R$_F$-Werte zu niedrig sind, können diese erhöht werden, in dem man die Polarität des Fließmittels, z. B. durch Zugabe von *Eisessig* oder *Methanol*, erhöht.

1516 D

▨ Wenn bei der DC-Trennung *stark basischer Arzneistoffe* an polarem Kieselgel mit Toluol als Laufmittel die R$_F$-Werte zu niedrig sind, können diese erhöht werden, in dem man die Polarität des Fließmittels, z. B. durch Zugabe von *Methanol*, erhöht oder das stark basische *Dimethylamin* zur Zurückdrängung der Dissoziation hinzufügt.

1517 D

▨ *Polyethylenglycole* sind polare Trennflüssigkeiten, die man naturgemäß in der Planarchromatographie (DC, PC) *nicht* als stationäre Phasen verwenden kann.

1518 B

▨ **Kieselgel G** enthält etwa 13 % *Gips*, um eine bessere *Haftfestigkeit* auf Glasplatten zu gewährleisten. Der *Gipsgehalt* wird komplexometrisch bestimmt, während das *Trennvermögen* mit Farbstoffen wie Dimethylgelb geprüft werden kann. Der *pH-Wert* einer Kieselgel-Suspension sollte bei etwa pH ~ 7 liegen.

▨ Eine Qualitätsprüfung der Austauschkapazität von Kieselgel G erfolgt *nicht*.

1519 C   1520 C

▨ **Kieselgel GF$_{254}$** enthält zur Detektion an der Oberfläche adsorbierte *Fluoreszenzindikatoren*, die bei der Bestrahlung mit Licht der Wellenlänge $\lambda = 254$ nm eine starke Lumineszenz zeigen. Man erkennt adsorbierte Substanzen als dunkle Flecken (*Fluoreszenzlöschung*), wenn sie Licht der Wellenlänge 254 nm absorbieren.

▨ Substanzen wie Benzoesäure, Zimtsäure, Benzaldehyd und Acetophenon enthalten alle einen substituierten *Phenyl-Rest* als *Chromophor*, der Licht bei 254 nm absorbiert und somit zur Fluoreszenzminderung führt. *Essigsäure* absorbiert bei dieser Wellenlänge nicht und ergibt daher praktisch keine Fluoreszenzminderung.

1521 C

▨ Werden funktionelle Gruppen in einen aromatischen Kohlenwasserstoff (Ar-H) eingeführt, so erhöht sich die Adsorptionsaffinität an Kieselgel mit zunehmender Polarität des Aromaten in folgender Reihe: Ar-CH$_3$ < Ar-O-CH$_3$ < Ar-CH=O < Ar-OH < Ar-COOH

1522 B

Basisches Aluminiumoxid ist ein polares Sorbens, das an seiner Oberfläche Stoffe adsorbieren kann.

1523 E

Als Reagenz zur Detektion von *Steroidhormonen* wie *Prednisolon* verwendet man häufig eine 35%ige ethanolische Schwefelsäure- oder eine 20%ige p-Toluolsulfonsäure-Lösung. Daneben kann die Detektion vieler *Glucocorticoide* mit einer Ketol-Struktur (R-CO-CH$_2$OH) mit UV-Licht, Triphenyltetrazoliumchlorid (TTC) oder Tetrazolblau erfolgen.

Gibbs-Reagenz (2,6-Dichlor-1,4-chinon-4-chlorimid) dient zum Nachweis von *Phenolen* (Ar-OH) unter Bildung von Indophenol-Farbstoffen.

1524 D   **1893** E

Gallussäure (3,4,5-Trihydroxybenzoesäure) und *Propylgallat* (3,4,5-Trihydroxybenzoesäurepropylester) werden, in Aceton gelöst, dünnschichtchromatographisch untersucht. Auf diese Untersuchung treffen folgende Aussagen zu:
- Propylgallat (*Ester*) hat als weniger polare Substanz auf dem polaren Kieselgel einen höheren R_F-Wert als Gallussäure (*Carbonsäure*).
- Im Laufmittel Toluol/Ethylformiat kann die elektrolytische Dissoziation und damit das Tailing saurer Analyte wie Gallussäure durch Zusatz von 10% Ameisensäure zurückgedrängt werden.
- Sowohl Propylgallat als auch Gallussäure sind aufgrund ihres aromatischen Ringgerüstes auf Kieselgel GF$_{254}$-Platten durch Lumineszenzminderung bei Bestrahlung mit UV-Licht von $\lambda = 254$ nm detektierbar.
- Sowohl Propylgallat als auch Gallussäure lassen sich aufgrund ihrer phenolischen Hydroxyl-Gruppen mit Eisen(III)-chlorid-Sprühreagenz zu farbigen Chelatkomplexen umsetzen.

1525 D

Eine Propylgallat-Lösung in 10 ml Aceton enthält 200 mg des Esters (100%). Wenn eine Vergleichslösung in 10 ml Aceton 10 mg Gallussäure enthält, dann ist die Lösung 0,5%ig. Werden bei einer DC-Untersuchung gleiche Mengen beider Lösungen aufgetragen und der Fleck der Propylgallat-Lösung ist kleiner als der Fleck der Gallussäure-Lösung, dann enthält die Propylgallat-Probe nicht mehr als **0,5%** Gallussäure.

12.3 Papierchromatographie (PC)

1526 D   **1596** C

Auf die **Papierchromatographie** treffen folgende Aussagen zu:
- Die Papierchromatographie gehört zu den planar-chromatographischen Verfahren.
- Die Trennung der Stoffe beruht wesentlich auf ihrem unterschiedlichen *Verteilungsverhalten* zwischen einem Cellulose-Wasser-Komplex als stationäre Phase und einem nur wenig mit Wasser mischbaren Laufmittel als mobile Phase.
- Die Trennung der Stoffe beruht nur zu einem geringen Teil auf Adsorptionsvorgängen.

12.4 Gaschromatographie (GC)

1527 E

In der Gaschromatographie können folgende *Gleichgewichtsvorgänge* ablaufen:
- Adsorption von Stoffen an der Oberfläche der stationären Phase,
- Verteilung von Stoffen zwischen einem Trägergas als mobile und einer Trennflüssigkeit als stationäre Phase,
- Verteilung von Stoffen zwischen einem Trägergas als mobile und einer chemisch gebundenen Phase als stationäre Phase.

1528 D

Im abgebildeten Schema eines Gaschromatographen ist der *Strömungsmesser falsch* angeordnet. Der Strömungsmesser müsste sich zwischen Druckregler und Trennsäule befinden.

1529 C

Eine *Entwicklungskammer* ist ein Gerät in der Planarchromatographie (PD, DC).

1530 C

Ein *Polarisator* ist Bauteil eines Polarimeters.

1531 B   **1532** E

In der Gaschromatographie werden als mobile Phase folgende Stoffe als **Trägergase** eingesetzt:
- Edelgase wie Helium oder Argon,
- Stickstoff, Kohlendioxid sowie Wasserstoff.

Acetylen wird *nicht* als Trägergas in der GC verwendet, sondern wird als Brenngas in der Flammenphotometrie eingesetzt.

1533 C

In der GC mit einem Flammenionisationsdetektor (FID) werden vor allem *Helium* und *Stickstoff*, die in der Flamme kein Signal erzeugen, als Trägergase verwendet.

1534 C

In der GC mit einem Wärmeleitfähigkeitsdetektor (WLD) werden üblicherweise *Helium* und *Wasserstoff* als Trägergase eingesetzt. Luft kann *nicht* verwendet werden, da einige Luftbestandteile wie Stickstoff oder Kohlendioxid im WLD ein Signal erzeugen.

1535 C

Als **Trennflüssigkeiten** im Temperaturbereich 40–300 °C werden in der Gasflüssigchromatographie (GLC) eingesetzt: *Squalan* (ein langkettiger Kohlenwasserstoff), *Polyethylenglycole* (wie z. B. Macrogol oder Carbowax) und *Siliconöle* oder modifizierte Siliconöle.

Essigsäurebutylester (Sdp. 127 °C) ist aufgrund seines niedrigen Siedepunktes als Trennflüssigkeit in der GLC ungeeignet.

1536 E

Ethylenglycol [Ethan-1,2-diol] ($HOCH_2$-CH_2OH) ist das Monomer für die Herstellung von *Polyethylenglycolen,* die als stark polare stationäre Phasen in der Gaschromatographie Verwendung finden.

1537 D

Als stationäre *Trennflüssigkeit* in der Kapillar-GC werden **Polysiloxane** verwendet.
Die anderen genannten Stoffe (Polystyrole, Cyclodextrine, Cellulosen, Polyurethane), sind keine Flüssigkeiten, sondern sie sind Feststoffe.

1538 E

Polyethylenglycole werden in Kapillarsäulen als *stark polare,* flüssige stationäre Phasen zur Untersuchung einer Vielzahl von Stoffen *unterschiedlichster Stoffklassen* (Aldehyde, Amine, Fettsäuren und deren Derivate, u. a. m.) genutzt.

1539 B

Polysiloxane wie Polydimethylsiloxan [$(CH_3)_3$Si-O[-Si$(CH_3)_2$)-O]$_n$-Si$(CH_3)_3$] sind etwas weniger polar als *Polyethylenglycole* [H-[O-CH_2-CH_2]$_n$-OH], so dass die genannten stationären Phasen in nachfolgende Reihe steigender Polarität geordnet werden können:
Polydimethylsiloxan < Poly(dimethyl)(phenyl)siloxan <
Poly(cyanopropyl)(phenylmethyl)siloxan < Polyethylenglycol

1540 E   1541 C

In der Gaschromatographie werden als **Detektoren** eingesetzt: Flammenionisationsdetektor (FID) – Elektroneneinfangdetektor (ECD) – Wärmeleitfähigkeitsdetektor (WLD) und massenselektive Detektoren.
Beim Wärmeleitfähigkeitsdetektor wird der anzuzeigende Stoff chemisch nicht verändert.
Brechzahldetektoren sind universell anwendbare Detektoren in der HPLC. Gemessen wird die Änderung der Brechzahl des Gemischs mobile Phase/Substanz im Vergleich zum reinen Lösungsmittel.

1542 A   1544 B

Beim **Flammenionisationsdetektor** (FID) wird der Strom gemessen, der durch die Verbrennung in einer Flamme entstehenden Radikale und Ionen verursacht wird.

1543 B

Beim **Wärmeleitfähigkeitsdetektor** (WLD) wird die durch eine Substanz verursachte Änderung der Wärmeleitfähigkeit im Trägergas gegenüber der Wärmeleitfähigkeit des reinen Trägergases gemessen.

1544 B   1542 A

Beim **Flammenionisationsdetektor** (FID) wird der Strom gemessen, der durch die Verbrennung in einer Flamme entstehenden Radikale und Ionen verursacht wird.

1545 A

Bei einem **massenselektiven Detektor** werden geladene Fragmente in einem magnetischen und elektrischen Feld getrennt und registriert.

1546 A   **1547** D   **1550** D   **1551** E

Über den **Flammenionisationsdetektor** (FID) [**f**lame **i**onisation **d**etector] lassen sich folgende Aussagen machen:
- Der FID ist ein *massenstromabhängiger* Detektor (*Stoffmengendetektor*). D.h., das Detektorsignal wird umso größer sein, je mehr Substanzen pro Zeiteinheit in den Detektor gelangen.
- Das Detektorsignal und somit auch die resultierende Peakfläche sind unabhängig vom Trägergasvolumen, mit dem die Substanz vermischt wird.
- Der FID ist gegenüber solchen Substanzen unempfindlich, die entweder nicht verbrennen [N_2, H_2O, H_2SO_4, Edelgase, CO_2, CCl_4] oder bei deren Verbrennung praktisch keine Radikale auftreten [CO, HCN, H_2CO]. Daher sind Stoffe wie Stickstoff oder Helium FID-kompatible Trägergase.

1548 D   **1549** B   **1431** E   **1552** B

Über einen **Elektroneneinfangdetektor** (ECD) [**e**lectron **c**apture **d**etector] lassen sich folgende Aussagen machen:
- Der Detektor gehört zur Gruppe der radiologischen Detektoren. Gemessen wird die durch ein radioaktives Präparat ausgelöste Ionisation einer Analysensubstanz.
- Im Allgemeinen befindet sich in der Detektorzelle ein *β-Strahler* (^{3}H, ^{63}Ni) als radioaktive Strahlungsquelle.
- Der ECD zeichnet sich durch eine hohe Empfindlichkeit gegenüber Substanzen mit hoher Elektronenaffinität aus, wie z. B. *halogenierte Kohlenwasserstoffe*.

1550 D   **1551** E   **1546** A   **1547** D

Der **FID** ist gegenüber solchen Substanzen unempfindlich, die entweder nicht verbrennen [N_2, H_2O, H_2SO_4, Edelgase, CO_2, CCl_4] oder bei deren Verbrennung praktisch keine Radikale auftreten [CO, HCN, H_2CO]. Daher sind Stoffe wie Stickstoff oder Helium FID-kompatible Trägergase.

Hat z. B. die zu bestimmende Substanz die gleiche Retentionszeit wie das als Lösungsmittel verwendete **Wasser**, so sieht man zwar das Signal der Substanz, doch ist die Proportionalität zwischen Konzentration und Detektorsignal nicht mehr linear.

1552 B   **1548** D   **1549** B

Der **ECD** zeichnet sich durch eine hohe Empfindlichkeit gegenüber Substanzen mit hoher Elektronenaffinität aus, wie z. B. *halogenierte Kohlenwasserstoffe*.

1553 C   **1555** A   **1557** C

In den Kennzeichnungen des abgebildeten **Gaschromatogramms** sind die Bezeichnungen für die Strecken (3) und (4) vertauscht.

Die Strecke (3) bezeichnet man als „*Totzeit*"; diese entspricht der Verweilzeit einer Substanz in der mobilen Phase. Da Luft von der stationären nicht adsorbiert wird, wird das entsprechende Signal auch „*Luftpeak*" genannt.

Der Abstand (4) wird „*Halbwertsbreite*" eines Peaks genannt; dieser Abstand spielt bei der quantitativen Auswertung eines Gaschromatogramms eine Rolle.

1554 B **1563** B **1565** B

▪ Die Strecke „Luftpeak-Substanzpeak" in einem Gaschromatogramm entspricht der Verweilzeit einer Substanz in der stationären Phase; die Zeit wird als **Nettoretentionszeit** bezeichnet.

1555 A **1553** C **1557** C

▪ Die Strecke „Start-Luftpeak" in einem Gaschromatogramm entspricht der Verweilzeit der Substanz in der mobilen Phase; die Zeit wird als **Totzeit** bezeichnet.

1556 C **1564** A

▪ Die Zeit vom Einspritzzeitpunkt bis zum Substanzpeak wird **Gesamtretentionszeit** genannt; sie entspricht der Verweilzeit in der mobilen *und* der stationären Phase.

1557 C **1553** C **1555** A

▪ Die Aufenthaltszeit einer Substanz in der mobilen Phase wird **Totzeit** genannt.

1558 A

▪ Man kennt zwei Formen der *Peakasymmetrie*:
  – **Tailing** (Schwanzbildung) mit einer Abflachung im abfallenden Kurvenast (am Peakende) [siehe Peak 2/I].
  – **Leading** mit einer Abflachung im aufsteigenden Kurvenast (am Peakanfang) [siehe Peak 2/II].

1559 D **1761** C

▪ Ursachen für ein **Tailing** können sein:
  – *Totvolumina* (im Aufgabesystem, Trennsäule oder im Detektor) sowie Verschmutzungen der Apparatur.
  – *Adsorption* von stärker polaren Substanzen an aktiven Oberflächen des Aufgabesystems, aber auch an der stationären Phase.
  – Zersetzung der Probe während des chromatographischen Prozesses.
▪ Mesomere Grenzformen sind *fiktive* Strukturen, um den realen, nicht durch eine einzige Formel beschreibbaren Molekülzustand abzubilden. Sie können aufgrund ihres fiktiven Charakters *nicht* die Ursache für das Auftreten von Tailingerscheinungen sein.

1560 B

▪ Bei der gaschromatographischen Analyse eines Fettsäuremethylester-Gemischs an einer gepackten Säule mit Macrogoladipat auf einem Träger kann eine Erhöhung der Zahl der Trennstufen bei definierter Säulenlänge dadurch erreicht werden, dass man die Dicke des Films der stationären Phase mindert (geringe Beladung vorausgesetzt). Die Minderung der Dicke des Films führt zu einer Vergrößerung der Oberfläche, wodurch zwischen stationärer und mobiler Phase mehr Verteilungsvorgänge stattfinden können.
▪ Die Vergrößerung des Durchmessers der Teilchen des Trägermaterials sowie der Ersatz von kugelförmigem (sphärischem) durch ein unregelmäßig geformtes Trägermaterial führen zu einer Erniedrigung der Zahl der Trennstufen, weil aufgrund der geringeren Oberfläche weniger Verteilungsprozesse zwischen stationärer und mobiler Phase bei gegebener Säulenlänge ablaufen können.

1561 E **1562** E **1566** C

Die **Gesamtretentionszeit** einer Substanz wird in der GC-Analyse beeinflusst durch die:
- *Temperatur* der Trennsäule; im Allgemeinen führt eine Temperaturerhöhung zu einer Verkürzung der Retentionszeit.
- *Strömungsgeschwindigkeit* des Trägergases.
- *Polarität* (Lipophilie) von Prüfsubstanz und stationärer Phase.

Art und Empfindlichkeit des verwendeten Detektors haben keinen Einfluss auf die Retentionszeit, da zum Zeitpunkt der Detektion der Trennprozess an der stationären Phase schon abgeschlossen ist.

1563 B **1554** B **1565** B

Die **Nettoretentionszeit** entspricht der Aufenthaltszeit einer Substanz in der stationären Phase.

1564 A **1556** C

Die **Gesamtretentionszeit** entspricht der Aufenthaltszeit einer Substanz in der mobilen *und* der stationären Phase.

1565 B **1554** B **1563** B

In der Gaschromatographie ergibt sich die **Nettoretentionszeit** (t_r) einer Substanz aus der *Differenz* von *Gesamtretentionszeit* (t_{dr}) und *Totzeit* (t_d). Es gilt: **$t_r = t_{dr} - t_d$**

1566 C **1561** E **1562** E

Die **Retentionszeit** einer Substanz wird in der GC-Analyse beeinflusst durch die:
- *Temperatur* der Trennsäule; im Allgemeinen führt eine Temperaturerhöhung zu einer Verkürzung der Retentionszeit.
- *Strömungsgeschwindigkeit* des Trägergases.
- *Polarität* von zu untersuchender Substanz und stationärer Phase.

Art und Empfindlichkeit des verwendeten Detektors haben keinen Einfluss auf die Retentionszeit.

1567 C **1568** E

Die *Erhöhung* der *Ofentemperatur* bei einer gaschromatographischen Analyse bewirkt eine
- Verkürzung von Totzeit und Nettoretentionszeit.
- Anwachsen der Peakhöhe und Verkleinerung der Peakhalbwertsbreite.

1568 E **1567** C

Erhöht man bei der gaschromatographischen Trennung von Palmitinsäuremethylester und Stearinsäuremethylester die Temperatur so:
- werden die *Retentionszeiten* beider Ester *kürzer*.
- bleiben die *Peakflächen* beider Ester weitgehend *konstant*. Zwar vergrößert sich die Peakhöhe, die Peaks werden aber auch schmaler.

1569 C   **1891** E

▪ Über die *gaschromatographische Trennung* eines Gemischs von **Kohlenwasserstoffen** lassen sich folgende Aussagen machen:
  – Die *Totzeit* in einem Gaschromatographen kann durch die Aufenthaltszeit eines Stoffes wie **Methan** bestimmt werden, der von der stationären Phase nicht zurückgehalten wird. Im abgebildeten Gaschromatogramm ist die **Totzeit** mit (t_m) gekennzeichnet und entspricht der Retentionszeit (t_r) für Methan. Der Substanztransport findet nur in der Gasphase statt und *alle Substanzen* halten sich die *gleiche Zeit* in der Gasphase auf.
  – Unpolare Stoffe werden von einer unpolaren Flüssigphase in der *Reihenfolge* ihrer *Siedepunkte* getrennt [n-Heptan (Sdp. 98,3 °C), n-Octan (Sdp. 125,8 °C), n-Nonan (Sdp. 150,6 °C)]. Daher kann es sich bei dem zwischen n-Octan und n-Nonan registrierten Peak *nicht* um n-Heptan handeln, das aufgrund seines Siedepunktes eine kürzere Retentionszeit als n-Octan haben müsste.
  – Je länger eine Substanz auf der Säule verweilt, desto größer ist der *Kapazitätsfaktor* (k´) [Retentionsfaktor], der wie folgt definiert ist: **k´ = (t_r−t_m)/t_m**
  – Bei der *relativen Retention* wird die Retentionszeit einer Substanz auf die Retentionszeit einer Vergleichssubstanz bezogen und nicht auf einen zweiten Probenbestandteil.

1570 B   **1488** A   **1489** E   **1490** C   **1491** C   **1492** C   **1493** E
1762 A   **1853** E

▪ Die *van Deemter-Gleichung* beschreibt die Abhängigkeit der gaschromatographischen **Trennstufenhöhe** (h) von der Art und der Geschwindigkeit des verwendeten Trägergases.
▪ Danach besitzt die Trennstufenhöhe bei einer bestimmten Trägergasgeschwindigkeit ein Optimum. Die Trennstufenhöhe ändert sich bei sehr niedriger Trägergasgeschwindigkeit stärker (steilerer Verlauf der van Deemter-Kurve) als bei hoher Trägergasgeschwindigkeit (flacherer Verlauf der van Deemter-Kurve). Aufgrund des Verlaufs der van Deemter-Kurve kann die Trennstufenhöhe bei sehr niedriger und sehr hoher Trägergasgeschwindigkeit auch gleich groß sein.
▪ Die Trennstufenhöhe nimmt mit zunehmender Trennleistung ab.

1571 C   **1579** A

▪ Nach *Arzneibuch* berechnet sich die **Trennstufenzahl** (n) [Anzahl der theoretischen Böden] nach: **n = 5,54 (t_{dr}/$b_{0,5}$)²**
▪ Darin bedeuten t_{dr} = *Gesamtretentionszeit* der betreffenden Substanz und $b_{0,5}$ = *Peakbreite in halber Peakhöhe (in mm)*.

1572 E   **1571** C   **1573** B   **1575** E   **1576** C   **1891** E

▪ Die Formeln (Definitionen nach Arzneibuch) zur Berechnung von *Symmetriefaktor*, *Auflösung* und *Anzahl der theoretischen Böden* sind bei der isothermen Gaschromatographie und der isokratischen Flüssigchromatographie gleich.

1573 B

▪ Der **Symmetriefaktor** (S) muss für jeden einzelnen Peak separat ermittelt werden. Der Symmetriefaktor wird auch als **Tailing-Faktor** bezeichnet.
▪ Kennzeichnet $b_{0,05}$ die Peakbreite bei einem Zwanzigstel (1/20) seiner Höhe und A die Entfernung zwischen der durch das Peakmaximum gezogenen Senkrechten und dem Punkt auf dem aufsteigenden Kurvenast bei einem Zwanzigstel der Peakhöhe, so ergibt sich der Symmetriefaktor zu: **S = $b_{0,05}$/2·A**

Der Wert S = 1 bedeutet ideale Symmetrie. Ein Peak mit S < 1 wird Leading-Peak, ein Peak mit S > 1 wird Tailing-Peak genannt. Für eine optimale Auswertung eines Peaks im Gaschromatogramm sollte der Symmetriefaktor im Bereich liegen von: **$0{,}8 \leq S \leq 1{,}2$**

1574 E   **1575** E   **1576** C   **1891** E

Ein Gaschromatogramm erlaubt nur dann quantitative Aussagen, wenn eine hinreichende Trennung der Peaks erreicht wurde. Dies wird durch die Bestimmung der **Auflösung** (R_S) gewährleistet. Die Auflösung wird beeinflusst von der:
- Zusammensetzung und der Flussrate der mobilen Phase; somit hängt die Auflösung bei der GC von der Trägergasgeschwindigkeit ab.
- Art und dem Herstellungsverfahren der stationären Phase.
- Säulentemperatur.
- Konzentration der Probelösung sowie Leading- und Tailing-Phänomenen bei den registrierten Peaks.

1576 C   **1574** E   **1575** E   **1580** A   **1762** A   **1891** E

Kennzeichnen t_{Ra}, t_{Rb} die Retentionszeiten zweier Substanzen a und b [im Gaschromatogramm = Entfernung (in mm) zwischen dem Einspritzpunkt und den durch die Maxima zweier benachbarter Peaks gezogenen Senkrechten] und bezeichnet man mit $b_{0,5a}$ und $b_{0,5b}$ die Peakbreiten (in mm) in halber Höhe, so berechnet sich die **Auslösung** (R_S) nach:

$$R_S = 1{,}18 \, (t_{Rb} - t_{Ra})/(b_{0,5a} + b_{0,5b})$$

Aus dieser Gleichung erkennt man, dass die Auflösung zweier Peaks im Chromatogramm abhängt von der *Differenz* der *Retentionszeiten* zweier Substanzen und der *Summe* ihrer *Peakbreiten* in *halber Höhe*. Für eine *Basislinientrennung* ist eine Auflösung von $R_S = 1{,}5$ erforderlich.

1577 C

Der **Trennfaktor** (α) [*relative Retention*] ist definiert als Verhältnis der Nettoretentionszeiten (t_{r1} und t_{r2}) zweier Substanzen 1 und 2. Es gilt: $\alpha = t_{r2}/t_{r1}$ (mit $t_{r2} > t_{r1}$)

Je höher der Trennfaktor (α) ist, desto besser ist die Trennung. Daher weist das Chromatogramm mit dem kleinsten Trennfaktor auf eine schlechte Trennung der Komponenten 1 und 2 hin. Die Chromatogramme (1) und (2) besitzen zwar denselben Trennfaktor, jedoch sind die beiden Peaks im Chromatogramm (2) basisliniengetrennt. Daher können die Chromatogramme wie folgt nach *fallender Auflösung* geordnet werden:

(2) > (1) > (3)

Durch Literaturdaten belegt ergeben sich für die abgebildeten Gaschromatogramme bezüglich Trennfaktor (α), Auflösung (R_S) und Anzahl der theoretischen Böden (n) folgende Werte: **(3)** $\alpha = 1{,}3$ / $R_S = 0{,}68$ / $n = 150$ – **(1)** $\alpha = 1{,}8$ / $R_S = 1{,}53$ / $n = 150$ – **(2)** $\alpha = 1{,}8$ / $R_S = 2{,}80$ / $n = 500$

1578 C   **1891** E

Die chromatographische Trennung zweier Substanzen kann durch die Auflösung (R_S), den Trennfaktor [Selektivität] (α) und das Peak-Tal-Verhältnis (p/V) charakterisiert werden.

Die Zahl der theoretischen Böden (n) und die Trennstufenhöhe (h) bewertet die Güte der stationären Phase.

1579 A   **1580** A   **1571** C   **1575** E

In die Berechnung von **Trennstufenzahl** (n) und **Auflösung** (R_S) gehen die *Retentionszeit* und die *Peakhalbwertsbreite* als Parameter ein.

1581 B   1727 D

Das **Signal-Rausch-Verhältnis** beeinflusst die Präzision der Bestimmung. Bezeichnet man mit H die Peakhöhe (Signalhöhe) des betreffenden Bestandteils im Chromatogramm und mit h den Absolutwert der größten Rauschschwankung von der Basislinie, so ist das Signal-Rausch-Verhältnis (S/N) wie folgt definiert: **S/N = 2 · H/h**

1582 A   1583 A

Die **quantitative Auswertung** von Gaschromatogrammen beruht auf der Proportionalität zwischen der *Peakfläche* einer Substanz und ihrer *Konzentration*. Die Ermittlung der Peakfläche kann mithilfe von elektronischen Integratoren geschehen.

Darüber hinaus gibt es eine Reihe von *Näherungsverfahren* zur *Flächenauswertung*. Die Fläche eine GC-Peaks und damit die Konzentration kann ermittelt werden:
- aus der *Peakhöhe* (H) allein, sofern symmetrische Peaks mit einem Symmetriefaktor (S) zwischen S = 0,8–1,2 und konstante Retentionszeiten vorliegen.
- aus dem Produkt von *Peakhöhe* (H) und *Halbwertsbreite* ($b_{0,5}$) des Peaks [H · $b_{0,5}$] (nur bei symmetrischen Peaks).
- nach dem *Condal-Bosch-Verfahren*, wobei sich die Breite eines Peaks aus dem arithmetischen Mittel der Peakbreiten bei 15 % ($b_{0,15}$) und bei 85 % ($b_{0,85}$) der Peakhöhe (H) ergibt [H · 1/2 ($b_{0,15}$ + $b_{0,85}$)].
- aus dem Produkt von *Peakhöhe* (H) und *Gesamtretentionszeit* (t_{dr}) [H · t_{dr}].

1584 A

Bei der *quantitativen Auswertung* eines *Chromatogramms* kann der Anteil einer oder mehrerer Komponenten im Analysengemisch als prozentuale Anteile bezogen auf die Fläche des Hauptpeaks oder die Gesamtfläche aller Peaks angegeben werden. Man bezeichnet diese Vorgehensweise als **Normalisierung** (Flächennormalisierung, 100 %-Methode). Dieses Verfahren wird im Allgemeinen angewandt, wenn keine Kalibriersubstanz verfügbar ist oder die zu *trennenden Substanzen unbekannt* sind.

1585 D

Bei Vorhandensein einer Referenzsubstanz kann die *quantitative Auswertung* eines Gaschromatogramm nach folgender Gleichung erfolgen: $c_x = c_s \cdot (F_x/F_s)$

Darin bedeuten: c_x = gesuchte Konzentration; c_s = Konzentration des Standards; F_x = zur Konzentration c_x gehörende Peakfläche; F_s = zur Konzentration c_s gehörende Peakfläche

1586 C   1587 E   1588 D   1602 E

Über einen in der GC eingesetzten **internen Standard** lassen sich folgende Aussagen machen:
- Ein interner Standard kann, muss aber nicht den zu untersuchenden Substanzen chemisch ähnlich sein; der interne Standard muss eine andere Retentionszeit besitzen als die zu bestimmenden Substanzen.
- Es handelt sich um eine Referenzsubstanz, die *allen* Probelösungen in *gleicher* Konzentration zugesetzt wird.
- Der Zusatz einer Standardsubstanz dient zur Korrektur der bei der Probeinjektion auftretenden Dossierfehler. Daher muss bei Verwendung eines internen Standards zur Berechnung des Analysenergebnisses das Volumen der eingespritzten Prüflösung *nicht* exakt bekannt sein.
- Der Standard darf in dem zu analysierenden Gemisch *nicht* anwesend sein und darf auch *keine* chemischen Reaktionen mit den einzelnen Komponenten des Analysengemischs eingehen.

1589 B

■ Die Gaschromatographie ist ein qualitatives und quantitatives Verfahren zur Trennung und Bestimmung von Stoffen, die gasförmig vorliegen oder sich bis etwa 350 °C unzersetzt und quantitativ verdampfen lassen.

■ Für *Menthol* (2) [Sdp. 212 °C] und *Nicotin* (5) [Sdp. 246 °C] sind gaschromatographische Verfahren beschrieben.

■ *Diclofenac-Kalium* (1) zersetzt sich oberhalb 296 °C und *Digitoxin* (4) zersetzt sich bei 256–258 °C, so dass beide Stoffe *nicht* für eine gaschromatographische Bestimmung geeignet sind.

■ **Anmerkung:** *Stearylalkohol* (3) wird nach *Ph.Eur. 7* gaschromatographisch mit Hilfe des Verfahrens der Normalisierung bestimmt. Die korrekte Lösung der Frage ist im Antwortangebot nicht enthalten.

1590 C

■ Um in der Gaschromatographie eine stärkere **Verdampfung schwerflüchtiger Stoffe** zu erreichen, kann
 – die *Temperatur* im Einspritzblock *erhöht* werden.
 – die zu untersuchende Substanz durch chemische *Derivatisierung* verändert werden.

■ Lyophilisation (Gefriertrocknung) ist ein Verfahren, um gelöste Stoffe aus ihren Lösungen schonend zu isolieren.

1591 A   1592 E   1764 D

■ Die **Derivatisierung** ist in der Gaschromatographie ein bewährtes Verfahren, um durch chemische Modifizierung Stoffe in leichter verdampfbare Substanzen zu überführen. Neben der Erhöhung der Flüchtigkeit von Substanzen dient die Derivatisierung auch dazu, die Polarität der Substanzen zu verändern und sie z. B. weniger polar zu machen. Darüber hinaus kann durch Derivatisierung die Detektion verbessert werden.

1593 B

■ Zur Überführung von *langkettigen Fettsäuren* in leichter flüchtige *Fettsäuremethylester* ist **Diazomethan** als *Methylierungmittel* geeignet.

1594 D

■ In der Gaschromatographie von *Alkoholen* (R-OH) und *Phenolen* (Ar-OH) sind geeignete Methoden zur Derivatisierung:
 – die Umsetzung mit Trimethylchlorsilan [$(CH_3)_3SiCl$] unter Bildung von Silylethern

$$R\text{-}OH + (CH_3)_3Si\text{-}Cl \rightarrow R\text{-}O\text{-}Si(CH_3)_3 + HCl$$

 – die Acetylierung der HO-Gruppe mit Acetanhydrid [$(CH_3CO)_2O$] unter Bildung von Essigsäureestern

$$R\text{-}OH + (CH_3CO)_2O \rightarrow R\text{-}O\text{-}CO\text{-}CH_3 + CH_3\text{-}COOH$$

 – die Methylierung mit Diazomethan [CH_2N_2] unter Bildung von Methylethern

$$Ar\text{-}OH + CH_2N_2 \rightarrow Ar\text{-}O\text{-}CH_3 + N_2$$

■ Die Bildung von Natriumxanthogenaten [$R\text{-}O\text{-}CS\text{-}S^-Na^+$] durch Reaktion mit Schwefelkohlenkohlenstoff in einer Natriumhydroxid-Lösung oder die Bildung von Phthalsäurehalbestern durch Umsetzung mit Phthalsäureanhydrid sind *keine* geeigneten Methoden Alkohole oder Phenole für die GC-Analyse zu derivatisieren.

1595 C **1763** D

Die GC-Analyse mittels **Headspace-Technik** ist eine geeignete Methode zur Untersuchung von flüchtigen und gasförmigen Substanzen in festen oder nicht-flüchtigen Proben, bei denen störende Matrixeffekte minimiert werden. Ein Beispiel hierfür ist die *Ethanol-Bestimmung* im Blut. Bei der Headspace-Analyse wird in einer Probenkammer für ein Substanzgemisch ein abgeschlossener Gasraum erzeugt, in dem sich das Gleichgewicht Flüssigkeit-Dampf einstellen kann. Ein definiertes Volumen dieser Gasphase wird dann mit dem Trägergas auf die Säule gebracht und analysiert.

12.5 Flüssigchromatographie (LC)

1596 C **1526** D

Die *Radialchromatographie* ist eine Form der *Papierchromatographie*, eine Technik zur Abtrennung gefärbter Substanzen aus Stoffgemischen.

1597 E **961** E **962** A

Die *micellare elektrokinetische Chromatographie* (MEKC) ist eine Form der *Elektrophorese*. Die MEKC ist zur Trennung von Stoffen in einem elektrischen Feld unter gleichzeitiger Verteilung ungeladener Moleküle zwischen *Micellen* und wässriger Phase geeignet.

1598 B **1765** D

An die **Elutionsmittel** in der HPLC werden hohe Anforderungen gestellt, damit sie kein Störsignal im Detektor verursachen:
– Schwebstoffe oder feste, unlösliche Verunreinigungen werden durch Filtration über eine Fritte entfernt.
– Gase wie Luft (N_2, O_2) im Elutionsmittel können bei Druckentlastung in der Pumpe oder in der Detektorzelle zu Gasblasen und damit zu Störsignalen führen. Daher werden Elutionsmittel mithilfe von Ultraschall in Verbindung mit vermindertem Druck (Vakuum) entgast oder es wird eine Inertgasspülung mit Helium durchgeführt.

1599 B

Die **theoretische Bodenzahl** (n) ist nach Arzneibuch wie folgt definiert, worin t_R die Gesamtretentionszeit der Substanz und $b_{0,5}$ die Halbwertsbreite des Peaks (in mm) bedeuten:

$$n = 5{,}54\,(t_R/b_{0,5})^2$$

1600 B

Bei der **isokratischen Arbeitsweise** bleibt in der HPLC die Zusammensetzung der mobilen Phase konstant.

1601 C

Bei der **Gradientenelution** in der HPLC erfolgt eine kontinuierliche Zudosierung eines Lösungsmittels mit höherer Elutionskraft zur mobilen Phase.

1602 E

Bei Zugabe eines **internen Standards** muss dessen Anwesenheit in der Analysenmischung ausgeschlossen sein. Zudem darf der interne Standard keine chemischen Reaktionen mit Komponenten des Analysengemischs eingehen.

1603 C

Der Verteilungskoeffizient eines Arzneistoffs hängt bei der HPLC-Analytik ab von der *Polarität* der mobilen *und* der stationären Phase.

Die Kristallstruktur des Arzneistoffs *vor* dem Auflösen und der Dampfdruck der mobilen Phase haben keinen Einfluss auf die Verteilung des Stoffes zwischen stationärer und mobiler Phase.

1604 D

Bei unter vergleichbaren isothermen Bedingungen erhaltenem HPLC-Chromatogrammen
- erhält man durch die *Retentionszeit* ähnliche Informationen wie durch den R_F-Wert in der Dünnschichtchromatographie.
- nimmt die *Peakbreite* mit zunehmender Retentionszeit zu und die *Peakhöhe* nimmt mit zunehmender Retentionszeit ab, jedoch ist die *Peakfläche* von der Retentionszeit weitgehend unabhängig.
- ist das Produkt aus Peakhöhe und Gesamtretentionszeit (bei ungenügend getrennten Peaks) proportional der den Peak hervorrufenden Stoffmenge.

1605 E

Hartparaffin ist ein gereinigtes Gemisch fester, gesättigter Kohlenwasserstoffe, das *nicht* in der Flüssigchromatographie als stationäre Phase verwendet wird.

1606 E

Die **Kieselgel**-Oberfläche enthält bei pH = 6–7 isolierte Silanol-Gruppen (R_3**Si-OH**), bei pH = 4–5 geminale und bei pH = 2–3 durch Wasserstoffbrücken assoziierte vicinale Silanol-Gruppen. Bei pH-Werten oberhalb pH = 3 liegen auch zunehmend dissoziierte Si-O$^-$-Gruppen vor. Genereller *Nachteil* aller Kieselgele ist ihre *geringe Alkalistabilität*.

1607 B   1608 B   1609 A   1610 B   1807 C   1848 E

Kieselgel ist eine wichtige, aber nicht die einzige stationäre Phase in der Normalphasenchromatographie.

Mit *Cyanopropyl-Gruppen* (R-$CH_2CH_2CH_2CN$) derivatisiertes Kieselgel kann sowohl in der Normalphasenchromatographie als auch in der Umkehrphasenchromatographie als stationäre Phase eingesetzt werden.

Octadecylsilyl-derivatisiertes Kieselgel (RP-18-Phase) ist ein typisches hydrophobes reversed phase-Material für die Umkehrphasenchromatographie.

In der Normalphasenchromatographie besitzt die *stationäre Phase* eine *höhere Polarität* als die mobile Phase. Dadurch werden unpolare Stoffe weniger stark zurückgehalten als polare Stoffe.

In der Normalphasenchromatographie können organische Lösungsmittel wie *n*-Hexan und Methanol oder Isopropanol in der mobilen Phase eingesetzt werden.

Im Allgemeinen verwendet man in der Normalphasenchromatographie häufig *Lösungsmittelgemische* geringer Polarität, während bei Umkehrphasen wässrige mobile Phasen mit oder ohne Zusatz organischer Lösungsmittel als lipophile Komponente eingesetzt werden.

Die Flüssigchromatographie an Normalphasen wie an Umkehrphasen kann mit *massenselektiven Detektoren* gekoppelt werden (HPLC/MS-Geräte).

1611 A

Aus der Abbildung und der Beschreibung kann *nur* gefolgert werden, dass Substanz A eine größere Affinität zu Kieselgel hat als Substanz B, sodass Substanz A *erst* nach Substanz B eluiert wird.

Würde man im Elutionsmittelgemisch [Dichormethan/Methanol (95:5)] den Methanol-Anteil erhöhen, würde die Polarität des Elutionsgemischs steigen und die Verweildauer der Substanzen A und B würde deutlich kürzer werden. Die Reihenfolge der Elution (B vor A) würde sich jedoch nicht ändern, da deren Polarität nicht verändert wird.

Um Trenneffekte zu verbessern, kann man während der Chromatographie den Anteil an polarer Komponente im Elutionsgemisch auch kontinuierlich steigern (*Gradientenelution*).

1612 E

In der *Normalphasenchromatographie* an Kieselgel werden unpolare Stoffe früher eluiert als polare Stoffe. Aufgrund der Zunahme der Polarität mit zunehmender Zahl der Hydroxyl-Gruppen ergibt sich für die genannten **Phenole** folgende Reihe steigender Retentionszeit (längerer Verweilzeit):

$$m\text{-Kresol (4)} < \text{Phenol (1)} < \text{Brenzcatechin (2)} < \text{Phloroglucin (3)}$$

1613 D

In der Flüssigchromatographie versteht man unter **Umkehrphasenchromatographie** die Trennung von Stoffen an stationären Phasen, die mit lipophilen, längerkettigen Kohlenwasserstoffen chemisch modifiziert wurden.

1614 C

Auf die **Umkehrphasenchromatographie** treffen folgende Aussagen zu:
- Die mobile Phase ist stets polarer als die stationäre Phase.
- Cyanopropyl-derivatisiertes oder Octadecylsilyl-derivatisiertes Kieselgel können als stationäre Phasen eingesetzt werden.
- In der Umkehrphasenchromatographie werden meistens mit Wasser mischbare organische Elutionsmittel verwendet wie Wasser-Methanol- oder Wasser-Acetonitril-Gemische. Methanol und Acetonitril stellen hierbei den lipophilen Anteil dar, obwohl sie in einer eluotropen Reihe als polare Lösungsmittel einzustufen sind.
- Die Umkehrphasenchromatographie ist zur Kopplung mit der Massenspektrometrie in Form von massenselektiven Detektoren geeignet.

1615 B

Unter *Gradientenelution* in der Umkehrphasenchromatographie versteht man den kontinuierlich steigenden Anteil der lipophilen Komponente (Methanol, Acetonitril) des binären Fließmittelsystems (der mobilen Phase).

1616 B   1807 C

Cyanopropyl-derivatisiertes oder Octadecylsilyl-derivatisiertes Kieselgel können als stationäre Phasen in der Umkehrphasenchromatographie eingesetzt werden.

Kieselgel wird als stationäre Phase in der Normalphasenchromatographie verwendet und Polysiloxane dienen als Trennflüssigkeiten in der Gaschromatographie.

1617 D

▨ Über die **stationäre Phase** in HPLC-Säulen lassen sich folgende Aussagen machen:
– Die Teilchen können kugelförmig (*sphärisch*) oder unregelmäßig (*gebrochen*) geformt sein.
– Der Teilchendurchmesser beträgt im Allgemeinen weniger als 25 µm. Dabei ist die Trenneffizienz der Säule in der Regel umso höher, je kleiner der Teilchendurchmesser ist.
– „**RP-8**"-Reversed phase-Teilchen bestehen aus Kieselgel, das mit einem C 8-Rest alkyliert ist (Octylsilyl-derivatisiertes Kieselgel).

1618 C

▨ Die Beschriftung „**RP-18**" auf einer HPLC-Säule bedeutet *octadecylsilyliertes Kieselgel* als stationäre Phase.

1619 D   1761 C

▨ **Tailing-Effekte**, die häufig von freien Silanol-Gruppen (SiOH-Gruppen) herrühren, können durch *Nachsilanisieren* mit Trimethylchlorsilan [$(CH_3)_3$Si-Cl] blockiert werden. Dieses als **Endcapping** bezeichnete Verfahren führt zu einer stark lipophilen stationären Phase, die praktisch *keine polaren Eigenschaften* mehr hat.

1620 D

▨ In der Umkehrphasenchromatographie dreht sich die Elutionsreihenfolge im Vergleich zur Chromatographie an einer polaren Phase um. D.h., die polarste Verbindung besitzt die kürzeste, die am wenigsten polare Verbindung die längste Retentionszeit. Daher lassen sich die genannten **Phenole** in folgende Reihe steigender Retentionszeit an einem RP-18-Material ordnen:

Phloroglucin (3) < Brenzcatechin (2) < Phenol (1) < *m*-Kresol (4)

1621 A

▨ Unter Verwendung einer RP-18-Phase und einem Methanol-Wasser-Gemisch als mobiler Phase werden die genannten Verbindungen in folgender Reihenfolge eluiert:

Natriumbenzoat < Paracetamol < Coffein

▨ Zur Elution des salzartigen Natriumbenzoats von einer C-18-Umkehrphase ist kein Zusatz eines Ionenpaarbildners wie Natriumoctylsulfonat erforderlich.

▨ An einer unmodifizierten Kieselgel-Säule (Normalphase) werden die genannten Substanzen in folgender Reihenfolge eluiert:

Coffein < Paracetamol < Natriumbenzoat

1622 C

▨ Ein *amorpher* Arzneistoff (Probe X) und das *kristalline* Trihydrat (Probe Y) desselben Arzneistoffes werden in Acetonitril/Wasser (1:1) gelöst. Durch das Auflösen gehen die Unterschiede des festen Aggregatzustandes verloren. Es liegen solvatisierte Moleküle des Arzneistoffes vor, sodass beide Proben X und Y zur selben Zeit eluiert werden, im ESI-Massenspektrum den gleichen Molpeak zeigen und weitgehend identische UV-Spektren ergeben.

1623 E   1744 C

- Über die **Ionenpaarchromatographie** lassen sich folgende Aussagen machen:
  - Sie kann bei allen ionischen (Salzen) bzw. ionisierbaren Verbindungen (Säuren, Basen) durchgeführt werden und beruht auf der Bildung von lipophilen Ionenpaaren, die sich vor allem an Umkehrphasen trennen lassen. Das lipophile Ionenpaar hat zur stationären Phase eine höhere Affinität als die Einzelionen. Das Ausmaß der Bildung von Ionenpaaren hängt von der Dielektrizitätszahl des Mediums ab. Das Gegenion wird meistens mit dem Elutionsmittel als Additiv zugesetzt.

    [*Probe*-Basenkation]$^+$ + [*Reagenz*-Gegenion]$^-$ → [lipophiles Ionenpaar]
    [*Probe*-Säureanion]$^-$ + [*Reagenz*-Gegenion]$^+$ → [lipophiles Ionenpaar]

  - Das Verfahren wird bevorzugt zur Trennung basischer, protonierter Amine angewandt, in dem man zur Ionenpaarbildung dem Elutionsmittel *n*-Alkylsulfonate [Alkyl-SO$_3^-$Na$^+$] als anionische Gegenionen zusetzt. Bei Verwendung von *n*-Alkylsulfonaten als Ionenpaar-Reagenz für die Trennung protonierter Amine beeinflusst die Kettenlänge des Alkylrestes die Retentionszeit der Analyte. Das Ausmaß der Adsorption (und damit die Retentionszeit) an einer RP-18-Phase steigt mit der Kettenlänge des Alkylrestes.
- *Anmerkung:* Die in der Originalfrage auftretende Bezeichnung *N*-Alkylsulfonate wurde in *n*-Alkylsulfonate abgeändert. Es geht um einen geradkettigen Alkylrest und keinen Alkylrest der an ein N-Atom gebunden ist.

1624 D   1625 B   1626 E   1852 C

- Bei der **direkten** chromatographischen **Enantiomerentrennung** erfolgt die Trennung eines racemischen Gemischs durch Chromatographie an einer *chiralen Phase*.
- Bei der **indirekten Enantiomerentrennung** wird das racemische Gemisch mit einem chiralen, enantiomerenreinen Derivatisierungsreagenz umgesetzt, wodurch Diastereomere als Reaktionsprodukte entstehen, die sich durch Chromatographie an achiralen stationären Phasen trennen lassen.
- Bei der Derivatisierung im Rahmen einer indirekten Enantiomerentrennung nutzt man die Reaktivität funktioneller Gruppen im zu bestimmenden Stoff aus.
- Zur Erhöhung der Nachweisselektivität kann das Derivatisierungsreagenz einen Fluorophor besitzen, der die Reaktionsprodukte zur Fluoreszenz befähigt.

1627 E   1764 D

- (*R*)-(-)-(1-Naphthyl)-ethylisocyanat kann als Derivatisierungsreagenz zur chromatographischen Enantiomerentrennung racemischer Alkohole (R-OH), Thiole (R-SH), primärer (R-NH$_2$) und sekundärer (R$_2$NH) Amine eingesetzt werden. Hierbei läuft folgende Reaktion ab:

    Ar-N=C=O + R-X-H → Ar-NH-CO-X-R   [X = O, S, NH, NR]

1628 D

- Zur Derivatisierung racemischer Gemische von primären Aminen (R^{1}R^{2}R^{3}C-NH$_2$) können chirale, enantiomerenreine Säurechloride (R-COCl) [A], Chlorkohlensäureester (RO-COCl) [B], Isocyanate (R-N=C=O) und Isothiocyanate (R-N=C=S) [E] eingesetzt werden. Als Reaktionsprodukte ergeben sich Amide, Harnstoff- und Thioharnstoff-Derivate.
- Ein chiraler Alkohol (R^{1}R^{2}HC-OH) [D] kann *nicht* zur direkten Derivatisierung primärer Amine verwendet werden.

1629 C **1766** A

Vancomycin, ein Glykopeptid-Antibiotikum, wird als Bestandteil stationärer Phasen in der HPLC verwendet und dient hierbei zu *chiralen Diskriminierung* racemischer Gemische, insbesondere von α-Aminocarbonsäuren.

1630 E

Die *Racemattrennung* des sauren Arzneistoffs **Ibuprofen** kann erfolgen durch:
- fraktionierte Kristallisation der diastereomeren Salze durch Salzbildung von Ibuprofen mit enantiomerenreinem (*R*)-1-Phenylethylamin *oder* (*S*)-1-Phenylethylamin.
- HPLC unter Verwendung chiraler Phasen von β-Cyclodextrin oder Cellulose-tris(4-methylbenzoat).

1631 D

Bei der HPLC-Analyse eines Arzneistoffs mit einem Absorptionsmaximum bei $\lambda_{max} = 232$ und einem UV-Detektor kann aufgrund der Grenzwellenlänge $\lambda = 290$ nm *Toluol* als Komponente der mobilen Phase *nicht* verwendet werden.

1632 D

Bei der HPLC-Analyse eines Arzneistoffs unter Verwendung eines Festwellenlängendetektors bei $\lambda = 240$ nm Wellenlänge kann aufgrund der Grenzwellenlänge $\lambda = 330$ nm *Aceton* als Komponente der mobilen Phase *nicht* verwendet werden.

1633 E

Photometrie, *Fluorimetrie*, *Refraktometrie* und *Amperometrie* sind Detektionsverfahren, die in HPLC-Geräten gebräuchlich sind.

1634 B

Ein *Flammenionisationsdetektor* wird in der Gaschromatographie verwendet und nicht in einem HPLC-Gerät.

1635 D

Ein *Differentialrefraktometer* kann als Detektor in der Hochdruckflüssigkeitschromatographie (HPLC) eingesetzt werden.

1636 D

Die gezeigte Anordnung ist als amperometrische Dünnschicht-Durchflusszelle geeignet. Bei der Amperometrie misst man eine Stromänderung bei konstanter Spannung durch elektrochemisch oxidierbare bzw. reduzierbare Substanzen.
Daher sind mit dieser Anordnung *ortho*-diphenolische Verbindungen wie Adrenalin (Brenzcatechin-Derivate) oxidativ detektierbar und Nitroaromaten können reduktiv detektiert werden.

1637 C

Die Mikrodurchflusszelle (C) zeigt dass günstigste *Verhältnis* von *Lichtweg* zu *Füllvolumen*. Hier ist der Lichtweg (Lichtquelle→Detektor) am längsten.

12.6 Ausschlusschromatographie (SEC)

1638 E

Die **Ausschlusschromatographie** ist als chromatographische Methode zur *Bestimmung* von *Molekülmassen* von Proteinen und Peptiden am besten geeignet.

1639 C   **1640** D   **1638** E   **1641** B   **1855** E

Bei der **Größenausschlusschromatographie** (size exclusion chromatography) [SEC] handelt es sich um ein chromatographisches Verfahren, bei dem Moleküle aufgrund ihrer *Molekülgröße* (Molmasse) getrennt werden. Größere Moleküle werden zuerst eluiert, weil sie nicht in Poren eindringen können (*inverser Siebeffekt*) und auf kürzerem Weg die Chromatographiesäule wieder verlassen. Kleinere Moleküle dringen in die Poren ein und werden aufgrund der größeren Laufstrecke verzögert (später) eluiert. Adsorptionsvorgänge an einer stationären Phase spielen bei der SEC nahezu keine Rolle. Das Verfahren eignet sich bevorzugt zur Trennung ungeladener Substanzen.

Aber auch Verbindungen mit identischer molarer Masse können prinzipiell mittels SEC getrennt werden, wenn sie sich in ihrer Größe (*Raumerfüllung*) hinreichend unterscheiden. Daher ist auch die *Hydratisierung* von Molekülen von Bedeutung, da hydratisierte Moleküle eine größere Raumerfüllung besitzen als unhydratisierte Substanzen.

Die so genannte *Permeationsgrenze* charakterisiert diejenige Molekülgröße, ab der Verbindungen vollständig in die Poren der stationären Phase eindringen.

Bei der *Bestimmung* der *molaren Masse* mittels SEC ist eine *Kalibrierung* mit Standardsubstanzen bekannter Molmasse erforderlich.

1641 B

Der (scheinbare) **Verteilungskoeffizient** (K_D), eine wichtige Kenngröße der Größenausschlusschromatographie, ist wie folgt definiert: $K_D = (V_e - V_o) / (V_t - V_o)$

Darin bedeuten: V_o = das Elutionsvolumen einer nicht permeierenden Substanz, d.h. einer Substanz, die nicht in die Poren eindringt – V_t = Elutionsvolumen einer total permeierenden Substanz, d.h. einer Substanz die komplett in die Gelporen diffundieren kann – V_e = Elutionsvolumen der zu prüfenden Substanz.

Somit gilt für das Elutionsvolumen der zu prüfenden Substanz: $V_o \leq V_e \leq V_t$

13 Thermische Analysenverfahren (TA)

1642 E   **1890** B

Mit den verschiedenen Methoden der **Thermoanalyse** können u. a. folgende Fragestellungen geklärt werden:
- Bestimmung von Kristallwasser
- Untersuchung von Reaktionsmechanismen nicht-isothermer Prozesse [$\Delta T \neq 0$]
- Aufstellung von Phasendiagrammen (Druck-Temperatur-Diagrammen)
- Untersuchung zur Kristallinität von Polymeren
- Beobachten von Phasenumwandlungen wie z. B. das Schmelzverhalten von Stoffen und insbesondere das Studium von Zersetzungsreaktionen
- Beobachten von Modifikationsänderungen (Erkennen von Polymorphiephänomenen)
- Bestimmung thermodynamischer Daten wie z. B. die Ermittlung von Enthalpiewerten

1643 E   **1465** C   **1645** E   **1756** B   **1845** E   **1890** B

Die **Differenzthermoanalyse** (DTA) misst die Temperaturdifferenz zwischen einer Probe und einer Referenzsubstanz, die im gleichen Heizofen einem äußeren Temperaturprogramm ausgesetzt sind. Die gemessene Temperaturdifferenz ist ein Maß für *Enthalpieänderungen* aufgrund exothermer und endothermer Vorgänge in einer Probe.

Mithilfe der DTA können u. a. folgende Sachverhalte und Vorgänge analysiert werden:
- Vorliegen polymorpher Modifikationen
- Schmelzen von Kristallen bzw. die thermische Zersetzung von Stoffen
- Beobachten intramolekularer Kondensationen (unter Abspaltung von Wasser)
- Reinheitsbestimmungen (Schmelzpunktserniedrigung durch Verunreinigungen)

1644 C   **1646** D   **1647** B   **1648** A

Die **Thermogravimetrie** (TG) ist eine Methode, bei dem ein Stoff einem Temperaturprogramm unterworfen und die dabei eintretende Änderung der Masse des Stoffes durch Wägung gemessen wird. Mit dieser Methode kann man z. B. den Kristallwassergehalt eines Salzes bestimmen.

1645 E   **1890** B

Die **Differenzthermoanalyse** (DTA) misst Energieänderungen als Folge von Temperaturänderungen. Energieänderungen treten z. B. bei Änderung der Modifikation eines Feststoffes auf. Folglich kann man mit der Differenzthermoanalyse Polymorphieerscheinungen organischer Arzneistoffe erkennen.

13 Thermische Analysenverfahren (TA)

1646 D **1644** C **1647** B **1648** A

In der **Thermogravimetrie** werden *Massenänderungen* von Substanzen unter einem äußeren Temperaturprogramm untersucht. Graphisch dargestellt wird die Masse der Substanzprobe als Funktion der Temperatur. Einer *Thermogravimetrie-Kurve* (**TG-Kurve**) können also nur Temperaturdaten entnommen werden, bei denen Änderungen der Masse erfolgen wie z. B.
- die Temperatur, bei der eine Kristallwasser enthaltende Substanz ihr Kristallwasser verliert.
- die Stabilität einer Substanz bezüglich Oxidation durch Luftsauerstoff. Die Masse eines Stoffes verändert sich durch den Oxidationsvorgang (Aufnahme von Sauerstoff, was die Summenformel verändert).

Beim zersetzungsfreien Schmelzen einer Substanz ist im Allgemeinen keine Massenänderung zu beobachten, sondern es treten kalorische Effekte auf, die mittels Differentialkalorimetrie registriert werden können.

1647 B **1644** C **1646** D **1648** A

Das abgebildete Diagramm [**TG-Kurve** = Masse (m) gegen die Temperatur (T) aufgetragen] resultiert aus einer Messung mittels **Thermogravimetrie**.

1648 A **1644** C **1646** D **1647** B

Die Messkurve **X** (**TG-Kurve** = prozentuale Massenänderung als Funktion der Temperatur aufgetragen) resultiert aus einer Messung mittels **Thermogravimetrie**.

1649 C

Die Messkurve **Y** ist die elektronische Ableitungskurve (dm/dT) einer TG-Kurve; sie resultiert aus einer Messung mittels **Differentialthermogravimetrie** (DTG). Überall dort wo die TG-Kurve eine signifikante Massenänderung anzeigt, findet sich in der **DTG-Kurve** ein Minimum. **DTG-Kurven** ermöglichen eine bessere Auflösung.

1650 E **1767** B **1811** C **1895** D

Aus einer **TG-Kurve** [Massenänderung (Δm) gegen die Temperatur (T) aufgetragen] lassen sich *keine* Temperaturangaben über den Schmelzbereich ablesen, weil im Allgemeinen mit einem zersetzungsfreien Schmelzvorgang keine Massenänderung verbunden ist.

14 Themenübergreifende Fragen

14.1 Anorganische Substanzen

1651 E

Wasserstoffperoxid (H_2O_2) kann *permanganometrisch*, *cerimetrisch* oder *iodometrisch* quantitativ bestimmt werden. Bei der iodometrischen Bestimmung setzt man KI hinzu und titriert das ausgeschiedene Iod mit Natriumthiosulfat-Maßlösung zurück. Die genannten Redoxreaktionen lassen sich formelmäßig wie folgt beschreiben:

$$5\,H_2O_2 + 2\,MnO_4^- + 6\,H_3O^+ \rightarrow 5\,O_2\uparrow + 2\,Mn^{2+} + 14\,H_2O$$
$$H_2O_2 + 2\,Ce^{4+} + 2\,H_2O \rightarrow O_2\uparrow + 2\,Ce^{3+} + 2\,H_3O^+$$
$$H_2O_2 + 2\,I^- + 2\,H_3O^+ \rightarrow 4\,H_2O + I_2$$
$$I_2 + 2\,S_2O_3^{2-} \rightarrow 2\,I^- + S_4O_6^{2-}$$

1652 E   **1653** D   **1654** C

Blei(II)-Verbindungen können mit folgenden Methoden quantitativ bestimmt werden:
- *gravimetrisch* als *Blei*(II)-*oxinat* durch Fällung mit 8-Hydroxychinolin (Oxin)
- *chromatometrisch* durch Fällung als *Bleichromat* [$PbCrO_4$] mit einer Kaliumdichromat-Lösung und 2,6-Dichlorphenolindophenol als Indikator
- *kolorimetrisch* (photometrisch) durch Bildung eines roten Chelatkomplexes mit Dithizon (**Di**phenyl**thi**ocarba**zon**)
- *elektrolytisch* durch oxidative, anodische Abscheidung von *Blei*(IV)-*oxid* [PbO_2]
- durch *inverse Voltammetrie* (inverse Polarographie), bei der vor der eigentlichen Bestimmung das Metall elektrolytisch an einer Elektrode abgeschieden wird. Nach Beendigung der Elektrolyse wird zur Blei-Bestimmung durch inversen (umgekehrten) Spannungsvorschub der Auflösungsstrom gemessen.
- mittels Atomabsorptionsspektroskopie (AAS) durch Anregung mit UV-Licht der Wellenlänge $\lambda = 283{,}3$ nm.

Eine gravimetrische Bestimmung von Pb(II) nach Fällung mit überschüssiger Natriumhydroxid-Lösung gelingt *nicht*, weil Blei(II)-hydroxid [$Pb(OH)_2$] amphoter ist und als Plumbat [$Pb(OH)_4$]$^{2-}$ wieder in Lösung geht.

Blei ist flammenphotometrisch bestimmbar, jedoch liegt die charakteristische Emissionslinie bei $\lambda = 368{,}4$ nm im UV-Bereich und ist mit dem Auge nicht zu erkennen. Daher sind Pb(II)-Verbindungen *nicht* durch *Flammenfärbung* bestimmbar.

1655 B   **1656** C

Eisen(II)-Verbindungen lassen sich wie folgt quantitativ bestimmen:
- *oxidimetrisch* mit Kaliumdichromat- ($K_2Cr_2O_7$), Kaliumpermanganat- ($KMnO_4$) oder einer Cer(IV)-Salz-Maßlösung. Fe(II) wird durch die Maßlösungen zu Fe(III) oxidiert.

Eisen(II) kann *nicht* mit Arsen(III)-Salzen wie Natriumarsenit (Na_3AsO_3) zu Fe(III) oxidiert werden. Im Gegensatz zu Eisen(III) bildet Fe(II) keinen gefärbten Komplex mit Thiocyanat-Ionen.

Eisen(III)-Verbindungen lassen sich quantitativ erfassen:
- *gravimetrisch* durch Fällung als $Fe(OH)_3$ und auswiegen als *Eisen*(III)-*oxid* (Fe_2O_3)
- *gravimetrisch* als *Eisen*(III)-*oxinat* durch Fällung mit 8-Hydroxychinolin (Oxin)
- *komplexometrisch* mit Natriumedetat-Maßlösung
- *kolorimetrisch* durch Umsetzung mit Thiocyanat [Rhodanid] (SCN^-) als *rotes* Eisen(III)-thiocyanat [$Fe(SCN)_3$]

1657 E

Die Bestimmung von **Arsen(III)-oxid** (As_4O_6) kann maßanalytisch erfolgen:
- *oxidimetrisch* mit einer Cer(IV)-Salz- oder einer Kaliumbromat-Maßlösung ($KBrO_3$) bzw. mit einer Iod-Maßlösung (I_2) in Gegenwart von Kaliumhydrogencarbonat ($KHCO_3$). Dabei laufen folgende Reaktionen ab:

$$As_4O_6 + 12\,HO^- \rightarrow 4\,AsO_3^{3-} + 6\,H_2O$$
$$AsO_3^{3-} + 2\,Ce^{4+} + 3\,H_2O \rightarrow AsO_4^{3-} + 2\,Ce^{3+} + 2\,H_3O^+$$
$$3\,AsO_3^{3-} + BrO_3^- \rightarrow 3\,AsO_4^{3-} + Br^-$$
$$AsO_3^{3-} + I_2 + 2\,HCO_3^- \rightarrow AsO_4^{3-} + 2\,I^- + 2\,CO_2\uparrow + H_2O$$

Die alkalimetrische oder acidimetrische Bestimmung von Arsen(III)-Salzen gelingt *nicht*.

1658 D

Eine quantitative Bestimmung von **Zink(II)-Verbindungen** kann erfolgen:
- *komplexometrisch* durch Titration mit Natriumedetat-Maßlösung
- *gravimetrisch* als *Zinksulfid* (ZnS) durch Fällung mit Schwefelwasserstoff (H_2S) aus acetatgepufferter Lösung
- *gravimetrisch* durch Fällung als wasserhaltiges *Zinkammoniumphosphat* [$NH_4ZnPO_4 \cdot 6\,H_2O$] und nach Glühen Auswiegen als *Zinkpyrophosphat* [$Zn_2P_2O_7$].

Die Bestimmung als Zinkhydroxid [$Zn(OH)_2$] aus ammoniakalischer Lösung ist *nicht* möglich, weil Zink(II) unter diesen Bedingungen als Amminkomplex [$Zn(NH_3)_4$]$^{2+}$ wieder in Lösung geht.

Eine Zink(II)-Salzlösung geht mit Quecksilber(II)-chlorid ($HgCl_2$) keine analytisch verwertbare Reaktion ein.

1659 E   **391** C   **1742** C

Die Gehaltsbestimmung von **Ammoniumchlorid** (NH_4Cl) kann erfolgen
- *argentometrisch* nach der Volhard-Methode
- *alkalimetrisch* mit Natriumhydroxid-Maßlösung und Phenolphthalein als Indikator unter vorheriger Zugabe von überschüssigem Formaldehyd (*Formoltitration*). Der dabei freigesetzte Ammoniak (NH_3) wird als *Methenamin* (Urotropin, Hexamethylentetramin) gebunden
- *acidimetrisch* in wasserfreier Essigsäure mit Perchlorsäure-Maßlösung unter Zusatz von Quecksilber(II)-acetat [$Hg(OOCCH_3)_2$]; erfasst wird das Chlorid-Ion (Cl^-).

Eine Direkttitration des Ammonium-Ions in wässriger Lösung mit einer basischen Maßlösung gegen einen Methylorange-Mischindikator gelingt *nicht*, weil das Ammonium-Ion (NH_4^+) eine zu schwache Säure ist.

1660 D

Eine Gehaltsbestimmung von **Ammoniumhalogeniden** (NH_4X) ist möglich durch:
- Überführen des durch Natronlauge freigesetzten Ammoniaks (NH_3) in eine Vorlage mit einer HCl-Maßlösung und Rücktitration des HCl-Überschusses mit einer NaOH-Maßlösung (*Kjeldahl-Methode*).
- Titration mit NaOH-Maßlösung nach Zusatz von überschüssigem Formaldehyd (*Formoltitration*).
- Titration mit Natriumhydroxid-Maßlösung in *wasserfreiem* Ethanol (*Verdrängungstitration*)
- *photometrische* Bestimmung nach Umsetzung mit Nesslers Reagenz.

Die Direkttitration von Ammoniumsalzen mit Natriumhydroxid-Maßlösung in *wässriger* Lösung gelingt *nicht*.

1661 C

Die quantitative Bestimmung von **Phosphat** kann erfolgen:
- *gravimetrisch* nach Fällen als *Ammoniummagnesiumphosphat* [$Mg(NH_4)PO_4$] und nach Glühen Auswiegen als *Magnesiumpyrophosphat* [$Mg_2P_2O_7$]
- *gravimetrisch* als *Ammoniumdodekamolybdatophosphat* $(NH_4)_3[P(Mo_3O_{10})_4]$
- durch *alkalimetrische Titration* von Phosphorsäure (H_3PO_4) [1. Protolysestufe] gegen Bromphenolblau oder Methylorange als Indikator
- durch *alkalimetrische Titration* von Dihydrogenphosphaten ($H_2PO_4^-$) [2. Protolysestufe der Phosphorsäure] gegen Thymolphthalein als Indikator

Im Phosphat besitzt das P-Atom für ein Element der 5. Hauptgruppe die höchst mögliche Oxidationsstufe +5 und kann nicht weiter oxidiert werden, so dass die cerimetrische Bestimmung mit Cer(IV)-Salzen *nicht* durchführbar ist.

1662 C   1663 C

Borsäure ist in Wasser eine schwache einbasige *Lewis-Säure* ($pK_s = 9{,}14$), die gemäß folgender Gleichung dissoziiert.

$$B(OH)_3 + 2\,H_2O \rightleftharpoons H_3O^+ + [B(OH)_4]^-$$

Durch Umsetzung von Borsäure mit 1,2-Diolen oder mehrwertigen, vicinalen Alkoholen wie Mannitol entsteht eine komplexe einbasige Säure ($pK_s \sim 5\text{–}76{,}5$), die mit NaOH-Maßlösung direkt titriert werden kann.

Bei der Umsetzung von Borsäure mit Methanol in schwefelsaurer Lösung entsteht der *Borsäuretrimethylester* [$B(OCH_3)_3$], der mit *grüner* Flamme brennt.

Orthoborsäure (H_3BO_3) dehydratisiert beim Erhitzen zu *Metaborsäure* (HBO_2).

1664 A

Die quantitative Bestimmung von **Fluorid-Ionen** (F^-) kann durch Hinzufügen einer überschüssigen Calciumchlorid-Maßlösung und Ausfällen von schwer löslichem Calciumfluorid (CaF_2) erfolgen. Anschließend wird der Überschuss an Ca^{2+}-Ionen mit Natriumedetat-Maßlösung zurücktitriert.

1665 C

Chlorid-Ionen (Cl⁻) können bestimmt werden:
- *argentometrisch* nach Volhard mit überschüssiger Silbernitrat-Maßlösung nach Zusatz von Nitrobenzen. Anschließend wird der Überschuss an Silber-Ionen mit Ammonthiocyanat-Maßlösung gegen Ammoniumeisen(III)-sulfat als Indikator zurücktitriert.
- *argentometrisch* mit Silbernitrat-Maßlösung und potentiometrischer Indizierung des Titrationsendpunktes.

Iodat-Ionen [E°(IO₃⁻/I⁻) = +1,09 V] können als schwächere Oxidationsmittel Chlorid-Ionen [E°(Cl₂/Cl⁻) = +1,36 V] *nicht* oxidieren.

1666 E

Iodid-Ionen (I⁻) lassen sich quantitativ erfassen durch:
- *argentometrische* Titration und Indizierung des Äquivalenzpunkts mit Iod und *iodidfreier* Stärke, weil die Blaufärbung durch die Iod-Stärke-Reaktion die Anwesenheit von Iodid-Ionen erfordert.
- *argentometrische* Titration nach Fajans und Eosin als Indikator.
- *argentometrische* Titration nach Volhard mit überschüssiger Silbernitrat-Maßlösung und Rücktitration des Ag⁺-Überschusses mit Ammoniumthiocyanat-Maßlösung und Fe(III)-Ionen als Indikator.
- *oxidimetrische* Titration mit Kaliumiodat-Lösung und Rücktitration des ausgeschiedenen Iods mit Natriumthiosulfat-Maßlösung gegen Stärke als Indikator.

$$5\,I^- + IO_3^- + 6\,H_3O^+ \rightarrow 3\,I_2 + 9\,H_2O$$

Eine chromatometrische Direkttitration von Iodid-Ionen mit Kaliumdichromat-Maßlösung gegen Diphenylamin als Indikator ist *nicht* möglich, jedoch ist folgende Vorgehensweise durchführbar: Dichromat oxidiert Iodid in saurer Lösung zu elementarem Iod, das anschließend mit einer Natriumthiosulfat-Maßlösung gegen Stärke als Indikator zurücktitriert wird. Der Chromat-Überschuss wird zuvor durch Zugabe von Ethanol beseitigt.

$$Cr_2O_7^{2-} + 6\,I^- + 14\,H_3O^+ \rightarrow 2\,Cr^{3+} + 3\,I_2 + 21\,H_2O$$

14.2 Organische Substanzen

1667 E

UV/VIS- und IR-Spektroskopie sowie Massenspektrometrie und ¹H- oder ¹³C-NMR-Spektroskopie sind geeignete Methoden zur Identifizierung (**Strukturaufklärung**) organischer Stoffe.

Die Biamperometrie ist keine geeignete Methode für die Strukturaufklärung.

1668 E

Die Formelabbildungen zeigen **(-)-Isomenthol** (linke Formel) und **(+)-Menthol** (rechte Formel). Beide Substanzen sind *diastereomer* zueinander, so dass sie mithilfe *aller* genannten Analysenmethoden unterschieden werden können.

1669 C

Die Substanzen (3) und (4) sind beide *chiral* und zeigen optische Drehung. Darüber hinaus stellen beide Verbindungen *schwache Säuren* dar, die in wasserfreiem Medium mit einer starken Base als Maßlösung titriert werden können. (3) ist ein schwach saures (NH-acides), primäres Sulfonamid (Ar-SO$_2$-NH$_2$) und (4) ist ein schwach saures Phenol (Ar-OH).

Substanz (1) ist zwar chiral, besitzt aber keine saure funktionelle Gruppe. Substanz (2) ist ein schwach saures Phenol, ist aber achiral.

1670 C

Oxalsäure (HOOC-COOH) kann auf folgenden Wegen quantitativ bestimmt werden:
- *oxidimetrisch* mit Kaliumpermanganat-Maßlösung, wobei die Säure zu Kohlendioxid oxidiert wird.

$$5\ \text{HOOC-COOH} + 2\ \text{MnO}_4^- + 6\ \text{H}_3\text{O}^+ \rightarrow 2\ \text{Mn}^{2+} + 10\ \text{CO}_2\uparrow + 14\ \text{H}_2\text{O}$$

- *alkalimetrisch* durch Titration mit Natriumhydroxid-Maßlösung gegen Phenolphthalein als Indikator unter Verbrauch von 2 Äquivalenten Lauge

$$\text{HOOC-COOH} + 2\ \text{NaOH} \rightarrow \text{NaOOC-COONa} + 2\ \text{H}_2\text{O}$$

- *gravimetrisch* durch Fällung als *Calciumoxalat* (CaC$_2$O$_4$) mit einer Calciumchlorid-Lösung (CaCl$_2$).

Eine Reaktion zwischen Oxalsäure und Oxin zu einem photometrisch aktiven Produkt findet *nicht* statt.

1671 D

Über die Analytik von **Weinsäure** (2,3-Dihydroxybernsteinsäure) [HOOC-CHOH-CHOH-COOH] treffen folgende Aussagen zu:
- Weinsäure (pK$_{s1}$ = 2,95, pK$_{s2}$ = 4,23) ist in beiden Protolysestufen eine stärkere Säure als Essigsäure (pK$_s$ = 4,75), so dass eine Weinsäure-Lösung stärker sauer reagiert als eine gleichkonzentrierte Essigsäure-Lösung.
- Weinsäure lässt sich in *wässriger* Lösung als *zweibasige* Säure direkt mit Natriumhydroxid-Lösung gegen Farbindikatoren titrieren.
- Weinsäure ist ein geeigneter Chelatbildner für Cu(II)-Ionen; Kupfer(II)-tartrat ist Bestandteil des Fehling-Reagenzes.

1672 E

Alkaloid-Hydrochloride (R$_3$NH$^+$Cl$^-$) lassen sich quantitativ bestimmen durch:
- *Verdrängungstitration* mit Natriumhydroxid-Maßlösung in Ethanol/Chloroform als Lösungsmittel.
- *wasserfreie Titration* mit Perchlorsäure-Maßlösung nach Zusatz von Quecksilber(II)-acetat; erfasst wird das Chlorid-Ion.
- *acidimetrische Titration* mit Salzsäure-Maßlösung nach vorheriger Passage einer ethanolischen Lösung des Alkaloid-Hydrochlorids über eine basische Aluminiumoxid-Säule.

1673 A   1674 A

Quartäre Ammoniumchloride (R$_4$N$^+$Cl$^-$) sind *keine* Brönsted-Säuren, so dass sie *nicht* mit Natriumhydroxid-Maßlösung titriert werden können.

Quartäre Ammoniumchloride (R$_4$N$^+$Cl$^-$) lassen sich quantitativ erfassen:
- *argentometrisch* nach Volhard durch Bestimmung des Chlorid-Ions.
- *acidimetrisch* in wasserfreiem Milieu nach Zusatz von Quecksilber(II)-acetat mit Perchlorsäure-Maßlösung, wobei das Chlorid-Ion bestimmt wird.

- *acidimetrisch* nach vorherigem Austausch von Cl⁻-Ionen gegen HO⁻-Ionen an einem stark basischen Anionenaustauscher (HO⁻-Form) und Erfassen des eluierten quartären Ammoniumhydroxids ($R_4N^+HO^-$).
- mit Hilfe des Kjeldahl-Verfahrens aufgrund des Gehaltes an Stickstoff.

1674 A   1673 A

Tetramethylammoniumchlorid [$(CH_3)_4N^+Cl^-$] lässt sich prinzipiell bestimmen:
- nach Ionenaustausch an einem stark basischen Anionenaustauscher (HO⁻-Form); es wird das stark basische Tetramethylammoniumhydroxid [$(CH_3)_4N^+HO^-$] eluiert.
- nach Ionenaustausch an einem stark sauren Kationenaustauscher (H⁺-Form); es wird HCl eluiert.
- als Anionbase in wasserfreiem Milieu mit Perchlorsäure-Maßlösung nach Zusatz von Quecksilber(II)-acetat; es wird das Chlorid-Ion erfasst.

Anmerkung: Der Begriff *Kationsäure* im Zusammenhang mit dem Tetramethylammonium-Ion ist falsch. Die Substanz ist kein Protonendonator. Jedoch kann man das Tetramethylammonium-Ion mit Natriumhydroxid-Maßlösung zu Trimethylamin [$(CH_3)_3N$] hydrolysieren und anschließend eine acidimetrische Bestimmung des überdestillierten Trimethylamins durchführen (siehe auch Fragen Nr. **1675, 1676**).

$$[(CH_3)_4N^+Cl^-] + HO^- \rightarrow (CH_3)_3N + CH_3OH + Cl^-$$

Quartäre Ammoniumhalogenide sind *nicht* mittels Formoltitration bestimmbar.

1675 C

Neostigminbromid (3-Dimethylcarbamoyl-oxyphenyl-*N,N,N*-trimethylammoniumbromid) kann prinzipiell bestimmt werden durch:
- *argentometrische* Titration des Bromid-Ions
- *spektralphotometrische* Bestimmung aufgrund des Phenyl-Chromophors
- Anionenaustausch an einem stark basischen Anionenaustauscher (HO⁻-Form) mit anschließender acidimetrischen Titration der eluierten Base
- Hydrolyse mit Natriumhydroxid-Lösung und anschließende acidimetrische Bestimmung des überdestillierten Dimethylamins [$(CH_3)_2NH$]

Quartäre Ammoniumsalze [$R_4N^+X^-$] können *nicht* als Kationsäure mittels Verdrängungstitration bestimmt werden.

1676 D

Cholinchlorid [$HOCH_2CH_2-N(CH_3)_3$]⁺Cl⁻ lässt sich prinzipiell bestimmten durch:
- Anionenaustausch an einem stark basischen Anionenaustauscher (HO⁻-Form) und anschließende acidimetrische Titration der eluierten Base
- Kationenaustausch an einem stark sauren Kationenaustauscher (H⁺-Form) und anschließende alkalimetrische Titration der eluierten Säure
- wasserfreie Titration des Chlorid-Ions als Anionbase mit Perchlorsäure-Maßlösung ggf. nach Zusatz von Quecksilber(II)-acetat
- argentometrische Bestimmung des Chlorid-Ions

Quartäre Ammoniumsalze [$R_4N^+X^-$] können *nicht* als Kationsäure bestimmt werden.

1677 E

Cystein ($HS-CH_2-CHNH_2-COOH$) ist *iodometrisch* bestimmbar unter Oxidation zu *Cystin* ($HOOC-CHNH_2-CH_2-S-S-CH_2-CHNH_2-COOH$).

1678 B

Ethylenglycol [Ethan-1,2-diol] (HO-CH$_2$-CH$_2$-OH) lässt sich unter *Glycolspaltung* nach *Malaprade* mit einer Natriummetaperiodat-Maßlösung quantitativ erfassen.

1679 E   **1680** A

Neutrale α-**Aminocarbonsäuren** (R-CHNH$_2$-COOH) können bestimmt werden:
- aufgrund ihres Ampholytcharakters in wasserfreiem Medium durch Titration mit einer Säure oder durch Titration mit einer Base
- durch Titration mit Natriumhydroxid-Maßlösung nach vorherigem Zusatz von Formaldehyd (Methode nach Sörensen, Formoltitration)
- durch gasvolumetrische Bestimmung von freigesetztem Stickstoff (N$_2$) nach Behandeln mit einer Natriumnitrit-Lösung in saurem Medium (van Slyke-Methode)

$$\text{R-CHNH}_2\text{-COOH} + \text{HNO}_2 \rightarrow \text{R-CHOH-COOH} + \text{N}_2\uparrow + \text{H}_2\text{O}$$

Die Rücktitration mit Salzsäure-Maßlösung nach Lösen der Aminosäure in überschüssiger Natriumhydroxid-Maßlösung gelingt *nicht*.

1681 C   **1867** E

Arginin-Hydrochlorid lässt sich prinzipiell titrieren:
- in wasserfreiem Medium in einen Gemisch aus Ameisensäure und wasserfreier Essigsäure mit oder ohne Zusatz von Quecksilber(II)-acetat gegen Naphtholbenzein als Indikator. Es wird unter Erfassung des Chlorid-Ions ein Äquivalent Perchlorsäure-Maßlösung verbraucht.
- in Wasser mit Natriumhydroxid-Maßlösung unter Deprotonierung der Guanidinium-Gruppe.

Arginin (*nicht* Arginin-Hydrochlorid) kann in wässriger Lösung mit Salzsäure-Maßlösung gegen einen Methylrot-Mischindikator titriert werden. Es wird 1 Äquivalent Säure verbraucht.

1682 D

Phenobarbital kann bestimmt werden durch:
- *argentometrische* Titration nach Budde in sodaalkalischem Milieu.
- *argentoalkalimetrische* Titration mit ethanolischer Natriumhydroxid-Maßlösung gegen Thymolphthalein nach Zusatz von Pyridin und Silbernitrat; ausgenutzt wird hier der NH-acide Charakter der Verbindung.
- *alkalimetrische* Titration mit Lithiummethanolat-Maßlösung in Dimethylformamid gegen Thymolphthalein als Indikator; ausgenutzt wird die NH-Acidität des Phenobarbitals.
- *komplexometrische* Titration eines Metallionen-Gehalts mit Natriumedetat im Niederschlag einer Barbiturat-Schwermetall-Fällung.

Als NH-acide Verbindung lässt sich Phenobarbital *nicht* mit Perchlorsäure-Maßlösung in wasserfreier Essigsäure gegen Kristallviolett titrieren.

1683 A

Die Gehaltsbestimmung von **Pentobarbital** kann als NH-acide Verbindung mit Natriummethanolat-Maßlösung in Dimethylformamid erfolgen.

Als NH-acide Verbindung kann Pentobarbital *nicht* mit Perchlorsäure-Maßlösung titriert werden.

Eine bromometrische Bestimmung von Pentobarbital ist *nicht* möglich, weil die Substanz keine C=C-Doppelbindung oder einen aktivierten Aromaten als Strukturelement enthält.

1684 A   **1687** A   **1689** C   **1691** D   **1819** D

Ascorbinsäure wird *iodometrisch* bestimmt und dabei zu *Dehydroascorbinsäure* oxidiert.

1685 C

Der **Aluminium-Gehalt** in Magnesium-Aluminium-Silicat wird mittels Atomabsorptionsspektroskopie (AAS) ermittelt.

1686 C   **1687** A   **1688** E   **1689** C   **1690** B   **1691** D   **1784** C
1819 D   **1871** D   **1873** E

Ascorbinsäure hat folgende Eigenschaften, die zur ihrer Identifizierung und zu ihrer Gehaltsbestimmung herangezogen werden können:
- Ascorbinsäure zeigt in salzsaurer Lösung ein Absorptionsmaximum bei $\lambda_{max} = 243$ nm, das dem En-on-Strukturelement (C=C-C=O) zuzuordnen ist.
- Ascorbinsäure besitzt an C-4 und C-5 zwei *Chiralitätszentren*, so dass insgesamt 4 Stereoisomere möglich sind, von denen aber nur die L-(+)-Form voll wirksam ist. Die spezifische Drehung beträgt $[\alpha]_D^{20} = +20{,}5\ 21{,}5\,°$.
- Die (C=O)-Valenzschwingung an C-1 findet sich im IR-Spektrum (KBr-Pressling) bei etwa 1680 cm^{-1}.
- Aufgrund der *Endiol-Struktur* (HO-C=C-OH) an C-2 und C-3 besitzt Ascorbinsäure reduzierende Eigenschaften und wird von milden Oxidationsmitteln zu *Dehydroascorbinsäure* dehydriert. Das Redoxpotential (E) ist stark pH-abhängig.
- Ascorbinsäure ist eine *zweibasige* Säure (H-O-acide Strukturen an C-2 und C-3) mit den pK$_s$-Werten (pK$_{s1}$ = 4,17 und pK$_{s2}$ = 11,57). Als *vinyloge Carbonsäure* ist die HO-Gruppe an C-3 wesentlich stärker sauer als die HO-Gruppe an C-2.
- Aufgrund der stark unterschiedlichen pK$_s$-Werte wird bei der alkalimetrischen Gehaltsbestimmung in wässriger Lösung mit NaOH- oder KOH-Maßlösung gegen Phenolphthalein unter Verbrauch von 1 Äquivalent Lauge nur die HO-Gruppe an C-3 deprotoniert. Der Lactonring bleibt erhalten.
- Bei der oxidimetrischen Gehaltsbestimmung mit Iod wird die Endiol-Gruppierung (HO-C=C-OH) an C-2 und C-3 zum 1,2-Diketon (O=C-C=O) dehydriert. Ascorbinsäure wird zur Dehydroascorbinsäure oxidiert, die in der Hydrat-Form vorliegt. Der Endpunkt der iodometrischen Bestimmung wird durch eine Blaufärbung nach Bildung des Iod-Stärke-Komplexes angezeigt. Die Endpunktanzeige kann auch biamperometrisch erfolgen. Iodometrische und alkalimetrische Bestimmung haben die gleiche Empfindlichkeit.

Die *oxidimetrische* Bestimmung der Ascorbinsäure ist auch möglich durch Titration mit:
- Kaliumiodat-Maßlösung unter Zusatz von Stärkelösung; überschüssiges Iodat und Iodid komproportionieren zu Iod, das mit Stärke-Lösung eine Blaufärbung ergibt.
- Kaliumbromat-Maßlösung und potentiometrischer Endpunktanzeige
- Cer(IV)-Maßlösung und Ferroin als Indikator

Eine Natriumthiosulfat-Maßlösung und Iodid-Ionen besitzen reduzierende Eigenschaften und können daher *nicht* zur Bestimmung des Reduktionsmittels Ascorbinsäure verwendet werden.

1692 D

Phenol [Hydroxybenzen] (C_6H_5-OH) kann:
- *photometrisch* bestimmt werden durch Absorptionsmessung bei etwa $\lambda = 280$ nm.
- *bromometrisch* bestimmt werden durch eine Koppeschaar-Titration mit Kaliumbromid und einer überschüssigen Kaliumbromat-Maßlösung. Der Bromüberschuss wird durch Zusatz von Kaliumiodid reduziert und das ausgeschiedene Iod mit Natriumthiosulfat-Maßlösung gegen Stärke zurücktitriert. Endprodukt der Titration ist das 2,4,6-Tribromphenol.

Phenol ($pK_s = 9{,}91$) ist nur eine schwache Säure und kann in wässriger Lösung *nicht* mit NaOH-Maßlösung gegen Methylorange als Indikator direkt titriert werden.

1693 B

4-Aminobenzoesäureethylester kann von **4-Hydroxybenzoesäureethylester** nur mittels *Nitritometrie* unterschieden werden. Nur Anilin-Derivate wie das 4-Aminobenzoat lassen sich mit Natriumnitrit-Lösung diazotieren.

Die Bromierung des aktivierten Aromaten (Bromometrie nach Koppeschaar), die quantitative Acetylierung der HO- oder H_2N-Gruppe (Bestimmung der Hydroxylzahl) oder die Hydrolyse der Ethylester-Funktion durch Verseifungstitration ist mit *beiden* Substanzen durchführbar.

1694 C   1695 E

Salicylsäure (2-Hydroxybenzoesäure) lässt sich quantitativ bestimmen:
- *bromometrisch* durch Titration nach Koppeschaar. Endprodukt der Titration ist 2,4,6-Tribromphenol
- *alkalimetrisch* durch Titration mit Natriumhydroxid-Maßlösung gegen Phenolrot als Indikator. Dabei wird nur das Carboxyl-Proton ($pK_{s1} = 2{,}98$) neutralisiert, das phenolische Proton ($pK_{s2} = 13{,}4$) wird nicht erfasst. Der pK_s-Wert der Carboxyl-Gruppe ist kleiner als der von Benzoesäure ($pK_s = 4{,}21$) und der pK_s-Wert des phenolischen Hydroxyls ist größer als der von Phenol ($pK_s = 9{,}91$)
- *kolorimetrisch* nach Umsetzung mit Eisen(III)-chlorid ($FeCl_3$) unter Bildung eines stabilen, *roten* Chelatkomplexes.

Salicylsäure ist *farblos*, kann also *nicht* im VIS-Bereich bei 420 nm Licht absorbieren.

1696 C

Natrium-*p*-aminosalicylat [Natrium(4-amino-2-hydroxy-benzoat)] lässt sich in wässriger Lösung quantitativ bestimmen durch:
- Titration mit Natriumnitrit-Maßlösung in saurem Milieu aufgrund der primären aromatischen Amino-Gruppe (Diazotitration).
- Bromometrie (Koppeschaar-Titration) und Reduktion des überschüssigen Broms mit Kaliumiodid. Das ausgeschiedene Iod wird anschließend mit Natriumthiosulfat-Maßlösung gegen Stärke zurücktitriert.

Das phenolische Hydroxyl (Ar-OH) ist zu schwach sauer und lässt sich in wässriger Lösung *nicht* direkt mit Natriumhydroxid-Lösung erfassen. Die Verbindung kann *nicht* mit einer Cer(IV)-sulfat-Lösung oxidimetrisch titriert werden.

1697 E **1698** B **1699** D

Procain-Hydrochlorid lässt sich prinzipiell titrieren:
- *nitritometrisch* mit Natriumnitrit-Maßlösung in saurem Milieu unter Diazotierung der primären aromatischen Amino-Gruppe (Diazotitration)
- *bromometrisch* nach Koppeschaar als Anilin-Derivat unter Bildung des 3,5-Dibromsubstitutionsproduktes
- *argentometrisch* durch Bestimmung des Chlorid-Ions
- in Form einer *Verseifungstitration* durch Erhitzen in überschüssiger Natriumhydroxid-Maßlösung und Rücktitration der überschüssigen Lauge mit einer Salzsäure-Maßlösung. Die Verseifung der Ester-Gruppe (Ar-CO-OR) erfordert 1 Äquivalent Lauge.
- *acidimetrisch* in wasserfreiem Milieu mit Perchlorsäure-Maßlösung nach Zusatz von Quecksilber(II)-acetat; erfasst wird das Chlorid-Ion.
- in Form einer *Zweiphasentitration* in einem Ethanol-Chloroform-Gemisch mit wässriger Natriumhydroxid-Lösung (*Verdrängungstitration*)

Eine Direkttitration von Procain-Hydrochlorid mit Salzsäure-Maßlösung ist *nicht* möglich aufgrund des zu schwach basischen Charakters der primären aromatischen Amino-Gruppe.

Ein tertiäres aliphatisches Amin ist [$R-O-CH_2CH_2-N(CH_2CH_3)_2$] ist basischer als eine primäre aromatische Amino-Gruppe ($Ar-NH_2$) und wird daher bevorzugt protoniert.

Procain reagiert aufgrund seiner primären aromatischen Amino-Gruppe mit 4-Dimethylaminobenzaldehyd (Ehrlichs Reagenz) zu einem farbigen Azomethin.

1700 D

Metamfetamin-Hydrochlorid lässt sich prinzipiell bestimmen:
- *argentometrisch* nach Volhard; es wird das Chlorid-Ion erfasst.
- durch *wasserfreie Titration* mit Tetrabutylammoniumhydroxid-Lösung (TBAH-Lösung); es wird das protonierte Ammonium-Ion als Kationsäure erfasst.
- durch Messung der UV-Absorption einer wässrigen Lösung im Bereich zwischen 250–260 nm; es wird der monosubstituierte Aromat als Chromophor erfasst.

Als nicht aktivierter Aromat lässt sich Metamfetamin *nicht* bromometrisch nach Koppeschaar bestimmen.

1701 C **1864** E

Ephedrin-Hydrochlorid kann wie folgt titriert werden:
- *argentometrisch* mit Silbernitrat-Maßlösung ($AgNO_3$) unter Zusatz von Kaliumchromat-Lösung als Indikator (Argentometrie nach Mohr); es wird das Chlorid-Ion erfasst.
- im *wasserfreien Milieu* (Eisessig/Acetanhydrid im Verhältnis 5/95) mit Perchlorsäure-Maßlösung ($HClO_4$) und potentiometrischer Indizierung des Äquivalenzpunktes. Auch unter diesen Bedingungen wird – ohne Zusatz von Quecksilber(II)-acetat – das Chlorid-Ion bestimmt.

1702 C **1703** E

Sulfanilamid (*p*-Aminobenzensulfonamid) kann prinzipiell bestimmt werden:
- mittels *Diazotitration* (Nitrometrie) mit Natriumnitrit-Maßlösung in saurem Milieu aufgrund der primären aromatischen Amino-Gruppe. Der Endpunkt kann mithilfe von Farbindikatoren oder biamperometrisch indiziert werden.

$$Ar-NH_2 + HNO_2 + H_3O^+ \rightarrow Ar-N\equiv N^+ + 3 H_2O$$

- *bromometrisch* mittels Koppeschaar-Titration als Anilin-Derivat unter Bildung des 3,5-Dibromsubstitutionsproduktes. Dazu wird die Analysenlösung mit Kaliumbromid versetzt und Kaliumbromat-Maßlösung hinzugegeben. Das durch Komproportionierung freigesetzte elementare Brom bromiert den aktivierten Aromaten. Das überschüssige Brom wird durch Zugabe von Kaliumiodid entfernt und das gebildete Iod mit Thiosulfat-Maßlösung gegen Stärke als Indikator zurücktitriert.

$$5\,Br^- + BrO_3^- + 6\,H_3O^+ \rightarrow 3\,Br_2 + 9\,H_2O$$
$$Br_2 + 2\,I^- \rightarrow 2\,Br^- + I_2$$
$$I_2 + 2\,S_2O_3^{2-} \rightarrow 2\,I^- + S_4O_6^{2-}$$

- in *wasserfreiem Milieu* aufgrund der Sulfamoyl-Gruppe (Ar-SO$_2$-NH$_2$) als schwach NH-acide Verbindung (pK$_s$ = 10,26) mit Lithiummethanolat-Lösung in Dimethylformamid (DMF)

$$Ar\text{-}SO_2\text{-}NH_2 + CH_3O^- \rightarrow Ar\text{-}SO_2\text{-}NH]^- + CH_3OH$$

- *argentometrisch* durch Zugabe eines Überschusses an Silbernitrat-Maßlösung und nach Abtrennung des schwer löslichen Silbersalzes Titration der überschüssigen Silber-Ionen im Filtrat nach *Volhard*
- nach oxidativer Zerstörung des Moleküls mit Wasserstoffperoxid *gravimetrisch* durch Fällung des gebildeten Sulfats als *Bariumsulfat* (BaSO$_4$)
- *spektralphotometrisch* aufgrund des disubstituierten Phenyl-Chromophors im UV-Bereich zwischen 250–350 nm

Die Basizität der primären aromatischen Amino-Gruppe (pK$_b$ = 11,70) ist zu gering, um direkt in wässriger Lösung mit Salzsäure-Maßlösung gegen Methylrot als Indikator titriert werden zu können.

1704 E

Als primäres aromatisches Amin kann **Sulfadimidin** nitritometrisch und bromometrisch bestimmt werden. Darüber hinaus ist das NH-acide Sulfonamid (Ar-SO$_2$-**NH**-R) auch mit Tetrabutylammoniumhydroxid-Lösung in wasserfreiem Milieu titrierbar.

1705 A

Etacrynsäure lässt sich bestimmen:
- *alkalimetrisch* aufgrund der Phenoxyessigsäure-Struktur mit Natriumhydroxid-Maßlösung
- nach der *Schöniger*-Methode im Sauerstoffkolben und nachfolgender argentometrischer Titration des gebildeten Chlorids
- *bromometrisch* durch Bromaddition an die C=C-Doppelbindung der Seitenkette

Aus *Arylchloriden* (Ar-Cl) kann in wässrig-alkoholischem Milieu mit Kaliumhydroxid-Maßlösung *kein* Chlorid abgespalten werden. Daher ist auch eine Titration in wasserfreier Essigsäure mit Perchlorsäure-Maßlösung nach Zusatz von Quecksilber(II)-acetat *nicht* möglich. Mit letztgenannter Titration würde man Chlorid-Ionen quantitativ erfassen.

1706 E

(+)-Chloramphenicol lässt sich prinzipiell bestimmen:
- *polarographisch* durch Reduktion der aromatischen Nitro-Gruppe im sauren Milieu
- durch Chlor-Bestimmung nach *Schöniger* im Sauerstoffkolben
- *spektralphotometrisch* im UV-Bereich zwischen 250–350 nm aufgrund des disubstituierten Phenyl-Restes als Chromophor
- *polarimetrisch*, da Chloramphenicol aufgrund zweier Chiralitätszentren optisch aktiv ist

Säureamide (Cl$_2$CH-CO-NH-R) reagieren in wässrig-ethanolischer Lösung nahezu neutral, sodass die Verbindung *nicht* mit einer Salzsäure-Maßlösung gegen Methylrot als Indikator titrierbar ist.

1707 A

Infolge der Hydroxamsäure-Struktur (R-CO-NHOH) zeigt **Bufexamac** im IR-Spektrum eine intensive Bande bei etwa 1640 cm^{-1} für die (C=O)-Valenzschwingung. Bufexamac ist eine farblose Verbindung mit einem UV-Maximum in salzsaurer Lösung bei 275 nm. Verantwortlich dafür ist der disubstituierte Phenyl-Chromophor. Bufexamac ist in Wasser unlöslich und enthält kein Element, das mittels Schöniger-Methode bestimmt werden kann.

1708 C

Menadion (2-Methyl-1,4-naphthochinon) kann nach vorheriger Reduktion in saurer Lösung mit Zink cerimetrisch mit einer Cer(IV)-Salz-Maßlösung titriert werden. Die Reduktion zu 2-Methyl-1,4-naphthohydrochinon bildet auch die Grundlage der polarographischen Bestimmung von Menadion. Eine oxidimetrische oder alkalimetrische Bestimmung der Substanz ist *nicht* möglich.

1709 D   1737 D

Clonidin-Hydrochlorid besitzt eine mesomeriestabilisierte Guanidinium-Teilstruktur und kann als Kationsäure mit ethanolischer Natriumhydroxid-Maßlösung unter Verbrauch von 1 Äquivalent Lauge titriert werden (*Verdrängungstitration*). Die Substanz ist farblos und zeigt in salzsaurer Lösung Absorptionsmaxima bei 278 nm und 271 nm.

1710 E

Bromhexin-Hydrochlorid kann quantitativ bestimmt werden durch Titration:
- in Ethanol mit NaOH-Maßlösung bei potentiometrischer Indizierung des Endpunktes (*Verdrängungstitration* der Kationsäure)
- in wasserfreiem Milieu nach Lösen und Erwärmen in Ameisensäure/Acetanhydrid mit HClO$_4$-Maßlösung und potentiometrischer Indizierung des Äquivalenzpunktes
- in Eisessig nach Zusatz von Quecksilber(II)-acetat mit Perchlorsäure-Maßlösung gegen Kristallviolett
- in salzsaurer Lösung mit NaNO$_2$-Maßlösung bei biamperometrischer Indizierung des Endpunktes (Diazotitration des primären aromatischen Amins)

Bromhexin-Hydrochlorid kann *nicht* mit einer Fe(III)-Salz-Maßlösung oxidimetrisch titriert werden.

1711 B

Medazepam zeigt keine Diazotierungsreaktion, weil bei der Hydrolyse durch Erhitzen in Salzsäure kein primäres aromatisches Amin entsteht.

Medazepam reagiert schwach basisch und kann daher mit Perchlorsäure-Maßlösung in wasserfreiem Milieu titriert werden.

Aufgrund des Fehlens eines aciden Strukturelements ist Medazepam *nicht* mit TBAH-Lösung titrierbar.

1712 E

Das *chirale* **Ofloxacin** bildet mit mehrwertigen Kationen farbige Chelatkomplexe. Beispielsweise bildet sich mit Fe(III)-Ionen in Methanol eine intensive Orangefärbung aus.

Der *Gehalt* von Ofloxacin kann in wasserfreier Essigsäure mit Perchlorsäure-Maßlösung bestimmt werden. Dabei wird der *N*-methylierte Piperazin-Stickstoff protoniert.

1713 E   **1714** D

Auf **Pyridoxin** treffen folgende Aussagen zu:
- Pyridoxin ist ein Ampholyt mit basischem Pyridin-N-Atom und saurem phenolischen Hydroxyl. Infolge seines amphoteren Charakters ist das UV-Spektrum pH-abhängig und im Alkalischen bathochrom verschoben.
- Bei pH = 8,9 liegt Pyridoxin als farbloses Monoanion vor. Die Absorptionsmaxima in 0,1 M NaOH-Lösung liegen bei λ_{max} = 309 nm und λ_{max} = 244 nm.
- Bei pH = 6,8 liegt Pyridoxin als Betain (Zwitterion) vor.
- Bei pH = 5,5 liegt das Monokation vor, das aufgrund der Phenol-Struktur durch die Eisen(III)-chlorid-Reaktion nachgewiesen werden kann.
- Pyridoxin enthält keine tertiäre Alkohol-Struktur sondern nur zwei primäre Alkohol-Funktionen (Pyr-CH$_2$OH).
- In salzsaurer Lösung wird im Zwitterion die Phenolat-Gruppe protoniert und es liegt das Hydrochlorid mit protoniertem Pyridin-Stickstoff vor.

1715 C   **365** C   **473** D   **474** C   **1261** E   **1868** C   **1865** E

Chininsulfat lässt sich prinzipiell titrieren
- als *Kationsäure* aufgrund des protonierten Chinuclidin-Stickstoffs
- als *Kationbase* infolge des freien Elektronenpaars am Chinolin-N-Atom
- als *Anionbase* aufgrund der Protonierung von Sulfat (SO$_4^{2-}$) zu Hydrogensulfat (HSO$_4^-$) mit Perchlorsäure-Maßlösung in wasserfreiem Milieu

1716 A   **1774** C

Trimethoprim, ein 2,4-Diaminopyrimidin-Derivat, besitzt basische Eigenschaften (pK$_b$ ~ 6,9) und wird unter Verbrauch von 1 Äquivalent Perchlorsäure in wasserfreier Essigsäure vermutlich an N-1 zum Monokation protoniert.

Trimethoprim besitzt keine NH-aciden Eigenschaften.

Mit starken Oxidationsmitteln wie KMnO$_4$ wird der Pyrimidin-Ring zerstört und es entsteht 3,4,5-Trimethoxybenzoesäure als Reaktionsprodukt.

1717 C   **478** D

Die Gehaltsbestimmung von **Thiaminchlorid-Hydrochlorid** lässt sich prinzipiell durchführen:
- *argentometrisch* unter Verbrauch von 2 Mol Silber-Ionen nach Volhard oder Mohr.
- *alkalimetrisch* als Kationsäure unter Verbrauch von 1 Äquivalent Natriumhydroxid-Maßlösung.
- *acidimetrisch* in einem Gemisch Eisessig/Ameisensäure mit Perchlorsäure-Maßlösung nach Zusatz von Quecksilber(II)-acetat. Es werden zur Erfassung der beiden Chlorid-Ionen zwei Mol Perchlorsäure-Maßlösung verbraucht.
- *acidimetrisch* nach Passage an einem stark basischen Anionenaustauscher (HO$^-$-Form). Es werden zur Neutralisation der eluierten Hydroxid-Ionen gegen Methylorange als Indikator 2 Äquivalente Salzsäure-Maßlösung verbraucht.

1718 A

Coffein kann *direkt* in wasserfreiem Medium als einwertige Base mit Perchlorsäure-Maßlösung titriert werden. Es wird der Imidazol-Stickstoff in Position 9 zum Monokation protoniert.

Im Gegensatz zu Theophyllin und Theobromin besitzt Coffein keine NH-aciden Eigenschaften, ist nicht löslich in Laugen und auch *nicht* mit Tetrabutylammoniumhydroxid-Maßlösung titrierbar.

1719 B

- **Butylscopolaminiumbromid** lässt sich prinzipiell bestimmen:
  - *argentometrisch* nach Volhard; es wird das Bromid-Ion erfasst.
  - *photometrisch* durch Bestimmung der Lichtabsorption zwischen 240–280 nm. Verantwortlich für die Lichtabsorption ist der monosubstituierte Phenyl-Rest.
  - *acidimetrisch* in wasserfreier Essigsäure/Acetanhydrid mit Perchlorsäure-Maßlösung und potentiometrischer Endpunktanzeige; es wird das Bromid-Ion erfasst.

Die Ammoniumsalz-Struktur bedingt die leichte Wasserlöslichkeit der Verbindung auch im alkalischen pH-Bereich.

1720 D **439** A **440** D **441** E **442** D

Die Gehaltsbestimmung des anionischen Tensids **Natriumdodecylsulfat** (SDS) [CH_3-$(CH_2)_{10}$-CH_2-$SO_3^-Na^+$] kann mit einer kationaktiven, quartären *Benzethoniumchlorid-Maßlösung* in einem Zweiphasensystem Chloroform/Wasser erfolgen. Es handelt sich um eine *Tensidtitration*.

1721 B **448** E

Tetrabutylammoniumhydroxid (TBAH) [$(CH_3CH_2CH_2CH_2)_4N^+HO^-$] reagiert *stark basisch* und kann zur Herstellung einer Maßlösung eingesetzt werden.

1722 D **131** A **1771** D

Diacetyldioxim wirkt *komplexierend* und kann als Reagenz zur gravimetrischen Bestimmung von Nickel(II)-Salzen verwendet werden.

1723 D **122** B **123** D **124** C **125** C **127** C

Oxin (8-Hydroxychinolin) wirkt als zweizähniger Ligand *komplexierend* und kann als Reagenz zur gravimetrischen Bestimmung mehrwertiger Kationen eingesetzt werden.

1724 D **333** C **527** B **528** C

1,10-Phenanthrolin ist ein zweizähniger, *chelatkomplexbildender* Ligand und dient zur Herstellung des Redoxindikators Ferroin.

14.3 Prüfung Frühjahr 2012

1725 C

Der **Gehalt** einer Probe kann als Massengehalt (Massenanteil) z. B. in Prozent (%) oder in Promille (**ppm**) angegeben werden. Darüber hinaus ist die Angabe als Massenverhältnis (**Masse pro Masse**) gebräuchlich.

Die Stoffmenge pro Volumen wird als *Stoffmengenkonzentration* bezeichnet.

Die Masse pro Volumen wird als *Massenkonzentration* bezeichnet.

1726 A **60** E **64** A

Die *Richtigkeit* einer Messung ist abhängig von der Abweichung des Mittelwertes vom wahren Wert, wohingegen die *Reproduzierbarkeit* (Präzision) des Messergebnisses umso besser wird, je geringer die Streuung um den Mittelwert ist. Richtigkeit und Reproduzierbarkeit eines Messergebnisses hängen also *nicht* ursächlich zusammen.

▪ Die *Nachweisgrenze* gibt die niedrigste Menge eines Stoffes an, die *qualitativ* noch erfasst werden kann. Sie ist niedriger als die *Bestimmungsgrenze* einer Methode, die die niedrigste Stoffmenge kennzeichnet, die unter den gegebenen Analysenbedingungen noch mit hinreichender *Richtigkeit* (*Präzision*) erfasst werden kann

▪ Die *Empfindlichkeit* einer Analysenmethode beschreibt, wie stark ein Messergebnis auf Konzentrationsänderungen anspricht. Daher beeinflusst die Empfindlichkeit auch die Präzision einer Methode.

▪ Die *Robustheit* charakterisiert die Störanfälligkeit einer Methode durch äußere Einflüsse. Sie kann deshalb in einem Ringversuch ermittelt werden.

▪ Die *Selektivität* einer Methode ist eine der Grundvoraussetzungen für die Richtigkeit dieser Methode.

1727 D   **1581** B

▪ Das **Signal-Rausch-Verhältnis** (S/N) in der Chromatographie ist wie folgt definiert: **S/N = 2 H/h**. Darin bedeutet H = Signalhöhe (Peakhöhe) und h charakterisiert den Absolutwert der größten Rauschschwankung. Aus den Abbildungen ergeben sich die Zahlenwerte H = 3 cm und h = 1,6 cm. Daraus berechnet sich das Signal-Rausch-Verhältnis zu: **S/N** = 2·3/1,6 = **3,75**

1728 D

▪ Das **Löslichkeitsprodukt** von *Silberiodid* (AgI) beträgt $K_L = 10^{-16}$ mol²·l⁻². Daraus berechnet sich die *molare Löslichkeit* (c_m) zu: $c_m = \sqrt{K_L} = \sqrt{10^{-16}} = 10^{-8}$ mol·l⁻¹

▪ Im Allgemeinen nimmt die Löslichkeit eines Salzes bei Anwesenheit von Fremdionen zu. Daher ist die Löslichkeit von Silberiodid in reinem Wasser kleiner als in einer Kaliumnitrat-Lösung (c = 0,1 mol·l⁻¹).

1729 C   **122** B   **123** D   **124** C   **125** C   **127** C   **1723** D

▪ **8-Hydroxychinolin** (*Oxin*) ist ein Reagenz zur gravimetrischen Bestimmung *mehrwertiger* Kationen (z. B. Cd^{2+}, Fe^{3+}, Sb^{3+}, Zn^{2+}, u. a. m.)

1730 C

▪ Die **NaOH-Maßlösung** kann mit Kaliumhydrogenphthalat als Urtiter eingestellt werden.
▪ Säure-Base-Reaktionen (Protonenübertragungen) in Wasser sind immer schnelle Reaktionen.
▪ Zur Faktoreinstellung kann anstelle von Wasser Essigsäure als Lösungsmittel *nicht* verwendet werden, da sie als Säure mit der NaOH-Lösung unter Bildung von Natriumacetat reagiert.

1731 C

▪ Der **pH-Wert** einer Salpetersäure-Lösung (c = 0,01 mol·l⁻¹) berechnet sich zu:
$$\mathbf{pH} = -\log[H_3O^+] = -\log 10^{-2} = \mathbf{2}$$

1732 D

▪ Der **pH-Wert** einer Chloressigsäure-Lösung (c = 0,01 mol·l⁻¹; pK_s = 2,86) berechnet sich zu:
$$\mathbf{pH} = \tfrac{1}{2} pK_s - \tfrac{1}{2} \log c = \tfrac{1}{2} \cdot 2{,}86 - \tfrac{1}{2} \log 10^{-2} = 1{,}43 + 1{,}0 = \mathbf{2{,}43}$$

1733 B

Wurden 90 % (Titrationsgrad τ = 0,9) einer Salzsäure-Lösung (c = 0,01 mol·l^{-1}) mit Natriumhydroxid-Lösung neutralisiert, so verbleiben noch 10 % der ursprünglichen HCl-Menge in Lösung. Dies entspricht einer Konzentration von c = 0,001 mol·l^{-1} und einem **pH-Wert** von:

$$pH = -\log c(H_3O^+) = -\log 0{,}001 = -\log 10^{-3} = 3$$

1734 A   321 C   322 D   323 E

Phenolphthalein ist *einfarbiger Triarylmethan-Farbstoff*. Im pH-Bereich pH = 8,2–10,0 liegt Phenolphthalein als *para-chinoides, rotes* Dianion vor.

1735 B

20 ml einer HCl-Maßlösung (c = 0,1 mol·l^{-1}; f_{HCl} = 0,98) entsprechen 9,8 ml einer HCl-Maßlösung (c = 0,2 mol·l^{-1}; f_{HCl} = 1,00). Wenn diese Lösung mit 9,8 ml einer NaOH-Maßlösung (c = 0,2 mol·l^{-1}) eingestellt werden konnte, musste die NaOH-Maßlösung einen Faktor von f_{NaOH} = **1,00** besitzen.

1736 D

Bei der wasserfreien Titration von **Cinnarizin** in Eisessig/Butan-2-on mit Perchlorsäure-Maßlösung gegen Naphtholbenzein als Indikator werden 2 Äquivalente Maßlösung verbraucht. Es werden die beiden Piperazin-N-Atome zum Dikation protoniert.

An die C=C-Doppelbindung der Seitenkette (Ph-**CH=CH**-CH$_2$-NR$_2$) kann Brom addiert und damit eine Bromlösung entfärbt werden.

Cinnarizin ist ein weißes Pulver mit einem UV-Maximum bei λ = 254 nm herrührend vom Phenyl-Chromophor.

1737 D   1709 D

Clonidin-Hydrochlorid kann quantitativ bestimmt durch Titration in:
- Ethanol-96 % mit ethanolischer NaOH-Maßlösung bei potentiometrischer Indizierung des Endpunktes (Verdrängungstitration der Kationsäure).
- Eisessig mit Perchlorsäure-Maßlösung nach Zusatz von Quecksilber(II)-acetat gegen Kristallviolett als Indikator *oder* in Acetanhydrid mit Perchlorsäure-Maßlösung bei potentiometrischer Indizierung des Äquivalenzpunktes; es wird das Chlorid-Ion als Anionbase erfasst.

Clonidin-Hydrochlorid kann *nicht* iodometrisch bestimmt werden.

1738 D   502 C   539 B   540 D

Kaliumpermanganat-Maßlösung (KMnO$_4$)
- wirkt stark oxidierend; das Redoxpotential der Maßlösung ist pH-abhängig.

$$MnO_4^- \ (violett) + 5\,e^- + 8\,\mathbf{H_3O^+} \rightarrow Mn^{2+} \ (farblos) + 12\,H_2O$$

- kann aufgrund seiner violetten Eigenfärbung auch ohne Indikator zu Titrationen eingesetzt werden.
- zeigt eine schlechte Titerbeständigkeit.
- kann gegen Oxalsäure (HOOC-COOH) als Urtiter eingestellt werden.

$$2\,MnO_4^- + 5\,H_2C_2O_4 + 6\,H_3O^+ \rightarrow 2\,Mn^{2+} + 10\,CO_2\uparrow + 14\,H_2O$$

1739 C   **565** D   **567** B   **568** E

Paracetamol wird durch verdünnte Schwefelsäure zu *p*-Aminophenol hydrolysiert. *p*-Aminophenol wird anschließend mit einer Cer(IV)-Salz-Maßlösung zu *p*-Chinonimin oxidiert und dabei Cer(IV) zu Cer(III) reduziert. Als Indikator fungiert Ferroin.

Ferroin ist ein Chelatkomplex mit Fe(II)-Ionen als Zentralatom. Bei der Oxidation mit Cer(IV)-Salzen bleibt die Komplexstruktur erhalten und es bildet sich *Ferriin* mit Fe^{3+} als Zentralion.

1740 D   **640** B   **641** C   **660** A

Bei der Titration in *neutralem* Medium von **Chlorid-Ionen** mit Silbernitrat-Maßlösung und Chromat als Indikator (*Argentometrie* nach *Mohr*) wird der Titrationsendpunkt durch Fällung von *rotbraunem Silberchromat* (Ag_2CrO_4) angezeigt.

Silberchromat [$K_L(Ag_2CrO_4) \sim 10^{-12}$ $mol^3 \cdot l^{-3}$] hat eine kleineres Löslichkeitsprodukt (K_L) als Silberchlorid [$K_L(AgCl) \sim 10^{-10}$ $mol^2 \cdot l^{-2}$]. Deshalb ist für die argentometrische Chlorid-Bestimmung nach Mohr die Chromat-Konzentration von Bedeutung, damit zunächst Silberchlorid und dann erst Silberchromat ausfällt.

1741 B   **613** C

Anmerkung: Der Aufgabentext ist wie die Formulierung von Frage Nr. **613** nicht korrekt. Bei der bromometrischen Bestimmung von **Resorcin** ($M_r = 110{,}1$) nach Koppeschaar werden 3 Mol Brom (Br_2) [6 Äquivalente Brom] verbraucht unter Bildung von 2,4,6-*Tribromresorcin*. Daher entspricht 1 ml Kaliumbromat-Lösung (c = 0,0167 mol·l^{-1}) 1,835 mg Resorcin [B] (110,1 mg : 6).

Hydroxyethylsalicylat [A], *Thymol* [C] und *Sulfanilamid* [D] benötigen zur ihrer bromometrischen Bestimmung 4 Äquivalente Brom (2 Mol Br_2).

Benzaldehyd [E] als desaktivierter Aromat kann bromometrisch *nicht* nach Koppeschaar titriert werden.

1742 C   **391** C   **1659** E

Ammoniumchlorid (NH_4Cl) lässt sich quantitativ bestimmen durch:
– *Argentometrie* nach Volhard
– *Formoltitration* nach Zusatz von Formaldehyd und Titration mit Natriumhydroxid-Maßlösung gegen Phenolphthalein als Indikator.

Das Ammonium-Ion ($pK_s = 9{,}25$) ist eine *schwache Säure* und *nicht* titrierbar mit einer HCl-Lösung. Das Chlorid-Ion ($pK_b \sim 17$) ist eine extrem schwache Base und in wässriger Lösung mit Salzsäure *nicht* bestimmbar.

1743 D   **673** D

Edetinsäure [(Ethylendinitrilo)tetraessigsäure], abgekürzt EDTA, ist eine vierbasige Säure, die mit zwei- und dreiwertigen Metallionen als 6-zähniger Ligand Chelatkomplexe bildet.

Mg^{2+}- und Ca^{2+}-Ionen bilden relativ schwache EDTA-Komplexe, so dass sie im *sauren Milieu* (bei pH ~ 3) *nicht* direkt mit Edetinsäure-Maßlösung titrierbar sind.

Die effektive Komplexbildungskonstante (*Konditionalkonstante*) von EDTA-Komplexen ist pH-abhängig.

1744 C   440 D   441 E   1623 E

Über die *Bildung* von *Ionenpaaren* bei einer **Tensidtitration** treffen folgende Aussagen zu:
- Die Bildung von Ionenpaaren aus einem kationischen und einem anionischen Tensid beruhen auf elektrostatischen Coulomb-Wechselwirkungen.
- Die Bildung solcher Ionenpaare – zum Beispiel aus dem anionischen *Natriumdodecylsulfat* und dem kationischen *Benzethoniumchlorid* – ist in hohem Maß vom pH-Wert der Lösung abhängig.
- Hohe Konzentrationen von Neutralsalzen wie Natriumchlorid können die Bildung von Ionenpaaren stören.

1745 D

Bei potentiometrischen Titrationen dient die *Änderung* der *Spannung* während des Titrationsverlaufs als Messgröße.

1746 D   851 D   1784 C

Bei einer **coulometrischen** Titration mit einer Silber-Anode und einer Platin-Kathode sowie *Kaliumbromid* (KBr) als Leitelektrolyt können folgende Vorgänge ablaufen:
- An der *Anode* wird Ag zu Ag^+ oxidiert und es fällt Silberbromid aus.

$$Ag \rightarrow 1\,e^- + Ag^+ + Br^- \rightarrow AgBr$$

- An der Kathode bilden sich durch Reduktion (Elektronenaufnahme) von Wasser (H_2O) Wasserstoff (H_2) und Hydroxid-Ionen (HO^-). In saurer Lösung werden Hydroxonium-Ionen (H_3O^+) zu Wasserstoff reduziert.

$$2\,H_2O + 2\,e^- \rightarrow H_2 + 2\,HO^-$$
$$2\,H_3O^+ + 2\,e^- \rightarrow H_2 + 2\,H_2O$$

- Durch kathodisch erzeugte Hydroxid-Ionen können Säuren wie z. B. *Acetylsalicylsäure* titriert werden.
- Im Kathodenraum werden Hydroxonium-Ionen zu Wasserstoff reduziert, so dass unter diesen Bedingungen Basen wie z. B. *Ephedrin* im Kathodenraum *nicht titrierbar* sind.

1747 E

Bei der differentiellen **Puls-Polarographie** wird die Änderung der Stromstärke (I) gegen die Spannung (V) aufgetragen.

1748 D

Menthol als sekundärer Alkohol enthält keine funktionelle Gruppe, die mittels **Voltammetrie** an der Quecksilbertropfelektrode bestimmbar ist.

1749 E   954 D   956 E   957 B

Alle genannten Substanzpaare können mittels **Kapillarelektrophorese** (wässriger Phosphatpuffer ohne weitere Zusätze) getrennt werden.

1750 C   994 A   996 D

- Die **Brechzahl** eines Stoffes ist abhängig von der Wellenlänge des eingestrahlten Lichts (Dispersion), aber unabhängig von dessen Einfallswinkel.
- Die Brechzahl eines Stoffes kann zu Identitäts- und Reinheitsprüfungen sowie zu Gehaltsbestimmungen herangezogen werden.

1751 D   **1070** A

In der **Atomemissionsspektroskopie** (AES) nimmt der Anteil von Atomen im angeregten Zustand mit *steigender Temperatur* zu, jedoch nimmt auch das Ausmaß der Ionisation mit steigender Temperatur zu. Daher kann bei *sehr hohen* Temperaturen das Emissionsspektrum von angeregten Ionen dasjenige der angeregten Atome überlagern.

Die Wahl der Beobachtungszone innerhalb einer weitgehend konstant eingestellten Flamme spielt bei der Messung von Probe und Vergleichslösung eine wichtige Rolle, weil in der Flamme Zonen mit unterschiedlichen Temperaturen existieren. Die höchste Temperatur einer Flamme misst man oberhalb der Spitze ihres inneren Kegels.

1752 D   **1153** D

Bei der photometrischen Vermessung einer Substanzprobe ist die gemessene **Absorption** (A) proportional zur molaren Konzentration der Substanz (*Beersches Gesetz*).

1753 C   **1236** D   **1237** E

Zur **Fluoreszenzspektroskopie** lassen sich folgende Aussagen machen:
- Die Fluoreszenzspektroskopie gehört zu den emissionsspektroskopischen Verfahren; sie beruht auf Elektronenübergängen aus dem angeregten Singulett-Zustand (ohne Spinumkehr) in den Singulett-Grundzustand.
- Das emittierte Fluoreszenzlicht ist in der Regel langwelliger (energieärmer) als das zur Elektronenanregung verwendete Licht.
- Die Intensität des Fluoreszenzlichts ist proportional zur Intensität der Anregungsstrahlung. Die Fluoreszenzintensität kann durch Erhöhung der Anregungsintensität gesteigert werden.
- Fluoreszenzerscheinungen sind zeitlich unmittelbar an das Vorhandensein von Anregungsstrahlung gebunden.

1754 C   **1307** E   **1308** E

Die Bande für die (C=O)-Valenzschwingungen in Ketonen liegt bei Wellenzahlen im Bereich von 1690–1750 cm^{-1}, wie z. B. bei 1715 cm^{-1} für *Cyclohexanon*. Durch die abnehmende Ringgröße wird die intensive Bande über *Cyclopentanon* (1745 cm^{-1}) zu 1780 cm^{-1} für **Cyclobutanon** zu größeren Wellenzahlen hin verschoben.

1755 C

Für die quantitative Bestimmung von *Kohlenmonoxid* (CO) in gasförmigem Stickstoff (N$_2$) eignet sich die nicht-dispersive IR-Spektroskopie. Das Absorptionsmaximum für Kohlenmonoxid liegt bei $\bar{\nu}$ = 2143 cm^{-1}.

1756 B   **1465** C   **1467** C   **1643** C   **1845** E   **1890** B

Zur Untersuchung *polymorpher Formen* des Wirkstoffs **Ampicillin** eignen sich die Prüfung des Schmelzverhaltens und die Aufnahme der FT-IR-Spektren ihrer KBr-Presslinge.

Zur Aufnahme der UV-VIS- oder ^{1}H-NMR-Spektren sowie zur HPLC-Analyse wird der Wirkstoff zuvor aufgelöst, wodurch die Unterschiede im festen Aggregatzustand wie z. B. verschiedene Modifikationen verschwinden.

1757 E

In den **Massenspektrometrie** können alle genannten Methoden zur Erzeugung von Ionen eingesetzt werden.

1758 C   **1049** A   **1050** B

Ein **Nicolsches Prisma** ist Bauteil eines *Polarimeters*.

1759 B   **1419** B

Über die Matrix-unterstützte Laserdesorption-Ionisation (**MALDI**) in der Massenspektrometrie treffen folgende Aussagen zu:
- MALDI-MS wird bevorzugt mit Flugzeit-Analysatoren kombiniert.
- Zur effektiven Ionisation wird ein Laser verwendet, der Licht im Bereich der Absorptionsmaxima der Matrixmoleküle abstrahlt.
- Bei der Ionisation werden die zu untersuchenden Moleküle durch Protonenübertragung aus der Matrix positiv geladen, wobei sich als Quasimolekülionen vor allem $[M+H]^+$- oder $[M+2H]^{2+}$-Ionen bilden.
- MALDI zählt zu den so genannten *weichen* Ionisationsverfahren, bei denen nur eine geringe Fragmentierung beobachtet wird.

1760 A   **1432** D

Bei einem *Quadrupol-Massen-Analysator* in einem **Massenspektrometer** kann – unter variierten Spannungsverhältnissen – ein Ion in Abhängigkeit von seiner Masse eine stabile Oszillation ausführen, den Analysator durchfliegen und den Detektor erreichen, während Ionen anderer Masse ausgeblendet werden.

1761 C   **1619** D

Bei Verwendung von octadecylsilyliertem Kieselgel als stationäre Phase in HPLC-Analysen kann man durch *Nachsilanisieren* verbliebener Silanol-Gruppen (R_3Si-OH) das *Tailing* von basischen Arzneistoffen minimieren.

1762 A   **1575** E

Für eine *Basislinientrennung* zweier mittels HPLC getrennter Substanzen ist eine **Auflösung** $R_S > 1{,}5$ erforderlich.
Die Auflösung der Trennung von *Toluen* und 1,3-*Xylen* berechnet sich aus den Gesamtretentionszeiten für Toluen ($t_{RT} = 8{,}0$ min) und 1,2-Xylen ($t_{RX} = 9{,}0$ min) mit $t_{RT} < t_{RX}$ und den Halbwertsbreiten der Peaks von Toluen ($b_{0,5T} = 0{,}29$ min) und 1,3-Xylen ($b_{0,5X} = 0{,}30$ min) zu:

$R_S = 1{,}18 \, (t_{RX} - t_{RT}) / (b_{0,5X} + b_{0,5T}) = 1{,}18 \, (9{,}0 - 8{,}0)/(0{,}30 + 0{,}29) = 1{,}18 \cdot (1{,}0/0{,}59) =$ **2,0**

Somit wurde eine Basislinientrennung erreicht.

1763 D   **1595** C

Das Verfahren der **Headspace-GC** beruht auf dem thermodynamischen Verteilungsgleichgewicht zwischen einer Gasphase und der Probe. Das Verfahren ist vor allem zur Analytik flüchtiger Substanzen in festen Proben wie z. B. in Pulvern geeignet.

1764 D   **1627** E

Der chirale Arzneistoff **Ethambutol** und sein möglicherweise als Verunreinigung vorliegendes Enantiomer werden durch Vorsäulenderivatisierung mit dem *chiralen* (R)-(+)-α-Methylbenzylisocyanat in *diastereome Urethane* umgewandelt, die an einer achiralen stationären Phase getrennt werden können (*indirekte Enantiomerentrennung*).

1765 D   **1598** B

Auf **Elutionsgemische** in der HPLC treffen folgende Aussagen zu:
- Eine Entgasung des Fließmittelgemischs kann durch kontinuierliche Inertgasspülung in den Vorratsgefäßen mit Helium erreicht werden.
- Darüber hinaus kann es durch die Pumpen beim Ansaugen zur Bildung von *Gasblasen* kommen, die zu Abweichungen von der programmierten Fließmittelförderung und zu Störsignalen im Detektor führen können.
- Unlöslich Verunreinigungen wie Schwebstoffe im Elutionsmittel können im ungünstigen Fall zu einer Verstopfung der Vorsäule führen; sie werden zuvor durch Filtration über eine engporige Glas-Fritte abgetrennt.

1766 A   **1629** C

Zur *direkten* **Enantiomerentrennung** mittels HPLC können Peptide oder Proteine als *chirale Selektoren* an der stationären Phase verankert werden.

1767 B   **1650** E   **1811** C   **1895** D

In 50 mg **Kupfer(II)-sulfat-Pentahydrat** [$CuSO_4 \cdot 5\,H_2O$] ($M_r = 249{,}67$) sind 18 mg Wasser enthalten. Somit entsprechen 3,6 mg Wasser einem H_2O-Molekül.

In der abgebildeten Thermogravimetrie-Kurve (**TG-Kurve**) tritt bei ca. 120 °C ein Masseverlust (Δm) von etwa 7,2 mg ein, was zwei Wassermolekülen entspricht. Das Pentahydrat ist also bei dieser Temperatur in ein *Trihydrat* übergegangen.

14.4 Prüfung Herbst 2012

1768 A   **1769** D

Als selektiv bezeichnet man eine Methode, wenn verschiedene, nebeneinander zu bestimmende Komponenten ohne gegenseitige Störung erfasst werden können. **Selektivität** ist Grundvoraussetzung für die *Richtigkeit* der Methode. Unzureichende Selektivität führt zu *systematischen Fehlern*.

Die genannten Analysenmethoden lassen sich in folgende Reihe *steigender Selektivität* ordnen:

UV-VIS-Spektroskopie (UV-VIS) < Größenausschlusschromatographie (SEC) < Kapillarelektrophorese (CE) < zweidimensionale Gelelektrophorese (2-DE)

1770 C   **62** C   **68** D   **69** C

Eine Analysenmethode ist umso empfindlicher, je größer die *Steilheit* der *Kalibriergeraden* ist.

Daher ist – aufgrund der abgebildeten **Kalibriergeraden** – die Messung bei 225 empfindlicher als die bei 275 nm. Darüber hinaus sind die bei 275 nm erhaltenen Analysenergebnisse mit einer größeren Unsicherheit behaftet also jene, die bei 225 nm erhalten wurden.

1771 D   **131** A   **1722** D

Zur gravimetrischen *Gehaltsbestimmung* von **Ni(II)** wird die *wässrige* Analysenlösung *ammoniakalisch* gestellt und mit dem Dinatriumsalz von Diacetyldioxim (Na_2DMG) versetzt. Es fällt ein *roter* Nickeldiacetyldioxim-Chelatkomplex $[Ni(DMG)_2]$ aus. Folgende Ni(II)-Verbindungen werden dabei nacheinander gebildet: $[Ni(H_2O)_6]^{2+} \rightarrow [Ni(NH_3)_6]^{2+} \rightarrow [Ni(DMG)_2]\downarrow$

1772 D   **327** B

Die schwache Säure Propionsäure kann mit Natriumhydroxid-Maßlösung gegen einen Farbindikator wie *Phenolphthalein* titriert werden, der im schwach alkalischen pH-Bereich umschlägt. Der Endpunkt dieser Titration lässt sich auch *potentiometrisch* oder *konduktometrisch* erkennen.

1773 D

Über **Säure-Base-Indikatoren** lassen sich folgende Aussagen machen:
- Säure-Base-Indikatoren sind organische Farbstoffe, die einen schwach *sauren* oder *basischen* Charakter besitzen.
- Man unterscheidet zwischen *einfarbigen* und *zweifarbigen* Säure-Base-Indikatoren, je nachdem ob die Säure-Form oder die konjugierte Base-Form oder beide Formen gefärbt sind.
- Aufgrund der sauren oder basischen Eigenschaften der Indikatoren hat natürlich die Konzentration des zugesetzten Indikators Einfluss auch den Verlauf der Titrationskurve. Zudem ist die Lage des Umschlagspotentials einfarbiger Indikatoren von der Konzentration abhängig.
- Mischindikatoren enthalten neben dem Säure-Base-Indikator noch einen indifferenten Farbstoff.

Eriochromschwarz T ist ein gebräuchlicher Indikator für komplexometrische Titrationen.

1774 C   **1716** A

Trimethoprim, ein 2,4-Diaminopyrimidin-Derivat, verbraucht bei der wasserfreien Titration in Eisessig **1** Äquivalent Perchlorsäure-Maßlösung. Es wird vermutlich das Atom N-1 des Pyrimidin-Restes protoniert.

Trimethoprim besitzt keine NH-aciden Eigenschaften und ist auch nicht mit Kaliumbromat-Lösung bestimmbar.

1775 C   **521** D

Für eine pH-abhängige Redoxreaktion

$$a\ Ox^1 + m\ H_3O^+ + b\ Red^2 \rightarrow a\ Red^1 + b\ Ox^2 + x\ H_2O$$
$$1\ MnO_4^- + 8\ H_3O^+ + 5\ Fe^{2+} \rightarrow 1\ Mn^{2+} + 5\ Fe^{3+} + 12\ H_2O$$

ergibt sich das Äquivalenzpotential ($E_Ä$) zu, worin E_1^o und E_2^o die Normalpotentiale (Standardpotentiale) der am Redoxvorgang beteiligten Reaktanden bedeuten:

$$E_Ä = (a \cdot E_2^o + b \cdot E_1^o - 0{,}059 \cdot m \cdot pH)/(a+b)$$

Aus der Gleichung für das **Äquivalenzpotential** ist ableitbar:
- Die Höhe des Potentialsprungs am Äquivalenzpunkt ist abhängig von der Differenz der Standardpotentiale der beiden am Redoxprozess beteiligten Redoxsysteme, wobei das Standardpotential und die Konzentration des zu titrierenden Teilchens (Analyt) das Ausgangspotential bestimmt.
- Die Höhe des Potentialsprungs ist bei pH = 1 größer als bei pH = 3.
- Da bei der manganometrischen Eisen(II)-Bestimmung die stöchiometrischen Umsatzzahlen (a≠b) nicht gleich sind, entspricht das Äquivalenzpotential *nicht* dem arithmetischen Mittel der Standardpotentiale der beiden an der Redoxreaktion beteiligten Redoxsysteme.

1776 D

Sulfanilsäure, *Kaliumbromat* und *Arsen*(III)-*oxid* sind **Urtiter** zum Einstellen von Maßlösungen für Redoxtitrationen, wohingegen Kaliumpermanganat *nicht* als Urtiter eingesetzt werden kann.

Natriumcarbonat ist ein Urtiter für acidimetrische Bestimmungen.

1777 D   **1821** C

Bei der cerimetrischen Bestimmung von **Eisen(II)-Salzen** in saurem Medium wird der Titrationslösung Natriumhydrogencarbonat ($NaHCO_3$) hinzugefügt. Durch das Auflösen von $NaHCO_3$ in saurem Milieu und die Bildung von Kohlendioxid (CO_2) soll der störende Einfluss von Luftsauerstoff auf die Fe(II)-Ionen vermindert werden.

1778 B

Amidotrizoesäure-Dihydrat ($M_r = 650$) wird in alkalischer Lösung mit Zinkpulver behandelt. Dabei werden reduktiv **3** Äquivalente Iodid-Ionen gebildet, die anschließend *argentometrisch* bestimmt werden. Daher entspricht 1 ml Silbernitrat-Maßlösung ($c = 0{,}1$ mol $\cdot$ l^{-1}) **20,47 mg** Amidotrizoesäure.

1779 E

Der pH-Wert hat einen starken Einfluss auf den Verlauf der Titrationskurve der Bestimmung von Kupfer(II) mit Natriumedetat-Maßlösung unter potentiometrischer Indizierung, da die Stabilität von EDTA-Komplexen durch den pH-Wert der Titrationslösung beeinflusst wird.

1780 B

Nickel(II) und Zink(II) bilden mittelstarke **EDTA-Komplexe** und können bei pH = 7 direkt mit einer Edetat-Maßlösung titriert werden.

Magnesium(II)-Ionen bilden einen relativ schwachen EDTA-Komplex und können erst im Ammoniak-Puffer bei pH = 10 direkt mit Natriumedetat-Lösung titriert werden.

Die EDTA-Komplexe mit Alkali-Ionen wie K^+ besitzen eine geringe Stabilität, sodass Alkali-Ionen komplexometrische Titrationen *nicht* stören.

1781 B

PAGE bedeutet **P**oly**a**crylamid**g**el-**E**lektrophorese.

1782 D   **494** B   **495** E   **496** A

Aufgrund des Redoxvorgangs ($Fe^{3+} + 1\,e^- \rightarrow Fe^{2+}$) ergeben sich mit Hilfe der Nernstschen Gleichung für die beiden Halbzellen folgende Einzelpotentiale:

$E_l = E^o(Fe^{3+}/Fe^{2+}) + (0{,}058/1) \log [Fe^{3+}]/[Fe^{2+}] = E^o(Fe^{3+}/Fe^{2+}) + 0{,}058 \log [10^{-4}]/[10^{-2}]$

$E_r = E^o(Fe^{3+}/Fe^{2+}) + (0{,}058/1) \log [Fe^{3+}]/[Fe^{2+}] = E^o(Fe^{3+}/Fe^{2+}) + 0{,}058 \log [10^{-2}]/[10^{-3}]$

Daraus errechnet sich die Potentialdifferenz beider Halbzellen zu, wobei man das niedrigere vom höheren Einzelpotential abzieht:

$$\Delta E = E_r - E_l = 0{,}058 \log 10^1 - 0{,}058 \log 10^{-2} = 0{,}058 \cdot 1 + 0{,}058 \cdot 2 = \mathbf{0{,}174\ V}$$

1783 E

Als **Indikatorelektroden** zur *potentiometrischen Indizierung* von volumetrischen Bestimmungen können eingesetzt werden eine:
- Ionenselektive Elektrode bei Fällungstitrationen
- Glasmembran-Elektrode bei Säure-Base-Titrationen
- Platinelektrode bei Redoxtitrationen

1784 C   851 D   1746 D

Bei **coulometrischen Titrationen** wird das Reagenz elektrolytisch erzeugt und coulometrisch statt volumetrisch gemessen. So können für Säure-Base-Titrationen im *Kathodenraum* durch *Reduktion* von Wasser ($2 H_2O + 2 e^- \rightarrow H_2 + 2 HO^-$) Hydroxid-Ionen erzeugt werden, die durch den Rührer verteilt eine im Kathodenraum befindliche Säure wie *Ascorbinsäure* neutralisieren.

Der Endpunkt einer coulometrischen Titration wird mit irgendeiner der Standardmethoden indiziert. So kann die Indikation einer coulometrischen Titration einer Säure *potentiometrisch* unter Einsatz einer kombinierten Glaselektrode (Einstabmesskette) erfolgen.

1785 E   750 D   751 D

Zwei gleich große **Platinelektroden** können bei *allen* in der Frage angeführten Bestimmungen verwendet werden.

1786 E   1874 E

Ein **Sauerstoffsensor** ist ein Gerät zur Konzentrationsbestimmung von gasförmigem oder gelöstem Sauerstoff. Der ursprüngliche *Sensor nach Clark* besteht aus einer Edelmetallkathode (Pt, Au) und einer Silberanode in einer Kaliumchlorid-haltigen Lösung. Typisch für diesen Sensortyp ist eine für Sauerstoff durchlässige Membran. In Betrieb entsteht an der Anode nach Oxidation ($Ag \rightarrow Ag^+ + 1 e^-$) durch die chloridhaltige Lösung Silberchlorid (AgCl) und an der Kathode wird Sauerstoff reduziert.

1787 C

Verändert wird die **Leitfähigkeit** einer Lösung durch *Elektrolyte*. Eine konduktometrische Prüfung kann daher einen Hinweis geben auf eine Verunreinigung durch *Salze* oder *sauer* bzw. *alkalisch reagierende Verunreinigungen*. Durch Vorgabe eines oberen Messwertes sind Überschreitungen der zulässigen Leitfähigkeit erkennbar.

Gelöste Nichtelektrolyte wie Mono- oder Disaccharide beeinflussen die Leitfähigkeit einer Lösung *nicht*.

1788 C

Die **Auflösung** in der *Kapillarelektrophorese* (CE) wird bestimmt von den elektrophoretischen Beweglichkeiten, der endoosmotischen Beweglichkeit, sowie der „scheinbaren" Zahl der theoretischen Böden. Die Auflösung ist im Allgemeinen günstiger als in der HPLC.

1789 C

Amphetamin ist ein basischer Arzneistoff. *Tyrosin* ist eine amphotere Aminosäure, die zusätzlich noch eine saure phenolische Hydroxyl-Gruppe besitzt. Bei pH = 11 liegt Amphetamin als neutrale Verbindung vor, während Tyrosin zum Dianion deprotoniert ist. Deshalb besitzt bei pH = 11 Tyrosin als geladenes Teilchen bei der Kapillarelektrophorese betragsmäßig die höhere elektrophoretische Beweglichkeit als Amphetamin.

1790 D **961** E **962** A **963** C **964** C **965** B **966** C

Bei der **micellaren elektrokinetischen Chromatographie** (MEKC) – einer speziellen Form der Kapillarelektrophorese – werden einer Pufferlösung *ionische Tenside* in einer für die Bildung geladener *Micellen* geeigneten Menge hinzugegeben. Zum Beispiel wird für die Bildung negativ geladener Micellen häufig *Natriumdodecylsulfat* als Micellbildner hinzugefügt.

Die Micellen bilden eine von der wässrigen Pufferlösung unterscheidbare *pseudostationäre* Phase, die unter dem Einfluss des elektrischen Feldes wandert. Die Trennung ungeladener, mäßig polarer Moleküle erfolgt nun aufgrund ihrer Verteilung zwischen dem Lumen der Micellen und der wässrigen Phase.

Gelöste neutrale Moleküle wandern – in Abwesenheit von Micellen – üblicherweise mithilfe des elektroosmotischen Flusses in Richtung Kathode. Negativ geladene Micellen wandern aufgrund ihrer Ladung zur Anode. Diese Bewegung wird aber durch den schnelleren elektroosmotischen Fluss in Richtung Kathode überlagert, so dass Neutralstoffe in den Micellen effektiv zur Kathode wandern, aber im Vergleich zum elektroosmotischen Fluss mit einer verzögerten Geschwindigkeit.

1791 E **1035** A **1036** D **1037** E **1038** D **1039** E

Die **spezifische Drehung** einer chiralen Substanz ist von deren Konzentration, dem Lösungsmittel und dessen pH-Wert, der Messtemperatur sowie der Wellenlänge des verwendeten Lichts (Rotationsdispersion) abhängig.

1792 D **1462** D

Bei der Reduktion eines prochiralen Ketons (R^1-CO-R^2) zu einem chiralen Alkohol (R^1-*CHOH-R^2) entsteht ein Racemat, das die Ebene des linear polarisierten Lichts *nicht* dreht. Daher kann mittels Polarimetrie zwischen Edukt und Produkt *nicht* unterschieden werden.

UV-Spektroskopie, ^{1}H- und ^{13}C-NMR-Spektroskopie sowie die IR-Spektroskopie können zur Unterscheidung von Keton und Alkohol herangezogen werden. Produkt und Edukt besitzen Strukturelemente, die zu deutlich von einander abweichenden Spektren führen. Produkt und Edukt besitzen aber auch in der HPLC unterschiedliche Retentionszeiten.

1793 E **1064** E **1065** A

Die gelbe **Emissionslinie** von **Natrium** (Na-D-Linie) resultiert aus einer Änderung des elektronischen Zustandes. Ein angeregtes Elektron kehrt aus dem 3p-Zustand in den 3s-Grundzustand zurück unter Aussendung von Licht der Wellenlänge $\lambda \sim 589$ nm.

1794 B

Mittels **Atomabsorptionsspektrometrie** (AAS) können über 60 Elemente qualitativ und quantitativ bestimmt werden; die Methode ist also nicht auf die Untersuchung von Alkali- und Erdalkalimetallen beschränkt.

1795 C **1132** E

Nitrazepam (C) zeigt in methanolischer Lösung ein Absorptionsmaximum bei $\lambda_{max} = 280$ nm, das in alkalischer Lösung deutlich *bathochrom* ($\lambda_{max} = 370$ nm) verschoben wird. Verantwortlich dafür ist die Deprotonierung des Amid-Stickstoffs unter Bildung eines mesomeriestabilisierten konjugierten Baseanions. Zum formelmäßigen Ablauf siehe Frage Nr. **1132**.

1796 E   **1139** E   **1144** B   **1146** C

Für die Aufnahme eines UV-Spektrums zwischen 220–260 nm kann *Toluen* aufgrund einer *Grenzwellenlänge* bei 290 nm *nicht* verwendet werden.

1797 C   **1179** E

Gegeben ist ein Arzneistoff mit der relativen Molmasse $M_r = 200$ und dem molaren Absorptionskoeffizienten $\varepsilon = 8000\,l \cdot mol^{-1} \cdot cm^{-1}$. Gemessen wurde – in einer Lösung mit der Massenkonzentration $c^* = 0,001\,g/100\,ml$ – eine Absorption von $A = 0,8$. Die Stoffmengenkonzentration beträgt:
$c = c^*/M_r = 0,001/200 = 0,0005\,mol \cdot l^{-1}$

Daraus berechnet sich nach dem Lambert-Beer-Gesetz die Schichtdicke (d) der Lösung zu:
$$d = A/\varepsilon \cdot c = 0,8/8000 \cdot 0,0005 = \mathbf{2\,cm}$$

1798 C   **1237** E   **1246** B   **1250** B   **1251** D   **1253** E

Folgende Aussagen zur **Fluorimetrie** treffen zu:
- Die Fluorimetrie zählt zu den Lumineszenzverfahren (emissionsspektroskopischen Verfahren).
- Die *Intensität* des *Fluoreszenzlichts* hängt ab vom molaren Absorptionskoeffizienten der fluoreszierenden Substanz, der Konzentration der zu untersuchenden Substanz, der Intensität des Anregungslichts und der Fluoreszenzquantenausbeute.
- Die Energie der zur Anregung eingesetzten elektromagnetischen Strahlung wird nur unvollständig in Fluoreszenzlicht umgewandelt, da im elektronenenergetisch angeregten Zustand ein Teil der Anregungsenergie durch strahlungslose Desaktivierung (*internal conversion*) in den Schwingungsgrundzustand abgegeben wird. Daher ist das Fluoreszenzlicht in der Regel langwelliger als das zur Anregung verwendete Licht.
- Unter *Quenching* fasst man alle Phänomene zusammen, die zu einer Verminderung der Fluoreszenzquantenausbeute führen. Dies können Lösungsmitteleinflüsse oder störende Begleitionen sein wie z. B. die Fluoreszenzlöschung von Chinin in Anwesenheit von Chlorid-Ionen.

1799 E

Die Bestimmungsgrenze bei *fluorimetrischen Bestimmungen* einer organischen Substanz hängt von der Intensität des Fluoreszenzlichts ab. Daher besteht auch eine Abhängigkeit der Bestimmungsgrenze von der Intensität und Wellenlänge der Anregungsstrahlung, der Fluoreszenzquantenausbeute und von der Art des Lösungsmittels.

1800 A

Bei der **F**ourier-**T**ransformations-**I**nfrarotspektroskopie (**FT-IR-Spektroskopie**) wird *kein monochromatisches* IR-Licht in die Probe gestrahlt, sondern Licht des gesamten IR-Bereichs wird gleichzeitig in die zu untersuchende Substanz eingestrahlt. Die aus der Probe austretende Lichtintensität wird dann als Funktion der Zeit registriert. Die Umwandlung eines Frequenzsignals (Wellenzahlensignal) in ein Zeitsignal wird in einem **Interferometer** vorgenommen. In einem Rechner erfolgt danach die Fourier-Transformation, d. h. die Umwandlung des Zeitsignals in ein Wellenzahlensignal, das aufgezeichnet wird.

Eine Quecksilberdampflampe ist Teil eines UV-VIS-Spektrometers und Probenküvetten aus Quarzglas werden in der UV-Spektroskopie verwendet.

1801 D **1281** D **1282** C **1288** A

Folgende Aussagen über die **IR-Spektroskopie** treffen zu:
- Lineare Moleküle können IR-Strahlung absorbieren und zu Molekülschwingungen angeregt werden, wie die asymmetrischen (C=O)-Valenzschwingung im Kohlendioxid bei 2349 cm^{-1} belegt.
- Aufgrund der geringeren Masse erfordert die (C-Cl-)-Valenzschwingung eine höhere Anregungsenergie als die (C-I-)-Valenzschwingung.
- Oberschwingungen erfordern zu ihrer Anregung eine höhere Energie an elektromagnetischer Strahlung als die entsprechenden Grundschwingungen (Normalschwingungen).
- Die Bindungsordnung (Einfach-, Doppel- und Dreifachbindung) hat über die Kraftkonstante (k) einen signifikanten Einfluss auf die Lage von IR-Absorptionsbanden. So finden sich die Absorptionsbanden für die Valenzschwingungen von (C-C)-Einfachbindung bei unter 1200 cm^{-1}, von (C=C)-Doppelbindungen bei 1600–1700 cm^{-1} und von C≡C-Dreifachbindungen bei ca. 2200 cm^{-1}.

1802 C **1374** C **1375** D

Wichtige Teile eines **NMR-Spektrometers** sind ein:
- Magnet, der ein homogenes Magnetfeld erzeugt,
- Radiofrequenzsender zur Bestrahlung der Probe mit elektromagnetischen Wellen geeigneter Frequenz (Radiowellen)
- Radiofrequenzempfänger mit Schreiber und Integrator.

1803 D **1397** E **1401** B

In einer *Ethyl-Gruppe* ergibt sich durch Spin-Spin-Kopplung mit der benachbarten Methyl-Gruppe im ^{1}H-NMR-Spektrum für eine **Methylen-Gruppe** (-CH$_2$-) ein **Quartett**.

1804 C **1396** D **1401** B

In einer *Ethyl*-Gruppe *ergibt* sich durch Spin-Spin-Kopplung mit der benachbarten Methylen-Gruppe im ^{1}H-NMR-Spektrum für eine **Methyl-Gruppe** (CH$_3$-) ein **Triplett**.

1805 B **1404** B

Para-disubstituierte Aromaten ergeben im ^{1}H-NMR-Spektrum zwei symmetrische Peak-Gruppen bei δ = 6,5–8,0 ppm (jeweils 2 H), die wie Dubletts aussehen. Daher scheidet das *meta*-Substitutionsprodukt (E) als Zuordnungslösung aus.

Die Diethylamino-Gruppe [(CH$_3$CH$_2$)$_2$N-] zeigt sich im NMR-Spektrum durch ein Triplett bei ca. δ = 1,2 ppm (6 H) und ein Quartett bei ca. δ = 2,65 ppm (4 H). Daher kann das Dimethylamino-Derivat (D) nicht die richtige Lösung sein.

Das breitere Signal bei δ = 4,1 ppm ist der NH$_2$-Gruppe zuzuordnen.

Die beiden Tripletts bei δ = 2,85 ppm und δ = 4,4 ppm resultieren aus der Gruppierung [-O-CH$_2$-CH$_2$-N-]. Daher ist nur Verbindung (B), die das Lokalanästhetikum **Procain** abbildet, die zutreffende Lösung. In den Verbindungen (A) und (C) fehlt diese Ethylen-Zwischenkette.

1806 E **1422** D **1423** D **1424** E

Auf die **Elektronenstoß-Ionisation** in der *Massenspektrometrie* treffen folgende Aussagen zu:
- Bei Kopplung von HPLC mit der Massenspektrometrie (MS) sind die Elektronenspray-Ionisation (ESI-MS) und die chemische Ionisation bei Atmosphärendruck (APCI-MS) die bevorzugten Ionisierungsverfahren, weil bei beiden Methoden vorzugsweise Molekülionen oder Quasimolekülionen gebildet werden.

- Der Beschuss eines Moleküls (M) mit energiereichen Elektronen (e⁻) führt im ersten Schritt unter Verlust eines Elektrons zu einem *Radikalkation* (M⁺•), das weiter fragmentiert [M + 1 e⁻ → M⁺• + 2 e⁻].
- Als Ionisierungspotential bezeichnet man die Energie, die zur Entfernung eines Elektrons aus dem höchsten besetzten Molekülorbital (HOMO) eines Moleküls erforderlich ist.
- Zur Fragmentierung von Molekülionen (M⁺•) kommt es infolge der Überschussenergie, welche die Moleküle beim Elektronenbeschuss zusammen mit der Ionisierungsenergie aufnehmen.

1807 C   **1605** E   **1607** B   **1608** B   **1614** C   **1616** B

Cyanopropyl-derivatisiertes Kieselgel kann sowohl in der Normalphasen- als auch in der Umkehrphasen-Chromatographie als stationäre Phase verwendet werden.

1808 A

Eine der Kenngrößen in einem Chromatogramm zur Beurteilung der Trennung zweier Peaks ist das so genannte **Peak-Tal-Verhältnis** (p/v). Es ist definiert als: **p/v = h_p/h_v**. Darin bedeuten:
- h_v = Höhe (über der extrapolierten Basislinie) des niedrigsten Punkts *zwischen* beiden Peaks
- h_p = Höhe (über der extrapolierten Basislinie) des kleineren Peaks

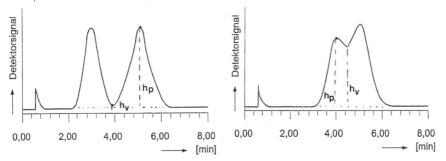

1809 C

Zu einem **Photodiodenarray-Detektor** (PDA-Detektor) in der HPLC lassen sich folgende Aussagen machen:
- Die handelsüblichen PDA-Detektoren arbeiten mit mehreren hundert nebeneinander aufgereihten Photodioden, von denen jede einzelne einen bestimmten Spektralbereich zwischen 200–800 nm misst.
- Die Aufnahme eines UV-VIS-Spektrums dauert nur etwa 0,05 Sekunden und zur Verbesserung des Signal-Rausch-Verhältnisses (S/N) können viele Spektren in einem Rechner aufaddiert werden.
- Eine Photodiode absorbiert auftreffende Strahlung, die in einen Strom umgewandelt wird. Die Photodiode ist also keine Lichtquelle, die Strahlung emittiert.
- Vorteil der PDA-Detektoren ist, dass die Peaksignale in einem Chromatogramm nicht nur aufgrund ihrer Retentionszeiten sondern auch anhand ihres UV-VIS-Spektrums identifiziert werden. Daher kann das HPLC-Signal zur Reinheitskontrolle (Peak-Reinheit) aufgrund des registrierten UV-VIS-Spektrums herangezogen werden.

1810 A

Eine Quarzgaskapillare vermag die alkoholische Hydroxyl-Gruppe von Cholesterol durch Reaktion mit der Glaswand *nicht* zu silylieren. Silylether müssen in einer vorgeschalteten Derivatisierungsreaktion gebildet werden.

1811 C **1650** E **1767** B **1895** D

Aus einer **Thermogravimetrie-Kurve** (TG-Kurve), bei der die Massenänderung (Δm) gegen die Temperatur (T) aufgetragen wird, lassen sich keine Temperaturangaben über den Schmelzpunkt (Schmelzbereich) einer Substanz ablesen, weil im Allgemeinen mit einem zersetzungsfreien *Schmelzen* keine Massenänderung verbunden ist.

14.5 Prüfung Frühjahr 2013

1812 B **47** E **63** B **73** B **74** C

Die **Präzision** ist ein Maß für die *Reproduzierbarkeit* eines Analysenergebnisses und wird durch *zufällige Fehler* beeinflusst. Bei großen zufälligen Fehlern besitzt das Analysenverfahren nur eine geringe Präzision.

Die *Empfindlichkeit* eines Analysenverfahrens beschreibt, wie stark ein Messergebnis auf Konzentrationsänderungen anspricht. Bei linearen Messverfahren entspricht die Empfindlichkeit der Steigung der Kalibriergeraden.

1813 E **1856** D

Die **Robustheit**, die die Störanfälligkeit und Belastbarkeit einer Analysenmethode gegenüber äußeren Parametern berücksichtigt, kann zahlenmäßig *nicht* erfasst aber mittels eines *Ringversuchs* untersucht werden.

Die Robustheit kann durch gezielte Veränderungen relevanter Parameter geprüft werden, beispielsweise durch Untersuchungen im Hinblick auf die Veränderung der Streuung und im Hinblick auf systematische Fehler.

1814 A

Eisen(III)-nitrat [Fe(NO$_3$)$_3$] löst sich in Wasser unter Bildung hydratisierter Eisen(III)-Ionen, die eine *starke* Kationsäure (pK_s ~ 2,22) darstellen.

$$Fe(NO_3)_3 + n\ H_2O \rightarrow 3\ (NO_3^-)_{aq} + \mathbf{[Fe(H_2O)_6]^{3+}} + H_2O \rightarrow [Fe(OH)(H_2O)_5]^{2+} + H_3O^+$$

Ammoniumchlorid (NH$_4$Cl), Bariumchlorid (BaCl$_2$) und Hydrazin-Hydrochlorid (H$_2$N-NH$_3^+$Cl$^-$) sind Salze starker Säuren und schwacher Basen; ihre wässrigen Lösungen reagieren *schwach* sauer.

Natriumperchlorat (NaClO$_4$) ist ein Neutralsalz aus einer starken Säure und einer starken Base.

1815 B

Silberchlorid (AgCl) ist schwer löslich in Wasser (H$_2$O) und verdünnter Salpetersäure (HNO$_3$).

Die Löslichkeit eines Salzes nimmt in der Regel durch Fremdsalze zu, da *fremdionige Zusätze* die Ionenstärke der Lösung und damit die Aktivitätskoeffizienten *aller* in der Lösung vorhandenen Teilchen beeinflussen.

Für die genannten Salze [$(NH_4)_2CO_3$, NH_4NO_3, KNO_3] in der Konzentration c = 0,1 mol·l^{-1} ergeben sich folgende Ionenstärken:

$$I_{\text{Ammoniumcarbonat}} = \frac{1}{2} [1^2 \cdot 0,1 \, (NH_4^+) + 1^2 \cdot 0,1(NH_4^+) + 2^2 \cdot 0,1(CO_3^{2-})] = 0,3$$
$$I_{\text{Ammoniumnitrat}} = \frac{1}{2} [1^2 \cdot 0,1(NH_4^+) + 1^2 \cdot 0,1(NO_3^-)] = 0,1$$
$$I_{\text{Kaliumnitrat}} = \frac{1}{2} [1^2 \cdot 0,1(K^+) + 1^2 \cdot 0,1(NO_3^-)] = 0,1$$

Die Löslichkeit von Silberchlorid ist daher in 0,1 molarer Ammoniumcarbonat-Lösung am größten. Darauf beruht auch in der qualitativen Analyse die Abtrennung von AgCl aus der gemeinsamen Fällung mit AgBr und AgI. Es bildet sich aus AgCl und Ammoniumcarbonat ein löslicher Silberdiammin-Komplex $[Ag(NH_3)_2]^+$.

1816 B

Urtitersubstanzen werden in der Volumetrie zur Einstellung von Maßlösungen verwendet. Einige Oxidationsmittel sind aber selbst Urtiter ($KBrO_3$, KIO_3, $K_2Cr_2O_7$) und können daher zur Herstellung der betreffenden Maßlösungen verwendet werden. Der Faktor der Maßlösung wird dann aus der Einwaage bestimmt.

Urtiter wie Kaliumhydrogenphthalat oder Oxalsäure sind organische Verbindungen.

Als *interner Standard* bezeichnet man Substanzen, die man z. B. der Analytlösung in der Gaschromatographie oder der NMR-Spektroskopie zur Erleichterung der Spektrenauswertung zusetzt.

1817 A

Phthaleine, *Sulfophthaleine*, *Triphenylmethan*- und *Azobenzen*-Derivate sind Stoffklassen, von denen einzelne Vertreter als Säure-Base-Indikatoren Verwendung finden.

Tetrachlorbenzodioxine sind Neutralstoffe, die *nicht* als Säure-Base-Indikatoren eingesetzt werden können.

1818 E

Auf Titrationen mit **KOH-Maßlösung** treffen folgende Aussagen zu:
- Die Einstellung der KOH-Maßlösung kann gegen Kaliumhydrogenphthalat als Urtiter erfolgen.
- Säure Base-Reaktionen in wässriger Lösung zählen zu den schnellsten Reaktionen.
- Für Titrationen in wasserfreiem Medium kann auch eine *ethanolische* KOH-Maßlösung eingesetzt werden.

1819 D   1690 B   1691 D   1871 D

Ascorbinsäure kann als Säure alkalimetrisch mit Kaliumhydroxid-Maßlösung oder mit Tetrabutylammoniumhydroxid-Maßlösung bestimmt werden.

Aufgrund der reduzierenden Eigenschaften der Ascorbinsäure kann die Gehaltsbestimmung auch oxidimetrisch mit Iod-Maßlösung oder einer Ammoniumcer(IV)-nitrat-Maßlösung erfolgen.

Eine acidimetrische Bestimmung der Ascorbinsäure mit Perchlorsäure-Maßlösung gelingt *nicht*.

1820 D   402 C   403 D

Im Rahmen einer **Hydroxylzahl-Bestimmung** können mit überschüssigem Propionsäureanhydrid primäre ($R-NH_2$) und sekundäre Amine (R_2NH), Alkohole (ROH) sowie Phenole (ArOH) acyliert werden.

Carbonylverbindungen wie Aldehyde (R-CHO) und Ketone (R^1-CO-R^2) reagieren unter diesen Bedingungen *nicht*.

1821 C   1777 D

▮ Bei der in saurer Lösung erfolgenden cerimetrischen Bestimmung von Eisen(II)-Salzen werden diese zu Eisen(III)-Salzen oxidiert. Als Indikator dient das *rote* Ferroin, ein Chelatkomplex, der Fe(II) als Zentralatom enthält.

▮ Der *Zusatz* von *Natriumhydrogencarbonat* ($NaHCO_3$) in saurer Lösung führt zur Bildung von Kohlendioxid (CO_2), das den störenden Einfluss von Luftsauerstoff auf Eisen(II)-Ionen vermindern soll.

1822 D

▮ Bei der *argentometrischen Bestimmung* von **Halogenid-Ionen** ist die sprunghafte Änderung der Konzentration um den Äquivalenzpunkt umso ausgeprägter, je kleiner das Löslichkeitsprodukt des betreffenden Silberhalogenids (AgCl, AgBr, AgI) ist.

▮ Fluorescein kann als *Adsorptionsindikator* für alle Halogenide eingesetzt werden, während *Eosin nicht* bei der *argentometrischen Bestimmung* von *Chloriden* verwendet werden kann. Die Endpunktanzeige kann auch elektrochemisch (potentiometrisch, amperometrisch, konduktometrisch) erfolgen.

1823 D

▮ Das anionische **Eosin**, ein *Adsorptionsindikator*, verleiht nach dem Äquivalenzpunkt dem Silberbromid-Niederschlag eine intensive Färbung.

▮ *Fluoride* sind argentometrisch *nicht* zu bestimmen, das Silberfluorid (AgF) eine wasserlösliche Verbindung ist.

1824 E   1825 C   675 A   686 B

▮ Folgende Aussagen zu **komplexometrischen Titrationen** mit Natriumedetat-Maßlösung treffen zu:
– Die stöchiometrische *Zusammensetzung* der Komplexe aus einem Metallkation und dem 6-zähnigen Chelatliganden Edetat beträgt **1:1**.
– Komplexometrische *Rücktitrationen* werden angewandt, wenn das zu bestimmende Metallion einen zwar stabilen Edetat-Komplex bildet, aber kein auf dieses Kation ansprechender Indikator existiert. Die Rücktitration des überschüssigen Edetats kann mit Blei(II)-nitrat-, Magnesiumchlorid- oder Zinksulfat-Maßlösung erfolgen.

1826 E

▮ Von den genannten Ionen besitzt das *Hydroxid-Ion* aufgrund eines speziellen Wanderungsmechanismus in wässriger Lösung die *größte Ionenäquivalentleitfähigkeit*.

1827 E   246 D

▮ Bei der *alkalimetrischen Titration* einer einbasigen Säure (HA) mit potentiometrischer Indizierung des Äquivalenzpunktes hängt der *Potentialsprung* (pH-Sprung) am Äquivalenzpunkt ab von der:
– *Säurestärke* (pK_s-Wert) und der *Anfangskonzentration* der zu titrierenden Säure,
– *Autoprotolysekonstante* (K_L) des verwendeten Lösungsmittels.

1828 B   **893** D   **894** A   **895** E   **898** C   **1872** D

Von den genannten Stoffgruppen lassen sich nur *Chinone* polarographisch zu Hydrochinonen reduzieren.

1829 E

Der Endpunkt der Titration einer schwachen Säure wie Essigsäure kann konduktometrisch indiziert werden.

Die Indizierung der Titration konjugierter Basen schwacher Säuren mit starken Säuren kann konduktometrisch erfolgen. Die konjugierten Basen schwacher Säuren sind *starke* Basen.

Soll die Indizierung einer potentiometrischen Titration auf eine bestimmte Zellspannung hin erfolgen (*Endpunkttitration*), so ist eine *kalibrierte Indikatorelektrode* einzusetzen.

1830 B

Bisacrylamid (*N,N*-Methylbisacrylamid) [$H_2C=CH-CO-NH-CH_2-NH-CO-CH=CH_2$] wird als *Vernetzer* (*cross linker*) zusammen mit Acrylamid bei der Herstellung von Gelen für die Polyacrylamidgel-Elektrophorese (PAGE) verwendet.

1831 D

Natriumdodecylsulfat [$CH_3-(CH_2)_{10}-CH_2-O-SO_3^-Na^+$] ist ein anionisches Tensid, das durch Assoziation mit einem Protein zu dessen *Denaturierung* führt. Zudem wird Natriumdodecylsulfat (SDS) als Micellbildner bei der micellaren elektrokinetischen Chromatographie (MEKC) eingesetzt.

1832 E

Alle aufgelisteten Analysenverfahren können zur **quantitativen Bestimmung** von Analyten herangezogen werden.

1833 C   **1031** E   **1032** D   **1034** A

Über die **Polarimetrie** lassen sich folgende Aussagen machen:
- α-D-Glucose und β-D-Glucose sind *diastereomere* Glucopyranosen (unterschiedliche Stellung der HO-Gruppe an C-1, so genannte *Anomere*), die sich in ihrer spezifischen Drehung unterscheiden.
- Enantiomere (optische Antipoden) drehen die Ebene des linear polarisierten Lichts in unterschiedliche Richtungen.
- Die optische Drehung der Lösung einer chiralen Substanz hängt von der Temperatur, der Konzentration des Analyten und der Wellenlänge des linear polarisierten Lichts ab (*Optische Rotationsdispersion*).

1834 D   **1041** E   **1042** B   **1044** E

Die **Optische Rotationsdispersion** (ORD) beruht auf den unterschiedlichen Ausbreitungsgeschwindigkeiten (unterschiedlicher Brechung) von links- und rechtszirkular polarisiertem Licht in chiralen Medien.

In ORD-Kurven wird die Drehung der Schwingungsebene des linear polarisierten Lichts in Abhängigkeit von der Wellenlänge aufgetragen.

1835 D **1061** D **1454** D

Auf die **Spektralanalyse** (*Flammenfärbung*) treffen folgende Aussagen zu:
- Die Spektralanalyse, ein emissionsspektroskopisches Verfahren, setzt die Elektronenanregung von Atomen voraus.
- Bei Alkali- und Erdkalielementen genügt die Temperatur der Bunsenbrennerflamme zur thermischen Anregung.
- Natrium (0,002 µg·ml^{-1}) besitzt in der Spektralanalyse eine deutlich geringere Nachweisgrenze als Barium (2,0 µg·ml^{-1}).
- Die *Flammenfärbung* ist eine Vorprobe der klassischen qualitativen Analyse und dient der Identifizierung von Elementen.

1836 C

Nickel kann aus dem Herstellungsprozess (Verwendung von Raney-Nickel als Hydrierungskatalysator) in einen Arzneistoff eingeschleppt worden sein. Eine Reinheitsprüfung dieser Arzneistoffe und Begrenzung des Nickel-Gehalts erfolgt zweckmäßiger weise mit Hilfe der *Atomabsorptionspektrometrie* (AAS).

1837 E

Über die **Atomemissionsspektroskopie** (AES) lassen sich folgende Aussagen machen:
- Grundlage der AES ist unter Energieaufnahme der Elektronenübergang in einen angeregten Zustand mit anschließender Rückkehr in den Grundzustand unter Abgabe der aufgenommenen Energie in Form elektromagnetischer Strahlung.
- Die Kationen anorganischer Salze werden bei der AES in der Flamme zunächst atomisiert (Bildung von Atomen).
- Angeregte Atome eines Elements können Licht unterschiedlicher Wellenlängen emittieren, da die Rückkehr aus dem angeregten Zustand in den Grundzustand direkt oder stufenweise über angeregte Zwischenzustände erfolgen kann. Daher ist ein Emissionsspektrum linienreicher als das Absorptionsspektrum des betreffenden Elements.
- Die AES kann zu qualitativen (Flammenfärbung) und quantitativen Bestimmungen herangezogen werden.

1838 E **1216** A

Verantwortlich für das UV-Absorptionsmaximum von **Cortisonacetat** bei λ_{max} = 240 nm ist die **En-on-Struktur** [Carbonyl-Gruppe mit konjugierter C=C-Doppelbindung (O=C-C=C)] in den Positionen 3 und 4 im Ring A des Steroid-Gerüstes.

1839 B

Adrenochrom (2) besitzt ein *ortho*-chinoides Ringsystem und ist *rot* gefärbt.
Phenolphthalein (3) mit geschlossenem Lactonring ist farblos.
Das Dihydroanthracen-Derivat (1), in dem die beiden Phenyl-Ringe *nicht* miteinander konjugiert sind, ist eine farblose Verbindung.

1840 A **1166** D

Die photometrische Bestimmung von **Eisen(III)-thiocyanat** [Fe(SCN)$_3$] im sichtbaren Spektralbereich bei λ = 452 nm kann in Quarzglasküvetten vorgenommen werden.

14.5 Prüfung Frühjahr 2013

1841 C **1236** D **1237** E **1251** D **1253** E **1257** D

Folgende Aussagen über die **Fluorimetrie** treffen zu:
- Die Fluorimetrie ist eine emissionsspektroskopische Analysenmethode.
- Das Anregungsspektrum und das Fluoreszenzspektrum eines Fluorophors verhalten sich in Bezug auf eine bestimmte Wellenlänge spiegelbildlich.
- Die Intensität des Fluoreszenzlichts ist von der Intensität des Anregungslichts, der Konzentration des Analyten und der Fluoreszenzquantenausbeute abhängig.
- *Quantitative* fluorimetrische *Bestimmungen* werden anhand von *Kalibrierkurven* vorgenommen, die durch Messungen von Vergleichslösungen erhalten werden.

1842 C **1359** B **1443** C **1881** A

Strahlt man in eine Substanzlösung monochromatisches Licht ein, so wird die Probe durchstrahlt oder es tritt Lichtstreuung auf, wobei sich das Streulicht aufgliedern lässt in einen Anteil ohne Änderung der Frequenz (Rayleigh-Streuung) und einen Anteil unter Änderung der Frequenz (**Raman-Streustrahlung**). Die Raman-Streustrahlung lässt sich in Linien definierter Wellenlängen zerlegen (Streulichtspektrum).

Ein **Streulichtspektrum** wird somit in der *Raman-Spektroskopie* zur Analyse von *Molekülschwingungen* genutzt, die nicht mit einer Änderung des Dipolmoments des Moleküls während der Schwingung sondern mit der *Änderung der Polarisierbarkeit* einhergehen.

1843 C **1281** C **1282** C

Die *Lage* einer **IR-Absorptionsbande** hängt von den *Massen* der Atome ab, die an der zur Schwingung angeregten Bindung beteiligt sind. Die Wellenzahl der zur Schwingungsanregung erforderlichen elektromagnetischen Strahlung (Wellenzahl der IR-Bande) ist umso *größer* (niedriger), je *kleiner* (größer) die Massen der an einer Bindung beteiligten Atome sind.

Die *Lage* einer IR-Absorptionsbande hängt auch von der *Bindungsstärke (Bindungsordnung)* der zur Schwingung angeregten Bindung ab. Die Anregung der Valenzschwingung einer *Einfachbindung* erfolgt daher bei *niedrigerer Wellenzahl* (größerer Wellenlänge) als die einer *Doppelbindung* gleicher Atome.

1844 C **1323** D

Im markierten Bereich um 1500 cm^{-1} im IR-Spektrum des Arzneistoffs *Lidocain* findet sich die Absorption für die (C=C)-Valenzschwingungen des Aromaten.

1845 E **1465** C **1643** E **1756** B **1890** B

Zum Erkennen **polymorpher Formen** des festen Aggregatzustandes (Auftreten in unterschiedlichen Modifikationen) ist die IR-Spektroskopie neben der Thermoanalyse die Methode der Wahl. Die IR-Spektren polymorpher Formen können sich unterscheiden in:
- der Zahl und der Form der Absorptionsbanden,
- Bandenaufspaltungen sowie unterschiedlichen Intensitätsverhältnissen der Banden.

1846 A **1380** C

Zur ^{1}H-NMR-Untersuchung *polarer, hydrophiler* Stoffe ist **Hexadeuterodimethylsulfoxid** (D_3C-SO-CD_3) am besten als Lösungsmittel geeignet.

1847 E   **1413** E   **1460** A

Im ¹H-NMR-Spektrum von **Acetylaceton** [Pentan-2,4-dion] ($CH_3CO\text{-}CH_2\text{-}COCH_3$) treten Signale für die Keto- *und* die Enol-Form auf. Das Spektrum zeigt mehrere Singuletts, z. B. für die CH_3-CO-Gruppe und in der Keto-Form für die Methylen-Gruppe, wobei mehr als ein Signal für die Methyl-Gruppe auftritt. Das Signal des Methylen-Protons H_B in der Enol-Form erscheint bei tieferem Feld als das Signal von H_A in der Keto-Form.

1848 E   **1607** B   **1610** B

Folgende Aussagen zur **Normalphasenchromatographie** treffen zu:
- Die stationäre Phase (z. B. Kieselgel) ist stets polarer als die mobile Phase.
- Cyanopropyl-derivatisiertes Kieselgel kann als stationäre Phase verwendet werden.
- *n*-Hexan ist häufig Bestandteil der mobilen Phase.
- Die lipophileren (weniger polaren) Komponenten eines Stoffgemischs werden zuerst eluiert.
- Die Normalphasenchromatographie kann mit der Massenspektrometrie gekoppelt werden.

1849 C   **1508** D

Die genannten Lösungsmittel können in folgende **eluotrope Reihe** nach *steigender Elutionskraft* an einer Normalphase geordnet werden:
n-Hexan < Cyclohexan < Toluen < Dichlormethan < Acetonitril < Methanol

1850 E   **1534** C   **1537** D   **1547** D

Zur **Gaschromatographie** (GC) lassen sich folgende Aussagen machen:
- Hochreiner Sauerstoff ist *kein* universell anwendbares, *inertes* Trägergas in der GC.
- Der *Flammenionisationsdetektor* (FID) ist ein Stoffmengendetektor und die registrierten Detektorsignale und somit auch die Peakflächen sind weitgehend unabhängig vom Trägergasstrom (Trägergasvolumen).
- Zur Analyse polarer Substanzen werden üblicherweise polare stationäre Phasen eingesetzt.
- Als stationäre Phasen in der Kapillar-GC können substituierte *Polysiloxane* verwendet werden.

1851 C   **1892** D

Die beiden abgebildeten Chromatogramme 1 und 2 unterscheiden sich in ihrer *Trenneffizienz*. Die Trenneffizienz im Chromatogramm 2 ist höher als im Chromatogramm 1.

In beiden Chromatogrammen sind die Nettoretentionszeiten für beide Komponenten gleich, die Halbwertsbreiten der Peaks werden aber schmäler. Daher verbessert sich die Auflösung (R_S). In beiden Chromatogrammen liegen weitgehend symmetrische Peaks ohne Leading und Tailing vor, so dass sich auch die Peaksymmetrie nicht verschlechtert hat.

Da die Nettoretentionszeiten (t_r) der beiden Komponenten in den Chromatogrammen 1 und 2 gleich sind, ändert sich auch nicht der Trennfaktor (α) [$\alpha = {}^2t_r/{}^1t_r$ mit ${}^2t_r > {}^1t_r$].

1852 C

Dünnschichtchromatographie (DC), Gaschromatographie (GC) und Hochleistungsflüssigchromatographie (HPLC) sind Methoden zur *Trennung von Stoffen* und können daher auch zur Enantiomerentrennung eingesetzt werden.

Die Polarimetrie ist *keine* Methode zur Stofftrennung.

1853 E

Die theoretischen **Bodenzahl** (N) und die theoretische **Bodenhöhe** (H) können zur Beurteilung der Effizienz einer Trennsäule herangezogen werden.

Die Anzahl der theoretischen Trennstufen (N) berechnet sich nach: $N = 5{,}54 \cdot (t_R/W_h)^2$, worin t_R = Retentionszeit und W_h = Halbwertsbreite des Peaks bedeuten.

Die Trennstufenzahl für 1,3-Xylen wurde im Aufgabentext berechnet ($N_{1,3\text{-Xylen}} \sim 4986$). Für Toluen ergibt sich theoretische Bodenzahl aus den aufgelisteten Daten zu:
$N_{\text{Toluen}} = 5{,}54 \cdot (8{,}0 \text{ min}/0{,}20 \text{ min})^2 \sim 4217$. Somit gilt: $\mathbf{N_{1,3\text{-Xylen}} > N_{\text{Toluen}}}$

Die theoretisch Bodenhöhe (H) berechnet sich aus der Säulenlänge (L) und der theoretischen Bodenzahl (N) wie folgt: $H = L/N$

Mit der Säulenlänge $L = 125$ mm beträgt die theoretischen Bodenhöhe für 1,3-Xylen:
$\mathbf{H_{1,3\text{-Xylen}}} = 125 \text{ mm}/ 4986 \sim \mathbf{25 \text{ μm}}$

1854 A

Kapillarelektropherese wird mit **CE** (**c**apillar **e**lektropheresis) abgekürzt.

1855 E

Größenausschlusschromatographie wird mit **SEC** (**s**ize **e**xclusion **c**hromatography) abgekürzt.

14.6 Prüfung Herbst 2013

1856 D 1813 E

Die **Robustheit** eines Analysenverfahrens kann durch gezielte Veränderungen relevanter Parameter untersucht und mittels eines *Ringversuchs* überprüft werden.

Im Gegensatz zur Präzision, die häufig in Form der relativen Standardabweichung angegeben wird, kann die Robustheit eines Verfahrens zahlenmäßig *nicht* erfasst werden.

1857 E

Die Fettsäuren **Ölsäure** [(Z)-Octadec-9-ensäure] und **Elaidinsäure** [(E)-Octadec-9-ensäure] können – als E/Z-Isomere – eindeutig unterschieden werden durch die Signale der olefinischen Protonen (R^1-**CH**=**CH**-R^2) in den ^{1}H-NMR-Spektren.

1858 D

Als Maßlösungen können *nicht nur* Säuren oder Basen mit der Äquivalentzahl 1 eingesetzt, wie die Verwendung der Schwefelsäure-Maßlösung mit der Äquivalentzahl 2 belegt.

Der Verlauf der *Titrationskurve* einer starken Base mit einer starken Säure hängt von der Ausgangskonzentration der Base ab.

Der pH-Wert am *Äquivalenzpunkt* (pT-Wert) der Titration einer Base mit einer Säure ergibt sich aus der Protolysereaktion des am Äquivalenzpunkt vorliegenden Salzes. Titriert man eine starke Base mit einer starken Säure, so bildet sich ein Neutralsalz und der Äquivalenzpunkt entspricht dem Neutralpunkt. Bei der Titration einer schwachen Säure mit einer starken Base bildet sich ein basisches Salz und der Äquivalenzpunkt liegt im Alkalischen. Die Titration einer schwachen Base mit einer starken Säure führt zu einem sauren Salz und der Äquivalenzpunkt liegt im sauren pH-Bereich.

1859 A

Im Gemisch der starken Salzsäure [pK_s(HCl) = -3] und der weniger starken Kationsäure Hydroxylaminhydrochlorid [pK_s(HONH$_3^+$) = 5,82] lässt sich die Salzsäure selektiv alkalimetrisch bestimmen mit einem Indikator, der im schwachen Sauren umschlägt, wie z. B. Methylorange (pH ~ 3,0–4,4).

1860 B   298 B   1734 A

Phenolphthalein ist ein *einfarbiger* Indikator.

1861 D

Bromthymolblau ist ein *zweifarbiger* Indikator.

1862 D   307 C   308 B   309 D

Der **Umschlagsbereich** eines *zweifarbigen Säure-Base-Indikators* wird durch den pK_a-Wert des Indikators bestimmt, ist aber unabhängig von dessen Totalkonzentration.

Der Umschlagsbereich eines *einfarbigen* Säure-Base-Indikators wird auch durch dessen pK_a-Wert bestimmt und hängt darüber hinaus noch von der subjektiv als farbig erkennbaren *Grenzkonzentration* des Indikators ab.

1863 E   20 A

Auch bei elektrochemischer Endpunktanzeige von volumetrischen Bestimmungen muss zuvor der **Faktor** (*f*) der betreffenden **Maßlösung** bestimmt werden.

1864 E   1701 C

Ephedrin-Hydrochlorid (pK_s = 9,68) kann quantitativ bestimmt werden:
- *alkalimetrisch* mit NaOH-Maßlösung in Ethanol unter potentiometrischer Indizierung des Äquivalenzpunktes (*Verdrängungstitration* der Kationsäure). Für eine direkte alkalimetrische Bestimmung in wässriger Lösung gegen einen Farbindikator ist Ephedrin-Hydrochlorid zu schwach sauer.
- *acidimetrisch* mit Perchlorsäure-Maßlösung in Acetanhydrid unter potentiometrischer Endpunktanzeige; es wird das Chlorid-Ion erfasst.
- *argentometrisch* nach Mohr gegen Kaliumchromat als Indikator; es wird das Chlorid-Ion titriert.

1865 E   365 C   473 D   474 C   1715 C

Chinidinsulfat kann quantitativ bestimmt werden durch Titration in:
- Acetanhydrid mit Perchlorsäure-Maßlösung bei einem Verbrauch von **3** Äquivalenten Maßlösung. Ein Äquivalent dient zur Protonierung von Sulfat zu Hydrogensulfat. Unter wasserfreien Bedingungen ist auch das Chinolin-N-Atom hinreichend basisch. Da im Salz zwei Kationen vorliegen, resultiert aus der Protonierung des Chinolin-Stickstoffs ein weiterer Verbrauch von zwei Äquivalenten Perchlorsäure-Maßlösung.
- Ethanol mit Natriumhydroxid-Maßlösung unter potentiometrischer Indizierung des Äquivalenzpunktes. In dieser *Verdrängungstitration* wird die Kationsäure deprotoniert.
- wässriger Lösung mit Blei(II)-nitrat-Maßlösung unter potentiometrischer Indizierung des Endpunktes. Bei dieser *Fällungstitration* wird das Sulfat-Ion erfasst.

1866 D

Cerimetrische Bestimmungen erfolgen mit Cer(IV)-Salz-Maßlösungen. Für oxidimetrische Bestimmungen ist daher Cer(III)-sulfat [$Ce_2(SO_4)_3$] *nicht* geeignet.

1867 E   1681 C

Lysin-Hydrochlorid [$Cl^-{}^+H_3N$-$(CH_2)_4$-$CHNH_2$-$COOH$] kann quantitativ bestimmt werden:
- nach Auflösen in wasserfreier Ameisensäure/Essigsäure durch Titration mit Perchlorsäure-Maßlösung unter potentiometrischer Indizierung des Endpunktes. Unter Verbrauch von 1 Äquivalent Maßlösung wird die Amino-Funktion (bzw. im Zwitterion die Carboxylat-Gruppe) protoniert.
- durch Titration mit ethanolischer Natriumhydroxid-Maßlösung in Ethanol mit potentiometrischer Erkennung des Endpunktes (*Verdrängungstitration* der Kationsäure).
- durch Titration mit NaOH-Maßlösung gegen Phenolphthalein nach Zusatz von Formaldehyd (*Formoltitration*).
- durch argentometrische Erfassung des Chlorid-Ions.

1868 B   485 A

In einer *galvanischen Zelle* aus einer Eisenelektrode [Eisenblech/Eisen(II)-Salzlösung] und einer Kupferelektrode [Kupferblech/Kupfer(II)-Salzlösung] fließen aufgrund der unterschiedlichen Standardpotentiale Elektronen vom Eisenblech [$E°(Fe/Fe^{2+})$ = -0,44 V] zum Kupferblech [$E°(Cu/Cu^{2+})$ = +0,35 V]. Es kommt zur Korrosion des Eisenblechs. Das Eisenblech stellt die Anode dar und Fe wird zu Fe(II) oxidiert. Das Kupferblech bildet die Kathode und Cu(II) wird zu Cu reduziert: $Fe + Cu^{2+} \rightarrow Fe^{2+} + Cu$

1869 E

Zur *argentometrischen Bestimmung* von **Chlorid neben Bromid** wird Bromid in salpetersaurer Lösung mit Wasserstoffperoxid (30%) zu Brom oxidiert und dieses durch Erwärmen vollständig aus der Lösung verdampft. Für eine Oxidation von Chlorid reicht das Standardpotential von H_2O_2 nicht aus. Danach wird in Gegenwart von Dibutylphthalat mit überschüssiger Silbernitrat-Maßlösung titriert; es fällt schwer lösliches Silberchlorid (AgCl) aus. Danach wird der Überschuss an Ag^+-Ionen mit Ammoniumthiocyanat-Maßlösung in Gegenwart von Fe(III)-Ionen zurücktitriert; es fällt Silberthiocyanat (AgSCN) aus.

1870 C

Die Bildung von Metallionen-Edetat-Komplexen ist ein *entropiegetriebener Prozess* (Entropiezunahme) und kann als Reaktion einer *Lewis*-Säure (Metallion) mit einer *Lewis*-Base (Ligand) aufgefasst werde.

Die effektive Stabilität (Konditionalkonstante) eines Metallion-Edetat-Komplexes ist vom pH-Wert der Titrationslösung abhängig.

Nicht alle Chelatkomplexe sind in Wasser leicht löslich, wie der Chelatkomplex aus Nickel(II)-Ionen und Diacetyldioxim belegt.

1871 D   1689 C   1691 D   1819 D

Ascorbinsäure kann in Gegenwart von Iodid *coulometrisch* titriert werden. Dabei wird Iodid *anodisch* zu Iod oxidiert, das Ascorbinsäure in Dehydroascorbinsäure umwandelt.

Der Endpunkt der Bestimmung kann im *Anodenraum* mit einer Doppel-Platin-Elektrode mittels *Bivoltametrie* indiziert werden. Je größer der konstante Strom zwischen den Generatorelektroden ist, desto rascher wird Iod gebildet und desto schneller ist der Äquivalenzpunkt erreicht.

1872 D	892 E	893 D	894 A	895 E	896 E	897 E
898 C	899 E	1828 B				

Hydrochinon (1) ist die reduzierte Form von *p*-Benzochinon und kann daher an einer Quecksilberelektrode *nicht* durch *reduktive* Umsetzung bestimmt werden.

Cystin (2) kann durch Aufnahme von 2 Elektronen und 2 Protonen zu *Cystein* (HOOC-CHNH$_2$-CH$_2$SH) reduziert werden.

Die aromatische Nitro-Gruppe in **Niclosamid** (3) ist polarographisch aktiv und wird in saurer Lösung zum primären aromatischen Amin reduziert.

1873 E

Bei einer **bivoltametrischen Titration** trägt man die Spannung (U) gegen die Zeit (t) oder den Titrationsgrad (τ) auf. Die in der Frage abgebildete Titrationskurve bewegt sich auf einem Spannungsplateau und die Spannung fällt nach Überschreiten des Endpunktes steil ab. Dies ist typisch für eine Titration bei der nur das Titratorsystem ein reversibles Redoxpaar bildet. Dieser Sachverhalt trifft zu für die *Titration* von *Ascorbinsäure* mit *Iod-Maßlösung*. Iod/Iodid bildet ein *reversibles* Redoxpaar und Ascorbinsäure/Dehydroascorbinsäure stellen unter diesen Bedingungen kein reversibles Redoxsystem dar.

1874 E   1786 E

Der **Sauerstoffsensor** nach *Clark* besteht aus einer Edelmetallkathode (Pt, Au) als Arbeitselektrode und einer Silberanode als Bezugselektrode in chloridhaltiger Lösung. Zwischen Anode und Kathode wird eine Spannung angelegt. In Betrieb entsteht an der Anode nach Oxidation von Silber in der chloridhaltigen Lösung *Silberchlorid* (Ag + Cl$^-$ → AgCl + e$^-$) und an der Kathode wird *Sauerstoff* reduziert (O$_2$ + 4e$^-$ + 2 H$_2$O → 4 HO$^-$).

1875 D   934 B

Bei einer *konduktometrisch* indizierten **Fällungstitration**:
– kann die Leitfähigkeit bis zum Äquivalenzpunkt zunehmen. Dies ist der Fall, wenn im Titratorsystem Ionen mit höherer Äquivalentleitfähigkeit enthalten sind [(Ag$^+$NO$_3^-$) + (H$_3$O$^+$Cl$^-$) → AgCl↓ + (H$_3$O$^+$NO$_3^-$)].
– nimmt die Leitfähigkeit nach den Äquivalenzpunkt zu. Der Überschuss an Maßlösung trägt zur erhöhten Leitfähigkeit bei.
– besteht die Titrationskurve aus zwei annähernd linearen Bereichen, wie z. B. bei der Titration von Natriumchlorid mit Silbernitrat-Maßlösung.

Bei der Titration einer schwachen Säure mit einer schwachen Base kann die Leitfähigkeit am Äquivalenzpunkt ein Maximum haben.

1876 D   937 D

Die **elektrophoretische Mobilität** (μ_{ep}) geladener Teilchen ist abhängig von der *Ladungsdichte* der Teilchen. Unter Ladungsdichte versteht man das Verhältnis von *Ionenladung* zum hydrodynamischen *Ionenradius*.

1877 A

Die abgebildeten Verbindungen können mittels **HPLC-Analyse** unter Einsatz einer Umkehrphasen-Trennsäule (RP-18-Kieselgel) getrennt und nachgewiesen werden.

Alle Verbindungen sind achiral, sodass man sie mittels Polarimetrie ihrer wässrig/ethanolischen Lösungen *nicht* unterscheiden kann.

Alle genannten Verbindungen ergeben bei der Esterverseifung in schwefelsaurer Lösung *Salicylsäure*.

1878 B   **1057** B   **1058** C

Auf das Phänomen der **Mutarotation** treffen folgende Aussagen zu:
- Unter Mutarotation versteht man die unmittelbar nach Auflösen einer chiralen Verbindung einsetzende Änderung der optischen Drehung der Lösung bis zum Erreichen eines konstanten Endwertes.
- Das Phänomen kann bei Aldosen und Ketosen beobachtet werden, die zur Oxo-Cyclo-Tautomerie befähigt sind. Mutarotation geht also bei Zuckern mit der Einstellung zwischen halbacetalischen Ringformen und der offenkettigen al-Form einher.
- Als *Epimere* bezeichnet man Verbindungen mit mehreren asymmetrischen C-Atomen, die sich nur in der Konfiguration an einem einzigen Chiralitätszentrum unterscheiden. Die beim Auflösen von Glucose in Wasser miteinander im Gleichgewicht befindlichen Substanzen α-D-Glucose und β-D-Glucose sind *Epimere* bezüglich des Atoms C-1. Solche Epimere bezeichnet man auch als *Anomere*.
- Sechswertige Zuckeralkohole wie *Sorbitol* (Glucitol) oder *Mannitol* sind nicht zur Oxo-Cyclo-Tautomerie befähigt und ihre wässrigen Lösungen zeigen daher auch *nicht* das Phänomen der Mutarotation.

1879 D   **1086** A

An die *Lichtquelle* in der **Atomabsorptionsspektroskopie** (AAS) werden folgende Anforderungen gestellt:
- Die für die Messung ausgewählte Linie muss genügend isoliert sein.
- Die Linienbreite der Messlinie muss bedeutend kleiner sein als die Absorptionslinienbreite des zu bestimmenden Elements.
- Die Intensität der Emissionslinie muss genügend groß und zeitlich konstant sein.
- Als Messlinien kann je nach Element auch Licht aus dem UV- oder VIS-Bereich gewählt werden.

Anmerkung: Der in den Aussagen (3) und (4) verwendete Begriff „Emissionslinie" ist irreführend. Es handelt sich hierbei um die Messlinie, die von der *Lichtquelle* emittiert wird.

1880 B   **1245** C   **1251** D   **1253** E

Bei einem *Fluoreszenzspektrum* wird die Intensität des emittierten Fluoreszenzlichts gegen die Wellenlänge aufgetragen.

Unter der *Fluoreszenzquantenausbeute* versteht man den Bruchteil der Anregungslichtenergie, der in Fluoreszenzlicht umgewandelt wird.

Die *Intensität* des *Fluoreszenzlichts* ist direkt proportional zur Intensität des Anregungslichts, der Fluoreszenzquantenausbeute und dem molaren Absorptionskoeffizienten der Substanz bei der Anregungswellenlänge.

Das Fluoreszenzlicht ist im Allgemeinen energieärmer (langwelliger) als die zur Anregung verwendete elektromagnetische Strahlung, weil ein Teil der aufgenommenen Energie strahlungslos abgegeben wird.

1881 A   **1359** B   **1443** C   **1842** C

In einem **Raman-Spektrum** wird die Intensität der emittierten Raman-Streustrahlung gegen die Wellenzahl aufgetragen.

Raman-Streustrahlung tritt auf, wenn sich die *Polarisierbarkeit* des untersuchten Moleküls während einer *Molekülschwingung* ändert.

1882 C

Abgebildet ist das IR-Spektrum von **Essigsäure** (CH_3-CO-OH) mit einer breiten Absorption für die (X-H)-Valenzschwingungen [X = O, C] bei 2500–3100 cm^{-1} sowie einer intensiven Absorptionsbande bei 1716 cm^{-1} für die (C=O)-Valenzschwingung. (O-H)- und (C=O)-Gruppe zusammen treten als Strukturelemente in keiner der anderen genannten Substanzen auf.

Für Acetonitril fehlt die Absorptionsbande bei etwa 2230 cm^{-1} für die (C≡N)-Valenzschwingung.

1883 E 1328 C

Dargestellt ist das IR-Spektrum von **Essigsäureethylester** (CH_3-CO-O-CH_2CH_3). Typisch hierfür ist Absorption bei etwa 3000 cm^{-1} für die (C-H)-Valenzschwingungen sowie die intensive Absorptionsbande bei 1742 cm^{-1} für die (C=O)-Valenzschwingung.

1884 A 1354 C 1355 C 1356 C

Bei der **NIR-Spektroskopie** (Nahes Infrarot) [λ = 0,8–2,5 μm] wird energiereichere (kurzwelligere) elektromagnetische Strahlung eingesetzt als in der MIR-Spektroskpie (*normales* Mittleres Infrarot) [λ = 2,5–50 μm]. Die energiereichere Strahlung führt zu sonst nur sehr schwer anregbaren Ober- und Kombinationsschwingungen, die mehr Energie erfordern als Grundschwingungen.

Die NIR-Spektroskopie wird vorwiegend zur Identifizierung von festen und halbfesten Substanzen eingesetzt. Auch quantitative Bestimmungen z. B. von Wirkstoffen in Gegenwart von Hilfsstoffen sind möglich.

Das Arzneibuch sieht als Messverfahren die Messung der Transmission, die Messung durch diffuse Reflexionen sowie die Messung der Transflexion vor.

1885 E

Für die Bildung von Natriumsalzen der β-Lactam-Antibiotika wird häufig das Natriumsalz der **2-Ethylhexansäure** als Reagenz eingesetzt, das deshalb als Verunreinigung im Antibiotikum enthalten sein kann und dessen Gehalt im Rahmen einer Reinheitsprüfung begrenzt wird.

$$CH_3\text{-}(CH_2)_3\text{-}CH(CH_2CH_3)\text{-}COO^-Na^+ + \text{Amoxicillin} \rightarrow$$
$$CH_3\text{-}(CH_2)_3\text{-}CH(CH_2CH_3)\text{-}COOH + \text{Amoxicillin-}COO^-Na^+$$

Zur Reinheitsprüfung auf 2-Ethylhexansäure ist die Anwendung der Gaschromatographie an einer RP-18-Phase sinnvoll. Der Gehalt an 2-Ethylhexansäure ist auf 0,8 % (m/m) begrenzt.

Das IR-Spektrum von **Amoxicillin-Natrium** zeigt eine intensive Bande bei 1686 cm^{-1} für die (C=O)-Valenzschwingung der Amid-Funktion der Seitenkette und eine noch stärkere Absorption bei 1775 cm^{-1} für die (C=O)-Valenzschwingung des β-Lactam-Ringes.

Im NMR-Spektrum von Amoxicillin treten aufgrund der Gruppierung [$(CH_3)_2CR_2$] des Penicillansäure-Ringsystems Signale im Bereich von δ ~ 1–2 ppm auf.

Eine Prüfung auf Natrium-Ionen ist *nicht* sinnvoll, da das Natrium-Kation sowohl im Reagenz als auch im Produkt auftritt und deshalb zur Differenzierung von 2-Ethylhexansäure und Amoxicillin nicht beitragen kann.

1886 B

In **NMR-Spektrometern** wird flüssiges Helium zur Kühlung der supraleitenden Kryomagneten benötigt.

1887 C 1406 A 1407 B 1888 A

Das tertiäre H-Atom der Isobutyl-Seitenkette [$(CH_3)_2CH\text{-}CH_2\text{-}R$] von **Ibuprofen** führt im ^{1}H-NMR-Spektrum zu einem Multiplett bei δ = 1,82 ppm.

14.6 Prüfung Herbst 2013

1888 A   **1406** A   **1407** B   **1887** C

▪ Das tertiäre H-Atom der 2-Arylpropionsäure-Seitenkette [Ar-CH(CH$_3$)-COOH] von **Ibuprofen** führt im ^{1}H-NMR-Spektrum zu einem Quartett bei δ = 3,54 ppm.

1889 C   **1390** B

▪ Über die **C-H-Signale** in einem ^{1}H-NMR-Spektrum lassen sich folgende Aussagen machen:
  – Die chemische Verschiebung (δ) des Signals eines H-Atoms wird von der Verteilung der Elektronendichte, sterischen Effekten und Anisotropieeffekten beeinflusst.
  – Chemisch äquivalente H-Atomkerne müssen magnetisch *nicht* äquivalent sein.
  – Der Resonanzbereich von Alkin-H-Atomen (R-C≡C-H) [δ = 1,8–3,1] liegt gegenüber dem olefinischer H-Atome (R-CH=CH$_2$) [δ = 4,6–5,0] hochfeldverschoben (R = Methyl).

1890 B   **1465** C   **1643** E   **1756** B   **1845** E

▪ Die unterschiedlichen **polymorphen Formen** eines Arzneistoffs können mittels thermischer Analysenverfahren oder mittels IR-Spektroskopie unterschieden werden.
▪ Bei der UV-VIS-Spektroskopie, der HPLC oder GC wird eine *Lösung* des Arzneistoffs untersucht, wodurch Unterschiede im festen Aggregatzustand dann *nicht* mehr zu erkennen sind.

1891 E   **1497** B   **1569** C   **1572** E   **1578** C

▪ Über **chromatographische Kenngrößen** lassen sich folgende Aussagen machen:
  – Zur Charakterisierung der Effizienz einer Trennsäule kann die *Bodenhöhe* (H) dienen. H entspricht dem Quotienten aus der Säulenlänge (L) und der Bodenzahl (N) [H = L/N]. Je kleiner die Bodenhöhe ist, desto besser ist die Trennleistung einer Chromatographiesäule.
  – Der *Kapazitätsfaktor* (k´) gibt das Verhältnis der Aufenthaltszeit eines Analyten in der stationären Phase (Nettoretentionszeit t$_r$) zu seiner Aufenthaltszeit in der mobilen Phase (Totzeit t$_d$) an [k´ = t$_r$/t$_d$]. Je größer der Kapazitätsfaktor wird, desto länger verweilt eine Substanz auf der Säule.
  – Die *Auflösung* (R$_S$) [R$_S$ = 1,18 (^{2}t$_R$ + ^{1}t$_R$)/^{2}b$_{0,5}$ + ^{1}b$_{0,5}$)] zwischen zwei Substanzen 1 und 2 ist ein Maß für ihre chromatographische Trennung. In der Definitionsgleichung für (R$_S$) bedeutet t$_R$ die Gesamtretentionszeit und b$_{0,5}$ die Peakhalbwertsbreite der beiden Komponenten. Für eine *Basislinientrennung* muss die Auflösung den Wert übersteigen: **R$_S$ > 1,5**.

1892 D   **1851** C

▪ Aus dem Chromatogramm 1 ergeben sich folgende Retentionszeiten: Luftpeak t$_d$ = 0,6 min
  – Gesamtretentionszeit Komponente 1 ^{1}t$_R$ = 4,2 min – Gesamtretentionszeit Komponente 2 ^{2}t$_R$ = 5,3 min. Daraus berechnen sich die Nettoretentionszeiten zu: ^{1}t$_r$ = 3,6 min und ^{2}tr = 4,7 min
▪ Aus dem Chromatogramm 2 ergeben sich folgende Retentionszeiten: Luftpeak t$_d$ = 0,6 min
  – Gesamtretentionszeit Komponente 1 ^{1}t$_R$ = 3,2 min – Gesamtretentionszeit Komponente 2 ^{2}t$_R$ = 5,6 min. Daraus berechnen sich die Nettoretentionszeiten zu: ^{1}t$_r$ = 2,6 min und ^{2}t$_r$ = 5,0 min
▪ Der *Trennfaktor* (α) [*relative Retention*] ist definiert: α = ^{2}t$_r$/^{1}t$_r$, worin t$_r$ die Nettoretentionszeit der beiden Komponenten bedeutet mit ^{2}t$_r$ > ^{1}t$_r$.
▪ Setzt man obige Zahlenwerte ein, so ergibt sich für Chromatogramm 1 ein *Trennfaktor* von: α$_1$ = 4,7:3,6 ~ 1,3. Für Chromatogramm 2 berechnet sich der Trennfaktor zu: α$_2$ = 5,0:2,6 ~ 1,9. Chromatogramm 2 unterscheidet sich daher von Chromatogramm 1 durch eine *Verbesserung* des *Trennfaktors*.

1893 E   **1524** D   **1525** D

▪ Nach dünnschichtchromatographischer Trennung lassen sich sowohl **Propylgallat** als auch **Gallussäure** mit Eisen(III)-chlorid-Sprühreagenz zu blauen Chelatkomplexen umsetzen, da *beide Substanzen* über *ortho*-ständige phenolische Hydroxyl-Gruppen (Ar-OH) verfügen.

▪ Die *Hydroxamsäure-Reaktion* mit Hydroxylaminhydrochlorid-Lösung und Eisen(III)-chlorid verläuft nur bei einem *Ester* wie Propylgallat positiv.

1894 A

▪ In einer HPLC-Säule von hoher Porosität und geringem Druckwiderstand verwendet man als Füllmaterial (stationäre Phase) einen monolithischen Stab, der durch Polymerisation in der Säule erzeugt und anschließend chemisch modifiziert wurde (monolithisches Octadecylsilyl-Kieselgel).

1895 D   **1650** E   **1767** B   **1811** C

▪ Da in einer thermogravimetrischen Bestimmung sich während des zersetzungsfreien Schmelzens einer Substanz die Masse nicht ändert, erhält man aus der TG-Kurve keine Information zum Schmelzverhalten eines Stoffes (siehe auch Frage Nr. **1811**).

▪ Kupfer(II)-sulfat-Pentahydrat [$CuSO_4 \cdot 5\,H_2O$] ist bei ca. 120 °C unter dem Masseverlust von zwei H_2O-Molekülen in das Trihydrat [$CuSO_4 \cdot 3\,H_2O$] übergegangen und liegt ab etwa 180 °C als Kupfer(II)-sulfat-Monohydrat [$CuSO_4 \cdot H_2O$] vor. Ab circa 280 °C liegt wasserfreies Kupfer(II)-sulfat [$CuSO_4$] vor (siehe hierzu auch Frage Nr. **1767**).

▪ Da aus der TG-Kurve ersichtlich ist, dass bis etwa 320 °C kein weiterer Masseverlust eingetreten ist, hat bis zu dieser Temperatur auch noch keine Zersetzung von wasserfreiem Kupfer(II)-sulfat zu Kupfer(II)-oxid [CuO] und Schwefeltrioxid [SO_3] stattgefunden.

Rechenhilfen

Erfahrungsgemäß bereiten infolge der Kürze der für die Lösungen der MC-Fragen zur Verfügung stehenden Zeit Berechnungen mithilfe der (des)
- **Henderson-Hasselbalch-Gleichung,**
- **Nernstschen Gleichung**
- **Lambert-Beer-Gesetzes**

dem Studenten einige Mühe. Aus diesem Grund wurde im **Kurzlehrbuch** versucht, diese Berechnungen schrittweise und so exakt wie möglich durchzuführen, so dass der Student die Möglichkeit besitzt, sie leicht und bequem nachzuvollziehen.

Hierzu sollen auch die u. a. trivialen Rechenhilfen der Potenzrechnung und des logarithmischen Rechnens dienen, die häufig Bestandteil der Anwendung der o.a. Gleichungen sind:

Potenzrechnung

$$(X)^{\frac{a}{b}} = \sqrt[b]{X^a} \qquad X = \frac{10^x}{10^y} = 10^{(x-y)}$$

$$X = \frac{10^x}{10^{-y}} = 10^{(x+y)} \qquad X = \frac{10^{-x}}{10^{-y}} = 10^{(y-x)}$$

Logarithmisches Rechnen

$$\ln X = 2{,}3 \cdot \log X; \qquad \log 1 = 0$$

$$\log \frac{a \cdot b}{c} = \log \frac{a}{c} + \log b = \log a + \log b - \log c$$

$$-\log \frac{a \cdot b}{c} = \log c - \log a - \log b$$

$$\log 10^{-x} = -x; \quad -\log 10^{-x} = x; \quad \log 10^x = x;$$

$$\log x^a = a \log x; \quad \log x^{-a} = -a \log x$$

[613] Die offizielle Lösung dieser Frage ist *nicht* korrekt. Bei der bromometrischen Bestimmung von Phenol [M_r = 94,1] nach Koppeschaar zu 2,4,6-Tribromphenol werden **3** Mol (**6** Äquivalente) Brom (Br_2) verbraucht. Daher entspricht 1 ml Bromid-Bromat-Lösung (0,0167 mol · l^{-1}) 1,569 mg Phenol (94,1 mg : **6** = 1,569 mg). Dies bestätigen die Lösungen der Fragen Nr. **612** und **615**. Der Aufgabentext unterscheidet nicht exakt zwischen der Stoffmengenkonzentration und der Äquivalentstoffmengenkonzentration. Beide werden in mol · l^{-1} angegeben.

[1122] Aussage C „Alle Substituenten verschieben die Absorption bathochrom" trifft nicht zu. Benzen (C_6H_6) und das Anilinium-Ion (C_6H_5-NH_3^+) besitzen beide ein längstwelliges Absorptionsmaximum bei 254 nm. Darüber hinaus trifft auch Aussage D nicht zu.

[1589] *Stearylalkohol* (3) wird nach *Ph.Eur. 7* gaschromatographisch mit Hilfe des Verfahrens der Normalisierung bestimmt. Die korrekte Lösung der Frage ist im Antwortangebot nicht enthalten.

[1623] Die in der Originalfrage verwendete Bezeichnung *N*-Alkylsulfonate ist nicht zutreffend und wurde in *n*-Alkylsulfonate abgeändert. Es geht hier um einen geradkettigen Alkylrest und keinen Alkylrest, der an ein N-Atom gebunden ist.

[1741] Der Aufgabentext ist wie die Formulierung der Frage Nr. **613** *nicht* korrekt. Bei der bromometrischen Bestimmung von Resorcin [M_r = 110,1] nach Koppeschaar werden **3** Mol (**6** Äquivalente) Brom (Br_2) verbraucht unter Bildung von 2,4,6-Tribromresorcin. Daher entspricht 1 ml Kaliumbromat-Lösung (c = 0,0167 mol · l^{-1}) 1,835 mg Resorcin (110,1 mg : **6** = 1,835 mg).

[1879] Der in den Aussagen (3) und (4) verwendete Begriff „*Emissionslinie*" ist missverständlich. Es handelt sich hierbei um die *Messlinie*, die von der Lichtquelle emittiert wird.

Anmerkungen zu einzelnen MC-Fragen

Bei einigen MC-Fragen sind aufgrund von Widersprüchen oder Unklarheiten zwischen dem Aufgabentext und dem Lösungsangebot auch andere Antwortalternativen denkbar. Die Lösungsbuchstaben dieser Fragen sind mit einem **Stern** gekennzeichnet.

[90] Die Aufgabe ist nicht klar formuliert worden. Zum zweifelsfreien Nachvollziehen des Titrationsverlaufs fehlt die Angabe der Konzentration des Analyten. Ist mit dem Begriff „Ableitung" die 1. oder 2. abgeleitete Titrationskurve gemeint? Was versteht man dann unter Extrema? Die 1. Ableitung einer potentiometrisch indizierten Titration besitzt ein Maximum, dessen Lage auf der Volumenachse (bzw. dem Titrationsgrad) dem Äquivalenzpunkt entspricht. Die 2. Ableitung der Titrationskurve geht durch ein Maximum, kreuzt dann die Volumenachse und verläuft weiter über ein Minimum. Hier entspricht der Schnittpunkt mit der Volumenachse dem Äquivalenzpunkt.

[134] Das Europäische Arzneibuch *(Ph.Eur. 7)* verzichtet auf den Zusatz von Ammoniumcarbonat zum Entfernen der Pyrosulfate und lässt stattdessen nach erneutem Zusatz von Schwefelsäure den Glühvorgang bis zur Massekonstanz wiederholen.

[361] Die Aussage (3), dass der 1.Potentialsprung bei der alkalimetrischen Titration von Glutaminsäure größer ist als der zweite, kann aufgrund der im *Kommentar* zu dieser Frage abgebildeten Titrationskurve nicht nachvollzogen werden. Daher wäre Antwortalternative (A) die korrekte Lösung.

[371], [1674] Tetraalkylammonium-Ionen [R_4N^+] sind – nach der Brönstedschen Definition einerSäure – keine Kationsäuren, die mit Natriumhydroxid-Maßlösung titriert werden können. Dies bestätigen die Lösungen der Fragen Nr. **370**, **1673**, **1675** und **1676**. Im Falle des Tetramethylammonium-Ions [$(CH_3)_4N^+$] widersprechen sich jedoch die offiziellen Lösungen der Fragen Nr. **371** und **1674**. Denkbar wäre, dass in einer überschüssigen, konzentrierten Natriumhydroxid-Maßlösung eine S_N-Reaktion unter Bildung von Trimethylamin [$(CH_3)_3N$] und Methanol [CH_3OH] eintritt und danach der Laugenüberschuss acidimetrisch zurücktitriert wird.

$(CH_3)_4N^+ + HO^- \rightarrow (CH_3)_3N + CH_3OH$

Aber auch in diesem Falle reagiert das Tetramethylammonium-Ion *nicht* als Kationsäure. Alternativ dazu könnte man das durch Hydrolyse gebildete Trimethylamin auch in eine Vorlage mit einer Salzsäure-Maßlösung übertreiben unter Bildung von Trimethylaminhydrochlorid und danach die überschüssige Säure alkalimetrisch zurücktitrieren.

[397] In den Formeln von Amobarbital-Natrium und Secobarbital-Natrium muss der Rest R^3 für Natrium stehen (R^3 = Na).

Lösungen der MC-Fragen

1761	C	1810	A	1859	A
1762	A			1860	B
1763	D	1811	C		
1764	D	1812	B	1861	D
1765	D	1813	E	1862	D
1766	A	1814	A	1863	E
1767	B	1815	B	1864	E
1768	A	1816	B	1865	E
1769	D	1817	A	1866	D
1770	C	1818	E	1867	E
		1819	D	1868	B
1771	D	1820	D	1869	E
1772	D			1870	C
1773	D	1821	C		
1774	C	1822	D	1871	D
1775	C	1823	D	1872	D
1776	D	1824	E	1873	E
1777	D	1825	C	1874	E
1778	B	1826	E	1875	D
1779	E	1827	E	1876	D
1780	B	1828	B	1877	A
		1829	E	1878	B
1781	B	1830	B	1879	D*
1782	D			1880	B
1783	E	1831	D		
1784	C	1832	E	1881	A
1785	E	1833	C	1882	C
1786	E	1834	D	1883	E
1787	C	1835	D	1884	A
1788	C	1836	C	1885	E
1789	C	1837	E	1886	B
1790	D	1838	E	1887	C
		1839	B	1888	A
1791	E	1840	A	1889	C
1792	D			1890	B
1793	E	1841	C		
1794	B	1842	C	1891	E
1795	C	1843	C	1892	D
1796	E	1844	C	1893	E
1797	C	1845	E	1894	A
1798	C	1846	A	1895	D
1799	E	1847	E		
1800	A	1848	E		
		1849	C		
1801	D	1850	E		
1802	C	1851	C		
1803	D	1852	C		
1804	C	1853	E		
1805	B	1854	A		
1806	E	1855	E		
1807	C	1856	D		
1808	A	1857	E		
1809	C	1858	D		

1561	E	1611	A	1661	C	1711	B
1562	E	1612	E	1662	C	1712	E
1563	B	1613	D	1663	C	1713	E
1564	A	1614	C	1664	A	1714	D
1565	B	1615	B	1665	C	1715	C
1566	C	1616	B	1666	E	1716	A
1567	C	1617	D	1667	E	1717	C
1568	E	1618	C	1668	E	1718	A
1569	C	1619	D	1669	C	1719	B
1570	B	1620	D	1670	C	1720	D
1571	C	1621	A	1671	D	1721	B
1572	E	1622	C	1672	E	1722	D
1573	B	1623	E*	1673	A	1723	D
1574	E	1624	D	1674	A*	1724	D
1575	E	1625	B	1675	C	1725	C
1576	C	1626	E	1676	D	1726	A
1577	C	1627	E	1677	E	1727	D
1578	C	1628	D	1678	B	1728	D
1579	A	1629	C	1679	E	1729	C
1580	A	1630	E	1680	A	1730	C
1581	B	1631	D	1681	C	1731	C
1582	A	1632	D	1682	D	1732	D
1583	A	1633	E	1683	B	1733	B
1584	A	1634	B	1684	A	1734	A
1585	D	1635	D	1685	C	1735	B
1586	C	1636	D	1686	C	1736	D
1587	E	1637	C	1687	A	1737	D
1588	D	1638	E	1688	E	1738	D
1589	B*	1639	C	1689	C	1739	C
1590	C	1640	D	1690	B	1740	D
1591	A	1641	B	1691	D	1741	B*
1592	E	1642	E	1692	C	1742	C
1593	B	1643	E	1693	B	1743	D
1594	D	1644	C	1694	C	1744	C
1595	C	1645	E	1695	E	1745	D
1596	C	1646	D	1696	C	1746	D
1597	E	1647	B	1697	E	1747	E
1598	B	1648	A	1698	B	1748	D
1599	B	1649	C	1699	D	1749	E
1600	B	1650	E	1700	D	1750	C
1601	C	1651	E	1701	C	1751	D
1602	E	1652	E	1702	C	1752	D
1603	C	1653	D	1703	E	1753	C
1604	D	1654	C	1704	E	1754	C
1605	E	1655	B	1705	A	1755	C
1606	E	1656	C	1706	E	1756	B
1607	B	1657	E	1707	A	1757	E
1608	B	1658	D	1708	C	1758	C
1609	A	1659	E	1709	D	1759	B
1610	B	1660	D	1710	E	1760	A

Lösungen der MC-Fragen

1361	E	1411	E	1461	C	1511	D
1362	E	1412	A	1462	D	1512	B
1363	C	1413	E	1463	A	1513	A
1364	D	1414	A	1464	B	1514	C
1365	E	1415	E	1465	C	1515	E
1366	E	1416	D	1466	E	1516	D
1367	C	1417	E	1467	C	1517	D
1368	B	1418	C	1468	C	1518	B
1369	A	1419	B	1469	A	1519	C
1370	E	1420	E	1470	E	1520	C
1371	C	1421	C	1471	E	1521	C
1372	C	1422	D	1472	E	1522	B
1373	D	1423	D	1473	D	1523	E
1374	C	1424	E	1474	B	1524	D
1375	D	1425	D	1475	B	1525	D
1376	A	1426	E	1476	C	1526	D
1377	D	1427	E	1477	B	1527	E
1378	D	1428	B	1478	A	1528	D
1379	C	1429	C	1479	C	1529	C
1380	C	1430	D	1480	B	1530	C
1381	B	1431	E	1481	C	1531	B
1382	D	1432	D	1482	D	1532	E
1383	C	1433	E	1483	C	1533	C
1384	E	1434	D	1484	A	1534	C
1385	D	1435	E	1485	E	1535	C
1386	B	1436	B	1486	E	1536	E
1387	A	1437	A	1487	B	1537	D
1388	B	1438	D	1488	A	1538	E
1389	E	1439	B	1489	E	1539	B
1390	B	1440	B	1490	C	1540	E
1391	D	1441	D	1491	C	1541	C
1392	A	1442	E	1492	C	1542	A
1393	D	1443	C	1493	E	1543	B
1394	E	1444	B	1494	E	1544	B
1395	A	1445	C	1495	C	1545	A
1396	D	1446	A	1496	E	1546	A
1397	E	1447	E	1497	B	1547	D
1398	C	1448	C	1498	E	1548	D
1399	B	1449	C	1499	B	1549	B
1400	A	1450	D	1500	D	1550	D
1401	B	1451	C	1501	B	1551	E
1402	E	1452	B	1502	A	1552	B
1403	B	1453	A	1503	E	1553	C
1404	B	1454	D	1504	C	1554	B
1405	A	1455	C	1505	E	1555	A
1406	A	1456	D	1506	A	1556	C
1407	B	1457	C	1507	B	1557	C
1408	E	1458	E	1508	D	1558	A
1409	D	1459	C	1509	B	1559	D
1410	C	1460	A	1510	C	1560	B

Lösungen der MC-Fragen

1161	D	1211	E	1261	E	1311	B
1162	A	1212	A	1262	C	1312	E
1163	C	1213	B	1263	C	1313	D
1164	B	1214	B	1264	B	1314	D
1165	B	1215	B	1265	D	1315	B
1166	D	1216	A	1266	B	1316	C
1167	A	1217	E	1267	D	1317	A
1168	C	1218	C	1268	C	1318	E
1169	C	1219	E	1269	A	1319	D
1170	B	1220	D	1270	C	1320	B
1171	C	1221	D	1271	C	1321	A
1172	E	1222	A	1272	B	1322	B
1173	D	1223	A	1273	E	1323	D
1174	A	1224	E	1274	E	1324	E
1175	D	1225	A	1275	D	1325	A
1176	B	1226	A	1276	E	1326	B
1177	E	1227	D	1277	D	1327	B
1178	E	1228	B	1278	E	1328	C
1179	E	1229	A	1279	A	1329	E
1180	B	1230	B	1280	D	1330	A
1181	D	1231	C	1281	D	1331	C
1182	D	1232	D	1282	C	1332	B
1183	A	1233	A	1283	D	1333	E
1184	C	1234	D	1284	A	1334	A
1185	C	1235	D	1285	A	1335	A
1186	C	1236	D	1286	B	1336	C
1187	C	1237	E	1287	B	1337	B
1188	B	1238	E	1288	A	1338	B
1189	B	1239	E	1289	E	1339	E
1190	B	1240	C	1290	B	1340	A
1191	C	1241	A	1291	D	1341	D
1192	C	1242	E	1292	E	1342	B
1193	B	1243	D	1293	D	1343	E
1194	C	1244	E	1294	C	1344	D
1195	E	1245	C	1295	D	1345	E
1196	E	1246	B	1296	D	1346	E
1197	A	1247	D	1297	B	1347	D
1198	E	1248	E	1298	E	1348	A
1199	D	1249	D	1299	B	1349	D
1200	C	1250	B	1300	A	1350	D
1201	D	1251	D	1301	B	1351	B
1202	E	1252	A	1302	E	1352	A
1203	B	1253	E	1303	B	1353	C
1204	B	1254	E	1304	D	1354	C
1205	C	1255	B	1305	A	1355	C
1206	C	1256	C	1306	C	1356	C
1207	D	1257	D	1307	E	1357	E
1208	D	1258	D	1308	E	1358	A
1209	B	1259	C	1309	D	1359	B
1210	B	1260	D	1310	D	1360	D

Lösungen der MC-Fragen

961	E	1011	B	1061	D	1111	D
962	A	1012	A	1062	B	1112	B
963	C	1013	C	1063	B	1113	C
964	C	1014	A	1064	E	1114	D
965	B	1015	B	1065	A	1115	D
966	C	1016	C	1066	A	1116	C
967	D	1017	C	1067	A	1117	D
968	B	1018	E	1068	E	1118	E
969	A	1019	A	1069	B	1119	D
970	C	1020	A	1070	A	1120	A
971	C	1021	C	1071	A	1121	B
972	C	1022	A	1072	A	1122	D*
973	A	1023	C	1073	A	1123	A
974	C	1024	C	1074	E	1124	C
975	E	1025	A	1075	C	1125	A
976	C	1026	D	1076	E	1126	B
977	B	1027	E	1077	B	1127	A
978	C	1028	B	1078	A	1128	E
979	D	1029	C	1079	B	1129	B
980	B	1030	B	1080	A	1130	C
981	C	1031	E	1081	E	1131	B
982	A	1032	D	1082	E	1132	E
983	E	1033	B	1083	C	1133	E
984	A	1034	A	1084	C	1134	A
985	C	1035	A	1085	C	1135	A
986	E	1036	D	1086	A	1136	C
987	A	1037	E	1087	B	1137	D
988	C	1038	D	1088	B	1138	E
989	B	1039	E	1089	C	1139	E
990	D	1040	D	1090	C	1140	E
991	B	1041	B	1091	E	1141	E
992	E	1042	B	1092	E	1142	A
993	C	1043	D	1093	E	1143	D
994	A	1044	E	1094	D	1144	B
995	D	1045	B	1095	C	1145	C
996	D	1046	E	1096	E	1146	C
997	E	1047	E	1097	B	1147	A
998	B	1048	D	1098	B	1148	B
999	C	1049	A	1099	B	1149	E
1000	A	1050	B	1100	A	1150	A
1001	C	1051	C	1101	D	1151	D
1002	D	1052	A	1102	C	1152	B
1003	B	1053	C	1103	A	1153	D
1004	D	1054	E	1104	B	1154	D
1005	E	1055	B	1105	A	1155	E
1006	C	1056	B	1106	D	1156	A
1007	D	1057	B	1107	C	1157	A
1008	B	1058	C	1108	C	1158	B
1009	C	1059	C	1109	A	1159	C
1010	D	1060	E	1110	E	1160	B

761	C	811	B	861	B	911	A
762	C	812	D	862	D	912	B
763	D	813	D	863	E	913	C
764	D	814	C	864	B	914	C
765	C	815	B	865	B	915	C
766	D	816	E	866	E	916	D
767	C	817	E	867	B	917	B
768	E	818	B	868	E	918	B
769	E	819	A	869	A	919	E
770	B	820	C	870	E	920	D
771	B	821	D	871	B	921	D
772	D	822	D	872	D	922	E
773	D	823	D	873	B	923	B
774	A	824	D	874	C	924	C
775	E	825	E	875	D	925	D
776	B	826	A	876	D	926	D
777	C	827	B	877	E	927	C
778	D	828	D	878	D	928	E
779	D	829	D	879	D	929	E
780	C	830	E	880	C	930	D
781	A	831	D	881	B	931	B
782	B	832	A	882	D	932	D
783	C	833	A	883	E	933	C
784	B	834	B	884	C	934	B
785	A	835	C	885	D	935	A
786	C	836	E	886	D	936	E
787	D	837	D	887	E	937	D
788	C	838	A	888	A	938	D
789	A	839	B	889	B	939	C
790	A	840	B	890	B	940	E
791	E	841	D	891	A	941	B
792	D	842	A	892	E	942	D
793	D	843	E	893	D	943	D
794	A	844	B	894	A	944	B
795	D	845	A	895	E	945	D
796	A	846	D	896	E	946	C
797	D	847	E	897	E	947	E
798	B	848	D	898	C	948	A
799	C	849	E	899	A	949	D
800	D	850	D	900	B	950	C
801	C	851	D	901	A	951	E
802	B	852	C	902	B	952	C
803	C	853	A	903	A	953	B
804	C	854	C	904	E	954	D
805	A	855	C	905	C	955	A
806	D	856	B	906	B	956	E
807	D	857	B	907	E	957	B
808	D	858	C	908	E	958	E
809	D	859	C	909	C	959	B
810	E	860	D	910	E	960	B

561	C	611	B	661	B	711	C
562	C	612	B	662	A	712	A
563	E	613	C*	663	D	713	A
564	B	614	C	664	C	714	E
565	D	615	A	665	E	715	A
566	B	616	B	666	C	716	B
567	B	617	C	667	D	717	B
568	E	618	B	668	E	718	B
569	E	619	A	669	C	719	C
570	E	620	D	670	D	720	B
571	E	621	D	671	A	721	B
572	C	622	B	672	D	722	C
573	E	623	B	673	D	723	E
574	C	624	E	674	C	724	E
575	A	625	A	675	A	725	E
576	E	626	E	676	A	726	D
577	C	627	E	677	C	727	E
578	E	628	D	678	A	728	E
579	E	629	A	679	B	729	C
580	E	630	C	680	D	730	D
581	A	631	A	681	C	731	D
582	D	632	C	682	E	732	D
583	D	633	C	683	C	733	D
584	C	634	A	684	E	734	D
585	D	635	B	685	D	735	E
586	E	636	B	686	B	736	E
587	B	637	D	687	B	737	E
588	C	638	B	688	D	738	D
589	B	639	B	689	B	739	D
590	A	640	B	690	B	740	D
591	A	641	C	691	E	741	E
592	B	642	A	692	E	742	A
593	C	643	C	693	C	743	A
594	C	644	D	694	D	744	A
595	C	645	E	695	D	745	C
596	B	646	C	696	B	746	D
597	A	647	D	697	A	747	E
598	E	648	C	698	A	748	A
599	D	649	D	699	A	749	E
600	A	650	B	700	C	750	D
601	C	651	D	701	A	751	D
602	E	652	B	702	B	752	B
603	D	653	C	703	D	753	D
604	C	654	E	704	E	754	C
605	B	655	D	705	B	755	C
606	B	656	E	706	C	756	D
607	C	657	B	707	B	757	D
608	C	658	E	708	A	758	C
609	E	659	C	709	A	759	D
610	C	660	A	710	C	760	E

Lösungen der MC-Fragen

361	D	411	E	461	D	511	B
362	B	412	D	462	B	512	C
363	E	413	B	463	B	513	A
364	E	414	D	464	E	514	B
365	C	415	C	465	C	515	A
366	D	416	A	466	B	516	B
367	B	417	A	467	A	517	E
368	C	418	C	468	E	518	B
369	A	419	D	469	E	519	B
370	A	420	A	470	B	520	A
371	A*	421	D	471	D	521	D
372	A	422	D	472	A	522	E
373	E	423	E	473	D	523	C
374	D	424	B	474	C	524	D
375	D	425	D	475	D	525	C
376	C	426	C	476	B	526	C
377	C	427	E	477	A	527	B
378	D	428	D	478	D	528	C
379	B	429	D	479	E	529	D
380	A	430	E	480	A	530	B
381	A	431	D	481	D	531	C
382	C	432	A	482	E	532	D
383	A	433	C	483	A	533	C
384	D	434	C	484	A	534	C
385	C	435	A	485	A	535	B
386	B	436	C	486	D	536	B
387	E	437	D	487	B	537	D
388	B	438	E	488	E	538	D
389	C	439	A	489	B	539	B
390	D	440	D	490	B	540	D
391	C	441	E	491	C	541	B
392	B	442	D	492	D	542	B
393	C	443	D	493	A	543	B
394	B	444	D	494	B	544	C
395	A	445	E	495	E	545	C
396	A	446	B	496	A	546	C
397	C*	447	E	497	D	547	B
398	D	448	E	498	E	548	B
399	B	449	A	499	E	549	B
400	A	450	B	500	C	550	B
401	A	451	E	501	A	551	D
402	C	452	A	502	C	552	C
403	D	453	E	503	C	553	B
404	B	454	B	504	E	554	D
405	B	455	B	505	E	555	E
406	C	456	B	506	C	556	C
407	B	457	C	507	E	557	E
408	A	458	E	508	A	558	B
409	D	459	A	509	C	559	C
410	D	460	C	510	A	560	B

Lösungen der MC-Fragen

161	E	211	E	261	B	311	D
162	A	212	E	262	B	312	C
163	B	213	D	263	A	313	C
164	A	214	D	264	C	314	B
165	D	215	B	265	D	315	A
166	C	216	C	266	E	316	E
167	D	217	E	267	D	317	A
168	A	218	D	268	E	318	E
169	D	219	B	269	D	319	D
170	C	220	C	270	E	320	D
171	C	221	D	271	B	321	C
172	E	222	A	272	D	322	D
173	C	223	C	273	A	323	E
174	D	224	A	274	E	324	C
175	E	225	D	275	B	325	D
176	A	226	B	276	D	326	E
177	D	227	B	277	B	327	B
178	D	228	D	278	B	328	D
179	B	229	C	279	B	329	B
180	E	230	D	280	D	330	A
181	C	231	C	281	C	331	C
182	C	232	A	282	D	332	D
183	E	233	E	283	E	333	C
184	C	234	A	284	D	334	B
185	E	235	C	285	B	335	A
186	C	236	C	286	B	336	C
187	E	237	D	287	C	337	D
188	A	238	D	288	B	338	E
189	A	239	E	289	C	339	C
190	E	240	A	290	B	340	D
191	B	241	D	291	B	341	E
192	D	242	B	292	A	342	A
193	A	243	D	293	D	343	E
194	D	244	C	294	B	344	B
195	B	245	B	295	B	345	A
196	D	246	D	296	B	346	B
197	D	247	D	297	D	347	C
198	A	248	C	298	B	348	B
199	C	249	D	299	D	349	C
200	C	250	B	300	E	350	D
201	E	251	E	301	B	351	A
202	E	252	A	302	A	352	E
203	C	253	C	303	C	353	D
204	C	254	D	304	E	354	C
205	D	255	C	305	B	355	E
206	B	256	C	306	D	356	D
207	A	257	C	307	C	357	D
208	A	258	B	308	B	358	D
209	D	259	C	309	D	359	D
210	C	260	D	310	B	360	A

Lösungen der MC-Fragen

1	A	41	A	81	E	121	E
2	E	42	C	82	E	122	B
3	C	43	A	83	D	123	D
4	D	44	D	84	B	124	C
5	E	45	E	85	B	125	C
6	A	46	D	86	C	126	A
7	C	47	E	87	B	127	C
8	A	48	D	88	D	128	C
9	C	49	E	89	E	129	C
10	A	50	D	90	E*	130	B
11	E	51	D	91	A	131	A
12	C	52	B	92	B	132	E
13	A	53	A	93	C	133	A
14	D	54	B	94	D	134	B*
15	E	55	A	95	D	135	B
16	A	56	B	96	D	136	C
17	E	57	D	97	B	137	C
18	C	58	C	98	E	138	D
19	D	59	C	99	B	139	A
20	A	60	E	100	A	140	E
21	B	61	D	101	B	141	A
22	B	62	C	102	E	142	D
23	B	63	B	103	C	143	B
24	D	64	A	104	D	144	C
25	A	65	E	105	D	145	A
26	C	66	A	106	C	146	E
27	B	67	A	107	C	147	A
28	B	68	D	108	B	148	D
29	E	69	C	109	B	149	E
30	E	70	E	110	D	150	D
31	C	71	E	111	D	151	A
32	C	72	C	112	A	152	E
33	C	73	B	113	E	153	A
34	D	74	C	114	D	154	A
35	B	75	E	115	B	155	A
36	B	76	B	116	D	156	B
37	D	77	C	117	B	157	A
38	A	78	D	118	B	158	E
39	A	79	B	119	A	159	A
40	E	80	A	120	B	160	C

Grundsätzliche Hinweise

1. Der in einer Prüfungsaufgabe angesprochene Sachverhalt bezieht sich grundsätzlich auf den naturwissenschaftlich einfachsten Fall und auf Standard- bzw. Normalbedingungen, es sei denn, dass besondere Gegebenheiten ausdrücklich genannt werden.
2. Angaben im Aufgabenstamm (z. B. chemische Formeln, Befunde usw.) sind stets als richtig zu unterstellen. Nur die fünf Antwortmöglichkeiten sind von Ihnen zu beurteilen.

Erklärung der Aufgabentypen

Aufgabentyp A1: Einfachauswahl

Erläuterung: Auf eine Frage oder unvollständige Aussage folgen bei diesem Aufgabentyp fünf mit (A)–(E) gekennzeichnete Antworten oder Ergänzungen, von denen Sie eine **einzige** auswählen sollen und zwar
entweder die **einzig** richtige
oder die **beste** von mehreren möglichen.
Lesen Sie immer alle Antwortmöglichkeiten durch, bevor Sie sich für eine Lösung entscheiden.

Aufgabentyp A2: Einfachauswahl

Erläuterung: Diese Aufgaben sind so formuliert, dass Sie aus den angebotenen Antwortalternativen jeweils die einzig **nicht** zutreffende wählen sollen.

Aufgabentyp B: Aufgabengruppe mit gemeinsamem Antwortangebot – Zuordnungsaufgaben

Erläuterung: Jede dieser Aufgabengruppen besteht aus
a) einer Liste mit nummerierten Begriffen, Fragen oder Aussagen (Liste 1 = Aufgabengruppe)
b) einer Liste von fünf durch die Buchstaben (A)–(E) gekennzeichneten Antwortmöglichkeiten (Liste 2).

Sie sollen zu jeder nummerierten Aufgabe der Liste 1 aus der Liste 2 die eine Antwort (A)–(E) auswählen, die Sie für zutreffend halten oder von der Sie meinen, dass sie im engsten Zusammenhang mit dieser Aufgabe steht. Bitte beachten Sie, dass jede Antwortmöglichkeit (A)–(E) auch für mehrere Aufgaben der Liste 1 die Lösung darstellen kann.

Aufgabentyp C: Aussagekombination

Erläuterung: Dieser Aufgabentyp besteht aus
a) einer Frage oder unvollständigen Aussage,
b) mehreren durch eingeklammerte Zahlen gekennzeichneten Aussagen sowie
c) mit den Buchstaben (A)–(E) gekennzeichneten Antworten (Aussagekombination).

Wählen Sie bitte die zutreffende Lösung unter den fünf vorgegebenen Aussagekombinationen (A)–(E) aus.

Eberhard Ehlers
Analytik II
Prüfungsfragen

Beiheft
Lösungen der MC-Fragen

Deutscher Apotheker Verlag